Oelschlägel · Scholz

Rechtshandbuch Online-Shop

Rechtshandbuch Online-Shop

E-Commerce
M-Commerce · Apps

herausgegeben
von

Dr. Kay Oelschlägel
Rechtsanwalt, Hamburg

und

Dr. Jochen Scholz
Rechtsanwalt, Freiburg i.Br.

2. neu bearbeitete Auflage

2017

ottoschmidt

Bearbeiter

Silvia C. Bauer
Rechtsanwältin, Köln

Jens Bernhard
Rechtsanwalt, München

Dr. Bertolt Götte
Rechtsanwalt, Freiburg i.Br.

Thomas Henßler
Rechtsanwalt, Hamburg

Mario Hirdes
Richter am Amtsgericht, Kassel

Dr. Helmut Janssen,
LL.M. (University of London)
Rechtsanwalt, Brüssel und Düsseldorf

Dr. Markus Klinger
Rechtsanwalt, Stuttgart

Dr. Rolf Kobabe
Rechtsanwalt, Hamburg

Dr. Alexander Mönnig,
LL.M., E.M.L.E. (University of Manchester)
Rechtsanwalt, Hamburg

Dr. Kay Oelschlägel
Rechtsanwalt, Hamburg

Dr. André Schmidt
Rechtsanwalt, Hamburg

Dr. Jochen Scholz
Rechtsanwalt, Freiburg i.Br.

Dr. Sebastian Seith
Rechtsanwalt, Freiburg i.Br.

Dr. Vera Zielasko
Rechtsanwältin, Hamburg

Zitierempfehlung:
Oelschlägel/Scholz/*Bearbeiter*, Rechtshandbuch
Online-Shop, Rz. …

Bibliografische Information
der Deutschen Nationalbibliothek

Die Deutsche Nationalbibliothek verzeichnet diese
Publikation in der Deutschen Nationalbibliografie;
detaillierte bibliografische Daten sind im Internet
über http://dnb.d-nb.de abrufbar.

Verlag Dr. Otto Schmidt KG
Gustav-Heinemann-Ufer 58, 50968 Köln
Tel. 02 21/9 37 38-01, Fax 02 21/9 37 38-943
info@otto-schmidt.de
www.otto-schmidt.de

ISBN 978-3-504-56103-1

©2017 by Verlag Dr. Otto Schmidt KG, Köln

Das verwendete Papier ist aus chlorfrei gebleichten
Rohstoffen hergestellt, holz- und säurefrei, alterungs-
beständig und umweltfreundlich.

Einbandgestaltung: Jan P. Lichtenford, Mettmann
Satz: WMTP, Birkenau
Druck und Verarbeitung: Kösel, Krugzell
Printed in Germany

Vorwort

Die erste Auflage zu diesem Werk ist wohlwollend aufgenommen worden. Der Gesetzgeber ist allerdings seit Oktober 2012, dem Stand der ersten Auflage, auf europäischer und deutscher Ebene sehr aktiv gewesen. Insbesondere die Umsetzung der Verbraucherrechterichtlinie in deutsches Recht zum 13. Juni 2014 hat dazu geführt, dass Schwerpunktbereiche der ersten Auflage nicht mehr aktuell sind. Weitere gesetzgeberische Aktivitäten, wie beispielsweise die zweite UWG-Novelle, die EU-Datenschutz-Grundverordnung und die Gesetze zur Online-Streitbeilegung haben, ebenso wie inzwischen ergangene Rechtsprechung, weiteren, teilweise umfangreichen Änderungsbedarf geschaffen. Das Werk ist daher in der zweiten Auflage in allen Kapiteln grundlegend überarbeitet und aktualisiert worden und hat nunmehr einen Gesetzes- und Rechtsprechungstand von etwa August 2016.

Um dem Leser deutlicher zu machen, dass der Schwerpunkt des Werks im Online-Vertrieb liegt, haben die Herausgeber und der Verlag sich dazu entschlossen, den Titel des Werks von „Handbuch Versandhandelsrecht" in „Rechtshandbuch Online-Shop" zu ändern. Eine Änderung der Struktur des Werkes ist damit nicht einhergegangen.

Zielsetzung des Werkes ist weiterhin eine Hilfestellung für Praktiker (wie Rechtsanwälte, Justiziare, Richter, Geschäftsführer) im Bereich des Online-Vertriebs. Die vielfältigen rechtlichen Themen und Fragestellungen im Zusammenhang mit dem Online-Versandhandel sollen leicht zugänglich erfasst werden können.

Der Schwerpunkt des Werks liegt weiterhin in einer ausführlichen Darstellung des Versandhandels über einen Onlineshop (Kapitel 2) sowie über Online-Plattformen wie Ebay und Amazon (Kapitel 4). Der zunehmend bedeutsame Bereich Mobile Commerce und Apps wird nun in einem eigenen Kapitel noch ausführlicher behandelt (Kapitel 5). Eine Darstellung über den Katalogversandhandel (Kapitel 3) ergänzt diese Kapitel. Flankiert wird die Darstellung durch eine Betrachtung der Zahlungswege und Bezahlsysteme sowie des aufsichtspflichtigen Zahlungsverkehrs (Kapitel 6A und B), produkt- und dienstleistungsspezifischer Anforderungen in den Bereichen Finanzdienstleistung, Versicherung sowie Arzneimittel/Heilmittel (Kapitel 7A, B, C), ausgewählter öffentlich-rechtlicher Anforderung (Kapitel 8), der Besonderheiten beim Onlinevertrieb an Kinder und Jugendliche (Kapitel 9) und der rechtlichen Anforderungen an Marketing und Vertrieb (Kapitel 10), wo auch datenschutzrechtliche Themen und die Neuerungen durch die EU-Datenschutz-Grundverordnung sowie kartellrechtliche Fragen behandelt sind. Eine ausführliche Betrachtung der wettbewerbsrechtlichen, kennzeichenrechtlichen und urheberrechtlichen Besonderheiten im Online-Versandhandel (Kapitel 11A, B, C) runden das Werk ab. Die einzelnen Kapitel enthalten wie gewohnt größtenteils Muster- und Formulierungsvorschläge, von denen die Herausgeber hoffen, dass sie dem Rechtsanwender eine zusätzliche praktische Hilfe bieten.

Die Darstellung in den einzelnen Kapiteln ist insbesondere davon geleitet worden, die bislang ergangene Rechtsprechung zu verwerten, um dadurch ein Bild der Rechtswirklichkeit zu schaffen. Vertiefende Auseinandersetzungen mit dem Stand der Rechtslehre sind nur dort vorgenommen worden, wo es die Darstellung offener Rechtsfragen erfordert. Zahlreiche in der Rechtslehre diskutierte Rechtsfragen sind mittlerweile durch höchstrichterliche Entscheidungen oder durch gesetzgeberische Aktivitäten geklärt worden.

Das Autorenteam – durchweg ausgewiesene Praktiker auf ihren Gebieten – ist weitgehend konstant geblieben. Ausgeschieden ist Jens Bernhard, dessen Kapitel 9 (Vertrieb an Kinder und Jugendliche) und 10C (Affiliate Marketing) Frau Vera Zielasko übernommen hat.

Die Herausgeber hoffen, dass das Werk den Benutzern weiterhin eine verlässliche Orientierung in der praktischen Rechtsanwendung bietet und zur Meinungsbildung in einzelnen

Bereichen beiträgt. Kritik und Anregungen für Verbesserung sind uns stets sehr willkommen. Diese können Sie unter lektorat@otto-schmidt.de jederzeit mitteilen, können aber auch die Herausgeber direkt anschreiben.

Allen Autoren danken wir für ihren Einsatz und dem Verlag Dr. Otto Schmidt für die stets kompetente und angenehme Zusammenarbeit.

Hamburg und Freiburg i.Br., im August 2016 Kay Oelschlägel
Jochen Scholz

Inhaltsübersicht

Ausführliche Inhaltsübersichten zu Beginn der Kapitel bzw. der Kapitelteile.

Kapitel 1
Grundlagen

(Scholz)

Kapitel 2
Online-Shop

(Oelschlägel)

Kapitel 3
Der Katalogversandhandel

(Oelschlägel)

Kapitel 4
Verkauf über Handelsplattformen wie Amazon und eBay

(Schmidt)

Kapitel 5
Mobile Commerce und Apps

(Klinger)

Kapitel 6
Zahlungsverkehr

Kapitel 7
Produkt- und dienstleistungsspezifische Anforderungen

Kapitel 8
Versandhandel und Öffentliches Recht

(Seith)

Kapitel 9
Vertrieb an Kinder und Jugendliche

(Bernhard/Zielasko)

Seite

Kapitel 10
Marketing und Vertrieb

Kapitel 11
Wettbewerbsrecht und Geistiges Eigentum im Online- und Versandhandel

(Scholz)

Abkürzungsverzeichnis

aA	anderer Ansicht
aaO	am angegebenen Ort
ABl. EG	Amtsblatt der Europäischen Gemeinschaften
ABl. EU	Amtsblatt der Europäischen Union
Abs.	Absatz
Abschn.	Abschnitt
aE	am Ende
AEUV	Vertrag über die Arbeitsweise der Europäischen Union
aF	alte Fassung
AGB	Allgemeine Geschäftsbedingungen
AIF	Alternative Investmentfonds
AktG	Aktiengesetz
Alt.	Alternative
AMG	Arzeinimittelgesetz
AMVerkRV	Verordnung über apothekenpflichtige und freiverkäufliche Arznei-mittel
AMVV	Arzneimittelverschreibungsverordnung
Anh.	Anhang
AnlSVG	Gesetz zur Stärkung des Anlegerschutzes und Verbesserung der Funktionsfähigkeit des Kapitalmarkts
Anm.	Anmerkung
App	Application
ApoBetrO	Apothekenbetriebsordnung
ApoG	Gesetz über das Apothekenwesen
Art.	Artikel
ASP	Application Service Providing
AVB	Allgemeine Versicherungsbedingungen
BaFin	Bundesanstalt für Finanzdienstleistungsaufsicht
BattG	Gesetz über das Inverkehrbringen, die Rücknahme und die umwelt-verträgliche Entsorgung von Batterien und Akkumulatoren (Batte-riegesetz)
BB	Der Betriebs-Berater
BDSG	Bundesdatenschutzgesetz
BeckOK	Beck'scher Online-Kommentar
BeckRS	Beck-Rechtsprechung
Begr.	Begründung
Beil.	Beilage
Beschl.	Beschluss
betr.	Betreffend
bevh	Bundesverband E-Commerce und Versandhandel Deutschland e.V.
BGB	Bürgerliches Gesetzbuch
BGB-InfoV	Verordnung über Informations- und Nachweispflichten nach bürgerlichem Recht
BGBl. I	Bundesgesetzblatt Teil I
BGBl. II	Bundesgesetzblatt Teil II
BGH	Bundesgerichtshof
BGHZ	Entscheidungen des Bundesgerichtshofs in Zivilsachen
BKartA	Bundeskartellamt
BKR	Bank- und Kapitalmarktrecht

BPatG	Bundespatentgericht
BR	Bundesrat
BR-Drs.	Bundesratsdrucksache
BRAGO	Bundesgebührenordnung für Rechtsanwälte
BRAO	Bundesrechtsanwaltsordnung
BReg.	Bundesregierung
BT	Bundestag
BT-Drs.	Bundestagsdrucksache
BtoB	Business to Business
BtoC	Business to Customer
BuchPrG	Gesetz über die Preisbindung für Bücher (Buchpreisbindungsgesetz)
BVerfG	Bundesverfassungsgericht
BVerwG	Bundesverwaltungsgericht
CAPTCHA	Completely Automated Public Turing test to tell Computers and Humans Apart
ChemVerbotsV	Verordnung über Verbote und Beschränkungen des Inverkehrbringens gefährlicher Stoffe, Zubereitungen und Erzeugnisse nach dem Chemikaliengesetz (Chemikalien-Verbotsverordnung)
CISG	United Nations Convention on Contracts for the International Sale of Goods (Übereinkommen der Vereinten Nationen über Verträge über den internationalen Warenkauf)
COO	Cell-of-Origin-Methode (Lokalisierungsverfahren)
CR	Computer und Recht
CRM	Customer-Relationship-Management
DB	Der Betrieb
DDV	Deutscher Dialogmarketing-Verband
DENIC	Deutsches Network Information Center
DiätV	Verordnung über diätetische Lebensmittel (Diätverordnung)
DL-InfoV	Verordnung über Informationspflichten für Dienstleistungserbringer (Dienstleistungs-Informationspflichten-Verordnung
Dok.	Dokument
DPMA	Deutsches Patent- und Markenamt
DRiZ	Deutsche Richterzeitung
DSGVO	Datenschutz-Grundverordnung
DStR	Deutsches Steuerrecht
E-Commerce	Electronic Commerce
E-Health	Electronic Health
ECRL	E-Commerce-Richtlinie
EFTA	European Free Trade Association
EGBGB	Einführungsgesetz zum Bürgerlichen Gesetzbuch
eHealth	Electronic Health
EL	Ergänzungslieferung
ELV	Elektronisches Lastschriftverfahren
EMA	European Medicines Agency (Europäische Arzneimittelbehörde)
EMS	Electro Medical Systems
EnVKV	Verordnung über die Kennzeichnung von Haushaltsgeräten mit Angaben über den Verbrauch an Energie und anderen wichtigen Ressourcen (Energieverbrauchskennzeichnungsverordnung)
et al.	und andere

EuGH	Europäischer Gerichtshof
EuGVO	Verordnung über die gerichtliche Zuständigkeit und die Anerkennung und Vollstreckung von Entscheidungen in Zivil- und Handelssachen
EULA	End User License Agreement
EuZW	Europäische Zeitschrift für Wirtschaftsrecht
EWR	Europäischer Wirtschaftsraum
f., ff.	folgend(e)
FAFDL-RL	Richtlinie über den Fernabsatz von Finanzdienstleistungen an Verbraucher
FARL	Fernabsatz-Richtlinie
FernAbsG	Fernabsatzgesetz
FinDAG	Gesetz über die Bundesanstalt für Finanzdienstleistungsaufsicht (Finanzdienstleistungsaufsichtsgesetz)
FinVermV	Finanzanlagenvermittlerverordnung
FlV	Verordnung über Fleisch und Fleischerzeugnisse (Fleisch-Verordnung)
FS	Festschrift
GastG	Gaststättengesetz
GEK	Gemeinsames Europäisches Kaufrecht
gem.	gemäß
GenG	Gesetz betreffend die Erwerbs- und Wirtschaftsgenossenschaften (Genossenschaftsgesetz)
GewO	Gewerbeordnung
GG	Grundgesetz
GMG	Gesetz zur Modernisierung der gesetzlichen Krankenversicherung
GmS-OGB	Gemeinsamer Senat der obersten Gerichtshöfe des Bundes
GPS	Global Positioning System
GRUR	Gewerblicher Rechtsschutz und Urheberrecht
GVG	Gerichtsverfassungsgesetz
GVO	Gruppenfreistellungsverordnung
GWB	Gesetz gegen Wettbewerbsbeschränkungen
GWB-E	Gesetzentwurf der Bundesregierung v. 30.3.2012 zur 8. GWB-Novelle
GwG	Geldwäschegesetz
HGB	Handelsgesetzbuch
hM	herrschende Meinung
Hs.	Halbsatz
HSDPA	High Speed Downlink Packet Access
HWG	Heilmittelwerbegesetz
ICANN	Internet Corporation for Assigned Names and Numbers
IDI	Interessenverband Deutsches Internet e.V.
iDPLA	iOS Developer Program License Agreement
InvG	Investmentgesetz
iOS	Internetwork Operating System (Apple Betriebssystem)
IPR	Internationales Privatrecht
IT	Information Technology

JMStV	Jugendmedienschutz-Staatsvertrag
juris-PK BGB	Herberger/Martinek/Rüssmann/Weth, juris PraxisKommentar zum BGB, 5. Aufl. 2010
juris-PK-Internet-recht	Braun/Heckmann/Roggenkamp, juris PraxisKommentar Internet-recht, 3. Aufl. 2011
jurisPR	juris PraxisReport
JuSchG	Jugendschutzgesetz
JZ	Juristenzeitung
K&R	Kommunikation und Recht
KartR	Kartellrecht
KJM	Kommission für Jugendmedienschutz
KrWG	Gesetz zur Förderung der Kreislaufwirtschaft und Sicherung der umweltverträglichen Bewirtschaftung von Abfällen (Kreislaufwirt-schaftsgesetz)
KWG	Gesetz über das Kreditwesen (Kreditwesengesetz)
LFBG	Lebensmittel-, Bedarfsgegenstände- und Futtermittelgesetzbuch (Lebensmittel- und Futtermittelgesetzbuch)
Lfg.	Lieferung
LG	Landgericht
LMBestrV	Verordnung über die Behandlung von Lebensmitteln mit Elektro-nen-, Gamma- und Röntgenstrahlen, Neutronen oder ultravioletten Strahlen (Lebensmittelbestrahlungsverordnung)
LTE	Long Term Evolution
MaRisk	BaFin-Rundschreiben – Mindestanforderungen an das Risiko-management
MarkenG	Gesetz über den Schutz von Marken und sonstigen Kennzeichen (Markengesetz)
M-Commerce	Mobile CommerceM-Marketing Mobile Marketing
M-Payment	Mobile Payment
MDR	Monatsschrift für Deutsches Recht
MedR	Medizinrecht
mHealth	Mobile Health
MHG	Gesetz zur Regelung der Miethöhe
MMR	MultiMedia und Recht
MMS	Multimedia Messaging Service
MPG	Medizinproduktegesetz
MPR	Medizin Produkte Recht
MüKo	Münchener Kommentar
nF	neue Fassung
NJOZ	Neue Juristische Online-Zeitschrift
NJW	Neue Juristische Wochenschrift
NJW-RR	NJW-Rechtsprechungsreport Zivilrecht
NZA	Neue Zeitschrift für Arbeitsrecht
oÄ	oder Ähnliche(s)
OLG	Oberlandesgericht
OLGR	OLG-Report
OLV	Online-Lastschriftverfahren
OVG	Oberverwaltungsgericht

PAngV	Preisangabenverordnung
PflSchG	Gesetz zum Schutz der Kulturpflanzen (Pflanzenschutzgesetz)
PharmR	Pharma Recht
PIN	Persönliche Identifikationsnummer
POS	Point of Sale
QR-Code	Quick-Response-Code
RegBegr.	Regierungsbegründung
RIM	Research in Motion
Rom I-VO	Verordnung über das auf vertragliche Schuldverhältnisse anzuwendende Recht
Rom II-VO	Verordnung über das auf außervertragliche Schuldverhältnisse anzuwendende Recht
RStV	Staatsvertrag für Rundfunk und Telemedien (Rundfunkstaatsvertrag)
RVG	Gesetz über die Vergütung der Rechtsanwältinnen und Rechtsanwälte (Rechtsanwaltsvergütungsgesetz)
Rz.	Randzahl
S.	Seite, Satz
SaaS	Software as a Service
SEO	Search Engine Optimization
SEPA	Single Euro Payments Area
SIM	Subscriber Identity Module (Teilnehmer-Identitätsmodul)
SMS	Short Message Service
SprengG	Gesetz über explosionsgefährliche Stoffe (Sprengstoffgesetz)
SprengV	Verordnung zum Sprengstoffgesetz
StGB	Strafgesetzbuch
TAN	Transaktionsnummer
TDG	Teledienstegesetz
TKG	Telekommunikationsgesetz
TMG	Telemediengesetz
Tz.	Textziffer
UDID	Unique Device Identifier
UGP-Richtlinie	Richtlinie über unlautere Geschäftspraktiken
UKlaG	Unterlassungsklagengesetz
UMTS	Universal Mobile Telecommunications System
UrhG	Gesetz über Urheberrecht und verwandte Schutzrechte (Urheberrechtsgesetz)
Urt.	Urteil
UWG	Gesetz gegen den unlauteren Wettbewerb
VAG	Versicherungsaufsichtsgesetz
VerkProspG	Wertpapierverkaufsprospektgesetz
VermAnlG	Vermögensanlagengesetz
VerpackV	Verordnung über die Vermeidung und Verwertung von Verpackungsabfällen (Verpackungsverordnung)
VersR	Versicherungsrecht
VersVermV	Versicherungsvermittlungsverordnung
VO	Verordnung

VRRL	EU-Verbraucherrechte-Richtlinie
VuR	Verbraucher und Recht
VVG	Versicherungsvertragsgesetz
VVG-InfoV	VVG-Informationspflichtenverordnung
VwGO	Verwaltungsgerichtsordnung
WAP	Wireless Application Protocol
WLAN	Wireless Local Area Network
WM	Wertpapier-Mitteilungen
WPDVerOV	Verordnung zur Konkretisierung der Verhaltensregeln und Organisationsanforderungen für Wertpapierdienstleistungsunternehmen
WpHG	Gesetz über den Wertpapierhandel (Wertpapierhandelsgesetz)
WpHGMaAnzV	WpHG-Mitarbeiteranzeigeverordnung
WpPG	Gesetz über die Erstellung, Billigung und Veröffentlichung des Prospekts, der beim öffentlichen Angebot von Wertpapieren oder bei der Zulassung von Wertpapieren zum Handel an einem organisierten Markt zu veröffentlichen ist (Wertpapierprospektgesetz)
WRP	Wettbewerb in Recht und Praxis
WuW	Wirtschaft und Wettbewerb
WWW	World Wide Web
ZAG	Zahlungsdiensteaufsichtsgesetz
ZBB	Zeitschrift für Bankrecht und Bankwirtschaft
ZD-RL	Zahlungsdienste-Richtlinie
ZGS	Zeitschrift für das gesamte Schuldrecht
ZIP	Zeitschrift für Wirtschaftsrecht
ZPO	Zivilprozessordnung
ZUM	Zeitschrift für Urheber- und Medienrecht/Film und Recht
ZZulV	Verordnung über die Zulassung von Zusatzstoffen zu Lebensmitteln zu technologischen Zwecken (Zusatzstoff-Zulassungsverordnung)

Allgemeines Schrifttumsverzeichnis

Werke, die darüber hinaus für das jeweilige Kapitel einschlägig sind,
finden Sie am Anfang jedes Kapitels.

Bamberger/Roth/*Bearbeiter*	Beck'scher Online-Kommentar, BGB, Stand: 1.5.2016
Baumbach/Hopt	Handelsgesetzbuch, 36. Aufl. 2014;
Bechtold/Bosch	GWG, Kartellgesetz – Gesetz gegen Wettbewerbs-beschränkungen, Kommentar, 8. Aufl. 2015
Bechtold/Bosch/Brinker	EU-Kartellrecht, Kommentar, 3. Aufl. 2014
Boos/Fischer/Schulte-Mattler	Kreditwesengesetz, Kommentar zu KWG und Aus-führungsvorschriften, 4. Aufl. 2012
Dauner-Lieb/Langen	BGB, Schuldrecht, Band 2, 2. Aufl. 2012;
Dreier/Schulze/*Bearbeiter*	UrhG, Kommentar zum Urheberrechtsgesetz, 5. Aufl. 2015
Ebenroth/Boujong/Joost/Strohn	Handelsgesetzbuch, Kommentar, Bd. 2, 3. Aufl. 2015
Eichmann/von Falckenstein/Kühne	Designgesetz, Kommentar, 5. Aufl. 2015
Fezer/Büscher/Obergfell/*Bearbeiter*	Kommentar zum UWG, 3. Aufl. 2016
Gola/Schomerus	BDSG, Bundesdatenschutzgesetz, Kommentar, 12. Aufl. 2015
Geppert/Schütz	Beck'scher TKG-Kommentar, 4. Aufl. 2013
Gersdorf/Paal	Beck'scher Online-Kommentar Informations- und Medienrecht, Stand 1.5.2016
Herberger/Martinek/Rüssmann/Weth	juris PraxisKommentar BGB, juris-PK-BGB, Band 2 Schuldrecht, 7. Aufl. 2014(zitiert: juris-PK-BGB/*Bearbeiter*)
Hoeren/Sieber/Holznagel/*Bearbeiter*	Handbuch Multimedia-Recht, 42. Ergänzungsliefe-rung 2015
Harte-Bavendamm/Henning-Bodewig/*Bearbeiter*	UWG, Gesetz gegen den unlauteren Wettbewerb, Kommentar, 3. Aufl. 2013
Härting	Internetrecht, 5. Aufl. 2014
Heckmann	juris PraxisKommentar Internetrecht, 4. Aufl. 2014 (zitiert: juris-PK-Internetrecht/*Bearbeiter*)
Immenga/Mestmäcker/*Bearbeiter*	Wettbewerbsrecht. Kommentar zum europäischen Kartellrecht, 5. Aufl. 2012
Ingerl/Rohnke	Markengesetz, Kommentar, 3. Aufl. 2010
Kilian/Heussen/*Bearbeiter*	Computerrechts-Handbuch, Stand 32. Ergänzungs-lieferung 2013
Köhler/Bornkamm/*Bearbeiter*	Gesetz gegen den Unlauteren Wettbewerb, UWG, Kommentar, 34. Aufl. 2016

Langen/Bunte (Hrsg.)/*Bearbeiter*	Kommentar zum deutschen und europäischen Kartellrecht, Bd. 1: 12. Aufl. 2014, Bd. 2: 12. Aufl. 2014
Loewenheim/Meessen/Riesen-kampff/Kersting/Meyer-Linde-mann/*Bearbeiter*	Kartellrecht, Kommentar, 3. Aufl. 2016
Luz/Neus/Schaber/Schneider/Wagner/Weber (Hrsg.)	Kreditwesengesetz (KWG), Kommentar, 3. Aufl. 2015
Martinek/Semler/Flohr/*Bearbeiter*	Handbuch des Vertriebsrechts, 4. Aufl. 2016
Möhring/Nicolini/*Bearbeiter*	UrhG, Urheberrecht, Kommentar, 3. Aufl. 2014
Moritz/Dreier/*Bearbeiter*	Rechts-Handbuch zum E-Commerce, 2. Aufl. 2005
Münchener Kommentar zum Bürgerlichen Gesetzbuch	Band 2, 7. Aufl. 2016 (zitiert: MüKoBGB/*Bearbeiter*)
Ohly/Sosnitza/*Bearbeiter*	UWG, Gesetz gegen den unlauteren Wettbewerb, Kommentar, 7. Aufl. 2016
Palandt/Bearbeiter	Bürgerliches Gesetzbuch, Kommentar, 75. Aufl. 2016
Plath	BDSG/DSGVO, Kommentar zum BDSG und zur DSGVO sowie den Datenschutzbestimmungen des TMG und TKG, 2. Aufl. 2016
Redeker (Hrsg.)	Handbuch der IT-Verträge (Loseblatt)
Schricker/Loewenheim/*Bearbeiter*	Urheberrecht, Kommentar, 4. Aufl. 2010
Spindler/Schuster/*Bearbeiter*	Recht der elektronischen Medien, Kommentar, 3. Aufl. 2015
Staudinger/*Bearbeiter*	Kommentar zum Bürgerlichen Gesetzbuch mit Einführungsgesetzen und Nebengesetzen, Neubearbeitung 2004 ff.
Ströbele/Hacker/*Bearbeiter*	Markengesetz, Kommentar, 11. Aufl. 2015
Taeger/Gabel/*Bearbeiter*	Kommentar zum BDSG, 2. Aufl. 2013
Ulmer/Brandner/Hensen/*Bearbeiter*	AGB-Recht, Kommentar, 12. Aufl. 2016
Wandtke/Bullinger/*Bearbeiter*	UrhR, Praxiskommentar zum Urheberrecht, 4. Aufl. 2014

Kapitel 1
Grundlagen

Literatur: *Bierekoven/Crone,* Umsetzung der Verbraucherrechte-RL – Neuerungen im deutschen Schuldrecht – Ein erster Überblick, MMR 2013, 687 ff.; *Bittner/Clausnitzer/Föhlisch,* Das neue Verbrauchervertragsrecht, 2014; Brockhaus Enzyklopädie, 21. Aufl. 2006; *Dettmers/Dinter,* Die EU-Verbraucherrechterichtlinie, DRiZ 2012, 24; *Diller,* Vahlens Großes Marketinglexikon, 2. Aufl. 2001; *Druschel/Lehmann,* Ein digitaler Binnenmarkt für digitale Güter, CR 2016, 244 ff.; *Härting/Gössling,* Online-Kauf in der EU – Harmonisierung des Kaufgewährleistungsrechts, CR 2016, 165 ff.; *Haug,* Gemeinsames Europäisches Kaufrecht – Neue Chancen für Mittelstand und E-Commerce, K&R 2012, 1; *Lehmann,* E-Commerce in der EU und die neue Richtlinie über die Rechte der Verbraucher, CR 2012, 261; *Oelschlägel,* Neues Verbraucherrecht mit Auswirkungen auf den Fernabsatz/E-Commerce, MDR 2013, 1317 ff.; *Ostendorf,* Geplanter neuer Rechtsrahmen für Online-Warenhandel und Bereitstellung digitaler Inhalte im Europäischen Binnenmarkt, ZRP 2016, 69 ff.; *Scholz,* Kapitel Versand- und Onlinehandel, in: Wurm/Wagner/Zartmann, Das Rechtsformularbuch, 17. Aufl. 2015; *Solmecke,* Handel im Netz – Rechtsfragen und rechtliche Rahmenbedingungen des E-Commerce, 2014; *Staudenmayer,* Der Kommissionsvorschlag für eine Verordnung zum Gemeinsamen Europäischen Kaufrecht, NJW 2011, 3491; *Wendehorst,* Das neue Gesetz zur Umsetzung der Verbraucherrechterichtlinie; *Wendland,* GEK 2.0? Ein europäischer Rechtsrahmen für den Digitalen Binnenmarkt – Der Kommissionsvorschlag einer Richtlinie über bestimmte vertragsrechtliche Aspekte der Bereitstellung digitaler Inhalte (Digitalgüter-Richtlinie), GPR 2016, 8 ff.

A. Allgemeines

I. Begriff

Unter **Versandhandel** versteht man im Allgemeinen eine Form des **Direktvertriebs**, in der Hersteller oder Groß- bzw. Einzelhändler Produkte in Printmedien (Katalogen, Prospekten, Anzeigen uÄ) oder in elektronischen Medien, insbesondere dem Internet, anbieten, Kunden schriftlich, telefonisch oder auf elektronischem Wege bestellen und die bestellten Produkte durch eigene Transportmittel des Anbieters oder beauftragte Transportunternehmen

1.1

geliefert werden.[1] Wesentliches Merkmal ist also, dass sowohl die Vertragsanbahnung als auch der Vertragsschluss und die Lieferung über die Distanz erfolgen; man spricht deshalb auch von **Distanzhandel**. Häufig wird Versandhandel im engeren Sinn begrifflich auf die **Einzelhandelstufe** und Geschäfte mit **Konsumenten** beschränkt[2] (vgl. zum rechtlich maßgebenden Begriff des Fernabsatzvertrags § 312c Abs. 1 BGB, s. dazu Rz. 1.25).

II. Erscheinungsformen

1.2 Es existieren vielfältige Erscheinungsformen des Versandhandels. Man kann nach folgenden Kriterien differenzieren:

1. Differenzierung nach beteiligten Vertragsparteien (BtoC/BtoB/CtoC)

1.3 Distanzverträge sind denkbar zwischen Unternehmern als Anbietern und Verbrauchern als Kunden (**Business-to-Consumer**, kurz „**BtoC**"), zwischen Unternehmern (**Business-to-Business**, kurz „**BtoB**") sowie zwischen Privatpersonen (**Consumer-to-Consumer**, kurz „**CtoC**").

1.4 Versandhandel im engeren Sinn betrifft nur Verträge zwischen Unternehmern als Anbietern und Verbrauchern als Kunden. Dem entspricht auch die Legaldefinition des Fernabsatzvertrags iSv. § 312c Abs. 1 BGB, wonach nur solche Verträge unter die fernabsatzrechtlichen Bestimmungen fallen, die zwischen einem Unternehmer und einem Verbraucher geschlossen werden (vgl. näher Rz. 1.25). Auch die Darstellung in diesem Handbuch beschränkt sich im Wesentlichen auf BtoC-Geschäfte.

2. Differenzierung nach eingesetzten Medien (offline/online)

1.5 Weiter lässt sich danach differenzieren, welche Medien das Unternehmen bei der Bewerbung und dem Angebot seiner Waren und Dienstleistungen nutzt.

a) Katalogversandhandel

1.6 Im klassischen Katalogversandhandel erfolgen Werbung und Angebot der Waren „offline" in **Printwerbemitteln** wie Katalogen, Flyern, Anzeigen oder Prospekten. Dementsprechend bestellen auch die Kunden im Katalogversandhandel nicht über eine Website, sondern telefonisch, per Brief, E-Mail oder Telefax, oft unter Verwendung vorgedruckter, aus einem Katalog heraustrennbarer Bestellformulare. Auch die Lieferung der Ware erfolgt naturgemäß „offline".

1.7 Der Katalogversandhandel ist die klassische Form des Versandhandels, die erstmals Ende des 19. Jahrhunderts auftauchte. Als Begründer gilt der Leipziger Textilunternehmer Carl Ernst Mey, der mit seinem Unternehmen Mey & Edlich 1886 den ersten bebilderten Warenkatalog in Deutschland herausgab und die Waren per Post zustellte. Der Katalogversandhandel etablierte sich ab den 1950er Jahren mit dem „OTTO-Versand". Der klassische Katalogversandhandel ist auch heute noch, meist allerdings in Kombination mit dem Vertriebskanal E-Commerce, eine bedeutsame Form des Distanzhandels im BtoC-Bereich (vgl. dazu ausführlich Kap. 3).

---

1 Vgl. etwa Brockhaus Enzyklopädie, Bd. 28, S. 818 Stichwort „Versandhandel".
2 *Diller*, S. 1787.

b) E-Commerce und M-Commerce

Anders als im Katalogversandhandel betreibt das Versandhandelsunternehmen im E-Commerce einen **Online-Shop im Internet**, über den es seine Waren bewirbt und über den der Kunde online mittels dazu eingerichteter Eingabemasken Waren bestellen kann (vgl. dazu ausführlich Kap. 2).   **1.8**

Im Bereich des Onlinehandels kann danach unterschieden werden, ob die Erfüllung online geschlossener Verträge wie im klassischen Versandhandel „offline" erfolgt (wie zB bei der Lieferung online bestellter körperlicher Waren) oder ebenfalls online, wie etwa bei **Downloadplattformen**, von denen der Kunde das bestellte Produkt in digitaler Form herunterladen kann (vgl. zum Vertragsschluss bei Downloadplattformen Rz. 2.279 ff. und zu urheberrechtlichen Fragen Rz. 11.351 ff.). Innerhalb des Bereichs des E-Commerce kann man weiter danach differenzieren, ob Kunden auf Webshop-Angebote von stationären PCs aus zugreifen oder Online-Bestellungen über mobile Endgeräte abgeben. Im letztgenannten Fall spricht man von **Mobile-Commerce (M-Commerce)** (vgl. dazu ausführlich Rz. 5.41 ff.). Die Einführung von UMTS-Technologien und die Entwicklung leistungsfähiger mobiler Endgeräte mit Internetzugang (Smartphones, Tablets, Netbooks) haben zu einer rasanten Zunahme des M-Commerce geführt (vgl. zur wirtschaftlichen Bedeutung Rz. 5.27 ff.). Online-Anbieter sind zunehmend auch in **sozialen Netzwerken** präsent (vgl. zu damit verbundenen datenschutzrechtlichen Fragen Rz. 10.120 ff. und zu wettbewerbsrechtlichen Fragen Rz. 11.94 und Rz. 11.96). Eine weitere Besonderheit des E-Commerce ist das Angebot von Waren über **Internet-Handelsplattformen** wie zB Amazon Marketplace und eBay. Dort werden Waren nicht über eigene Online-Shops des jeweiligen Anbieters, sondern über Online-Handelsplattformen angeboten, die nicht nur wegen ihrer Bekanntheit und Beliebtheit hohe Aufmerksamkeit versprechen, sondern den Weg zu verschiedenen Vertriebsmodellen, etwa Auktionen, eröffnen (vgl. dazu näher Rz. 4.1 ff.). Im Bereich des E-Commerce finden sich daneben vielfältige besondere Marketing- und Vertriebsformen wie etwa der Einsatz von **Preissuchmaschinen** (vgl. Rz. 10.220 ff.) und das **Affiliate Marketing** (vgl. Rz. 10.279 ff.).   **1.9**

E-Commerce bietet gegenüber dem klassischen Katalogversandhandel viele **Vorteile**. Abgesehen von dem geringeren logistischen Aufwand lässt sich die Darstellung des Produktangebots online leicht aktuell halten und durch Einsatz internetspezifischer Werbeformen wie zB Verlinkungen, die Einbindung multimedialer Effekte und den Einsatz suchmaschinenoptimierter Websites ansprechend und kundenorientiert gestalten. Internettechnologie bietet zudem die Möglichkeit, im Zuge eines Dialogmarketings auch interaktive Elemente einzubinden. Das Ergebnis des Kundendialogs kann in Form „nutzergenerierter" Inhalte wie etwa Kundenbewertungen etc. werbewirksam eingesetzt werden. Onlineangebote helfen außerdem, jüngere Käuferschichten anzusprechen (vgl. zu Fragen des Vertriebs an Kinder und Jugendliche Kap. 9). Teilweise bestehen jedoch nach wie vor insbesondere unter Transparenz- und Sicherheitsgesichtspunkten **Vorbehalte** gegen den Onlinehandel. Auch werden Kataloge weiterhin als Informationsquelle und Grundlage auch für Internetbestellungen geschätzt, so dass jedenfalls die großen Versender überwiegend neben der wachsenden E-Commerce-Sparte den Vertrieb über den klassischen Katalogversand beibehalten.   **1.10**

Rechtlich ist der Online-Handel als **elektronischer Geschäftsverkehr** iSv. § 312i BGB zu qualifizieren. Die dafür geltenden Bestimmungen treten im BtoC-Bereich neben die fernabsatzrechtlichen Bestimmungen (vgl. näher Rz. 1.34 f.).   **1.11**

3. Differenzierung nach angebotenen Waren und Leistungen

Je nach Umfang des angebotenen Sortiments wird unterschieden zwischen **Universalversendern** mit sehr breitem Warensortiment – vergleichbar dem Warenhaus des stationären   **1.12**

Einzelhandels – und dem **Spezial- oder Fachversand**, der in spezialisierten Produktsegmenten große Sortimentstiefe bietet und damit eher dem Fachgeschäft des stationären Einzelhandels ähnelt. Zunehmend werden nicht nur Waren verkauft, sondern auch die verschiedensten **Dienstleistungen** angeboten. Dabei lässt sich eine Tendenz zur Ausweitung des Sortiments („Trading up") feststellen, etwa durch flankierende Angebote von Reisen, Finanzprodukten oder Versicherungen.

1.13 Wegen ihrer wachsenden wirtschaftlichen Bedeutung und im Hinblick auf besondere rechtliche Anforderungen wird in diesem Handbuch das Angebot von **Finanzdienstleistungen** (vgl. Rz. 7.1 ff.), **Versicherungen** (vgl. Rz. 7.208 ff.) und **Arznei- und Heilmitteln** (Rz. 7.296 ff.) besonders behandelt.

4. Differenzierung nach Vertriebsstruktur des Anbieters

1.14 Schließlich kann danach differenziert werden, ob der Anbieter **reiner Versandhändler** ist oder zugleich **stationären Handel** betreibt sowie – innerhalb des Versandhandels – ob Handel **nur online, nur per Katalog oder auf beiden Wegen** betrieben wird. Zunehmend nutzen Unternehmen im Wege des **Multichannel-Marketing** parallel mehrere Vertriebswege. Von rechtlicher Bedeutung ist dies, weil für jede Vertriebsform spezifische Anforderungen bestehen (vgl. zum Online-Shop Kap. 2, zum Katalogversandhandel Kap. 3, zum Vertrieb über Internethandelsplattformen Kap. 4 und zum M-Commerce Kap. 5).

III. Wirtschaftliche Bedeutung

1.15 Der Versandhandel hat sich zu einem **bedeutenden Wirtschaftsfaktor** entwickelt. Im Jahr 2015 lag der Gesamtumsatz des Online- und Versandhandels in Deutschland bei **65 Mrd. Euro**. Davon entfielen 52 Mrd. Euro auf Waren und 13 Mrd. Euro auf digitale Güter und Dienstleistungen.[1] Dies entspricht einem **Umsatz-Anteil** des Online- und Versandhandels **am Gesamtumsatz des Einzelhandels von 11,7 %**.[2] Der Umsatz des E-Commerce lag 2015 bei rund 90 % des gesamten Versandhandelsumsatzes und wuchs damit gegenüber dem Vorjahr um 12 %. Prognosen gehen auch für das Jahr 2016 von einem erneuten Wachstum von rund 12 % aus, so dass der alleine im E-Commerce erzielte Umsatz am Ende des Jahres bei fast 53 Mrd. Euro liegen dürfte.[3]

B. Interessenlage

I. Verbraucherinteressen

1.16 Die **Verbraucher** werden im Distanzhandel unter mehreren Gesichtspunkten als besonders **schutzbedürftig** angesehen:

1.17 Es liegt in der Natur des Distanzgeschäfts, dass der Kunde die Ware, anders als im Ladengeschäft, erstmals nach Lieferung zu Gesicht bekommt. Er kann die Ware also nicht wie

---

1 Studie des Bundesverbands des E-Commerce und Versandhandels Deutschland e.V. (bevh) „Interaktiver Handel in Deutschland 2015", vgl. Presseerklärung des bevh v. 16.2.2016, abrufbar unter http://www.bevh.org.

2 Studie des Bundesverbands des E-Commerce und Versandhandels Deutschland e.V. (bevh) „Interaktiver Handel in Deutschland 2015", vgl. Presseerklärung des bevh v. 16.2.2016, abrufbar unter http://www.bevh.org.

3 Studie des Bundesverbands des E-Commerce und Versandhandels Deutschland e.V. (bevh) „Interaktiver Handel in Deutschland 2015", vgl. Presseerklärung des bevh v. 16.2.2016, abrufbar unter http://www.bevh.org.

im stationären Handel in Augenschein nehmen und sie prüfen. Außerdem führt das Fehlen eines persönlichen Verkaufs- und Beratungsgesprächs zu einem im Vergleich zum stationären Handel strukturellen **Informationsdefizit** des Verbrauchers.[1] Zudem besteht ein Interesse am **Schutz vor übereilten Bestellungen**, weil bei Distanzgeschäften mitunter die Hemmschwelle, auch teure Produkte zu bestellen, als geringer empfunden wird.

Bei Online-Geschäften kommt hinzu, dass der Verbraucher eine vom Anbieter gestaltete Eingabemaske vorfindet und nicht ohne weiteres überblickt, durch welche Eingaben oder „Klicks" welche Rechtswirkungen ausgelöst werden. Verbraucher sind deshalb besonders daran interessiert, dass der Bestellvorgang **transparent** gehalten ist. Außerdem besteht insbesondere bei Online-Geschäften ein gesteigertes Interesse des Verbrauchers an einer verlässlichen **Dokumentation** des Vertragsinhalts. Denn gerade bei Online-Geschäften hat der Kunde je nach Ausgestaltung des Bestellprozesses nach Abgabe einer Bestellung zunächst „nichts in der Hand", kann sich also nicht zuverlässig über den Inhalt des noch nicht erfüllten Vertrags informieren und die Vereinbarung im Streitfall zur Durchsetzung von Ansprüchen auch nicht nachweisen. 1.18

Da Distanzhandelsgeschäfte regelmäßig mit der Preisgabe personenbezogener Daten einhergehen, besteht ein zunehmendes Interesse an **Datenschutz und -sicherheit**. 1.19

Der Gesetzgeber hat diesen Interessen inzwischen in einer Vielzahl von gesetzlichen Regelungen Rechnung getragen (vgl. zum rechtlichen Rahmen näher Rz. 1.23 ff.). Diese Bestimmungen sind im BtoC-Bereich und im elektronischen Geschäftsverkehr auch dann anzuwenden, wenn im Einzelfall das beschriebene Schutzbedürfnis des Verbrauchers nicht oder nur in geringem Maße existiert. 1.20

II. Anbieterinteressen

Typisches Risiko des **Verkäufers** im Distanzhandel ist, dass er die Ware häufig liefert, bevor er die dafür geschuldete Zahlung erhält. Das damit bestehende **Zahlungs- und Bonitätsrisiko** lässt sich verlässlich nur durch Vorkasseregelungen auffangen, die die Rechtsprechung mit Blick auf die besondere Interessenlage im Distanzhandel auch in formularmäßigen Klauseln zugelassen hat (vgl. auch Rz. 2.609).[2] Wenn der Anbieter solche Klauseln aus Gründen der Kundenfreundlichkeit nicht vorsehen möchte, bleibt ihm lediglich eine Bonitätsprüfung vor Auslieferung der bestellten Ware (vgl. zu datenschutzrechtlichen Fragen im Zusammenhang mit der Bonitätsprüfung Rz. 2.568 ff.). 1.21

Hersteller sehen den durch ihre Abnehmer betriebenen Distanzhandel, insbesondere Online-Geschäfte über Webshops und Internethandelsplattformen, va. im Segment hochpreisiger Markenprodukte kritisch, zum einen weil sie dort eine angemessene Präsentation ihrer Produkte vermissen, zum anderen unter dem Gesichtspunkt eines befürchteten Preisverfalls wegen allzu hoher Preistransparenz oder besonderer Vertriebsformen wie zB dem Handel über eBay. Bestrebungen, den Distanzhandel ganz oder teilweise vertraglich zu unterbinden oder jedenfalls von der Einhaltung bestimmter Voraussetzungen abhängig zu machen, geraten leicht in Konflikt mit **kartellrechtlichen Anforderungen**, die grundsätzlich auch den Internethandel als Form des freien Wettbewerbs schützen (vgl. dazu näher Rz. 10.362 ff.). 1.22

---

1 Vgl. Erwägungsgrund Nr. 14 der Richtlinie 97/7/EG des Europäischen Parlaments und des Rats v. 20.5.1997 über den Verbraucherschutz bei Vertragsabschlüssen im Fernabsatz – Fernabsatzrichtlinie, Abl. EG Nr. L 144 v. 4.6.1997, S. 19; BGH v. 20.1.2004 – III ZR 380/03, NJW 2004, 3699 (3700) = MDR 2005, 322 = CR 2005, 126.
2 OLG Hamburg v. 13.11.2006 – 5 W 162/06, NJW 2007, 264 (266); Palandt/*Grüneberg*, § 309 BGB Rz. 13; Wurm/Wagner/Zartmann/*Scholz*, Kap. 14 Rz. 70.

C. Rechtlicher Rahmen

I. Grundlagen im deutschen Recht

1.23 Das beschriebene Schutzbedürfnis von Verbrauchern im Distanzhandel berührt in erster Linie die Vertragsbeziehung zwischen Händler und Verbraucher. Die wesentlichen, spezifisch auf Distanzhandelsgeschäfte zugeschnittenen Regelungen betreffen deshalb den **Vertrag zwischen Anbieter und Kunden** (s. Rz. 1.24 ff.). Im Hinblick auf die besondere Interessenlage bei Verträgen, die über das Internet abgeschlossen werden, sieht das Gesetz besondere Anforderungen für den **elektronischen Geschäftsverkehr** vor (s. dazu Rz. 1.34 f.). Daneben existieren vielfältige weitere Anforderungen, die nicht unmittelbar das Vertragsverhältnis zwischen Anbieter und Kunden betreffen und die nicht notwendig spezifische Regelungen für den Versandhandel vorsehen, die jedoch gleichwohl von erheblicher praktischer Relevanz sind (s. dazu Rz. 1.36).

1. Fernabsatzrecht

1.24 Die fernabsatzrechtlichen Bestimmungen in den §§ 312c ff. BGB beinhalten die wichtigsten Regelungen für den Versandhandel.[1]

a) Anwendungsbereich und Schutzzweck

1.25 Sie sind auf **Fernabsatzverträge** anwendbar, die in § 312b Abs. 1 Satz 1 BGB legaldefiniert sind als „Verträge, bei denen der **Unternehmer** oder eine in seinem Namen oder Auftrag handelnde Person und der **Verbraucher** für die Vertragsverhandlungen und den Vertragsschluss ausschließlich **Fernkommunikationsmittel** verwenden, es sei denn, dass der Vertragsschluss nicht im Rahmen eines für den Fernabsatz organisierten Vertriebs- oder Dienstleistungssystems erfolgt".[2] Die in der Bestimmung genannten Fernkommunikationsmittel sind nach § 312c Abs. 2 BGB sämtliche Kommunikationsmittel, die zur Anbahnung und zum Abschluss von Verträgen ohne gleichzeitige körperliche Anwesenheit der Vertragsparteien eingesetzt werden können. Dazu zählen insbesondere Kataloge, Briefe, Telefax, E-Mails, SMS, Telefonanrufe oder Telemedien.

1.26 Es handelt sich damit um **Verbraucherschutzbestimmungen**. Da sie alle Kommunikationsmittel des Distanzhandels umfassen, sind die Bestimmungen **nicht internetspezifisch**, gelten somit sowohl für den klassischen Katalogversandhandel als auch für den Online-Handel über Webshops.

1.27 Die Regelungen sollen das für Distanzgeschäfte charakteristische **Informationsdefizit ausgleichen** und zudem einen **Schutz vor übereilten Bestellungen** bieten. Entsprechend dem Schutzzweck kann von den Bestimmungen nicht zu Lasten des Verbrauchers abgewichen werden (§ 312k Abs. 1 BGB). Auch im Fall der Wahl einer ausländischen Rechtsordnung kann Verbrauchern, die ihren gewöhnlichen Aufenthalt in Deutschland haben, der durch die fernabsatzrechtlichen Bestimmungen des BGB gewährte Schutz nicht entzogen werden (Art. 6 Abs. 2 Satz 2 ROM I-VO; vgl. dazu näher Rz. 2.308 ff.).

---

1 Vgl. zur Entwicklung und den zahlreichen Änderungen, die das Fernabsatzrecht seit dem Fernabsatzgesetz v. 27.6.2000 erfahren hat, MüKoBGB/*Wendehorst*, § 312c BGB Rz. 5 ff.; Wurm/Wagner/Zartmann/*Scholz*, Kap. 14 Rz. 8 mwN.
2 Hervorhebung hinzugefügt.

b) Fernabsatzrechtliche Schutzmechanismen

Die fernabsatzrechtlichen Bestimmungen regeln Fernabsatzverträge nicht umfassend, sondern sehen **besondere Schutzmechanismen** vor, die bei Anwendung der auch hier geltenden allgemeinen schuldrechtlichen Bestimmungen zu berücksichtigen sind und die danach geltenden Rechtsbehelfe ergänzen.[1]

1.28

aa) Informationspflichten

Ein wesentliches Element des fernabsatzrechtlichen Verbraucherschutzes sind die in § 312d Abs. 1 BGB iVm. Art. 246a §§ 1 ff. EGBGB geregelten umfangreichen **Informationspflichten**.

1.29

Dabei sieht das Gesetz vor, dass wesentliche, im Einzelnen aufgeführte Informationen dem Verbraucherkunden bereits **vor Abschluss des Vertrags** gegeben werden (§ 312d Abs. 1 BGB iVm. Art. 246a § 4 Abs. 1 EGBGB). Diese Informationen sollen den Verbraucher vor einer Überrumpelung schützen und ihn in die Lage versetzen, eine informierte Entscheidung darüber zu treffen, ob für ihn eine Bestellung in Betracht kommt oder nicht.[2] Vgl. zu den Einzelheiten der Informationspflichten für Onlineshops Rz. 2.142 ff., für den Katalogversandhandel Kap. 3 Rz. 3.37 ff., für den Verkauf über Handelsplattformen Rz. 4.16 ff. und zu Besonderheiten im M-Commerce Rz. 5.115 ff., beim Angebot von Finanzdienstleistungen Rz. 7.128 ff. und von Versicherungen Rz. 7.210 ff.

1.30

Daneben verlangt das Gesetz in § 312f Abs. 2 BGB, dass der Vertragsinhalt und – soweit diese nicht schon vor Vertragsschluss auf einem dauerhaften Datenträger mitgeteilt wurden – die nach Art. 246a EGBGB geschuldeten Verbraucherinformationen **innerhalb angemessener Frist nach Vertragsschluss, spätestens bei Lieferung der Ware bzw. vor Ausführung der Dienstleistung** gegeben werden müssen, und zwar auf einem **dauerhaften Datenträger**. Diese Informationen sollen dem Interesse des Verbrauchers an Transparenz und Dokumentation des Vertragsinhalts Rechnung tragen[3] und ihm außerdem eine informierte Entscheidung über die Ausübung seines Widerrufs- bzw. Rückgaberechts ermöglichen.

1.31

Wird nicht ordnungsgemäß über das Widerrufsrecht belehrt, so beginnt die Widerrufsfrist nicht zu laufen und der Verbraucher kann ein Jahr lang widerrufen (vgl. § 356 Abs. 3 BGB). Informationspflichtverletzungen können außerdem durch Mitbewerber und Verbände abgemahnt werden (vgl. Rz. 11.18 ff.).

1.32

bb) Widerrufsrecht

Die zweite Säule des fernabsatzrechtlichen Verbraucherschutzes besteht in dem 14-tägigen **Widerrufsrecht** des Verbrauchers nach §§ 312g Abs. 1 Satz 1, 355 BGB. Danach kann der Verbraucher sich ohne Angabe von Gründen vom geschlossenen Vertrag lösen. Der Verbraucher erhält so die Möglichkeit, die Ware – ähnlich wie sonst im Ladengeschäft – zu prüfen und, wenn ihm die Ware – aus welchen Gründen auch immer – nicht gefällt, nach Widerruf zurückzusenden. Vgl. zu den Einzelheiten des Widerrufsrechts Kap. 2 E, zu Besonderheiten beim Vertrieb über Internethandelsplattformen Rz. 4.28 ff. und im M-Commerce Rz. 5.156 ff., zu Finanzdienstleistungen Rz. 7.152 ff. und zu Versicherungen Rz. 7.257 ff.

1.33

---

1 MüKoBGB/*Wendehorst*, § 312c BGB Rz. 3 f.
2 MüKoBGB/*Wendehorst*, § 312d BGB Rz. 1 f.
3 MüKoBGB/*Wendehorst*, § 312f BGB Rz. 2.

2. Vorschriften über den elektronischen Geschäftsverkehr

1.34 Werden Verträge online geschlossen, so sind zusätzlich die §§ 312i f. BGB anwendbar, die bestimmte Anforderungen für den elektronischen Geschäftsverkehr vorsehen. Während § 312i BGB allgemeine, sowohl für BtoB- als auch für BtoC-Verträge geltende Anforderung an Onlinegeschäfte enthält, sieht § 312j BGB besondere, zusätzlich zu beachtende Pflichten für den elektronischen Geschäftsverkehr zwischen Unternehmern und Verbrauchern vor. Diese **internetspezifischen** Bestimmungen sind bei BtoC-Geschäften neben den fernabsatzrechtlichen Bestimmungen anzuwenden.[1]

1.35 Im Wesentlichen sehen die Bestimmungen zusätzliche **Informationspflichten** (§ 312i Abs. 1 Satz 1 Nr. 2 BGB iVm. Art. 246c EGBGB, § 312j Abs. 1 und 2 BGB) vor und verlangen daneben die Einrichtung eines bestimmten **technischen Prozesses**, nämlich Mittel, mit deren Hilfe der Kunde Eingabefehler vor Abgabe seiner Bestellung erkennen und berichtigen kann (vgl. § 312i Abs. 1 Satz 1 Nr. 1 BGB), sowie die Möglichkeit, die Vertragsbestimmungen einschließlich der AGB bei Vertragsschluss abzurufen und in wiedergabefähiger Form zu speichern (§ 312i Abs. 1 Satz 1 Nr. 4 BGB). Nach § 312j Abs. 3 BGB (sog. **Button-Lösung**) muss zudem eine im Onlineshop vorgesehene Schaltfläche, über die eine Bestellung abgegeben werden kann, gut lesbar mit nichts anderem als den Wörtern „zahlungspflichtig bestellen" oder mit einer entsprechenden eindeutigen Formulierung beschriftet sein. Vgl. zu den Einzelheiten der Button-Lösung Rz. 2.273 ff., zum M-Commerce Rz. 5.89 ff.

3. Sonstige Regelungen

1.36 Neben den fernabsatz- und E-Commerce-spezifischen zivilrechtlichen Bestimmungen in den §§ 312b ff. und 312g BGB sind zahlreiche weitere Bestimmungen für den Versandhandel von erheblicher praktischer Bedeutung. Dies gilt etwa für Regelungen, die den Zahlungsverkehr betreffen (s. Kap. 6), bestimmte produkt- und dienstleistungsspezifische und öffentlich-rechtliche Anforderungen (Kap. 7 und 8), die teilweise auch besondere Regelungen für den Distanzhandel bereithalten, sowie zivilrechtliche Bestimmungen des Minderjährigenrechts und Regelungen des Jugendschutzes (vgl. Kap. 9). Daneben sind von besonderer Bedeutung datenschutzrechtliche Vorschriften (Rz. 10.1 ff.) und vertriebskartellrechtliche Anforderungen (Rz. 10.302 ff.). Online-Händler müssen zudem die internetspezifischen Bestimmungen des TMG beachten, die in diesem Handbuch im Wesentlichen im Zusammenhang mit den darin begründeten Informationspflichten und den datenschutzrechtlichen Anforderungen erörtert werden. Auch das Wettbewerbsrecht spielt in der Praxis des Versandhandels eine wichtige Rolle (Rz. 11.1 ff.). Ein erheblicher Teil der zum Fernabsatz und E-Commerce ergangenen Rechtsprechung betrifft wettbewerbsrechtliche Streitigkeiten. Hintergrund ist ua., dass zahlreiche fernabsatz- und E-Commerce-rechtliche Bestimmungen als Marktverhaltensregeln eingestuft werden, deren Verletzung zugleich als wettbewerbswidrig beanstandet werden kann (vgl. Rz. 11.18 ff.). Online- und Katalogversandhändler sind nicht zuletzt in vielerlei Hinsicht auch mit marken- und urheberrechtlichen Fragestellungen konfrontiert (vgl. dazu Rz. 11.172 ff. und Rz. 11.276 ff.).

II. Europarecht

1. EU-Richtlinien

1.37 Die genannten fernabsatzrechtlichen Bestimmungen und die Vorschriften zum elektronischen Geschäftsverkehr dienen der Umsetzung mehrerer **EU-Richtlinien**.[2] Die Re-

---

1 Vgl. Wurm/Wagner/Zartmann/*Scholz*, Kap. 14 Rz. 17 und 46.
2 Richtlinie 97/7/EG des Europäischen Parlaments und des Rates v. 20.5.1997 über den Verbraucherschutz bei Vertragsabschlüssen im Fernabsatz, ABl. L 144 v. 4.6.1997, S. 19; Richtlinie 2002/65/EG

gelungen sind deshalb **richtlinienkonform auszulegen**. Die jüngste und zuletzt umgesetzte Richtlinie, die **EU-Verbraucherrechte-Richtlinie (VRRL)**,[1] schreibt im Interesse eines hohen Verbraucherschutzniveaus und zur Sicherung der Funktionsfähigkeit des Binnenmarkts in Art. 4 die **Vollharmonisierung** der meisten betroffenen Vorschriften vor, lässt den nationalen Gesetzgebern also nahezu keinen Umsetzungsspielraum. Damit wird der zivilrechtliche Rechtsrahmen für Online- und sonstige Fernabsatzgeschäfte in Europa weitgehend vereinheitlicht. Die international-privatrechtliche Frage des ggf. per Rechtswahl anwendbaren Rechts verliert dadurch an Bedeutung. Insgesamt entsteht für Unternehmen und Verbraucher mehr Rechtssicherheit.

In Deutschland wurde die VRRL verspätet mit dem am 13.6.2014 in Kraft getretenen **Gesetz zur Umsetzung der Verbraucherrecherichtlinie** und zur Änderung des Gesetzes zur Regelung der Wohnungsvermittlung vom 20.9.2013 umgesetzt.[2] Die Neuregelung hat zu teilweise **durchgreifenden Veränderungen des bisher geltenden Rechts** geführt, die oben teilweise skizziert sind und die in den nachfolgenden Kapiteln im Einzelnen erläutert werden. Der Katalog der Informationspflichten wurde nochmals erweitert. Das bisher bestehende Rückgaberecht wurde abgeschafft. Neben der – inhaltlich modifizierten – Widerrufsbelehrung muss nun auch ein vorgegebenes Muster für die Widerrufserklärung bereitgestellt werden. Neu eingeführt wurden auch Sonderregelungen für den Widerruf von Verträgen über digitale Inhalte. Die Rücksendekosten hat – anders als nach altem Recht – nun grundsätzlich kraft Gesetzes der Verbraucherkunde zu tragen.

1.38

2. Ausblick

a) Aufgabe der Pläne zum Gemeinsamen Europäischen Kaufrecht

Die Europäische Kommission hat im Jahr 2011 eine EU-Verordnung über ein **Gemeinsames Europäisches Kaufrecht (GEK)** vorgeschlagen.[3] Im Kern sah der Vorschlag ein eigenständiges, einheitliches Regelwerk vor, das allgemeine vertragsrechtliche Bestimmungen und Verbraucherschutzvorschriften enthält. Es sollte als zweite Vertragsrechtsregelung neben das innerstaatliche nationale Vertragsrecht treten und in grenzüberschreitenden Fällen von den Parteien als anwendbares Recht vereinbart werden können. Damit sollte die Entscheidung kollisionsrechtlicher Fragen und die Ermittlung des Inhalts zwingender nationaler Verbraucherschutzvorschriften weitgehend überflüssig werden.[4] Inzwischen hat die Kommission dieses Vorhaben jedoch offensichtlich **aufgegeben** und sich auf andere legislative Initiativen konzentriert.[5]

1.39

---

des Europäischen Parlaments und des Rates v. 23.9.2002 über den Fernabsatz von Finanzdienstleistungen an Verbraucher und zur Änderung der Richtlinie 90/619/EWG des Rates und der Richtlinien 97/7/EG und 98/27/EG, ABl. L 271 v. 9.10.2002, S. 16 ff.; Richtlinie 2000/31/EG des Europäischen Parlaments und des Rates v. 8.6.2000 über bestimmte rechtliche Aspekte der Dienste der Informationsgesellschaft, insbesondere des elektronischen Geschäftsverkehrs im Binnenmarkt, ABl. EG Nr. L 178, S. 1; Richtlinie 2011/83/EU des Europäischen Parlaments und des Rates v. 25.10.2011 über die Rechte der Verbraucher, zur Abänderung der Richtlinie 93/13/EWG des Rates und der Richtlinie 1999/44/EG des Europäischen Parlaments und des Rates sowie zur Aufhebung der Richtlinie 85/577/EWG des Rates und der Richtlinie 97/7/EG des Europäischen Parlaments und des Rates, ABl. EU Nr. L 304 v. 22.11.2011, S. 64.

1 Vgl. dazu *Dettmers/Dinter*, DRiZ 2012, 24; *Lehmann*, CR 2012, 261 ff.
2 BGBl. I 2013, 3642; vgl. dazu etwa *Bierekoven/Crone*, MMR 2013, 687 ff.; *Oelschlägel*, MDR 2013, 1317 ff.; Bittner/Clausnitzer/Föhlisch/*Clausnitzer*, Das neue Verbrauchervertragsrecht, Rz. 3 ff.; Solmecke/*Rätze*, Handel im Netz, Kap. 5 Rz. 2 ff.
3 Vorschlag der Kommission v. 11.10.2012, KOM (2011) 635 endg.; vgl. dazu näher *Staudenmayer*, NJW 2011, 3491 ff.; *Haug*, K&R 2012, 1 ff.
4 Vorschlag der Kommission v. 11.10.2012, KOM (2011) 635 endg., S. 4.
5 Arbeitsprogramm der Kommission 2015: Ein neuer Start, KOM (2014) 910 endg., Anhang 2, Nr. 60 (Liste der zurückzuziehenden oder zu ändernden Vorschläge); vgl. dazu *Wendland*, GPR 2016, 8.

b) Neue Richtlinien- und Verordnungsentwürfe der Kommission

1.40 Dazu zählen die Richtlinienvorschläge der Kommission vom 9.12.2015 über vertragsrechtliche Aspekte der Bereitstellung digitaler Inhalte (**Digitalgüter-Richtlinie**)[1] und des Online-Warenhandels und anderer Formen des Fernabsatzes von Waren (**Fernabsatz-Richtlinie II**).[2] Die Vorschläge zielen ua. auf eine Vollharmonisierung wesentlicher Teile des Gewährleistungsrechts, wobei nach Vertriebswegen (online oder offline) und Produkten (digitale und sonstige Produkte) differenziert wird. Die Initiativen sind ua. wegen befürchteter Rechtszersplitterung des nationalen Rechts im Zuge einer Umsetzung, zunehmender Verkomplizierung und wenig sachgerecht scheinender Differenzierungen auf Kritik gestoßen, so dass die weitere Entwicklung abzuwarten bleibt.[3] Flankiert werden diese Vorhaben durch zwei Vorschläge der Kommission vom 25.5.2016 für **Verordnungen** über Maßnahmen gegen **Geoblocking**[4] und über grenzüberschreitende **Paketzustelldienste**,[5] die wegen ihrer praktischen Auswirkungen für den Onlinehandel ebenfalls im Blick zu behalten sind.

---

1 Vorschlag für eine Richtlinie des Europäischen Parlaments und des Rates über bestimmte vertragsrechtliche Aspekte der Bereitstellung digitaler Inhalte v. 9.12.2015, KOM (2015) 634 endg.; vgl, dazu *Druschel/Lehmann*, CR 2016, 244 (245 ff.).

2 Vorschlag für eine Richtlinie des Europäischen Parlaments und des Rates über bestimmte vertragsrechtliche Aspekte des Online-Warenhandels und anderer Formen des Fernabsatzes von Waren v. 9.12.2015, KOM (2015) 635 endg.; vgl. dazu *Härting/Gössling*, CR 2016, 165 ff. und *Druschel/Lehmann*, CR 2016, 244 (250 f.).

3 Vgl. Bundesratsbeschlüsse vom 22.4.2016, Drucks. 168/16 und 169/16; Stellungnahme des Bundesverbands Informationswirtschaft, Telekomunikation und Neue Medien e.V. (bitkom) v. 24.2.2016; vgl. näher *Wendland*, GPR 2016, 8 ff.; *Ostendorf*, ZRP 2016, 69 ff.

4 Vorschlag für eine Verordnung des Europäischen Parlaments und des Rates über Maßnahmen gegen Geoblocking und andere Formen der Diskriminierung aufgrund der Staatsangehörigkeit, des Wohnsitzes oder des Ortes der Niederlassung des Kunden innerhalb des Binnenmarkts sowie zur Änderung der Verordnung (EG) Nr. 2006/2004 und der Richtlinie 2009/22/EG, KOM (2016) 289, endg.

5 Vorschlag für eine Verordnung des Europäischen Parlaments und des Rates über grenzüberschreitende Paketzustelldienste, KOM (2016) 285, endg.

Kapitel 2
Online-Shop

A. Shop-Gestaltung

Literatur: *Bamberger/Roth*, Beck'scher Online-Kommentar BGB (Stand 1.5.2016), Kommentierung zu § 312i BGB (Stand 13.6.2014); *Hoeren/Föhlisch*, Trusted Shops Praxishandbuch, Stand Januar 2011; *Hoeren*, Das Telemediengesetz, NJW 2007, 801 ff.; *Hoeren*, Informationspflichten im Internet im Lichte des neuen UWG, WM 2004, 2461 ff.; *Kaestner/Tews*, Anbieterkennzeichnungspflichten nach § 6 TDG, WRP 2002, 1011 ff.; *Lorenz*, Anbieterkennzeichnung nach TMG und RStV, K&R 2008, 340 ff.; *Moritz/Dreier*, Rechts-Handbuch zum E-Commerce, 2. Aufl. 2005; *Ott*, Impressumspflichten für Webseiten – Die Neuregelungen nach § 5 TMG und § 55 RStV, MMR 2007, 354 ff.; *Spindler/Schuster*, Recht der elektronischen Medien, 2. Aufl. 2011; *von Wallenberg*, B2B-Onlineshop – betriebswirtschaftliche und rechtliche Fragen, MMR 2005, 661 ff.; *Woitke*, Das „Wie" der Anbieterkennzeichnung des § 6 TDG, NJW 2003, 872 ff.

I. Überblick

2.1 Die Webshop-Gestaltung unterliegt nur eingeschränkt der freien Gestaltung des Webshopbetreibers. Der Gesetzgeber hat auch für die Webshop-Gestaltung eine Reihe von Vorgaben aufgestellt, denen der Webshopbetreiber nachkommen muss, um nicht zugleich unlauter nach §§ 3, 3a UWG zu handeln.

2.2 Die Shop-Gestaltung beginnt mit der Wahl eines **Domainnamens** und der entsprechenden Registrierung bei den Registerstellen. Hat der Webshopbetreiber einen Domainnamen gewählt und ist sein Webshop hierüber erreichbar, muss er für die Shop-Gestaltung die Anforderungen erfüllen, die das **Telemediengesetz** vorschreibt. Hierzu gehören insbesondere die „Allgemeinen Informationspflichten" nach § 5 TMG. Die allgemeinen Informationspflichten in Bezug auf die Webshop-Gestaltung werden durch die Informationspflichten im elektronischen Geschäftsverkehr ergänzt, die in §§ 312i, 312j BGB festgeschrieben sind. Ferner enthält Art. 246c EGBGB weitere Informationspflichten im elektronischen Geschäftsverkehr, die zwar grundsätzlich die Vertragsgestaltung betreffen, aber dennoch auch Einfluss auf die rechtskonforme Gestaltung des Webshops haben. Die darüber hinausgehenden Informationspflichten bei Fernabsatzverträgen im Allgemeinen und bei Verträgen im elektronischen Geschäftsverkehr im Besonderen werden unter Rz. 2.142 ff. behandelt.

1. Anforderungen im Business-to-Consumer-Bereich (BtoC)

2.3 Sämtliche gesetzliche Regelungen im Telemediengesetz, im Bürgerlichen Gesetzbuch und im Ergänzungsgesetz zum Bürgerlichen Gesetzbuch sind vom Webshopbetreiber[1] zu erfüllen, wenn er Waren oder Dienstleistungen Verbrauchern iSv. § 13 BGB anbieten möchte.

---

1 Dies gilt nur, wenn der Webshopbetreiber auch Unternehmer iSv. § 14 BGB ist. Insbesondere bei eBay-Anbietern ist dies manchmal zweifelhaft.

2. Anforderungen im Business-to-Business-Bereich (BtoB)

Die gesetzlichen Anforderungen in den §§ 4–6 TMG gelten auch für Webshopbetreiber, die **2.4**
ihre Waren und Dienstleistungen ausschließlich an Personen anbieten, die keine Verbraucher iSv. § 13 BGB sind. Das Telemediengesetz stellt also einheitliche Anforderungen an
Webshopbetreiber, ohne danach zu differenzieren, an welche Personengruppe sich der Webshopbetreiber richtet. Die im BGB niedergelegten Pflichten im elektronischen Geschäftsverkehr sind nach Umsetzung der Verbraucherrechterichtlinie in allgemeine und besondere Pflichten im elektronischen Geschäftsverkehr aufgeteilt worden. Nur die allgemeinen
Pflichten im elektronischen Geschäftsverkehr gemäß § 312i BGB gelten im BtoB-Bereich.
Die besonderen Pflichten im elektronischen Geschäftsverkehr gemäß § 312j BGB gelten
dagegen nur im BtoC-Bereich.

Über den Verweis in § 312i Abs. 1 Satz 1 Nr. 2 BGB gelten auch im BtoB-Bereich die Pflich- **2.5**
ten gemäß Art. 246c EGBGB. Allerdings hat der Webshopbetreiber bei Verträgen mit Unternehmern die Möglichkeit, die Anwendbarkeit der Gestaltungs- und Informationspflichten
nach § 312i Abs. 1 Satz 1 Nr. 1 bis 3 (wodurch dann auch die Pflichten nach Art. 246c
EGBGB erfasst sind) und Satz 2 BGB abzubedingen, wie der gesetzlichen Regelung in § 312i
Abs. 2 BGB zu entnehmen ist.

II. Domainregistrierung

1. Überblick

Jeder Webshopbetreiber, der einen Webshop im Internet unterhalten möchte, braucht einen **2.6**
Internetdomainnamen, also eine Adresskennung im Internet, die es ermöglicht, durch einen Computer angesteuert zu werden. Hierbei muss der Webshopbetreiber zunächst entscheiden, unter welcher Top-Level-Domain er seinen Webshop im Internet platzieren
möchte. Er kann hierbei sowohl zwischen Länder-Top-Level-Domains (bspw. „.de") – seit
einiger Zeit gibt es auch Städte-Top-Level-Domains (bspw. „...".hh") – als auch zwischen
verschiedenen generischen Top-Level-Domains (bspw. „.com") wählen. Möglich ist es
auch, für den Webshop mehrere Domainnamen unter derselben Top-Level-Domain oder
denselben Domainnamen unter unterschiedlichen Top-Level-Domains registrieren zu lassen.

Die Wahl der Top-Level-Domain kann schon ein erstes Indiz dafür sein, an welchen Per- **2.7**
sonenkreis in welchen Ländern oder Regionen sich der Webshopbetreiber mit seinem Wa-
ren- und Dienstleistungsangebot richtet. Neben der Wahl einer Top-Level-Domain muss
der Webshopbetreiber mindestens auch noch eine Second-Level-Domain wählen. Bei der
Wahl der **Second-Level-Domain** wird der Webshopbetreiber in der Regel einen Begriff wählen wollen, der mit seinem Unternehmen identisch oder hochgradig ähnlich ist, um die
Verbindung zwischen dem Unternehmen und dem Webshop deutlich zu machen. Teilweise wird auch versucht, auf generische Second-Level-Domains abzustellen, um über diese
Second-Level-Domains möglichst viele Nutzer anzulocken. Bei der Wahl der Second-Level-
Domain kann es häufig dazu kommen, dass der Second-Level-Domainname identisch oder
hochgradig ähnlich mit anderen Unternehmenskennzeichen oder geschützten Marken ist.
Zur rechtlichen Absicherung sollte der Webshopbetreiber eine **Identitäts- und Ähnlichkeitsrecherche** in Bezug auf den von ihm gewählten Namen durchführen, um Rechtsklar-
heit darüber zu erreichen, ob der von ihm gewählte Second-Level-Domainname möglicherweise Kennzeichenrechte Dritter verletzt. Die Möglichkeit der Registrierung, weil die
Second-Level-Domain noch frei ist, sagt nichts darüber aus, ob geschützte Kennzeichen
Dritter verletzt werden, da die Registrierungsstelle diese Rechtsfrage nicht prüft. Die meis-

ten Webshopbetreiber verzichten dennoch auf eine Identitäts- und Ähnlichkeitsrecherche wegen des nicht unerheblichen Zeit- und Kostenaufwands.[1]

2. Domainregistrierung von „.de-Domains" (für Deutschland)

2.8 Zuständig für die Registrierung von Domains unter der deutschlandspezifischen Top-Level-Domain „.de" ist die DENIC Domainverwaltungs- und Betriebsgesellschaft e.G., eine eingetragene Genossenschaft mit Sitz in Frankfurt am Main (nachfolgend DENIC).[2]

2.9 Die Registrierung von Domainnamen bei der DENIC kann durch zwei unterschiedliche Personenkreise vorgenommen werden. Einerseits sind dies die genossenschaftlichen Mitglieder der DENIC, wozu im Wesentlichen die größeren deutschen Internetserviceprovider zählen. Andererseits können Domainregistrierungen auch durch die Internetnutzer selbst über den Service „DENIC-direct" vorgenommen werden.[3] Eine Liste sämtlicher Genossenschaftsmitglieder ist unter www.denic.de/d/denic/Mitgliedschaft/Mitgliederliste/Index. jsp abrufbar. Informationen zur Registrierung durch die Internetnutzer können über www. denic.de/d/domain/denicdirect/direct.html abgerufen werden. Unabhängig davon, wie die Anmeldung konkret vorgenommen wird, wird nach den Domainrichtlinien der DENIC stets diejenige Person Vertragspartner der DENIC, zu deren Gunsten die angemeldete Domain eingetragen werden soll. Der Webshopbetreiber wird also in der Regel selbst Vertragspartner der DENIC, wenn er nicht ausnahmsweise den Domainnamen zugunsten eines Dritten registrieren lässt.[4]

2.10 Bei einer Domainregistrierung über einen Internetserviceprovider wird also nicht der Internetserviceprovider, sondern der jeweilige Auftraggeber des Internetserviceproviders als Domaininhaber bei der DENIC registriert.[5]

2.11 Der Domaininhaber muss seinen Sitz nicht in Deutschland haben. Die DENIC-Domainrichtlinien verlangen lediglich, dass der administrative Ansprechpartner (der sog. Admin C) eine inländische Person ist, falls der Domaininhaber seinen Sitz nicht in Deutschland hat. Dieser gilt als Vertreter des Domaininhabers und Zustellungsbevollmächtigter iSd. §§ 174 f. ZPO, mit der Folge, dass etwaige kennzeichenrechtliche Ansprüche auch dann, wenn der Domaininhaber ein ausländisches Unternehmen ist, unter der Admin-C-Adresse zugestellt werden können.[6] Zur Störerhaftung des Admin C vgl. Rz. 11.139 ff.

3. Domainregistrierung von sonstigen Domains (im Ausland)

2.12 Der Webshopbetreiber, der sich dazu entschließt, seinen Webshop auch über andere nationale Top-Level-Domains oder über generische Top-Level-Domains erreichbar zu machen, müsste entsprechende Registrierungen im Ausland vornehmen. Bei ausländischen Top-Le-

---

1 Zu den Kennzeichenkonflikten im Zusammenhang mit der Registrierung von Second-Level-Domainnamen vgl. die Darstellung bei Moritz/Dreier/*Dieselhorst/Plath*, Rechts-Handbuch zum E-Commerce, Rz. 881 ff.

2 Denic e.G., Wiesenhüttenplatz 26, 60329 Frankfurt/Main; instruktiv Moritz/Dreier/*Dieselhorst/ Plath*, Rechts-Handbuch zum E-Commerce, Rz. 841 ff.

3 Moritz/Dreier/*Dieselhorst/Plath*, Rechts-Handbuch zum E-Commerce, Rz. 841 ff.

4 Etwas anderes gilt, wenn Internetserviceprovider Domains für ihre Auftraggeber im eigenen Namen anmelden. In diesem Fall ist rechtlicher Inhaber der Domain und damit auch der Vertragspartner der DENIC der Internetserviceprovider. Der Kunde des Internetserviceproviders hat jedoch in der Regel aus dem Auftragsverhältnis mit dem Internetserviceprovider einen Anspruch auf Herausgabe der Domain. Hierauf sollte der Kunde in dem Vertrag mit dem Internetserviceprovider achten.

5 Moritz/Dreier/*Dieselhorst/Plath*, Rechts-Handbuch zum E-Commerce, Rz. 842 ff.; der Internetserviceprovider als Domainverwalter haftet im Übrigen nicht für unzureichende Impressumsangaben, OLG Hamm v. 17.12.2013 – 4U 100/13.

6 Moritz/Dreier/*Dieselhorst/Plath*, Rechts-Handbuch zum E-Commerce, Rz. 843 ff.

vel-Länderdomains ist jeweils eine nationale Stelle für die Registrierung von Second-Level-Domains zuständig.[1] Der Registrierungsablauf erfolgt dann ähnlich wie bei der DENIC.

Im Gegensatz zu den Top-Level-Länderdomains werden die generischen Top-Level-Domains nicht durch eine zentrale Stelle vergeben, sondern durch mehrere miteinander im Wettbewerb stehende Serviceprovider, die bei der ICANN[2] akkreditiert sind.[3]   2.13

Die grundsätzlichen Registrierungsvoraussetzungen über die einzelnen Internetserviceprovider unterscheiden sich wegen der Vorgaben durch die ICANN nicht. Unterschiede zwischen den Internetserviceprovidern bestehen hinsichtlich der Registrierungspreise sowie der Einzelheiten der Domainverwaltung.[4]   2.14

Der Webshopbetreiber braucht sich darum jedoch in der Regel nicht selbst zu kümmern, wenn der Domainname auch unter einer ausländischen nationalen Top-Level-Domain oder unter einer generischen Top-Level-Domain registriert werden soll. In der Praxis kann er meist auf seinen lokalen Internetserviceprovider zurückgreifen, der Geschäftsbeziehungen zu den anderen Internetserviceprovidern unterhält.   2.15

⮕ **Praxistipp:** Die Wahl, unter welcher Top-Level-Domain der Webshopbetreiber seinen Webshop im Internet anbieten möchte, sollte davon abhängig gemacht werden, welcher Kundenkreis angesprochen werden soll. Ein Webshopbetreiber mit Sitz in Deutschland, der insbesondere deutschsprachige Kunden ansprechen möchte, wird in jedem Fall unter der Top-Level-Domain „.de" seinen Webshop anbieten. Häufig und vorteilhaft wäre es, wenn er seinen Webshop zusätzlich auch unter der Top-Level-Domain „.com" registrieren lassen könnte. Für Webshopbetreiber, die insbesondere in ganz Europa Ihre Waren-/Dienstleistungen anbieten möchten, bietet sich zusätzlich die Registrierung eines Domainnamens unter der Top-Level-Domain „.eu" an. Fällt die Wahl des Second-Level-Domainnamens auf einen Phantasiebegriff, muss lediglich darauf geachtet werden, ob dieser Begriff nicht identisch oder hochgradig ähnlich mit einem bekannten oder gar berühmten Kennzeichen ist. Bei der Verwendung eines generischen Begriffs als Second-Level-Domainnamen muss zusätzlich geprüft werden, ob die Wahl des Domainnamens nicht unter lauterkeitsrechtlichen Gesichtspunkten wettbewerbswidrig sein kann. Letzteres hängt davon ab, welcher Inhalt unter der Domain abrufbar gehalten wird.   2.16

III. Allgemeine Gestaltungs- und Informationspflichten

1. Überblick

§ 5 Abs. 1 TMG normiert, dass ein Diensteanbieter[5] für geschäftsmäßige, in der Regel gegen Entgelt angebotene Telemedien die in § 5 Abs. 1 Nr. 1 bis 7 TMG aufgeführten Infor-   2.17

---

1 Die zuständigen Registrierungsstellen sind unter www.iana.org/cctld/ccld-whois.htm abrufbar.
2 ICANN = Internet Corporation for Assigned Names and Numbers; die ICANN ist eine Art Dachorganisation für die Verwaltung generischer Top-Level-Domains; nähere Informationen unter www.icann.org.
3 Eine vollständige Liste der akkreditierten Registrierungsstellen ist unter www.icann.org/registras/accredited-list.html verfügbar.
4 Moritz/Dreier/*Dieselhorst*/*Plath*, Rechts-Handbuch zum E-Commerce, Rz. 844 ff.
5 Nach § 3 Abs. 1 TMG gelten die Anforderungen auch für einen in der Bundesrepublik Deutschland niedergelassenen Diensteanbieter, wenn dieser bspw. seine Leistungen ausschließlich für Nutzer in anderen Ländern anbieten sollte, also beispielsweise ein Webshopbetreiber mit Sitz in der Bundesrepublik Deutschland, der ausschließlich Nutzer/Käufer mit gewöhnlichem Aufenthalt in der Schweiz bedient. Nach § 3 Abs. 2 TMG führt das in § 3 Abs. 1 TMG niedergelegte Herkunftslandprinzip dazu, dass ein Diensteanbieter (Webshopbetreiber) mit Sitz in einem EU-Land, grundsätzlich nicht die Anforderungen nach § 5 Abs. 1 TMG erfüllen muss, es sei denn, eine der Ausnahmeregelungen von § 3 Abs. 5 TMG greift ein.

mationen leicht erkennbar, unmittelbar erreichbar und ständig verfügbar zu halten hat. Es handelt sich hierbei um die sogenannten **Anbieterkennzeichnungspflichten (Impressumspflicht)**, die ein gewerbsmäßiger Webshopbetreiber zur Verfügung stellen muss.[1] Die Anbieterkennzeichnungspflichten treffen aber auch natürliche oder juristische Personen, die auf einer Internetplattform lediglich für Waren werben, ohne dass auf dieser Internetplattform eine unmittelbare Bestellmöglichkeit oder sonstige Interaktionsmöglichkeit besteht.[2] Keine Impressumspflicht besteht allerdings für **Wartungsseiten (Baustellenschild, „Under Construction", „Hier entsteht eine Webpräsenz")**.[3] Etwas anderes gilt aber, wenn der Internetauftritt bereits so weit fortgeschritten ist, wenn auch noch nicht abgeschlossen, dass er erkennbar den Zweck hat, wirtschaftliche Interessen zu verfolgen.[4] Weichen Webseitenbetreiber und Verkäufer voneinander ab, muss dies ebenfalls hinreichend deutlich gemacht werden. Der Verkäufer ist dann aber kein Diensteanbieter iSv. § 5 Abs. 1 TMG und muss daher auch nicht der Anbieterkennzeichnungspflicht nach § 5 Abs. 1 TMG nachkommen. Gleichwohl bleibt der Verkäufer aus anderen Vorschriften (zB bei Verträgen mit Verbrauchern gemäß Art. 246a § 1 Abs. 1 Satz 1 Nr. 2–3 EGBGB) gegenüber dem Käufer verpflichtet, seine Identität und seine ladungsfähige Anschrift anzugeben.

2.18　§ 5 Abs. 1 TMG stellt damit sowohl inhaltliche Anforderungen an die Anbieterkennzeichnung als auch formelle Anforderungen betreffend die Auffindbarkeit und Abrufbarkeit im Webshop.

2. Anbieterkennzeichnung

a) Inhaltliche Anforderungen

2.19　§ 5 Abs. 1 Nr. 1 TMG verlangt in der Anbieterkennzeichnung die Angabe des Namens und der Anschrift, unter der der Diensteanbieter niedergelassen ist, bei juristischen Personen zusätzlich die Angabe der Rechtsform, des Vertretungsberechtigten und, sofern Angaben über das Kapital der Gesellschaft gemacht werden, die Angabe des Stamm- oder Grundkapitals sowie, wenn nicht alle in Geld zu leistenden Einlagen eingezahlt sind, des Gesamtbetrages der ausstehenden Einlagen.

2.20　§ 5 Abs. 1 Nr. 2 TMG verlangt weitere Kontaktinformationen, § 5 Abs. 1 Nr. 3 TMG die Angabe der zuständigen Aufsichtsbehörde, § 5 Abs. 1 Nr. 4 TMG eine etwaige Registerangabe, § 5 Abs. 1 Nr. 5 TMG berufsrechtliche Angaben, § 5 Abs. 1 Nr. 6 TMG die Angabe der Umsatzsteuer-Identifikationsnummer und § 5 Abs. 1 Nr. 7 TMG Angaben über eine etwaige Abwicklung einer Gesellschaft. Im Einzelnen:

aa) Namens- und Vertretungsangabe

2.21　Gewerbetreibende ohne Handelsregistereintrag müssen in der Anbieterkennzeichnung den **Vor- und Familiennamen** angeben. Ein Verstoß gegen die Anbieterkennzeichnungspflicht nach § 5 Abs. 1 Nr. 1 TMG liegt bereits dann vor, wenn der Vorname fehlt oder ab-

---

1 Ein Diensteanbieter handelt geschäftsmäßig, wenn er Telemedien auf Grund einer nachhaltigen Tätigkeit, also eine, die über einen längeren Zeitraum ausgerichtet ist und sich nicht auf einen Einzelfall beschränkt, mit oder ohne Gewinnerzielungsabsicht erbringt – Spindler/Schuster/*Micklitz/ Schirmbacher*, Recht der elektronischen Medien, § 5 TMG Rz. 8. Ausgenommen sind insofern lediglich private Gelegenheitsgeschäfte, zB einzelne Versteigerungen auf Auktionsplattformen oder Einträge auf virtuellen schwarzen Brettern – Spindler/Schuster/*Schirmbacher*, Recht der elektronischen Medien, § 5 TMG Rz. 8 mit Verweis auf Begr. BT-Drs. 13/7385.
2 OLG Düsseldorf v. 18.6.2013 – 20 U 145/12, GRUR-RR 2013, 433 = NJW-RR 2013, 1305.
3 LG Düsseldorf v. 15.12.2010 – 12 O 312/10, K&R 2011, 281 (281).
4 LG Aschaffenburg v. 3.4.2012 – 2 HK O 14/12, CR 2013, 58.

gekürzt wird.[1] Bei der Gesellschaft bürgerlichen Rechts (GbR) ist der vollständige Vor- und Familienname von mindestens einem vertretungsberechtigten Gesellschafter zu nennen. Ist im Gesellschaftsvertrag die Vertretung der Gesellschaft nicht ausdrücklich einem Gesellschafter übertragen, müssen im Impressum alle Gesellschafter mit Vor- und Familienname genannt werden, da der gesetzliche Regelfall ist, dass die GbR von allen Gesellschaftern gemeinschaftlich vertreten wird.[2]

Bei juristischen Personen, dh. bei Personen- und Kapitalgesellschaften, muss zusätzlich die Rechtsform angegeben werden[3]. Ferner ist erforderlich, dass bei juristischen Personen auch ein Vertretungsberechtigter mit Vor- und Familiennamen benannt wird. Dies muss nicht der **gesetzliche Vertreter** sein. Die Angabe eines **rechtsgeschäftlichen Vertreters** reicht aus, da auch an ihn gemäß § 171 Satz 1 ZPO eine Zustellung möglich ist, soweit es sich um eine natürliche Person handelt.[4] Nicht ausreichend ist dagegen die Angabe eines *„für den Inhalt Verantwortlichen"*, da dieser nicht zwingend vertretungsberechtigt ist.[5]   **2.22**

Sofern ein gesetzlicher und nicht nur ein rechtsgeschäftlicher Vertreter benannt wird, bedeutet dies bei einer Kommanditgesellschaft, dass der oder die Komplementärin mit Vor- und Familienname benannt werden muss. Bei einer GmbH & Co. KG muss die Gesellschaft mit beschränkter Haftung als Vertretungsberechtigte der GmbH & Co. KG benannt werden, also die Komplementär-GmbH, und hier wiederum auch, wer Geschäftsführer der GmbH ist. Bei einer Aktiengesellschaft muss mindestens ein Vertretungsberechtigter Vorstand, in der Regel der Vorstandsvorsitzende, benannt werden. Die Auflistung des gesamten Vorstands ist dagegen nicht erforderlich; ebenso wenig die Benennung des Aufsichtsratsvorsitzenden.[6]   **2.23**

Bei mehreren Vertretungsberechtigten reicht die Angabe eines Vertretungsberechtigten aus, da nach § 170 Abs. 3 ZPO auch für eine wirksame Klageerhebung die Zustellung an einen Vertretungsberechtigten genügt.[7]   **2.24**

---

1 Vgl. LG Berlin v. 11.5.2010 – 15 O 104/10 – Rz. 47–49, Magazindienst 2010, 763 (770); die Abkürzung des Vornamens mit „M." reiche nicht als Namensangabe iSd. § 5 Abs. 1 Nr. 1 TMG aus, da die Abkürzung des Vornamens mit einem Buchstaben die Identität des Inhabers nicht mit der gebotenen Klarheit und Eindeutigkeit erkennen lasse. Dies stelle eine nicht unerhebliche Verletzung der Anbieterkennzeichnungspflicht dar, weil der vollständige Name des Anbieters erst auf anderem Wege ermittelt werden müsse, um etwa die nach § 253 Abs. 2 Nr. 1 ZPO erforderliche Angabe zur Identität eines Antragsgegners oder Beklagten in einem Gerichtsverfahren zu erhalten. Daher sei der Verstoß bei dem Impressum einer Einzelfirma keine Bagatelle iSd. § 3 UWG; so bereits in einem einstweiligen Verfügungsverfahren KG Berlin v. 13.2.2007 – 5 W 34/07, NJW-RR 2007, 1050 (1050); so auch OLG Düsseldorf v. 4.11.2008 – 20 U 125/08, CR 2009, 267 (267) = K&R 2009, 125 (126), bzgl. des Fehlens des ausgeschriebenen Vornamens des Geschäftsführers bei einem persönlich haftenden Gesellschafter. Das OLG Düsseldorf stuft das Fehlen der vollständigen Namensangabe eines persönlich haftenden Gesellschafters ebenfalls als eine nicht nur unerhebliche Beeinträchtigung iSv. § 3 UWG ein, erblickt hierin also einen Wettbewerbsverstoß; aA KG Berlin v. 11.4.2008 – 5 W 41/08, CR 2008, 580 (590), MMR 2008, 541 (544), das bei der Abkürzung des Vornamens mit dem ersten Buchstaben des Vertretungsberechtigten der persönlich haftenden Gesellschafterin einer GmbH & Co. KG zwar einen Verstoß gegen § 5 Abs. 1 Nr. 1 TMG erblickt, aber nicht ein mehr als nur unerhebliche Beeinträchtigung iSv. § 3 UWG; ebenso LG München v. 4.5.2010 – 33 O 14269/09 (Rz. 25), GRUR-RR 2011, 75 (76).
2 *Hoeren/Föhlisch*, Trusted Shops Praxishandbuch, Stand Januar 2011, R 124.
3 OLG München v. 14.11.2013 – 6 U 1888/13, WRP 2014, 591.
4 Spindler/Schuster/*Micklitz/Schirmbacher*, Recht der elektronischen Medien, § 5 TMG Rz. 36.
5 OLG München v. 26.7.2001 – 29 U 3265/01, CR 2002, 55 (55) = NJW-RR 2002, 348 (348).
6 AA, aber unzutreffend, weil den Zweck der Anbieterkennzeichnung nach § 5 TMG verkennend; *Hoeren/Föhlisch*, Trusted Shops Praxishandbuch, Stand Januar 2011, R 150.
7 So auch Spindler/Schuster/*Micklitz/Schirmbacher*, Recht der elektronischen Medien, § 5 TMG Rz. 37 mwN.

2.25   Fehlt es bei einem Onlineauftritt eines Diensteanbieters an einem ausdrücklichen Impressum, ist jeder der angegebenen potentiellen Ansprechpartner für die angebotenen Leistungen zumindest als **Mitstörer** verantwortlich.[1] Dies gilt auch bei objektiv widersprüchlichen Impressums-Angaben, die auf zwei unterschiedliche Unternehmen verweisen.[2]

2.26   Die Namens- und Vertretungsangabe nach dem Telemediengesetz wird ergänzt durch die **Informationspflichten bei Fernabsatzverträgen** nach Art. 246a § 1 Satz 1 Abs. 1 Nr. 2 und 3 EGBGB.

2.27   Die Pflichtangaben nach Art. 246a § 1 Satz 1 Nr. 2 EGBGB entsprechen weitgehend denen von § 5 Abs. 1 Nr. 1 TMG. § 5 Abs. 1 Nr. 1 TMG verlangt allerdings bei juristischen Personen die Angabe des Vertretungsberechtigten. Dies ist eine zusätzliche Angabe, die nicht von den Pflichtangaben nach Art. 246a § 1 Satz 1 Nr. 2 und 3 EGBGB gefordert wird. Der Vertretungsberechtigte muss mit Vor- und Familiennamen benannt werden.

2.28   Art. 246a § 1 Satz 1 Nr. 3 EGBGB verlangt ergänzend zu den Pflichtangaben nach Art. 246a § 1 Satz 1 Nr. 3 EGBGB die Angabe der Geschäftsanschrift oder Anschrift des Unternehmers für den der Webshopverkäufer ggf. handelt, um an diese Person Beschwerden anbringen zu können. Letztlich handelt es sich um eine Offenlegung von Vertretungsverhältnissen, wenn ein solches vorliegt.

bb) Anschriftenangabe

2.29   Der Diensteanbieter muss nach § 5 Abs. 1 Nr. 1 TMG seine Anschrift angeben. Dies erfordert für den Webshopbetreiber die Angabe einer vollständigen Postanschrift mit Postleitzahl, Ort, Straße und Hausnummer.[3] Nach der Gesetzesbegründung soll die Verpflichtung zur Namens- und Anschriftenangabe dem Nutzer im Streitfall eine **ladungsfähige Anschrift iSv. § 253 Abs. 2 Nr. 1 ZPO** iVm. § 130 Nr. 1 ZPO zur Verfügung stellen, um eine Rechtsverfolgung zu ermöglichen.[4] Nicht ausreichend ist daher die Angabe eines Postfaches[5] oder die Angabe der einem Großunternehmen zugeteilten Postleitzahl.[6] Wünschenswert wäre es, wenn der Gesetzgeber dies auch im Gesetzestext klargestellt hätte. Besitzt der Webshopbetreiber mehrere Niederlassungen, so muss diejenige Anschrift der Niederlassung genannt werden, bei der die organisatorischen Ressourcen für den Betrieb der Telemedien gebündelt sind. Im Zweifel ist dies die Hauptniederlassung.[7]

cc) Kapitalangaben

2.30   Nach § 5 Abs. 1 Nr. 1 TMG müssen bei juristischen Personen, sofern Angaben über das Kapital der Gesellschaft gemacht werden, das **Stamm- oder Grundkapital** sowie, wenn nicht alle in Geld zu leistenden Einlagen gezahlt sind, der **Gesamtbetrag der ausstehen-**

---

1   LG Hamburg v. 19.8.2010 – 327 O 332/10, ZUM-RD 2011, 193 (194).
2   OLG Hamburg v. 9.9.2004 – 5 U 194/03 – EroticsLive, CR 2005, 294 (296) = MMR 2005, 322 (323).
3   Spindler/Schuster/*Micklitz/Schirmbacher*, Recht der elektronischen Medien, § 5 TMG Rz. 34 mwN.
4   Vgl. BT-Drs.14/6098, S. 21.
5   So LG München v. 19.11.2013 – 33 O 9802/13, WRP 2014, 751.
6   Spindler/Schuster/*Micklitz/Schirmbacher*, Recht der elektronischen Medien, § 5 TMG Rz. 34. Nach OLG Karlsruhe v. 27.4.2006 – 4 U 119/04, WRP 2006, 1038 (1038), und OLG Sachsen-Anhalt v. 16.3.2006 – 10 W 3/06, K&R 2006, 414 (414), stellt des Fehlen der Anschriftenangabe einen Verstoß gegen § 5 Abs. 1 Nr. 1 TMG dar, der den Wettbewerb nicht nur unerheblich iSv. § 3 UWG beeinträchtigt. Keine Auswirkung auf diese Rechtslage hat im Übrigen die Entscheidung BGH v. 25.1.2012 – VIII ZR 95/11, CR 2012, 268–269, nach der die Angabe einer Postfachanschrift als Widerrufsadresse in einer Widerrufsbelehrung für ausreichend erklärt wird. Denn diese Entscheidung bezieht sich nicht auf die Anbieterkennzeichnungspflichten.
7   Spindler/Schuster/*Micklitz/Schirmbacher*, Recht der elektronischen Medien, § 5 TMG Rz. 35.

den Einlagen angegeben werden.[1] Die Angaben müssen nur gemacht werden, wenn überhaupt Angaben zum Stamm- bzw. Grundkapital erfolgen. Unklar ist, ob bei Angaben über das Kapital der Gesellschaft irgendwo im Internetauftritt dies zu einer erweiterten Impressumspflicht führt oder es ausreichend ist, wenn an der Stelle, wo Angaben zum Kapital der Gesellschaft erfolgen, auch die Angaben zum Stamm- oder Grundkapital oder gegebenenfalls zu den noch zu leistenden Einlagen erfolgen können. Weitgehend Einigkeit besteht darin, dass die Kapitalangaben nach § 5 Abs. 1 Nr. 1 TMG auch dann erfolgen müssen, wenn eine Angabe zum Kapital nicht im Impressum, sondern an anderer Stelle auf der Webseite erfolgt. In diesem Fall soll es aber ausreichend sein, wenn auch an der entsprechenden Stelle auf der Webseite der Informationspflicht aus § 5 Abs. 1 Nr. 1 TMG nachgekommen wird. Eine Wiederholung der Angabe im Impressum soll nicht erforderlich sein.[2]

Dieser Ansicht ist zuzustimmen. Erfolgen Angaben zum Kapital im Impressum, muss auch das Stamm- oder Grundkapital genannt werden und gegebenenfalls der Gesamtbetrag der noch ausstehenden Einlagen. Erfolgen dagegen Angaben zum Kapital der Gesellschaft nicht im Impressum, sondern irgendwo auf der Webseite, müssen die entsprechenden Informationen auch nur dort erfolgen. Sinn und Zweck der EU-Publizitätsrichtlinie 2003/58/EG ist nicht, dass an allen Stellen sämtliche Informationspflichten erfüllt sein müssen, sondern dass den Informationspflichten dort nachgekommen wird, wo sie sinnvoll für den Nutzer sind.   2.31

dd) Weitere Kontaktinformationen

Nach § 5 Abs. 1 Nr. 2 TMG muss der Dienstanbieter Angaben machen, die eine **schnelle elektronische Kontaktaufnahme und unmittelbare Kommunikation** mit ihm ermöglichen, einschließlich der Adresse der elektronischen Post.   2.32

Zur unmittelbaren Kommunikation werden Telefonnummer[3], Faxnummer und auch ICQ-Kennung gezählt.[4] Zur elektronischen Kontaktaufnahme reicht die Angabe einer E-Mail-Adresse[5]. Die Gesetzesformulierung zeigt, dass mindestens eine Angabe erfolgen muss, die eine unmittelbare Kommunikation ermöglicht und zusätzlich die E-Mail-Adresse, mit der eine elektronische Kontaktaufnahme möglich ist[6].   2.33

Umstritten ist, ob in jedem Fall zur unmittelbaren Kommunikation eine **Telefonnummer** angegeben werden muss.[7] Nach dem Wortlaut des Gesetzestextes ist die Angabe der Telefonnummer nicht zwingend, da eine unmittelbare Kommunikation nicht nur durch das Telefon möglich ist. Unmittelbar ist nicht iSv. Kommunikation in Form von Rede und   2.34

---

1 Diese Regelungen beruhen auf der Umsetzung von Art. 4 Abs. 3 der sog. EU-Publizitätsrichtlinie 2003/58/EG.
2 Näher hierzu Spindler/Schuster/*Micklitz/Schirmbacher*, Recht der elektronischen Medien, § 5 TMG Rz. 39; *Lorenz*, K&R 2008, 340 (344).
3 Unzulässig ist aber die Angabe einer Mehrwertdienstnummer, deren Nutzung Kosten an der Obergrenze des rechtlich zulässigen Bereichs verursacht, OLG Frankfurt v. 2.10.2014 – 6 U 219/13, ZUM-RD 2015, 11 ff. = CR 2015, 50 = ITRB 2015, 7.
4 Spindler/Schuster/*Micklitz/Schirmbacher*, Recht der elektronischen Medien, § 5 TMG Rz. 40.
5 Die Angabe einer E-Mail-Adresse, die eine automatisierte Antwort-E-Mail auslöst, in der auf Online-Kontaktformulare verwiesen wird, erfüllt nicht die Anforderungen an die Angabe einer E-Mail-Adresse; so LG Berlin v. 28.8.2014 – 52 O 135/13, MMR 2015, 413 = CR 2015, 333.
6 So auch LG Bamberg v. 28.11.2012 – 1 HKO 29/12, das die Angabe der postalischen Anschrift und der E-Mail-Adresse im Impressum nicht genügen lässt.
7 So die Gesetzesbegründung BT-Drs.14/6098, S. 21; OLG Oldenburg v. 12.5.2006 – 1 W 29/06, NJW-RR 2007 189 (190); aA OLG Hamm v. 17.3.2004 – 20 U 222/03, NJW-RR 2004, 1045 (1046); als finale Entscheidung offengelassen, aber in der Tendenz klares Votum für die Angabe einer Telefonnummer OLG Köln v. 13.2.2004 – 6 U 109/03, MMR 2004, 412 (413), zumindest die Angabe der Telefon- oder Faxnummer sei erforderlich.

Gegenrede, dh. als echter Austauschdialog zu verstehen, sondern iSv. „ohne Einschaltung von weiteren Personen".[1] Es wird lediglich eine Antwort in angemessener Frist verlangt, jedoch keine sofortige Reaktion.[2] Dem gesamten Gesetzeswortlaut sowie der Zielsetzung des Gesetzes ist aber zu entnehmen, dass eine Möglichkeit der unmittelbaren Kommunikation vorzuhalten ist, die auf einer nichtelektronischen Kommunikation beruht, um eben auch eine Kommunikation ohne Netzzugang zu ermöglichen.[3] Die Möglichkeit, online durch Dateneingabe um Rückruf zu bitten, ist daher nicht ausreichend.[4] Auch die Zurverfügungstellung von **Anrufbeantwortern** dürfte nur dann genügen, wenn dieser dem direkten Zugriff des Diensteanbieters unterliegt und er regelmäßig abgehört wird und damit zu einer Antwort binnen angemessener Frist führt. Vor diesem Hintergrund muss die Angabe einer Telefonnummer oder Faxnummer in der Anbieterkennzeichnung verlangt werden. Anderenfalls stünden dem Nutzer, der sich über die Möglichkeiten zur Kontaktaufnahme mit dem Diensteanbieter über die Anbieterkennzeichnung informiert hat und danach vom Netzzugang aus irgendeinem Grund ausgeschlossen ist, gerade keine anderweitige Möglichkeit einer unmittelbaren und effizienten Kommunikation zur Verfügung. Eine elektronische Anfragemaske ist in diesem Fall wertlos.

2.35 Der **EuGH** hat allerdings im Jahr 2008 entschieden, dass neben der Adresse der elektronischen Post keine Telefonnummer angegeben werden muss, vielmehr als zweiter Kommunikationsweg die Zurverfügungstellung einer elektronischen Anfragemaske genüge und erst auf Nachfrage des Nutzers auch ein nichtelektronischer Kommunikationsweg zur Verfügung gestellt werden müsse.[5] Diese Ansicht überzeugt aus den dargelegten Gründen nicht und bedarf einer Korrektur.

2.36 ➲ **Praxistipp:** Trotz der Entscheidung des EuGH sollte bereits aus Servicegesichtspunkten sowohl eine Telefon- als auch eine Telefaxnummer in der Anbieterkennzeichnung angegeben werden. Eine rechtliche Verpflichtung besteht für Webshopbetreiber, die ausschließlich Waren anbieten, hierfür allerdings nach derzeitigem Stand nicht. Anders sieht es für Webshopbetreiber aus, die Dienstleistungen erbringen. Gemäß § 2 Abs. 1 Nr. 2 DL-InfoV sind **Dienstleistungserbringer** verpflichtet, eine **Telefonnummer** anzugeben.

2.37 Dem Diensteanbieter ist es nicht gestattet, eine besondere **Gebühr** für die Inanspruchnahme der geforderten Kontaktmöglichkeiten zu verlangen. Es darf sich hierbei lediglich um die üblichen Kosten für die angebotene Kommunikation handeln. Der Diensteanbieter kann also nicht mittels gebührenpflichtiger Servicenummern aus der Kontaktaufnahme zusätzlichen Gewinn erzielen.[6]

---

1 EuGH v. 16.10.2008 – Rs. C-298/07 Rz. 29, NJW 2008, 3553 (3555), MMR 2009, 25 (26) = CR 2009, 17 = ITRB 2009, 27.
2 EuGH v. 16.10.2008 – Rs. C-298/07 Rz. 30, NJW 2008, 3553 (3555), MMR 2009, 25 (26) = CR 2009, 17 = ITRB 2009, 27.
3 EuGH v. 16.10.2008 – Rs. C-298/07 Rz. 39, NJW 2008, 3553 (3555), MMR 2009, 25 (26) = CR 2009, 17 = ITRB 2009, 27; der EuGH hält es aber für ausreichend, wenn neben der E-Mail-Adresse als weitere Kontaktaufnahme eine elektronische Anfragemaske zur Verfügung gestellt wird. Erst wenn der Nutzer den Diensteanbieter um eine nichtelektronische Kontaktaufnahme ersuche, müsse ein nichtelektronischer Kommunikationsweg zur Verfügung gestellt werden. Spindler/Schuster/*Micklitz/Schirmbacher*, Recht der elektronischen Medien, § 5 TMG Rz. 46.
4 AA Spindler/Schuster/*Micklitz/Schirmbacher*, Recht der elektronischen Medien, § 5 TMG Rz. 46.
5 EuGH v. 16.10.2008 – Rs. C-298/07 – Rz. 29, NJW 2008, 3553 (3555) = MMR 2009, 25 (26) = CR 2009, 17 = ITRB 2009, 27.
6 Ebenso Spindler/Schuster/*Micklitz/Schirmbacher*, Recht der elektronischen Medien, § 5 TMG Rz. 47.

ee) Zuständige Aufsichtsbehörde

Gemäß § 5 Abs. 1 Nr. 3 TMG muss der Diensteanbieter Angaben zur zuständigen Aufsichtsbehörde machen, wenn er eine Tätigkeit anbietet oder erbringt, die der **behördlichen Zulassung** bedarf. Existiert keine Aufsichtsbehörde, muss die Zulassungsbehörde angegeben werden, also die Behörde, die ggf. über die Zulassung, den Widerruf sowie die Untersagung der Gewerbeerlaubnis entscheidet.[1] Ziel dieser gesetzlichen Regelung ist es, dass der Nutzer die Möglichkeit erhält, sich bei Bedarf über den Diensteanbieter zu erkundigen und im Falle von Rechtsverstößen gegen Berufspflichten eine behördliche Stelle benannt zu bekommen, an die er sich mit Beschwerden wenden kann.[2]
2.38

Angaben zur zuständigen Aufsichtsbehörde müssen von Diensteanbietern erfolgen, die beispielsweise zu den Gastronomiebetrieben (§§ 1 Abs. 1, 30 GastG), und Maklern (§ 34c Abs. 1 Satz 1 Nr. 1 GewO regelt die Genehmigungsbedürftigkeit der Maklertätigkeit) zählen und auch von Angehörigen freier Berufe, wie Rechtsanwälten, Steuerberatern, Architekten, Apothekern etc.
2.39

Jeder Webshopbetreiber ist verpflichtet, die Anstrengungen zu unternehmen, die erforderlich sind, um zu klären, ob – und wenn ja, welche – Aufsichtsbehörde von ihm benannt werden muss.
2.40

Gesetzlich nicht eindeutig ist geregelt, welche **Angaben zur Aufsichtsbehörde** gemacht werden müssen. Nach dem Sinn und Zweck des Gesetzes, dem Verbraucher die Möglichkeit zu geben, sich an die zuständige Aufsichtsbehörde des Webshopbetreibers zu wenden, wird in jedem Fall der Name der Aufsichtsbehörde mit der entsprechenden Postanschrift ausreichend sein. Daneben sollte es aber auch ausreichend sein, wenn neben der Angabe des Behördennamens weitere Angaben erfolgen, die eine leichte Identifizierung der Behörde ermöglichen, wie zB die Internetadresse der Behörde.[3]
2.41

Ein Verstoß gegen die Anbieterkennzeichnung nach § 5 Abs. 1 Nr. 3 TMG wegen fehlender Nennung der zuständigen Aufsichtsbehörde stellt einen **Wettbewerbsverstoß** dar. Umstritten ist jedoch, ob durch die fehlende Angabe der Wettbewerb spürbar iSd. § 3a UWG beeinträchtigt wird.[4] Dies führt dazu, dass Wettbewerber keine wettbewerbsrechtlichen Unterlassungsansprüche gegen Webshopbetreiber durchsetzen können, die lediglich einen Verstoß gegen die Pflichten zur Angabe der zuständigen Aufsichtsbehörde nach § 5 Abs. 1 Nr. 3 TMG im Rahmen der Impressumspflicht begehen. Etwas anderes kann jedoch gelten, wenn mehrere Verstöße gegen die Impressumspflicht zusammentreffen.
2.42

Wenn auch Mitbewerber nicht gegen einen Webshopbetreiber wegen des Verstoßes gegen die Angabe zur zuständigen Aufsichtsbehörde vorgehen können, so ist dies doch entsprechenden **Verbänden und Vereinen** möglich, denen die Befugnis nach dem Unterlassungsklagengesetz (§§ 3, 4 UKlaG) gegeben ist und die insofern in einem zivilrechtlichen Verfahren den Webshopbetreiber dazu zwingen können, dass er die entsprechenden Angaben vornimmt.
2.43

---

1 OLG Koblenz v. 25.4.2006 – 4 U 1587/05 – Rz. 34, MMR 2006, 624 (625) = K&R 2006, 345 (346); Gewerbezulassungs- und Gewerbeaufsichtsbehörde fallen sachlich und in der Regel auch örtlich zusammen, wenn nicht, ist die für den Webshopbetreiber aktuell örtlich zuständige Gewerbeaufsichtsbehörde anzugeben – so LG Düsseldorf v. 8.8.2013 – 14c O 92/13, GRUR-RR 2014, 168.
2 Vgl. Begr. BT-Drs. 14/6098, S. 21.
3 So auch Spindler/Schuster/*Micklitz/Schirmbacher*, Recht der elektronischen Medien, § 5 TMG Rz. 53a.
4 Gegen eine spürbare Beeinträchtigung: LG München v. 3.9.2008 – 33 O 23089/07, CR 2009, 62 (62); OLG Hamburg v. 3.4.2007 – 3 W 64/07, CR 2008, 606 (607) – beide Entscheidungen beziehen sich noch auf das alte UWG, in dem die Spürbarkeit in § 3 UWG geregelt war; a.A. LG Leipzig v. 12.6.2014 – 5 O 848/13, das eine spürbare Beeinträchtigung bejaht.

ff) Registerangaben

2.44 Nach § 5 Abs. 1 Nr. 4 TMG müssen Angaben zur Art des Registers und der Registernummer erfolgen, wenn der Diensteanbieter in einem Handelsregister, Vereinsregister, Partnerschaftsregister oder Genossenschaftsregister eingetragen ist.

2.45 Bei der Auflistung in § 5 Abs. 1 Nr. 4 TMG handelt es sich um eine **abschließende Aufzählung der öffentlichen Register**. Der Gesetzeswortlaut und die Gesetzesbegründung sprechen dafür.[1] Keine Zustimmung kann die Ansicht von einigen Stimmen in der Literatur finden, dass die gesetzliche Aufzählung in § 5 Abs. 1 Nr. 4 TMG nicht abschließend ist, sondern im Sinne einer gemeinschaftskonformen Auslegung das Gewerberegister hinzugezählt werden müsste.[2] Art. 5 Abs. 1 Buchst. d) der E-Commerce-Richtlinie,[3] der die Grundlage für die Umsetzung in § 5 Abs. 1 Nr. 4 TMG ist, erfordert die Registerangabe für Diensteanbieter, die in einem Handelsregister oder einem vergleichbaren öffentlichen Register eingetragen sind. Insofern sind nur Register gemeint, in denen gewisse Formen von Zusammenschlüssen natürlicher oder juristischer Personen registerrechtlich geführt werden.

2.46 Das Gewerberegister ist allerdings nicht personen- sondern gewerbebezogen. Es handelt sich um ein von den Kommunalverwaltungen in Deutschland geführtes Verzeichnis der gemäß § 14 GewO gemeldeten Gewerbebetriebe. Das Gewerberegister soll Auskunft über Zahl und Art der in seinem Zuständigkeitsbereich vorhandenen Gewerbebetriebe erteilen. Das Gewerberegister ist jedoch kein öffentliches Register und genießt als solches keinen öffentlichen Gutglaubensschutz wie zB das Handelsregister. Deshalb passt es nicht in die vergleichbaren öffentlichen Register iSv. Art. 5 Abs. 1 Nr. 4 Buchst. d) E-Commerce-Richtlinie.[4]

gg) Berufsrechtliche Angaben

2.47 Nach § 5 Abs. 1 Nr. 5 TMG müssen für die reglementierten Berufe iSd. EU-Diplomanerkennungsrichtlinien besondere Angaben erfolgen, um für den Nutzer die Qualifikation, Befugnis und die ggf. besondere Pflichtenstellung des Diensteanbieters transparent zu machen.[5]

2.48 Nach geltendem deutschen Recht gehören zu den **reglementierten Berufen** alle freien Berufe, deren Zugang gesetzlich geregelt ist. Hierzu zählen Ärzte, Zahn- und Tierärzte, Apotheker, Rechtsanwälte, Steuerberater, Wirtschaftsprüfer, Psychotherapeuten sowie Gesundheitshandwerke wie Zahntechniker, Orthopädietechniker, Augenoptiker und Hörgeräteakustiker.[6] Ferner fallen in den Anwendungsbereich der Vorschrift auch Berufe, bei denen die Führung eines bestimmten Titels von Voraussetzungen abhängig gemacht wird. Hierzu zählen Architekten, Innen- und Landschaftsarchitekten, Stadtplaner, beratende Ingenieure sowie Heilhilfsberufe wie Krankenpfleger, medizintechnische und pharmazeutisch-technische Assistenten, Masseure, medizinische Bademeister, Physiotherapeuten, Hebammen, Ergotherapeuten und Logopäden.[7]

---

1 Vgl. Begr. BT-Drs. 14/6098, S. 21.

2 So aber Spindler/Schuster/*Micklitz/Schirmbacher*, Recht der elektronischen Medien, § 5 TMG Rz. 54.

3 E-Commerce-Richtlinie 2000/31/EG des Europäischen Parlaments und des Rates v. 8.6.2000 über bestimmte rechtliche Aspekte der Dienste der Informationsgesellschaft, insbesondere des elektronischen Geschäftsverkehrs, im Binnenmarkt („UGP-Richtlinie").

4 Unzutreffend daher *Hoeren/Föhlisch*, Trusted Shops Praxishandbuch, Stand Januar 2011, R 139, die die Angabe des Gewerberegisters und der Gewerberegisternummer verlangen.

5 Begr. BT-Drs. 14/6098, S. 21; Spindler/Schuster/*Micklitz/Schirmbacher*, Recht der elektronischen Medien, § 5 TMG Rz. 56.

6 Spindler/Schuster/*Micklitz/Schirmbacher*, Recht der elektronischen Medien, § 5 TMG Rz. 58.

7 Spindler/Schuster/*Micklitz/Schirmbacher*, Recht der elektronischen Medien, § 5 TMG Rz. 59; *Kaestner/Tews*, WRP 2002, 1011 (1014).

Onlineanbieter, die den vorgenannten Berufsgruppen angehören, müssen nach § 5 Abs. 1 Nr. 5a TMG die Kammer angeben, der sie angehören, soweit eine Pflichtmitgliedschaft besteht. Nach § 5 Abs. 1 Nr. 5b TMG sind ferner die gesetzliche Berufsbezeichnung und der Staat anzugeben, in dem die Berufsbezeichnung verliehen worden ist; nach § 5 Abs. 1 Nr. 5c TMG muss die Bezeichnung der berufsrechtlichen Regelungen angegeben werden und ferner, wie diese zugänglich sind. Zu den berufsrechtlichen Regelungen zählen alle rechtlich verbindlichen Normen, wie Gesetze und Satzungen, die die Voraussetzungen für die Ausübung des Berufes oder die Führung des Titels sowie ggf. die spezifischen Pflichten der Berufsangehörigen regeln.[1]

2.49

⮕ **Praxistipp:** Für die von Gesetzes wegen geforderte Zugänglichkeit zu den Vorschriften gibt es keine weitere Regelung. Verschiedene Möglichkeiten bieten sich an. Es kann ein Verweis auf die Fundstellen im Bundesgesetzblatt erfolgen oder aber auch praxisnah ein entsprechender Link zu den einschlägigen berufsrechtlichen Sammlungen.[2] Ein Rechtsanwalt kann beispielsweise einen Verweis auf den Internetauftritt der Bundesrechtsanwaltskammer vornehmen, über den die berufsrechtlichen Regelungen für Rechtsanwälte abrufbar sind.

2.50

hh) Umsatzsteuer-Identifikationsnummer

§ 5 Abs. 1 Nr. 6 TMG bestimmt, dass in den Fällen, in denen der Diensteanbieter eine Umsatzsteuer-Identifikationsnummer[3] nach § 27a UStG oder eine **Wirtschafts-Identifikationsnummer**[4] nach § 139c AO besitzt, die Angabe dieser Nummer in der Anbieterkennzeichnung vornehmen muss.

2.51

Besitzt ein Unternehmen beide Identifikationsnummern, soll ein **Wahlrecht** bestehen.[5] Besitzt der Unternehmer weder eine Umsatzsteuer-Identifikationsnummer noch eine Wirtschafts-Identifikationsnummer, bedarf es auch keiner weiteren Angabe zu dieser Thematik in der Anbieterkennzeichnung.

2.52

Umstritten ist in der Rechtsprechung, ob es sich bei einem Verstoß gegen die Pflicht zur Angabe der Umsatzsteuer-Identifikationsnummer nach § 5 Abs. 1 Nr. 6 TMG um eine **spürbare Beeinträchtigung des Wettbewerbs** nach § 3a UWG handelt.[6] Das OLG Hamm, das eine spürbare wettbewerbsrechtliche Beeinträchtigung bejaht, verkennt nicht, dass die Pflichtangabe der Identifikationsnummern weniger dem Verbraucherschutz als vielmehr dem Fiskus dient, meint aber, dass sich das Gericht als Rechtsprechungsorgan nicht abweichend von den europarechtlichen Vorgaben entscheiden könne, was wesentlich oder eben doch unwesentlich und wettbewerbsrechtlich nicht zu ahnden sei.[7] Das LG Berlin

2.53

---

1 Spindler/Schuster/*Micklitz/Schirmbacher*, Recht der elektronischen Medien, § 5 TMG Rz. 62.
2 Nach LG Nürnberg-Fürth v. 25.3.2010 – 3 HK O 9663/09, DStR 2010, 1808 (1808), ist ein Rechtsanwalt nicht verpflichtet, auf seinem Internetauftritt unmittelbar für eine Verlinkung zu den für ihn einschlägigen berufsrechtlichen Regelungen zu sorgen.
3 Die Umsatzsteueridentifikationsnummer wird für Auslandsgeschäfte benötigt und wird vom Bundesamt für Finanzen vergeben. Eine Verpflichtung zur Beschaffung einer Umsatzsteueridentifikationsnummer besteht also nur, wenn ein Webshopbetreiber Auslandsgeschäfte betreibt.
4 Die Wirtschaftsidentifikationsnummer ist in § 139c AO geregelt. Sie wird ohne Antrag von den Finanzbehörden vergeben.
5 *Hoeren*, NJW 2007, 801 (803); Spindler/Schuster/*Micklitz/Schirmbacher*, Recht der elektronischen Medien, § 5 TMG Rz. 64.
6 LG Berlin v. 31.8.2010 – 103 O 34/10, K&R 2010, 748 (749), hier sogar bezogen auf einen Verstoß gegen § 5 Abs. 1 Nr. 4 und Nr. 5 TMG; LG München v. 4.5.2010 – 33 O 14269/09, NJW-RR 2011, 75 (76), es fehle an der Eignung, die Interessen von Mitbewerbern, Verbrauchern oder sonstigen Marktteilnehmern spürbar zu beeinträchtigen; aA OLG Hamm v. 2.4.2009 – 4 U 213/08, K&R 2009, 504 (505).
7 OLG Hamm v. 2.4.2009 – 4 U 213/08 – Rz. 19, K&R 2009, 504 (506).

und das LG München sind dagegen der Ansicht, dass es sich um keine spürbare wettbewerbsrechtliche Beeinträchtigung handelt, da zum einen keine Interessen von Verbrauchern, Mitbewerbern und sonstigen Marktteilnehmern beeinträchtigt werden und zum anderen Art. 7 Abs. 5 iVm. Anhang II der Richtlinie 2000/31/EG nicht entnommen werden kann, dass jede Information als wesentlich zu qualifizieren ist und bei deren Fehlen stets eine spürbare Beeinträchtigung vorliegt.[1]

2.54   Es ist der Ansicht zuzustimmen, die bei einem ausschließlichen Fehlen der Pflichtangabe zur Umsatzsteuer-Identifikationsnummer einen wettbewerbsrechtlichen Verstoß gegen die § 3a, UWG ablehnt. Bei Fehlen dieser Angabe werden keine der durch das UWG geschützten Interessen verletzt, sondern ausschließlich ein **staatliches Interesse**. In diesem Fall können die deutschen Gerichte durchaus bewerten, dass keine spürbare Beeinträchtigung des deutschen Wettbewerbsrechts vorliegt, ohne europarechtliche Regelungen zu verletzen.

2.55   Insofern können nach der hier vertretenen Ansicht Wettbewerber gegen den Onlineanbieter keinen Unterlassungsanspruch geltend machen.

2.56   Unterlassungsansprüche können in diesem Fall nur von den Verbänden und Vereinen geltend gemacht werden, denen die Befugnis nach dem Unterlassungsklagegesetz (§§ 3, 4 UKlaG) gegeben ist und die insofern in einem zivilrechtlichen Verfahren den Webshopbetreiber dazu zwingen können, dass er die erforderlichen Angaben vornimmt.

ii) Angaben zur etwaigen Abwicklung einer Gesellschaft

2.57   Nach § 5 Abs. 1 Nr. 7 TMG muss bei Aktiengesellschaften, Kommanditgesellschaften auf Aktien und Gesellschaften mit beschränkter Haftung, die sich in Abwicklung oder Liquidation befinden, die Angabe hierüber erfolgen. Die Pflichtangabe beschränkt sich also auf **Kapitalgesellschaften**.[2]

jj) Weitere Informationspflichten

2.58   § 5 Abs. 2 TMG bestimmt, dass die in § 5 Abs. 1 TMG genannten Pflichtangaben nicht abschließend sind. Weitere Informationspflichten zur Anbieterkennzeichnung können sich beispielsweise aus § 55 RStV ergeben, wenn der Internetauftritt eines Onlineanbieters an irgendeiner Stelle journalistisch redaktionell gestaltet ist. Webshopbetreiber, die lediglich Waren oder Dienstleistungen anbieten, fallen hierunter in der Regel aber nicht.

b) Formelle Anforderungen

2.59   Die gesetzliche Vorschrift in § 5 Abs. 1 TMG bestimmt, dass die Anbieterkennzeichnungspflichten leicht erkennbar, unmittelbar erreichbar und ständig verfügbar zu halten sind.

aa) Leichte Erkennbarkeit

2.60   Die Frage, wann die Anbieterkennzeichnungspflicht leicht erkennbar ist, musste bereits häufiger von der Rechtsprechung entschieden werden. Nach der Gesetzesbegründung

---

[1] LG München v. 4.5.2010 – 33 O 14269/09 – Rz. 27, NJW-RR 2011, 75 (76); LG Berlin v. 31.8.2010 – 103 O 34/10, K&R 2010, 748 (749), zust. zur Interpretation der Richtlinie 2000/31/EG: OLG München v. 14.7.2009 – 6 W 1774/09, BeckRS 2010, 29549.
[2] Kritisch hierzu *Lorenz*, K&R 2008, 340 (344), der eine Beschränkung auf Kapitalgesellschaften und die Außerachtlassung von Personengesellschaften nicht für sachgerecht hält.

müssen die Anbieterkennzeichnungspflichten an gut wahrnehmbarer Stelle stehen und ohne langes Suchen auffindbar sein.[1] Um dieser Pflicht Genüge zu tun, ist es inzwischen weitgehend üblich geworden, dass die Anbieterkennzeichnungspflichten vollständig auf jeder Webseite entweder in der Kopf- oder Fußzeile unter den Oberbegriffen **„Impressum"** oder „Kontakt"[2] als Link abrufbar gehalten werden. Der Link muss optisch leicht wahrnehmbar sein.[3] Daran fehlt es, wenn der Link in der Nähe von verwechslungsfähigen Bezeichnungen platziert wird[4] oder in sehr kleiner, blasser und drucktechnisch nicht hervorgehobener Schrift gehalten wird, so dass er nicht ohne Schwierigkeiten auffindbar ist.[5] Letztlich muss sich die leichte Erkennbarkeit daran orientieren, wie die Webseite insgesamt gestaltet ist. Es kann daher durchaus notwendig sein, den Link mit der Anbieterkennzeichnung optisch in irgendeiner Weise hervorzuheben.

Praxistipp: Unstrittig leicht erkennbar sind die Anbieterkennzeichnungspflichten, wenn sie über einen Link durch ein einmaliges Klicken abrufbar sind und dieser Link sich in der Kopfzeile jeder Webseite befindet. Zudem sollte der Link eine übliche Bezeichnung tragen, wie beispielsweise „Anbieterkennzeichnung", „Impressum" oder „Kontakt". Hält der Webshopbetreiber in dieser Weise die Anbieterkennzeichnungspflichten abrufbar, kann ihm nicht der Vorwurf gemacht werden, diese seien für die Nutzer nicht leicht erkennbar. Alle abweichenden Verwendungen bergen die Gefahr, dass nach dem derzeitigen Stand der Rechtsprechung das Kriterium der leichten Erkennbarkeit nicht erreicht wird. Ebenso ausreichend ist es aber auch, wenn sich in einer auf jeder Webseite feststehenden Fußzeile ein Informationsblock befindet, der unter dem Obergriff „Rechtliche Hinweise" feststehende Links enthält, wovon einer „Impressum" lautet, über den die Anbieterkennzeichnungspflichten abrufbar sind. — 2.61

Abgesehen von den Begriffen „Impressum" und „Kontakt", die mittlerweile als Link-Begriffe von der Rechtsprechung anerkannt sind, werden auch die **Bezeichnungen** „Mich-Seite" bzw. „Mich", wie es auf eBay üblich ist[6], sowie die Angaben „Web-Impressum", „Anbieterkennzeichnung" oder „Informationen nach § 5 TMG" für zulässig erachtet.[7] Abgelehnt wurden von der Rechtsprechung beispielsweise die Begriffe „Backstage",[8] „Ich freu mich auf E-Mails"[9] oder auch „Info".[10] — 2.62

---

1 Begr. BT-Drs. 14/6098, S. 21; das LG München I v. 4.5.2010 – 33 O 14269/09, NJW-RR 2011, 195 (196), sieht diese Anforderungen als erfüllt an, wenn der Name eines Diensteanbieters auf der leicht überschaubaren Startseite seines Internetauftritts in deutlich abgesetzter Form dargestellt wird, denn § 5 Abs. 1 Nr. 1 TMG schreibe keinen bestimmten Ort für die Anbieterkennzeichnung vor.

2 BGH v. 20.7.2006 – I ZR 228/03, WRP 2006, 1507 (1509); OLG Sachsen-Anhalt v. 13.8.2010 – 1 U 28/10 – Rz. 11, MMR 2010, 760 (761); OLG Hamburg v. 20.11.2002 – 5 W 80/02, MMR 2003, 105 (105), „es muss auf die üblichen Bezeichnungen wie ‚Kontakt' oder ‚Impressum' zurückgegriffen werden."

3 OLG Hamburg v. 20.11.2002 – 5 W 80/02, MMR 2003, 105 (106). OLG München v. 12.2.2004 – 29 U 4564/03 – Rz. 31, MMR 2004, 321 (322) = NJW-RR 2004, 1345 (1345).

4 OLG München v. 12.2.2004 – 29 U 4564/03 – Rz. 32, MMR 2004, 321 (321) = NJW-RR 2004, 1345 (1345).

5 OLG Frankfurt a.M. v. 4.12.2008 – 6 U 187/07 – Rz. 38, CR 2009, 253 (255).

6 KG Berlin v. 11.5.2007 – 5 W 116/07, MMR 2007, 791 (791); LG Traunstein v. 18.5.2005 – 1HKO 5016/04, MMR 2005, 781 (781); OLG Karlsruhe v. 27.4.2006 – 4 U 119/04 – Rz. 44, CR 2006, 689 (690).

7 Spindler/Schuster/*Micklitz/Schirmbacher*, Recht der elektronischen Medien, § 5 TMG Rz. 21 mwN.

8 OLG Hamburg v. 20.11.2002 – 5 W 80/02, MMR 2003, 105 (105).

9 OLG Naumburg v. 13.8.2010 – 1 U 28/10 – Rz. 11, MMR 2010, 760 (761), reicht zumindest nicht aus, um über diese Angabe an die E-Mail-Adresse zu gelangen.

10 LG Aschaffenburg v. 19.8.2011 – 2 HK O 54/11, K&R 2011, 809 = MMR 2012, 38; allerdings für die Anbieterkennzeichnung eines Facebook-Accounts.

2.63 Teilweise werden in der Rechtsliteratur Bezeichnungen wie „Impressum", „Kontakt", „Über uns", „Das Unternehmen", „Nutzerinformationen", „AKZ" uÄ mangels **Klarheit** abgelehnt.[1] Diese Ansicht konnte sich allerdings zumindest in Bezug auf die Begriffe „Impressum" und „Kontakt" in der Rechtsprechung nicht durchsetzen und verkennt in Bezug auf diese Begriffe auch die Rechtswirklichkeit.

2.64 Verschiedentlich hat sich die Rechtsprechung auch mit der Frage beschäftigt, ob ein Link, unter dem die Anbieterkennzeichnungspflichten abrufbar sind und der sich am Seitenende befindet und damit zur Erreichung ein vorheriges „Scrollen" erforderlich macht, noch leicht erkennbar ist.[2] Die Entscheidungen der Gerichte, die eine leichte Erkennbarkeit bei dem Erfordernis des „**Scrollens**" abgelehnt haben, dürften mittlerweile teilweise überholt sein, zumindest, sofern das Scrollen nicht überhandnimmt. Wo die Grenze zu ziehen ist, muss im Einzelfall entschieden werden. Nach dem Verbraucherleitbild, das von einem durchschnittlich informierten, angemessen aufmerksamen und verständigen Durchschnittsverbraucher ausgeht, kann durchaus erwartet werden, dass er auch bis zum Ende einer Seite zwei bis drei Seiten scrollt, um dort erst den Link mit der Anbieterkennzeichnung zu finden. Gleichwohl muss betont werden, dass dies eine suboptimale Ausgestaltung der leichten Erkennbarkeit ist und bei Hinzutreten weiterer Umstände ein Verstoß gegen die leichte Erkennbarkeit vorliegt.

2.65 Nach dem bisherigen Stand der Rechtsprechung sollen auch sogenannte **Tooltips** (Verlinkung mit Mouse-Over-Effekt) für die Einhaltung der leichten Erkennbarkeit ausreichend sein,[3] beispielsweise wenn in der Anbieterkennzeichnung lediglich ein Link mit der Bezeichnung „E-Mails" angegeben ist, bei dessen Überfahren mit der Maus sich ein Fenster mit der E-Mail-Anschrift öffnet.

2.66 Das Impressum enthält nur sehr wenige Begriffe, die eine gewisse Sprachkenntnis voraussetzen. Insofern ist die Frage, in welcher **Sprache** die Pflichtangaben nach § 5 Abs. 1 Nr. 1 bis 7 TMG erfolgen müssen, eher von untergeordneter Bedeutung. Korrekt wäre es sicherlich, wenn das Impressum auch in all denen Sprachen abrufbar gehalten wird, in denen das Internetangebot erfolgt. Das heißt, mit einem Sprachwechsel des Internetangebots müssten auch gleichzeitig die Anbieterkennzeichnungspflichten, sofern sie sprachbezogene Begriffe enthalten, in dieser Sprache erscheinen. Wer diese Vorgaben erfüllt, verhält sich in jedem Fall gesetzesgemäß und nutzerfreundlich. Ausreichend dürfte es allerdings auch sein, wenn der Webshopbetreiber die Pflichtangaben zur Anbieterkennzeichnung in der Sprache des Landes abrufbar hält, in dem er seinen Geschäftssitz hat, und damit das Herkunftslandprinzip beansprucht.[4] Abzulehnen ist hier die Kritik einiger Stimmen in der Literatur, die meinen, der Nutzer könnte hierdurch überfordert sein.[5] Die Pflichtangaben enthalten so gut wie keine sprachbezogenen Begriffe, sodass dieses Problem grundsätzlich nicht in Betracht kommt. Etwas anderes gilt sicherlich, wenn davon auszugehen ist, dass die Schriftzeichen für die angesprochenen Nutzer unbekannt sind, also etwa ein chinesischer Anbieter seinen Internetauftritt in Deutsch abrufbar hält und den Pflichtangaben zur Anbieterkennzeichnung nur in chinesischen Schriftzeichen nachkommt.

---

1 *Woitke*, NJW 2003, 872 (872).
2 Gegen eine leichte Erkennbarkeit beim „Scrollen": OLG Hamburg v. 20.11.2002 – 5 W 80/02, MMR 2003, 105 (105); ebenso bei einem „Scrollen" bis auf die vierte Bildschirmseite bei einer Bildschirmauflösung von 1024x768 Bildpunkten: OLG München v. 12.2.2004 – 29 U 4564/03 – Rz. 32, MMR 2004, 321 (322), NJW-RR 2004, 1345 (1345); ebenso bei einem „Scrollen" bis auf die achte Bildschirmseite: OLG Brandenburg v. 13.6.2006 – 6 U 121/05, WRP 2006, 1035 (1036) = MDR 2007, 43 (44).
3 LG Stendal v. 24.2.2010 – 21 O 242/09, juris.
4 Spindler/Schuster/*Micklitz/Schirmbacher*, Recht der elektronischen Medien, § 5 TMG Rz. 23.
5 So *Hoeren*, WM 2004, 2461 (2464); *von Wallenberg*, MMR 2005, 661 (663).

Die Pflichtangaben zur Anbieterkennzeichnung müssen selbstverständlich in einem **Da- 2.67 teiformat** vorgehalten werden, das mit den Standardeinstellungen gängiger Internetbrowser sichtbar ist. Nicht ausreichend ist daher, wenn sich das Impressum in einem neuen Browser-Fenster öffnen soll oder wenn die Anbieterkennzeichnung in besonderen Darstellungsweisen erfolgt, die beispielsweise die Installation bestimmter Plug-Ins voraussetzt.[1] Etwas anderes soll für die Einbindung des Impressums in eine PDF-Datei gelten.[2]

Nicht ausreichend wird es in der Regel auch sein, wenn die Anbieterkennzeichnungs- 2.68 pflichten auf der Webseite verstreut sind, auch wenn das Gesetz keinen einheitlichen Ort für alle Pflichtangaben verlangt.[3]

bb) Unmittelbare Erreichbarkeit

Neben der leichten Erkennbarkeit verlangt die gesetzliche Regelung in § 5 Abs. 1 TMG, 2.69 dass die Anbieterkennzeichnung unmittelbar erreichbar sein muss. Die unmittelbare Erreichbarkeit ist gegeben, wenn eine kostenlose Zugangsmöglichkeit ohne wesentliche Zwischenschritte zur Anbieterkennzeichnung vorliegt.[4] Dieses Erfordernis ist erfüllt, wenn die Anbieterkennzeichnung auf jeder Webseite über einen Link vollständig vorhanden ist.[5] **Ein einziger Klick**, um über ein übliches Hinweiswort wie „Impressum" oder „Kontakt" zu den Anbieterkennzeichnungsinformationen zu gelangen, stellt also in jedem Fall eine ausreichende unmittelbare Erreichbarkeit dar.

In der Vergangenheit hat die Rechtsprechung auch noch zwei Klicks genügen lassen, um 2.70 zu den Anbieterkennzeichnungspflichten zu gelangen.[6] Ob diese Entscheidung heute noch einmal bestätigt werden würde, darf zumindest bezweifelt werden, da die technische und gestalterische Entwicklung dahingehend fortgeschritten ist, auf jeder Webseite über einen Klick zu den Anbieterkennzeichnungsinformationen zu gelangen.

Festzuhalten ist dennoch, dass nach derzeitigem Stand der Rechtsprechung ein einfacher 2.71 oder zweifacher Klick zur Erreichung der Anbieterkennzeichnungspflichten ausreichend ist, um das Kriterium der unmittelbaren Erreichbarkeit zu erfüllen. Dabei ist Voraussetzung, dass zumindest über die Startseite des Webshops die Anbieterkennzeichnungspflichten über zwei Klicks erreichbar sind. Sind mehr als zwei Klicks vonnöten, um zu den Anbieterkennzeichnungspflichten zu gelangen, ist die unmittelbare Erreichbarkeit nicht mehr gegeben.[7]

---

1 Beispiele aus Spindler/Schuster/*Micklitz/Schirmbacher*, Recht der elektronischen Medien, § 5 TMG Rz. 24a.
2 *Ott*, MMR 2007, 354 (358).
3 Vgl. aber LG München I v. 4.5.2010 – 33 O 14269/09, NJW-RR 2011, 195 (196); wenn der Name eines Diensteanbieters auf der leicht überschaubaren Startseite seines Internetauftritts in deutlich abgesetzter Form dargestellt wird, im vorhandenen Impressum dieser Name aber fehlt, soll dies noch gesetzeskonform sein, da § 5 Abs. 1 Nr. 1 TMG keinen bestimmten Ort für die Anbieterkennzeichnung vorschreibt.
4 OLG Hamburg v. 20.11.2002 – 5 W 80/02, MMR 2003, 105 (106); OLG München v. 12.2.2004 – 29 U 4564/03 – Rz. 31, MMR 2004, 321 (322) = NJW-RR 2004, 1345 (1345).
5 OLG Hamburg v. 24.6.2004 – 3 U 201/03, ZUM-RD 2005, 232 (236); nach dieser Entscheidung müssen die Anbieterkennzeichnungspflichten allerdings nicht auf jeder Webseite abrufbar gehalten werden, sondern sie sollen noch „unmittelbar erreichbar" sein, wenn sie auf der Hauptseite (Ausgangsseite) stehen, auf die man mit einem Klick gelangt oder zurückkehren kann.
6 BGH v. 20.7.2006 – I ZR 228/03, WRP 2006, 1507 (1510); OLG München v. 11.9.2003 – 29 U 2681/03, MMR 2004, 36 (37).
7 LG Düsseldorf v. 29.1.2003 – 34 O 188/02, CR 2003, 380 (381): Durchklicken bis auf die vierte Webseite zu viel; nach LG Bamberg v. 28.11.2012 – 1 HKO 29/12 fehlt es ebenfalls an der unmittelbaren Erreichbarkeit der Pflichtangaben, wenn im Impressum nur eine postalische Anschrift und die E-Mail-Adresse angegeben werden und keine weitere Möglichkeit der unmittelbaren Kontaktaufnahme.

cc) Ständige Verfügbarkeit

2.72 Nach § 5 Abs. 1 TMG müssen die Pflichtangaben zur Anbieterkennzeichnung ständig verfügbar sein. Dies setzt voraus, dass der Nutzer jederzeit auf sie zugreifen kann. Erforderlich ist also, dass die Informationen über einen **dauerhaft funktionstüchtigen Link** verfügbar sind.[1] Das Kriterium der ständigen Verfügbarkeit ist nicht verletzt, wenn die Impressumsseite zur Aktualisierung für kurze Zeit vom Netz genommen wird. Der kurze Zeitraum wird allerdings überschritten, wenn er mehr als einen Tag andauert.[2] Keine Impressumspflicht besteht bei einem Baustellenhinweis auf einer Webseite. Insofern ist es nicht erforderlich, dass bei einer Überarbeitung des gesamten Webshops das Impressum verfügbar ist.[3]

2.73 Nicht erforderlich ist, dass das Impressum auch ausdruckbar sein muss. Das Kriterium der ständigen Verfügbarkeit stellt lediglich Anforderungen an die elektronische Verfügbarkeit und nicht an eine weitergehende Möglichkeit für den Nutzer, die Informationen in Textform umzuwandeln.[4]

c) Muster für die Gestaltung der Anbieterkennzeichnungspflichten

2.74 Die nachfolgenden Muster enthalten Empfehlungen für die Gestaltung der Anbieterkennzeichnungspflichten von Webshops verschiedener natürlicher und juristischer Personen. Nicht jede empfohlene Angabe ist zwingend erforderlich. Jedoch empfiehlt es sich, eher mehr als weniger Angaben zu machen, um von vornherein dem Eindruck entgegenzuwirken, etwas verbergen zu wollen.

aa) Impressum Einzelunternehmer

2.75 M 1 Impressum Einzelunternehmer

... [*Vor- und Familienname*]

... [*evtl. Shopbezeichnung*]

... [*Straße, Hausnummer*]

... [*Postleitzahl, Stadt*]

Tel.: ... [*Angabe der Nummer*]

Telefax: ... [*Angabe der Nummer*]

E-Mail: ... [*Angabe der E-Mail-Adresse*]

Zuständige Aufsichtsbehörde: ... [*Bei Fehlern einer speziellen Aufsichtsbehörde: Angabe des Gewerbeamtes*]

[*Sofern vorhanden:*] USt-IDNr.: ... [*Angabe der Nummer*]

2.76 Nach der hier vertretenen Ansicht ist weder die Angabe eines Gewerberegisters noch die Gewerberegisternummer erforderlich.[5] Die Angabe der Umsatzsteuer-Identifikationsnummer muss nur erfolgen, sofern eine solche vorliegt.

---

1 Spindler/Schuster/*Micklitz/Schirmbacher*, Recht der elektronischen Medien, § 5 TMG Rz. 29.
2 Vgl. OLG Düsseldorf v. 4.11.2008 – 20 U 125/08 – Rz. 18, MMR 2009, 266 (267).
3 Vgl. LG Düsseldorf v. 15.12.2010 – 12 O 312/10, K&R 2011, 281 (281).
4 Spindler/Schuster/*Micklitz/Schirmbacher*, Recht der elektronischen Medien, § 5 TMG Rz. 30 m.w.N.
5 AA *Hoeren/Föhlisch*, Trusted Shops Praxishandbuch, Stand Januar 2011, R 144; Spindler/Schuster/ *Micklitz/Schirmbacher*, Recht der elektronischen Medien, § 5 TMG Rz. 54; beide Vertreter können sich jedoch nicht auf eine ausdrückliche gesetzliche Regelung berufen, sondern nur auf eine Auslegung von Art. 3 Abs. 1d) der Richtlinie 2002/65/EG. Bei dieser Auslegung wird verkannt, dass es

bb) Impressum Reglementierte Berufe – hier: Arzt

Zu den reglementierten Berufen zählen Ärzte, Zahn- und Tierärzte, Apotheker, Rechts-   2.77
anwälte, Steuerberater, Wirtschaftsprüfer, Psychotherapeuten sowie Gesundheitshandwerke wie Zahntechniker, Orthopädietechniker, Augenoptiker und Hörgeräteakustiker.

M 2 Impressum Reglementierte Berufe – hier: Arzt   2.77a

... [*Vor- und Familienname des Arztes*]

... [*evtl. Facharztbezeichnung*]

... [*Straße, Hausnummer*]

... [*Postleitzahl, Stadt*]

Tel: ... [*Angabe der Nummer*]

Telefax: ... [*Angabe der Nummer*]

E-Mail: ... [*Angabe der E-Mail-Adresse*]

Die Berufsbezeichnung Arzt wurde von der Bundesrepublik Deutschland verliehen.

Zuständige Aufsichtsbehörde: Ärztekammer ... [*Angabe des Bezirks*], ... [*Angabe der Adresse*]

Berufsrechtliche Regelungen: Berufsordnung für Ärzte der Ärztekammer ... [*Angabe des Be-*
zirks sowie des Datums, an dem die Berufsordnung erlassen wurde]; abrufbar unter ... [*Angabe*
der Internetadresse, unter der die Berufsordnung abrufbar ist].

---

cc) Impressum eingetragener Einzelkaufmann

M 3 Impressum eingetragener Einzelkaufmann   2.78

Muster-Shop e.K.

Inhaber: ... [*Angabe des Vor- und Familiennamens*],

... [*Angabe der Adresse*]

Tel.: ... [*Angabe der Nummer*]

Telefax: ... [*Angabe der Nummer*]

E-Mail: ... [*Angabe der Adresse*]

Handelsregister: Amtsgericht ... [*Angabe des Gerichts*], HRA ... [*Angabe der Nummer*], zuständige Aufsichtsbehörde: ... [*Bei Fehlen einer speziellen Aufsichtsbehörde: Angabe des Gewerbe-*
amtes; fehlt dieses, entfällt eine Angabe]

[*Sofern vorhanden:*] USt-IDNr.: ... [*Angabe der Nummer*]

---

dd) Impressum Gesellschaft bürgerlichen Rechts

M 4 Impressum Gesellschaft bürgerlichen Rechts   2.79

... [*Name mit Rechtsformzusatz „GbR" oder „Gesellschaft bürgerlichen Rechts"*] ... [*Straße,*
Hausnummer des Sitzes der Gesellschaft]

... [*Postleitzahl, Stadt*]

---

sich beim Gewerberegister gerade nicht um ein zum Handelsregister vergleichbares öffentliches Register handelt, da das Gewerberegister im Vergleich zum Handelsregister ein Register ohne Gutglaubensschutz ist.

Vertretungsberechtigte(r) Gesellschafter: ... [*Namen der/des vertretungsberechtigten Gesellschafter(s)*]

Tel.: ... [*Angabe der Nummer*]

Telefax: ... [*Angabe der Nummer*]

E-Mail: ... [*Angabe der E-Mail-Adresse*]

Zuständige Aufsichtsbehörde: ... [*Bei Fehlen einer speziellen Aufsichtsbehörde: Angabe des zuständigen Gewerbeamtes; fehlt dieses, entfällt eine Angabe*]

[*Sofern vorhanden:*] USt-IDNr.: ... [*Angabe der Nummer*]

2.80   Nach dem gesetzlichen Regelfall wird die Gesellschaft bürgerlichen Rechts durch alle Gesellschafter gemeinschaftlich vertreten. Haben die Gesellschafter der GbR keine abweichende Regelung in ihrem Gesellschaftsvertrag geregelt, müssen auch **alle Gesellschafter** im Impressum genannt werden.[1] Haben die Gesellschafter jedoch im Gesellschaftsvertrag geregelt, dass die GbR durch einen Gesellschafter vertreten wird, ist es auch ausreichend, dass nur der vertretungsberechtigte Gesellschafter im Impressum genannt wird. Dies ergibt sich aus Art. 246 § 1 Abs. 1 Nr. 3 EGBGB.

2.81   Nicht erforderlich ist dagegen die Angabe des Gewerberegisters und der Gewerberegisternummer, wie es teilweise in der Literatur vertreten wird.[2] Mangelt es an einer Aufsichtsbehörde, muss allerdings das zuständige Gewerbeamt benannt werden, soweit ein solches für die Tätigkeit der Gesellschaft existiert.

ee) Impressum Offene Handelsgesellschaft (OHG)

2.82   **M 5 Impressum Offene Handelsgesellschaft (OHG)**

... [*Name der OHG mit Rechtsformzusatz*]

... [*Straße, Hausnummer*]

... [*Postleitzahl, Stadt*]

Tel.: ... [*Angabe der Nummer*]

Telefax: ... [*Angabe der Nummer*]

E-Mail: ... [*Angabe der E-Mail-Adresse*]

Vertretungsberechtigte Gesellschafter: ... [*Angabe des Namens*]

Registergericht: Amtsgericht ... [*Angabe des Ortes*]

Registernummer: HRA ... [*Angabe der Nummer*]

[*Sofern vorhanden:*] USt-IDNr.: ... [*Angabe der Nummer*]

2.83   Nach § 124 Abs. 1 HGB ist eine offene Handelsgesellschaft eine rechtsfähige Personengesellschaft. Im Impressum ist daher die offene Handelsgesellschaft so anzugeben, wie sie im **Handelsregister** eingetragen ist, und zwar auch mit dem Rechtsformzusatz „OHG"

---

1 OLG Hamm v. 4.8.2009 – 4 U 11/09 – Rz. 19, K&R 2009, 814–816 = MMR 2010, 29–30.

2 So *Hoeren/Föhlisch*, Trusted Shops – Praxishandbuch, Stand Januar 2011, R 144; Spindler/Schuster/ *Micklitz/Schirmbacher*, Recht der elektronischen Medien, § 5 TMG, Rz. 54; beide Vertreter verkennen jedoch, dass keine ausdrückliche Regelung zur Benennung des Gewerberegisters und der Gewerberegisternummer existiert und diese auch nicht durch Auslegung von Art. 3 Abs. 1d) der Richtlinie 2002/65/EG hergeleitet werden kann, da das Gewerberegister gerade nicht ein mit dem Handelsregister vergleichbares öffentliches Register ist. Allenfalls kann über § 5 Abs. 1 Nr. 3 TMG die Angabe des zuständigen Gewerbeamtes verlangt werden.

oder „oHG". Gemäß Art. 246 § 1 Abs. 1 Nr. 3 EGBGB muss auch der Vor- und Familienname mindestens eines Vertretungsberechtigten angegeben werden. Wird die offene Handelsgesellschaft durch mehrere Vertretungsberechtigte gemeinsam vertreten, sind diese anzugeben.

ff) Impressum Kommanditgesellschaft (KG)

M 6 Impressum Kommanditgesellschaft (KG) 2.84

... [*Name der Gesellschaft mit Rechtsformzusatz KG*]

... [*Straße, Hausnummer des Geschäftssitzes*]

... [*Postleitzahl, Stadt*]

Geschäftsführender Gesellschafter: ... [*Angabe des Namens*]

Tel.: ... [*Angabe der Nummer*]

Telefax: ... [*Angabe der Nummer*]

E-Mail: ... [*Angabe der E-Mail-Adresse*]

Registergericht: Amtsgericht ... [*Angabe des Ortes*]

Registernummer: HRA ... [*Angabe der Nummer*]

[*Sofern vorhanden:*] USt-IDNr: ... [*Angabe der Nummer*]

Die Kommanditgesellschaft ist eine rechtsfähige Personengesellschaft und muss daher mit 2.85 ihrer Firma und dem Rechtsformzusatz „KG" oder „Kommanditgesellschaft" im Impressum genannt werden. Die Kommanditgesellschaft wird durch die persönlich haftenden Gesellschafter vertreten. Gibt es mehrere persönlich haftende Gesellschafter und kann die Gesellschaft nur durch mehrere der persönlich haftenden Gesellschafter vertreten werden, müssen auch **alle benannt** werden. Existiert nur ein persönlich haftender Gesellschafter bzw. ist nur ein persönlich haftender Gesellschafter zur Vertretung der Gesellschaft berechtigt, reicht die Angabe eines Vertretungsberechtigten (Art. 246 § 1 Abs. 1 Nr. 3 EGBGB).

gg) Impressum GmbH

M 7 Impressum GmbH 2.86

... [*Angabe der Firmierung + Rechtsformzusatz GmbH*]

... [*Straße, Hausnummer des Geschäftssitzes*]

... [*Postleitzahl, Stadt*]

Tel.: ... [*Angabe der Nummer*]

Telefax: ... [*Angabe der Nummer*]

E-Mail: ... [*Angabe der E-Mail-Adresse*]

Vertreten durch die Geschäftsführer: ... [*Name mindestens eines vertretungsberechtigten Geschäftsführers*]

Registergericht der GmbH: Amtsgericht ... [*Angabe des Ortes*]

Registernummer der GmbH: HRB ... [*Angabe der Nummer*]

USt-IDNr.: ... [*Angabe der Nummer*]

Die Gesellschaft mit beschränkter Haftung ist eine Kapitalgesellschaft. Es ist daher erforderlich, mindestens einen vertretungsberechtigten Geschäftsführer zu benennen.

hh) Impressum GmbH & Co. KG

2.87 **M 8 Impressum GmbH & Co. KG**

... *[Angabe der Firmierung + Rechtsformzusatz GmbH & Co. KG]*

... *[Straße, Hausnummer des Geschäftssitzes]*

... *[Postleitzahl, Stadt]*

Tel.: ... *[Angabe der Nummer]*

Telefax: ... *[Angabe der Nummer]*

E-Mail: ... *[Angabe der E-Mail-Adresse]*

Vertreten durch die geschäftsführende und persönlich haftende Gesellschafterin: ... *[Angabe der Firmierung + Rechtsformzusatz GmbH, Amtsgericht, Handelsregisternummer (HRB)]*, diese vertreten durch die Geschäftsführer: ... *[Name mindestens eines vertretungsberechtigten Geschäftsführers]*

Registergericht der KG: Amtsgericht ... *[Angabe des Ortes]*

Registernummer der KG: HRA ... *[Angabe der Nummer]*

USt-IDNr.: ... *[Angabe der Nummer]*

2.88 Bei einer GmbH & Co. KG handelt es sich um eine **Kommanditgesellschaft**, also eine rechtsfähige Personengesellschaft (§ 124 Abs. 1 iVm. § 161 Abs. 2 HGB), die durch ihre **Komplementärin** vertreten wird. Es muss daher zunächst die Kommanditgesellschaft mit ihrer Firma und dem Rechtsformzusatz sowie deren Handelsregistereintrag und Handelsregisternummer angegeben werden. Denn diese Gesellschaft ist dann die Webshop-Betreiberin. Da die GmbH & Co. KG durch die Komplementär-GmbH vertreten wird, ist es auch erforderlich, deren Firma und Rechtsformzusatz anzugeben und ferner mitzuteilen, wer die Komplementär-GmbH als Geschäftsführer vertritt. Existiert ein Geschäftsführer der Komplementär-GmbH, der diese auch allein vertreten darf, muss selbstverständlich nur dessen Vor- und Familienname angegeben werden. Hat die Komplementär-GmbH mehrere Geschäftsführer, können diese aber jeder für sich die Komplementär-GmbH vertreten, reicht die Angabe eines Geschäftsführers. Hat die Komplementär-GmbH mehrere Geschäftsführer und ist ein Geschäftsführer nur gemeinsam mit einem weiteren Geschäftsführer zur Vertretung der Gesellschaft berechtigt, müssen mindestens zwei Geschäftsführer angegeben werden.

ii) Impressum Unternehmergesellschaft

2.89 **M 9 Impressum Unternehmergesellschaft**

... *[Firma + Rechtsformzusatz „UG (haftungsbeschränkt)"]*

... *[Straße, Hausnummer des Geschäftssitzes]*

... *[Postleitzahl, Stadt]*

Tel.: ... *[Angabe der Nummer]*

Telefax: ... *[Angabe der Nummer]*

E-Mail: ... *[Angabe der E-Mail-Adresse]*

Geschäftsführer: ... [*Angabe des Namens des Geschäftsführers*]

Registergericht: Amtsgericht ... [*Angabe des Ortes*]

Registernummer: HRB ... [*Angabe der Nummer*]

USt-IDNr.: ... [*Angabe der Nummer*]

Bei der Unternehmergesellschaft handelt es sich um eine juristische Person, die weit-gehend einer Gesellschaft mit beschränkter Haftung entspricht, jedoch nur mit einem geringeren Startkapital ausgestattet sein muss. Die Unternehmergesellschaft wird durch einen oder mehrere Geschäftsführer vertreten. Im Impressum muss die Firma mit dem Zusatz „UG (haftungsbeschränkt)" oder „Unternehmergesellschaft (haftungsbeschränkt)" benannt werden. Wie bei den anderen Gesellschaften auch, muss der **Vor- und Familienname mindestens eines vertretungsberechtigten Geschäftsführers** angegeben werden.   2.90

jj) Impressum Aktiengesellschaft

M 10 Impressum Aktiengesellschaft   2.91

... [*Firma + Rechtsformzusatz „AG"*]

... [*Straße, Hausnummer des Geschäftssitzes*]

... [*Postleitzahl, Stadt*]

Tel.: ... [*Angabe der Nummer*]

Telefax: ... [*Angabe der Nummer*]

E-Mail: ... [*Angabe der E-Mail-Adresse*]

Vertretungsberechtigter Vorstand:

... [*Angabe der Vor- und Familiennamen der einzelnen Vorstandsmitglieder sowie Angabe, wer Vorstandsvorsitzender ist*]

Vorsitzender des Aufsichtsrates: ... [*Angabe des Vor- und Familiennamens*]

Registergericht: Amtsgericht ... [*Angabe des Ortes*]

Registernummer: HRB ... [*Angabe der Nummer*]

USt-IDNr.: ... [*Angabe der Nummer*]

Die Aktiengesellschaft wird durch ihren **Vorstand** vertreten. Insofern müssen Vor- und Familienname aller Vorstandsmitglieder angegeben werden und auch, wer Vorsitzender des Vorstandes ist. Ist der Vorstandsvorsitzende zur Alleinvertretung berechtigt, reicht die Angabe seines vollständigen Namens aus (§ 78 Abs. 2, 3 AktG, Art. 246 § 1 Abs. 1 Nr. 3 EGBGB). Die Angabe des Vorsitzenden des Aufsichtsrates mit Vor- und Familienname sollte zwar ebenfalls erfolgen, ist allerdings nur zwingend, wenn die Aktiengesellschaft vorübergehend keinen Vorstand hat und in dieser Zeit vom Aufsichtsrat vertreten wird (§ 78 Abs. 1 Satz 2 AktG).[1]   2.92

---

1 AA *Hoeren/Föhlisch*, Praxishandbuch Trusted Shops, Stand Januar 2011, R 150, die die Nennung des Aufsichtsratsvorsitzenden für zwingend erachten; sie verkennen allerdings den Gesetzeszweck von § 5 TMG und die Funktion des Aufsichtsrates, der nur in dem Fall der Führungslosigkeit der Aktiengesellschaft deren Vertretung übernimmt (§ 78 Abs. 1 Satz 2 AktG). Zudem sind die Anbieterkennzeichnungspflichten nicht identisch mit den Pflichten zu den Angaben auf Geschäftsbriefen, nach denen die Nennung des Aufsichtsratsvorsitzenden mit Vor- und Familiennamen vorgeschrieben ist (§ 80 Abs. 1 Satz 1 AktG).

kk) Impressum Englische Limited

2.93 **M 11 Impressum Englische Limited**

… [*Firma + Rechtsformzusatz „Limited"*]

… [*Angabe der Adresse des Geschäftssitzes in England*]

Tel.: … [*Angabe der Nummer*]

Telefax: … [*Angabe der Nummer*]

E-Mail: … [*Angabe der E-Mail-Adresse*]

Director: … [*Angabe des Vor- und Familiennamens des Geschäftsführers*]

Registered in England and Wales

… [*Angabe der company number*]

Zweigniederlassung Deutschland[1]

… [*Firma + Rechtsformzusatz „Limited"*]

… [*Angabe der Adresse der Niederlassung*]

Tel.: … [*Angabe der Nummer*]

Telefax: … [*Angabe der Nummer*]

E-Mail: … [*Angabe der E-Mail-Adresse*]

Geschäftsführer: … [*Angabe des Vor- und Familiennamens des Geschäftsführers*]

Amtsgericht … [*Angabe des Ortes des Amtsgerichtes*], HRB … [*Angabe der Nummer*]

USt-IDNr.: … [*Angabe der Nummer*]

2.94 Eine in England registrierte „Limited", die von ihrer Grundstruktur der deutschen GmbH entspricht, ist in Deutschland rechtsfähig. Die Limited kann daher wie jede andere Personen- und Kapitalgesellschaft einen Webshop betreiben und muss alle Angaben machen, die die anderen juristischen Personen auch machen müssen. Unterhält die Limited eine Zweigniederlassung in Deutschland, die den Online Shop betreibt, müssen auch zu der Niederlassung die entsprechenden Angaben wie bei den Kapitalgesellschaften vorgenommen werden.

d) Impressumspflicht bei Facebook-Auftritt

2.95 Die Impressumspflicht bei Facebook-Auftritten und Auftritten in anderen sozialen Netzwerken richtet sich ebenfalls nach § 5 TMG. Die Pflicht nach § 5 TMG besteht für derartige Facebookseiten, die einen gewissen Grad von Selbstständigkeit in Bezug auf die präsentierte Firma haben.[2] Dies ist der Fall, wenn in dem Facebookauftritt selbst bereits eine Darstellung der entgeltlichen Leistungen des Webshopbetreibers erfolgt oder wenn der Facebookauftritt als Eingangskanal in den Webshop benutzt wird, in dem dann die entgeltlichen Leistungen angeboten werden.[3]

---

1 Sofern der Online-Shop von einer deutschen Niederlassung betrieben wird, müssen ergänzende Angaben zur deutschen Niederlassung erfolgen.
2 Spindler/Schuster, TMG § 5 Rz. 8 ff.
3 Für den letzteren Fall: LG Regensburg v. 31.1.2013 – 1 HKO 1884/12 – CR 2013, 197, MMR 2013, 246.

e) Rechtsfolgen

§ 5 TMG ist eine gesetzliche Vorschrift, die zumindest auch dem Verbraucherschutz dient.[1] Gestaltet der Webshopbetreiber daher seine Anbieterkennzeichnung formell und inhaltlich nicht entsprechend von § 5 TMG, verstößt er gegen eine **Verbrauchervorschrift** und eröffnet grundsätzlich Ansprüche nach dem Unterlassungsklagegesetz und nach dem Gesetz gegen den unlauteren Wettbewerb. Gleiches gilt im Übrigen, wenn in einem Internet-Auftritt für Waren lediglich geworben wird, ohne dass eine Bestellmöglichkeit oder sonstige Interaktionsmöglichkeit besteht.[2]

2.96

Dies gilt allerdings nicht, wenn der Diensteanbieter seinen Sitz in einem Nicht-EU-Staat hat, auch wenn sich sein Angebot an deutsche Nutzer richtet.[3]

2.97

aa) Ansprüche nach dem Unterlassungsklagengesetz

Den in § 3 UKlaG aufgeführten anspruchsberechtigten Stellen (u.a. qualifizierte Einrichtungen, rechtsfähige Verbände zur Förderung gewerblicher oder selbständiger beruflicher Interessen) steht nach § 2 UKlaG ein Unterlassungsanspruch gegen denjenigen zu, der **verbraucherschutzgesetzwidrige Praktiken** begeht, also gegen Verbraucherschutzgesetze zuwiderhandelt. Hierzu zählt gemäß § 2 Abs. 2 Nr. 2 UKlaG auch die Vorschrift zur Anbieterkennzeichnung, § 5 TMG. Insofern muss der Webshopbetreiber, der gegen die Anbieterkennzeichnungspflichten nach § 5 TMG verstößt, damit rechnen, über das Unterlassungsklagegesetz von den anspruchsberechtigten Stellen in Anspruch genommen zu werden. Eine **Bagatellgrenze** kennt das Unterlassungsklagegesetz nicht. Die damit verbundene Kostenfolge ist allerdings in der Regel sehr gering.

2.98

bb) Wettbewerbsrechtliche Ansprüche

Nach § 3a UWG begeht derjenige einen Wettbewerbsverstoß, der gegen **Marktverhaltensregeln** verstößt (vgl. hierzu auch Rz. 11.15 ff.). Die Anbieterkennzeichnungspflichten nach § 5 TMG zählen zu den Marktverhaltensregeln.[4]

2.99

(1) Spürbare Beeinträchtigungen

Der Gesetzgeber hat allerdings erkannt, dass nicht jeder Verstoß gegen eine Vorschrift, die auch dazu dient, das Marktverhalten zu regeln, zu einer spürbaren Beeinträchtigung des Wettbewerbs führt. Insofern ist in § 3a UWG geregelt, dass unlautere geschäftliche Handlungen nur dann vorliegen, wenn sie auch eine spürbare Beeinträchtigung der Interessen von Mitbewerbern, Verbrauchern oder sonstigen Marktteilnehmern bedeuten. Wann diese **Spürbarkeitsschwelle** erreicht ist, muss von der Rechtsprechung ausgestaltet werden.

2.100

In Bezug auf die Anbieterkennzeichnungspflichten nach § 5 TMG ist festzuhalten, dass eine spürbare Beeinträchtigung iSv. § 3a UWG vorliegt, wenn ein Webshopbetreiber gar keine **Anbieterkennzeichnung** vorhält. Hält der Webshopbetreiber eine Anbieterkennzeichnung vor und umfasst diese – ausgerichtet nach dem Sinn und Zweck von § 5 TMG – keine ausreichende Möglichkeit für den Verbraucher, auf einfache Weise den Betreiber des Webshops zu identifizieren, das heißt, es ist nicht mindestens der Name und die Anschrift des Webshopbetreibers angegeben sowie eine darüber hinausgehende Möglichkeit der Kontaktaufnahme, liegt in jedem Fall ein spürbarer Wettbewerbsverstoß nach den § 3a UWG

2.101

---

1 OLG München v. 11.9.2003 – 29 U 2681/03 – Rz. 26, MMR 2004, 36 (37); Spindler/Schuster/*Micklitz/Schirmbacher*, Recht der elektronischen Medien, § 5 TMG Rz. 70.
2 OLG Düsseldorf v. 28.12.2012 – I-20 U 147/11, MMR 2013, 718.
3 LG Siegen v. 9.7.2013 – 2 O 36/13, CR 2013, 676.
4 OLG Naumburg v. 16.3.2006 – 10 W 3/06 (Hs.) – fachhandel 1a, CR 2006, 779 (780); OLG Koblenz v. 25.4.2006 – 4 U 1587/05, MMR 2006, 624 (625).

iVm. § 5 Abs. 1 TMG vor[1] (vgl. Rz. 11.25). Ist ein vollständiges Impressum vorhanden, dieses allerdings nicht nach den formellen Gesichtspunkten leicht auffindbar oder unmittelbar erreichbar, liegt ebenfalls eine spürbare Beeinträchtigung des Wettbewerbs iSv. § 3a UWG vor.

(2) Keine spürbaren Beeinträchtigungen

2.102 Enthält die Anbieterkennzeichnung grundsätzlich alle Angaben, um eine einfache Kontaktaufnahme zu ermöglichen, fehlen aber einzelne Pflichtangaben, beispielsweise bei der Namensangabe des Geschäftsführers nur der Vorname, die Angabe zur Handelsregistereintragung, die Nennung der zuständigen Aufsichtsbehörde oder die Angabe zur Umsatzsteuer-Identifikationsnummer, handelt es sich in der Regel nicht mehr um eine spürbare Beeinträchtigung iSv. § 3a UWG.[2]

(3) Streitwerte

2.103 Die Streitwerte für Verstöße gegen die Informationspflichten nach § 5 TMG bewegen sich in der Regel zwischen 2000 Euro und 5000 Euro.[3] In Einzelfällen bei Verstößen gegen mehrere Pflichtangaben kann der Streitwert bis zu 10 000 Euro betragen.[4]

cc) Zurechnung des Verhaltens Dritter

2.104 Sofern der Webshopbetreiber den Aufbau seiner Internetpräsenz auf einen Dritten, beispielsweise eine **Web-Design-Agentur** überträgt, greift die Beauftragtenhaftung gemäß § 8 Abs. 2 UWG, wenn hierbei die Anbieterkennzeichnungspflichten nicht gesetzeskonform umgesetzt werden.[5] Gleiches gilt, wenn eine WAP-Version, also eine Version für mobile Endgeräte, nicht vom Onlineanbieter selbst als Nutzer einer Handelsplattform, sondern beispielsweise von deren Betreiberin eingerichtet worden ist.[6]

---

1 So auch OLG Karlsruhe v. 27.4.2006 – 4 U 119/04 – Rz. 49, 50, WRP 2006, 1038 (1041). Nach KG Berlin v. 6.12.2011 – 5 U 144/10, MMR 2012, 240 (241), ist eine spürbare Beeinträchtigung gegeben, wenn die gemäß § 5a Abs. 4 UWG als wesentlich in Bezug genommenen Verbraucherinformationen nicht in der Anbieterkennzeichnung genannt werden. Im konkreten Fall hatte der Webshopanbieter im Impressum keine Angaben über Handelsregister, Handelsregisternummer und Umsatzsteuer-Identifikationsnummer; nach LG Essen v. 13.11.2014 – 4 O 97/14, liegt ein Wettbewerbsverstoß vor, wenn im Impressum einer Website sowohl der vollständige Name des Anbieters als auch die Angabe einer ladungsfähigen Anschrift fehlen, ebenso bei ähnlicher Fallkonstellation LG Berlin v. 9.5.2013 – 15 O 44/13, CR 2014, 676 = ITRB 2014, 180.

2 So für den fehlenden Vornamen des Geschäftsführers: KG Berlin v. 11.4.2008 – 5 W 41/08, MMR 2008, 541 (542) (damit ist die gegenteilige Ansicht des KG Berlin v. 13.2.2007 – 5 W 34/07, K&R 2007, 212 (212), überholt); LG Erfurt v. 10.4.2008 – 2 HKO 44/08; LG München I v. 3.9.2008 – 33 O 23089/07, CR 2009, 62 (62); aA OLG Düsseldorf v. 4.11.2008 – 20 U 125/08, MMR 2009, 266 (267); für die fehlende Angabe der Aufsichtsbehörde: LG München I v. 3.9.2008 – 33 O 23089/07, CR 2009, 62 (62); OLG Hamburg v. 3.4.2007 – 3 W 64/07, CR 2008, 606 (607); OLG Koblenz v. 25.4.2006 – 4 U 1587/05, MMR 2006, 624 (625) = K&R 2006, 345 (345); für die Kombination aus fehlender Angabe des Handelsregisters, der Handelsregisternummer und die fehlende Angabe der Umsatzsteuer-Identifikationsnummer: LG Berlin v. 31.8.2010 – 103 O 34/10, K&R 2010, 748 (749); nach OLG Naumburg v. 16.3.2006 – 10 W 3/06 (Hs.) – fachhandel 1a, CR 2006, 779 (780), soll bei einer Kombination von fehlenden Angaben die Bagatellschwelle überschritten sein.

3 OLG Celle v. 14.6.2011 – 13 U 50/11, in der Regel 2000 Euro; OLG Hamburg v. 3.4.2007 – 3 W 64/07, AfP 2008, 511 (511), 2000 Euro; KG Berlin v. 13.2.2007 – 5 W 34/07, NJW-RR 2007, 1050 (1051), ca. 2200 Euro; OLG Sachsen-Anhalt v. 13.8.2010 – 1 U 28/10, CR 2010, 682 (683), in der Regel 5000 Euro; LG Düsseldorf v. 8.8.2013 – 14c O 92/13 bestimmt den Streitwert für fehlende Angabe der Aufsichtsbehörde sogar nur auf 1000 Euro.

4 OLG Koblenz v. 25.4.2006 – 4 U 1587/05 – Rz. 34, MMR 2006, 624 (626) = K&R 2006, 345 (347): 10 000 Euro.

5 LG Hamburg v. 19.8.2010 – 327 O 332/10, ZUM-RD 2011, 193 (194).

6 OLG Hamm v. 20.5.2010 – 4 U 225/09, CR 2010, 609 (611) = NJW-RR 2010, 1481 (1482).

3. Informationspflicht zum Umgang mit Beschwerden

Zum 30. Dezember 2008 ist mit § 5a UWG eine Vorschrift gegen den unlauteren Wett- 2.105
bewerb eingeführt worden. Nach § 5a Abs. 2 UWG handelt unlauter, wer die **Entschei-**
dungsfreiheit von Verbrauchern dadurch beeinflusst, dass er wesentliche Informationen
dem Verbraucher vorenthält. Nach § 5a Abs. 3 Nr. 4 UWG zählt zu den wesentlichen Informationen, die auch ein Webshopbetreiber vorhalten muss, diejenige über ein Verfahren
zum Umgang mit Beschwerden, soweit dieses von Erfordernissen der unternehmerischen
Sorgfalt abweicht. Daraus kann nicht der Schluss gezogen werden, dass jeder Webshopbetreiber verpflichtet ist, eine so genannte Beschwerdestelle einzurichten und den Nutzer
darüber zu unterrichten, wie diese Beschwerdestelle erreichbar ist.

Als nicht von den Erfordernissen der unternehmerischen Sorgfalt abweichend ist anzuse- 2.106
hen, wenn der Webshopbetreiber eine **Kundenservice-E-Mail-Adresse** zur Verfügung stellt,
da der Nutzer in diesem Fall davon ausgeht, dass er alle seine Anfragen, Beschwerden etc.
an diese E-Mail-Adresse richten kann und diese dort auch bearbeitet werden. Erst wenn der
Webshopbetreiber ein abweichendes Prozedere vorsieht, trifft ihn die Informationspflicht
gegenüber den Verbrauchern. Dies wäre beispielsweise der Fall, wenn sich der Webshopbetreiber zur Entgegennahme und Bearbeitung von Beschwerden Dritter bedient.

Die Vorschrift verlangt nicht, dass der Webshopbetreiber eine Kundenhotline, ein Kontakt- 2.107
formular oder dergleichen zur Verfügung stellt. Gleichwohl steht es dem Webshopbetreiber natürlich frei, den Kunden mittels Kundenhotline, Kontaktformularen und der Angabe
einer speziellen E-Mail-Adresse ein Verfahren zum Umgang mit Beschwerden darzulegen.
Eine Pflicht dazu besteht aber nicht, wenn er eine Kundenservice-E-Mail-Adresse zur Verfügung stellt. Es wird Aufgabe der Rechtsprechung bleiben festzustellen, welche Pflichten
sich hinter dieser schwer verständlichen Vorschrift verbergen.[1] Aus der Gesetzesbegründung und der Kommentarliteratur lässt sich jedenfalls nicht entnehmen, welche Anforderungen der Gesetzgeber mit § 5a Abs. 3 Nr. 4 UWG verbindet.[2] Angesichts der unklaren
Rechtslage in Bezug auf die Frage, ob und in welchen Fällen Angaben zu einem Beschwer-
deverfahren gemacht werden müssen, bietet es sich an, den Nutzern eine **Kontaktadresse**
zur Verfügung zu stellen, an die sie sich mit Beschwerden wenden können.

⮫ **Praxistipp:** Für einen Webshopbetreiber dürfte die gängigste Art sein, ein Verfahren 2.108
zum Umgang mit Beschwerden anzubieten, wenn er den Nutzern eine E-Mail-Adresse
benennt mit dem Hinweis, dass an diese Adresse auch Beschwerden gerichtet werden
können. Eine gute Alternativmöglichkeit ist hier auch ein **elektronisches Kontaktfor-**
mular. Eine telefonische Kundenhotline ist weder notwendig noch erforderlich und
wäre eine zusätzliche Kontaktmöglichkeit. Die Angabe zum Verfahren für den Umgang mit Beschwerden sollte dort im Webshop positioniert werden, wo sie die Nutzer
auch am ehesten auffinden. Dies könnte zum einen im Rahmen der Anbieterkennzeichnung erfolgen. Denkbar ist aber auch, dass ein separater Link gesetzt wird, der
ebenso wie das Impressum leicht erkennbar und auffindbar ist. Noch zulässig sollte es

---

1 So auch BT-Drs. 16/10145, S. 26.
2 Die Gesetzesbegründung in BT-Drs. 16/10145, S. 26 zu § 5a Abs. 3 Nr. 4 UWG gibt auch keinen weiteren Aufschluss darüber, wie diese Regelung verstanden werden soll beziehungsweise welche Anforderungen damit verbunden sind. *Hoeren/Föhlisch*, Trusted Shops Praxishandbuch, Stand Januar
2011 R 132, leiten aus der Regelung des § 5a Abs. 3 Nr. 4 UWG den Schluss ab, dass eine Kundenhotline, ein Kontaktformular oder die Angabe einer E-Mail-Adresse erforderlich sei mit dem speziellen
Hinweis, dass dies die jeweilige Kontaktmöglichkeit für Beschwerden sei. Bei der Nutzung einer
Hotline müssten außerdem Geschäftszeiten angegeben werden, wenn diese nicht rund um die Uhr
besetzt sei. Die Ansicht ist zu weitgehend, da sie eine weitere unnötige Verpflichtung für den Webshopbetreiber schafft.

ebenfalls sein, wenn die Information zu einem Verfahren zum Umgang mit Beschwerden in den Allgemeinen Geschäftsbedingungen aufgeführt ist. Denn § 5a UWG steht im Zusammenhang mit einer geschäftlichen Entscheidung.

4. Disclaimer-Angabe

2.109 Die Aufnahme eines Disclaimers in den Webshop, mit dem die Haftung für alle eigenen und fremden Texte in Bezug auf die Verletzung von gewerblichen, geistigen und persönlichen Schutzrechten ausgeschlossen wird, ist **rechtlich wirkungslos**.[1]

2.110 ➥ **Praxistipp:** Onlinehändler sollten in ihren Webshops keinen generellen Haftungsausschluss in Form eines Disclaimers im Impressum oder an sonstiger Stelle aufnehmen. In einigen Fällen kann es sich allerdings anbieten, deutlich darauf hinzuweisen, dass die im Internetauftritt gesetzten Links ausschließlich Verweise auf weitergehende Informationsquellen darstellen und der Webshopbetreiber die über diese Links abrufbaren Informationen sich nicht zu eigen macht.

2.111 Sofern der Webshopbetreiber Links auf fremde Seiten in seinen Webshop integriert, sollten die Links bei Erstellung zunächst sorgfältig überprüft werden. Ab Kenntnis eines Rechtsverstoßes in einem Link muss der Webshopbetreiber die Linksetzung zudem entfernen, weil er sich sonst möglicherweise die rechtswidrigen fremden Inhalte zu eigen macht.

2.112 Ein Disclaimer mit einer wenigstens begrenzt wirksamen Haftungseinschränkung könnte wie folgt aussehen:

2.112a **M 12 Disclaimer**

Inhalte fremder Webseiten, auf die wir in unserem Webauftritt direkt oder indirekt verweisen (durch „Hyperlinks" oder „Deeplinks"), liegen außerhalb unseres Verantwortungsbereichs und machen wir uns nicht zu eigen. Wir können jedoch erklären, dass zum Zeitpunkt der Linksetzung keine illegalen Inhalte auf den verlinkten Webseiten erkennbar waren. Auf die aktuelle und zukünftige Gestaltung, die Inhalte oder die Urheberschaft der verlinkten Webseiten haben wir keinerlei Einfluss. Deshalb distanzieren wir uns ausdrücklich von allen Inhalten aller verlinkten Webseiten, die nach der Linksetzung verändert wurden. Diese Feststellung gilt für alle innerhalb des eigenen Webshopangebots gesetzten Links und Verweise. Für illegale, fehlerhafte oder unvollständige Inhalte und insbesondere für Schäden, die aus der Nutzung der in den verlinkten Webseiten aufrufbaren Informationen entstehen, haftet allein der Anbieter der Seite, auf welche verwiesen wurde. Erhalten wir von illegalen, rechtswidrigen oder fehlerhaften Inhalten auf Webseiten Kenntnis, auf die wir verlinken, werden wir die Verlinkung aufheben.

2.113 Vorsicht ist vor allgemein gehaltenen Disclaimern geboten. Als unwirksam wurde beispielsweise folgende Disclaimer-Klausel im Impressum eingestuft:

„Die Inhalte der Webseite werden mit größter Sorgfalt erstellt. Dennoch kann keine Garantie für Aktualität und Vollständigkeit übernommen werden."[2]

---

1 Vielfach enthalten Internetauftritte nebst Webshop noch einen Disclaimer, der sich für den allgemeinen Haftungsausschluss auf eine Entscheidung des LG Hamburg v. 12.5.1998 – 312 O 85/98 – „Haftung für Links", CR 1998, 565 ff., beruft. Das LG Hamburg hat allerdings nicht entschieden, dass sich ein Webseitenbetreiber pauschal von der Haftung befreien kann. Insofern ist dieser Hinweis nutzlos.
2 OLG Hamburg v. 10.12.2012 – 5 W 118/12, MMR 2013, 505.

IV. Gestaltungs- und Informationspflichten nach § 312i BGB

1. Allgemeines

§ 312i Abs. 1 BGB iVm. Art. 246c EGBGB enthalten Pflichten im elektronischen Geschäfts- 2.114
verkehr, die der Webshopbetreiber einhalten muss. Diese Pflichten im elektronischen Geschäftsverkehr haben auch Auswirkungen auf die **Shop-Gestaltung**. Es handelt sich hierbei
um eine Mischung aus Pflichten zur Gestaltung eines Webshops, Informationspflichten
im Zusammenhang mit einem online abgeschlossenen Vertrag sowie allgemeinen Infor-
mations- und Gestaltungspflichten.

Nach § 312i Abs. 1 Nr. 2 BGB hat der Webshopbetreiber dem Onlinekunden die in 2.115
Art. 246 c EGBGB festgeschriebenen Informationen rechtzeitig vor Abgabe von dessen Bestellung klar und verständlich mitzuteilen.

2. Gestaltungsanforderungen an den Bestellvorgang

a) Erläuterung der technischen Schritte des Bestellvorgangs

Art. 246c Nr. 1 EGBGB regelt, dass bei Verträgen im elektronischen Geschäftsverkehr der 2.116
Webshopbetreiber den Kunden über die einzelnen **technischen Schritte** unterrichten muss,
die zu einem Vertragsschluss führen. Die Regelung verlangt, dass der Webshopbetreiber in
klar verständlicher und einfacher Sprache über die einzelnen technischen Schritte des Bestellvorgangs unterrichtet, die zu einem verbindlichen Angebot des Onlinekunden führen.

An welcher Stelle des Webshops dies geschehen soll und wie die Unterrichtung im Einzel- 2.117
nen auszusehen hat, hat der Gesetzgeber nicht weiter geregelt. Der Webshopbetreiber muss
also selbst bestimmen, **an welcher Stelle** in seinem Webshop er die Kunden über die einzelnen technischen Schritte des Bestellvorgangs unterrichtet.

In den meisten Webshops wird über die einzelnen technischen Schritte, die zu einem Ver- 2.118
tragsschluss führen, während des Bestellvorgangs hingewiesen. Die Erläuterung beginnt
in der Regel erst, wenn ein Kunde einen Artikel in einen Warenkorb gelegt hat und dann
den Bestellvorgang fortsetzt, in dem er ein Feld „Zur Kasse" anklickt. Spätestens an dieser
Stelle muss aber auch der Webshopbetreiber den Kunden über die einzelnen technischen
Schritte informieren, die zu einem **Vertragsschluss** führen. Hierbei muss für den Kunden
klar ersichtlich sein, welche Schritte im Bestellvorgang vorkommen und wann die Bestellung fertiggestellt und abgeschickt wird.

Erster Schritt des Bestellvorgangs ist üblicherweise die Abbildung des aktuellen Waren- 2.119
korbs des Kunden. Als nächster Schritt kommt die Anmeldung bei dem Webshopbetreiber.
Den dritten Schritt bildet die Informationsabfrage zur Lieferung und zur Zahlungsweise.
Abgeschlossen wird der Bestellvorgang in der Regel mit der Bestellversendung, wobei hier
dem Onlinekunden zuvor die Gelegenheit gegeben werden muss, etwaige Eingabefehler
korrigieren zu können. Diese vier bzw. fünf Schritte sollten während des gesamten Bestellvorgangs über den einzelnen Schritten abgebildet sein. Zudem sollte durch Hervorhebung
kenntlich gemacht werden, bei welchem Schritt der Kunde sich gerade befindet. Vor Auslösung der Bestellung müssen dem Onlinekunden auch die **Allgemeinen Geschäftsbedingungen** zur Verfügung gestellt werden, damit dieser von ihnen Kenntnis nehmen kann und
sie wirksam in den Vertrag einbezogen werden können. Üblicherweise wird in den Allgemeinen Geschäftsbedingungen dann noch einmal erläutert, durch welche Handlung des
Webshopbetreibers der Vertrag mit dem Kunden zustande kommt.

2.120 Neben der Mitteilung der einzelnen technischen Schritte im Zusammenhang mit der Auswahl eines Produktes und dem Beginn des Bestellvorganges ist es gesetzlich zwar nicht erforderlich, aber dennoch zu empfehlen, dass der Webshopbetreiber beispielsweise unter der Kategorie **Kundenservice** oder einer gleich gestellten Kategorie in seinem Webshop zusätzlich über die einzelnen technischen Schritte des Bestellvorganges, die zum Vertragsschluss führen können, unterrichtet.

b) Muster zur Erläuterung des Bestellvorgangs

2.121

1. Warenkorb	2. Kundendaten	3. Zahlung	4. Bestellübersicht	5. Abschluss
Aktueller Inhalt Ihres Warenkorbs	Ihre Adressdaten für Ihre Bestellung	Ihre Versandoptionen und Zahlungsart	Ihre Komplettübersicht über die Bestellung	Anklicken der Schaltfläche „zahlungspflichtig bestellen"

c) Informationspflicht über Speicherung und Zugänglichmachung des Vertragstextes

2.122 Nach Art. 246c Nr. 2 EGBGB muss der Webshopbetreiber bei Verträgen im elektronischen Geschäftsverkehr den Kunden darüber unterrichten, ob der Vertragstext nach dem Vertragsschluss von dem Webshopbetreiber gespeichert wird und ob er dem Kunden zugänglich ist. Ein Verstoß gegen diese Informationspflicht stellt einen wettbewerbsrechtlichen **Verstoß** gegen § 3aUWG iVm. Art. 246c Nr. 2 EGBGB dar, der auch die Spürbarkeitsschwelle von § 3a UWG erreicht. Insofern können Wettbewerber einen Webshopbetreiber, der dieser Informationspflicht nicht nachkommt, **abmahnen**.[1]

2.123 Um diese Informationspflicht einzuhalten, die gleichzeitig Auswirkungen auf die Gestaltung des Webshops haben kann, bieten sich für den Webshopbetreiber grundsätzlich zwei Möglichkeiten an:

aa) Erste Möglichkeit zur Einhaltung der Informationspflicht

2.124 Die erste Möglichkeit wäre, unter einer Rubrik *„Kundenservice"*, die entweder in der Kopf- oder Fußzeile des Online-Shops abrufbar ist, und einer entsprechenden Unterrubrik mit beispielsweise der Überschrift *„Speicherung des Bestelltextes"* den Kunden darüber **zu unterrichten, wie verfahren wird**. Der Online-Händler ist nach der gesetzlichen Regelung nicht verpflichtet, den Vertragstext zu speichern oder dem Kunden den Vertragstext zugänglich zu machen. Er muss den Kunden nur darüber unterrichten, wie er verfährt.

bb) Zweite Möglichkeit zur Einhaltung der Informationspflicht

2.125 Die zweite – und einfachere – Möglichkeit ist, die Informationspflicht in die **Allgemeinen Geschäftsbedingungen** aufzunehmen. Eine Beispielsregelung könnte wie folgt lauten:

„xx. Speicherung des Bestelltextes

Der Bestelltext wird nicht von uns gespeichert und kann nach Abschluss des Bestellvorgangs nicht mehr abgerufen werden. Die Informationen aus dem Bestellvorgang werden Ihnen mit der E-Mail-Bestätigung auf Ihre Bestellung noch einmal übermittelt. Ihre Bestelldaten können Sie zudem unmittelbar nach dem Absenden der Bestellung ausdrucken."

---

1 OLG Hamm v. 15.3.2011 – 4 U 204/10 – Rz. 44, 65, MMR 2011, 537 (538); mittelbar auch OLG Hamm v. 3.5.2011 – 4 U 9/11 – Rz. 4, 20, NJW-RR 2011, 1261 (1262); bejahend zumindest die Vorinstanz LG Bochum v. 16.11.2010 – 12 O 164/10.

d) Informationspflicht über Korrektur von Eingabefehlern

Nach Art. 246c Nr. 3 EGBGB (sowie § 312i Abs. 1 Satz 1 Nr. 1 BGB) muss der Online-Händler den Kunden darüber unterrichten, wie er mit den zur Verfügung gestellten technischen Mitteln Eingabefehler vor Abgabe der Vertragserklärung erkennen und berichtigen kann.[1] Dieser Gestaltungs- und Informationspflicht kann der Online-Händler am besten dadurch Rechnung tragen, dass er im Bestellvorgang, bevor die Bestellung abgeschickt werden kann, in einem gesonderten unausweichlichen Schritt beim Kunden abfragt, ob er Eingabefehler beheben möchte. Dies geschieht bei Webshops häufig mit so genannten **Bestätigungsanzeigen**, in welchen die Bestellangaben des Kunden zusammenfassend wiedergegeben werden und diesem die Möglichkeit eingeräumt wird, die Angaben entweder zu korrigieren oder die Bestellung mit dem angegebenen Inhalt abzusenden.[2]   2.126

e) Informationspflicht über die zur Verfügung stehenden Sprachen

Nach Art. 246c Nr. 4 EGBGB muss der Webshopbetreiber den Kunden über die für den Vertragsschluss zur Verfügung stehenden Sprachen informieren. Dieser Gestaltungsinformationspflicht kann der Webshopbetreiber dadurch Rechnung tragen, dass er entweder bereits auf der **Startseite** des Webshops den Kunden die Sprache wählen lässt – was der übliche Weg ist – oder dem Kunden spätestens zu Beginn des Bestellvorgangs die Sprachauswahl über einen gesonderten Auswahl-Link zur Verfügung stellt. Ein Verstoß gegen Art. 246c Nr. 4 EGBGB stellt zugleich einen Wettbewerbsverstoß dar.[3]   2.127

f) Informationspflicht über die verwendeten Verhaltenskodizes

Der Webshopbetreiber muss den Kunden gemäß Art. 246c Nr. 5 EGBGB über sämtliche einschlägigen Verhaltenskodizes, denen sich der Unternehmer unterwirft, sowie über die Möglichkeit eines elektronischen Zugangs zu diesen Regelwerken – unterrichten. Der Webshopbetreiber kann dieser Pflicht wiederum dadurch Rechnung tragen, dass er sie entweder unter einer Rubrik *„Kundenservice"* und einer Unterrubrik *„Verhaltenskodizes"* aufnimmt oder sie beispielsweise in den **Allgemeinen Geschäftsbedingungen** in einer gesonderten Unterrubrik erwähnt und über einen Link dem Kunden zugänglich macht.   2.128

g) Abrufbarkeit und Speicherung der Vertragsbedingungen

Schließlich verlangt § 312i Abs. 1 Satz 1 Nr. 4 BGB, dass der Webshopbetreiber dem Kunden die Möglichkeit verschafft, die Vertragsbedingungen einschließlich der Allgemeinen Geschäftsbedingungen bei Vertragsschluss abzurufen und in wiedergabefähiger Form zu speichern.   2.129

Dieser Verpflichtung kann der Webshopbetreiber dadurch nachkommen, dass er vor Vertragsschluss dem Kunden die Möglichkeit verschafft, über einen Link auf die Allgemeinen Geschäftsbedingungen zuzugreifen und diese Möglichkeit gleichzeitig dadurch verpflichtend macht, dass der Kunde ein **Kästchen anklicken** muss, mit dem er bestätigt, dass er die Allgemeinen Geschäftsbedingungen gelesen hat.   2.130

Sofern der Webshopbetreiber **weitere Vertragsbedingungen** stellt, müssen auch diese vor Abgabe der Kundenbestellung dem Kunden in der Weise zur Verfügung gestellt werden,   2.131

---

1 Ein Verstoß hiergegen stellt einen Wettbewerbsverstoß dar; vgl. mittelbar auch OLG Hamm v. 3.5.2011 – 4 U 9/11 – Rz. 4, 20, NJW-RR, 1261 (1261), bejahend zumindest die Vorinstanz LG Bochum v. 16.11.2010 – 12 O 164/10.
2 Bamberger/Roth/*Masuch*, Beck'scher Online-Kommentar BGB, § 312i Rz. 22.
3 OLG Hamm v. 26.5.2011 – 4 U 35/11–35, MMR 2011, 586 ff.

dass er diese Bedingungen abrufen und speichern kann. Auch hierzu bietet sich wiederum an, diese Vertragsbedingungen über einem Link dem Kunden zugänglich zu machen und den Kunden gleichzeitig über ein Kästchen, das er anklicken muss, bestätigen zu lassen, dass er auch diese Vertragsbedingungen zur Kenntnis genommen hat.

2.132 Die Erfüllung der Anforderungen gemäß § 312i Abs. 1 Satz 1 Nr. 4 BGB führt in der Regel auch dazu, dass die Allgemeinen Geschäftsbedingungen und möglicherweise als sonstige Vertragsbedingungen bezeichnete Regelungen **wirksam** in den Vertrag zwischen dem Webshopbetreiber und einem Verbraucher einbezogen werden.[1] Auch wenn der Webshopbetreiber mit der Obliegenheit nach § 312i Abs. 1 Satz 1 Nr. 4 BGB in der Regel seine Obliegenheit aus § 305 Abs. 2 Nr. 1 und 2 BGB in Bezug auf die Einbeziehung der Allgemeinen Geschäftsbedingungen erfüllt hat, regelt doch letztlich allein § 305 Abs. 2 BGB, unter welchen Voraussetzungen Allgemeine Geschäftsbedingungen wirksam in einen Vertrag einbezogen werden.

V. Gestaltungs- und Informationspflichten nach § 55 RStV

2.133 § 55 Abs. 1 RStV verpflichtet Anbieter von Telemedien, die nicht ausschließlich persönlichen oder familiären Zwecken dienen, Namen und Anschrift sowie bei juristischen Personen auch Namen und Anschrift des Vertretungsberechtigten leicht erkennbar, unmittelbar erreichbar und ständig verfügbar zu halten. Diese Vorschrift soll damit anders als § 5 TMG auch nicht geschäftsmäßige Webauftritte erfassen, soweit sie über den ausschließlich persönlichen und familiären Zweck hinausgehen. Dies betrifft insbesondere den Webauftritt von Behörden, Schulen, Vereinen und gemeinnützigen Organisationen.[2] Für Webshopbetreiber hat die Vorschrift daher keine Auswirkungen.

2.134 Anders verhält es sich mit § 55 Abs. 2 RStV. Nach dieser Vorschrift haben Anbieter von Telemedien mit journalistisch-redaktionell gestalteten Angeboten zusätzlich zu den Angaben nach den §§ 5 und 6 TMG einen für den redaktionell gestalteten Inhalt Verantwortlichen mit Angabe des Namens und der Anschrift zu benennen. Werden mehrere Verantwortliche benannt, so ist kenntlich zu machen, für welchen Teil des Dienstes der jeweils Benannte verantwortlich ist.

2.135 Diese Vorschrift soll dem Nutzer ähnlich der presserechtlichen Impressumspflicht ermöglichen, festzustellen, wer für den Inhalt des journalistisch-redaktionell gestalteten Angebots **verantwortlich** ist und ggf. haftbar gemacht werden kann.[3] Ein Webshopbetreiber, der Waren und Dienstleistungen über seinen Webshop anbietet, wird nur selten journalistisch-redaktionell gestaltete Angebote vorhalten. Werden im Webshop allerdings journalistisch-redaktionelle Beiträge abrufbar gehalten, womit allerdings nicht der Erwerb von ePapern zum Download gemeint ist, müssen auch die zusätzlichen Anforderungen von § 55 Abs. 2 RStV erfüllt werden. Die Erfüllung der Pflichtangaben nach § 55 Abs. 2 RStV richtet sich also danach, ob die Webseiten im Webshop journalistisch-redaktionelle Beiträge enthalten.

2.136 ➲ **Praxistipp:** In gestalterischer Hinsicht kann der Anforderung an die Informationspflichten nach § 55 Abs. 2 RStV am besten in der Weise nachgekommen werden, dass die Verantwortlichen dort benannt werden, wo sich die Anbieterkennzeichnungspflichten befinden, also in der Regel bei einem Link zu den Begriffen „Kontakt" oder „Impressum".

---

1 Palandt/*Grüneberg*, § 312i BGB Rz. 8.
2 *Lorenz*, K&R 2008, 341 (341).
3 Spindler/Schuster/*Micklitz*/*Schirmbacher*, Recht der elektronischen Medien, § 55 RStV Rz. 18.

VI. Produkt- und preisbezogene Gestaltungsanforderungen

1. Präsentation der Waren und Dienstleistungen

Der Webshopbetreiber muss gegenüber Verbrauchern die wesentlichen Eigenschaften der in einem Webshop zum Kauf angebotenen Waren und bestellbaren Dienstleistungen angeben (Art. 246a § 1 Abs. 1 Satz 1 Nr. 1 EGBGB). Hierzu gehört beispielsweise, welche einzelnen Teile das Warenangebot umfasst, ggf. aus welchen Materialien die Ware besteht, ggf. welche Einsatzmöglichkeiten/Verwendungszwecke und Besonderheiten bestehen und bei Dienstleistungen, welchen Umfang diese haben. Besonders beachtet werden muss, ob spezielle Gesetze für die angebotenen Waren bestehen, die besondere Informationspflichten vorsehen, wie beispielsweise bei Textilien das Textilkennzeichnungsgesetz, das ua. vorschreibt, dass Angaben zur Stoffzusammensetzung erfolgen müssen. Hier unterscheiden sich die Gestaltungsanforderungen bei einem Webshop nicht wesentlich zu den Gestaltungsanforderungen in Katalogen. **2.137**

2. Webshopspezifische preisbezogene Gestaltungsanforderungen

Die **Preisangabe** ist in einem Webshop im Zusammenhang mit der Waren- und Dienstleistungspräsentation eine der zentralen rechtlichen Gestaltungsfragen. Zum einen ist zu klären, ob und in welcher Form Angaben zu Versandkosten und Umsatzsteuer erfolgen müssen. Zum anderen stellt sich die Frage, wo diese Angaben zu stehen haben. **2.138**

Angaben zu den Versandkosten in einem Webshop müssen unmittelbar bei der Werbung für das einzelne Produkt erfolgen. Kann die tatsächliche Höhe der Versandkosten nicht angegeben werden, da diese beispielsweise vom Umfang der Bestellung, der Versandart oder dem Zustellort abhängig ist, reicht die Angabe „zzgl. Versandkosten", wenn sich bei Anklicken oder Ansteuern dieses Hinweises ein Bildschirmfenster mit einer übersichtlichen und verständlichen Erläuterung der allgemeinen Berechnungsmodalitäten für die Versandkosten öffnet. Der Grund für diese vom BGH entwickelte Rechtsprechung, die ihre gesetzliche Grundlage in § 1 Abs. 2 Satz 3 PAngV hat, liegt darin, dass im Onlinebereich der Kunde die Ware bereits beim Betrachten in einen virtuellen Warenkorb einlegen kann, damit zumindest vorläufig für ihren Erwerb entscheidet und somit das Einlegen in den Warenkorb bereits eine geschäftliche Entscheidung des Verbrauchers darstellt, für die er alle wesentlichen Informationen benötigt, wozu die Angabe der Liefer- und Versandkosten zählt. Dass es sich hierbei um eine Pflichtangabe im Fernabsatzgeschäft handelt, ergibt sich aus § 1 Abs. 2 Satz 1 PAngV. Ferner hat auch der Hinweis auf die im Kaufpreis enthaltene **Umsatzsteuer** im Zusammenhang mit der Preisangabe zum einzelnen Produkt zu erfolgen. Hierbei handelt es sich ebenfalls um eine Pflichtangabe im Fernabsatzgeschäft (vgl. § 1 Abs. 2 Nr. 1 PAngV). Beispielsweise sollte daher unter oder neben der jeweiligen Produktpreisangabe in Klammern „(inkl. USt.)" oder „(inkl. MwSt.)" stehen. **2.139**

Offen ist, ob die Angaben zu den Versandkosten und zur Umsatzsteuer in unmittelbar **räumlicher Nähe** zur Produktpreisangabe stehen müssen oder ob es ausreichend ist, wenn die Angabe „Preise inkl. MwSt. zzgl. Versandkosten" in der Kopf- oder Fußzeile jeder Webseite steht. Die Beantwortung dieser Frage wird davon abhängen, ob der Text in der Kopf- oder Fußzeile für den angesprochenen Verkehrskreis leicht erkennbar ist oder nicht. Wenn die Angabe drucktechnisch hervorgehoben und in einer Schriftgröße gehalten ist, die dem Durchschnittsverbraucher eine leichte Erkennbarkeit ermöglicht, ist eine Platzierung dieser Pflichtangabe in der Kopfzeile beispielsweise ausreichend. Letztlich muss dies am Einzelfall entschieden werden. **2.140**

➲ **Praxistipp:** Zur Vermeidung von Restrisiken mit wettbewerbsrechtlicher Relevanz sollten die Pflichtangaben zu den Versandkosten und der enthaltenen Umsatzsteuer in unmittelbar räumlicher Nähe zur Produktpreisangabe stehen. **2.141**

B. Vertragsbezogene Informationspflichten

Literatur: *Bamberger/Roth*, Beck'scher Online-Kommentar BGB, Kommentierung zu Art. 246 EGBGB a.F. (Stand 1.11.2011) und Art. 246a EGBGB (Stand 13.6.2014); *Fuchs*, Das Fernabsatzgesetz im neuen System des Verbraucherschutzrechts, ZIP 2000, 1273 ff.; *Ditscheid/Ufer*, Die Novellierung des TKG 2009 – ein erster Überblick, MMR 2009, 367 ff.; *Härting*, Kommentar zum Fernabsatzgesetz, 1. Aufl. 2000; *Herberger/Martinek/Rüßmann/Werth*, juris-PK-BGB, Praxiskommentar zum BGB, 5. Aufl. 2010.

I. Überblick und Anwendbarkeit

2.142 Im Mittelpunkt des Fernabsatzrechts und speziell des elektronischen Geschäftsverkehrs steht der Schutz des Verbrauchers vor den Gefahren eines schnellen Vertragsabschlusses, ohne hinreichend über den Inhalt der damit verbundenen Konsequenzen informiert zu sein. Der Gesetzgeber hat daher umfangreiche Informationspflichten geschaffen und diese über mehrere Vorschriften verteilt. Die vor Umsetzung der Verbraucherrechterichtlinie in nationales deutsches Recht bestandene Unterscheidung zwischen vorvertraglichen und vertraglichen Informationspflichten existiert so nicht mehr. Der Gesetzgeber hat stattdessen eine Aufteilung in „Allgemeine Informationspflichten im Fernabsatz", „erleichterte Informationspflichten im Fernabsatz" und „Informationspflichten bei Verträgen im elektronischen Geschäftsverkehr" vorgenommen. Entsprechend erfolgt in diesem Kapitel die Darstellung. Die Informationspflichten finden nur auf **Verträge zwischen Unternehmern und Verbrauchern** Anwendung. Auf im Fernabsatzwege geschlossene Verträge zwischen Unternehmern finden die nachfolgend wiedergegebenen Informationspflichten dagegen keine Anwendung, und zwar auch nicht analog.

Die generelle Pflicht des Unternehmers im Fernabsatz (also auch des Webshopbetreibers) zur Information des Verbrauchers über gewisse Umstände ist in **§ 312d Abs. 1 BGB** geregelt. § 312d BGB regelt allerdings nicht, welche Informationen in welcher Form zu welchem Zeitpunkt dem Verbraucher mitgeteilt werden müssen. Hierzu verweist § 312d Abs. 1 BGB auf Art. 246a EGBGB. **2.143**

– **Art. 246a § 1 Abs. 1 EGBGB** regelt den Inhalt der Informationspflichten bei einem Fernabsatzvertrag und damit auch alle Informationspflichten, die ein Webshopbetreiber einhalten muss.

– **Art. 246a § 1 Abs. 2 und Abs. 3 EGBGB** enthalten Informationspflichten zum Widerrufsrecht des Fernabsatzunternehmers gegenüber dem Verbraucher.

– **Art. 246a § 2 EGBGB** enthält eine gesonderte Regelung über erleichterte Informationspflichten des Fernabsatzunternehmers gegenüber Verbrauchern bei Verträgen über Reparatur- und Instandhaltungsarbeiten.

– **Art. 246a § 3 EGBGB** regelt erleichterte Informationspflichten des Fernabsatzunternehmers gegenüber Verbrauchern bei begrenzter Darstellungsmöglichkeit.

– **Art. 246a § 4 EGBGB** regelt schließlich formale Anforderungen an die Erfüllung der Informationspflichten.

Flankiert werden die Informationspflichten einerseits von den Regelungen in § 312f BGB, die letztlich Formvorschriften in Bezug auf Vertragsinhalte im Fernabsatz enthalten. Ferner bestehen nach Art. 246c EGBGB besondere Informationspflichten bei Verträgen im elektronischen Geschäftsverkehr. Diese Informationspflichten, aber auch die allgemeinen und besonderen Pflichten im elektronischen Geschäftsverkehr nach § 312i BGB und § 312j BGB, betreffen teilweise Pflichten, die sich auf die Onlineshop-Gestaltung, die Einbeziehung von allgemeinen Geschäftsbedingungen und den Vertragsschluss beziehen. Diese Pflichten werden in den jeweiligen Spezialkapiteln behandelt. Nachfolgend werden nur diejenigen Pflichten im elektronischen Geschäftsverkehr dargestellt, die eigenständige Informationspflichten darstellen. **2.144**

II. Allgemeine Informationspflichten

1. Überblick

In **Art. 246a § 1 Abs. 1 EGBGB** sind die allgemeinen Informationspflichten im Fernabsatz aufgeführt, die auch der Webshopbetreiber gegenüber dem Verbraucher vor Abgabe von dessen Vertragserklärung zur Verfügung stellen muss. Hierbei handelt es sich um unternehmensspezifische, produkt- und dienstleistungsspezifische sowie vertragsspezifische Informationspflichten. Innerhalb dieser Gruppen kann noch einmal unterschieden werden zwischen Informationspflichten, die auf alle Fernabsatzverträge und damit auch auf alle Fernabsatzverträge im elektronischen Geschäftsverkehr zutreffen und denjenigen, die nur **2.145** für bestimmte Fernabsatzverträge von Bedeutung sind. Festzustellen ist zudem, dass es Informationspflichten gibt, die für die Entscheidung des Verbrauchers für oder gegen den Vertrag und für die Wahrnehmung seiner Rechte aus dem Vertrag von wesentlicher Bedeutung sind, und Informationspflichten, die die Vertragsentscheidung des Verbrauchers nicht oder nur kaum unterstützen.

2.146 Der Webshopbetreiber kann sich allerdings nicht aussuchen, welche der in Art. 246a § 1 Abs. 1 EGBGB enthaltenen Informationspflichten er dem Verbraucher vor Abgabe von dessen Vertragserklärung zur Verfügung stellt. Vielmehr wird der **Umfang der Informationspflicht** durch das Waren- bzw. Dienstleistungsangebot bestimmt. Der Webshopbetreiber hat dem Verbraucher alle Informationen zur Verfügung zu stellen, die die gesetzliche Regelung für sein Onlineangebot verlangt. Eine Unterscheidung nach deren Bedeutung erfolgt nicht, hat aber Einfluss, darauf, ob bei deren Weglassen zugleich ein **spürbarer Wettbewerbsverstoß** iSv. § 3a UWG vorliegt (s. Rz. 2.232).

2.147 Der Bezug auf Fernabsatzverträge hat zur Folge, dass nicht nur Verträge betroffen sind, die im elektronischen Geschäftsverkehr geschlossen werden, sondern sämtliche Verträge, die im Fernabsatzwege geschlossen werden. Dies hat für den Webshopbetreiber insbesondere dann Auswirkungen, wenn er die Bestellung seiner Waren oder Dienstleistungen nicht nur im Wege des elektronischen Geschäftsverkehrs ermöglicht, also durch Onlinebestellung, sondern beispielsweise auch per **Telefax- und Telefonbestellung.**

2.148 Neben der Frage, welchen Inhalt die Informationspflichten aufweisen müssen, stellt sich für den Webshopbetreiber auch die Frage, in welcher Form und zu welchem Zeitpunkt er den Verbrauchern die Informationspflichten zur Verfügung stellen muss.

2. Form der Information

a) Formfreiheit und einzusetzendes Fernkommunikationsmittel

2.149 Die gesetzliche Regelung in Art. 246a § 1 Abs. 1 EGBGB schreibt nicht vor, in welcher Form (schriftlich, in Textform etc.) die allgemeinen Informationspflichten dem Verbraucher zur Verfügung gestellt werden müssen. Es handelt sich hierbei also zunächst um **formfreie Informationspflichten.**

2.150 Die gesetzlichen Regelungen in Art. 246a § 4 Abs. 1 und 3 EGBGB besagen zur Form bei Fernabsatzverträgen lediglich, dass der Unternehmer dem Verbraucher die Informationspflichten *„in klarer und verständlicher Weise"* und *„in einer den benutzten Fernkommunikationsmitteln angepassten Weise"* zur Verfügung stellen muss. Das bedeutet, dass die Informationspflichten dem Verbraucher in dem Fernkommunikationsmedium zur Verfügung gestellt werden müssen, unter dessen Einsatz der Vertrag geschlossen werden soll.[1]

2.151 Der Webshopbetreiber, der seine Waren und Dienstleistungen über seinen Webshop im Internet anbietet, muss die Pflichtinformationen also auch **in seinem Webshop** abrufbar halten. Er kann den Verbraucher hier nicht darauf verweisen, die Informationen über ein anderes Fernkommunikationsmittel zu erhalten.

---

1 Staudinger/*Thüsing*, Neubearbeitung 2005, zu § 312c BGB aF Rz. 22. Teilweise wird in der Literatur darüber diskutiert, ob der Unternehmer im Fernabsatzhandel gehalten ist, die vorvertraglichen Informationen über dasselbe Fernkommunikationsmittel zu erteilen, mit dem er geworben hat (so *Härting*, Kommentar zum Fernabsatzgesetz, § 1 FernAbsG Rz. 64). Die Ansicht ist abzulehnen, da der Schutzzweck der Artt. 246 ff. EGBGB darauf gerichtet ist, dass dem Verbraucher die vorvertraglichen Informationspflichten im Zusammenhang mit dem Vertragsschluss zur Kenntnis gebracht werden und nicht im Zusammenhang mit der Werbung. Ein Wechsel des Fernkommunikationsmittels zwischen Werbung und der Unterrichtung über die vorvertraglichen Informationspflichten wiegt nicht so schwer wie ein Wechsel zwischen der Unterrichtung über die vorvertraglichen Informationspflichten und dem Vertragsschluss.

Gibt der Webshopbetreiber auch einen Katalog heraus, in dem seine Waren abgebildet sind und eine nachfolgende Bestellung per Brief oder Telefax möglich ist, müssen die Informationspflichten **auch in diesem Katalog** vollständig enthalten sein. Gleiches gilt nach der Rechtsprechung des BGH für Flyer und Printwerbung mit Bestellkarte, nicht dagegen aber für bloße Werbung.[1]

2.152

Umstritten war, wie verfahren werden muss, wenn der Webshopbetreiber zusätzlich zu seinem Internetangebot eine **telefonische Bestellmöglichkeit** anbietet und somit der Vertrag telefonisch geschlossen werden kann. Schon vor der Einführung von Art. 246a § 3 EGBGB vertrat die überwiegende Ansicht in der Rechtsliteratur, dass nicht alle Informationen vorgelesen oder von einem Band abgespielt werden müssen[2], sondern dass die Mitteilung ausreicht, wo die Informationen zu erhalten sind.[3] Diese Ansicht findet sich zumindest teilweise nunmehr in Art. 246a § 3 EGBGB wieder. Die Regelung sieht vor, dass in den Fällen, in denen ein Fernabsatzvertrag mittels eines Fernkommunikationsmittels geschlossen werden soll, das nur begrenzte Zeit für zu erteilende Informationen bietet, der Unternehmer nur die in Art. 246a § 3 Satz 1 Nr. 1 bis 5 EGBGB aufgeführten Pflichtinformationen[4] mitteilen muss. Die übrigen Pflichtangaben nach Art. 246a § 1 Abs. 1 EGBGB hat der Unternehmer dem Verbraucher dann in geeigneter Weise unter Beachtung der Regelung in Art. 246a § 4 Abs. 3 EGBGB zugänglich zu machen, also in einer dem benutzten Fernkommunikationsmittel angepassten Weise oder in geeigneter Weise. Die aus sich heraus nicht verständlichen Regelungen erfahren nur in Verbindung mit § 312f Abs. 2 BGB einen nachvollziehbaren Sinngehalt.[5] Letztlich ist der Unternehmer daher verpflichtet, die Informationspflichten nach Art. 246a § 1 Abs. 1 EGBGB vollständig in der Weise zu erfüllen, dass diese Informationen dem Verbraucher innerhalb einer angemessenen Frist nach Vertragsschluss, spätestens jedoch bei Lieferung der Ware oder bevor mit der Ausführung der Dienstleistung begonnen wird, auf einem dauerhaften Datenträger zur Verfügung gestellt werden. Bei Warenlieferungen würde daher ein Informationsblatt bzw. die AGB beigelegt werden.

2.153

Die Zurverfügungstellung der Informationspflichten nach Art. 246a § 1 Abs. 1 EGBGB verlangt nicht, dass der Verbraucher diese erhalten oder zur Kenntnis genommen haben muss oder dass er zu diesen Informationen zwingend hingeführt werden muss.[6] Zurverfügungstellung bedeutet lediglich, dass der Verbraucher die Informationen ohne größere Umstände zur Kenntnis nehmen kann.

2.154

Nicht zu verwechseln ist die grundsätzliche Formfreiheit im Zusammenhang mit der Erfüllung der Informationspflichten mit der Pflicht, dem Verbraucher den Vertragsinhalt entsprechend den Vorgaben nach § 312f BGB zur Verfügung zu stellen.

2.155

---

1 BGH v. 9.6.2011 – I ZR 17/10 – „Computer-Bild", CR 2012, 188–193 = WRP 2012, 975–979; in dieser Entscheidung ist in der Computer-Bild selbst eine Anzeige für die Computer-Bild mit einer unmittelbaren Bestellmöglichkeit enthalten gewesen, ohne auf das Bestehen oder Nichtbestehen des Widerrufs- bzw. Rückgaberechts hinzuweisen. Der BGH hat hierin einen klaren Verstoß gegen Art. 246 § 1 Abs. 1 Nr. 10 EGBGB gesehen.

2 Bamberger/Roth/*Schmidt-Räntsch*, Beck'scher Online-Kommentar, zu Art. 246 § 1 EGBGB aF Rz. 48; Staudinger/*Thüsing*, § 312c BGB aF Rz. 23; aA MüKoBGB/*Wendehorst*, § 312c BGB aF Rz. 75.

3 Bamberger/Roth/*Schmidt-Räntsch*, Beck'scher Online-Kommentar, Art. 246 § 1 EGBGB aF Rz. 48.

4 Zu diesen Pflichtinformationen zählen: Wesentliche Eigenschaften der Waren und Dienstleistungen, Identität des Unternehmers, der Gesamtpreis bzw. mindestens die Art der Preisberechnung, ggf. das Bestehen eines Widerrufsrechts, ggf. die Vertragslaufzeit und die Bedingungen für die Kündigung eines Dauerschuldverhältnisses.

5 So auch Palandt/*Grüneberg*, Art. 246a § 4 EGBGB, Rz. 4.

6 BGH v. 20.7.2006 – I ZR 228/03, NJW 2006, 3633 (3636); LG Stuttgart v. 11.3.2003 – 20 O 12/03 – Rz. 28 – Anbieterkennzeichnung im räumlichen Zusammenhang mit Allgemeinen Geschäftsbedingungen, NJW-RR 2004, 911 (912); aA OLG Frankfurt v. 17.4.2001 – 6 W 37/01, CR 2001, 782 (782) (die Entscheidung bezieht sich insbesondere auf die Verwendung von Links).

b) Klarheit und Verständlichkeit

2.156 Art. 246a § 4 Abs. 1 EGBGB schreibt vor, dass die Informationspflichten nach Art. 246a § 1 Abs. 1 EGBGB in klarer und verständlicher Weise zur Verfügung gestellt werden müssen. Dieses Erfordernis bezieht sich zunächst auf die Darbietung der Informationen an sich.[1] Die Informationen müssen also sowohl in Bezug auf die Sprachwahl als auch im Hinblick auf den Aufbau und die äußere Form für den **durchschnittlichen Verbraucher** verständlich sein.

2.157 An der erforderlichen Verständlichkeit fehlt es, wenn die Angaben nicht im Zusammenhang mit dem Bestellvorgang, sondern an versteckter Stelle erfolgen, wo sie der Verbraucher nicht erwartet.[2] Ebenso fehlt es an der Verständlichkeit, wenn die Informationen nicht so zusammengestellt sind, dass der Verbraucher sie leicht nach Kategorien geordnet auffinden kann. Das bedeutet, dass die unternehmensspezifischen, produkt- und dienstleistungsspezifischen sowie vertragsspezifischen Informationspflichten zusammengefasst in diesen Kategorien an den Stellen in einem Webshop abrufbar gehalten werden müssen, **wo sie der Verbraucher auch erwartet** bzw. erwarten darf. Die unternehmensspezifischen Informationspflichten (Art. 246a § 1 Abs. 1 Nr. 2 und 3 EGBGB) sollten daher im Impressum aufgeführt werden, die vertragsspezifischen Informationspflichten gemäß Art. 246a § 1 Abs. 1 Nr. 5, 6, teilweise in Nr. 7, Nr. 8–13 und 16 EGBGB in den AGB und die produkt- und dienstleistungsspezifischen Informationspflichten nach Art. 246a § 1 Abs. 1 Nr. 1 (wesentliche Merkmale der Ware oder Dienstleistung), Nr. 4 (der Gesamtpreis der Ware oder Dienstleistung) sowie Nr. 14 und 15 EGBGB (Anforderungen an den Vertrieb von digitalen Inhalten) direkt bei der online angebotenen Ware oder Dienstleistung.

2.158 ➲ **Praxistipp:** Sofern die Informationen in Bezug auf die Anbieterkennzeichnung unter der Rubrik „Impressum" oder eines ansonsten anerkannten Oberbegriffs abrufbar gehalten werden, die Informationspflichten im Zusammenhang mit den Rechten und Pflichten aus dem zu schließenden Vertrag in den AGB enthalten sind und die Informationspflichten im Zusammenhang mit der Ware oder Dienstleistung und deren Preis sowie die Anforderungen im Zusammenhang mit dem Vertrieb von digitalen Inhalten in unmittelbarem Zusammenhang mit der Ware oder Dienstleistung abrufbar gehalten werden, erfüllt der Webshopbetreiber die Anforderungen an das Erfordernis „Verständlichkeit" nach Art. 246a § 4 Abs. 1 EGBGB.

2.159 Gleichwohl hat die Rechtsprechung in der Vergangenheit immer wieder zu Einzelfragen, dh. in welcher Art und Weise eine Informationspflicht dem Verbraucher mitgeteilt werden muss, Stellung beziehen müssen. Letztlich laufen zusammengefasst alle Entscheidungen bezogen auf einen Webshop darauf hinaus, dass eine rechtskonforme Zurverfügungstellung der Informationspflichten grundsätzlich nur gegeben ist, wenn die Vorgaben im vorstehenden Praxistipp (Rz. 2.158) eingehalten werden.[3]

---

1 Bamberger/Roth/*Schmidt-Räntsch*, Beck'scher Online-Kommentar, Art. 246a § 1 EGBGB Kommentierung ohne Rz.
2 OLG Hamburg v. 27.3.2003 – 5 U 113/02, NJW 2004, 1114 (1116); juris-PK-BGB/*Junker*, § 312c BGB Rz. 11.
3 Nach LG Köln v. 6.8.2009 – 31 O 33/09, juris, soll es nicht ausreichend sein, wenn eine an sich unvollständige Information mit dem Hinweis versehen ist, weitere Angaben befänden sich im Internet, ohne zu sagen, wo sich diese befinden. Nicht ausreichend ist es auch, wenn sich die Widerrufsbelehrung bei den Angaben zur Anbieterkennzeichnung befindet, OLG Hamm v. 14.4.2005 – 4 U 2/05, NJW 2005, 2319 (2320); a.A. LG Traunstein v. 18.5.2005 – 1HKO 5016/04, MMR 2005, 781; befindet sich die Widerrufsbelehrung in den Allgemeinen Geschäftsbedingungen, genügt dies der vorvertraglichen Informationspflicht: KG Berlin v. 18.7.2006 – 5 W 156/06, NJW 2006, 3215 (3216) = MMR 2006, 678 (679).

Streitig ist, ob und wenn ja, welche Informationen in Form eines **Links** abrufbar gehalten werden dürfen, um noch das Erfordernis der Klarheit und Verständlichkeit zu wahren.[1] Letztlich wird ein Link, hinter dem Informationen vom durchschnittlichen Verbraucher vermutet werden, ausreichend sein, auch wenn seine Öffnung vor Vertragsschluss nicht sichergestellt ist.[2] Im Hinblick auf die Informationspflichten besteht keine weitere gesetzliche Pflicht, dass der Verbraucher diese zwingend zur Kenntnis nehmen muss. Es reicht eine **Zurverfügungstellung** aus, wenn diese in einer dem eingesetzten Fernkommunikationsmittel angepassten Weise klar und verständlich erfolgt. Dies kann eben auch durch eine Linksetzung erfüllt werden. Ebenso ist es ausreichend, wenn die Angaben zur Identität des Webshopbetreibers entweder im Impressum enthalten sind, dies gilt insbesondere dann, wenn der Webseitenbetreiber und der Webshopbetreiber identisch sind, oder wenn die Informationen zur Identität des Webshopbetreibers in seinen Allgemeinen Geschäftsbedingungen enthalten sind, oder wenn diese über einen für den Verbraucher deutlich erkennbaren Link abrufbar gehalten werden. Besteht zwischen dem Webseitenbetreiber und dem Webshopbetreiber **Identität**, braucht kein Link gesetzt zu werden, der vor Vertragsschluss zwingend geöffnet werden müsste, um die näheren Angaben zum Vertragspartner zu erfahren. Hier reicht es aus, wenn der Webshopbetreiber seine Anbieterkennzeichnungspflichten nach § 5 TMG erfüllt. Lediglich bei Abweichung zwischen dem Webseitenbetreiber und dem Webshopbetreiber muss sichergestellt werden, dass der Verbraucher vor Vertragsschluss zur Kenntnis nehmen muss, mit wem er einen Vertrag schließt.[3]

2.160

Wendet sich der Webshopbetreiber mit seinem Onlineangebot an deutsche Verbraucher, in dem er den Webseitenauftritt unter anderem in deutscher **Sprache** abrufbar hält, müssen auch die Pflichtinformationen in deutscher Sprache abrufbar gehalten werden.[4] Der Webshopbetreiber muss allerdings nicht berücksichtigen, dass es in Deutschland auch Sprachminderheiten gibt und entsprechend sein Angebot und die Informationspflichten auch in den Sprachen der Minderheiten zur Verfügung stellen. Er kann sich in diesem Fall darauf berufen, dass für den deutschen Markt die deutsche Sprache Verkehrssprache ist.[5] Wendet sich der Webshopbetreiber mit seinem Onlineangebot erkennbar an Verbraucher, die der englischen Sprache mächtig sind, weil er beispielsweise seinen gesamten Onlineauftritt in englischer Sprache abrufbar hält, ist es auch ausreichend, aber auch erforderlich, dass die Informationspflichten in englischer Sprache gehalten werden. Gleiches gilt für eine andere ausländische Sprache.

2.161

3. Zeitpunkt der Informationspflicht

Art. 246a § 4 Abs. 1 EGBGB bestimmt, dass die Informationspflichten nach Art. 246a § 1 Abs. 1 EGBGB dem Verbraucher *„vor Abgabe von dessen Vertragserklärung"* zur Verfügung gestellt werden müssen. Die **Vertragserklärung** ist die auf den Abschluss des Vertrages gerichtete Willenserklärung (§ 355 Abs. 1 Satz 1 BGB). Dies ist beim Verbraucher in aller Regel die Abgabe seiner Bestellung, also bei Online-Bestellungen in einem Webshop die Auslösung der Bestellung, und bei einer Katalogbestellung entweder die Übermittlung der Bestellerklärung per Telefax oder Post oder die telefonische Bestellung. Bei den Waren- und Dienstleistungsangeboten im Webshop handelt es sich nämlich in aller Regel um eine invitatio ad offerendum, also um eine Einladung an den Verbraucher, mit seiner Bestellung dem Webshopbetreiber gegenüber ein Angebot abzugeben (vgl. Rz. 2.240). In seltenen Aus-

2.162

---

1 Vgl. zum Meinungsstand Bamberger/Roth/*Schmidt-Räntsch*, Beck'scher Online-Kommentar, Art. 246 § 1 EGBGB a.F. Rz. 50.
2 BGH v. 20.7.2006 – I ZR 228/03, NJW 2006, 3633 (3636).
3 MüKoBGB/*Wendehorst*, § 312c BGB aF Rz. 82.
4 So auch Palandt/*Grüneberg*, Art. 246 EGBGB Rz. 4.
5 Bamberger/Roth/*Schmidt-Räntsch*, Beck'scher Online-Kommentar, Art. 246 § 1 EGBGB aF Rz. 51.

nahmefällen kann es vorkommen, dass zunächst der Webshopbetreiber ein Angebot unterbreitet, das der Verbraucher nur noch annehmen muss, damit ein Vertrag zustande kommt. In diesem Fall müsste der Webshopbetreiber dem Verbraucher die Möglichkeit geben, die Informationspflichten zur Kenntnis nehmen zu können, bevor der Verbraucher die Annahme des Angebots erklärt.

2.163 Die Anforderung, die Informationspflichten *„rechtzeitig"* vor Abgabe der Vertragserklärung zur Verfügung zu stellen, wie es noch die Vorgängerregelung verlangte, ist nicht in Art. 246a § 4 EGBGB aufgenommen worden. Nach dem Sinn und Zweck muss der Verbraucher die Pflichtinformationen allerdings vor Abgabe seiner Vertragserklärung **ohne größere Umstände** zur Kenntnis nehmen können. Entscheidend ist, dass der Verbraucher durch den Webshopbetreiber zur Abgabe seiner Vertragserklärung nicht unter Druck gesetzt wird.

2.164 Die zeitliche Anforderung ist nicht mehr erfüllt, wenn die Übermittlung der Pflichtinformationen mit der Abgabe der Vertragserklärung zusammenfällt oder sogar mit dem Vertragsschluss. Die Pflichtinformationen müssen also grundsätzlich zu einem Zeitpunkt erfolgen, zu dem der Verbraucher eine **informierte Entscheidung ohne Druck** treffen kann, also zu einem Zeitpunkt, zu dem er sich noch nicht an eine Vertragserklärung oder gar an einen Vertrag gebunden fühlt.[1]

2.165 Anerkannt ist, dass dies erfüllt ist, wenn die Pflichtinformationen auf den Webseiten des Webshops **abrufbar** sind, von dem aus der Verbraucher seine Bestellung aufgeben kann.[2] In diesem Fall kann der Verbraucher – zeitlich betrachtet – die Pflichtinformationen vor Abgabe seiner Bestellung zur Kenntnis nehmen. Ob dies ohne größere Umstände für ihn möglich ist, hängt davon ab, ob die Kriterien *„Klarheit und Verständlichkeit"* erfüllt sind.

2.166 Unter Beachtung dieser zeitlichen Komponente hat der Webshopbetreiber bei Warenlieferungen grundsätzlich die folgenden zwei Möglichkeiten:

Der Webshopbetreiber stellt die vertraglichen Informationen dem Verbraucher **per E-Mail** zu, beispielsweise zeitgleich mit seiner Vertragsannahmeerklärung, oder er stellt sie dem Verbraucher in seinen E-Mail-Account ein, soweit der Verbraucher sich einen solchen beim Webshopbetreiber einrichten kann, und informiert ihn darüber.

2.167 Bei einer Katalogbestellung ist es unter zeitlichen Gesichtspunkten ausreichend, wenn die Pflichtinformationen im **Katalog** enthalten sind.[3]

2.168 Bei einer telefonischen Bestellung, deren Ausgangspunkt nicht ein Webshop oder Katalog ist, sondern beispielsweise eine Produktbewerbung auf Plakaten und sonstigen Anzeigen, müssen dem Verbraucher zunächst nur die wenigen in Art. 246a § 3 Satz 1 EGBGB aufgeführten Pflichtinformationen am **Telefon** vor Abgabe seiner Bestellung mitgeteilt werden.

2.169 Sieht eine **Fernseh-, Radio-, Anzeigen- oder Prospektwerbung** selbst keine Bestellmöglichkeit vor, brauchen die Pflichtinformationen dort auch nicht erwähnt zu werden.[4]

---

1 Nach LG Bonn v. 15.7.2009 – 16 O 76/09, WRP 2009, 1314 (1314), ist dies nicht erfüllt, wenn eine unterhalb des jeweiligen Produkts befindliche Schaltfläche angeklickt werden muss, um die Informationen zu erfahren, und neben dieser Schaltfläche sich das Symbol eines Einkaufswagens befindet, über das bestellt werden kann.
2 Ebenso *Fuchs*, ZIP 2000, 1273 (1277); Bamberger/Roth/*Schmidt-Räntsch*, Beck'scher Online-Kommentar BGB, Art. 246 § 1 EGBGB aF Rz. 55.
3 Ebenso *Fuchs*, ZIP 2000, 1273 (1277); Bamberger/Roth/*Schmidt-Räntsch*, Beck'scher Online-Kommentar BGB, Art. 246 § 1 EGBGB aF Rz. 55.
4 OLG Hamburg v. 23.12.2004 – 5 U 17/04, GRUR-RR 2005, 236 (236).

4. Inhaltliche Anforderungen

Die Informationspflichten nach Art. 246a § 1 Abs. 1 EGBGB lassen sich inhaltlich in unternehmensspezifische, produkt- und dienstleistungsspezifische und vertragsspezifische Informationspflichten aufteilen. Innerhalb dieser Gruppen kann noch zwischen Informationspflichten unterschieden werden, die für jeden Fernabsatzvertrag von Bedeutung sind, und solchen, die nur bei bestimmten Fernabsatzverträgen zum Tragen kommen. **2.170**

a) Unternehmensspezifische Informationspflichten

aa) Identität des Unternehmers

Nach Art. 246a § 1 Abs. 1 Satz 1 Nr. 2 EGBGB muss bei jedem Fernabsatzvertrag mit Verbrauchern die Identität des Unternehmers angegeben werden. Damit soll der Verbraucher darüber in Kenntnis gesetzt werden, mit wem er einen Vertrag schließt. Dies muss nicht die für den Internetauftritt nach dem Impressum verantwortliche Stelle sein, sondern es kann durchaus ein anderer Vertragspartner in Betracht kommen. Insbesondere bei Konzernen wird es häufig vorkommen, dass der Internetauftritt von einer Gesellschaft verantwortet wird, die zu der unterschiedlich ist, die mit den Kunden entsprechende Verträge im elektronischen Geschäftsverkehr abschließt.[1] Die Identität angeben bedeutet, den **Namen des Unternehmers** zu nennen. Bei einer natürlichen Person ist der Vor- und Familienname anzugeben.[2] Bei einem Kaufmann ist seine Firma anzugeben. Bei juristischen Personen sind die Firmierung und die Rechtsform anzugeben, unter der die juristische Person in den einschlägigen Registern (Handelsregister, Genossenschaftsregister, Partnerschaftsregister) eingetragen ist.[3] Die Angabe der Identität ist nicht erfüllt, wenn ein Pseudonym angegeben wird.[4] Im Übrigen entsprechen die Einzelheiten zu dieser Pflichtangabe denen, die § 5 Abs. 1 Nr. 1 TMG für die Namensangabe verlangt (vgl. Rz. 2.21 ff.). **2.171**

Ferner zählen nach Art. 246a § 1 Abs. 1 Nr. 2 EGBGB zur Identität auch die Anschrift des Ortes, an dem der Webshopbetreiber niedergelassen ist. Das ist der Ort des Geschäftssitzes. Angaben zum **öffentlichen Unternehmensregister**, bei dem der Webshopbetreiber eingetragen ist und die dazugehörige Registernummer oder gleichwertige Kennung, werden dagegen nicht mehr – dh. wie noch vor Inkrafttreten des Gesetzes zur Umsetzung der **Verbraucherrechterichtlinie** (2011/83/EU v. 25.10.2011) – als Pflichtangaben nach Art. 246a Abs. 1 Satz 1 Nr. 2 und 3 EGBGB verlangt. Diese Angaben sind allerdings weiterhin nach § 5 TMG erforderlich und als Teil der Anbieterkennzeichnung im Impressum anzugeben. **2.172**

Als weitere Pflichtangaben verlangt die gesetzliche Regelung in Art. 246a Abs. 1 Satz 1 Nr. 2 EGBGB Angaben zur Telefonnummer, Telefaxnummer, soweit vorhanden, und E-Mail-Adresse. Handelt der Webshopbetreiber nur im Auftrag eines anderen, muss er nach Art. 246a Abs. 1 Satz 1 Nr. 2 EGBGB auch dessen Identität und Anschrift benennen. **2.173**

bb) Angabe ladungsfähige Anschrift und Vertretungsberechtigte

Vor Umsetzung der **Verbraucherrechterichtlinie** (2011/83/EU v. 25.10.2011) in nationales deutsches Recht, also vor dem 13.6.2014, war der Webshopbetreiber gemäß Art. 246 § 1 Abs. 1 Nr. 3 EGBGB verpflichtet, seine **ladungsfähige Anschrift** anzugeben. Die Formulierung „ladungsfähige Anschrift" findet sich nicht mehr im neuen Gesetzestext. Neben der Anschrift der Niederlassung gemäß Art. 246a Abs. 1 Satz 1 Nr. 2 EGBGB muss allerdings gemäß Art. 246a Abs. 1 Satz 1 Nr. 3 EGBGB die Geschäftsanschrift des Unternehmers an- **2.174**

---

1 OLG Hamburg v. 27.3.2003 – 5 U 113/02, NJW 2004, 1114 (1115).
2 KG Berlin v. 11.4.2008 – 5 W 41/08, GRUR-RR 2008, 352 (352).
3 Palandt/*Grüneberg*, Art. 246 § 1 EGBGB Rz. 6.
4 LG Braunschweig v. 14.4.2004 – 9 O 493/04, GRUR-RR 2005, 25 (27).

gegeben werden, falls diese Anschrift von der Anschrift unter Art. 246a Abs. 1 Satz 1 Nr. 2 EGBGB abweicht. Mit dieser Regelung wird letztlich sichergestellt, dass der Unternehmer, also auch der Webshopbetreiber, eine ladungsfähige Anschrift angeben muss.

2.175 Die Angabe einer ladungsfähigen Anschrift (Geschäftsanschrift) erfordert die Adressangabe des Geschäftssitzes des Webshopbetreibers, bestehend aus Straße und Hausnummer, Postleitzahl und Ort sowie Land. Die Angabe einer Postfachanschrift genügt nicht.[1] Ebenso wenig kann die Angabe einer ladungsfähigen Anschrift durch die Angabe einer Servicenummer ersetzt werden.

2.176 Ausgehend von dem Zweck der Vorschrift, dem Verbraucher solch umfassende Informationen über seinen Vertragspartner zu geben, damit dieser diesen ggf. in Anspruch nehmen und vor Gericht verklagen kann, muss gemäß Art. 246a § 1 Satz 1 Nr. 2 und 3 EGBGB bei juristischen Personen, Personenvereinigungen oder -gruppen zusätzlich auch der **Name eines Vertretungsberechtigten** angegeben werden. Dies muss wie im Fall von § 5 TMG entweder die Angabe des gesetzlichen Vertreters sein, an den nach § 170 ZPO wirksam zugestellt werden kann, oder die Angabe eines rechtsgeschäftlichen Vertreters, an den nach § 171 ZPO wirksam zugestellt werden kann.

b) Produktspezifische Informationspflichten

aa) Informationspflichten betreffend alle Fernabsatzverträge

(1) Wesentliche Eigenschaften der Ware oder Dienstleistung

2.177 Nach Art. 246a § 1 Abs. 1 Satz 1 Nr. 1 EGBGB sind im Rahmen der Informationspflichten die wesentlichen Eigenschaften der Ware oder Dienstleistung anzugeben. Voraussetzung hierfür ist eine **detaillierte und übersichtliche Beschreibung**, aus der der Verbraucher die für seine Kaufentscheidung maßgeblichen Merkmale entnehmen kann.[2]

2.178 ➲ **Praxistipp:** Dieses Erfordernis wird durch die üblichen **Katalogbeschreibungen** der Ware regelmäßig erfüllt, soweit die Ware abgebildet wird, weitere wichtige Detailinformationen abrufbar sind (bei Bekleidung bspw. Größenangabe, Stoffzusammensetzung, Farbe, Waschbarkeit; bei einem Sonnenschirm sind dies die Maße, Form und Farbe sowie das Material des Bezugsstoffs, das Material des Gestells sowie das Gewicht[3]) und der Preis mit allen zusätzlichen Preiskomponenten genannt wird. Problematisch erweist sich die Angabe der wesentlichen Eigenschaften der Leistung zuweilen bei kompliziert ausgestalteten Dienstleistungsverträgen. Gefordert ist hier dann eine Zusammenfassung der **wesentlichen Vertragselemente**, so dass der Verbraucher weiß, welche Dienstleistung er erhält.

2.179 Die Rechtsprechung nimmt für die Bestimmung der wesentlichen Eigenschaften eine wertende Betrachtung im Einzelfall vor.[4] In der Regel hat die Angabe der wesentlichen Eigen-

---

1 Nach früherer Rechtslage genügte auch die Postfachanschrift (BGH v. 11.4.2002 – I ZR 306/99, NJW 2002, 2391 [2392]). Da sich diese Angabe aber als unzureichend erwies, hat der Gesetzgeber eingegriffen und dafür gesorgt, dass in der Gesetzesformulierung von einer „ladungsfähigen Anschrift" gesprochen wird, bei der die Postfachangabe nicht genügt; ebenso OLG Hamburg v. 27.3.2003 – 5 U 113/02, NJW 2004, 1114 (1115).
2 LG Magdeburg v. 29.8.2002 – 36 O 115/02 – Rz. 31, NJW-RR 2003, 409 (409); Palandt/*Grüneberg*, Art. 246 EGBGB Rz. 5.
3 OLG Hamburg v. 13.8.2014 – 5 W 14/14, MMR 2014, 818 = CR 2015, 261.
4 Vgl. OLG Hamburg v. 5.1.2009 – 3 W 155/08, ZUM 2009, 862 (863), wo ein Musiksampler angeboten wurde, ohne die einzelnen Musiktitel zu benennen. Hierüber wurde der Konsument jedoch unterrichtet. Insofern wusste er, worauf er sich einlässt, nämlich eine „Wundertüte" angeboten zu erhalten. Ein Verstoß gegen die vorvertragliche Informationspflicht über die wesentlichen Merkmale der Ware hat das OLG Hamburg daher abgelehnt.

schaften nicht die Wirkung einer Beschaffenheitsvereinbarung iSv. § 434 Abs. 1 BGB oder einer Beschaffenheitsgarantie nach § 443 Abs. 1 BGB.[1] Dies liegt darin begründet, dass der Webshopbetreiber durch diese Angaben in erster Linie einer gesetzlichen Pflicht entspricht und hierfür keine Beschaffenheitsgarantie iSd. vorgenannten Vorschriften eingehen will.

⮞ **Praxistipp:** Es ist für den Webshopbetreiber zu empfehlen, dass er bei Erfüllung dieser Informationspflicht klar macht, dass er lediglich einer gesetzlichen Pflicht nachkommt und es sich bei seinen Angaben **nicht um Beschaffenheitsgarantien** handelt.   2.180

(2) Preis der Ware oder Dienstleistung

Gemäß Art. 246a § 1 Abs. 1 Satz 1 Nr. 4 EGBGB hat der Fernabsatzanbieter den Verbraucher über den Gesamtpreis der Ware oder Dienstleistung einschließlich aller damit verbundenen Preisbestandteile sowie einschließlich aller über den Unternehmer abzuführenden Steuern und Abgaben zu unterrichten. Kann kein genauer Preis angegeben werden, muss seine Berechnungsgrundlage, die dem Verbraucher eine Überprüfung des Preises ermöglicht, mitgeteilt werden. Besteht der Preis der Ware oder Dienstleistung aus mehreren Preisbestandteilen, muss der daraus zu errechnende **Gesamtpreis** angegeben werden. Zum Gesamtpreis gehören nicht die Fracht, Liefer- oder Versandkosten. Diese sind allerdings zusätzlich nach Art. 246a § 1 Abs. 1 Satz 1 Nr. 4 2. Halbsatz EGBGB anzugeben. Die Angabe des Gesamtpreises unter Einschluss aller Steuern und aller Preisbestandteile verlangt die Angabe von Bruttopreisen, also Preisen, in denen die Umsatzsteuer bereits eingerechnet ist. Unzulässig ist mit Nettopreisangaben zu werben, auch wenn auf den Anfall der Umsatzsteuer hingewiesen wird.[2]   2.181

In den Fällen, in denen der Unternehmer einen Gesamtpreis nicht benennen kann, weil der aktuelle Gesamtpreis beispielsweise von der Bezugsmenge abhängt, müssen die Grundlagen der Preisberechnung benannt werden. Zu den Grundlagen der Preisberechnung zählen sämtliche Informationen, die der Verbraucher benötigt, um selbst den Gesamtpreis errechnen zu können (vgl. Rz. 11.34 ff.). Ist auch das nicht möglich, muss wenigstens angegeben werden, dass solche zusätzlichen Kosten anfallen können.   2.182

Mit der Umsetzung der **Verbraucherrechterichtlinie**[3] in deutsches Recht ist seit dem 13.6.2014 auch eine gesonderte Sanktionierung für Verletzungen der Informationspflichten über Kosten in § 312e BGB aufgenommen worden. Fehlt es an einer Information über die Kosten entsprechend § 312d Abs. 1 BGB iVm. Art. 246a § 1 Abs. 1 Satz 1 Nr. 4 EGBGB, kann der Unternehmer diese vom Verbraucher nicht verlangen. Dies gilt selbst für den Fall, dass der Unternehmer mit dem Verbraucher die Kostentragungspflicht entsprechend § 312a Abs. 3 BGB ausdrücklich vereinbart hat.   2.183

Eine weitere Informationspflicht im Zusammenhang mit der Angabe über Kosten ist in Art. 246a § 1 Abs. 1 Satz 1 Nr. 5 EGBGB niedergelegt und betrifft unbefristete Verträge und Abonnement-Verträge sowie die Angabe von Gesamtkosten pro Abrechnungszeitraum. Die Rechtsfolgen des § 312e BGB betreffen nicht eine Verletzung der Informationspflicht nach Art. 246a § 1 Abs. 1 Satz 1 Nr. 5 EGBGB.   2.184

bb) Informationspflichten betreffend bestimmte Fernabsatzverträge

Zu den produktspezifischen vorvertraglichen Informationspflichten nach Art. 246a § 1 Abs. 1 Satz 1 EGBGB, die nur für bestimmte Fernabsatzverträge gelten, kann der Um-   2.185

---

1 Palandt/*Grüneberg*, Art. 246 EGBGB Rz. 5.
2 Bamberger/Roth/*Schmidt-Räntsch*, Beck'scher Online-Kommentar BGB, Art. 246 § 1 EGBGB aF Rz. 16.
3 Umsetzung von Art. 6 Abs. 6 Verbraucherrechterichtlinie.

stand gezählt werden, dass der Webshopbetreiber keinen Gesamtpreis benennen kann und in diesem Fall die Grundlagen der Preisberechnung angeben muss.

2.186 Ferner sind mit Umsetzung der Verbraucherrechterichtlinie seit dem 13.6.2014 zwei neue Informationspflichten in Bezug auf digitale Inhalte hinzugekommen. Art. 246a § 1 Abs. 1 Satz 1 Nr. 14 EGBGB regelt, dass eine Informationspflicht über die Funktionsweise **digitaler Inhalte**, einschließlich anwendbarer technischer Schutzmaßnahmen für solche Inhalte, besteht. Art. 246a § 1 Abs. 1 Satz 1 Nr. 15 EGBGB ergänzt diese Informationspflicht dahingehend, dass auch über Beschränkungen der Interoperabilität und der Kompatibilität der digitalen Inhalte mit Hard- und Software informiert werden muss, wenn dem Unternehmer diese Beschränkungen bekannt sind oder bekannt sein müssten.

c) Vertragsspezifische Informationspflichten

aa) Informationspflichten betreffend alle Fernabsatzverträge

(1) Zahlungs-, Liefer- und Leistungsmodalitäten

2.187 Art. 246a § 1 Abs. 1 Satz 1 Nr. 7 EGBGB verlangt die Angabe der Einzelheiten hinsichtlich der Zahlung[1] und der Lieferung oder Erfüllung sowie ggf. weiterer Leistungsbedingungen. Gemeint ist dabei zunächst die Angabe der Zahlungsmodalitäten, also zu welchem Zeitpunkt welche Zahlungen in welcher Weise zu erfolgen haben. Hierzu zählt allerdings nicht die Angabe der rechtlichen Folgen bei Versäumnissen von Zahlungen oder von Lieferungen. Erforderlich ist daher, dass der Webshopbetreiber **alle Zahlungswege** benennt, die er akzeptiert.[2] Abgesehen von der Angabe der Zahlungsmodalitäten und der Zahlungswege sind auch die Liefermodalitäten zu benennen, also in welcher Art und Weise die Lieferung erfolgt. Angegeben werden muss daher, ob die Lieferung nach dem Vertrag „frei Haus" oder zu einem Lagerort, beispielsweise einem Paketshop oder einen Paketstandort oder in anderer Weise erfolgt. Ferner muss auch angegeben werden, bis zu welchem Termin der Unternehmer die Ware liefern bzw. die Dienstleistungen erbringen muss.

2.188 Sofern der Unternehmer ein Verfahren zum Umgang mit Beschwerden anbietet, hat er gemäß Art. 246a § 1 Abs. 1 Satz 1 Nr. 7 2. HS EGBGB die Anschrift der Beschwerdestelle und die Art und Weise, wie sich der Verbraucher an diese wenden soll, mitzuteilen.

2.189 ➩ **Praxistipp:** Hilfreich ist es für den Verbraucher, wenn er bei der Lieferortangabe und der Wahl eines Paketshops bzw. einer Paketstation gleichzeitig angezeigt bekommt, wo diejenigen in seiner Wohnortnähe liegen. Dies ist technisch leicht umsetzbar und eine sehr kundenfreundliche Einrichtung.

(2) Bestehen eines Mängelhaftungsrechts (Gewährleistung)

2.190 Nach Art. 246a § 1 Abs. 1 Satz 1 Nr. 8 EGBGB besteht eine Informationspflicht des Unternehmers gegenüber dem Verbraucher über das Bestehen eines gesetzlichen Mängelhaftungsrechts für von ihm angebotene Waren. Im Rahmen der Informationspflicht genügt der bloße Hinweis auf dessen Bestehen; der Inhalt der gesetzlichen Gewährleistungsvorschrift muss nicht erläutert werden.[3] Sofern der Unternehmer jedoch von der gesetzlichen Vorschrift abweichen möchte, muss er im Rahmen seiner Informationspflicht detailliertere Angaben über die von ihm angebotene Gewährleistung machen.[4] Umstritten war bei der nahezu gleichlautenden Vorschrift vor Inkrafttreten der **Verbraucherrechterichtlinie**, ob der Webshopbetreiber aufgrund der Regelung in jedem Fall Angaben zu Gewährleistungs-

---

1 LG Magdeburg v. 29.8.2002 – 36 O 115/02 – Rz. 31, NJW-RR 2003, 409 (409).
2 LG Magdeburg v. 29.8.2002 – 36 O 115/02 – Rz. 31, NJW-RR 2003, 409 (409).
3 Palandt/*Grüneberg*, Art. 246 EGBGB Rz. 9.
4 Palandt/*Grüneberg*, Art. 246 EGBGB Rz. 9.

bedingungen machen muss, dh. selbst für den Fall, dass der Unternehmer für die von ihm angebotenen Waren oder Dienstleistungen lediglich die gesetzlichen Gewährleistungsregelungen anwenden will und keine gesonderten.[1] Nach der Rechtsprechung des BGH besteht eine solche Pflicht nicht.[2] Diese Ansicht überzeugt allerdings nicht für die aktuelle Vorschrift in Art. 246a § 1 Abs. 1 Satz 1 Nr. 8 EGBGB. Der gesetzliche Wortlaut ist in dieser Hinsicht eindeutig: Der Zweck dieser Vorschrift ist darauf gerichtet, dass der Verbraucher weiß, welche Gewährleistungsrechte ihm zustehen, und eben auch, ob ihm nur die **gesetzlichen Gewährleistungsregelungen** zustehen oder aber ob der Unternehmer eigenständige Gewährleistungsregelungen mit ihm vereinbaren möchte. Hätte der Gesetzgeber nur die Unterrichtung des Verbrauchers bei einer Abweichung von den gesetzlichen Gewährleistungsregelungen gewollt, hätte er dies auch entsprechend klarstellen können. Einigkeit besteht darüber, dass der Unternehmer den Verbraucher in jedem Fall darüber unterrichten muss, wenn er von der gesetzlichen Regelung abweichende Gewährleistungsregelungen mit dem Verbraucher vereinbaren möchte.

➲ **Praxistipp:** Diese Informationspflicht kann der Unternehmer (Webshopbetreiber) am besten dadurch erfüllen, dass er in jedem Fall eine Regelung zur Gewährleistung in seine AGB aufnimmt. Diese kann sich darauf beschränken, dass er darauf hinweist, dass die gesetzlichen Gewährleistungsregelungen gelten.   **2.191**

bb) Pflichten betreffend bestimmte Fernabsatzverträge

Die nachfolgend aufgeführten Informationspflichten sind nur dann von dem Fernabsatzanbieter (Webshopbetreiber) anzugeben, wenn deren Voraussetzungen bei seinen Angeboten vorliegen.   **2.192**

(1) Zustandekommen des Vertrages

Bis zur Umsetzung der Verbraucherrechterichtlinie am 13.6.2014 war in Art. 246 § 1 Abs. 1 Nr. 4 EGBGB für alle Fernabsatzgeschäfte geregelt, dass der Verbraucher darüber zu unterrichten ist, wie der Vertrag zustande kommt.[3] Diese Vorschrift sollte den Verbraucher darüber in Kenntnis setzen, zu welchem Zeitpunkt im Fernabsatzhandel tatsächlich ein Vertrag zwischen ihm und dem Unternehmer geschlossen wird.[4] Diese Regelung existiert seit dem 13.6.2014 aber nicht mehr. In der Literatur wird die Ansicht[5] vertreten, dass sich zumindest für Verträge im elektronischen Geschäftsverkehr die Pflicht zur Information über das Zustandekommen des Vertrages aus Art. 246c Nr. 1 EGBGB („einzelne technische Schritte, die zu einem Vertragsschluss führen") ergibt. Dem ist unter Verbraucherschutzgesichtspunkten beizupflichten. Festzuhalten ist damit, dass sich die Pflicht zur Information über den Vertragsschluss nicht mehr auf alle Fernabsatzverträge erstreckt, sondern nur noch auf Verträge im elektronischen Geschäftsverkehr.   **2.193**

Wie der Vertrag zustande kommt, kann aber selbst bei Webshops unterschiedlich sein. Hinreichend klar ist nur, dass das Angebot in einem Webshop in aller Regel kein Vertragsangebot ist, das der Verbraucher mit seiner Bestellung annimmt. Vielmehr handelt es sich hier-   **2.194**

---

1 So MüKoBGB/*Wendehorst*, § 312c BGB Rz. 66; aA Bamberger/Roth/*Schmidt-Räntsch*, Beck'scher Online-Kommentar BGB, Art. 246 § 2 EGBGB aF Rz. 16.

2 BGH v. 4.10.2007 – I ZR 22/05, NJW 2008, 1595 (1597); ebenso Palandt/*Grüneberg*, Art. 246 § 2 EGBGB Rz. 5.

3 Hintergrund dieser gesetzlichen Regelung ist gewesen, bei Internetversteigerungen hinreichende Klarheit darüber zu gewinnen, wann bei diesen ein Vertrag zustande kommt; vgl. das Gesetzgebungsverfahren zum früheren § 2 Fernabsatzgesetz; näher hierzu Bamberger/Roth/*Schmidt-Räntsch*, Beck'scher Online-Kommentar BGB, Art. 246 § 1 EGBGB Rz. 13.

4 LG Magdeburg v. 29.8.2002 – 36 O 115/02 Rz. 31, NJW-RR 2003, 409.

5 Vgl. Palandt/*Grüneberg*, Art. 246c EGBGB Rz. 2.

bei um eine sog. **Invitatio ad offerendum**, dh. eine Einladung an den Verbraucher mit seiner Bestellung ein Angebot an den Unternehmer zum Vertragsschluss abzugeben, dass dieser auf verschiedene Weise, beispielsweise durch die Rücksendung einer Annahme-E-Mail, durch Zusendung der Ware etc. annehmen kann (vgl. Rz. 2.257 ff.).

2.195   Für die Erfüllung der Informationspflicht soll es ausreichend sein, wenn der Unternehmer in seinen allgemeinen Geschäftsbedingungen das Zustandekommen des Vertrages regelt. Eine nochmalige Unterrichtung in beispielsweise vorvertraglichen Informationsangeboten ist nicht erforderlich.[1] Keiner Aufklärung bedarf es seitens des Unternehmers gegenüber dem Verbraucher, wann dessen Vertragserklärung verbindlich wird,[2] wenn dies unter Berücksichtigung der üblichen Handhabe im Geschäftsverhältnis zwischen Unternehmer und Verbraucher der Fall ist, beispielsweise in einem Webshop durch die Auslösung einer Bestellung. Anderenfalls besteht diese Verpflichtung allerdings schon.[3]

(2) Mindestvertragslaufzeit

2.196   Nach Art. 246a § 1 Abs. 1 Satz 1 Nr. 11 und Nr. 12 EGBGB müssen die Mindestvertragslaufzeit und ggf. die Bedingungen der Kündigungen bei unbefristeten und sich automatisch verlängerndern Verträgen angegeben werden. Typische Anwendungsfälle sind hier Abonnements von Zeitungen, Zeitschriften sowie Handy- und SIM-Kartenverträge sowie andere im Bereich von Telekommunikations- und Informationsleistungen vorgehaltene kombinierte Waren und Dienstleistungsangebote. Sofern der Webshopbetreiber keine Mindestvertragslaufzeit in seinen Verträgen vorsieht, muss der Verbraucher über diesen Umstand auch nicht unterrichtet werden. Es besteht also nur eine positive Informationspflicht, aber keine negative.

(3) Liefer-, Versand- und Frachtkosten/Weitere Steuern oder Kosten

2.197   Art. 246a § 1 Abs. 1 Satz 1 Nr. 4 EGBGB verlangt von einem Webshopbetreiber, der den Verbraucher anfallende Liefer-, Versand- und/oder Frachtkosten bezahlen lassen möchte, dass er ihn hierüber vorvertraglich unterrichtet. Ferner hat der Webshopbetreiber auf weitere mögliche Steuern oder Kosten hinzuweisen. Zu diesen weiteren Kosten zählen beispielsweise Kosten im Rahmen eines Nachnahmeversandes.

2.198   Entstehen für den Verbraucher keine zusätzlichen Liefer-, Versand- und/oder Frachtkosten und auch keine weiteren Kosten oder Steuern, muss der Webshopbetreiber den Verbraucher hierüber auch nicht unterrichten, dh. mitteilen, dass keine weiteren Kosten anfallen. Üblich ist allerdings die Mitteilung, dass versandkostenfrei geliefert wird, wenn dies der Fall ist.

(4) Kosten von Fernkommunikationsmitteln

2.199   Art. 246a § 1 Abs. 1 Satz 1 Nr. 6 EGBGB schreibt vor, dass der Unternehmer im Rahmen der Informationspflichten den Verbraucher über die Kosten für den Einsatz des für den Vertragsschluss genutzten Fernkommunikationsmittels unterrichten muss, die über die Kosten für die bloße Nutzung des Fernkommunikationsmittels hinausgehen. Diese Informati-

---

1   Vgl. LG Frankenthal v. 14.2.2008 – 2 HK O 175/07, MMR 2009, 144 (144), die Entscheidung bezog sich allerdings auf eBay-Angebote und hatte die Besonderheit, dass der Kunde die vorvertraglichen Informationen bereits als Mitglied bei eBay über deren Allgemeine Geschäftsbedingungen erlangt hat.
2   Ausführlich hierzu: Bamberger/Roth/*Schmidt-Räntsch*, Beck'scher Online-Kommentar BGB, Art. 246 § 1 EGBGB Rz. 15.
3   So Palandt/*Grüneberg*, Art. 246c EGBGB Rz. 2.

onspflicht besteht selbstverständlich nur dann, wenn der Unternehmer dem Verbraucher solche zusätzlichen Kosten in Rechnung stellen will.

Zu den zusätzlichen Kosten für die Benutzung des Fernkommunikationsmittels zählen nicht die üblichen und bekannten Kosten für den Einsatz eines Fernkommunikationsmittels, sondern nur die Kosten, die die üblichen Sätze übersteigen.[1] Dies ist beispielsweise der Fall, wenn für die Kommunikation zwischen Unternehmer und dem Verbraucher besondere Servicenummern verwendet werden (vgl. hierzu §§ 66, 66d TKG), die nicht nur die Kosten für das Fernkommunikationsmittel auslösen, sondern bei denen im Kommunikationspreis auch der Service enthalten ist.[2] Bietet also der Unternehmer beispielsweise eine Telefonnummer an, die über den normalen Kommunikationsmittelpreis auch noch weitere **Servicekosten** auslöst, hat der Unternehmer den Verbraucher hierüber vorab aufzuklären.

2.200

(5) Befristete Gültigkeitsdauer von Angeboten

Vor Umsetzung der Verbraucherrechterichtlinie (vor dem 13.6.2014) war in Art. 246 § 1 Abs. 1 Nr. 12 EGBGB ausdrücklich eine Informationspflicht des Unternehmers gegenüber dem Verbraucher für befristete Angebote geregelt. Diese Regelung wird nun von der Informationspflicht über die Leistungsbedingungen in Art. 246a § 1 Abs. 1 Satz 1 Nr. 7 übernommen, denn befristete Angebote sind eine Leistungsbedingung. Im Wesentlichen geht es um die Bewerbung von Waren oder Dienstleistungen, bei denen insbesondere der angebotene Preis nur für einen gewissen Zeitraum Gültigkeit besitzt. Einigkeit besteht darüber, dass dem Verbraucher nicht nur der bloße **Zeitraum** anzugeben ist, sondern auch, welche **Handlungen** er bis zu welchem Zeitpunkt vornehmen muss, um diesen Zeitrahmen einzuhalten.[3] Eine Leistungsbedingung ist auch die Befristung der Gültigkeitsdauer von zur Verfügung gestellten Informationen. Insofern muss der Unternehmer den Verbraucher darüber unterrichten, wenn einzelne Informationen nur eine begrenzte Gültigkeit haben und sich nach dem Ablauf eines bestimmten Zeitraums ändern werden. Hierzu können beispielsweise auch die Anschrift des Unternehmers, die Merkmale der Ware oder Dienstleistung usw. zählen.

2.201

(6) Übrige ggf. bestehende Informationspflichten

Art. 246a § 1 Abs. 1 Satz 1 Nr. 9 EGBGB regelt Informationspflichten über ggf. das Bestehen und die Bedingungen von Kundendienst, Kundendienstleistungen und Garantien.

2.202

Informationen über einen Kundendienst müssen selbstverständlich nur dann gegeben werden, wenn der Unternehmer auch einen Kundendienst unterhält. Gleiches gilt für Garantiebedingungen. Auch diese müssen selbstverständlich nur benannt werden, wenn der Unternehmer solche auch anbietet. Die gesetzliche Regelung konstruiert keine Pflicht zur Gewährung einer **Garantie**, vielmehr handelt es sich hierbei um freiwillige Haftungsübernahmen des Unternehmers (vgl. § 443 BGB). Existiert allerdings eine Garantie des Herstellers, so muss der Unternehmer auch über diese Garantie informieren.[4]

2.203

---

1 Bamberger/Roth/*Schmidt-Räntsch*, Beck'scher Online-Kommentar BGB, Art. 246 § 1 EGBGB aF Rz. 37.
2 Vgl. hierzu *Ditscheid/Ufer*, MMR 2009, 367 (369).
3 Bamberger/Roth/*Schmidt-Räntsch*, Beck'scher Online-Kommentar BGB, Art. 246 § 1 EGBGB aF Rz. 38.
4 Die Anforderungen an den Inhalt einer Garantieerklärung gegenüber Verbrauchern ergeben sich aus § 477 Abs. 1 Satz 2 BGB. Werbung, die den Verbraucher lediglich zur Bestellung auffordert und in diesem Zusammenhang eine Garantie ankündigt, muss nicht den Anforderungen nach § 477 Abs. 1 Satz 2 BGB genügen, vgl. BGH v. 14.4.2011 – I ZR 133/09, WRP 2011, 866 ff. – Werbung mit Garantie.

2.204 Art. 246a § 1 Abs. 1 Satz 1 EGBGB regelt in Nr. 10 (ggf. Information über bestehende einschlägige Verhaltenskodizes), Nr. 13 (ggf. Information über Regelungen zur Leistung einer Kaution oder anderer finanzieller Sicherheiten des Verbrauchers) und Nr. 16 (ggf. Information über außergerichtliche Beschwerde- und Rechtsbehelfsverfahren, denen der Unternehmer unterworfen ist und dessen Zugangsvoraussetzungen) weitere Informationspflichten des Unternehmers gegenüber dem Verbraucher. Diese Informationspflichten kommen aber nur dann zum Tragen, wenn die mit ihnen verbundenen Regelungsbereiche überhaupt auf das Geschäft des Webshopbetreibers zutreffen.

(7) Widerrufsrecht

2.205 Nach Art. 246a § 1 Abs. 2 und 3 EGBGB muss der Webshopbetreiber den Verbraucher über das Bestehen oder Nichtbestehen eines Widerrufsrechts sowie über die Bedingungen und Einzelheiten der Ausübung unterrichten.

2.206 Nicht auf alle Fernabsatzverträge und auch nicht auf alle Fernabsatzverträge im elektronischen Geschäftsverkehr findet das Widerrufsrecht nach **§ 312g BGB** Anwendung. Die vom Widerrufsrecht ausgenommenen Verträge sind näher in § 312g Abs. 2 und Abs. 3 BGB geregelt. Entscheidend ist zunächst, dass der Webshopbetreiber in jedem Fall verpflichtet ist, darüber zu informieren, ob ein Widerrufsrecht besteht oder ob es nicht besteht. Sofern es nicht besteht, muss der Webshopbetreiber dies ausdrücklich dem Verbraucher vor Abgabe von dessen Vertragserklärung mitteilen, und zwar auch in Werbeanzeigen, in denen dem Verbraucher gleichzeitig eine Bestellmöglichkeit angeboten wird.[1] Ein Schweigen reicht hier nicht. Nicht erforderlich ist dagegen, auf jede Einzelheit einzugehen und jeden Grund für den Ausschluss des Widerrufsrechts aufzuführen.[2]

2.207 Die Informationspflicht über das Widerrufsrecht tritt neben die Pflicht zur Belehrung über das Widerrufsrecht nach § 312g Abs. 1 BGB iVm. § 355 BGB.[3]

2.208 ➡ **Praxistipp:** Die Informationspflichten über das Widerrufsrecht können dadurch erfüllt werden, dass der Webshopbetreiber die Musterwiderrufsbebelehrung verwendet (vgl. Anlage 1 zu Art. 246a § 1 Abs. 2 EGBGB) (vgl. Rz. 2.471 ff. u. Rz. 2.488 ff.).

III. Erleichterte Informationspflichten

1. Überblick

2.209 Der Gesetzgeber hat erkannt, dass nicht bei jedem Fernabsatzvertrag die recht umfangreichen Informationspflichten nach Art. 246a § 1 Abs. 1 EGBGB gegenüber dem Verbraucher vor Abgabe von dessen Vertragserklärung vollständig erfüllt werden können. Daher sind auf Grundlage der Umsetzung der Verbraucherrechterichtlinie (Richtlinie 2011/83/EU) in Art. 246a § 2 und § 3 EGBGB Regelungen für bestimmte Verträge aufgenommen worden, bei denen sogenannte erleichterte Informationspflichten bestehen.

---

1 BGH v. 9.6.2011 – I ZR 17/10 – „Computer-Bild", CR 2012, 188 = WRP 2012, 975; in dieser Entscheidung ist in der Computer-Bild selbst eine Anzeige für die Computer-Bild mit einer unmittelbaren Bestellmöglichkeit enthalten gewesen, ohne auf das Bestehen oder Nichtbestehen des Widerrufs- bzw. Rückgaberechts hinzuweisen. Der BGH hat hierin einen klaren Verstoß gegen Art. 246 § 1 Abs. 1 Nr. 10 EGBGB gesehen.
2 BGH v. 9.12.2009 – VIII ZR 219/08 Rz. 23, NJW 2010, 989 (991).
3 Bamberger/Roth/*Schmidt-Räntsch*, Beck'scher Online-Kommentar BGB, Art. 246 EGBGB aF Rz. 36.

Gemäß Art. 246a § 3 Satz 1 EGBGB gelten erleichterte Informationspflichten zum einen für Fernabsatzverträge über Reparatur- und Instandhaltungsarbeiten[1]. Auf diese Verträge wird nachfolgend nicht näher eingegangen. Zum anderen gelten erleichterte Informationspflichten für Fernabsatzverträge, die mittels eines Fernkommunikationsmittels geschlossen werden, das nur begrenzten Raum oder begrenzte Zeit für die dem Verbraucher zu erteilenden Informationen bietet[2]. Dies gilt allerdings nur, soweit diese Begrenzungen nicht vom Unternehmer selbst hervorgerufen werden, sondern von Anbieterseite vorgegeben sind.[3] Art. 246a § 3 Satz 1 EGBGB regelt für diese Fälle, dass nur einige wenige der in Art. 246a § 1 Abs. 1 Satz 1 EGBGB geregelten Informationspflichten über dieses Fernkommunikationsmittel zur Verfügung gestellt werden müssen. Ausreichend ist, wenn die weiteren Pflichtangaben nach Art. 246a § 1 Abs. 1 Satz 1 EGBGB entsprechend der Regelung in Art. 246a § 3 Satz 2 EGBGB iVm. Art. 246a § 4 Abs. 3 Satz 3 EGBGB in geeigneter Weise dem Verbraucher zugänglich gemacht werden.

2.210

Anwendungsfälle sind hier beispielsweise: Begrenzte Zeichen auf bestimmten Displays, Zeitrahmen für Werbespots im Fernsehen[4] oder auch Telefonbestellungen.

2.211

2. Inhaltliche Anforderungen

Die gesetzliche Regelung in Art. 246a § 3 Satz 1 EGBGB sieht vor, dass sogenannte Kerninformationspflichten immer über das eingesetzte Fernkommunikationsmittel dem Verbraucher vor Abgabe seiner Vertragserklärung mitzuteilen sind. Lediglich die übrigen Informationspflichten können auf andere, aber geeignete Weise und damit auch zeitlich später zugänglich gemacht werden.

2.212

a) Kerninformationspflichten nach Art. 246a § 3 Satz 1 EGBGB

Die Kerninformationen des Art. 246a § 3 Satz 1 EGBGB betreffen die wesentlichen Eigenschaften der Ware oder Dienstleistung (Nr. 1), die Identität des Unternehmers (Nr. 2), die Angabe des Gesamtpreises (Nr. 3), ggf. das Bestehen eines Widerrufsrechts (Nr. 4) und ggf. die Angabe zur Vertragslaufzeit und die Bedingungen für die Kündigung eines Dauerschuldverhältnisses (Nr. 5). Die Kerninformationen gemäß Nr. 1–3 und 5 entsprechen den Informationspflichten nach Art. 246a § 1 Abs. 1 Satz 1 Nr. 1, 2, 4 und 11 EGBGB. Die Kerninformation über das Bestehen des Widerrufsrechts (Nr. 4) entspricht dagegen Art. 246a § 1 Abs. 2 Satz 1 Nr. 1 EGBGB wie der Regelung in Art. 8 Abs. 4 iVm. Art. 6 Abs. 1h) der Verbraucherrechterichtlinie (EU-Richtlinie 2011/83) zu entnehmen ist.[5] Insofern ist der Wortlaut in der deutschen Regelung missverständlich, da er suggeriert, dass allein der Hinweis auf das Bestehen oder ggf. Nichtbestehen des Widerrufsrechts genügen könnte. Tatsächlich ist aber die Verwendung des Muster-Widerrufsformulars erforderlich, um der Kerninformationspflicht zu genügen.

2.213

b) Übrige Informationspflichten nach Art. 246a § 3 Satz 2 EGBGB

Zu den übrigen Informationspflichten zählen nach Art. 246a § 3 Satz 2 EGBGB alle Informationspflichten nach Art. 246a § 1 Abs. 1 EGBGB, die nicht als Kerninformationspflichten in Art. 246a § 3 Satz 1 EGBGB aufgeführt sind.

2.214

---

1 Der Gesetzgeber hat bei der Gestaltung dieser Regelung von der Öffnungsklausel in Art. 7 Abs. 4 EU-Richtlinie/2011/83 Gebrauch gemacht, die für Kleingeschäfte bis zu 200 Euro Ausnahmeregelungen des nationalen Gesetzgebers zulässt.

2 Die Regelung basiert auf der Umsetzung von Art. 8 Abs. 4 EU-Richtlinie/2011/83.

3 Palandt/*Grüneberg*, Art. 246a § 3 EGBGB Rz. 1.

4 Palandt/*Grüneberg*, Art. 246a § 3 EGBGB Rz. 1.

5 So auch Palandt/*Grüneberg*, Art. 246a § 3 EGBGB Rz. 2.

3. Form der Information

2.215 Die Kerninformationspflichten müssen zunächst über das eingesetzte Fernkommunikationsmittel mitgeteilt werden. Zur Form bzw. der Einhaltung von formalen Anforderungen enthalten die Art. 246 ff. EGBGB und insbesondere Art. 246a § 3 EGBGB keine spezifischen Regelungen. Formale Anforderungen sind vielmehr in § 312f Abs. 2 BGB geregelt. Danach muss der Unternehmer bei Fernabsatzverträgen dem Verbraucher eine Bestätigung über den Vertragsinhalt, die auch sämtliche Informationspflichten nach Art. 246a EGBGB enthalten muss, auf einem dauerhaften Datenträger zur Verfügung stellen. Diese Verpflichtung ist zwar nur dann zu erfüllen, wenn der Unternehmer sie nicht schon vor Vertragsschluss erfüllt hat, aber dies ist gerade bei Fernabsatzverträgen, bei denen die erleichterten Informationspflichten nach Art. 246a § 3 EGBGB in Anspruch genommen werden können, praktisch immer der Fall. Zu einem dauerhaften Datenträger zählen beispielsweise E-Mail, Computerfax, CD-ROM, DVD, USB-Stick.[1]

2.216 ➲ **Praxistipp:** Sofern der Webshopbetreiber dem Verbraucher die vertraglichen Informationspflichten **per E-Mail** zukommen lässt, ist in jedem Fall das Erfordernis des „dauerhaften Datenträgers" erfüllt. Ausreichend für die Einhaltung der Formerfordernisse ist es auch, wenn der Verbraucher zwingend die vertraglichen Informationspflichten ausdrucken oder herunterladen muss.[2] Nicht ausreichend ist grundsätzlich die Abrufbarkeit auf einer Webseite, da die Webseiteninhalte nicht **dauerhaft** sind.[3] Hieran sollte sich der Webshopbetreiber orientieren, wenn er etwas auf einem dauerhaften Datenträger zur Verfügung stellen muss.

2.217 Nach einer Entscheidung des EFTA-Gerichtshofs soll in Bezug auf Webseiten etwas anderes gelten, wenn die Informationen nicht auf dem öffentlich zugänglichen Teil der Homepage zur Verfügung gestellt werden, sondern in einem nur dem Verbraucher zugänglichen nicht öffentlichen Teil, zum Beispiel einem Kunden-E-Mail-Account, der nur von dem Kunden abgerufen werden kann.[4] Diese Ansicht ist abzulehnen, da hierauf eben nicht nur der Kunde Zugriff hat, sondern auch der Webshopbetreiber. Die Beweislast für die Erfüllung der Informationspflicht und die Unveränderlichkeit der hinterlegten Informationen trägt der Unternehmer.

4. Zeitpunkt der Information

2.218 Art. 246a § 4 Abs. 1 EGBGB bestimmt, dass die Kerninformationspflichten nach Art. 246a § 3 Satz 1 EGBGB dem Verbraucher „vor Abgabe von dessen Vertragserklärung" zur Verfügung gestellt werden müssen. Die übrigen Informationspflichten nach Art. 246a § 1 Abs. 1 EGBGB müssen nach § 312f Abs. 2 BGB innerhalb einer angemessenen Frist nach Vertragsschluss, spätestens jedoch bei der Lieferung der Ware oder bevor mit der Ausführung der Dienstleistung begonnen wird, dem Verbraucher zur Verfügung gestellt werden.

---

1 Palandt/*Grüneberg*, § 312f BGB Rz. 2. Die Legaldefinition des „dauerhaften Datenträgers" ist in § 126b Satz 2 BGB enthalten.
2 BGH v. 29.4.2010 – I ZR 66/08 – Holzhocker, CR 2010, 804 (805) = NJW 2010, 3566 (3567).
3 OLG Düsseldorf v. 15.4.2008 – I 20 U 187/07, MMR 2009, 363 (363); OLG Hamburg v. 24.8.2006 – 3 U 103/06 – Rz. 33, MMR 2006, 675 (676), auf der Homepage zum Download bereitgehaltene Inhalte erfüllen nicht das Textformerfordernis, hierzu seien bspw. Übermittlungen auf Papier, Diskette, CD-ROM, Computerfax oder per E-Mail vonnöten; KG Berlin v. 18.7.2006 – 5 W 156/06, NJW 2006, 3215 (3216); aA EFTA-Gerichtshof v. 27.1.2010 – E-4/09, VersR 2010, 793 (797).
4 Vgl. EFTA-Gerichtshof v. 27.1.2010 – E-4/09, VersR 2010, 793 (797); ebenso Bamberger/Roth/ *Schmidt-Räntsch*, Beck'scher Online-Kommentar BGB, Art. 246 § 2 EGBGB aF Rz. 4, allerdings ohne sich mit der Thematik näher auseinanderzusetzen.

IV. Vertragliche Informationspflichten nach der Dienstleistungsinformations-pflichtenverordnung

Die Dienstleistungsinformationspflichtenverordnung (DL-InfoV) ist am 17. Mai 2010 in Kraft getreten. Sie beruht auf einer Umsetzung der Richtlinie 2006, 123/EG des Europäischen Parlaments und des Rates vom 12. Dezember 2006. **2.219**

Nach § 1 Abs. 2 und 3 DL-InfoV findet die DL-InfoV Anwendung, wenn im Inland niedergelassene Dienstleistungserbringer unter Inanspruchnahme der Dienstleistungsfreiheit in einem anderen Mitgliedstaat der Europäischen Union oder einem anderen Vertragsstaat des Abkommens über den Europäischen Wirtschaftsraum tätig werden. Gemäß § 1 Abs. 1 DL-InfoV iVm. Art. 2 Abs. 1 der Richtlinie 2006, 123/EG gilt die Verordnung grundsätzlich auch für alle Dienstleistungen, die von einem in einem Mitgliedsstaat niedergelassenen Dienstleistungserbringer angeboten werden. **2.220**

§ 2 der DL-InfoV regelt, welche Informationen der Dienstleistungserbringer gegenüber dem Dienstleistungsempfänger vor Abschluss eines schriftlichen Vertrages oder vor Erbringung der Dienstleistung zur Verfügung stellen muss. Die Anforderungen decken sich mit denjenigen in **§ 5 TMG und Art. 246a § 1 Abs. 1 EGBGB** weitgehend. Die einzigen zusätzlichen Informationen befinden sich in § 2 Abs. 1 Nr. 8 und Nr. 11 DL-InfoV. Nach § 2 Abs. 1 Nr. 8 DL-InfoV muss der Dienstleistungserbringer den Dienstleistungsempfänger über die von ihm gegebenenfalls verwendeten Vertragsklauseln, über das auf den Vertrag anwendbare Recht und über den Gerichtsstand informieren. Nach § 2 Abs. 1 Nr. 11 DL-InfoV müssen Angaben über eine Berufshaftpflichtversicherung, insbesondere den Namen und die Anschrift des Versicherers und den räumlichen Geltungsbereich, soweit eine solche besteht, zur Verfügung gestellt werden. **2.221**

Gemäß § 2 Abs. 2 DL-InfoV muss der Dienstleistungserbringer die nach § 2 Abs. 1 DL-InfoV genannten Informationen entweder dem Dienstleistungsempfänger von sich aus mitteilen oder am Ort der Leistungserbringung oder des Vertragsschlusses so vorhalten, dass sie dem Dienstleistungsempfänger leicht zugänglich sind. **2.222**

⮕ **Praxistipp:** Für Webshopbetreiber, die Dienstleistungen anbieten, ist es das Einfachste, wenn diese die genannten **Informationen** in ihrem Webshop dort **abrufbar halten**, wo sie der Kunde erwartet, und zwar hinsichtlich der unternehmensbezogenen Informationspflichten im Impressum, hinsichtlich der dienstleistungsspezifischen Informationspflichten bei der Beschreibung der Dienstleistung selbst und hinsichtlich der vertragsspezifischen Informationspflichten in den allgemeinen Geschäftsbedingungen. **2.223**

Gemäß § 3 Abs. 2 DL-InfoV muss der Dienstleistungserbringer dem Dienstleistungsempfänger auf Anfrage **verschiedene Informationen**, die unter Nr. 1 bis 4 dieses Absatzes enthalten sind, in klarer und verständlicher Form zur Verfügung stellen. Die Pflichten betreffen einerseits Dienstleistungen in Ausübung reglementierter Berufe, Angaben zu den vom Dienstleistungserbringer ausgeübten multidisziplinären Tätigkeiten, Informationen über verwendete Verhaltenskodices sowie Angaben darüber, ob der Dienstleistungserbringer einer Vereinigung angehört, die ein außergerichtliches Streitschlichtungsverfahren vorsieht. **2.224**

Schließlich regelt § 4 DL-InfoV die erforderlichen **Preisangaben**, die der Dienstleistungserbringer gegenüber dem Dienstleistungsempfänger vor Abschluss eines schriftlichen Vertrages oder vor Erbringung der Dienstleistung in klarer und verständlicher Form zur Verfügung stellen muss. **2.225**

2.226 Der Anwendungsbereich der DL-InfoV gilt auch im Verhältnis zwischen **Unternehmern** und nicht nur im Verhältnis zwischen Unternehmern und Endverbrauchern iSv. § 13 BGB.[1]

V. Neue gesetzliche Informationspflichten

2.227 Am 9.1.2016 ist die EU-Verordnung Nr. 524/13 über die **Online-Streitbeilegung**[2] in Kraft getreten. In der EU-Verordnung werden zusätzliche Informationspflichten für Online-Händler geregelt.

2.228 Zunächst werden mit der EU-Verordnung die technischen Rahmenbedingungen für eine neue europäische Internetplattform geschaffen, auf der verbraucherrechtliche Streitigkeiten außergerichtlich gelöst werden können. Nach Art. 14 in der EU-Verordnung Nr. 524/13 sind Unternehmer, die Waren oder Dienstleistungen online vertreiben, verpflichtet, über die Online-Streitbeilegungs-Plattform zu informieren. Die Informationspflicht verlangt die leicht zugängliche Angabe eines Links zu der neuen Online-Streitbeilegungs-Plattform. Ferner hat ein Hinweis zu erfolgen, dass eine entsprechende Plattform der Europäischen Kommission online verfügbar ist.

Die Angabe des Links (http://ec.europa.eu/consumers/odr/) ist ab dem 9.1.2016 für alle Onlinehändler im BtoC-Bereich verpflichtend. Nach dem neuen deutschen Streitbeilegungsgesetz (VSBG)[3], das am 19.2.2016 verabschiedet wurde und seit dem 1.4.2016 in Kraft ist, braucht der Webshopbetreiber nicht an einem Streitbeilegungsverfahren teilzunehmen (§ 15 Abs. 2 VSBG). Nach § 36 VSBG, der allerdings erst am 1.2.2017 in Kraft tritt, hat der Webshopbetreiber in seinem Webshop den Verbraucher darüber zu unterrichten, inwieweit er bereit oder verpflichtet ist, an Streitbeilegungsverfahren vor einer Verbraucherschlichtungsstelle teilzunehmen. Bei Verwendung von Allgemeinen Geschäftsbedingungen muss diese Information zusammen mit den Allgemeinen Geschäftsbedingungen gegeben werden, also letztlich in ihnen enthalten sein. Die Informationspflicht entfällt, wenn ein Unternehmer am 31.12. des vorangegangenen Jahres zehn oder weniger Personen beschäftigt hat (§ 36 Abs. 3 VSBG).

2.229 ◗ **Praxistipp:** Der Link zur EU-Online-Streitbeilegungs-Plattform (http://ec.europa.eu/consumers/odr/) muss in jedem Fall von Onlinehändlern/Onlinedienstleistungsanbietern im BtoC-Bereich angegeben werden. Für die Link-Angabe eignet sich das Impressum. Sofern der Onlineanbieter die neue Online-Streitbeilegungs-Plattform nicht nutzen muss und auch nicht nutzen möchte, empfiehlt sich ein Hinweis, dass er zur Angabe des Links verpflichtet ist, aber an den über die Plattform angebotenen Streitbeilegungsverfahren nicht teilnimmt.

Der Hinweistext bei Beteiligung an der EU-Online-Streitbeilegung könnte wie folgt lauten: „Information zur Online-Streitbeilegung nach Art. 14 ODR-Verordnung: Die europäische Kommission hat eine Plattform zur Online-Streitbeilegung (OS) bereitgestellt, die Sie unter dem folgenden Link finden: http://ec.europa.eu/consumers/odr/. Als Verbraucher haben Sie die Möglichkeit, die OS-Plattform für die Beilegung

---

1 *Köhler/Bornkamm*, UWG-Kommentar, § 1 DL-InfoV Rz. 2.
2 Verordnung (EU) Nr. 524/2013 des Europäischen Parlaments und des Rates v. 21.5.2013 über die Online-Beilegung verbraucherrechtlicher Streitigkeiten und zur Änderung der Verordnung (EG) Nr. 2006/2004 und der Richtlinie 2009/22/EG (Verordnung über Online-Streitbeilegung in Verbraucherangelegenheiten).
3 Gesetz zur Umsetzung der Richtlinie über alternative Streitbeilegung in Verbraucherangelegenheiten und zur Durchführung der Verordnung über Online-Streitbeilegung in Verbraucherangelegenheiten v. 19.2.2016, BGBl. I 2016, 254.

ihrer Streitigkeiten aus Online-Kaufverträgen oder Dienstleistungsverträgen mit uns zu nutzen."

Will sich der Unternehmer nicht beteiligen, sollte der Hinweistext wie folgt abgeändert werden: Die europäische Kommission hat eine Plattform zur Online-Streitbeilegung (OS) bereitgestellt, die Sie unter dem folgenden Link finden: http://ec.europa.eu/consumers/odr/. Wir sind zu dieser Angabe rechtlich verpflichtet. Wir beteiligen uns jedoch nicht an dieser Art der Streitbeilegung."

Ferner ist darauf zu achten, dass bei Teilnahme an den Streitbeilegungsverfahren diese Informationen nach § 36 VSBG grundsätzlich auch in den Allgemeinen Geschäftsbedingungen stehen müssen.

Unklar ist, welche Rechtsfolgen ein Verstoß gegen diese Informationspflicht nach sich **2.230** zieht, insbesondere wenn der Unternehmer sich an dieser alternativen Streitbeilegung nicht beteiligt. Insbesondere im letzteren Fall kann von keiner spürbaren Beeinträchtigung der Verbraucherinteressen ausgegangen werden, da der Verbraucher lediglich über eine Streitbeilegungsalternative nicht informiert werden würde, die ihm aber auch nicht zur Verfügung steht.[1]

VI. Rechtsfolgen

Erfüllt der Webshopbetreiber seine Informationspflichten nach § 312d BGB bzw. Art. 246a **2.231** § 1 EGBGB nicht, kommt trotzdem ein wirksamer Vertrag zwischen dem Webshopbetreiber und dem Verbraucher zustande.[2] Eine Pflichtverletzung gegen die Informationspflichten bedeutet allerdings für den Webshopbetreiber, **Unterlassungsansprüchen nach dem Unterlassungsklagegesetz** und/oder nach dem Gesetz gegen den **unlauteren Wettbewerb** ausgesetzt zu sein. Denkbar sind auch Schadensersatzansprüche des Kunden gegen den Webshopbetreiber wegen der Verletzung einer **vorvertraglichen Pflicht** nach § 311 Abs. 2 BGB iVm. § 280 BGB.

1. Unterlassungsansprüche

Die Informationspflichten dienen dem Verbraucherschutz. Insofern können **anspruchs- 2.232 berechtigte Stellen** nach § 3 UKlaG (qualifizierte Einrichtungen zum Verbraucherschutz sowie rechtsfähige Verbände zur Förderung gewerblicher oder selbständiger beruflicher Interessen) Unterlassungsansprüche gegen Webshopbetreiber gemäß § 2 UKlaG geltend machen, wenn diese die Informationspflichten nach dem BGB und dem EGBGB nicht einhalten. Für Verbraucher besteht diese Möglichkeit nicht.

Neben den anspruchsberechtigten Stellen (in der Regel Verbraucherschutzorganisationen **2.233** und Verbände) nach dem Unterlassungsklagegesetz können bei einem Verstoß gegen die Informationspflichten allerdings auch **Wettbewerber** eines Webshopbetreibers **lauterkeitsrechtliche Unterlassungsansprüche** gegen diesen nach den §§ 8, 3a UWG geltend machen. In Betracht kommt zudem der Tatbestand der Irreführung durch Unterlassung, § 5a UWG. Ob die Spürbarkeitsschwelle nach § 3a UWG überschritten ist, hängt vom Einzelfall ab. Bei allen Informationspflichten, die für die Entscheidung zum Vertragsabschluss wesentlich sind, dürfte dies der Fall sein[3] (vgl. Rz. 11.18 ff.).

---

1 So LG Bochum v. 31.3.2016 – 14 O 21/16.
2 Palandt/*Grüneberg*, Einf. zu Art. 238 EGBGB Rz. 8; BGH v. 3.4.2008 – III ZR 190/07 – Rz. 25, NJW 2008, 2026 ff.
3 Vgl. hierzu *Köhler/Bornkamm*, UWG-Kommentar, § 4 UWG Rz. 11.157a, 11.172.

2. Schadensersatzansprüche

2.234 Verletzt der Webshopbetreiber seine Informationspflichten, kann dem Kunden ein **Schadensersatzanspruch** nach § 311 Abs. 2 BGB iVm. § 280 Abs. 1 BGB wegen der **Verletzung einer Informationspflicht** zustehen.[1] Ein nachweisbarer Schaden dürfte einem Kunden allerdings nur sehr selten entstehen.

C. Vertragsschluss

Literatur: *Bergt*, Schutz personenbezogener Daten bei der E-Mail-Bestätigung von Online-Bestellungen, NJW 2011, 3752 ff., *Bergt*, Praktische Probleme bei der Umsetzung neuer gesetzlicher Vorgaben im webshop, NJW 2012, 3541; *Föhlisch/Stariradeff*, Zahlungsmittel und Vertragsschluss im Internet, NJW 2016, 353, *Härting*, Internetrecht, 4. Auflage 2010; *Härting*, Schnäppchen oder Inhaltsirrtum? Fehler bei der Preisauszeichnung im Internet, ITRB 2004, 61 ff.; *Härting/Schätze*, Music-Download-Plattformen, ITRB 2006, 186 ff.; juris-PK-Internetrecht/*Heckmann*, Praxiskommentar zum Internetrecht, 4. Auflage 2014; *Hoeren/Sieber/Holznagel*, Multimediarecht, Stand 42. Ergänzungslieferung 2015; *Martinek/Semler/Habermeier/Flohr*, Vertriebsrecht, 3. Auflage 2010; *Prütting/Wegen/Weinreich/Remien*, BGB-Kommentar, 6. Auflage 2011; *Staudinger*, Kommentar zum BGB, Stand Februar 2004, *Wendland*, Ein neues europäisches Vertragsrecht für den Online-Handel?, EuZW 2016, 126.

I. Überblick

2.235 Es gibt mehrere Möglichkeiten, auf welche Art und Weise ein Vertrag im Onlineversandhandel geschlossen wird.[2] Neben dem fast schon klassischen Onlinevertragsschluss haben sich in der Praxis weitere Varianten herausgebildet, die u.a. auch davon abhängen, welche Bestellmöglichkeiten der Webshopbetreiber seinen Kunden anbietet. Die Frage, wann ein Vertrag zustande kommt, betrifft gleichermaßen Onlineverträge zwischen Un-

---

[1] Palandt/*Grüneberg*, Einf. zu Art. 238 EGBGB Rz. 7 und 8.
[2] Auf die Einbeziehung von AGB wird in Rz. 2.334 ff. eingegangen.

ternehmern wie auch Onlineverträge zwischen Unternehmern und Verbrauchern. Der wesentliche Unterschied bei diesen beiden Konstellationen besteht aber darin, dass bei einem Vertragsverhältnis zwischen einem Unternehmer und einem Verbraucher **vielfältige Informationspflichten** vor Vertragsschluss und auch bei Vertragsschluss bzw. bis zur Vertragserfüllung eingehalten werden müssen. Überdies hat es sich vielfach eingebürgert, dass ein Webshopbetreiber seine Waren und Dienstleistungen auch über einen Prospekt oder Katalog anbietet und bei diesen Varianten zwar auch ein Vertrag im Fernabsatzhandel zustande kommt, aber keiner mehr im elektronischen Geschäftsverkehr.

Trotz bereits bestehender vielfältiger Informationspflichten, die den Unternehmer gegenüber einem Verbraucher im Rahmen des elektronischen Geschäftsverkehrs treffen, hat der Gesetzgeber den Schutz des Verbrauchers noch nicht als ausreichend angesehen. Er hat daher die sogenannte „**Buttonlösung**" beschlossen, die am 1.8.2012 in Kraft getreten ist und auch Auswirkungen auf den Vertragsschluss hat.[1]   2.236

II. Vertragsschluss bei Webshopbestellungen

1. Überblick

Bei Online-Vertragsabschlüssen, die über eine Onlinebestellung in einem Webshop initiiert werden, ist zwischen Onlinevertragsschlüssen über **Warenkäufe** und Onlinevertragsschlüssen über **Dienstleistungen** zu unterscheiden. Zukünftig könnte als dritte Kategorie noch der Erwerb digitaler Inhalte hinzutreten. Hierzu liegt ein Richtlinienvorschlag der EU-Kommission vor.[2]   2.237

Allen Vertragsabschlüssen gleich ist allerdings das im BGB niedergelegte Modell der **§§ 145 ff. BGB**, nach dem ein Vertrag durch die Annahme eines Antrages zustande kommt. Bei Waren- und Dienstleistungsbestellungen in einem Webshop stellt sich daher die Frage, welche Anforderungen an einen Antrag und an eine Annahme zu stellen sind.

Keiner besonderen Betrachtung unterliegt nachfolgend der Fall, dass ein Vertragspartner ein Angebot per E-Mail übermittelt, das von dem anderen Vertragspartner per E-Mail angenommen wird. Hierbei handelt es sich zwar auch um einen online geschlossenen Vertrag, allerdings nur um einen, bei dem die Erklärungen unter Abwesenden erfolgen, ohne dass hiermit eine weitere Besonderheit verbunden wäre.[3]   2.238

2. Vertragsschluss bei Warenkauf im Webshop

Der Vertragsschluss über einen Warenkauf in einem Webshop bedarf eines Antrags und einer Annahme iSd. §§ 145 ff. BGB.   2.239

a) Angebote in Webshops

Der Webshopbetreiber, der in seinem Webshop Waren zur sofortigen Bestellung anbietet, gibt noch keinen Antrag zu einem Vertragsschluss iSd. §§ 145 ff. BGB ab. Vielmehr ist die Warenpräsentation in einem Webshop als eine Aufforderung zur Abgabe von Angeboten zu werten (sog. **invitatio ad offerendum**).[4] Dies ergibt sich aus dem objektiven Erklä-   2.240

---

1 Gesetz v. 10.5.2012 – BGBl. I 2012 Nr. 21 v. 16.5.2012, S. 1084.
2 Näher zu den Richtlinienvorschlägen der Kommission zu vertragsrechtlichen Aspekten der Bereitstellung digitaler Inhalte und des Online-Warenhandels: *Wendland*, EuZW 2016, 126 ff.
3 Ein Vertrag unter Abwesenden kommt auch im Onlineversandhandel zustande, nur dass hier eine Reihe von Besonderheiten zu beachten ist.
4 BGH v. 26.1.2005 – VIII ZR 79/04 – Rz. 12, NJW 2005, 976; BGH v. 21.9.2005 – VIII ZR 284/04 – Rz. 15, NJW 2005, 3567.

rungswert, der der Warenpräsentation des Webshopbetreibers beizumessen ist.[1] Der Webshopbetreiber, und dies ist für den Einkäufer in einem Webshop erkennbar, bietet die im Webshop angebotenen Waren zunächst einer unbegrenzten Anzahl von Personen an. Insofern ist auch für den Einkäufer im Webshop erkennbar, dass der objektivierte Wille des Webshopbetreibers darauf gerichtet ist, zunächst Bestellungen entgegen zu nehmen und sodann selbst zu entscheiden, ob und in welchem Umfang er aufgrund dieser Bestellungen vertragliche Bindungen eingehen möchte.[2]

2.241 Daran ändert sich auch nichts, wenn am Ende eines Bestellvorgangs in einem Webshop die Bestellung mit einer Übersicht über die bestellte Ware unter Angabe aller wesentlicher Merkmale sowie des Gesamtpreises noch einmal zusammengefasst wird. Denn auch hierdurch wird dem Webshopeinkäufer nicht ein Angebot des Webshopbetreibers unterbreitet, sondern nur die Bestellung zusammengefasst, die der Webshopeinkäufer an den Webshopbetreiber versenden will. Auch zu diesem Zeitpunkt will der Webshopbetreiber sich also offen halten, ob und in welchem Umfang er eine vertragliche Bindung eingehen möchte. Dies ist auch nachvollziehbar, weil er mit der Bestellzusammenstellung noch keine Überprüfung des Warenbestandes und der Bonität des Bestellers vornehmen konnte.

2.242 Ebenso ändert sich nichts an einer invitatio ad offerendum, wenn der Webshopbetreiber mit Hinweisen wie *„Sonderangebot! Jetzt bestellen! Lieferung schon morgen!"* wirbt.[3] Nichts anderes gilt für die Fälle, in denen nicht im klassischen Sinn der Bestellvorgang im Webshop durch einen Klick auf „zahlungspflichtig bestellen" abgeschlossen wird, sondern wenn beispielsweise der Webshopbetreiber Antragsformulare bereithält, die der Nutzer ausfüllen muss.[4]

2.243 ⮑ **Praxistipp:** Trotz der vorgenannten Auslegungsgrundsätze in Bezug auf Angebote in einem Webshop sollte im Rahmen der Erfüllung der Pflichten nach Art. 246c Nr. 1 EGBGB, wonach der Webshopbetreiber den Nutzer darüber unterrichten muss, wann ein Vertrag zustande kommt, der Nutzer darüber unterrichtet werden, dass die Angebote im Webshop unverbindliche Angebote sind. Hierüber wird der Nutzer üblicherweise in den AGB informiert.

2.244 Hinzuweisen bleibt darauf, dass diese Grundsätze nicht für eBay-Angebote gelten (vgl. Rz. 4.35 ff.), so etwa für den Sofort-Kauf auf der Plattform eBay.

2.245 In der Rechtslehre wird zudem die Ansicht vertreten, dass die invitatio ad offerendum in Abhängigkeit zu den angebotenen Zahlungsmitteln steht. Zumindest bei den Zahlungsmitteln, bei denen eine sofortige Zahlung des Bestellers erfolgt, soll kein Raum dafür bestehen, dass die Warenpräsentation im Webshop lediglich eine invitatio ad offerendum ist. In diesen Fällen bestünde bereits ein Bindungswille des Webshopbetreibers.[5] Wenn sich diese Ansicht in der Rechtsprechung durchsetzen sollte, hätte dies erhebliche Auswirkungen auf die im Webshop angebotenen Zahlungsmittel. Denn der Webshopbetreiber kann kaum das Risiko eingehen, mit seiner Warenpräsentation im Webshop schon eine rechtlich bindende Vertragserklärung abgegeben zu haben. Die weitere Entwicklung muss hier abgewartet werden.

---

1 Vgl. Palandt/*Ellenberger*, § 145 BGB Rz. 2.
2 OLG Frankfurt a.M. v. 20.11.2002 – 9 U 94/02 – Rz. 23, MDR 2003, 677; OLG Nürnberg v. 10.6.2009 – 14 U 622/09, MMR 2010, 31.
3 juris-PK-Internetrecht/*Heckmann*, Kap. 4.1, C II. 2. a, Rz. 62.
4 *Härting*, Internetrecht, Kap. B, II, Rz. 303.
5 Ausführlich hierzu: *Föhlisch/Stariradeff*, NJW 2016, 353.

b) Warenkorb und Übersicht

Von der virtuellen Warenauslage in einem Webshop ist der sogenannte Warenkorb bzw. die in Webshops anzutreffende Bestellübersicht zu unterscheiden. Das Einlegen der Ware in den Warenkorb durch einen potenziellen Kunden stellt **noch keine Willenserklärung** dar. Denn zu diesem Zeitpunkt hat der Webshopkäufer noch nicht endgültig entschieden, ob er die in den Warenkorb gelegte Ware auch tatsächlich bestellen möchte.

2.246

c) Vertragsantrag durch Bestellung

Ein Antrag iSv. § 145 BGB auf Abschluss eines Vertrages ist dann gegeben, wenn der Webshopkäufer die Bestellung durch das Anklicken eines Buttons „zahlungspflichtig bestellen" oder eines ähnlichen Begriffs auslöst. Dies gilt selbst dann, wenn dem Webshopkäufer nicht die Möglichkeit gegeben wird, Eingabefehler vor Abschluss der Vertragserklärung zu erkennen und zu berichtigen, so wie es Art. 246c Nr. 3 EGBGB vorsieht, oder der Webshopkäufer nicht über die einzelnen technischen Schritte informiert worden ist, die zu einem Vertragsschluss führen, so wie es Art. 246c Nr. 1 EGBGB vorsieht. Erforderlich für einen Antrag iSv. § 145 BGB ist nur, dass für den Webshopkäufer eindeutig erkennbar ist, mit welcher Handlung er eine Bestellung auslöst.

2.247

d) Bestellbestätigung

Die Bestellung des Webshopkäufers führt erst dann zu einem Vertragsabschluss mit dem Webshopbetreiber, wenn dieser die Bestellung annimmt.

2.248

aa) Bestellbestätigung

Im elektronischen Geschäftsverkehr existieren einige Besonderheiten. Zunächst ist der Webshopbetreiber gemäß § 312i Abs. 1 Satz 1 Nr. 3 BGB gegenüber dem Besteller verpflichtet, den Zugang der Bestellung unverzüglich auf elektronischem Wege zu bestätigen. Um dieser Verpflichtung nachzukommen, haben viele Webshopbetreiber eine technische Einrichtung in der Weise vorgenommen, dass der Webshopkäufer **automatisch eine Bestätigungs-E-Mail** erhält. Die Bestätigungs-E-Mail muss so gestaltet sein, dass dem Webshopkäufer eindeutig klar wird, dass es sich um eine reine Bestätigung seiner Bestellung und **noch nicht um eine Vertragsannahme** handelt, es sei denn, der Webshopbetreiber möchte die Bestellung zugleich automatisch annehmen und einen Vertrag mit dem Besteller schließen. Die Auslegung der Bestätigungs-E-Mail erfolgt vom **Empfängerhorizont**, also aus Sicht des Bestellers.

2.249

Vor diesem Hintergrund hat die Rechtsprechung schon verschiedentlich Formulierungen in Bestellbestätigungen als Vertragsannahmeerklärung gewertet.[1] Der BGH hat beispielsweise folgenden Text in einer Bestellbestätigung als eine konkludente Vertragsannahme angesehen:

2.250

„Ihr Auftrag wird jetzt unter der Kundennummer … von unserer Versandabteilung bearbeitet … Wir bedanken uns für den Auftrag."[2]

---

1 Vgl. AG Hamburg-Barmbek v. 15.7.2004 – 822 C 208/03, MMR 2004, 772; allerdings aufgehoben durch LG Hamburg v. 15.11.2004 – 328 S 24/04, MMR 2005, 121. Nicht haltbar ist allerdings die Ansicht des AG Hamburg-Barmbek v. 3.12.2003 – 811B C 61/03, ITRB 2004, 274, dass die Bestätigungs-E-Mail im Onlineversandhandel generell eine Vertragsannahme darstelle und nicht eine bloße Bestätigung iSv. § 312g Abs. 1 Nr. 3 BGB. Insofern ist auch diese Entscheidung vom LG Hamburg v. 9.7.2004 – 317 S 130/03, ITRB 2005, 58 (59), korrigiert worden. Das AG Dieburg v. 21.2.2005 – 22 C 425/04, BeckRS 2015, 19901, hat die folgende Formulierung in einer Bestätigungs-E-Mail als Angebotsannahme eingestuft: „Die Lieferung erfolgt nach Zahlungseingang. Bitte überweisen Sie den Rechnungsbetrag minus 3 % Skonto auf folgendes Konto …".
2 BGH v. 26.1.2005 – VIII ZR 79/04 – Rz. 12, NJW 2005, 976.

2.251 Der Webshopbetreiber muss in seiner Bestellbestätigungs-E-Mail also klar zum Ausdruck bringen, dass der Vertrag mit der Bestellbestätigungs-E-Mail noch nicht zustande kommt. Anderenfalls besteht die Gefahr, dass die Bestellbestätigungs-E-Mail als Annahmeerklärung gewertet wird.[1]

2.252 Nach einer Entscheidung des LG Hamburg soll jedoch noch keine Angebotsannahme durch den Webshopbetreiber vorliegen, wenn dieser in der Bestellbestätigung mitteilt, dass der bestellte Artikel lieferbar ist.[2] Ebenso hat das Landgericht Hamburg den folgenden Satz in einer Bestellbestätigung nicht als Annahmeerklärung gewertet:

„Wir senden Ihre Bestellung an die bei dem jeweiligen Artikel angegebene Adresse."[3]

2.253 Schließlich soll auch keine Annahmeerklärung des Webshopbetreibers vorliegen, wenn dieser lediglich die Aufnahme der Bestellung unter Wiedergabe der bestellten Artikel wiedergibt.[4]

2.254 Gleichwohl ist es dem Webshopbetreiber unbenommen, gleichzeitig mit der Bestellbestätigung auch seine Vertragsannahmeerklärung abzugeben. In aller Regel wird der Webshopbetreiber dies allerdings nicht wollen, sondern zunächst die **Bonität** des Kunden sowie die **Verfügbarkeit der bestellten Ware** überprüfen wollen. Diese Überprüfung nimmt allerdings in aller Regel nur einen sehr kurzen Zeitraum ein, längstens einen Tag.

bb) Muster einer Bestellbestätigungs-E-Mail

2.255 Für die Bestellbestätigungs-E-Mail bietet sich beispielsweise folgende Formulierung an:

2.255a **M 13 Muster einer Bestellbestätigungs-E-Mail**

„Ihre Bestellung vom … ist bei uns eingegangen und wird bearbeitet. Die Entscheidung über die Annahme Ihrer Bestellung erfolgt nach Überprüfung Ihrer Bonität und des vorhandenen Warenvorrats. Die Annahme Ihrer Bestellung erfolgt durch eine gesonderte Erklärung." oder „Die Annahme Ihrer Bestellung erfolgt mit dem Wareneingang bei Ihnen." [So bleibt dem Anbieter frei, wie er annimmt]

2.256 Im Zusammenhang mit der inhaltlichen Ausgestaltung der E-Mail-Bestätigung ist diskutiert worden, ob und unter welchen Voraussetzungen die **E-Mail-Bestätigung** gegen **datenschutzrechtliche Vorschriften** verstoßen könnte.[5] Die Wiedergabe von personenbezogenen Daten in der E-Mail-Bestätigung, also beispielsweise die Angabe des Namens und der Adresse des Bestellers, soll zumindest ohne ausdrückliche Einwilligung des Bestellers einen Verstoß gegen Satz 2 Nr. 4 der Anlage zu § 9 BDSG darstellen.[6] Als Lösung wird vorgeschlagen, entweder die Eingangsbestätigung nur im Browser anzuzeigen oder eine Eingangsbestätigung ohne personenbezogene Daten zu übermitteln, wobei hier fraglich ist, ob nicht bereits die E-Mail-Adresse des Kunden ein personenbezogenes Datum darstellt, oder

---

1 Vgl. OLG Frankfurt a.M. v. 20.11.2002 – 9 U 94/02, OLGR Frankfurt 2003, 88 = MDR 2003, 677; LG Köln v. 16.4.2003 – 9 S 289/02, ZR 2003, 613; unkritischer: AG Butzbach v. 14.6.2002 – 51 C 25/02, NJW-RR 2003, 54 (55), – die E-Mail Antwort „Vielen Dank für Ihre E-Mail. Wir werden Ihren Auftrag umgehend bearbeiten" soll noch keine Annahmeerklärung sein; AG Wolfenbüttel v. 14.3.2003 – 17 C 477/02, MMR 2003, 492.
2 Vgl. LG Hamburg v. 9.7.2004 – 317 S 130/03, ITRB 2005, 58; die Bestätigung der Lieferbarkeit eines Artikels sei keine Annahmeerklärung.
3 LG Hamburg v. 15.11.2004 – 328 S 24/04, CR 2005, 605 – diese Entscheidung ist nicht haltbar, da vom objektivierten Empfängerhorizont aus eine Annahmeerklärung vorliegt.
4 LG Hamburg v. 9.7.2004 – 317 S 130/03, ITRB 2005, 58 (59).
5 Ausführlich hierzu Bergt, NJW 2011, 3752.
6 Bergt, NJW 2011, 3752 (3754 Nr. 2).

schließlich eine Eingangsbestätigung mit verschlüsseltem PDF-Anhang anzuzeigen.[1] Das Problem könnte aber auch dadurch umgangen werden, dass in den AGB des Webshopbetreibers eine Einwilligung in den Empfang einer E-Mail-Bestätigung mit personenbezogenen Daten verankert wird.

e) Vertragsannahme

Im Anschluss an eine ausschließliche Bestätigungs-E-Mail muss der Webshopbetreiber den Antrag des Bestellers noch annehmen, damit ein Vertrag zustande kommt. Es stellt sich daher die weitere Frage, innerhalb welcher Frist und auf welche Art und Weise der Webshopbetreiber seine Vertragsannahmeerklärung gegenüber dem Besteller abgeben muss.   **2.257**

Hierzu sind im Bürgerlichen Gesetzbuch Annahmefristen in den §§ 147 ff. BGB geregelt. Für den Regelfall im Onlineversandhandel, dass der Besteller keine **Annahmefrist** bestimmt (§ 148 BGB), kann der Webshopbetreiber nach § 147 Abs. 2 BGB die Bestellung nur bis zu dem Zeitpunkt annehmen, bis zu dem der Besteller eine Antwort des Webshopbetreibers unter regelmäßigen Umständen erwarten darf. Hier wird von einer Annahme innerhalb von bis zu maximal drei Werktagen auszugehen sein.[2] Erhält der Besteller innerhalb dieser Frist keine Vertragsannahmeerklärung des Webshopbetreibers, ist gemäß § 150 Abs. 1 BGB eine etwaige spätere Vertragsannahmeerklärung des Webshopbetreibers als ein neuer Antrag zu werten, der wiederum vom Besteller angenommen werden müsste.   **2.258**

Diese Konstellation ist durchaus von erheblicher praktischer Relevanz. Im Onlineversandhandel ist es wie im stationären Handel für die Verbraucher von besonderem Interesse, möglichst günstig Waren und Dienstleistungen einzukaufen. Gerade bei Sonderangeboten kommt es häufig vor, dass die Sonderangebote noch in den Webshops abrufbar und bestellbar sind, die entsprechende Ware aber nicht mehr beim Webshopbetreiber vorrätig ist bzw. er sie auch nicht mehr anderweitig besorgen kann. Nimmt daher der Webshopbetreiber die Bestellung des Bestellers zu spät an, muss er damit rechnen, dass dieser sich wiederum nicht mehr an seine Bestellung gebunden fühlt und kein Vertrag zustande kommt.   **2.259**

Die Anwendung von § 151 BGB passt im Übrigen auf den elektronischen Geschäftsverkehr nicht. Im Onlineversandhandel kann keine Verkehrssitte ausgemacht werden, nach der der Besteller auf Annahme seiner Bestellung verzichtet. Im Gegenteil, der Besteller möchte sehr wohl genau wissen, ob seine Bestellung vom Webshopbetreiber angenommen wird in dem Sinne, dass er die bestellte Ware auch erhält. Dies gilt vor allem auch deshalb, weil für den Besteller grundsätzlich kein Risiko mit einem Vertragsschluss verbunden ist. In aller Regel steht ihm ein Widerrufsrecht zu, so dass er sich auch nach einem Vertragsschluss und Erhalt der Ware wieder vom Vertrag lösen kann.   **2.260**

Um hinsichtlich des Vertragsschlusses Klarheit zu schaffen, sollte der Webshopbetreiber daher in seinen AGB eine Regelung über den Vertragsschluss treffen. Die Möglichkeiten des Webshopbetreibers sind hier allerdings durch § 308 Nr. 1 BGB beschränkt. Nach dieser gesetzlichen Regelung sind AGB unwirksam, die eine Bestimmung enthalten, durch die sich der Verwender unangemessen lange oder nicht hinreichend bestimmt Fristen für die Annahme eines Angebots oder die Erbringung einer Leistung vorbehält. Diese gesetzliche Regelung erlaubt dem Webshopbetreiber zwar, die verpflichtende Eingangsbestäti-   **2.261**

---

1 *Bergt*, NJW 2011, 3752 (3757 VI).
2 Soweit ersichtlich, hat die Rechtsprechung bislang keine feste Frist festgelegt. Eine längere Frist als drei Werktage erscheint aber unangemessen lang, um die Bonität und den Warenvorrat zu überprüfen. Die häufiger in AGB-Klauseln zu findende zweiwöchige Frist dürfte nach § 308 Nr. 1 BGB unwirksam sein.

gung gemäß § 312i Abs. 1 Satz 1 Nr. 3 BGB als reine Eingangsbestätigung zu konzipieren und nicht zugleich auch als eine Vertragsannahmeerklärung, jedoch verpflichtet ihn § 147 Abs. 2 BGB iVm. § 308 Nr. 1 BGB dazu, innerhalb eines zu erwartenden Zeitraums für die Warenvorrats- und Bonitätsprüfung, nach hiesiger Ansicht in der Regel bis maximal drei Werktage, dem Besteller gegenüber zu erklären, ob er seine Bestellung annimmt.

2.262   Rechtskonstruktiv offen ist derzeit die Frage, wie der Umstand behandelt werden soll, dass viele Webshopbetreiber einen Vertrag **mit dem Versand der bestellten Ware** zustande kommen lassen, also dem Besteller zuvor keine Vertragsannahmeerklärung übermitteln. Eine solche Regelung in den AGB stünde grundsätzlich nicht mehr im Einklang mit § 308 Nr. 1 BGB iVm. § 147 Abs. 2 BGB. Nach der bislang ergangenen Rechtsprechung des BGH ist zu vermuten, dass dieser eine derartige Konstruktion des Vertragsschlusses im Onlineversandhandel über § 151 BGB erreichen will.[1] Damit unterstellt der BGH jedoch eine **Verkehrssitte**, die nicht existiert. Gegen die Annahme einer solchen Verkehrssitte sprechen zudem gewichtige Gründe. Die Verkehrssitte würde einseitig von den Webshopbetreibern geschaffen werden und läge grundsätzlich nicht im Interesse der Webshopbesteller, da diese frühzeitig wissen möchten, ob sie die bestellte Ware auch erhalten oder sich diese anderweitig beschaffen müssen. Diese Rechtsprechung bedarf daher einer Korrektur.

2.263   Sofern der Webshopbetreiber eine **Teillieferung** übersendet und die Restlieferung für einen späteren Zeitpunkt ankündigt, liegt hierin eine Annahme des **gesamten Vertragsangebots**.[2]

f) Vertragsschluss bei einem Kauf auf Probe

2.264   Neben dem Onlinevertragsschluss und dem Vertragsschluss durch Zusendung der Ware hat sich im Versandhandel noch eine weitere Konstellation zum Vertragsschluss herausgebildet. Dies ist der Vertragsschluss durch Kauf auf Probe. Gesetzlich geregelt ist der Kauf auf Probe in den **§§ 454 und 455 BGB**.

2.265   Zweck der Rechtskonstruktion des Kaufs auf Probe im Onlineversandhandel ist es ursprünglich gewesen, dem Besteller noch vor Vertragsschluss alle Informationen nach Art. 246a § 1 Abs. 1 EGBGB zukommen zu lassen. Dies war insbesondere bei Telefonbestellungen, die ein Versandhändler in seinem Webshop anbietet, zumindest nach der früheren Rechtslage nicht möglich. Insofern hat sich eine Reihe von Webshopbetreibern dazu entschieden, ihren Bestellern im Webshop einen Kauf auf Probe anzubieten.

2.266   Rechtskonstruktiv bleibt es auch beim Kauf auf Probe dabei, dass der Webshopkäufer mit Absendung seiner Bestellung einen Antrag auf Abschluss eines Vertrages abgibt. Die Vertragsannahmeerklärung des Webshopbetreibers erfolgt nun aber nicht online, sondern durch **Zusendung der Ware** unter der aufschiebenden Bedingung der Billigung des Warenkaufs durch den Webshopkäufer. Bei dieser Konstellation wird der Webshopkäufer, wenn ihm mit der Ware auch die vertraglichen Informationspflichten mitgeschickt werden, noch vor Vertragsschluss über die in Art. 246c § 1 EGBGB vorgesehenen Informationen unterrichtet. Bei der gegenwärtigen Gesetzeslage ist die Konstruktion allerdings nicht mehr hilfreich, da die Informationspflichten in der Regel vor Abgabe der Vertragserklärung des Verbrauchers erfüllt sein müssen.

2.267   Eine feste **Billigungsfrist** kennt das Gesetz nicht. Sie liegt grundsätzlich im Ermessen des Webshopverkäufers, sollte aber dennoch angemessen sein, um dem Webshopkäufer die

---

1   BGH v. 21.9.2005 – VIII ZR 284/04 – Rz. 15, NJW 2005, 3567.
2   BGH v. 21.9.2005 – VIII ZR 284/04 – Rz. 13, NJW 2005, 3567; *Hoeren/Sieber/Holznagel*, Multimediarecht, Teil 13.1 Rz. 175.

Erprobung der Kaufsache zu ermöglichen.[1] In der Praxis bewegt sich die dem Webshopkäufer eingeräumte Billigungsfrist in der Regel zwischen sieben und 14 Werktagen. Aber auch fünf Werktage sollten noch angemessen sein.

➪ **Praxistipp:** Um Unklarheiten in Bezug auf eine etwaige unangemessene Billigungsfrist zu vermeiden und ebenso Unklarheiten in Bezug auf den Ablauf der Billigungsfrist, sollte der Webshopbetreiber eine **Billigungsfrist** von **wenigstens fünf Werktagen** festlegen. Zudem sollte der Webshopbetreiber eine **Billigungsfiktion** regeln, dh. festlegen, dass nach Ablauf von fünf Werktagen der Kaufgegenstand als gebilligt gilt. Eine solche Billigungsfiktion kann der Webshopbetreiber wirksam sowohl mit einem Unternehmer als auch mit einem Verbraucher vereinbaren.[2] Wichtig ist, dass der Webshopbetreiber eindeutig festlegt, wann die Billigungsfrist beginnt und wann Sie endet. Die Regelung zum Kauf auf Probe sollte in den AGB des Webshopbetreibers geregelt werden.   2.268

Als Regelung könnte beispielsweise folgende Klausel gewählt werden: 2.269

„Bei uns kaufen Sie auf Probe, dh. der Kaufvertrag ist aufschiebend bedingt und kommt erst durch Ihre Billigung der gelieferten Ware zustande. Die Billigung gilt als erfolgt, wenn Sie diese nicht innerhalb einer 7-tägigen Billigungsfrist verweigern. Die Billigungsfrist beginnt am Tag nach dem Eingang der Ware bei Ihnen. Zur Wahrung der Billigungsfrist genügt die Absendung einer Nachricht über die verweigerte Billigung oder die Rücksendung der Ware innerhalb der 7-tägigen Billigungsfrist. Darüber hinaus steht Ihnen das gesetzliche, nachfolgend beschriebene Widerrufsrecht zu:"

Der Webshopbetreiber muss bei einem Kauf auf Probe darauf achten, dass er dem Webshopkäufer, der Verbraucher iSv. § 13 BGB ist, nach Billigung des Kaufes grundsätzlich noch ein 14-tägiges Widerrufsrecht einräumt.   2.270

Ferner ist der Webshopbetreiber dazu verpflichtet, den Webshopkäufer hinreichend klar darüber zu unterrichten, wie bei dieser Konstellation der Vertrag zustande kommt.   2.271

Die Vereinbarung eines Kaufs auf Probe sollte in der Regel nicht mehr im Fernabsatzgeschäft mit Verbrauchern erfolgen, da damit keine Vorteile mehr verbunden sind bzw. rechtliche Hindernisse überwunden werden können, sondern im Gegenteil eher rechtsgestalterische Schwierigkeiten auftreten können, zB bei der Gestaltung der Widerrufsbelehrung.   2.272

g) Besondere Anforderungen an die Gestaltung der Bestellsituation (Buttonlösung)

Am 1.8.2012 ist das Gesetz zur Änderung des Bürgerlichen Gesetzbuches zum besseren Schutz der Verbraucherinnen und Verbraucher vor Kostenfallen im elektronischen Geschäftsverkehr in Kraft getreten[3]. Dieses Gesetz wird auch als sog. **Buttonlösung** bezeichnet.[4] Es hat insbesondere dazu geführt, dass neue Anforderungen an die Gestaltung der Bestellsituation gesetzlich geregelt wurden. Diese gesetzlichen Anforderungen sind mit   2.273

---

1 Von der Rechtsprechung bislang nicht geklärt ist die Frage, welche Rechtsfolgen eintreten, wenn die vom Verkäufer eingeräumte Billigungsfrist nicht angemessen gewesen ist. In der Literatur (Staudinger/*Mader*, BGB-Kommentar, Stand Februar 2004, § 455 BGB Rz. 2.; Palandt/*Weidenkaff*, § 455 BGB Rz. 1) wird die Ansicht vertreten, dass bei einer unangemessen kurzen Fristsetzung, eine angemessene Frist in Lauf gesetzt wird. Diese Ansicht ist insofern für den Online-Versandhandel unbefriedigend, weil damit für den Webshopkäufer nicht feststeht, wann die Billigungsfrist endet und er damit auch nicht weiß, wann die Frist seines Widerrufs- bzw. Rückgaberechts zu laufen beginnt.
2 Palandt/*Weidenkaff*, § 455 BGB Rz. 2.
3 Instruktiv zu den praktischen Problemen *Bergt*, NJW 2012, 3541 ff.
4 Gesetz v. 10.5.2012 – BGBl. I 2012 Nr. 21 v. 16.5.2012, S. 1084.

der Umsetzung der Verbraucherrechterichtlinie in deutsches Recht[1] nunmehr in den Absätzen 2 bis 4 in § 312j BGB geregelt. Der Gesetzestext lautet wie folgt:

2.274   **§ 312j BGB**

(1) ...

(2) Bei einem Verbrauchervertrag im elektronischen Geschäftsverkehr, der eine entgeltliche Leistung des Unternehmers zum Gegenstand hat, muss der Unternehmer dem Verbraucher die Informationen gemäß Artikel 246a § 1 Absatz 1 Satz 1 Nummer 1, 4, 5, 11 und 12 des Einführungsgesetzes zum Bürgerlichen Gesetzbuche, unmittelbar bevor der Verbraucher seine Bestellung abgibt[2], klar und verständlich in hervorgehobener Weise zur Verfügung stellen.[3]

(3) Der Unternehmer hat die Bestellsituation bei einem Vertrag nach Absatz 2 so zu gestalten, dass der Verbraucher mit seiner Bestellung ausdrücklich bestätigt, dass er sich zu einer Zahlung verpflichtet. Erfolgt die Bestellung über eine Schaltfläche, ist die Pflicht des Unternehmers aus Satz 1 nur erfüllt, wenn diese Schaltfläche gut lesbar mit nichts anderem als den Wörtern „zahlungspflichtig bestellen" oder mit einer entsprechenden eindeutigen Formulierung beschriftet ist.

(4) Ein Vertrag nach Absatz 2 kommt nur zustande, wenn der Unternehmer seine Pflicht aus Absatz 3 erfüllt.

(5) ...

2.275   Zweck dieser gesetzlichen Regelung ist es, die Verbraucher davor zu schützen, dass sie ungewollt einen kostenpflichtigen Vertrag abschließen. Das Problem besteht im Internet für die Verbraucher häufig darin, dass viele Leistungen kostenfrei angeboten werden, einige Anbieter allerdings auf geschickte Art und Weise nur ein scheinbar kostenloses Angebot anbieten, der Verbraucher aber tatsächlich einer Kostenpflicht ausgesetzt ist. § 312j Abs. 4 BGB iVm. dessen Abs. 3 stellt klar, dass ein Vertrag nur dann zustande kommt, dh. der Verbraucher mit seiner Bestellung nur dann einen Antrag iSv. § 145 BGB gegenüber dem Webshopbetreiber abgibt, wenn der Webshopbetreiber die Schaltfläche, mit der eine Bestellung durch den Webshopkäufer ausgelöst wird, mit den Wörtern **„zahlungspflichtig bestellen"** kennzeichnet oder mit einer entsprechenden eindeutigen Formulierung beschriftet.[4] Durch diese Regelung erwächst also für den Webshopbetreiber die weitere Pflicht, dass er die Schaltfläche, mit der die Verbraucher eine Bestellung auslösen, entsprechend zu kennzeichnen hat. Die Verpflichtung gilt nur im Verhältnis zwischen einem Unternehmer und einem Verbraucher und nicht zwischen zwei Unternehmern.

2.276   „Entsprechend eindeutig" ist die Formulierung, wenn sie den Verbraucher eindeutig und unmissverständlich darüber informiert, dass seine Bestellung eine finanzielle Verpflichtung auslöst.[5] Dies ist nicht mehr gegeben bei folgenden Formulierungen: „Bestellung ab-

---

1 Gesetz zur Umsetzung der Verbraucherrechterichtlinie und zur Änderung des Gesetzes zur Regelung der Wohnungsvermittlung v. 20.9.2013, BGBl. I S. 3642 m.W.v. 13.6.2014.

2 Nach OLG Koblenz v. 26.3.2014 – 9 U 1116/13, CR 2014, 716, ist es nicht ausreichend, wenn die Verbraucherinformationen bereits am Beginn oder im Verlaufe des Bestellprozesses erfolgen; nach LG Berlin v. 17.7.2013 – 97 O 5/13, MMR 2013, 780, ist es nicht ausreichend, wenn die wesentlichen Eigenschaften der Ware erst unterhalb der Schaltfläche, über die die Bestellung ausgelöst wird, stehen.

3 Hierzu zählen u.a. die wesentlichen Eigenschaften der Ware. Nach OLG Hamburg v. 13.8.2014 – 5 W 14/14, MMR 2014, 818 = CR 2015, 261, kommt ein Anbieter dieser Informationspflicht nur dann in genügendem Maße nach, wenn die entsprechenden Angaben vor Abgabe der Bestellung durch den Kunden (nochmals) eingeblendet werden.

4 Nach der Gesetzesbegründung, BT-Drs. 17/7745, B. Besonderer Teil, zu § 312g Abs. 3 Satz 2 (Seite 12), sollen auch die Formulierungen „zahlungspflichtigen Vertrag abschließen" und „kaufen" eine entsprechende eindeutige Formulierung darstellen. Dem ist zu widersprechen. Die Formulierungen suggerieren, dass bereits mit der Bestellung ein Vertrag zustande kommt, was in der Regel nicht der Fall ist, und führen daher zu einer wettbewerbsrechtlichen Irreführung.

5 BT-Drs. 17/7745, S. 11.

schicken"[1], „Jetzt anmelden"[2] „verbindlich anmelden"[3], „Zum Bestellen und Kaufen fehlt nur eine Bestellmail"[4] oder „jetzt kostenlos testen", wenn nur der erste Monat gratis ist, sich daran aber das kostenpflichtige Vertragsverhältnis automatisch anschließt[5].

Von der Regelung sind nur solche Verträge erfasst, die ausschließlich unter Einsatz elektronischer Kommunikationsmittel zustande kommen. Hierzu zählen auch Verträge, die durch wechselseitige E-Mail-Kommunikation geschlossen werden oder durch andere Formen der elektronischen Nachrichtenübermittlung, so zB Instant Messaging oder Chat (Kommunikation über das Internet in Echtzeit, entweder im Browser oder mit Hilfe spezieller Programme).[6] § 312j Abs. 2 BGB gilt für Verträge über Waren und Dienstleistungen. Ebenso sind Verträge, die über eBay oder vergleichbare Internetauktionsplattformen geschlossen werden, mit umfasst.[7]   **2.277**

Erfüllt der Webshopbetreiber nicht seine Verpflichtung gemäß § 312j Abs. 3 BGB, also die Hinweispflicht auf die bestehende Zahlungspflicht, kommt es zu keinem Vertragsschluss. Der Gesetzgeber stellt daher die Anforderungen des § 312j Abs. 3 BGB einer Formvorschrift gleich. Den Webshopbetreiber trifft die Beweislast dafür, dass er seine Pflicht aus § 312j Abs. 3 BGB erfüllt hat.[8]   **2.278**

3. Vertragsschluss bei Downloadplattform (digitale Inhalte)

Anders als beim herkömmlichen Onlineshopping ist der Vertragsschluss von Verträgen bei Downloadplattformen zu beurteilen. Downloadplattformen kommen insbesondere in den Bereichen Film, Musik, Software etc. vor, also Werkarten, bei denen eine digitale Übermittlung des Werkes erfolgen kann. In der Regel muss der Nutzer sich bei dem Anbieter der Downloadplattformen registrieren lassen. Zwischen dem Plattformanbieter und dem Nutzer wird zunächst ein **Plattformnutzungsvertrag** abgeschlossen. In diesem Vertrag sind die Grundlagen für die Geschäftsbeziehung zwischen Anbieter und Kunde geregelt.[9] Dem Plattformanbieter sind dann die persönlichen Daten des Nutzers bekannt. Neben dem Plattformnutzungsvertrag schließen der Nutzer und der Plattformanbieter bei jedem Download eines Films, eines Musiktitels oder beispielsweise einer Software einen gesonderten Vertrag ab.   **2.279**

Bei Downloadplattformen handelt es sich bei der Bereithaltung der digitalen Werke nicht mehr um eine invitatio ad offerendum des Plattformbetreibers, sondern bereits um einen Antrag zum Abschluss eines Vertrages iSv. § 145 BGB. Der Plattformbetreiber muss nicht mehr die Bonität des Nutzers sowie seine Bevorratung überprüfen, um zu entscheiden, ob er mit dem Besteller einen Vertrag abschließen will. Die Bonität wird er schon im Rahmen des abgeschlossenen Plattformnutzungsvertrages geprüft haben. Die digitalen Werke stehen praktisch unbegrenzt zum Download zur Verfügung. Insofern schließt der Nutzer mit dem Anklicken der Schaltfläche „zahlungspflichtig bestellen" eines zum Download bereit gestellten Werkes einen Einzelvertrag über den jeweiligen Download ab.   **2.280**

Auf diesen Umstand des Vertragsschlusses muss der Nutzer allerdings ausdrücklich hingewiesen werden. Auf der Grundlage der Buttonlösung müsste die Schaltfläche mit „zahlungspflichtig bestellen" oder einer entsprechenden Formulierung gekennzeichnet sein, damit ein wirksamer Einzelvertrag zustandekommt.   **2.281**

---

1 OLG Hamm v. 19.11.2013 – I-4 U 65/13.
2 AG Mönchengladbach v. 16.7.2013 – 4 C 476/12; LG Leipzig v. 26.7.2013 – 8 O 3495/12, CR 2014, 344.
3 LG Berlin v. 17.7.2013 – 97 O 5/13.
4 AG Köln v. 28.4.2014 – 142 C 354/13, CR 2015, 196 = ITRB 2014, 276.
5 LG München I v. 11.6.2013 – 33 O 12678/13, K&R 2013, 753.
6 BT-Drs. 17/7745, B. Besonderer Teil, zu § 312g Abs. 2 Satz 1 S. 10.
7 BT-Drs. 17/7745, B. Besonderer Teil, zu § 312g Abs. 2 Satz 1 S. 10.
8 BT-Drs. 17/7745, S. 12.
9 *Härting/Schätzle*, ITRB 2006, 186.

2.282 Mit dem Abschluss des Downloadvertrages ist der Nutzer berechtigt, sich das digitale Werk auf seinen Rechner zu laden und dieses entsprechend der vereinbarten Bedingungen zu nutzen. Dieser Vertrag ist regelmäßig ein Kaufvertrag nach den §§ 433, 453 Abs. 1 Alt. 2 BGB.[1]

4. Vertragsschluss bei Dienstleistungsbestellungen im Webshop

2.283 Bei Vertragsabschlüssen über in einem Webshop angebotene Dienstleistungen können beide Varianten, die zum Vertragsschluss führen, vorkommen. Abhängig von der Art der Dienstleistung kann das Anbieten einer Dienstleistung in einem Webshop auch nur eine invitatio ad offerendum sein. Entscheidend ist, wie das Angebot nach einem objektiven Empfängerhorizont auszulegen ist (§§ 133, 157 BGB).

2.284 In den Fällen, in denen die Erbringung der Dienstleistung unter anderem auch von den Kapazitäten des Webshopbetreibers abhängt, wird die angebotene Dienstleistung nur als invitatio ad offerendum einzustufen sein. Bietet ein Dienstleister beispielsweise Servicepersonal an, will er sich bei seinem Angebot im Webshop noch nicht binden, sondern erst bei eingehenden Bestellungen entscheiden, ob er diese auch ausführen kann.

2.285 Bei anderen Dienstleistungen kann es wiederum so sein wie bei Vertragsabschlüssen über Downloadplattformen. Ein Online-Spieleanbieter wird sein Onlinespiel in der Regel nicht als invitatio ad offerendum anbieten, sondern bereits als einen Antrag zum Abschluss eines Vertrages, dass der Nutzer nur noch annehmen muss. In diesem Fall treffen den Online-Spieleanbieter nämlich keine Kapazitätsprobleme, und auch die Gefahr ausreichender Bonität ist in der Regel gering.

2.286 Im Bereich der Dienstleistungen hängt damit die Frage, wann ein Vertrag geschlossen wird, entscheidend davon ab, welche Art von Dienstleistungen in einem Webshop angeboten werden und wie dieses Dienstleistungsangebot nach einem objektiven Empfängerhorizont eingestuft werden muss.

III. Wirksamkeit von Onlineverträgen

1. Formerfordernisse/Dokumentationspflichten

2.287 Für Vertragsabschlüsse im Onlineversandhandel gibt es keine speziellen gesetzlichen Formvorschriften. Etwas anderes gilt für den Abschluss von Rechtsgeschäften, die auch im herkömmlichen Geschäftsverkehr einer bestimmten Form genügen müssen. Wird ein solches Rechtsgeschäft online geschlossen und können entsprechende Formvorschriften nicht eingehalten werden, greift die Rechtsfolge von § 125 BGB ein und führt zur Nichtigkeit des Rechtsgeschäfts.

2.288 Formvorschriften für den Bereich des Onlineversandhandels existieren lediglich im Bereich der Dokumentationspflichten nach § 312f BGB. Gemäß § 312f Abs. 2 BGB ist bei Fernabsatzverträgen der Unternehmer verpflichtet, dem Verbraucher eine Bestätigung des Vertrags, in der der Vertragsinhalt wiedergegeben ist (mit den Angaben gemäß Art. 246a EGBGB, es sei denn, dies ist bereits im Rahmen der Erfüllung der vorvertraglichen Informationspflichten auf einem dauerhaften Datenträger geschehen), innerhalb einer angemessenen Frist nach Vertragsschluss, spätestens jedoch bei der Lieferung der Ware oder bevor mit der Ausführung der Dienstleistung begonnen wird, auf einem dauerhaften Datenträger zur Verfügung zu stellen. Die Legaldefinition eines dauerhaften Datenträgers (Textform) ist in § 126b Satz 2 BGB enthalten. Ein dauerhafter Datenträger ist durch seine Zugänglichkeit und Unveränderlichkeit gekennzeichnet. Diese Anforderungen erfüllen Papier, USB-Stick,

---

1 *Härting*, Internetrecht, Kapitel B, IV, Rz. 337.

CD-ROM, Speicherkarten, Festplatten, Computerfax und E-Mails, sofern der Erklärende seinen Namen nennt und den Abschluss der Erklärung erkennbar macht.[1] Bei Texten, die lediglich in den Webshop eingestellt werden, jedoch nicht an den Empfänger übermittelt werden, ist die Textform nicht gewahrt. Dies wäre erst der Fall, wenn der Text tatsächlich heruntergeladen wird.[2] Die Beweislast hierfür trifft allerdings den Webshopbetreiber.

Ein Verstoß gegen die Dokumentationspflichten hat allerdings keinen Einfluss auf den Bestand eines geschlossenen Vertrages im Onlineversandhandel. Die Verletzung der Dokumentationspflicht kann allerdings einen Schadensersatzanspruch wegen einer Nebenpflichtverletzung nach den §§ 280 Abs. 1, 241 Abs. 3 BGB begründen. Ferner kann im Einzelfall auch ein Rücktrittsrecht nach § 324 BGB bestehen. Weicht die Bestätigung vom Vertragsinhalt ab, gilt die für den Verbraucher günstigere Regelung[3]. **2.289**

2. Anfechtung von Onlineverträgen

Die Anfechtung von geschlossenen Verträgen im Onlineversandhandel hat keine große praktische Bedeutung. Insbesondere für den Webshopbesteller, der Verbraucher iSv. § 13 BGB ist, ist die praktische Relevanz der Anfechtung eines Vertrages gering, da er sich über das ihm zustehende Widerrufsrecht ohnehin noch mindestens 14 Tage nach Vertragsschluss wieder vom Vertrag lösen kann. Die Bedeutung der Anfechtung besteht daher vornehmlich dann, wenn einem der Vertragspartner bei Eingabe ein Fehler unterlaufen ist oder wenn es zu Fehlern bei der Datenübermittlung gekommen ist.[4] **2.290**

a) Anfechtung des Webshopbestellers

Für den Webshopbesteller kann die Anfechtung eines Vertrages wegen **Erklärungsirrtums gemäß § 119 Abs. 1 Alt. 2 BGB** von Bedeutung sein, wenn er seine Willenserklärung nicht mit dem Inhalt abgeben wollte, mit dem er sie abgegeben hat. Dies kann durch Eingabefehler geschehen, aber auch dadurch, dass sich der Webshopbesteller schlicht verklickt hat, also eine falsche Schaltfläche bedient hat.[5] Die Anfechtung wegen Erklärungsirrtums geht im Übrigen nicht deshalb verloren, weil der Webshopbetreiber gemäß § 312i Abs. 1 Satz 1 Nr. 1 BGB angemessene technische Mittel zur Verfügung stellen muss, mit deren Hilfe der Kunde Eingabefehler vor Abgabe seiner Bestellung erkennen und berichtigen kann. Denn diese Verpflichtung trifft nur den Webshopbetreiber, soll aber nicht zum Ausschluss der Anfechtung einer Willenserklärung wegen eines Erklärungsirrtums führen und damit dem Besteller Rechte abschneiden. **2.291**

Ficht der Webshopbesteller den Vertrag wegen Erklärungsirrtums an, setzt er sich einem Schadensersatzanspruch gemäß § 122 Abs. 1 BGB aus. Dies kann beispielsweise bei bereits hergestellten Maßanfertigungen dazu führen, dass der Webshopbesteller den Wert der Ware als Schadensersatz erstatten muss. Bedeutsam kann im Onlineversandhandel allerdings die Regelung des § 122 Abs. 2 BGB werden, nach der ein Schadensersatzanspruch ausgeschlossen ist, wenn der Geschädigte den Irrtum kannte oder infolge von Fahrlässigkeit nicht kannte. Dies wird beispielsweise angenommen, wenn der Webshopbetreiber schuldhaft seine Verpflichtungen aus den § 312j Abs. 1 Satz 1 Nr. 1 BGB bzw. aus Art. 246c EGBGB oder § 312j BGB verletzt.[6] **2.292**

---

1 Palandt/*Ellenberger*, § 126b BGB Rz. 3, 4, 5.
2 BGH v. 29.4.2010 – I ZR 66/08 – Rz. 19 – Holzhocker, NJW 2010, 3566.
3 In Bezug auf die Rechtsfolgen: Palandt/*Grüneberg*, § 312f BGB Rz. 5.
4 *Härting*, Internetrecht, Kap. B, V, Rz. 362.
5 LG Berlin v. 15.5.2007 – 31 O 270/05, MMR 2007, 802; LG München I v. 17.6.2008 – 34 O 1300/08, K&R 2009, 63; allerdings offen gelassen, ob Anfechtung durch Irrtum möglich ist.
6 Vgl. *Härting*, Internetrecht, Kap. B, V. Rz. 367 für die entsprechenden Vorschriften in den alten Gesetzesfassungen.

b) Anfechtung des Webshopbetreibers

2.293   Wenn auch ein Irrtum auf Seiten des Webshopbestellers keine praktische Relevanz hat, so sind Fehler des Webshopbetreibers bei Onlinevertragsschlüssen durchaus von Bedeutung. Dies betrifft insbesondere die Preisgestaltung von in Webshops angebotenen Waren und Dienstleistungen. Hier treten in der Praxis die häufigsten Fehler auf. Solche Fehler des Webshopbetreibers können sowohl durch falsche Eingabe der Grunddaten als auch durch die falsche Programmierung von Kalkulationsprogrammen entstehen. Liegt für den Webshopbesteller ein erkennbarer **Preisfehler** vor, weil der ausgewiesene Preis erkennbar zu niedrig ausgewiesen wird, soll es bereits an zwei übereinstimmenden Willenserklärungen fehlen, so dass überhaupt kein Vertrag zustande kommt und es auf einen Anfechtungsgrund nicht ankommt.[1] Ebenso liegen keine zwei übereinstimmenden Willenserklärungen vor, wenn ein offensichtlicher Rechenfehler vorliegt.[2]

2.294   Anders liegt der Fall, wenn es zu einer falschen Preisangabe bei Waren kommt und dies für den Webshopbesteller nicht erkennbar ist. Hier kommt grundsätzlich zunächst ein Vertrag über den Preis zustande, der ausgewiesen gewesen ist. Ob dem Webshopbetreiber in diesem Fall ein Anfechtungsgrund zusteht, ist zunächst umstritten gewesen.[3] Der BGH hat allerdings bereits im Jahr 2005 zugunsten des Webshopbetreibers entschieden, dass es für einen Erklärungsirrtum ausreicht, wenn dem Webshopbetreiber ein Irrtum bei Abgabe der invitatio ad offerendum unterläuft und der Irrtum bei Abgabe seiner Vertragserklärung, also der Annahme des Antrags des Webshopbestellers fortwirkt.[4]

2.295   Ein Erklärungsirrtum kann auch vorliegen, wenn englische Fachbegriffe falsch verstanden werden.[5] Kommt es zu einem technischen Übermittlungsfehler, so ist der Erklärende gemäß § 120 BGB zur Anfechtung berechtigt, wenn der Übermittlungsfehler einer Person oder Einrichtung unterlaufen ist, die der Erklärende eingesetzt hat.[6]

IV. Vertragsschluss bei Telefonbestellungen

2.296   Im Onlineversandhandel kommt es häufig vor, dass der Webshopbetreiber neben der Onlinebestellung auch eine Bestellung per Telefon anbietet. Bei der Telefonbestellung ist der Bestellauftrag des Bestellers als Antrag iSv. § 145 BGB zu werten. Der Webshopbetreiber kann diesen Antrag telefonisch annehmen und damit den Vertrag bereits telefonisch mit dem Besteller abschließen. In diesem Fall genügt es, wenn er die erleichterten Informationspflichten nach Art. 246a § 3 EGBGB erfüllt und spätestens mit der Warenauslieferung oder vor Ausführung der Dienstleistung seinen Dokumentationspflichten gemäß § 312f BGB nachkommt.

---

1   Vgl. OLG Nürnberg v. 10.6.2009 – 14 U 622/09, MMR 2010, 31; in dieser Entscheidung wurden in einem Webshop Flachbildschirme versehentlich zu 199,99 Euro statt 1999,– Euro angeboten, ohne dass der Preis als Sonderangebot oder Schnäppchen ausgewiesen war.

2   LG Flensburg v. 3.9.2002 – 1 S 38/02.

3   Für einen Übermittlungsirrtum nach § 120 BGB: OLG Hamm v. 12.1.2004 – 13 U 165/03, NJW 2004, 2601; OLG Frankfurt v. 20.11.2002 – 9 U 94/02, MMR 2003, 405, aA LG Essen v. 13.2.2004 – 16 O 416/02, MMR 2004, 49; LG Köln v. 16.4.2003 – 9 S 289/02, CR 2003, 613 (614); *Härting*, ITRB 2004, 61 (63).

4   BGH v. 26.1.2005 – VIII ZR 79/04, NJW 2005, 976; OLG Frankfurt a.M. v. 20.11.2002 – 9 U 94/02, MMR 2003, 405 = OLGR Frankfurt, 2003, 85.

5   AG Schöneberg v. 31.3.2005 – 9 C 516/04, MMR 2005, 637.

6   *Härting*, Internetrecht, Kapitel B, V, Rz. 378.

V. Verträge mit Auslandsbezug

Bei einem Vertragsschluss mit Auslandsbezug stellt sich die Frage, welches **Recht Anwendung** findet. Auslandsbezug ist gegeben, wenn entweder der Webshopbetreiber oder der Besteller seinen Sitz im Ausland hat. Vorliegend ist es allerdings nur von Interesse, wenn der Besteller seinen Sitz im Ausland hat, da in diesem Werk nur die Webshops derjenigen betrachtet werden, die ihren Geschäftssitz in Deutschland haben.

2.297

1. Gesetzliche Regelung

Nach Art. 3 Abs. 2 E-Commerce Richtlinie[1] gilt im elektronischen Geschäftsverkehr grundsätzlich das **Herkunftslandprinzip**. Nach dem Herkunftslandprinzip müssen Webshopbetreiber grundsätzlich „nur" den Bestimmungen am Ort ihrer Niederlassung entsprechen und sind somit nicht einer zusätzlichen Kontrolle am Maßstab der Gesetze anderer Mitgliedstaaten ausgesetzt.[2] Die Umsetzung des Herkunftslandprinzips hat im deutschen Recht seinen Niederschlag in § 3 Abs. 1 und 2 TMG gefunden. Gemäß § 3 Abs. 3 Nr. 2 TMG sind vom Herkunftslandprinzip allerdings die Vorschriften für vertragliche Schuldverhältnisse in Bezug auf Verbraucherverträge ausgenommen. Insofern finden hierauf die kollisionsrechtlichen Vorschriften des deutschen Rechts Anwendung.

2.298

Im deutschen Recht ist die Frage, welches Recht auf einen Vertragsschluss mit Auslandsbezug Anwendung findet, im EGBGB geregelt, dem Internationalen Privatrecht. Art. 3 EGBGB besagt, dass Regelungen in völkerrechtlichen Vereinbarungen, soweit sie unmittelbar anwendbares innerstaatliches Recht geworden sind, und Regelungen der Europäischen Union, soweit sie unmittelbar anwendbar sind, Vorrang vor den Regelungen des EGBGB haben.

2.299

Zu den völkerrechtlichen Regelungen, die auch im Onlinehandel von Bedeutung sein können, zählt das **UN-Kaufrecht** (nachfolgend auch CISG).[3] Zu den unmittelbar anwendbaren Regelungen der europäischen Gemeinschaft, die das auf vertragliche Schuldverhältnisse anzuwendende Recht regeln, zählt die **ROM I-Verordnung** (nachfolgend ROM I-VO).[4] Die ROM I-VO gilt nach Art. 28 ROM I-VO für Verträge, die ab dem 17. Dezember 2009 geschlossen worden sind. Sie hat das europäische Schuldvertragsübereinkommen und somit die Art. 27–37 EGBGB aF ersetzt. Art. 25 Abs. 1 ROM I-VO regelt einen Vorrang des UN-Kaufrechts vor der ROM I-VO.

2.300

2. UN-Kaufrecht

Art. 14–24 CISG enthalten Regelungen zum Vertragsschluss, die nationales Recht verdrängen. Nach Art. 2 CISG findet das UN-Kaufrecht jedoch keine Anwendung auf den Kauf von Waren für den persönlichen Gebrauch, und damit keine Anwendung auf Verträge zwischen einem Webshopbetreiber und einem Verbraucher iSv. § 13 BGB. Insofern beschränkt sich der persönliche Anwendungsbereich des UN-Kaufrechts auf **Verträge zwischen Webshopbetreibern und Unternehmern** iSv. § 14 BGB. Zwischen Unternehmern findet das UN-Kaufrecht zudem nur Anwendung auf Warenkäufe.

2.301

---

1 Richtlinie 2000/31/EG des Europäischen Parlaments und des Rates v. 8.6.2000 über bestimmte rechtliche Aspekte der Dienste der Informationsgesellschaft, insbesondere des elektronischen Geschäftsverkehrs im Binnenmarkt.
2 Martinek/Semler/Habermeier/Flohr/*Krüger/Biehler*, Vertriebsrecht, § 33 Internetvertrieb, Rz. 50.
3 Convention on Contracts for the International Sale of Goods (CISG v. 11.4.1980 = Übereinkommen der Vereinten Nationen über Verträge über den internationalen Warenkauf), BGBl. 1989, 588 ff.
4 Verordnung (EG) Nr. 593/2008 des Europäischen Parlaments und des Rates v. 17.6.2008 über das auf vertragliche Schuldverhältnisse anzuwendende Recht, ABl. EU Nr. L 177 v. 4.7.2008.

2.302 ➲ **Praxistipp:** Sofern ein Webshopbetreiber mit Sitz in Deutschland seine Waren ausschließlich oder zumindest auch gegenüber Unternehmern anbietet, muss er sich überlegen, ob er die Regelungen des UN-Kaufrechts beispielsweise über seine AGB abbedingen möchte. Dies ist möglich, da nach Art. 6 CISG das UN-Kaufrecht ganz oder in Teilen von den Parteien vertraglich ausgeschlossen werden kann. Tut er dies nicht, kommt das UN-Kaufrecht zur Anwendung, da es ein Teil des innerstaatlichen Rechts ist.

3. ROM I-VO

2.303 Kommt das UN-Kaufrecht nicht zur Anwendung, muss geprüft werden, welche gesetzlichen Regelungen aus der ROM I-VO bei Verträgen mit Auslandsbezug zur Anwendung kommen. Einigung und Wirksamkeit eines Vertrages richten sich gemäß Art. 10 Abs. 1 ROM I-VO nach dem Recht, das auf den wirksamen Vertrag anwendbar wäre.[1] Nach Art. 11 Abs. 4 ROM I-VO gelten für Verbraucherverträge immer die Formvorschriften des Staates, in dem der Verbraucher seinen gewöhnlichen Aufenthaltsort hat.

2.304 Besondere Bedeutung für den elektronischen Geschäftsverkehr über einen Webshop kommt allerdings der Regelung in Art. 3 Abs. 1 Satz 1 ROM I-VO zu. Danach können die Parteien grundsätzlich durch einen **Verweisungsvertrag** das anwendbare Recht selbst bestimmen.[2] Nach Art. 2 ROM I-VO kann das Recht eines beliebigen Staates gewählt werden, auch eines Drittstaates, dem keine der Parteien angehört.[3] Anders als zu erwarten wäre, verlangt die Rechtsprechung kein ausdrücklich berechtigtes Interesse an der Rechtswahl.[4] Die Rechtswahl kann zudem sowohl in einer individuellen Vertragsklausel als auch in AGB erfolgen.[5]

2.305 ➲ **Praxistipp:** Die Regelungen zur Rechtswahl in der ROM I-VO haben zur Folge, dass es für einen Webshopbetreiber, der beispielsweise seine Waren und Dienstleistungen gegenüber Unternehmern und Verbrauchern in der gesamten EU anbieten möchte, durchaus möglich ist, in seinen AGB eine **Rechtswahl** zu treffen, beispielsweise des Staates, in dem er seinen Sitz hat oder aber das Recht eines Drittstaates. Ein deutscher Webshopbetreiber könnte daher mit einem holländischen Verbraucher deutsches Recht vereinbaren. Ob mit einer solchen Rechtswahlklausel ein besonderes **Vertrauen gegenüber den Verbrauchern** geschaffen wird, ist demgegenüber eine kaufmännisch zu beurteilende Frage.

2.306 Die freie Rechtswahl in Bezug auf Verträge zwischen Webshopbetreibern und Verbrauchern unterliegt jedoch **Einschränkungen**, wie Art. 3 Abs. 3, 4 sowie Art. 5 ff. ROM I-VO zu entnehmen ist.

2.307 Zunächst können nach Art. 3 Abs. 3 ROM I-VO keine **zwingenden nationalen Bestimmungen** durch die Wahl einer anderen Rechtsordnung unanwendbar gemacht werden, wenn der Sachverhalt keinen Auslandsbezug aufweist. Ein deutscher Webshopbetreiber kann daher mit deutschen Verbrauchern zwar irisches Recht vereinbaren, hebelt dadurch

---

1 *Hoeren/Sieber/Holznagel/Kitz*, Multimedia-Recht, 37. EL. 2014, Teil 13.1 Vertragsschluss im Internet Rz. 274.

2 *Hoeren/Sieber/Holznagel/Kitz*, Multimedia-Recht, 37. EL. 2014, Teil 13.1 Vertragsschluss im Internet Rz. 277.

3 *Hoeren/Sieber/Holznagel/Kitz*, Multimedia-Recht, 37. EL. 2014, Teil 13.1 Vertragsschluss im Internet Rz. 279.

4 BGH v. 19.3.1997 – VIII ZR 316/96; NJW 1997, 1697 (1700).

5 *Hoeren/Sieber/Holznagel/Kitz*, Multimedia-Recht, 37. EL.2014, Teil 13.1 Vertragsschluss im Internet Rz. 281.

aber nicht die Anwendung der zwingenden deutschen Verbraucherschutzvorschriften aus. Die Wahl irischen Rechts wäre für ihn daher faktisch wertlos. Gleiches gilt für Verträge mit Unternehmern mit Sitz in Deutschland, wenn durch die Rechtswahl zwingende deutsche Rechtsvorschriften ausgehebelt werden würden.

Für Verträge zwischen Webshopbetreibern und Verbrauchern enthält die Rom I-VO eine weitere Einschränkung. Nach Art. 6 Abs. 2 Satz 2 ROM I-VO darf die Rechtswahl zudem nicht dazu führen, dass dem Verbraucher der Schutz entzogen wird, der ihm ohne Rechtswahl zustünde. Dieser **Schutz wird durch das Recht des Staates** bestimmt, in dem der Verbraucher seinen **gewöhnlichen Aufenthalt** hat (Art. 6 Abs. 1 ROM I-VO). Das bedeutet, dass beispielsweise auf in Deutschland ansässige Verbraucher die zwingenden deutschen Verbraucherschutzvorschriften anzuwenden sind und auf in Holland ansässige Verbraucher die zwingenden holländischen Verbraucherschutzvorschriften. Die freie Rechtswahl, die grundsätzlich auch bei Verträgen zwischen Unternehmern und Verbrauchern nach Art. 6 Abs. 2 Satz 1 ROM I-VO möglich ist, führt also grundsätzlich nicht dazu, dass die zwingenden Verbraucherschutzvorschriften des Landes ausgehebelt werden können, in denen der Verbraucher seinen gewöhnlichen Aufenthalt hat. | 2.308

Von diesem Grundsatz gibt es allerdings eine Abweichung zugunsten des Webshopbetreibers. Der Webshopbetreiber muss sich nicht weltweit allen Verbraucherschutzvorschriften unterwerfen, sondern nur denjenigen der Länder, an die sich sein Webshopangebot richtet.[1] Dies ist zunächst sehr weit zu verstehen.[2] Im Einzelnen ist die Rechtslage hierzu noch umstritten.[3] Der Webshopbetreiber kann die **räumliche Ausrichtung** seines Webshops jedoch dadurch beschränken, dass er eindeutig regelt, an welche Länder sich sein Webshopangebot richtet.[4] | 2.309

➲ **Praxistipp:** Der Webshopbetreiber hat grundsätzlich die freie Rechtswahl, und zwar nicht nur bei Verträgen zwischen ihm und einem anderen Unternehmer, sondern auch bei Verträgen zwischen ihm und Verbrauchern. Trotz seiner Rechtswahl kann er damit aber nicht die zwingenden Verbraucherschutzvorschriften des Landes aushebeln, in dem der Verbraucher seinen gewöhnlichen Aufenthalt hat. Richtet der Webshop-Betreiber daher sein Internetangebot an **Verbraucher in der ganzen Welt**, muss er sich grundsätzlich auch die zwingenden Verbraucherschutzvorschriften jedes Landes entgegenhalten lassen. Der Webshop-Betreiber kann dies dadurch einschränken, dass aus seinem Webshopauftritt eindeutig bestimmbar ist, an welche Kunden in welchen Ländern er seinen Internetauftritt richtet. Ist dies seinem Webshopauftritt unzweideutig zu entnehmen, muss er sich auch nur die zwingenden Verbraucherschutzvorschriften der Länder entgegenhalten lassen, in denen die angesprochenen Verbraucher ihren gewöhnlichen Aufenthaltsort haben. | 2.310

---

1 *Hoeren/Sieber/Holznagel/Kitz*, Multimedia-Recht, 37. EL.2014, Teil 13.1 Vertragsschluss im Internet Rz. 292.
2 Prütting/Wegen/Weinreich/*Remien*, BGB-Kommentar, Art. 6 ROM I-VO Rz. 15.
3 Vgl. hierzu *Hoeren/Sieber/Holznagel/Kitz*, Multimedia-Recht, 37. EL. 2014, Teil 13.1 Vertragsschluss im Internet Rz. 293.
4 BGH v. 30.3.2006 – I ZR 24/03 – Rz. 22, GRUR 2006, 513 = NJW 2006, 2630; – durch Angabe, in welche Länder keine Lieferung erfolgt.

D. Allgemeine Geschäftsbedingungen

Literatur: *Härting*, Internetrecht, 5. Aufl. 2014; *Junker* in Herberger/Martinek/Rüßmann u.a., juris-PK-BGB, Praxiskommentar zum BGB, 7. Aufl. 2014, Stand 1.10.2014 (zitiert: juris-PK-BGB/*Junker*), Kommentierung zu § 312e BGB; juris-PK-Internetrecht/*Heckmann*, Praxiskommentar zum Internetrecht, 4. Aufl. 2014, Kap. 4.2./Stand 17.10.2013.

I. Einführung

2.311 Sowohl im BtoB- (Business to Business = Geschäftsverkehr zwischen Unternehmern) als auch im BtoC-Bereich (Business to Consumer = Geschäftsverkehr zwischen Unternehmern und Verbrauchern) setzen fast alle Webshopbetreiber in der Praxis vorformulierte Vertragsbedingungen ein, die sie in den Vertrag mit dem Besteller einbeziehen möchten. Im BtoC-Bereich ist dies aufgrund der zahlreichen Informations- und Hinweispflichten fast zwingend.

2.312 Im Zusammenhang mit der Verwendung von AGB in Webshops sind daher die Fragen zu beantworten, in welcher Weise der Webshopbetreiber den Besteller über seine AGB informieren muss, wie diese in einen Vertrag einbezogen werden, dessen Ausgangspunkt die Bestellung in einem Webshop ist, und welche inhaltlichen Anforderungen an ihre Gestaltung zu stellen sind. Im Grundsatz gilt dabei, dass die Verwendung von AGB in Webshops den gleichen Regeln unterliegt wie im Geschäftsverkehr außerhalb des Internets.

II. AGB in einem Webshop

1. Informations- und Hinweispflichten

2.313 Unabhängig von der Frage, in welcher Weise AGB wirksam in einen Webshopvertrag einbezogen werden können, muss der Webshopbetreiber nach den gesetzlichen Regelungen über seine AGB in verschiedener Weise informieren.

Zunächst ist festzustellen, dass AGB nicht den vorvertraglichen Informationspflichten bei Fernabsatzverträgen nach Art. 246a § 1 Abs. 1 EGBGB unterfallen. Gleichwohl empfiehlt es sich, dass der Webshopbetreiber seine AGB auf jeder der zum Webshop zählenden Websites abrufbar hält. Dies kann dadurch geschehen, dass er in der Kopf- oder Fußzeile der Websites oder aber auch am linken Rand auf jeder Website einen **Link** mit dem Verweis auf seine AGB bereithält. Der Link kann auch in der Weise installiert sein, dass zunächst der Oberbegriff „Rechtliche Hinweise" angeklickt werden muss, unter dem unter anderem die AGB des Webshopbetreibers abrufbar gehalten werden. 2.314

Eine ausdrückliche Hinweispflicht auf die Verwendung Allgemeiner Geschäftsbedingungen ist in § 312i Abs. 1 Nr. 4 BGB geregelt. Hiernach hat der Webshopbetreiber seinen Kunden die Möglichkeit zu verschaffen, die Vertragsbedingungen einschließlich der AGB **bei Vertragsschluss abzurufen** und in wiedergabefähiger Form zu **speichern**. Der Webshopbetreiber muss diese Anforderung sowohl gegenüber Verbrauchern als auch gegenüber Unternehmern erfüllen.[1] 2.315

§ 312i Abs. 1 Satz 1 Nr. 4 BGB regelt jedoch nicht, unter welchen Voraussetzungen die AGB einbezogen werden.[2] Vielmehr bleibt es weiterhin dabei, dass die Einbeziehung von AGB sich ausschließlich nach den gesetzlichen Regelungen der §§ 305, 305a BGB richtet. Es ist jedoch anerkannt, dass durch die Erfüllung der Anforderungen nach § 312i Abs. 1 Satz 1 Nr. 4 BGB der Webshopbetreiber gegenüber einem Verbraucher zugleich seine Obliegenheiten aus § 305 Abs. 2 BGB, dh. dem anderen Vertragsteil die Möglichkeit zu verschaffen, in zumutbarer Weise vom Inhalt der AGB Kenntnis zu erlangen, genügen kann. 2.316

Die Anforderung, dass die AGB bei Vertragsschluss abrufbar gehalten werden müssen, erfordert mehr, als dass sie irgendwo auf der Website oder im Webshop abrufbar gehalten werden, aber auch nicht zwingend, dass diese unmittelbar bei der Schaltfläche, mit der die Bestellung ausgelöst wird, stehen müssen. Gleichwohl hat sich eingebürgert, dass die AGB unmittelbar vor Beendigung des Bestellvorgangs abrufbar gehalten werden. 2.317

➲ **Praxistipp:** Für den Webshopbetreiber empfiehlt sich, dass er vor der Schaltfläche, mit der der Kunde die Bestellung im Webshop auslöst, ein Kästchen mit einem Link zu den AGB installiert und technisch die Bestellung so einrichtet, dass der Kunde diese nicht auslösen kann, bevor er das Kästchen mit den AGB angeklickt hat. 2.318

Als weitere Anforderung verlangt § 312i Abs. 1 Satz 1 Nr. 4 BGB, dass der Webshopbetreiber dem Besteller die Möglichkeit verschafft, die Vertragsbestimmungen einschließlich der AGB bei Vertragsschluss in wiedergabefähiger Form zu speichern. Was unter „**Speicherung in wiedergabefähiger Form**" zu verstehen ist, ist noch nicht abschließend geklärt. Letztlich müssen die AGB in einem Dateiformat vorgehalten werden, das es dem Besteller ermöglicht, eine entsprechende Speicherung der AGB durchzuführen. Hierfür kann der Webshopbetreiber vielfältige Möglichkeiten zur Verfügung stellen. Er muss nur in jedem Fall sichergehen, dass er nicht durch technische Vorkehrungen die Speicherungsmöglichkeit der AGB verhindert. Zur Absicherung empfiehlt es sich, dass sowohl die AGB als auch die weiteren Vertragsbestimmungen in der E-Mail-Bestellbestätigung als pdf-Dokument angehängt werden. 2.319

Abgesehen von der Speichermöglichkeit für den Besteller muss der Webshopbetreiber gemäß Art. 246c Nr. 2 EGBGB den Kunden auch darüber unterrichten, ob der **Vertragstext** – wozu auch die AGB zählen – nach dem Vertragsschluss von dem Unternehmer gespeichert wird und ob er dem Kunden zugänglich ist. Diese Informationspflicht ist erforder- 2.320

---

1 Palandt/*Grüneberg*, § 312i BGB Rz. 3.
2 juris-PK-BGB/*Junker*, § 312i BGB Rz. 31; OLG Hamburg v. 13.6.2002 – 3 U 168/00, CR 2002, 915; LG Essen v. 13.2.2004 – 16 O 416/02, NJW-RR 2003, 1207.

lich, damit der Kunde den Vertragstext ggf. rechtzeitig abrufen und speichern kann, wenn der Vertragstext nach dem Vertragsschluss nicht mehr zugänglich sein sollte. Ein Verstoß gegen diese Informationspflicht stellt zugleich einen Wettbewerbsverstoß gemäß § 3a UWG dar.[1]

2.321 Insofern sollte in der Nähe der Bestellschaltfläche eine entsprechende Information stehen. Der Text könnte wie folgt lauten:

„Der Vertragstext wird von uns nach Vertragsschluss gespeichert. Er ist dann aber nicht mehr online zugänglich";

oder

„Der Vertragstext wird von uns nicht gespeichert und kann nach Abschluss des Vertrages nicht mehr abgerufen werden. Sie können den Vertragstext aber unmittelbar nach dem Absenden der Bestellung abspeichern oder ausdrucken."[2]

2.322 Für die Webshopbetreiber, die neben der reinen Onlinebestellung auch eine telefonische Bestellung zulassen, empfiehlt sich zusätzlich die Übermittlung der AGB in ausgedruckter Form mit dem Warenversand.

2.323 Bei einer Katalogbestellung hat der Besteller die AGB bereits in aller Regel aus dem Katalog zur Kenntnis nehmen können. Insofern ist hier das Textformerfordernis erfüllt.

2. Einbeziehung von AGB in den Vertrag

a) Einbeziehungsvoraussetzungen gegenüber Verbrauchern

aa) Allgemeines

2.324 Die Anforderung an die wirksame Einbeziehung von AGB in einen Vertrag richtet sich bei Verbrauchern iSd. § 13 BGB nach den §§ 305, 305a BGB. Für die Einbeziehung der AGB in einen Vertrag, den der Webshopbetreiber mit einem Kunden schließt, ist ausschließlich § 305 BGB maßgeblich. § 305 Abs. 2 BGB regelt, dass AGB nur dann Bestandteil eines Vertrages werden, wenn der Verwender bei Vertragsschluss die andere Vertragspartei auf die AGB ausdrücklich hinweist und der anderen Vertragspartei die Möglichkeit verschafft, in zumutbarer Weise von ihrem Inhalt Kenntnis zu nehmen. Ferner muss die andere Vertragspartei mit ihrer Geltung einverstanden sein.

2.325 Die Anforderung der wirksamen Einbeziehung der AGB in den online abgeschlossenen Vertrag ist von der Anforderung zu unterscheiden, dass den Webshopbetreiber nach § 312i Abs. 1 Satz 1 Nr. 4 BGB die Verpflichtung trifft, die Möglichkeit zu verschaffen, die AGB in wiedergabefähiger Form speichern zu können. Die AGB können also wirksam in den über einen Webshop geschlossenen Vertrag zwischen einem Webshopbetreiber und einem Verbraucher einbezogen worden sein, ohne dass dem Verbraucher die Möglichkeit verschafft wird, die AGB in wiedergabefähiger Form zu speichern. Letzteres ist eine Verpflichtung des Webshopbetreibers als Unternehmer, die ihn Ansprüchen Dritter aussetzt, aber grundsätzlich keinen Einfluss auf das Vertragsverhältnis zwischen dem Webshopbetreiber und dem Verbraucher hat.

bb) Ausdrücklicher Hinweis auf AGB

2.326 Der nach § 305 Abs. 2 Nr. 1 BGB verlangte ausdrückliche Hinweis auf die AGB muss bei Vertragsschluss erfolgen. Dies verlangt die Anordnung der AGB in einer Weise, dass sie

---

1 LG Bamberg v. 28.11.2012 – 1 HK O 29/12, CR 2013, 130.
2 juris-PK-BGB/*Junker*, § 312i BGB (Stand 1.10.2014) Rz. 35.

auch bei flüchtiger Betrachtung nicht übersehen werden können.[1] Nach der Rechtsprechung wird dieser Anforderung genügt, wenn die AGB des Webshopbetreibers über einen auf der Bestellseite gut sichtbaren Link abgerufen und ausgedruckt werden können.[2] Kein ausdrücklicher Hinweis liegt dagegen vor, wenn der Verweis auf die AGB sich an einer Stelle befindet, die weit von dem Bestellformular entfernt ist, bspw. sich nur auf der Startseite des Webshops befindet,[3] wenn die AGB nur über einen unverständlichen Hyperlink zu erreichen sind[4] oder wenn unklar ist, welche der verschiedenen ins Internet gestellten Bedingungen auf den Vertrag anwendbar sein sollen.[5]

➲ **Praxistipp:** Um den Anforderungen an eine wirksame Einbeziehung der AGB nach § 305 Abs. 2 Nr. 2 BGB zu genügen, empfiehlt es sich, unmittelbar vor der Schaltfläche, über die die Bestellung ausgelöst wird, eine weitere Schaltfläche zu installieren, mit der über einen Link die AGB aufgerufen werden können und die von dem Webshopkäufer angeklickt werden muss, um eine Bestellung auslösen zu können. Als Linktext sollte die Formulierung verwendet werden: *„Ich bin mit der Geltung der Allgemeinen Geschäftsbedingungen einverstanden".* In diesem Fall wären die Anforderungen von § 305 Abs. 2 Nr. 1 BGB an einen ausdrücklichen Hinweis auf die Verwendung Allgemeiner Geschäftsbedingungen und die Möglichkeit der Kenntnisnahme erfüllt.

2.327

cc) Zumutbare Möglichkeit der Kenntnisnahme

Entscheidend für die zumutbare Möglichkeit der Kenntnisnahme ist, ob dem Besteller eine kritische Prüfung der AGB möglich ist. Dies soll dann der Fall sein, wenn der Umfang und die Gestaltung des Textes auch ohne Ausdruck eine entsprechende Prüfung zulassen.[6] Nicht zwingend notwendig ist daher, dass die AGB auch ausgedruckt werden können.[7] Die Voraussetzung der zumutbaren Kenntnisnahme ist beim sogenannten **„click wrapping"** erfüllt.[8]

2.328

b) Einbeziehungsvoraussetzungen gegenüber Unternehmern

Bei Vertragsabschlüssen zwischen einem Webshopbetreiber und einem Unternehmer iSv. § 14 BGB finden die Einbeziehungsvoraussetzungen des § 305 Abs. 2 BGB gemäß § 310 Abs. 1 Satz 1 BGB keine Anwendung. Zur Einbeziehung in den Vertrag mit einem Unternehmer genügt stattdessen jede auch stillschweigende erklärte Willensübereinstimmung.[9] Erkennt also der Unternehmer, dass der Webshopbetreiber einen Vertrag nur unter Ein-

2.329

---

1 LG Essen v. 13.2.2003 – 16 O 416/02, NJW-RR 2003, 1207 = MMR 2004, 49; nach dieser Entscheidung reicht es aus, wenn ein Hinweis auf die AGB in der nach Eingabe der Bestell- und Lieferdaten angezeigten Bestellübersicht, abgegrenzt von den übrigen Daten, angebracht ist und die AGB über einen Link online abgerufen werden können. Ebenso Palandt/*Grüneberg*, § 305 BGB Rz. 36.
2 BGH v. 20.7.2006 – I ZR 228/03 – Rz. 34, NJW 2006, 3633 = CR 2006, 850; OLG Hamburg v. 24.8.2006 – 3 U 103/06 – Rz. 35, 36, BB 2006, 2327.
3 *Härting*, Internetrecht, B. Vertragsrecht, VI. AGB Rz. 436.
4 OLG Hamm v. 14.4.2005 – 4 U 2/05, NJW 2005, 2319; nach dieser Entscheidung war es nicht ausreichend, dass auf „mich" unter der Rubrik „Angaben zum Verkäufer" geklickt werden musste, damit der Verkäufer von seinem Widerrufsrecht erfährt; entsprechend wäre es nicht ausreichend, wenn der Besteller auf diese Weise erst etwas über die AGB des Webshopbetreibers erführe.
5 AG Frankfurt a.M. v. 21.2.2006 – 31 C 2972/05 – Rz. 16, NJW-RR 2006, 3010.
6 OLG Köln v. 21.11.1997 – 19 U 128/97, NJW-RR 1998, 1277; nach dieser Entscheidung soll ein Text von sieben Seiten mit 15 Nummern noch eine zumutbare Kenntnisnahme auch ohne Ausdrucksmöglichkeit des Textes verschaffen. Die Entscheidung betraf allerdings AGB im Bereich btx. Dennoch spricht einiges dafür, dass die Entscheidung in Bezug auf die zumutbare Möglichkeit der Kenntnisnahme auch auf Webshops übertragen werden kann.
7 Palandt/*Grüneberg*, § 305 BGB Rz. 36.
8 EuGH v. 21.5.2015 – Rs. C-322/14, MMR 2015, 515 = CR 2015, 670 = ITRB 2015, 203.
9 Palandt/*Grüneberg*, § 310 BGB Rz. 2.

beziehung seiner AGB abschließen will, werden diese Vertragsbestandteile, wenn der Unternehmer nicht widerspricht.

2.330 In der Praxis werden die AGB des Webshopbetreibers auch gegenüber einem Unternehmer fast immer Vertragsbestandteil, da zum einen nach § 312i Abs. 1 Satz 1 Nr. 4 BGB der Webshopbetreiber verpflichtet ist, einem Unternehmer die AGB bei der Auslösung der Bestellung in gleicher Weise zur Verfügung zu stellen wie einem Verbraucher, und zum anderen der Unternehmer ebenso wie der Verbraucher keine Bestellung auslösen kann, wenn er nicht die Schaltfläche betätigt, mit der das Einverständnis zur Geltung der AGB erklärt wird.

3. Formulierung Einverständniserklärung

2.331 Umstritten ist, wie die ausdrückliche Einverständniserklärung in Bezug auf die AGB ausgestaltet sein soll. Als unbedenklich wird die Formulierung angesehen:

„Mit der Geltung der AGB bin ich einverstanden".[1]

Als unzulässig werden Formulierungen eingestuft, mit denen lediglich die Kenntnisnahme der AGB bestätigt wird. Solche Klauseln stellen ein Verstoß gegen § 309 Nr. 12b) BGB dar, nach dem eine Bestimmung unwirksam ist, die den anderen Vertragsteil bestimmte Tatsachen bestätigen lässt. Nach der Rechtsprechung des BGH sind daher Einverständniserklärungen mit dem Inhalt, die AGB gelesen und verstanden zu haben, unwirksam.[2]

4. Inhaltliche Anforderungen

a) Grundsätze

2.332 Neben der Frage, ob AGB wirksam in einen Vertrag einbezogen worden sind, ist die Frage klärungsbedürftig, ob die AGB auch inhaltlich wirksam sind. Die gesetzliche Regelung sieht mehrere Inhaltsschranken vor.

2.333 Nach § 305c Abs. 1 BGB sind **überraschende und mehrdeutige Klauseln** unwirksam.[3] Abgesehen davon unterliegen AGB dem Transparenzgebot. Dies besagt nach § 307 Abs. 1 Satz 2 BGB, dass eine Bestimmung in einer Allgemeinen Geschäftsbedingung klar und verständlich formuliert sein muss. Die Anforderungen an Klarheit und Verständlichkeit setzen voraus, dass die verwendete Klausel für den angesprochenen Verkehrskreis, also für den verständigen informierten Durchschnittskunden, aus sich heraus verständlich ist.[4] Zudem müssen die AGB ein Mindestmaß an Übersichtlichkeit aufweisen.[5] Übersichtlichkeit verlangt, dass der Umfang der Geschäftsbedingungen im Verhältnis zur Bedeutung des Geschäfts vertretbar sein muss. Für den Webshopbereich bedeutet dies, dass AGB keine übertrieben langen Regelungen enthalten dürfen.[6]

---

1 *Härting*, Internetrecht, B. Vertragsrecht VI. AGB Rz. 454.
2 BGH v. 28.3.1996 – III ZR 95/95 – Rz. 6, NJW 1996, 1819 (Beweislastklausel verstößt gegen § 11 Nr. 15b AGB-Gesetz, dem heutigen § 309 Nr. 12b BGB).
3 Dies gilt bspw. für Regelungen von Internetdiensten, bei denen der Eindruck eines kostenlosen Leistungsangebotes vermittelt wird, im Kleingedruckten allerdings sich ein Hinweis auf eine Entgeltpflicht befindet (vgl. OLG Frankfurt a.M. v. 4.12.2008 – 6 U 187/07, CR 2009, 253 ff.; LG Mannheim v. 14.1.2010 – 10 S 53/09, MMR 2010, 241 f.). Genau diese Handhabe von verschiedenen Internetdiensten hat dazu geführt, dass der Gesetzgeber das Gesetz zum Schutz der Verbraucherinnen und Verbraucher vor Kostenfallen im elektronischen Geschäftsverkehr am 2. März 2012 beschlossen hat (BT-Drs. 17/8805); ausführlich Rz. 2.284 ff.
4 Palandt/*Grüneberg*, § 307 BGB Rz. 21.
5 *Härting*, Internetrecht, B. Vertragsrecht, VI. AGB Rz. 465.
6 LG Köln v. 29.1.2003 – 26 O 33/02 – Rz. 46, CR 2003, 697 = WRP 2003, 663, „keine langen in sich verschachtelten Sätze, die die Regelung nicht mehr verständlich machen".

Ebenso verlangt das Transparenzgebot bei in einem Webshop verwendeten AGB, dass die **2.334** AGB in einer **Schriftgröße** dargestellt werden, durch die das Lesen nicht übermäßig erschwert wird, bei der also eine besondere Konzentration und Anstrengung nicht erforderlich ist. Eine Schriftgröße unter 6-Punkt genügt diesen Anforderungen grundsätzlich nicht mehr.[1]

➲ **Praxistipp:** Auch wenn von der Rechtsprechung bislang eine 6-Punkt-Schrift noch für **2.335** ausreichend erachtet wurde, sollte grundsätzlich eine **10-Punkt-Schrift** gewählt werden, um in diesem Punkt sicher dem Transparenzgebot zu genügen.

Ebenso erfordert Leserfreundlichkeit, dass die AGB Überschriften enthalten und Absätze **2.336** aufweisen.[2] Besonders bedeutsam für die Gestaltung von AGB ist zudem die Feststellung der Rechtsprechung, dass gegen das Transparenzgebot auch dann verstoßen wird, wenn eine Klausel in AGB die Rechtslage missverständlich darstellt und hierdurch die Gefahr besteht, dass der Verwender der missverständlichen AGB-Klausel begründete Ansprüche unter Hinweis auf die Klausel abwehren könnte.[3] Der Webshopbetreiber hat also bei der Gestaltung seiner AGB eine hinreichende Sorgfalt aufzuwenden, damit die Anforderungen an das Transparenzgebot, nämlich die AGB-Klauseln klar, einfach und präzise zu fassen, eingehalten werden.[4]

b) Sprache der AGB

Ein Verstoß gegen das Transparenzgebot kann auch dann vorliegen, wenn die AGB nicht **2.337** in einer Sprache zur Verfügung gestellt werden, die den angesprochenen Kundenkreis in die Lage versetzt, die AGB zu verstehen. Die AGB müssen daher zumindest in der Sprache abgefasst zur Verfügung gestellt werden, in der auch das Waren- oder Dienstleistungsangebot gehalten ist. Bietet der Webshopbetreiber seinen Webshop in verschiedenen Sprachen an, muss er auch seine AGB in den verschiedenen Sprachen zur Verfügung stellen.

c) Einzelne Klauseln

Der Webshopbetreiber, der AGB einsetzt, kann nur solche Klauseln verwenden, die der **2.338** Inhaltskontrolle nach § 305c BGB sowie nach den §§ 307–309 BGB standhalten. Insbesondere bei der Verwendung allgemeiner Geschäftsbedingungen gegenüber Verbrauchern hat der Gesetzgeber strenge Regelungen aufgestellt. Derartige Klauseln dürfen insbesondere nicht gegen § 308 BGB, sogenannte Klauselverbote mit Wertungsmöglichkeit, und gegen § 309 BGB, sogenannte Klauselverbote ohne Wertungsmöglichkeit, verstoßen. Ein solcher Verstoß ist allerdings sehr schnell gegeben, wenn von den gesetzlichen Regelungen zum Nachteil von Verbrauchern abgewichen wird.

➲ **Praxistipp:** In keinem Fall sollten Webshopbetreiber ungeprüft AGB anderer Webshop- **2.339** betreiber übernehmen. Abgesehen davon, dass hiermit eine Urheberrechtsverletzung begangen werden kann, birgt eine solche unreflektierte Übernahme die erhebliche Gefahr, dass unwirksame Klauseln übernommen werden und der Webshopbetreiber somit von Konkurrenten und Verbraucherschutzverbänden abgemahnt werden könnte.

---

1 BGH v. 10.12.1986 – I ZR 213/84, NJW 1988, 766 = GRUR 1987, 301 f. – 6-Punkt Schrift; OLG Karlsruhe v. 13.10.2011 – 4 U 141/11, K&R 2012, 217 f.
2 So auch *Härting*, Internetrecht, B. Vertragsrecht, VI. AGB Rz. 466.
3 BGH v. 5.10.2005 – VIII ZR 382/04 – Rz. 23, K&R 2006, 33 (36); BGH v. 21.9.2005 – VIII ZR 284/04, NJW 2005, 3567.
4 BGH v. 21.7.2010 – XII ZR 189/08 – Rz. 29, NJW 2010, 3152; BGH v. 7.12.2010 – XI ZR 3/10 – Rz. 20, NJW 2011, 1801.

2.340 Klauseln in AGB müssen der Generalklausel in § 307 Abs. 1 BGB standhalten. Nach dieser Regelung sind Bestimmungen in AGB unwirksam, wenn sie den Vertragspartner des Verwenders entgegen den Geboten von Treu und Glauben unangemessen benachteiligen. Konkretisiert wird der Tatbestand der unangemessenen Benachteiligung in § 307 Abs. 2 BGB. Danach liegt eine unangemessene Benachteiligung vor, wenn eine Bestimmung in AGB mit wesentlichen Grundgedanken der gesetzlichen Regelung, von der abgewichen wird, nicht zu vereinbaren ist oder wenn wesentliche Rechte oder Pflichten, die sich aus der Natur des Vertrages ergeben, so eingeschränkt werden, dass die Erreichung des Vertragszwecks gefährdet ist. An dieser Generalklausel müssen sich sowohl Bestimmungen allgemeiner Geschäftsbedingungen messen lassen, die gegenüber Verbrauchern verwendet werden, als auch solche, die gegenüber Unternehmern verwendet werden.

2.341 Im Einzelfall ist eine Unwirksamkeit nach der Generalklausel des § 307 Abs. 1 und 2 BGB allerdings nicht einfach zu bestimmen. Anders sieht es hingegen in Bezug auf die Inhaltskontrolle nach den §§ 308, 309 BGB aus, die unmittelbare Geltung nur für die Verwendung von AGB gegenüber Verbrauchern haben. Die dort getroffenen Wertungen des Gesetzgebers sind allerdings mittelbar auch bei der Auslegung des § 307 Abs. 1 und 2 BGB zu berücksichtigen und finden insofern mittelbar auch auf die Überprüfung von AGB gegenüber Unternehmern Anwendung.

2.342 Von der Rechtsprechung sind in den letzten Jahren zahlreiche Klauseln in AGB von Webshopbetreibern als unwirksam eingestuft worden, die diese gegenüber Verbrauchern verwendet haben. Nachfolgend sollen aufgeteilt nach bestimmten Kategorien einige für Webshops kritische AGB-Klauseln aufgeführt werden, soweit diese gegenüber Verbrauchern verwendet werden.

aa) Unzulässige Klauseln in Bezug auf die Warenlieferung

2.343 Nach Art. 246a § 1 Abs. 1 Nr. 7 EGBGB muss der Unternehmer in Fernabsatzverträgen dem Verbraucher rechtzeitig vor Abgabe seiner Vertragserklärung in klarer und verständlicher Weise auch Einzelheiten hinsichtlich der Lieferung mitteilen, und zwar den Termin, bis zu dem er die Waren liefern oder die Dienstleistung erbringen muss. In der Vergangenheit haben Webshopbetreiber in ihren AGB unter der Rubrik „Lieferung der Ware" bzw. „Lieferservice" unterschiedliche Angaben zu Lieferfristen gemacht, die Gegenstand gerichtlicher Auseinandersetzungen waren.

2.344 Das OLG Bremen[1] hat entschieden, dass die Regelung *„Die Lieferfrist beträgt in der Regel 1–2 Werktage bei Deutschlandversand"* als allgemeine Geschäftsbedingung unwirksam ist. Die Formulierung *„in der Regel"* soll für den Verbraucher nicht mit hinreichender Genauigkeit bestimmbar machen, wann er vom Versandhändler eine Nachfrist zur Lieferung oder Nacherfüllung setzen darf, weil der Webshopbetreiber bei einer solchen Regelung für sich immer die Ausnahme von der Regel beanspruchen könnte.[2] Ebenso wenig soll der Verbraucher bei einer solchen Regelung weitere Maßnahmen treffen können, derer es bedarf, um seine schuldrechtlichen Ansprüche auf Rücktritt oder Schadensersatz statt der Leistung zu verlangen. Ebenso hat das OLG Bremen die Klausel „Voraussichtliche Versanddauer: 1–3 Werktage" als unwirksam eingestuft.[3]

2.345 In die gleiche Richtung hat das OLG Frankfurt entschieden. Es hat die AGB-Klausel *„Die Lieferung erfolgt in der Regel innerhalb von 2 Werktagen nach Zahlungseingang."* als

---

1 OLG Bremen v. 8.9.2009 – 2 W 55/09, MMR 2010, 26 (27).
2 Ebenso KG Berlin v. 3.4.2007 – 5 W 73/07, NJW 2007, 2266.
3 OLG Bremen v. 5.10.2012 – 2 U 49/12, CR 2012, 798 = MMR 2013, 36.

unwirksam und Verstoß gegen § 308 Nr. 1 BGB eingestuft.[1] Dem hat sich auch das OLG Hamm angeschlossen.[2]

Wirksam sollen hingegen Klauseln sein, die Lieferfristen unter „ca.-Angaben" enthalten,[3] also etwa die Klausel *„Die Lieferfrist beträgt ca. 2 Werktage bei Deutschlandversand".* Überzeugend ist diese Differenzierung nicht. Für den Nutzer ist sowohl bei einer „in der Regel"-Angabe als auch bei einer „ca."-Angabe nicht hinreichend feststellbar, bis wann die Lieferung tatsächlich erfolgt sein muss, damit er weitergehende Rechte geltend machen kann.

2.346

Insgesamt werden dem Verbraucher seine Rechte in beiden Fällen aber nicht übermäßig beschnitten, da der Webshopbetreiber nach Ablauf der angegebenen „in der Regel"- oder „ca."-Lieferfrist zur Benennung einer festen Lieferfrist aufgefordert werden könnte. Im Anschluss an ein Versäumnis dieser festen Lieferfrist könnte der Verbraucher dann seine weitergehenden Rechte geltend machen. Ohnehin dürften nach der neuen Gesetzesformulierung, die mit der Umsetzung der Verbraucherrechterichtlinie in Kraft getreten ist, vage Angaben zur Lieferfrist nicht mehr genügen. Welche Formulierungen hier die Rechtsprechung als rechtskonform einstuft, wird sich erst in der Zukunft zeigen.

2.347

bb) Unzulässige Klauseln in Bezug auf nicht lieferbare Artikel

Vor Inkrafttreten des Gesetzes zur Umsetzung der Verbraucherrechterichtlinie, also vor dem 13.6.2014, war in den Informationspflichten (Art. 246 § 1 Abs. 1 Nr. 6 EGBGB a.F.) geregelt, dass den Webshopbetreiber gegenüber dem Verbraucher eine Hinweispflicht für den Fall trifft, dass der Webshopbetreiber sich einen Vorbehalt einräumen möchte, eine in Qualität und Preis gleichwertige Leistung (Ware oder Dienstleistung) zu erbringen oder einen Vorbehalt einräumen lassen möchte, die versprochene Leistung im Falle ihrer Nichtverfügbarkeit nicht zu erbringen. Eine solche Informationspflicht besteht gegenwärtig nicht mehr. Dennoch könnte der Webshopbetreiber versuchen, sich ein solches Recht einzuräumen. Eine entsprechende Regelung müsste der AGB-rechtlichen Inhaltskontrolle nach den §§ 307 ff. BGB standhalten. Insofern darf eine solche AGB-Klausel kein unzulässiges Änderungsverbot nach § 308 Nr. 4 BGB darstellen. Als unwirksam wurde von der Rechtsprechung beispielsweise die Klausel eingestuft:

2.348

„Sollten wir nach Vertragsschluss feststellen, dass die bestellte Ware nicht mehr verfügbar ist oder aus rechtlichen Gründen nicht geliefert werden kann, können wir eine in Qualität und Preis gleichwertige Ware anbieten oder vom Vertrag zurücktreten. ..."[4]

Nach einem Urteil des BGH soll auch die AGB-Klausel

2.349

„Sollte ein bestimmter Artikel nicht lieferbar sein, senden wir Ihnen in Einzelfällen einen qualitativ und preislich gleichwertigen Artikel (Ersatzartikel) zu"

nach den §§ 307 Abs. 1, 308 Nr. 4 BGB unwirksam sein.[5] Der BGH hat sich bei dieser Formulierung insbesondere an dem Wort „Ersatzartikel" gestört. Nach der Ansicht des BGH weist die Klausel aus diesem Grund einen unzulässigen Änderungsvorbehalt auf. Die Verbraucher würden durch solch eine Regelung schlechter gestellt als nach der gesetzli-

---

1 OLG Frankfurt v. 27.7.2011 – 6 W 55/11, BB 2011, 2626 (Beschwerdewert: 12 500 Euro); aA hingegen die Vorinstanz: LG Frankfurt v. 14.6.2011 – 311 O 28/11; LG Hamburg v. 12.11.2008 – 312 O 733/08, MMR 2009, 871.
2 OLG Hamm v. 12.1.2012 – 4 U 107/11, NJOZ 2013, 545.
3 OLG München v. 8.10.2014 – 29 W 1935/14, K&R 2015, 141 = CR 2015, 199; „Lieferzeit ca. 2–4 Werktage" zulässig; so auch Palandt/*Grüneberg*, § 308 BGB Rz. 9, juris-PK-Internetrecht/*Heckmann*, Kap. 4.2 Rz. 474.2; kritisch hierzu KG Berlin v. 3.4.2007 – 5 W 73/07 – Rz. 7–9, NJW 2007, 2266.
4 OLG Frankfurt v. 27.7.2011 – 6 W 55/11, BB 2011, 2626.
5 BGH v. 21.9.2005 – VIII ZR 284/04, NJW 2005, 3567.

chen Regelung, da sie dem Verwender beispielsweise erlaube, dem Verbraucher anstelle der bestellten, nicht lieferbaren braunen Schuhe qualitativ und preislich entsprechende schwarze Schuhe zu liefern. Nach der gesetzlichen Regelung des § 434 Abs. 3 BGB stelle die Lieferung von schwarzen statt braunen Schuhen grundsätzlich einen Sachmangel dar. Dem Käufer einer mangelhaften Sache stünden nach näherer Maßgabe des § 437 BGB Ansprüche auf Nacherfüllung, Schadensersatz oder Ersatz vergeblicher Aufwendungen zu oder er könne vom Vertrag zurücktreten oder den Kaufpreis mindern. Sofern sich jedoch der Verwender der streitgegenständlichen AGB-Klausel die Lieferung eines Ersatzartikels als vertragsgemäße Leistung einräume, stehe dem Verbraucher nur ein Rückgaberecht zu.

cc) Unzulässige Klauseln in Bezug auf Gewährleistung

2.350 Als unwirksam wurde die Klausel eingestuft

„Bei Verträgen mit Verbrauchern beträgt die Gewährleistung ein Jahr ab Verkaufsdatum."[1]

2.351 Die Unwirksamkeit dieser Klausel ergibt sich daraus, dass nach den zwingenden gesetzlichen Regelungen in den §§ 438 Abs. 2, 475 Abs. 2 BGB die Verjährungsfrist mit Ablieferung der Sache an den Verbraucher und nicht bereits ab Verkaufsdatum beginnt und daraus, dass gegenüber Verbrauchern beim Kauf von neuen Sachen die zweijährige Verjährungsfrist (§ 438 Abs. 1 Nr. 3 BGB) nicht verkürzt werden darf. Insofern stellt die genannte Klausel einen Verstoß gegen § 309 Nr. 8 lit. b ff.) BGB dar.

2.352 Bedenklich ist auch folgende AGB-Klausel zur Gewährleistung:

„Wir halten uns bei Warenmängeln an die gesetzlichen Gewährleistungsregelungen. Offensichtliche Material- oder Herstellungsfehler von gelieferten Artikeln, wozu auch Transportschäden zählen, bitten wir sofort durch Mitteilung an uns oder den Lieferanten zu reklamieren."

2.353 Eine Klausel, nach der Verbraucher offensichtliche Material, Herstellungs- oder Transportschäden sofort zu rügen haben, ist unzulässig.[2] Bei der vorliegenden Klausel stellt sich allerdings die Frage, wie eine an sich unwirksame Klausel behandelt werden soll, **wenn sie nicht als feststehende Vereinbarung** formuliert ist, sondern als Bitte. Hier kommt es darauf an, wie der angesprochene, durchschnittlich verständige und situationsangemessen aufmerksame **Durchschnittsverbraucher** die Formulierung versteht.[3]

2.354 Als zulässig wurde allerdings die AGB-Klausel angesehen

„Falls Ware bei dem Besteller durch den Transport beschädigt ankommt, kann das kostenlose Widerrufsrecht nach § 5 genutzt werden".[4]

dd) Webshop AGB-Klauseln zur Rücksendung

2.355 Als wirksam ist von der Rechtsprechung die AGB-Klausel angesehen worden

„Wir bitten Sie, die Ware in ihrer Originalverpackung an uns zurückzusenden".[5]

---

1 Vgl. hierzu KG Berlin v. 9.11.2007 – 5 W 304/07 – Rz. 41, GRUR-RR 2008, 131.
2 LG Karlsruhe v. 19.10.2009 – 10 O 356/09, WRP 2010, 568; LG Hamburg v. 5.9.2003 – 324 O 224/03, CR 2004, 136; KG Berlin v. 4.2.2005 – 5 W 13/05, CR 2005, 255; LG Frankfurt v. 9.3.2005 – 2-02 O 341/04, WRP 2005, 922.
3 Nach LG Hamburg v. 6.1.2011 – 327 O 779/10 – Rz. 57, MMR 2012, 96, kommt es auf den Kontext an sowie darauf, ob die Unverbindlichkeit des Ersuchens klar zum Ausdruck kommt. Dies ist Auslegungsfrage und muss bei jedem Einzelfall gesondert entschieden werden. Andere landgerichtliche Entscheidungen haben AGB-Klauseln mit einem an sich unwirksamen Inhalt, der allerdings nur als Bitte formuliert ist, trotzdem für unwirksam erklärt: LG Dortmund v. 8.5.2008 – 18 O 118/07, WPR 2008, 1396; LG Hamburg v. 5.9.2003 – 324 O 224/03, CR 2004, 136.
4 Vgl. LG Hamburg v. 6.1.2011 – 327 O 779/10 – Rz. 7, MMR 2012, 96.
5 Vgl. LG Hamburg v. 6.1.2011 – 327 O 779/10 – Rz. 9, 53 ff., MMR 2012, 96.

Es besteht zwar keine Verpflichtung für den Verbraucher, die Ware in ihrer Originalver- **2.356** packung zurückzusenden, um sein Widerrufsrecht zu wahren bzw. seine Verpflichtungen daraus einzuhalten, wenn jedoch eine solche Aufforderung als **Bitte** formuliert ist und die Unverbindlichkeit des Ersuchens klar zum Ausdruck kommt, ist eine solche Regelung nicht zu beanstanden.

ee) Weitere unzulässige Klauseln

Die Rechtsprechung hat weitere Urteile gefällt, in denen Klauseln von Webshopbetrei- **2.357** bern für unwirksam erklärt wurden. Gleichwohl stehen diese für unwirksam erklärten Klauseln nicht immer zwingend mit dem Vertriebsweg Webshop in Verbindung.

Unwirksam ist beispielsweise die Klausel

„Die Abtretung von Mängelansprüchen ist ausgeschlossen."[1]

Ebenso unwirksam ist die Klausel

„Nachträgliche Änderungen des Vertrages werden erst nach unserer schriftlichen Bestätigung rechtswirksam".[2]

Gleiches gilt für eine Klausel im Impressum mit dem Inhalt:

„Die Inhalte der Webseite werden mit größter Sorgfalt erstellt. Dennoch kann keine Garantie für Aktualität und Vollständigkeit übernommen werden."[3]

Der Betreiber eines Webshops, der sein Angebot auch an Verbraucher richtet, die ihren ge- **2.358** wöhnlichen Aufenthaltsraum nicht in Deutschland haben, verstößt mit folgender Klausel gegen § 307 Abs. 1 BGB:

„Diese Vertragsbedingungen unterliegen deutschem Recht."[4]

Denn durch diese Formulierung soll entgegen Art. 6 Abs. 2 der ROM-I-Verordnung auch zwingendes Recht aus dem Herkunftsstaat von nicht-deutschen Verbrauchern ausgeschlossen werden.

5. Gestaltung von Webshop-AGB

a) Überblick

Bei der Gestaltung von AGB für Webshops, wie auch bei der generellen Gestaltung von **2.359** AGB, muss äußerst präzise gearbeitet werden, um zu vermeiden, dass diese an der gesetzlichen Inhaltskontrolle nach den §§ 307–309 BGB scheitern und unwirksam sind. Die Gestaltung der AGB des Webshopbetreibers wird insbesondere davon abhängig sein, welche der Informations- und Hinweispflichten nach Art. 246a § 1 EGBGB er gegenüber seinen Kunden mitteilen muss, dh. welche davon für seinen Webshop zutreffen. Zudem kommt bei der Gestaltung der AGB der Formulierung der Widerrufsbelehrung eine besondere Bedeutung zu. Der Webshopbetreiber muss hier zunächst entscheiden, ob er die Widerrufsbelehrung als integralen Bestandteil seiner AGB aufnehmen möchte. Dies ist derzeit in der Praxis die Regel und rechtlich auch nicht zu beanstanden.

Schließlich bleibt für den Webshopbetreiber zu entscheiden, ob er seine AGB mit dem Da- **2.360** tum ihrer Erstellung kennzeichnet, wie bspw. „Stand 1.1.2016". Der Vorteil einer solchen Datumskennzeichnung ist, dass der Webshopbetreiber in Streitfällen in der Regel leichter

---

1 OLG Hamm v. 25.9.2014 – 4 U 99/14, BB 2015, 2754.
2 LG Kiel v. 27.9.2013 – 17 O 147/13; Verstoß gegen § 307 Abs. 1 BGB.
3 OLG Hamburg v. 10.12.2012 – 5 W 118/12, MMR 2013, 505.
4 LG Oldenburg v. 11.6.2014 – 5 O 908/14, WRP 2014, 1504.

nachweisen kann, welche Fassung seiner AGB bei dem jeweiligen Vertragsschluss mit dem Verbraucher Gültigkeit gehabt hat. Der Nachteil einer solchen Angabe liegt darin, dass Konkurrenten und Verbraucherschutzverbände aus dieser Angabe leicht entnehmen können, wenn der Webshopbetreiber AGB verwendet, die nicht mehr der aktuellen Rechtslage entsprechen. Insofern kann es Wettbewerbern und Verbraucherschutzverbänden leicht gemacht werden, den Webshopbetreiber wegen der Verwendung gesetzeswidriger AGB-Klauseln in Anspruch zu nehmen dh. abzumahnen.

2.361 ➲ **Praxistipp:** Nicht zu empfehlen ist bei der Gestaltung von AGB, diese vorbehaltlos von anderen Webshopbetreibern zu übernehmen oder aber die AGB schematisch aus bestehenden Blocksätzen zusammenzusetzen. Die Gestaltung von AGB bedarf in fast allen Fällen einer individuellen Erstellung und Überprüfung.

b) Muster-AGB Verbraucher

2.362 Das nachfolgend dargestellte Muster Allgemeiner Geschäftsbedingungen für die Verwendung gegenüber Verbrauchern iSv. § 13 BGB dient ausschließlich zur Orientierung für die Gestaltung eigener AGB. Es erhebt zudem keinen Anspruch auf Vollständigkeit.

2.363 Inhaltlich sollten die AGB mindestens Regelungen zum Geltungsbereich, zum Bestellvorgang/Vertragsschluss, zum Widerrufsrecht, zur Lieferung, zur Gewährleistung, zum Eigentumsvorbehalt, zu den Preisen und Versandkosten, zu den Zahlungsmöglichkeiten und zum anwendbaren Recht enthalten. Ferner muss auch eine Information zur Teilnahme an Streitbeilegungsverfahren aufgenommen werden, aus der zu entnehmen ist, ob der Webshopbetreiber an dieser Art der Streitbeilegung teilnimmt (s. Rz. 2.228).

2.364 **M 14 Muster-AGB Verbraucher**

Allgemeine Geschäftsbedingungen

Stand: xx.xx.xxxx

§ 1 Geltungsbereich

Die nachfolgenden Allgemeinen Geschäftsbedingungen gelten für alle mit der X GmbH geschlossenen Verträge über den Erwerb und die Lieferung von Ware über den Webshop unter der Internetadresse www.xx.com.

§ 2 Preise und Versandkosten

Die im Webshop angegebenen Preise enthalten die gesetzliche Mehrwertsteuer. Bei jeder Bestellung fällt eine Versandgebühr in Höhe von … Euro für Lieferungen innerhalb Deutschlands an. Die Versandgebühren für Lieferungen ins Ausland finden Sie **hier**.[1]

§ 3 Bestellvorgang und Vertragsschluss

Bestellen können nur volljährige Personen,[2] die eine Wohnadresse in Deutschland haben.[3] Die Abgabe von Waren erfolgt nur in haushaltsüblichen Mengen. Wir versenden Waren ausschließ-

---

1 An dieser Stelle sollte eine Tabelle mit den Versandkosten aufgeteilt nach einzelnen Ländern, in die geliefert wird, abrufbar gehalten werden. Nach KG Berlin v. 2.10.2015 – 5 W 196/15 können zumindest die Versandkosten in die Länder der Europäischen Union regelmäßig ohne zumutbaren Aufwand im Voraus berechnet werden. Geschieht dies nicht, obwohl in diese Länder geliefert wird, stellt dies einen Verstoß gegen Art. 246a § 1 Abs. 1 Satz 1 Nr. 4 EGBGB, § 1 Abs. 2 Satz 2 PAngV sowie einen Wettbewerbsverstoß gemäß § 5a Abs. 3 Nr. 3 UWG dar.
2 Der Webshopbetreiber muss abwägen, ob er nur volljährige Personen bestellen lassen möchte oder aber auch beschränkt Geschäftsfähige. Vgl. hierzu Rz. 9.9 ff.
3 Hier kann der Webshopbetreiber selbstverständlich auch weitere Länder oder die ganze Welt festlegen. Es ist jedoch eine gute Möglichkeit zum Ausdruck zu bringen, an welche Personen sich der Webshop richtet.

lich an Lieferadressen innerhalb Deutschlands.[1] X-GmbH nimmt ferner keine Bestellung an, deren Bestellwert nach Abzug eventueller Rabatte ... Euro unterschreitet.[2] Nach Ihrer Onlinebestellung erhalten Sie eine Bestellbestätigung. Dies ist noch nicht die Vertragsannahme durch uns. Die Annahme des Vertrages durch uns erfolgt durch eine gesonderte E-Mail.[3] [Bei der x-GmbH kaufen Sie auf Probe, dh. der Kaufvertrag ist aufschiebend bedingt und kommt erst durch Ihre Billigung der gelieferten Ware zustande. Die Billigung gilt als erfolgt, wenn Sie uns innerhalb einer 7-tägigen Billigungsfrist weder eine anderweitige Nachricht zukommen lassen, noch die gelieferte Ware zurücksenden. Die Billigungsfrist beginnt am Tag nach Erhalt der Ware. Zur Wahrung der Billigungsfrist genügt die rechtzeitige Absendung der Nachricht mit der versagten Billigung oder die rechtzeitige Absendung der Ware.][4]

§ 4 Widerrufsrecht

Ihnen steht das gesetzliche, nachfolgend beschriebene Widerrufsrecht zu:[5] ... [hier folgt Widerrufsbelehrung]

§ 5 Rücksendekosten im Fall des Widerrufs[6]

Sie haben im Fall des Widerrufs die unmittelbaren Kosten der Rücksendung zu tragen – alternativ: Wir tragen die Kosten der Rücksendung.

§ 6 Lieferservice

Es kann vorkommen, dass ein Artikel vorübergehend nicht lieferbar ist. Damit Sie in diesem Fall nicht auf den Versand aller Artikel warten müssen, schicken wir Ihnen zunächst die vorrätigen Artikel Ihrer Bestellung. Die nachzuliefernden Artikel schicken wir Ihnen ohne zusätzliche Versandkosten schnellstmöglich gesondert. Die Lieferzeit beträgt ca. 3 Werktage[7] innerhalb Deutschlands[8] ab dem Tag, an dem Ihnen unsere Vertragsannahmeerklärung zugegangen ist.

§ 7 Nicht lieferbare Artikel

Nehmen wir eine Bestellung nicht an, weil ausnahmsweise ein von Ihnen bestellter Artikel nicht mehr verfügbar ist, teilen wir Ihnen dies umgehend mit. Etwaig geleistete Zahlungen erstatten wir Ihnen in diesem Fall zurück.

§ 8 Nicht angenommene und nicht abgeholte Pakete[9]

Wir behalten uns vor, für nicht angenommene und nicht abgeholte Pakete ... Euro für die entstandenen Kosten (zB für Abwicklung, Verpackung, Fracht) zu berechnen. Ein solches Recht steht uns nicht zu, wenn Sie uns gegenüber nachweisen, dass uns keine oder lediglich geringere Kosten

---

1 Auch hier kann selbstverständlich der Webshopbetreiber frei wählen, an welche Lieferadressen er liefern möchte.
2 Eine solche Festlegung kann insbesondere dann erforderlich sein, wenn im Webshop auch Kleinstteile angeboten werden, deren Versand unter einem bestimmten Wert für den Webshopbetreiber betriebswirtschaftlich nicht mehr zu vertreten ist.
3 Die Information darüber, wie der Vertrag zustande kommt, ist nach Art. 246 § 1 Abs. 1 Nr. 4 EGBGB zwingend.
4 Diese Regelung ist nur erforderlich, wenn ein Kauf auf Probe vereinbart werden soll.
5 Hier muss der Webshopbetreiber anhand der gesetzlichen Vorgaben entscheiden, wie er die Widerrufsbelehrung gestaltet; vgl. hierzu Rz. 2.467–2.488.
6 Nach der gegenwärtigen Gesetzeslage müsste es genügen, wenn eine Regelung zu den Rücksendekosten lediglich in der Widerrufsbelehrung steht. Eine gesonderte Klausel in den AGB ist dennoch zu empfehlen, da nach früherer Rechtsprechung zur 40-Euro-Rücksenderegelung (vgl. OLG Hamburg v. 17.2.2010 – 5 W 10/10, MMR 2010, 320; OLG Hamm v. 2.3.2010 – 4 U 180/9, NJW-RR 2010, 1193; OLG Koblenz v. 8.3.2010 – 9 U 1283/09, K&R 2010, 353; OLG Hamm v. 15.4.2010 – 4 U 207/09, ZGS 2010, 428) eine Regelung zu den Rücksendekosten lediglich in der Widerrufsbelehrung für nicht ausreichend erachtet wurde und nicht ausgeschlossen werden kann, dass die Rechtsprechung auch bei der aktuellen Rechtslage entsprechende Entscheidungen trifft.
7 Zulässig nach OLG München v. 8.10.2014 – 29 W 1935/14, K&R 2015, 141 = CR 2015, 199. Es ist darauf zu achten, dass keine Formulierung mit „in der Regel" verwendet wird.
8 Erfolgt eine Lieferung auch in die EU und ins weitere Ausland, sollten auch für diese Gebiete Lieferfristangaben erfolgen.
9 Die Regelung muss nicht in die AGB aufgenommen werden, kann aber sehr hilfreich sein, wenn die Nichtabholung von Paketen zu einem betriebswirtschaftlichen Thema wird.

entstanden sind.[1] Ebenso haben Sie keine Kosten für nicht angenommene oder nicht abgeholte Pakete zu entrichten, wenn Sie bis zum Zeitpunkt der Auslieferung der Ware an Sie bzw. Auslieferung der Ware an den von Ihnen bestimmten Paketshop den Widerruf Ihrer Vertragserklärung uns gegenüber erklärt haben. Maßgeblicher Zeitpunkt ist die Absendung Ihres Widerrufs.

§ 9 Gewährleistung

Wir halten uns bei Warenmängeln an die gesetzlichen Gewährleistungsregelungen.[2] Soweit wir Ihnen eine Verkäufergarantie gewähren, ergeben sich die Einzelheiten aus den Garantiebedingungen, die dem jeweils gelieferten Artikel beigefügt sind. Garantieansprüche bestehen unbeschadet der gesetzlichen Ansprüche/Rechte.

§ 10 Eigentumsvorbehalt

Bis zur vollständigen Bezahlung bleibt die Ware unser Eigentum.

§ 11 Zahlungsmöglichkeiten[3]

§ 12 Abtretung

Wir behalten uns das Recht vor, unsere im Zusammenhang mit der Warenlieferung entstandenen fälligen Kaufpreisforderungen an Dritte abzutreten oder zu verpfänden.[4]

§ 13 Unsere Kontaktdaten[5]

§ 14 Streitbeilegungsverfahren (s. Rz. 2.228)

§ 15 Anwendbares Recht[6]

Für alle Streitigkeiten, die aus oder aufgrund dieser Vereinbarung entstehen, gilt deutsches Recht unter Ausschluss des UN-Kaufrechts. Diese Rechtswahl gilt nur insoweit, als dass dadurch nicht zwingende anwendbare Verbraucherschutzvorschriften des Staates, in dem der Verbraucher zum Zeitpunkt seiner Bestellung seinen gewöhnlichen Aufenthalt hat, entzogen werden.[7]

E. Widerrufsrecht

1 Eine solche Einschränkung ist zwingend erforderlich, da anderenfalls ein Verstoß gegen § 309 Nr. 5b) BGB vorliegt.
2 Nach Art. 246a § 1 Abs. 1 Satz 1 Nr. 8 EGBGB besteht eine Informationspflicht über das Bestehen des gesetzlichen Mängelhaftungsrechts (Gewährleistungsrecht).
3 Der Webshopbetreiber ist nach Art. 246a § 1 Abs. 1 Satz 1 Nr. 7 EGBGB verpflichtet, den Verbraucher über die Einzelheiten hinsichtlich der Zahlung zu informieren. Dazu zählt auch eine umfassende Information darüber, welche Zahlarten dem Kunden zur Verfügung stehen. Zu den Einzelheiten der Zahlmöglichkeiten s. Rz. 2.636 ff.
4 Eine solche Klausel sollte nur dann aufgenommen werden, wenn der Webshopbetreiber eine Bezahlmöglichkeit nach Lieferung der Ware anbietet. Das Recht steht dem Webshopbetreiber im Übrigen nach § 399 BGB auch ohne ausdrückliche Regelung zu.
5 Es empfiehlt sich, auch in den Allgemeinen Geschäftsbedingungen noch einmal die Kontaktdaten des Webshopbetreibers aufzunehmen, damit der Verbraucher es einfach hat, diesen über verschiedene Wege zu kontaktieren.
6 Es ist grundsätzlich möglich, auch mit Verbrauchern eine Regelung über das anzuwendende Recht abzuschließen. Dies bietet sich insbesondere dann an, wenn der Webshopbetreiber seine Waren und Dienstleistungen in vielen verschiedenen Ländern gegenüber Verbrauchern anbietet. Er muss in diesem Fall nur klarstellen, dass neben dem gewählten anwendbaren Recht auch die zwingenden Verbraucherschutzvorschriften des Landes gelten, in dem der Verbraucher seinen Wohnsitz bzw. gewöhnlichen Aufenthaltsort hat.
7 Vgl. hierzu LG Oldenburg v. 11.6.2014 – 5 O 908/14, WRP 2014, 1504.

Literatur: *Hoeren/Föhlisch*, Trusted Shops Praxishandbuch, Stand 01/2011; *Hoffmann/Schneider*, Die Rücksendung der Ware als Widerrufserklärung, NJW 2015, 2529; *Janal*, Alles neu macht der Mai: Erneute Änderungen im Recht der besonderen Vertriebsformen, WM 2012, 2314, *Lejeune*, Die Reform der Widerrufsbelehrungen für den Online-Handel, CR 2008, 226 ff.; *Mankowski/Schreier*, Klingeltöne auf dem vertraglichen Prüfstand, VuR 2006, 209 ff.; *Oelschlägel*, Der Titelschutz von Büchern, Bühnenwerken, Zeitungen und Zeitschriften, 1996; *Oelschlägel*, Aktuelle Entwicklungen im Fernabsatzrecht, IPRB 2010, 189 ff.; *Schinkels*, Die Wertersatzverpflichtung des Verbrauchers bei Widerruf von Fernabsatzverträgen – Rechtsfortbildungsvorschläge, ZGS 2005, 179 ff.; *Staudinger*, Kommentar zum BGB, § 312c, Neubearbeitung 2006.

I. Gesetzliche Regelung und Anwendungsbereich

1. Gesetzliche Regelung

2.365   Das Widerrufsrecht im Onlinehandel in Deutschland hat seinen Ursprung in der europäischen Fernabsatzrichtlinie aus dem Jahre 1997 (Richtlinie 97/7/EG). Der deutsche Gesetzgeber hatte die Fernabsatzrichtlinie zunächst in einem Fernabsatzgesetz umgesetzt. Mit der großen Schuldrechtsreform im Jahre 2002 wurden die gesetzlichen Vorschriften des Fernabsatzgesetzes in das Bürgerliche Gesetzbuch und die BGB InfoV überführt. In der Folgezeit haben die gesetzlichen Regelungen zum Widerrufs- und seinerzeit noch bestehende Rückgaberecht zahlreiche Änderungen erfahren.[1] Am 11.6.2010 trat eine Neufassung der Vorschriften zum Widerrufs- und Rückgaberecht in Kraft, mit der auch die Musterbelehrungen aus der BGB-InfoV entfernt und neu im Anhang zum Einführungsgesetz zum Bürgerlichen Gesetzbuch (EGBGB) eingefügt wurden. Die Musterbelehrungen haben damit Gesetzeskraft erlangt.[2] Mit dem „Gesetz zur Anpassung der Vorschriften über den Wertersatz bei Widerruf von Fernabsatzverträgen und über verbundene Verträge",[3] das am 4.8.2011 in Kraft trat, ist es insbesondere in Bezug auf die Belehrungspflichten zum Wertersatz zu weiteren Änderungen der Musterbelehrungen gekommen. Mit Inkrafttreten des Gesetzes zur Umsetzung der Verbraucherrechterichtlinie und zur Änderung des Gesetzes zur Regelung der Wohnungsvermittlung[4] am 13.6.2014 sind im Verbraucher- und Fernabsatzrecht nicht nur die Informationspflichten angepasst worden, sondern ein weiteres Mal insbesondere auch die Regelungen zum Widerrufsrecht. Es ist hier zur Vollharmonisierung auf EU-Ebene gekommen. Wenn auch die Ausgestaltung der Widerrufsbelehrung nicht mehr ganz so viele Varianten eröffnet wie noch bei der Rechtslage vor dem 13.6.2014, so verbleiben dennoch Gestaltungsmöglichkeiten, die bei der Abfassung einer rechtskonformen Widerrufsbelehrung eine Herausforderung darstellen können.

2.366   Die Gesetzesänderungen haben dazu geführt, dass es im Fernabsatzrecht für Verbraucher nur noch ein Widerrufsrecht gibt und kein Rückgaberecht mehr. Wesentliche Nachteile sind mit dieser Gesetzesänderung nicht verbunden. Für Webshopbetreiber bedeutet dies sogar eine Vereinfachung, da sie nun nicht mehr überlegen müssen, ob sie dem Verbraucher ein Widerrufs- oder ein Rückgaberecht einräumen müssen und welche Vor- und Nachteile damit verbunden sind.

Die Regelungen zum Widerrufsrecht verteilen sich aktuell auf § 312g BGB als Grundnorm für alle Fernabsatzverträge zwischen einem Unternehmer und einem Verbrau-

---

1 Vgl. die Darstellung bei *Hoeren/Föhlisch*, Trusted Shops Praxishandbuch, Seite 116 ff.
2 Hinsichtlich der Musterbelehrungen in der BGB-InfoV war jahrelang in Rechtsprechung und Literatur umstritten, ob bei Verwendung der Belehrungsmuster der Verwender wegen Verwendung gesetzeswidriger Belehrungen in Anspruch genommen werden kann bzw. keine ordnungsgemäße Belehrung vorliegt. Dies resultierte daraus, dass die Musterbelehrungstexte nicht in jedem Punkt der gesetzlichen Regelung entsprachen und die BGB-InfoV kein Gesetz darstellte. Dieser Streit ist mittlerweile obsolet geworden, da die Musterbelehrungen mit der Aufnahme ins EGBGB Gesetzeskraft erlangt haben; näher zur früheren Rechtslage/Rechtsprechung *Lejeune*, CR 2008, 226 (227, unter II. Ziffer 1).
3 Gesetz zur Anpassung der Vorschriften über den Wertersatz bei Widerruf von Fernabsatzverträgen und über verbundene Verträge v. 27.7.2011, veröffentlicht im BGBl. I 2011, 41.
4 BGBl. I 2013, 3642.

cher[1] und die §§ 355–361 BGB als Gestaltungsnormen. Flankiert werden diese gesetzlichen Regelungen für den Fernabsatzbereich durch Art. 246a § 1 Abs. 2 EGBGB sowie dessen Anlagen 1 und 2 mit den Musterbelehrungstexten.

⮱ **Praxistipp:** Wer die Belehrungsmuster in seinem Onlineshop verwendet, kann zu- mindest wegen der inhaltlichen Ausgestaltung des Widerrufsrechts nicht mehr von Dritten in Anspruch genommen werden. Allerdings hält das Gesetz für die **verschiedenen Varianten** verschiedene Musterwiderrufstexte bereit. Bei der Abfassung der Belehrungstexte muss daher sehr genau herausgearbeitet werden, welche Variante bzw. welche Varianten der Verwender abdecken möchte.   2.367

Der Zweck der gesetzlichen Vorschriften über das Widerrufsrecht im Fernabsatzrecht, speziell im Onlinehandel, besteht darin, den Verbraucher vor übereilten Käufen oder Dienstleistungsbestellungen zu schützen. Die Flut an vorvertraglichen Informationspflichten gerade auch in Bezug auf das Widerrufsrecht, macht es dem Webshopbetreiber jedoch nicht einfach, rechtskonform zu handeln.   2.368

Die Ausübung des Widerrufsrechts wandelt den geschlossenen Vertrag ex nunc in ein **Abwicklungsverhältnis** um.   2.369

2. EU-Verbraucherrechterichtlinie 2011

Am 12.12.2011 ist die EU-Verbraucherrechterichtlinie[2] (VRRL) in Kraft getreten. Sie hätte bis zum 13.12.2013 in innerstaatliches Recht umgesetzt werden müssen. Der deutsche Gesetzgeber hat die Umsetzung erst zum 13.6.2014 mit dem Gesetz zur Umsetzung der Verbraucherrechterichtlinie und zur Änderung des Gesetzes zur Regelung der Wohnungsvermittlung verwirklicht. In Bezug auf das Widerrufsrecht enthält die EU-Verbraucherrechterichtlinie folgende Regelungen: 2.370

– Die Frist, bis zu der Verbraucher einen Kaufvertrag widerrufen können, wird von bisher sieben auf 14 Kalendertage verlängert. Hier müssen sich also alle europäischen Staaten der bereits in Deutschland bestehenden Rechtslage anpassen. Hat ein Onlinehändler den Verbraucher nicht eindeutig auf das Widerrufsrecht hingewiesen, beträgt die Widerrufsfrist statt der 14 Tage ein Jahr. Die Widerrufsfrist gilt auch für Onlineauktionshäuser wie eBay; allerdings kann die Ware nur zurückgegeben werden, wenn sie von einem gewerbsmäßigen Händler bezogen wurde. Die Widerrufsfrist beginnt mit dem Tag, an dem der Verbraucher die Ware in Empfang nimmt. Dies war bislang in den meisten EU-Ländern anders geregelt. In Deutschland ist allerdings schon seit längerem geregelt, dass die Widerrufsfrist bei Verträgen über Warenlieferungen nicht beginnt, bevor die Ware beim Empfänger eingeht.

– Ferner müssen Unternehmer Kunden innerhalb von 14 Tagen nach dem Widerruf den Verkaufspreis einschließlich der Versandkosten zurückerstatten. Dies ist eine Änderung zu der 30-Tagesfrist, die zum 13.6.2014 im deutschen Recht bestand.

– Die Gefahr der Beschädigung der Ware während des Transports trägt im Regelfall der Onlinehändler, und zwar solange, bis der Verbraucher die Ware übernimmt.

– Im Weiteren wird ein EU-weit einheitliches Widerrufsformular eingeführt. Die Verbraucher können daher dieses Standardformular verwenden, wenn sie ihren Vertrag widerrufen möchten. Die Verwendung des Formulars ist allerdings freiwillig.

---

1 Nach § 13 BGB ist Verbraucher jede natürliche Person, die ein Rechtsgeschäft zu einem Zwecke abschließt, der weder ihrer gewerblichen noch ihrer selbständigen beruflichen Tätigkeit zugerechnet werden kann.
2 Richtlinie 2011/83/EU des Europäischen Parlaments und des Rates v. 25.10.2011 über die Rechte der Verbraucher, ABl. EU Nr. L 304 v. 22.11.2011, S. 64 ff.

– Schließlich erhält der Verbraucher auch beim Erwerb digitaler Inhalte, zum Beispiel bei Musik- oder Videodownloads, ein Widerrufsrecht eingeräumt, solange er mit dem Herunterladen noch nicht begonnen hat. Diese Regelung schafft auch im deutschen Recht Klarheit beim Erwerb digitaler Inhalte. Im Ergebnis hat sich in dieser Hinsicht allerdings nichts zur Rechtslage geändert, die bis zum 13.6.2014 in Deutschland bestand.

3. Anwendungsbereich

a) Grundsatz

2.371 Nach § 312g Abs. 1 BGB finden die Vorschriften über das Widerrufsrecht grundsätzlich auf Fernabsatzverträge zwischen einem Unternehmer und einem Verbraucher Anwendung[1]. Dies gilt allerdings nicht für die Fernabsatzverträge zwischen Unternehmern und Verbrauchern, die in § 312g Abs. 2 und 3 BGB aufgeführt sind. Bei diesen Verträgen kann sich der Verbraucher nur über die Gewährleistungsvorschriften von dem Vertrag lösen.

2.372 ➲ **Praxistipp:** Für die Klärung der Frage, ob bei einem Fernabsatzvertrag zwischen einem Unternehmer und Verbraucher eine Belehrung über das Widerrufsrecht erforderlich ist, muss zunächst geprüft werden, ob die Anwendbarkeit der Widerrufsvorschriften nach § 312g Abs. 2 und 3 BGB ausscheidet. Ist dies nicht der Fall, besteht eine Belehrungspflicht.

2.373 Schließlich ist bei **Dienstleistungen** die Besonderheit beachtenswert, dass die Belehrungspflicht über das Widerrufsrecht zwar grundsätzlich besteht, dass dieses aber nach § 356 Abs. 4 BGB unter gewissen Voraussetzungen wieder erlischt.

b) Ausgenommene Fernabsatzverträge

2.374 Auf Fernabsatzverträge zwischen Unternehmern und Verbrauchern, die unter § 312g Abs. 2 oder Abs. 3 BGB fallen, finden die Vorschriften über das Widerrufsrecht grundsätzlich keine Anwendung. Die Parteien können allerdings etwas anderes vereinbaren, d.h. der Unternehmer/Webshopbetreiber kann dem Verbraucher freiwillig ein Widerrufsrecht einräumen, wie in § 312g Abs. 2 Satz 1 BGB klargestellt wird. Der Unternehmer trägt die Beweislast dafür, dass ein Ausschlussgrund eingreift.[2] Bei der Lieferung von mehreren Sachen, bei denen nur teilweise ein Ausschlussgrund eingreift, richtet sich die Anwendbarkeit des Widerrufrechts nach der Hauptleistungspflicht[3]; sind die mehreren Sachen jedoch teilbar, kann durchaus für einen Teil das Widerrufsrecht einschlägig sein und für den anderen Teil nicht.

2.375 Nach § 312g Abs. 2 und 3 BGB finden auf folgende Verträge die Regelungen zum Widerrufsrecht keine Anwendung:

2.376 **aa)** Fernabsatzverträge über die Lieferung von Waren,[4] die nach **Kundenspezifikationen** angefertigt werden oder eindeutig auf die persönlichen Bedürfnisse des Verbrauchers zugeschnitten sind (§ 312g Abs. 2 Satz 1 Nr. 1 BGB).

---

1 Das Widerrufsrecht findet auch auf außerhalb von Geschäftsräumen geschlossene Verbraucherverträge Anwendung. Da in diesem Buchwerk allerdings nur Fernabsatzverträge bzw. insbesondere Onlineverträge behandelt werden, bleiben andere Arten von Verbraucherverträgen außer Betracht.
2 Palandt/*Grüneberg*, § 312g BGB Rz. 3.
3 Palandt/*Grüneberg*, § 312g BGB Rz. 3.
4 Nach LG Hamburg v. 31.1.2012 – 312 O 93/11, VuR 2012, 268–269, stellt der Kauf einer Persönlichkeitsanalyse in einem Webshop keine Ware, sondern eine Dienstleistung dar. Ein Widerrufsrecht müsse daher dem Verbraucher eingeräumt werden.

Die Fallgruppe betrifft Warenbestellungen, die nach **Kundenspezifikationen**[1] angefertigt werden oder eindeutig auf die persönlichen Bedürfnisse zugeschnitten sind. Ein wesentlicher Unterschied besteht zwischen den beiden Alternativen nicht. Es handelt sich um Waren, die individuell für den Verbraucher angefertigt wurden, sich also dadurch auszeichnen, dass die Weiterverkaufsmöglichkeit für den Unternehmer aufgrund des individuellen Zuschnitts der Ware erheblich eingeschränkt ist.[2] Typische Fälle sind hier Maßanfertigungen bei **Bekleidungsstücken**, Maßanfertigungen bei **Schränken** etc., aber beispielsweise auch die Erstellung von Fotoalben mit persönlichen Bildern des Verbrauchers.   **2.377**

Zu dieser Fallgruppe zählen keine Fallkonstellationen, bei denen der Verbraucher zwischen verschiedenen angebotenen Ausfertigungen wählen kann, also eine Kundenspezifikation aufgrund einer angebotenen feststehenden Auswahl erfolgt,[3] oder der Unternehmer die Ware für einen Verbraucher bei einem Lieferanten bestellt.[4] Typischer Anwendungsfall ist hier der **Computer**, der lediglich aus verschiedenen individuell zusammengestellten Serienbauteilen besteht, die ohne Substanzverlust wieder ausgebaut und anderweitig verwendet werden können.[5] Entsprechendes soll nach dem LG Stendal auch beim Kauf von **Neufahrzeugen** im Wege des Fernabsatzes gelten.[6] Ein Sofa, das zwar grundsätzlich in 17 verschiedenen Farben und 578 verschiedenen Kombinationen geliefert werden kann, aber in einer konkreten Ausgestaltung im Onlineshop angeboten wird, unterfällt nicht der Fallgruppe der Kundenspezifikation.[7] Nach der Rechtsprechung gehören auch Werkverträge nicht generell zu der vorliegenden Fallgruppe[8], dh. in der Regel unterliegen Werkverträge dem Widerrufsrecht.   **2.378**

bb) Fernabsatzverträge über die Lieferung von Waren,[9] die schnell verderben können oder deren Verfallsdatum überschritten würde (§ 312g Abs. 2 Nr. 2 BGB).   **2.379**

Zu der Fallgruppe der schnell verderblichen Waren zählen diejenigen, die bei objektiver Betrachtung unter Berücksichtigung von Transport, der Verweildauer beim Verbraucher, Rücktransport und danach weiterer Verwendung unbrauchbar bzw. ungenießbar werden können.[10] Zu den schnell verderblichen Waren zählen typischerweise **Früchte**, zu kühlende **Lebensmittel** und **Schnittblumen**.[11] **Kontaktlinsen** und **Pflegemittel** zählen dagegen nicht zu den schnell verderblichen Waren.[12] Gleiches gilt grundsätzlich für **Kosmetika**.[13]

Zu dieser Fallgruppe gehören auch die Waren, deren Verfallsdatum überschritten würde. Verfallsdatum ist eine zeitliche Grenze, bis zu der der Konsum eines Produktes ausgeführt sein muss. Dies gilt insbesondere für **Lebensmittel, Kosmetika, Medizinprodukte** sowie   **2.380**

---

1 An einer Kundenspezifikation soll es fehlen, wenn die mit einem Widerruf für den Unternehmer verbundenen Nachteile zumutbar sind, bspw. die Rückabwicklungskosten nur 5 % des Warenwertes ausmachen, so LG Hamburg v. 31.1.2012 – 312 O 93/11, VuR 2012, 268–269.
2 Vgl. LG Essen v. 4.6.2003 – 44 O 18/03, DuD 2004, 312; LG München I v. 23.7.2003 – 1 HK O 1755/03, DUD 2004, 53.
3 Vgl. BGH v. 19.3.2003 – VIII ZR 295/01, BGHZ 154, 239 (Notebookspezifikation des Kunden), ausführlich hierzu auch juris-PK-BGB/*Junker*, § 312g BGB Rz. 20 ff.
4 Vgl. LG Memmingen v. 10.12.2003 – 1 H O 2319/03, ITRB 2004, 198 (Aufschrift auf der Rechnung „Dieser Artikel wird speziell für Sie bestellt und kann nicht storniert oder zurückgegeben werden").
5 juris-PK-BGB/*Junker*, § 312g BGB Rz. 21.
6 LG Stendal v. 23.1.2007 – 22 S 138/06.
7 AG Dortmund v. 28.4.2015 – 425 C 1013/15, CR 2015, 466 = ITRB 2015, 161.
8 AG Bad Segeberg v. 13.4.2015 – 17 C 230/14.
9 Nach LG Hamburg v. 31.1.2012 – 312 O 93/11, VuR 2012, 268, stellt der Kauf einer Persönlichkeitsanalyse in einem Webshop keine Ware, sondern eine Dienstleistung dar. Ein Widerrufsrecht müsse daher dem Verbraucher eingeräumt werden.
10 juris-PK-Internetrecht/*Heckmann*, Kap. 4.1 Rz. 139.
11 juris-PK-BGB/*Junker*, § 312g Rz. 28.
12 OLG Hamburg v. 20.12.2006 – 5 U 105/06, GRUR-RR 2007, 402.
13 OLG Köln v. 27.4.2010 – I-6 W 43/10, CR 2011, 53 = MMR 2010, 683 (684).

Arzneimittel. Diese Warengruppen können nach öffentlich rechtlichen Vorschriften solche Daten tragen.[1] Ein Verfallsdatum, das zum Ausschluss des Widerrufsrechts führt, liegt allerdings nur dann vor, wenn es in Übereinstimmung mit anerkannten technischen Normen festgesetzt wurde und nicht, wenn der Unternehmer es individuell kurz festlegt, um die Anwendbarkeit des Widerrufsrechts zu unterlaufen.[2]

2.381 **cc)** Fernabsatzverträge zur Lieferung versiegelter Waren, die aus Gründen des Gesundheitsschutzes oder der Hygiene nicht zur Rückgabe geeignet sind, wenn ihre Versiegelung nach der Lieferung entfernt wurde (§ 312g Abs. 2 Satz 1 Nr. 3 BGB).

Diese Regelung erscheint systemfremd. Soweit ein Unternehmer entsprechende Waren vertreibt, kann er eigentlich nicht auf eine Widerrufsbelehrung verzichten. Denn wie dem Wortlaut der Regelung zu entnehmen ist, steht dem Verbraucher durchaus ein Widerrufsrecht auch bei diesen Waren zu, nur eben dann nicht, wenn der Verbraucher die Versiegelung entfernt hat. Konsequenz ist, dass der Verbraucher durchaus über sein Widerrufsrecht informiert werden muss. Die Information muss aber deutlich hervorheben, dass dieses Widerrufsrecht entfällt, wenn die Versiegelung entfernt wird.

Zu den betroffenen Waren zählen bspw. freiverkäufliche Arzneimittel, Fertiggerichte, Kosmetik- und Hygieneartikel,[3] die bei Lieferung eine eindeutig erkennbare Versiegelung enthalten. Dagegen sollen Waren, deren Verkehrsfähigkeit der Unternehmer durch Reinigung wiederherstellen kann, nicht unter diese Regelung fallen, wie beispielsweise Bade- und Unterwäsche, Piercingschmuck und Erotikspielzeug.[4]

2.382 **dd)** Fernabsatzverträge zur Lieferung von Waren, wenn diese nach der Lieferung aufgrund ihrer Beschaffenheit untrennbar mit anderen Gütern vermischt wurden (§ 312g Abs. 2 Satz 1 Nr. 4 BGB).

Nach der Gesetzesbegründung fällt hierunter beispielsweise die Ware Heizöl.[5]

2.383 **ee)** Fernabsatzverträge zur Lieferung alkoholischer Getränke, deren Preis bei Vertragsschluss vereinbart wurde, die aber frühestens 30 Tage nach Vertragsschluss geliefert werden können und deren aktueller Wert von Schwankungen auf dem Markt abhängt, auf die der Unternehmer keinen Einfluss hat (§ 312g Abs. 2 Satz 1 Nr. 5 BGB).

2.384 Im Erwägungsgrund 49 der Verbraucherrechterichtlinie 2011/83/EU werden als Beispiel Verträge über Weine erwähnt, bei denen erst lange nach Abschluss des Vertrages spekulativer Art der Wein geliefert wird und der Wert des Weines dabei von den Schwankungen des Marktes abhängt („vin en primeur"). Ein solcher Ausschlussgrund existierte bis zur Umsetzung der Verbraucherrechterichtlinie nicht im deutschen Recht. Er ist wohl maßgeblich auf französischen Einfluss hin in die Richtlinie aufgenommen worden.

2.385 **ff)** Fernabsatzverträge über die Lieferung von **Audio- oder Videoaufzeichnungen** oder von **Computersoftware**, sofern die gelieferten **Datenträger** von Verbrauchern entsiegelt worden sind (§ 312g Abs. 2 Satz 1 Nr. 6 BGB), sind ebenfalls von den Regelungen zum Widerrufsrecht ausgenommen.

---

1 Pflicht zur Angabe über das Verfallsdatum für Fertigarzneimittel nach § 10 Abs. 1 Nr. 9 AMG, für Medizinprodukte nach § 4 Abs. 1 Nr. 2 MPG; für Lebensmittel ergibt sich diese Pflicht aus § 7a LMKV. Die Angabe nach § 7a LMKV ist von der Angabe des Mindesthaltbarkeitsdatums nach § 7 LMKV zu unterscheiden, das dazu dient, anzugeben, bis zu welchem Datum das Lebensmittel unter angemessenen Aufbewahrungsbedingungen seine spezifischen Eigenschaften behält (juris-PK-BGB/*Junker*, § 312g BGB Rz. 30).
2 So auch Palandt/*Grüneberg*, § 312g BGB Rz. 5.
3 Palandt/*Grüneberg*, § 312g BGB Rz. 6.
4 Palandt/*Grüneberg*, § 312g BGB Rz. 6; *Janal*, WM 2012, 2314.
5 Vgl. BR-Drucks. 817/12, S. 91.

Zweck dieser Vorschrift ist, zu verhindern, dass der Verbraucher sich digitale Werke an-   2.386
eignet und sich im Anschluss daran wieder vom Fernabsatzvertrag lösen kann. Dies ist
ein Unterfall der früher gesetzlich geregelten Fallgruppe der nicht für eine Rücksendung
geeigneten Waren.

Software sind Computerprogramme gemäß der Definition in § 2 Abs. 1 Nr. 1 UrhG iVm.   2.387
§ 69a UrhG. Die unterschiedliche Begriffsverwendung (im BGB „**Computersoftware**" und
im Urheberrechtsgesetz das deutsche Wort „**Computerprogramme**") darf inhaltlich nicht
zu einer Unterscheidung führen. Die Voraussetzung der Lieferung per Datenträger führt
dazu, dass diese Regelung nur für die Offline-Übermittlung von Bedeutung ist. Bei der
Online-Bereitstellung von „Audio- und Videoaufzeichnungen sowie Computersoftware"
greift § 312g Abs. 2 Satz 1 Nr. 6 BGB nicht ein.

Weitere Voraussetzungen von § 312g Abs. 2 Satz 1 Nr. 6 BGB ist, dass die Datenträger, auf   2.388
denen die Audio- bzw. Videoaufzeichnungen oder die Software gespeichert ist, eine Versiegelung tragen und der Verbraucher diese Versiegelung entsiegelt hat. Versiegeln bedeutet
dabei, dass der Datenträger in einer Form verschlossen ist, die dem Verbraucher erkennbar
macht, dass er beim Öffnen des Verschlusses die Ware behalten muss. Nicht ausreichend
ist daher eine verschweißte Schutzhülle, sofern diese nicht mit einem zusätzlichen Warn-
hinweis auf die Entsiegelung beim Aufreißen versehen ist.[1] Nicht ausreichend ist auch das
Verschließen des Datenträgers mit einer Schutzhülle, die lediglich mit einem einfachen
Klebestreifen geschlossen ist.[2] Umstritten ist, ob und unter welchen Voraussetzungen eine
elektronische Versiegelung der auf Datenträgern gelieferten Audio- bzw. Videoaufzeichnungen oder Software ausreichend dafür ist, dass der Verbraucher mit der Eingabe des Passwortes eine Entsiegelung vornimmt. Dies muss nach richtiger Ansicht bejaht werden, da
es keinen Unterschied machen kann, ob ein Datenträger mit einer Schutzfolie verschweißt
wurde und damit als Sperre für den einfachen Zugriff auf das auf dem Datenträger verkörperte digitale Werk fungiert oder ob der Zugriff auf die auf dem Datenträger enthaltenen digitalen Werke dadurch gesperrt ist, dass erst eine elektronische Entsiegelung beispielsweise durch Eingabe eines bestimmten Passwortes überwunden werden muss.[3]

Keine Anwendung findet § 312g Abs. 2 Satz 1 Nr. 6 BGB auf Online-Angebote, da zwin-   2.389
gende Voraussetzung der Anwendung der Vorschrift die erforderliche **Lieferung eines Datenträgers** ist. Klarzustellen ist auch, dass die Vorschrift sich nur auf Datenträger mit Au-
dio- oder Videoaufzeichnungen oder Computersoftware bezieht. Auf andere Produkte
findet die Vorschrift keine (auch keine analoge) Anwendung.

gg) Fernabsatzverträge über die Lieferung von **Zeitungen, Zeitschriften** oder **Illustrierten**,   2.390
mit Ausnahme von Abonnement-Verträgen, sind von den Regelungen zum Widerrufs-
recht ausgenommen (§ 312g Abs. 2 Satz 1 Nr. 7 BGB).

Nach § 312g Abs. 2 Satz 1 Nr. 7 BGB besteht das Widerrufsrecht nicht bei Fernabsatzver-   2.391
trägen über die Lieferung von Zeitungen, Zeitschriften und Illustrierten.[4] Zeitungen[5] und

---

1 OLG Hamm v. 30.3.2010 – 4 U 212/09 – Rz. 30, K&R 2010, 411 = MMR 2010, 684.
2 LG Dortmund v. 26.10.2006 – 16 O 55/06, juris.
3 A.A. juris-PK-BGB/*Junker*, § 312g BGB Rz. 55 mit Berufung auf das LG Frankfurt a.M. v. 18.12.2002
  – 2/1 S 20/02, CR 2003, 412). Das LG Frankfurt a.M. hat entschieden, dass zumindest ein BIOS-Pass-
  wort keine solche elektronische Versiegelung darstellt, da es lediglich der Sicherheit des berechtigten
  Benutzers dient und nicht einer generellen Sperrung der Nutzung des digitalen Werkes.
4 BGH v. 9.6.2011 – I ZR 17/10 – „Computer-Bild", MDR 2012, 299; in dieser Entscheidung stellt der
  BGH klar, dass zumindest auf Jahresabonnements von Zeitungen und Zeitschriften das Fernabsatzrecht Anwendung findet und nicht bereits dessen Anwendung nach § 312b Abs. 3 Nr. 5 BGB ausgeschlossen ist. Jahresabonnements von Zeitungen und Zeitschriften zählen nicht zu den sonstigen
  Haushaltsgegenständen des täglichen Bedarfs.
5 Näher zum Begriff: *Oelschlägel*, Der Titelschutz von Büchern, Bühnenwerken, Zeitungen und Zeitschriften, S. 37.

Zeitschriften[1] sind periodische Druckschriften; Illustrierte sind Zeitungen oder Zeitschriften, bei denen der Bildanteil deutlich erkennbar Vorrang vor dem Textteil hat.[2]

2.392 Nach dem eindeutigen Wortlaut findet § 312g Abs. 2 Satz 1 Nr. 7 BGB nur auf Druckerzeugnisse und nicht auf Online-Medien Anwendung.[3] Bei Online-Medien kann allerdings das Widerrufsrecht nach § 312g Abs. 2 Satz 1Nr. 1 BGB ausgeschlossen sein[4] Auf Bücher findet § 312g Abs. 2 Satz 1 Nr. 7 BGB ebenfalls keine Anwendung.[5] Dem Verbraucher steht also beim Kauf eines Buches im Fernabsatz ein Widerrufsrecht zu.[6] Bei einem **Abonnement** von Zeitungen, Zeitschriften oder Illustrierten kann möglicherweise ein Widerrufsrecht gemäß § 510 BGB bestehen.[7]

2.393 **hh)** Fernabsatzverträge zur Lieferung von Waren oder zur Erbringung von Dienstleistungen, einschließlich Finanzdienstleistungen, deren Preis von Schwankungen auf dem Finanzmarkt abhängt, auf die der Unternehmer keinen Einfluss hat und die innerhalb der Widerrufsfrist auftreten können, insbesondere Dienstleistungen mit Aktien, mit Anteilen an offenen Investmentvermögen im Sinne von § 1 Abs. 4 des Kapitalanlagegesetzbuches und mit anderen handelbaren Wertpapieren, Devisen, Derivaten oder Geldmarktinstrumenten (§ 312g Abs. 2 Satz 1 Nr. 8 BGB).

2.394 Diese Regelung umfasst Verträge über Waren und Dienstleistungen, deren Preis Schwankungen unterliegt, auf die der Unternehmer keinen Einfluss hat. Es handelt sich also um Spekulationsgeschäfte aller Art, bei denen das Risiko des Vertragswiderrufs nicht einseitig dem Unternehmer aufgebürdet werden kann.

2.395 Zu den Waren, deren Preis auf dem Finanzmarkt Schwankungen unterliegt, zählen beispielsweise der Markt der **Edelmetalle**, wie Gold, Silber, etc. und die an den Warenbörsen gehandelten Börsenwaren, wie Kaffee, Kakao, Getreide, Erdöl,[8] Erdgas etc.

2.396 Zu den Finanzdienstleistungen, deren Preis auf dem Finanzmarkt Schwankungen unterliegen, enthält die Vorschrift selbst zahlreiche Beispiele. Neben den ausdrücklich genannten Beispielen fallen hierunter auch Anteile an **Hedgefonds**, Finanztermingeschäfte, Zinstermingeschäfte, Zins- und **Devisenswaps**, Swaps auf Aktien- oder Aktienindexbasis (**equity swaps**) sowie Kauf- oder Verkaufsoptionen auf alle diese Finanzprodukte.[9]

---

1 *Oelschlägel*, Der Titelschutz von Büchern, Bühnenwerken, Zeitungen und Zeitschriften, S. 37.
2 Nach OLG Hamburg v. 27.3.2003 – 5 U 113/02, NJW 2004, 1114, zählt ein Kalender nicht zu den Illustrierten, auch wenn er einen hohen Bildanteil aufweist.
3 So juris-PK-BGB/*Junker*, § 312g BGB Rz. 63, aA MükoBGB/*Wendehorst*, § 312d BGB Rz. 39.
4 So noch juris-PK-BGB/*Junker* in der 5. Auflage 2010 zur Kommentierung von § 312d BGB a.F. Rz. 96.
5 juris-PK-BGB/*Junker*, § 312d BGB Rz. 97; Staudinger/*Thüsing*, § 312d BGB Rz. 62.
6 Um den Unternehmer davor zu schützen, dass der Verbraucher innerhalb der 14-tägigen Widerrufsfrist das zugesandte Buch durchliest und es dann zurückgibt, ist gesetzlich ausdrücklich eine Wertersatzpflicht für Beschädigungen geregelt worden (§ 357 Abs. 3 BGB). Das bedeutet, dass der Verbraucher ein Buch aus der Folie nehmen kann und es wie auch in einem Ladengeschäft durchblättern darf. Ist das Buch allerdings nach dem Durchblättern nicht mehr als neu verkaufbar, weil es tatsächlich Lesespuren aufweist, muss der Verbraucher an den Unternehmer grundsätzlich Wertersatz leisten, wenn der Unternehmer hierauf in der Widerrufsbelehrung ausdrücklich hingewiesen hat.
7 BT-Drs.14/2658, S. 44; so auch Palandt/*Grüneberg*, § 312g BGB Rz. 10. Der Wortlaut von § 510 BGB lässt allerdings nicht erkennen, dass für Abonnement-Verträge ein Widerrufsrecht gegeben sein könnte.
8 Nach LG Duisburg v. 22.5.2007 – 6 O 408/06, MMR 2008, 356, sollen auch Fernabsatzverträge über den Erwerb von Heizöl unter die Vorschrift des § 312d Abs. 4 Nr. 6 BGB fallen; aA LG Wuppertal v. 26.4.2012 – 9 S 205/10, K&R 2012, 541, wenn der vereinbarte Preis keinen Schwankungen unterliegt, sondern fest vereinbart wurde.
9 Vgl. auch Art. 6 Abs. 2 lit. a der Richtlinie 2002/65/EG.

ii) Fernabsatzverträge zur Erbringung von Dienstleistungen in den Bereichen Beherbergung zu anderen Zwecken als zu Wohnzwecken, Beförderung von Waren, Mietwagen, Lieferung von Speisen und Getränken sowie der Erbringung von weiteren Dienstleistungen im Zusammenhang mit Freizeitbestätigungen, wenn der Vertrag für die Erbringung einen spezifischen Termin oder Zeitraum vorsieht (§ 312g Abs. 2 Satz 1 Nr. 9 BGB).   2.397

Dieser Auschlussgrund greift immer dann ein, wenn der Unternehmer sich verpflichtet, seine Dienstleistungen zu einem bestimmten Zeitpunkt oder innerhalb eines genau angegebenen Zeitraums zu erbringen[1] und letztlich der Vertragsabschluss die Bereitstellung von Kapazitäten für den Unternehmer mit sich bringt, die der Unternehmer bei der Ausübung des Widerrufsrechts möglicherweise nicht mehr anderweitig nutzen kann. Hierzu zählen nach dem Erwägungsgrund 49 der Verbraucherrechterichtlinie 2011/83/EU Reservierungen in Hotels, für Ferienwohnungen oder Kultur- oder Sportveranstaltungen; ferner aber auch Umzüge, Catering-Service, Pizza-Service und Autovermietungsverträge[2], nicht aber beispielsweise Online-Kurse zur Vorbereitung der theoretischen Prüfung von Führerscheinen.[3] Nach § 312g Abs. 2 Satz 2 BGB gilt diese Ausnahmeregelung nicht für Reiseleistungen gemäß § 651a BGB.   2.398

jj) Fernabsatzverträge, die in der Form von **Versteigerungen** geschlossen werden, sind von den Regelungen zum Widerrufsrecht ausgenommen (§ 312g Abs. 2 Satz 1 Nr. 10 BGB).   2.399

Die Regelung besagt, dass das Widerrufsrecht nicht bei Fernabsatzverträgen besteht, die in der Form von Versteigerungen (§ 156 BGB) geschlossen werden. Die Vorschrift gilt allerdings nur für Versteigerungen zwischen Unternehmern und Verbrauchern. Der Staat ist kein Unternehmer wie beispielsweise das Auktionshaus der Zollverwaltung.[4] Das Widerrufsrecht nach § 312g Abs. 2 Satz 1 Nr. 10 BGB ist zudem nur bei Versteigerungen iSv. § 156 BGB ausgeschlossen und nicht bei Kaufverträgen gegen Höchstgebot, wie sie auf Online-Plattformen wie eBay geschlossen werden können.[5] Eine analoge Anwendung des § 312g Abs. 2 Satz 1 Nr. 10 BGB wird im Übrigen nach der ganz herrschenden Meinung mangels einer planwidrigen Regelungslücke abgelehnt.[6]   2.400

kk) Fernabsatzverträge über dringende Reparatur- und Instandhaltungsarbeiten nach ausdrücklicher Aufforderung durch den Verbraucher (§ 312g Abs. 2 Satz 1 Nr. 11 BGB).   2.401

Von diesem Ausschlussgrund sind insbesondere Werkvertragsarbeiten erfasst, wenn sie zur sofortigen Wiederherstellung der Funktionstauglichkeit erforderlich sind und der Verbraucher darauf angewiesen ist.[7] Die Initiative zum Vertragsabschluss muss vom Verbraucher ausgegangen sein.[8]   2.402

---

1 Palandt/*Grüneberg*, § 312g BGB Rz. 11.
2 Palandt/*Grüneberg*, § 312g BGB Rz. 11.
3 OLG Hamm v. 21.2.2013 – 4 U 135/12, ITRB 2013, 178.
4 juris-PK-BGB/*Junker*, § 312d BGB Rz. 115 mit Verweis auf URL www.zoll-d.de/auktionen.
5 Vgl. BGH v. 3.11.2004 – VIII ZR 375/03, NJW 2005, 53 m. Anm. *Koch* = ITRB 2005, 67. Bei Versteigerungen iSv. § 156 Abs. 1 BGB kommt der Vertrag erst durch den Zuschlag zustande. Gemäß § 156 Abs. 2 BGB erlischt ein Gebot, wenn ein Übergebot abgegeben wird oder die Versteigerung ohne Erteilung des Zuschlags geschlossen wird. Auktionen, bei denen der Verkäufer nicht frei bleibt, ein Angebot durch Zuschlag anzunehmen, sondern sich von vornherein bindet, zum höchsten im angegebenen Zeitraum eingehenden Gebot zu verkaufen (Kaufvertrag gegen Höchstgebot), ist keine Versteigerung iSv. § 156 BGB (juris-PK-BGB/*Junker*, § 312g BGB Rz. 83). Dieser Sachverhalt trifft grundsätzlich bei den sog. eBay-Versteigerungen zu. Hier muss also der Verbraucher über sein Widerrufsrecht belehrt werden.
6 Für die inhaltsgleiche Vorgängerregelung in § 312d BGB aF LG Konstanz v. 28.7.2004 – 11 S 31/04, NJW-RR 2004, 1635.
7 AG Bad Segeberg v. 13.4.2015 – 17 C 230/14 (juris Rz. 22), NJW-RR 2015, 921.
8 Palandt/*Grüneberg*, § 312g BGB Rz. 14.

2.403 **ll)** Verträge zur Erbringung von **Wett- und Lotteriedienstleistungen** sind von den Regelungen zum Widerrufsrecht ausgenommen, es sei denn, dass der Verbraucher seine Vertragserklärung telefonisch abgegeben hat oder der Vertrag außerhalb von Geschäftsräumen geschlossen wurde (§ 312g Abs. 2 Satz 1 Nr. 12 BGB).

2.404 Die Begriffe „Wett-Dienstleistungen" und „Lotterie-Dienstleistungen" sind Art. 6 Abs. 3–6 der Richtlinie 97/7/EG entnommen und daher europarechtskonform auszulegen.[1] Im Einzelnen ist umstritten, welche Verträge von der Vorschrift 312g Abs. 2 Satz 1 Nr. 12 BGB umfasst sind. Nach richtiger Ansicht sollten alle Dienstleistungsverträge erfasst sein, bei denen einem Verbraucher gegen Entgelt eine Gewinnchance gewährt wird, die vom Zufall abhängt. All diesen Fällen ist gemein, dass der Anbieter darauf angewiesen ist, dass die Teilnehmer sich von der Teilnahme nach Zahlung des Entgeltes nicht mehr lösen können. Anderenfalls würde das Geschäftsmodell nicht funktionieren.[2]

2.405 **mm)** Auf notariell beurkundete Verträge findet das Widerrufsrecht grundsätzlich ebenfalls keine Anwendung (§ 312g Abs. 2 Satz 1 Nr. 13 BGB). Der Grund hierfür liegt darin, dass die notarielle Beurkundung den Verbraucher ausreichend vor Überforderung und Überrumpelung schützt. Für Fernabsatzverträge über Finanzdienstleistungen gilt dies aber nur, wenn der Notar bestätigt, dass die Rechte des Verbrauchers nach § 312d Abs. 2 BGB gewahrt sind.

2.406 **nn)** Nach § 312g Abs. 3 BGB besteht ferner das Widerrufsrecht nicht bei Fernabsatzverträgen, bei denen dem Verbraucher bereits aufgrund der §§ 495, 506–512 BGB (betrifft Verbraucherdarlehensverträge und Finanzierungshilfen zwischen einem Unternehmer und Verbraucher) ein Widerrufsrecht nach § 355 BGB zusteht. Ferner besteht kein Widerrufsrecht bei außerhalb von Geschäftsräumen geschlossenen Verträgen, bei denen dem Verbraucher bereits nach § 305 Abs. 1 bis 6 des Kapitalanlagegesetzbuchs ein Widerrufsrecht zusteht.

c) Wegfall des Widerrufsrechts

2.407 Besondere Regelungen zum Wegfall des Widerrufsrechts stehen in § 356 Abs. 4 und Abs. 5 BGB. Die Regelungen betreffen Dienstleistungen (§ 356 Abs. 4 BGB) und die Lieferung von nicht auf körperlichen Datenträgern befindlichen **digitalen Inhalten** (§ 356 Abs. 5 BGB). Bei diesen beiden Fallgruppen besteht zunächst eine Belehrungspflicht über das Widerrufsrecht. Das Widerrufsrecht bei Dienstleistungen entfällt aber, wenn der Unternehmer die Dienstleistung vollständig erbracht und mit der Ausübung der Dienstleistung erst begonnen hat, nachdem der Verbraucher dazu seine ausdrückliche Zustimmung gegeben und gleichzeitig seine Kenntnis davon bestätigt hat, dass er sein Widerrufsrecht bei vollständiger Vertragserfüllung durch den Unternehmer verliert. Das Widerrufsrecht bei der Lieferung von digitalen Inhalten erlischt dagegen bereits dann, wenn der Unternehmer mit der Ausführung des Vertrags begonnen hat, wozu bespw. der Beginn des Downloads oder des Streamings zählt; ferner muss der Verbraucher in gleicher Weise über den Wegfall des Widerrufsrechts belehrt werden wie bei Dienstleistungen.

2.408 ⮩ **Praxistipp:** Üblich ist geworden, den Verbraucher über ein sogenanntes Pop-up-Fenster oder eine entsprechende Schaltfläche entsprechend den gesetzlichen Anforderungen zu belehren und den Verbraucher über einen Button seine Kenntnis über den Wegfall des Widerrufsrechts bestätigen zu lassen. Dies ist notwendig, da eine Bestätigung/Zustimmung in allgemeinen Geschäftsbedingungen nach derzeitigem Stand wegen Verstoßes gegen § 361 Abs. 2 Satz 1 iVm. § 307 Abs. 2 Nr. 1 BGB nicht wirksam

---

1 juris-PK-BGB/*Junker*, § 312g BGB Rz. 90.
2 Ausführlich hierzu juris-PK-BGB/*Junker*, § 312g BGB Rz. 91 ff.

wäre[1]. Zudem trifft den Unternehmer die Beweislast für die ordnungsgemäße Belehrung und erklärte Zustimmung des Verbrauchers.

d) Widerrufsrecht bei nichtigen Fernabsatzverträgen

Dem Verbraucher steht, sofern nicht Treu und Glauben (§ 242 BGB) etwas anderes gebieten, ein Widerrufsrecht nach § 312g BGB auch dann zu, wenn der Fernabsatzvertrag nichtig ist.[2]   **2.409**

Zur Begründung hat der BGH ausgeführt, dass der Sinn des Widerrufsrechts beim Fernabsatzvertrag darin bestehe, dem Verbraucher ein an keinen materiellen Voraussetzungen gebundenes, einfach auszuübendes Recht zur einseitigen Loslösung vom Vertrag in die Hand zu geben, das neben und unabhängig von den allgemeinen Rechten besteht, die jedem zustehen, der einen Vertrag schließt. Dementsprechend habe der Verbraucher etwa ein Wahlrecht, ob er einen Fernabsatzvertrag nach §§ 312g, 355 BGB mit der Rechtsfolge einer Rückabwicklung nach den §§ 346 ff. BGB widerruft oder ob er den Vertrag ggf. wegen Irrtums oder arglistiger Täuschung gemäß §§ 119 ff., 142 BGB anficht und sich damit für eine bereicherungsrechtliche Rückabwicklung nach §§ 812 ff. BGB entscheidet. Ebenso müsse ein Wahlrecht bei einem nichtigen Fernabsatzvertrag bestehen. Auch bei einer etwaigen Nichtigkeit des Vertrages hat der Verbraucher deshalb grundsätzlich die Wahl, seine auf den Abschluss des Fernabsatzvertrages gerichtete Willenserklärung zu widerrufen oder sich auf die Nichtigkeit des geschlossenen Vertrages zu berufen.   **2.410**

II. Ausschließliches Widerrufsrecht/Wegfall Rückgaberecht

Bevor am 13.6.2014 das Gesetz zur Umsetzung der Verbraucherrechterichtlinie in Kraft getreten ist, sah die Gesetzeslage ein Widerrufsrecht und ein Rückgaberecht vor. Der Webshopbetreiber konnte und musste sich entscheiden, welches Recht er dem Verbraucher anbietet. Diese Möglichkeit ist seit dem 13.6.2014 weggefallen. Es existiert nur noch das Widerrufsrecht.   **2.411**

Einstweilen frei.   **2.412**

III. Zeitpunkt, Frist, Form, Sprache, Erlöschen und Beweislast beim Widerrufsrecht

1. Zeitpunkt der Belehrungspflicht

a) Grundregel

Der Zeitpunkt, zu dem der Verbraucher vom Unternehmer über dessen Widerrufsrecht belehrt werden muss, und die davon abhängige Laufzeit der Widerrufsfrist sind gesetzlich nicht ganz einfach geregelt. § 355 Abs. 2 BGB enthält zunächst die Grundregel über die Widerrufsfrist, die 14 Tage beträgt. § 356 BGB enthält Regelungen zum Fristbeginn und zum Erlöschen der Widerrufsfrist. Zum Zeitpunkt der Belehrungspflicht enthält das BGB keine Regelungen. Dies ist im EGBGB geregelt.   **2.413**

---

1 AG Hannover v. 22.8.2006 – 561 C 5828/06 (juris Rz. 14), NJW 2007, 781; Palandt/*Grüneberg*, § 356 BGB Rz. 9.

2 BGH v. 25.11.2009 – VIII ZR 318/08 – Radarwarngerät, K&R 2010, 113. Der BGH berücksichtigt bei seiner Entscheidung umfassend die Kommentarliteratur und setzt sich auch mit den Argumenten der Ansicht auseinander, die meint, dass aus dogmatischen Gründen nur ein wirksamer Vertrag widerrufen werden könne, nicht aber ein unwirksamer oder nichtiger Vertrag.

2.414 Art. 246a § 4 Abs. 1 EGBGB regelt, dass bei Fernabsatzverträgen der Unternehmer gegenüber dem Verbraucher vor Abgabe von dessen Vertragserklärung die Informationspflichten über das Widerrufsrecht gemäß Art. 246a § 1 Abs. 2 und 3 EGBGB erfüllen muss. Dies muss gemäß Art. 246a § 4 Abs. 3 EGBGB in einer den benutzten Fernkommunikationsmitteln angepassten Weise erfolgen. Die inhaltlichen Anforderungen an diese Informationspflicht sind in Art. 246a § 1 Abs. 2 und 3 EGBGB geregelt.

2.415 Wird die Informationspflicht über das Widerrufsrecht nicht vor Abgabe der Vertragserklärung des Verbrauchers erfüllt, wird die Informationspflicht verletzt und kann dieser Umstand Auswirkungen auf den Beginn der Widerrufsfrist haben.

2.416 Demgemäß sind die nachfolgend dargelegten Zeitpunkte für die Belehrungspflicht mit unterschiedlichen Konsequenzen von Bedeutung.

b) Belehrung vor Abgabe einer Vertragserklärung

2.417 Belehrt der Onlinehändler den Verbraucher in seinen AGB oder in einer separaten Erklärung ordnungsgemäß über sein Widerrufsrecht, erfüllt der Unternehmer damit zunächst seine vorvertraglichen Informationspflichten nach Art. 246a § 1 Abs. 2 und 3 EGBGB. Meist geschieht dies in der Weise, dass der Verbraucher, bevor er seine Bestellung durch Anklicken eines Button im Webshop abgibt, einen separaten Button anklicken muss, mit dem er bestätigt, die AGB zur Kenntnis genommen zu haben. Eine Belehrung in Textform wird im Rahmen der vorvertraglichen Informationspflichten nicht verlangt. Die vorvertragliche Belehrungspflicht allein hat zunächst keine Auswirkungen auf die für den Verbraucher geltende Widerrufsfrist.

2.418 Ein **Verstoß gegen diese vorvertragliche Belehrungspflicht** begründet jedoch grundsätzlich einen Unterlassungsanspruch nach § 2 Abs. 1, 2 Nr. 1 UKlaG, der von den anspruchsberechtigten Stellen (§ 3 UKlaG), den anspruchsberechtigten Verbänden (§ 3a UKlaG) sowie den qualifizierten Einrichtungen geltend gemacht werden kann. Ebenso stellt ein Verstoß gegen die vorvertragliche Belehrungspflicht (unterbliebene, falsche oder unzureichende Belehrung) eine unlautere Wettbewerbshandlung nach § 3a UWG dar,[1] gegen die auch Mitbewerber vorgehen könnten.

c) Belehrung bei oder unverzüglich nach Vertragsschluss

2.419 Belehrt der Unternehmer den Verbraucher erst bei oder unverzüglich nach Vertragsschluss über sein Widerrufsrecht entsprechend den Anforderungen des Art. 246a § 1 Abs. 2 und 3 EGBGB, verletzt er zwar seine vorvertraglichen Informationspflichten mit den Rechtsfolgen wie oben unter b) (Rz. 2.417) beschrieben. Beim Online-Warenkauf wird sich diese verspätete Erfüllung der Belehrungspflicht aber nicht auf den Beginn der Widerrufsfrist auswirken. Denn beim Online-Warenkauf beginnt die Widerrufsfrist erst mit Eingang der Ware beim Verbraucher. Im Bereich der Dienstleistungen und bei digitalen Inhalten wird sich die verspätete Belehrung in der Regel auch nicht auf die Widerrufsfrist auswirken, da diese dann zwar erst beginnen würde, wenn die Belehrung ordnungsgemäß erfolgt ist, dies aber in der Regel nur eine kleine zeitliche Verschiebung nach sich zieht.

---

1 OLG Hamm v. 14.4.2005 – 4 U 2/05, NJW 2005, 2319 = GRUR-RR 2005, 285; OLG Karlsruhe v. 27.4.2006 – 4 U 119/04, WRP 2006, 1039; KG Berlin v. 9.11.2007 – 5 W 304/07, MMR 2008, 339 = GRUR-RR 2008, 131; OLG Frankfurt v. 5.12.2008 – 6 W 157/08, MMR 2009, 564; *Köhler/Bornkamm*, § 4 UWG Rz. 11.170; dies gilt auch in Bezug auf Werbeprospekte; ein schlichter Hinweis auf das Bestehen eines gesetzlichen Widerrufsrechts genügt nicht; der Abdruck der Widerrufsbelehrung ist erforderlich, so LG Wuppertal v. 21.7.2015 – 11 O 40/15 – n.rkr.

Bei **telefonischen Bestellungen** kommen dem Unternehmer die erleichterten Informationspflichten nach Art. 246a § 3 Satz 1 Nr. 4 EGBGB entgegen. Danach muss der Unternehmer telefonisch nur darüber informieren, ob ein Widerrufsrecht besteht. Die weiteren Informationspflichten über das Widerrufsrecht, also die inhaltliche Ausgestaltung der Widerrufsbelehrung, können gemäß Art. 246a § 4 Abs. 3 Satz 3 EGBGB dem Verbraucher in geeigneter Weise zugänglich gemacht werden. Das bedeutet, dass der Verbraucher die Widerrufsbelehrung auch mit dem Warenversand erhalten kann.   **2.420**

d) Belehrung nach Vertragsschluss

Wird der Verbraucher im Rahmen eines Fernabsatzvertrages nicht vor Abgabe seiner Vertragserklärung und auch nicht bei Vertragsschluss oder unverzüglich danach über sein Widerrufsrecht entsprechend Art. 246a § 1 Abs. 2 und 3 EGBGB informiert, sondern irgendwann später, stellt dies einen Verstoß gegen die den Unternehmer treffenden vorvertraglichen Informationspflichten dar, mit den Folgen wie oben unter b) (Rz. 2.417) beschrieben, und die Widerrufsfrist beginnt erst nach erfolgter ordnungsgemäßer Belehrung.   **2.421**

➲ **Praxistipp:** Den Unternehmer trifft zunächst die Pflicht, den Verbraucher vor Abgabe von dessen Vertragserklärung über das Bestehen oder Nichtbestehen und den Inhalt des Widerrufsrechts zu informieren (Art. 246a § 1 Abs. 2 und 3 EGBGB). Diese Pflicht sollte der Unternehmer dadurch erfüllen, dass er die Widerrufsbelehrung entweder separat oder in seinen AGB im Onlineshop abrufbar hält und den Verbraucher vor Abgabe seiner Online-Bestellung die Kenntnis durch Anklicken eines Feldes bestätigen lässt. Bei telefonischen Bestellungen muss auf das Bestehen eines Widerrufsrechts zunächst nur hingewiesen werden. Bei allen Fernabsatzverträgen ist aber noch auf Folgendes zu achten: Nach § 312f Abs. 2 BGB ist der Unternehmer verpflichtet, innerhalb einer angemessenen Frist nach Vertragsschluss, spätestens jedoch bei der Lieferung der Ware oder bevor mit der Ausführung der Dienstleistung begonnen wird, auch die Widerrufsbelehrung dem Verbraucher auf einem dauerhaften Datenträger zur Verfügung zu stellen, soweit dies bis dahin noch nicht geschehen ist. Dies kann am besten in der Weise erfüllt werden, dass die Widerrufsbelehrung dem Verbraucher entweder per E-Mail bzw. Post übermittelt wird oder bei Warenbestellungen zusammen mit der Ware.   **2.422**

2. Fristbeginn und Laufzeit des Widerrufsrechts

a) Fristbeginn

Die Grundregel zum Fristbeginn des Widerrufsrechts steht in § 355 Abs. 2 Satz 2 BGB. Die Widerrufsfrist beginnt bei Verbraucherverträgen und damit auch bei Fernabsatzverträgen grundsätzlich mit Vertragsschluss, soweit nichts anderes bestimmt ist. § 356 BGB enthält allerdings Sonderregelungen für Fernabsatzverträge.   **2.423**

Der Beginn der Widerrufsfrist für Fernabsatzverträge ist in § 356 Abs. 2 BGB geregelt. Die gesetzliche Regelung unterscheidet bei der Bestimmung des Fristbeginns zwischen Verbrauchsgüterkäufen (§ 356 Abs. 2 Nr. 1 BGB) einerseits und Verträgen über die Lieferung von Wasser, Gas, Strom oder Fernwärme, bei denen das Volumen nicht begrenzt bzw. die Menge nicht bestimmt ist, und Verträgen über nicht verkörperte digitale Inhalte andererseits (§ 356 Abs. 2 Nr. 2 BGB).   **2.424**

Der Fristbeginn beim Verbrauchsgüterkauf hängt von der Art des Kaufvertrages ab. Die gesetzliche Regelung unterscheidet die folgenden vier Fallgruppen: **2.425**

- Fristbeginn mit Warenerhalt, wenn es sich um den Kauf einer Ware handelt (§ 356 Abs. 2 Nr. 1a) BGB);

- Fristbeginn mit Erhalt der letzten Ware, wenn es sich um den Kauf mehrerer Waren im Rahmen einer einheitlichen Bestellung handelt (§ 356 Abs. 2 Nr. 1b) BGB);

- Fristbeginn mit Erhalt der letzten Teilsendung oder des letzten Stückes, wenn es sich um den Kauf einer Ware handelt, die in mehreren Teilsendungen oder Stücken geliefert wird (§ 356 Abs. 2 Nr. 1c) BGB);

- Fristbeginn mit Erhalt der ersten Ware, wenn es sich um einen Vertrag über die regelmäßige Lieferung von Waren über einen festgelegten Zeitraum handelt, also sogenannten **Abonnement-Verträgen** (§ 356 Abs. 2 Nr. 1d) BGB).

2.426 Der Beginn der Widerrufsfrist tritt in den vorgenannten Fällen bei Paketlieferung auch bei Annahmeverweigerung ein.[1]

2.427 Der Fristbeginn bei den anderen in § 356 Abs. 2 Nr. 2 BGB aufgeführten Verträgen (Wasser, Gas, Strom, Fernwärme und digitale Inhalte) ist der Vertragsschluss.

2.428 Diese Grundsätze für den Fristbeginn gelten aber nur dann, wenn der Unternehmer bis zu dem in § 356 Abs. 2 BGB definierten Fristbeginn den Verbraucher entsprechend den Anforderungen des Art. 246a § 1 Abs. 2 Satz 1 EGBGB über sein Widerrufsrecht unterrichtet hat (§ 356 Abs. 3 BGB). Diese Anforderungen kann der Unternehmer gemäß Art. 246a § 1 Abs. 2 Satz 2 EGBGB dadurch erfüllen, dass er dem Verbraucher eine zutreffend ausgefüllte Widerrufsbelehrung, entsprechend den Vorgaben in Anlage 1 zu Art. 246a § 1 Abs. 2 Satz 2 EGBGB, in Textform übermittelt. Textform erfordert gemäß der Legaldefinition in § 126b Satz 1 BGB, dass der Erklärungsinhalt auf einem dauerhaften Datenträger abgegeben werden muss.

2.429 ➲ **Praxistipp:** Der Webshopbetreiber kann die Anforderungen an die Übermittlung der Widerrufsbelehrung in Textform am besten dadurch erfüllen, dass er die Widerrufsbelehrung zusammen mit einer Zusammenfassung der Bestellung sowie den übrigen Vertragsbedingungen als gesondertes Dokument per E-Mail übermittelt. Dies kann entweder mit der Bestellbestätigung erfolgen oder mit einer gesonderten E-Mail, mit der die Bestellung zusammengefasst wird oder mit der E-Mail, mit der das Vertragsangebot des Verbrauchers angenommen wird.

2.430 Solange der Unternehmer die Widerrufsbelehrung dem Verbraucher nicht in Textform übermittelt, solange beginnt die Widerrufsfrist nicht zu laufen und dem Verbraucher steht fortlaufend ein Widerrufsrecht zu. Um ein wie nach früherem Recht unendliches Widerrufsrecht zu vermeiden, hat der Gesetzgeber in § 356 Abs. 3 Satz 2 BGB allerdings die Regelung getroffen, dass auch ohne Widerrufsbelehrung das Widerrufsrecht des Verbrauchers spätestens nach 12 Monaten und 14 Tagen seit dem in § 356 Abs. 2 BGB geregelten Fristbeginn erlischt.

b) Laufzeit

2.431 Die Laufzeit des Widerrufsrechts beträgt – mit einer Ausnahme – in allen Konstellationen 14 Tage. Die Ausnahme liegt dann vor, wenn überhaupt keine Widerrufsbelehrung oder keine in Textform erfolgt. In diesen Fällen beträgt das Widerrufsrecht des Verbrauchers 12 Monate und 14 Tage seit dem in § 356 Abs. 2 BGB geregelten Fristbeginn. Nach Ablauf dieser Frist erlischt es endgültig und der Verbraucher könnte sich nicht mehr über das Widerrufsrecht vom Vertrag lösen.

---

1 AG Dieburg v. 4.11.2015 – 20 C 218/15, VuR 2016, 120.

Abgesehen von diesen gesetzlichen Vorgaben ist der Unternehmer berechtigt, dem Verbraucher auch freiwillig eine **längere Widerrufsfrist** in der Widerrufsbelehrung anzubieten. Eine Widerrufsbelehrung mit einer längeren als der gesetzlichen Widerrufsfrist von 14 Tagen ist mit den Vorgaben der §§ 312d Abs. 1, 312g BGB iVm. Art. 246a Abs. 2 Nr. 1 EGBGB vereinbar.[1]

2.432

Einstweilen frei.

2.433

3. Kenntnisnahme, Mitteilungsform und äußere Gestaltung der Belehrung vor und bei Vertragsschluss

a) Anforderungen an Kenntnisnahme, äußere Gestaltung und Mitteilungsform der Belehrung vor Vertragsschluss

Die Vorabinformationspflicht über das Widerrufsrecht nach Art. 246a § 1 Abs. 2 EGBGB hat nach der Gesetzesformulierung „in einer dem benutzten Fernkommunikationsmittel angepassten Weise klar und verständlich zur Verfügung gestellt zu werden" (Art. 246a § 4 Abs. 1 und 3 EGBGB). In einem Webshop ist es ausreichend, aber auch erforderlich, dass die Widerrufsbelehrung auf den Webseiten des Webshops abrufbar ist, wobei die neuere Rechtsprechung eine unmittelbare räumliche Nähe mit der Bestellschaltfläche verlangt.[2] Bei einer telefonischen Bestellung muss zumindest auf das Bestehen des Widerrufsrechts telefonisch hingewiesen werden (Art. 246a § 3 Satz 1 Nr. 4 EGBGB). Es ist ausreichend, wenn der Unternehmer sicherstellt, dass der Verbraucher von der Widerrufsbelehrung Kenntnis nehmen kann. Es ist dagegen nicht erforderlich, dass der Verbraucher sie auch tatsächlich vollständig zur Kenntnis nimmt.[3]

2.434

➜ **Praxistipp:** Für eine Bestellung im Webshop ist es ausreichend, wenn beispielsweise in der Kopf- oder Fußzeile mit einem fettgedruckten Wort „Widerrufsbelehrung" auf diese hingewiesen werden würde. Ausreichend ist auch, wenn sich der Hinweis auf die Widerrufsbelehrung unter einem verständlichen Oberbegriff befindet und der Onlinekunde daher erst über zwei Klicks von der Belehrung Kenntnis nehmen kann. Zur Sicherheit sollte die Widerrufsbelehrung allerdings zusätzlich vor der Bestellschaltfläche abrufbar gehalten werden.

2.435

b) Keine besonderen Anforderungen an die äußere Gestaltung und die Mitteilungsform vor Vertragsschluss durch Art. 246a § 1 Abs. 2 EGBGB

Irritierend ist in diesem Zusammenhang die Gesetzesformulierung in Art. 246a § 1 Abs. 2 Satz 2 EGBGB. Bei flüchtigem Lesen von Art. 246a § 1 Abs. 2 Satz 1 iVm. Satz 2 EGBGB könnte der Eindruck entstehen, dass auch die Vorabinformationspflicht über das Widerrufsrecht in Textform erfolgen müsste. Dem steht allerdings die Regelung in Art. 246a § 4 Abs. 3 entgegen, die lediglich die Zurverfügungstellung in einer dem benutzten Fernkommunikationsmittel angepassten Weise erfordert. Zudem wird auch durch die Regelung in § 312f Abs. 2 BGB klargestellt, dass erst innerhalb einer angemessenen Frist nach Vertragsschluss der Vertragsinhalt und damit auch die Widerrufsbelehrung in Textform zur Verfügung gestellt werden müssen. Im Umkehrschluss bedeutet das, dass im Rahmen der vorvertraglichen Informationspflichten die Informationspflicht über das Widerrufsrecht eben noch nicht in Textform erfüllt werden muss. Das heißt, dass es vor Vertragsschluss ausreichend ist, wenn die Informations- und Belehrungspflichten über entsprechende Links im

2.436

---

1 OLG Frankfurt v. 7.5.2015 – 6 W 42/15, WRP 2015, 887 = MMR 2015, 517 = CR 2015, 601 = MDR 2015, 816.
2 So OLG Köln v. 8.5.2015 – I-6 U 137/14; das OLG Köln verlangt allerdings nicht, dass die Information über das Widerrufsrecht vor der Schaltfläche im Sinne von „oberhalb" abrufbar gehalten werden muss.
3 Palandt/*Grüneberg*, Art. 246 EGBGB Rz. 2.

Webshop erfüllt werden und erst später nach Vertragsschluss die Informations- und Belehrungspflichten in Textform nachfolgen.

2.437 ➡ **Praxistipp:** Trotz dieser Rechtslage empfiehlt es sich, die Widerrufsbelehrung dem Verbraucher schon nach seiner Bestellung per E-Mail in Textform zukommen zu lassen. Nur in diesem Fall ist gesichert, dass auch die Widerrufsfrist zum nach der Gesetzeslage frühestmöglichen Zeitpunkt beginnen kann.

c) Anforderungen an Kenntnisnahme, äußere Gestaltung und Mitteilungsform der Belehrung bei Vertragsschluss

aa) Kenntnisnahme

2.438 Teils wird heutzutage die Widerrufsbelehrung als separates Dokument dem Verbraucher zur Verfügung gestellt, teils wird sie in die AGB des Onlinehändlers integriert. Bei Verträgen im elektronischen Geschäftsverkehr, also dem Onlinehandel mit Waren und den Onlineangeboten von Dienstleistungen, wird der Verbraucher, in der Regel bevor er die Bestellung auslösen kann, aufgefordert, durch Setzen eines Hakens zum Ausdruck zu bringen, dass er die Widerrufsbelehrung und/oder die AGB zur Kenntnis genommen hat. Häufig kann der Verbraucher die Widerrufsbelehrung/AGB dann noch einmal durch einen Link einsehen. Diese Möglichkeit der Kenntnisnahme stellt die erste Voraussetzung dafür dar, dass die Widerrufsbelehrung wirksam in den Onlinevertrag einbezogen wird.

bb) Äußere Gestaltung

2.439 Die generelle Möglichkeit der Kenntnisnahme genügt beim Vertragsschluss nur dann den Anforderungen von Art. 246a Abs. 3 Satz 2 EGBGB, dh., dass die Widerrufsbelehrung deutlich gestaltet sein muss, wenn die Widerrufsbelehrung in den AGB zusätzlich in einer hervorgehobenen und deutlich gestalteten Form gehalten wird (vgl. Art. 246 § 2 Abs. 3 EGBGB).[1]

2.440 Dem **Deutlichkeitsgebot**, das sich nunmehr nur noch in den Regelungen zu den allgemeinen Informationspflichten beim Verbrauchervertrag in Art. 246 Abs. 3 Satz 2 EGBGB wiederfindet, kann beispielsweise durch größere Buchstaben, durch Einrahmung, durch Fettdruck, durch eine gewisse Schrifttype oder auch durch eine gewisse Farbgestaltung nachgekommen werden.[2] Entscheidend ist, dass die Belehrung in nicht übersehbarer Weise aus dem Text herausgehoben wird.[3] Dies ist an der Gesamtwirkung innerhalb des übrigen Vertragstextes zu messen. Die Rechtsprechung hat in einer Reihe von Entscheidungen festgestellt, wann das Deutlichkeitsgebot nicht erfüllt ist. Folgende Fälle sind beachtenswert:

– Geringerer Randabstand und die Verwendung größerer Absätze reichen bei im Übrigen gleichförmigen Schriftbild mit anderen Regelungen nicht;[4]

– ein durchgezogener Strich, der den Text der Widerrufsbelehrung von dem übrigen Vertragstext abgrenzt, reicht nicht;[5]

---

1 Nach BGH v. 1.12.2010 – VIII ZR 82/10, CR 2011, 257 = NJW 2011, 1061 = WRP 2011, 236 = IPRB 2011, 79 ff. – Urteilsbesprechung *Oelschlägel*, schaden Abweichungen in Format und Schriftgröße von der Musterwiderrufserklärung nicht, solange eine deutliche Gestaltung aufrecht erhalten bleibt.
2 Palandt/*Grüneberg*, § 360 BGB Rz. 3.
3 BGH v. 25.4.1996 – X ZR 139/94, NJW 1996, 1964 = WRP 1996, 708; BGH v. 24.6.2004 – III ZR 104/03, NJW 2004, 3183 = MMR 2004, 602; BGH v. 23.6.2009 – XI ZR 156/08, NJW 2009, 3020 = MDR 2009, 1178.
4 BGH v. 27.4.1994 – VIII ZR 223/93, NJW 1994, 1800 = BB 1994, 1164.
5 BGH v. 25.4.1996 – X ZR 139/94, NJW 1996, 1964 = WRP 1996, 708; LG Paderborn v. 24.4.2006 – 1 S 35/06, NJW-RR 2007, 499.

- eine graue Unterlegung des Belehrungstextes reicht ohne weitere Merkmale der Hervorhebung nicht;[1]

- lediglich drucktechnische Heraushebung der Überschrift „Widerrufsbelehrung" reicht nicht;[2]

- der Umstand, dass zwei räumlich getrennte Unterschriften zu leisten sind, reicht nicht;[3]

- die Form soll auch nicht gewahrt sein, wenn sich in geringem Abstand zum Text der Widerrufsbelehrung ein anderer Text befindet, der aufgrund seiner Gestaltung stärker ins Auge fällt als die Widerrufsbelehrung;[4]

- Fehlen der vorgeschriebenen Überschrift „Widerrufsbelehrung" und der die Belehrung gliedernden Zwischenüberschriften „Widerrufsrecht" und „Folgen des Widerrufs" lassen das Deutlichkeitsgebot entfallen, zumindest wenn es sich insgesamt als ein Fließtext darstellt.[5]

cc) Mitteilungsform

Die Widerrufsbelehrung muss dem Verbraucher vom Webshopbetreiber vor Vertragsschluss – wie bereits oben dargelegt – lediglich gemäß den formalen Anforderungen gemäß Art. 246a § 4 Abs. 1 und 3 EGBGB zur Verfügung gestellt werden. Hierbei muss das Textformerfordernis noch nicht erfüllt werden. Für den Webshop ist es daher ausreichend, wenn die Widerrufsbelehrung im Webshop an sichtbarer Stelle abrufbar gehalten wird, zB in der Kopf- oder Fußzeile. **2.441**

➲ **Praxistipp:** Damit der Webshopbetreiber dem Verbraucher die Möglichkeit verschafft, die Widerrufsbelehrung rechtlich nachweisbar vor Abgabe von dessen Vertragserklärung in zumutbarer Weise zur Kenntnis zu nehmen, sollte wie folgt verfahren werden: Die Widerrufsbelehrung wird entweder in die AGB integriert oder separat abrufbar gehalten und der Verbraucher muss vor Abgabe von dessen Vertragserklärung mittels einer Schaltfläche bestätigen, dass er die AGB bzw. die Widerrufsbelehrung zur Kenntnis genommen hat. **2.442**

Die Informationspflichten über das Widerrufsrecht sind allerdings nur dann vollständig erfüllt, wenn der Webshopbetreiber die Anforderungen an die Vertragsbestätigung nach § 312f Abs. 2 BGB erfüllt. Diese Verpflichtung umfasst die Zurverfügungstellung der Informationen über das Widerrufsrecht nach § 312g Abs. 1 BGB iVm. den Anforderungen in Art. 246a § 1 Abs. 2 Satz 1 BGB in Textform innerhalb einer angemessenen Frist nach Vertragsschluss, spätestens jedoch bei der Lieferung der Ware oder bevor mit der Ausführung der Dienstleistung begonnen wird. **2.443**

Der Gesetzgeber hat in Art. 246a § 1 Abs. 2 Satz 2 BGB klargestellt, dass die Anforderungen in Art. 246a § 1 Abs. 2 Satz 1 BGB auch dadurch erfüllt werden können, dass dem Verbraucher das in der Anlage 1 vorgesehene Muster für die Widerrufsbelehrung zutreffend aus- **2.444**

---

1 LG Gießen v. 1.3.2000 – 1 S 499/99 = MDR 2000, 693, s. aber auch LG Kassel v. 2.2.2007 – 1 S 395/06, NJW 2007, 3136 – „graue Hinterlegung des Widerrufstextes steuert zu einer Hervorhebungswirkung bei", zudem war der Text der Widerrufsbelehrung eingerahmt.
2 OLG Stuttgart v. 31.8.1992 – 6 U 69/92, NJW 1992, 3245; in dieser Entscheidung hat das Gericht auch dargelegt, bei welchen Gestaltungen es die drucktechnische Hervorhebung als erfüllt ansieht, wobei die nachfolgende Auflistung nur alternativ, nicht kumulativ vorliegen muss: (1) Buchstabengröße der Widerrufsbelehrung größer als der übrige Vertragstext; (2) Andersfarbigkeit der Widerrufsbelehrung gegenüber dem übrigen Vertragstext; (3) Widerrufsbelehrung auf gesondertem Blatt abgedruckt.
3 LG Stuttgart v. 15.12.1994 – 16 S 233/94, NJW 1995, 667.
4 OLG Naumburg v. 7.1.1994 – 3 U 84/93, NJW-RR 1994, 377.
5 BGH v. 1.12.2010 – VIII ZR 82/10 (Urteilsbesprechung *Oelschlägel*, IPRB 2011, 79 ff.).

gefüllt in Textform übermittelt wird. Unklar verbleibt hier, wie durch die Übermittlung der Musterwiderrufsbelehrung die Übermittlung des in Anlage 2 zu Art. 246a § 1 EGBGB enthaltenen Muster-Widerrufsformulars nachgekommen werden kann. Denn auch die Anlage 2 zu Art. 246a § 1 EGBGB zählt zu den Informationspflichten nach Art. 246a § 1 Abs. 2 Satz 1 EGBGB. Hier muss ein Redaktionsversehen vorliegen. Zur Klarstellung: Die gesetzliche Verpflichtung zur Information über das Widerrufsrecht in Textform, also der formgebundenen Information, entsteht aber erst nach Vertragsschluss.

2.445 Die gesetzliche Regelung zur Textform findet sich in § 126b BGB. Eine in Textform gehaltene Erklärung muss als lesbare Erklärung, in der die Person des Erklärenden genannt ist, auf einem dauerhaften Datenträger abgegeben werden. Für die Einhaltung der Textform genügt die Übermittlung per Fax oder E-Mail.[1] Bei Übermittlung durch E-Mail genügt es, dass der Empfänger sie speichern und ausdrucken kann. Nicht erforderlich ist, dass tatsächlich ein Ausdruck erfolgt. Grundsätzlich nicht ausreichend für die Einhaltung der Textform ist, wenn die Widerrufsbelehrung lediglich auf den Webseiten des Onlineshops bereitgestellt wird. Hier ist die Textform nach § 126b BGB nur gewahrt, wenn es tatsächlich zu einem Download kommt.[2] Ebenso wenig reicht es für das Textformerfordernis aus, wenn in einer E-Mail lediglich ein Hyperlink gesetzt wird, über den auf die Widerrufsbelehrung zugegriffen werden kann.[3]

2.446 ➲ **Praxistipp:** Aufgrund der uneinheitlichen Rechtsprechung im Zusammenhang mit der Frage, wann einem Verbraucher in einem Onlineshop die Widerrufsbelehrung in Textform zur Verfügung gestellt wird, empfiehlt es sich, dem Verbraucher mit Übermittlung der Empfangsbestätigung per E-Mail auch gleichzeitig die **Widerrufsbelehrung zu übermitteln**. In diesem Fall ist dann das Erfordernis der Textform nach allen Ansichten eingehalten. Bei telefonischen Bestellungen im Onlineshop ist es erforderlich, die Widerrufsbelehrung im Fall von Warensendungen zumindest mit Warenlieferung zu übermitteln und im Falle der Erbringung von Dienstleistungen unverzüglich nach Vertragsabschluss.

d) Rechtsfolgen

2.447 Besteht keine Möglichkeit der Kenntnisnahme der Belehrung und/oder mangelt es an dem Deutlichkeitsgebot und/oder fehlt es an der Textform, beginnt die Widerrufsfrist nicht zu laufen, und der Verbraucher könnte den Widerruf bis zu 12 Monate und 14 Tage nach Vertragsschluss bzw. nach Erhalt der Ware, je nachdem, welche Konstellation nach § 356 Abs. 2 BGB einschlägig ist, erklären (§ 356 Abs. 3 Satz 2 BGB). Diese vertragliche Rechtsfolge ergibt sich zwar nur zwingend, wenn keine Möglichkeit der Kenntnisnahme über das Widerrufsrecht bestand. § 356 Abs. 3 Satz 1 BGB verweist nur auf die Anforderungen des Art. 246a § 1 Abs. 2 Satz 1 Nr. 1 EGBGB und nicht auf dessen Satz 2 oder § 312f Abs. 2 BGB, aus denen sich die Verpflichtung zur Unterrichtung über das Widerrufsrecht in Textform ergibt oder auf Art. 246 Abs. 3 Satz 2 EGBGB oder Art. 246a § 4 Abs. 1 EGBGB, aus denen sich das Deutlichkeitsgebot ergibt. Gleichwohl zählt die Unterrichtung in Textform und das Deutlichkeitsgebot zu einer gesetzeskonformen Beleh-

---

1 Palandt/*Ellenberger*, § 126b BGB Rz. 3.
2 BGH v. 29.4.2010 – I ZR 66/08 – Rz. 8 – Holzhocker, CR 2010, 804 = NJW 2010, 3566 = WRP 2010, 1517; KG Berlin v. 5.12.2006 – 5 W 295/06, NJW 2006, 3215 = CR 2007, 331 = MMR 2007, 185, OLG Hamburg v. 24.8.2006 – 3 U 103/06, NJW-RR 2007, 839 = CR 2006, 854; OLG Hamm v. 15.3.2007 – 4 W 1/07, ZIP 2007, 824 = MMR 2007, 377, LG Paderborn v. 24.4.2006 – 1 S 35/06 = NJW-RR 2007, 499; LG Flensburg v. 23.8.2006 – 6 O 107/06, MMR 2006, 686; aA MüKoBGB/*Einsele*, § 126b BGB Rz. 9: Abrufbarkeit sei ausreichend, ebenso aA OLG Naumburg v. 13.7.2007 – 10 U 14/07, NJW-RR 2008, 776 = MMR 2008, 548; die überwiegende Rechtsprechung sieht also eine lediglich auf einer Internetseite zur Verfügung gestellte Belehrung nicht als eine solche in Textform an.
3 EuGH v. 5.7.2012 – Rs. C-49/11, EU-Rechtsprechung 7/2012 = MDR 2012, 1077 = CR 2012, 793.

rung, so dass eine analoge Anwendung des § 356 Abs. 3 Satz 2 BGB in diesen Fällen gerechtfertigt ist. Weitere vertragsrechtliche Rechtsfolgen bestehen nicht.

Neben den vertragsrechtlichen Konsequenzen stellt sich die Frage, ob der Webshopbetreiber eine Inanspruchnahme von Verbraucherschutzverbänden und/oder Mitwerbern befürchten muss. Anspruchsberechtigte Stellen nach § 3 UKlaG, wozu grundsätzlich auch Verbraucherschutzverbände zählen, können nach § 2 UKlaG in den vorgenannten Fällen Unterlassungsansprüche gegen den Webshopbetreiber geltend machen, nicht jedoch Auskunfts- und Schadensersatzansprüche. Für den Webshopbetreiber besteht daher die Gefahr, Abmahnkosten und etwaige Anwalts- und Gerichtskosten tragen zu müssen. | **2.448**

Verbraucherschutzverbänden und Mitbewerbern können auch wettbewerbsrechtliche Unterlassungs-, Auskunfts- und Schadensersatzansprüche zustehen, wenn geschäftsbezogene Informationspflichten nicht erfüllt werden, und zwar nach den §§ 3a, 8 UWG iVm. der betroffenen gesetzlichen Vorschrift und unter Umständen auch nach §§ 5a, 8 UWG wegen Irreführung durch Unterlassen.[1] | **2.449**

Die bislang von der Rechtsprechung entschiedenen Fälle betreffen die inhaltliche Ausgestaltung der Widerrufsbelehrung, nicht aber die Informationsart und die Belehrungsform. Nach richtigem Verständnis handelt es sich aber sowohl bei den von Gesetzes wegen zu beachtenden inhaltlichen Anforderungen an die Widerrufsbelehrung als auch bei den zu beachtenden Formvorschriften betreffend diese Belehrung um Marktverhaltensregeln, da sie den Schutz der Verbraucher bezwecken.[2] Insofern liegt bei einem Verstoß gegen die Möglichkeit der Kenntnisnahme, das Deutlichkeitsgebot und das Textformerfordernis zugleich ein Wettbewerbsverstoß nach § 3a, UWG iVm. der entsprechenden Formvorschrift vor. In der Regel wird es sich also bei einem Verstoß gegen zu beachtende Formvorschriften auch um eine spürbare Beeinträchtigung iSv. § 3a UWG handeln. Ausnahmen können aber im Einzelfall vorliegen. | **2.450**

4. Sprache der Widerrufsbelehrung

a) Verträge mit Verbrauchern mit Sitz in Deutschland

Für Verträge im elektronischen Geschäftsverkehr mit Verbrauchern mit einem Wohnsitz in Deutschland ist die Widerrufsbelehrung in deutscher Sprache abzufassen.[3] Die Abfassung der Widerrufsbelehrung in einer anderen Sprache ist nur zulässig, wenn die Vertragsverhandlungen in dieser Sprache geführt worden sind und auch der Vertrag in dieser Sprache abgefasst ist.[4] | **2.451**

b) Verträge mit Verbrauchern mit Sitz im Ausland

Für Verträge im elektronischen Geschäftsverkehr mit Verbrauchern mit einem Wohnsitz außerhalb Deutschlands kann die Widerrufsbelehrung ebenfalls in deutscher Sprache abgefasst werden, wenn auch der gesamte Bestellvorgang in deutscher Sprache erfolgt. Erfolgt der Bestellvorgang in einer anderen Sprache, muss auch die Widerrufsbelehrung in dieser Sprache abgefasst werden. Etwas anderes dürfte nur gelten, wenn aus der Sprachwahl ein Rechtsmißbrauch erkennbar wird, dh. wenn ein Webshopbetreiber gezielt in einem bestimmten Land Kunden umwirbt, den Webshop aber in einer für die meisten angesprochenen Verbraucher unbekannten Sprache gestaltet. | **2.452**

---

1 *Köhler/Bornkamm*, § 4 UWG Rz. 13.157a.
2 So auch KG Berlin v. 5.12.2006 – 5 W 295/06 (unter II.), K&R 2007, 104 = MMR 2007, 185.
3 Palandt/*Grüneberg*, § 360 BGB Rz. 4.
4 LG Köln v. 8.3.2002 – 32 S 66/01, NJW-RR 2002, 1491.

5. Erlöschen des Widerrufsrechts

2.453 Das Erlöschen des Widerrufsrechts ergibt sich allgemein aus dem Beginn und der Laufzeit des Widerrufsrechts (§§ 355 Abs. 2, 356 Abs. 2 BGB). Spezialgesetzliche Regelungen zum Erlöschen sind in § 356 Abs. 4 BGB für Verträge zur Erbringung von Dienstleistungen und in § 356 Abs. 5 BGB für Verträge über die Lieferung von digitalen Inhalten, die nicht auf einem Datenträger verkörpert sind, enthalten. Eine absolute Grenze für die Laufzeit des Widerrufsrechts ist nunmehr in § 356 Abs. 3 Satz 2 BGB enthalten.

2.454 Nach § 356 Abs. 3 Satz 2 BGB erlischt das Widerrufsrecht des Verbrauchers in jedem Fall spätestens 12 Monate und 14 Tage nach Vertragsschluss oder dem gesetzlich geregelten Beginn gemäß § 356 Abs. 2 BGB. Dies ist eine Änderung zum früheren Recht, bei dem das Widerrufsrecht theoretisch unbegrenzt laufen konnte.

2.455 Das Erlöschen kann bei Waren, Dienstleistungen und **digitalen Inhalten**, die nicht auf einem Datenträger verkörpert sind, unterschiedlich verlaufen.

a) Erlöschen des Widerrufsrechts bei Warenlieferungen

aa) Erlöschen nach 14 Tagen

2.456 Bei Verträgen über die Lieferung von Waren erlischt das Widerrufsrecht gemäß § 355 Abs. 2 BGB iVm. § 356 Abs. 2 BGB wie folgt, sofern der Verbraucher ordnungsgemäß über sein Widerrufsrecht in Textform gemäß Art. 246a § 1 Abs. 2 Satz 1 Nr. 1 EGBGB unter Beachtung des Deutlichkeitsgebots belehrt worden ist:

- Bei einfacher Warenlieferung: 14 Tage nach Erhalt der Ware;
- Bei Lieferung mehrerer Waren aufgrund einheitlicher Bestellung: 14 Tage nach Erhalt der letzten Ware;
- Bei Lieferung der Ware in mehreren Teilsendungen: 14 Tage nach Erhalt der letzten Teilsendung;
- Bei regelmäßiger Lieferung von Waren (Abonnementverträgen): 14 Tage nach Erhalt der ersten Ware.

2.457 ➩ **Praxistipp:**

(1) Der Onlinehändler kann das auf 14 Tage begrenzte Widerrufsrecht wie folgt erreichen: Der Unternehmer regelt in seinen AGB, dass der Vertrag entweder durch Annahme per E-Mail oder durch die Warenlieferung zustande kommt.

(2) Nach der Onlinebestellung durch den Verbraucher erhält dieser eine Bestellbestätigungs-E-Mail vom Unternehmer, mit der auch die Widerrufsbelehrung übermittelt wird.

(3) Schließlich teilt der Unternehmer dem Verbraucher spätestens mit Lieferung der Ware in Textform

(a) die Vertragsbestimmungen einschließlich der AGB,

(b) die in Art. 246a § 1 EGBGB genannten Informationen, wozu maßgeblich die Belehrung über das Widerrufsrecht zählt, und

(c) etwaig bestehende Kundendienst- und geltende Gewährleistungs- und Garantiebedingungen mit.

Den Warenlieferungen sollten daher grundsätzlich AGB in ausgedruckter Form beigefügt werden, in denen diese Informationen enthalten sind.

bb) Erlöschen nach 12 Monaten und 14 Tagen

Nach § 356 Abs. 3 Satz 2 BGB erlischt das Widerrufsrecht auch bei Warenlieferungen spä- **2.458** testens 12 Monate und 14 Tage nachdem der Verbraucher die Ware bzw. die letzte Ware (bei einheitlicher Bestellung mehrerer Waren), die letzte Teilsendung, bei einer Ware, die in mehreren Teilsendungen geliefert wird oder die erste Ware, bei einer Abonnement-Belieferung, erhalten hat. Dies ist immer dann der Fall, wenn der Verbraucher nicht oder nicht ordnungsgemäß über sein Widerrufsrecht belehrt worden ist.

b) Erlöschen des Widerrufsrechts bei Dienstleistungen

aa) Nach 14 Tagen

Bei Online-Verträgen über die Erbringung von Dienstleistungen erlischt das Widerrufs- **2.459** recht in zwei Fallkonstellationen innerhalb von 14 Tagen entsprechend der Grundregel in § 355 Abs. 2 Satz 1 BGB:

– Zum einen ist dies der Fall, wenn dem Verbraucher spätestens bei Vertragsschluss eine den Anforderungen der Anlage 1 zu Art. 246a § 1 Abs. 2 Satz 2 EGBGB entsprechende Widerrufsbelehrung in Textform mitgeteilt worden ist.

– Zum anderen ist dies der Fall, wenn dem Verbraucher entsprechend der Regelung in § 312f Abs. 2 Satz 1 BGB in einer angemessenen Frist nach Vertragsschluss, spätestens jedoch bevor mit der Ausführung der Dienstleistung begonnen wird, eine den Anforderungen der Anlage 1 zu Art. 246a § 1 Abs. 2 Satz 2 EGBGB entsprechende Widerrufsbelehrung in Textform mitgeteilt worden ist.

bb) Mit vollständiger Erbringung der Dienstleistung

Abweichend vom Grundfall, dass das Widerrufsrecht nach 14 Tagen erlischt, ist in § 356 **2.460** Abs. 4 Satz 1 BGB ein Sonderfall geregelt, bei dem das Widerrufsrecht unabhängig von der 14-Tages-Frist mit vollständiger Erbringung der Dienstleistung erlischt. Voraussetzung dafür ist, dass der Unternehmer mit der Dienstleistung erst begonnen hat, nachdem der Verbraucher dazu seine ausdrückliche Zustimmung gegeben und gleichzeitig seine Kenntnis davon bestätigt hat, dass er sein Widerrufsrecht bei vollständiger Vertragserfüllung durch den Unternehmer verliert.

Ungeschriebenes Tatbestandsmerkmal ist zunächst die ordnungsgemäße Belehrung über **2.461** das Widerrufsrecht[1], nicht jedoch die Einhaltung der weiteren Informationspflichten nach Art. 246a § 1 EGBGB.[2] Nur im Fall der ordnungsgemäßen Belehrung kann der Verbraucher auch einem Erlöschen seines Widerrufsrechts zustimmen. Ferner muss der Verbraucher seine ausdrückliche Zustimmung zur Ausführung der Dienstleistung geben. Schließlich muss der Verbraucher noch seine Kenntnis über die Rechtsfolge des Verlusts des Widerrufsrechts bestätigen. Im Onlinebereich erfolgt dies in der Praxis über eine Schaltfläche, in der die erforderlichen Informationen stehen und die der Verbraucher anklicken muss, wenn der Unternehmer mit der Ausführung der Dienstleistung beginnen soll. Keine qualifizierte Zustimmung ist gegeben, wenn der Verbraucher die Ausführung der Dienstleistung lediglich hinnimmt[3] oder ihr lediglich zustimmt, ohne über die Rechtsfolgen informiert zu sein. Eine entsprechende Klausel in den AGB des Unternehmers verstößt gegen § 361 Abs. 2 BGB und § 307 BGB.[4]

---

1 AA AG Sinsheim v. 27.1.2009 – 3 C 320/08, NJW-RR 2009, 1290.
2 Palandt/*Grüneberg*, § 356 BGB Rz. 9.
3 Palandt/*Grüneberg*, § 356 BGB Rz. 9.
4 Vgl. Palandt/*Grüneberg*, § 356 BGB Rz. 9 mit Verweis auf AG Hannover v. 22.8.2006 – 561 C 5828/06, NJW 2007, 781.

2.462 Vollständig erbracht ist die Dienstleistung nicht bei Schlechtleistung, und zwar sowohl in den Fällen, in denen ein Nacherfüllungsanspruch besteht als auch in den Fällen, in denen nur noch ein Schadensersatzanspruch besteht.[1]

cc) Nach 12 Monaten und 14 Tagen

2.463 In allen Fällen, in denen keine ordnungsgemäße Belehrung über das Widerrufsrecht erfolgt oder die sonstigen Informationspflichten für ein vorzeitiges Erlöschen des Widerrufsrechts eingehalten werden, findet die Regelung des § 356 Abs. 3 Satz 2 BGB Anwendung. Danach erlischt das Widerrufsrecht des Verbrauchers bei Dienstleistungen spätestens 12 Monate und 14 Tage nach Vertragsschluss.

c) Erlöschen des Widerrufsrechts bei digitalen Inhalten

2.464 Abgesehen vom Erlöschen des Widerrufsrechts in der Regelfrist nach 14 Tagen sowie dem spätesten Erlöschen nach 12 Monaten und 14 Tagen nach Vertragsschluss existiert für digitale Inhalte, die nicht auf einem Datenträger verkörpert sind, eine Sonderregelung in § 356 Abs. 5 BGB. Nach dieser Sonderregelung, erlischt bei der Online-Lieferung von digitalen Inhalten das Widerrufsrecht mit Beginn der Ausführung des Vertrages, wenn der Verbraucher ausdrücklich zugestimmt hat, dass der Unternehmer mit der Vertragsausführung vor Ablauf der Widerrufsfrist beginnt und seine Kenntnis davon bestätigt hat, dass er durch seine Zustimmung mit Beginn der Vertragsausführung sein Widerrufsrecht verliert.

2.465 Typische Fälle sind der Abruf von Informationen aus Datenbanken im Internet[2] oder der Download von digitalen Werken.

6. Beweislast für die ordnungsgemäße Belehrung

2.466 § 312k Abs. 2 BGB bestimmt, dass der Unternehmer die **Beweislast** für die Einhaltung der Informationspflicht über das Widerrufsrecht trägt. Das bedeutet, dass ihn die Beweislast für die ordnungsgemäße Belehrung und den Belehrungszeitpunkt trifft. Es ist daher für den Unternehmer ratsam, dass er die ordnungsgemäße Belehrung über das Widerrufsrecht entsprechend dokumentiert. Nicht praxistauglich erscheinen einige Vorschläge in der Kommentarliteratur, dass sich der Unternehmer den Empfang vom Verbraucher bestätigen lassen soll.[3]

IV. Gesetzliche Musterwiderrufsbelehrung

1. Inhaltliche Ausgestaltung

2.467 Die gesetzliche Regelung in § 312g Abs. 1 BGB schreibt zunächst lediglich vor, dass dem Verbraucher ein Widerrufsrecht gemäß § 355 BGB zusteht. § 355 BGB regelt nur in dessen Abs. 2 und 3 einzelne Aspekte der inhaltlichen Ausgestaltung des Widerrufsrechts. Die Rechtsfolgen des Widerrufs sind in § 357 BGB geregelt. Weitere Regelungen zur inhaltlichen Ausgestaltung des Widerrufsrechts für Onlinehändler befinden sich in Art. 246a § 1 Abs. 2 und 3 EGBGB sowie in Anlage 1 zu diesem Paragraphen. Diese Regelungen sind mit den allgemeinen Fernabsatzregelungen über § 312d BGB verknüpft. Eine ordnungsgemäße Widerrufsbelehrung liegt demnach vor, wenn

---

1 Palandt/*Grüneberg*, § 356 BGB Rz. 9.
2 Vgl. BT-Drucks. 14/2658, S. 13.
3 So bspw. Palandt/*Grüneberg*, § 355 BGB aF Rz. 23 in der 70. Aufl. 2011.

- ein Hinweis auf das Recht zum Widerruf erfolgt,

- ein Hinweis darauf erfolgt, dass der Widerruf keiner Begründung bedarf und mindestens in Textform innerhalb der Widerrufsfrist zu erklären ist,

- der Name und die ladungsfähige Anschrift desjenigen aufgeführt sind, gegenüber dem der Widerruf zu erklären ist,

- sie einen Hinweis auf Dauer und Beginn der Widerrufsfrist sowie darauf enthält, dass zur Fristwahrung die rechtzeitige Absendung der Widerrufserklärung genügt, und

- sie darauf hinweist, welche Rechtsfolgen mit der Ausübung des Widerrufsrechts verbunden sind.

- Ferner muss der Unternehmer gemäß Art. 246a § 1 Abs. 2 Satz 1 Nr. 1 EGBGB über das Muster-Widerrufsformular gemäß Anlage 2 zu Art. 246a § 1 Abs. 2 Satz 1 Nr. 1 EGBGB informieren.

Der Gesetzgeber hat erkannt, dass es schwierig ist, die auf mehrere Vorschriften in mehreren Gesetzen verteilten Informationspflichten im Zusammenhang mit dem Widerrufsrecht ohne eine Vorlage gesetzeskonform einhalten zu können. Er hat daher in Art. 246a § 1 Abs. 2 Satz 2 EGBGB geregelt, dass der Unternehmer die Informationspflichten über das Widerrufsrecht dadurch gesetzeskonform erfüllen kann, dass er das in der Anlage 1 zu Art. 246a § 1 Abs. 2 EGBGB vorgesehene **Muster für die Widerrufsbelehrung** zutreffend ausgefüllt in Textform an den Verbraucher übermittelt. Verwendet daher der Unternehmer eine ordnungsgemäß erstellte Widerrufsbelehrung, handelt er im Hinblick auf die Informationspflichten über die inhaltliche Ausgestaltung des Widerrufsrechts gesetzeskonform. **2.468**

Für die gestalterische Form und die Einbindung innerhalb der vorvertraglichen und vertraglichen Informationspflichten müssen allerdings auch die bereits zuvor erwähnten rechtlichen Regelungen beachtet werden. **2.469**

➜ **Praxistipp:** Das in Anlage 1 zu Art. 246a § 1 Abs. 2 EGBGB enthaltene Muster für die Widerrufsbelehrung stellt zunächst nur ein Muster für den **Grundfall im Fernabsatzverkehr** dar. Bereits die Verwendung für den elektronischen Geschäftsverkehr erfordert einige Anpassungen. Es gibt zahlreiche mögliche und teils notwendige weitere Abweichungen, die der Gesetzgeber in Form von Gestaltungshinweisen dem Muster angefügt hat. Es muss daher bei jedem Fernabsatzvertrag und daher auch für jeden Webshop gesondert geprüft werden, wie die Musterwiderrufsbelehrung gestaltet werden muss. **2.470**

2. Musterwiderrufsbelehrung für einen einfachen Online-Warenkauf

Wird über einen Onlineshop Ware verkauft und bestehen keinerlei Besonderheiten, dh. der gewerbliche Onlinehändler übernimmt im Fall der Ausübung des Widerrufsrechts die Rücksendekosten und der Kauf ist vom Verbraucher nicht finanziert, kann die Grundversion der Musterwiderrufsbelehrung für Fernabsatzverträge über die Lieferung von Waren im elektronischen Geschäftsverkehr – wie nachfolgend wiedergegeben – verwendet werden. **2.471**

Die Überschrift und die Zwischenüberschriften, nicht jedoch ein Hinweis auf das Ende der Widerrufsbelehrung, müssen unbedingt eingehalten werden. Abweichungen von dieser Grundform sind erforderlich, wenn die Belehrung nicht einen Vertrag über einen einfachen Wareneinkauf abdecken soll, sondern einen Vertrag über mehrere Waren, die im Rahmen einer einheitlichen Bestellung bestellt und die getrennt geliefert werden, oder einen Vertrag über die Lieferung einer Ware in mehreren Teilsendungen oder Stücken, oder wenn ein Vertrag über die regelmäßige Lieferung von Waren über einen festgelegten Zeitraum hinweg (sog. Abonnementverträge) betroffen ist. In Anlage 1 zu Art. 246a § 1 Abs. 2 **2.472**

EGBGB sind hierzu vier verschiedene Gestaltungsalternativen angegeben. Problematisch ist nun, dass in den Gestaltungshinweisen steht, dass nur einer der zur Verfügung gestellten Textbausteine in die Widerrufsbelehrung integriert werden soll, womit dann aber auch nur eine Alternative abgedeckt wäre. Gleichwohl ist sehr wahrscheinlich, dass in vielen Webshops zumindest die ersten drei Alternativen zum Tragen kommen können. Dies ist vom Gesetzgeber nicht hinreichend bedacht worden.

2.473 ➲ **Praxistipp:** Die beste Lösung wäre, wenn im Webshop am Ende der Bestellung automatisch diejenige Widerrufsbelehrung mit dem Textbaustein abrufbar gehalten werden würde, die auf die jeweils konkrete Bestellung passt und der Verbraucher die passende Widerrufsbelehrung noch einmal in Textform übermittelt erhält. Wenn dies technisch beim Webshopbetreiber nicht umsetzbar ist, sollte die wahrscheinlichste Alternative gewählt werden; dies dürfte die zweite Alternative sein, bei der mehrere Waren im Rahmen einer einheitlichen Bestellung bestellt und ggf. getrennt geliefert werden. Diese Alternative deckt nämlich auch den Grundfall ab, dass eine oder mehrere Waren bestellt werden, gleichwohl aber einheitlich geliefert werden.

2.474 Abweichungen von der Grundform sind ebenfalls erforderlich, wenn mit dem Verbraucher ein Onlinekauf auf Probe vereinbart wird (s. Musterwiderrufsbelehrung Rz. 2.485), wenn der Verbraucher die Rücksendekosten tragen soll (s. Musterwiderrufsbelehrung Rz. 2.485) und wenn der Verbraucher einen auf Darlehensbasis finanzierten Onlinekauf abschließt (s. Musterwiderrufsbelehrung, Rz. 2.485).

2.475 Abweichungen existieren schließlich auch bei einer Widerrufsbelehrung für Dienstleistungen (s. Musterwiderrufsbelehrung, Rz. 2.488) und wenn es sich zwar um einen Kauf im Fernabsatzwege handelt (s. Rz. 3.76–3.81), beispielsweise über das Telefon oder per Katalogbestellung, nicht aber um einen Kauf im elektronischen Geschäftsverkehr wie beim Onlinekauf.

2.475a **M 15 Widerrufsbelehrung nach Anlage 1 zu Art. 246a § 1 Abs. 2 Satz 2 EGBGB**

Widerrufsrecht

Sie haben das Recht, binnen vierzehn Tagen ohne Angabe von Gründen diesen Vertrag zu widerrufen.

Die Widerrufsfrist beträgt vierzehn Tage ab dem Tag, an dem Sie oder ein von Ihnen benannter Dritter, der nicht der Beförderer ist, die Waren in Besitz genommen haben bzw. hat. [1. Alternative: „... an dem Sie oder ein von Ihnen benannter Dritter, der nicht der Beförderer ist, die letzte Ware in Besitz genommen haben bzw. hat"; 2. Alternative: „... an dem Sie oder ein von Ihnen benannter Dritter, der nicht der Beförderer ist, die letzte Teilsendung oder das letzte Stück in Besitz genommen haben"; 3. Alternative: „... an dem Sie oder ein von Ihnen benannter Dritter, der nicht der Beförderer ist, die erste Ware in Besitz genommen haben bzw. hat";]

Um Ihr Widerrufsrecht auszuüben, müssen Sie uns, ... [hier Eintrag von Name, Anschrift und soweit verfügbar, Telefonnummer[1], Faxnummer, E-Mail-Adresse][2] mittels einer eindeutigen Erklä-

---

1 Besitzt der Unternehmer eine geschäftliche Telefonnummer, gibt er diese aber nicht an, liegt ein Verstoß gegen Art. 246a § 1 Abs. 2 Satz 1 Nr. 1 und § 4 Abs. 1 EGBGB vor – so OLG Hamm v. 3.3.2015 – 4 U 171/14; OLG Hamm v. 24.3.2015 – I-4 U 30/15.

2 Gemäß § 360 Abs. 1 Nr. 3 BGB ist die Angabe des Namens/der Firma und einer ladungsfähigen Anschrift erforderlich. Die Angabe eines Postfachs entspricht nicht einer ladungsfähigen Anschrift (OLG Koblenz v. 9.1.2006 – 12 U 740/04, NJW 2006, 919 ff.). Zusätzlich können angegeben werden Telefaxnummer, E-Mail-Adresse und/oder wenn der Verbraucher eine Bestätigung seiner Widerrufserklärung an den Unternehmer erhält, auch eine Internet-Adresse. Nach KG Berlin v. 7.9.2007 – 5 W 266/07, NJW-RR 2008, 352 und OLG Hamm v. 2.7.2009 – 4 U 43/09, NJW-RR 2010, 253, soll die Angabe einer Telefonnummer irreführend sein, weil der Verbraucher meinen könnte, sein Widerrufsrecht telefonisch ausüben zu können.

rung (zB ein mit der Post versandter Brief, Telefax, E-Mail) über Ihren Entschluss, diesen Vertrag zu widerrufen, informieren. Sie können dafür das beigefügte **Muster-Widerrufsformular**[1] verwenden, das jedoch nicht vorgeschrieben ist.

Zur Wahrung der Widerrufsfrist reicht es aus, dass Sie die Mitteilung über die Ausübung des Widerrufsrechts vor Ablauf der Widerrufsfrist absenden

Folgen des Widerrufs

Wenn Sie diesen Vertrag widerrufen, haben wir Ihnen alle Zahlungen, die wir von Ihnen erhalten haben, einschließlich der Lieferkosten (mit Ausnahme der zusätzlichen Kosten, die sich daraus ergeben, dass Sie eine andere Art der Lieferung als die von uns angebotene, günstigste Standardlieferung gewählt haben), unverzüglich und spätestens binnen vierzehn Tagen ab dem Tag zurückzuzahlen, an dem die Mitteilung über Ihren Widerruf dieses Vertrags bei uns eingegangen ist. Für diese Rückzahlung verwenden wir dasselbe Zahlungsmittel, das Sie bei der ursprünglichen Transaktion eingesetzt haben, es sei denn, mit Ihnen wurde ausdrücklich etwas anderes vereinbart; in keinem Fall werden Ihnen wegen dieser Rückzahlung Entgelte berechnet.

Wir können die Rückzahlung verweigern, bis wir die Waren wieder zurückerhalten haben oder bis Sie den Nachweis erbracht haben, dass Sie die Waren zurückgesandt haben, je nachdem, welches der frühere Zeitpunkt ist.[2]

Sie haben die Waren unverzüglich und in jedem Fall spätestens binnen vierzehn Tagen ab dem Tag, an dem Sie uns über den Widerruf dieses Vertrages unterrichten, an uns zurückzusenden oder zu übergeben.[3] Die Frist ist gewahrt, wenn Sie die Waren vor Ablauf der Frist von vierzehn Tagen absenden.

Wir tragen die Kosten der Rücksendung der Waren.[4]

Sie müssen für einen etwaigen Wertverlust der Waren nur aufkommen, wenn dieser Wertverlust auf einen zur Prüfung der Beschaffenheit, Eigenschaften und Funktionsweise der Waren nicht notwendigen Umgang mit ihnen zurückzuführen ist.

Ende der Widerrufsbelehrung[5]

Das in der Widerrufsbelehrung erwähnte **Widerrufsformular** ist in Anlage 2 zu Art. 246a § 1 Abs. 2 Satz 1 Nr. 1 und § 2 Abs. 2 Nr. 2 EGBGB geregelt und lautet wie folgt: **2.476**

M 16 Muster-Widerrufsformular nach Anlage 2 zu Art. 246a § 1 Abs. 2 Satz 1 Nr. 1 EGBGB und § 2 Abs. 2 Nr. 2 EGBGB   **2.476a**

(Wenn Sie den Vertrag widerrufen wollen, dann füllen Sie bitte dieses Formular aus und senden Sie es zurück.)

An … [hier ist der Name, die Anschrift und gegebenenfalls die Telefonnummer und E-Mail-Adresse des Unternehmers durch den Unternehmer einzufügen]

Hiermit widerrufe(n) ich/wir (*) den von mir/uns abgeschlossenen Vertrag über den Kauf von folgenden Waren … (*)/die Erbringung der folgenden Dienstleistung … (*)

---

1 Sofern der Webshopbetreiber die Möglichkeit des elektronischen Widerrufs anbietet, muss ein anderer Text gewählt werden, s.u. Muster-Widerrufsformular.
2 Dieser Satz muss nur in die Widerrufsbelehrung aufgenommen werden, wenn der Webshopbetreiber die Waren im Fall des Widerrufs nicht selbst beim Verbraucher abholt; dies dürfte allerdings die Regel sein.
3 Sofern der Webshopbetreiber die waren beim Verbraucher abholt, wird dieser Absatz durch den Satz ersetzt: „Wir holen die Waren ab."
4 Die Gestaltungshinweise sehen gesonderte Formulierungen vor, wenn die Ware beim Verbraucher abgeholt wird.
5 Diese Angabe ist in der Musterwiderrufsbelehrung nicht mehr vorgesehen und daher nicht mehr verpflichtend. Gleichwohl sollte der Abschluss der Widerrufsbelehrung entsprechend kenntlich gemacht werden.

Bestellt am ... (*)/erhalten am ... (*)

... Name des/der Verbraucher(s)

... Anschrift des/der Verbraucher (s)

... Unterschrift des/der Verbraucher(s) (nur bei Mitteilung auf Papier)

... Datum

(*) Unzutreffendes streichen

2.477 Grundsätzlich reicht es aus, wenn das vorstehende Widerrufsformular unter der Widerrufsbelehrung angegeben wird. Im Webshop könnte es auch in der Widerrufsbelehrung übe r einen Link angezeigt werden. Etwas anderes gilt allerdings dann, wenn sich der Webshopbetreiber dazu entscheidet, dem Verbraucher anzubieten, dass er die Erklärung seines Widerrufs im Webshop elektronisch ausfüllen und an den Webshopbetreiber übermitteln kann. In diesem Fall muss die Widerrufsbelehrung um folgendes Passus ergänzt werden: Sie können das Muster-Widerrufsformular oder eine andere eindeutige Erklärung auch auf unserer Webseite [Internet-Adresse einfügen] elektronisch ausfüllen und übermitteln. Machen Sie von dieser Möglichkeit Gebrauch, so werden wir Ihnen unverzüglich (zB per E-Mail) eine Bestätigung über den Eingang eines solchen Widerrufs übermitteln." Bietet der Webshopbetreiber also über die Möglichkeit des elektronischen Widerrufs an, trifft ihn die Pflicht, per E-Mail eine Eingangsbestätigung des Widerrufs an den Verbraucher zu übermitteln.

2.478 Der Verbraucher ist nicht verpflichtet, den Text des Muster-Widerrufsformulars für seinen Widerruf zu verwenden. Für die Ausübung des Widerrufsrechts reicht es aus, wenn sich der Erklärung des Verbrauchers zweifelsfrei der Wille entnehmen lässt, sich vom Vertrag zu lösen[1]. Der Begriff Widerruf muss hierfür nicht verwendet werden. Begriffe wie Kündigung oder Rücktritt reichen aus[2]. Lediglich eine kommentarlose **Rücksendung der Ware** dürfte grundsätzlich nicht mehr als Widerrufserklärung gewertet werden.[3] Dies ist allerdings umstritten. Vertreter in der Literatur meinen, dass der Erwägungsgrund 44 der Verbraucherrechterichtlinie (RL 2011/83/EU) dies nicht ausschließe und das deutsche Recht die Warenrücksendung als konkludente Widerrufsausübung durchaus zulasse.[4]

3. Musterwiderrufsbelehrung über einen finanzierten Online-Warenkauf auf Probe mit Rücksendekosten für den Verbraucher

2.479 Die für den Online-Warenkauf bestehende Grundform der Musterwiderrufsbelehrung muss ergänzt werden, wenn es sich um einen Online-Warenkauf auf Probe und/oder einen finanzierten Online-Warenkauf und/oder einen Online-Warenkauf handelt, bei dem dem Verbraucher die Rücksendekosten auferlegt werden sollen.

2.480 Der **Online-Warenkauf auf Probe** ist von einigen Versandhändlern ursprünglich deshalb eingeführt worden, um den Verbraucher über sein Widerrufsrecht in Textform vor Vertragsschluss informieren zu können, wie es die alte Rechtslage zwingend vorsah. Dieses Problem tauchte in der Praxis insbesondere in den Fällen auf, in denen der Versandhändler dem Verbraucher nicht nur eine Onlinebestellung ermöglichte, sondern auch eine telefoni-

---

1 AG Bad Segeberg v. 13.4.2015 – 17 C 230/14.
2 OLG Bremen v. 29.2.2012 – 1 U 66/11.
3 BT-Drs. 17/12637, S. 60.
4 So *Hoffmann/Schneider*, NJW 2015, 2529 ff. mit ausführlicher Auseinandersetzung mit den gegenteiligen Literaturstimmen.

sche Bestellung. Bei der telefonischen Bestellung bestand für den Versandhändler jedoch das Problem, den Verbraucher über sein Widerrufsrecht in Textform vor Vertragsschluss zu informieren. Zur Lösung dieses Problems ist als Rechtskonstruktion der in den §§ 454, 455 BGB geregelte Kauf auf Probe eingesetzt worden. Ziel des Kaufs auf Probe war es aus Sicht des Fernabsatzhändlers, dass dem Verbraucher, der eine telefonische Bestellung abgegeben hat, die Ware nebst der Widerrufsbelehrung in Textform zugeschickt wird und der Verbraucher dann im Rahmen einer ihm eingeräumten Billigungsfrist den Kaufvertrag mit dem Unternehmer abschließen kann. Bei dieser Konstellation wird dem Verbraucher noch vor endgültigem Vertragsschluss die Widerrufsbelehrung in Textform übermittelt.

Dieser Konstellation bedarf es schon seit der Änderung von § 355 Abs. 2 BGB am 11.6.2010 **2.481** nicht mehr. Auch durch die Umsetzung der Verbraucherrechterichtlinie in deutsches Recht am 13.6.2014 hat sich daran nichts geändert. Im Gegenteil: § 312f Abs. 2 BGB stellt klar, dass sämtliche Informationspflichten – auch bei telefonischen Bestellungen – erst nach Vertragsschluss in Textform erfüllt werden müssen. Vor diesem Hintergrund ist der Onlinewarenkauf auf Probe entbehrlich geworden. Möglich ist allerdings, dass der Onlinewarenkauf auf Probe noch aus steuerlichen Gesichtspunkten von Vorteil für den Onlinehändler ist.

Gemäß § 357 Abs. 6 Satz 1 BGB trägt der Verbraucher die unmittelbaren **Kosten der Rück-** **2.482** **sendung** der Ware. Dies gilt allerdings nur, wenn der Unternehmer den Verbraucher hierüber vor Abschluss von dessen Vertragserklärung unterrichtet hat. Anders als nach früherem Recht trägt also grundsätzlich der Verbraucher die Kosten der Rücksendung der Ware. Der Webshopbetreiber muss den Verbraucher hierüber nur in der Widerrufsbelehrung unterrichten. Es besteht also lediglich eine Informationspflicht. Eine wirksame Vereinbarung außerhalb der Widerrufsbelehrung, beispielsweise als gesonderte Klausel in den AGB des Webshopbetreibers ist nicht mehr erforderlich, aber natürlich weiterhin zulässig. Die aus früherem Recht bekannte **40-Euro-Regelung** existiert nicht mehr.

Die Regelungen zu den Rücksendekosten finden jedoch keine Anwendung, wenn die ge- **2.483** lieferte Ware nicht der bestellten entspricht. Der Verbraucher soll also nicht für die Kosten der Rücksendung einstehen müssen, wenn er eine Ware zugeschickt erhält, die er gar nicht bestellt hat.

Schließlich muss die Widerrufsbelehrung bei **verbundenen finanzierten Geschäften** eben- **2.484** falls einen **gesonderten Hinweis** enthalten, dass bei Verträgen, die durch ein Darlehen finanziert sind und die beide eine wirtschaftliche Einheit bilden, der Widerruf des finanzierten Vertrages sich auch auf den Darlehensvertrag auswirkt[1]. Der Verbraucher soll hier also davor geschützt werden, dass er bei einem Widerruf eines finanzierten Vertrages zwar den Vertrag widerruft, aber nicht den Vertrag, mit dem er den Onlinewarenkauf finanziert hat.

Alle drei Konstellationen (Kauf auf Probe, Rücksendekosten, finanzierter Kauf) sind in **2.485** der nachfolgenden Musterwiderrufsbelehrung[2] geregelt und können je nach Fallgestaltung einzelnen oder kombiniert eingesetzt werden.

---

1 Für den Darlehensvertrag muss dem Verbraucher zudem eine eigenständige Widerrufsbelehrung gemäß Anlage 3 zu Art. 246b § 2 Abs. 3 EGBGB zur Verfügung gestellt werden.
2 Angelehnt an Anlage 1 zu Art. 246a § 1 Abs. 2 Satz 2 EGBGB und Anlage 3 zu Art. 246b § 2 Abs. 3 EGBGB.

2.485a **M 17 Widerrufsbelehrung nach Anlage 1 zu Art. 246a § 1 Abs. 2 Satz 2 EGBGB und Anlage 3 zu Art. 246b § 2 Abs. 2 EGBGB**

Widerrufsrecht

Sie haben das Recht, binnen vierzehn Tagen ohne Angabe von Gründen diesen Vertrag zu widerrufen.

Die Widerrufsfrist beträgt vierzehn Tage ab dem Tag, an dem Sie oder ein von Ihnen benannter Dritter, der nicht der Beförderer ist, die Waren in Besitz genommen haben bzw. hat, nicht jedoch bevor der Kaufvertrag durch Ihre Billigung des gekauften Gegenstandes für Sie bindend geworden ist.

Um Ihr Widerrufsrecht auszuüben, müssen Sie uns, … [hier Eintrag von Name, Anschrift und soweit verfügbar, Telefonnummer, Faxnummer, E-Mail-Adresse][1] mittels einer eindeutigen Erklärung (zB ein mit der Post versandter Brief, Telefax, E-Mail) über Ihren Entschluss, diesen Vertrag zu widerrufen, informieren. Sie können dafür das beigefügte **Muster-Widerrufsformular**[2] verwenden, das jedoch nicht vorgeschrieben ist.

Zur Wahrung der Widerrufsfrist reicht es aus, dass Sie die Mitteilung über die Ausübung des Widerrufsrechts vor Ablauf der Widerrufsfrist absenden

Folgen des Widerrufs

Wenn Sie diesen Vertrag widerrufen, haben wir Ihnen alle Zahlungen, die wir von Ihnen erhalten haben, einschließlich der Lieferkosten (mit Ausnahme der zusätzlichen Kosten, die sich daraus ergeben, dass Sie eine andere Art der Lieferung als die von uns angebotene, günstigste Standardlieferung gewählt haben), unverzüglich und spätestens binnen vierzehn Tagen ab dem Tag zurückzuzahlen, an dem die Mitteilung über Ihren Widerruf dieses Vertrags bei uns eingegangen ist. Für diese Rückzahlung verwenden wir dasselbe Zahlungsmittel, das Sie bei der ursprünglichen Transaktion eingesetzt haben, es sei denn, mit Ihnen wurde ausdrücklich etwas anderes vereinbart; in keinem Fall werden Ihnen wegen dieser Rückzahlung Entgelte berechnet.

Wir können die Rückzahlung verweigern, bis wir die Waren wieder zurückerhalten haben oder bis Sie den Nachweis erbracht haben, dass Sie die Waren zurückgesandt haben, je nachdem, welches der frühere Zeitpunkt ist.[3]

Sie haben die Waren unverzüglich und in jedem Fall spätestens binnen vierzehn Tagen ab dem Tag, an dem Sie uns über den Widerruf dieses Vertrages unterrichten, an uns zurückzusenden oder zu übergeben.[4] Die Frist ist gewahrt, wenn Sie die Waren vor Ablauf der Frist von vierzehn Tagen absenden.

Sie tragen die unmittelbaren Kosten der Rücksendung der Waren.[5]

Sie müssen für einen etwaigen Wertverlust der Waren nur aufkommen, wenn dieser Wertverlust auf einen zur Prüfung der Beschaffenheit, Eigenschaften und Funktionsweise der Waren nicht notwendigen Umgang mit ihnen zurückzuführen ist.

---

1 Gemäß § 360 Abs. 1 Nr. 3 BGB ist die Angabe des Namens/der Firma und einer ladungsfähigen Anschrift erforderlich. Die Angabe eines Postfachs entspricht nicht einer ladungsfähigen Anschrift (OLG Koblenz v. 9.1.2006 – 12 U 740/04, NJW 2006, 919 ff.). Zusätzlich können angegeben werden Telefaxnummer, E-Mail-Adresse und/oder wenn der Verbraucher eine Bestätigung seiner Widerrufserklärung an den Unternehmer erhält, auch eine Internet-Adresse. Nach KG Berlin v. 7.9.2007 – 5 W 266/07, NJW-RR 2008, 352 und OLG Hamm v. 2.7.2009 – 4 U 43/09, NJW-RR 2010, 253, soll die Angabe einer Telefonnummer irreführend sein, weil der Verbraucher meinen könnte, sein Widerrufsrecht telefonisch ausüben zu können.
2 Sofern der Webshopbetreiber die Möglichkeit des elektronischen Widerrufs anbietet, muss ein anderer Text gewählt werden, s. Muster-Widerrufsformular, Rz. 2.476a.
3 Dieser Satz muss nur in die Widerrufsbelehrung aufgenommen werden, wenn der Webshopbetreiber die Waren im Fall des Widerrufs nicht selbst beim Verbraucher abholt; dies dürfte allerdings die Regel sein.
4 Sofern der Webshopbetreiber die waren beim Verbraucher abholt, wird dieser Absatz durch den Satz ersetzt: „Wir holen die Waren ab."
5 Die Gestaltungshinweise sehen gesonderte Formulierungen vor, wenn die Ware beim Verbraucher abgeholt wird.

Finanzierte Geschäfte

Haben Sie diesen Vertrag durch ein Darlehen finanziert und widerrufen Sie den finanzierten Vertrag, sind Sie auch an den Darlehensvertrag nicht mehr gebunden, wenn beide Verträge eine wirtschaftliche Einheit bilden. Dies ist insbesondere anzunehmen, wenn wir gleichzeitig Ihr Darlehensgeber sind oder wenn sich Ihr Darlehensgeber im Hinblick auf die Finanzierung unserer Mitwirkung bedient. Wenn uns das Darlehen bei Wirksamwerden des Widerrufs oder der Rückgabe bereits zugeflossen ist, tritt Ihr Darlehensgeber im Verhältnis zu Ihnen hinsichtlich der Rechtsfolgen des Widerrufs oder der Rückgabe in unsere Rechte und Pflichten aus dem finanzierten Vertrag ein. Letzteres gilt nicht, wenn der vorliegende Vertrag den Erwerb von Finanzinstrumenten (zB von Wertpapieren, Devisen oder Derivaten) zum Gegenstand hat. Wollen Sie eine vertragliche Bindung so weitgehend wie möglich vermeiden, machen Sie von Ihrem Widerrufsrecht Gerbrauch und widerrufen Sie zudem den Darlehensvertrag, wenn Ihnen auch dafür ein Widerrufsrecht zusteht.

Ende der Widerrufsbelehrung[1]

4. Einzelfragen zu Gestaltungsalternativen

Steht fest, dass für den Abschluss eines Vertrages die Schriftform nach § 126 BGB vorgeschrieben ist, muss in der Widerrufsbelehrung[2] unter der Zwischenüberschrift „Widerrufsrecht" klargestellt werden, dass die Frist zur Ausübung des Widerrufsrechts nicht beginnt, bevor dem Verbraucher auch eine Vertragsurkunde, sein schriftlicher Antrag oder eine Abschrift der Vertragsurkunde oder des Antrags zur Verfügung gestellt worden ist.   **2.486**

Umfasst der Onlinewarenkauf wiederkehrende Lieferungen gleichartiger Waren, so muss auch hier beim Widerrufsrecht klargestellt werden, dass die Frist zur Ausübung des Widerrufsrechts nicht vor Inbesitznahme der ersten Ware beginnt.   **2.487**

5. Musterwiderrufsbelehrung für online bestellte Dienstleistungen und nicht-verkörperte digitale Inhalte

M 18 Widerrufsbelehrung angelehnt an Anlage 1 zu Art. 246a § 1 Abs. 2 Satz 2 EGBGB   **2.488**

Widerrufsrecht

Sie haben das Recht, binnen vierzehn Tagen ohne Angabe von Gründen diesen Vertrag zu widerrufen.

Die Widerrufsfrist beträgt vierzehn Tage ab dem Tag des Vertragsschlusses.

Um Ihr Widerrufsrecht auszuüben, müssen Sie uns, … [hier Eintrag von Name, Anschrift und soweit verfügbar, Telefonnummer, Faxnummer, E-Mail-Adresse][3] mittels einer eindeutigen Erklärung (zB ein mit der Post versandter Brief, Telefax, E-Mail) über Ihren Entschluss, diesen Vertrag

---

1 Diese Angabe ist in der Musterwiderrufsbelehrung nicht mehr vorgesehen und daher nicht mehr verpflichtend. Gleichwohl sollte der Abschluss der Widerrufsbelehrung entsprechend kenntlich gemacht werden.

2 Angelehnt an Anlage 1 zu Art. 246a § 1 Abs. 2 Satz 2 EGBGB.

3 Gemäß § 360 Abs. 1 Nr. 3 BGB ist die Angabe des Namens/der Firma und einer ladungsfähigen Anschrift erforderlich. Die Angabe eines Postfachs entspricht nicht einer ladungsfähigen Anschrift (OLG Koblenz v. 9.1.2006 – 12 U 740/04, NJW 2006, 919 ff.). Zusätzlich können angegeben werden Telefaxnummer, E-Mail-Adresse und/oder wenn der Verbraucher eine Bestätigung seiner Widerrufserklärung an den Unternehmer erhält, auch eine Internet-Adresse. Nach KG Berlin v. 7.9.2007 – 5 W 266/07, NJW-RR 2008, 352 und OLG Hamm v. 2.7.2009 – 4 U 43/09, NJW-RR 2010, 253, soll die Angabe einer Telefonnummer irreführend sein, weil der Verbraucher meinen könnte, sein Widerrufsrecht telefonisch ausüben zu können.

zu widerrufen, informieren. Sie können dafür das beigefügte **Muster-Widerrufsformular**[1] verwenden, das jedoch nicht vorgeschrieben ist.

Zur Wahrung der Widerrufsfrist reicht es aus, dass Sie die Mitteilung über die Ausübung des Widerrufsrechts vor Ablauf der Widerrufsfrist absenden.

Folgen des Widerrufs

Wenn Sie diesen Vertrag widerrufen, haben wir Ihnen alle Zahlungen, die wir von Ihnen erhalten haben, einschließlich der Lieferkosten (mit Ausnahme der zusätzlichen Kosten, die sich daraus ergeben, dass Sie eine andere Art der Lieferung als die von uns angebotene, günstigste Standardlieferung gewählt haben), unverzüglich und spätestens binnen vierzehn Tagen ab dem Tag zurückzuzahlen, an dem die Mitteilung über Ihren Widerruf dieses Vertrags bei uns eingegangen ist. Für diese Rückzahlung verwenden wir dasselbe Zahlungsmittel, das Sie bei der ursprünglichen Transaktion eingesetzt haben, es sei denn, mit Ihnen wurde ausdrücklich etwas anderes vereinbart; in keinem Fall werden Ihnen wegen dieser Rückzahlung Entgelte berechnet.

Haben Sie verlangt, dass die Dienstleistungen während der Widerrufsfrist beginnen soll, so haben Sie uns einen angemessenen Betrag zu zahlen, der dem Anteil der bis zu dem Zeitpunkt, zu dem Sie uns von der Ausübung des Widerrufsrechts hinsichtlich dieses Vertrags unterrichten, bereits erbrachten Dienstleistungen im Vergleich zum Gesamtumfang der im Vertrag vorgesehenen Dienstleistungen entspricht. [Dieser Absatz entfällt bei Widerrufsbelehrungen für den Online-Bezug von nicht-verkörperten digitalen Inhalten]

Ende der Widerrufsbelehrung[2]

V. Rechtsfolgen bei Ausübung des Widerrufsrechts

1. Allgemeines

2.489 Die Rechtsfolgen bei Ausübung des Widerrufsrechts sind in § 355 Abs. 3 BGB und ergänzend in § 357 BGB für den Verbrauchsgüterkauf geregelt. Durch die Erklärung des Widerrufs wandelt sich der zunächst wirksame Vertrag mit Wirkung ex nunc in ein Rückabwicklungsverhältnis um.[3] Die beiderseitigen Leistungen sind nach den Regelungen in §§ 355 Abs. 3, 357 BGB zurückzugewähren. Nach seinen Voraussetzungen und Rechtsfolgen ist das Widerrufsrecht ein besonders ausgestaltetes gesetzliches Rücktrittsrecht, bei dem allerdings strengere Haftungsregelungen als für den Widerrufsberechtigten gelten als für den nach den §§ 346 ff. BGB zum Rücktritt Berechtigten. Ein Rückgriff auf die §§ 346 ff. BGB ist nicht mehr vorgesehen. Die §§ 355 Abs. 3, 357 BGB sollen die Rückabwicklung beim Widerruf abschließend regeln[4], zumindest im Hinblick auf Ansprüche des Unternehmers gegen den Verbraucher, wie § 361 Abs. 1 BGB zu entnehmen ist.

2.490 Nach § 355 Abs. 3 Satz 1 BGB besteht bei Erklärung des Widerrufs die Pflicht zur Rückgewähr der empfangenen Leistungen. Nutzungs- und Wertersatz bestimmen sich nach §§ 357 ff. BGB. Bei einem Online-Warenkauf hat der Unternehmer also die vom Verbraucher empfangene Geldzahlung und der Verbraucher die empfangene Ware an die jeweils andere Partei herauszugeben. Hat der Verbraucher mit dem Unternehmer online einen Dienstleistungsvertrag geschlossen und hat – was ein absoluter Ausnahmefall sein dürfte – der Unternehmer bereits seine Dienstleistung erbracht, bevor der Verbraucher seinerseits die geschuldete Gegenleistung erbracht hat, sodass der Vertrag von beiden Seiten noch

---

1 Sofern der Webshopbetreiber die Möglichkeit des elektronischen Widerrufs anbietet, muss ein anderer Text gewählt werden, s.o. Muster-Widerrufsformular, Rz. 2.476a.
2 Diese Angabe ist in der Musterwiderrufsbelehrung nicht mehr vorgesehen und daher nicht mehr verpflichtend. Gleichwohl sollte der Abschluss der Widerrufsbelehrung entsprechend kenntlich gemacht werden.
3 OLG Koblenz v. 9.1.2006 – 12 U 740/04, NJW 2006, 919.
4 So auch Palandt/*Grüneberg*, § 357 BGB Rz. 1.

nicht vollständig erfüllt und insofern das Widerrufsrecht nach § 356 Abs. 4 BGB nicht ausgeschlossen ist, hat der Verbraucher nach § 357 Abs. 8 BGB Wertersatz für die empfangene Dienstleistung zu leisten.

Gemäß § 355 Abs. 3 Satz 2 und 3 BGB iVm. § 357 Abs. 1 BGB sind die empfangenen Leistungen spätestens innerhalb von 14 Tagen zurückzugewähren. Danach tritt Verzug mit den Verzugsfolgen ein. Nach § 355 Abs. 3 Satz 2 BGB beginnt die 14-Tage-Frist für die Erstattungsverpflichtung des Verbrauchers mit Abgabe seiner Widerrufserklärung. Beim Unternehmer beginnt die Erstattungsverpflichtung mit dem Zugang der Widerrufserklärung bei ihm. Der Verbraucher wahrt die Frist durch rechtzeitige Absendung der Ware (§ 355 Abs. 3 Satz 3 BGB). Aufgrund dieser Regelung wird in der Musterwiderrufsbelehrung unter Widerrufsfolgen auch ausdrücklich darauf hingewiesen, dass Verpflichtungen zur Erstattung von Zahlungen innerhalb von 14 Tagen erfüllt werden müssen und zudem, wann die Frist für den Verbraucher und wann die Frist für den Unternehmer beginnt. | **2.491**

Beim Online-Warenkauf stellen sich bei Ausübung des Widerrufsrechts einige besondere Fragen. Hierzu zählt die Frage, wer die Kosten der Rücksendung zu tragen hat. Ebenso ist klärungsbedürftig, wer bei Ausübung des Widerrufs die Hinsendekosten (**Versandkosten**) zu tragen hat. Ferner sind die Aspekte „Wertersatzpflicht" und „Handhabe bei finanzierten Geschäften" erläuterungsbedürftig. | **2.492**

2. Hinsende- und Rücksendekosten

a) Hinsendekosten

Bereits nach der alten Rechtslage, d.h. der Rechtslage vor Inkrafttreten des Gesetzes zur Umsetzung der Verbraucherrechterichtlinie, war die lange Zeit offene Rechtsfrage geklärt worden, ob der Verbraucher bei der Ausübung seines Widerrufsrechts auch die Kosten für die Hinsendung[1] der Ware, allgemein als **Versandkosten** bezeichnet, von dem Unternehmer erstattet erhält. Die Rechtsfrage betraf die Auslegung von Art. 6 Abs. 1 Unterabschnitt 1 Satz 2 und Abs. 2 der EU-Richtlinie 97/7/EG vom 20.5.1997 über den Verbraucherschutz bei Vertragsabschlüssen im Fernabsatz. Der BGH, der diese Rechtsfrage im Jahre 2008 zu klären hatte, legte sie dem EuGH vorgelegt.[2] Der EuGH hat seine Entscheidung auf Art. 6 Abs. 1 und Abs. 2 der EU-Richtlinie 97/7/EG gestützt.[3] Er hat zunächst festgestellt, Art. 6 Abs. 2 regele, dass bei Ausübung des Widerrufsrechts durch den Verbraucher der Lieferer die vom Verbraucher geleisteten Zahlungen zu erstatten habe. Die einzigen Kosten, die nach dieser Bestimmung den Verbrauchern in Folge der Ausübung seines Widerrufsrechts daher auferlegt werden dürften, seien die unmittelbaren Kosten der Rücksendung der Ware. Aufgrund des eindeutigen Wortlautes dieser Regelung hat der EuGH klargestellt, dass dem Verbraucher bei Ausübung seines Widerrufsrechts nicht die Hinsendekosten, also die **Versandkosten** der Ware, auferlegt werden dürfen. Diese sind dem Verbraucher vielmehr zurückzuerstatten. Der BGH hat daraufhin entschieden, dass im Fall des Widerrufs eines Fernabsatzvertrages die Kosten der Hinsendung der Ware vom Unternehmer zu tragen sind.[4] | **2.493**

Diese Rechtslage ist nunmehr in § 357 Abs. 2 Satz 1 BGB gesetzliche Regelung geworden. Nach § 357 Abs. 2 Satz 2 BGB sind dem Verbraucher jedoch keine zusätzlichen Kosten der Lieferung zu erstatten, die dem Verbraucher deshalb entstanden sind, weil er eine andere Art der Lieferung als die vom Unternehmer angebotene günstigste Standardlieferung gewählt hat. Wählt der Verbraucher beispielsweise die Lieferart Express anstatt die güns- | **2.494**

---

1 Mehr hierzu *Oelschlägel*, IPRB 2010, 189 (191).
2 BGH v. 1.10.2008 – VIII ZR 268/07, NJW 2009, 66 = WRP 2009, 62 = MMR 2009, 107.
3 EuGH v. 15.4.2010 – Rs. C 511/08, NJW 2010, 1941 = CR 2010, 378.
4 BGH v. 7.7.2010 – VIII ZR 268/07, NJW 2010, 2651 = WRP 2010, 1172 = MMR 2010, 676.

tigste Lieferart Standard, so hat der Unternehmer im Fall des Widerrufs dem Verbraucher nur die fiktiven Kosten für die Standardlieferung zu erstatten; den Differenzbetrag zwischen den Standardlieferkosten und den Expresslieferkosten hätte der Verbraucher selbst zu tragen.

2.495 ➲ **Praxistipp:** Aufgrund der Rechtslage muss der Webshopbetreiber bei der betriebswirtschaftlichen Kalkulation seines Webshops neben dem prozentualen Anteil an Warenretouren auch kalkulieren, dass er bei Ausübung eines rechtmäßigen Widerrufs die Versandkosten vollständig selbst zu tragen hat.

2.496 Nicht abschließend in Bezug auf die Erstattungspflicht der Versandkosten ist bislang der in der Praxis häufiger auftretende Fall geklärt, dass der Verbraucher in einem Webshop mehrere Teile auf einmal bestellt, deshalb auch nur einmal die Versandkosten zu zahlen hat, und nur in Bezug auf einen Teil von seinem Widerrufsrecht Gebrauch macht. Es stellt sich hier die Frage, ob der Verbraucher auch in diesem Fall einen Anspruch darauf hat, die Versandkosten vollständig oder zumindest anteilig zurückzuerhalten (Anspruch auf **anteilige Rückerstattung der Versandkosten**). Die meisten Onlinehändler, die diesen Fall überhaupt berücksichtigen, sehen vor, dass dem Verbraucher kein Anspruch auf eine vollständige oder anteilige Rückerstattung der Versandkosten zusteht. Diese Ansicht überzeugt, solange die Höhe der Versandkosten von der Anzahl der gelieferten Teile unabhängig ist. Denn in diesem Fall würde sich nur der Widerruf bezogen auf alle gelieferten Teile auch auf die Entstehung und den Wegfall der Versandkosten auswirken. Solange ein Teil geliefert wurde, das der Kunde behalten will, sind die Versandkosten zu Lasten des Verbrauchers zu Recht entstanden, von denen er nicht befreit werden muss.

b) Rücksendekosten

2.497 Die Rücksendekosten trägt grundsätzlich der Verbraucher. § 357 Abs. 6 Satz 1 BGB bestimmt, dass der Verbraucher bei Ausübung des Widerrufsrechts die unmittelbaren Kosten der Rücksendung der Ware zu tragen hat, wenn er vom Webshopbetreiber gemäß Art. 246a § 1 Abs. 2 Satz 1 Nr. 2 EGBGB über diese Pflicht vor Abgabe seiner Vertragserklärung informiert worden ist. Dafür reicht es aus, dass in der Widerrufserklärung diese Pflicht steht und der Verbraucher vor Abgabe seiner Bestellung eine Klickbox bestätigen muss, dass er die Widerrufsbelehrung und/oder die AGB mit Widerrufsbelehrung zur Kenntnis genommen hat. Dies ist notwendig, da der Unternehmer die Darlegungs- und Beweislast für die ordnungsgemäße Belehrung trägt.

2.498 Von dem Grundsatz, dass der Verbraucher die Rücksendekosten zu tragen hat, bestehen gemäß § 357 Abs. 6 BGB folgende Ausnahmen:

– Es unterbleibt die Informationspflicht des Unternehmers gegenüber dem Verbraucher, dass er die Rücksendekosten zu tragen hat;

– Der Webshopbetreiber übernimmt freiwillig die Rücksendekosten;

– Es handelt sich um Waren, die zur Wohnung des Verbrauchers geliefert worden sind und die Waren sind nicht so beschaffen, dass sie mit der Post zurückgesandt werden können.

2.499 Ist der Verbraucher nicht verpflichtet, die Rücksendekosten zu tragen, ist er berechtigt per Nachnahme zurückzusenden. Einen Anspruch auf Vorschuss auf die Rücksendekosten hat er allerdings nicht.[1] In der Regel wird sich dieses Problem aber nicht stellen, da die meisten Webshopbetreiber dem Verbraucher bereits bezahlte Rücksendeetiketten zur Verfügung stellen.

---

1 Palandt/*Grüneberg*, § 357 BGB Rz. 7.

Keine Bedeutung hat mehr die nach früherem Recht diskutierte Frage, ob mit dem Ver-   2.500
braucher eine gesonderte Vereinbarung geschlossen werden muss, wenn dieser die Rücksendekosten tragen soll. Es reicht nach gegenwärtiger Regelung aus, wenn der Verbraucher in der Widerrufsbelehrung über diesen Umstand unterrichtet wird.

Die Rechtsprechung der Oberlandesgerichte Hamburg, Hamm, Koblenz und Stuttgart,   2.501
die für eine wirksame vertragliche Vereinbarung über die Rücksendekosten verlangt hatten, dass der Onlinehändler eine Regelung zu den Rücksendekosten in seine AGB außerhalb der Widerrufsbelehrung aufnimmt, aus der der Vereinbarungscharakter mit dem Verbraucher erkennbar wird, hat daher keine Bedeutung mehr.

➲   **Praxistipp:** Soll der Verbraucher die unmittelbaren Kosten der Rücksendung für die   2.502
    Waren tragen, genügt eine Aufnahme dieser Information in die Widerrufsbelehrung
    entsprechend den Gestaltungshinweisen.

3. Wertersatzpflicht

Zu einer der umstrittensten Regelungen im Fernabsatzrecht zählte die Wertersatzpflicht   2.503
bei Ausübung des Widerrufs. Es ging hier um die Fragen, ob und gegebenenfalls in welchem
Umfang der Verbraucher für eine etwaige Ingebrauchnahme der gelieferten Ware und deren
damit einhergehende Abnutzung in Anspruch genommen werden kann. Mit Inkrafttreten
des „Gesetzes zur Anpassung der Vorschriften über den Wertersatz bei Widerruf von Fernabsatzverträgen und über verbundene Verträge" wurden die strittigen Fragen weitgehend
geklärt. Mit Umsetzung der Verbraucherrechterichtlinie sind die Regelungen zum Wertersatz im Fernabsatz abschließend in § 357 Abs. 7 und 8 BGB geregelt, wie durch § 361
Abs. 1 BGB klargestellt wird.

a) Gesetzeslage seit dem 13. Juni 2014

aa) Verpflichtung zum Wertersatz bei Waren

Das Widerrufsrecht bringt es mit sich, dass eine Ware zum Zeitpunkt der Ausübung des   2.504
Widerrufs schon in ihrem Wert gemindert sein kann. Die gesetzliche Regelung in § 357
Abs. 7 BGB sieht unter zwei Voraussetzungen eine Wertersatzpflicht des Verbrauchers im
Fall der Ausübung seines Widerrufsrechts beim Online-Warenkauf vor. Der Verbraucher
hat Wertersatz für einen Wertverlust der Ware zu leisten, wenn

–   der Wertverlust auf einen Umgang mit den Waren zurückzuführen ist, der zur Prüfung
    der Beschaffenheit, der Eigenschaften und der Funktionsweise der Waren nicht not-
    wendig war, und

–   der Unternehmer den Verbraucher nach Art. 246a § 1 Abs. 2 Satz 1 Nr. 1 EGBGB über
    sein Widerrufsrecht unterrichtet hat.

Die gesetzliche Regelung in § 357 Abs. 7 BGB besagt also, dass ein Verbraucher Wertersatz   2.505
für die Verschlechterung der gekauften Ware und für aus ihr gezogene Nutzungen nur zu
leisten hat, soweit er die Ware in einer Art und Weise genutzt hat, die über die **Prüfung der
Beschaffenheit, der Eigenschaften und Funktionsweise** der Ware hinausgeht. Soweit also
eine Verschlechterung der Ware oder gezogene Nutzungen darauf zurückzuführen sind,
dass der Verbraucher die ihm zugesandte Ware getestet und ausprobiert hat, ist ein Anspruch auf Wertersatz des Onlinehändlers ausgeschlossen. Die gesetzliche Regelung soll
den Verbrauchern in der Praxis die Möglichkeit geben, die Ware vor Abschluss des Vertrages ohne besondere rechtliche Risiken in Augenschein nehmen zu können. Das Ausprobieren und Testen der gelieferten Ware dient daher dem Zweck der effektiven Wahrnehmung
des ihnen im Fernabsatzrecht eingeräumten Widerrufsrechts.

2.506 Bei der Beurteilung, was im Einzelfall vom Tatbestandsmerkmal der „Prüfung der Funktionsweise und der Beschaffenheit und Eigenschaften der Ware" umfasst ist, wird man sich in der Praxis daran orientieren können, was ein Verbraucher beim Testen und Ausprobieren der gleichen Ware in einem Ladengeschäft typischerweise hätte tun können.[1] Dem Verbraucher muss dabei die Möglichkeit eingeräumt werden, die Ware eingehend auf ihre Beschaffenheit, Eigenschaften und ihre Funktionsweise zu untersuchen.[2] Der Umstand, dass bei einer Prüfung der Ware zu Hause die im stationären Handel vielfach üblichen Beratungs-, Vergleichs- und Vorführmöglichkeiten fehlen, darf also durch angemessene Prüfungsmöglichkeiten zu Hause ausgeglichen werden. Je nach Art der Ware kann dies zu einer Sicht-, Funktions- und/oder auch Eigenschaftsprüfung mit der Berechtigung zu einer Ingebrauchnahme führen.

2.507 Für die wichtigsten Warenkäufe, bei denen eine erhebliche Wertminderung eintreten kann, nämlich **Pkw** und **Bekleidung**, bedeutet dies Folgendes: Bekleidung darf anprobiert werden, und zwar in dem Umfang, wie es auch in einem Ladengeschäft möglich ist. Eine Verschlechterung die allein durch eine Anprobe von Bekleidung auftritt, begründet keine Wertersatzpflicht des Verbrauchers. Beim Pkw kann dieser auf seine Funktionsfähigkeit überprüft werden, wozu auch das Anlassen des Motors und zumindest eine kurze Bewegungsstrecke gehört.

2.508 Im Übrigen kann das Prüfungsrecht unter Einschluss der Berechtigung zur Ingebrauchnahme im Einzelfall dazu führen, dass der Verbraucher für eine Prüfung auch dann keinen Wertersatz leisten muss, wenn die Ware einen nahezu vollständigen Wertverlust erfahren hat – zB durch das Befüllen eines Wasserbettes mit anschließendem Probeliegen.[3]

2.509 Nicht umfasst ist jedoch die intensive, nicht zur Prüfung notwendige Nutzung. So darf etwa eine Fotokamera nicht in den Urlaub mitgenommen werden. Ein Kleidungsstück sollte der Verbraucher nur anprobieren, jedoch nicht über eine längere Zeit tragen dürfen. Regelmäßig zulässig dürfte es jedoch sein, wenn der Verbraucher das Kleidungsstück innerhalb der Widerrufsfrist zu Hause mehrfach anprobiert. Gegenstände, bei denen eine Prüfung durch bestimmungsgemäße Ingebrauchnahme oder ein Öffnen der Verpackung nach der Verkehrssitte nicht üblich ist (zB Hygieneartikel, verschweißte Medikamente), dürfen weder im Ladengeschäft noch zu Hause auf diese Art und Weise geprüft werden.[4]

2.510 Der reine Besitz der Ware begründet keine Pflicht zum Wertersatz, da er notwendige Bedingung für die Prüfung der Eigenschaften und Beschaffenheit und Funktionsweise der Ware ist.[5]

2.511 Umstritten ist, ob die Wertersatzpflicht auch entfällt, wenn die Verschlechterung der dem Verbraucher gelieferten Sache nicht nur auf die Prüfung der Sache sondern auch auf einem **nur unerheblichen Gebrauch** der Sache beruht.[6] Zuzustimmen ist der Ansicht, die selbst bei einem nur unerheblichen Gebrauch der Sache durch den Verbraucher eine Wertersatzpflicht des Verbrauchers annimmt. Der Wortlaut des § 357 Abs. 7 BGB ist eindeutig und beschränkt den Wegfall der Wertersatzpflicht ausschließlich auf die Prüfung

---

1 BT-Drs. 855/10 – Gesetzesbegründung zu § 312e Abs. 1 BGB aF, S. 19, Überlegungen sind aber weiterhin anwendbar.
2 BT-Drs. 855/10 – Gesetzesbegründung zu § 312e Abs. 1 BGB aF, S. 19, Überlegungen sind aber weiterhin anwendbar.
3 BT-Drs. 855/10 – Gesetzesbegründung zu § 312e Abs. 1 BGB aF, S. 19 mit Verweis auf BGH v. 3.11.2010 – VIII ZR 337/09, CR 2011, 33 ff. = NJW 2011, 56 ff.
4 Beispiele aus BT-Drs. 855/10 – Gesetzesbegründung zu § 312e Abs. 1 BGB aF, S. 19, Überlegungen sind aber weiterhin anwendbar.
5 BT-Drs. 855/10 – Gesetzesbegründung zu § 312e Abs. 1 BGB aF, S. 19, Überlegungen sind aber weiterhin anwendbar.
6 So *Schinkels*, ZGS 2005, 179 (182), so nunmehr auch Palandt/*Grüneberg*, § 357 BGB Rz. 9.

der Kaufsache durch den Verbraucher. In der Praxis dürfte daher eher strittig werden, wo bei einzelnen Waren das Prüfungsrecht des Verbrauchers aufhört und die Ingebrauchnahme anfängt. Zur Klärung dieser Abgrenzungsfrage kann im Einklang mit der Gesetzesbegründung als Kontrollüberlegung gefragt werden, welcher Umgang mit der Sache wäre dem Verbraucher im stationären Handel gestattet gewesen. Alles, was ihm vernünftigerweise im stationären Handel vor Kaufabschluss gestattet worden wäre, sollte als vom Prüfrecht umfasst angesehen werden. Alles, was darüber hinausgeht, ist Ingebrauchnahme.[1]

bb) Verpflichtung zum Wertersatz bei Dienstleistungen

Auch bei der Erbringung von Dienstleistungen kann der Verbraucher zum Wertersatz verpflichtet sein. § 357 Abs. 8 Satz 1 und 2 BGB regeln, dass eine Wertersatzpflicht besteht, wenn der Verbraucher von dem Unternehmer ausdrücklich verlangt hat, dass er mit der Ausführung der Dienstleistung vor Ablauf der Widerrufsfrist beginnt und wenn der Unternehmer dem Verbraucher eine ordnungsgemäße Widerrufsbelehrung in Textform übermittelt hat. Ob die Übermittlung in Textform erforderlich ist, könnte zwar noch strittig sein, da die gesetzliche Regelung in § 357 Abs. 8 Satz 1 und 2 BGB nur die Erfüllung der Informationspflicht nach Art. 246a § 1 Abs. 2 Satz 1 Nr. 1 und 3 EGBGB verlangt und dies nicht zwingend die Übermittlung einer Widerrufsbelehrung in Textform erfordert. Es ist aber der rechtsichere Weg. | 2.512

cc) Verpflichtung zum Wertersatz bei digitalen Inhalten

Bei der Lieferung von digitalen Inhalten, die nicht auf einem Datenträger verkörpert sind, besteht keine Wertersatzpflicht. | 2.513

b) Beweislast

Der Onlinehändler trägt für alle Voraussetzungen des Anspruchs auf Wertersatz die Beweislast. Der Onlinehändler muss also die ordnungsgemäße Belehrung des Verbrauchers beweisen und dass die Nutzung der Ware durch den Verbraucher über die Prüfung der Eigenschaften und der Funktionsweise der Ware hinausgegangen ist. Zudem ist die Regelung in § 357 Abs. 7 BGB (Prüfungsrecht der Ware durch den Verbraucher) richtlinienkonform dahingehend auszulegen, dass für seine Voraussetzungen eine Vermutung spricht, die vom Unternehmer zu widerlegen ist.[2] | 2.514

Dem Unternehmer kann für den erforderlichen Nachweis einer wertersatzpflichtigen Ingebrauchnahme im Einzelfall der von der Rechtsprechung entwickelte Beweis des ersten Anscheins zu Gute kommen.[3] Weist die Ware deutliche bzw. erhebliche Gebrauchsspuren auf, spricht die allgemeine Lebenserfahrung dafür, dass dies typische Folge einer intensiven Nutzung und nicht lediglich einer Prüfung der Eigenschaften und Funktionsweise der Ware ist.[4] Neben erheblichen Gebrauchsspuren kann als Indiz für eine wertersatzpflichtige Ingebrauchnahme unter Umständen auch die Gesamtsituation herangezogen werden. Wird etwa ein Kommunionskleid nach dem weißen Sonntag zurückgesandt, kann ggf. aus diesem Umstand geschlossen werden, dass es getragen und nicht nur anpro- | 2.515

---

1 Diese Überlegungen entsprechen dem Erwägungsgrund 47 der Verbraucherrechterichtlinie (RL 2011/83/EU).
2 EuGH v. 3.9.2009 – Rs. C-489/07, NJW 2009, 3015 f., Rz. 27; Palandt/*Grüneberg*, § 357 BGB Rz. 12.
3 BT-Drs. 855/10 – Gesetzesbegründung zu § 312e Abs. 1 BGB aF, S. 19.
4 So BT-Drs. 855/10 – Gesetzesbegründung zu § 312e Abs. 1 BGB aF, S. 19.

biert wurde, auch wenn das Kleid keine erheblichen Gebrauchspuren aufweist.[1] Die Bewertung des jeweiligen Einzelfalls unterliegt der **freien richterlichen Beweiswürdigung**.

c) Berechnung des Wertersatzes

2.516　Der Wert, den der Verbraucher zu ersetzen hat, richtet sich bei Waren nicht nach dem vertraglich geschuldeten Entgelt, sondern nach dem Wertverzehr auf Basis des objektiven Werts der Ware, soweit dieser das vertragliche Entgelt nicht übersteigt.[2] Nur bei diesem Ansatz wird die Ausübung des Widerrufsrechts wirtschaftlich nicht entwertet.

2.517　Bei Warenkäufen besteht eine Wertersatzpflicht für die Verschlechterung der gelieferten Sache in Folge einer bestimmungsgemäßen Ingebrauchnahme allerdings nur dann, wenn der Verbraucher in dieser Hinsicht belehrt worden ist, und gar keine Wertersatzpflicht, wenn die Verschlechterung ausschließlich auf eine Prüfung der Sache zurückzuführen ist.[3]

2.518　Der Wertersatz für den Wertverzehr beweglicher Sachen kann im Wege der **zeitanteiligen linearen Wertminderung** ermittelt werden (sog. Wertverzehrtheorie).[4] Hiernach wird die tatsächliche Benutzungszeit ins Verhältnis zu der insgesamt möglichen Benutzungszeit gesetzt und mit dem Kaufpreis multipliziert. Der Anspruch des Unternehmers gegen den Verbraucher auf Nutzungsersatz kann daher allenfalls so hoch sein, wie der vom Verbraucher entrichtete Kaufpreis. Bei Kraftfahrzeugen ist bei der Berechnung auf gefahrene Kilometer abzustellen. Nach dem OLG Düsseldorf soll bei PKW die Nutzungsentschädigung nach deren Gesamtlaufleistung für je 1000 Kilometer auf 0,4 % bis 1 % des Anschaffungspreises geschätzt werden.[5]

2.519　Für Dienstleistungen greift die gesetzliche Regelung des § 357 Abs. 8 Satz 4 BGB. Diese Regelung bestimmt für Dienstleistungen, dass bei der Berechnung des Wertersatzes der vereinbarte Gesamtpreis zugrunde zu legen ist. Ist dieser unverhältnismäßig hoch, ist der Wertersatz auf der Grundlage des Marktwerts der erbrachten Leistung zu berechnen. Insofern kann der Wertersatz in diesen Fällen anhand der branchenüblichen Vergütung für die erbrachten Dienstleistungen berechnet werden oder wenn dies nicht möglich ist, auf einer Schätzung des Gerichts beruhen (§ 287 ZPO).

4. Finanzierte Geschäfte

2.520　Hat der Onlinehändler mit dem Verbraucher zur Finanzierung des Onlinekaufs oder der Inanspruchnahme der online bestellten Dienstleistung einen Verbraucherdarlehensvertrag geschlossen, hat die Ausübung des Widerrufs bzw. des Rückgaberechts auch Auswirkungen auf die Wirksamkeit des Verbraucherdarlehensvertrages.

2.521　§ 358 Abs. 1 BGB regelt, dass in Fällen von verbundenen Verträgen, dh. Warenkauf oder Dienstleistungsverträgen verbunden mit Verbraucherdarlehensverträgen, bei einem wirksamen Widerruf des Waren- oder Dienstleistungsvertrages der Verbraucher auch nicht mehr an den Verbraucherdarlehensvertrag gebunden ist. Umgekehrt kann der Verbraucher nach § 358 Abs. 2 BGB auch den Verbraucherdarlehensvertrag widerrufen und ist in diesem Fall nicht mehr an den Kaufvertrag über eine Ware oder einen Vertrag über die Erbringung einer anderen Leistung gebunden. Der Verbraucher kann also nach seiner Wahl

---

1　BT-Drs. 855/10 – Gesetzesbegründung zu § 312e Abs. 1 BGB aF, S. 19.
2　BGH v. 15.4.2010 – III ZR 218/09 – Rz. 27 ff., NJW 2010, 2868; so auch Palandt/*Grüneberg*, § 357 BGB Rz. 11.; aA juris-PK-BGB/*Wildemann*, § 357 BGB Rz. 58.
3　juris-PK-BGB/*Wildemann*, § 357 BGB Rz. 47.
4　AA wohl Palandt/*Grüneberg*, § 346 BGB Rz. 11.
5　OLG Düsseldorf v. 21.1.2008 – I 1 U 152/07, NJW-RR 2008, 1199; OLG Koblenz v. 16.4.2009 – 6 U 574/08, NJW 2009, 3519.

entweder den finanzierten Vertrag oder den Darlehensverbrauchervertrag widerrufen. In beiden Fällen ist er dann nicht mehr an den jeweils anderen Vertrag gebunden. Über diese Rechtsfolge muss der Verbraucher vom Unternehmer in der Widerrufsbelehrung unterrichtet werden. Will der Verbraucher dagegen am finanzierten Vertrag festhalten und sich nur vom Darlehensvertrag lösen, kann er den Widerruf aber auch auf den Verbraucherdarlehensvertrag beschränken.[1]

Eine Widerrufsbelehrung ist fehlerhaft, wenn sie beim Verbraucher das Missverständnis weckt, er bleibe bei dem Widerruf des finanzierten Vertrages an den Verbraucherdarlehensvertrag gebunden.[2] **2.522**

VI. Rechtsfolgen bei fehlerhafter Widerrufsbelehrung

1. Vertragsrechtliche Folgen

Eine fehlende, falsche oder unzureichende Widerrufsbelehrung hat zur Folge, dass die Widerrufsfrist nicht beginnt. Sie erlischt in diesen Fällen erst nach 12 Monaten und 14 Tagen nach dem fiktiven Beginn. Der Verbraucher hat also die Möglichkeit, seine Vertragserklärung in diesem Zeitraum zu widerrufen mit der Folge, dass dann ein Rückabwicklungsverhältnis zwischen dem Unternehmer und dem Verbraucher zustande kommt. In diesem Fall muss der Verbraucher aber ggf. für eine etwaig erfolgte Nutzung oder die Verschlechterung oder den Untergang der Ware Wertersatz leisten. **2.523**

Zumindest im Fall einer fehlenden Widerrufserklärung wäre die weitere vertragliche Konsequenz, dass der Webshopbetreiber aufgrund eines vorvertraglichen Aufklärungsverschuldens dem Verbraucher gegenüber auf Schadensersatz haftet[3]. Der Schadensersatz kann insbesondere Rechtsberatungskosten betreffen, die dem Verbraucher entstanden sind.[4] **2.524**

2. Wettbewerbsrechtliche Folgen

Nach § 3a UWG handelt unlauter, wer einer gesetzlichen Vorschrift zuwider handelt, die auch dazu bestimmt ist, im Interesse der Marktteilnehmer das Marktverhalten zu regeln. Nach der Rechtsprechung handelt es sich bei der Widerrufsbelehrung iSv. § 355 BGB um eine solche Marktverhaltensregelung zum Schutze der Verbraucher.[5] Folglich ist eine unterbliebene, falsche oder unzureichende Belehrung nach § 3a unlauter.[6] **2.525**

Ein Fall der unterbliebenen Belehrung liegt vor, wenn es eine **gesetzliche Pflicht** gibt, den Verbraucher über sein Widerrufsrecht zu belehren und der Onlinehändler dies nicht in seinen vorvertraglichen Pflichten oder in seinen vertraglichen Pflichten übernimmt. Eine falsche Widerrufsbelehrung liegt vor, wenn die inhaltliche Ausgestaltung der Widerrufsbelehrung **nicht den gesetzlichen Mustern** entspricht bzw. im Fall von deren Abweichung nicht mehr im Einklang mit den gesetzlichen Bestimmungen steht. Schließlich liegt eine unzureichende Widerrufsbelehrung vor, wenn die inhaltliche Ausgestaltung **nicht alle Elemente** enthält, die gesetzlich vorgeschrieben sind. **2.526**

---

1 Palandt/*Grüneberg*, § 358 BGB Rz. 8.
2 BGH v. 23.6.2009 – XI ZR 156/08, NJW 2009, 3020.
3 AG Bad Segeberg v. 13.4.2015 – 17 C 230/14 m.w. zahlreichen Rechtsprechungsnachweisen.
4 AG Bad Segeberg v. 13.4.2015 – 17 C 230/14.
5 OLG Hamm v. 14.4.2005 – 4 U 2/05, GRUR-RR 2005, 285; OLG Karlsruhe v. 27.4.2006 – 4 U 119/04, WRP 2006, 1039; OLG Frankfurt v. 14.12.2006 – 6 U 129/06, GRUR 2007, 56.
6 *Köhler/Bornkamm*, § 4 UWG Rz. 11.170; OLG Frankfurt v. 5.12.2008 – 6 W 157/08, MMR 2009, 564; KG Berlin v. 9.11.2007 – 5 W 276/07 u. 5 W 304/07, GRUR-RR 2008, 131.

2.527 Im Falle einer unlauteren Widerrufsbelehrung iSv. § 3a UWG muss allerdings berücksichtigt werden, dass nicht jede unlautere Belehrung zugleich unzulässig ist.[1] Nach § 3a UWG sind unlautere geschäftliche Handlungen nur dann unzulässig, wenn sie geeignet sind, die Interessen von Mitbewerbern, Verbrauchern oder sonstigen Marktteilnehmern spürbar zu beeinträchtigen.

2.528 Bei einer unterbliebenen Widerrufsbelehrung ist in jedem Fall von einer spürbaren Beeinträchtigung iSv. § 3a UWG auszugehen. Schwieriger ist es dagegen zu beurteilen, wann bei einer falschen bzw. unzureichenden Belehrung eine spürbare Beeinträchtigung iSv. § 3a UWG vorliegt.

2.529 Die Rechtsprechung hat sich in folgenden Fällen für oder gegen einen Verstoß gegen die Belehrungspflicht mit lauterkeitsrechtlichen Auswirkungen entschieden:

2.530 **Kein ordnungsgemäßer Hinweis auf die Widerrufsbelehrung**

– Ein Verstoß gegen die Belehrungspflicht liegt vor, wenn eine Internetseite zwar eine vollständige Belehrung enthält, der dazu führende **Link** selbst aber keinen Hinweis auf das Widerrufsrecht enthält.[2]

– Ebenso liegt ein Verstoß gegen die Belehrungspflicht vor, wenn die Belehrung **in den AGB** versteckt ist oder wenn ein Widerrufsrecht für bestimmte Waren zu Unrecht ausgeschlossen ist.[3]

– Wird ein auf einer Handelsplattform eingestelltes Angebot vom Betreiber der Plattform automatisch für den Abruf durch mobile Endgeräte optimiert und kommt es beim mobilen Abruf dazu, dass Pflichtangaben wie das Bestehen des Widerrufsrechts oder die Anbieterkennzeichnung nicht mehr angezeigt werden, so haftet der Anbieter des Angebots wettbewerbsrechtlich, ohne dass es seinerseits auf ein eigenes Verschulden ankäme. Der **Anbieter haftet** für das gesetzeswidrige Verhalten auch ohne Kenntnis von der Darstellung des Angebots.[4]

2.531 **Fehlerhafte Inhaltliche Gestaltung der Widerrufsbelehrung**

– Ein Verstoß gegen die Belehrungspflicht liegt vor, wenn eine Widerrufsbelehrung den Verbraucher **lediglich über seine Pflichten**, nicht aber über dessen wesentliche Rechte informiert.[5]

– Unlauter ist auch, wenn die Belehrung über den **Beginn der Widerrufsfrist** nicht erfolgt.[6]

– Unzulässig wegen Verstoßes gegen das Deutlichkeitsgebot sind auch **Zusätze zur Widerrufsbelehrung**, die einen eigenen Inhalt aufweisen und weder für das Verständnis noch für die Wirksamkeit der Widerrufsbelehrung von Bedeutung sind und die deshalb von ihr ablenken.[7]

---

1 Prozessual interessant ist in diesem Zusammenhang die Entscheidung des OLG Jena v. 20.7.2011 – 2 W 320/11, GRUR-RR 2012, 31 f., nach der die Wiederholungsgefahr ausnahmsweise auch ohne strafbewehrte Unterlassungserklärung entfallen kann, allein durch tatsächliche Änderung, wenn in der Widerrufsbelehrung lediglich veraltete Rechtsnormen benannt wurden.
2 OLG Frankfurt v. 14.12.2006 – 6 U 129/06, GRUR-RR 2007, 56 = CR 2007, 387.
3 OLG Hamburg v. 24.8.2006 – 3 U 103/06, GRUR-RR 2007, 174 = CR 2006, 854.
4 OLG Hamm v. 20.5.2010 – 4 U 225/09, I-4U225/09, NJW-RR 2010, 1481 = MMR 2010, 693.
5 BGH v. 12.4.2007 – VII ZR 122/06 – Rz. 13, NJW 2007, 1946 = CR 2007, 529 = MDR 2007, 878.
6 BGH v. 17.12.1992 – I ZR 73/91, BGHZ 121, 52 (57 f.) – Widerrufsbelehrung; BGH v. 8.7.1993 – I ZR 202/91, NJW 1993, 2868 = GRUR 1994, 59 – Empfangsbestätigung 1; BGH v. 7.11.1996 – I ZR 138/94, GRUR 1997, 472 – Irrtum vorbehalten.
7 BGH v. 4.7.2002 – ZR 55/100, GRUR 2002, 1085 – Belehrungszusatz.

- Die in einer Widerrufsbelehrung verwendete Formulierung *„Diese Frist beginnt zu laufen, sobald der Kunde sowohl die Ware als auch eine Widerrufsbelehrung in Textform erhalten hat"* stellt einen Verstoß und zugleich eine unlautere Handlung iSv. § 3a UWG.[1] Nach dem OLG Hamm betrifft die richtige Belehrung über das Widerrufsrecht elementare Verbraucherschutzrechte und kann **keine Bagatelle** sein. Wer zwar grundsätzlich im Rahmen des § 355 ff. BGB über das Widerrufsrecht informiert, dies aber unvollständig tut und dabei einen unzutreffenden Eindruck erweckt, beeinflusst das Verbraucherverhalten idS auch spürbar.

- Soweit dem Verbraucher **keine generelle Wertersatzpflicht** für eine durch eine bestimmungsgemäße Ingebrauchnahme entstandene Verschlechterung der Sache in den AGB auferlegt wird (Die Klausel regelt, dass ggf. Wertersatz zu leisten ist, allerdings nicht, wenn die Verschlechterung der Sache ausschließlich auf deren Prüfung zurückzuführen ist), liegt kein Verstoß gegen die gesetzlichen Vorschriften zum Wertersatz vor.[2]

- Eine Widerrufsbelehrung in AGB, die in einem Fernabsatzvertrag über **Kosmetika** die Ware „nur in einem unbenutzten Zustand" für rücknahmefähig erklärt, ist unwirksam. Ein vollständiger Ausschluss des Widerrufsrechts für Kosmetikartikel nach dem Öffnen der Primärverpackung wird durch die Regelung des § 312g Abs. 2 Nr. 2 und 4 BGB – wonach das Widerrufsrecht bei Verträgen zur Lieferung von Waren ausgeschlossen ist, die „schnell verderben können oder aus Gründen des Gesundheitsschutzes oder der Hygiene nicht zur Rückgabe geeignet sind" – nicht gedeckt.[3] Nach dem OLG Köln kann der Verbraucher der Klausel nicht entnehmen, ob erst die Entnahme eines größeren oder kleineren Teils der Creme oder das bloße Öffnen der Tube oder die Entfernung einer Versiegelung oder bereits das Öffnen einer etwa vorhandenen Originalverpackung als Beginn der Benutzung des Produkts gelten soll. Eine generelle Begrenzung des Widerrufsrechts auf Kosmetik in unbenutzten Zustand würde seine Effektivität in Frage stellen und das Risiko eines Gebrauchs oder teilweise Verbrauchs der Ware entgegen der gesetzlichen Wertung, die für solche Fälle gerade den Wertersatzanspruch vorsehe und so die Möglichkeit des Widerrufs gedanklich voraussetze, auf den Verbraucher verlagern. Geöffnete und benutzte Kosmetikprodukte seien nicht aufgrund ihrer Beschaffenheit zur Rücksendung ungeeignet. Es bestehe auch kein Lebenserfahrungssatz, dass Kosmetikprodukte generell schnell verderblich seien, sobald mit ihrer Benutzung begonnen oder ihre primäre Verpackung geöffnet werde. Dieser Ausnahmetatbestand könne zwar bei Lebensmitteln, Schnittblumen, Arzneimitteln und auch bei Kosmetikartikeln eingreifen, maßgeblich sei jedoch die **objektive Verderblichkeit** und eine darauf beruhende **Unverkäuflichkeit** der zurückgesandten Ware, die etwa bei Arzneimitteln nicht einheitlich bewertet werde[4] und auch bei Kosmetika nicht ohne weiteres anzunehmen sei. Keinesfalls könne es für den Widerrufsausschluss genügen, dass der Verkäufer nach dem Öffnen der Verpackung durch den Verbraucher Gefahr läuft, auf der zurückgegebenen Ware sitzen zu bleiben.

- Das LG Kiel[5] hat entschieden, dass dem Unternehmer auch **keine Übergangszeit** zuzubilligen ist, innerhalb derer er noch nach einer alten Rechtslage belehren darf. Die Belehrungsvorschriften dienten gerade dem Verbraucherschutz und setzten daher voraus, dass der Verbraucher stets richtig und vollständig über die jeweilige Rechtslage informiert werde. Der Onlinehändler werde hierdurch auch nicht über die Maßen belastet. Gerade ihm als ständig in erheblichem Umfang im Fernabsatzgeschäft tätigen Unternehmen sei es ohne weiteres zumutbar, sich über laufende Gesetzesvorhaben zu

---

1 OLG Hamm v. 21.1.2010 – 4 U 168/09, juris.
2 LG Düsseldorf v. 12.5.2010 – 38 O 129/09, MMR 2010, 537.
3 OLG Köln v. 27.4.2010 – 6 W 43/10, WRP 2011, 126 = GRUR-RR 2010, 484.
4 OLG Hamburg v. 24.8.2006 – 3 U 103/06, GRUR-RR 2007, 174 = CR 2006, 854.
5 LG Kiel v. 9.7.2010 – 14 O 22/10, K&R 2011, 136.

informieren und ihre Belehrungen entsprechend der jeweils geltenden Rechtslage unverzüglich anzupassen.

2.532 Hinweis auf die Anwendbarkeit nur für Verbraucher

– Die Formulierung *„Das Widerrufsrecht besteht nur, wenn Sie Verbraucher iSv. § 13 BGB sind"* genügt nicht der beim Abschluss eines Fernabsatzvertrages geforderten Widerrufsbelehrung, da sie bei einem durchschnittlich **informierten und verständigen Verbraucher** den Eindruck erweckt, er selbst müsse prüfen, ob er eigentlich Verbraucher iSv. § 13 BGB ist, um das Widerrufsrecht in Anspruch nehmen zu können. Zugleich liegt hierin ein Verstoß gegen § 5 Abs. 1 Satz 2 Nr. 7 UWG und § 3aUWG.[1]

– Wird eine Widerrufsbelehrung mit den Worten *„Verbraucher haben das folgende Widerrufsrecht:"* eingeleitet, führt dies nicht dazu, dass die Belehrung unklar oder intransparent ist.[2] Die streitgegenständliche Belehrung bzw. – Einleitung für die Belehrung – sei vielmehr unmissverständlich. Verbraucher werden durch die verwendete Formulierung nicht dazu verleitet, den verwendeten Verbraucherbegriff falsch zu interpretieren und deshalb fälschlich davon ausgehen, dass ihnen ein Widerrufsrecht nicht zustehe. Maßstab für das Verständnis sei aber dasjenige des Durchschnittsverbrauchers. Wenn jedoch zusätzlich in den AGB der Begriff des Verbrauchers definiert werde als jede natürliche Person, die ein Rechtsgeschäft zu einem Zweck abschließt, der weder ihrer gewerblichen noch ihrer selbständigen beruflichen Tätigkeit zugerechnet werden könne, sei dies eine ausreichende Erläuterung hierzu.

3. Streitwerte

2.533 Wie nicht anders zu erwarten ist, schwanken die von den Gerichten festgesetzten Streitwerte, wenn es um fehlende, fehlerhafte oder unzureichende Widerrufs- und Rückgabebelehrungen geht. Die festgesetzten Streitwerte reichen von 1500 Euro bis 30 000 Euro.

2.534 Das LG Bochum hat für einen Verstoß gegen § 4 Nr. 11 UWG, bei der es darum ging, dass die 40 Euro Rückgaberegelung allein in der Widerrufsbelehrung des Verwenders enthalten war und nicht zusätzlich in den AGB, einen Streitwert in Höhe von 30 000 Euro für zulässig erachtet.[3] Das OLG Hamm hält einen Streitwert von 20 000 Euro nicht für gänzlich überzogen.[4] Das LG Kiel hat für einen aus seiner Sicht unzureichenden Hinweis, die Widerrufsbelehrung gelte nur für Verbraucher, einen Streitwert von 10 000 Euro festgesetzt.[5] Denselben Streitwert hat das OLG Koblenz für eine fehlerhafte Widerrufsbelehrung im Zusammenhang mit den Rücksendekosten festgesetzt.[6] Das LG Düsseldorf hat den Streitwert bei einer fehlerhaften Widerrufsbelehrung auf 5000 Euro festgesetzt.[7] Das OLG Jena[8] geht im Falle des Fehlens von Widerrufsbelehrungen dagegen regelmäßig von einem Streitwert von maximal 3500 Euro aus, bei bloß fehlerhaften Widerrufsbelehrungen von lediglich 1500 Euro. Diese Streitwerte sollen auch für fehlerhafte Klauseln in AGB gelten. Das OLG Köln hat den Streitwert für eine fehlerhafte Widerrufsbelehrung auf 3000 Euro festgesetzt;[9] ebenso das OLG Frankfurt bei einem Streit über die inhalt-

---

1 LG Kiel v. 9.7.2010 – 14 O 22/10, K&R 2011, 136.
2 OLG Hamburg v. 3.6.2010 – 3 U 125/09, K&R 2010, 821 = MMR 2011, 100; bestätigt durch BGH v. 9.11.2011 – I ZR 123/10, WRP 2012, 710–712.
3 LG Bochum v. 16.11.2010 – 12 O 162/10, MMR 2011, 321.
4 OLG Hamm v. 21.1.2010 – 4 U 168/09, juris.
5 LG Kiel v. 9.7.2010 – 14 O 22/10, K&R 2011, 136.
6 OLG Koblenz v. 8.3.2010 – 9 U 1283/09, K&R 2010, 353 = MMR 2010, 330.
7 LG Düsseldorf v. 12.5.2010 – 38 O 129/09, MMR 2010, 537.
8 OLG Jena v. 6.10.2010 – 2 U 386/10, IPRB 2010, 275 f. mit Anm. *Oelschlägel*.
9 OLG Köln v. 27.4.2010 – 6 W 43/10, K&R 2010, 597 = MMR 2010, 683.

liche Ausgestaltung der Widerrufsbelehrung.[1] Das LG Köln hat für eine in einer anderen Sprache zur Verfügung gestellten Widerrufsbelehrung einen Streitwert von ca. 1500 Euro angesetzt.[2]

4. Rechtsmissbräuchliche Rechtsverfolgung

§ 8 Abs. 4 UWG regelt, dass die Geltendmachung von wettbewerbsrechtlichen Unterlassungsansprüchen unzulässig ist, wenn sie unter Berücksichtigung der gesamten Umstände missbräuchlich ist, insbesondere wenn sie vorwiegend dazu dient, gegen den Zuwiderhandelnden einen Anspruch auf Ersatz von Aufwendungen oder Kosten der Rechtsverfolgung entstehen zu lassen.　　2.535

Im Zusammenhang mit Rechtsverstößen gegen die Vorschriften des Fernabsatzrechts sowie der speziellen Vorschriften zum elektronischen Geschäftsverkehr wird häufig die Frage diskutiert, ob das Vorgehen gegen einen Rechtsverletzer eine rechtsmissbräuchliche Rechtsverfolgung darstellt. Dies rührt daher, dass Rechtsverletzungen im Onlinehandel mit relativ geringem Aufwand festzustellen sind und sich hieraus eine Art „Geschäftsmodell des Abmahnenden" ergeben könnte. Ist daher im Rahmen einer Abmahnung feststellbar, dass es dem Abmahner nicht um die Eindämmung unlauterer Wettbewerbspraktiken geht, sondern die Abmahnung vorrangig dem Zweck dient, einen Kostenerstattungsanspruch des Abmahnenden durchzusetzen, ist dieses Verhalten rechtsmissbräuchlich.　　2.536

Ausgehend von diesen Überlegungen hat sich bereits mehrfach auch die Rechtsprechung im Zusammenhang mit Abmahnungen wegen der Verletzung von Vorschriften des Fernabsatzrechts bzw. des elektronischen Geschäftsverkehrs mit der Frage auseinandersetzen müssen, ob die in den Abmahnungen geltend gemachten Unterlassungsansprüche im Einzelfall rechtsmissbräuchlich sind.[3] Zu den Einzelheiten s. Rz. 11.157 ff.　　2.537

F. Datenschutzhinweise

---

1 OLG Frankfurt v. 7.5.2015 – 6 W 42/15, WRP 2015, 887-888 = MMR 2015, 517 = CR 2015, 601 = MDR 2015, 816.
2 LG Köln v. 8.3.2002 – 32 S 66/01, WM 2002, 1928.
3 OLG Jena v. 6.10.2010 – 2 U 386/10, IPRB 2010, 275 f. mit Anmerkung *Oelschlägel*; für das OLG Jena kann ein Fall des Rechtsmissbrauchs vorliegen, wenn eines oder mehrere der nachfolgenden Kriterien erfüllt ist: Abmahnung in erheblicher Anzahl, Abmahnungen betreffen die gleiche Rechtsverletzung (ebenso OLG Hamm v. 28.4.2009 – 4 U 216/08, K&R 2009, 506), Abmahntätigkeit unverhältnismäßig hoch zum Umfang des Geschäftsbetriebes (so auch OLG Hamm v. 26.5.2009 – 4 U 27/09, juris), mangelnde wirtschaftliche Leistungsfähigkeit des Abmahnenden, um seinen Anwalt zu bezahlen; Abmahnung mit überhöhten Streitwerten; ebenso OLG Hamm v. 28.4.2009 – 4 U 216/08, K&R 2009, 506. Rechtlich nicht zu beanstanden ist, Unterlassungsansprüche durch denselben Rechtsanwalt durchsetzen zu lassen, LG Bochum v. 16.11.2010 – 12 O 162/10, MMR 2011, 321.

Literatur: *Gola/Schomerus*, BDSG-Kommentar, 12. Aufl. 2015, *Hanloser*, opt-in im Datenschutzrecht und Wettbewerbsrecht – Konvergenzüberlegungen zum Einwilligungsbegriff bei der E-Mail-Werbung, CR 2008, 713 ff.; *Härting*, Datenschutz-Grundverordnung, 2016; *Kamlah/Hoke*, Datenschutz und UWG – Unterlassungsansprüche bei Datenverstößen, RDV 2008, 226; *Kazemi/Leopold*, Datenschutzrecht in der anwaltlichen Beratung, 1. Aufl. 2011; *Hoeren/Sieber/Holznagel*, Multimedia-Recht. 32. Ergänzungslieferung 2014, Teil 16.2, Datenschutz im Internet; *Plath/Frey*, Direktmarketing nach der BDSG-Novelle: Grenzen erkennen, Spielräume optimal nutzen, BB 2009, 1762 ff.; *Spindler/Schuster*, Recht der elektronischen Medien, 3. Aufl. 2015, 12. Teil, Abschnitt 4; *Taeger/Gabel*, Kommentar zum BDSG, 2. Aufl. 2013.

I. Einführung

2.538 Auf europäischer Ebene ist die Datenschutz-Grundverordnung (DSGVO)[1] im Mai 2016 verabschiedet worden. Sie gilt ab dem 25.5.2018 in allen EU-Mitgliedstaaten als unmittelbares Gesetz. Für Webshopbetreiber, die im Zusammenhang mit der Onlinebestellung Daten vom Besteller erheben, verarbeiten und nutzen, ändert sich in Bezug auf den datenschutzrechtlichen Umgang nicht sehr viel zum bisherigen deutschen Recht. Allerdings werden mit der DSGVO neue Betroffenenrechte und neue allgemeine Informationspflichten eingeführt. Über diese muss dann auch in der im Webshop verwendeten Datenschutzerklärung informiert werden.

2.539 Zu den neuen Betroffenenrechten zählt zunächst das Recht auf Datenportabilität (Art. 20 DSGVO). Dieses berechtigt den Besteller, vom Webshopbetreiber zu verlangen, dass die personenbezogenen Daten, die er dem Unternehmen zur Verfügung gestellt hat, vom Webshopbetreiber wiederum in einem gängigen Format zur Verfügung gestellt zu bekommen.

2.540 Ferner sieht die DSGVO in Artikel 17 nunmehr ausdrücklich ein „Recht auf Vergessenwerden" vor. Dieses Recht ist weitgehend deckungsgleich mit den im deutschen Datenschutzrecht etablierten Löschungsansprüchen.

2.541 Schließlich tritt noch das Recht auf Einschränkung der Verarbeitung personenbezogener Daten gemäß Art. 18 DSGVO hinzu. Dieses Recht führt im Webshopbereich dazu, dass unter gewissen Voraussetzungen personenbezogene Daten vom Webshopbetreiber nur noch eingeschränkt verarbeitet werden dürfen.

2.542 Neben den zuvor bezeichneten Betroffenenrechten werden bestehende Informationspflichten erweitert (Art. 12 bis 14 DSGVO), die auch der Webshopbetreiber beachten muss. Hierzu zählt die Pflicht, sofern die Rechtsgrundlage für eine Datenerhebung und -verarbeitung auf einer Interessenabwägung beruht, über die berechtigten Interessen zu informieren. Soweit möglich, muss auch über die Speicherdauer der personenbezogenen Daten informiert werden. Eine Informationspflicht besteht des Weiteren über das Bestehen eines Beschwerderechts des Betroffenen, also des Online-Bestellers, gegenüber einer Aufsichtsbehörde. Schließlich gehört zur Informationspflicht auch die Information über die Übermittlung von Daten an einen Empfänger mit Sitz in einem Drittland und ob im Hinblick auf dieses

---

[1] Verordnung (EU) 2016/679 v. 27.4.2016, Abl. EU L 119/1.

Drittland ein sogenannter „Angemessenheitsbeschluss" der EU-Kommission vorliegt oder ob auf andere Weise der EU-Datenschutzstandard gewährleistet ist.

Da die vorstehenden Anforderungen noch nicht geltendes Recht sind, wird nachfolgend auf die geltende Rechtslage eingegangen. Es ist aber damit zu rechnen, dass ab dem 25.5.2018 die Datenschutzregelungen im Telemediengesetz und weiten Teilen des Bundesdatenschutzgesetztes, zumindest soweit sie für Webshopbetreiber im Verhältnis zu ihren Online-Kunden relevant sind, keine Geltung mehr haben werden. In die Muster-Datenschutzerklärung müssen dann alle vorgenannten Betroffenenrechte und Informationspflichten, die die DSGVO vorschreibt, aufgenommen werden. **2.543**

Nach geltender Rechtslage sieht es wie folgt aus: Webshopbetreiber haben nach § 13 Abs. 1 Satz 1 TMG Nutzer zu Beginn des Nutzungsvorgangs, also beim Besuch des Webshops, über Art, Umfang und Zweck der Erhebung und Verwendung personenbezogener Daten in allgemein verständlicher Form zu unterrichten. Diese gesetzliche Regelung hat dazu geführt, dass Webshopbetreiber bei ihren rechtlichen Hinweisen neben der Impressumspflicht, der Hinweispflicht auf ihre AGB auch die Pflicht zur Verwendung von Datenschutzhinweisen trifft. Es handelt sich hierbei also nicht um eine freiwillige Angabe des Webshopbetreibers, sondern um eine gesetzlich normierte Pflicht. Dies hat dazu geführt, dass in der Praxis die allermeisten Webshops Datenschutzhinweise aufweisen. Die inhaltliche Ausgestaltung ist allerdings sehr unterschiedlich. **2.544**

In den §§ 11 bis 15a TMG sind **datenschutzrechtliche Vorgaben normiert**, die Webshopbetreiber im Rahmen ihrer Tätigkeit zu beachten haben. Nach § 12 Abs. 1 TMG darf ein Webshopbetreiber personenbezogene Daten nur erheben und verwenden, soweit das Telemediengesetz oder eine andere Rechtsvorschrift, die sich ausdrücklich auf Telemedien bezieht, es erlaubt oder der Nutzer eingewilligt hat. Es handelt sich also nach § 12 Abs. 1 TMG um den auch im Bundesdatenschutzgesetz festgelegten Grundsatz eines Verbots mit Erlaubnisvorbehalt. In § 12 Abs. 2 TMG ist das datenschutzrechtliche Gebot der Zweckbindung normiert, das besagt, dass der Webshopbetreiber die für die Bereitstellung von Telemedien erhobenen personenbezogenen Daten für andere Zwecke nur verwenden darf, soweit das Telemediengesetz oder eine andere Vorschrift dies ausdrücklich erlauben. **2.545**

Die Regelungen zum Datenschutz im Telemediengesetz sind für den Webshopbetreiber vorrangig zu beachten und insoweit abschließend, als dass als Erlaubnisnorm für die Erhebung und Verwendung personenbezogener Daten im Zusammenhang mit der Bereitstellung von Telemedien andere Rechtsvorschriften als diejenigen des Telemediengesetzes nur in Betracht kommen, wenn diese sich ausdrücklich auf Telemedien beziehen. Bislang existieren in anderen Gesetzen jedoch keine diesen Anforderungen genügende Rechtsvorschriften, so dass die Erlaubnistatbestände des TMG derzeit in dieser Hinsicht abschließend sind.[1] Dies gilt aber nur, wenn und soweit die bereichsspezifischen Regelungen des TMG auch genau den Sachverhalt erfassen, der Gegenstand anderer Regelungen ist.[2] Ist dies nicht der Fall, kann auf andere Rechtsvorschriften, insbesondere diejenigen des BDSG, zurückgegriffen werden. Zu beachten ist in diesem Zusammenhang auch § 57 RStV (Medienprivileg). Diese Regelung bezieht sich zwar explizit auf Telemedien, allerdings nur auf solche, die ausschließlich zu eigenen journalistisch redaktionellen oder literarischen Zwecken verwendet werden. **2.546**

---

1 Taeger/Gabel/*Moos*, Kommentar zum BDSG, § 12 TMG Rz. 19; vgl. KG Berlin v. 25.9.2006 – 10 U 262/05, CR 2007, 261 = MMR 2007, 116, zu der Feststellung, dass weder § 101a UrhG noch § 242 BGB eine die Bekanntgabe von Bestandsdaten gestattende Rechtsvorschrift darstellen.
2 *Gola/Schomerus*, BDSG-Kommentar, § 1 BDSG Rz. 24; Taeger/Gabel/*Moos*, Kommentar zum BDSG, § 12 TMG Rz. 20.

II. Einzelheiten

1. Informationspflicht zur Datennutzung

2.547   § 13 Abs. 1 TMG enthält das Gebot der frühzeitigen Unterrichtung des Nutzers über Art, Umfang und Zweck der Erhebung und Verwendung seiner Daten.[1] Zweck dieser Regelung ist es, den Datenverarbeitungsvorgang schon zu Beginn des Nutzungsvorgangs für den Nutzer transparent zu gestalten, damit dieser abschätzen kann, wer wann was über ihn erfährt und dadurch die Rechtmäßigkeit der Datenverarbeitung überprüfen kann.[2] Die Unterrichtungspflicht nach § 13 Abs. 1 TMG besteht auch dann, wenn die Daten zunächst ohne Personenbezug erhoben werden, ein solcher aber jederzeit hergestellt werden kann wie es beispielsweise bei der Erhebung personenbezogener Daten in einem automatisierten Verfahren der Fall ist.[3]

2.548   Die gesetzliche Anforderung in § 13 Abs. 1 TMG verlangt, dass der Nutzer **in allgemein verständlicher Form** zu unterrichten ist. Allgemein verständlich ist die Information, wenn sie zumindest in deutscher Sprache gehalten und für den durchschnittlichen Nutzer einfach verständlich beschrieben ist.[4] **Jederzeit abrufbar** sind Informationen, wenn sie für den Nutzer ohne großen Suchaufwand ständig zur Nutzung bereitgehalten werden. Diese Verpflichtung ist erfüllt, wenn die Datenschutzhinweise von jeder Seite des Webshops aus abrufbar sind. Dies kann dadurch erreicht werden, dass die Datenschutzhinweise genauso wie die AGB oder das Impressum am oberen oder unteren Rand einer Website über einen Link abrufbar gehalten werden.

2.549   Keine ausreichende Unterrichtung über Art, Umfang und Zweck der Erhebung und Verwendung personenbezogener Daten liegt vor, wenn lediglich der pauschale Hinweis erfolgt *„Wir verarbeiten Daten nur im Einklang mit den geltenden Gesetzen."*[5]

2.550   ➲ **Praxistipp:** Die Datenschutzhinweise sollten im Webshop von jeder Website aus abrufbar sein. Hierzu bietet sich an, die Datenschutzhinweise in die **Kopf- oder Fußzeile** einzustellen, und zwar in der Form, dass die Datenschutzhinweise über eine verlinkte Schaltfläche mit der Bezeichnung „Datenschutzhinweise" vom Nutzer eingesehen werden können.

2. Keine Verpflichtung zur Gewährung anonymer und pseudonymer Webshopnutzung

2.551   § 13 Abs. 6 TMG normiert ein weiteres wichtiges datenschutzrechtliches Gebot, nämlich das der Datenvermeidung. Danach muss der Diensteanbieter die anonyme und pseudonyme Nutzung von Telemedien und ihre Bezahlung ermöglichen. Begrenzt wird dieses Gebot allerdings durch die technische Zumutbarkeit für den Diensteanbieter. Die Verpflichtung bezieht sich allerdings nicht darauf, ein anonymes oder pseudonymes Vertragsverhältnis mit einem Nutzer begründen zu müssen.[6] Für den Webshopbetreiber be-

---

1   Spindler/Schuster/*Spindler/Nink*, Recht der elektronischen Medien, § 13 TMG Rz. 2.
2   Spindler/Schuster/*Spindler/Nink*, Recht der elektronischen Medien, § 13 TMG Rz. 3.
3   Automatisierte Verfahren sind solche, die programmgesteuert sind, ohne auf einer individuellen Entscheidung des Verantwortlichen zu beruhen.
4   juris-PK-Internetrecht/*Heckmann*, Kap. 1.13 Rz. 12; Spindler/Schuster/*Spindler/Nink*, Recht der elektronischen Medien, § 13 TMG Rz. 8.
5   juris-PK-Internetrecht/*Heckmann*, Kap. 1.13 Rz. 3; Spindler/Schuster/*Spindler/Nink*, Recht der elektronischen Medien, § 13 TMG Rz. 8.
6   Jeweils noch zu der gleichlautenden Vorgängerregelung in § 4 Abs. 6 TDDSG: OLG Hamburg v. 4.2.2009 – 5 U 180/07 – Rz. 53 – Long Island Ice Tea, ZUM 2009, 417 (420); OLG Düsseldorf v. 7.6.2006 – 15 U 21/06 – Rz. 27, MMR 2006, 618 (620); Taeger/Gabel/*Moos*, Kommentar zum BDSG, § 13 TMG Rz. 49.

steht also keine Verpflichtung, seinen Webshop so zu konzipieren, dass auch eine anonyme oder pseudonyme Person in seinem Webshop einkaufen oder Dienstleistungen bestellen kann. Dies ist auch richtig, da der Webshopbetreiber in aller Regel darauf angewiesen ist, seinen Vertragspartner namentlich zu kennen, weil er ihn nur dadurch gegebenenfalls in Anspruch nehmen kann.

3. Datenerhebung und Umfang der Datennutzung

In den §§ 14 und 15 TMG ist geregelt, welche Arten von Daten der Diensteanbieter erheben und verwenden darf. Nach § 14 Abs. 1 TMG darf der Webshopbetreiber personenbezogene Daten des Nutzers nur erheben und verwenden, soweit sie für die Begründung, inhaltliche Ausgestaltung oder Änderung eines Vertragsverhältnisses zwischen ihm und dem Nutzer über die Nutzung von Telemedien erforderlich ist. Dies setzt voraus, dass die Erbringung des jeweiligen Telemediendienstes ohne den betreffenden Vertrag nicht möglich ist, wie es beispielsweise bei entgeltlichen Download-Angeboten der Fall sein kann.[1] Nicht erfasst sind von dieser Regelung jedoch die Webshops, die der Nutzer auch ohne Anmeldung besuchen kann und bei denen erst im Verlauf einer Bestellung ein Vertragsverhältnis zwischen dem Webshopbetreiber und dem Nutzer begründet wird. In diesen Fällen greift dann die gleichgerichtete Regelung des § 28 Abs. 1 Satz 1 Nr. 1 BDSG ein. Nach dieser Vorschrift ist die Erhebung, Verarbeitung und Nutzung personenbezogener Daten gestattet, wenn dies für das Vertragsverhältnis erforderlich ist. Ebenso wie auch § 13 Abs. 1 TMG verlangt § 28 Abs. 1 BDSG, dass bei der Erhebung personenbezogener Daten die Zwecke, für die die Daten verarbeitet oder genutzt werden sollen, konkret festzulegen sind. | 2.552

Zu den erforderlichen Daten im Rahmen des § 14 TMG zählen in der Regel die **Grunddaten des Vertragsverhältnisses**.[2] Erforderlich sind demnach Familienname, Vorname, Anschrift und E-Mail-Adresse des Bestellers. Gegebenenfalls können auch Rufnummer, Kenn- und Passwörter, Zahlungsart und Zahlungsdaten sowie Geburtsdatum erforderlich sein. Die Datenverarbeitung dieser Bestandsdaten unterliegt dem strengen Grundsatz der Zweckbindung. Sofern die zur Begründung, inhaltlichen Ausgestaltung oder Änderung des Vertragsverhältnisses erhobenen personenbezogenen Daten für andere Zwecke verwendet werden sollen, beispielsweise für Marketing und Werbezwecke, so muss dazu zuvor eine Einwilligung eingeholt werden.[3] | 2.553

Die Erforderlichkeit der Datenerhebung iSv. § 28 Abs. 1 Satz 1 Nr. 1 BDSG richtet sich danach, ob nach objektiven Kriterien festzustellen ist, dass die Daten benötigt werden, sie also in dem Sinne erforderlich sind, dass nur bei ihrer Kenntnis, die sich aus einem Vertragsverhältnis ergebenden Rechte geltend gemacht und Pflichten erfüllt werden können.[4] Ebenso ist es nach § 28 Abs. 1 Nr. 1 bzw. Nr. 2 BDSG gerechtfertigt, wenn der Webshopbetreiber zur Anlieferung der im Webshop bestellten Ware und zur Zahlungsabwicklung personenbezogene Daten des Bestellers an Dritte, dh. Lieferanten oder entsprechende Zahlungsinstitute übermittelt. | 2.554

---

1 Taeger/Gabel/*Zscherpe*, Kommentar zum BDSG, § 14 TMG Rz. 10; Spindler/Schuster/*Nink*, Recht der elektronischen Medien, § 14 TMG Rz. 5.
2 Spindler/Schuster/*Nink*, Recht der elektronischen Medien, § 14 TMG Rz. 4.
3 So auch *Hanloser*, CR 2008, 713 (714). Umstritten ist in diesem Zusammenhang, wie das Datenschutzrecht mit der Möglichkeit zur E-Mail Werbung nach § 7 Abs. 3 UWG in Einklang gebracht werden kann. Instruktiv hierzu: *Plath/Frey*, Direktmarketing nach der BDSG-Novelle: Grenzen erkennen, Spielräume optimal nutzen, BB 2009, 1762.
4 Taeger/Gabel/*Taeger*, Kommentar zum BDSG, § 28 BDSG Rz. 47.

4. Datenübermittlung an Auskunfteien

2.555 Geht es dem Webshopbetreiber darum, eine offene Forderung gegenüber seinen Kunden an Auskunfteien zu übermitteln, ist dies nur im Rahmen der gesetzlichen Bestimmungen des § 28a Abs. 1 BDSG zulässig.

2.556 Zu beachten ist hierbei, dass eine fällige Forderung unter anderem nur dann an eine Auskunftei (beispielsweise SCHUFA) übermittelt werden darf, wenn gemäß § 28a Abs. 1 Satz 1 Nr. 3 BDSG der Betroffene die Forderung ausdrücklich anerkannt hat oder, was in der Praxis den häufigsten Fall darstellen dürfte, gemäß § 28a Abs. 1 Satz 1 Nr. 4 BDSG der Betroffene nach Eintritt der Fälligkeit der Forderung mindestens zweimal schriftlich gemahnt worden ist, zwischen der ersten Mahnung und der Übermittlung mindestens vier Wochen liegen, die verantwortliche Stelle den Betroffenen rechtzeitig vor der Übermittlung der Angaben, jedoch frühestens bei der ersten Mahnung über die bevorstehende Übermittlung unterrichtet hat und der Betroffene die Forderung nicht bestritten hat.

2.557 ➲ **Wichtig:** In der Praxis treten häufig Fälle auf, in denen es zwischen einem Webshopbetreiber und seinen säumigen Kunden strittig ist, ob der Webshopbetreiber berechtigt gewesen ist, die offene Forderung der SCHUFA zu melden und damit für den Betroffenen eine ungünstige Bonitätsbewertung einhergeht. Von dem Webshopbetreiber ist sehr genau darauf zu achten, dass er in diesen Fällen die gesetzlichen Anforderungen des § 28a Abs. 1 Satz 1 Nr. 4 BDSG eingehalten hat. Das bedeutet, dass der Webshopbetreiber dem Betroffenen frühestens mit der ersten Mahnung über die **bevorstehende Übermittlung an die SCHUFA ausdrücklich zu unterrichten** hat. Im Streitfall ist dies vom Webshopbetreiber nachzuweisen.

5. Einsatz von Cookies

2.558 Fast alle Webshopbetreiber setzen in ihren Webshops sogenannte Cookies ein. Bei einem Cookie handelt es sich um eine kleine Textdatei, die lokal im Zwischenspeicher des Internetbrowsers des Nutzers gespeichert wird. Es wird also von einem Webserver der Cookie zu einem Browser gesendet und dort dauerhaft im Zwischenspeicher gespeichert. Bei weiteren Zugriffen werden die im Cookie gespeicherten Informationen im Hypertext Transfer Protocol Header an den Webserver zurückgesendet. Dadurch erleichtern Cookies die Anpassung von Webseiten auf Kundeneinstellungen und auf Benutzerverhalten. Letztlich sind Cookies kleine Dateien, die einem Nutzer eine ID zuordnen, über die er identifiziert wird. Bei Cookies handelt es sich daher um **Pseudonyme** nach § 15 TMG (vgl. Rz. 10.113 ff.). § 15 Abs. 3 Satz 1 TMG regelt, dass Diensteanbieter für Zwecke der Werbung, der Marktforschung oder zur bedarfsgerechten Gestaltung der Telemedien Nutzungsprofile bei Verwendung von Pseudonymen erstellen dürfen, sofern der Nutzer dem nicht widerspricht. Nach § 15 Abs. 3 Satz 2 TMG hat der Diensteanbieter den Nutzer auf sein Widerspruchsrecht im Rahmen der Unterrichtungspflichten nach § 13 Abs. 1 TMG hinzuweisen. Schließlich dürfen nach § 15 Abs. 3 Satz 3 die Nutzungsprofile nicht mit Daten über den Träger des Pseudonyms zusammengeführt werden.

2.559 Vor diesem Hintergrund sind die bislang üblichen Unterrichtungen in den Datenschutzhinweisen vieler Webshops nicht gesetzeskonform ausgestaltet, da sie den Nutzer lediglich darüber unterrichten, dass er durch entsprechende Browsereinstellungen die Verwendung von Cookies unterbinden kann.

2.560 Beachtenswert ist zudem, dass mit der EU-Richtlinie 2009/136/EG, die bereits zum 25. Mai 2011 in nationales deutsches Recht hätte umgesetzt werden müssen, weitere Vorgaben in Bezug auf die Anforderungen in Bezug auf die Unterrichtung der Nutzung von Cookies in Webshops bestehen (ausführlich hierzu Rz. 10.118 ff.). Wie diese Richtlinie umgesetzt wird, ist derzeit nicht absehbar. Die Bandbreite beim Einsatz von Cookies reicht von der Anforderung, den Nutzer über die Möglichkeit der Änderung seiner Browsereinstellungen zu informieren, ihm eine Widerspruchsmöglichkeit einräumen zu müssen bis hin zu der Anforderung an den Webshopbetreiber, von dem Nutzer eine informierende Einwilligung einzuholen und seine Webseite entsprechend auszugestalten. Aber auch im letzteren Fall könnte der Gesetzgeber noch eine Unterscheidung zwischen den in der Praxis unterschiedlichen Formen von Cookies (Session-Cookie, Tracking-Cookie) vorsehen.[1]

6. Einsatz von Webanalysetools

Vgl. hierzu die Ausführungen in Rz. 10.101 ff. | 2.561

Sämtliche Webshopbetreiber setzen heutzutage Webanalysetools ein, um unter Marketinggesichtspunkten festzustellen, wie ihr Webshop besucht wird und entsprechend angepasst und verbessert werden könnte. Die im Rahmen solcher Webanalysen erhobenen Daten, nämlich die IP-Adressen der Nutzer, werden von der überwiegenden Ansicht als personenbezogenes Datum eingestuft.[2] Insofern sind beim Einsatz von Webanalysetools die Regelungen des TMG hinsichtlich des Umgangs mit Nutzungsdaten beachtlich (§ 15 TMG). | 2.562

Zu den in der Praxis bekanntesten Webanalysetools zählen Google Analytics und eTracker. Das Webanalysetool Piwik[3] ist ebenfalls zu beachten. Im Hinblick auf die Nutzung von **Google Analytics** sollten die Hinweise des hamburgischen Datenschutzbeauftragten für Dateninformationssicherheit beachtet werden (vgl. Rz. 10.107 ff.).[4] | 2.563

Im Hinblick auf die Abfassung von Datenschutzbestimmungen für einen Webshop bedeutet dies, dass der Webshopbetreiber auf die Nutzung von Google Analytics in seinen Datenschutzbestimmungen hinweisen muss und auch auf die bestehende Widerspruchsmöglichkeit gegen die Erfassung der Daten. | 2.564

Entsprechendes gilt für die Nutzung von etracker. | 2.565

7. Einsatz von Social Media Diensten

Möchte der Webshopbetreiber im Zusammenhang mit seinem Webshop auch Social Media Dienste (insbesondere Facebook) nutzen bzw. seinen Webshop mit diesen verknüpfen, stellen sich weitere datenschutzrechtliche Fragestellungen. Nach derzeitigem Stand ist der Einsatz des „gefällt mir"-Button von Facebook nicht datenschutzkonform möglich, da unbekannt ist, welche Daten in welcher Form bei welcher Art der Nutzung eines Webshops von Facebook erhoben, gespeichert und genutzt werden. Insofern wäre auch die Gestaltung einer Einwilligungserklärung schwierig, die in der Praxis – soweit sichtbar – derzeit ohnehin von keinem Webshopbetreiber bei den Nutzern abgefragt wird. | 2.566

Nach § 15 Abs. 3 Satz 1 TMG iVm. § 13 Abs. 1 Satz 1 TMG muss von einem Webshopbetreiber bei der Verwendung des „gefällt mir"-Buttons von Facebook als Mindestmaß ei- | 2.567

---

1 Vgl. hierzu BR-Drs. 156/11 v. 17.6.2011 sowie Stellungnahme des Deutschen Anwaltsvereins Nr. 6/2012, abrufbar unter www.anwaltvereinbar.de.
2 EuGH v. 24.11.2011 – Rs. C-70/10, BB 2011, 3009 = CR 2012, 33 = ITRB 2012, 26; LG Berlin v. 6.9.2007 – 23 S 3/07, MMR 2007, 799; aA OLG Hamburg v. 3.11.2011 – 5 W 126/10, MMR 2011, 281 = CR 2011, 126.
3 Weiterführende Informationen finden sich bspw. unter www.datenschutzhinweise.de/tracking/ piwik, Stand v. 27.2.2012.
4 Die Hinweise sind abrufbar unter http://www.datenschutz-hamburg.de/uploads/media/googleanalytics_ hinweise_webseitenbetreiber_in_hamburg.pdf.

ne Belehrung des Webshopbesuchers über den Einsatz des „gefällt mir"-Buttons und den damit einhergehenden datenschutzrechtlichen Konsequenzen erfolgen. Gleiches gilt für den Einsatz von anderen Social-Media-Diensten.

8. Bonitätsprüfung und Scoring

a) Bonitätsprüfung

2.568 Webshopbetreiber haben ein Interesse daran zu erfahren, ob ihre Kunden grundsätzlich zahlungsfähig sind, also Bonität besitzen. Insofern entscheiden sich viele Webshopbetreiber dazu, bei einer Waren- oder Dienstleistungsbestellung in einem Webshop vor Annahme der Kundenbestellung eine Bonitätsprüfung bei entsprechenden Diensten abzufragen.

2.569 Datenschutzrechtlich stellt sich die Frage, ob eine solche Bonitätsprüfung durchgeführt werden darf und wenn ja, unter welchen Voraussetzungen. Bei der Bonitätsprüfung werden unzweifelhaft personenbezogene Daten des Bestellers an den Dienst übermittelt, der die Bonität überprüfen soll (zB Name, Adresse etc.). Als Rechtfertigung für die Bonitätsprüfung kann § 28 Abs. 1 BDSG herangezogen werden. § 28 Abs. 1 Nr. 2 BDSG bestimmt, dass das Übermitteln personenbezogener Daten für die Erfüllung eigener Geschäftszwecke zulässig ist, soweit es zur Wahrung berechtigter Interessen der verantwortlichen Stelle erforderlich ist und kein Grund zu der Annahme besteht, dass das schutzwürdige Interesse des Betroffenen an dem Ausschluss der Verarbeitung oder der Nutzung überwiegt. Die Rechtslehre hält die Übermittlung personenbezogener Daten im Rahmen der Bonitätsprüfung als zur Wahrung berechtigter Interessen von Webshopbetreibern für erforderlich, um einem **potentiellen Forderungsausfall vorbeugen** zu können, und ist der Ansicht, dass dieses Interesse regelmäßig entgegenstehenden Interessen der Betroffenen überwiegt.[1]

2.570 Konsequenz ist, dass der Webshopbetreiber ohne eine ausdrückliche Einwilligung des Betroffenen die personenbezogenen Daten zur Bonitätsprüfung an einen entsprechenden Dienst übermitteln darf. Gleichwohl verlangt § 13 Abs. 1 Satz 1 TMG, **den Nutzer darüber zu unterrichten**, dass seine Daten zur Bonitätsprüfung an einen Dritten übermittelt werden. Zudem wird verlangt, dass grundsätzlich auch die Dienste benannt werden, an die die personenbezogenen Daten übermittelt werden.

b) Scoringverfahren

2.571 Im Rahmen der Bonitätsprüfungen von Kunden im Onlineversandhandel werden neben Einzelprüfungen seit geraumer Zeit auch sogenannte Scoringverfahren eingesetzt. Scoring stellt ein statistisch mathematisches Verfahren dar, um das vermutliche Verhalten von Kunden oder potentiellen Kunden im Hinblick auf das mit einem beabsichtigten Vertragsschluss oder einem bestehenden Vertrag einhergehende Zahlungsrisiko einschätzen zu können.[2] Im Ergebnis wird allerdings nicht die konkrete Bonität einer Person überprüft, sondern nur, ob aufgrund der persönlichen Merkmale dieser Person, wie zB Beruf, Geburtsjahr, Familienstand, und damit seine Zugehörigkeit zu einer bestimmten Vergleichsgruppe, nach statistisch-mathematischen Erhebungen mit der Erfüllung seiner Zahlungsverpflichtungen zu rechnen ist.

2.572 Die Möglichkeit zur Durchführung eines Scoringverfahrens ist in **§ 28b BDSG** geregelt worden. § 28b BDSG ist jedoch keine Erlaubnisnorm für die Speicherung und Nutzung

---

1 *Gola/Schomerus*, BDSG-Kommentar, § 28 BDSG Rz. 30; Rechtsprechungsübersicht bei *Kamlah/Hoke*, RDV 2008, 226; Taeger/Gabel/*Taeger*, BDSG-Kommentar, § 28 BDSG Rz. 67.
2 Taeger/Gabel/*Mackenthun*, BDSG-Kommentar, § 28b BDSG Rz. 6.

von Daten für die Verwendung des Scorings. Wenn ein Webshopbetreiber mit von Nutzern erhobenen personenbezogenen Daten ein Scoringverfahren durchführen möchte, ist dies nur möglich, wenn er die Daten zuvor zulässigerweise nach den §§ 28, 29 BDSG erhoben und gespeichert hat. Die dann zulässigerweise ermittelten personenbezogenen Daten dürfen verwendet werden, wenn die Regelungen des § 28b BDSG eingehalten werden.

Die **Rechtfertigung** für das Scoring erfolgt regelmäßig daraus, dass das Scoring für die Begründung eines rechtsgeschäftlichen oder rechtsgeschäftsähnlichen Schuldverhältnisses erforderlich ist (§ 28 Abs. 1 Nr. 1 BDSG). Angesichts dessen, dass ein Webshopbetreiber mit einem Besteller in seinem Webshop einen Vertrag schließen möchte, erscheint es durchaus gerechtfertigt, dass der Webshopbetreiber auch mittels eines Scoringverfahrens versucht, Rückschlüsse auf die Bonität seiner Kunden zu ziehen. Dies kann grundsätzlich allerdings nur dann gerechtfertigt sein, wenn der Webshopbetreiber auch eine **Zahlungsmöglichkeit nach Lieferung der Ware bzw. nach Ausführung der Dienstleistung** ermöglicht. Denn nur in diesem Fall ist es für den Webshopbetreiber von besonderem Interesse, die Bonität seines Kunden zu kennen bzw. einschätzen zu können. Bietet ein Webshopbetreiber dagegen nur Zahlungsarten an, bei denen der Besteller eine Zahlung vornehmen muss, bevor die Ware an ihn ausgeliefert wird bzw. eine Dienstleistung zur Ausführung kommt, gibt es keinen Grund dafür, bei diesem Kunden auch die Bonität mittels eines Scoringverfahrens zu überprüfen. Eine Rechtfertigung für die Datenerhebung und Speicherung zu dem Zweck eines Scoringverfahrens nach § 28 Abs. 1 Nr. 1 BDSG besteht dann nicht mehr. 2.573

9. Einwilligungserklärungen in Datenschutzhinweisen

Für den Webshopbetreiber stellt sich die Frage, inwieweit er die Nutzung personenbezogener Daten in der Weise gesetzeskonform gestalten kann, dass er in seinen Datenschutzhinweisen vorformulierte Einwilligungserklärungen verwendet. 2.574

Ausgangspunkt ist hierbei die Frage, wann der Webshopbetreiber überhaupt eine Einwilligung des Nutzers benötigt. § 12 Abs. 1 TMG normiert den im Datenschutzrecht vorherrschenden **Grundsatz des Erlaubnisvorbehalts**. Hiernach dürfen personenbezogene Daten von einem Telemedienanbieter, wozu auch Webshopbetreiber zählen, nur erhoben, verarbeitet und genutzt werden, wenn das Telemediengesetz oder eine andere Rechtsvorschrift, die sich ausdrücklich auf Telemediendienste bezieht, dies erlauben oder der Nutzer einwilligt. **Einwilligungserklärungen** sind also nur in den Fällen erforderlich, in denen der Webshopbetreiber die personenbezogenen Daten der Nutzer zu einem Zweck erhebt, speichert oder nutzt, der nicht bereits durch eine gesetzliche Regelung gerechtfertigt wird. 2.575

a) Erforderlichkeit

Wie oben bereits dargelegt (Rz. 2.553 ff.), existiert mit § 14 Abs. 1 TMG eine gesetzliche Erlaubnisnorm, nach der die Erhebung und Verwendung personenbezogener Daten eines Nutzers gerechtfertigt ist, die für die Begründung, inhaltliche Ausgestaltung oder Änderung eines Vertragsverhältnisses zwischen dem Diensteanbieter und dem Nutzer über die Nutzung von Telemedien erforderlich sind. Dies soll nach der derzeit hM aber nur personenbezogene Daten betreffen, die für den Abschluss und die Abwicklung eines Telemedien-Nutzungsvertrages notwendig sind.[1] Dagegen soll § 14 Abs. 1 TMG keine gesetzliche Erlaubnisnorm für die Erhebung und Nutzung personenbezogene Daten darstellen, die der Diensteanbieter vom Nutzer im Zusammenhang mit einem Vertragsverhältnis 2.576

---

[1] Taeger/Gabel/*Zscherpe*, § 14 TMG Rz. 12 mwN; aA wohl *Hoeren/Sieber/Holznagel*, Multimedia-Recht, Teil 16.2, Datenschutz im Internet, Rz. 214.

über die Lieferung oder Leistung einer Ware oder Dienstleistung erhält.[1] In diesem Fall würde dann aber die gesetzliche Erlaubnisnorm des § 28 Abs. 1 Satz 1 Nr. 1 BDSG eingreifen.[2]

2.577 Folglich benötigt der Webshopbetreiber keine Einwilligung zur Erhebung und Nutzung von personenbezogenen Daten des Webshopkäufers, wenn sich die Erhebung und Nutzung auf die personenbezogenen Daten beschränkt, die für die Begründung und Durchführung des Webshopkaufes erforderlich sind, wie etwa der vollständige Name des Webshopkäufers, seine Wohnadresse, E-Mail-Adresse und ggf. auch seine Telefonnummer.

2.578 Möchte der Webshopbetreiber personenbezogene Daten seiner Käufer auch für andere Zwecke als zur Begründung und Durchführung des Webshopkaufes verwenden, etwa für spezielle Marketingformen oder den Versand eines E-Mail-Newsletters, braucht er hierzu in der Regel eine gesonderte Einwilligung der Käufer (vgl. hierzu Rz. 10.45 ff.). Nur in diesen Fällen stellt sich daher die Problematik, wie diese Einwilligung zu erteilen ist und ob Einwilligungserklärungen wirksam in AGB integriert werden können.

b) Formularmäßige Verwendung in Datenschutzhinweisen

2.579 Einwilligungserklärungen können grundsätzlich auch in Datenschutzhinweisen (AGB) aufgenommen werden, wie § 4a Abs. 1 Satz 4 BDSG entnommen werden kann.[3] Erforderlich ist nach § 4a Abs. 1 Satz 4 BDSG dann aber, dass die Einwilligungserklärung in den Datenschutzhinweisen entsprechend hervorgehoben wird, so dass der Nutzer sie auf einfache Weise zur Kenntnis nehmen kann.[4] Für den in der Praxis wichtigsten Fall, der Einwilligung in Werbemaßnahmen, gilt dieser Grundsatz allerdings nicht, da hier datenschutzrechtliche und lauterkeitsrechtliche Anforderungen zusammenfallen.

2.580 ➲ **Wichtig:** Nach der Rechtsprechung des BGH wird eine **separate Einwilligungserklärung** des Nutzers erforderlich, wenn sich die Einwilligungserklärung auf Datenverarbeitungsvorgänge beziehen soll, die der **Datenschutzrichtlinie über elektronische Kommunikation 2002/58/EG** unterfallen.[5] Dies ist etwa der Fall, wenn sich die elektronische Einwilligung auf den Erhalt eines E-Mail-Newsletters oder andere Formen elektronischer Werbung beziehen soll, wie etwa Werbung per SMS.[6] In diesen Fällen kann die Einwilligungserklärung also nicht in AGB integriert werden bzw. nur mit der richtigen Gestaltung, dh. wenn eine gesonderte Erklärung durch zusätzliche Unterschrift oder individueller Markierung eines entsprechenden Feldes verlangt wird.[7]

2.581 ➲ **Praxistipp:** Grundsätzlich ist nicht zu empfehlen, in den Datenschutzhinweisen vorformulierte Einwilligungserklärung zur Nutzung von personenbezogenen Daten aufzunehmen. Für die Bestellung und Abwicklung des Bestellvorgangs ist eine solche Ein-

---

1 Taeger/Gabel/*Zscherpe*, § 14 TMG Rz. 12 mwN; Spindler/Schuster/*Spindler/Nink*, Recht der elektronischen Medien, § 14 TMG Rz. 4; aA wohl *Hoeren/Sieber/Holznagel*, Multimedia-Recht. Teil 16.2, Datenschutz im Internet, Rz. 214 f.
2 In diesem Fall müsste nämlich auch § 12 Abs. 1 TMG eng ausgelegt werden und nur auf die tatsächliche Bereitstellung von Telemedien begrenzt werden. Die gesamte Abgrenzung wirkt allerdings gekünstelt und bedarf dringend einer Reform.
3 BGH v. 23.1.2003 – III ZR 54/02, NJW 2003, 1237 (1241); *Kazemi/Leopold*, Datenschutzrecht in der anwaltlichen Beratung, § 3 Rz. 136.
4 LG Dortmund v. 23.2.2007 – 8 O 194/06, JurPC-Web-Dok. 94/2008, Abs. 42.
5 BGH v. 16.7.2008 – VIII ZR 348/06, BGHZ 177, 253 = CR 2008, 720 = MMR 2008, 731 (733) = WRP 2009, 56.
6 BGH v. 16.7.2008 – VIII ZR 348/06, BGHZ 177, 253 = CR 2008, 720 = MMR 2008, 731 (733) = WRP 2009, 56; Taeger/Gabel/*Moos*, Kommentar zum BDSG, § 13 TMG Rz. 24.
7 BGH v. 16.7.2008 – VIII ZR 348/06 – Rz. 29, BGHZ 177, 253 = CR 2008, 720 = MMR 2008, 731 (733) = WRP 2009, 56.

willigungserklärung des Nutzers nicht erforderlich. Für alle anderen Maßnahmen, wie beispielsweise Newsletter-Versand und spezielle Marketingmaßnahmen, wird, sofern eine Einwilligung erforderlich ist, diese in gesonderter Form separat von anderen Einwilligungserklärungen abgegeben werden müssen, um rechtswirksam zu sein. Überdies besteht immer die Gefahr, dass bei der Aufnahme von Einwilligungserklärungen in die Datenschutzhinweise diese Einwilligungserklärungen überraschende Klauseln iSv. § 305c BGB darstellen und damit unwirksam sind.

III. Inhaltliche Gestaltung der Datenschutzhinweise

1. Inhalt und Umfang der Unterrichtung

Die Datenschutzhinweise müssen wahr und vollständig den Nutzer über Art, Umfang und Zweck der Erhebung und Verwendung personenbezogener Daten sowie über deren Verarbeitung unterrichten. Dies erfordert die Benennung der personenbezogenen Daten, die erhoben werden, und die Angabe des konkreten Zwecks, für den sie erhoben werden. Erforderlich ist also, dass für die verschiedenen Datenarten die konkreten Verarbeitungszwecke angegeben werden.[1]   **2.582**

2. Aufbau und Gestaltung der Datenschutzhinweise

Die Datenschutzhinweise sollten zunächst als solche bezeichnet werden. Üblich sind Überschriften wie „Datenschutzbestimmungen", „Datenschutzhinweise" oder „Hinweise zur Datenverarbeitung".   **2.583**

Nach der Überschrift kann, muss aber nicht, eine kurze Einleitung zur Behandlung des Datenschutzes beim Webshopbetreiber erfolgen.   **2.584**

➲ **Praxistipp:** An dieser Stelle bietet es sich an, darauf hinzuweisen, dass die Datenschutzbestimmungen von Zeit zu Zeit angepasst werden und daher **in regelmäßigen Abständen erneut zur Kenntnis** genommen werden sollten. Der Webshopbetreiber kommt dadurch seiner Informationspflicht nach § 13 Abs. 1 TMG nach.   **2.585**

Inhaltlich sollte zunächst in den Datenschutzhinweisen dem Nutzer erläutert werden, was personenbezogene Daten sind und unter welchen Voraussetzungen diese vom Webshopbetreiber erhoben werden. Im Zusammenhang damit muss der Zweck der Erhebung der personenbezogenen Daten detailliert dargelegt werden.   **2.586**

Im Anschluss bietet sich eine Erläuterung der automatischen Datenerfassung durch Cookies an. Da fast jeder Webshopbetreiber auch Cookies einsetzt, sind Erläuterungen zum Einsatz von Cookies grundsätzlich zwingend erforderlich.   **2.587**

Abhängig von dem Einsatz von Webanalysediensten kann eine Erläuterung zur Erhebung personenbezogener Daten im Zusammenhang mit den Webanalysediensten erforderlich sein. Zu den am häufigsten verwendeten Webanalysetools zählen Googleanalytics, Piwiks und eTracker.   **2.588**

Setzt der Webshopbetreiber sog. Social Plugins von sozialen Netzwerken ein, wie beispielsweise von Facebook oder der Google Plus1-Schaltfläche, müssen auch zum Einsatz dieser Social Plugins entsprechende Informationen in den Datenschutzhinweisen aufgenommen werden.   **2.589**

---

1 Taeger/Gabel/*Moos*, Kommentar zum BDSG, § 13 TMG Rz. 5.

2.590 Als weiteres gehört in die Datenschutzhinweise ein Passus, der darüber aufklärt, welche Wirkungen eine Einwilligung zur Erhebung, Nutzung und Speicherung von personenbezogenen Daten hat und wie diese widerrufen werden kann.

2.591 Unverzichtbar ist auch die Information in den Datenschutzbestimmungen dazu, ob und an welche Dritten personenbezogene Daten von dem Webshopbetreiber übermittelt werden.

2.592 Hilfreich sind schließlich Hinweise zur Dauer der Datenspeicherung und zur Datensicherheit.

2.593 Zwingend erforderlich ist wiederum eine Information darüber, in welcher Form und in welchem Umfang ein Nutzer Ansprüche auf Auskünfte in Bezug auf die über ihn gespeicherten personenbezogenen Daten verlangen kann.

2.594 ➲ **Praxistipp:** Insbesondere in Bezug auf die zahlreichen gesetzgeberischen Aktivitäten im Datenschutzrecht ist es zwingend erforderlich, dass Webshopbetreiber in regelmäßigen Abständen die **Aktualität ihrer Datenschutzhinweise/Datenschutzbestimmungen überprüfen** lassen. Verstöße gegen Datenschutzbestimmungen können sowohl eine Ordnungswidrigkeit darstellen als auch eine Straftat (vgl. § 16 TMG, §§ 43, 44 BDSG).

IV. Muster Datenschutzhinweise

2.595 Das nachfolgende Muster für die Datenschutzhinweise stellt lediglich eine Orientierung dar und erhebt keinen Anspruch auf Vollständigkeit. Jeder Webshopbetreiber muss sich bei der Abfassung seiner Datenschutzhinweise zunächst darüber informieren, welche personenbezogenen Daten er zu welchem Zweck erheben will und darf und welche Webanalysetools und Social Mediadienste er in seinem Webshop integrieren möchte. Gerade die Hinweise zu den Webanalysetools und Social Mediadiensten müssen regelmäßig daraufhin überprüft werden, ob sie noch den aktuellen Anforderungen entsprechen.

2.596 Nachfolgend sind daher zwingende Hinweise in den Datenschutzbestimmungen in Normaldruck abgefasst und optionale Punkte kursiv gedruckt.

2.597 **M 19 Muster Datenschutzhinweise**

„Datenschutzbestimmungen der …

Die …-GmbH nimmt die Belange des Datenschutzes ernst und möchte sicherstellen, dass Ihre Privatsphäre bei der Nutzung der Webseiten der …-GmbH geschützt wird. Wir haben daher diese Hinweise zur Datenverarbeitung erstellt, in denen wir unseren Umgang mit Ihren Daten erläutern.

Wir behalten uns vor, den Inhalt von Zeit zu Zeit anzupassen. Es empfiehlt sich daher, unsere Hinweise zur Datenverarbeitung in regelmäßigen Abständen erneut zur Kenntnis zu nehmen.

§ 1 Personenbezogene Daten[1]

1. Wir erheben, verarbeiten und nutzen Ihre personenbezogenen Daten nur mit Ihrer Einwilligung oder wenn eine Rechtsvorschrift dies erlaubt. Wir werden nur solche personenbezogene Daten erheben, verarbeiten und nutzen, die für die Durchführung und die Inanspruchnahme unserer Dienstleistungen erforderlich sind oder die Sie uns freiwillig zur Verfügung stellen.

---

1 Die Erläuterung zu den personenbezogenen Daten ist eine zwingende Voraussetzung für das Gesamtverständnis der Datenschutzhinweise und sollte daher nicht fehlen.

2. Personenbezogen sind alle Daten, die Angaben über persönliche oder sachliche Verhältnisse eines bestimmten oder bestimmbaren Kunden enthalten. Dazu zählen beispielsweise der Name, die E-Mail-Adresse, die Wohnadresse, das Geschlecht, das Geburtsdatum, die Telefonnummer oder auch das Alter.

§ 2 Zwecke der Erhebung personenbezogener Daten[1]

Wir benötigen Ihre personenbezogenen Daten für folgende Zwecke:

- Zur Abwicklung Ihrer Bestellungen (Ihre E-Mail-Adresse, Ihre Wohnadresse, Ihre Lieferadresse),
- zur Beantwortung Ihrer Fragen (Ihre E-Mail-Adresse, ggf. Ihre Telefonnummer),
- bei Anmeldung zum Newsletter wird Ihre E-Mail-Adresse für eigene Werbezwecke genutzt, bis Sie sich vom Newsletter abmelden. Die Abmeldung ist jederzeit möglich unter info@… .[2]

§ 3 Automatische Datenerfassung durch Cookies

Ein Cookie ist eine kleine Textdatei, die im Zwischenspeicher Ihres Browsers gespeichert wird und die eine Analyse Ihrer Nutzung unserer Webseite ermöglicht. Folgende Daten werden bei Aufruf unserer Webseiten mittels Cookies durch unser Computersystem automatisch erfasst:[3]

- Ihre Internetadresse (IP-Adresse),
- Browsertyp und -version,
- Webseite, von der aus Sie uns besuchen (Referrer URL),
- verwendetes Betriebssystem,
- Webseite von der aus Sie auf andere Webseiten weitergeleitet werden,
- Datum und Uhrzeit Ihres Zugriffs.

Diese Daten werden getrennt von Ihren weiteren Daten, die Sie eventuell bei uns angeben, gespeichert. Es erfolgt keine Verknüpfung der Daten mit Ihren weiteren Daten. Sie werden zu statistischen Zwecken ausgewertet, um unsere Webseiten und unsere Angebote optimieren zu können. Die Daten werden nach ihrer Auswertung gelöscht.

Sollten Sie eine Verwendung von Cookies nicht wünschen, so können Sie die Verwendung in Ihrem Browser sperren. Es ist nicht auszuschließen, dass dadurch die Funktionalität unserer Webseiten beeinträchtigt wird.[4]

§ 4 Erhebung und Verarbeitung von Daten bei Einsatz von Google-Analytics[5],[6]

Diese Webseite benutzt Google-Analytics, einen Webanalysedienst der Google Inc. („Google"). Google-Analytics verwendet sogenannte „Cookies", Textdateien, die auf Ihrem Computer gespeichert werden und die Analyse der Benutzung der Webseite durch Sie ermöglichen.

Die durch den Cookie erzeugten Informationen über Ihre Benutzung dieser Webseite wird anonymisiert, so dass sie nicht mehr einem Anschluss zugeordnet werden kann[7]) werden in der Regel

---

1 Hier ist sehr genau aufzuführen, zu welchem Zweck welche personenbezogenen Daten beim Nutzer erhoben werden. Pauschale Beschreibungen wie beispielsweise „Wir erheben Ihre personenbezogenen Daten für Ihren Webshopeinkauf" sollten nicht erfolgen.

2 Hier sollte eine E-Mail-Adresse angegeben werden, über die eine Abmeldung möglich ist. Das Erfordernis ergibt sich im Übrigen aus § 7 Abs. 3 Nr. 4 UWG.

3 An dieser Stelle muss geprüft werden, welche Daten tatsächlich vom gesetzten Cookie gespeichert werden.

4 Nach der EU-Richtlinie 2009/136/EG, die noch nicht in deutsches Recht umgesetzt ist, reicht diese Art der Information nicht mehr.

5 Diese Hinweise sind nur erforderlich, falls Sie Google Analytics verwenden. Diese Hinweise bedürfen nach der EU-Richtlinie 2009/136/EG einer Anpassung.

6 Der Text entspricht weitgehend dem, der in den Google Analytics Bedingungen unter Ziffer 8.1 enthalten ist und zu dessen Verwendung sich der Webshopbetreiber gegenüber Google verpflichten muss, wenn er Google Analytics einsetzen möchte. Der Text ist abrufbar unter http://www.google.com/intl/de_ALL/analytics/tos.html, Stand v. 28.8.2012.

7 Der Webshopbetreiber muss überprüfen bzw. mit Google vereinbaren, dass auch wirklich eine Anonymisierung durchgeführt wird.

an einen Server von Google in den USA übertragen und dort gespeichert. Im Falle der Aktivierung der IP-Anonymisierung auf dieser Webseite wird Ihre IP-Adresse von Google jedoch innerhalb von Mitgliedstaaten der EU oder anderen Vertragstaaten des Abkommens über den Europäischen Wirtschaftsraum zuvor gekürzt. Nur in Ausnahmefällen wird die volle IP-Adresse an einen Server von Google in die USA übertragen und dort gekürzt. Im Auftrag des Betreibers dieser Website wird Google diese Informationen benutzen, um Ihre Nutzung der Webseite auszuwerten, um Reports über die Webseitenaktivitäten für die Webseitenbetreiber zusammenzustellen und um weitere mit der Webseitennutzung und der Internetnutzung verbundenen Dienstleistungen zu erbringen.

Google wird in keinem Fall Ihre IP-Adresse mit anderen Daten von Google in Verbindung bringen. Sie können die Installation der Cookies durch eine entsprechende Einstellung Ihrer Browser-Software verhindern; wir weisen Sie jedoch darauf hin, dass in diesem Fall ggf. nicht sämtliche Funktionen dieser Webseite vollumfänglich nutzen können.

Sie können darüber hinaus die Erfassung der durch das Cookie erzeugten und auf Ihre Nutzung der Website bezogenen Daten (inkl. Ihrer IP-Adresse) an Google sowie die Verarbeitung dieser Daten durch Google verhindern, indem Sie ein Browser Add zur Deaktivierung von Google Analytics herunterladen und für Ihren Browser installieren. Das Deaktivierungs-Add-On finden Sie hier: http://tools.google.com/dlpage/gaoptout?hl=de.

§ 5 Erhebung und Verarbeitung von Daten bei Einsatz von etracker[1]

Auf dieser Website werden mit Technologien der etracker GmbH (www.etracker.com) Daten zu Marketing- und Optimierungszwecken gesammelt und gespeichert. Aus diesen Daten können unter einem Pseudonym Nutzungsprofile erstellt werden. Hierzu können Cookies eingesetzt werden. Bei Cookies handelt es sich um kleine Textdateien, die lokal im Zwischenspeicher des Internetbrowsers des Seitenbesuchers gespeichert werden. Die Cookies ermöglichen die Wiedererkennung des Internetbrowsers. Die mit den etracker-Technologien erhobenen Daten werden ohne die gesondert erteilte Zustimmung des Betroffenen nicht dazu benutzt, Besucher dieser Website persönlich zu identifizieren und nicht mit personenbezogenen Daten über den Träger des Pseudonyms zusammengeführt. Der Datenerhebung und -speicherung kann jederzeit mit Wirkung für die Zukunft hier widersprochen werden: http://www.etracker.de/privacy?et=DKbS09.

§ 6 Verwendung von Social Plug Ins (Facebook, Google+, Twitter)

6.1. Facebook Social Plug Ins[2]

Diese Webseite verwendet sogenannte Social Plug-Ins („Plug-Ins") des sozialen Netzwerkes Facebook, das von der Facebook Inc., 1601 S California Ave, Palo Alto, CA 94304, USA („Facebook") betrieben wird. Die Plug-Ins sind mit einem Facebook Logo oder dem Zusatz „Soziales Plug-In von Facebook" bzw. „Facebook Social Plug-In" gekennzeichnet. Eine Übersicht über die Facebook Plug-Ins und deren Aussehen finden Sie hier: http://developpers.facebook.com/plugins.

Wenn Sie eine Seite unseres Webauftritts aufrufen, die ein solches Plug-In enthält, baut Ihr Browser eine direkte Verbindung mit den Servern von Facebook auf. Der Inhalt des Plug-Ins wird von Facebook direkt an Ihren Browser übermittelt und von diesem in die Webseite eingebunden.

Durch die Einbindung der Plug-Ins erhält Facebook die Information, dass Ihr Browser die entsprechende Seite unseres Webauftritts aufgerufen hat, auch wenn Sie kein Facebook-Konto besitzen oder gerade nicht bei Facebook eingeloggt sind. Diese Information (einschließlich Ihrer IP-Adresse) wird von Ihrem Browser direkt an einen Server von Facebook in den USA übermittelt und dort gespeichert.

Sind Sie bei Facebook eingeloggt, kann Facebook den Besuch unserer Website Ihrem Facebook-Konto direkt zuordnen. Wenn Sie mit den Plug-Ins interagieren, zB den „Gefällt mir"-Button

---

1 Der Text entstammt der Empfehlung der etracker GmbH, abrufbar unter http://www.etracker.com/de/kostenloser-support-per-telefon-undemail/faq-die-haeufigsten-fragen-zu-etracker/rechnung.html, Stand v. 28.8.2012.
2 Werden Facebook Social Plug Ins verwendet, handelt es sich hier um die Mindestanforderungen an die Informationspflicht. Für die nachfolgende Informationspflicht über die Verwendung von Facebook Social Plug Ins gibt es – soweit ersichtlich – keine Ursprungsquelle. Der Text ist angelehnt an die Informationspflicht, die im Zusammenhang mit dem Einsatz von Google Analytics verwendet wird.

betätigen oder einen Kommentar abgeben, wird die entsprechende Information ebenfalls direkt an einen Server von Facebook übermittelt und dort gespeichert. Die Informationen werden zudem auf Facebook veröffentlicht und Ihren Facebook-Freunden angezeigt.

Facebook kann diese Informationen zum Zwecke der Werbung, Marktforschung und bedarfsgerechten Gestaltung der Facebook-Seiten nutzen. Hierzu werden von Facebook Nutzungs-, Interessen- und Beziehungsprofile erstellt, zB um Ihre Nutzung unserer Webseite im Hinblick auf die Ihnen über Facebook eingeblendeten Werbeanzeigen auszuwerten, andere Facebook-Nutzer über Ihre Aktivitäten auf unserer Webseite zu informieren und um weitere mit der Nutzung von Facebook verbundene Dienstleistungen zu erbringen.

Wenn Sie nicht möchten, dass Facebook die über unseren Webauftritt gesammelten Daten Ihrem Facebook-Konto zuordnet, müssen Sie sich vor Ihrem Besuch unserer Webseite bei Facebook ausloggen.

Zweck und Umfang der Datenerhebung und die weitere Verarbeitung und Nutzung der Daten durch Facebook sowie Ihre diesbezüglichen Rechte und Einstellungsmöglichkeiten zum Schutz Ihrer Privatsphäre entnehmen Sie bitte den Datenschutzhinweisen von Facebook: http://www. facebook.com/policy.php.

6.2 Verwendung der „Google+1"-Schaltfläche

Wir verwenden auf unserer Webseite die „+1"-Schaltfläche des sozialen Netzwerks Google+ (GooglePlus) der Google Inc., 1600 Amphitheater Parkway, Mountainview, California, 94043 USA (nachfolgend „Google"). Der Button ist an dem Zeichen „+1" auf farbigem oder weißem Hintergrund erkennbar. Bei jedem Aufruf einer Webseite, die mit einer „+1"-Schaltfläche versehen ist, veranlasst die „+1"-Schaltfläche, dass der von Ihnen verwendete Browser die optische Darstellung der „+1"-Schaltfläche vom Google Server lädt und darstellt. Dabei wird eine direkte Verbindung zu den Servern von Google aufgebaut, dem Google Server mitgeteilt, welche bestimmte Webseite unserer Internetpräsenz Sie gerade besuchen und welchen Inhalt Sie mit „+1" empfohlen haben.

Sind Sie während des Besuchs unserer Webseite als registrierter Nutzer bei Google+ (GooglePlus) eingeloggt, kann Google den Besuch Ihrem Google-Profil zuordnen. Dazu genügt nach den Informationen von Google der bloße Aufruf unserer Webseite. Betätigen Sie die „+1"-Schaltfläche als registrierter Nutzer, erfasst Google über Ihr Google-Profil unter anderem Informationen über die von Ihnen empfohlene URL, Ihre IP-Adresse und andere browserbezogene Informationen, damit Ihre „+1"-Empfehlung gespeichert und öffentlich zugänglich gemacht werden kann. Ihre „+1"-Empfehlungen können als Hinweise zusammen mit Ihrem Profilnamen und Ihrem Foto in Google-Diensten, wie etwa in Suchergebnissen, in Ihrem Google-Profil (als „+1"-Tab in Ihrem Google-Profil) oder an anderen Stellen auf Webseiten und Anzeigen im Internet eingeblendet werden. Überdies behält sich Google vor, zusammengefasste Statistiken über die „+1"-Aktivitäten der Nutzer an Dritte, dh. andere Nutzer und Partner wie zB Publisher, Inserenten oder verbundene Websites weiterzugeben.

Wir haben keinerlei Einfluss auf den Umfang der Daten, die Google mit der „+1"-Schaltfläche erhebt, verarbeitet und nutzt oder wie Google mit Ihren Daten umgeht. Wir bitten Sie daher, Informationen zur Erfassung, Weitergabe und Nutzung Ihrer Daten durch Google, zu Ihren diesbezüglichen Rechten sowie zu Ihren Profileinstellungsmöglichkeiten zum Schutz Ihrer Privatsphäre, den Datenschutzhinweisen von Google zu entnehmen. Diese sind unter dem folgenden Link abrufbar. https://www.google.com/intl/de/+/policy/+1button.html. Sofern Sie nicht möchten, dass Google Ihre Daten im oben beschriebenen Umfang speichert, kann es hilfreich sein, sich vor dem Besuch unserer Webseiten aus Google+ auszuloggen.

§ 7 Einwilligung und Widerruf

Wenn Sie uns Ihre Einwilligung in die Nutzung, Verarbeitung und Übermittlung Ihrer personenbezogenen Daten zu Marketingzwecken (zB elektronische Newsletter oder Angebotszusendung, Nutzung von Google Analytics) erteilt haben, können Sie diese jederzeit ohne Einhaltung einer bestimmten Form oder Frist mit Wirkung für die Zukunft widerrufen. Daneben können Sie – soweit wir Ihre Daten in gesetzlich zulässigem Rahmen für bspw. postalische Marketingmaßnahmen nutzen – dieser Nutzung widersprechen. In beiden Fällen richten Sie sich bitte an: Firmenname …, Geschäftssitz …, Telefon: …, Fax: …, E-Mail: … .

Nach Ihrem Widerruf werden wir Ihre Daten ausschließlich zur Abwicklung der Bestellung verwenden und eine Versendung von weiteren Werbemitteln unterlassen.

§ 8 Übermittlung personenbezogener Daten an Dritte

Für die Abwicklung Ihrer Bestellung ist es mitunter notwendig, Ihre personenbezogenen Daten an Dritte zu übermitteln (zB Lieferanten oder Spediteure). Die an Dritte weitergegebenen Daten werden von diesen ausschließlich zur Erfüllung der ihnen obliegenden Verpflichtungen oder Aufgaben verwendet. Übermittlungen an staatliche Einrichtungen oder Behörden erfolgen nur im Rahmen zwingender nationaler Rechtsvorschriften.

§ 9 Dauer der Datenspeicherung

Ihre personenbezogenen Daten werden nur so lange aufbewahrt, wie dies für die Erbringung unserer Dienstleistungen erforderlich ist. Mitunter kann eine darüber hinaus dauernde Datenspeicherung aufgrund gesetzlicher oder rechtlicher Pflichten erforderlich sein.

§ 10 Datensicherheit

Wir haben technische und organisatorische Sicherheitsvorkehrungen eingerichtet, um Ihre Daten zu schützen, insbesondere gegen Verlust, Manipulation oder unberechtigten Zugriff. Wir passen unsere Sicherheitsvorkehrungen regelmäßig der fortlaufenden technischen Entwicklung an.

§ 11 Auskünfte

Sie haben jederzeit das Recht, kostenfrei Auskunft über Ihre bei uns gespeicherten Daten zu verlangen. Sollten Ihre Daten unrichtig oder zu Unrecht gespeichert sein, so werden wir diese gern berichtigen, sperren oder löschen. Bitte teilen Sie uns auch mit, sobald sich Änderungen bei Ihren personenbezogenen Daten ergeben haben. Ihre Auskunftswünsche, Fragen, Beschwerden oder Anregungen zum Thema Datenschutz richten Sie bitte per Post an … (Angabe Firmenname, Firmenadresse) oder per E-Mail an … (Angabe der E-Mail-Adresse).

§ 12 Schufa Bonitäts- und Identitätsprüfung

Wir übermitteln möglicherweise Ihre Daten vor Vertragsschluss zum Zweck der Bonitätsprüfung an die Schufa Holding AG, Kormoranweg 5, 65201 Wiesbaden („SCHUFA"), um Auskünfte und Bonitätsinformationen auf Basis mathematisch-statistischer Verfahren (Score-Wert) über Sie zu beziehen und – soweit dies zur Wahrung berechtigter Interessen von uns erforderlich ist und Ihre schutzwürdigen Belange nicht beeinträchtigt werden – um der SCHUFA Informationen über nichtvertragsgemäßes Verhalten (zB Kartenmissbrauch, Forderungsbetrag) zu übermitteln; die SCHUFA speichert die Daten, um ihr angeschlossene Unternehmen Informationen zur Beurteilung der Kreditwürdigkeit von Kunden geben zu können, und stellt ihren Vertragspartnern diese Daten nur zur Verfügung, soweit diese ein berechtigtes Interesse an der Datenübermittlung glaubhaft darlegen; die Daten werden ausschließlich zu diesem Zweck verwendet; sie können bei der SCHUFA unter og. Adresse selbst Auskunft über die zu Ihrer Person gespeicherten Daten erhalten.

Wir übermitteln Ihre Daten vor Vertragsschluss zudem zum Zweck der Identitätsprüfung an die SCHUFA, woraufhin die SCHUFA den Grad der Übereinstimmung der bei ihr gespeicherten Personalien mit den von Ihnen bei uns erhobenen Daten in Prozentwerten ermittelt; wir können somit anhand der von der SCHUFA übermittelten Übereinstimmungsraten erkennen, ob eine Person unter der von Ihr angegebenen Anschrift im Datenbestand der SCHUFA gespeichert und über 18 Jahre alt ist; ein weiterer Datenaustausch oder eine Übermittlung abweichender Anschriften sowie eine Speicherung Ihrer Daten im SCHUFA Datenbestand findet nicht statt, es wird allein aus Nachweisgründen die Tatsache der Überprüfung bei der SCHUFA gespeichert; nähere Informationen finden Sie unter www.schufa.de.

Ende der Datenschutzbestimmungen"

G. Zahlungsbedingungen

Literatur: *Föhlisch/Stariradeff*, Zahlungsmittel und Vertragsschluss im Internet, NJW 2016, 353.

I. Einführung

Ein wichtiger Teil im Webshopbereich stellt die Bezahlung dar. Der Webshopbetreiber **2.598** muss sich im Vorfeld überlegen, welche Bezahlmöglichkeiten er den Käufern in seinem Webshop anbieten möchte und seine Zahlungsbedingungen entsprechend ausgestalten. Während in Rz. 6.77 ff. der „Aufsichtspflichtige Zahlungsverkehr", in den der Webshopbetreiber mit dem Angebot bestimmter Bezahlmöglichkeiten geraten kann, sowie in Rz. 6.114 ff. die typischen Zahlungswege und Bezahlsysteme näher betrachtet werden, soll es nachfolgend lediglich darum gehen, welche Informationspflichten den Webshopbetreiber in Bezug auf die Zahlungsbedingungen treffen und wie er ggf. die Zahlungsbedingungen auszugestalten hat.

Der Webshopbetreiber muss sich im ersten Schritt im Bereich der Zahlungsmöglichkeiten **2.599** darüber Gedanken machen, ob er nur Zahlungsmöglichkeiten anbietet, die einen Zahlungseingang bei ihm vorsehen, bevor er die Ware an den Käufer abgibt bzw. seine Dienstleistung ausführt[1] oder ob er auch Zahlungsmöglichkeiten anbieten will, die es dem Käufer ermöglichen, die Bezahlung erst vorzunehmen, nachdem die Ware geliefert bzw. die Dienstleistung ausgeführt worden ist. Soweit sich der Webshopbetreiber in diesen Bereichen bewegt, sind die Zahlungsmöglichkeiten grundsätzlich überschaubar und die Gestaltung der Zahlungsbedingungen eher einfacher Art. Entschließt sich der Webshopbetreiber allerdings dazu – was eine Reihe größerer Versandhandelshäuser seit Jahren anbieten – Käufern **Finanzierungshilfen** in Form von Teilzahlungsmöglichkeiten, also Ratenzahlungen,

---

1 Entsprechende Zahlungsbedingungen, also solche, die eine Vorleistungspflicht des Kunden begründen, unterliegen der AGB-Inhaltskontrolle nach § 307 BGB, vgl. Palandt/*Grüneberg*, § 309 BGB Rz. 13 mit Verweis auf BGH v. 4.3.2010 – III ZR 79/09 (juris Rz. 28, 31), NJW 2010, 1449; nach OLG Hamburg v. 13.11.2006 – 5 W 162/06 (juris Rz. 31, 32), NJW 2007, 2264 (2266), ist die Verwendung von Vorleistungsklauseln bei eBay-Verkäufen zulässig; bei Fernabsatzgeschäften sei eine Zug-um-Zug Leistung nicht möglich und insofern beide Vertragsparteien mit dem Risiko der Nichtleistung der jeweils anderen Partei ausgesetzt. Insofern sei es durchaus interessengerecht, wenn der Verkäufer, der eine Ware verpacken und versenden muss, hierfür zunächst die Bezahlung verlange.

anzubieten, erweist sich der Informations- und Dokumentationsaufwand sowie der Abschluss eines Teilzahlungsvertrages als deutlich aufwändiger; vgl. hierzu Kap. 7A.

II. Pflicht zur Informationserteilung

2.600 Die Angaben zu den Zahlungsmöglichkeiten in einem Webshop liegen nicht nur im Interesse des Webshopbetreibers, sondern es handelt sich hierbei auch um eine **gesetzliche Pflichtangabe**. Die gesetzliche Verpflichtung ist § 312d Abs. 1 BGB iVm. Art. 246a § 1 Abs. 1 Nr. 7 EGBGB zu entnehmen. Dort wird von einer Informationspflicht über die Zahlungsbedingungen gesprochen.

2.601 Aus dieser Regelung ergibt sich, dass die Verpflichtung nur einen Webshopbetreiber trifft, der Verträge mit Verbrauchern iSv. § 13 BGB (also den klassischen Endverbrauchern) abschließt. Hinter der Formulierung „Zahlungsbedingungen" verbirgt sich die Verpflichtung des Webshopbetreibers, Informationen über die verschiedenen Bezahlmöglichkeiten und deren Besonderheiten zur Verfügung zu stellen. Für eine andere Auslegung verbleibt nach dem Sinngehalt der Vorschrift kein Raum.

2.602 Nach § 312d Abs. 1 BGB iVm. Art. 246a § 1 Abs. 1 Nr. 7 EGBGB handelt es sich hierbei zunächst um eine fernabsatzrechtliche **vorvertragliche Pflicht**. Das bedeutet, dass die Informationen zu den Bezahlmöglichkeiten und deren Besonderheiten in dem Webshop abrufbar gehalten werden müssen.

2.603 ➲ **Praxistipp:** Der Webshopbetreiber kann diese Informationspflicht am einfachsten dadurch einhalten, dass er die Zahlungsmöglichkeiten und -bedingungen in seinen Allgemeinen Geschäftsbedingungen festhält und die AGB, wie unter Rz. 2.324–2.329 näher beschrieben, dem Nutzer zur Verfügung stellt.

2.604 Gemäß § 312f Abs. 2 Satz 2 BGB handelt es sich bei der Pflicht zur Informationserteilung über die Einzelheiten hinsichtlich der Zahlung auch um eine vertragliche Informationspflicht, die vom Webshopbetreiber dem Verbraucher innerhalb einer angemessenen Frist nach Vertragsschluss, spätestens jedoch mit der Lieferung der Ware oder bevor mit der Ausführung der Dienstleistung begonnen wird, auf einem dauerhaften Datenträger (dh. in Textform) mitzuteilen ist.

2.605 ➲ **Praxistipp:** Der Verpflichtung zur Mitteilung in Textform kann der Webshopbetreiber dadurch nachkommen, dass er die Zahlungsbedingungen in die AGB integriert und diese zusammen mit der gesetzlich vorgeschriebenen E-Mail-Bestellbestätigung, mit der der Eingang der Onlinebestellung dem Webshopkäufer bestätigt wird, übermittelt. Verwendet der Webshopbetreiber neben seinen AGB separate Zahlungsbedingungen, sollten auch diese mit der bei einer Onlinebestellung zwingend vorgeschriebenen E-Mail-Bestellbestätigung dem Besteller bzw. Käufer **in der E-Mail übermittelt** werden. In diesen Fällen ist das Erfordernis der Übermittlung auf einem dauerhaften Datenträger eingehalten. Möglich wäre es aber auch, die Zahlungsbedingungen bei einer Warenlieferung bspw. im Warenpaket als ausgedruckten Text dem Besteller bzw. Käufer mitzuschicken.

III. Gängige Zahlungsalternativen im Online-Versandhandel

2.606 Die typischen Zahlungswege und Bezahlsysteme sind ausführlich in Kapitel 6 ab Rz. 6.133 dargestellt. Nachfolgend soll daher lediglich noch kurz auf die im Online-Versandhandel derzeit gängigen Zahlungsalternativen aus dem Blickwinkel des Online-Versandhändlers eingegangen werden.

Die im Online-Versandhandel derzeit angebotenen Zahlungsalternativen lassen sich grob in drei Gruppen aufteilen: Die erste Gruppe bilden die Bezahlmöglichkeiten für den Kunden bevor die Ware geliefert/ausgehändigt bzw. die Dienstleistung ausgeführt wird. Hierzu zählt in erster Linie die Bezahlung per Vorkasse mittels **Überweisung** (ausführlich zur Überweisung und Online-Überweisung Rz. 6.144 ff.). Eine besondere Ausgestaltung dieser Bezahlart stellen die von privaten Anbietern bereitgestellten **„Sofortüberweisungen"** (ausführlich hierzu Rz. 6.205) dar. Schließlich kann zu dieser Gruppe auch die Bezahlung per **Nachnahme** gezählt werden, da die Aushändigung der Ware an den Kunden bei dieser Konstellation nicht ohne Bezahlung an den Zusteller erfolgt. Die zweite Gruppe stellen die Zahlungsmöglichkeiten dar, die dem Kunden nach der Warenlieferung bzw. der Dienstleistungsausführung zur Verfügung stehen. Zu dieser Gruppe zählt in erster Linie die **Bezahlung nach Rechnung**. Die dritte Gruppe bildet die Bezahlung durch Finanzierung, in der Regel durch **Raten- bzw. Teilzahlung**. Nicht eindeutig einer der vorgenannten Gruppen zuordenbar ist die Zahlung per **Kreditkarte** (ausführlich hierzu Rz. 6.178 ff.). Schließlich spielt im Online-Bereich auch die Zahlung unter Zuhilfenahme von **PayPal** (ausführlich hierzu Rz. 6.221) eine große Bedeutung. 2.607

1. Zahlung per Vorkasse mittels Überweisung

Bei dieser Möglichkeit muss der Webshopkäufer erst den Kaufpreis an den Webshopbetreiber überweisen, bevor die Ware an ihn verschickt wird bzw. die Dienstleitung ausgeführt wird. Der Webshopbetreiber wartet also ab, bis die Zahlung bei ihm auf dem Konto eingegangen ist, bevor er die Ware an den Onlinekäufer verschickt bzw. eine Dienstleistung ausführt. Freilich bestehen auch bei dieser Konstellation Restrisiken für den Webshopbetreiber, die sich aus der Rechtskonstruktion der Überweisung ergeben (ausführlich hierzu Rz. 6.144 ff.). 2.608

Anzumerken ist in diesem Zusammenhang, dass **Vorleistungsklauseln** einer AGB-rechtlichen Inhaltskontrolle unterliegen. Sie sind zulässig, wenn für ihre Verwendung ein **sachlich berechtigter Grund** gegeben ist und keine überwiegenden Belange des Kunden entgegenstehen. Dies wird im Online-Warenversandhandel regelmäßig der Fall sein, da der Webshopbetreiber und auch andere Online-Versandhändler ihre Kunden und deren Zahlungsfähigkeit nicht kennen und somit ein berechtigtes Interesse daran haben, zunächst das Entgelt zu erhalten, bevor sie die Ware aus der Hand geben.[1] 2.609

Bei der vertraglichen Ausgestaltung dieser Zahlungsart ist darauf zu achten, dass keine unzulässige Vorauserfüllungspflicht statuiert wird[2]. Der Vertragsschluss, dh. die Vertragsannahme durch den Webshopbetreiber, darf nicht von der Vorauszahlung abhängig gemacht werden. Die Abhängigkeit darf nur im Verhältnis zur Warenlieferung oder Erbringung der Dienstleistung stehen. 2.610

2. Sofortüberweisung

Unter der Zahlungsmöglichkeit **„Sofortüberweisung"** (ausführlich hierzu Rz. 6.205 ff.) wird ein Direktüberweisungsverfahren verstanden, zu dem es weder eine Kundenregistrierung noch eines Aufladens von Zwischenkonten oder einer Übermittlung von Kreditkartendaten bedarf. Mit „Sofortüberweisung" wird noch während der Bestellung eine 2.611

---

1 So OLG Hamburg v. 13.11.2006 – 5 W 162/06 – Rz. 31, 32, NJW 2007, 2264 (2266), für eBay-Kaufverträge; vgl. hierzu auch Palandt/*Grüneberg*, § 309 BGB Rz. 13 mit Verweis auf BGH v. 4.3.2010 – III ZR 79/09 – Rz. 28, 31, NJW 2010, 1449.
2 Näher hierzu *Föhlisch/Stariradeff*, NJW 2016, 353 (355 f.).

Überweisung über den jeweiligen Betrag im Onlinebanking-Verfahren durchgeführt. Der Webshopverkäufer erhält nach Abschluss der „Sofortüberweisung" eine Zahlungsbestätigung. Die Systemanbieter dieser Zahlungsalternative fungieren lediglich als technische Schnittstelle. Es handelt sich hierbei allerdings um Privatanbieter, die Webshopkäufern und Webshop-Versandhändlern eine Sicherheit im Bezahlwege anbieten möchten.[1]

3. Zahlung per Nachnahme

2.612 Bei der **Zahlung per Nachnahme** wird die Ware an den Webshopkäufer geliefert, die dieser bei Übergabe bezahlen muss. Bei der Lieferung per Nachnahme erfolgt also die Aushändigung der Ware nur gegen Barzahlung. Der Nachteil dieser Zahlungsmöglichkeit liegt auf Seiten des Webshopkäufers, der zusätzlich eine Nachnahmegebühr und häufig auch eine gesonderte Zustellgebühr, also eine zu den Versandkosten hinzukommende Gebühr, zu zahlen hat. Die Zustellgebühr geht allerdings in der Regel nicht an den Webshopverkäufer, sondern an den Zustelldienst. Für den Webshopverkäufer ist wichtig, dass er den Webshopkäufer über die entstehenden Kosten entsprechend der gesetzlichen Vorgaben vorvertraglich und bei Vertragsschluss informiert.

4. Bezahlung nach Rechnung

2.613 Die Zahlungsmöglichkeit „**Bezahlung nach Rechnung**" bedeutet, dass der Kunde erst nachdem er die Ware erhalten hat oder die Dienstleistung vom Versandhändler erbracht wurde, die Bezahlung vornehmen muss. In der Praxis erfolgt dies in der Regel dadurch, dass dem Kunden eine Rechnung online oder per Post übermittelt wird. Bei Warenbestellungen ist es üblich, dass die Rechnung dem Warenversand beigelegt ist.

2.614 Der Nachteil dieser Bezahlart für den Webshopverkäufer liegt auf der Hand. Er muss an einen Kunden, den er nicht kennt, eine Ware liefern bzw. eine Dienstleistung ausführen und geht damit das Risiko ein, dass er unter Umständen auf einen insolventen Kunden getroffen ist, von dem er die Ware bzw. der Dienstleistung nicht bezahlt bekommt, ggf. die Ware auch nicht zurückerhält. Viele Webshopbetreiber, die diese Bezahlart anbieten, setzen daher sogenannte **Scoring-Verfahren** ein und führen individuelle **Bonitätsprüfungen** beim Kunden durch. Nur Kunden, die nicht durch dieses Raster fallen, bei denen also nach den im Scoring-Verfahren errechneten Wahrscheinlichkeitswerten davon ausgegangen werden kann, dass sie zahlungsfähig sind und bei denen auch noch nach einer individuellen Bonitätsprüfung von einer Zahlungsfähigkeit ausgegangen werden kann, wird diese Bezahlart angeboten. Sowohl der Einsatz der Bonitätsprüfung, bspw. bei der **SCHUFA** oder bei **Creditreform**, als auch der Einsatz von sogenannten Scoring-Verfahren, um anhand von personenbezogenen Merkmalen die Wahrscheinlichkeit einer Bezahlfähigkeit zu ermitteln, erfordern in den Datenschutzhinweisen entsprechende Hinweise (vgl. hierzu Rz. 2.604 ff.).

2.615 Der Nachteil eines Zahlungsausfalls beim Kunden kann durch die vorgenannten Maßnahmen zumindest eingedämmt werden. Er wiegt dann häufig nicht schwerer als der Vorteil, den das Angebot dieser Zahlungsart bietet, zumal bargeldlose Zahlung im stationären Handel ähnliche Risiken birgt (vgl. hierzu Rz. 6.205). Die Möglichkeit für Kunden, erst nach Erhalt einer Dienstleistung oder Ware bezahlen zu müssen, schafft bei diesen Vertrauen gegenüber dem Webshopbetreiber, den der Kunde häufig ebenfalls nicht kennt.

---

[1] Die im Webshopbereich stark verbreitete Zahlungsmöglichkeit „Sofortüberweisung" ist ein Direktüberweisungsverfahren, das von der Payment Network AG angeboten wird. Nähere Informationen hierüber sind unter www.payment-network.com abrufbar. Ein weiterer prominenter Anbieter ist die giropay GmbH, nähere Informationen hierzu unter www.giropay.de.

In der Regel wird die Einräumung dieser Bezahlart mehr Bestellungen auslösen, da der Kunde keinerlei Vorleistungen oder Verpflichtungen ausgesetzt ist.

➲ **Praxistipp:** Der Webshopbetreiber sollte bei der Einräumung der Zahlmöglichkeit „Bezahlung nach Rechnung" sowohl das Scoringverfahren als auch eine Bonitätsprüfung durchführen, um nicht dem erheblichen Risiko größerer Zahlungsausfälle ausgesetzt zu sein. Der Webshopbetreiber muss dann aber sowohl in seinen Zahlungsbedingungen als auch in seinen Datenschutzhinweisen (vgl. hierzu Rz. 2.604 ff.) **über den Einsatz dieser Verfahren informieren**.   2.616

5. Raten- bzw. Teilzahlung

a) Einführung

In der Praxis bieten in der Regel nur größere Versandhändler Kunden die Möglichkeit an, ihren Onlinekauf per Raten- bzw. Teilzahlung (nachfolgend wird einheitlich der Begriff Teilzahlung verwendet) zu bezahlen. Der Grund dafür mag darin liegen, dass der bürokratische Aufwand und die rechtlichen Anforderungen an diese Zahlungsmöglichkeit sehr hoch sind. Dies gilt zumindest für die Rechtsbeziehung zwischen einem Unternehmer und einem Letztverbraucher iSv. § 13 BGB, die nachfolgend ausschließlich betrachtet wird.   2.617

Bei der durch den Webshopbetreiber angebotenen Teilzahlung handelt es sich um eine Finanzierungshilfe von einem Unternehmer an einen Verbraucher. Dem Webshopbetreiber muss allerdings klar sein, dass er in den Fällen, in denen er Kunden bei einem Warenkauf eine Teilzahlungsmöglichkeit anbietet, zwei Verträge mit dem Kunden abschließt, und zwar einerseits den Vertrag über den Warenkauf und andererseits einen Vertrag über eine Finanzierungshilfe in Form der Teilzahlung. Beide Verträge sind allerdings eng miteinander verknüpft.   2.618

b) Anwendbare Rechtsvorschriften

Auf ein Teilzahlungsgeschäft sind mit wenigen Ausnahmen die Vorschriften über Verbraucherdarlehensverträge (§§ 491a bis 502 BGB) entsprechend anzuwenden, wie sich aus § 506 Abs. 3 iVm. Abs. 1 BGB ergibt. Zusätzlich gelten die Spezialvorschriften der §§ 507, 508 BGB.   2.619

Keine Anwendung finden die Vorschriften über Verbraucherdarlehensverträge gemäß der §§ 491 ff. BGB, wenn ein Ausschlussgrund gemäß § 506 Abs. 4 Satz 1 BGB vorliegt.[1] § 506 Abs. 4 Satz 1 BGB besagt, dass die Vorschriften der §§ 506, 507 BGB, also auch die speziellen Vorschriften für Teilzahlungsgeschäfte, in den Fällen nicht anwendbar sind, in denen der Gesetzgeber nach § 491 Abs. 2 BGB Verträge aus dem Anwendungsbereich der Verbraucherdarlehensverträge herausgenommen hat oder die unter den speziellen Voraussetzungen nach § 491 Abs. 3 BGB nicht den Vorschriften für Verbraucherdarlehensverträge unterliegen. Für den Versandhandel bedeutsam ist, dass nach § 491 Abs. 2 BGB Verträge nicht zu den Verbraucherdarlehensverträgen zählen,   2.620

- bei denen der Nettodarlehensbetrag weniger als 200 Euro beträgt (§ 491 Abs. 2 Nr. 1 BGB) oder

- bei denen der Darlehensnehmer das Darlehen binnen drei Monaten zurückzuzahlen hat und nur geringe Kosten vereinbart sind (§ 491 Abs. 2 Nr. 3 BGB).

---

1 Palandt/*Weidenkaff*, § 507 BGB Rz. 2.

2.621 Bei den weiteren gesetzlichen Regelungen nach § 491 Abs. 2 Nr. 2, Nr. 4 und Nr. 5 sowie Abs. 3 BGB handelt es sich um Ausnahmetatbestände, die in aller Regel auf den Versandhandel nicht zutreffen.

c) Informations- und Gestaltungsanforderungen

2.622 Die Zahlungsmöglichkeit Teilzahlung erfordert von dem Webshopbetreiber in rechtlicher Hinsicht vier Überlegungen: Erstens muss er festlegen, wie und wo er über diese Zahlungsmöglichkeit informiert. Zweitens muss er sich damit auseinandersetzen, welche vorvertraglichen Informationspflichten er einzuhalten hat und wie er diesbezüglich den Verbraucher zu unterrichten hat. Drittens muss er die vertraglichen Informationspflichten einhalten und viertens klären, auf welche Weise der Teilzahlungsvertrag mit dem Kunden zustande kommen soll.

aa) Allgemeine Informationspflichten

2.623 Zunächst muss der Webshopbetreiber die Teilzahlungskunden darüber unterrichten, unter welchen Voraussetzungen diese ein Teilzahlungsgeschäft mit ihm abschließen können, wie sich aus § 312d Abs. 1 BGB iVm. Art. 246a § 1 Abs. 1 Nr. 7 EGBGB ergibt. Diese Bedingungen, unter denen der Kunde eine Teilzahlung mit dem Webshopbetreiber vereinbaren kann, sollten in die Zahlungsbedingungen aufgenommen werden. Diese können in die AGB integriert werden, aber durchaus auch als separate Zahlungsbedingungen ausgestaltet sein. Sie sollten dann in gleicher Weise wie die eigentlichen AGB im Webshop abrufbar gehalten und zusätzlich dem Kunden in Textform zur Verfügung gestellt werden.

bb) Vorvertragliche Informationspflichten

2.624 Den Webshopbetreiber, der ein Teilzahlungsgeschäft gegenüber Verbrauchern anbietet, treffen vorvertragliche Informationspflichten. Hierbei handelt es sich allerdings um gesonderte vorvertragliche Informationspflichten, die sich auf die Teilzahlung beziehen. Sie sind nicht zu verwechseln mit den vorvertraglichen Informationspflichten, die beim Online-Warenkauf bzw. bei der Online-Dienstleistungsbestellung bestehen. Die gesetzliche Verpflichtung ergibt sich aus § 491a Abs. 1 BGB. Dessen Anwendbarkeit auf Teilzahlungsgeschäfte ergibt sich wiederum aus § 506 Abs. 1 BGB, es sei denn einer der Ausnahmetatbestände greift ein.

2.625 Finden danach die Vorschriften für Verbraucherdarlehensverträge gemäß §§ 491 ff. BGB auf Teilzahlungsgeschäfte Anwendung, muss der Webshopbetreiber die vorvertraglichen Informationspflichten gemäß § 491a Abs. 1 BGB iVm. Art. 247 §§ 1–4 EGBGB in der dort vorgeschriebenen Form einhalten.

2.626 Art. 247 § 1 EGBGB schreibt vor, dass die vorvertraglichen Informationspflichten rechtzeitig vor dem Abschluss eines Verbraucherdarlehensvertrages in Textform erfolgen und die sich aus Art. 247 §§ 3–5 und §§ 8–13 EGBGB ergebenden Einzelheiten enthalten müssen.

2.627 Gemäß Art. 247 § 2 Abs. 1 EGBGB hat die Unterrichtung unter Verwendung der **europäischen Standardinformation für Verbraucherkredite** gemäß dem Muster in Anlage 3 zu Art. 247 EGBGB zu erfolgen.[1] Dies gilt nur nicht, wenn eine der Ausnahmen einschlägig ist, die in Art. 247 § 2 Abs. 1 Satz 2 EGBGB geregelt ist.

---

1 Die Verwendung des Musters in Anlage 3 zu Art. 247 EGBGB ist für Teilzahlungen zwingend; Palandt/*Weidenkaff*, Art. 247 § 2 EGBGB Rz. 2.

Hinderlich scheint im Online-Versandhandel zu sein, dass gemäß Art. 247 § 1 EGBGB die vorvertraglichen Informationspflichten dem Verbraucher grundsätzlich in **Textform** übermittelt werden müssen. Das bedeutet, dass dem Verbraucher vom Versandhändler die vorvertraglichen Informationen zumindest per E-Mail übermittelt werden müssen. Hierdurch würde aber im E-Commerce eine unnötige Komplikation eintreten. Der Verbraucher müsste nämlich zunächst seine E-Mail-Adresse dem Onlineversandhändler mitteilen, dieser müsste an die E-Mail-Adresse des Verbrauchers die vorvertraglichen Informationspflichten schicken und erst nachdem dies geschehen ist, könnte der Verbraucher seinen Onlinekauf auf Teilzahlungsbasis fortsetzen.

2.628

§ 507 Abs. 1 Satz 2 BGB iVm. Art. 247 § 5 EGBGB schafft für den Fernabsatzbereich und somit auch für den Spezialbereich E-Commerce jedoch eine Erleichterung für den Fall, dass der Verbraucher als Darlehensnehmer selbst die Zahlungsart „Teilzahlung" wählt. Sofern der Webshopbetreiber den Verbraucher bei der Wahl der Zahlungsart „Teilzahlung" zugleich online über den Barzahlungspreis, den Sollzinssatz, den effektiven Jahreszins, den Tilgungsplan anhand beispielhafter Gesamtbeträge sowie die zu stellenden Sicherheiten und Versicherungen unterrichtet, reicht es aus, wenn die Übermittlung der vorvertraglichen Informationspflichten nach Art. 247 § 1 EGBGB in Textform unverzüglich nachgeholt wird.

2.629

⮕ **Wichtig:** Der Webshopbetreiber erhält gemäß Art. 247 § 5 EGBGB iVm. § 507 Abs. 1 Satz 2 BGB also nur eine Erleichterung bei der Einhaltung der Formvorschriften, muss dafür aber den Verbrauchern die in § 507 Abs. 1 Satz 2 BGB aufgeführten Informationen bereits bei der Wahl der Zahlungsart mitteilen.

2.630

Für die unverzügliche Nachholung des Textformerfordernisses iSv. Art. 247 § 5 EGBGB sollte es ausreichen, wenn dem Verbraucher mit der **E-Mail-Bestellbestätigung** über die Webshopbestellung die vorvertraglichen Informationspflichten im Zusammenhang mit der Teilzahlung übermittelt werden.

2.631

cc) Vertragliche Informationspflichten

Der zwingende Inhalt einer Teilzahlungsvereinbarung zwischen einem Webshopbetreiber und einem Verbraucher ergibt sich aus § 506 Abs. 1 BGB iVm. § 492 Abs. 2 BGB iVm. Art. 247 §§ 6–13 EGBGB. Für Teilzahlungsgeschäfte im Online-Versandhandel ist in der Regel lediglich Art. 247 § 6 EGBGB von Bedeutung. Dort ist festgeschrieben, welchen Vertragsinhalt die Teilzahlungsvereinbarung aufweisen muss. Unter anderem zählt hierzu ein gesondertes Widerrufsrecht, für das wiederum das Muster der Anlage 6 zu Art. 247 EGBGB verwendet werden kann. Verwendet der Webshopbetreiber dieses Muster unter richtiger Verwendung der Gestaltungshinweise, genügen die Angaben den gesetzlichen Anforderungen an eine ordnungsgemäße Widerrufsbelehrung der Teilzahlungsvereinbarung.[1]

2.632

dd) Vertragsschluss

In welcher Weise die Teilzahlungsvereinbarung zwischen dem Webshopbetreiber und dem Verbraucher zustande kommen kann, hängt davon ab, welchen Formvorschriften Teilzahlungsgeschäfte unterliegen. Hierzu bestimmt § 507 Abs. 1 Satz 2 BGB, dass das **Schriftformerfordernis** nach § 492 Abs. 1 Satz 1 BGB nicht einzuhalten ist, wenn

2.633

– der Verbraucher sein Vertragsangebot zum Abschluss eines Teilzahlungsgeschäfts im Fernabsatz aufgrund eines Verkaufsprospekts oder eines vergleichbaren elektronischen Mediums abgibt und

---

1 Palandt/*Weidenkaff*, Art. 247 § 6 EGBGB Rz. 4.

- aus diesem Medium der Barzahlungspreis, der Sollzinssatz, der effektive Jahreszins, der Tilgungsplan anhand beispielhafter Gesamtbeträge sowie die zu stellenden Sicherheiten und Versicherungen ersichtlich sind und

- wenn der Webshopbetreiber dem Verbraucher den Vertragsinhalt entsprechend den Anforderungen in Art. 247 § 6 EGBGB spätestens unverzüglich nach Vertragsschluss in Textform mitteilt.

2.634   Das bedeutet, dass auch der Teilzahlungsvertrag online geschlossen werden kann. Hierbei gibt dann der Verbraucher ein Angebot an den Webshopbetreiber ab, das dieser bspw. per E-Mail annimmt. Ob dies im Rahmen der **E-Mail-Bestellbestätigung** oder einer gesonderten E-Mail erfolgt, muss der Webshopbetreiber abwägen. In der Regel wird er eine gesonderte E-Mail bevorzugen, da er mit der gesetzlich vorgeschriebenen E-Mail-Bestellbestätigung nur den Eingang der Bestellung bestätigen will, aber noch keine vertragliche Verpflichtung begründen möchte (vgl. hierzu Rz. 2.260 ff.).

2.635   Weitere Voraussetzung für das unter Ausschluss des Schriftformerfordernisses wirksame Zustandekommen des Teilzahlungsvertrages ist aber nach § 507 Abs. 1 Satz 2 Hs. 2 BGB, dass der Webshopbetreiber dem Verbraucher den Vertragsinhalt sowie die vorvertraglichen Informationspflichten unverzüglich nach Vertragsabschluss mindestens in Textform, bspw. per E-Mail, übermittelt. Grundsätzlich ausreichend für die Einhaltung der Unverzüglichkeit soll die Übersendung der Informationen mit dem Warenpaket sein.[1] Dies gilt aber nur, wenn eine kurze Lieferfrist eingehalten wird. Bis zu drei Tage sollten hier der Anforderung genügen. Bei längerer Lieferfrist ist eine gesonderte Übermittlung erforderlich.[2] Kann daher der Webshopbetreiber keine kurze Lieferfrist anbieten, muss er die Vertragsinformationen dem Webshopkäufer vorab auf andere Weise mitteilen.

2.636   ⮕ **Praxistipp:** Um die komplizierten Anforderungen des Gesetzes an die Form der vorvertraglichen Informationspflichten sowie an die Form des Vertragsschlusses und deren Ausnahmen einhalten zu können, empfiehlt sich folgendes Vorgehen: Wählt der Verbraucher die Zahlungsart „Teilzahlung" aus, sollte er zunächst auf eine Seite geleitet werden, auf der er über die Teilzahlungsbedingungen informiert wird und zudem einen Überblick über die vorvertraglichen Informationspflichten iSv. Art. 247 §§ 2, 3 EGBGB erhält. Hier sollte die europäische Standardinformation verwendet werden. Der Verbraucher sollte dann über eine **Schaltfläche** bestätigen, dass er diese vorvertraglichen Informationspflichten **zur Kenntnis genommen** hat. Im Anschluss sollte er zum Verbraucherdarlehensvertrag geführt werden, in dem alle Informationen enthalten sind, die Art. 247 § 6 EGBGB vorschreibt. Hierfür kann der Webshopbetreiber das Muster der Anlage 6 zu Art. 247 EGBGB verwenden. Damit kommt er allen Informationspflichten nach. Sofern der Webshopbetreiber es technisch so eingerichtet hat, dass in dem Vertrag alle Informationen enthalten sind, kann der Verbraucher diesen Vertrag annehmen. Der Webshopbetreiber kann allerdings alternativ den Abschluss des Teilzahlungsvertrages auch so gestalten, dass der Verbraucher zusammen mit seinem Kaufangebot das Angebot zum Abschluss eines Teilzahlungsvertrages abgibt, indem er über eine Schaltfläche eine entsprechende Bestellung unter Inanspruchnahme der Teilzahlungskonditionen auslöst. Der Webshopbetreiber kann dann sowohl das Kaufangebot als auch den Verbraucherdarlehensvertrag per **E-Mail** annehmen und in dieser E-Mail die gesamten vorvertraglichen Informationspflichten und den Verbraucherdarlehensvertrag, also in der Regel das Muster in Anlage 3 zu Art. 247 EGBGB und das Muster der Anlage 6 zu Art. 247 EGBGB, beifügen. Eine weitere Möglichkeit wäre

---

1 So Palandt/*Weidenkaff*, § 507 BGB Rz. 4.
2 Palandt/*Weidenkaff*, § 507 BGB Rz. 4 mit Verweis auf BT-Drs. 16/11643, S. 94.

schließlich, dem Verbraucher mit der Bestellbestätigung die vorvertraglichen Informationspflichten per E-Mail zu übermitteln und dann den Verbraucherdarlehensvertrag in Form des Musters der Anlage 6 zu Art. 247 EGBGB in ausgedruckter Form **der Warenlieferung beizufügen** und sich diesen von dem Verbraucher unterzeichnen und zurücksenden zu lassen. Diese Variante wird insbesondere bei telefonischen Bestellungen und möglicherweise auch bei Faxbestellungen die Möglichkeit sein, mit der am einfachsten und nachweisbar die Formvorschriften des BGB und des EGBGB zu Verbraucherdarlehensverträgen eingehalten werden können.

6. Zahlung per Kreditkarte

Der Webshopbetreiber muss sich zunächst überlegen, welche Kreditkarten er akzeptieren will. Dies wird maßgeblich von den Bedingungen, Bezahlmöglichkeiten und deren Besonderheiten der Kreditkartenbetreiber abhängen. Der Kunde hat bei der Wahl der Zahlart „Kreditkarte" die Kreditkartennummer, die Kartenprüfnummer (KPN) und das Gültigkeitsdatum der Kreditkarte anzugeben. Der Webshopbetreiber belastet mit der Rechnungsstellung das Kreditkartenkonto des Kunden mit dem Rechnungsbetrag (vgl. hierzu ausführlich Rz. 6.178).

2.637

7. PayPal

PayPal (vgl. hierzu Rz. 6.221) ist eigentlich keine neue Zahlungsvariante, sondern verschafft dem Webshopbetreiber und dem Verbraucher nur eine **gewisse Sicherheit** beim Zahlungsaustausch. PayPal ist allerdings so stark verbreitet, dass es an dieser Stelle kurz erwähnt werden soll. PayPal ist ein Online-Zahlungsservice der Firma PayPal (Europe) S.à.r.l. & Cie, S.C.A., der eine Echtzeitzahlungslösung beinhaltet. Zur Nutzung dieses von einem privaten Anbieter angebotenen Zahlungsservices ist es notwendig, dass der Verbraucher ein PayPal-Konto einrichtet, bei dem er seine Bank- und Kreditkartendaten hinterlegt. Klickt der Verbraucher dann bei seinem Onlinekauf die Bezahloption PayPal an, muss er hier entsprechend wenige Daten eingeben. Nachfolgend wird sein PayPal-Konto und damit letztlich sein Bank- oder Kreditkartenkonto mit dem Kaufpreis belastet und das PayPal-Konto (und später das Bankkonto des Webshopbetreibers) erhält eine entsprechende Gutschrift. Dies funktioniert aber selbstverständlich nur, wenn auch der Webshopbetreiber sich bei PayPal hat registrieren lassen und diesen Bezahlservice seinen Onlinekunden anbietet.

2.638

IV. Zahlungsbedingungen

1. Allgemeines

Die Ausgestaltung der Zahlungsbedingungen hängt davon ab, welche Zahlmöglichkeiten der Webshopbetreiber seinen Kunden anbieten möchte. Die Zahlungsbedingungen sind grundsätzlich AGB und sollten damit auch in die AGB integriert werden. Zusätzlich bietet es sich an, sie als gesonderte Informationen für den Käufer abrufbar zu halten.

2.639

2. Muster-Zahlungsbedingungen

Das nachfolgend wiedergegebene Muster für eine Ausgestaltung der Zahlungsbedingungen kann selbstverständlich nur eine Orientierung darstellen. Je nachdem welche Zahlungsvarianten angeboten werden, müssen die Zahlungsbedingungen angepasst werden.

2.640

2.641 M 20 Grundmuster Zahlungsbedingungen

Wir bieten Ihnen verschiedene Möglichkeiten an, die bestellten Waren zu bezahlen. Neben der Bezahlung per Nachnahme und der Bezahlung per Kreditkarte bieten wir Ihnen auch die Zahlung durch Überweisung nach Erhalt der Ware an.

1. Lieferung per Nachnahme

Wählen Sie die Bezahlart „Lieferung per Nachnahme", zahlen Sie den Kaufpreis bei Anlieferung der Ware. Zusätzlich müssen Sie eine Nachnahmegebühr von … xxx sowie eine Zustellgebühr von … xxx bezahlen. Diese Kosten fallen zusätzlich zu den Versandkosten an.

2. Kreditkarte

Wir akzeptieren folgende Kreditkarten.[1] Bei der Zahlung mit Kreditkarte müssen Sie uns die Kartennummer, die Kartenprüfnummer und das Gültigkeitsdatum der Kreditkarte mitteilen. Mit Rechnungsstellung wird Ihr Kreditkartenkonto mit dem Rechnungsbetrag belastet.

3. Zahlung nach Rechnung

Kunden mit Wohnsitz innerhalb Deutschlands[2] können auch die Zahlart „Zahlung nach Rechnung" wählen, wenn sie nach dem von uns eingesetzten Scoringverfahren (vgl. Sie hierzu unsere Datenschutzbestimmungen) und einer individuellen Kreditwürdigkeitsprüfung von dieser Zahlart nicht ausgeschlossen werden. Sollte Ihnen nach der Auswahl dieser Zahlart im Bestellprozess angezeigt werden, dass wir Ihnen diese Zahlart nicht anbieten, bitten wir Sie, auf die anderen zur Verfügung stehenden Zahlarten auszuweichen. Bei „Zahlung nach Rechnung" fügen wir dem gelieferten Paket einen Überweisungs-/Zahlschein bei, dem der fällige Rechnungsbetrag nebst gesetzlicher Steuer und Gebühren entnommen werden kann. Die Rechnung ist innerhalb von 20 Tagen nach Rechnungsdatum fällig.[3]

4. Zusätzliche Bedingungen

Wir behalten uns bei jeder Bestellung vor, bestimmte Zahlungsarten nicht anzubieten und auf andere Zahlungsarten zu verweisen. Liegt der Wohnsitz außerhalb Deutschlands, ist die Zahlung ausschließlich per … möglich.

Sie geraten in Verzug, wenn Sie schuldhaft Ihre Rechnung/Teilzahlungen nicht spätestens mit deren Fälligkeit bezahlen. Im Falle des Verzugs ist die gesamte Forderung zur sofortigen Bezahlung fällig. Während des Verzugs sind wir berechtigt, einen Verzugszinssatz für das Jahr in Höhe von 5 Prozentpunkten über dem Basiszinssatz zu verlangen. Weitere Rechte wegen Verzugs bleiben unberührt.

Ende der Zahlungsbedingungen

---

1 An dieser Stelle sollte der Webshopbetreiber die Kreditkarten angeben, die er akzeptiert.

2 Der Webshopbetreiber sollte sich genau überlegen, welchen Kunden er unter welchen Voraussetzungen eine Bezahlung nach Rechnungsstellung und damit nach Erhalt der Ware anbietet, um größere Zahlungsausfälle zu vermeiden. Eine mögliche Einschränkung und Bedingung kann bspw. der Wohnort innerhalb Deutschlands sein, um eine einfachere Rechtsverfolgungsmöglichkeit zu haben.

3 Die Berechnung des Fälligkeitseintritts erweist sich in der Praxis als große Schwierigkeit. Wird ein Fälligkeitszeitpunkt von bspw. 14 Tagen nach Eingang der Ware beim Empfänger gewählt, muss der Webshopbetreiber möglicherweise ein aufwändiges System einrichten, um festzustellen, wann die Warenlieferung beim Kunden eingegangen ist. Zudem sollte das Fälligkeitsdatum so gesetzt werden, dass es nicht vor Ablauf der Widerrufsfrist von 14 Tagen eintritt.

Kapitel 3
Der Katalogversandhandel

A. Einleitung

Literatur: *Palandt*, Kommentar zum Bürgerlichen Gesetzbuch, 75. Aufl. 2016; *Fezer*, Kommentar zum UWG, 2. Aufl. 2010; *Gola/Schomerus*, Kommentar zum Bundesdatenschutzgesetz, 11. Aufl. 2015; *Hören/Sieber/Holznagel*, Multimediarecht, 42. Ergänzungslieferung, Stand Dez. 2015; *Köhler/Bornkamm*, Kommentar zum Gesetz gegen den unlauteren Wettbewerb, 34. Aufl. 2016.

Trotz des immer stärker steigenden Umsatzes im Online-Versandhandel bleibt auch der **3.1** Katalogversandhandel eine wichtige Stütze des Fernabsatzgeschäftes vieler Unternehmen. Vielfach werden heutzutage Kataloge zumindest noch als Ergänzung zum Online-Versandhandel eingesetzt. Kataloge sollen als Anregung dafür dienen, dass die Katalogempfänger den Webshop des Katalogversandhändlers im Internet aufsuchen und darüber Bestellungen auslösen. Zudem kann der Katalogkunde über entsprechende Bestellformulare, die sich im Katalog befinden, eine Bestellung beim Versandhändler dadurch auslösen, dass er das Bestellformular ausgefüllt per Fax oder Brief an den Katalogbetreiber übermittelt. Insbesondere für diejenigen Kunden, die keine Online-Bestellungen auslösen können oder möchten, stellt der Katalog eine ideale Ergänzung im Fernabsatzgeschäft dar.

Besondere gesetzliche Regelungen für das Kataloggeschäft existieren nicht. Vielmehr ent- **3.2** springen die rechtlichen Anforderungen an das Katalogversandhandelsgeschäft einer Vielzahl verschiedener Gesetze, wie zB dem BGB, dem UWG und der Preisangabenverordnung. Kern der gesetzlichen Regelungen für das Katalogversandhandelsgeschäft bilden wie im Onlinebereich die **Fernabsatzvorschriften im BGB**. Die meisten der in den vorgenannten Gesetzen enthaltenen Vorschriften richten sich an ein Geschäftsverhältnis zwischen einem Unternehmer und einem Verbraucher iSv. § 13 BGB. Für die Kataloggestaltung zwischen Unternehmern gelten daher viele der gesetzlichen Anforderungen, insbesondere wenn es sich um verbraucherschützende Informationspflichten handelt, nicht. Der Katalogversandhandel zwischen Unternehmern weist daher keine Besonderheiten auf, auf die nachfolgend näher eingegangen werden müsste.

B. Kataloggestaltung

I. Einführung

3.3 Die Anforderungen an eine Kataloggestaltung sind gesetzlich nicht ausdrücklich geregelt. Die Gestaltung eines Katalogs wird aber durch die Informationspflichten des Versandhändlers gegenüber dem Verbraucher geprägt. Insofern lässt sich indirekt aus den gesetzlichen Regelungen zu den Informationspflichten entnehmen, wie eine rechtskonforme Gestaltung eines Katalogs auszusehen hat. Hierbei ist im Bereich der rechtlichen Regelungen zu unterscheiden zwischen

– den auf die Kataloggestaltung Einfluss nehmenden Vorschriften, die aus dem **Gesetz gegen den unlauteren Wettbewerb** stammen und grundsätzlich für jede Art von Werbeprospekt mit und ohne direkte Bestellmöglichkeit gelten (mit Ausnahme derjenigen, die eine reine Image- und Erinnerungswerbung darstellen) und

– den vorvertraglichen Informationspflichten und den im Zusammenhang mit einem Vertragsschluss stehenden **Informationspflichten**, die aus den zivilrechtlichen Vorschriften des § 312d Abs. 1 BGB iVm. Art. 246a §§ 1 und 4 EGBGB herzuleiten sind, allerdings nur bei Katalogen mit Bestellmöglichkeit zur Anwendung kommen, aber ebenfalls Einfluss auf die Kataloggestaltung haben. In diesem Zusammenhang kann auch die Erleichterung von Informationspflichten bei begrenzter Darstellungsform gemäß Art. 246a § 3 EGBGB zum Tragen kommen.

3.4 Kataloge und Werbeprospekte, die keine direkte Bestellmöglichkeit eröffnen, müssen also in gestalterischer Hinsicht nur den gesetzlichen Anforderungen des UWG und dessen Nebengesetzen genügen, während bei Katalogen und Werbeprospekten mit direkter Bestellmöglichkeit, die also das typische Versandhandelsgeschäft betreffen, zusätzlich zu prüfen ist, welche gestalterischen Auswirkungen die zahlreichen Informationspflichten haben. Im Ergebnis umfassen die gestalterischen Anforderungen aus den zivilrechtlichen Informationspflichten diejenigen nach dem UWG und dessen Nebengesetzen bis auf die Ausnahme in § 5a Abs. 3 Nr. 4 UWG (Verfahren zum Umgang mit Beschwerden).

3.5 Im Webshopbereich bestehen schon nach der Begrifflichkeit keine Webshops mit und ohne Bestellmöglichkeit.[1] Die gestalterischen Anforderungen werden in diesem Bereich daher in erster Linie von dem Telemediengesetz, den allgemeinen zivilrechtlichen Fernabsatzvorschriften und den speziellen zivilrechtlichen Vorschriften zum elektronischen Geschäftsverkehr geprägt und erst in zweiter Linie durch die ergänzenden Vorschriften des UWG.

3.6 Die nachfolgende Darstellung nimmt zum Ausgangspunkt die gestalterischen Anforderungen an Kataloge und Werbeprospekte mit und ohne Bestellmöglichkeit und damit die Anforderungen nach dem UWG und greift lediglich ergänzend auf die gestalterischen Anforderungen aus den zivilrechtlichen Vorschriften zurück, sofern diese Auswirkungen auf die Kataloggestaltung mit direkter Bestellmöglichkeit haben.

II. Allgemeine Gestaltungs- und Informationspflichten

1. Überblick

3.7 Die Gestaltung eines Katalogs wird durch die gesetzlichen Informationspflichten geprägt. Diese leiten sich für alle Arten von Katalogen mit und ohne direkter Bestellmöglichkeit im Wesentlichen aus § 5 UWG (Irreführende geschäftliche Handlungen) und § 5a UWG (Ir-

---

1 Selbstverständlich gibt es auch im Webbereich Internetauftritte, die rein der Imagewerbung dienen. Der Webshopbereich ist aber schon von der Begrifflichkeit her auf den elektronischen Geschäftsverkehr begrenzt.

reführung durch Unterlassen) ab. Während die gesetzlichen Regelungen in § 5 und § 5a Abs. 1 UWG Aufklärungspflichten auch für den geschäftlichen Verkehr mit Unternehmern (B2B) normieren, gelten die weiteren gesetzlichen Regelungen in § 5a Abs. 2–5 UWG lediglich im geschäftlichen Verkehr mit Verbrauchern.[1]

2. Gestalterische Anforderungen im BtoC-Bereich nach § 5a Abs. 2–5 UWG

Nach § 5a Abs. 2 UWG ist ein Unternehmer gegenüber einem Verbraucher verpflichtet, keine für die Entscheidungsfreiheit von Verbrauchern wesentlichen Informationen zu verschweigen (§ 5a Abs. 2 UWG). Hierzu zählen u.a. die Mitteilung über die Identität des Unternehmers, die Gültigkeitsdauer seiner Angebote und die wesentlichen Merkmale seiner Waren oder Dienstleistungen.   **3.8**

§ 5a Abs. 3 UWG konkretisiert, welche Informationen als wesentlich gelten, wenn Waren oder Dienstleistungen unter Hinweis auf deren Merkmale und Preis in einer dem verwendeten Kommunikationsmittel angemessenen Weise so angeboten werden, „dass ein durchschnittlicher Verbraucher das Geschäft abschließen kann". Die gesetzliche Anforderung *„das Geschäft abschließen"* bedeutet nicht, dass bereits alle essentialia negotii bekannt sein müssen. Weder ist eine invitatio ad offerendum noch ein bindendes Angebot erforderlich,[2] um die Informationspflichten nach § 5a Abs. 3 UWG auszulösen.[3] Ausreichend ist vielmehr, wenn die Werbung so gestaltet ist, dass der Verbraucher hinreichend über das beworbene Produkt und dessen Preis informiert ist, um eine geschäftliche Entscheidung treffen zu können.[4] Diese Voraussetzungen sind nahezu bei allen Katalogen und Werbeprospekten mit und ohne direkte Bestellmöglichkeit erfüllt und entfallen nur bei reiner **Image- und Erinnerungswerbung** und **Werbematerialien eines Herstellers**, der über keinen integrierten Vertrieb verfügt.[5]   **3.9**

§ 5a Abs. 3 UWG konkretisiert folgende Informationen als wesentlich, die zumindest bei der Kataloggestaltung mit Bestellmöglichkeit und teilweise auch bei der Kataloggestaltung ohne Bestellmöglichkeit (Spiegelstrich 1–3) beachtet werden müssen: **3.10**

– alle wesentlichen Merkmale der Ware oder Dienstleistung in dem dieser und dem verwendeten Kommunikationsmittel angemessenen Umfang (§ 5a Abs. 3 Nr. 1 UWG);

– die Identität und Anschrift des Unternehmers, gegebenenfalls die Identität und Anschrift des Unternehmers, für den er handelt (§ 5a Abs. 3 Nr. 2 UWG);

– der Endpreis oder in Fällen, in denen solch ein Preis aufgrund der Beschaffenheit der Ware oder Dienstleistung nicht im Voraus berechnet werden kann, die Art der Preisberechnung sowie gegebenenfalls alle zusätzlichen Fracht-, Liefer- und Zustellkosten oder in Fällen, in denen diese Kosten nicht im Voraus berechnet werden können, die Tatsache, dass solche zusätzlichen Kosten anfallen können (§ 5a Abs. 3 Nr. 3 UWG);

– Zahlungs-, Liefer- und Leistungsbedingungen sowie Verfahren zum Umgang mit Beschwerden (vgl. hierzu Rz. 2.187–2.191), soweit sie von Erfordernissen der fachlichen Sorgfalt abweichen (§ 5a Abs. 3 Nr. 4 UWG) und

– das Bestehen eines Rechts zum Rücktritt oder Widerruf (§ 5a Abs. 3 Nr. 5 UWG).

Bei Katalogen und Werbeprospekten mit Bestellmöglichkeit müssen zudem die Informationspflichten nach § 312d Abs. 1 BGB iVm. Art. 246a EGBGB erfüllt werden, die in Tei-   **3.11**

---

1 Köhler/Bornkamm/*Bornkamm*, § 5a UWG Rz. 1.9, 1.10.
2 EuGH v. 12.5.2011 – Rs. C-122/10 – Rz. 33, GRUR 2011, 930.
3 Köhler/Bornkamm/*Bornkamm*, § 5a UWG Rz. 4.19; BGH v. 9.10.2013 – I ZR 24/12 – Alpenpanorama im Heißluftballon, MDR 2014, 793 = WRP 2014, 545 Rz. 12.
4 EuGH v. 12.5.2011 – Rs. C-122/10 – Rz. 24, GRUR 2011, 930.
5 Köhler/Bornkamm/*Bornkamm*, § 5a UWG Rz. 4.20.

len umfangreicher sind als die Informationspflichten nach § 5a Abs. 3 UWG.[1] Auch diese Informationspflichten haben wiederum Einfluss auf die Kataloggestaltung.

3. Anbieterkennzeichnung

3.12 Eine Pflicht zur Anbieterkennzeichnung ergibt sich bei allen Katalogen und Werbematerialien, die nicht der reinen **Image- und Erinnerungswerbung** zuzurechnen sind und keine vertriebsunabhängige Herstellerwerbung darstellen, aus lauterkeitsrechtlichen Vorschriften (§ 5a Abs. 3 Nr. 2 UWG)[2] und bei Katalogen und Werbematerialien mit Bestellmöglichkeit zusätzlich aus den Vorschriften über Fernabsatzverträge (§ 312d Abs. 1 BGB iVm. Art. 246a § 1 Abs. 1 Nr. 2–3 EGBGB).

3.13 § 5a Abs. 3 Nr. 2 UWG verlangt von dem Katalogversandhändler, seine Identität und Anschrift anzugeben, gegebenenfalls die Identität und Anschrift des Unternehmers, für den er handelt. Anders als § 5 TMG sagt diese Vorschrift im UWG allerdings nichts weiter darüber aus, welchen Umfang die Identitäts- und Anschriftenangabe haben muss und an welcher Stelle im Katalog diese Informationspflichten abgedruckt sein müssen. Nach dem Gesetzeszweck sollen diese Informationen es dem Verbraucher ermöglichen, ohne Schwierigkeiten Kontakt mit dem anbietenden Unternehmen,[3] hier also dem Katalogversandhändler, aufnehmen zu können.

3.14 Für die Identitätsangabe ist der **vollständige Unternehmensname** mit Rechtsformzusatz erforderlich[4]. Die Anschrift erfordert in der Regel die Angabe des Geschäftssitzes des Unternehmers. Nicht ausreichend ist es, dass der Verbraucher sich die Informationen über die Internetseite des Katalogversandhändlers beschaffen könnte.[5] Ebenso ist es nicht ausreichend, auf eine Identitäts- und Anschriftenangabe zu verzichten, wenn es sich um ein Unternehmen mit überragender Bekanntheit handelt.[6] Sinn und Zweck der Vorschrift des § 5a Abs. 3 Nr. 2 UWG ist es, dass dem Verbraucher nicht nur die Informationen für den Abschluss des angestrebten Kaufes ermöglicht werden, sondern auch, dass verhindert wird, dass der Verbraucher im Falle einer Auseinandersetzung die exakte Identität und eine Anschrift seines Vertragspartners erst ermitteln muss. Offen ist nach der bislang ergangenen Rechtsprechung, ob § 5a Abs. 3 Nr. 2 UWG auch die Angabe des gesetzlichen Vertreters verlangt. Diese Rechtsfrage wird auch nicht durch Art. 246a § 1 EGBGB geklärt. Die Vorschrift enthält im Hinblick auf Identitäts- und Anschriftenangaben in § 5a Abs. 3 Nr. 2 UWG keine weitergehenden Informationspflichten.

3.15 Art. 246a § 1 Abs. 1 Nr. 2–3 EGBGB verlangt die **Angabe der Identität des Unternehmers sowie seine Anschrift. Die Angabe des öffentlichen Unternehmensregisters**, bei dem der Unternehmer eingetragen ist und die dazugehörige Registernummer oder eine gleichwertige Kennung, werden nicht mehr verlangt. Alle Werbekataloge, Warenprospekte etc., die eine direkte Bestellmöglichkeit für den Verbraucher schaffen, müssen diese Angaben aufweisen,[7] d.h. es muss auch eine ladungsfähige Anschrift im Werbeprospekt angegeben werden.

3.16 Hinsichtlich der Platzierung der Identitäts- und Anschriftenangabe gibt es keine gesetzlichen Vorgaben. Gleichwohl müssen diese Angaben an einer **Stelle** platziert werden, wo

---

1 Schon eine kleine Printanzeige mit Bestellmöglichkeit löst fernabsatzrechtliche Pflichten aus. Vgl. BGH v. 9.6.2011 – I ZR 17/10 – Computer-Bild, CR 2012, 110 ff. = GRUR 2012, 188 = MDR 2012, 299.
2 Köhler/Bornkamm/*Bornkamm*, § 5a UWG Rz. 4.20.
3 Köhler/Bornkamm/*Bornkamm*, § 5a UWG Rz. 4.32.
4 OLG Hamburg v. 20.10.2011 – 5 W 134/11 – Rz. 5, juris; OLG Hamm v. 11.8.2011 – I-4 W 66/11 – Rz. 6, juris.
5 OLG Hamm v. 13.10.2011 – 4 W 84/11 – Rz. 19, BB 2011, 2818; LG Bielefeld v. 23.9.2011 – 17 O 95/11, juris; OLG Hamburg v. 20.10.2011 – 5 W 134/11 – Rz. 5, juris.
6 OLG Hamburg v. 20.10.2011 – 5 W 134/11 – Rz. 4, juris.
7 Fezer/*Pfeifer*, § 5a UWG Rz. 37.

sie der Adressat des Kataloges/Prospektes/Werbeflyers erwartet. Dies ist entweder das Titelblatt, die Innenseite des Titelblattes oder die Rückseite des Kataloges. Gegebenenfalls ist es auch ausreichend, die Identitäts- und Anschriftenangabe beispielsweise bei den abgedruckten AGB zu platzieren oder sie in unmittelbarer Nähe der Bestellkarte bzw. dem Bestellformular anzugeben. Nicht ausreichend dürfte die Angabe auf der Bestellkarte bzw. dem Bestellformular selbst sein, da diese Unterlagen von dem Verbraucher während des Bestellvorgangs aus der Hand gegeben werden könnten und damit der Schutzzweck der vorvertraglichen Informationspflicht konterkariert würde.

4. Angabe zur Gültigkeitsdauer

In Katalogen großer Versandhandelshäuser findet sich fast durchgängig eine Angabe zur Gültigkeitsdauer der Kataloge. Die Angaben lauten beispielsweise „Gültig bis Ende August 2016" oder „Gültig bis 31.8.2016". Es stellt sich daher die Frage, ob eine Gültigkeitsangabe erforderlich ist und wenn ja, wo diese im Katalog platziert werden muss.   3.17

a) Gesetzliche Pflichtangabe?

Es gibt keine gesetzliche Vorschrift, die ausdrücklich vorschreibt, dass Versandhandelskataloge, Werbeprospekte und Werbeflyer eine Gültigkeitsangabe aufweisen müssen. Gleichwohl ergibt sich aus gesetzlichen Vorschriften, dass eine Angabe zur Gültigkeit eines gedruckten Katalogs erforderlich ist. Die Angabe zur Gültigkeitsdauer kann sich dabei sowohl auf den Preis als auch auf die Verfügbarkeit der angepriesenen Waren und Dienstleistungen als auch auf beides beziehen.   3.18

Eine allgemeine Anforderung zur Gültigkeitsangabe, die sich also auf alle Arten von Werbekatalogen und Werbeprospekten bezieht, mit Ausnahme der reinen **Image- und Erinnerungswerbung** und **vertriebslosen Herstellerwerbung**, ergibt sich aus dem Gesetz gegen den unlauteren Wettbewerb. Nach § 5 Abs. 1 Nr. 1 UWG handelt unlauter, wer eine irreführende geschäftliche Handlung vornimmt, indem er über die Verfügbarkeit und/oder gemäß § 5 Abs. 1 Nr. 2 UWG über den Preis einer Ware irreführt. Fehlt daher eine Angabe zur Gültigkeitsdauer in einem Katalog, kann – muss aber nicht – hierin eine **Irreführung** darüber liegen, bis zu welchem Zeitpunkt der Katalogversandhändler die im Katalog abgebildeten Waren als invitatio ad offerendum anbieten möchte, und insbesondere auch, bis zu welchem Zeitpunkt er die in dem Katalog wiedergegebenen Preise aufrecht erhält. Neben einem Verstoß gegen § 5 Abs. 1 UWG kann in einer fehlenden Angabe über die Gültigkeit eines Katalogs ggf. auch eine Irreführung durch Unterlassen gemäß § 5a Abs. 3 Nr. 4 UWG gesehen werden.   3.19

Letztlich hängt es aber vom Einzelfall und damit den **Gesamtumständen** ab, ob tatsächlich eine Irreführung gegeben ist, die zu einer wesentlichen Beeinflussung iSv. § 3 UWG führt. Bei einem Werbeprospekt für leichte Sommertextilware geht der angesprochene Verkehrskreis beispielsweise nicht davon aus, dass er diese Ware noch im Winter erhält. Ist die Ware daher den ganzen Sommer über beim Katalogversandhändler erhältlich, dürfte ein Werbekatalog/Werbeprospekt auch ohne Gültigkeitsangabe noch nicht als eine Irreführung mit wesentlicher Beeinflussung des wirtschaftlichen Verhaltens des Verbrauchers eingestuft werden.   3.20

Ergänzend könnte die Gültigkeitsangabe auch als eine Komponente der Leistungsbedingungen eingestuft werden und daher gemäß § 312d Abs. 1 BGB iVm. Art. 246a § 1 Abs. 1 Nr. 7 EGBGB verpflichtend sein.   3.21

Einstweilen frei.   3.22

b) Formale und inhaltliche Anforderungen

3.23 Formale und inhaltliche Anforderungen an die Gültigkeitsangabe finden sich im UWG nicht. Wenn man die Verpflichtung zur Gültigkeitsangabe aus § 312d Abs. 1 BGB iVm. Art. 246a § 1 Abs. 1 Nr. 7 EGBGB herleitet, kann auf formale und inhaltliche Anforderungen im EGBGB zurückgegriffen werden. Art. 246a § 4 Abs. 1 EGBGB normiert, dass die Angaben in „klarer und verständlicher Weise" zur Verfügung gestellt werden müssen.

3.24 In formaler Hinsicht muss der Unternehmer daher sicherstellen, dass der Verbraucher von der Information Kenntnis nehmen kann.[1] Dieses Erfordernis führt dazu, dass die Gültigkeitsangabe für den Verbraucher **gut sichtbar im Katalog** abgedruckt sein muss. Dies wird in der Regel nur dann gegeben sein, wenn die Angabe sich auf dem Titelblatt des Kataloges oder auf der Rückseite des Kataloges befindet oder aber am Rand abgedruckt ist. Zudem muss die Schriftgröße und Farbwahl – als Kontrast zur Hintergrundfarbe – so gewählt werden, dass die Angabe gut lesbar ist. Schematische Anforderungen verbieten sich hier allerdings. Vielmehr muss am Einzelfall entschieden werden, ob diese Anforderungen erfüllt sind.

3.25 ➲ **Praxistipp:** Zur Vermeidung jedweder Auseinandersetzung über die Einhaltung der gesetzlichen Anforderungen zur gesetzeskonformen Angabe über die Gültigkeitsdauer des Katalogs sollte diese Angabe **rechts oben auf der Titelseite** angegeben werden, und zwar in der Weise, dass die Angabe für den Verbraucher durch die Wahl einer entsprechend gut lesbaren Schriftgröße und einer kontrastreichen Farbwahl leicht auffindbar und erkennbar ist. Die Information muss auch in **deutscher Sprache** angegeben werden, wenn sich der Katalog an deutsche Verbraucher iSv. § 13 BGB richtet.

3.26 Inhaltliche Anforderungen an die Angabe zur Gültigkeitsdauer bestehen nur insoweit, als dass die Angabe aus sich heraus **verständlich** sein muss und die Gültigkeitsdauer für den Verbraucher leicht **feststellbar** ist. Daher werden in der Praxis üblicherweise Angaben wie beispielsweise „Gültig bis Ende August 2016" oder „Gültig bis 31.8.2016" verwendet. Reine Jahreszeitenangaben wie beispielsweise „Katalog Frühjahr 2016" sollten dagegen nicht verwendet werden, da der Begriff Frühjahr grundsätzlich zu unbestimmt ist.

5. Gestaltungs- und Informationsanforderungen an den Bestellvorgang

3.27 Anders als im Online-Versandhandel, bei dem gemäß § 312i BGB erhebliche Anforderungen an die Gestaltung des Bestellvorgangs gestellt werden (vgl. Rz. 2.114 ff.), bestehen im Katalogversandhandel keine speziellen Gestaltungsanforderungen.

3.28 Handelt es sich um einen Katalog, der eine direkte Bestellmöglichkeit eröffnet, beispielsweise weil ein Bestellschein im Katalog enthalten oder eine Bestelltelefonnummer angegeben ist, treffen den Unternehmer die vorvertraglichen Informationspflichten gemäß Art. 246a § 1 Abs. 1 EGBGB.[2] Hieran werden allerdings keine besonderen gestalterischen Anforderungen gestellt. Die Informationen müssen lediglich in einer dem benutzten Fernkommunikationsmittel angepassten Weise klar und verständlich mitgeteilt werden. In der Praxis hat es sich eingebürgert, dass sich die Kauf-/Bestellinformationen, AGB, Datenschutzhinweise, Zahlungsmöglichkeiten und der Bestellschein **am Ende des Katalogs** befinden.

3.29 Handelt es sich um einen Werbeprospekt/Werbeflyer etc., der keine direkte Bestellmöglichkeit eröffnet, sondern beispielsweise lediglich Angaben zum Ladengeschäft enthält,

---

1 Palandt/*Grüneberg*, Art. 246 § 1 EGBGB Rz. 2.
2 Vgl. BGH v. 9.6.2011 – I ZR 17/10 – Computer-Bild, CR 2012, 110 ff. = GRUR 2012, 188 = MDR 2012, 299; in dieser Entscheidung ist der Computer-Bild selbst eine Anzeige für die Computer-Bild mit einer unmittelbaren Bestellmöglichkeit enthalten gewesen, ohne auf das Bestehen oder Nichtbestehen des Widerrufs- bzw. Rückgaberechts hinzuweisen. Der BGH hat hierin einen klaren Verstoß gegen Art. 246 § 1 Abs. 1 Nr. 10 EGBGB gesehen.

muss der Werbeprospekt/Werbeflyer etc. keine vorvertraglichen Informationspflichten gemäß Art. 246a § 1 Abs. 1 EGBGB enthalten. In diesem Fall muss der Unternehmer seinen Werbeprospekt/Werbeflyer etc. allerdings so ausgestalten, dass er den Vorschriften des UWG genügt.

6. Werbebezogene Gestaltungsanforderungen

Wie beim Webshop (vgl. Rz. 2.137 ff.) stellt sich beim Katalog/Werbeprospekt die Frage, welche werbebezogenen Gestaltungsanforderungen an Produktabbildungen und Preisangaben bestehen. **3.30**

Kataloge, Werbeprospekte, Werbeflyer etc., die lediglich der Image- und Erinnerungswerbung dienen und keine direkte Bestellmöglichkeit eröffnen, unterliegen keinen besonderen Gestaltungsanforderungen an Produktabbildungen und Preisangaben. Anders sieht es bei den Katalogen, Werbeprospekten etc. aus, die eine direkte Bestellmöglichkeit eröffnen. Bei diesen Printmaterialien sind in der Praxis insbesondere die beiden nachfolgend dargelegten Punkte von Bedeutung. **3.31**

a) Angaben zu abgebildeten Waren/Dienstleistungen

Konsumgüter werden häufig in der Weise abgebildet, dass das beworbene Produkt nicht isoliert dargestellt wird, sondern mit vielen anderen Produkten zusammen, um das Produkt attraktiver erscheinen zu lassen und dem Verbraucher zu verdeutlichen, wie das Produkt in seinem vorgesehenen Einsatzfeld aussieht. In diesem Zusammenhang muss der Katalogversandhändler verdeutlichen, welches der abgebildeten Produkte das von ihm beworbene ist, in dem er beispielsweise bei **Möbeln** deutlich macht, dass die Produkt-(Preis-)bewerbung ohne Dekoration erfolgt. Bei der Bewerbung eines Sofas muss beispielsweise klargestellt werden, dass nicht die auf dem Sofa liegenden Dekorationskissen vom Preis umfasst sind, wenn dies vom Katalogversandhändler nicht gewünscht ist. Anderenfalls besteht hier die Gefahr einer wettbewerbsrechtlichen Irreführung iSv. § 5 Abs. 1 Nr. 1 UWG. Bei **Waren-/Dienstleistungskombinationen**, was insbesondere bei der Bewerbung von Handys bedeutsam ist, muss ebenfalls klar herausgestellt werden, welche Ware und Dienstleistung vom Angebot umfasst ist. Bei der Beurteilung, ob eine Katalogbewerbung unter den vorgenannten Umständen wettbewerbswidrig ist, ist das Maß des durchschnittlich informierten und verständigen Durchschnittsverbrauchers anzulegen, so dass auch nicht jede Selbstverständlichkeit angesprochen werden muss. **3.32**

b) Spezielle Fragen zur Preisangabe

Die Preisangabe in Katalogen, wie auch in einem Webshop, ist eine der zentralen rechtlichen Gestaltungsfragen bei der Katalogerstellung. Bei Katalogen, Werbeprospekten etc. stellt sich die Frage der Preisangabe in zweierlei Hinsicht. Zum einen ist zu klären, ob und in welcher Form Angaben zu **Versandkosten** und **Umsatzsteuer** erfolgen müssen. Zum anderen stellt sich die Frage, ob jedes im Katalog **abgebildete Produkt auch mit einem Preis** versehen sein muss. **3.33**

Ausgehend von den Anforderungen in einem Webshop ist festzustellen, dass Angaben zu den Versandkosten in einem Webshop unmittelbar bei der Werbung für das einzelne Produkt erfolgen müssen (vgl. Rz. 2.137 ff.).[1] Kann die tatsächliche Höhe der Versandkosten **3.34**

---

1 BGH v. 16.7.2009 – I ZR 50/07 – Kamerakauf im Internet, WRP 2010, 370 ff. = GRUR 2010, 248 ff. = MDR 2010, 457 = ITRB 2010, 158. Noch nicht abschließend geklärt ist die Frage, ob es auch ausreichen kann, dass die Angabe „zzgl. Versandkosten" lediglich auf jeder Website des Webshops beispielsweise in der Kopf- oder Fußzeile angegeben wird und nicht unmittelbar beim jeweiligen Produkt.

nicht angegeben werden, da diese beispielsweise vom Umfang der Bestellung. der Versandart oder dem Zustellort abhängig ist, reicht die Angabe „zzgl. Versandkosten", wenn sich bei Anklicken oder Ansteuern dieses Hinweises ein Bildschirmfenster mit einer übersichtlichen und verständlichen Erläuterung der allgemeinen Berechnungsmodalitäten für die Versandkosten öffnet.[1] Der Grund für diese vom BGH entwickelte Rechtsprechung, die ihre gesetzliche Grundlage in § 1 Abs. 2 Satz 3 PAngV hat, liegt darin, dass im Onlinebereich der Kunde die Ware bereits beim Betrachten in einen virtuellen Warenkorb einlegen kann, sich damit zumindest vorläufig für ihren Erwerb entscheidet und somit das Einlegen in den Warenkorb bereits eine geschäftliche Entscheidung darstellt, für die alle wesentlichen Informationen benötigt werden, wozu sowohl die Angabe der Liefer- und Versandkosten als auch der Hinweis auf im Kaufpreis enthaltene Umsatzsteuer zählt.[2] Dass beides Pflichtangaben im Fernabsatzgeschäft sind, ergibt sich aus § 1 Abs. 2 Satz 1 PAngV.

3.35   Diese Sachlage ist mit der in einem Katalog nicht vergleichbar. Bei einer Katalogbestellung muss der Kunde die Artikelnummer des Produkts erst in einen Bestellschein eintragen oder – beispielsweise bei einem Werbeprospekt für einen Artikel – einen vorgefertigten Bestellschein mit seinen persönlichen Daten ausfüllen. Insofern erfolgt erst beim Ausfüllen des Katalogbestellscheins eine geschäftliche Entscheidung des Verbrauchers, so dass erst zu diesem Zeitpunkt der Verbraucher alle wesentlichen Informationen für die Kaufentscheidung benötigt. Dieser Umstand rechtfertigt es, dass bei einem Katalog, Werbeprospekt etc. nicht auf jeder Produktseite angegeben werden muss, dass bei einer Bestellung zusätzlich Versandkosten anfallen, sondern es ausreichend ist, wenn diese **Information in unmittelbarer Nähe des Bestellscheins** bzw. der Informationen zu anderen Bestellmöglichkeiten erfolgt. Gleiches gilt für die in § 1 Abs. 2 Satz 1 Nr. 1 PAngV enthaltene Pflichtangabe, dass in den Endpreisen die Umsatzsteuer enthalten ist. Diese Erleichterung entbindet den Katalogversandhändler aber selbstverständlich nicht davon, in unmittelbarer Nähe zu den beworbenen Produkten deren Endpreise (**Produktpreise**) anzugeben.

3.36   Bei Werbematerialen, die keine direkte Bestellmöglichkeit für den Verbraucher eröffnen, stellt sich bei Produkten, die nach der Verkehrsauffassung eine **Produkteinheit** bilden, die Frage, ob mit einem Endpreis für die Produkteinheit geworben werden muss, oder ob es auch zulässig ist, nur einen Teil der Produkteinheit mit einem Preis zu bewerben, wenngleich der zweite Teil sichtbar bleibt. Diese Überlegung stellt sich beispielsweise im Bekleidungsbereich bei Männeranzügen, Frauenbikinis etc. Voraussetzung für eine preisliche Einzelbewerbung ist zunächst, dass das Einzelteil der Produkteinheit auch einzelnen erworben werden kann. Ferner muss sich der genannte Einzelpreis eindeutig auf das Einzelteil beziehen. § 1 PAngV normiert, dass in Bezug auf beworbene Waren und Dienstleistungen die Endpreise anzugeben sind. Diese Vorschrift verlangt allerdings nicht, dass sämtliche auf einer Werbeabbildung erkennbaren Waren auch preislich ausgewiesen werden müssen. Die Vorschrift besagt lediglich, dass bei den angebotenen und beworbenen Waren jeweils die Endpreise gegenüber dem Letztverbraucher anzugeben sind. Wird die Produkteinheit erkennbar nicht beworben, sondern lediglich ein Einzelteil der Produkteinheit, ist es zulässig, auch in Werbeabbildungen nur den Preis dieses Einzelteils anzugeben. Im Ergebnis kommt es auf den Einzelfall an und darauf, wie der durch-

---

1 BGH v. 16.7.2009 – I ZR 50/07 – Kamerakauf im Internet – Rz. 27, WRP 2010, 370 ff. = GRUR 2010, 248 ff. = MDR 2010, 457 = ITRB 2010, 158, zusätzlich verlangt der BGH, dass die tatsächliche Höhe der für den Einkauf anfallenden Versandkosten jeweils bei Aufruf des virtuellen Warenkorbs in der Preisaufstellung gesondert ausgewiesen wird; ähnlich BGH v. 26.2.2009 – I ZR 163/06 – Dr. Clauder's Hufpflege – Rz. 15, NJW 2003, 3095 ff. = CR 2009, 746 = MDR 2009, 1294.

2 BGH v. 4.10.2007 – I ZR 22/05 – Umsatzsteuerhinweis – Rz. 28, GRUR 2008, 532 = WRP 2008, 782 = MDR 2008, 989 = CR 2008, 446.

schnittlich informierte und verständige Durchschnittsverbraucher, der die Werbung mit einer der Situation angemessenen Aufmerksamkeit verfolgt, die Werbung einstuft.[1]

C. Vertragsbezogene Informationspflichten

I. Vorvertragliche Informationspflichten

Bei Katalogen und Werbeprospekten mit Bestellmöglichkeit müssen ebenfalls die vorvertraglichen Informationspflichten nach § 312d Abs. 1 BGB iVm. Art. 246a § 1 Abs. 1 EGBGB erfüllt werden (vgl. im Einzelnen hierzu Rz. 2.170–2.205). Anders als im Webshopbereich stellt die Einhaltung der vorvertraglichen Informationspflichten im Katalogbereich mit Bestellmöglichkeit in der Praxis regelmäßig keine größeren Schwierigkeiten dar, weil die Kundeninformationen und AGB im Katalog abgedruckt sind und damit meistens alle Informationspflichten erfüllt sind. Anders sieht es bei kleineren Werbeprospekten und Printanzeigen mit Bestellmöglichkeit aus, wo es schon aus Platzgründen Schwierigkeiten bereiten kann, die vorvertraglichen Informationspflichten einzuhalten. Die Rechtsprechung ist hier aber bislang streng und fordert auch für diese Druckausgaben die Einhaltung der vorvertraglichen Informationspflichten.[2] Allerdings könnten bei gewissen Katalogformaten erleichterte Informationspflichten bei begrenzter Darstellungsmöglichkeit gemäß Art. 246a § 3 EGBGB zum Tragen kommen, 3.37

II. Informationspflichten im Zusammenhang mit dem Vertragsschluss

1. Inhaltliche Anforderungen

Ebenso wie bei anderen Fernabsatzverträgen im BtoC-Bereich muss auch bei Verträgen im Katalogversandhandel der Unternehmer den Informationspflichten nach Art. 246a § 1 Abs. 1 EGBGB gegenüber Verbrauchern nachkommen. Insofern müssen grundsätzlich Kataloge und andere Produktbestellunterlagen, also gedruckte Werbematerialien, die nicht lediglich der Image- und Erinnerungswerbung dienen, sondern der Produktabsatzwerbung eines Händlers mit Bestellmöglichkeit, die in Art. 246a § 1 Abs. 1 Satz 1 Nr. 1–16 EGBGB normierten Informationspflichten enthalten. 3.38

Ein Teil der nach Art. 246a § 1 Abs. 1 Satz 1 Nr. 1–16 EGBGB bestehenden vertragsbezogenen Informationspflichten, die im Übrigen auch zu den vorvertraglichen Informationspflichten zählen, finden sich auch in § 5a Abs. 3 UWG als Informationspflichten im Zusammenhang mit dem Angebot von Waren und Dienstleistungen. Außer der Anforderung in § 5a Abs. 3 Nr. 4 UWG im Zusammenhang mit der Information über Verfahren zum Umgang mit Beschwerden, soweit sie von den Erfordernissen der fachlichen Sorgfalt ab- 3.39

---

1 BGH v. 13.3.2003 – I ZR 212/00 – umgekehrte Versteigerung II, GRUR 2003, 626 (627) = CR 2003, 517 = MDR 2003, 1003 = ITRB 2003, 190.
2 Vgl. hierzu BGH v. 9.6.2011 – I ZR 17/10 – Computer-Bild, GRUR 2012, 188 ff. = K&R 2012, 51 = CR 2012, 110 = MDR 2012, 299.

weichen, finden sich in § 5a UWG keine weitergehenden Anforderungen als in Art. 246a § 1 Abs. 1 Satz 1 Nr. 1–16 EGBGB.

2. Form und Zeitpunkt der Informationserteilung

3.40 Anforderungen an die Form der Informationserteilung sind im Katalogversandhandel im Gegensatz zum Online-Versandhandel im allgemeinen ohne Bedeutung, da der Katalogversandhandel darauf ausgerichtet ist, dem Verbraucher Informationen schriftlich zur Verfügung zu stellen. Die gesetzlichen Anforderungen in formaler Hinsicht, geregelt in Art. 246a § 4 Abs. 2 und Abs. 3 EGBGB (Papierform oder in einer dem Fernkommunikationsmittel angepassten Weise), können daher bei Katalogen stets auf einfache Weise erfüllt werden.

3.41 **Sämtliche Vertragsbestimmungen** einschließlich der AGB und der Datenschutzhinweise sowie die in Art. 246a § 1 EGBGB enthaltenen Informationspflichten müssen lediglich in dem Katalog abgedruckt werden. Ein Verweis darauf, dass sich der Verbraucher die Vertragsbestimmungen und AGB im Internet anschauen könnte oder sich ggf. per E-Mail zuschicken lassen könne, genügt dagegen nicht. Anders sieht es lediglich im B2B-Bereich aus. Hier ist es ausreichend, wenn der Katalogversandhändler auf die Verwendung seiner AGB in dem Katalog hinweist und seine Kunden darüber aufklärt, wie sie an den Textinhalt der AGB gelangen können.

3.42 🖙 **Praxistipp:** Der Katalogversandhändler, der Kataloge/Werbeprospekte mit Bestellmöglichkeit für Verbraucher herausgibt, sollte alle Vertragsbestimmungen und AGB in dem betreffenden Katalog/Werbeprospekt abdrucken. Empfehlenswert ist hier, dass diese Informationen **in unmittelbarer Nähe zum Bestellformular** dem Verbraucher zur Verfügung gestellt werden und bei einem umfangreichen Katalog in einem Inhaltsverzeichnis darauf hingewiesen wird, wo der Verbraucher die Informationen im Katalog auffinden kann.

3.43 Einstweilen frei.

3.44 Handelt es sich allerdings um eher schmale Werbeprospekte mit Bestellmöglichkeit, kann sich für einen Katalogversandhändler durchaus die Frage stellen, ob er die vertraglichen Informationspflichten nach Art. 246a § 1 EGBGB ggf. nicht vollständig im Katalog abdruckt, sondern diese dem Besteller erst zu einem späteren Zeitpunkt zur Verfügung stellt, zB mit dem Versand der Ware. Diese Möglichkeit eröffnet Art. 246a § 3 Satz 1 EGBGB. Die in Art. 246a § 3 Satz 1 EGBGB aufgelisteten Pflichtangaben (wesentliche Eigenschaften der Waren oder Dienstleistungen, Identität des Unternehmers, Gesamtpreis, Bestehen eines Widerrufsrechts, ggf. Vertragslaufzeit, Kündigungsmöglichkeiten) müssen aber in jedem Fall in dem Werbeprospekt mit Bestellmöglichkeit stehen. Der wirksame Einbezug von allgemeinen Geschäftsbedingungen wäre bei dieser Fallkonstellation allerdings nur noch bei der Vertragskonstellation „Kauf auf Probe" im B2C-Bereich wirksam möglich. Denn der Katalogkunde würde seinen Antrag auf Abschluss eines Vertrages ohne Kenntnis der AGB gegenüber dem Katalogversandhändler abgeben und dieser würde erst mit Annahme des Vertrages auf seine AGB hinweisen. Damit wären die AGB aber nicht **Vertragsbestandteil** geworden, da das notwendige Einverständnis des Verbraucherkunden fehlte.[1]

---

1 Nimmt der Verwender erstmals in der Auftragsbestätigung auf seine AGB Bezug, bedeutet das Schweigen des Kunden keine Zustimmung zur Einbeziehung der AGB; im Zweifel kommt der Vertrag dann ohne die AGB zustande, obwohl strenggenommen ein neuer Antrag des Verwenders vorliegt, der vom Kunden erst angenommen werden müsste; vgl. Palandt/*Grüneberg*, § 305 BGB Rz. 41 mit Verweis auf BGH v. 24.3.1988 – III ZR 21/87, NJW 1988, 2106 = MDR 1988, 649; OLG Köln v. 4.3.1994 – 19 U 204/93, NJW-RR 1994, 1430.

Art. 246a § 4 Abs. 1 EGBGB bestimmt in zeitlicher Hinsicht, dass der Unternehmer dem Verbraucher die vertraglichen Informationspflichten, ggf. auch die reduzierten Informationspflichten nach Art. 246a § 3 EGBGB, vor Abgabe von dessen Vertragserklärung in klarer und verständlicher Weise zur Verfügung stellen muss.

3.45

⮕ **Praxistipp:** Zur Vermeidung von Konflikten über die Frage, ob der Unternehmer alle seine Informationspflichten erfüllt hat und ob die allgemeinen Geschäftsbedingungen Vertragsbestandteil geworden sind, sollten in jedem Katalog und jedem Werbeprospekt mit Bestellmöglichkeit die vertraglichen Informationspflichten und die allgemeinen Geschäftsbedingungen abgedruckt sein.

3.46

Einstweilen frei.

3.47

3. Rechtsfolgen

Die Rechtsfolgen für den Fall, dass der Katalogversandhändler seine vertraglichen Informationspflichten nach Art. 246a § 1 Abs. 1 EGBGB nicht erfüllt, sind nicht anders zu beurteilen als bei einem Webshopbetreiber. Das bedeutet, dass auch bei einer Verletzung der vertraglichen Informationspflichten ein wirksamer Vertrag zwischen dem Katalogbetreiber und dem Verbraucher zustande kommt. Der Katalogversandhändler setzt sich bei einer Pflichtverletzung allerdings Unterlassungsansprüchen nach dem Unterlassungsklagegesetz und/oder nach dem Gesetz gegen den Unlauteren Wettbewerb aus. Denkbar sind auch Schadensersatzansprüche des Kunden gegen den Katalogversandhändler wegen der Verletzung einer vorvertraglichen Pflicht nach § 311 Abs. 2 BGB iVm. § 280 BGB (vgl. im Einzelnen Rz. 2.227–2.234).

3.48

D. Vertragsschluss

Ebenso wie im Online-Versandhandel gibt es auch im Katalogversandhandel verschiedene Möglichkeiten, wie ein Vertrag zwischen dem Katalogversandhändler und seinem Kunden zustande kommen kann. Die Frage, wann bzw. auf welche Art und Weise ein Vertrag zustande kommt, betrifft gleichermaßen die Rechtsbeziehung zwischen Unternehmern wie auch die Rechtsbeziehung zwischen einem Unternehmer und einem Verbraucher. Der wesentliche Unterschied bei diesen beiden Konstellationen besteht in der Erfüllung zahlreicher Informationspflichten, die der Katalogversandhändler bei Verträgen mit Verbrauchern iSv. § 13 BGB einhalten muss und die oben (Rz. 3.37–3.48) bereits dargestellt wurden.

3.49

I. Allgemeines zum Vertragsschluss bei Katalogbestellungen

Wie auch bei Vertragsabschlüssen außerhalb des Fernabsatzrechts erfordert ein Vertragsschluss im Katalogversandhandel ein Vertragsangebot und die Annahme dieses Antrages. Die gesetzlichen Regelungen finden sich hierzu in den §§ 145 ff. BGB. Dies gilt sowohl

3.50

für den Warenkauf als auch für den Vertragsschluss über Dienstleistungen. Der Vertragsschluss über einen Warenkauf enthält jedoch mehr Facetten als der Vertragsschluss über Dienstleistungen und wird daher nachfolgend näher beleuchtet.

II. Vertragsschluss bei Warenkauf über Katalog

3.51 Der Vertragsschluss über einen Warenkauf in einem Katalog bedarf eines Antrags und einer Annahme iSd. §§ 145 ff. BGB.

1. Angebote in Katalogen

3.52 Der Katalogversandhändler, der in seinem Katalog Waren zur Bestellung über einen Bestellschein bzw. über Telefax oder Telefon anbietet, gibt noch keinen Antrag zu einem Vertragsschluss iSd. §§ 145 ff. BGB ab. Die Warenpräsentation in einem Katalog dient ebenso wie die Warenpräsentation in einem Webshop lediglich als Aufforderung zur Abgabe von Angeboten (sogenannte „invitatio ad offerendum"). Die in einem Katalog angebotenen Waren werden für die Katalogkunden erkennbar einer unbegrenzten Anzahl von Personen angeboten. Für den Katalogkunden ist ferner erkennbar, dass der objektivierte Wille des Katalogversandhändlers darauf gerichtet ist, zunächst Bestellungen entgegenzunehmen und sodann selbst zu entscheiden, ob und in welchem Umfang er aufgrund dieser Bestellung vertragliche Bindungen eingehen möchte.

3.53 Einstweilen frei.

2. Vertragsantrag durch Bestellung

3.54 Ein Antrag auf Abschluss eines Vertrages liegt dann vor, wenn der Katalogkunde eine Bestellung beim Katalogversandhändler aufgibt. Dies kann durch das Ausfüllen des im Katalog enthaltenen oder dem Katalog beigefügten Bestellscheins geschehen, der dann per Telefax oder per Post oder als eingescanntes Dokument per E-Mail dem Katalogversandhändler zugesandt wird. Bietet der Katalogversandhändler auch die telefonische Entgegennahme von Bestellungen an, stellt auch diese telefonische Bestellung des Katalogkunden einen Antrag auf Abschluss eines Vertrages iSv. § 145 BGB dar.

3. Vertragsannahme

3.55 Damit ein Vertrag zwischen dem Besteller und dem Katalogversandhändler zustande kommt, muss der Katalogversandhändler den Antrag des Bestellers noch annehmen. Klärungsbedürftig ist in diesem Zusammenhang, in welcher Form und innerhalb welcher Frist der Katalogversandhändler seine Vertragsannahmeerklärung gegenüber dem Besteller abzugeben hat.

3.56 Die Vertragsannahmeerklärung des Katalogversandhändlers ist an keine Form gebunden. Erfolgt daher eine telefonische Bestellung, kann der Katalogversandhändler die Bestellung auch sofort telefonisch annehmen. Eine per Telefax oder per Post übermittelte Bestellung kann der Katalogversandhändler also ebenfalls mittels Telefax oder per Brief annehmen. In aller Regel wird der Katalogversandhändler allerdings die Bestellung des Bestellers entgegennehmen, seinen Warenvorrat und ggf. die Bonität des Kunden prüfen und dann die Vertragsannahmeerklärung konkludent mit der Übermittlung der Ware an den Kunden abgeben.

3.57 Anders als im Online-Versandhandel (vgl. Rz. 2.257 ff.) stellt die Abgabe der Vertragsannahmeerklärung zusammen mit dem Warenversand keine Problematik der fristgerechten Vertragsannahme dar. Gemäß § 147 Abs. 2 BGB kann der einem Abwesenden gemachte Antrag nur bis zu dem Zeitpunkt angenommen werden, in welchem der Antragende den Eingang der Antwort unter regelmäßigen Umständen erwarten darf. § 151 Satz 1 BGB bestimmt zudem, dass der Vertrag durch die Annahme des Antrages zustande kommt, ohne dass die Annahme dem Antragenden gegenüber erklärt zu werden braucht, wenn eine solche Erklärung nach der Verkehrssitte nicht zu erwarten ist oder der Antragende auf sie verzichtet hat. Bei einer Katalogbestellung erwartet der Besteller nicht, dass ihm der Katalogversandhändler eine gesonderte Vertragsannahmeerklärung übermittelt. Vielmehr ist es im Katalogversandhandel üblich, dass nur für den Fall, dass die Ware nicht mehr vorrätig ist oder die Bestellung abgelehnt wird, dem Besteller ein gesondertes Schreiben zugeht. In allen anderen Fällen erfolgt die Vertragsannahmeerklärung konkludent mit Übermittlung der Ware an den Besteller. Eine schnellere Kommunikation wird – anders als im Online-Versandhandel – im Katalogversandhandel wegen des höheren Aufwands und der höheren Kosten eben gerade nicht von den Bestellern erwartet.

Übersendet der Katalogversandhändler eine Teillieferung und kündigt die Restlieferung für einen späteren Zeitpunkt an, liegt hierin eine Annahme des gesamten Vertragsangebots.[1] Insofern besteht zum Online-Versandhandel kein Unterschied. **3.58**

4. Kauf auf Probe

Ebenso wie im Online-Versandhandel (vgl. Rz. 2.264 ff.) kann auch beim Katalogversandhandel zwischen dem Besteller und Katalogversandhändler ein Kauf auf Probe vereinbart werden. Im Katalogversandhandel hat sich allerdings nie die Problematik der Einhaltung von Informationspflichten in der Weise gestellt wie im Online-Versandhandel, die letztlich einige Versandhändler dazu gebracht hat, auf den Kauf auf Probe zurückzugreifen. **3.59**

Einstweilen frei. **3.60–3.61**

III. Wirksamkeit von Fernabsatzverträgen auf Katalogbasis

1. Formerfordernisse

Auch für Vertragsabschlüsse im Katalogversandhandel existieren keine speziellen gesetzlichen Formvorschriften. Formvorschriften im Bereich des Katalogversandhandels (wie auch im gesamten Fernabsatzrecht) beziehen sich auf den Bereich der Informationspflichten nach Art. 246a § 1 Abs. 1 EBGBG. Art. 246a § 4 Abs. 2 EGBGB bestimmt, dass die Informationspflichten nach den §§ 1–3 auf Papier oder, wenn der Verbraucher zustimmt, auf einem anderen dauerhaften Datenträger zur Verfügung gestellt wird. Da im Katalogversandhandel die Einhaltung in Papierform durch Abdruck im Katalog unproblematisch ist, werden die Formvorschriften erfüllt. **3.62**

2. Anfechtung von Fernabsatzverträgen

Für die Anfechtung von geschlossenen Verträgen im Katalogversandhandel bestehen keine Besonderheiten zur Anfechtung bei sonstigen Verträgen. Es gelten die Vorschriften der §§ 119 ff. BGB (vgl. zur Anfechtung von Onlineverträgen Rz. 2.290). **3.63**

---

1 BGH v. 21.9.2005 – VIII R 284/04 – Rz. 13 – NJW 2005, 3567; *Hören/Sieber/Holznagel*, Multimediarecht, 42. Ergänzungslieferung, Stand 2015, Teil 13.1 Rz. 175.

E. Allgemeine Geschäftsbedingungen

I. Einführung

3.64   Der Katalogversandhandel basiert auf Massengeschäften. Insofern werden von Katalogversandhändlern AGB eingesetzt, die sie in den Vertrag mit dem Besteller einbeziehen möchten. Dies gilt sowohl für den B2B-Bereich als auch für den B2C-Bereich.

3.65   Im Zusammenhang mit der Verwendung von AGB in Katalogen sind zunächst grundsätzlich dieselben Fragen zu beantworten wie in einem Webshop. Geklärt werden muss, in welcher Weise der Katalogversandhändler den Besteller über seine AGB informieren muss, wie die AGB in einen Vertrag einbezogen werden, dessen Ausgangspunkt die Bestellung in einem Katalog ist, und welche inhaltlichen Anforderungen an die Gestaltung der AGB zu stellen sind.

II. AGB in einem Katalog

1. Informations- und Hinweispflichten

3.66   Bestellungen auf Grundlage eines Katalogs sind Fernabsatzgeschäfte. Insofern müssen die Regeln über Fernabsatzverträge beachtet werden. Nach § 312d Abs. 1 BGB hat der Unternehmer den Verbraucher bei Fernabsatzverträgen nach Maßgabe des Art. 246a §§ 1 und 3 EGBGB zu unterrichten. Gemäß Art. 246a § 4 Abs. 1 hat der Unternehmer dem Verbraucher die Informationen nach Art. 246a §§ 1–3 EGBGB vor Abgabe von dessen Vertragserklärung in klarer und verständlicher Weise zur Verfügung zu stellen. Anders als nach der früheren Gesetzeslage sind die AGB nicht mehr ausdrücklich von der Informationspflicht nach den fernabsatzrechtlichen Vorschriften umfasst.

3.67–3.69   Einstweilen frei.

2. Einbeziehung von AGB in den Vertrag

3.70   Für die Einbeziehung von AGB in einen Vertrag gegenüber Verbrauchern und Unternehmern gelten die §§ 305, 305a BGB (vgl. hierzu Rz. 2.324 ff., insbesondere auch im Hinblick auf das Zusammenspiel zwischen Informationspflicht und Vertragseinbeziehung). Die Anforderungen an die Einbeziehung der AGB in Einklang mit den §§ 305, 305a BGB kann der Katalogversandhändler in einfacher Weise dadurch erfüllen, dass er die AGB in dem Katalog bzw. dem Werbeprospekt mit Bestellmöglichkeit in räumlicher Nähe zum Bestellschein abdruckt und auf dem Bestellschein noch einmal deutlich erkennbar darauf hinweist, dass die in dem Katalog abgedruckten AGB Vertragsbestandteil werden. Nicht ausreichend ist gegenüber Verbrauchern, wenn der Katalogversandhändler nur darauf hinweist, wo seine AGB bspw. im World Wide Web abrufbar gehalten werden.[1] Damit wäre

---

1 Dies ergibt sich daraus, dass die angebotene Kenntnisnahme über ein anderes Medium nicht mehr eine zumutbare mögliche Kenntnisnahme darstellt, da der Verwender eben nicht davon ausgehen kann, dass der Verbraucher über einen Zugang zu diesem anderen Medium verfügt.

keine zumutbare Kenntnisnahme der AGB durch den Verbraucher iSv. § 305 Abs. 2 Nr. 2 BGB gegeben, da bei einem Katalogkunden eben nicht vorausgesetzt werden kann, dass er über einen Internetanschluss verfügt.

Anders sieht es in Bezug auf die Einbeziehung von AGB in einen Vertrag gegenüber Unternehmern aus. Hier ist es ausreichend, aber auch erforderlich, wenn der Katalogversandhändler ausdrücklich auf dem Bestellschein darauf hinweist,[1] dass die AGB des Katalogversandhändlers gelten und wo diese gegebenenfalls zur Kenntnis genommen werden können und dass er sie auf Aufforderung zusendet.[2]   3.71

Sowohl für den BtoB-Bereich als auch für den BtoC-Bereich gilt: Ausdrückliche Einverständniserklärungen in Bezug auf die Geltung der AGB sind zulässig, während ausdrückliche Einverständniserklärungen, mit denen die Kenntnisnahme der AGB bestätigt wird, unzulässig sind (vgl. hierzu Rz. 2.331).   3.72

3. Gestaltung von Katalog-AGB

In Bezug auf die inhaltlichen Anforderungen an die Abfassung von AGB, der verwendeten Sprache der AGB sowie einzelner Klauseln gilt grundsätzlich nichts anderes als bei den für einen Webshop verwendeten AGB (vgl. hierzu Rz. 2.337 ff.). Allerdings müssen sich AGB in einem Katalog in zwei Bereichen von in einem Webshop verwendeten AGB unterscheiden: 3.73

Der erste Bereich betrifft die Informationen zum Bestellvorgang und zum Vertragsschluss. Dies ist keine unmittelbare vorvertragliche Informationspflicht bei Fernabsatzverträgen mehr (anders noch bis zum 13.6.2014, damals bestand die Pflicht nach Art. 246 § 1 Abs. 1 Nr. 4 EGBGB). Naturgemäß verlaufen der Bestellvorgang und der Vertragsschluss bei Katalogbestellungen und Bestellungen in einem Webshop unterschiedlich. Dies liegt schon daran, dass es bei einer Katalogbestellung keine verpflichtende Bestellbestätigung wie bei einer Webshopbestellung gibt. Im Übrigen kann der Vertragsschluss ansonsten parallel verlaufen.   3.74

Der zweite Bereich, bei dem es zwischen Katalog-AGB und Webshop-AGB Unterschiede geben kann, ist die Formulierung der Widerrufsbelehrung. Auf diesen Bereich wird gleich gesondert (Rz. 3.76 ff.) eingegangen. Im Übrigen wird auf die Webshop-AGB unter Rz. 2.362 ff. verwiesen.   3.75

F. Widerrufsrecht

I. Überblick

Das Widerrufsrecht gilt nur im Verhältnis zwischen einem Unternehmer und einem Verbraucher iSv. § 13 BGB. Die Anforderungen an den Zeitpunkt, die Frist, die Form, die Sprache, das Erlöschen und die Beweislast beim Widerrufsrecht entsprechen sich im Katalogversandhandel und Online-Versandhandel. Insofern wird auf die Ausführungen un-   3.76

---

1 Palandt/*Grüneberg*, § 305 BGB Rz. 27.
2 Vgl. Palandt/*Grüneberg*, § 305 BGB Rz. 50 u. 53.

ter Rz. 2.413–2.466 verwiesen. Ebenso sind die Rechtsfolgen bei Ausübung des Widerrufsrechts sowie bei fehlerhafter Widerrufsbelehrung zwischen dem Katalogversandhandel und dem Online-Versandhandel nicht unterschiedlich. Insofern wird auch hier auf die Ausführungen unter Rz. 2.489–2.535 verwiesen.

3.77 Unterschiede können bei der Ausgestaltung der gesetzlichen Musterwiderrufsbelehrung bestehen. Diese Unterschiede sind allerdings marginal und betreffen nur die Hinweise zur Ausübung des Widerrufsrechts bei bereitgestelltem Widerrufsformular.

3.78 ➲ **Praxistipp:** Anders als nach der früheren Rechtslage kann nunmehr sowohl für den Webshop als auch für den Katalog dieselbe Widerrufsbelehrung verwendet werden, es sei denn, dem Verbraucher wird im Webshop die Möglichkeit eingeräumt, den Widerruf auf der Website elektronisch auszufüllen.

3.79 Einstweilen frei.

II. Musterwiderrufsbelehrung für einen einfachen Katalogwarenkauf

3.80 **M 21 Widerrufsbelehrung nach Anlage 1 zu Art. 246a § 1 Abs. 2 Satz 2 EGBGB**

Widerrufsrecht

Sie haben das Recht, binnen vierzehn Tagen ohne Angabe von Gründen diesen Vertrag zu widerrufen.

Die Widerrufsfrist beträgt vierzehn Tage ab dem Tag, an dem Sie oder ein von Ihnen benannter Dritter, der nicht der Beförderer ist, die letzte Ware in Besitz genommen haben bzw. hat.[1]

Um Ihr Widerrufsrecht auszuüben, müssen Sie uns mittels einer eindeutigen Erklärung (zB ein mit der Post versandter Brief, Telefax oder E-Mail) über Ihren Entschluss, diesen Vertrag zu widerrufen, informieren. Sie können dafür das beigefügte Muster-Widerrufsformular verwenden, das jedoch nicht vorgeschrieben ist.

Zur Wahrung der Widerrufsfrist reicht es aus, dass Sie die Mitteilung über die Ausübung des Widerrufsrechts vor Ablauf der Widerrufsfrist absenden.

Folgen des Widerrufs

Wenn Sie diesen Vertrag widerrufen, haben wir Ihnen alle Zahlungen, die wir von Ihnen erhalten haben, einschließlich der Lieferkosten (mit Ausnahme der zusätzlichen Kosten, die sich daraus ergeben, dass Sie eine andere Art der Lieferung als die von uns angebotene, günstige Standardlieferung gewählt haben), unverzüglich und spätestens binnen vierzehn Tagen ab dem Tag zurückzuzahlen, an dem die Mitteilung über Ihren Widerruf dieses Vertrages bei uns eingegangen ist. Für diese Rückzahlung verwenden wir dasselbe Zahlungsmittel, das Sie bei der ursprünglichen Transaktion eingesetzt haben, es sei denn, mit Ihnen wurde ausdrücklich etwas anderes vereinbart. In keinem Fall werden Ihnen wegen dieser Rückzahlung Entgelte berechnet. Wir können die Rückzahlung verweigern, bis wir die Waren wieder zurückerhalten haben oder bis Sie den Nachweis erbracht haben, dass Sie die Waren zurückgesandt haben, je nachdem, welches der frühere Zeitpunkt ist.

Sie haben die Waren unverzüglich und in jedem Fall spätestens binnen vierzehn Tagen ab dem Tag, an dem Sie uns über den Widerruf dieses Vertrages unterrichten, an uns oder an [hier sind ggf. der Name und die Anschrift der von Ihnen zur Entgegennahme der Waren ermächtigten

---

[1] Die gesetzliche Regelung sieht hier verschiedene Gestaltungshinweise vor. Die vorgeschlagene Variante, die dem Gestaltungshinweis 1c) zur Anlage 1 zu Art. 246a § 1 Abs. 2 Satz 2 EGBGB entspricht, erscheint diejenige zu sein, die die meisten Fälle abdeckt und ist daher aus Sicht des Autors vorzugswürdig.

Person einzufügen] zurückzusenden oder zu übergeben. Die Frist ist gewahrt, wenn Sie die Waren vor Ablauf der Frist von vierzehn Tagen absenden. Sie tragen die unmittelbaren Kosten der Rücksendung.[1]

Sie müssen für einen etwaigen Wertverlust der Waren nur aufkommen, wenn dieser Wertverlust auf einen zur Prüfung der Beschaffenheit, Eigenschaften und Funktionsweise der Waren nicht notwendigen Umgang mit Ihnen zurückzuführen ist.

Ende der Widerrufsbelehrung

Einstweilen frei.   3.81

G. Datenschutzhinweise

Im Gegensatz zum Webshopbetreiber, für den regelmäßig die Vorschriften des Telemedi-   3.82
engesetzes gelten, hat der Katalogversandhändler personenbezogene Daten im Einklang mit dem Bundesdatenschutzgesetz zu erheben, zu speichern und zu verarbeiten. § 4 Abs. 3 BDSG schreibt vor, dass in dem Fall, dass personenbezogene Daten beim Betroffenen erhoben werden, er, sofern er nicht bereits auf andere Weise Kenntnis erlangt hat, von der verantwortlichen Stelle, die hier der Katalogversandhändler ist, über

– die Identität der verantwortlichen Stelle,

– die Zweckbestimmung der Erhebung, Verarbeitung oder Nutzung und

– die Kategorien von Empfängern nur, soweit der Betroffene nach den Umständen des Einzelfalls nicht mit der Übermittlung an diese rechnen muss,

zu unterrichten ist. Diese Informationspflichten finden sich auch noch einmal in § 33 BDSG für den Fall der Speicherung personenbezogener Daten wieder. Allerdings sind von der Benachrichtigungspflicht nach § 33 BDSG vorgelagerte Informationspflichten nach § 4 Abs. 3 BDSG zu unterscheiden, deren Erfüllung dann die nochmalige Benachrichtigungspflicht nach § 33 BDSG entfallen lässt.[2] Insofern führt auch § 4 Abs. 3 BDSG zu einer Verpflichtung des Katalogversandhändlers, dem Verbraucher Hinweise zum Datenschutz zu geben. Diese können aber deutlich kürzer ausfallen als bei den Datenschutzhinweisen in einem Webshop, denn der Einsatz von Cookies, der Einsatz von Webanalysediensten und der Einsatz von Social Media Diensten kann im Katalogbereich nicht stattfinden. Erforderlich ist aber in den Datenschutzhinweisen eine kurze Einführung, wofür die Datenschutzhinweise bestimmt sind, was unter personenbezogenen Daten verstanden wird, welche Daten erhoben werden und zu welchem Zweck sie verwendet werden, ob und an welche Dritten die Daten übermittelt werden, wie lange die Daten aufbewahrt werden, einen Hinweis auf das Recht zum Widerruf sowie zu den Auskunftsrechten des Bestellers und ggf. zur Bonitäts- und Identitätsprüfung (vgl. hierzu die einzelnen Formulierungsvorschläge im Muster – Datenschutzhinweise für einen Webshop unter Rz. 2.631).

H. Zahlungsabläufe und Zahlungsbedingungen

Auch im Katalogversandhandel müssen dem Katalogbesteller Informationen zu den Zah-   3.83
lungsmöglichkeiten und Zahlungsbedingungen des Katalogversandhändlers mitgeteilt

---

1 Die Gestaltungshinweise nach Ziffer 5b) der Anlage 1 zu Art. 246a § 1 Abs. 2 Satz 2 EGBGB sehen verschiedene Möglichkeiten vor. Der Unternehmer kann selbstverständlich auch die Kosten der Rücksendung übernehmen. Bei Waren, die nicht normal mit der Post zurückgeschickt werden können, müssen zudem weitere Informationen in die Widerrufsbelehrung aufgenommen werden.
2 *Gola/Schomerus*, § 33 BDSG Rz. 7.

werden, wie sich der gesetzlichen Regelung in § 312d Abs. 1 BGB iVm. Art. 246a § 1 Abs. 1 Nr. 7 EGBGB entnehmen lässt. Die Informationen zu den Zahlungsmöglichkeiten und Zahlungsbedingungen sollten in unmittelbarer Nähe zum Bestellschein stehen, also in der Regel im hinteren Bereich des Katalogs. Auf dem Bestellschein selbst sollten dann die einzelnen Zahlungsmöglichkeiten in der Weise aufgeführt werden, die der Besteller bspw. durch entsprechende Ankreuzung wählen kann.

3.84 **Praxistipp:** Für den Fall, dass der Katalogbesteller auf dem Bestellschein keine Zahlungsmöglichkeit ankreuzt, sollte der Katalogversandhändler in seinen AGB eine Möglichkeit vorsehen, wie in diesem Fall verfahren wird, um Unklarheiten zu vermeiden.

3.85 Anders als im Onlinebereich bieten sich allerdings im Katalogbereich grundsätzlich weniger Zahlungsmöglichkeiten an. In der Praxis überwiegen die Zahlungsmöglichkeiten „Zahlung per Nachnahme", „Überweisung vor Erhalt der Ware oder Dienstleistung" und „Überweisung nach Erhalt der Ware oder Dienstleistung". Größere Katalogversandhändler bieten zusätzlich Finanzierungsmöglichkeiten an, wie bspw. die Ratenzahlung. Der Einsatz von PayPal sowie das Direktüberweisungsverfahren „Sofortüberweisung" eignen sich für den Katalog dagegen nicht.

Kapitel 4
Verkauf über Handelsplattformen wie Amazon und eBay

Literatur: *Borges*, Rechtsscheinhaftung im Internet, NJW 2011, 2400 ff.; *Bräutigam*, Anm. zu KG 13. Zivilsenat, Urteil vom 5.8.2005 – 13 U 4/05, jurisPR-ITR 2/2006 Anm. 2; *Gaul*, Aktuelle Fragen zur Internetversteigerung, WM 2000, 1783 ff.; *Harte-Bavendamm/Henning-Bodewig*, Kommentar zum Gesetz gegen den unlauteren Wettbewerb und Preisangabenverordnung, 3. Aufl. 2013; *Härting/Strubel*, Anm. zum Urteil des BGH v. 11.5.2011 – VIII ZR 289/09, BB 2011, 2185 ff.; *Heckmann*, juris-PK-Internetrecht, 4. Aufl. 2014; *Kieselstein/Rückebeil*, 1, 2, 3 … Probleme bei Internetauktionen, VuR 2007, 297 ff.; *Klees/Keisenberg*, Vertragsschluss bei eBay-„3, 2 … (1) meins"?, MDR 2011, 1214 ff.; *Krieg*, Anm. zu AG Gummersbach, Urt. v. 28.6.2010 – 10 C 25/1, jurisPR-ITR 5/2011, Anm. 4; *Krieg/Roggenkamp*, Astroturfing – Rechtliche Probleme bei gefälschten Kundenbewertungen im Internet, K&R 2010, 689 ff.; *Lorenz*, Informationspflichten bei eBay, VuR 2008, 321 ff.; *Mankowski/Loose*, Anm. zu BGH, Urt. v. 12.11.2014 – VIII ZR 42/14, CR 2015, 106 ff.; *Petershagen*, Rechtsschutz gegen Negativkommentare in Bewertungsportalen von Internetauktionshäusern – Einstweilige Verfügung oder Hauptsacheverfahren, NJW 2008, 953 ff.; *Spindler/Schuster*, Recht der elektronischen Medien, 3. Aufl. 2015; *Teplitzky*, Wettbewerbliche Ansprüche und Verfahren, 11. Aufl. 2016; *Voigt/Heilmann*, Hinweise zur rechtssicheren Ausgestaltung gewerblicher Warenangebote bei eBay, ITRB 2010, 107 ff.; *Wenn*, Anm. zu OLG Koblenz, Beschl. v. 3.6.2009 – 5 U 429/09, jurisPR-ITR 16/2009, Anm. 4.

A. Einführung

4.1 Handelsplattformen wie Amazon und eBay haben die Welt des Onlineversandhandels stark verändert. Viele Onlinehändler vertreiben ihre Waren nicht nur über einen eigenen Onlineshop, sondern daneben auch über diese oder sehr ähnliche Handelsplattformen. Andere Händler bieten ihre Waren sogar ausschließlich über solche Handelsplattformen an. Dies überrascht nicht angesichts der Tatsache, dass sich gerade eBay und Amazon sehr großer Beliebtheit bei den Endkunden erfreuen. Im Folgenden werden rechtliche Besonderheiten erläutert, die der Verkäufer zu beachten hat, wenn er seine Waren über solche Handelsplattformen vertreibt. Auch wenn dabei die beiden bekanntesten Handelsplattformen eBay und Amazon im Fokus stehen, so können die rechtlichen Erwägungen auch auf vergleichbare Handelsplattformen übertragen werden.

B. Vertragsparteien als Unternehmer oder Verbraucher

4.2 Über eBay und Amazon Marketplace können sowohl Händler als auch Privatleute ihre Waren verkaufen. Händler sind ohne weiteres Unternehmer bzw. handeln geschäftsmäßig iSd. einschlägigen gesetzlichen Vorschriften. Für sie gelten daher deutlich strengere gesetzliche Anforderungen. Bei Privatleuten und (vermeintlichen) Privatverkäufen kann die Einordnung mitunter problematisch sein (Rz. 4.3 ff.). Für Käufer ist es demgegenüber von Vorteil, wenn sie Verbraucher iSd. Gesetzes sind, da sie sich dann auf zahlreiche Schutzvorschriften berufen können (Rz. 4.10 ff.).

I. Unternehmerstellung von Verkäufern

4.3 Für den einzelnen Verkäufer ist es von entscheidender Bedeutung, ob er Unternehmer iSv. § 14 BGB ist. Unternehmer ist jede natürliche oder juristische Person oder eine rechtsfähige Personengesellschaft, die bei Abschluss eines Rechtsgeschäfts in Ausübung ihrer gewerblichen oder selbständigen beruflichen Tätigkeit handelt. Den Unternehmer treffen **zahlreiche Informationspflichten** (zB gemäß § 312d BGB). Außerdem muss er Verbrauchern ein Widerrufsrecht einräumen (§ 312g BGB), und er hat die **Vorschriften des Verbrauchsgüterkaufs** (§§ 474 ff. BGB) einzuhalten, die unter anderem den Ausschluss von Gewährleistungsrechten untersagen.

4.4 Andere Rechtsvorschriften knüpfen an die Geschäftsmäßigkeit der Handlung an. So treffen die Impressumspflichten nach § 5 TMG nur denjenigen, der „geschäftsmäßige" Telemedien anbietet. Die Kennzeichenverletzungstatbestände nach §§ 14, 15 MarkenG setzen eine Handlung „im geschäftlichen Verkehr" voraus. Das Gesetz gegen den unlauteren Wettbewerb sanktioniert nur wettbewerbswidrige „geschäftliche Handlungen" (§§ 3 ff. UWG).

1. Einordnungskriterien

4.5 Die Definitionen der verschiedenen Rechtsbegriffe mögen im Detail nicht deckungsgleich sein. Darauf kommt es aber hier nicht an. Hinsichtlich des Warenverkaufs über Amazon Marketplace und eBay ist allein entscheidend, ob der Verkauf rein privater Natur ist. Ist er dies nicht, dann handelt der Verkäufer als Unternehmer bzw. geschäftsmäßig.[1]

---

[1] Vgl. dazu § 14 BGB: BGH v. 29.3.2006 – VIII ZR 173/05, NJW 2006, 2250 (2251) = MDR 2006, 1271; zum Markengesetz und UWG: BGH v. 4.12.2008 – I ZR 3/06 – Rz. 23 f. – Ohrclips, GRUR 2009, 871 (872) = CR 2009, 753 = MDR 2009, 993.

Die Rechtsprechung hat im Hinblick auf Handelsplattformen wie eBay inzwischen diverse Kriterien festgelegt, anhand derer die Unternehmereigenschaft eines Verkäufers bestimmt werden kann. Wichtige Indizien für eine Unternehmerstellung sind folgende:[1] **4.6**

- Wiederholter Verkauf gleichartiger, insbesondere auch neuer Gegenstände,[2]
- der Verkauf kurz vorher erworbener Gegenstände,
- die Tatsache, dass der Verkäufer auch sonst gewerblich tätig ist,[3]
- Konzentration der Artikel auf wenige Produktbereiche,[4]
- eine Vielzahl von Käuferreaktionen nach früheren Verkäufen,[5]
- Verkaufsaktivitäten für Dritte[6] und/oder
- die Selbstbezeichnung als „**Powerseller**" oder dergleichen.[7]

Letztlich kommt es aber immer auf die Umstände des Einzelfalls an. **4.7**

➲ **Wichtig:** Die häufig anzutreffende Erklärung in der Produktbeschreibung „*Dieser Artikel wird von Privat verkauft*" ist nicht geeignet, die Unternehmereigenschaft des Verkäufers auszuschließen, wenn die übrigen Indizien für seine Unternehmerstellung sprechen.[8] **4.8**

2. Beweislast

Im Grundsatz gilt die klassische Beweislastverteilung. Derjenige, der die Unternehmereigenschaft des Verkäufers behauptet, muss diese darlegen und gegebenenfalls auch beweisen.[9] Die Darlegungs- und Beweislast wird aber dadurch **abgemildert**, dass den vermeintlichen Unternehmer eine sekundäre Darlegungslast trifft, wenn die vorgenannten Indizien für eine Unternehmerstellung sprechen. Voraussetzung ist, dass der andere keine weitergehende Kenntnis zu den näheren Umständen des Handels des vermeintlichen Unternehmers hat und auch keine Möglichkeit hat, den Sachverhalt weiter aufzuklären, während der vermeintliche Unternehmer ohne weiteres Aufklärung leisten kann.[10] Einige Oberlandesgerichte haben sogar eine **Umkehr der Beweislast** angenommen, wenn der vermeintliche Unternehmer als „**Powerseller**" auftritt.[11] In diesem Fall muss der vermeintliche Unternehmer also nicht nur einen Anscheinsbeweis erschüttern, sondern vollen Beweis dafür erbringen, dass er kein Unternehmer ist. **4.9**

---

1 Vgl. *Heckmann*, Kap. 4.3, Rz. 175 mwN.
2 Vgl. BFH v. 12.8.2015 – XI R 43/13, DStR 2015, 2175, zum Unternehmerbegriff nach dem UstG.
3 BGH v. 19.4.2007 – I ZR 35/04 – Internet-Versteigerung II, GRUR 2007, 708 (713) = MDR 2007, 1442 = CR 2007, 523.
4 LG Aachen v. 13.1.2015 – 41 O 60/14, WRP 2015, 648.
5 BGH v. 4.12.2008 – I ZR 3/06 – Ohrclips, GRUR 2009, 871 (873) = CR 2009, 753 = MDR 2009, 993; BGH v. 30.4.2008 – I ZR 73/05 – Internet-Versteigerung III, NJW-RR 2008, 1136 (1138) = CR 2008, 579 = MDR 2008, 1228.
6 OLG Hamm v. 15.3.2011 – 4 U 204/10, MMR 2011, 537 (538).
7 OLG Frankfurt a.M. v. 4.7.2007 – 6 W 66/07, K&R 2007, 585.
8 OLG Frankfurt a.M. v. 22.12.2004 – 6 W 153/04, NJW 2005, 1438 (1438) = CR 2005, 883.
9 BGH v. 30.4.2008 – I ZR 73/05 – Internet-Versteigerung III, NJW-RR 2008, 1136 (1148) = CR 2008, 579 = MDR 2008, 1228; OLG Koblenz v. 17.10.2005 – 5 U 1145/05, MMR 2006, 236 (236) = CR 2006, 209 = MDR 2006, 321; OLG Hamm v. 15.3.2011 – 4 U 204/10, MMR 2011, 537 (538).
10 BGH v. 4.12.2008 – I ZR 3/06 – Ohrclips, GRUR 2009, 871 (873) = CR 2009, 753 = MDR 2009, 993; BGH v. 30.4.2008 – I ZR 73/05 – Internet-Versteigerung III, NJW-RR 2008, 1136 (1139) = CR 2008, 579 = MDR 2008, 1228.
11 OLG Koblenz v. 17.10.2005 – 5 U 1145/05, MMR 2006, 236 (237); OLG Karlsruhe v. 27.4.2006 – 4 U 119/04, CR 2006, 689 ff.; OLG Zweibrücken v. 28.6.2007 – 4 U 210/06, WRP 2007, 1005 (1006); **aA:** *Heckmann*, Kap. 4.3, Rz. 172 mwN.

II. Verbraucherstellung von Käufern

4.10 Verbraucher ist jede natürliche Person, die ein Rechtsgeschäft zu einem Zwecke abschließt, der weder ihrer gewerblichen noch ihrer selbständigen beruflichen Tätigkeit zugerechnet werden kann (§ 13 BGB). Auch Geschäftsführer und Handelstreibende können als Verbraucher bestellen, wenn der Kaufgegenstand **rein privaten Zwecken** dienen soll.[1] Existenzgründer bestellen nicht als Verbraucher, wenn der Kauf eine Vorbereitungshandlung zur Aufnahme ihrer selbständigen beruflichen Tätigkeit ist.[2]

4.11 Einige Verkäufer versuchen, die Verbraucherschutzvorschriften zu umgehen, indem sie ihr **Angebot nur an Nicht-Verbraucher** richten. Dies ist prinzipiell möglich, da der Grundsatz der Vertragsabschlussfreiheit gilt. Allerdings reicht es nicht, dass der Verkäufer an „versteckter" Stelle die Käufer über den Ausschluss informiert.[3] Verbraucher müssen auf Handelsplattformen wie eBay und Amazon Marketplace nicht damit rechnen, dass ein Verkäufer sein Angebot beispielsweise nur an Gewerbetreibende vertreibt. Es spricht einiges dafür, dass eine lediglich in den AGB getroffene Regelung, die Verbrauchergeschäfte ausschließt, eine **überraschende Klausel** gemäß § 305c Abs. 1 BGB ist. Es obliegt also dem Verkäufer, seine Kunden ausdrücklich und ohne weiteres erkennbar darüber zu informieren, dass seine Angebote nicht für Verbraucher bestimmt sind.[4]

4.12 ⮕ **Praxistipp:** Ein Verkäufer, der sein Angebot nur an eine bestimmte Zielgruppe richtet und Verbraucher von der Bestellung ausschließen möchte, sollte darauf deutlich erkennbar in der Artikelbeschreibung hinweisen.

C. Informationspflichten der Verkäufer

4.13 Ist der Verkäufer ein Unternehmer bzw. handelt er gewerbsmäßig, so treffen ihn zahlreiche Informationspflichten. Im Grunde hat er die gleichen Informationspflichten zu beachten wie jeder Betreiber eines eigenen Webshops (s. dazu Rz. 2.17 ff. u. Rz. 2.137 ff.). Einige Besonderheiten ergeben sich aber doch:

I. Anbieterkennzeichnung

4.14 Nach § 312d Abs. 1 BGB, Art. 246a § 1 Abs. 1 Satz 1 Nr. 2 und 3 EGBGB, § 5 TMG müssen Unternehmer die erforderliche Anbieterkennzeichnung (**„Impressum"**) vornehmen (näher zur den erforderlichen Angaben: Rz. 2.17 ff.). Gerade die strengen Anforderungen von § 5 TMG bereiten Unternehmern Schwierigkeiten, denn hiernach muss das Impressum **leicht erkennbar, unmittelbar erreichbar und ständig verfügbar** sein.

4.14a Es ist jedoch umstritten, ob diese Impressumspflicht nach § 5 TMG auch für Verkäufer gilt, die ihre gewerblichen Angebote auf Handelsplattformen wie eBay und Amazon einstellen.[5]

---

1 Vgl. Palandt/*Ellenberger*, § 13 BGB Rz. 3 f. mwN; s. auch BGH v. 30.9.2009 – VIII ZR 7/09 – Erkennbarkeit der Verbrauchereigenschaft, WRP 2010, 103 = MDR 2010, 71 = CR 2010, 43.

2 BGH v. 24.3.2005 – III ZB 36/04 – Unternehmerhandeln bei Existenzgründung, NJW 2005, 1273 (1274).

3 Vgl. OLG Hamm v. 28.2.2008 – 4 U 196/07, MMR 2008, 469 (470) = CR 2008, 539: In jenem Fall hatte der Händler lediglich im Internetauftritt unter „Garantie" erklärt, dass nur Gewerbetreibende bei ihm bestellen können.

4 S. dazu auch: OLG Hamm v. 20.9.2011 – 4 U 73/11, WRP 2012, 343 ff.

5 **Dafür:** Spindler/Schuster/*Holznagel/Ricke*, § 2 TMG, Rz. 2; LG München I v. 3.2.2005 – 7 O 11682/04, WRP 2005, 1042 (1043); OLG Hamm v. 4.8.2009 – 4 U 11/09, MMR 2010, 29 (29); OLG Düsseldorf v. 18.12.2007 – I-20 U 17/07, MMR 2008, 682 (682); **aA:** *Lorenz*, VuR 2008, 321 (322 f.).

Der Streit geht um die Frage, ob diese Verkäufer überhaupt Dienstanbieter iSv. § 2 Satz 1 Nr. 1 TMG sind. Das OLG Köln kommt in einer Entscheidung aus dem Jahr 2014 zu dem Ergebnis, dass jedenfalls **Händler auf Amazon Marketplace keine Dienstanbieter im Sinne des TMG** sind, solange ihr Warenangebot nicht im Rahmen eines eigenen Internetauftritts unter einem individualisierten Auftritt von Amazon erfolgt.[1] Folgt man dieser Auffassung, dann würde die Impressumspflicht nach § 5 TMG entfallen, nicht aber die nach § 312d Abs. 1 BGB, Art. 246a § 1 Abs. 1 Satz 1 Nr. 2 und 3 EGBGB. Allerdings müsste das Impressum nach dem BGB und EGBGB nicht den strengen Anforderungen an die Verfügbarkeit genügen, die gemäß § 5 TMG gelten. Dies ist insoweit bedeutungsvoll, weil die Impressum-Funktion von Amazon bis heute nicht die Anforderungen von § 5 TMG erfüllt.[2]

In Bezug auf **eBay** haben es einige Gerichte ausreichen lassen, dass die Anbieterkenn- **4.14b** zeichnung auf der „**Mich**"**-Seite** des jeweiligen eBay-Verkäufers erfolgt.[3] Es ist jedoch zweifelhaft, ob eine solche Anbieterkennzeichnung den Anforderungen von § 312d Abs. 1 BGB, Art. 246a § 1 Abs. 1 Satz 1 Nr. 2 und 3 EGBGB, § 5 TMG genügt. Die „Mich"-Seite wird von dem durchschnittlich kundigen Marktplatzteilnehmer nur schwer aufgefunden.[4]

➲ **Praxistipp:** Bei eBay sollte der Unternehmer das Impressum in der speziell von eBay **4.15** dafür vorgesehenen Rubrik „Rechtliche Informationen des Verkäufers" aufnehmen. Diese rechtlichen Informationen werden unmittelbar auf der Produktübersicht-Seite angezeigt. Im Hilfe-Portal von eBay ist beschrieben, wie die Einbindung erfolgt.[5]

II. Angebotsbezogene Vorabinformationen

Verkäufer auf Handelsplattformen haben die gleichen angebotsbezogenen Informations- **4.16** pflichten wie Betreiber von klassischen Webshops. So sind diverse Informationen vor Vertragsabschluss klar und verständlich zur Verfügung zu stellen. Zu diesen „Vorabinformationen" gehören unter anderem die wesentlichen Merkmale der Ware, deren Gesamtpreis, Lieferbedingungen und Versandkosten, Einzelheiten der Zahlung usw. (näher zu den Informationspflichten: Rz. 2.142 ff.). Im Vergleich zu klassischen Webshops sind bei Handelsplattformen aber einige technische Hindernisse zu überwinden. Wenn eine Handelsplattform für einzelne Informationspflichten keine entsprechende Funktionalität vorsieht, haftet der Verkäufer gleichwohl für die fehlende Information.[6] Er muss also nach Workarounds suchen. Im Einzelnen:

1. Angabe von Gesamt-/Endpreisen und Preisbestandteilen

Für **Onlineauktionen** auf eBay gelten besondere Regelungen hinsichtlich der Preisangabe- **4.17** pflichten. Art. 246a § 1 Abs. 1 Satz 1 Nr. 4 EGBGB (= Art. 246 § 1 Abs. 1 Nr. 7 EGBGB aF) und § 1 Abs. 1, 2 PAngV verlangen eigentlich die Angabe des Gesamt- bzw. Endpreises der Ware oder Dienstleistung. Bei Onlineauktionen wie sie bei eBay durchgeführt werden, steht der Preis jedoch erst bei Auktionsschluss fest. Nach der hL sind allerdings Onlineauktionen „Versteigerungen" iSv. § 9 Abs. 1 Nr. 5 PAngV mit der Folge, dass die PAngV für sie

---

1 OLG Köln v. 23.9.2014 – 6 U 115/14, MMR 2014, 817.
2 Vgl. *Arlt/Gasch* in: https://www.haendlerbund.de/downloads/whitepaper-rechtliche-probleme-auf-amazon.pdf, Stand v. 21.7.2016, mit einem Vorschlag für einen möglichen Workaround.
3 KG v. 11.5.2007 – 5 W 116/07, MMR 2007, 791 (791) = CR 2007, 595; LG Traunstein v. 18.5.2005 – 1 HK O 5016/04, MMR 2005, 781 (781).
4 Vgl. auch OLG Hamm v. 4.8.2009 – 4 U 11/09, MMR 2010, 29 (29 f.).
5 http://pages.ebay.de/help/sell/contactdetails.html, Stand v. 21.7.2016.
6 *Heckmann*, Kap. 4.3, Rz. 235 mwN.

nicht gilt.[1] Art. 246a § 1 Abs. 1 Satz 1 Nr. 4 EGBGB fordert in solchen Fällen lediglich, dass über die Preisberechnungsgrundlage in einer Weise informiert wird, die dem Verbraucher eine Überprüfung des Preises ermöglicht. Hier ist daher beispielsweise in den AGB darzustellen, wie der Preis bei einer Onlineauktion zustande kommt.[2]

4.18 Bei **Festpreis-Angeboten im Amazon Marketplace** sowie bei **„Sofortkauf"-Angeboten von eBay** steht der Preis bereits fest. Über diesen ist daher zu informieren, ebenso darüber, dass in dem Endpreis bereits die Umsatzsteuer enthalten ist[3] und ob weitere Versandkosten anfallen, § 1 Abs. 2 PAngV (näher dazu: Rz. 2.139 ff.).

2. Grundpreisangabe

4.19 Probleme bereitet immer wieder die Angabe von Grundpreisen, die für die in § 2 Abs. 1 PAngV genannten Waren zu erfolgen hat.[4] Die fehlende Angabe von Grundpreisen im Internet ist ein beliebter Abmahngrund. Der Grundpreis muss **in unmittelbarer Nähe zum Endpreis** aufgeführt werden. Er muss zusammen mit dem Endpreis auf einem Blick wahrgenommen werden können.[5] Inzwischen haben eBay[6] und Amazon[7] entsprechende Funktionalitäten bereitgestellt, die dafür sorgen sollen, dass der Grundpreis gemäß den gesetzlichen Bestimmungen angezeigt werden kann. Diese Funktionalitäten arbeiten jedoch nicht fehlerfrei, sodass gegebenenfalls doch auf Workarounds zurückgegriffen werden muss.

4.20 ⮕ **Wichtig:** Wenn der Grundpreis nicht überall in unmittelbarer Nähe zum Endpreis gezeigt wird, haftet der Verkäufer verschuldensunabhängig auf Unterlassung gemäß § 8 Abs. 1 UWG.[8]

4.21 Teilweise wird vertreten, dass ein Verstoß gegen die Grundpreisauszeichnungspflicht ein wettbewerbsrechtlich nicht relevanter Bagatellverstoß sei.[9] Darauf sollte der Unternehmer jedoch nicht vertrauen.[10] Vielmehr muss er zur Vermeidung von Abmahnrisiken kreative Lösungen wählen, um den gesetzlichen Anforderungen zu genügen.

4.22 ⮕ **Praxistipp:** Als Workaround könnte der Grundpreis bei eBay bzw. Amazon beispielsweise in der Artikelbeschreibung und direkt im Artikelnamen[11] hinterlegt werden. So ist gewährleistet, dass Grundpreis und Endpreis stets auf einem Blick zusammen erkannt werden.

---

1 *Lorenz*, VuR 2008, 321 (326) mwN; Harte-Bavendamm/Henning-Bodewig/*Weidert/Völker*, § 9 PAngV Rz. 16; zu § 156 BGB s. aber: Rz. 4.36.

2 *Voigt/Heilmann*, ITRB 2010, 107 (108); aA *Lorenz*, VuR 2008, 321 (326), der die Vorgaben von Art. 246 § 1 Abs. 1 Nr. 7 EGBGB aF (Art. 246a § 1 Abs. 1 Satz 1 Nr. 4 EGBGB nF) bei Onlineauktionen für nicht umsetzbar hält.

3 Nach Ansicht einiger Gerichte kann das Fehlen dieser Angabe aber ein wettbewerbsrechtlich unbeachtlicher Bagatellverstoß sein, vgl. KG v. 11.5.2007 – 5 W 116/07, MMR 2007, 791 (791 f.) = CR 2007, 595; **aA:** OLG Hamm v. 15.3.2011 – 4 U 204/10, MMR 2011, 537 (538).

4 BGH v. 31.10.2013 – I ZR 139/12 – Zwei Flaschen GRATIS, WRP 2014, 689 (691) = MDR 2014, 607 hat bestätigt, dass die Norm mit Art. 3 Abs. 5 Satz 1 UGP-Richtlinie vereinbar ist.

5 BGH v. 26.2.2009 – I ZR 163/06 – Dr. Clauder's Hufpflege, NJW 2009, 3095 (3096) = CR 2009, 746 = MDR 2009, 1294.

6 http://pages.ebay.de/help/sell/unit-price.html, Stand 1.8.2016.

7 Hier sind vom Verkäufer bei der Einstellung der Produktinformationen Gewicht, Volumen bzw. Maßeinheit anzugeben.

8 OLG Hamburg v. 10.10.2012 – 5 U 274/12, MMR 2013, 173 ff.

9 OLG Koblenz v. 25.4.2006 – 4 U 1219/05, GRUR-RR 2007, 23 (24); **aA:** OLG Jena v. 2.11.2005 – 2 U 384/05, GRUR 2006, 246 (247).

10 So hat bspw. das OLG Hamburg einen Wettbewerbsverstoß bejaht: Urt. v. 10.10.2012 – 5 U 274/12, MMR 2013, 173.

11 Diese Möglichkeit wird auch vom LG Hamburg favorisiert, vgl. Urt. v. 24.11.2011 – 327 O 196/11, K&R 2012, 66 ff.

⇨ **Praxistipp:** Auf die gesonderte Angabe eines Grundpreises kann verzichtet werden, wenn dieser mit dem Endpreis identisch ist (§ 2 Abs. 1 Satz 3 PAngV). Auch auf diese Weise kann die gesetzliche Vorgabe erfüllt werden.　　　　　　　　　4.23

3. Besondere Informationspflichten

Für Elektrogeräte, Textilien, Nahrungsmittel usw. können besondere Informationspflichten bestehen.[1] Soweit die Handelsplattformen im Eingabeformular für die Produktbeschreibung keine entsprechenden Felder vorsehen, sind diese Pflichtangaben in die Artikelbeschreibungen einzutragen bzw. Eingabefelder „umzuwidmen".　　4.24

4. Haftung für Falschinformationen des Plattformbetreibers

Die Verkäufer haften **für sämtliche fehlerhaften Angaben** in Bezug auf ihre Produktangebote. Sie haften insbesondere, wenn ein Plattformbetreiber wie Amazon für ein bestimmtes Produkt einen nicht mehr gültigen UVP angibt, der von dem Verkaufspreis des Verkäufers vermeintlich unterschritten wird.[2]　　　　　　　　　　　　4.24a

III. Informationen zum Bestellvorgang

Grundsätzlich trifft den Unternehmer gemäß Art. 246c EGBGB die Pflicht, die Kunden über folgende Punkte zu informieren:　　　　　　　　　　　　　　　4.25

– die einzelnen technischen Schritte, die zum Vertragsschluss führen,

– Speicherung des Vertragstextes und Zugänglichkeit für den Kunden,

– technische Mittel, mit denen der Kunde Eingabefehler für die Abgabe seiner Vertragserklärung erkennen und berichtigen kann,

– die zur Verfügung stehenden Sprachen und

– die einschlägigen Verhaltenskodizes, denen sich der Verkäufer unterwirft.

Soweit eBay und Amazon in ihren AGB oder Nutzungsbestimmungen vorgenannte Informationen bereits erteilen, muss der Verkäufer sie nicht noch einmal gesondert bereitstellen.[3] Dieses Vorgehen eines Verkäufers ist allerdings mit Risiken behaftet, weil die Plattformbetreiber ihre AGB/Nutzungsbestimmungen regelmäßig anpassen. Ein Verkäufer wird sich kaum die Mühe machen wollen, regelmäßig zu überprüfen, ob die gesetzlich geforderten Informationen noch in den AGB/Nutzungsbestimmungen enthalten sind. Wenn sie allerdings fehlen und der Verkäufer sie auch nicht in eigenen AGB/Nutzungsbestimmungen erteilt hat, dann haftet der Verkäufer.　　　　　　　　　　4.26

⇨ **Praxistipp:** Für Verkäufer empfiehlt sich in jedem Fall, sämtliche relevanten Informationen zum Bestellvorgang in die eigenen AGB zu integrieren. Hierdurch werden unnötige Abmahnrisiken erheblich reduziert.　　　　　　　　　　　　4.27

---

1 Vgl. bspw. die Regelungen im Textilkennzeichnungsgesetz, Elektroschrottgesetz, Lebensmittelgesetz etc.
2 BGH v. 3.3.2016 – I ZR 110/15 – Herstellerpreisempfehlung bei Amazon, BeckRS 2016, 13602; BGH v. 3.3.2016 – I ZR 140/14 – Prüfungspflicht für Händler auf Amazon-Marketplace, BeckRS 2016, 13603.
3 Vgl. zu Altfassungen der eBay-AGB: LG Lübeck v. 22.4.2008 – 11 O 9/08, MMR 2008, 554 (555); LG Frankenthal v. 14.2.2008 – 2 HK O 175/07, ITRB 2008, 154 (154); *Lorenz*, VuR, 321 (327) mwN; *Voigt/Heilmann*, ITRB 2010, 107 (107 f.) mwN.

IV. Widerrufsbelehrung

4.28 Gemäß Art. 246 Abs. 3 iVm. Art. 246a Abs. 2 und 3 EGBGB hat der Verkäufer eine **eigene Widerrufsbelehrung** (auch) in **Textform** zu erteilen.[1] Hinsichtlich des Inhalts der Belehrung kann auf die Ausführungen in Rz. 2.467 ff. verwiesen werden.

4.28a ➲ **Wichtig:** eBay-Auktionen sind keine öffentlichen Versteigerungen gemäß § 312g Abs. 4 Satz 1 Nr. 10 BGB, bei denen ein Widerrufsrecht ausgeschlossen ist (näher dazu Rz. 4.36).

4.29 Die nach altem Recht bestehende Problematik, in welchem Zeitpunkt die Widerrufsbelehrung in Textform erfolgen muss, hat sich mit der Reform des Widerrufsrechts zum 13.6.2014 entschärft.[2]

4.30 Nach neuem Recht hat der Unternehmer gemäß § 312d Abs. 1 BGB die Pflicht, die Verbraucher vor Vertragsschluss nach Maßgabe des Art. 246a EGBGB zu informieren. Zu diesen Informationspflichten gehört auch die Widerrufsbelehrung. Noch nicht abschließend geklärt ist, ob die Widerrufsfrist erst zu laufen beginnt, sobald die Widerrufsbelehrung auch in Textform übermittelt wurde. § 356 Abs. 3 Satz 1 BGB besagt in dieser Hinsicht lediglich, dass die Frist nicht zu laufen beginnt, bevor die Information gemäß Art. 246a § 1 Abs. 2 Satz 1 Nr. 1 EGBGB erfolgt ist. In Art. 246a § 1 Abs. 2 Satz 1 Nr. 1 EGBGB wird eine Textform nicht erwähnt, weshalb diese für den Fristbeginn entbehrlich sein könnte.[3] Allerdings sind die Regelungen alles andere als transparent formuliert. Andere Ansichten sind gut vertretbar (s. dazu Rz. 2.423 ff. zum Fristbeginn bei Widerrufsbelehrung).

4.31 ➲ **Praxistipp:** Zur Vermeidung von rechtlichen Risiken sollte ein Verkäufer zumindest bis zur Klärung durch die Rechtsprechung davon ausgehen, dass die Widerrufsfrist erst zu laufen beginnt, sobald er den Verbraucher in Textform ordnungsgemäß über sein Widerrufsrecht belehrt hat.

D. Zustandekommen des Vertrags

4.32 Im Folgenden werden die Möglichkeiten vorgestellt, wie es bei Amazon (Rz. 4.33 ff.) und eBay (Rz. 4.35 ff.) zu einem Vertragsschluss zwischen Verkäufer und Käufer kommen kann.

I. Vertragsschluss im Amazon Marketplace

4.33 Üblicherweise ist das auf den Verkaufsplattformen verfügbare Warenangebot als **„invitatio ad offerendum"** zu werten (vgl. hierzu Rz. 2.240 ff.).[4] Hierbei gibt der Verkäufer kein bindendes Angebot ab, sondern vielmehr erfolgt das Angebot durch den Kunden. Die Annahme durch den Verkäufer erfolgt wiederum entweder durch eine Auftragsbestätigung per E-Mail oder durch Absenden der Ware.

4.34 Auch bei Amazon kommen die Kaufverträge auf diese Weise zustande.[5] So heißt es in Ziffer 2 im Abschnitt „Verkaufsbedingungen" der Amazon-AGB vom 31.3.2016, dass Kundenbestellungen ein Angebot zum Abschluss eines Kaufvertrages darstellen.[6] Diese Regelung gilt jedoch nur für Bestellungen, bei denen **Amazon der Verkäufer** ist.

---

1 Ein Verweis auf die Widerrufsbelehrung der Handelsplattform genügt nicht: AG Mettmann v. 6.8.2014 – 21 C 304/13, MMR 2014, 812.
2 S. dazu noch Vorauflage, Kap. 4 Rz. 29 ff.
3 In diesem Sinne *Heckmann*, Kap. 4.3, Rz. 214 ff.
4 Palandt/*Ellenberger*, § 145 BGB Rz. 2; *Klees/Keisenberg*, MDR 2011, 1214 (1214).
5 *Klees/Keisenberg*, MDR 2011, 1214 (1214).
6 http://www.amazon.de/gp/help/customer/display.html?ref=footer_cou?ie=UTF8&nodeId=505048, Stand v. 22.7.2016.

Im Hinblick auf **Amazon Marketplace** gelten die gesonderten „Allgemeinen Geschäfts- 4.34a
bedingungen der Amazon Services Europe S.a.r.l." (zuletzt geändert am 13.6.2014).[1] Diese
enthalten keine klaren Vorgaben, wie ein Vertrag zustande kommt. In Abschnitt B.IV.
wird der Verkäufer lediglich verpflichtet, *„den Gegenstand innerhalb von zwei Werk-*
tagen nach Erhalt der Bestellbestätigung von Amazon an den Empfänger zu schicken."
In der per E-Mail übermittelten Bestellbestätigung, die an die Käufer geht, heißt es, dass
diese E-Mail lediglich der Bestätigung des Eingangs der Bestellung dient. Der Kaufvertrag
komme erst zustande, wenn die Bestellung angenommen wird, indem eine Mitteilung
über den Warenversandt erfolgt. Im Regelfall ist deshalb davon auszugehen, dass die **Pro-**
duktofferten der Verkäufer ebenfalls lediglich eine „invitatio ad offerendum" sind.[2]

II. Vertragsschluss bei eBay

Bei eBay ist hinsichtlich der Modalitäten des Vertragsschlusses danach zu differenzieren, 4.35
ob es sich um eine eBay-Auktion, einen „Sofort-Kauf" oder um die Kaufoption „Preis vorschlagen" handelt.

Im Hinblick auf **eBay-Auktionen** ist inzwischen höchstrichterlich geklärt, dass diese **kei-** 4.36
ne Versteigerung iSv. § 156 BGB sind. Vielmehr gibt der Verkäufer bei Einstellen des Artikels bei eBay ein rechtlich verbindliches Angebot ab, den Artikel an den Meistbietenden
zu veräußern. Der Käufer bzw. Bieter erklärt die Annahme dieses Angebotes durch Abgabe seines Gebotes.[3] Der Kaufvertrag kommt dann zwischen Verkäufer und Meistbieten-
dem zustande (zum Problem des vorzeitigen Abbruchs s. Rz. 4.39 ff.).[4]

Auch beim **„Sofort-Kauf"** gibt der Verkäufer ein verbindliches Angebot ab, welches durch 4.37
den Käufer angenommen wird.[5] So sehen es jedenfalls die AGB von eBay vor.[6] Ein Verkäufer, der davon abweichen möchte, könnte sein Angebot als „freibleibend" bzw. „unverbindlich" in der Artikelbeschreibung ausweisen. Hier ist für den Käufer erkennbar,
dass beim Verkäufer noch der erforderliche Rechtsbindungswille fehlt. Bedenken bestehen allerdings, ob diese Lösung praktikabel ist, da sie gegen eBay-Regelungen verstößt.[7]

Neben dem „Sofort-Kauf" sowie „Auktionen" bietet eBay inzwischen eine weitere Option 4.38
an. In bestimmten Kategorien kann der Verkäufer sein Angebot mit der **Option „Preis vor-**
schlagen" versehen.[8] Bei dieser Option können die Bieter dem Verkäufer das Angebot machen, den Artikel zu einem bestimmten Preis zu erwerben. Der Verkäufer kann den Vorschlag annehmen, ablehnen oder einen Gegenvorschlag unterbreiten. Ein Vertrag kommt

---

1 http://www.amazon.de/gp/help/customer/display.html?ie=UTF8&nodeId=3367031, Stand v.
  22.7.2016.
2 S. auch LG Berlin v. 24.5.2007 – 16 O 149/07, MMR 2007, 734 (735) = CR 2008, 198; *Klees/Keisen-*
  berg, MDR 2011, 1214 (1214).
3 BGH v. 3.11.2004 – VIII ZR 375/03 – Widerruf bei Online-Auktionen, MDR 2005, 132 m. Anm.
  Schlegel = NJW 2005, 53 (54); BGH v. 8.6.2011 – VIII ZR 305/10 – Vorzeitiger Abbruch von eBay-Auktion wegen Diebstahls, NJW 2011, 2643 (2643) = CR 2011, 608 = MDR 2011, 970.
4 Der BGH hat entschieden, dass der Meistbietende personenverschieden zum Angebotsersteller sein
  muss. Bietet der Anbieter zum Zwecke der Preissteigerung mit, sind seine Gebote unwirksam. Den
  Zuschlag erhält das höchste wirksame Gebot (eines Dritten); vgl. BGH v. 24.8.2016 – VIII ZR 100/15
  – Shill Bidding.
5 OLG Jena v. 9.6.2007 – 2 W 124/07, WRP 2007, 1008 (1008); LG Köln v. 30.11.2010 – 18 O 150/10,
  K&R 2011, 281 (281); *Klees/Keisenberg*, MDR 2011, 1214 (1214).
6 § 6 Nr. 3 u. 4 eBay-AGB: http://pages.ebay.de/help/policies/user-agreement.html#formate, Stand v.
  22.7.2016.
7 Näher zu dieser Möglichkeit: *Klees/Keisenberg*, MDR 2011, 1214 (1215).
8 § 6 Nr. 8 eBay-AGB: http://pages.ebay.de/help/policies/user-agreement.html#formate, Stand v.
  22.7.2016.

nur zustande, wenn sich der Verkäufer und Interessent über den Preis einigen. Bei dieser Option unterbreitet also derjenige das verbindliche Angebot, der einen Preisvorschlag macht. Das Angebot kann von dem jeweils anderen angenommen oder abgelehnt werden.

III. Anwendbares Recht, Rechtswahl

4.38a eBay sieht in seinen AGB vor, dass gegenüber eBay das Recht desjenigen Landes gilt, in dem der jeweilige eBay-Nutzer seinen Wohnsitz oder Sitz hat[1]. Demgegenüber wollte Amazon bislang lediglich luxemburgisches Recht gegen sich gelten lassen.[2] Beide Handelsplattformen machen den Verkäufern keine expliziten Vorgaben hinsichtlich deren Rechtswahl gegenüber Käufern. Die Verkäufer haben bislang häufig das Recht desjenigen Landes für anwendbar erklärt, in denen sie ihren Sitz haben (zB deutsches Recht bei Verkäufern aus Deutschland).

4.38b Spätestens seit der jüngsten EuGH-Entscheidung vom 28.7.2016 steht jedoch fest, dass solche Rechtswahlklauseln – insbesondere die von Amazon – in der Regel unzulässig sind.[3] Dies gilt zumindest dann, wenn in der Rechtswahlklausel nicht deutlich darauf hingewiesen wird, dass zwingende verbraucherschützende Vorschriften des Staates anwendbar bleiben, in dem der Verbraucher seinen gewöhnlichen Aufenthalt hat. Dieser Hinweis muss in hinreichend transparenter Form erfolgen.

4.38c ⮕ **Praxistipp:** Wenn ein Verkäufer das Risiko vermeiden möchte, wegen einer vermeintlich rechtswidrigen Rechtswahlklausel abgemahnt zu werden, dann bleibt ihm nur, vollständig auf eine solche Klausel zu verzichten. Ansonsten muss eine solche Rechtswahlklausel jedenfalls sehr sorgfältig formuliert werden, wobei Rechtsrisiken verbleiben.

E. Vorzeitiger Abbruch von Onlineauktionen und nachträgliches Lösen vom Vertrag

4.39 Onlineauktionen, wie sie beispielsweise eBay durchführt, enden im Normalfall durch Zeitablauf. Der Kaufvertrag kommt mit dem Bieter zustande, der zum regulären Auktionsende das höchste Gebot hinterlegt hat. Doch nicht immer enden Auktionen auf diese Weise. Mitunter sieht der Verkäufer sich – aus welchen Gründen auch immer – veranlasst, die Auktion vorzeitig abzubrechen (vgl. Rz. 4.40 ff.). In anderen Fällen möchte sich der Verkäufer nachträglich vom Kaufvertrag lösen, etwa weil das Höchstgebot im krassen Missverhältnis zum tatsächlichen Warenwert steht (vgl. Rz. 4.46 ff.).

I. Befugnis für Angebotsrücknahme und Streichung der Gebote

4.40 Nach § 6 Nr. 5 der eBay-AGB vom 12.3.2014[4] iVm. mit den eBay-Richtlinien zur „vorzeitigen Beendigung eines Angebots"[5] dürfen Verkäufer Gebote streichen und die Angebote zurückziehen, wenn einer der in den Richtlinien genannten Gründe vorliegt, oder eine gesetzliche Regelung dies erlaubt.

---

1 S. § 10 Nr. 6 eBay-AGB: http://pages.ebay.de/help/policies/user-agreement.html, Stand v. 5.8.2016.
2 S. Ziffer 10 im Abschnitt „Verkaufsbedingungen der Amazon-AGB (https://www.amazon.de/gp/help/customer/display.html/ref=footer_cou?ie=UTF8&nodeId=505048#) sowie Abschnitt XVIII. der Amazon-Marketplace-AGB (https://www.amazon.de/gp/help/customer/display.html?ie=UTF8&nodeId=3367031), jeweils Stand v. 5.8.2016.
3 EuGH v. 28.7.2016 – Rs. C-191/15 – VKI/Amazon EU, abrufbar unter InfoCuria (curia.europa.eu).
4 http://pages.ebay.de/help/policies/user-agreement.html#formate, Stand v. 22.7.2016.
5 http://pages.ebay.de/help/sell/end_early.html, Stand v. 22.7.2016.

1. Rechtsprechung in Bezug auf alte AGB überholt

Der BGH ist in seiner bisherigen Rechtsprechung davon ausgegangen, dass bei der Streichung von Geboten und bei der Angebotsrücknahme maßgeblich auf die gesetzlichen Berechtigungen abzustellen ist, und die Richtlinien von eBay lediglich Konkretisierungen und Beispiele aufführen.[1] Insoweit kämen nur solche Umstände in Betracht, die einem gesetzlichen Lösungsrecht gleichstehen; die also zur Anfechtung des Angebots (§§ 119 ff. BGB) oder zum Rücktritt vom Vertrag (§§ 323 ff. BGB) führen können. Diese gerichtlichen Entscheidungen basieren allerdings auf AGB von eBay, die zum 12.3.2014 abgelöst wurden. **4.40a**

Inzwischen hat eBay seine AGB und Richtlinien grundlegend geändert. Die nunmehr von eBay verwendeten AGB verweisen in transparenter Form auf die eBay-Richtlinien „Berechtigte Gründe für die vorzeitige Beendigung eines Angebots". In diesen sind – wiederum transparent – die **vertraglichen Gründe** aufgeführt, die zu einer Gebotsstreichung und Angebotsrücknahme führen können (s. Verweisungen in den Fußnoten in Rz. 4.40). Daneben ist klargestellt, dass **gesetzliche Regelungen** unberührt bleiben, wenn nach den eBay-Regeln kein vertraglicher Grund vorliegt. Man kann daher gut argumentieren, dass die Berechtigungen nach den eBay-AGB und -Richtlinien unabhängig von den gesetzlichen Berechtigungen einschlägig sein können. **4.40b**

➲ **Wichtig:** Wenn Rechtsprechung herangezogen wird, ist stets zu prüfen, ob diese auf die jeweils maßgeblichen AGB und Richtlinien von eBay übertragbar ist. Einige von der Rechtsprechung behandelten Fälle haben sich inzwischen erledigt, weil eBay seine AGB und Richtlinien angepasst hat. **4.40c**

2. Gesetzliche Berechtigung für einen vorzeitigen Abbruch

Im Folgenden wird auf die von der Rechtsprechung bereits behandelten (gesetzlichen) Berechtigungen für eine Gebotsstreichung und Angebotsrücknahme näher eingegangen. **4.41**

Zunächst ist klarzustellen, dass ein vorzeitiger Abbruch einer Onlineauktion kein wirksamer **Widerruf** gemäß § 130 Abs. 1 Satz 2 BGB ist. Das Angebot ist den Bietern bereits zugegangen, wenn die Angebotsrücknahme erfolgt. Deshalb liegen die Voraussetzungen von § 130 Abs. 1 Satz 2 BGB nicht vor. **4.42**

Es ist daher vor allem an die klassischen **Anfechtungsgründe** (§§ 119, 123 BGB) zu denken.[2] Diesbezüglich gibt es eigentlich keine Besonderheiten. So sind lediglich solche Irrtümer beachtlich, die kausal dafür sind, dass die Auktion mit ihrem konkreten Inhalt bei eBay eingestellt worden ist. Nachträglich eintretende Umstände (zB nachträgliche Probleme mit der Zahlungsmodalität PayPal,[3] enttäuschte Erwartungen bei der Kaufpreisentwicklung etc.), berechtigen nicht zur Anfechtung.[4] **4.43**

Eine vorzeitige Beendigung der Auktion soll auch dann möglich sein, wenn die Voraussetzungen von **§ 275 BGB** vorliegen.[5] Zwar sieht § 275 BGB als Rechtsfolge eigentlich „nur" vor, dass der Anspruch auf Leistung ausgeschlossen ist, soweit die Leistung für den Schuldner oder für jedermann unmöglich ist. § 275 BGB berührt also die Wirksamkeit des Vertrags nicht. Aus der Gesamtschau von eBay-AGB und eBay-Richtlinien, ergibt sich **4.44**

---

1 BGH v. 23.9.2015 – VIII ZR 284/14 – Kein Abbruch einer eBay-Auktion wegen „unseriösen" Bieters, CR 2016, 114 ff.; BGH v. 8.6.2011 – VIII ZR 305/10 – Vorzeitiger Abbruch von eBay-Auktion wegen Diebstahls, NJW 2011, 2643 = CR 2011, 608 = MDR 2011, 970.
2 Vgl. BGH v. 8.1.2014 – VIII ZR 63/13 – Internetauktion: Rücknahme des Angebots, CR 2014, 194 f.
3 AG Gummersbach v. 28.6.2010 – 10 C 25/10 mit Anm. *Krieg*, jurisPR-ITR 5/2011, Anm. 4.
4 *Heckmann*, Kap. 4.3. Rz. 77 ff. mwN.
5 BGH v. 8.6.2011 – VIII ZR 305/10 – Vorzeitiger Abbruch von eBay-Auktion wegen Diebstahls, NJW 2011, 2643 (2644) = CR 2011, 608 = MDR 2011, 970.

aber, dass bei eBay-Auktionen unter den Voraussetzungen von § 275 BGB ein Angebot zurückgezogen und bereits eingegangene Gebote gestrichen werden können. Denn in den Richtlinien ist statuiert, dass ein Angebot auch dann vorzeitig beendet werden kann, wenn der Artikel beschädigt oder anderweitig nicht mehr zum Verkauf verfügbar ist. Dabei handelt es sich um typische Gründe gemäß § 275 BGB.

4.45 Möchte der Verkäufer das Gebot eines Bieters streichen, den der Verkäufer für unseriös hält, so darf er dies nur dann, wenn der in der Person des Bieters liegende Grund das Gewicht eines gesetzlichen Anfechtungs- oder Rücktrittgrundes hat. Hierfür reicht es nicht allein aus, dass lediglich Anhaltspunkte für eine **fehlende Seriosität des Bieters** bestehen, wie beispielsweise auffällig häufige Gebotsrücknahmen.[1]

II. Lösen vom Vertrag aufgrund eines krassen Missverhältnisses

4.46 Im Regelfall kann ein Verkäufer einen aufgrund einer eBay-Auktion zustande gekommenen Kaufvertrag nicht allein deshalb angreifen, weil der Kaufpreis in einem deutlichen Missverhältnis zum eigentlichen Wert der Ware steht. Vielmehr müssen **zusätzliche Umstände** hinzutreten, die auf eine verwerfliche Gesinnung des Bieters schließen lassen.[2]

4.47 Eine **Nichtigkeit wegen Wuchers** (§ 138 Abs. 2 BGB) **scheidet aus**, weil der Bieter regelmäßig keine Schwächesituation des Verkäufers bewusst ausnutzt. Hiergegen spricht bereits das standardisierte und anonymisierte Vertragsschlussverfahren.[3] Auch eine **sonstige Sittenwidrigkeit** gemäß § 138 Abs. 1 BGB **liegt regelmäßig nicht vor**. Denn allein das krasse Missverhältnis macht das Geschäft noch nicht sittenwidrig. Vielmehr realisiert sich bei einem krassen Missverhältnis zwischen Warenwert und erzieltem Auktionspreis das Risiko, welches einer solchen Auktion typischerweise innewohnt.[4]

4.48 Demgegenüber hat das OLG Koblenz ein rechtsmissbräuchliches Vertragserfüllungsverlangen (§ 242 BGB) in einem Fall angenommen, bei dem der Verkäufer bereits wenige Minuten nach Auktionsbeginn den Auktionsabbruch durchgeführt hatte, weil ihm bei der Angebotserstellung einer Fehler unterlaufen ist.[5] Innerhalb dieser kurzen Zeit fand sich bereits ein Bieter, der für den angebotenen Porsche Carrera im Wert von 75 000 Euro ein Gebot über 5,50 Euro abgegeben hatte. Aus der Entscheidung geht nicht hervor, warum eine Befugnis des Verkäufers zur Angebotsrücknahme (zB gemäß §§ 119 ff. BGB) verneint worden ist. Das OLG nahm jedenfalls an, dass der Bieter hier nicht schutzbedürftig sei, da er unter keinen Umständen davon ausgehen durfte, dass er mit diesem Kaufpreisangebot tatsächlich die Auktion gewinnen werde. Der BGH hält die Entscheidung jedoch nicht für überzeugend.[6]

---

1 BGH v. 23.9.2015 – VIII ZR 284/14 – Berechtigung zu vorzeitigem Abbruch von eBay-Auktion, CR 2016, 114 (115).
2 BGH v. 12.11.2014 – VIII ZR 42/14 – Wirksamkeit eines Kaufvertrages bei eBay-Auktion, CR 2015, 106 ff. mit Anmerkungen *Mankowski/Loose*; BGH v. 28.3.2012 – VIII ZR 244/10 – Wucherähnliche eBay-Auktion, CR 2012, 460 ff.
3 OLG Köln v. 8.12.2006 – 19 U 109/06, MMR 2007, 446 (447) = CR 2007, 598.
4 BGH v. 12.11.2014 – VIII ZR 42/14 – Wirksamkeit eines Kaufvertrages bei eBay-Auktion, CR 2015, 106 ff. mit Anmerkungen *Mankowski/Loose*; s. auch BGH v. 24.8.2016 – VIII ZR 100/15 – Shill Bidding; **mögliche Ausnahme:** Ist der Käufer ein sog. „systematischer Abbruchjäger", dann stehen diesem unter gewissen Voraussetzungen keine Ansprüche zu; vgl. BGH v. 24.8.2016 – VIII ZR 182/15 – Abbruchjäger bei eBay.
5 OLG Koblenz v. 3.6.2009 – 5 U 429/09, MDR 2009, 1412, mit kritischer Anm. *Wenn*, jurisPR-ITR 16/2009, Anm. 4.
6 BGH v. 12.11.2014 – VIII ZR 42/14 – Wirksamkeit eines Kaufvertrages bei eBay-Auktion, CR 2015, 106 (108).

F. Fremdnutzung eines Mitgliedskontos

Ein häufig auftretendes Rechtsproblem bei Verkaufsplattformen wie eBay und Amazon ist, **4.49** dass ein Dritter ein Mitgliedskonto unbefugt und ohne Kenntnis des Kontoinhabers nutzt. Ob und unter welchen Voraussetzungen der Kontoinhaber für das Handeln des Dritten einstehen muss, hängt zunächst einmal davon ab, ob gesetzliche Unterlassungsansprüche wegen Urheberrechts- und/oder Markenrechtsverletzungen und/oder Wettbewerbsverstößen geltend gemacht werden (vgl. Rz. 4.50), oder ob dem Kontoinhaber eine vertragliche Erklärung (zB Angebot oder Bestellung) zugerechnet werden soll (Rz. 4.51 ff.).

I. Gesetzliche Unterlassungshaftung des Kontoinhabers

Im Bereich der Unterlassungshaftung wegen Verletzung gewerblicher Schutzrechte und/ **4.50** oder des Urheberrechts hat es der BGH für eine Unterlassungshaftung des Kontoinhabers ausreichen lassen, wenn der Kontoinhaber seine Kontodaten (insbesondere das Passwort) **nicht sorgfältig** aufbewahrt hat, so dass der Dritte sich Zugriff auf diese Kontodaten verschaffen konnte.[1]

II. Rechtsgeschäftliche Haftung des Kontoinhabers

In einer Entscheidung aus dem Jahr 2011 hat der BGH klargestellt, dass die vorgenannten **4.51** Grundsätze nicht auf die Zurechnung rechtsgeschäftlicher Erklärungen übertragbar sind.[2] Der BGH betont, dass sich der Kontoinhaber eine vom Dritten abgegebene rechtsgeschäftliche Erklärung nicht allein deshalb zurechnen lassen muss, weil der Kontoinhaber keine ausreichenden Sicherheitsvorkehrungen hinsichtlich der Aufbewahrung der Kontodaten getroffen hat. Vielmehr sind die **allgemeinen Regeln der Stellvertretung** anzuwenden. Ein Vertrag zwischen einem gutgläubigen Geschäftspartner und einem Kontoinhaber, dessen Konto durch den Dritten unbefugt benutzt worden ist, kommt also nur zustande, wenn der Dritte Vertretungsmacht hat oder die Voraussetzungen einer Rechtsscheinvollmacht vorliegen.[3] Für eine Rechtsscheinvollmacht müssen entweder die Voraussetzungen einer Anscheins- oder Duldungsvollmacht vorliegen.

Eine **Duldungsvollmacht** liegt vor, wenn der Kontoinhaber es willentlich geschehen lässt, **4.52** dass ein Dritter für ihn wie ein Vertreter auftritt. Außerdem muss der gutgläubige Geschäftspartner dieses Dulden nach Treu und Glauben dahingehend verstehen dürfen, dass der Dritte entsprechend bevollmächtigt war.[4] Eine Duldungsvollmacht wird man daher allenfalls nur dann annehmen können, wenn der Kontoinhaber dem Dritten die Zugangsdaten überlassen hat und/oder von dessen Vorgehen positive Kenntnis hat.[5]

---

1 BGH v. 11.3.2009 – I ZR 114/06 – Halzband, NJW 2009, 1960 (1960) = CR 2009, 450 = MDR 2009, 879.
2 BGH v. 11.5.2011 – VIII ZR 289/09 – Keine Anscheinsvollmacht bei eBay, NJW 2011, 2421 (2423) = MDR 2011, 773 = CR 2011, 455; zustimmend: *Borges*, Rechtsscheinhaftung im Internet, NJW 2011, 2400 (2403); ablehnend: *Werner*, Anm. zum Urt. des BGH v. 11.5.2011 – VIII ZR 289/09; K&R 2011, 496 (496); *Härting/Strubel*, Anm. zum Urt. des BGH v. 11.5.2011 – VIII ZR 289/09, BB 2011, 2185 (2186 f.).
3 BGH v. 11.5.2011 – VIII ZR 289/09 – Keine Anscheinsvollmacht bei eBay, NJW 2011, 2421 (2422), Rz. 12 mwN = MDR 2011, 773 = CR 2011, 455.
4 BGH v. 11.5.2011 – VIII ZR 289/09 – Keine Anscheinsvollmacht bei eBay – Rz. 15 = MDR 2011, 773 = CR 2011, 455.
5 BGH v. 11.5.2011 – VIII ZR 289/09 – Keine Anscheinsvollmacht bei eBay – Rz. 15 = MDR 2011, 773 = CR 2011, 455; s. auch: *Borges*, NJW 2011, 2400 (2402) mwN.

4.53 Daneben kommt noch eine Zurechnung nach den Grundsätzen der **Anscheinsvollmacht** in Betracht. Diese Grundsätze greifen allerdings nur ein, wenn das Verhalten des handelnden Dritten, aus dem der Geschäftspartner auf die vermeintliche Bevollmächtigung des Dritten schließt, von einer gewissen Dauer und Häufigkeit ist. Wird daher ein Mitgliedskonto von einem Dritten nur einmalig benutzt, scheidet bereits aus diesem Grund eine Anscheinsvollmacht regelmäßig aus.[1] Doch selbst wenn ein Dritter mehrmalig ein Mitgliedskonto missbraucht und dadurch einen begründeten Vertrauenstatbestand bei Geschäftspartnern begründet, reicht dies für eine Anscheinsvollmacht noch nicht aus. Vielmehr muss noch hinzutreten, dass der Kontoinhaber bei Anwendung pflichtgemäßer Sorgfalt hätte erkennen und verhindern können, dass der Dritte über das Mitgliedskonto rechtsgeschäftliche Erklärungen abgibt.[2]

4.54 Im Ergebnis ist festzuhalten, dass die Grundsätze der Rechtsscheinhaftung bei missbräuchlicher Verwendung von Nutzerkonten in der Praxis **keine große Bedeutung** haben.[3]

G. Kundenbewertungen

4.55 Auf Handelsplattformen wie Amazon und eBay ist es möglich, dass Käufer die Verkäufer bewerten, bei denen sie bestellt haben. Die Käufer können zum einen Sterne vergeben; zum anderen können sie aber auch Kommentare über die Vertragsabwicklung und das erhaltene Produkt abgeben. Solche Kundenbewertungen sind eine wichtige Entscheidungsgrundlage für andere Kunden. Verkäufer haben verständlicherweise ein Interesse daran, dass möglichst viele positive, aber möglichst wenige negative Bewertungen über sie abgegeben werden. Dies wirft zwei Fragen auf: Zum einen ist fraglich, ob Verkäufer die positiven Bewertungen durch verdeckte Maßnahmen steigern dürfen (vgl. Rz. 4.56 f.). Zum anderen ist für Verkäufer entscheidend, ob und in welchem Umfang sie sich gegen negative Bewertungen wehren können (vgl. Rz. 4.58 ff.).

I. Verdeckte Maßnahmen zur Erzielung positiver Bewertungen

4.56 Einige Verkäufer unterliegen der Versuchung, die von ihnen angebotenen Produkte bzw. vermeintlich durchgeführte Transaktionen unter Verschleierung ihrer wahren Identität positiv zu bewerten, um ihre Verkaufschancen zu erhöhen.[4] **Gefälschte Bewertungen sind verdeckte Werbemaßnahmen.**[5] Sie **sind unlauter** gemäß § 3 UWG, § 5 UWG, § 5a Abs. 6 UWG nF und können beispielsweise von Wettbewerbern gemäß § 8 Abs. 1 UWG angegriffen werden. Bereits nach §§ 4 Nr. 3, 3 UWG aF war es unzulässig, eine Werbemaßnahme so zu tarnen, dass sie als solche für den Umworbenen nicht erkennbar ist. § 4 Nr. 3 UWG ist durch die UWG-Reform im Jahr 2015 entfallen, lebt aber im § 5 UWG nF und § 5a Abs. 6 UWG nF fort.[6]

4.57 Das OLG Hamm hat es darüber hinaus als unzulässig angesehen, wenn der Verkäufer bei den Kunden eine **positive Bewertung „erkauft"**, indem er den Kunden bei Abgabe einer positiven Bewertung einen Rabatt für die verkauften Produkte verspricht.[7] In solchen Fäl-

---

1 BGH v. 11.5.2011 – VIII ZR 289/09 – Keine Anscheinsvollmacht bei eBay – Rz. 16 mwN = MDR 2011, 773 = CR 2011, 455.
2 BGH v. 11.5.2011 – VIII ZR 289/09 – Keine Anscheinsvollmacht bei eBay – Rz. 17 = MDR 2011, 773 = CR 2011, 455.
3 Ebenso: *Borges*, NJW 2011, 2400 (2403).
4 Ausführlich dazu *Krieg/Roggenkamp*, K&R 2010, 689 ff.
5 *Krieg/Roggenkamp*, K&R 2010, 689 (691) mwN.
6 Vgl. Ohly/*Sosnitza*, UWG § 5, Rz. 171 ff., *Köhler*/Bornkamm, UWG § 5a, Rz. 7.1 ff.
7 OLG Hamm v. 23.11.2010 – 4 U 136/10, GRUR-RR 2011, 473 (473).

len soll ein Verstoß gegen §§ 3 Abs. 1, 5 Abs. 1 Satz 1 und Satz 2 Nr. 1 UWG vorliegen, weil das Rabattversprechen eine Irreführung potentieller Neukunden bewirken könne. Die potentiellen Kunden erwarten, dass derartige Bewertungen anderer Kunden frei und unbeeinflusst erfolgen. Ist die positive Bewertung jedoch „erkauft" worden, ohne dass in der positiven Bewertung auf die versprochene Gegenleistung hingewiesen worden ist, wird der Verkehr irregeführt. Die Kundenbewertungen sind in diesem Fall – entgegen der Erwartung der potentiellen Neukunden – eben gerade nicht neutral. Das Oberlandesgericht ließ offen, ob ein Wettbewerbsverstoß auch dann vorliegt, wenn den Bewertenden lediglich geringe Beträge versprochen werden. In dem entschiedenen Fall führte nämlich das Versprechen eines prozentual gewährten Rabattes dazu, dass insbesondere bei sehr teuren Produkten erhebliche Rabattbeträge erzielt werden konnten.

II. Ansprüche des Verkäufers wegen negativer Bewertungen

Negative Bewertungen über Verkäufer können das geschäftliche Fortkommen der betroffenen Verkäufer erheblich beeinträchtigen. Aus diesem Grund haben Verkäufer mehrfach versucht, auf gerichtlichem Wege negative Bewertungen von Kunden zu beseitigen. Dabei kommen sowohl deliktische als auch vertragliche Ansprüche gegen den Bewertenden in Betracht.   **4.58**

1. Deliktische Ansprüche

Deliktische Ansprüche können sich aus § 823 Abs. 1 BGB iVm. § 1004 BGB analog wegen Verletzung des allgemeinen Persönlichkeitsrechts[1] oder aus § 823 Abs. 2 BGB iVm. §§ 185 ff. StGB wegen Beleidigung[2] oder aus § 824 BGB wegen Kreditgefährdung[3] ergeben.   **4.59**

Entscheidend für die rechtliche Beurteilung von Bewertungen ist, ob die Beurteilung als **Tatsachenbehauptung oder Werturteil** einzuordnen ist. Eine Tatsachenbehauptung ist unzulässig, wenn sie unwahr ist. Reine Meinungsäußerungen sind dagegen von der Meinungsfreiheit gemäß Art. 5 GG geschützt und daher nur im Ausnahmefall (zB bei Schmähkritik) unzulässig.[4]   **4.60**

Besondere rechtliche Probleme bereiten Bewertungen, bei denen Tatsachenbehauptungen mit Meinungsäußerungen vermischt sind. Hier wird unter anderem darauf abgestellt, ob der Tatsachenbehauptung innerhalb der Beurteilung eine eigenständige Bedeutung zukommt, oder ob aufgrund der konkreten Meinungsäußerung auch auf eine (unzutreffende) Tatsachenbehauptung zu schließen ist.[5]   **4.61**

2. Vertragliche Ansprüche

Daneben können Verkäufer unter Umständen auch vertragliche Ansprüche gemäß §§ 280, 241 Abs. 2 BGB gegen die Bewertenden geltend machen. Begründet wird dies damit, dass sich sowohl Käufer als auch Verkäufer den **AGB** der Handelsplattformen unterwerfen. Da-   **4.62**

---

1 AG Dannenberg v. 13.12.2005 – 31 C 452/05, MMR 2006, 567 (568); AG Eggenfelden v. 16.8.2004 – 1 C 196/04, CR 2004, 858 (858); AG Peine v. 15.9.2004 – 18 C 234/04, NJW-RR 2005, 275 (275); OLG Oldenburg v. 3.4.2006 – 13 U 71/05, MMR 2006, 556 (557) = CR 2006, 694.
2 AG Koblenz v. 2.4.2004 – 142 C 330/04, MMR 2004, 638 (639) = CR 2005, 72.
3 OLG München, v. 28.10.2014 – 18 U 1022/14, MMR 2015, 410 f.; LG Düsseldorf v. 18.2.2004 – 12 O 6/04, CR 2004, 623 (623).
4 Vgl. LG Köln v. 8.5.2013 – 28 O 452/12, ZUM-RD 2013, 660 ff.; LG Köln v. 10.6.2009 – 28 S 4/09, MMR 2010, 244 (244); LG Düsseldorf v. 18.2.2004 – 12 O 6/04, MMR 2004, 496 (497) = CR 2004, 623.
5 Vgl. OLG München v. 12.2.2015 – 27 U 3365/14, ZUM-RD, 312 ff. mit Hinweis auf BGH v. 16.12.2014 – VI ZR 39/14, CR 2015, 251 ff.

her würden sich die AGB auch unmittelbar auf das Vertragsverhältnis zwischen Käufer und Verkäufer auswirken und zumindest Nebenpflichten iSv. § 241 Abs. 2 BGB begründen.[1]

4.63 Sowohl Amazon als auch eBay sehen in ihren AGB vor, dass die Bewertenden lediglich wahrheitsgemäße Aussagen zu treffen haben. Demgegenüber sind unwahre oder beleidigende Aussagen untersagt. Im Ergebnis geht die vertragliche Haftung jedoch nicht über die deliktischen Pflichten hinaus.[2]

3. Wiederholungsgefahr beim Unterlassungsanspruch

4.64 Nach einer vereinzelt in der Rechtsprechung vertretenen Ansicht, soll sich die für einen Unterlassungsanspruch erforderliche Wiederholungsgefahr nicht ohne weiteres aus einer vorausgegangenen unzulässigen negativen Äußerung ergeben.[3] Die Ansicht überzeugt nicht. Ist es zu einem Verstoß gekommen, spricht eine tatsächliche **Vermutung für eine Wiederholungsgefahr** hinsichtlich der konkreten Verletzungshandlung und **für im Kern gleichartige Verstöße**.[4] Die strenge Vermutung der Wiederholungsgefahr kann in der Regel nur durch Abgabe einer strafbewehrten Unterlassungserklärung ausgeräumt werden.[5] Da sich die Unterlassungsverpflichtung auch auf „kerngleiche Verstöße" bezieht, kann einer Wiederholungsgefahr also nicht mit dem Einwand begegnet werden, dass sich die Beurteilung lediglich auf das konkret gekaufte Produkt bezogen hat und der Kunde zukünftig möglicherweise nur noch andere Produkte bestellt.

III. Verfügungsgrund im einstweiligen Rechtsschutz

4.65 In der Literatur wird zudem die wenig überzeugende Ansicht vertreten, dass ein Anspruch auf Löschung eines Kommentars im einstweiligen Verfügungsverfahren regelmäßig am erforderlichen Verfügungsgrund scheitere. Als Begründung wird angegeben, dass ein Verfügungsgrund nur dann vorliege, wenn eine sofortige Erfüllung des Beseitigungsanspruchs erforderlich ist.[6] Einige Gerichte verneinen einen Verfügungsgrund jedenfalls dann, wenn der Verkäufer einen Antwortkommentar auf die Bewertung verfasst hat.[7] Begründet wird auch dies damit, dass Verkäufer beim Beseitigungsanspruch nur im Ausnahmefall eine Vorwegnahme der Hauptsache verlangen könne.

4.66 Diesen Ansichten kann so nicht gefolgt werden. Zwar trifft es zu, dass Beseitigungsansprüche grundsätzlich nicht im Wege des einstweiligen Rechtsschutzes vollständig befriedigt werden dürfen. Die vorgenannten Ansichten übersehen aber, dass eine „Beseitigung" auch über einen einstweilig (durch Ordnungsmittelandrohungen) gesicherten **Unterlassungsanspruch** erzwungen werden kann. Hierbei kann auf zahlreiche Rechtsprechung im Bereich des gewerblichen Rechtsschutzes und Urheberrechts zurückgegriffen werden. Der durch eine Unterlassungsverfügung gesicherte Unterlassungsanspruch dient mitnichten nur der Abwehr zukünftiger neuer Beeinträchtigungen. Vielmehr kann ein Unterlassungsanspruch **auch zur Beseitigung fortdauernder Verletzungshandlungen** verpflichten. Dies gilt dann, wenn und solange der Verletzende die von ihm geschaffene Störungsquelle nicht beseitigt hat.[8]

---

1 AG Peine v. 15.9.2004 – 18 C 234/04, NJW-RR 2005, 275 (275); AG Erlangen v. 26.5.2004 – 1 C 457/04, CR 2004, 780 (781).
2 *Heckmann*, Kap. 4.3, Rz. 301 ff. mwN.
3 LG Bad Kreuznach v. 13.7.2006 – 2 O 290/06, MMR 2006, 823 (823) = CR 2007, 335; AG Sömmerda v. 13.3.2007 – 1 C 644/06, juris.
4 *Köhler/Bornkamm*, § 8 UWG Rz. 1.33 ff. mit zahlreichen Rechtsprechungsnachweisen.
5 *Köhler/Bornkamm*, § 8 UWG Rz. 1.33 ff. mit zahlreichen Rechtsprechungsnachweisen.
6 *Petershagen*, NJW 2008, 953 (957).
7 OLG Düsseldorf v. 11.3.2011 – I-15 W 14/11, MMR 2011, 457 (458).
8 *Köhler/Bornkamm*, § 8 UWG Rz. 1.72; *Teplitzky*, 22. Kap., Rz. 3 ff., jeweils mwN.

H. Sanktionen der Handelsplattformen

Für Fälle vertragswidrigen Verhaltens haben Handelsplattformen wie Amazon und eBay 4.67 eine Reihe von Sanktionsmöglichkeiten geregelt. Hierzu gehören unter anderem die Löschung von Angeboten, Verwarnungen, Sperrung des Mitgliedskontos sowie die Kündigung. Nach wohl einheiliger Ansicht sind auf das Vertragsverhältnis zwischen Marktplatzteilnehmer und Handelsplattform die Regelungen des Dienstvertragsrechts zumindest entsprechend anzuwenden, weshalb die in den AGB geregelten Sanktionsmöglichkeiten der Klauselkontrolle nach § 307 Abs. 2 Nr. 1 BGB unterfallen.[1]

Im Grundsatz ist es nicht zu beanstanden, dass die Handelsplattformen sich Sanktions- 4.68 möglichkeiten gegen die Marktplatzteilnehmer vorbehalten. Vielmehr ist es auch im Interesse der anderen Marktplatzteilnehmer, dass die Handelsplattformbetreiber die Seriosität und Verlässlichkeit des Handelsgeschehens aufrechterhalten und durch entsprechende Sanktionsmöglichkeiten auch gewährleisten.[2] Darüber hinaus steht es den Handelsplattformbetreibern grundsätzlich frei, über die Begründung und Aufrechterhaltung der Mitgliedschaft zu entscheiden. Es gilt der Grundsatz der Vertragsfreiheit. Insbesondere besteht **für die Handelsplattformbetreiber kein Kontrahierungszwang** und zwar unabhängig davon, ob sie möglicherweise eine marktbeherrschende Stellung einnehmen. Die Plattformbetreiber gehören nämlich nicht zur Daseinsvorsorge.[3]

In Anbetracht der **schutzwürdigen Interessen der Handelsplattformen** muss diesen eine 4.69 Kündigung grundsätzlich möglich sein. Sind in den AGBs Kündigungsmöglichkeiten geregelt, so ist zwischen einer ordentlichen und einer außerordentlichen Kündigung aus wichtigem Grund zu unterscheiden. Die **ordentliche Kündigung** richtet sich nach §§ 620, 621 Nr. 5 BGB, wonach bei Einhaltung einer Kündigungsfrist von zwei Wochen ohne Angaben von Gründen gekündigt werden kann.[4] Demgegenüber ist eine sofortige, **endgültige Sperrung** an den Voraussetzungen für eine außerordentliche Kündigung gemäß §§ 626, 314 BGB zu messen.[5] Demnach kann die Mitgliedschaft jederzeit aus wichtigem Grunde gekündigt werden, wobei jedoch grundsätzlich eine vorherige Abmahnung erforderlich ist (§ 314 Abs. 2 Satz 1 Alt. 2 BGB). Eine Abmahnung ist ausnahmsweise dann entbehrlich, wenn ein Zuwarten unzumutbar ist.[6]

Nach wohl einheiliger Ansicht sind die Betreiber von Handelsplattformen berechtigt, ein 4.70 Kundenkonto sofort zu sperren, wenn über dieses Kundenkonto ein anderes Mitglied (zB der Ehepartner) seiner geschäftlichen Tätigkeit weiter nachgeht, obwohl dessen Kundenkonto zuvor bereits gesperrt worden war. Diese Umgehung einer bestehenden Sperrung stellt einen schwerwiegenden Verstoß gegen die Vertrauensgrundlage dar.[7]

---

1 LG Berlin v. 28.12.2004 – 14 O 482/04, CR 2005, 372 (373); nachfolgend KG v. 5.8.2005 – 13 U 4/05, NJW-RR 2005, 1630 (1631) = CR 2005, 818; Palandt/*Sprau*, § 675 BGB, Rz. 31; *Gaul*, WM 2000, 1783 (1784); *Heckmann*, Kap. 4.3, Rz. 318 ff. mwN.
2 *Heckmann*, Kap. 4.3, Rz. 320.
3 OLG Brandenburg v. 18.5.2005 – 7 U 169/04, MMR 2005, 698 (699) = CR 2005, 662; *Kieselstein/Rückebeil*, VuR 2007, 297 (303).
4 Vgl. OLG Brandenburg v. 18.5.2005 – 7 U 169/04, MMR 2005, 698 (699) = CR 2005, 662; *Heckmann*, Kap. 4.3, Rz. 322.
5 *Heckmann*, Kap. 4.3, Rz. 323; *Bräutigam*, jurisPR-ITR 2/2006 Anm. 2; vgl. auch KG v. 5.8.2005 – 13 U 4/05, NJW-RR 2005, 1630 (1631) = CR 2005, 818.
6 Näher in: *Heckmann*, Kap. 4.3, Rz. 324 ff.
7 KG v. 5.8.2005 – 13 U 4/05, NJW-RR 2005, 1630 (1631) = CR 2005, 818; *Kieselstein/Rückebeil*, VuR 2007, 297 (303); OLG Brandenburg v. 15.1.2009 – 12 W 1/09, MMR 2009, 262 (263).

Kapitel 5
Mobile Commerce und Apps

Literatur: *Baumgartner/Ewald*, Apps und Recht, 2. Aufl. 2016; *Bierekoven*, Datenschutzrechtliche Zulässigkeit von Gesundheits-Apps, ITRB 2015, 114 ff.; *Bisges*, Schlumpfbeeren für 3000 Euro – Rechtliche Aspekte von In-App-Verkäufen an Kinder, NJW 2014, 183 ff.; *Börner/König*, Mobile Bezahldienste – Widersprüchliche und praxisferne Informationspflichten des Fernabsatz- und E-Commerce-Rechts, K&R 2011, 92 ff.; *Bremer*, Möglichkeiten und Grenzen des Mobile Commerce, CR 2009, 12 ff.; *Buchmann*, Das neue Fernabsatzrecht 2014 – Teil 1, K&R 2014, 221 ff.; *Degmair*, Apps – Die schwierige Suche nach dem Vertragspartner, K&R 2013, 213 ff.; *Eisenbarth/Stögmüller*, „Always online" – Technische Entwicklung und rechtliche Herausforderungen des mobilen Internets, CR 2015, 794 ff.; *Feldmann*, Mobile Apps: Zivilrecht – Telemedienrecht – Datenschutz, in Taeger/Wiebe (Hrsg.), Die Welt im Netz – Folgen für Wirtschaft und Gesellschaft, DSRI Tagungsband Herbstakademie 2011, S. 47 ff.; *Föhlisch/Dyakova*, Fernabsatzrecht und Informationspflichten im Onlinehandel – Anwendungsbereich nach dem Referententenentwurf zur Umsetzung der Verbraucherrechterichtlinie, MMR 2013, 3 ff.; *Funk/Zeifang*, SMS-Vertragsschluss und Widerrufsbelehrung, ITRB 2005, 121 ff.; *Härting/Kuon*, Von Klingeltönen und anderen SMS-Diensten, ITRB 2007, 98 ff.; *Hoeren*, Internet- und Kommunikationsrecht, 2. Aufl. 2012; *Jandt*, Datenschutz bei Location Based Services – Voraussetzungen und Grenzen der rechtmäßigen Verwendung von Positionsdaten, MMR 2007, 74 ff.; *Jandt/Hohmann*, Fitness- und Gesundheits-Apps – Neues Schutzkonzept für Gesundheitsdaten?, K&R 2015, 694 ff.; *Jandt/Schnabel*, Location Based Services im Fokus des Datenschutzes – Alternative Lokalisierungstechnologien und ihre datenschutzrechtliche Einordnung, K&R 2008, 723 ff.; *Kessel/Kuhlmann/Passauer/Schriek*, Informationspflichten und AGB-Einbeziehung auf mobilen Endgeräten, K&R 2004, 519 ff.; *Klinger*, Die Auswirkungen der Dienstleistungs-Informationspflichten-Verordnung auf Dienstleister mit Website, AnwZert ITR 11/2010 Anm. 2; *Kremer*, Datenschutz bei Entwicklung und Nutzung von Apps für Smart Devices, CR 2012, 438 ff.; *Kremer*, Vertragsgestaltung bei Entwicklung und Vertrieb von Apps für mobile Endgeräte, CR 2011, 769 ff.; *Kremer/Buchalik*, Zum anwendbaren Datenschutzrecht im internationalen Geschäftsverkehr, CR 2013, 789 ff.; *Kremer/Hoppe/Kamm*, Apps und Kartellrecht, CR 2015, 18 ff.; *Krieg*, Ordnungsgemäße Anbieterkennung bei für den Abruf mittels mobiler Endgeräte optimierten Telemedien, AnwZert ITR 6/2011 Anm. 2; *Lober/Falker*, Datenschutz bei mobilen Endgeräten – Roadmap für App-Anbieter, K&R 2013, 357 ff.; *Maier/Ossoinig*, Rechtsfragen und praktische Tipps bei der Ortung durch Smartphone-Apps, VuR 2015, 330 ff.; *Mankowski*, Apps und fernabsatzrechtliches Widerrufsrecht, CR 2013, 508 ff.; *Marly*, Praxishandbuch Softwarerecht, 6. Aufl. 2014; *Müller-ter Jung/Kremer*, Die Visualisierung von Kundeninformationen im M-Payment – der Rahmenvertrag als Ausweg, BB 2010, 1874 ff.; *Pauly*, Die Vorverlagerung der Widerrufsbelehrung im Fernabsatzrecht: Praktische Konsequenzen für den M-Commerce, MMR 2005, 812 ff.; *Peintinger*, Widerrufsrechte beim Erwerb digitaler Inhalte – Praxisvorschläge am Beispiel des Softwarekaufs unter Berücksichtigung von SaaS-Verträgen, MMR 2016, 3 ff.; *Pießkalla*, Zur Reichweite der Impressumspflicht in sozialen Netzwerken, ZUM 2014, 368 ff.; *Pokutnev/Schmid*, Die TKG-Novelle 2012 aus datenschutzrechtlicher Sicht, CR 2012, 360 ff.; *Ranke*, M-Commerce – Einbeziehung von AGB und Erfüllung von Informationspflichten, MMR 2002, 509 ff.; *Rammos*, Datenschutzrechtliche Aspekte verschiedener Arten „verhaltensbezogener" Onlinewerbung, K&R 2011, 692 ff.; *Rose*, Die rechtskonforme Darstellung der Widerrufsbelehrung im M-Commerce, 2010, online unter http://www.privatrecht. uni-oldenburg.de/bilder/Dokumente/McLawOnlinepubl.pdf; *Rose*, Verzicht des Verbrauchers auf Informationsansprüche wegen technischer Beschränkungen im M-Commerce, in Taeger/Wiebe (Hrsg.), Von AdWords bis Social Networks – Neue Entwicklungen im Informationsrecht, DSRI Tagungsband Herbstakademie 2008, S. 415 ff.; *Rose/Taeger*, Reduzierte Informationspflichten für den M-Commerce, K&R 2010, 159 ff.; *Roßnagel/Johannes/Kartal*, Die TKG-Novelle 2012, K&R 2012, 244 ff.; *Sachs/Meder*, Datenschutzrechtliche Anforderungen an App-Anbieter – Prüfungen am Beispiel von Android-Apps, ZD 2013, 303 ff.; *Schirmbacher/Creutz*, Neues Verbraucherrecht: Änderungen beim Widerrufsrecht und erweiterte Informationspflichten für digitale Inhalte, ITRB 2014, 44 ff.; *Schirmbacher/Engelbrecht*, Neues Verbraucherrecht: Erleichterte Informationspflichten bei begrenzter Darstellungsmöglichkeit, ITRB 2014, 89 ff.; *Solmecke/Taeger/Feldmann* (Hrsg.), Mobile Apps, 2013; *Spengler*, Die lauterkeitsrechtlichen Schranken von In-App-Angeboten, WRP 2015, 1187 ff.; *Taeger*, Informationspflicht über den Datenschutz im M-Commerce, DuD 2010, 246 ff.; *Taeger/Rose*, Informationspflichten beim Klingeltonvertrieb im M-Commerce, K&R 2007, 233 ff.

A. Einführung

Mobile Commerce (M-Commerce) ist keine neue Erscheinung mehr. Bereits Anfang bis Mitte der 2000er Jahre wurde dem M-Commerce eine große Zukunft vorhergesagt. Gleichzeitig fand eine erste Auseinandersetzung mit den Rechtsfragen des M-Commerce statt.[1] Doch erst mit der zunehmenden Verbreitung internetfähiger mobiler Endgeräte wie Smartphones und Tablet-PCs, allen voran Apples iPhone und iPad, der Verfügbarkeit leistungsfähiger mobiler Breitbandnetze sowie günstiger Datentarife und der Etablierung neuer Anwendungen und Dienste wie insbesondere auf mobilen Endgeräten genutzter Applikationen (sog. Apps) und standortbezogener Dienste (sog. Location Based Services) seit einigen Jahren ist der M-Commerce ein ernst zu nehmender Wirtschaftsfaktor geworden. Um die sich hieraus ergebenden Chancen nutzen zu können, müssen M-Commerce-Anbieter in Abhängigkeit von der konkreten Ausgestaltung ihrer Angebote eine Reihe von rechtlichen Anforderungen beachten.

5.1

I. Mobile Commerce (M-Commerce) – Begriff und Abgrenzungen

Unter Mobile Commerce (M-Commerce), zu Deutsch mobiler bzw. **ortsungebundener Handel**, wird im Allgemeinen der **Teil des elektronischen Handels** (E-Commerce) verstanden, der unter Verwendung drahtloser Kommunikation **mittels mobiler Endgeräte** erfolgt.[2] Im weiteren Sinn bezeichnet M-Commerce jede Art von geschäftlicher Transaktion, bei der die Transaktionspartner im Rahmen von Leistungsanbahnung, Leistungsvereinbarung oder Leistungserbringung mobile elektronische Kommunikationstechniken, wie zB Mobilfunk, WLAN oder Bluetooth, iVm. mobilen Endgeräten, wie zB Handys, Smartphones, Tablet-PCs oder Smartwatches, einsetzen.[3] Zu diesem auch Mobile Business (M-Business) genannten Geschäftsfeld gehören insbesondere die Bereiche des Mobile Marketing (M-Marketing), des Mobile Shopping (M-Shopping) und des Mobile Payment (M-Payment). M-Commerce im hier verwendeten engeren Sinn einer besonderen Online-Vertriebsform beschränkt sich im Wesentlichen auf die Bereiche des **M-Shopping**, also des Handels von (elektronischen) Waren und Dienstleistungen über mobile Endgeräte, und des Vertriebs,

5.2

---

1 Vgl. exemplarisch *Pauly*, M-Commerce und Verbraucherschutz, 2005 passim; *Pauly*, MMR 2005, 812 ff.; *Ranke*, M-Commerce und seine rechtsadäquate Gestaltung, 2004 passim; *Ranke*, MMR 2002, 509 ff.; *Schriek*, Geschäftsmodelle im M-Commerce, 2006 passim; *Kessel/Kuhlmann/Passauer/Schriek*, K&R 2004, 519 ff.

2 Vgl. nur die Kurzdefinition von Mobile Commerce (M-Commerce) in der Online-Enzyklopädie Wikipedia, online unter https://de.wikipedia.org/wiki/Mobile_Commerce.

3 Vgl. die Definition von M-Commerce im weiteren Sinn in der Online-Enzyklopädie Wikipedia, online unter https://de.wikipedia.org/wiki/Mobile_Commerce.

dh. des Vertragsschlusses und der Erbringung, sonstiger Dienste, Applikationen (Apps) und Inhalte über mobile Endgeräte.

5.3 Die **Abgrenzung** des M-Commerce zu den mittels mobiler Endgeräte durchgeführten **(Tele-)Kommunikations- sowie Mehrwertdiensten** ist nicht trennscharf. So gehören zwar mobile (Tele-)Kommunikationsdienste wie Mobilfunk-Sprachtelefonie, SMS und mit mobilen Endgeräten versandte E-Mails nicht zum M-Commerce, genauso wenig wie deren internetbasierte Pendants wie Voice-over-IP (VoIP)-Dienste und Instant Messaging-Dienste. Das Gleiche gilt auch für die meisten mobilen Mehrwertdienste, wie zB Auskunftsdienste oder per Mehrwertdiensterufnummern erbrachte Premiumdienste. Dem M-Commerce zugerechnet werden hingegen zB per Premium-SMS bestellte Klingeltöne[1] oder auch sonstige per SMS oder E-Mail geschlossene Verträge. Per Sprachtelefonie geschlossene Verträge wiederum sind nicht auf mobile Endgeräte beschränkt und unterfallen daher nicht dem M-Commerce.[2]

5.4 Auch die **Abgrenzung** des M-Commerce zum **E-Commerce** ist fließend. Einerseits ist der M-Commerce eine spezielle Ausprägung des E-Commerce, bei der Verträge nicht wie beim E-Commerce ortsgebunden über stationäre Endgeräte wie den PC, sondern über mobile Endgeräte geschlossen werden. Andererseits verschwimmt diese Unterscheidung bereits bei Verträgen, die über Notebooks abgeschlossen werden. Denn Notebooks werden zB iVm. SIM-Datenkarten zwar oft als mobile Endgeräte eingesetzt, sind aber nicht ausschließlich für mobile Einsatzzwecke konzipiert und ersetzen genauso oft den stationären PC. Ferner muss jeder E-Commerce-Anbieter, wie zB Betreiber eines Online-Shops, heute mehr denn je damit rechnen, dass seine Angebote auch – in Zukunft voraussichtlich sogar überwiegend – mit mobilen Endgeräten, insbesondere Smartphones und Tablet-PCs abgerufen und bestellt werden. Damit wird jedes E-Commerce-Angebot automatisch zum M-Commerce-Angebot.[3]

II. Erscheinungsformen und tatsächliche Besonderheiten des M-Commerce

5.5 Der M-Commerce hat vielfältige Erscheinungsformen und weist im Vergleich zum E-Commerce einige tatsächliche Besonderheiten auf.

1. Erscheinungsformen

5.6 Zunächst ist festzustellen, dass für den M-Commerce **verschiedene mobile Kommunikations- und Absatzkanäle** benutzt werden. So wird ein geringer werdender Teil der für den M-Commerce relevanten Kommunikation, insbesondere Bestellungen von Einzeldateien wie Klingeltönen, Handy-Logos etc., immer noch per (Premium-)**SMS** abgewickelt.[4] Eine Kommunikation via **E-Mail** ist ebenfalls denkbar. Die Zurverfügungstellung von (einfachen) Internetinhalten, wie zB Klingeltönen, Musik-Downloads, Handy-Logos etc., mit Hilfe des Wireless Application Protocol (**WAP**) über speziell hierfür erstellte WAP-Portale bzw. WAP-Seiten der Anbieter[5] spielt heute nur noch eine untergeordnete Rolle. Der hauptsächliche Kommunikations- und Absatzkanal sowie Treiber des M-Commerce ist seit einiger Zeit das sog. **mobile Internet** (Mobile Web), also die Möglichkeit, mit mobilen Endgeräten wie Smartphones und Tablet-PCs an fast jedem Ort und fast jederzeit über breitbandige Mobilfunknetze wie UMTS, HSDPA, LTE und zukünftig 5G sowie die her-

---

1 Vgl. *Taeger/Rose*, K&R 2007, 233.
2 AA *Ranke*, M-Commerce und seine rechtsadäquate Gestaltung, 2004, S. 40.
3 So zutreffend *Rose*, Die rechtskonforme Darstellung der Widerrufsbelehrung im M-Commerce, 2010, S. 2.
4 Vgl. *Taeger/Rose*, K&R 2007, 233 f.
5 Vgl. hierzu *Taeger/Rose*, K&R 2007, 233.

kömmlichen Internetprotokolle auf das gesamte oder Teile des Internet, insbesondere das WWW und HTML-Seiten, zuzugreifen.[1] Damit wurde die freie mobile Nutzung des Internet mit all seinen diversen Angeboten Realität.

In Verbindung mit den verschiedenen mobilen Kommunikations- und Absatzkanälen kommen beim M-Commerce auch **verschiedene mobile Endgeräte** mit ganz unterschiedlichen technischen Eigenschaften und Ausstattungen wie Betriebssystemen, Browsern, Bildschirmgrößen, Bildschirmauflösungen, Darstellungsmöglichkeiten etc. zum Einsatz. So hatten beispielsweise die Mitte der 2000er Jahre gängigen **Handys** Displays mit Bildschirmdiagonalen von 1 bis 2 Zoll und allenfalls einen WAP-Browser. Solche Handys werden auch heute noch teilweise benutzt. Moderne **Smartphones** wie das Apple iPhone (mit dem Apple Betriebssystem iOS) oder das Samsung Galaxy (mit dem Google Betriebssystem Android) verfügten bereits im Jahr 2010 über Bildschirmdiagonalen von 4 Zoll und mehr, mobile Webbrowser, Touchscreens mit stufenlosen Textnavigations-Möglichkeiten und erhebliche Speicherkapazitäten.[2] Heute weisen moderne Smartphones Display-Größen von 3 bis 6,5 Zoll auf.[3] Gängige Display-Größen von **Tablet-PCs** sind 7, 10 und 13 Zoll. Hinzu kommen die verschiedenen Betriebssysteme sowie die Vielfalt der unterschiedlichen Browser und Bildschirmauflösungen der einzelnen genutzten mobilen Endgerätetypen. Im Zuge der technischen Weiterentwicklung entstehen auch immer wieder neue mobile Endgeräte. So gewinnen etwa sog. **Wearables**, dh. von Nutzern am Körper getragene Endgeräte, wie zB Smartwatches, Fitness-Armbänder oder Datenbrillen, zunehmende Bedeutung. Wearables verfügen zumeist über keine eigenständige Mobilfunk- bzw. Internetanbindung, sondern sind per Bluetooth oder andere Technologien mit dem Smartphone gekoppelt und stellen somit quasi Smartphone-Erweiterungsgeräte mit kleinen Displays von 1 bis 2 Zoll Größe[4] dar. M-Commerce-Anbieter sind deshalb noch mehr als im WWW gehalten, ihre Angebote für eine Vielzahl bestimmter mobiler Endgeräte zu optimieren (s. dazu Rz. 5.9).

5.7

Auch die **inhaltlichen Erscheinungsformen des M-Commerce** sind äußerst vielgestaltig. Sie reichen von uU noch per WAP einzeln herunterladbaren Klingeltönen, Handy-Logos und Hintergrundbildern über weitere Angebote des sog. Mobile Entertainment wie Musikstücke, Videos und Spiele bis hin zur Angebotsfülle des mobilen Internet, die derjenigen des „stationären" Internet in nichts nachsteht. So können Nutzer über ihre mobilen Endgeräte beispielsweise in Online-Shops einkaufen, an Online-Auktionen teilnehmen und mobil Tickets erwerben sowie alle sonstigen Arten von Internet-Angeboten wie redaktionelle Inhalte, zB Portale von Zeitungen und Zeitschriften, Unterhaltungsangebote, zB Video-Plattformen, Services, zB Routenplaner, und Kommunikations- sowie Interaktionsmöglichkeiten, zB Social Media, in Anspruch nehmen.

5.8

Außerdem haben sich im Vergleich zum E-Commerce neue Ausgestaltungen, Anwendungen und Dienste entwickelt, die speziell auf die Nutzung mit mobilen Endgeräten zugeschnitten sind. Zu diesen **besonderen Erscheinungsformen des M-Commerce** gehören zunächst die sog. **mobilen Websites**. Hierbei handelt es sich um herkömmliche Webangebote und Webseiten, die hinsichtlich ihrer Darstellung, Inhalte, Funktionen und/oder Benutzerführung für die Nutzung auf (bestimmten) mobilen Endgeräten mit ihren kleineren Bildschirmgrößen und sonstigen spezifischen technischen Eigenschaften optimiert wur-

5.9

---

1 Vgl. die Definition des mobilen Internet in der Online-Enzyklopädie Wikipedia, online unter https://de.wikipedia.org/wiki/Mobiles_Internet; vgl. zur technischen Entwicklung des mobilen Internet auch Solmecke/Taeger/Feldmann/*Denker/Hartl/Denker*, Mobile Apps, 2013, Kap. 1 Rz. 1 ff.; *Eisenbarth/Stögmüller*, CR 2015, 794.
2 Vgl. etwa *Rose/Taeger*, K&R 2010, 159 (161).
3 Vgl. etwa *Schirmbacher/Engelbrecht*, ITRB 2014, 89 (90).
4 Die Displays von Datenbrillen sind deutlich kleiner als 1 Zoll, erscheinen dem Nutzer jedoch viel größer, bei der wieder vom Markt genommenen Datenbrille Google Glass zB wie ein etwa 25 Zoll großer Bildschirm aus 2,4 Metern Entfernung.

den. Zu diesem Zweck werden entweder eigenständige „abgespeckte" mobile Versionen der Websites erstellt oder die bestehenden Websites zB mittels sog. responsiver Webdesigns den verfügbaren Bildschirmgrößen entsprechend angezeigt.[1] Zu den besonderen Erscheinungsformen des M-Commerce gehören ferner vor allem die vielfältigen, auf mobilen Endgeräten installierbaren und zum Einsatz kommenden Anwendungsprogramme, die sog. Mobile Applications oder kurz (Mobile) **Apps** (s. näher zu den Apps als Sonderform des M-Commerce Rz. 5.14 ff.). Außerdem gehören zu den besonderen Erscheinungsformen des M-Commerce Anwendungen und Dienste, die sich bestimmte Gerätefunktionen mobiler Endgeräte zunutze machen. Hervorzuheben sind hier insbesondere die sog. **Location Based Services**, dh. Anwendungen und Dienste, die in Abhängigkeit vom konkreten Standort des jeweiligen Nutzers erbracht werden, der zB über die GPS-Funktion des mobilen Endgeräts ermittelt wird (s. näher zu den Location Based Services als Sonderform des M-Commerce Rz. 5.23 ff.). Weitere Beispiele sind Anwendungen und Dienste, die auf die Kamera-Funktion der mobilen Endgeräte zurückgreifen, wie zB Produktinformations-, Produktkonfigurations- oder Produktvergleichs-Anwendungen, die mit Barcode- oder **QR-Code**-Scannern[2] oder **Augmented Reality**[3] arbeiten, oder die die Mikrofon-Funktion der mobilen Endgeräte nutzen, wie zB Musikerkennungs-Anwendungen. Immer mehr Anwendungen und Dienste, insbesondere **Gesundheits-, Fitness- und Lifestyle-Apps**, basieren auch auf Daten, die mit Hilfe von in mobilen Endgeräten integrierten Sensoren, wie zB Bewegungs-, Temperatur-, Puls- oder Körperfett-Sensoren, erfasst werden.

5.10 Noch stärker als beim E-Commerce sind die Erscheinungsformen des M-Commerce in erster Linie im **Business to Consumer-Bereich** (B2C) und eher selten im Business to Business-Bereich (B2B) angesiedelt.

2. Tatsächliche Besonderheiten

5.11 Die im Vergleich zum E-Commerce wesentlichste tatsächliche Besonderheit des M-Commerce ist dessen **Ortsunabhängigkeit** sowie gleichzeitig **Ortsbezogenheit** und dessen **Zeitunabhängigkeit**. Über mobile Endgeräte, die als ständige Begleiter beinahe immer und überall hin mitgenommen werden, und über fast an jedem Ort und jederzeit verfügbare mobile Kommunikationstechniken sind Nutzer „always-on".[4] Sie können sowohl orts- und zeitunabhängig M-Commerce-Angebote in Anspruch nehmen als auch von M-Commerce-Anbietern nahezu immer und überall erreicht werden. Dadurch werden beispielsweise zeitkritische Informations-, Kommunikations- und Transaktionsangebote wie Verkehrsmeldungen, Wettervorhersagen, Kurznachrichten- bzw. Instant Messaging-Dienste, On-

---

1 Vgl. die Definitionen von mobile Webseite und responsive Webdesign in der Online-Enzyklopädie Wikipedia, online unter https://de.wikipedia.org/wiki/Mobile_Webseite und https://de.wikipedia.org/wiki/Responsive_Webdesign.

2 QR-Codes, kurz für Quick Response-Codes, sind ähnlich wie Barcodes zweidimensionale Codes, die jedoch nicht aus Strichen, sondern aus einem Quadrat mit schwarzen und weißen Punkten bestehen, und häufig zur Codierung von URLs verwendet werden. Nach Fotografieren des QR-Codes mit der Kamera von mobilen Endgeräten wird dann von der QR-Code-Scanner-App unmittelbar die codierte Webseite aufgerufen, vgl. die Beschreibung von QR-Codes in der Online-Enzyklopädie Wikipedia, online unter https://de.wikipedia.org/wiki/QR-Code.

3 Unter Augmented Reality versteht man eine computergestützte Erweiterung der Realitätswahrnehmung, insbesondere die Einblendung von Zusatzinformationen und/oder -funktionen, zB Produktinformationen oder -konfiguratoren, wenn reale Objekte, zB Produktkataloge, mittels Smartphone, Tablet-PC oder Datenbrille betrachtet werden, vgl. die Beschreibung von Augmented Reality in der Online-Enzyklopädie Wikipedia, online unter https://de.wikipedia.org/wiki/Erweiterte_Realität.

4 Unter always-on, kurz für always online, versteht man die ständige Verbindung von Nutzern mit dem Internet und dessen Angeboten sowohl unterwegs als auch zuhause, vgl. die Definition von always-on in der Online-Enzyklopädie Wikipedia, online unter https://de.wikipedia.org/wiki/Always-On; vgl. auch *Eisenbarth/Stögmüller*, CR 2015, 794.

line-Brokerage-Angebote und Online-Auktionen attraktiver. Andererseits erlaubt der M-Commerce mit den Location Based Services (s. näher Rz. 5.23 ff.) aber auch Angebote, die sich jeweils auf den über mobile Endgeräte jederzeit ermittelbaren konkreten Standort des jeweiligen Nutzers beziehen.

Die tatsächliche Besonderheit des M-Commerce mit den größten rechtlichen Auswirkungen ist die **grundsätzlich wesentlich kleinere Bildschirmgröße von mobilen Endgeräten**. Im Vergleich zu den für den E-Commerce genutzten stationären Endgeräten, bei denen heute (externe) Bildschirme mit einer Bildschirmdiagonale von mindestens 21 Zoll zum Einsatz kommen, weisen die Bildschirme von mobilen Endgeräten tendenziell deutlich geringere Bildschirmdiagonalen auf, auch wenn der Unterschied aufgrund der größer gewordenen Displays von Smartphones und der zunehmenden Nutzung von Tablet-PCs für den M-Commerce etwas an Bedeutung verloren haben mag. So haben viele der auch heute noch teilweise benutzten Handys Bildschirmdiagonalen von 1 bis 2, maximal 3 Zoll.[1] Das Gleiche gilt für Wearables wie Smartwatches oder Fitness-Armbänder. Moderne Smartphones wie das Apple iPhone oder das Samsung Galaxy verfügen über Bildschirme mit Bildschirmdiagonalen von etwa 5 bis 6 Zoll.[2] Bei Tablet-PCs sind meist Bildschirmdiagonalen von 7 bis 10 Zoll üblich. Vor allem auf den kleinen Bildschirmflächen von Handys und Wearables, aber auch auf den begrenzten Bildschirmflächen von Smartphones mit kleineren Displays lassen sich längere Texte, insbesondere rechtliche Texte, wie zB Allgemeine Geschäftsbedingungen (AGB) oder gesetzliche Pflichtinformationen wie die telemedienrechtliche Anbieterkennzeichnung, die fernabsatzrechtliche Widerrufsbelehrung oder die zahlreichen sonstigen fernabsatz- und E-Commerce-rechtlichen Pflichtinformationen, kaum oder nur mit mehr oder minder großen Einschränkungen, wie zB sehr kleinen Schriftgrößen, der Notwendigkeit mehrfachen Scrollens des Bildschirms etc., darstellen. Das Gleiche gilt in geringerem Ausmaß auch für die Darstellung von längeren (rechtlichen) Texten auf den Bildschirmen von Smartphones mit größerem Display und Tablet-PCs. Die Darstellung von (rechtlichen) Texten, insbesondere gesetzlichen Pflichtinformationen auf mobilen Endgeräten wird darüber hinaus auch durch die **Verschiedenheit der mobilen Endgeräte** hinsichtlich ihrer sonstigen technischen Eigenschaften und Ausstattungen (s. Rz. 5.7) als weiterer tatsächlicher Besonderheit des M-Commerce erschwert.

5.12

Im Vergleich zum E-Commerce ist der M-Commerce ferner durch eine Überlagerung von Diensten, Anwendungen, Funktionen und Inhalten aus den Bereichen Telekommunikation (insbesondere Mobilfunk), Internet (insbesondere Mobile Web), Software (insbesondere Apps) und Hardware (insbesondere mobile Endgeräte und deren vielfältige Funktionen) gekennzeichnet. **Weitere tatsächliche Besonderheiten des M-Commerce** sind dessen besondere Erscheinungsformen (s. Rz. 5.9) und die Tatsache, dass heute **jedes E-Commerce-Angebot gleichzeitig auch ein M-Commerce-Angebot** ist (s. Rz. 5.4).

5.13

III. Apps als Sonderform des M-Commerce

Eine besondere Erscheinungsform des M-Commerce stellen die sog. Mobile Applications oder kurz (Mobile) Apps dar. Apps können wegen ihrer Charakteristika, ihrer doppelten Funktion als Gegenstand und Absatzkanal des M-Commerce und ihrer besonderen Vertriebsmodelle über sog. App Stores mit mehreren (Vertrags-)Beteiligten sogar als eine Sonderform des M-Commerce angesehen werden.

5.14

Der **Begriff Apps** als Kurzform des englischen Worts Applications bzw. des deutschen Worts Applikationen bezeichnet generell jede Form von Anwendungsprogrammen. Im

5.15

---

1 Vgl. dazu nur *Rose/Taeger*, K&R 2010, 159 (161); *Rose*, Die rechtskonforme Darstellung der Widerrufsbelehrung im M-Commerce, 2010, S. 4.
2 Vgl. etwa *Schirmbacher/Engelbrecht*, ITRB 2014, 89 (90).

allgemeinen Sprachgebrauch werden unter Apps inzwischen jedoch meistens – wie hier – kleine Anwendungsprogramme verstanden, die auf mobilen Endgeräten, insbesondere modernen Smartphones und Tablet-PCs, zum Einsatz kommen und basierend auf dem jeweiligen Betriebssystem des mobilen Endgeräts dessen Funktionen erweitern. Teilweise wird daher auch der Begriff **Mobile Apps** verwendet.[1] Geprägt wurde der Begriff Apps durch die von Apple seit März 2008 angebotenen Apps für das iPhone und später das iPad, die mit Apples mobilem Betriebssystem iOS ausgestattet sind. Mittlerweile wird der Begriff Apps auch von allen anderen Anbietern mobiler Betriebssysteme, wie zB Google mit seinem mobilen Betriebssystem Android oder Microsoft mit seinem mobilen Betriebssystem Windows Phone, benutzt.

5.16 Im Vergleich zu herkömmlicher (Anwendungs-)Software sind Apps dadurch **charakterisiert**, dass es sich in der Regel um **kleine und eher einfache Anwendungsprogramme** handelt, die auf die Hard- und Software-Umgebung des jeweiligen mobilen Endgeräts, insbesondere auf dessen jeweiliges Betriebssystem, zugeschnitten und damit jeweils **plattformabhängig** für die **verschiedenen mobilen Betriebssysteme** wie Apples iOS oder Googles Android ausgestaltet sind. Über das jeweilige mobile Betriebssystem können Apps auch auf **Gerätefunktionen** der mobilen Endgeräte, wie zB auf die GPS-, die Kamera- oder die Sensoren-Funktionen, zugreifen und somit entsprechende Anwendungen und Dienste, wie zB Location Based Services (s. dazu näher Rz. 5.23 ff.), Augmented Reality- oder Gesundheits- und Fitness-Anwendungen, zur Verfügung stellen (s. dazu auch Rz. 5.9). Überwiegend greifen Apps zudem automatisch auf die jeweilige **Internetverbindung** der mobilen Endgeräte zurück, um, wie beispielsweise bei Apps von Medien- oder Informationsportalen oder bei Verkaufs-Apps von Online-Shops, weitere (aktuelle) Inhalte oder Funktionalitäten zu laden. Apps fungieren dann oftmals als Frontend von Angeboten des mobilen Internet. Apps können jedoch fast immer offline geöffnet und zumindest eingeschränkt, einige – etwa Spiele – auch vollständig offline genutzt werden. Charakteristisch für Apps ist ferner, dass Nutzer über ihr mobiles Endgerät und den (dort vorinstallierten) Online-Shop des zugehörigen Betriebssystem-Anbieters und/oder Geräteherstellers, den sog. App Store (s. zu den App Stores Rz. 5.19), unmittelbaren Zugang zu Apps haben und diese dort **ganz einfach** (entgeltlich oder unentgeltlich) **herunterladen**, (automatisch) auf ihrem mobilen Endgerät **installieren** und anschließend sofort **nutzen** können. Dadurch, dass Apps sowohl in technischer und funktioneller Hinsicht grundsätzlich plattformabhängig vom jeweiligen mobilen Betriebssystem als auch in inhaltlicher und vertrieblicher Hinsicht grundsätzlich plattformabhängig vom jeweiligen App Store sind und beide Plattformen, mobiles Betriebssystem und App Store, in der Regel von einem Anbieter, zB Apple oder Google, betrieben werden, **unterliegen Apps grundsätzlich geschlossenen Systemen und Vertriebsmodellen**, die von den Anbietern der Betriebssysteme und zugehörigen App Stores beherrscht werden (s. zu den App Stores, den beteiligten Anbietern und dem Vertriebsmodell von Apps näher Rz. 5.19 f.).[2] Apps zeichnen sich schließlich durch ein **sehr vielfältiges Anwendungsspektrum** aus. Getreu dem Motto „Es gibt für alles eine App"[3] reicht dieses von Informationsdiensten mit Nachrich-

---

1 Solche (Mobile) Apps werden in Abgrenzung zu den sog. (Mobile) Web Apps, bei denen es sich um mobile Webseiten mit erweitertem (interaktiven) Funktionsumfang handelt, die mit dem Browser des mobilen Endgeräts geöffnet und online genutzt, aber nicht auf das mobile Endgerät heruntergeladen werden, auch native (Mobile) Apps genannt; vgl. zum Ganzen die Beschreibung von (Mobile) Apps in der Online-Enzyklopädie Wikipedia, online unter https://de.wikipedia.org/wiki/Mobile_App; vgl. etwa auch Baumgartner/*Ewald*, Apps und Recht, 2. Aufl. 2016, Rz. 1 ff.; *Marly*, Praxishandbuch Softwarerecht, 6. Aufl. 2014, Rz. 1157, 1159.
2 Vgl. nur Baumgartner/*Ewald*, Apps und Recht, 2. Aufl. 2016, Rz. 2, der auch zutreffend darauf hinweist, dass die Plattformabhängigkeit von Apps und das Konzept der geschlossenen Systeme langsam abnimmt.
3 Dieser Satz wird dem inzwischen verstorbenen Mitgründer und langjährigen CEO von Apple Steve Jobs zugeschrieben.

ten, Fahrplänen oder Börsenkursen, wie zB die Tagesschau-App der ARD, der DB Navigator der Deutschen Bahn oder die Börse Frankfurt-App der Deutschen Börse, über Navigationsdienste, wie zB die Google Maps-App, Unterhaltungs-Apps, wie zB TV- und Video-Apps, Webradio-Apps oder Spiele-Apps, und Social Media-Apps, wie zB die Facebook-Apps, die Instagram-App oder plattformübergreifende Apps, die mehrere Social Media aggregieren, bis hin zu sog. Verkaufs-Apps, über die wie in Online-Shops Waren oder Dienstleistungen vertrieben werden, wie zB die SportScheck-App oder die OTTO-App, sowie sog. Marktplatz-Apps, über die wie auf Online-Auktions- oder -Verkaufs-Plattformen Waren dritter Verkäufer erworben werden können, wie zB die eBay-App,[1] und eher kuriosen Apps, wie zB die Taschenlampen-App, mit der der Blitz der eingebauten Kamera des mobilen Endgeräts zur Taschenlampe umfunktioniert wird, oder die Blower-App, mit der durch den Luftzug der maximal aufgedrehten Lautsprecher des mobilen Endgeräts Kerzen ausgeblasen werden können sollen. Über die fünf größten App Stores, diejenigen von Google, Apple, Amazon, Microsoft und RIM, können derzeit rund 3,7 Millionen verschiedene Apps bezogen werden, wobei Instant Messaging-Apps, insbesondere WhatsApp[2], Social Media-Apps und Spiele-Apps am häufigsten heruntergeladen werden. Stark im Kommen sind daneben Gesundheits-, Fitness- und Lifestyle-Apps, mit denen zB die Schlafqualität gemessen oder zurückgelegte Joggingstrecken ermittelt werden können.[3]

Neben ihren Funktionen im Mobile Marketing, die hier nicht behandelt werden, kommt Apps im M-Commerce (im hier verwendeten engeren Sinn einer besonderen Online-Vertriebsform) eine **doppelte Funktion** zu. Apps sind als (Anwendungs-)Software für mobile Endgeräte, die über App Stores (entgeltlich oder unentgeltlich) an Nutzer vertrieben wird, zum einen selbst ein **Vertriebsgegenstand des M-Commerce**. Zum anderen können Apps aber auch ein **Vertriebskanal des M-Commerce** sein. Das ist insbesondere bei sog. Verkaufs-Apps oder sog. Marktplatz-Apps der Fall, also bei Apps, über die wie in (mobilen) Online-Shops bzw. auf (mobilen) Online-Auktions- oder -Verkaufs-Plattformen Waren oder Dienstleistungen vertrieben werden, die dann größtenteils außerhalb der Apps und offline geliefert bzw. erbracht werden (s. zu Beispielen Rz. 5.16). Auch bei sog. In-App-Sales, also beim Vertrieb von Erweiterungen, insbesondere zusätzlichen Funktionen, Services oder Inhalten bzw. Abonnements, zu einer bereits vertriebenen App über bzw. mit Hilfe dieser App stellen Apps einen Vertriebskanal des M-Commerce dar. Beispiele hierfür sind Verkäufe von Zusatz-Features für und mit Hilfe einer bereits verkauften Spiele-App oder Abonnements von neuen Karten, die für und über eine bereits verkaufte Navigations-App abgesetzt werden.[4]

Im „App-Commerce" lassen sich demnach folgende **Vertriebskonstellationen** unterscheiden: der Vertrieb von kostenlosen Apps, der Vertrieb von kostenpflichtigen Apps, sog. **App-Sales**[5], der Vertrieb von (kostenpflichtigen) App-Erweiterungen, sog. **In-App-Sales**,

5.17

5.18

---

1 Verkaufs-Apps und Marktplatz-Apps werden zusammen auch als Shopping-Apps bezeichnet, vgl. die Beschreibung von Shopping-Apps in der Online-Enzyklopädie Wikipedia, online unter https://de.wikipedia.org/wiki/Shopping-App.

2 WhatsApp ist ein Facebook gehörender Instant-Messaging-Dienst, über den Nutzer vor allem Text-, Bild-, Video- und Ton-Nachrichten sowie Standortinformationen austauschen können und der zu einem starken Rückgang von SMS geführt hat, vgl. die Beschreibung von WhatsApp in der Online-Enzyklopädie Wikipedia, online unter https://de.wikipedia.org/wiki/WhatsApp.

3 Vgl. zum Ganzen Das Milliardengeschäft mit den Apps, faz.net v. 1.9.2015, online unter http://www.faz.net/aktuell/wirtschaft/unternehmen/digitalisierung-das-milliardengeschaeft-mit-den-apps-13778530.html.

4 Vgl. näher zu den aus Anbietersicht auch In-App-Verkäufe und aus Nutzersicht auch In-App-Purchases oder In-App-Käufe genannten In-App-Sales etwa Solmecke/Taeger/Feldmann/*Denker/Hartl/Denker*, Mobile Apps, 2013, Kap. 2 Rz. 30 ff.; *Bisges*, NJW 2014, 183; *Spengler*, WRP 2015, 1187 f.

5 Der Begriff „App-Sales" wird teilweise auch für den Vertrieb von Waren oder Dienstleistungen über Verkaufs- oder Marktplatz-Apps, die dann größtenteils außerhalb der Apps und offline geliefert bzw. erbracht werden, verwendet, vgl. etwa *Degmair*, K&R 2013, 213 (214).

der Vertrieb von Waren oder Dienstleistungen über **Verkaufs-Apps** und der Vertrieb von Waren oder Dienstleistungen über **Marktplatz-Apps**. Was die **Monetarisierungsmodelle** aus Sicht der Anbieter der Apps angeht, wird beim Vertrieb von kostenlosen Apps zwischen einer Erlöserzielung durch anschließende In-App-Sales, den sog. **Freemium-Angeboten**, und einer Refinanzierung durch sog. **In-App-Werbung** differenziert. Die kostenlosen Verkaufs- und Marktplatz-Apps refinanzieren sich durch die über sie erfolgenden Verkäufe. Beim Vertrieb von kostenpflichtigen Apps wird nochmals zwischen einer Erlöserzielung nur durch den App-Verkauf, den sog. **Paid-Angeboten**, und einer Erlöserzielung durch den App-Verkauf und anschließende In-App-Sales, den sog. **Paidmium-Angeboten**, unterschieden.[1]

5.19 Der **Vertrieb von kostenlosen Apps** (wozu auch die Verkaufs-Apps und Marktplatz-Apps als weitere Vertriebskanäle gehören) und die **App-Sales** werden in der Regel über sog. **App Stores** abgewickelt.[2] Das gilt auch für die Zahlungsabwicklung bei den **In-App-Sales**, die ansonsten indes innerhalb der betreffenden App abgeschlossen und abgewickelt werden.[3] Unter App Stores versteht man Online-Shops bzw. Online-Vertriebs-Plattformen, über die Apps von Anbietern vertrieben und von Nutzern heruntergeladen werden können. Die App Stores sind zumeist auf den mobilen Endgeräten der Nutzer vorinstalliert und werden vom jeweiligen Anbieter des auf dem mobilen Endgerät installierten Betriebssystems und/ oder dem jeweiligen Gerätehersteller betrieben.[4] Die wichtigsten App Stores sind derzeit der von Apple betriebene und mit dem Apple iTunes Store zusammenhängende „App Store" für dessen mobiles Betriebssystem iOS,[5] der von Google betriebene „Google Play Store" für dessen mobiles Betriebssystem Android, der den von Google zuvor betriebenen „Android Market" integriert,[6] der von Microsoft betriebene „Windows Phone Store" für dessen mobiles Betriebssystem Windows Phone und die von Research in Motion (RIM) betriebene „BlackBerry World" für dessen mobiles Betriebssystem BlackBerry OS. Daneben gibt es weitere, weniger bedeutende App Stores wie den „Nokia Store" für dessen mobile Betriebssysteme oder den App Store „Samsung Apps" für Samsungs mobile Endgeräte mit verschiedenen Betriebssystemen, ua. Android. Der nach Googles Play Store und Apples App Store derzeit drittgrößte App Store ist der von Amazon betriebene „Amazon App Shop", der einzige bedeutsame App Store, der nicht von einem Betriebssystem-Anbieter oder Gerätehersteller bereitgestellt wird. Über die App Stores können die für die jeweiligen mobilen Betriebssysteme entwickelten Apps oder App-Erweiterungen von den Nutzern (entgeltlich oder unentgeltlich) heruntergeladen und danach unmittelbar auf ihren mobilen Endgeräten installiert und genutzt werden. App Stores stellen somit technisch-organisatorische Plattformen dar, über die Apps und App-Erweiterungen an Nutzer vertrieben und bei kostenpflichtigen Apps die Zahlungen der Nutzer abgewickelt werden. Dabei werden zu einem geringen Teil Apps und App-Erweiterungen angeboten, die von den Plattformbetreibern selbst entwickelt wurden, weit überwiegend werden über App Stores aber von Dritten entwickelte und angebotene Apps vertrieben.[7]

---

1 Vgl. zu den Monetarisierungsmodellen etwa Rasantes Wachstum auf dem deutschen App-Markt, Haufe.de v. 2.4.2015, online unter https://www.haufe.de/marketing-vertrieb/online-marketing/mobile-rasantes-wachstum-auf-dem-deutschen-app-markt_132_299426.html.
2 Vgl. dazu und zu anderen Vertriebsmöglichkeiten von Apps Solmecke/Taeger/Feldmann/*Solmecke/ Lachenmann*, Mobile Apps, 2013, Kap. 3 Rz. 11 ff.
3 Vgl. nur *Degmair*, K&R 2013, 213 (214); *Bisges*, NJW 2014, 183; *Spengler*, WRP 2015, 1187 f.
4 Vgl. die Beschreibung von App Stores in der Online-Enzyklopädie Wikipedia, online unter https://de. wikipedia.org/wiki/App_Store; vgl. etwa auch Baumgartner/*Ewald*, Apps und Recht, 2. Aufl. 2016, Rz. 6 ff.
5 Vgl. näher zu Apples App Store Solmecke/Taeger/Feldmann/*Denker/Hartl/Denker*, Mobile Apps, 2013, Kap. 1 Rz. 23 ff.
6 Vgl. näher zu Googles Play Store Solmecke/Taeger/Feldmann/*Denker/Hartl/Denker*, Mobile Apps, 2013, Kap. 1 Rz. 26 ff.
7 Vgl. zum Ganzen auch die Beschreibung von App Stores in der Online-Enzyklopädie Wikipedia, online unter https://de.wikipedia.org/wiki/App_Store; *Kremer*, CR 2011, 769 (770).

Die Betreiber der App Stores stellen für Anbieter von Apps und App-Erweiterungen mit den App Stores nicht nur die technisch-organisatorischen Vertriebs-Plattformen für die Apps und App-Erweiterungen bereit, sondern sie entscheiden überwiegend auch darüber, welche Apps und App-Erweiterungen für einen – im Fall des Apple App Store, des Microsoft Windows Phone Store und der RIM BlackBerry World exklusiven – Vertrieb über die Plattform zugelassen werden, und geben über die von ihnen gestalteten Nutzungs- und Lizenzbedingungen die technischen, inhaltlichen und rechtlichen Voraussetzungen für die Entwicklung der Apps und App-Erweiterungen sowie die Nutzung der App Stores durch die App-Anbieter vor. Für jeden Verkauf einer App oder App-Erweiterung erhalten die Betreiber der App Stores ferner eine in der Regel 30 %-ige Provision von den App-Anbietern. Darüber hinaus stellen die Betreiber der App Stores den App-Anbietern bzw., wenn diese die Apps nicht selbst entwickeln, sondern durch Dritte im Auftrag entwickeln lassen, den App-Entwicklern die erforderlichen Entwicklungswerkzeuge für die App-Entwicklung zur Verfügung. Da die Betreiber der App Stores gleichzeitig auch die Anbieter der mobilen Betriebssysteme und/oder die Hersteller der mobilen Endgeräte sind, für die die über den jeweiligen App Store vertriebenen Apps und App-Erweiterungen entwickelt werden, stellt **jeder der App Stores** ein **geschlossenes System und Vertriebsmodell** dar, das vom jeweiligen Betreiber des App Stores beherrscht wird und im Fall von Apple, Microsoft und RIM sogar exklusiv und alternativlos ist.[1] Weil die einzelnen App Stores nicht einheitlich ausgestaltet sind, müssen sich App-Anbieter – je nach mobilem Betriebssystem, für welches die App entwickelt wurde, und damit je nach zugeordnetem App Store – mit teilweise **unterschiedlichen Vertriebsmodellen** und (Vertrags-)Beteiligten auseinandersetzen.

(Vertrags-)Beteiligte an den Vertriebsmodellen der App Stores sind neben den Betreibern der App Stores, kurz den **Betreibern**, die Anbieter der Apps und App-Erweiterungen, kurz die **Anbieter**, die Nutzer, die die Apps und App-Erweiterungen erwerben bzw. beziehen, kurz die **Nutzer**, und ggf., wenn die Anbieter die Apps oder App-Erweiterungen nicht selbst entwickeln, sondern durch Dritte im Auftrag entwickeln lassen, die (Software-)Entwickler der Apps und App-Erweiterungen, kurz die **Entwickler**.[2]

Der **Vertrieb** von Waren oder Dienstleistungen **über Verkaufs-Apps** und der **Vertrieb** von Waren oder Dienstleistungen **über Marktplatz-Apps** erfolgt nicht über die App Stores, sondern unmittelbar zwischen den Anbietern der Waren oder Dienstleistungen und den Nutzern. Im Fall von Verkaufs-Apps, also beispielsweise bei in Apps ausgelagerten mobilen Online-Shops, sind die Anbieter der Verkaufs-Apps in der Regel identisch mit den Anbietern der Waren oder Dienstleistungen, im Fall von Marktplatz-Apps, zB bei der eBay-App, sind die Anbieter der Marktplatz-Apps, zB eBay, nicht identisch mit den Anbietern der Waren oder Dienstleistungen, zB den gewerblichen oder privaten Verkäufern auf der Online-Auktionsplattform eBay.

IV. Location Based Services als Sonderform des M-Commerce

Eine weitere besondere Erscheinungsform des M-Commerce und wegen der einzigartigen Einbeziehung der über die mobilen Endgeräte ermittelten konkreten Standorte der Nutzer in die M-Commerce-Angebote sogar eine weitere Sonderform des M-Commerce sind die sog. Location Based Services.

Unter **Location Based Services**, kurz LBS, oder dem weniger gebräuchlichen deutschen **Begriff** standortbezogene Dienste versteht man M-Commerce-Angebote, insbesondere Anwendungen und Dienste, die in **Abhängigkeit vom konkreten Standort** des jeweiligen

5.20

5.21

5.22

5.23

5.24

---

1 Vgl. zum Ganzen auch *Kremer*, CR 2011, 769 (770).
2 Vgl. dazu auch Solmecke/Taeger/Feldmann/*Lachenmann*, Mobile Apps, 2013, Kap. 3 Rz. 1; Baumgartner/*Ewald*, Apps und Recht, 2. Aufl. 2016, Rz. 11 f.

Nutzers erbracht werden, der über die GPS-Funktion des mobilen Endgeräts, dessen Mobilfunkzelle und/oder weitere technische Lokalisierungsverfahren ermittelt wird (s. dazu näher Rz. 5.26). Location Based Services ermöglichen demnach Angebote, Anwendungen und Dienste, die auf den jeweiligen konkreten Standort eines einzelnen Nutzers zu einem bestimmten Zeitpunkt zugeschnitten sind, also orts- und zeitabhängige individuelle M-Commerce-Angebote.

5.25 Die **Anwendungsmöglichkeiten** und **Erscheinungsformen** von Location Based Services sind vielfältig. Neben den hier nicht behandelten Anwendungsmöglichkeiten und Erscheinungsformen im Bereich Mobile Marketing, wo sog. Location Based Advertising, also ortsbezogene Werbung,[1] insbesondere in Form des sog. **Mobile Couponing**,[2] eine wichtige Rolle spielt, gibt es zahlreiche weitere Anwendungsmöglichkeiten und Erscheinungsformen von Location Based Services, angefangen von Navigationsdiensten, wie zB Google Maps, über Informationsdienste, die Nutzer über nahegelegene Restaurants, Tankstellen, Geldautomaten, Einkaufsmöglichkeiten, Events, Sehenswürdigkeiten etc. unterrichten, wie zB Yelp oder KaufDA, bis hin zu standortbezogenen Spielen oder standortbezogenen sozialen Netzwerken, wie zB Foursquare, mit denen sich ua. der aktuelle Standort von verbundenen Freunden ersehen lässt. Die Location Based Services werden dabei zumeist **in Form von** (kostenlosen oder kostenpflichtigen) **Apps** angeboten, vertrieben und realisiert.

5.26 Die zur Erbringung der Location Based Services erforderlichen konkreten Standorte der Nutzer werden jeweils über deren mobile Endgeräte ermittelt. Hierzu stehen technisch zwei grundsätzlich verschiedene Arten von **Lokalisierungsverfahren** mit im Wesentlichen derzeit insgesamt vier einzelnen Lokalisierungsverfahren zur Verfügung. Unterschieden wird grundsätzlich zwischen **netzbasierten** und **terminalbasierten** Lokalisierungsverfahren. Während bei netzbasierten Lokalisierungsverfahren die Standortbestimmung der mobilen Endgeräte durch den jeweiligen Mobilfunkanbieter und dessen Mobilfunknetz erfolgt und sodann an den Anbieter der Location Based Services übermittelt wird, erfolgt die Standortbestimmung bei terminalbasierten Lokalisierungsverfahren unmittelbar (durch den Anbieter der Location Based Services) nur über die mobilen Endgeräte.[3] Das maßgebliche netzbasierte Lokalisierungsverfahren ist die sog. **Cell-of-Origin-Methode** (COO), bei der die Standortbestimmung durch den Mobilfunkanbieter mit Hilfe der Mobilfunkzelle vorgenommen wird, in der sich das betreffende mobile Endgerät gerade befindet.[4] Bei einem weit verbreiteten terminalbasierten Lokalisierungsverfahren, der sog. **GPS-Methode**, werden die mobilen Endgeräte mittels Satelliten über das Global Positioning System (GPS) und die in den allermeisten modernen Smartphones eingebauten GPS-Empfänger lokalisiert.[5] Ein weiteres verbreitetes terminalbasiertes Lokalisierungsverfahren ist die sog. **WLAN-Methode**, bei der eine Standortbestimmung über in Geodatenbanken erfasste öffentliche und private WLAN-Zugangspunkte, mit denen sich die mobilen Endgeräte verbinden, stattfindet.[6] Location Based Services dürften mittlerweile überwiegend mit der GPS-Methode und/oder der WLAN-Methode, die zum Teil auch innerhalb von Gebäuden funktio-

---

1 Vgl. dazu nur die Beschreibung von Location Based Advertising in der Online-Enzyklopädie Wikipedia, online unter https://de.wikipedia.org/wiki/Location_Based_Advertising.

2 Beim Mobile Couponing werden standortbezogen digitale Rabattgutscheine nahegelegener Einzelhandelsgeschäfte zumeist über entsprechende Apps der Anbieter oder von Mobile Couponing-Plattformen, wie zB Groupon, auf mobile Endgeräte ausgeliefert.

3 Vgl. dazu nur *Bremer*, CR 2009, 12 mwN; vgl. auch *Jandt*, MMR 2007, 74 ff.; *Jandt/Schnabel*, K&R 2008, 723 ff.

4 Vgl. dazu näher etwa *Bremer*, CR 2009, 12; *Rammos*, K&R 2011, 692 (696) jeweils mwN.

5 Vgl. dazu näher etwa *Rammos*, K&R 2011, 692 (696); *Jandt/Schnabel*, K&R 2008, 723 (724) jeweils mwN.

6 Vgl. dazu näher etwa *Rammos*, K&R 2011, 692 (696); *Jandt/Schnabel*, K&R 2008, 723 (727) jeweils mwN.

niert, arbeiten.[1] Ein weiteres innerhalb von Gebäuden funktionierendes, sehr genaues terminalbasiertes Lokalisierungsverfahren ist die sog. Beacon-Technologie, bei der die mobilen Endgeräte mittels Bluetooth-Funksendern geortet werden.[2]

V. Wirtschaftliche Bedeutung des M-Commerce

Nach Versteigerung der UMTS-Lizenzen und mit dem Aufkommen sowie der zunehmenden Verbreitung von WAP-fähigen Handys wurde dem M-Commerce bereits Anfang bis Mitte der 2000er Jahre eine große wirtschaftliche Bedeutung vorhergesagt.[3] In dieser **ersten Phase der Entwicklung des M-Commerce** war jedoch fast ausschließlich der über SMS-Bestellungen und WAP-Downloads abgewickelte Vertrieb von Klingeltönen und Handy-Logos wirtschaftlich erfolgreich.[4] Ansonsten hatten sich die Erwartungen zunächst nicht erfüllt.   5.27

In der **zweiten Phase der Entwicklung des M-Commerce**, die mit der Einführung moderner Smartphones wie dem Apple iPhone oder dem Samsung Galaxy und Tablet-PCs wie dem Apple iPad seit 2007 bzw. 2010 begonnen hat, sind die positiven Wachstumsprognosen für den M-Commerce nunmehr Realität geworden. So gingen im Jahr 2015 weit über die Hälfte der deutschen Internetnutzer (auch) mobil ins Internet, etwa die Hälfte davon mindestens täglich, Tendenz weiter steigend.[5] Knapp zwei Drittel der Nutzer von Smartphones und Tablet-PCs haben im Jahr 2015 über ihr mobiles Endgerät Produkte eingekauft, Tendenz auch hier steigend.[6] Im Jahr 2015 wurde bei einer jährlichen Wachstumsrate von über 100 % in Deutschland ein Umsatz mit M-Commerce von geschätzt rund 14,5 Milliarden Euro erzielt.[7] Damit betrug der Anteil des M-Commerce-Umsatzes am gesamten E-Commerce-Umsatz bereits 30 %.[8] In absehbarer Zeit wird auch in Deutschland – wie bereits derzeit in manchen Ländern – der M-Commerce-Umsatz den (klassischen) E-Commerce-Umsatz übersteigen. Es findet ein **Richtungswechsel vom E-Commerce zum M-Commerce** statt.   5.28

Haupttreiber dieser **stark wachsenden wirtschaftlichen Bedeutung des M-Commerce** ist die rasante Verbreitung internetfähiger mobiler Endgeräte wie Smartphones und Tablet-PCs. Im Jahr 2015 besaßen drei Viertel aller deutschen Haushalte ein Smartphone und fast die Hälfte ein Tablet-PC.[9] Weitere Treiber sind der Ausbau leistungsfähiger mobiler Breitbandnetze und günstige Datentarife. Neue attraktive Anwendungen und Dienste wie insbesondere Apps und Location Based Services tun ein Übriges. So wurden im Jahr 2015 in   5.29

---

1 Vgl. nur Baumgartner/Ewald/*Baumgartner*, Apps und Recht, 2. Aufl. 2016, Rz. 315 f.; *Maier/Ossoinig*, VuR 2015, 330 (331 f.) jeweils mwN.
2 Vgl. zu diesem erstmals von Apple 2013 als iBeacon eingeführten Lokalisierungsverfahren etwa *Brandenburg/Leuthner*, ZD 2014, 617 f. mwN.
3 Vgl. etwa die zitierten Prognosen zum M-Commerce in *Ranke*, M-Commerce und seine rechtsadäquate Gestaltung, 2004, S. 58 ff.
4 Vgl. dazu etwa *Taeger/Rose*, K&R 2007, 233 mwN.
5 Vgl. etwa die Ergebnisse der ARD/ZDF-Onlinestudie 2015, online unter http://www.ard-zdf-onlinestudie.de, und die Statistik von Statista, online unter http://de.statista.com/statistik/daten/studie/197383/umfrage/mobile-internetnutzung-ueber-handy-in-deutschland.
6 Vgl. etwa die Statistik von Statista, online unter http://de.statista.com/statistik/daten/studie/311650/umfrage/nutzung-von-smartphone-und-tablet-zum-einkauf.
7 Vgl. etwa Mobiles Shopping nimmt rasant zu, IT-Business v. 6.3.2015, online unter http://www.it-business.de/mobiles-shopping-nimmt-rasant-zu-a-480632.
8 Vgl. etwa Cross-Device bestimmt den deutschen Online-Handel, ADZINE v. 26.10.2015, online unter https://www.adzine.de/2015/10/cross-device-bestimmt-den-deutschen-online-handel.
9 Vgl. Die Deutschen lieben ihr Smartphone, WirtschaftsWoche v. 14.9.2015 online unter http://www.wiwo.de/technologie/digitale-welt/studie-zu-mobilen-endgeraeten-die-deutschen-lieben-ihr-smartphone/12316552.html.

Deutschland geschätzt bereits 1,3 Milliarden Euro mit Apps, insbesondere mit In-App-Sales umgesetzt[1] und etwa 50 % des M-Commerce-Umsatzes über Verkaufs- und Marktplatz-Apps erlöst.[2]

5.30 Trotz dieser positiven Entwicklung des M-Commerce gibt es nach wie vor **Hemmnisse**. So bestehen immer noch Nutzerbedenken hinsichtlich der Nutzerfreundlichkeit und Sicherheit mobiler Endgeräte für das Mobile Shopping.[3] M-Commerce-Anbieter sind daher gehalten, ihre Angebote noch besser für die Nutzung über mobile Endgeräte zu optimieren (s. Rz. 5.9). Das gilt umso mehr als auch Suchmaschinen, wie zB Google, bei ihrem Ranking zunehmend Webseiten bevorzugen, die auch für mobile Endgeräte optimiert sind.[4]

VI. Rechtliche Grundlagen des M-Commerce

5.31 Beim M-Commerce ist eine Vielzahl von rechtlichen Anforderungen zu beachten. Wie beim Recht des E-Commerce (s. dazu Rz. 2.1 ff.) handelt es sich auch beim **Recht des M-Commerce** um eine **Querschnittsmaterie**, die eine ganze Reihe von Rechtsgebieten mit den jeweils zugehörigen rechtlichen Regelungen umfasst. Hierzu gehören insbesondere das Telekommunikationsrecht mit dem Telekommunikationsgesetz (TKG), das Telemedienrecht mit dem Telemediengesetz (TMG), das allgemeine Vertrags- und AGB-Recht sowie das Fernabsatz- und E-Commerce-Recht des Bürgerlichen Gesetzbuchs (BGB) und des Einführungsgesetzes zum Bürgerlichen Gesetzbuch (EGBGB), die Preisangabenverordnung (PAngV), das Wettbewerbsrecht mit dem Gesetz gegen den unlauteren Wettbewerb (UWG), das Kennzeichenrecht mit dem Markengesetz (MarkenG), das Urheberrecht mit dem Urheberrechtsgesetz (UrhG) und das Datenschutzrecht mit dem TKG, dem TMG und dem Bundesdatenschutzgesetz (BDSG). Aufgrund der Tatsache, dass die Erscheinungsformen des M-Commerce in erster Linie im B2C-Bereich angesiedelt sind, stehen die **verbraucherschutzrechtlichen Vorschriften** der vorstehenden Rechtsgebiete im Vordergrund.

5.32 Da M-Commerce nichts anderes als E-Commerce über mobile Endgeräte ist (s. Rz. 5.2) und prinzipiell weder die gesetzlichen Regelungen – mit Ausnahme des seit dem 13.6.2014 geltenden Art. 246a § 3 EGBGB (s. Rz. 5.35 sowie Rz. 5.100 und Rz. 5.116 ff.), der von manchen als Sonderregelung des M-Commerce bezeichnet wird[5] – noch die Rechtsprechung danach unterscheiden, ob ein Vertrag über stationäre oder mobile Endgeräte geschlossen und abgewickelt wird,[6] ist das Recht des M-Commerce von dem **Grundsatz** geprägt, dass für

---

1 Vgl. etwa Das Milliardengeschäft mit den Apps, faz.net v. 1.9.2015, online unter http://www.faz.net/aktuell/wirtschaft/unternehmen/digitalisierung-das-milliardengeschaeft-mit-den-apps-13778530.html.

2 Vgl. etwa Cross-Device bestimmt den deutschen Online-Handel, ADZINE v. 26.10.2015, online unter https://www.adzine.de/2015/10/cross-device-bestimmt-den-deutschen-online-handel.

3 Vgl. etwa Omnichannel: So funktioniert der Handel 2015, Haufe.de v. 14.4.2015, online unter https://www.haufe.de/marketing-vertrieb/vertrieb/omnichannel-so-funktioniert-der-handel-2015_130_300386.html.

4 So hat etwa Google im April 2015 seinen Suchmaschinen-Algorithmus entsprechend umgestellt, was zur Folge hatte, dass Webseiten, die nicht auch für mobile Endgeräte optimiert waren, wesentlich schlechter gerankt wurden, was als sog. Mobilegeddon bezeichnet und bekannt wurde, vgl. etwa Im Bannstrahl des Google-Algorithmus, Handelsblatt v. 30.4.2015, online unter http://www.handelsblatt.com/unternehmen/it-medien/mobilegeddon-zeigt-wirkung-im-bannstrahl-des-google-algorithmus/11701218.html.

5 So etwa *Föhlisch/Dyakova*, MMR 2013, 3 (7).

6 Vgl. nur OLG Hamm v. 16.6.2009 – 4 U 51/09, K&R 2009, 813; OLG Hamm v. 20.5.2010 – I-4 U 225/09, CR 2010, 609 = K&R 2010, 591; LG Köln v. 6.8.2009 – 31 O 33/09, juris; LG Leipzig v. 16.12.2014 – 1 HKO 1295/14, CR 2015, 397 = K&R 2015, 213; vgl. etwa auch juris-PK-Internetrecht/*Heckmann*, Kap. 4.2 Rz. 182 und Kap. 4.3 Rz. 228 mwN.

den M-Commerce grundsätzlich die **gleichen rechtlichen Anforderungen** gelten **wie** für den **E-Commerce**. Zwischen M-Commerce und E-Commerce besteht also rechtlich generell kein Unterschied. Ein M-Commerce-Anbieter, der beispielsweise Schuhe über seine mobile Website verkauft, hat grundsätzlich die gleichen rechtlichen Anforderungen einzuhalten wie ein Händler, der einen Online-Shop für Schuhe betreibt.

Aus den tatsächlichen Besonderheiten des M-Commerce (s. Rz. 5.11 ff.) resultieren allerdings auch einige **rechtliche Besonderheiten des M-Commerce** im Vergleich zum E-Commerce. Sie betreffen zum einen die **M-Commerce-spezifische Auslegung und Umsetzung der für den E-Commerce geltenden rechtlichen Anforderungen.** So führen insbesondere die im Vergleich zum E-Commerce teilweise wesentlich kleineren Bildschirmgrößen von mobilen Endgeräten mit ihren technisch beschränkten Darstellungsmöglichkeiten immer wieder zu der Frage, wie die zahlreichen gesetzlichen Informationspflichten im M-Commerce rechtskonform umgesetzt werden können (s. zu diesem rechtlichen Grundproblem des M-Commerce sogleich Rz. 5.34 f.). Zum anderen betreffen die rechtlichen Besonderheiten **M-Commerce-spezifische Sachverhalte**, für die es im E-Commerce kein Pendant gibt. So führen die besonderen Erscheinungsformen des M-Commerce (s. Rz. 5.9), insbesondere die Apps (s. Rz. 5.14 ff.) und Location Based Services (s. Rz. 5.23 ff.), zu neuen Rechtsfragen.

Ein immer wiederkehrendes **rechtliches Grundproblem des M-Commerce** ist die Frage, wie die zahlreichen **gesetzlichen Informationspflichten**, denen E-Commerce- und damit auch M-Commerce-Anbieter unterliegen, angesichts der teilweise wesentlich kleineren Bildschirmgrößen von mobilen Endgeräten und der hieraus folgenden Schwierigkeiten bei der Darstellung längerer (rechtlicher) Texte (s. Rz. 5.12) **rechtskonform umgesetzt** werden können.[1] Denn einerseits haben M-Commerce-Anbieter – angefangen von der telemedienrechtlichen Anbieterkennzeichnung und den nach der PAngV vorgeschriebenen Preisangaben über die E-Commerce-, fernabsatz- und AGB-rechtlichen Informationspflichten einschließlich Widerrufsbelehrung bis hin zu den datenschutzrechtlichen Informationspflichten – umfangreiche Informationspflichten gegenüber den Nutzern einzuhalten. Allein die fernabsatzrechtliche Widerrufsbelehrung besteht aus mindestens 2000 bis 2500 Zeichen, die telemedienrechtliche Anbieterkennzeichnung aus 300 bis 800 Zeichen und eine telemedienrechtliche Datenschutzerklärung aus 2000 bis 5000 Zeichen. Insgesamt wird ein Informationsumfang von 5500 bis zu 11 000 Zeichen angenommen, übliche AGB in einem Umfang von durchschnittlich zwischen 3000 und 16 000 Zeichen noch nicht eingerechnet.[2] Zudem sind die gesetzlichen Pflichtinformationen „leicht erkennbar, unmittelbar erreichbar und ständig verfügbar" (Anbieterkennzeichnung gemäß § 5 Abs. 1 TMG), „leicht erkennbar und deutlich lesbar oder sonst gut wahrnehmbar" (Preisangaben gemäß § 1 Abs. 6 PAngV), „klar und verständlich" (E-Commerce-rechtliche und fernabsatzrechtliche Informationspflichten gemäß § 312i Abs. 1 Nr. 2 BGB iVm. Art. 246c EGBGB sowie § 312j Abs. 2 BGB bzw. § 312d Abs. 1 BGB iVm. Art. 246a §§ 1, 4 Abs. 1 EGBGB) etc., also insgesamt lesbar und ohne unzumutbare Anstrengungen verständlich, zu erteilen. Andererseits stehen M-Commerce-Anbietern hierfür aber lediglich die technisch beschränkten Darstellungsmöglichkeiten von längeren (rechtlichen) Texten vor allem auf kleineren mobilen Endgeräten zur Verfügung. So lassen Handy-Bildschirme mit einer Bildschirmdiagonale von 1,5 Zoll etwa 150 Zeichen pro Bildschirmseite zu, Smartphones mit einer Bild-

5.33

5.34

---

1 Vgl. hierzu nur *Rose/Taeger*, K&R 2010, 159 (160 ff.); *Taeger*, DuD 2010, 246 (247); *Müller-ter Jung/Kremer*, BB 2010, 1874 (1875 ff.); *Börner/König*, K&R 2011, 92 (93 ff.); *Schirmbacher/Engelbrecht*, ITRB 2014, 89 (90); Hoeren/Sieber/Holznagel/*Föhlisch*, Teil 13.4 Rz. 108a; juris-PK-Internetrecht/*Heckmann*, Kap. 4.2 Rz. 182 ff. jeweils mwN.
2 Vgl. zum jeweiligen durchschnittlichen Umfang der einzelnen Informationspflichten die rechtstatsächlichen Untersuchungen des Forschungsprojekts McLaw an der Universität Oldenburg, online unter http://www.privatrecht.uni-oldenburg.de/19411.html sowie *Rose/Taeger*, K&R 2010, 159 (160 f.).

schirmdiagonale von 3,5 Zoll 500 und mehr Zeichen pro Bildschirmseite[1] und Smartphones mit einer Bildschirmdiagonale von 4,5 Zoll 800 Zeichen pro Bildschirmseite.[2] Somit müsste beispielsweise eine Widerrufsbelehrung mit dem Handy dreizehn- bis siebzehnmal gescrollt werden, was nicht mehr zumutbar sein dürfte, mit einem Smartphone bei einem Display von 3,5 Zoll vier- bis fünfmal, was wohl zumutbar ist.[3] Das rechtliche Grundproblem des M-Commerce stellt sich demnach vor allem bei Handys, Wearables und Smartphones mit kleineren Displays.

5.35 Vor diesem Hintergrund läge es nahe, wegen der technischen Schwierigkeiten die gesetzlichen Informationspflichten für den M-Commerce einzuschränken. Das wurde aus nachvollziehbaren Gründen in der Literatur immer wieder vertreten und vom Gesetzgeber gefordert.[4] Bislang allerdings gibt es **für den M-Commerce keine allgemeine gesetzliche Einschränkung der Informationspflichten**. Auch bei dem mit Umsetzung der EU-Verbraucherrechte-Richtlinie[5] (VRRL) ins deutsche Recht zum 13.6.2014[6] neu eingeführten Art. 246a § 3 EGBGB, der erleichterte Informationspflichten bei Fernkommunikationsmitteln mit begrenzter Darstellungsmöglichkeit vorsieht, handelt es sich um keine allgemeine Einschränkung der Informationspflichten für den M-Commerce. Denn Art. 246a § 3 EGBGB gilt einerseits nicht für alle M-Commerce-Angebote (s. näher Rz. 5.117) und ist andererseits auch auf andere Fernkommunikationsmittel anwendbar. Darüber hinaus werden von der Sonderregelung des Art. 246a § 3 EGBGB nur die fernabsatzrechtlichen vorvertraglichen Informationspflichten erfasst. Eine erweiterte oder analoge Anwendung des Art. 246a § 3 EGBGB auf andere gesetzliche Informationspflichten kommt, auch wenn das uU wünschenswert wäre, wegen des jeweils klaren Gesetzeswortlauts der verschiedenen Informationspflichten nicht in Betracht.[7] Außerdem lässt Art. 246a § 3 EGBGB die gesetzlichen Informationspflichten auch nicht entfallen, sondern erleichtert lediglich deren Umsetzung (s. näher Rz. 5.116). Die Rechtsprechung macht – jedenfalls war das vor Einführung des Art. 246a § 3 EGBGB so – ebenfalls grundsätzlich keinen Unterschied zwischen E-Commerce und M-Commerce. So hat das OLG Hamm ausdrücklich entschieden, dass eine fehlende Widerrufsbelehrung in einem WAP-Angebot nicht mit einem Platzmangel aufgrund begrenzter technischer Möglichkeiten begründet werden und nicht durch einen Hinweis, dass das Angebot nicht vollständig, sondern auf einer Webseite mit allen Details einsehbar sei, ersetzt werden kann.[8] Die gesetzlichen Regelungen lassen indes Raum für eine **M-Commerce-spezifische Auslegung und Umsetzung der Informationspflichten**. Der größte Spielraum hierfür besteht bei solchen Informationspflichten, bei denen der gesetzli-

---

1 Vgl. zur jeweiligen durchschnittlichen Anzahl der lesbar darstellbaren Zeichen pro Bildschirmseite die rechtstatsächlichen Untersuchungen des Forschungsprojekts McLaw an der Universität Oldenburg, online unter http://www.privatrecht.uni-oldenburg.de/19411.html sowie *Rose/Taeger*, K&R 2010, 159 (161); *Rose*, Die rechtskonforme Darstellung der Widerrufsbelehrung im M-Commerce, 2010, S. 4.

2 Vgl. *Schirmbacher/Engelbrecht*, ITRB 2014, 89 (90).

3 Vgl. zur Frage, wie viele Bildschirmseiten bzw. wie viele Male Scrollen zumutbar sind, nur den Überblick bei *Rose/Taeger*, K&R 2010, 159 (162) mwN.

4 Vgl. etwa *Müller-ter Jung/Kremer*, BB 2010, 1874 ff.; *Börner/König*, K&R 2011, 92 ff. jeweils mwN.

5 Richtlinie 2011/83/EU des Europäischen Parlaments und des Rates v. 25.10.2011 über die Rechte der Verbraucher, zur Abänderung der Richtlinie 93/13/EWG des Rates und der Richtlinie 1999/44/EG des Europäischen Parlaments und des Rates sowie zur Aufhebung der Richtlinie 85/577/EWG des Rates und der Richtlinie 97/7/EG des Europäischen Parlaments und des Rates, ABl. EU Nr. L 304 v. 22.11.2011, S. 64.

6 Gesetz zur Umsetzung der Verbraucherrechterichtlinie und zur Änderung des Gesetzes zur Regelung der Wohnungsvermittlung v. 20.9.2013, BGBl. I 2013, 3642.

7 So auch Spindler/Schuster/*Schirmbacher*, § 312i BGB Rz. 45 für die E-Commerce-rechtlichen Informationspflichten gemäß § 312i BGB.

8 OLG Hamm v. 16.6.2009 – 4 U 51/09, K&R 2009, 813; aA noch die Vorinstanz LG Bochum v. 21.1.2009 – 13 O 277/08, juris; ähnlich wie das OLG Hamm LG Köln v. 6.8.2009 – 31 O 33/09 m. zust. Anm. *Krieg*, jurisPR-ITR 1/2010 Anm. 4.

che Wortlaut eine generelle Berücksichtigung der jeweiligen medienspezifischen Besonderheiten vorsieht. Nach § 312d Abs. 1 BGB iVm. Art. 246a §§ 1, 4 Abs. 1 und 3 EGBGB sind die fernabsatzrechtlichen vorvertraglichen Informationspflichten etwa klar und verständlich „in einer den benutzten Fernkommunikationsmitteln angepassten Weise" zu erfüllen (sog. **medienspezifisches Transparenzgebot**)[1] (s. näher Rz. 5.107). Eine noch weitergehende medienspezifische Erleichterung der fernabsatzrechtlichen vorvertraglichen Informationspflichten lässt der seit dem 13.6.2014 in Umsetzung der VRRL geltende **neue Art. 246a § 3 EGBGB** zu, der insoweit insbesondere den technischen Beschränkungen des M-Commerce Rechnung tragen möchte[2] (s. dazu näher Rz. 5.100 und Rz. 5.116 ff.). Zusammengefasst ist eine allgemeine Einschränkung der gesetzlichen Informationspflichten abzulehnen.[3] Eine generelle medienspezifische Abstufung der Art und Weise und/oder des Umfangs der Informationspflichten kann nur dort stattfinden, wo der gesetzliche Wortlaut, wie zB der Wortlaut des Art. 246a § 4 Abs. 1 und 3 EGBGB oder der Wortlaut des Art. 246a § 3 EGBGB, das ausdrücklich zulässt. Ist das, wie zB bei der telemedienrechtlichen Anbieterkennzeichnung nach § 5 TMG, nicht der Fall, bedarf es einer **M-Commerce-spezifischen Auslegung im Rahmen der einzelnen Tatbestandsmerkmale der Informationspflichten**. So kann etwa bei der telemedienrechtlichen Anbieterkennzeichnung das aus einem unbestimmten Rechtsbegriff bestehende Tatbestandsmerkmal der leichten Erkennbarkeit der Pflichtinformationen gemäß § 5 Abs. 1 TMG auf Basis der tatsächlichen Besonderheiten des M-Commerce (s. Rz. 5.11 ff.) aus Sicht des maßgeblichen (normal informierten, angemessen aufmerksamen und verständigen) Durchschnittsnutzers M-Commerce-spezifisch ausgelegt werden (s. Rz. 5.46).

Da heute jedes E-Commerce-Angebot gleichzeitig auch ein M-Commerce-Angebot ist (s. Rz. 5.4), erstreckt sich der **Anwendungsbereich des M-Commerce-Rechts** nicht nur auf **spezifische M-Commerce-Angebote**, die eigens für die Nutzung über mobile Endgeräte bereit gehalten werden, sondern auch auf **jedes andere E-Commerce- und/oder Internetangebot**, unabhängig davon ob dessen Anbieter eine Nutzung über mobile Endgeräte beabsichtigt oder nicht.[4] Die rechtlichen Anforderungen des M-Commerce gelten nach der Rechtsprechung sogar dann, wenn der Anbieter gar nicht weiß, dass seine Angebote auch mobil abgerufen werden können. So hat etwa das LG Köln entschieden, dass ein Anbieter auf der Online-Handelsplattform eBay auch dann für die Einhaltung der gesetzlichen Pflichtangaben ua. betreffend die telemedienrechtliche Anbieterkennzeichnung und die fernabsatzrechtliche Widerrufsbelehrung verantwortlich ist, wenn er nicht weiß, dass seine allgemein bei eBay eingestellten Angebote automatisch auch über das eBay-WAP-Portal bereit gehalten werden.[5] Ähnlich hat das OLG Hamm für den Fall entschieden, dass eBay-Angebote ohne Wissen des Anbieters von eBay automatisch auch für den Abruf über die eBay-App für iPhones optimiert werden.[6] In beiden Fällen wurden allein die objektiven Wettbewerbsverstöße als haftungsbegründend angesehen. Auf ein schuldhaftes Verhalten der Anbieter kommt es nicht an.[7] Seit Einführung des neuen Art. 246a § 3 EGBGB gibt es in der Litera-

5.36

---

1 Vgl. zu diesem medienspezifischen Transparenzgebot nur juris-PK-Internetrecht/*Heckmann*, Kap. 4.2 Rz. 112, 184, 187 f. mwN.

2 Vgl. zu den Auswirkungen des neuen Art. 246a § 3 EGBGB auf den M-Commerce etwa *Föhlisch/ Dyakova*, MMR 2013, 3 (7); *Buchmann*, K&R 2014, 221 (224 f.); *Schirmbacher/Engelbrecht*, ITRB 2014, 89 ff.

3 So etwa auch juris-PK-Internetrecht/*Heckmann*, Kap. 4.2 Rz. 112, 182, 188 mwN.

4 Ebenso etwa *Rose/Taeger*, K&R 2010, 159 (163, 166); Hoeren/Sieber/Holznagel/*Föhlisch*, Teil 13.4 Rz. 108c; hinsichtlich Art. 246a § 3 EGBGB etwa auch *Buchmann*, K&R 2014, 221 (224); *Föhlisch/ Dyakova*, MMR 2013, 3 (7); aA offensichtlich *Krieg*, AnwZert ITR 6/2011 Anm. 2; hinsichtlich Art. 246a § 3 EGBGB jetzt offensichtlich auch *Schirmbacher/Engelbrecht*, ITRB 2014, 89 (90); MüKoBGB/*Wendehorst*, Art. 246a § 4 EGBGB Rz. 51 f.

5 LG Köln v. 6.8.2009 – 31 O 33/09 m. zust. Anm. *Krieg*, jurisPR-ITR 1/2010 Anm. 4.

6 OLG Hamm v. 20.5.2010 – I-4 U 225/09, CR 2010, 609 = K&R 2010, 591 m. zust. Anm. *Dittrich*.

7 Ähnlich auch LG Leipzig v. 16.12.2014 – 01 HKO 1295/14, CR 2015, 397 = K&R 2015, 213.

tur hingegen eine Meinung, die offensichtlich die M-Commerce-rechtlichen Anforderungen zumindest aus dieser Vorschrift nur auf M-Commerce-spezifische Angebote, also auf Angebote, die vom Anbieter eigens für die Nutzung über mobile Endgeräte bereit gehalten werden, und nicht auch auf jede Website für anwendbar hält. Begründet wird dies im Wesentlichen damit, dass der Anbieter keinen Einfluss darauf hat und vorab auch nicht weiß, mit welchen (stationären oder mobilen) Endgeräten Nutzer seine Internetangebote abrufen.[1] So nachvollziehbar diese Meinung zum Schutz von Anbietern herkömmlicher E-Commerce- und/oder Internetangebote sein mag, sie findet jedoch auch in Art. 246a § 3 EGBGB keine Stütze. Denn ebenso wie die anderen Vorschriften zu gesetzlichen Informationspflichten stellt Art. 246a § 3 EGBGB bei richtlinienkonformer Auslegung nicht darauf ab, ob der Anbieter einen Vertragsschluss subjektiv mittels eines bestimmten Fernkommunikationsmittels beabsichtigt oder nicht, sondern darauf, ob ein Vertragsschluss tatsächlich objektiv mittels eines bestimmten Fernkommunikationsmittels erfolgt.

5.37 Darüber hinaus gelten die rechtlichen Anforderungen des M-Commerce grundsätzlich auch unabhängig davon, mit welchen mobilen Endgeräten und einzelnen Endgerätetypen die M-Commerce-Angebote abgerufen werden. Denn zum einen sind die rechtlichen Anforderungen – vorbehaltlich der bei Art. 246a § 3 EGBGB vorzunehmenden Differenzierung (s. näher Rz. 5.117) – grundsätzlich nicht auf bestimmte mobile Endgeräte(-typen) beschränkt und zum anderen sind Anbieter erst recht für die Einhaltung der rechtlichen Anforderungen auf sämtlichen mobilen Endgerätetypen verantwortlich, wenn sie schon für die Einhaltung der rechtlichen Anforderungen des M-Commerce haften, ohne zu wissen, dass ihre Angebote überhaupt mobil abgerufen werden können (s. Rz. 5.36). Daher haben M-Commerce-Anbieter grundsätzlich sicherzustellen, dass die **rechtlichen Anforderungen des M-Commerce auf allen mobilen Endgerätetypen**, mit denen ihre Angebote abgerufen werden können, **erfüllt** sind.[2] Angesichts der Verschiedenheit der genutzten mobilen Endgeräte – angefangen von Handys und Wearables mit sehr kleinen Bildschirmen und Smartphones mit kleineren Displays bis hin zu modernen Smartphones und Tablet-PCs mit relativ großen Bildschirmen – (s. Rz. 5.7), ganz zu schweigen von der Vielfalt der einzelnen Endgerätetypen, ist das keine leichte Aufgabe. Sie lässt sich nur bewältigen, wenn die Anbieter **bestimmte Techniken, wie zB responsive Webdesign, einsetzen**, mit deren Hilfe sie die Darstellung ihrer Angebote automatisiert auf das jeweils abrufende mobile Endgerät bzw. den Endgerätetyp anpassen und **optimieren** oder den Abruf von Angeboten mit bestimmten mobilen Endgeräten bzw. Endgerätetypen ganz **ausschließen** können (s. hierzu auch Rz. 5.9).[3] Eine in der Literatur vertretene Meinung hält den Einsatz solcher Techniken, insbesondere im Hinblick auf kleinere und mittlere Unternehmen, für gesetzlich nicht vorgeschrieben.[4] Dem kann nicht gefolgt werden, da der Wortlaut der gesetzlichen Informationspflichten hierfür keinerlei Anhaltspunkt bietet. M-Commerce-Anbieter sind somit nicht nur aus technischen, funktionellen, inhaltlichen und Layout-Gründen gehalten, ihre Angebote für die Nutzung auf (bestimmten) mobilen Endgeräten bzw. Endgerätetypen zu optimieren und ggf. (bestimmte) mobile Endgeräte bzw. Endgerätetypen vom Abruf auszuschließen, sondern auch aus rechtlichen Gründen, insbesondere um die gesetzlichen Informationspflichten einhalten zu können.

---

1 Vgl. *Schirmbacher/Engelbrecht*, ITRB 2014, 89 (90); Spindler/Schuster/*Schirmbacher*, Art. 246a EGBGB Rz. 171; MüKoBGB/*Wendehorst*, Art. 246a § 4 EGBGB Rz. 51 f.

2 Ebenso etwa *Rose/Taeger*, K&R 2010, 159 (163, 166); Hoeren/Sieber/Holznagel/*Föhlisch*, Teil 13.4 Rz. 108c; *Buchmann*, K&R 2014, 221 (224); *Föhlisch/Dyakova*, MMR 2013, 3 (7); aA offensichtlich *Krieg*, AnwZert ITR 6/2011 Anm. 2; *Schirmbacher/Engelbrecht*, ITRB 2014, 89 (90); MüKoBGB/*Wendehorst*, Art. 246a § 4 EGBGB Rz. 51 f.

3 *Rose/Taeger*, K&R 2010, 159 (163, 166); Hoeren/Sieber/Holznagel/*Föhlisch*, Teil 13.4 Rz. 108c; *Föhlisch/Dyakova*, MMR 2013, 3 (7).

4 Vgl. *Schirmbacher/Engelbrecht*, ITRB 2014, 89 (90); Spindler/Schuster/*Schirmbacher*, Art. 246a EGBGB Rz. 171; MüKoBGB/*Wendehorst*, Art. 246a § 4 EGBGB Rz. 51 f.

VII. Gegenstand und Gang der Darstellung

Gegenstand der folgenden Darstellung ist der **M-Commerce im engeren Sinn**, also der Vertrieb, dh. der Vertragsschluss und die Erbringung, von (elektronischen) Waren und Dienstleistungen einschließlich Inhalten, Diensten und Anwendungen über mobile Endgeräte. Nicht behandelt hingegen werden Fragen des M-Marketing (s. zu rechtlichen Aspekten des Marketing bei Online-Shops Rz. 10.1 ff. sowie Rz. 11.58 ff.) und des M-Payments (s. zum Zahlungsverkehr bei Online-Shops Rz. 6.1 ff.) sowie Fragen des Wettbewerbs-, Kennzeichen- und Urheberrechts (s. zum Wettbewerbs-, Kennzeichen- und Urheberrecht bei Online-Shops Rz. 11.1 ff.).

5.38

Dargestellt werden die (verbraucherschutz-)rechtlichen Anforderungen, die M-Commerce-Anbieter im B2C-Bereich allgemein und beim Vertrieb von sowie über Apps und von Location Based Services als Sonderformen des M-Commerce zu beachten haben. Da für M-Commerce-Anbieter grundsätzlich die gleichen rechtlichen Anforderungen gelten wie für E-Commerce-Anbieter (s. Rz. 5.32), kann hierbei weitgehend auf die ausführliche Darstellung der rechtlichen Anforderungen für Betreiber von Online-Shops in Rz. 2.1 ff. verwiesen werden. Eingegangen werden soll vor allem auf die **rechtlichen Besonderheiten des M-Commerce** (s. Rz. 5.33).

5.39

Die Darstellung beginnt mit den allgemeinen Informations- und Gestaltungspflichten des M-Commerce-Anbieters, also der Anbieterkennzeichnung (s. Rz. 5.42 ff.), den Besonderheiten bei der Preisangabe (s. Rz. 5.53 ff.), den telekommunikationsrechtlichen Informationspflichten (s. Rz. 5.63 ff.), den Informationspflichten für Dienstleistungserbringer (s. Rz. 5.68 ff.), den E-Commerce-rechtlichen Informations- und Gestaltungspflichten (s. Rz. 5.77 ff.) und den Informationspflichten zur alternativen Streitbeilegung (s. Rz. 5.94 ff.). Sodann folgen die fernabsatzrechtlichen Informationspflichten des M-Commerce-Anbieters (s. Rz. 5.99 ff.), der Vertragsschluss im M-Commerce (s. Rz. 5.127 ff.), die Einbeziehung von Allgemeinen Geschäftsbedingungen (s. Rz. 5.139 ff.) sowie das Widerrufsrecht (s. Rz. 5.156 ff.). Hieran schließen sich die datenschutzrechtlichen Besonderheiten an (s. Rz. 5.170 ff.). Schließlich werden die rechtlichen Anforderungen beim Vertrieb von sowie über Apps (s. Rz. 5.188 ff.) und beim Vertrieb von Location Based Services (s. Rz. 5.266 ff.) dargestellt.

5.40

B. Allgemeine Informations- und Gestaltungspflichten des M-Commerce-Anbieters

M-Commerce-Anbieter unterliegen je nach konkreter Ausgestaltung ihrer Angebote und deren rechtlicher Einordnung allgemeinen Informations- und Gestaltungspflichten. Hierzu gehören insbesondere die telemedienrechtlichen Pflichten zur Anbieterkennzeichnung nach § 5 TMG, die Pflichten zur Preisangabe nach der PAngV, die telekommunikationsrechtlichen Informationspflichten nach dem TKG, die Informationspflichten für Dienstleistungserbringer nach der Dienstleistungs-Informationspflichten-Verordnung (DL-InfoV), die E-Commerce-rechtlichen Informations- und Gestaltungspflichten nach § 312i BGB iVm. Art. 246c EGBGB und § 312j BGB und die Informationspflichten zur alternativen Streitbeilegung nach Art 14 der EU-Verordnung über Online-Streitbeilegung in Verbraucherangelegenheiten sowie § 36 VSBG.

5.41

I. Anbieterkennzeichnung

Wie E-Commerce-Anbieter (s. zur Anbieterkennzeichnung von Online-Shops ausführlich Rz. 2.17 ff.) haben auch M-Commerce-Anbieter gemäß § 5 Abs. 1 TMG die **Pflichten zur**

5.42

Anbieterkennzeichnung, auch **Impressumpflicht** genannt, einzuhalten. Um Nutzer über ihre Identität zu informieren, sind M-Commerce-Anbieter verpflichtet, für ihre Angebote die in § 5 Abs. 1 Nr. 1 bis 7 TMG aufgezählten einzelnen Informationen leicht erkennbar, unmittelbar erreichbar und ständig verfügbar zu halten.

5.43 Voraussetzung ist, dass es sich bei den für die Nutzung über mobile Endgeräte bereit gehaltenen Angeboten der M-Commerce-Anbieter um **geschäftsmäßige, in der Regel gegen Entgelt angebotene Telemediendienste** iSd. § 5 Abs. 1 TMG handelt. Zu den Telemediendiensten zählen gemäß § 1 Abs. 1 TMG alle elektronischen Informations- und Kommunikationsdienste, soweit sie nicht Telekommunikationsdienste nach § 3 Nr. 24 TKG, die ganz in der Übertragung von Signalen über Telekommunikationsnetze bestehen, telekommunikationsgestützte Dienste nach § 3 Nr. 25 TKG oder Rundfunk nach § 2 RStV sind. Somit sind die meisten M-Commerce-Angebote als Telemediendienste einzuordnen. Das gilt für über WAP-Portale bzw. WAP-Seiten abrufbare M-Commerce-Angebote, wie zB Musikstücke und sonstige Internetinhalte, genauso wie für die vielfältigen Angebote des Mobile Web,[1] insbesondere mobile Websites mit Online-Shops, Online-Auktionen, redaktionellen Inhalten, Unterhaltungs- und Serviceangeboten sowie Social Media. Auch Apps und Location Based Services gehören überwiegend zu den Telemediendiensten[2] (s. näher zu Apps Rz. 5.220). Keine Telemediendienste, sondern telekommunikationsgestützte Dienste gemäß § 3 Nr. 25 TKG sind hingegen per (Premium-)SMS bestellte sowie per WAP-Download abgewickelte M-Commerce-Angebote wie sie beim Vertrieb von Klingeltönen, Handy-Logos etc. immer noch vorkommen.[3] Wenn nur die Bestellungen und/oder Vertragsschlüsse per SMS oder E-Mail über mobile Endgeräte stattfinden, die Vertragsabwicklung jedoch offline erfolgt, liegt ebenfalls kein Telemediendienst, sondern ein reiner Telekommunikationsdienst gemäß § 3 Nr. 24 TKG vor. Geschäftsmäßig iSd. § 5 Abs. 1 TMG werden Telemediendienste schon dann erbracht, wenn sie auf einer nachhaltigen Tätigkeit mit oder ohne Gewinnerzielungsabsicht beruhen, sich also nicht nur auf private Gelegenheitsgeschäfte beschränken (s. dazu näher Rz. 2.17). Das ist bei M-Commerce-Angeboten kommerzieller Anbieter durchweg der Fall.

5.44 Nach § 5 Abs. 1 Nr. 1 bis 7 TMG ist die Angabe folgender **Informationen** erforderlich (s. zu den einzelnen Angaben ausführlich Rz. 2.19 ff.):

– der Name des M-Commerce-Anbieters und bei juristischen Personen zusätzlich die Rechtsform, ein Vertretungsberechtigter und, sofern Angaben über das Kapital der Gesellschaft gemacht werden, das Stamm- oder Grundkapital sowie, wenn nicht alle in Geld zu leistenden Einlagen eingezahlt sind, der Gesamtbetrag der ausstehenden Einlagen,

– die ladungsfähige Anschrift des M-Commerce-Anbieters,

– Angaben, die eine schnelle elektronische Kontaktaufnahme und unmittelbare Kommunikation mit dem M-Commerce-Anbieter ermöglichen, dh. die E-Mail-Adresse des M-Commerce-Anbieters und ein zweiter elektronischer Kommunikationsweg, zB die Telefonnummer oder Faxnummer des M-Commerce-Anbieters,

– Angaben zur zuständigen Aufsichtsbehörde, soweit der M-Commerce-Anbieter, wie zB ein Makler oder Freiberufler, eine Tätigkeit anbietet oder erbringt, die der behördlichen Zulassung bedarf,

---

1 Ähnlich Spindler/Schuster/*Micklitz*/*Schirmbacher*, § 5 TMG Rz. 22.
2 Ähnlich Spindler/Schuster/*Micklitz*/*Schirmbacher*, § 5 TMG Rz. 22; vgl. ausführlich zur Einordnung von Apps als Telemediendienst, Telekommunikationsdienst oder Rundfunk etwa Baumgartner/ *Ewald*, Apps und Recht, 2. Aufl. 2016, Rz. 148 f.
3 Vgl. dazu ausführlich *Taeger*/*Rose*, K&R 2007, 233 (234 ff.).

- das Handels-, Vereins-, Partnerschafts- oder Genossenschaftsregister, in das der M-Commerce-Anbieter eingetragen ist, und die entsprechende Registernummer,

- Angaben zur berufsständischen Kammer, zur gesetzlichen Berufsbezeichnung und zu den berufsrechtlichen Regelungen, sofern der M-Commerce-Anbieter einem reglementierten Beruf gemäß § 5 Abs. 1 Nr. 5 TMG angehört,

- die Umsatzsteueridentifikationsnummer oder Wirtschafts-Identifikationsnummer, wenn der M-Commerce-Anbieter eine von beiden besitzt,

- bei Kapitalgesellschaften, die sich in Abwicklung oder Liquidation befinden, ein entsprechender Hinweis.

Die vorstehenden Informationen sind gemäß § 5 Abs. 1 TMG leicht erkennbar, unmittelbar erreichbar und ständig verfügbar zu halten (s. zu diesen formellen Anforderungen der Anbieterkennzeichnung ausführlich Rz. 2.59 ff.). Fraglich ist allerdings, wie sich diese **formellen Anforderungen der Anbieterkennzeichnung** auf den grundsätzlich kleineren Bildschirmen von mobilen Endgeräten mit ihren technisch beschränkten Darstellungsmöglichkeiten rechtskonform umsetzen lassen. Dieses rechtliche Grundproblem des M-Commerce (s. dazu Rz. 5.34) wird auch bei der Anbieterkennzeichnung gemäß § 5 Abs. 1 TMG kontrovers diskutiert.[1] Da § 5 Abs. 1 TMG anders als zB Art. 246a § 4 Abs. 1 und 3 EGBGB von seinem Wortlaut her keine dem jeweils eingesetzten Kommunikationsmittel entsprechende Erfüllung der Informationspflichten vorsieht, scheidet eine generelle Berücksichtigung der medienspezifischen Besonderheiten des M-Commerce bei den formellen Anforderungen der Anbieterkennzeichnung aus.[2] Auch die Rechtsprechung wendet § 5 Abs. 1 TMG grundsätzlich ohne Einschränkung auf M-Commerce-Angebote an.[3] Es ist allerdings eine **M-Commerce-spezifische Auslegung** im Rahmen der einzelnen formellen Anforderungen der Anbieterkennzeichnung vorzunehmen (s. zur M-Commerce-spezifischen Auslegung im Rahmen der Tatbestandsmerkmale der Informationspflichten Rz. 5.35).[4]

5.45

Die Pflichtinformationen gemäß § 5 Abs. 1 Nr. 1 bis 7 TMG müssen **leicht erkennbar** sein (s. dazu näher Rz. 2.60 ff.). Hierzu ist erforderlich, dass sie an gut wahrnehmbarer Stelle stehen und ohne langes Suchen aufgefunden werden können, kurz für Nutzer optisch leicht und effektiv wahrnehmbar sind.[5] Auf Websites wird das in der Regel dadurch realisiert, dass entweder in der Kopf- oder Fußzeile ein gut lesbarer Link mit einer gebräuchlichen Bezeichnung wie „Anbieterkennzeichnung", „Impressum" oder „Kontakt" zu den Pflichtinformationen führt (s. Rz. 2.61). Diese **übliche Gestaltung** lässt sich grundsätzlich auch bei M-Commerce-Angeboten umsetzen.[6] Hierbei ist besonders auf eine **gut lesbare Schrift** für die Link-Bezeichnung zu achten.[7] Für den Link muss natürlich auch eine der **gebräuchlichen Bezeichnungen** verwendet werden.[8] Ein bloßer Hinweis darauf,

5.46

---

1 Vgl. dazu nur Spindler/Schuster/*Micklitz/Schirmbacher*, § 5 TMG Rz. 22; juris-PK-Internetrecht/*Heckmann*, Kap. 4.2 Rz. 182, 184, 191 ff., jeweils mwN.

2 So zutreffend *Börner/König*, K&R 2011, 92 (94); aA *Müller-ter Jung/Kremer*, BB 2010, 1874 (1877).

3 Vgl. LG Köln v. 6.8.2009 – 31 O 33/09 m. zust. Anm. *Krieg*, jurisPR-ITR 1/2010 Anm. 4; OLG Hamm v. 20.5.2010 – I-4 U 225/09, CR 2010, 609 = K&R 2010, 591 m. zust. Anm. *Dittrich*.

4 Vgl. hierzu auch juris-PK-Internetrecht/*Heckmann*, Kap. 4.2 Rz. 191 ff.

5 Vgl. etwa Spindler/Schuster/*Micklitz/Schirmbacher*, § 5 TMG Rz. 24 f.; juris-PK-Internetrecht/*Heckmann*, Kap. 4.2 Rz. 129; Gersdorf/Paal/*Ott*, Beck'scher Online-Kommentar Informations- und Medienrecht, Stand 1.5.2016, § 5 TMG Rz. 14 jeweils mwN.

6 So auch *Krieg*, AnwZert ITR 6/2011 Anm. 2; juris-PK-Internetrecht/*Heckmann*, Kap. 4.2 Rz. 191 ff.; vgl. auch OLG Hamm v. 20.5.2010 – I-4 U 225/09, CR 2010, 609 = K&R 2010, 591 m. zust. Anm. *Dittrich*.

7 juris-PK-Internetrecht/*Heckmann*, Kap. 4.2 Rz. 194 mwN.

8 Vgl. OLG Hamm v. 20.5.2010 – I-4 U 225/09, CR 2010, 609 = K&R 2010, 591 m. zust. Anm. *Dittrich*, das zu Recht das nicht weiter erläuterte Symbol „>" als Bezeichnung des zur Anbieterkennzeichnung führenden Links in einem über die eBay-App für iPhones abgerufenen eBay-Angebot beanstandet; vgl. auch LG Köln v. 6.8.2009 – 31 O 33/09 m. zust. Anm. *Krieg*, jurisPR-ITR 1/2010 Anm. 4; vgl.

dass das M-Commerce-Angebot nicht vollständig sei und die Details auf einer verlinkten Webseite einsehbar seien, reicht nicht aus.[1] Wegen der zum Teil wesentlich kleineren Bildschirme von mobilen Endgeräten stellt sich bei M-Commerce-Angeboten mehr noch als bei E-Commerce-Angeboten (s. dazu Rz. 2.64) die Frage, ob Links zu den Pflichtinformationen der Anbieterkennzeichnung, die sich am Seitenende befinden und nur durch mehrmaliges **Scrollen** erreicht werden können, noch leicht erkennbar sind. Davon wird man wie im E-Commerce auch im M-Commerce grundsätzlich ausgehen können, denn Nutzer dürften heute daran gewöhnt sein, dass die Angaben zur Anbieterkennzeichnung häufig am Seitenende zu finden sind.[2] Jedoch muss der Scrollaufwand für die Nutzer noch zumutbar sein. Hierfür gibt es im M-Commerce genauso wenig wie im E-Commerce feste Grenzen. Tendenziell wird aufgrund der technischen Gegebenheiten und der sich hieraus ergebenden veränderten Nutzungsgewohnheiten der auf mobilen Endgeräten zumutbare Scrollaufwand höher sein als derjenige auf stationären Endgeräten und derjenige auf Smartphones, deren Touchscreens ein schnelles Scrollen ermöglichen, wiederum höher als derjenige auf den teilweise noch benutzten herkömmlichen Handys. In der Literatur wird der zumutbare Scrollaufwand für (herkömmliche und/oder kleinere) mobile Endgeräte bei um die zehnmal Scrollen angenommen.[3] Für (moderne) Smartphones wird teilweise ein wesentlich höherer Scrollaufwand bis zur Grenze von extremen Ausnahmefällen noch als zumutbar angesehen.[4]

5.47 ➲ **Praxistipp:** Aus Gründen der Rechtssicherheit sollten M-Commerce-Anbieter den Link zu den Pflichtinformationen der Anbieterkennzeichnung nicht am Seitenende, sondern in der Kopfzeile platzieren.

5.48 Die Pflichtinformationen der Anbieterkennzeichnung selbst dürften sowohl mit herkömmlichen Handys als erst recht auch mit Smartphones von Nutzern mit zumutbarem Aufwand scrollbar sein.[5]

5.49 ➲ **Praxistipp:** Da M-Commerce-Anbieter sicherzustellen haben, dass die gesetzlichen Informationspflichten auf allen mobilen Endgeräten, mit denen ihre Angebote abgerufen werden können, erfüllt sind (s. dazu Rz. 5.37), müssen sie in jedem Fall darauf Acht geben, mit welchen mobilen Endgeräten auf ihre Angebote zugegriffen werden kann und ob die Anbieterkennzeichnung auf diesen Endgeräten leicht erkennbar ist, insbesondere gut gelesen werden kann und nicht übermäßig gescrollt werden muss. Sollte das bei bestimmten mobilen Endgeräten nicht der Fall sein, müsste entweder die Anbieterkennzeichnung für diese mobilen Endgeräte optimiert oder das Angebot müsste für Zugriffe durch diese mobilen Endgeräte gesperrt werden.[6]

---

zu dem bei Social Media-Apps uU anzulegenden etwas großzügigeren Maßstab etwa *Pießkalla*, ZUM 2014, 368 (372 f.); Gersdorf/Paal/*Ott*, Beck'scher Online-Kommentar Informations- und Medienrecht, Stand 1.5.2016, § 5 TMG Rz. 19 mwN.

1 Vgl. LG Köln v. 6.8.2009 – 31 O 33/09 m. zust. Anm. *Krieg*, jurisPR-ITR 1/2010 Anm. 4.
2 So zutreffend *Krieg*, AnwZert ITR 6/2011 Anm. 2; *Pießkalla*, ZUM 2014, 368 (372 f.); juris-PK-Internetrecht/*Heckmann*, Kap. 4.2 Rz. 192 f.
3 Vgl. hierzu nur den Überblick bei *Rose/Taeger*, K&R 2010, 159 (162) mwN.
4 Vgl. *Krieg*, AnwZert ITR 6/2011 Anm. 2, der zB einen Scrollaufwand von 21 Bildschirmseiten noch für zumutbar hält.
5 Bei Zugrundelegung einer Darstellbarkeit von etwa 150 Zeichen pro Bildschirmseite auf einem herkömmlichen Handy (1,5 Zoll Bildschirmdiagonale) und von 800 Zeichen pro Bildschirmseite auf einem kleineren Smartphone (4,5 Zoll Bildschirmdiagonale) (s. Rz. 5.34) müsste die Anbieterkennzeichnung, deren Umfang etwa 300 bis 800 Zeichen beträgt (s. Rz. 5.34), etwa zwei- bis sechsmal bzw. nur einmal gescrollt werden.
6 Vgl. zu den technischen Optimierungs- und Sperrpflichten von M-Commerce-Anbietern Rz. 5.37; aA *Krieg*, AnwZert ITR 6/2011 Anm. 2, der eine Pflicht zur Optimierung bzw. Sperrung nicht-optimierter Webseiten als zu weitgehend ablehnt.

Die Pflichtinformationen gemäß § 5 Abs. 1 Nr. 1 bis 7 TMG müssen ferner **unmittelbar erreichbar** und **ständig verfügbar** sein. Hier bestehen gegenüber den herkömmlichen E-Commerce-Angeboten keine Besonderheiten. Die Pflichtinformationen der Anbieterkennzeichnung müssen über einen, maximal zwei Links bzw. Klicks erreichbar und die Links dauerhaft funktionstüchtig sein (s. dazu näher Rz. 2.69 ff.). **5.50**

Verletzt der M-Commerce-Anbieter die **Pflichten zur Anbieterkennzeichnung** gemäß § 5 Abs. 1 TMG, setzt er sich Ansprüchen, insbesondere Unterlassungsansprüchen, von Verbraucherschutz- und Wettbewerbsverbänden sowie Mittbewerbern nach dem UKlaG bzw. dem UWG aus (s. dazu näher Rz. 2.96 ff.). Diese können für den M-Commerce-Anbieter kostenpflichtige Abmahnungen und Unterlassungsklagen auslösen. Bei vorsätzlichem oder fahrlässigem Handeln droht außerdem gemäß § 16 Abs. 2 Nr. 1 und Abs. 3 TMG ein Bußgeld bis zu 50 000 Euro. Ein Anbieter haftet auch dann für die Einhaltung der Pflichten zur Anbieterkennzeichnung, wenn er nicht weiß, dass seine Angebote auch mobil abgerufen werden können, oder wenn auf seine Angebote mit anderen mobilen Endgeräten als beabsichtigt zugegriffen wird (s. dazu Rz. 5.36 f.). **5.51**

Halten M-Commerce-Anbieter **journalistisch-redaktionell gestaltete Angebote** bereit, wie das beispielsweise bei Presse-Angeboten oder Blogs der Fall sein kann, sind sie gemäß § 55 Abs. 2 RStV verpflichtet, zusätzlich zu den Angaben nach den §§ 5 und 6 TMG einen Verantwortlichen mit Namen und Anschrift für das entsprechende Angebot zu benennen (s. dazu näher Rz. 2.134 ff.). **5.52**

II. Besonderheiten bei der Preisangabe

M-Commerce-Anbieter unterliegen wie E-Commerce-Anbieter den **Pflichten zur Preisangabe** nach der PAngV (s. zu den Informationspflichten nach der PAngV in Online-Shops Rz. 2.138 ff.). Sie sind aus Verbraucherschutz- und Transparenzgründen zur Gewährleistung von Preiswahrheit und -klarheit verpflichtet, für ihre Angebote sachlich zutreffende und vollständige Preise entsprechend den Vorgaben der PAngV anzugeben. **5.53**

Der **Anwendungsbereich der PAngV** erstreckt sich gemäß § 1 Abs. 1 PAngV auf sämtliche M-Commerce-Angebote, bei denen Letztverbrauchern im geschäftlichen Verkehr Waren oder Leistungen angeboten werden (Produktangebote) oder bei denen gegenüber Letztverbrauchern für solche Angebote unter Angabe von Preisen geworben wird (Werbung mit Preisangaben). Erfasst sind somit insbesondere alle Angebote des hier behandelten M-Commerce im engeren Sinn (s. Rz. 5.2), also alle über mobile Endgeräte abrufbaren Online-Shops, Online-Auktionen und sonstigen entgeltlichen M-Commerce-Angebote, aber auch Maßnahmen des M-Marketing, bei denen konkrete Produktangebote beschrieben und/oder (konkrete) Preise angegeben werden. **5.54**

Nach § 1 Abs. 1 PAngV haben M-Commerce-Anbieter für ihre Produktangebote Preise anzugeben. Diese **Preisangaben** müssen nach der PAngV **bestimmte Informationen** enthalten. Gegenüber Letztverbrauchern sind gemäß § 1 Abs. 1 PAngV immer Gesamtpreise, dh. Bruttopreise einschließlich Umsatzsteuer und sonstiger Preisbestandteile, auszuweisen, damit Nutzer auf einen Blick erkennen können, wie viel ein bestimmtes M-Commerce-Angebot insgesamt kostet. Gemäß § 1 Abs. 2 PAngV sind M-Commerce-Anbieter, da sie Waren und Leistungen im Fernabsatz anbieten, zusätzlich verpflichtet anzugeben, dass die ausgewiesenen Preise die Umsatzsteuer und sonstigen Preisbestandteile bereits enthalten, zB durch den Hinweis „inkl. USt.", und ob zusätzliche Fracht-, Liefer- oder Versandkosten oder sonstige Kosten anfallen und ggf., soweit diese vernünftigerweise im Voraus berechnet werden können, deren Höhe, zB durch den Hinweis „Liefer- und Versandkosten innerhalb **5.55**

Deutschland 6,90 Euro" oder „liefer- und versandkostenfrei".[1] Ferner ist gemäß § 2 PAngV für Waren in Fertigpackungen sowie für offene und lose Waren neben dem Gesamtpreis auch der Grundpreis, dh. der Preis je Mengeneinheit einschließlich der Umsatzsteuer und sonstiger Preisbestandteile, in unmittelbarer Nähe des Gesamtpreises anzugeben.[2]

5.56 Sämtliche Preisangaben müssen gemäß § 1 Abs. 6 PAngV bestimmte **formelle Anforderungen** erfüllen, insbesondere der allgemeinen Verkehrsauffassung sowie den Grundsätzen der Preisklarheit und Preiswahrheit entsprechen und in Konkretisierung dieser allgemeinen Vorgaben dem jeweiligen Angebot eindeutig zuordenbar sowie leicht erkennbar und deutlich lesbar oder sonst gut wahrnehmbar sein. Auch bei den formellen Anforderungen an Preisangaben stellt sich wieder das rechtliche Grundproblem des M-Commerce (s. dazu Rz. 5.34), wie diese auf den grundsätzlich kleineren Bildschirmen von mobilen Endgeräten mit ihren technisch beschränkten Darstellungsmöglichkeiten rechtskonform realisiert werden können. Anders als bei anderen gesetzlichen Informationspflichten wird diese Frage allerdings bei den Preisangabepflichten bislang kaum erörtert. Die Rechtsprechung wendet diese ohne Einschränkung auf M-Commerce-Angebote an, verlangt sogar, dass sich die Anbieter auf die technischen Gegebenheiten einstellen müssen.[3] Der Wortlaut von § 1 Abs. 6 PAngV, der als Maßstab für die Umsetzung der Preisangaben ua. auf die allgemeine Verkehrsauffassung abstellt, scheint indes – zumindest mittelbar – eine generelle Berücksichtigung der medienspezifischen Besonderheiten des M-Commerce zuzulassen. Denn die Orientierung an der allgemeinen Verkehrsauffassung bezieht die medienspezifischen Wahrnehmungs- sowie Nutzungserwartungen und -gewohnheiten der angesprochenen Verkehrskreise ein. So ist zB bei Internetangeboten das Verständnis des durchschnittlichen Internetnutzers maßgeblich.[4] Bei M-Commerce-Angeboten kommt es demnach auf das Verständnis der Nutzer von mobilen Endgeräten an. Außerdem sind die einzelnen formellen Anforderungen M-Commerce-spezifisch auszulegen (s. zur M-Commerce-spezifischen Auslegung im Rahmen der Tatbestandsmerkmale der Informationspflichten Rz. 5.35).

5.57 Nach § 1 Abs. 6 Satz 2 PAngV müssen Preisangaben dem jeweiligen Angebot **eindeutig zuordenbar** sein. Das setzt einen sofort und mühelos erkennbaren sachlichen Zusammenhang zwischen Preisangabe und Produkt voraus.[5] Im E-Commerce sind Preisangaben gemäß § 4 Abs. 4 PAngV in unmittelbarer räumlicher Nähe zu den Beschreibungen oder Abbildungen der Produkte zu platzieren. Das gilt für Gesamtpreisangaben, nicht jedoch für die Zusatzangaben betreffend Umsatzsteuer sowie Liefer- und Versandkosten. Diese Angaben können auch auf einer gesonderten Webseite gemacht werden, wenn sie durch einen eindeutig zugeordneten aussagekräftigen Link alsbald sowie leicht erkennbar und gut wahrnehmbar noch vor Einleitung des Bestellvorgangs aufrufbar sind.[6] Liefer- und Versandkostenangaben mittels Mouseover sind nach der Rechtsprechung nicht ausreichend.[7] Die gleichen Gestaltungsanforderungen sind im M-Commerce einzuhalten und dort grundsätzlich auch umsetzbar.

---

1 Vgl. LG Köln v. 6.8.2009 – 31 O 33/09 m. zust. Anm. *Krieg*, jurisPR-ITR 1/2010 Anm. 4; OLG Hamm v. 20.5.2010 – I-4 U 225/09, CR 2010, 609 = K&R 2010, 591 m. zust. Anm. *Dittrich*.
2 Vgl. zum Erfordernis der einschränkenden Auslegung der Verpflichtung zur Grundpreisangabe „in unmittelbarer Nähe" des Gesamtpreises seit dem 12.6.2013 etwa Köhler/Bornkamm/*Köhler*, § 2 PAngV Rz. 3; juris-PK-Internetrecht/*Heckmann*, Kap. 4.2 Rz. 169.1 f. jeweils mwN.
3 Vgl. LG Hannover v. 21.6.2005 – 14 O 158/04, CR 2006, 529 m. Anm. *Müglich*; vgl. auch LG Köln v. 6.8.2009 – 31 O 33/09 m. zust. Anm. *Krieg*, jurisPR-ITR 1/2010 Anm. 4; OLG Hamm v. 20.5.2010 – I-4 U 225/09, CR 2010, 609 = K&R 2010, 591 m. zust. Anm. *Dittrich*.
4 Vgl. zum Ganzen etwa Köhler/Bornkamm/*Köhler*, § 1 PAngV Rz. 35, 44; juris-PK-Internetrecht/ *Heckmann*, Kap. 4.2 Rz. 159 f. jeweils mwN.
5 Vgl. nur Köhler/Bornkamm/*Köhler*, § 1 PAngV Rz. 45; juris-PK-Internetrecht/*Heckmann*, Kap. 4.2 Rz. 166 jeweils mwN.
6 Vgl. zum Ganzen Köhler/Bornkamm/*Köhler*, § 1 PAngV Rz. 46 f., § 4 PAngV Rz. 9; juris-PK-Internetrecht/*Heckmann*, Kap. 4.2 Rz. 166 ff., 174 ff. jeweils mwN.
7 Vgl. LG Hamburg v. 13.6.2014 – 315 O 150/14, MMR 2014, 612.

Preisangaben müssen gemäß § 1 Abs. 6 Satz 2 PAngV ferner **leicht erkennbar** und **deutlich lesbar** oder sonst gut wahrnehmbar sein. Das bedeutet, dass die Preise ohne Schwierigkeiten auffindbar, ohne weiteres feststellbar und mühelos wahrnehmbar sind.[1] An die Erkennbarkeit und Wahrnehmbarkeit von Preisangaben werden tendenziell höhere Anforderungen gestellt als an die leichte Erkennbarkeit der Anbieterkennzeichnung gemäß § 5 Abs. 1 TMG.[2] Bei M-Commerce-Angeboten ist daher wie bei E-Commerce-Angeboten darauf zu achten, dass Preisangaben und Links zu Preisangaben sich an gut wahrnehmbaren Stellen auf dem Bildschirm befinden und in gut lesbarer Schrift gehalten sind. Links müssen als solche erkennbar und mit zutreffenden Hinweisen auf die verlinkten Preisangaben bezeichnet sein. Ob Preisangaben oder Links zu Preisangaben, die nur durch mehrmaliges Scrollen erreicht werden können, noch leicht erkennbar sind, ist noch fraglicher als bei der Anbieterkennzeichnung (s. Rz. 5.46). Denn zum einen wird es in diesem Fall oftmals an der eindeutigen Zuordenbarkeit der Preisangaben bzw. Links zum Angebot (s. Rz. 5.57) fehlen und zum anderen ist die Rechtsprechung nicht zuletzt deswegen in dieser Hinsicht recht kritisch. So hat das LG Hannover entschieden, dass eine Preisangabe in einer SMS, die je nach Handy-Modell erst nach sechsmaligem Herunterscrollen sichtbar ist, den Anforderungen an eine leichte Erkennbarkeit und gute Wahrnehmbarkeit iSd. § 1 Abs. 6 PAngV nicht entspricht, wenn der Anbieter nicht schon am Beginn der SMS auf die Preisangabe am Ende der SMS hinweist.[3] Nur unter dieser Voraussetzung sind demnach Preisangaben und Links zu Preisangaben, die sich durch Scrollen erreichbar am Seitenende befinden, möglich. Hinsichtlich des zumutbaren Scrollaufwands ist das Urteil indes nach den heutigen Nutzungsgewohnheiten überholt.

> **Praxistipp:** Aus Gründen der Rechtssicherheit sollten M-Commerce-Anbieter Preisangaben und Links zu Preisangaben nicht am Seitenende, sondern im unmittelbar wahrnehmbaren Bereich auf dem Bildschirm platzieren oder dort zumindest einen deutlichen Hinweis auf die Preisangaben am Seitenende geben.

5.58

5.59

M-Commerce-Anbieter sind überdies verpflichtet, dafür zu sorgen, dass ihre Preisangaben **auf allen mobilen Endgeräten**, mit denen ihre Angebote abgerufen werden können, dem jeweiligen Angebot eindeutig zuordenbar sowie leicht erkennbar und deutlich lesbar angezeigt werden (s. dazu allgemein Rz. 5.37). So hat das LG Hannover ausdrücklich entschieden, dass M-Commerce-Anbieter hierbei, da sie nicht wissen, welche mobilen Endgeräte Nutzer einsetzen und wie diese eingestellt sind, vorsorglich immer auch dem ungünstigsten Fall Rechnung zu tragen haben.[4]

5.60

Schließlich müssen gemäß § 1 Abs. 6 Satz 3 PAngV bei einer Aufgliederung von Preisen **Gesamtpreise hervorgehoben** werden. Hier bestehen gegenüber den herkömmlichen E-Commerce-Angeboten keine Besonderheiten.

5.61

Bei einem **Verstoß** gegen die **Pflichten zur Preisangabe** nach der PAngV drohen seitens von Verbraucherschutz- und Wettbewerbsverbänden sowie Mittbewerbern insbesondere wettbewerbsrechtliche Unterlassungsansprüche und solche nach dem UKlaG. Nach § 10 PAngV liegt im Fall von Vorsatz oder Fahrlässigkeit ferner eine Ordnungswidrigkeit vor, die mit einem Bußgeld geahndet werden kann. Ein Anbieter haftet auch dann für die Einhaltung der Pflichten zur Preisangabe, wenn er nicht weiß, dass seine Angebote auch mobil abgerufen werden können, oder wenn auf seine Angebote mit anderen mobilen Endgeräten als beabsichtigt zugegriffen wird (s. dazu Rz. 5.36 f.).

5.62

---

1 Vgl. nur Köhler/Bornkamm/*Köhler*, § 1 PAngV Rz. 48 ff.; juris-PK-Internetrecht/*Heckmann*, Kap. 4.2 Rz. 170 jeweils mwN.
2 Vgl. nur juris-PK-Internetrecht/*Heckmann*, Kap. 4.2 Rz. 157 mwN.
3 LG Hannover v. 21.6.2005 – 14 O 158/04, CR 2006, 529 (530) m. Anm. *Müglich*.
4 LG Hannover v. 21.6.2005 – 14 O 158/04, CR 2006, 529 (530) m. Anm. *Müglich*.

III. Telekommunikationsrechtliche Informationspflichten

5.63 M-Commerce-Anbieter haben uU Informationspflichten nach dem TKG einzuhalten.

5.64 Das **TKG** ist auf solche M-Commerce-Angebote **anwendbar**, die nicht als Telemediendienste iSd. § 1 Abs. 1 TMG, sondern als telekommunikationsgestützte Dienste gemäß § 3 Nr. 25 TKG einzuordnen sind.[1] Das trifft insbesondere auf den Vertrieb von Klingeltönen, Handy-Logos, Hintergrundbildern etc. zu, der teilweise immer noch per Premium-SMS (sowie WAP-Download) abgewickelt wird.[2] Premium-SMS-Dienste, also kostenpflichtige SMS-Mehrwertdienste, gehören zu den sog. Kurzwahldiensten iSd. § 3 Nr. 11a und b TKG,[3] die wiederum den telekommunikationsgestützten Diensten gemäß § 3 Nr. 25 TKG zugeordnet werden.[4] Nach hM sind die telekommunikationsrechtlichen Informationspflichten, insbesondere die für M-Commerce-Angebote relevanten Informationspflichten nach § 66a TKG und § 45l Abs. 3 TKG, unabhängig von den sonstigen Informationspflichten, insbesondere den Informationspflichten nach der PAngV und den fernabsatzrechtlichen Informationspflichten anzuwenden.[5]

5.65 Vor allem um dem Missbrauch von Kurzwahldiensten im Bereich des Klingeltonvertriebs gegenüber Jugendlichen vorzubeugen, wurde das TKG im Jahr 2007 um zusätzliche **Informationspflichten für Anbieter von Kurzwahldiensten** ergänzt. Im Wesentlichen handelt es sich um die Preisangabepflichten nach §§ 66a und 66c TKG und um die vorvertraglichen Informationspflichten nach § 45l Abs. 3 TKG.

5.66 Nach §§ 66a und 66c TKG haben Anbieter spezielle **Preisangabe- und Preisanzeigepflichten** zu beachten. § 66a TKG schreibt ua. vor, dass bei Angebot und Werbung für Kurzwahldienste der zu zahlende Preis zeitabhängig je Minute oder zeitunabhängig je Inanspruchnahme einschließlich Umsatzsteuer und sonstiger Preisbestandteile gut lesbar, deutlich sichtbar und in unmittelbarem Zusammenhang mit der Rufnummer anzugeben ist. Auf den Abschluss eines Dauerschuldverhältnisses ist hinzuweisen. Bei Datendiensten ist zusätzlich, soweit möglich, der Umfang der zu übermittelnden Daten anzugeben, es sei denn die Menge der zu übermittelnden Daten hat keine Auswirkung auf die Höhe des Preises.[6] Diese Preisangabepflichten bestehen medienunabhängig und werden insbesondere bei Klingeltonangeboten und -werbung im Fernsehen von Bedeutung sein.[7] Gemäß § 66c Abs. 1 TKG muss bei einmaliger Inanspruchnahme von Kurzwahldatendiensten ab einem Preis von 2 Euro pro Inanspruchnahme (Download) der zu zahlende Preis einschließlich Umsatzsteuer und sonstiger Preisbestandteile vor Beginn der Entgeltpflichtigkeit deutlich sichtbar und gut lesbar angezeigt werden. Damit eine Entgeltpflicht entsteht, muss der Nutzer den Erhalt der Information bestätigen, sog. Handshake-Verfahren.[8] Preisanzeige

---

1 Mobile (Tele-)Kommunikationsdienste (nach § 3 Nr. 24 TKG) gehören in der Regel nicht zum M-Commerce, s. Rz. 5.3.
2 Vgl. zur Einordnung des Klingeltonvertriebs als telekommunikationsgestützter Dienst ausführlich *Taeger/Rose*, K&R 2007, 233 (235 f.).
3 Vgl. dazu nur Spindler/Schuster/*Ricke*, § 3 TKG Rz. 21; Beck'scher TKG-Kommentar/*Ditscheid*, § 3 Rz. 37; vgl. auch *Taeger/Rose*, K&R 2007, 233 ff.; *Härting/Kuon*, ITRB 2007, 98 f.
4 Vgl. dazu ausführlich *Taeger/Rose*, K&R 2007, 233 (234 ff.); vgl. auch Spindler/Schuster/*Ricke*, § 3 TKG Rz. 44; Beck'scher TKG-Kommentar/*Ditscheid*, § 3 Rz. 81.
5 Vgl. etwa *Taeger/Rose*, K&R 2007, 233 (237 ff.); Spindler/Schuster/*Sodtalbers*, § 45l TKG Rz. 8, § 66a TKG Rz. 2; Beck'scher TKG-Kommentar/*Ditscheid/Rudloff*, § 45l TKG Rz. 27, § 66a Rz. 18 ff.; aA *Börner/König*, K&R 2011, 92 (94 f.), die davon ausgehen, dass die telekommunikationsrechtlichen Informationspflichten als Spezialregelungen vorgehen.
6 Vgl. dazu und auch zu den Rechtsfolgen bei Verstößen etwa *Taeger/Rose*, K&R 2007, 233 (236); *Härting/Kuon*, ITRB 2007, 98 (99).
7 Vgl. etwa Beck'scher TKG-Kommentar/*Ditscheid/Rudloff*, § 66a TKG Rz. 9.
8 Vgl. dazu und auch zu den Rechtsfolgen bei Verstößen etwa *Taeger/Rose*, K&R 2007, 233 (237); *Härting/Kuon*, ITRB 2007, 98 (99).

und Bestätigung im Handshake-Verfahren erfolgen regelmäßig per SMS.[1] Für die deutliche Sichtbarkeit und gute Lesbarkeit der Preisanzeige kann auf die Ausführungen zu den Preisangabepflichten nach der PAngV verwiesen werden (s. Rz. 5.58).

Nach § 45l Abs. 3 TKG sind Anbieter verpflichtet, vor dem Abschluss von Dauerschuldver- **5.67** hältnissen für Kurzwahldienste Nutzern eine deutliche Information über die wesentlichen Vertragsbestandteile zuzusenden. Zu den wesentlichen Vertragsbestandteilen gehören gemäß § 45l Abs. 3 Satz 2 TKG insbesondere der zu zahlende Preis einschließlich Steuern und Abgaben je SMS(-Download), der Abrechnungszeitraum, sofern möglich die Höchstzahl der SMS(-Downloads) in diesem Zeitraum, das jederzeitige Kündigungsrecht gemäß 45l Abs. 2 TKG sowie die Kündigungsmodalitäten. Den Erhalt dieser regelmäßig mittels SMS versandten **vorvertraglichen Informationen** müssen die Nutzer im Handshake-Verfahren per SMS bestätigen, damit ein Dauerschuldverhältnis entsteht.[2] § 45l Abs. 3 TKG zielt auf Abonnement-Verträge über Klingeltöne.[3] Hinsichtlich der Umsetzung der Informationspflichten auf den grundsätzlich kleineren Bildschirmen von mobilen Endgeräten, noch dazu im sehr beschränkten Rahmen von SMS stellt sich wieder das rechtliche Grundproblem des M-Commerce (s. dazu Rz. 5.34).[4] Da die Informationspflichten gemäß § 45l Abs. 3 TKG in Inhalt und Umfang indes nicht wesentlich über diejenigen nach §§ 66a und 66c TKG hinausgehen, kann insoweit ebenfalls auf die Ausführungen zu den Preisangabepflichten nach der PAngV verwiesen werden (s. Rz. 5.58).

IV. Informationspflichten für Dienstleistungserbringer nach der DL-InfoV

Die Dienstleistungsinformationspflichten-Verordnung (DL-InfoV) kann wie für E-Com- **5.68** merce-Anbieter auch für M-Commerce-Anbieter **weitere Informationspflichten** begründen (s. zu den Informationspflichten nach der DL-InfoV im E-Commerce Rz. 2.219 ff.).

Anwendbar ist die DL-InfoV gemäß deren § 1 Abs. 1 auf Erbringer von Dienstleistungen iSd. **5.69** Dienstleistungsrichtlinie[5] unabhängig von einem Vertragsschluss. Somit fallen M-Commerce-Angebote wie E-Commerce-Angebote, soweit sie Dienstleistungen, wie zB Dienste, Inhalte, Unterhaltungsangebote etc., zum Gegenstand haben, unter die DL-InfoV.[6] Die Informationspflichten nach der DL-InfoV treten neben die telemedienrechtlichen Pflichten zur Anbieterkennzeichnung und die fernabsatz- und E-Commerce-rechtlichen Informationspflichten. Die Preisangabepflichten gegenüber Letztverbrauchern nach der PAngV gehen der DL-InfoV hingegen vor.[7]

M-Commerce-Anbieter haben vor Vertragsschluss nach §§ 2 Abs. 1 und 3 Abs. 2 DL-InfoV **5.70** bestimmte **Informationen** stets zur Verfügung zu stellen, nach § 3 Abs. 1 DL-InfoV be-

---

1 Vgl. etwa Beck'scher TKG-Kommentar/*Ditscheid/Rudloff*, § 66c TKG Rz. 3 f.
2 Vgl. dazu und zu den Fragen des Anwendungsbereichs von § 45l Abs. 3 TKG etwa *Taeger/Rose*, K&R 2007, 233 (237); vgl. zu den Rechtsfolgen etwa Beck'scher TKG-Kommentar/*Ditscheid/Rudloff*, § 45l TKG Rz. 32 ff., 38.
3 Vgl. nur *Taeger/Rose*, K&R 2007, 233 (237).
4 So auch Beck'scher TKG-Kommentar/*Ditscheid/Rudloff*, § 45l TKG Rz. 27.
5 Richtlinie 2006/123/EG des Europäischen Parlaments und des Rates v. 12.12.2006 über Dienstleistungen im Binnenmarkt, ABl. EU Nr. L 376 v. 27.12.2006, S. 36. Gemäß Art. 4 Nr. 1 der Dienstleistungsrichtlinie ist Dienstleistung jede selbstständige Tätigkeit, die in der Regel gegen Entgelt erbracht wird, soweit sie nicht den Vorschriften über den freien Waren- und Kapitalverkehr oder über die Freizügigkeit der Person unterliegt. Keine Dienstleistungen iSd. der Dienstleistungsrichtlinie sind demnach etwa Finanzdienstleistungen und Telekommunikationsdienstleistungen, vgl. *Klinger*, AnwZert ITR 11/2010 Anm. 2.
6 Vgl. zum Anwendungsbereich der DL-InfoV ausführlich juris-PK-Internetrecht/*Heckmann*, Kap. 4.2 Rz. 68 ff.; Köhler/Bornkamm/*Köhler*, § 1 DL-InfoV Rz. 1 ff. jeweils mwN.
7 Vgl. zum Verhältnis der DL-InfoV zu anderen Informationspflichten ausführlich juris-PK-Internetrecht/*Heckmann*, Kap. 4.2 Rz. 80 ff. mwN.

stimmte Informationen nur auf Anfrage. Bei den einzelnen Informationen bestehen zahlreiche Überschneidungen mit anderen Informationspflichten, insbesondere mit der Anbieterkennzeichnung. Weitergehend sind die gemäß § 2 Abs. 1 DL-InfoV obligatorischen Angaben einer Telefonnummer, der vom M-Commerce-Anbieter verwendeten AGB sowie Klauseln zum anwendbaren Recht und Gerichtsstand, etwaiger über die gesetzlichen Gewährleistungsrechte hinausgehender Garantien und einer ggf. abgeschlossenen Berufshaftpflichtversicherung.[1] Hinzu kommen gemäß § 3 Abs. 2 DL-InfoV verpflichtende Angaben zu etwaigen multidisziplinären Tätigkeiten des M-Commerce-Anbieters, Verhaltenskodizes sowie ggf. nähere Angaben zum außergerichtlichen Streitschlichtungsverfahren.[2]

5.71 Gemäß § 2 Abs. 2 DL-InfoV haben M-Commerce-Anbieter die Wahl zwischen mehreren **Wegen der Informationserbringung**. Sie können insbesondere den Nutzern die Pflichtinformationen von sich aus mitteilen, etwa per E-Mail oder über andere im M-Commerce übliche Kommunikationswege, wie zB SMS (zu den Schwierigkeiten der einzelnen Kommunikationswege s. Rz. 5.83). Möglich ist ferner eine Vorhaltung am Ort der Leistungserbringung oder des Vertragsschlusses in einer Weise, dass die Pflichtinformationen den Nutzern leicht zugänglich sind.

5.72 ➲ **Praxistipp:** Bei diesem Weg der Informationserbringung bietet sich eine Integration der unternehmensbezogenen Informationen in die Anbieterkennzeichnung und der vertragsbezogenen Informationen in die AGB an (s. Praxistipp Rz. 2.223).

5.73 Dabei bestehen jeweils wieder die M-Commerce-typischen Umsetzungsprobleme (s. bei der Anbieterkennzeichnung Rz. 5.45 ff. und bei der Einbeziehung von AGB Rz. 5.144 ff.).

5.74 ➲ **Praxistipp:** Da die Pflichtinformationen der DL-InfoV gemäß § 2 Abs. 2 Nr. 3 DL-InfoV auch über eine angegebene Internetadresse elektronisch (leicht) zugänglich gemacht werden können, ist eine weitere Alternative, die Informationen – ggf. unter Inkaufnahme eines Medienbruchs – auf der allgemeinen bzw. einer separaten Website bereit zu halten und vor Vertragsschluss hierauf zu verweisen bzw. zu verlinken.

5.75 Gemäß §§ 2 Abs. 1 und 3 Abs. 1 DL-InfoV müssen die Pflichtinformationen den Nutzern zudem **in klarer und verständlicher Form** zur Verfügung gestellt werden. Diese formelle Anforderung ist bei dem jeweils gewählten Weg der Informationserbringung zu beachten. Auf die bei den einzelnen Wegen der Informationserbringung bestehenden M-Commerce-typischen Umsetzungsprobleme wurde bereits hingewiesen (s. Rz. 5.71 und Rz. 5.73).

5.76 **Verstöße** gegen die DL-InfoV können wettbewerbsrechtliche Unterlassungsansprüche und solche nach dem UKlaG sowie gemäß § 6 DL-InfoV auch Bußgelder nach sich ziehen.

V. E-Commerce-rechtliche Informations- und Gestaltungspflichten

5.77 M-Commerce-Anbieter müssen wie E-Commerce-Anbieter die E-Commerce-rechtlichen **Informations- und Gestaltungspflichten nach § 312i BGB iVm. Art. 246c EGBGB und § 312j BGB** befolgen (s. zu den Gestaltungs- und Informationspflichten nach §§ 312i, 312j BGB in Online-Shops ausführlich Rz. 2.114 ff. bzw. Rz. 2.273 ff.). Diese bestehen zusätzlich zu den fernabsatzrechtlichen Informationspflichten nach § 312d Abs. 1 BGB iVm. Art. 246a §§ 1 ff. EGBGB und § 312f Abs. 2 und 3 BGB iVm. Art. 246a EGBGB (s. dazu

---

1 Vgl. *Klinger*, AnwZert ITR 11/2010 Anm. 2.
2 Das setzt voraus, dass man M-Commerce-Angebote wie E-Commerce-Angebote als ausführliche Informationsunterlagen iSd. § 3 Abs. 2 DL-InfoV einordnet, bejahend für E-Commerce-Angebote etwa juris-PK-Internetrecht/*Heckmann*, Kap. 4.2 Rz. 150 ff. mwN.

Rz. 5.99 ff.). Sie sind anlässlich der Umsetzung der EU-Verbraucherrechterichtlinie[1] (VRRL) ins deutsche Recht zum 13.6.2014[2] neu aufgeteilt worden in die allgemeinen Pflichten im elektronischen Geschäftsverkehr gemäß § 312i BGB, die sowohl für den B2B- als auch für den B2C-Bereich gelten, und die besonderen Pflichten im elektronischen Geschäftsverkehr gegenüber Verbrauchern gemäß § 312j BGB, die nur auf den B2C-Bereich Anwendung finden. Die allgemeinen Pflichten setzen sich wiederum aus weiteren spezifisch den elektronischen Geschäftsverkehr betreffenden vorvertraglichen Informationspflichten nach § 312i Abs. 1 Nr. 2 BGB iVm. Art. 246c EGBGB sowie den (technischen) Gestaltungspflichten nach § 312i Abs. 1 Nr. 1, 3 und 4 BGB zusammen und die besonderen Pflichten im elektronischen Geschäftsverkehr gegenüber Verbrauchern aus den Informations- und Gestaltungspflichten der sog. Button-Lösung nach § 312j Abs. 2 und 3 BGB sowie der in Umsetzung von Art. 8 Abs. 3 VRRL neu eingeführten vorvertraglichen Informationspflicht zu Lieferbeschränkungen und Zahlungsmitteln nach § 312j Abs. 1 BGB.

5.78 Die **Informations- und Gestaltungspflichten im elektronischen Geschäftsverkehr gemäß §§ 312i, 312j BGB** kommen nach § 312i Abs. 1 BGB grundsätzlich dann zur **Anwendung**, wenn sich ein Unternehmer zum Vertragsschluss eines Telemediendienstes bedient (sog. Vertrag im elektronischen Geschäftsverkehr). Das trifft auf M-Commerce-Angebote zu[3] außer den per Premium-SMS (sowie WAP-Download) abgewickelten und denjenigen, bei denen nur der Vertragsschluss per SMS oder E-Mail über mobile Endgeräte stattfindet[4] (s. Rz. 5.43).

5.79 Im Rahmen der sowohl für den B2B- als auch für den B2C-Bereich geltenden **allgemeinen Pflichten im elektronischen Geschäftsverkehr nach § 312i BGB** haben M-Commerce-Anbieter gemäß § 312i Abs. 1 Nr. 2 BGB iVm. Art. 246c EGBGB den Nutzern rechtzeitig vor Abgabe von deren Bestellung folgende **vorvertragliche Informationen** zu erteilen (s. zu den einzelnen Informationen ausführlich Rz. 2.116 ff.):

– über die einzelnen technischen Schritte, die zu einem Vertragsschluss führen,

– darüber, ob der Vertragstext nach dem Vertragsschluss vom M-Commerce-Anbieter gespeichert wird und ob er dem Nutzer zugänglich ist,

– darüber, wie der Nutzer mit den zur Verfügung gestellten technischen Mitteln Eingabefehler vor Absendung der Bestellung erkennen und berichtigen kann,

– über die für den Vertragsschluss zur Verfügung stehenden Sprachen, und

– über sämtliche einschlägigen Verhaltenskodizes, denen sich der M-Commerce-Anbieter unterwirft, sowie über die Möglichkeit eines elektronischen Zugangs zu diesen Kodizes.

5.80 Die einzelnen Informationen sind den Nutzern gemäß § 312i Abs. 1 Nr. 2 BGB **klar und verständlich** mitzuteilen. Dieses E-Commerce-rechtliche Transparenzgebot umfasst zum einen inhaltliche Anforderungen, wie zB eine verständliche Sprache und nachvollziehbare Formulierungen. Zum anderen schließt es auch formelle Anforderungen ein. Die Informationen müssen von ihrem Umfang, Aufbau und Druckbild her übersichtlich sowie gut er-

---

1 Richtlinie 2011/83/EU des Europäischen Parlaments und des Rates v. 25.10.2011 über die Rechte der Verbraucher, zur Abänderung der Richtlinie 93/13/EWG des Rates und der Richtlinie 1999/44/EG des Europäischen Parlaments und des Rates sowie zur Aufhebung der Richtlinie 85/577/EWG des Rates und der Richtlinie 97/7/EG des Europäischen Parlaments und des Rates, ABl. EU Nr. L 304 v. 22.11.2011, S. 64.
2 Gesetz zur Umsetzung der Verbraucherrechterichtlinie und zur Änderung des Gesetzes zur Regelung der Wohnungsvermittlung v. 20.9.2013, BGBl. I 2013, 3642.
3 So auch Spindler/Schuster/*Schirmbacher*, § 312i BGB Rz. 12.
4 Vgl. hierzu auch § 312i Abs. 2 Satz 1 BGB.

kennbar und lesbar dargestellt sein.[1] Das führt wieder zu der Frage der rechtskonformen Umsetzbarkeit dieser formellen Anforderungen auf mobilen Endgeräten, dem rechtlichen Grundproblem des M-Commerce (s. dazu Rz. 5.34). In Rechtsprechung und Literatur wird das Problem für die E-Commerce-rechtlichen Informationspflichten so gut wie nicht diskutiert. Da das E-Commerce-rechtliche Transparenzgebot des § 312i Abs. 1 Nr. 2 BGB anders als das fernabsatzrechtliche Transparenzgebot des Art. 246a § 4 Abs. 1 und 3 EGBGB kein medienspezifisches Transparenzgebot ist, weil es von seinem Wortlaut her keine dem jeweils eingesetzten Kommunikationsmittel entsprechende Erfüllung der Informationspflichten vorsieht, scheidet zwar eine generelle Berücksichtigung der medienspezifischen Besonderheiten des M-Commerce aus. Bei den einzelnen formellen Anforderungen des E-Commerce-rechtlichen Transparenzgebots ist aber eine **M-Commerce-spezifische Auslegung** vorzunehmen (s. zur M-Commerce-spezifischen Auslegung im Rahmen der Tatbestandsmerkmale der Informationspflichten Rz. 5.35). Was die formelle Anforderung der guten Erkennbarkeit und Lesbarkeit der E-Commerce-rechtlichen Pflichtinformationen angeht, kann auf die Ausführungen zur ganz ähnlichen formellen Anforderung der leichten Erkennbarkeit der Anbieterkennzeichnung nach § 5 Abs. 1 TMG verwiesen werden (s. Rz. 5.46). Die Pflichtinformationen müssen insbesondere in einer gut lesbaren Schrift gehalten und mit zumutbarem Scrollaufwand wahrnehmbar sein. Ferner müssen sie die weitere formelle Anforderung einer übersichtlichen Darstellung erfüllen. Wenn die Pflichtinformationen beispielsweise auf das Wesentliche verkürzt und/oder übersichtlich strukturiert werden, sollte auch diese formelle Anforderung auf mobilen Endgeräten rechtskonform umsetzbar sein. Im Übrigen sind die E-Commerce-rechtlichen Pflichtinformationen in ihrem Umfang ähnlich überschaubar wie die Anbieterkennzeichnung[2] und können an verschiedenen Stellen in den Bestellvorgang integriert werden (s. dazu Rz. 2.117 ff.), was die Einhaltung der formellen Anforderungen erleichtert und sie auch im M-Commerce umsetzbar macht.

5.81 Nach § 312i Abs. 1 Nr. 1, 3, und 4 BGB sind M-Commerce-Anbieter ferner verpflichtet, folgende **technische Gestaltungen** einzuhalten:

– Zurverfügungstellung angemessener, wirksamer und zugänglicher technischer Mittel, mit deren Hilfe der Nutzer Eingabefehler vor Abgabe seiner Bestellung erkennen und berichtigen kann (§ 312i Abs. 1 Nr. 1 BGB),

– unverzügliche Bestätigung des Zugangs der Bestellung des Nutzers auf elektronischem Wege (§ 312i Abs. 1 Nr. 3 BGB), und

– Möglichkeit für den Nutzer, die Vertragsbestimmungen einschließlich der AGB bei Vertragsschluss abzurufen und in wiedergabefähiger Form zu speichern (§ 312i Abs. 1 Nr. 4 BGB).

5.82 Während bei der Gestaltung der Korrektur von Eingabefehlern gemäß § 312i Abs. 1 Nr. 1 BGB im Hinblick auf den M-Commerce keine Besonderheiten bestehen (s. dazu im E-Commerce Rz. 2.126), tritt bei der Bestellbestätigung gemäß § 312i Abs. 1 Nr. 3 BGB und beim Erfordernis der Abrufbarkeit und Speicherbarkeit der Vertragsbestimmungen einschließlich AGB bei Vertragsschluss gemäß § 312i Abs. 1 Nr. 4 BGB wieder das rechtliche Grundproblem des M-Commerce (s. dazu Rz. 5.34) auf.

5.83 Bei der **Bestellbestätigung** gemäß § 312i Abs. 1 Nr. 3 BGB ist fraglich, auf welchem elektronischen Weg den Nutzern der Zugang der Bestellung bestätigt werden kann. Eine Bestellbestätigung per E-Mail, wie sie im E-Commerce verbreitet ist (s. dazu Rz. 2.249), kann ggf. mangels E-Mail-Client auf älteren mobilen Endgeräten nur unter Inkaufnahme

---

1 Vgl. zum Ganzen MüKoBGB/*Wendehorst*, § 312i BGB Rz. 84 ff.; Spindler/Schuster/*Schirmbacher*, § 312i BGB Rz. 43; juris-PK-Internetrecht/*Heckmann*, Kap. 4.2 Rz. 113 ff. jeweils mwN.
2 Vgl. *Rose/Taeger*, K&R 2010, 159 (161); Spindler/Schuster/*Schirmbacher*, § 312i BGB Rz. 45.

eines Medienbruchs realisiert werden. Sie setzt außerdem die Erhebung der E-Mail-Adressen der Nutzer voraus. Per SMS, EMS oder MMS versandte Bestellbestätigungen sind zwar auch elektronisch, könnten jedoch an der begrenzten Zeichenkapazität von 160 Zeichen pro SMS oder daran scheitern, dass noch nicht sämtliche mobile Endgeräte EMS- bzw. MMS-fähig sind.

⮕ **Praxistipp:** Alternativ ist eine Anzeige der Bestellbestätigung auf dem Bildschirm unmittelbar nach Abgabe der Bestellung denkbar.[1]   **5.84**

Unter **Abrufbarkeit der Vertragsbestimmungen** einschließlich AGB bei Vertragsschluss iSd. § 312i Abs. 1 Nr. 4 BGB wird eine geschlossene Darstellung aller AGB und individuellen Vereinbarungen auf dem Bildschirm verstanden,[2] was sich auf mobilen Endgeräten teilweise kaum realisieren lässt. Da die Anforderungen denjenigen der zumutbaren Kenntnisnahmemöglichkeit gemäß § 305 Abs. 2 Nr. 2 BGB bei der Einbeziehung von AGB gleichen, wird insoweit auf die dortigen Ausführungen verwiesen (s. Rz. 5.143 ff.).   **5.85**

Das Erfordernis der **Speicherbarkeit der Vertragsbestimmungen** einschließlich AGB bei Vertragsschluss gemäß § 312i Abs. 1 Nr. 4 BGB ist im M-Commerce deshalb problematisch, weil nicht wenige mobile Endgeräte, insbesondere herkömmliche Handys und die Endgeräte von Apple, wie zB das iPhone und das iPad, über keine oder nur sehr eingeschränkte Speichermöglichkeiten verfügen. Auch in dieser Hinsicht rechtfertigen die technischen Hindernisse allerdings keine Einschränkung der gesetzlichen Informations- und Gestaltungspflicht.[3] Notwendig ist vielmehr eine M-Commerce-spezifische Auslegung der Tatbestandsmerkmale des § 312i Abs. 1 Nr. 4 BGB (s. zur Erforderlichkeit einer M-Commerce-spezifischen Auslegung der Informationspflichten allgemein Rz. 5.35). So kann die Zeitbestimmung „bei Vertragsschluss" dahingehend ausgelegt werden, dass die Pflicht nach § 312i Abs. 1 Nr. 4 BGB nicht zwingend im oder bis zum Zeitpunkt des Vertragsschlusses erfüllt werden muss, sondern es auch ausreicht, wenn den Nutzern die Speichermöglichkeit innerhalb angemessener Zeit nach Vertragsschluss verschafft wird.[4]   **5.86**

⮕ **Praxistipp:** In der Praxis genügt es daher, den Nutzern die Vertragsbestimmungen einschließlich AGB zusammen mit der Bestellbestätigung oder der Vertragsannahme per E-Mail zuzusenden.[5] Alternativ kann schon im Zusammenhang mit der Bestellung ein Button zum Senden der Vertragsbestimmungen per E-Mail vorgesehen werden.[6]   **5.87**

Mit der Übersendung per E-Mail ist gleichzeitig die Pflicht zur Zurverfügungstellung einer Bestätigung des Vertrags auf einem dauerhaften Datenträger gemäß § 312f Abs. 2 BGB erfüllt (s. dazu und zu den Schwierigkeiten bei der Übersendung per E-Mail Rz. 5.123 ff.).   **5.88**

Im Rahmen der nur für den B2C-Bereich geltenden **besonderen Pflichten im elektronischen Geschäftsverkehr gegenüber Verbrauchern nach § 312j BGB** müssen M-Commerce-Anbieter darüber hinaus gemäß § 312j Abs. 2 und 3 BGB die Informations- und Gestaltungspflichten der sog. **Button-Lösung** beachten. Diese sollen Verbraucher besser vor ungewollten entgeltlichen Verträgen, sog. Kosten- und Abofallen, im elektronischen Geschäftsverkehr schützen (s. zur Button-Lösung im E-Commerce ausführlich Rz. 2.273 ff.).   **5.89**

---

1 Vgl. MüKoBGB/*Wendehorst*, § 312i BGB Rz. 96 mwN.
2 Vgl. MüKoBGB/*Wendehorst*, § 312i BGB Rz. 102 f.; juris-PK-Internetrecht/*Heckmann*, Kap. 4.2 Rz. 519.
3 So auch juris-PK-BGB/*Junker*, § 312i Rz. 74, der eine teleologische Reduktion des § 312i Abs. 1 Nr. 4 BGB ablehnt.
4 So juris-PK-BGB/*Junker*, § 312i BGB Rz. 75 mwN; vgl. auch MüKoBGB/*Wendehorst*, § 312i BGB Rz. 105 mwN.
5 Vgl. juris-PK-BGB/*Junker*, § 312i BGB Rz. 74; MüKoBGB/*Wendehorst*, § 312i BGB Rz. 104 f.; juris-PK-Internetrecht/*Heckmann*, Kap. 4.2 Rz. 516.
6 Vgl. Spindler/Schuster/*Schirmbacher*, § 312i BGB Rz. 55.

5.90 § 312j Abs. 2 BGB schreibt vor, dass M-Commerce-Anbieter bei entgeltlichen Verbraucherverträgen die fernabsatzrechtlich (ohnehin) zu erteilenden vorvertraglichen **Informationen** gemäß Art. 246a § 1 Abs. 1 Satz 1 Nr. 1, 4, 5, 11 und 12 EGBGB zu den wesentlichen Eigenschaften der Ware oder Dienstleistung, zum Gesamtpreis und zu ggf. zusätzlich anfallenden Fracht-, Liefer-, Versand- und sonstigen Kosten, zur etwaigen Laufzeit des Vertrags bzw. den Kündigungsbedingungen bei einem unbefristeten Vertrag und zur etwaigen Mindestdauer der vertraglichen Verpflichtungen unmittelbar vor Abgabe der Bestellung klar und verständlich in hervorgehobener Weise (nochmals zusammenfassend) zur Verfügung zu stellen haben. Die Anforderung, dass die genannten wesentlichen Vertragsinformationen **unmittelbar vor Abgabe der Bestellung** zu geben sind, beinhaltet sowohl einen engen zeitlichen als auch nach hM[1] einen engen räumlich-funktionalen Zusammenhang zwischen den Informationen und der Abgabe der Bestellung. In räumlicher Hinsicht müssen die wesentlichen Vertragsinformationen nach der Gesetzesbegründung[2] bei üblicher Bildschirmauflösung gleichzeitig mit der zur Abgabe der Bestellung üblicherweise verwendeten Schaltfläche zu sehen sein, ohne dass der Verbraucher scrollen, einen Link aufrufen oder ein gesondertes Dokument herunterladen muss. In der Literatur wird zu Recht darauf hingewiesen, dass sich ein Scrollen nicht immer vermeiden lässt, insbesondere wenn die zur Verfügung zu stellenden vertragswesentlichen Informationen aufgrund der Vielzahl der bestellten Waren lang sind und/oder auf begrenzten Displays von mobilen Endgeräten dargestellt werden müssen. In solchen Fällen ist es ausreichend, wenn sich die Bestellschaltfläche unmittelbar an die letzte Information anschließt.[3] Mit der Anforderung, dass die wesentlichen Vertragsinformationen **klar und verständlich in hervorgehobener Weise** zu erteilen sind, sind neben der inhaltlichen und sprachlichen Unmissverständlichkeit insbesondere eine klare und einfache Erkennbarkeit sowie ein hervorgehobenes Layout mit gut lesbarer Schrift gemeint.[4] Um insofern eine übersichtliche Zusammenfassung der vertragswesentlichen Informationen kurz vor Bestellung zu erreichen, wird von der Literatur, insbesondere auch im Hinblick auf begrenzte Displays von mobilen Endgeräten eine angemessene Verkürzung der zu erteilenden Informationen zugelassen.[5]

5.91 ➲ **Praxistipp:** Wenn die in ihrem Umfang relativ beschränkten vertragswesentlichen Informationen in knapper Form sowie hervorgehoben in gut lesbarer Schrift direkt über der Bestellschaltfläche angeordnet werden, sollte eine rechtskonforme Umsetzung der Informationspflichten des § 312j Abs. 2 BGB auch auf mobilen Endgeräten möglich sein.[6]

5.92 Gemäß § 312j Abs. 3 BGB sind M-Commerce-Anbieter ferner gehalten, die von ihnen verwendeten **Bestellschaltflächen** gut lesbar mit nichts anderem als den Wörtern **„zahlungspflichtig bestellen"** oder mit einer entsprechenden eindeutigen Formulierung, wie zB „kostenpflichtig bestellen" oder „kaufen", zu beschriften. Falls Bestellungen nicht über eine

---

1 Vgl. nur OLG Koblenz v. 26.3.2014 – 9 U 1116/13, GRUR-RR 2014, 407 (409) = CR 2014, 716 (720); juris-PK-BGB/*Junker*, § 312j BGB Rz. 23, 26 ff.; MüKoBGB/*Wendehorst*, § 312j BGB Rz. 18 jeweils mwN; aA Spindler/Schuster/*Schirmbacher*, § 312j BGB Rz. 24.
2 Regierungsentwurf eines Gesetzes zur Änderung des Bürgerlichen Gesetzbuchs zum besseren Schutz der Verbraucherinnen und Verbraucher vor Kostenfallen im elektronischen Geschäftsverkehr v. 16.11.2011, BT-Drs. 17/7745, S. 10 f.
3 Vgl. juris-PK-BGB/*Junker*, § 312j BGB Rz. 29; MüKoBGB/*Wendehorst*, § 312j BGB Rz. 18; Spindler/Schuster/*Schirmbacher*, § 312j BGB Rz. 26, 28 jeweils mwN; vgl. auch OLG Koblenz v. 26.3.2014 – 9 U 1116/13, GRUR-RR 2014, 407 (409) = CR 2014, 716 (720).
4 Vgl. zum Ganzen juris-PK-BGB/*Junker*, § 312j BGB Rz. 30 ff.; MüKoBGB/*Wendehorst*, § 312j BGB Rz. 17; Spindler/Schuster/*Schirmbacher*, § 312j BGB Rz. 30 ff. jeweils mwN.
5 Vgl. MüKoBGB/*Wendehorst*, § 312j BGB Rz. 16; Spindler/Schuster/*Schirmbacher*, § 312j BGB Rz. 34 f.
6 Auch eine Evaluierung der Button-Lösung durch das Bundesministerium für Ernährung, Landwirtschaft und Verbraucherschutz im Juni 2013 zwei Jahre nach deren Inkrafttreten hat keine signifikanten Umsetzungsprobleme im M-Commerce ergeben, vgl. *Spindler/Thorun/Blom*, MMR 2015, 3 (6).

Schaltfläche erfolgen, ist die Bestellsituation so zu gestalten, dass Verbraucher mit der Bestellung ausdrücklich bestätigen, dass sie sich zu einer Zahlung verpflichten. Werden diese Gestaltungspflichten nicht erfüllt, kommt gemäß § 312j Abs. 4 BGB kein Vertrag zustande (s. näher Rz. 2.275 ff.). Besonderheiten im Hinblick auf den M-Commerce bestehen nicht. Soweit in der Literatur zum Teil vertreten wird, dass bei den im M-Commerce verwendeten Bestellschaltflächen aus Platzgründen auf Text überhaupt verzichtet werden könne und zu deren Beschriftung ein Symbol, wie zB das Euro-Zeichen, ausreichend sei,[1] kann dem nicht gefolgt werden. Denn zum einen besteht auch im M-Commerce kein solcher Platzmangel, dass eine Bestellschaltfläche nicht mit ein oder zwei Wörtern beschriftet werden könnte, und zum anderen wären solche Symbole kaum deutlich und unmissverständlich.[2]

Schließlich sind M-Commerce-Anbieter gemäß dem mit Umsetzung der VRRL ins deutsche Recht neu eingeführten **§ 312j Abs. 1 BGB** verpflichtet, auf Webseiten für den elektronischen Geschäftsverkehr mit Verbrauchern zusätzlich zu den Angaben nach § 312i Abs. 1 BGB spätestens bei Beginn des Bestellvorgangs klar und deutlich anzugeben, ob Lieferbeschränkungen bestehen und welche Zahlungsmittel akzeptiert werden. Diese weitere **vorvertragliche Informationspflicht** ergänzt die besonderen Pflichten im elektronischen Geschäftsverkehr gegenüber Verbrauchern nach § 312j BGB und gilt für Webseiten, auf denen Verbraucher entgeltliche Leistungen bestellen können.[3] Von dem erstmals im BGB benutzten, jedoch nicht definierten Begriff „Webseiten" dürften auch (herkömmliche) Websites, die mit mobilen Endgeräten abgerufen werden, und mobile Websites, also auf mobile Endgeräte zugeschnittene Websites (s. Rz. 5.9), umfasst sein, so dass § 312j Abs. 1 BGB insbesondere auch auf mobile Websites mit Online-Shops, Online-Auktionen und sonstigen entgeltlichen Angeboten anwendbar ist. Anzugeben sind allgemeine Lieferbeschränkungen, zB geografischer Art.[4] Nach hM müssen auch Lieferbeschränkungen hinsichtlich der Verfügbarkeit einzelner Produkte angegeben werden.[5] Ferner hat eine Angabe zu den grundsätzlich (vorbehaltlich einer Bonitätsprüfung im Einzelfall) akzeptierten Zahlungsmitteln, wie zB Überweisung nach Rechnung, Vorkasse, Kreditkartenzahlung etc., zu erfolgen.[6] Die zusätzlichen Informationen sind spätestens bei Beginn des Bestellvorgangs, dh. schon in den Produktbeschreibungen bzw. Produktübersichten, sowie klar und deutlich, zB mittels gut wahrnehmbarer und klar bezeichneter Links, anzugeben.[7] Hier könnte sich wieder das rechtliche Grundproblem des M-Commerce (s. dazu Rz. 5.34) stellen. Allerdings dürfte die Umsetzung dieser neuen vorvertraglichen Informationspflicht aufgrund des relativ geringen Umfangs der anzugebenden Informationen auch auf mobilen Endgeräten kaum Probleme bereiten.

5.93

VI. Informationspflichten zur alternativen Streitbeilegung

Seit Inkrafttreten der EU-Verordnung Nr. 524/2013 über die Online-Streitbeilegung in Verbraucherangelegenheiten[8] am 9.1.2016 und des Gesetzes zur Umsetzung der Richtlinie über alternative Streitbeilegung in Verbraucherangelegenheiten und zur Durchführung

5.94

---

1 Vgl. etwa Spindler/Schuster/*Schirmbacher*, § 312j BGB Rz. 45 mwN.
2 So zutreffend etwa auch MüKoBGB/*Wendehorst*, § 312j BGB Rz. 29 mwN.
3 Vgl. Spindler/Schuster/*Schirmbacher*, § 312j BGB Rz. 4; MüKoBGB/*Wendehorst*, § 312j BGB Rz. 3 f.
4 Vgl. nur Spindler/Schuster/*Schirmbacher*, § 312j BGB Rz. 9; MüKoBGB/*Wendehorst*, § 312j BGB Rz. 7.
5 Vgl. nur MüKoBGB/*Wendehorst*, § 312j BGB Rz. 7 mwN; aA Spindler/Schuster/*Schirmbacher*, § 312j BGB Rz. 6.
6 Vgl. dazu etwa Spindler/Schuster/*Schirmbacher*, § 312j BGB Rz. 11 ff.; MüKoBGB/*Wendehorst*, § 312j BGB Rz. 10.
7 Vgl. dazu etwa Spindler/Schuster/*Schirmbacher*, § 312j BGB Rz. 14 ff.; MüKoBGB/*Wendehorst*, § 312j BGB Rz. 11 f.
8 Verordnung (EU) Nr. 524/2013 des Europäischen Parlaments und des Rates v. 21.5.2013 über die Online-Beilegung verbraucherrechtlicher Streitigkeiten und zur Änderung der Verordnung (EG) Nr. 2006/

der Verordnung über Online-Streitbeilegung in Verbraucherangelegenheiten[1] mit seinem in Art. 1 eingeführten Verbraucherstreitbeilegungsgesetz (VSBG)[2] im Wesentlichen am 1.4.2016 sind M-Commerce-Anbieter genauso wie E-Commerce-Anbieter **zusätzlichen Informationspflichten zur alternativen Streitbeilegung** unterworfen (s. zu den neuen gesetzlichen Informationspflichten im E-Commerce Rz. 2.227 ff.).

5.95 Nach Art. 14 Abs. 1 der EU-Verordnung über Online-Streitbeilegung in Verbraucherangelegenheiten sind M-Commerce-Anbieter, die im B2C-Bereich Online-Kaufverträge oder Online-Dienstleistungsverträge eingehen oder Online-Marktplätze anbieten, seit dem 9.1.2016 verpflichtet, auf ihren Websites einen Link zu der durch die Verordnung neu geschaffenen europäischen Online-Plattform zur außergerichtlichen Beilegung von Verbraucherstreitigkeiten[3] einzurichten und ihre E-Mail-Adresse anzugeben. Von dieser Verpflichtung dürften auch (herkömmliche) Websites, die mit mobilen Endgeräten abgerufen werden, und mobile Websites, also auf mobile Endgeräte zugeschnittene Websites (s. Rz. 5.9), umfasst sein. Der **Link auf die EU-Online-Streitbeilegungs-Plattform** muss für Verbraucher leicht zugänglich sein.

5.96 Ferner müssen gemäß Art. 14 Abs. 2 der EU-Verordnung über Online-Streitbeilegung in Verbraucherangelegenheiten diejenigen M-Commerce-Anbieter, die im B2C-Bereich Online-Kaufverträge oder Online-Dienstleistungsverträge schließen und sich freiwillig verpflichtet haben oder gesetzlich verpflichtet sind, eine oder mehrere Stellen für die alternative Beilegung von Streitigkeiten mit Verbrauchern zu nutzen, die Verbraucher über die **Existenz der EU-Online-Streitbeilegungs-Plattform und die Möglichkeit, diese für die Beilegung ihrer Streitigkeiten zu nutzen, informieren**. Diese Verpflichtung gilt seit Inkrafttreten des VSBG am 1.4.2016. Denn erst im VSBG bzw. im Gesetz zur Umsetzung der Richtlinie über alternative Streitbeilegung in Verbraucherangelegenheiten und zur Durchführung der Verordnung über Online-Streitbeilegung in Verbraucherangelegenheiten hat der deutsche Gesetzgeber festgelegt, welche Unternehmen gesetzlich verpflichtet sind, eine Stelle für die alternative Beilegung von Streitigkeiten mit Verbrauchern zu nutzen, und welche dies nur sind, wenn sie sich freiwillig dazu verpflichtet haben. Danach besteht für deutsche Unternehmen keine generelle Verpflichtung zur Teilnahme an alternativen Streitbeilegungsverfahren mit Verbrauchern, sondern nur wenn dies, wie zB für Energieversorger, spezialgesetzlich angeordnet ist. Somit trifft die Informationspflicht des Art. 14 Abs. 2 der EU-Verordnung über Online-Streitbeilegung in Verbraucherangelegenheiten nur diese wenigen speziellen M-Commerce-Anbieter und solche, die freiwillig an der Online-Streitbeilegung in Verbraucherangelegenheiten über die eingerichtete EU-Online-Plattform teilnehmen möchten. Ab dem 1.2.2017 müssen M-Commerce-Anbieter, die eine Website unterhalten oder AGB verwenden und mehr als zehn Personen beschäftigen, gemäß § 36 VSBG darüber hinaus Verbraucher leicht zugänglich, klar und verständlich davon in Kenntnis setzen, inwieweit sie **bereit oder verpflichtet sind, an Streitbeilegungsverfahren vor einer Verbraucherschlichtungsstelle teilzunehmen**, und ggf. auf die zuständige Verbraucherschlichtungsstelle (mit Anschrift und Internetadresse) hinweisen.

5.97 Da der Link auf die EU-Online-Streitbeilegungs-Plattform ähnlich wie die Anbieterkennzeichnung leicht zugänglich sein muss, kann er als zusätzliche Information in der Anbie-

---

2004 und der Richtlinie 2009/22/EG (Verordnung über Online-Streitbeilegung in Verbraucherangelegenheiten), ABl. EU Nr. L 165 v. 18.6.2013, S. 1.

1 Gesetz zur Umsetzung der Richtlinie über alternative Streitbeilegung in Verbraucherangelegenheiten und zur Durchführung der Verordnung über Online-Streitbeilegung in Verbraucherangelegenheiten v. 19.2.2016, BGBl. I 2016, 254.

2 Gesetz über die alternative Streitbeilegung in Verbraucherstreitsachen (Verbraucherstreitbeilegungsgesetz – VSBG).

3 Die EU-Online-Streitbeilegungs-Plattform ist derzeit unter dem Link https://webgate.ec.europa.eu/odr abrufbar.

terkennzeichnung des entsprechenden M-Commerce-Angebots untergebracht werden. Das Gleiche gilt für die nach Art. 14 Abs. 2 der EU-Verordnung über Online-Streitbeilegung in Verbraucherangelegenheiten und § 36 VSBG ggf. ergänzend erforderlichen Hinweise (s. Rz. 2.229 zur praktischen Gestaltung und Formulierung). Darüber hinaus können Link und ggf. ergänzend erforderliche Hinweise in den AGB des M-Commerce-Anbieters wiederholt werden. Da der Link und die ggf. ergänzend erforderlichen Informationen relativ kurz sind, lassen sie sich auch auf mobilen Endgeräten ohne größere Schwierigkeiten rechtskonform umsetzen. Hinsichtlich der **Besonderheiten im M-Commerce** kann ansonsten auf die Ausführungen zur Anbieterkennzeichnung verwiesen werden (s. Rz. 5.46).

Bei einem **Verstoß** gegen die **Informationspflichten zur alternativen Streitbeilegung** drohen seitens von Verbraucherschutz- und Wettbewerbsverbänden sowie Mittbewerbern insbesondere wettbewerbsrechtliche Unterlassungsansprüche und solche nach dem UKlaG.[1]   **5.98**

C. Fernabsatzrechtliche Informationspflichten des M-Commerce-Anbieters

M-Commerce-Anbieter unterliegen je nach konkreter Ausgestaltung ihrer Angebote ferner den vertragsbezogenen fernabsatzrechtlichen Informationspflichten gemäß § 312d Abs. 1 BGB iVm. Art. 246a §§ 1 ff. EGBGB und § 312f Abs. 2 und 3 BGB iVm. Art. 246a EGBGB. Diese Informationspflichten sind **anwendbar**, wenn nach § 312 BGB der Anwendungsbereich der §§ 312b ff. BGB eröffnet ist und Fernabsatzverträge iSd. § 312c Abs. 1 und 2 BGB vorliegen. Das ist bei im M-Commerce, also im Handel von (elektronischen) Waren und Dienstleistungen über mobile Endgeräte, abgeschlossenen Verträgen zwischen Unternehmern und Verbrauchern regelmäßig der Fall, es sei denn die vertragsgegenständlichen Leistungen sind unentgeltlich[2] oder es ist eine der Ausnahmen des § 312 Abs. 2 bis 6 BGB, wie zB Verträge über Pauschalreisen oder Personenbeförderung, gegeben. Insofern gelten für M-Commerce-Anbieter, die entgeltlich im B2C-Bereich tätig sind, die gleichen vorvertraglichen Informationspflichten nach § 312d Abs. 1 BGB iVm. Art. 246a §§ 1 ff. EGBGB und die gleichen vertraglichen Informationspflichten nach § 312f Abs. 2 und 3 BGB iVm. Art. 246a EGBGB wie für E-Commerce-Anbieter (s. zu den vertragsbezogenen fernabsatzrechtlichen Informationspflichten in Online-Shops ausführlich Rz. 2.142 ff.).   **5.99**

I. Änderungen durch die Umsetzung der VRRL

Die vertragsbezogenen fernabsatzrechtlichen Informationspflichten haben sich durch die seit dem 13.6.2014 geltende (fristgerechte) Umsetzung der EU-Verbraucherrechte-Richtlinie[3] (VRRL) ins deutsche Recht geändert. Mit dem Ziel, das Funktionieren des europäischen Binnenmarkts zu verbessern und ein hohes Verbraucherschutzniveau sicherzustellen, schreibt die VRRL vom 25.10.2011 im Wesentlichen die Fernabsatz-Richtlinie[4] sowie   **5.100**

---

1 Vgl. LG Bochum v. 31.3.2016 – 14 O 21/16, CR 2016, 461 zu einem Wettbewerbsverstoß wegen Verletzung von Art. 14 Abs. 1 der EU-Verordnung über Online-Streitbeilegung in Verbraucherangelegenheiten.
2 Nach Umsetzung der VRRL gelten gemäß § 312 Abs. 1 BGB die Vorschriften der §§ 312b ff. BGB nur noch für Verbraucherverträge, die eine entgeltliche Leistung des Unternehmers zum Gegenstand haben, so dass unentgeltliche Verträge keine Fernabsatzverträge (iSd. § 312c Abs. 1 und 2 BGB) mehr sind.
3 Richtlinie 2011/83/EU des Europäischen Parlaments und des Rates v. 25.10.2011 über die Rechte der Verbraucher, zur Abänderung der Richtlinie 93/13/EWG des Rates und der Richtlinie 1999/44/EG des Europäischen Parlaments und des Rates sowie zur Aufhebung der Richtlinie 85/577/EWG des Rates und der Richtlinie 97/7/EG des Europäischen Parlaments und des Rates, ABl. EU Nr. L 304 v. 22.11.2011, S. 64.
4 Richtlinie 97/7/EG des Europäischen Parlaments und des Rates v. 20.5.1997 über den Verbraucherschutz bei Vertragsabschlüssen im Fernabsatz, ABl. EG Nr. L 144 v. 4.6.1997, S. 19.

die Haustürgeschäfte-Richtlinie[1] fort und fasst diese basierend auf dem Grundsatz der Vollharmonisierung zu einem einheitlichen europäischen Rechtsinstrument zusammen. Zur **Umsetzung der VRRL** hat der deutsche Gesetzgeber mit dem Gesetz zur Umsetzung der Verbraucherrechterichtlinie und zur Änderung des Gesetzes zur Regelung der Wohnungsvermittlung vom 20.9.2013[2] insbesondere strukturelle und inhaltliche Anpassungen der §§ 312 ff. BGB (Verbraucherverträge und besondere Vertriebsformen), der §§ 355 ff. BGB (Widerrufsrechte bei Verbraucherverträgen und besonderen Vertriebsformen) und der Art. 246 ff. EGBGB sowie der zugehörigen Muster (Informationspflichten bei Verbraucherverträgen und besonderen Vertriebsformen) vorgenommen.[3] Gerade für den **Bereich des M-Commerce** hat die Umsetzung der VRRL neben Änderungen beim Widerrufsrecht (s. dazu Rz. 5.157 ff.) auch einige Änderungen hinsichtlich der vertragsbezogenen fernabsatzrechtlichen Informationspflichten mit sich gebracht. So ist etwa der nunmehr in § 312d Abs. 1 BGB iVm. Art. 246a § 1 EGBGB (vormals § 312c Abs. 1 BGB iVm. Art. 246 § 1 EGBGB aF) geregelte Katalog der vorvertraglichen Pflichtinformationen in Umsetzung von Art. 6 VRRL (europaweit vereinheitlicht) angepasst, leicht ausgeweitet und mit einer beschränkten medienspezifischen Erleichterung versehen worden, die auch für den M-Commerce gilt (s. dazu näher Rz. 5.115). Eine noch weitergehende und wichtigere medienspezifische Erleichterung der fernabsatzrechtlichen vorvertraglichen Informationspflichten sieht der in Umsetzung von Art. 8 Abs. 4 VRRL neu eingeführte Art. 246a § 3 EGBGB vor, der insbesondere den technischen Beschränkungen des M-Commerce Rechnung tragen soll (s. dazu näher Rz. 5.116 ff.). Auch die fernabsatzrechtlichen (nach-)vertraglichen Informationspflichten, die sich jetzt in § 312f Abs. 2 und 3 BGB iVm. Art. 246a EGBGB (vormals § 312c Abs. 1 BGB iVm. Art. 246 § 2 EGBGB aF) finden, wurden in Umsetzung von Art. 8 Abs. 7 VRRL leicht angepasst (s. dazu näher Rz. 5.122 ff.).

II. Vorvertragliche Informationspflichten

5.101 Damit Nutzer eine informierte Entscheidung treffen können, müssen M-Commerce-Anbieter wie E-Commerce-Anbieter die **vorvertraglichen Informationspflichten nach § 312d Abs. 1 BGB iVm. Art. 246a §§ 1 ff. EGBGB** einhalten (s. zu den fernabsatzrechtlichen vorvertraglichen Informationspflichten in Online-Shops ausführlich Rz. 2.145 ff.).

1. Inhalte der Informationspflichten

5.102 Nach § 312d Abs. 1 BGB iVm. Art. 246a §§ 1 und 4 Abs. 1 EGBGB sind M-Commerce-Anbieter verpflichtet, den Nutzern vor Abgabe von deren Vertragserklärung zahlreiche **vorvertragliche Informationen** zur Verfügung zu stellen. Die für den M-Commerce (im hier verstandenen engeren Sinn ohne Finanzdienstleistungen[4]) relevanten Informationen finden sich in Art. 246a § 1 EGBGB, in Art. 246a § 1 Abs. 2 und 3 diejenigen über das Bestehen bzw. Nichtbestehen eines Widerrufsrechts und in Art. 246a § 1 Abs. 1 Satz 1 Nr. 1 bis 16 die sonstigen Informationen. Letztere lassen sich inhaltlich wiederum in unternehmensspezifische (Art. 246a § 1 Abs. 1 Satz 1 Nr. 2 und 3 EGBGB), produkt- und dienstleistungsspezifische (Art. 246a § 1 Abs. 1 Satz 1 Nr. 1, 4, 5, 14 und 15 EGBGB) sowie vertragsspezifische (Art. 246a § 1 Abs. 1 Satz 1 Nr. 6 bis 13 und 16 EGBGB) Informationen einteilen (s.

---

1 Richtlinie 85/577/EWG des Rates v. 20.12.1985 betreffend den Verbraucherschutz im Falle von außerhalb von Geschäftsräumen geschlossenen Verträgen, ABl. EG Nr. L 372 v. 31.12.1985, S. 31.
2 BGBl. I 2013, 3642.
3 Vgl. zur Umsetzung der VRRL ins deutsche Recht nur *Oelschlägel*, MDR 2013, 1317 ff.; *Schirmbacher/Schmidt*, CR 2014, 107 ff.; *Bierekoven*, MMR 2014, 283 ff.; *Buchmann*, K&R 2014, 221 ff., 293 ff., 369 ff.
4 Die zusätzlichen Pflichtinformationen für Fernabsatzverträge über Finanzdienstleistungen sind in § 312d Abs. 2 BGB iVm. Art. 246b EGBGB geregelt, vgl. dazu im Überblick juris-PK-BGB/*Junker*, § 312d BGB Rz. 98 ff.; vgl. auch MüKoBGB/*Wendehorst*, Art. 246b § 2 EGBGB Rz. 1 ff.

Rz. 2.170 ff.). Nicht sämtliche Informationen sind für alle Fernabsatzverträge verpflichtend. Einige der Informationen, insbesondere diejenigen gemäß Art. 246a § 1 Abs. 1 Satz 1 Nr. 9 bis 16 EGBGB, wie zB Kundendienstleistungen und Garantien, Verhaltenskodizes, vom Nutzer zu stellende Kautionen oder Sicherheiten, außergerichtliche Beschwerde- und Rechtsbehelfsverfahren oder (Mindest-)Vertragslaufzeiten, sind nur anzugeben, wenn die Voraussetzungen bei dem konkreten M-Commerce-Angebot vorliegen. In der Regel ist die Angabe folgender Informationen erforderlich (s. zu den inhaltlichen Anforderungen der einzelnen Informationen ausführlich Rz. 2.171 ff.):

- die Identität des M-Commerce-Anbieters, seine (ladungsfähige) Anschrift und Telefonnummer sowie ggf. seine Telefaxnummer und E-Mail-Adresse,

- die wesentlichen Eigenschaften der Waren oder Dienstleistungen in dem für das Kommunikationsmittel und für die Waren und Dienstleistungen angemessenen Umfang,

- der Gesamtpreis der Waren oder Dienstleistungen einschließlich aller Steuern und Abgaben sowie ggf. alle zusätzlichen Fracht-, Liefer- oder Versandkosten und alle sonstigen Kosten oder, falls der Preis oder die Kosten nicht im Voraus berechnet werden können, die Art der Preisberechnung bzw. die Tatsache, dass solche zusätzlichen Kosten anfallen können,

- bei unbefristeten Verträgen oder Abonnement-Verträgen der Gesamtpreis, dh. die pro Abrechnungszeitraum anfallenden Gesamtkosten und, wenn für einen solchen Vertrag Festbeträge in Rechnung gestellt werden, zusätzlich die monatlichen Gesamtkosten, oder, falls die Gesamtkosten nicht im Voraus berechnet werden können, die Art der Preisberechnung,

- die Zahlungs-, Liefer- und Leistungsbedingungen sowie der Termin (bzw. eine Frist[1]) zur Lieferung der Waren oder Erbringung der Dienstleistungen und ggf. das Verfahren zum Umgang mit Beschwerden,

- das Bestehen eines gesetzlichen Mängelhaftungsrechts für die Waren, und

- ggf. die (Mindest-)Laufzeit des Vertrags oder die Kündigungsbedingungen unbefristeter Verträge oder sich automatisch verlängernder Verträge.

Seit Umsetzung der VRRL zum 13.6.2014 müssen gemäß Art. 246a § 1 Abs. 1 Satz 1 Nr. 14 und 15 EGBGB bei M-Commerce-Angeboten, die **digitale Inhalte** zum Gegenstand haben, weitere vorvertragliche Informationen zur Verfügung gestellt werden. Digitale Inhalte sind nach der Legaldefinition in § 312f Abs. 3 BGB Daten, die in digitaler Form hergestellt und bereitgestellt werden, wie zB auf Datenträgern oder online gelieferte bzw. bereitgestellte Software, Apps, Spiele, Musik, Videos oder Texte. Gemäß Art. 246a § 1 Abs. 1 Satz 1 Nr. 14 EGBGB ist über die Funktionsweise solcher digitalen Inhalte, insbesondere wie diese vom Nutzer verwendet werden können und inwieweit seine Nutzung nachverfolgt (getrackt) wird, einschließlich anwendbarer technischer Schutzmaßnahmen zu informieren, gemäß Art. 246a § 1 Abs. 1 Satz 1 Nr. 15 EGBGB über dem M-Commerce-Anbieter bekannte oder bekannt sein müssende wesentliche Beschränkungen der Interoperabilität und Kompatibilität solcher digitalen Inhalte mit Hard- und Software, insbesondere über notwendige Hard- und Softwarevoraussetzungen zur Nutzung der digitalen Inhalte[2].

Eine der wichtigsten vorvertraglichen Informationspflichten ist die Unterrichtung der Nutzer über das **Bestehen oder Nichtbestehen eines Widerrufsrechts**, die mit Umsetzung

5.103

---

1 Nach hM. kann die Angabe eines Liefertermins gemäß Art. 246a § 1 Abs. 1 Satz 1 Nr. 7 EGBGB als Angabe einer Lieferfrist, die mit Eingang der Bestellung beim Unternehmer beginnt, ausgelegt werden, vgl. nur Spindler/Schuster/*Schirmbacher*, Art. 246a EBGB Rz. 64 ff.; juris-PK-BGB/*Junker*, § 312d BGB Rz. 35 jeweils mwN.

2 Vgl. zum Ganzen etwa Spindler/Schuster/*Schirmbacher*, Art. 246a EBGB Rz. 94 ff.; juris-PK-BGB/*Junker*, § 312d BGB Rz. 57 f. jeweils mwN.

der VRRL in Art. 246a § 1 Abs. 2 bzw. 3 EGBGB neu geregelt wurde. Da den M-Commerce-Anbieter sowohl gemäß Art. 246a § 1 Abs. 2 EGBGB im Fall des Bestehens eines Widerrufsrechts des Nutzers bestimmte Informationspflichten treffen als auch gemäß Art. 246a § 1 Abs. 3 EGBGB in dem Fall, dass ein Widerrufsrecht des Nutzers nicht besteht, ist zunächst jeweils für das konkrete M-Commerce-Angebot zu prüfen, ob ein Widerrufsrecht des Nutzers gemäß § 312g Abs. 1 BGB iVm. §§ 355 bzw. 356 BGB besteht oder gemäß § 312g Abs. 2 BGB bzw. § 356 Abs. 4 und 5 BGB bei bestimmten Verträgen ausnahmsweise nicht besteht bzw. vorzeitig erlischt (s. auch Rz. 2.205 ff. und Rz. 2.374 ff.). Gerade im Bereich des M-Commerce existieren derartige Ausnahmefälle (s. dazu Rz. 5.161 ff.). Wenn für das konkrete M-Commerce-Angebot nach diesen Vorschriften kein Widerrufsrecht besteht bzw. ein solches vorzeitig erlischt, ist der M-Commerce-Anbieter gehalten, die Nutzer nach Maßgabe des Art. 246a § 1 Abs. 3 EGBGB ausdrücklich hierüber zu unterrichten. Besteht ein Widerrufsrecht, sind die Nutzer gemäß den näheren Vorgaben des Art. 246a § 1 Abs. 2 EGBGB hierüber und über die Bedingungen, die Fristen und das Verfahren für die Ausübung des Widerrufsrechts sowie das in Umsetzung der VRRL neu eingeführte Muster-Widerrufsformular (gemäß Anlage 2 zu Art. 246a § 1 Abs. 2 Satz 1 Nr. 1 EGBGB), das die Nutzer zur Widerrufsausübung verwenden können, zu unterrichten, darüber hinaus ggf. über die Kosten der Rücksendung und den Wertersatz bei Dienstleistungen (s. zum Ganzen näher Rz. 2.467 ff.).

5.104 ➲ **Praxistipp:** Üblicherweise wird hierzu schon die gesetzliche Muster-Widerrufsbelehrung gemäß Anlage 1 zu Art. 246a § 1 Abs. 2 Satz 2 EGBGB verwendet. Wird diese den Nutzern bereits vor Abgabe von deren Vertragserklärung zutreffend ausgefüllt in Textform (gemäß § 126b Satz 1 BGB) übermittelt, was nicht vorgeschrieben ist, gelten gemäß Art. 246a § 1 Abs. 2 Satz 2 EGBGB sowohl die vorvertraglichen als auch die (nach-)vertraglichen fernabsatzrechtlichen Informationspflichten zum Widerrufsrecht als erfüllt.

5.105 Die vorvertragliche Informationspflicht über das Bestehen oder Nichtbestehen eines Widerrufsrechts gemäß Art. 246a § 1 Abs. 2 bzw. 3 EGBGB ist nach wie vor von den daneben zu erfüllenden (nach-)vertraglichen Pflichten zur Belehrung über das Widerrufsrecht (auf dauerhaftem Datenträger gemäß § 126b Satz 2 BGB) nach § 312f Abs. 2 Satz 2 iVm. Art. 246a § 1 Abs. 2 bzw. 3 EGBGB zu unterscheiden (s. Rz. 2.413 ff.). Anders als nach altem Recht genügt jetzt allerdings insoweit gemäß § 356 Abs. 3 Satz 1 BGB nach hM für den Beginn der Widerrufsfrist, dass entweder vorvertraglich oder auch (nach-)vertraglich entsprechend den inhaltlichen Anforderungen des Art. 246a § 1 Abs. 2 Satz 1 Nr. 1 EGBGB über das Widerrufsrecht unterrichtet bzw. belehrt wird, selbst wenn dies nicht auf einem dauerhaften Datenträger erfolgt. Damit sind nur noch gemäß Art. 246a § 1 Abs. 2 Satz 1 Nr. 1 EGBGB überhaupt nicht oder fehlerhaft erteilte Informationen über das Widerrufsrecht fernabsatzrechtlich **sanktioniert**.[1]

2. Modalitäten und Umfang der Informationserteilung

5.106 Auch nach Umsetzung der VRRL sind die fernabsatzrechtlichen vorvertraglichen Pflichtinformationen den Nutzern klar und verständlich (Art. 246a § 4 Abs. 1 EGBGB) sowie in einer den benutzten Fernkommunikationsmitteln angepassten Weise (Art. 246a § 4 Abs. 3 EGBGB) zur Verfügung zu stellen. Damit besteht das für den M-Commerce relevante fernabsatzrechtliche medienspezifische Transparenzgebot des Art. 246 § 1 Abs. 1 EGBGB aF in Art. 246a § 4 Abs. 1 und 3 EGBGB fort (s. näher Rz. 5.107 ff.). Hinzu kommen die für den

---

1 Vgl. dazu etwa Spindler/Schuster/*Schirmbacher*, § 356 BGB Rz. 36 f.; MüKoBGB/*Fritsche*, § 356 BGB Rz. 24 ff.; juris-PK-BGB/*Hönninger*, § 356 BGB Rz. 12; aA etwa Palandt/*Grüneberg*, § 356 BGB Rz. 7; *Buchmann*, K&R 2014, 221 (225 f.), die eine Widerrufsbelehrung auf einem dauerhaften Datenträger verlangen.

Bereich des M-Commerce bedeutsamen medienspezifischen Erleichterungen des Art. 246a § 1 Abs. 1 Satz 1 Nr. 1 EGBGB und vor allem des neu eingeführten Art. 246a § 3 EGBGB, die sowohl die Art und Weise (Modalitäten) als auch den Umfang der Informationserteilung betreffen (s. näher Rz. 5.115 bzw. Rz. 5.116 ff.).

a) Medienspezifisches Transparenzgebot

Gemäß Art. 246a § 4 Abs. 1 und 3 EGBGB müssen den Nutzern die vorvertraglichen Pflichtinformationen **in klarer und verständlicher sowie einer den benutzten Fernkommunikationsmitteln angepassten Weise** zur Verfügung gestellt werden (s. zu diesen formellen Anforderungen der vorvertraglichen Informationspflichten ausführlich Rz. 2.149 ff.). Damit statuiert Art. 246a § 4 Abs. 1 und 3 EGBGB wie zuvor Art. 246 § 1 Abs. 1 EGBGB aF für die fernabsatzrechtlichen vorvertraglichen Informationspflichten ein **medienspezifisches Transparenzgebot**.[1] Dass die Pflichtinformationen „in einer den benutzten Fernkommunikationsmitteln angepassten Weise" zur Verfügung zu stellen sind, trägt den tatsächlichen, insbesondere technischen Besonderheiten und Beschränkungen einzelner Medien Rechnung, denn eine Präsentation von Informationen ist nicht bei allen Kommunikationsmitteln in gleicher Weise möglich.[2] Aus der Formulierung „in einer den benutzten Fernkommunikationsmitteln angepassten Weise" folgt zugleich, dass die Informationen in dem Kommunikationsmittel zur Verfügung gestellt werden müssen, mit dem der Vertragsschluss erfolgen soll. Ein Verweis der Verbraucher auf ein anderes Kommunikationsmittel ist grundsätzlich nicht möglich[3] (s. näher Rz. 2.150 ff.). Das medienspezifische Transparenzgebot des Art. 246a § 4 Abs. 1 und 3 EGBGB schreibt eine klare und verständliche Zurverfügungstellung der Informationen vor. Wie beim E-Commerce-rechtlichen Transparenzgebot des § 312i Abs. 1 Nr. 2 BGB (s. Rz. 5.80) werden hiervon inhaltliche Anforderungen, insbesondere eine verständliche Sprache, nachvollziehbare Formulierungen etc., und formelle Anforderungen umfasst[4] (s. näher Rz. 2.156 ff.). Formell müssen die Informationen hinsichtlich ihrer Platzierung und ihres Umfangs, Aufbaus und Druckbilds übersichtlich, gut wahrnehmbar und gut lesbar dargestellt sein.[5] Das bereitet im M-Commerce angesichts der grundsätzlich kleineren Bildschirme von mobilen Endgeräten mit ihren technisch beschränkten Darstellungsmöglichkeiten teilweise erhebliche Schwierigkeiten. Somit stellt sich auch hier das rechtliche Grundproblem des M-Commerce, also die Frage nach der rechtskonformen Umsetzbarkeit der formellen Anforderungen auf mobilen Endgeräten (s. dazu Rz. 5.34). Diese Frage wird bei den fernabsatzrechtlichen vorvertraglichen Informationspflichten des Art. 246a §§ 1 ff. EGBGB (Art. 246 § 1 Abs. 1 EGBGB aF) nach wie vor explizit erörtert[6] und hat sich durch die Umsetzung der VRRL, insbesondere die Einführung des (insoweit nur beschränkt privilegierenden) Art. 246a § 3 EGBGB auch nicht erledigt. Während die Rechtsprechung – jedenfalls war das vor Einführung des Art. 246a § 3 EGBGB so – Art. 246a §§ 1 ff. EGBGB (Art. 246 § 1 Abs. 1 EGBGB aF) bislang

5.107

---

1 Vgl. juris-PK-Internetrecht/*Heckmann*, Kap. 4.2 Rz. 112, 184, 187 f.; Spindler/Schuster/*Schirmbacher*, Art. 246a EGBGB Rz. 223 f. jeweils mwN, die allerdings entgegen Art. 8 Abs. 1 VRRL anstatt von einem einheitlichen medienspezifischen Transparenzgebot i.S. Art. 246a § 4 Abs. 1 und 3 EGBGB „künstlich" von zwei separaten Transparenzgeboten – einem allgemeinen medienunabhängigen Transparenzgebot in Art. 246a EGBGB § 4 Abs. 1 EGBGB („in klarer und verständlicher Weise") und einem medienspezifischen Transparenzgebot in Art. 246a EGBGB § 4 Abs. 3 EGBGB („in einer den benutzten Fernkommunikationsmitteln angepassten Weise") – ausgehen.
2 juris-PK-Internetrecht/*Heckmann*, Kap. 4.2 Rz. 112; vgl. auch Spindler/Schuster/*Schirmbacher*, Art. 246a EGBGB Rz. 223 f. mwN, die auch von „mediengerechter Information" sprechen.
3 Vgl. nur MüKoBGB/*Wendehorst*, Art. 246a § 4 EGBGB Rz. 66; juris-PK-Internetrecht/*Heckmann*, Kap. 4.2 Rz. 188 jeweils mwN.
4 Vgl. nur Spindler/Schuster/*Schirmbacher*, Art. 246a EGBGB Rz. 207 ff.
5 Vgl. MüKoBGB/*Wendehorst*, Art. 246a § 4 EGBGB Rz. 57; Spindler/Schuster/*Schirmbacher*, Art. 246a EGBGB Rz. 210; juris-PK-Internetrecht/*Heckmann*, Kap. 4.2 Rz. 119 jeweils mwN.
6 Vgl. dazu nur juris-PK-Internetrecht/*Heckmann*, Kap. 4.2 Rz. 112, 182 ff.; Spindler/Schuster/*Schirmbacher*, Art. 246a EGBGB Rz. 248 jeweils mwN.

grundsätzlich uneingeschränkt auch auf M-Commerce-Angebote anwendet und von den M-Commerce-Anbietern verlangt, sich auf die technischen Gegebenheiten einzustellen,[1] tritt die Literatur seit jeher und – unabhängig von der medienspezifischen Erleichterung des neu eingeführten Art. 246a § 3 EGBGB – auch heute noch aufgrund des im Wortlaut des Art. 246a § 4 Abs. 1 und 3 EGBGB (Art. 246 § 1 Abs. 1 EGBGB aF) verankerten medienspezifischen Transparenzgebots überwiegend für eine **generelle Berücksichtigung der medienspezifischen Besonderheiten des M-Commerce bei den formellen Anforderungen** ein und befürwortet Modifikationen bei deren Umsetzung.[2]

5.108 So wurde vor allem vor Umsetzung der VRRL diskutiert, ob M-Commerce-Anbieter zur klaren und verständlichen Darstellung der vorvertraglichen Pflichtinformationen ggf. unter Inkaufnahme eines **Medienbruchs** auf ihre allgemeinen bzw. eigens hierfür vorgehaltene Webseiten im Internet verweisen oder verlinken können. Das LG Bochum hatte das hinsichtlich eines WAP-Angebots, in dem ein Hinweis enthalten war, dass es sich nur um den Auszug eines Angebots handele und das Angebot mit allen Details auf einer Webseite eingesehen werden könne, bejaht.[3] Dem ist das OLG Hamm in der Berufungsinstanz mit der zutreffenden Begründung entgegengetreten, dass pauschale **Verweise auf Webseiten** zur Erfüllung der Informationspflichten nicht ausreichen.[4] Zum einen sind wie im E-Commerce gut wahrnehmbare und aussagekräftige („sprechende") Links erforderlich (s. dazu Rz. 2.160).[5] Zum anderen dürfen – worauf das LG Köln in einem vergleichbaren Fall richtigerweise hingewiesen hat[6] – auch im M-Commerce die Pflichtinformationen grundsätzlich nicht über ein anderes Kommunikationsmittel, also zB Webseite statt WAP-Seite oder stationäres statt mobiles Endgerät, zur Verfügung gestellt werden.[7] Im Rahmen des Anwendungsbereichs des mit Umsetzung der VRRL neu eingeführten Art. 246a § 3 EGBGB ist jetzt allerdings für bestimmte Pflichtinformationen unter den Voraussetzungen des Art. 246a § 3 iVm. § 4 Abs. 3 Satz 3 EGBGB die Zugänglichmachung über ein anderes Kommunikationsmittel und damit ein Medienbruch möglich (s. Rz. 5.116).

5.109 Noch wichtiger als im E-Commerce ist eine **übersichtliche Darstellung** der Pflichtinformationen.[8] Hierzu gehören eine Verkürzung der einzelnen Informationen auf das Wesentliche,[9] eine Aufteilung der unternehmensspezifischen, produkt- und dienstleistungsspezifischen sowie vertragsspezifischen Informationen auf die Anbieterkennzeichnung, die Produktbeschreibung und die AGB (s. dazu näher Rz. 2.157 ff.) und eine Gliederung sowie

---

1 Vgl. LG Köln v. 6.8.2009 – 31 O 33/09, BeckRS 2010, 12670; OLG Hamm v. 16.6.2009 – 4 U 51/09, K&R 2009, 813; OLG Hamm v. 20.5.2010 – I-4 U 225/09, CR 2010, 609; OLG Frankfurt v. 6.11.2006 – 6 W 203/06, CR 2008, 259.

2 Vgl. nur juris-PK-Internetrecht/*Heckmann*, Kap. 4.2 Rz. 182 ff.; vgl. ausführlich zum Meinungsstand hinsichtlich der Auslegung des Transparenzgebots des Art. 246 § 1 Abs. 1 EGBGB aF im M-Commerce vor Umsetzung der VRRL *Rose*, in Taeger/Wiebe, Von AdWords bis Social Networks – Neue Entwicklungen im Informationsrecht, 2008, S. 415 (423 f., 426 ff.).

3 LG Bochum v. 21.1.2009 – 13 O 277/08, juris; im Hinblick auf die Anwendbarkeit des Art. 246a § 3 iVm. § 4 Abs. 3 Satz 3 EGBGB tendenziell zustimmend Spindler/Schuster/*Schirmbacher*, Art. 246a EGBGB Rz. 166.

4 OLG Hamm v. 16.6.2009 – 4 U 51/09, K&R 2009, 813; ähnlich LG Köln v. 6.8.2009 – 31 O 33/09 m. zust. Anm. *Krieg*, jurisPR-ITR 1/2010 Anm. 4.

5 Vgl. OLG Hamm v. 16.6.2009 – 4 U 51/09, K&R 2009, 813; LG Köln v. 6.8.2009 – 31 O 33/09 m. zust. Anm. *Krieg*, jurisPR-ITR 1/2010 Anm. 4.

6 LG Köln v. 6.8.2009 – 31 O 33/09 m. zust. Anm. *Krieg*, jurisPR-ITR 1/2010 Anm. 4.

7 Vgl. LG Köln v. 6.8.2009 – 31 O 33/09 m. zust. Anm. *Krieg*, jurisPR-ITR 1/2010 Anm. 4; Hoeren/Sieber/Holznagel/*Föhlisch*, Teil 13.4 Rz. 108b; juris-PK-Internetrecht/*Heckmann*, Kap. 4.2 Rz. 188; MüKoBGB/*Wendehorst*, Art. 246a § 4 EGBGB Rz. 66; aA *Müller-ter Jung/Kremer*, BB 2010, 1874 (1878).

8 So zutreffend juris-PK-Internetrecht/*Heckmann*, Kap. 4.2 Rz. 189.

9 Der Umfang der Pflichtinformationen darf jedoch, zB durch Weglassen einzelner erforderlicher Informationen, nicht eingeschränkt werden, vgl. Spindler/Schuster/*Schirmbacher*, Art. 246a EGBGB Rz. 225.

Strukturierung der Informationen durch „sprechende" Links. Ferner muss auf eine **gut lesbare Darstellung** geachtet werden. Notwendig ist eine deutlich erkennbare Schrift mit angemessener Schriftgröße und ausreichend Kontrast zum Hintergrund.[1] Zumindest einzelne Sätze sollten komplett erfassbar und weder am rechten noch am unteren Bildschirmrand abgeschnitten sein, also weder zur Seite noch nach unten gescrollt werden müssen.[2] Außerdem ist es vonnöten, den **Scrollaufwand** für die Nutzer bezogen auf die Pflichtinformationen insgesamt in zumutbaren Grenzen zu halten.[3] Hier gilt in etwa das Gleiche wie bei der Gestaltung der Anbieterkennzeichnung, so dass auf die dortigen Ausführungen verwiesen werden kann (s. Rz. 5.46). Bei (herkömmlichen und/oder kleineren) mobilen Endgeräten (wie zB herkömmlichen Handys oder Wearables) wird es noch zumutbar sein, bis um die zehnmal zu scrollen,[4] bei (modernen) Smartphones dürfte die Zumutbarkeitsgrenze noch höher liegen. Schließlich ist eine Darstellung von Pflichtinformationen in **Grafikdateien oder anderen Dateiformaten** möglich, wenn die Grafiken bzw. Dateiformate auf den mobilen Endgeräten angezeigt werden und die enthaltenen Texte die Anforderungen hinsichtlich Klarheit und Verständlichkeit erfüllen.[5] Eine Darstellung von Pflichtinformationen mittels **Mouseover** ist nach der Rechtsprechung hingegen nicht ausreichend.[6]

➲ **Praxistipp:** Wenn die vorstehenden Anforderungen an eine übersichtliche und gut lesbare Darstellung sowie einen zumutbaren Scrollaufwand eingehalten werden, können die vorvertraglichen Pflichtinformationen grundsätzlich auch auf mobilen Endgeräten rechtskonform zur Verfügung gestellt werden (s. dazu auch Rz. 5.113).   **5.110**

Fraglich ist, ob das medienspezifische Transparenzgebot des Art. 246a § 4 Abs. 1 und 3   **5.111** EGBGB zu einer Typisierung des Bezugspunkts der formellen Anforderungen dahingehend führt, dass als Maßstab für die Einhaltung der Informationspflichten nicht auf alle mobilen Endgeräte, mit denen das jeweilige M-Commerce-Angebot abgerufen werden kann, sondern auf durchschnittliche, handelsübliche mobile Endgeräte abgestellt werden muss.[7] Auch wenn ein „**durchschnittliches mobiles Endgerät**" angesichts der Verschiedenheit der mobilen Endgeräte (s. Rz. 5.7) schwierig zu ermitteln ist, legt der Wortlaut des Art. 246a § 4 Abs. 1 und 3 EGBGB diesen Maßstab nahe. Allerdings ist darauf hinzuweisen, dass die Rechtsprechung von dem Grundsatz, dass die gesetzlichen Informationspflichten auf allen mobilen Endgeräten und Endgerätetypen, mit denen auf die M-Commerce-Angebote zugegriffen werden kann, gleichermaßen erfüllt werden müssen (s. dazu Rz. 5.37 und Rz. 5.60), bislang auch bei den vorvertraglichen Pflichtinformationen des Art. 246a §§ 1 ff. EGBGB (Art. 246 § 1 Abs. 1 EGBGB aF) nicht abgewichen ist.[8]

Wie häufig in der ersten Phase der Entwicklung des M-Commerce[9] (s. zu den Entwick-   **5.112** lungsphasen des M-Commerce Rz. 5.27 f.) wurde teilweise noch unlängst – jedenfalls war das vor Umsetzung der VRRL so – eine rechtskonforme Darstellung der vorvertraglichen

---

1 Vgl. juris-PK-Internetrecht/*Heckmann*, Kap. 4.2 Rz. 189; Spindler/Schuster/*Schirmbacher*, Art. 246a EGBGB Rz. 210.
2 Vgl. juris-PK-Internetrecht/*Heckmann*, Kap. 4.2 Rz. 189; Spindler/Schuster/*Schirmbacher*, Art. 246a EGBGB Rz. 237; *Rose/Taeger*, K&R 2010, 159 (162).
3 Vgl. juris-PK-Internetrecht/*Heckmann*, Kap. 4.2 Rz. 190; *Rose/Taeger*, K&R 2010, 159 (162).
4 Vgl. hierzu nur den Überblick bei *Rose/Taeger*, K&R 2010, 159 (162) mwN.
5 Vgl. OLG Frankfurt v. 6.11.2006 – 6 W 203/06, CR 2008, 259; LG Berlin v. 24.6.2008 – 16 O 894/07, JurPC Web-Dok. 73/2009, online unter http://www.jurpc.de/rechtspr/20090073.htm; vgl. auch Spindler/Schuster/*Schirmbacher*, Art. 246a EGBGB Rz. 243 ff.
6 Vgl. LG Hamburg v. 13.6.2014 – 315 O 150/14, MMR 2014, 612.
7 So juris-PK-Internetrecht/*Heckmann*, Kap. 4.2 Rz. 187; *Börner/König*, K&R 2011, 92 (93 f.).
8 Vgl. LG Köln v. 6.8.2009 – 31 O 33/09, BeckRS 2010, 12670; OLG Hamm v. 16.6.2009 – 4 U 51/09, K&R 2009, 813; OLG Hamm v. 20.5.2010 – I-4 U 225/09, CR 2010, 609.
9 Vgl. exemplarisch *Pauly*, MMR 2005, 812 ff.; *Kessel/Kuhlmann/Passauer/Schriek*, K&R 2004, 519 ff.

Pflichtinformationen nach Art. 246 § 1 Abs. 1 EGBGB aF für unmöglich gehalten.[1] Ähnlich wie bei der Einbeziehung von AGB (s. dazu ausführlich Rz. 5.145 ff.) wurden verschiedene **rechtliche Lösungsansätze** diskutiert, die von einer Reduzierung der Informationspflichten über einen Verzicht der Nutzer auf die Erteilung von Informationen vor Vertragsschluss bis zum vorherigen Abschluss eines Rahmenvertrags gemäß § 312b Abs. 4 BGB aF mit Hilfe eines anderen Kommunikationsmittels, zB per Post oder über ein stationäres Endgerät, zur Vermeidung der Informationspflichten bei den folgenden Einzelvertragsschlüssen reichten.[2] Diese rechtlichen Lösungsansätze sind jedoch zum Teil, wie insbesondere die Rahmenvertragslösung gemäß § 312b Abs. 4 BGB aF, nach Umsetzung der VRRL nicht mehr möglich, im Übrigen vermögen sie auch nicht zu überzeugen. Art. 246a § 4 Abs. 1 und 3 EGBGB lässt keine Reduzierung der Informationspflichten, sondern lediglich eine M-Commerce-spezifische Darstellung der Pflichtinformationen zu.[3] Auch ein Verzicht der Nutzer auf die Informationserteilung ist gemäß § 312k Abs. 1 BGB (§ 312i BGB aF), der abweichende Vereinbarungen zum Nachteil der Verbraucher untersagt, von Gesetzes wegen nicht möglich.[4]

5.113 Unabhängig davon dürfte eine rechtskonforme **Umsetzung der formellen Anforderungen** des Art. 246a § 4 Abs. 1 und 3 EGBGB auf mobilen Endgeräten heute grundsätzlich möglich sein. Die Pflichtinformationen können abgesehen von der Unterrichtung über ein Widerrufsrecht, zu der die gesetzlich vorgegebene Muster-Widerrufsbelehrung verwendet werden sollte, solange sie verständlich bleiben, inhaltlich und sprachlich auf das Notwendige verkürzt werden. Nicht zutreffende Informationen brauchen nicht angegeben zu werden (s. Rz. 5.102). Die Pflichtinformationen können und sollten zudem inhaltlich auf die Anbieterkennzeichnung, die Produktbeschreibungen sowie die AGB aufgeteilt (s. dazu näher Rz. 2.157 ff.) und somit an verschiedenen Stellen des M-Commerce-Angebots eingebunden werden. Dadurch verringert sich auch der Scrollaufwand. Die Anbieterkennzeichnung an sich dürfte sowohl mit herkömmlichen Handys als erst recht auch mit Smartphones mit zumutbarem Aufwand scrollbar sein (s. dazu Rz. 5.48). Ähnliches dürfte für die Unterrichtung über ein Widerrufsrecht gelten. Zwar müsste eine Widerrufsbelehrung, die aus mindestens 2000 bis 2500 Zeichen besteht, mit herkömmlichen Handys, die über eine Bildschirmdiagonale von 1,5 Zoll verfügen, dreizehn- bis siebzehnmal gescrollt werden, was nicht mehr zumutbar sein dürfte. Ab einer Bildschirmdiagonale von etwa 2,2 Zoll, bei der ungefähr achtmal gescrollt werden müsste, – und damit bei den allermeisten heutigen mobilen Endgeräten – kann jedoch von einer Zumutbarkeit des Scrollaufwands ausgegangen werden.[5] Auch die produkt- und dienstleistungsspezifischen Pflichtinformationen, deren Umfang stark angebotsabhängig ist, indes den Umfang der Widerrufsbelehrung nicht überschreiten dürfte, sollten mit zumutbarem Scrollaufwand darstellbar sein. Bei der Umsetzung der formellen Anforderungen können sich M-Commerce-Anbieter nach dem Wortlaut des Art. 246a § 4 Abs. 1 und 3 EGBGB an durchschnittlichen mobilen Endgeräten orientieren (s. Rz. 5.111).

5.114 ➲ **Praxistipp:** Solange die Rechtsprechung den Maßstab eines durchschnittlichen mobilen Endgeräts allerdings nicht heranzieht, sondern auch im Rahmen des Art. 246a §§ 1 ff. EGBGB verlangt, dass die gesetzlichen Informationspflichten auf allen mobilen Endgeräten, mit denen das betreffende M-Commerce-Angebot abgerufen werden kann, eingehalten werden (s. Rz. 5.111), sollten M-Commerce-Anbieter darauf achten,

---

1 Vgl. zuletzt *Müller-ter Jung/Kremer*, BB 2010, 1874 (1877).
2 Vgl. zu den einzelnen rechtlichen Lösungsansätzen zuletzt *Müller-ter Jung/Kremer*, BB 2010, 1874 (1877 ff.) mwN.
3 So zutreffend auch *Müller-ter Jung/Kremer*, BB 2010, 1874 (1878) mwN zum alten Recht.
4 So zutreffend auch *Müller-ter Jung/Kremer*, BB 2010, 1874 (1878) zum alten Recht.
5 Vgl. zum Ganzen ausführlich *Rose/Taeger*, K&R 2010, 159 (161 f.); *Rose*, Die rechtskonforme Darstellung der Widerrufsbelehrung im M-Commerce, 2010, S. 2 ff. jeweils mwN; zustimmend juris-PK-Internetrecht/*Heckmann*, Kap. 4.2 Rz. 190.

mit welchen mobilen Endgeräten auf ihre Angebote zugegriffen werden kann und ob die Pflichtinformationen des Art. 246a § 1 EGBGB auf diesen Endgeräten klar und verständlich angezeigt werden. Sollte das bei bestimmten mobilen Endgeräten nicht der Fall sein, zB weil unzumutbar oft gescrollt werden muss, müsste entweder die Darstellung der Pflichtinformationen für diese mobilen Endgeräte optimiert oder das Angebot für Zugriffe durch diese mobilen Endgeräte gesperrt werden (s. dazu Rz. 5.37).[1]

b) Medienspezifische Erleichterungen

Die vorvertragliche Informationspflicht zu den wesentlichen Eigenschaften der Waren oder Dienstleistungen enthält in Umsetzung von Art. 6 Abs. 1 lit. a) VRRL nunmehr eine auch für den M-Commerce relevante beschränkte medienspezifische Erleichterung. Gemäß **Art. 246a § 1 Abs. 1 Satz 1 Nr. 1 EGBGB** müssen die **wesentlichen Eigenschaften der Waren oder Dienstleistungen** nur in dem für das Kommunikationsmittel und für die Waren und Dienstleistungen angemessenen Umfang angegeben werden. M-Commerce-Anbieter sind also zu einer zweifachen Reduzierung des Umfangs der Informationen berechtigt. Zum einen dürfen sie die betreffenden Informationen verkürzen und auf eine komprimierte Aufzählung der wesentlichsten Kerneigenschaften beschränken, wenn mittels mobiler Endgeräte mit technisch beschränkten Darstellungsmöglichkeiten auf ihre Angebote zugegriffen wird. Zum anderen ist eine (weitere) Beschränkung des Informationsumfangs zulässig, wenn die Ware oder Dienstleistung, wie zB bei Bagatellgeschäften des täglichen Lebens, niedrigpreisig oder für den Nutzer anderweitig von geringer Bedeutung ist.[2]

5.115

Eine noch weitergehende und wichtigere medienspezifische Erleichterung der fernabsatzrechtlichen vorvertraglichen Informationspflichten sieht der in Umsetzung von Art. 8 Abs. 4 VRRL neu eingeführte **Art. 246a § 3 EGBGB** vor, der bei Fernkommunikationsmitteln mit **begrenzter Darstellungsmöglichkeit** (begrenzter Raum oder begrenzte Zeit) eingreift und damit insbesondere den technischen (räumlichen) Beschränkungen des M-Commerce Rechnung tragen soll.[3] Gemäß Art. 246a § 3 Satz 1 EGBGB sind M-Commerce-Anbieter, wenn der Fernabsatzvertrag mittels eines Fernkommunikationsmittels geschlossen werden soll, das nur begrenzten Raum oder begrenzte Zeit für die den Nutzern zu erteilenden Informationen bietet, verpflichtet, den Nutzern mittels dieses Fernkommunikationsmittels zumindest die folgenden, in Art. 246a § 3 Satz 1 Nr. 1 bis 5 EGBGB aufgelisteten vorvertraglichen (Kern-)Informationen zur Verfügung zu stellen: die wesentlichen Eigenschaften der Waren oder Dienstleistungen, die Identität des M-Commerce-Anbieters, den Gesamtpreis bzw. die Art der Preisberechnung, ggf. das Bestehen eines Widerrufsrechts und ggf. die Vertragslaufzeit sowie die Bedingungen für die Kündigung eines Dauerschuldverhältnisses. Die restlichen vorvertraglichen Pflichtinformationen nach Art. 246a § 1 EGBGB sind den Nutzern gemäß Art. 246a § 3 Satz 2 iVm. § 4 Abs. 3 Satz 3 EGBGB in geeigneter Weise zugänglich zu machen. Mit dieser von manchen als Sonderregelung des M-Commerce bezeichneten Vorschrift[4] wird für M-Commerce-Anbieter grundsätzlich der **Umfang** der auf den mobilen Endgeräten zur Verfügung zu

5.116

---

1 Vgl. zu den praktischen Lösungsmöglichkeiten auch *Rose*, Die rechtskonforme Darstellung der Widerrufsbelehrung im M-Commerce, 2010, S. 4 f. sowie die Lösungsvorschläge des Forschungsprojekts McLaw an der Universität Oldenburg, online unter http://www.privatrecht.uni-oldenburg.de/19411.html.

2 Vgl. Spindler/Schuster/*Schirmbacher*, Art. 246a EGBGB Rz. 8 f.

3 Vgl. Regierungsentwurf eines Gesetzes zur Umsetzung der Verbraucherrechterichtlinie und zur Änderung des Gesetzes zur Regelung der Wohnungsvermittlung v. 6.3.2013, BT-Drs. 17/12637, S. 75; vgl. auch Erwägungsgrund 36 der VRRL.

4 So etwa *Föhlisch/Dyakova*, MMR 2013, 3 (7); vgl. zu den Auswirkungen des Art. 246a § 3 EGBGB auf den M-Commerce auch *Schirmbacher/Engelbrecht*, ITRB 2014, 89 ff.; Spindler/Schuster/*Schirmbacher*, Art. 246a EGBGB Rz. 168 ff.; MüKoBGB/*Wendehorst*, Art. 246a § 4 EGBGB Rz. 50 ff.; *Buchmann*, K&R 2014, 221 (224 f.); juris-PK-Internetrecht/*Heckmann*, Kap. 4.2 Rz. 439 ff.

stellenden vorvertraglichen Pflichtinformationen **deutlich reduziert**. Die übrigen vorvertraglichen Pflichtinformationen können von den M-Commerce-Anbietern unter Zuhilfenahme eines anderen Fernkommunikationsmittels bzw. durch Hinweis auf eine solche (sekundäre) Informationsquelle (und damit unter Inkaufnahme eines Medienbruchs) zugänglich gemacht werden. Das kann nach Vorstellung des Gesetzgebers[1] beispielsweise durch Angabe einer gebührenfreien Telefonnummer oder eines Links zu einer Webseite des M-Commerce-Anbieters, auf der die einschlägigen Informationen unmittelbar abrufbar und leicht zugänglich sind, geschehen.[2]

5.117 Allerdings ist der genaue **Anwendungsbereich** des **Art. 246a § 3 EGBGB unklar**, da offen bleibt, welche mobilen Endgeräte für die Darstellung der vorvertraglichen Pflichtinformationen nur „begrenzten Raum" bieten. Dass hierunter nicht alle mobilen Endgeräte fallen, geht bereits aus der Gesetzesbegründung hervor, die nur von „bestimmten Displays von Mobiltelefonen" spricht.[3] Ferner kann heute aufgrund der größer gewordenen Displays von Smartphones und der zunehmenden Nutzung von Tablet-PCs (s. Rz. 5.12) nicht mehr generell davon ausgegangen werden, dass alle mobilen Endgeräte oder auch nur alle Handys und Smartphones begrenzten Raum iSd. Art. 246a § 3 EGBGB bieten. Bei modernen Smartphones wie dem Apple iPhone oder dem Samsung Galaxy mit ihren größeren Displays sowie Touchscreens und erst recht bei Tablet-PCs ist das nicht (mehr) der Fall, so dass diese mobilen Endgeräte nicht von Art. 246a § 3 EGBGB erfasst werden.[4] Auf herkömmliche Handys, Wearables und uU auch Smartphones mit kleineren Displays dürfte Art. 246a § 3 EGBGB hingegen anwendbar sein.[5] Die Grenze bleibt jedoch eine Grauzone[6], zumal wie bei Art. 246a § 4 Abs. 1 und 3 (s. Rz. 5.111) auch hier keine Typisierung des Bezugspunkts durch Zugrundelegung des Maßstabs eines durchschnittlichen mobilen Endgeräts in Betracht kommt. Daher lässt sich gegenwärtig nicht rechtssicher abgrenzen, auf welche mobilen Endgeräte Art. 246a § 3 EGBGB Anwendung findet und auf welche nicht.[7]

5.118 ➲ **Praxistipp:** Da der Anwendungsbereich der medienspezifischen Erleichterung des Art. 246a § 3 EGBGB nicht verlässlich abgrenzbar ist, sollten M-Commerce-Anbieter hiervon allenfalls Gebrauch machen, wenn mit herkömmlichen Handys oder Wearables auf ihre Angebote zugegriffen wird. In allen anderen Fällen müssten die fernabsatzrechtlichen vorvertraglichen Pflichtinformationen gemäß Art. 246a §§ 1, 4 Abs. 1 und 3 EGBGB (je nach konkretem M-Commerce-Angebot) vollständig sowie M-Commerce-spezifisch klar und verständlich auf dem jeweils zugreifenden mobilen Endgerät angezeigt werden (s. Rz. 5.114).

---

1 Vgl. Regierungsentwurf eines Gesetzes zur Umsetzung der Verbraucherrechterichtlinie und zur Änderung des Gesetzes zur Regelung der Wohnungsvermittlung v. 6.3.2013, BT-Drs. 17/12637, S. 75; vgl. auch Erwägungsgrund 36 der VRRL; kritisch dazu *Buchmann*, K&R 2014, 221 (224 f.).

2 Vgl. zum Ganzen Spindler/Schuster/*Schirmbacher*, Art. 246a EGBGB Rz. 179 ff.; MüKoBGB/*Wendehorst*, Art. 246a § 4 EGBGB Rz. 53 ff.

3 Vgl. Regierungsentwurf eines Gesetzes zur Umsetzung der Verbraucherrechterichtlinie und zur Änderung des Gesetzes zur Regelung der Wohnungsvermittlung v. 6.3.2013, BT-Drs. 17/12637, S. 75; vgl. auch Erwägungsgrund 36 der VRRL.

4 So zutreffend *Föhlisch/Dyakova*, MMR 2013, 3 (7); *Buchmann*, K&R 2014, 221 (224); ähnlich Spindler/Schuster/*Schirmbacher*, Art. 246a EGBGB Rz. 169 f.

5 In diese Richtung auch Spindler/Schuster/*Schirmbacher*, Art. 246a EGBGB Rz. 169 f.; restriktiver *Buchmann*, K&R 2014, 221 (224).

6 So zutreffend *Föhlisch/Dyakova*, MMR 2013, 3 (7); ähnlich Spindler/Schuster/*Schirmbacher*, Art. 246a EGBGB Rz. 169 f.; vgl. auch *Rose/Taeger*, K&R 2010, 159 (163), die als „ersten tastenden Versuch" eine Bildschirmdiagonale von (unter) 2,2 Zoll als Grenze vorschlagen.

7 Art. 246a § 3 EGBGB wird deshalb in der Literatur zum Teil als verunglückte Regelung kritisiert, vgl. *Buchmann*, K&R 2014, 221 (224); ähnlich *Föhlisch/Dyakova*, MMR 2013, 3 (7).

3. Rechtsfolgen der Informationspflichten

Nach § 312d Abs. 1 Satz 2 BGB werden die in Erfüllung der vorvertraglichen Informations- **5.119** pflichten gemachten Angaben des M-Commerce-Anbieters **Inhalt des Vertrags** es sei denn, die Vertragsparteien haben ausdrücklich etwas anderes vereinbart. **Verletzt** der M-Commerce-Anbieter die **vorvertraglichen Informationspflichten nach § 312d Abs. 1 BGB iVm. Art. 246a §§ 1 ff. EGBGB**, bleibt das fernabsatzrechtlich sanktionslos (s. zur Verletzung der Informationspflicht über ein Widerrufsrecht Rz. 5.105).[1] Der M-Commerce-Anbieter setzt sich indes Ansprüchen, insbesondere Unterlassungsansprüchen, und entsprechenden Abmahnungen bzw. Klagen von Verbraucherschutz- und Wettbewerbsverbänden sowie Mitbewerbern nach dem UKlaG bzw. dem UWG aus (s. dazu näher Rz. 2.231 ff.). Der Anbieter haftet nach der Rechtsprechung auch dann für die Einhaltung der vorvertraglichen Informationspflichten, wenn er nicht weiß, dass seine Angebote auch mobil abgerufen werden können, oder wenn auf seine Angebote mit anderen mobilen Endgeräten als beabsichtigt zugegriffen wird (s. dazu Rz. 5.36 f.).

III. Vertragliche Informationspflichten

Wie E-Commerce-Anbieter haben M-Commerce-Anbieter neben den vorvertraglichen In- **5.120** formationspflichten auch die **vertraglichen Informationspflichten nach § 312f Abs. 2 und 3 BGB iVm. Art. 246a EGBGB** zu erfüllen, um den Nutzern eine Bestätigung des geschlossenen Vertrags einschließlich der fernabsatzrechtlichen Pflichtinformationen nach Vertragsschluss dauerhaft zur Verfügung zu stellen.

Die vertraglichen Informationspflichten finden ebenso wie die vorvertraglichen Informa- **5.121** tionspflichten **Anwendung** auf Fernabsatzverträge iSd. § 312c Abs. 1 und 2 BGB, für die nach § 312 BGB der Anwendungsbereich der §§ 312b ff. BGB eröffnet ist. Das trifft auf entgeltliche M-Commerce-Angebote im B2C-Bereich mit Ausnahme der in § 312 Abs. 2 bis 6 BGB genannten Verträge zu (s. Rz. 5.99).

Nach § 312f Abs. 2 Satz 1 BGB sind M-Commerce-Anbieter verpflichtet, den Nutzern in- **5.122** nerhalb einer angemessenen Frist nach Vertragsschluss, spätestens jedoch bei der Lieferung der Ware oder bevor mit der Ausführung der Dienstleistung begonnen wird, eine **Bestätigung des Vertrags**, in der der Vertragsinhalt wiedergegeben ist, auf einem dauerhaften Datenträger zur Verfügung zu stellen. Die Vertragsbestätigung muss nach § 312f Abs. 2 Satz 2 BGB auch nochmals die vorvertraglichen Pflichtinformationen gemäß Art. 246a EGBGB enthalten, es sei denn diese wurden den Nutzern bereits vor Vertragsschluss in Erfüllung der vorvertraglichen Informationspflichten auf einem dauerhaften Datenträger zur Verfügung gestellt. Bei M-Commerce-Angeboten über die Lieferung von nicht auf einem körperlichen Datenträger befindlichen digitalen Daten, wie zB bei online gelieferten bzw. bereitgestellten Software-Anwendungen, Apps, Spielen, Musik, Videos oder Texten, hat die Vertragsbestätigung gemäß § 312f Abs. 3 BGB ggf. ferner Informationen über die Bedingungen des vorzeitigen Erlöschens des Widerrufsrechts nach § 356 Abs. 5 BGB zu beinhalten. Im Einzelnen besteht die Vertragsbestätigung bei M-Commerce-Angeboten (im hier verstandenen engeren Sinn ohne Finanzdienstleistungen) gemäß § 312f Abs. 2 und 3 BGB iVm. Art. 246a § 1 EGBGB aus folgenden **vertraglichen Informationen**:

– der Vertragsinhalt, also die Vertragsbestimmungen, dh. die individuellen Vereinbarungen, insbesondere die konkrete Bestellung, einschließlich der AGB,

– die vorvertraglichen Pflichtinformationen gemäß Art. 246a § 1 EGBGB inklusive derjenigen über digitale Inhalte, soweit für das jeweils konkrete M-Commerce-Angebot ein-

---

1 Vgl. nur juris-PK-Internetrecht/*Heckmann*, Kap. 4.2 Rz. 790.

schlägig (s. Rz. 5.102) einschließlich Unterrichtung über das Bestehen oder Nichtbestehen eines Widerrufsrecht (s. Rz. 5.103), und

– bei online gelieferten bzw. bereitgestellten digitalen Inhalten ggf. die in § 312f Abs. 3 Nr. 1 und 2 BGB genannten Informationen über die Bedingungen des vorzeitigen Erlöschens des Widerrufsrechts nach § 356 Abs. 5 BGB (ausdrückliche Zustimmung des Nutzers zur Vertragsausführung vor Ablauf der Widerrufsfrist und Bestätigung der Kenntnis des Nutzers vom dadurch eintretenden Erlöschen des Widerrufsrechts).

5.123 Die vertraglichen Pflichtinformationen müssen den Nutzern gemäß § 312f Abs. 2 und 3 BGB auf einem **dauerhaften Datenträger** zur Verfügung gestellt werden. Nach § 126b Satz 2 BGB ist hierfür ein Medium erforderlich, das eine Aufbewahrung oder Speicherbarkeit von Erklärungen mit Zugänglichkeit während eines jeweils zweckangemessenen Zeitraums ermöglicht und zu deren unveränderten Wiedergabe geeignet ist.[1] Zu den dauerhaften Datenträgern iSd. § 126b Satz 2 BGB gehören insbesondere Papier, USB-Sticks, CD-ROMs, DVDs, Speicherkarten, Festplatten von Computern und E-Mails.[2] Wie im E-Commerce reicht somit eine bloße Anzeige der vertraglichen Pflichtinformationen auf dem Bildschirm in Form von mobilen Webseiten oder WAP-Seiten nicht aus.[3] Genügen kann jedoch uU ein über mobile Webseiten zugängliches passwortgeschütztes Nutzerkonto, in dem die Informationen gespeichert sind, zumindest wenn dieses nicht einseitig vom M-Commerce-Anbieter entfernt oder geändert werden kann.[4] Das Erfordernis eines dauerhaften Datenträgers ist jedenfalls dann erfüllt, wenn die Nutzer – was durch technische Maßnahmen bei der Gestaltung des Bestellvorgangs sicherzustellen ist[5] – die Pflichtinformationen tatsächlich heruntergeladen und gespeichert oder ausgedruckt haben.[6] Auch das ist indes im M-Commerce mit erheblichen Problemen behaftet, weil nicht wenige mobile Endgeräte, insbesondere herkömmliche Handys und die Endgeräte von Apple, wie zB das iPhone und das iPad, über keine oder nur sehr eingeschränkte Speichermöglichkeiten verfügen und erst recht über keine Ausdruckmöglichkeiten.[7] Als Alternative kommt ein Versand der vertraglichen Pflichtinformationen per SMS, EMS oder MMS in Betracht. Zwar erfüllen diese Mitteilungsformen das Erfordernis eines dauerhaften Datenträgers gemäß § 126b Satz 2 BGB,[8] dürften jedoch regelmäßig an der begrenzten Zeichenkapazität von 160 Zeichen pro SMS oder daran scheitern, dass noch nicht sämtliche mobile Endgeräte EMS- bzw. MMS-fähig sind.[9] Daher werden – wie im E-Commerce verbreitet (s. dazu Rz. 2.215 f.) – auch M-Commerce-Anbieter den Nutzern die vertraglichen Pflichtinformationen, um diese gemäß § 312f Abs. 2 und 3 BGB iVm. § 126b Satz 2 BGB auf einem dauerhaften Datenträger zur Verfügung zu stellen, per E-Mail zusenden müssen.[10] Das setzt allerdings die Erhe-

---

1 Der Begriff des dauerhaften Datenträgers ist mit Umsetzung von Art. 2 Nr. 10 VRRL wieder neu in § 126b BGB eingeführt worden.

2 Vgl. nur Erwägungsgrund 23 der VRRL; vgl. auch Regierungsentwurf eines Gesetzes zur Umsetzung der Verbraucherrechterichtlinie und zur Änderung des Gesetzes zur Regelung der Wohnungsvermittlung v. 6.3.2013, BT-Drs. 17/12637, S. 44; Spindler/Schuster/*Schirmbacher*, § 312f BGB Rz. 28.

3 Vgl. zur bloßen Darstellung auf Websites nur Spindler/Schuster/*Schirmbacher*, § 312f BGB Rz. 29; juris-PK-Internetrecht/*Heckmann*, Kap. 4.1 Rz. 324 f. jeweils mwN.

4 Vgl. zu dieser Gestaltungsmöglichkeit bei Websites EFTA-Gerichtshof v. 27.1.2010 – Rs. E-4/09, CR 2010, 262 (264 f.) m. Anm. *Schirmbacher*; EuGH v. 5.7.2012 – Rs. C-49/11, CR 2012, 793 (794); vgl. auch Spindler/Schuster/*Schirmbacher*, § 312f BGB Rz. 29; juris-PK-Internetrecht/*Heckmann*, Kap. 4.1 Rz. 326 f.

5 Vgl. juris-PK-Internetrecht/*Heckmann*, Kap. 4.1 Rz. 326 ff. mwN.

6 Vgl. zum alten Recht nur BGH v. 29.4.2010 – I ZR 66/08 – Rz. 19 – Holzhocker, CR 2010, 804; vgl. zum neuen Recht etwa juris-PK-Internetrecht/*Heckmann*, Kap. 4.1 Rz. 325 ff., Kap. 4.2 Rz. 195 mwN.

7 So zutreffend auch juris-PK-Internetrecht/*Heckmann*, Kap. 4.2 Rz. 195; vgl. zum alten Recht auch *Müller-ter Jung/Kremer*, BB 2010, 1874 (1877).

8 juris-PK-Internetrecht/*Heckmann*, Kap. 4.2 Rz. 196.

9 Vgl. juris-PK-Internetrecht/*Heckmann*, Kap. 4.2 Rz. 196.

10 Vgl. juris-PK-Internetrecht/*Heckmann*, Kap. 4.2 Rz. 196.

bung der E-Mail-Adressen der Nutzer voraus und führt ggf. mangels E-Mail-Client auf älteren mobilen Endgeräten zu einem Medienbruch.

Auch wenn das in § 312f Abs. 2 und 3 BGB anders als bei den vorvertraglichen Pflichtinformationen (s. dazu Rz. 5.106 ff.) gesetzlich nicht vorgeschrieben ist, sollten M-Commerce-Anbieter, soweit möglich, bei der Zurverfügungstellung der vertraglichen Pflichtinformationen auf einem dauerhaften Datenträger, insbesondere also bei der Übersendung der vertraglichen Pflichtinformationen per E-Mail (s. Rz. 5.123), ebenfalls auf eine **klare und verständliche Darstellung** achten.[1] Angesichts der Fülle der vertraglichen Pflichtinformationen und der technisch beschränkten Darstellungsmöglichkeiten der grundsätzlich kleineren Bildschirme von mobilen Endgeräten stellt sich hier wieder das rechtliche Grundproblem des M-Commerce (s. dazu Rz. 5.34). Solange indes im Wortlaut des § 312f Abs. 2 und 3 BGB keine expliziten formellen Anforderungen an die Darstellung der vertraglichen Pflichtinformationen vorgeschrieben sind, ist insoweit eher eine M-Commerce-spezifisch großzügigere Auslegung angebracht.

5.124

➔ **Praxistipp:** In der Praxis ist zu empfehlen, die Zusendung der vertraglichen Pflichtinformationen mit der per E-Mail versandten Bestellbestätigung oder Vertragsannahme zu verbinden. Bei M-Commerce-Angeboten, die eine Lieferung von Waren zum Gegenstand haben, besteht alternativ auch die Möglichkeit, die vertraglichen Pflichtinformationen der Warenlieferung in Papierform beizufügen.

5.125

Verletzt der M-Commerce-Anbieter die **vertraglichen Informationspflichten nach § 312f Abs. 2 und 3 BGB iVm. Art. 246a EGBGB**, hat das anders als vor Umsetzung der VRRL keine Auswirkungen auf den Beginn, die Dauer und das Erlöschen der fernabsatzrechtlichen Widerrufsfrist mehr. Auch die ordnungsgemäße Erfüllung der Pflicht zur Belehrung über das Widerrufsrecht hat gemäß § 356 Abs. 3 Satz 1 BGB nach hM nur noch insoweit Auswirkungen auf den Beginn der Widerrufsfrist, als überhaupt, sei es auf einem dauerhaften Datenträger oder nicht, entweder vorvertraglich oder (nach-)vertraglich gemäß Art. 246a § 1 Abs. 2 Satz 1 Nr. 1 EGBGB über das Widerrufsrecht unterrichtet bzw. belehrt worden sein muss (s. dazu Rz. 5.105). Davon abgesehen bleiben Verletzungen von vorvertraglichen und/oder (nach-)vertraglichen Informationspflichten fernabsatzrechtlich vollständig sanktionslos. Gegen den M-Commerce-Anbieter bestehen allenfalls Unterlassungsansprüche nach dem UKlaG und dem UWG (s. dazu näher Rz. 2.231 ff.).

5.126

D. Vertragsschluss im M-Commerce

Im M-Commerce werden Verträge prinzipiell genauso abgeschlossen wie im E-Commerce. Insofern kann weitgehend auf die ausführliche Darstellung des Vertragsschlusses in Online-Shops (s. Rz. 2.235 ff.) verwiesen werden. Auch für das wirksame Zustandekommen eines Vertrags im M-Commerce bedarf es des Vorliegens bzw. Zugangs zweier übereinstimmender Willenserklärungen über die Herbeiführung eines rechtlichen Erfolgs in Form eines Angebots und einer Annahme iSd. §§ 145 ff. BGB. M-Commerce-Anbieter und Nutzer müssen sich dabei zumindest über die wesentlichen Vertragsbestandteile, die sog. essentialia negotii, einig sein.[2] Beim Vertragsschluss im M-Commerce ist zwischen den verschiedenen mobilen Kommunikationskanälen, über die Verträge abgeschlossen werden können, und – ähnlich wie im E-Commerce – zwischen Vertragsschlüssen über verschiedene Vertragsgegenstände wie Waren, digitale Inhalte bzw. Güter und Dienstleistungen zu unterscheiden.

5.127

---

1 Vgl. zur transparenten Darstellung der vertraglichen Pflichtinformationen Spindler/Schuster/ *Schirmbacher*, § 312f BGB Rz. 32 ff. mwN.
2 Vgl. Palandt/*Ellenberger*, Überbl. v. § 104 BGB Rz. 3.

I. Angebot

5.128 Ein **Angebot** auf Abschluss eines Vertrags iSd. § 145 BGB kann im **M-Commerce** per SMS, per E-Mail oder über WAP-Seiten oder mobile Websites erfolgen.

5.129 Soweit individuell versandte **SMS** oder **E-Mails** Bestellungen von Nutzern oder konkrete und verbindliche Waren- oder Leistungsangebote von M-Commerce-Anbietern enthalten, wird in der Regel ein Vertragsangebot des jeweiligen Absenders vorliegen.[1]

5.130 Wenn M-Commerce-Anbieter ihre Angebote hingegen über **WAP-Seiten** oder **mobile Websites** bereit halten, ist wie im E-Commerce zwischen einem Vertragsangebot iSd. § 145 BGB und einer bloßen Aufforderung zur Abgabe von Angeboten, einer sog. invitatio ad offerendum, zu differenzieren. Werden auf WAP-Seiten oder mobilen Websites Waren zur Bestellung angeboten, wird es sich wie bei Warenangeboten in Online-Shops nach dem objektiven Empfängerhorizont regelmäßig nicht um ein Vertragsangebot, sondern um eine invitatio ad offerendum des jeweiligen M-Commerce-Anbieters handeln. Das Vertragsangebot wird dann vom Nutzer in Form einer konkreten Bestellung abgegeben (s. zu Warenangeboten in Online-Shops ausführlich Rz. 2.240 ff.). Das Gleiche gilt grundsätzlich auch, wenn digitale Inhalte bzw. Güter oder Dienstleistungen über WAP-Seiten oder mobile Websites vertrieben werden. Denn auch in diesen Fällen werden die Nutzer nach dem objektiven Empfängerhorizont grundsätzlich davon ausgehen müssen, dass sich die M-Commerce-Anbieter mit ihren Angeboten noch nicht binden, sondern erst bei eingehenden Bestellungen nach entsprechender Prüfung der eigenen Leistungskapazitäten und der Bonität des jeweiligen Bestellers über eine vertragliche Bindung entscheiden wollen. Zu einer anderen Beurteilung wird man jedoch gelangen, wenn digitale Inhalte, Güter oder Dienste – wie das im M-Commerce noch viel häufiger als im E-Commerce der Fall ist – im Rahmen und auf der Grundlage von vorherigen Nutzer-Registrierungen angeboten werden. Dann besteht bereits eine vertragliche Rahmenvereinbarung zwischen dem M-Commerce-Anbieter und dem jeweiligen Nutzer. Bei den auf dieser Basis erfolgenden Einzelvertragsschlüssen über konkrete Angebote bedarf es hernach grundsätzlich keiner Bonitätsprüfung mehr. Da bei digitalen Inhalten, Gütern und Diensten gewöhnlich auch keine Kapazitätsprobleme der M-Commerce-Anbieter auftreten, werden derartige Angebote nicht mehr als invitatio ad offerendum, sondern als Vertragsangebot anzusehen sein. Bei Dienstleistungsangeboten wird es je nach Art der konkret angebotenen Dienstleistung auf die Auslegung des Angebots nach dem objektiven Empfängerhorizont im Einzelfall ankommen (s. zum Vertragsschluss bei Download-Plattformen von digitalen Inhalten bzw. Gütern und bei Dienstleistungsangeboten in Online-Shops ausführlich Rz. 2.279 ff.).

II. Annahme

5.131 Die **Annahme** des Vertragsangebots iSd. §§ 145 ff. BGB kann im **M-Commerce** wie das Vertragsangebot per SMS, per E-Mail oder über WAP-Seiten oder mobile Websites, aber auch konkludent durch Lieferung oder Leistungserbringung der M-Commerce-Anbieter erfolgen.

5.132 Vertragsangebote von Nutzern in Form von Bestellungen auf WAP-Seiten oder mobilen Websites werden M-Commerce-Anbieter häufig per **E-Mail** annehmen, nicht zuletzt um damit gleichzeitig ihren formgebundenen vertraglichen Informationspflichten gemäß § 312f Abs. 2 und 3 BGB nachzukommen und den Nutzer gemäß § 312i Abs. 1 Nr. 4 BGB die Vertragsbestimmungen einschließlich AGB in wiedergabefähiger Form zur Verfügung zu stellen. Solche Vertragsannahmeerklärungen per E-Mail sind von der gemäß § 312i Abs. 1 Nr. 3

---

1 Vgl. zum Vertragsschluss per SMS *Funk/Zeifang*, ITRB 2005, 121.

BGB vorgeschriebenen Bestellbestätigung zu unterscheiden (s. dazu Rz. 2.248 ff.). Eine Vertragsannahme über **WAP-Seiten** oder **mobile Websites** ist relevant, wenn bereits das auf WAP-Seiten oder mobilen Websites bereit gehaltene M-Commerce-Angebot ein Vertragsangebot des M-Commerce-Anbieters darstellt (s. dazu Rz. 5.130), das dann vom Nutzer in Form einer Bestellung angenommen wird.

Im M-Commerce weit verbreitet ist auch die **konkludente Annahme** der Vertragsangebote der Nutzer durch bloße Lieferung oder Leistungserbringung seitens der M-Commerce-Anbieter, ohne dass den Nutzern zuvor eine ausdrückliche Vertragsannahmeerklärung übermittelt wird (s. dazu eher kritisch für den Bereich des E-Commerce Rz. 2.260 und Rz. 2.262). **5.133**

Was die **Annahmefristen** gemäß §§ 147 ff. BGB anbetrifft, gibt es im M-Commerce im Vergleich zum E-Commerce keine Besonderheiten (s. zu den Annahmefristen im E-Commerce Rz. 2.257 ff.). Da es sich bei Vertragsangeboten im M-Commerce regelmäßig um Vertragsangebote unter Abwesenden iSd. § 147 Abs. 2 BGB handelt, für die keine Annahmefrist iSd. § 148 BGB bestimmt ist, können diese gemäß § 147 Abs. 2 BGB bis zu dem Zeitpunkt angenommen werden, in welchem mit dem Eingang einer Antwort unter regelmäßigen Umständen gerechnet werden darf. Das dürfte wie im E-Commerce in der Regel innerhalb von maximal drei Werktagen der Fall sein (s. dazu Rz. 2.258). **5.134**

Weil im M-Commerce regelmäßig Verträge unter Abwesenden geschlossen werden, ist für den **Zeitpunkt des Vertragsschlusses** der Zeitpunkt des Zugangs der Annahmeerklärung bei der anderen Vertragspartei gemäß § 130 Abs. 1 Satz 1 BGB maßgeblich. Danach ist die Annahmeerklärung zugegangen, wenn sie so in den Machtbereich des Empfängers gelangt ist, dass dieser unter normalen Umständen die Möglichkeit hat, Kenntnis von deren Inhalt zu erlangen.[1] Bei Vertragsannahmeerklärungen per E-Mail und per SMS heißt das zunächst, dass die Erklärungen in der Mailbox des Empfängers oder seines Providers abrufbar gespeichert sein müssen.[2] Wann der Empfänger nun unter normalen Umständen Kenntnis von der eingegangenen E-Mail oder SMS nimmt, wird für Unternehmer und Verbraucher getrennt betrachtet.[3] Bei Unternehmern kommt es darauf an, ob eingehende E-Mails oder SMS oder aber auch über WAP-Seiten oder mobile Websites abgegebene Bestellungen[4] bzw. Vertragsannahmeerklärungen von Nutzern – was im M-Commerce der Regelfall sein dürfte – rund um die Uhr automatisiert bearbeitet werden, so dass mit einer Kenntnisnahme sofort bzw. zumindest noch am gleichen Tag zu rechnen ist, oder ob eine händische Verarbeitung durch Mitarbeiter stattfindet, bei der im Fall des Eingangs während der Geschäftszeiten mit einer Kenntnisnahme spätestens am Ende der Geschäftszeiten, im Fall des Eingangs danach mit einer Kenntnisnahme zu Beginn des nächsten Werktags zu rechnen ist.[5] Bei durchschnittlichen Verbrauchern kann nicht davon ausgegangen werden, dass diese ihre SMS- und E-Mail-Eingänge ständig überprüfen, so dass mit einer Kenntnisnahme eingegangener E-Mails und SMS erst am folgenden Tag gerechnet werden kann.[6] Etwas anderes ergibt sich auch (noch) nicht daraus, dass viele Verbraucher ihre internetfähi- **5.135**

---

1 Vgl. nur BGH v. 26.11.1997 – VIII ZR 22/97, BGHZ 137, 205 = NJW 1998, 976 = MDR 1998, 337; *Hoeren*, Internet- und Kommunikationsrecht, S. 295.
2 Vgl. für den Bereich des E-Commerce *Heckmann*, juris-PK-Internetrecht, Kap. 4.1 Rz. 103.
3 Vgl. nur *Hoeren*, Internet- und Kommunikationsrecht, S. 295 mwN.
4 Für Bestellungen im E-Commerce und Bestellbestätigungen iSd. § 312i Abs. 1 Nr. 3 BGB gilt die Sonderregelung des § 312i Abs. 1 Satz 2 BGB, die für den Zugangszeitpunkt auf die technische Möglichkeit des Abrufs abstellt, vgl. dazu etwa Spindler/Schuster/*Schirmbacher*, § 312i BGB Rz. 62; MüKoBGB/*Wendehorst*, § 312i BGB Rz. 92.
5 Vgl. für den Bereich des E-Commerce ausführlich *Heckmann*, juris-PK-Internetrecht, Kap. 4.1 Rz. 113.
6 Vgl. für den Bereich des E-Commerce *Hoeren*, Internet- und Kommunikationsrecht, S. 295 f.; juris-PK-Internetrecht/*Heckmann*, Kap. 4.1 Rz. 112.

gen mobilen Endgeräte ständig bei sich tragen und von ihren Geräten mittels Signaltönen über eingegangene E-Mails und SMS informiert werden.

III. Formerfordernisse

5.136 Der Vertragsschluss im M-Commerce unterliegt keinen speziellen Formerfordernissen. Vertragsschlüsse sind grundsätzlich **formfrei** möglich. Formvorschriften in Gestalt eines dauerhaften Datenträgers gemäß § 126b Satz 2 BGB gibt es lediglich für die vertraglichen Informationspflichten der M-Commerce-Anbieter (s. dazu Rz. 5.122 f.).

5.137 Vor diesem Hintergrund bestehen im M-Commerce wie im E-Commerce erhebliche Schwierigkeiten, im Streitfall den jeweiligen **Vertragsschluss** zu **beweisen**. Als Beweismittel kommen in der Regel nur Ausdrucke der digital gespeicherten Daten, die den elektronischen Willenserklärungen zugrunde liegen, in Betracht. Diese haben als Augenscheinbeweise iSd. § 371 ff. ZPO indes nur geringen Beweiswert, wenn auf Seiten der Verbraucher überhaupt Ausdrucke aus den mobilen Endgeräten möglich sind.

IV. Anfechtung

5.138 Für die Anfechtung von im M-Commerce geschlossenen Verträgen gelten im Vergleich zum E-Commerce keine Besonderheiten. Denkbar sind auch hier insbesondere durch Eingabefehler hervorgerufene Anfechtungen wegen Erklärungsirrtums gemäß § 119 Abs. 1 Alt. 2 BGB oder durch technische Übermittlungsfehler ausgelöste Anfechtungen wegen falscher Übermittlung gemäß § 120 BGB (s. zur Anfechtung im E-Commerce ausführlich Rz. 2.290 ff.).

E. Einbeziehung von Allgemeinen Geschäftsbedingungen

5.139 Wie im E-Commerce werden auch zur Gestaltung und Abwicklung des standardisierten Geschäftsverkehrs im M-Commerce auf Anbieterseite sehr häufig Allgemeine Geschäftsbedingungen (AGB) eingesetzt. Möchten M-Commerce-Anbieter den mit den Nutzern geschlossenen Vertragsverhältnissen ihre eigenen AGB zugrunde legen, müssen diese bei Vertragsschluss gemäß §§ 305 Abs. 2, 305a BGB wirksam in den jeweiligen Vertrag mit den Nutzern einbezogen werden. Werden die Einbeziehungsvorgaben der §§ 305 Abs. 2, 305a BGB nicht oder fehlerhaft umgesetzt, führt dies dazu, dass die AGB nicht Bestandteil des jeweiligen Vertrags werden. Einzelne vorformulierte Vertragsbedingungen werden auch dann kein Vertragsbestandteil, wenn sie den inhaltlichen Anforderungen der §§ 305c, 307 ff. BGB nicht entsprechen und deshalb unwirksam sind. Für die Voraussetzungen der Einbeziehung von AGB in den Vertrag und deren inhaltliche Anforderungen gelten dabei im M-Commerce grundsätzlich die gleichen Regeln wie im E-Commerce (s. dazu ausführlich Rz. 2.311 ff.).

I. Voraussetzungen der Einbeziehung von AGB in den Vertrag

5.140 Um AGB wirksam in den jeweiligen Vertrag mit den Nutzern einzubeziehen, haben M-Commerce-Anbieter als Verwender der AGB nach § 305 Abs. 2 BGB bei Vertragsschluss die Nutzer ausdrücklich auf die AGB hinzuweisen und den Nutzern die Möglichkeit zu verschaffen, in zumutbarer Weise von dem Inhalt der AGB Kenntnis zu nehmen. Ferner müssen die Nutzer mit der Geltung der AGB einverstanden sein.

1. Ausdrücklicher Hinweis auf die AGB

Zur Einbeziehung von AGB in den Vertrag ist nach § 305 Abs. 2 Nr. 1 BGB zunächst ein ausdrücklicher Hinweis auf die AGB bei Vertragsschluss erforderlich. Der Hinweis muss so angeordnet und gestaltet sein, dass er von einem Durchschnittsnutzer auch bei flüchtiger Betrachtung und durchschnittlicher Aufmerksamkeit bei Vertragsschluss wahrgenommen wird. Das setzt voraus, dass der Hinweis nicht an unauffälliger Stelle oder zwischen anderen Hinweisen versteckt ist, in unmittelbarem Zusammenhang mit der Bestellung der Nutzer erfolgt und klar gefasst sowie gut lesbar ist.[1] Im E-Commerce wird das in der Regel dadurch realisiert, dass ein unmittelbar über der Bestellschaltfläche angeordneter **gut sichtbarer Link mit einer klaren Bezeichnung** zu den AGB führt[2] (s. zum ausdrücklichen Hinweis auf die AGB im E-Commerce Rz. 2.326 f.). Diese übliche Gestaltung lässt sich grundsätzlich auch bei M-Commerce-Angeboten umsetzen.[3] **5.141**

Sollte die Vertragsanbahnung seitens der M-Commerce-Anbieter über **SMS** erfolgen, scheidet die Möglichkeit des Hinweises über die Setzung eines Links aus, da die SMS-Technologie keine Möglichkeit der Verlinkung bietet. Alternativ können dann **MMS** oder **E-Mails** benutzt werden. **5.142**

2. Möglichkeit der zumutbaren Kenntnisnahme

Nach § 305 Abs. 2 Nr. 2 BGB muss den Nutzern ferner bei Vertragsschluss die Möglichkeit verschafft werden, den Inhalt der AGB in zumutbarer Weise zur Kenntnis zu nehmen. **Voraussetzung** hierfür ist, dass die Nutzer die AGB ohne besondere Mühe und Schwierigkeiten tatsächlich einsehen können. Hierzu müssen die AGB insbesondere inhaltlich verständlich und in formeller Hinsicht übersichtlich gegliedert sowie **mühelos lesbar** sein.[4] Im E-Commerce genügt es, wenn die AGB unmittelbar im Zusammenhang mit der Bestellung über einen Link ohne weiteres aufrufbar sowie übersichtlich und lesbar dargestellt sind.[5] Ob die AGB darüber hinaus auch herunterladbar bzw. speicherbar und noch weitergehend ausdruckbar sein müssen,[6] ist fraglich, angesichts des § 312i Abs. 1 Nr. 4 BGB für die wirksame Einbeziehung der AGB indes eher zu verneinen[7] (s. dazu Rz. 2.328). **5.143**

Auch ohne das Erfordernis der Speicher- und Ausdruckbarkeit der AGB bereiten diese formellen Einbeziehungsanforderungen im M-Commerce wegen der grundsätzlich kleineren Bildschirme von mobilen Endgeräten mit ihren technisch beschränkten Darstellungsmöglichkeiten teilweise erhebliche Schwierigkeiten. Es stellt sich auch hier wieder das **rechtliche Grundproblem des M-Commerce** (s. dazu Rz. 5.34), das bei der Einbeziehung von AGB in der Literatur nach wie vor diskutiert wird.[8] Angesichts der Tatsache, dass übliche AGB mit einem Umfang von durchschnittlich zwischen 3000 und 16 000 Zeichen[9] im Vergleich zu den gesetzlichen Pflichtinformationen die längsten rechtlichen Texte **5.144**

---

1 Vgl. zum Ganzen nur juris-PK-Internetrecht/*Heckmann*, Kap. 4.2 Rz. 469 ff. mwN.
2 Vgl. dazu ausführlich juris-PK-Internetrecht/*Heckmann*, Kap. 4.2 Rz. 469 ff. mwN; vgl. auch *Bremer*, CR 2009, 12 (14) mwN.
3 So etwa auch *Bremer*, CR 2009, 12 (14) mwN.
4 Vgl. zum Ganzen nur juris-PK-Internetrecht/*Heckmann*, Kap. 4.2 Rz. 475 ff. mwN.
5 Vgl. nur juris-PK-Internetrecht/*Heckmann*, Kap. 4.2 Rz. 477 ff.; Spindler/Schuster/*Schuster*, § 305 BGB Rz. 36; MüKoBGB/*Basedow*, § 305 BGB Rz. 68 ff. jeweils mwN.
6 So etwa juris-PK-Internetrecht/*Heckmann*, Kap. 4.2 Rz. 477 mwN; in diese Richtung auch BGH v. 14.6.2006 – I ZR 75/03, NJW 2006, 2976 = MDR 2007, 227 = CR 2006, 773 = ITRB 2006, 271.
7 So auch Spindler/Schuster/*Schuster*, § 305 BGB Rz. 45.
8 Vgl. dazu nur MüKoBGB/*Basedow*, § 305 BGB Rz. 69; Spindler/Schuster/*Schuster*, § 305 BGB Rz. 45 f., § 305a BGB Rz. 12 jeweils mwN; vgl. auch *Bremer*, CR 2009, 12 (14 f.) mwN.
9 Vgl. dazu die rechtstatsächlichen Untersuchungen des Forschungsprojekts McLaw an der Universität Oldenburg, online unter http://www.privatrecht.uni-oldenburg.de/19411.html.

darstellen, erscheint das rechtliche Grundproblem des M-Commerce hier auch am virulentesten. Denn die einzubeziehenden AGB müssen gemäß § 305 Abs. 2 Nr. 2 BGB auf mobilen Endgeräten ebenfalls übersichtlich und gut lesbar sein.[1] Auch wenn der Wortlaut des § 305 Abs. 2 Nr. 2 BGB anders als zB Art. 246a §§ 3 und 4 EGBGB keine ausdrückliche medienspezifische Erleichterung oder Abstufung bei diesen formellen Einbeziehungsanforderungen vorsieht, ist allgemein anerkannt, dass sich die Möglichkeiten zumutbarer Kenntnisnahme iSd. § 305 Abs. 2 Nr. 2 BGB nach dem jeweils eingesetzten Kommunikationsmittel und dessen Besonderheiten richten und damit letztlich medienspezifisch sind.[2] Insofern können auch beim Erfordernis der **übersichtlichen und gut lesbaren Darstellung der AGB** die medienspezifischen Besonderheiten des M-Commerce berücksichtigt werden. Hinsichtlich der konkreten Anforderungen an die Übersichtlichkeit und gute Lesbarkeit der AGB gilt in etwa das Gleiche wie bei den fernabsatzrechtlichen vorvertraglichen Pflichtinformationen (s. dazu Rz. 5.109). Wie dort ist es auch bei der Darstellung von AGB auf mobilen Endgeräten essenziell, diese durch Verkürzung sowie Gliederung übersichtlich zu machen und vor allem den **Scrollaufwand** für die Nutzer in zumutbaren Grenzen zu halten.[3] Bei (herkömmlichen und/oder kleineren) mobilen Endgeräten (wie zB herkömmlichen Handys oder Wearables) wird es noch zumutbar sein, bis um die zehnmal zu scrollen,[4] bei (modernen) Smartphones dürfte die Zumutbarkeitsgrenze noch höher liegen.[5]

5.145 Trotz des technischen Fortschritts der mobilen Endgeräte wurde wie in der ersten Phase der Entwicklung des M-Commerce[6] (s. zu den Entwicklungsphasen des M-Commerce Rz. 5.27 f.) eine rechtskonforme Darstellung der AGB gemäß § 305 Abs. 2 Nr. 2 BGB noch unlängst häufig für unmöglich, zumindest aber für sehr problematisch gehalten, was auch heute teilweise noch der Fall ist.[7] Vor diesem Hintergrund wurden in der Literatur **verschiedene rechtliche sowie gestalterische bzw. technische Lösungsansätze** erörtert, die auch heute teilweise noch vertreten werden.

5.146 In rechtlicher Hinsicht könnte § 305a BGB helfen, der in besonderen Fällen eine Einbeziehung von AGB auch ohne Einhaltung der in § 305 Abs. 2 Nr. 1 und 2 BGB geregelten Erfordernisse (ausdrücklicher Hinweis und zumutbare Möglichkeit der Kenntnisnahme) vorsieht. So können AGB gemäß **§ 305a Nr. 2b) BGB** durch Veröffentlichung im Amtsblatt der Bundesnetzagentur für Elektrizität, Gas, Telekommunikation, Post und Eisenbahnen in Verträge über Telekommunikations-, Informations- und andere Dienstleistungen einbezogen werden, wenn diese unmittelbar durch Einsatz von Fernkommunikationsmitteln und während der Erbringung einer Telekommunikationsdienstleistung in einem Mal erbracht werden und die AGB nur unter unverhältnismäßigen Schwierigkeiten vor dem Vertragsschluss zugänglich gemacht werden können. Diese auf Telekommunikations- und Mehrwertdienste zielende Ausnahmevorschrift findet im Bereich des M-Commerce vor allem auf den teilweise immer noch per Premium-SMS abgewickelten Vertrieb von Klingeltönen, Handy-Logos, Hintergrundbildern etc. Anwendung, soweit mit der Darstellung der AGB

---

1 Vgl. nur *Bremer*, CR 2009, 12 (14) mwN.
2 Vgl. nur die nach einzelnen Kommunikationsmitteln bzw. Medien unterteilten Kommentierungen bei MüKoBGB/*Basedow*, § 305 BGB Rz. 67 ff.; Spindler/Schuster/*Schuster*, § 305 BGB Rz. 32 ff.
3 Vgl. *Bremer*, CR 2009, 12 (14); Spindler/Schuster/*Schuster*, § 305 BGB Rz. 46; vgl. auch die Ergebnisse des Forschungsprojekts McLaw an der Universität Oldenburg, online unter http://www.privatrecht. uni-oldenburg.de/19411.html.
4 Vgl. hierzu nur den Überblick bei *Rose/Taeger*, K&R 2010, 159 (162) mwN.
5 Vgl. Spindler/Schuster/*Schuster*, § 305 BGB Rz. 46, der einen Scrollaufwand von 36 Bildschirmseiten auf dem iPad nicht mehr für zumutbar hält.
6 Vgl. exemplarisch *Kessel/Kuhlmann/Passauer/Schriek*, K&R 2004, 519 ff.; *Ranke*, MMR 2002, 509 ff.
7 Vgl. nur *Bremer*, CR 2009, 12 (14); MüKoBGB/*Basedow*, § 305 BGB Rz. 69; vgl. auch Spindler/Schuster/*Schuster*, § 305 BGB Rz. 45.

unverhältnismäßige Schwierigkeiten verbunden sind.[1] Andere Mehrwertdienste sind hingegen schon nicht dem M-Commerce zuzurechnen (s. Rz. 5.3). Auch andere M-Commerce-Angebote wie der Vertrieb von Waren und Dienstleistungen über WAP-Seiten oder mobile Websites fallen nicht unter § 305a Nr. 2b) BGB, weil sie überwiegend nicht noch während der Erbringung der Telekommunikationsdienstleistung in einem Mal erbracht werden und als Telemediendienste vor dem Hintergrund der Entstehungsgeschichte der Vorschrift schon von vornherein nicht von deren Anwendungsbereich erfasst sind.[2]

Ein weiterer rechtlicher Lösungsansatz könnte der **individualvertragliche Verzicht** der Nutzer auf die Möglichkeit der zumutbaren Kenntnisnahme der AGB iSd. § 305 Abs. 2 Nr. 2 BGB sein.[3] Ein solcher Verzicht soll zwar grundsätzlich möglich sein, sofern es sich um einen zwischen Anbieter und Nutzer ausgehandelten Verzicht handelt.[4] Allerdings werden sich jeweils individualvertraglich ausgehandelte Verzichte mit Nutzern im Massengeschäft des M-Commerce kaum praktikabel realisieren lassen.[5] Zudem besteht die Gefahr, dass von M-Commerce-Anbietern vorformulierte Verzichtserklärungen wiederum AGB darstellen. Schließlich setzt auch ein Aushandeln von Verzichten voraus, dass die Nutzer zumindest Gelegenheit haben, sich die AGB auf dem Bildschirm anzusehen, so dass nichts gewonnen ist.[6]   5.147

Die Einbeziehung von AGB durch vorherigen Abschluss einer **Rahmenvereinbarung gemäß § 305 Abs. 3 BGB** für eine bestimmte Art von Rechtsgeschäften kann eine alternative rechtliche Lösung sein.[7] Da die AGB auch bei Abschluss von Rahmenvereinbarungen mit Verbrauchern gemäß § 305 Abs. 2 BGB einbezogen werden müssen,[8] gerade dies jedoch auf den grundsätzlich kleineren Bildschirmen von mobilen Endgeräten erhebliche Schwierigkeiten bereiten kann (s. vorstehend Rz. 5.144), wird die Rahmenvereinbarung einschließlich AGB unter Inkaufnahme eines Medienbruchs mit Hilfe eines anderen Kommunikationsmittels, zB per Post oder über ein stationäres Endgerät, abgeschlossen werden müssen.[9] Der Abschluss solcher Rahmenvereinbarungen bietet sich vor allem für M-Commerce-Angebote mit länger andauernden Nutzerbeziehungen, wie zB bei Download-, Auktions-, Social Media- oder sonstigen Online-Plattformen oder bei Online-Shops oder Dienstleistungsangeboten, bei denen Nutzer regelmäßig Waren oder Leistungen in Anspruch nehmen wollen, an. Auch wenn die Einzelvertragsschlüsse per SMS erfolgen sollen, kommen Rahmenvereinbarungen in Betracht. Rahmenvereinbarungen können dann – wie im E-Commerce und M-Commerce zwischenzeitlich weit verbreitet – im Zuge einer vorherigen Registrierung der Nutzer geschlossen werden. Für eine spontane, flexible, schnelle und/oder nur sporadische Nutzung von M-Commerce-Angeboten ist dieser rechtliche Lösungsansatz allerdings ungeeignet.   5.148

In gestalterischer bzw. technischer Hinsicht kann daran gedacht werden, durch einen unmittelbar im Zusammenhang mit der Bestellung gut wahrnehmbaren und klar bezeichneten **Link oder Hinweis auf eine Webseite** im Internet zu verweisen, auf der die AGB einsehbar sind. Da es bei den Darstellungsschwierigkeiten auf den grundsätzlich kleineren Bildschirmen von mobilen Endgeräten verbliebe, wenn diesem Link bzw. Hinweis wiede-   5.149

---

1 Kritisch dazu Spindler/Schuster/*Schuster*, § 305a BGB Rz. 12.
2 Vgl. dazu *Ranke*, MMR 2002, 509 (510 f.).
3 So vor allem heute noch MüKoBGB/*Basedow*, § 305 BGB Rz. 69 mwN.
4 Vgl. nur *Bremer*, CR 2009, 12 (15) mwN; vgl. zum Meinungsstand ausführlich *Rose*, in Taeger/Wiebe, Von AdWords bis Social Networks – Neue Entwicklungen im Informationsrecht, 2008, S. 415 (420 ff.).
5 Vgl. dazu im Einzelnen *Rose*, in Taeger/Wiebe, Von AdWords bis Social Networks – Neue Entwicklungen im Informationsrecht, 2008, S. 415 (425 f.).
6 Vgl. *Bremer*, CR 2009, 12 (15) mwN.
7 Vgl. dazu *Bremer*, CR 2009, 12 (15) mwN.
8 Vgl. nur MüKoBGB/*Basedow*, § 305 BGB Rz. 91 mwN.
9 So etwa auch *Bremer*, CR 2009, 12 (15).

rum mit mobilen Endgeräten gefolgt würde, müsste die Webseite mit den AGB von den Nutzern über stationäre Endgeräte aufgerufen und gelesen werden. Anders als bei den fernabsatzrechtlichen vorvertraglichen Informationspflichten, bei denen die Pflichtinformationen grundsätzlich nicht über ein anderes Kommunikationsmittel zur Verfügung gestellt werden dürfen (s. dazu Rz. 5.107 f.), wäre das bei der Einbeziehung von AGB möglich. Dieser Lösungsansatz, der auch bei Vertragsschlüssen über SMS Anwendung finden könnte, hätte jedoch wieder einen nicht für alle M-Commerce-Angebote praktikablen Medienbruch zur Folge.

5.150 Ein weiterer gestalterischer bzw. technischer Lösungsansatz ist, die **AGB** inhaltlich und sprachlich **auf das Wesentliche zu reduzieren** und einen **verlinkten Index** voranzustellen, um den Umfang der AGB so gering wie möglich zu halten und diese besser zu gliedern sowie die Nutzern ein genaueres und schnelleres Navigieren in den AGB zu ermöglichen.[1] Dadurch kann prinzipiell erreicht werden, dass die AGB auch auf den grundsätzlich kleineren Bildschirmen von mobilen Endgeräten übersichtlich und gut lesbar iSd. § 305 Abs. 2 Nr. 2 BGB dargestellt werden. Gelingt es, die AGB auf einen Umfang von nicht mehr als 2.500 Zeichen zu verkürzen, was durchaus möglich ist,[2] lässt sich – wie bei der Widerrufsbelehrung (s. dazu Rz. 5.113) – der Scrollaufwand mit mobilen Endgeräten ab einer Bildschirmdiagonale von etwa 2,2 Zoll – und damit bei den allermeisten heutigen mobilen Endgeräten – in zumutbaren Grenzen halten.[3] M-Commerce-Anbieter müssten aber darauf achten, dass durch die inhaltliche und sprachliche Reduzierung der AGB-Klauseln keine uU AGB-rechtswidrigen Intransparenzen oder Unverständlichkeiten und erst recht keine uU wettbewerbsrechtswidrigen Irreführungsgefahren erzeugt werden.[4]

5.151 ⮕ **Praxistipp:** M-Commerce-Anbieter sollten überprüfen, mit welchen mobilen Endgeräten auf ihre Angebote zugegriffen werden kann und ob die AGB auf diesen Endgeräten übersichtlich und gut lesbar iSd. § 305 Abs. 2 Nr. 2 BGB dargestellt werden. Sollte das bei bestimmten mobilen Endgeräten nicht der Fall sein, zB weil unzumutbar oft gescrollt werden muss, müsste entweder die Darstellung der **AGB für** diese **mobilen Endgeräte optimiert** oder das Angebot für Zugriffe durch diese mobilen Endgeräte **gesperrt** werden (s. dazu allgemein Rz. 5.37). Als **alternative Gestaltung** ist ein gut wahrnehmbarer und klar bezeichneter Link oder Hinweis auf eine Webseite denkbar, die von den Nutzern über stationäre Endgeräte abgerufen wird. Bei M-Commerce-Angeboten mit länger andauernden Nutzerbeziehungen kommt ferner ein vorheriger Abschluss von Rahmenvereinbarungen durch Registrierung der Nutzer per Post oder über ein stationäres Endgerät in Betracht.

3. Einverständnis der Nutzer

5.152 Nach § 305 Abs. 2 aE BGB müssen die Nutzer außerdem mit der Geltung der AGB des M-Commerce-Anbieters einverstanden sein. Dieses Einverständnis kann auch **schlüssig erklärt** werden und liegt in der Regel vor, wenn den Nutzern die Kenntnisnahme der

---

1 Vgl. dazu *Bremer*, CR 2009, 12 (14) mwN; vgl. in diese Richtung auch Spindler/Schuster/*Schuster*, § 305 BGB Rz. 46 und die Ergebnisse des Forschungsprojekts McLaw an der Universität Oldenburg, online unter http://www.privatrecht.uni-oldenburg.de/19411.html.

2 Vgl. dazu die Ergebnisse des Forschungsprojekts McLaw an der Universität Oldenburg, online unter http://www.privatrecht.uni-oldenburg.de/19411.html, in dessen Rahmen auch ein Vorschlag für solche AGB erarbeitet wurde.

3 Vgl. dazu die Ergebnisse des Forschungsprojekts McLaw an der Universität Oldenburg, online unter http://www.privatrecht.uni-oldenburg.de/19411.html; vgl. auch *Rose/Taeger*, K&R 2010, 159 (162); *Rose*, Die rechtskonforme Darstellung der Widerrufsbelehrung im M-Commerce, 2010, S. 2 ff.

4 Vgl. *Bremer*, CR 2009, 12 (14) mwN.

AGB nach den vorstehenden Voraussetzungen in zumutbarer Weise möglich war (s. Rz. 5.143 ff.) und es zum Vertragsschluss gekommen ist.[1]

Wie im E-Commerce ist es für M-Commerce-Anbieter allerdings aus Beweisgründen ratsam, den Bestellablauf so auszugestalten, dass die Nutzer sich durch **Anklicken einer** entsprechenden **Schaltfläche** oder eine vergleichbare aktive Handlung ausdrücklich mit der Geltung der AGB einverstanden erklären müssen, und diese Einverständniserklärungen systemseitig zu speichern (s. zur Formulierung der Einverständniserklärung der Nutzer Rz. 2.331).   5.153

II. Inhaltliche Anforderungen

AGB müssen, um wirksamer Vertragsbestandteil zu werden, auch den inhaltlichen (Wirksamkeits-)Anforderungen der §§ 305c, 307 ff. BGB entsprechen. Da sich im Hinblick auf die inhaltlichen Anforderungen an AGB im M-Commerce im Vergleich zum E-Commerce keine Besonderheiten ergeben, kann auf die ausführliche Darstellung der inhaltlichen Anforderungen für Betreiber von Online-Shops in Kap. 2 verwiesen werden (s. Rz. 2.332 ff.).   5.154

Beim **Transparenzgebot** gemäß § 307 Abs. 1 Satz 2 BGB, wonach AGB unwirksam sind, wenn sie nicht klar und verständlich formuliert werden, ergeben sich gewisse Parallelen und Überschneidungen mit der zumutbaren Kenntnisnahmemöglichkeit der AGB als Einbeziehungsvoraussetzung nach § 305 Abs. 2 Nr. 2 BGB (s. dazu Rz. 5.143 ff.).[2] Auch das Transparenzgebot nach § 307 Abs. 1 Satz 2 BGB verlangt ua., dass die AGB übersichtlich gestaltet und in gut lesbarer Schriftgröße dargestellt sein müssen sowie nicht unangemessen lang sein dürfen (s. dazu näher Rz. 2.333 ff.). Insoweit bestehen im M-Commerce die gleichen Schwierigkeiten und Lösungsansätze wie bereits vorstehend ausgeführt (s. Rz. 5.144 ff.).   5.155

F. Widerrufsrecht

Um Verbraucher vor übereilten Vertragsschlüssen zu schützen und den Nachteil auszugleichen, dass im Fernabsatz Waren und Dienstleistungen vor Vertragsschluss nicht geprüft werden können, steht Nutzern genauso wie im E-Commerce auch im M-Commerce grundsätzlich ein Widerrufsrecht gemäß § 312g iVm. §§ 355 ff. BGB zu. Hiervon gibt es jedoch gerade im Bereich des M-Commerce einige Ausnahmefälle.   5.156

I. Änderungen durch die Umsetzung der VRRL

Die Umsetzung der EU-Verbraucherrechte-Richtlinie[3] (VRRL) ins deutsche Recht zum 13.6.2014[4] hat auch beim fernabsatzrechtlichen Widerrufs- und Rückgaberecht der Verbraucher zu einigen Änderungen geführt (s. zu den Änderungen bei den fernabsatzrecht-   5.157

---

1 Vgl. nur Bamberger/Roth/*Becker*, Beck'scher Online-Kommentar BGB, Stand 1.5.2016, § 305 BGB Rz. 66; juris-PK-Internetrecht/*Heckmann*, Kap. 4.2 Rz. 484 mwN.
2 Vgl. dazu allgemein MüKoBGB/*Wurmnest*, § 307 BGB Rz. 55 mwN.
3 Richtlinie 2011/83/EU des Europäischen Parlaments und des Rates v. 25.10.2011 über die Rechte der Verbraucher, zur Abänderung der Richtlinie 93/13/EWG des Rates und der Richtlinie 1999/44/EG des Europäischen Parlaments und des Rates sowie zur Aufhebung der Richtlinie 85/577/EWG des Rates und der Richtlinie 97/7/EG des Europäischen Parlaments und des Rates, ABl. EU Nr. L 304 v. 22.11.2011, S. 64.
4 Gesetz zur Umsetzung der Verbraucherrechterichtlinie und zur Änderung des Gesetzes zur Regelung der Wohnungsvermittlung v. 20.9.2013, BGBl. I 2013, 3642.

lichen Informationspflichten Rz. 5.100). So ist etwa neu, dass es neben dem Widerrufsrecht der Verbraucher gemäß § 312g Abs. 1 iVm. § 355 Abs. 1 BGB kein Rückgaberecht (§ 356 BGB aF) mehr gibt. Auch die Ausnahmen vom Widerrufsrecht in § 312g Abs. 2 BGB sind angepasst worden. Die Widerrufsfrist beträgt jetzt gemäß § 355 Abs. 2 BGB immer 14 Tage, der Widerruf muss nach § 355 Abs. 1 Satz 3 BGB ausdrücklich erklärt werden, ist jedoch jetzt formfrei und das Widerrufsrecht erlischt gemäß § 356 Abs. 3 Satz 2 BGB spätestens ein Jahr und zwei Wochen nach Warenlieferung bzw. Vertragsschluss. Hinsichtlich der Rechtsfolgen ist etwa neu, dass nach § 357 Abs. 6 BGB unabhängig vom Wert der Ware der Verbraucher die Rücksendekosten zu tragen hat, wenn er vom Unternehmer vor Vertragsschluss darüber informiert wurde. Ein Überblick über diese und weitere wichtige Änderungen findet sich in Rz. 2.365 ff. Für den M-Commerce relevant sind insbesondere die Neuerungen zu digitalen Inhalten, die jetzt zwar grundsätzlich dem Widerrufsrecht unterliegen, welches jedoch gemäß § 356 Abs. 5 BGB vorzeitig zum Erlöschen gebracht werden kann (s. Rz. 5.167 f.).

II. Überblick über das Widerrufsrecht

5.158 Soweit keiner der Ausnahmefälle vorliegt (s. dazu sogleich Rz. 5.161 ff.), sind Nutzer nach § 312g Abs. 1 iVm. § 355 Abs. 1 BGB berechtigt, im M-Commerce geschlossene Verträge ohne Begründung durch ausdrückliche Erklärung gegenüber dem jeweiligen M-Commerce-Anbieter zu widerrufen. Aus der **Widerrufserklärung** des jeweiligen Nutzers muss der Entschluss zum Widerruf des Vertrags eindeutig hervorgehen. Die Widerrufserklärung bedarf keiner Form mehr und kann auch, muss aber nicht durch Verwendung des mit Umsetzung der VRRL neu eingeführten Muster-Widerrufsformulars (gemäß Anlage 2 zu Art. 246a § 1 Abs. 2 Satz 1 Nr. 1 EGBGB), das M-Commerce-Anbieter den Nutzern zur Verfügung zu stellen haben, erfolgen. Nach § 356 Abs. 1 BGB kann das Muster-Widerrufsformular oder ein anderes Online-Widerrufsformular den Nutzern auch auf der Webseite zum Ausfüllen und zur Übermittlung angeboten werden. Von dem erstmals im BGB benutzten, jedoch nicht definierten Begriff „Webseite" dürften auch (herkömmliche) Websites, die mit mobilen Endgeräten abgerufen werden, und mobile Websites, also auf mobile Endgeräte zugeschnittene Websites (s. Rz. 5.9), umfasst sein. Machen M-Commerce-Anbieter und Nutzer von dieser Möglichkeit des Widerrufs über eine Webseite Gebrauch, müssen die M-Commerce-Anbieter gemäß § 356 Abs. 1 BGB den Nutzern den Zugang des Widerrufs unverzüglich auf einem dauerhaften Datenträger bestätigen. Hierzu bietet sich eine Bestätigung per E-Mail an.

5.159 Die **Widerrufsfrist** beträgt gemäß § 355 Abs. 2 Satz 1 BGB jetzt immer 14 Tage. Anders als nach altem Recht müssen M-Commerce-Anbieter die Nutzer gemäß § 356 Abs. 3 Satz 1 BGB nach hM entweder vorvertraglich oder (nach-)vertraglich entsprechend den inhaltlichen Anforderungen des Art. 246a § 1 Abs. 2 Satz 1 Nr. 1 EGBGB über das Widerrufsrecht unterrichten bzw. belehren, damit die Widerrufsfrist zu laufen beginnen kann. Ist das der Fall, kann die Widerrufsfrist auch dann zu laufen beginnen, wenn die Widerrufsbelehrung nicht auf einem dauerhaften Datenträger erfolgt.[1] Weitere Voraussetzung für den Beginn der Widerrufsfrist ist nach § 355 Abs. 2 Satz 2 BGB der Vertragsschluss. Ferner beginnt die Widerrufsfrist gemäß § 356 Abs. 2 Nr. 1 BGB bei Warenkäufen nicht vor Erhalt der (letzten) Ware zu laufen, bei Dienstleistungen und digitalen Inhalten nicht vor Vertragsschluss (s. zu Fristbeginn, Laufzeit und Erlöschen des Widerrufsrechts ausführlich Rz. 2.423 ff. bzw. Rz. 2.453 ff.).

---

1 Vgl. dazu etwa Spindler/Schuster/*Schirmbacher*, § 356 BGB Rz. 36 f.; MüKoBGB/*Fritsche*, § 356 BGB Rz. 24 ff.; juris-PK-BGB/*Hönninger*, § 356 BGB Rz. 12; aA etwa Palandt/*Grüneberg*, § 356 BGB Rz. 7; *Buchmann*, K&R 2014, 221 (225 f.), die eine Widerrufsbelehrung auf einem dauerhaften Datenträger verlangen.

Durch Ausübung des Widerrufsrechts wird der zunächst wirksam geschlossene Vertrag gemäß § 357 BGB ex nunc in ein Rückgewährschuldverhältnis umgewandelt mit weiteren **Rechtsfolgen** für die M-Commerce-Anbieter wie beispielsweise der grundsätzlichen Pflicht zur Tragung der Hinsendekosten sowie einer eingeschränkten Wertersatzpflicht der Nutzer bei Verschlechterung der zurückzugebenden Waren. Wenn die Nutzer von den M-Commerce-Anbietern vor Vertragsschluss darüber informiert wurden, haben nach § 357 Abs. 6 BGB unabhängig vom Wert der Ware jetzt grundsätzlich die Nutzer die Rücksendekosten zu tragen (s. zu den einzelnen Rechtsfolgen bei Ausübung des Widerrufsrechts ausführlich Rz. 2.489 ff.). 5.160

III. Ausnahmen vom Anwendungsbereich des Widerrufsrechts

Im M-Commerce existieren einige Ausnahmefälle, in denen das fernabsatzrechtliche Widerrufsrecht nicht anwendbar ist. Ein Widerrufsrecht ist nicht gegeben, wenn entweder der Anwendungsbereich der Vorschriften der §§ 312b ff. BGB nach § 312 BGB bereits insgesamt nicht eröffnet ist, was insbesondere für **unentgeltliche Leistungen** und Verträge über Pauschalreisen und Personenbeförderung gilt (s. Rz. 5.99), oder wenn nach den Ausnahmeregelungen des § 312g Abs. 2 und 3 BGB bei bestimmten Fernabsatzverträgen ein Widerrufsrecht nicht besteht (s. dazu ausführlich Rz. 2.374 ff.). Letzteres trifft auch auf verschiedene M-Commerce-Angebote zu. 5.161

So besteht nach § 312g Abs. 2 Nr. 1 Alt. 1 und 2 BGB kein Widerrufsrecht für Verträge zur Lieferung von Waren, die nicht vorgefertigt sind und für deren Herstellung eine **individuelle Auswahl** oder Bestimmung durch den Nutzer maßgeblich ist oder die eindeutig auf die **persönlichen Bedürfnisse des Nutzers** zugeschnitten sind. Hierunter fallen jedenfalls sämtliche für Nutzer individualisierte oder personalisierte Waren, wie zB digitale Fotoalben oder mit individuellen Aufdrucken versehene T-Shirts, und uU auch von Nutzern aus verschiedenen möglichen Komponenten individuell zusammengestellte Waren[1] (s. dazu näher Rz. 2.376 ff.). 5.162

Nach altem Recht (§ 312d Abs. 4 Nr. 1 Alt. 3 BGB aF) war kein Widerrufsrecht gegeben, wenn gelieferte Waren aufgrund ihrer Beschaffenheit nicht für eine Rücksendung geeignet sind. Diese Ausnahme, die insbesondere auch online herunterladbare digitale Werke, wie zB eBooks, Musik- oder Video-Dateien, und Software einschließlich kostenpflichtiger Apps, kurz sämtliche als Waren einordenbare Downloads, umfasste, ist mit Umsetzung der VRRL weggefallen und zum Teil – nicht aber hinsichtlich Downloads, für die jetzt grundsätzlich ein fernabsatzrechtliches Widerrufsrecht besteht (s. dazu Rz. 5.167 f.) – durch konkretere Ausnahmevorschriften ersetzt worden. So sind gemäß § 312g Abs. 2 Nr. 2 BGB Verträge zur Lieferung **schnell verderblicher Waren**, wie zB nicht besonders lang haltbare Lebensmittel oder Schnittblumen, vom Widerrufsrecht ausgenommen (s. dazu näher Rz. 2.379 f.). Das Gleiche gilt gemäß § 312g Abs. 2 Nr. 3 BGB für Verträge zur Lieferung **versiegelter Waren**, die aus Gründen des **Gesundheitsschutzes** oder der **Hygiene** nicht zur Rückgabe geeignet sind, wenn ihre Versiegelung nach der Lieferung entfernt wurde, wie zB. geöffnete Arzneimittel, Medizinprodukte oder Kosmetika (s. dazu näher Rz. 2.381). Nach § 312g Abs. 2 Nr. 4 BGB besteht auch kein Widerrufsrecht bei Verträgen zur Lieferung von Waren, wenn diese, wie etwa Heizöl, nach der Lieferung aufgrund ihrer Beschaffenheit **untrennbar mit anderen Gütern vermischt wurden** (s. dazu näher Rz. 2.382). 5.163

Für M-Commerce-Angebote, bei denen **Ton- oder Videoaufnahmen** oder **Software** in einer versiegelten Packung geliefert werden, ist ein Widerrufsrecht gemäß § 312g Abs. 2 Nr. 6 5.164

---

1 Vgl. in diese Richtung etwa Spindler/Schuster/*Schirmbacher*, § 312g BGB Rz. 14; kritisch MüKoBGB/*Wendehorst*, § 312g BGB Rz. 17.

BGB ausgeschlossen, wenn die **Versiegelung** von den Nutzern nach Lieferung **entfernt** worden ist (s. dazu näher Rz. 2.385 ff.).

5.165 Gemäß § 312g Abs. 2 Nr. 11 BGB besteht nach Umsetzung der VRRL auch kein Widerrufsrecht bei Verträgen über **dringende Reparatur- oder Instandhaltungsarbeiten**, die auf ausdrückliche Aufforderung der Nutzer bei diesen vor Ort erbracht werden (s. dazu näher Rz. 2.401 f.).

5.166 Darüber hinaus sind gemäß § 312 Abs. 2 bis 6 BGB und gemäß § 312g Abs. 2 und 3 BGB noch **weitere M-Commerce-Angebote** vom Widerrufsrecht ausgenommen. Hierzu gehören zB gemäß § 312g Abs. 2 Nr. 9 Buchungen von termingebundenen Dienstleistungen in den Bereichen Beherbergung, Beförderung von Waren, Kraftfahrzeugvermietung, Lieferung von Speisen und Getränken sowie Freizeitgestaltung wie Hotel- und Mietwagenbuchungen, Pizza-Lieferdienste oder Veranstaltungstickets (s. dazu näher Rz. 2.397 f.), gemäß § 312g Abs. 2 Nr. 7 BGB Lieferungen von Zeitungen, Zeitschriften oder Illustrierten mit Ausnahme von Abonnement-Verträgen (s. dazu näher Rz. 2.390 ff.) und gemäß 312g Abs. 2 Nr. 12 BGB Wett- und Lotteriedienstleistungen (s. dazu näher Rz. 2.403 f.).

IV. Widerrufsrecht bei digitalen Inhalten

5.167 Seit Umsetzung der VRRL ins deutsche Recht zum 13.6.2014 besteht nunmehr auch für digitale Inhalte, wie zB Software, Apps, Spiele, Musik, Videos oder Texte, die von M-Commerce-Anbietern nicht auf einem körperlichen Datenträger, sondern online – etwa im Wege des **Downloads oder Streamings** – geliefert oder bereitgestellt werden, grundsätzlich ein (14-tägiges) fernabsatzrechtliches Widerrufsrecht (nach Vertragsschluss). Die bisherige Ausnahme vom Widerrufsrecht für Downloads (gemäß § 312d Abs. 4 Nr. 1 Alt. 3 BGB aF) ist entfallen (s. Rz. 5.163). Das schon nach altem Recht geltende grundsätzliche Widerrufsrecht für auf **körperlichen Datenträgern** gelieferte digitale Inhalte mit seiner Ausnahme bei Entsiegelung der Verpackung (s. Rz. 5.164) ist erhalten geblieben.

5.168 Das **Widerrufsrecht** bei Online-Lieferung bzw. -Bereitstellung (Downloads oder Streamings) von digitalen Inhalten **erlischt** jedoch gemäß § 356 Abs. 5 BGB, wenn der M-Commerce-Anbieter mit der Vertragsausführung begonnen hat, nachdem der Nutzer ausdrücklich dem Beginn der Vertragsausführung vor Ablauf der Widerrufsfrist zugestimmt hat (§ 356 Abs. 5 Nr. 1 BGB) und seine Kenntnis davon bestätigt hat, dass er durch diese Zustimmung sein Widerrufsrecht verliert (§ 356 Abs. 5 Nr. 2 BGB). M-Commerce-Anbieter können demnach das Widerrufsrecht der Nutzer vorzeitig zum Erlöschen bringen, wenn sie die Nutzer nach Vertragsschluss, zB unmittelbar vor Bereitstellung des Downloads oder Streams der digitalen Inhalte, klar darauf hinweisen, dass sie mit ihrer ausdrücklichen Zustimmung zur Vertragsausführung vor Ablauf der Widerrufsfrist, dh. zur sofortigen Online-Bereitstellung der digitalen Inhalte, ihr Widerrufsrecht verlieren, und sich diese ausdrückliche Zustimmung sowie die Bestätigung der Kenntnis über das damit verbundene Erlöschen des Widerrufsrechts von den Nutzern, zB durch das Anklicken einer entsprechenden separaten Schaltfläche, nach Vertragsschluss im Wege aktiver Erklärungen geben lassen, bevor sie mit der Bereitstellung der digitalen Inhalte beginnen.[1] Da die VRRL ausweislich ihres Erwägungsgrunds 19 bei online bereitgestellten digitalen Inhalten nicht danach unterscheidet, ob diese als Waren oder Dienstleistungen einzuordnen sind, und auch nicht danach, ob „auf sie durch Herunterladen oder Herunterladen in Echtzeit (Streaming) (...) oder in sonstiger Weise zugegriffen wird", dürfte das Widerrufsrecht bei sämtlichen in irgendeiner Form entgeltlich online bereitgestellten digitalen In-

---

1 Vgl. dazu etwa *Schirmbacher/Creutz*, ITRB 2014, 44 (45 f.); *Peintinger*, MMR 2016, 3 (4); vgl. zum Zeitpunkt der Zustimmungs- bzw. Bestätigungserklärungen, der nach Vertragsschluss liegen muss, auch LG Karlsruhe v. 25.5.2016 – 18 O 7/16, BeckRS 2016, 12084.

halten, auch wenn diese, wie zB Browser-Online-Spiele oder Software-as-a-Service, nicht gestreamt oder heruntergeladen werden, vorzeitig zum Erlöschen zu bringen sein.[1]

➜ **Praxistipp:** Obwohl dies vereinzelt bezweifelt wird,[2] sollte eine rechtskonforme Einholung der beiden Zustimmungs- bzw. Bestätigungserklärungen der Nutzer, die nach § 356 Abs. 5 BGB für das vorzeitige Erlöschen des Widerrufsrechts bei online bereitgestellten digitalen Inhalten erforderlich sind, auch auf den grundsätzlich kleineren Bildschirmen von mobilen Endgeräten mit ihren technisch beschränkten Darstellungsmöglichkeiten möglich sein. Hierzu bietet sich eine von den Nutzern nach Vertragsschluss anzuklickende Schaltfläche mit einer kurzen (vorformulierten) Erklärung der Nutzer dahingehend an, dass sie dem Beginn der Vertragsausführung vor Ablauf der Widerrufsfrist ausdrücklich zustimmen und bestätigen, dass ihnen das damit verbundene Erlöschen des Widerrufsrechts bekannt ist.[3] Bei M-Commerce-Angeboten mit regelmäßigen Online-Lieferungen oder -Bereitstellungen von digitalen Inhalten, wie zB bei Download-Plattformen, kann diese (Zustimmungs- bzw. Bestätigungs-)Erklärung der Nutzer auch einmalig für alle folgenden Einzelvertragsschlüsse nach Abschluss einer entsprechenden Rahmenvereinbarung eingeholt werden.[4]

5.169

G. Datenschutzrechtliche Besonderheiten

Am 25.5.2016 ist die am 14.4.2016 verabschiedete **EU-Datenschutz-Grundverordnung (DS-GVO)**[5] in Kraft getreten, die ab dem 25.5.2018 in allen EU-Mitgliedstaaten als unmittelbar anwendbares Recht gelten wird. Mit Geltung der DS-GVO werden voraussichtlich die bislang bestehenden, für den M-Commerce relevanten bereichsspezifischen und allgemeinen datenschutzrechtlichen Vorschriften des deutschen Rechts, wie sie insbesondere im TMG bzw. im BDSG geregelt sind, weitgehend obsolet. An ihre Stelle werden die entsprechenden Vorschriften der DS-GVO treten. Dadurch werden sich Neuerungen ua. bei den Betroffenenrechten und den datenschutzrechtlichen Informationspflichten ergeben, die in beiden Bereichen zu Erweiterungen der bisher bestehenden Rechte bzw. Pflichten führen werden (s. dazu im Überblick Rz. 2.538 ff.). Da die neuen datenschutzrechtlichen Anforderungen der DS-GVO noch nicht geltendes Recht sind, wird nachfolgend auf die geltende Rechtslage eingegangen, die sich wie folgt darstellt:

5.170

M-Commerce-Anbieter unterliegen je nach konkreter Ausgestaltung ihrer Angebote und deren rechtlicher Einordnung **bereichsspezifischen und/oder allgemeinen datenschutzrechtlichen Anforderungen**. Daher ist für jedes M-Commerce-Angebot zunächst zu klären, welche datenschutzrechtlichen Vorschriften anwendbar sind. Wie im E-Commerce stellen auch im M-Commerce die datenschutzrechtlichen Informationspflichten der Anbieter, die in der Praxis durch Erteilung entsprechender Datenschutzhinweise umgesetzt werden, eine der zentralen datenschutzrechtlichen Anforderungen bei der Gestaltung von Angeboten dar (s. zu den datenschutzrechtlichen Anforderungen und den erforderlichen Datenschutzhinweisen in Online-Shops ausführlich Rz. 2.544 ff.). Ferner gibt es im M-Commerce wei-

5.171

---

1 AA bei Software-as-a-Service *Peintinger*, MMR 2016, 3 (6).
2 Vgl. *Peintinger*, MMR 2016, 3 (4).
3 Eine entsprechende Musterformulierung findet sich etwa bei *Schirmbacher/Creutz*, ITRB 2014, 44 (46).
4 So auch *Peintinger*, MMR 2016, 3 (7); vgl. jedoch LG Karlsruhe v. 25.5.2016 – 18 O 7/16, BeckRS 2016, 12084.
5 Verordnung (EU) 2016/679 des Europäischen Parlaments und des Rates v. 27.4.2016 zum Schutz natürlicher Personen bei der Verarbeitung personenbezogener Daten, zum freien Datenverkehr und zur Aufhebung der Richtlinie 95/46/EG (Datenschutz-Grundverordnung), ABl. EU Nr. L 119 v. 4.5.2016, S. 1.

tere datenschutzrechtliche Besonderheiten, insbesondere bei Apps und Location Based Services.

I. Anwendbare datenschutzrechtliche Vorschriften

5.172 Wegen der für den M-Commerce typischen Überlagerung von Diensten, Inhalten und Angeboten aus den Bereichen Telekommunikation, Internet und „Offline-Welt" können auf M-Commerce-Angebote sowohl die **bereichsspezifischen datenschutzrechtlichen Vorschriften des TKG und/oder des TMG** als auch die **allgemeinen datenschutzrechtlichen Vorschriften des BDSG** Anwendung finden. Die jeweiligen Anwendungsbereiche dieser drei Datenschutzregime lassen sich grob anhand des sog. **Schichtenmodells** abgrenzen. Danach gelten für die sog. Transportebene, dh. die Ebene des technischen Übermittlungsvorgangs bzw. der Signalübertragung, die datenschutzrechtlichen Vorschriften des TKG, für die sog. Diensteebene, auf der die elektronische Interaktion stattfindet, die datenschutzrechtlichen Vorschriften des TMG und für die sog. Inhalteebene, dh. die Speicherung und Verwendung von Daten ohne Bezug zu Vorgängen auf der Transport- oder Diensteebene, wie zB Verträge über die Lieferung physischer Waren, die allgemeinen datenschutzrechtlichen Vorschriften des BDSG.[1]

5.173 Die datenschutzrechtlichen Vorschriften des **TKG**, also insbesondere die §§ 91 ff. TKG, dürften beim Vertrieb von Klingeltönen, Handy-Logos, Hintergrundbildern etc., soweit er per Premium-SMS (sowie WAP-Download) und damit mittels telekommunikationsgestützter Dienste iSd. § 3 Nr. 25 TKG abgewickelt wird (s. dazu Rz. 5.43), anwendbar sein. Allerdings ist hier die Abgrenzung zwischen TKG und TMG schwierig, zumal die erhobenen Nutzerdaten zumindest auch zu Zwecken des WAP-Downloads der bestellten Inhalte verwendet werden. Datenschutzrechtliche Vorschriften des TKG, insbesondere § 98 TKG, können auch bei der Erhebung und Verarbeitung sog. Standortdaten der Nutzer im Rahmen der Erbringung von Location Based Services zur Anwendung kommen (s. dazu näher Rz. 5.269 ff.).

5.174 Da die meisten M-Commerce-Angebote, insbesondere WAP-Angebote, Angebote des Mobile Web, Apps und Location Based Services, in der Regel als Telemediendienste iSd. § 1 Abs. 1 TMG einzuordnen sind (s. dazu Rz. 5.43), ergeben sich die von den M-Commerce-Anbietern zu beachtenden datenschutzrechtlichen Anforderungen vorwiegend aus den datenschutzrechtlichen Vorschriften des **TMG**, also den §§ 11 ff. TMG.

5.175 Die allgemeinen datenschutzrechtlichen Vorschriften des **BDSG** greifen gemäß § 1 Abs. 3 Satz 1 BDSG nur dann ein, wenn die bereichsspezifischen Vorschriften des TKG oder des TMG für eine konkrete Datenverwendung keine speziellere Regelung enthalten. Das ist in Abgrenzung zu den datenschutzrechtlichen Vorschriften des TMG insbesondere bei sog. Inhaltsdaten der Fall. Hierbei handelt es sich um solche Daten, die zwar mit Hilfe von Telemediendiensten erhoben und transportiert werden, aber nicht der Bereitstellung eines Telemediendienstes, sondern, wie zB bei einer Buchbestellung in einem Online-Shop die Adressdaten des Bestellers, der Abwicklung eines „Offline-Vorgangs", im Beispiel der Buchlieferung, dienen.[2]

5.176 Auch wenn sich die datenschutzrechtlichen Vorschriften des TKG, des TMG und des BDSG in ihren Einzelregelungen unterscheiden, was von den M-Commerce-Anbietern in jedem Einzelfall eine genaue Prüfung verlangt, basieren sie auf den gleichen **datenschutzrechtlichen Grundsätzen**. Hierzu gehört vor allen Dingen der Grundsatz des präventiven Verbots mit Erlaubnisvorbehalt, der sowohl in § 12 Abs. 1 TMG als auch in § 4 Abs. 1

---

1 Vgl. nur juris-PK-Internetrecht/*Heckmann*, Kap. 9 Rz. 44 mwN.
2 Vgl. dazu nur juris-PK-Internetrecht/*Heckmann*, Kap. 9 Rz. 172 f. mwN.

BDSG geregelt ist. Danach sind Erhebungen, Verarbeitungen und Nutzungen personenbezogener Daten nur zulässig, soweit eine Rechtsvorschrift dies erlaubt oder der Betroffene eingewilligt hat. Die wichtigsten gesetzlichen Erlaubnistatbestände zur Abwicklung von Vertragsverhältnissen sind dabei im M-Commerce wie im E-Commerce die § 14 Abs. 1 TMG bzw. § 28 Abs. 1 Satz 1 Nr. 1 BDSG, wonach M-Commerce-Anbieter personenbezogene Daten der Nutzer erheben, verarbeiten und nutzen dürfen, soweit dies für die Begründung, Durchführung oder Beendigung eines Vertragsverhältnisses erforderlich ist (s. dazu im E-Commerce näher Rz. 2.552 ff.). Ähnliches ist in § 95 Abs. 1 TKG geregelt. Verkehrsbzw. Nutzungsdaten, also personenbezogene Daten, die, wie zB die Telefonnummer oder andere Identifikationsmerkmale des Nutzers, der Beginn und das Ende der jeweiligen Nutzung oder Angaben zum vom Nutzer in Anspruch genommenen Telekommunikationsbzw. Telemediendienst, für die Inanspruchnahme von Telekommunikations- bzw. Telemediendiensten und deren Abrechnung erforderlich sind, dürfen von M-Commerce-Anbietern auf Grundlage der §§ 96 Abs. 1, 97 TKG bzw. § 15 Abs. 1, 2, 4 und 5 TMG erhoben und verwendet werden. Auch bei Vorliegen eines gesetzlichen Erlaubnistatbestands dürfen M-Commerce-Anbieter jedoch nach dem sog. Erforderlichkeitsprinzip immer nur die für den festgelegten Zweck, zB für die Vertragsabwicklung, notwendigen Daten erheben und verarbeiten (s. dazu im E-Commerce näher Rz. 2.576 ff.). Ferner unterliegen die erhobenen personenbezogenen Daten der Nutzer gemäß § 12 Abs. 2 TMG bzw. § 28 Abs. 2 BDSG dem sog. Zweckbindungsgebot, was bedeutet, dass die Daten grundsätzlich nur zu dem Zweck verarbeitet werden dürfen, zu dem sie erhoben wurden. Jede Zweckänderung bedarf prinzipiell einer separaten datenschutzrechtlichen Legitimation, sei es eines einschlägigen gesetzlichen Erlaubnistatbestands oder – wie es bei der Verarbeitung von Vertragsdaten zu Werbezwecken häufig der Fall ist – einer Einwilligung der Betroffenen (s. dazu im E-Commerce näher Rz. 2.553). Die Einwilligung kann unter den Voraussetzungen der § 94 TKG, § 13 Abs. 2 TMG bzw. § 28 Abs. 3a BDSG von den Nutzern auch elektronisch eingeholt werden. Ein weiterer datenschutzrechtlicher Grundsatz ist das Gebot der Datensparsamkeit und -vermeidung, das in § 13 Abs. 6 TMG und in § 3a BDSG niedergelegt ist (s. dazu im E-Commerce näher Rz. 2.551). Zu den tragenden Säulen des Datenschutzrechts gehört schließlich auch das datenschutzrechtliche Transparenzgebot, das sich insbesondere in den datenschutzrechtlichen Informationspflichten der Anbieter gemäß § 93 Abs. 1 TKG, § 13 Abs. 1 TMG bzw. § 4 Abs. 3 BDSG niederschlägt (s. dazu sogleich Rz. 5.177 ff.).

II. Datenschutzrechtliche Informationspflichten

Wie E-Commerce-Anbieter sind M-Commerce-Anbieter nach § 13 Abs. 1 TMG – ggf. ähnlich auch nach § 93 Abs. 1 TKG bzw. § 4 Abs. 3 BDSG – verpflichtet, die Nutzer zu Beginn des Nutzungsvorgangs über Art, Umfang und Zwecke der Erhebung und Verwendung personenbezogener Daten in allgemein verständlicher Form zu unterrichten (s. zu den datenschutzrechtlichen Informationspflichten in Online-Shops ausführlich Rz. 2.547 ff.). Umgesetzt werden diese **datenschutzrechtlichen Informationspflichten** in der Praxis wie im E-Commerce durch Einbindung entsprechender Datenschutzhinweise in die M-Commerce-Angebote. 5.177

Die **Inhalte der Datenschutzhinweise** hängen stark von der Ausgestaltung des jeweiligen M-Commerce-Angebots ab. Sie sollen die Nutzer wahr, vollständig und detailliert darüber informieren, wer in welcher Weise und für welche Zwecke welche ihrer personenbezogenen Daten erhebt, verarbeitet und nutzt sowie ob eine Datenverarbeitung außerhalb der EU stattfindet. Regelmäßige Inhalte der Datenschutzhinweise werden Angaben zur verantwortlichen Stelle der Datenerhebung und -verarbeitung sowie zu deren Datenschutzbeauftragten, zu den konkret erhobenen personenbezogenen Daten, zu automatisierten Datenerhebungen und Datenübermittlungen, wie zB Datenerhebungen durch Analysetools der 5.178

M-Commerce-Anbieter oder durch mobile Endgeräte veranlasste Datenübermittlungen an Dritte, zu ggf. eingesetzten Cookies, zu ggf. verwendeten Plugins von Social Media, wie zB dem Facebook Like-Button, zu etwaigen Datenübermittlungen an Dritte, zu eventuellen (zB für bestimmte Werbezwecke, Cookies, Plugins oder Datenübermittlungen erforderlichen) datenschutzrechtlichen Einwilligungen und deren Widerrufbarkeit, zur Dauer der Datenspeicherung, zur Datensicherheit und zu den datenschutzrechtlichen Auskunfts-, Berichtigungs- und Löschungsrechten der Nutzer sein (s. zur inhaltlichen Gestaltung der Datenschutzhinweise in Online-Shops und zu den zugrunde liegenden datenschutzrechtlichen Fragen ausführlich Rz. 2.547 ff.).

5.179   Nach § 13 Abs. 1 TMG sind die Datenschutzhinweise den Nutzern in **allgemein verständlicher Form** zu erteilen. Hierunter werden in erster Linie inhaltliche Anforderungen, insbesondere die Verwendung der deutschen Sprache und für Nutzer einfach verständliche Formulierungen verstanden.[1] Konkrete Form und Gestaltung der Datenschutzhinweise liegen mangels näherer Regelung in § 13 Abs. 1 TMG im Ermessen der Anbieter.[2] Da die Datenschutzhinweise jedoch gemäß § 13 Abs. 1 Satz 1 TMG bereits bei Beginn des Nutzungsvorgangs erteilt werden und gemäß § 13 Abs. 1 Satz 3 TMG jederzeit abrufbar sein müssen, empfiehlt sich wie im E-Commerce[3] und ähnlich wie bei der Anbieterkennzeichnung ein gut erkennbarer und eindeutig bezeichneter Link auf die Datenschutzhinweise, der auf der Startseite sowie in der Kopf- oder Fußzeile jeder weiteren Seite des jeweiligen M-Commerce-Angebots platziert ist (s. dazu in Online-Shops Rz. 2.548 ff.). Im M-Commerce stellt sich hierbei wieder das **rechtliche Grundproblem des M-Commerce** (s. dazu Rz. 5.34). Denn zum einen können Links auf die Datenschutzhinweise, die sich in der Fußzeile am Seitenende befinden und ggf. nur durch mehrmaliges Scrollen erreicht werden können, für Nutzer mit zumutbarem Aufwand nicht mehr ohne weiteres erkennbar sein.

5.180   ➲   **Praxistipp:** Deshalb sollte im M-Commerce wie bei der Anbieterkennzeichnung der Link auf die Datenschutzhinweise nicht in der Fußzeile, sondern in der Kopfzeile platziert werden.

5.181   Zum anderen können die Datenschutzhinweise selbst infolge ihres Umfangs, der bei üblichen Datenschutzhinweisen durchschnittlich zwischen 2000 und 5000 Zeichen beträgt,[4] je nach Ausgestaltung des M-Commerce-Angebots bzw. der vorgenommenen Datenverarbeitungen jedoch nicht selten deutlich darüber liegt (s. etwa das Muster für Datenschutzhinweise in Online-Shops in Kap. 2, Rz. 2.597), von Nutzern mit mobilen Endgeräten nicht mehr mit zumutbarem Aufwand scrollbar sein.[5]

5.182   Wie bei den anderen gesetzlichen Informationspflichten und der Einbeziehung von AGB sind indes auch hier die Hürden für M-Commerce-Anbieter nicht unüberwindlich,[6] zumal die mobilen Endgeräte durch den Einsatz moderner Smartphones und Tablet-PCs

---

1 Vgl. juris-PK-Internetrecht/*Heckmann*, Kap. 9 Rz. 210; Spindler/Schuster/*Spindler*/*Nink*, § 13 TMG Rz. 8.

2 So zutreffend etwa juris-PK-Internetrecht/*Heckmann*, Kap. 9 Rz. 210 f.; Spindler/Schuster/*Spindler*/ *Nink*, § 13 TMG Rz. 8 mwN; aA wohl LG Düsseldorf v. 9.3.2016 – 12 O 151/15, CR 2016, 372 = MMR 2016, 328 (330) m. abl. Anm. *Föhlisch*/*Pilous*, das einen Link zu den Datenschutzhinweisen in der Fußzeile einer Webseite nicht für ausreichend hält.

3 Vgl. dazu etwa juris-PK-Internetrecht/*Heckmann*, Kap. 9 Rz. 211; Spindler/Schuster/*Spindler*/*Nink*, § 13 TMG Rz. 8 mwN; aA wohl LG Düsseldorf v. 9.3.2016 – 12 O 151/15, CR 2016, 372 = MMR 2016, 328 (330) m. abl. Anm. *Föhlisch*/*Pilous* (vgl. vorstehende Fn.).

4 Vgl. hierzu *Rose*/*Taeger*, K&R 2010, 159 (161).

5 Vgl. zu dieser Problematik ausführlich *Taeger*, DuD 2010, 246 ff.; vgl. auch Spindler/Schuster/*Spindler*/*Nink*, § 13 TMG Rz. 9; *Bremer*, CR 2009, 12 (14).

6 So zutreffend *Taeger*, DuD 2010, 246 (249); vgl. auch Spindler/Schuster/*Spindler*/*Nink*, § 13 TMG Rz. 9.

tendenziell etwas größer geworden sind. Als **Lösungsansätze** kommen ähnliche Gestaltungen wie bei der Einbeziehung von AGB in Betracht (s. dazu ausführlich Rz. 5.145 ff.).[1] So könnten die Datenschutzhinweise bei M-Commerce-Angeboten mit länger andauernden Nutzerbeziehungen, bei denen eine Registrierung der Nutzer stattfindet, wie zB bei Download-, Auktions-, Social Media- oder sonstigen Online-Plattformen, unter Inkaufnahme eines Medienbruchs im Rahmen der Registrierung mit Hilfe eines anderen Kommunikationsmittels, zB per Post oder über ein stationäres Endgerät, gegeben werden. Denkbar ist auch ein gut wahrnehmbarer und klar bezeichneter Link oder Hinweis auf eine Webseite im Internet, auf der die Datenschutzhinweise bereit gehalten werden und die von den Nutzern – wiederum unter Inkaufnahme eines Medienbruchs – über stationäre Endgeräte aufgerufen und gelesen werden müsste.[2] Ein weiterer Lösungsansatz ist, die Datenschutzhinweise inhaltlich und sprachlich auf das Erforderliche zu reduzieren und so kurz wie möglich zu fassen. Anders als bei AGB sind die Inhalte der Datenschutzhinweise allerdings nicht disponibel, sondern hängen von den im Rahmen des jeweiligen M-Commerce-Angebots vorgenommenen Datenerhebungen und -verarbeitungen ab. Wenn sich der M-Commerce-Anbieter auf die Erhebung und Verarbeitung von personenbezogenen Daten zur Vertragsabwicklung beschränkt und nicht mehr automatisierte Datenerhebungen durchführt als technisch unbedingt erforderlich, sollte eine Darstellung der Datenschutzhinweise in zumutbarem Umfang auch auf den grundsätzlich kleineren Bildschirmen von mobilen Endgeräten möglich sein.[3] Zusätzlich sollten die Datenschutzhinweise übersichtlich gegliedert und mit einem vorangestellten verlinkten Index versehen sein. Ist eine Verkürzung der Datenschutzhinweise auf einen zumutbaren Umfang nicht möglich, etwa weil die in den Vertragsverhältnissen erhobenen personenbezogenen Daten auch für Werbezwecke genutzt werden sollen oder weitere Datenerhebungen durch Analysetools oder Social Media-Plugins erfolgen und deshalb umfangreichere Datenschutzhinweise und/oder Einwilligungserklärungen der Nutzer notwendig sind, müssten M-Commerce-Anbieter solche mobilen Endgeräte vom Zugriff auf das jeweilige Angebot ausschließen, auf denen die Datenschutzhinweise nicht mehr mit zumutbarem Scrollaufwand[4] dargestellt werden (s. dazu allgemein Rz. 5.37).[5]

➲ **Praxistipp:** M-Commerce-Anbieter sollten aus den vorstehenden Lösungsansätzen   5.183
diejenige Gestaltung wählen, die am besten für ihr konkretes M-Commerce-Angebot passt. Dann ist eine rechtskonforme Darstellung der Datenschutzhinweise auch im M-Commerce möglich.

Verletzt der M-Commerce-Anbieter die **datenschutzrechtlichen Informationspflichten**   5.184
nach § 13 Abs. 1 TMG, können die Datenerhebungen unzulässig sein. Bei vorsätzlichem oder fahrlässigem Verstoß gegen § 13 Abs. 1 TMG, dh. wenn der M-Commerce-Anbieter die Nutzer vorsätzlich oder fahrlässig nicht, nicht vollständig oder nicht rechtzeitig unterrichtet, droht außerdem gemäß § 16 Abs. 2 Nr. 2 TMG ein Bußgeld. Eine Verletzung der Informationspflichten des § 13 Abs. 1 TMG stellt hingegen keinen Wettbewerbsverstoß gemäß § 3a UWG nF dar, da § 13 Abs. 1 TMG nach überwiegender Meinung als eine wertneutrale Ordnungsvorschrift eingeordnet wird.[6]

---

1 So auch *Bremer*, CR 2009, 12 (14).
2 Vgl. Spindler/Schuster/*Spindler/Nink*, § 13 TMG Rz. 9.
3 Vgl. *Taeger*, DuD 2010, 246 (249), der in diesem Fall von einem Umfang der Datenschutzhinweise von 1500 Zeichen ausgeht.
4 Der zumutbare Scrollaufwand für (herkömmliche und/oder kleinere) mobile Endgeräte dürfte bei um die zehnmal Scrollen liegen, vgl. hierzu den Überblick bei *Rose/Taeger*, K&R 2010, 159 (162) mwN, für (moderne) Smartphones tendenziell noch höher.
5 So zutreffend auch *Taeger*, DuD 2010, 246 (249).
6 Vgl. zum Streitstand etwa Spindler/Schuster/*Spindler/Nink*, § 13 TMG Rz. 2; *Klinger*, jurisPR-ITR 10/2016 Anm. 3.

III. Sonstige datenschutzrechtliche Besonderheiten

5.185 Darüber hinaus existieren im M-Commerce einige weitere datenschutzrechtliche Besonderheiten, insbesondere bei QR-Codes, bei Apps und bei Location Based Services.

5.186 Bei **QR-Codes**, die der Codierung und dem vereinfachten Aufruf von (mobilen) Webseiten dienen, können die entsprechenden Webseiten-Zugriffe von Mobile-Commerce-Anbietern mittels spezieller Analysetools zB nach verwendeten mobilen Endgeräten, Browsern, Sprachen, Ländern, IP-Adressen, Standorten der Nutzer und über fest mit mobilen Endgeräten verbundene Gerätekennungen wie dem UDID (Unique Device Identifier) bei mobilen Endgeräten von Apple ggf. auch nach eindeutig bestimmbaren einzelnen Nutzern ausgewertet werden. Solche Datenerhebungen und -verarbeitungen durch M-Commerce-Anbieter bedürfen nach § 13 Abs. 1 TMG zumindest entsprechender deutlicher Datenschutzhinweise über die Art, den Umfang und die Zwecke der Datenerhebung und -verwendung. Wenn die erhobenen Daten nicht nur der Inanspruchnahme und/oder Abrechnung des jeweiligen M-Commerce-Angebots dienen oder sofort anonymisiert werden, ist eine Einwilligung der Nutzer erforderlich, bei Erstellung von pseudonymisierten Nutzungsprofilen gemäß § 15 Abs. 3 TMG ein Hinweis auf das Widerspruchsrecht der Nutzer.

5.187 Hinsichtlich der datenschutzrechtlichen Besonderheiten bei **Apps** und **Location Based Services** wird auf die Darstellung in den Rz. 5.252 ff. bzw. Rz. 5.269 ff. verwiesen.

H. Apps als Sonderform des M-Commerce

5.188 M-Commerce-Anbieter haben auch beim Vertrieb von Apps sowie beim Vertrieb über Apps (s. zur doppelten Funktion von Apps als Vertriebsgegenstand und Vertriebskanal des M-Commerce Rz. 5.17) zahlreiche rechtliche Anforderungen zu beachten. Gemäß den verschiedenen Vertriebskonstellationen (s. dazu Rz. 5.18 f.) ist hierbei zwischen dem Vertrieb von kostenpflichtigen Apps, also den App-Sales, dem Vertrieb von (kostenpflichtigen) App-Erweiterungen, also den In-App-Sales, dem Vertrieb von kostenlosen Apps und dem Vertrieb von Waren oder Dienstleistungen über Verkaufs-Apps sowie dem Vertrieb von Waren oder Dienstleistungen über Marktplatz-Apps zu unterscheiden. Grundsätzlich unterliegen Anbieter in diesen Vertriebskonstellationen den gleichen rechtlichen Anforderungen wie im M-Commerce allgemein, so dass weitgehend auf die bisherige Darstellung der rechtlichen Anforderungen für M-Commerce-Anbieter verwiesen werden kann. Vor allem beim Vertrieb von Apps und App-Erweiterungen über die App Stores (s. zu den App Stores und deren Vertriebsmodell Rz. 5.19 f.) ergibt sich in den einzelnen Rechtsbeziehungen zwischen den (Vertrags-)Beteiligten (s. zu den einzelnen Beteiligten Rz. 5.21), also in den Rechtsbeziehungen zwischen den Anbietern der Apps und App-Erweiterungen, kurz den Anbietern, und den Betreibern der App Stores, kurz den Betreibern, in den Rechtsbeziehungen zwischen den Betreibern und den Nutzern der Apps und App-Erweiterungen, kurz den Nutzern, und in den Rechtsbeziehungen zwischen den Anbietern und den Nutzern jedoch eine Reihe rechtlicher Besonderheiten. So ist beispielsweise schon fraglich, welche vertragsrechtliche Stellung die Betreiber der App Stores einnehmen, dh. ob sie oder aber die Anbieter der Apps und App-Erweiterungen Vertragspartner der Nutzer sind, welches nationale Recht auf die einzelnen Rechtsbeziehungen Anwendung findet und inwieweit die von den Betreibern vorgegebenen Vertragsbedingungen mit deutschem AGB-Recht übereinstimmen. Diese und weitere vertragsrechtliche Besonderheiten sowie ferner insbesondere rechtliche Besonderheiten bei den allgemeinen Informations- und Gestaltungspflichten, den fernabsatzrechtlichen Informationspflichten und dem Widerrufsrecht werden anhand der beiden wichtigsten App Stores, des Apple App Stores und des Google Play Stores (s. zu den wichtigsten App Stores Rz. 5.19), dargestellt. Das Gleiche gilt für die insbesondere beim Vertrieb und bei der Nutzung von Apps zu berücksichtigenden datenschutzrechtlichen Besonderheiten von Apps. Nicht behandelt hingegen werden etwa Fragen der Entwicklung von Apps, insbesondere die Rechtsbeziehungen zwischen den (Software-)Entwicklern der Apps und deren Anbietern,[1] die urheberrechtlichen Aspekte von Apps,[2] die wettbewerbs- und kennzeichenrechtlichen Aspekte von Apps,[3] öffentlich-rechtliche Verbote und Anforderungen an bestimmte Apps, wie zB Medizin-Apps, Taxi-Apps oder Blitzer-Apps,[4] sowie Fragen des Minderjährigen- und Jugendschutzes bei Apps.[5] Insgesamt können im Rahmen dieser Darstellung lediglich einige Grundzüge aufgezeigt werden, zumal die Einfachheit von Apps und deren Nutzung in einem reziproken Verhältnis zu der Komplexität der für Apps geltenden rechtlichen Regelungen steht.[6]

I. Vertrieb von Apps

Bei den rechtlichen Anforderungen an den Vertrieb von Apps sind **drei Vertriebskonstellationen** zu unterscheiden: **App-Sales, In-App-Sales und der Vertrieb von kostenlosen Apps**. Innerhalb der drei Vertriebskonstellationen muss wiederum nach den **einzelnen Rechtsbeziehungen zwischen den Beteiligten**, also den Anbietern der Apps und App-Erweiterungen, den Betreibern der App Stores und den Nutzern der Apps und App-Erweiterungen, differenziert werden. Sodann sind auf dritter Ebene etwaige Unterschiede zwischen den App Stores, hier zwischen dem **Apple App Store** und dem **Google Play Store**, zu beachten.

5.189

1. App-Sales

Bei den App-Sales, also dem kostenpflichtigen Vertrieb von Apps über App Stores, soll im Folgenden nur der weitaus häufiger vorkommende Fall betrachtet werden, dass nicht eigene Apps des App Store-Betreibers, sondern Apps **dritter Anbieter** über den App Store gegen ein (geringes) Entgelt an Nutzer vertrieben werden. Dabei stellt sich vor allem die nicht einfach zu beantwortende **Frage, wer Vertragspartner der Nutzer** wird, der Betreiber des App Stores oder aber der Anbieter der App. Hiervon hängen nicht nur die konkreten Vertragsbeziehungen zwischen den Beteiligten ab, sondern der Vertragspartner der Nutzer ist grundsätzlich auch in vollem Umfang für die verkaufte App verantwortlich. Der Vertragspartner der Nutzer ist insbesondere bei Mängeln der App gewährleistungspflichtig. Er hat ferner die allgemeinen Informations- und Gestaltungspflichten eines M-Commerce-Anbieters, wie zB die Pflichten zur Anbieterkennzeichnung nach § 5 TMG, die Pflichten zur Preisangabe nach der PAngV und die E-Commerce-rechtlichen Informations- und Gestaltungspflichten nach § 312i BGB iVm. Art. 246c EGBGB und § 312j BGB, zu erfüllen, muss den fernabsatzrechtlichen Informationspflichten gemäß § 312d Abs. 1 BGB iVm. Art. 246a §§ 1 ff. EGBGB und § 312f Abs. 2 und 3 BGB iVm. Art. 246a EGBGB nachkommen und ist ggf. Adressat des Widerrufsrechts der Nutzer gemäß § 312g iVm. §§ 355 ff. BGB.

5.190

---

1 Vgl. hierzu etwa Solmecke/Taeger/Feldmann/*Solmecke/Lachenmann*, Mobile Apps, 2013, Kap. 3 Rz. 8 ff.; *Lachenmann*, ITRB 2013, 190 ff.; *Kremer*, CR 2011, 769 (775).
2 Vgl. hierzu etwa Solmecke/Taeger/Feldmann/*Solmecke*, Mobile Apps, 2013, Kap. 6 Rz. 1 ff.; Baumgartner/Ewald/*Baumgartner*, Apps und Recht, 2. Aufl. 2016, Rz. 384 ff.
3 Vgl. hierzu etwa Solmecke/Taeger/Feldmann/*Kost*, Mobile Apps, 2013, Kap. 7 Rz. 1 ff.; *Zöllner/Lehmann*, GRUR 2014, 431 ff.; *Spengler*, WRP 2015, 1187 ff.
4 Vgl. zu Medizin-Apps etwa *Rübsamen*, MedR 2015, 485 ff.; *Gassner*, MPR 2015, 73 ff.; *Jandt/Hohmann*, K&R 2015, 694 ff.; vgl. zu Taxi-Apps etwa *Ingold*, NJW 2014, 3334 ff.; *Wimmer/Weiß*, MMR 2015, 80 ff.; *König*, BB 2015, 1095 ff.; vgl. zu Blitzer-Apps etwa OLG Celle v. 3.11.2015 – 2 Ss (OWi) 313/15, NJW 2015, 3733 m. Anm. *Fromm*.
5 Vgl. hierzu etwa Solmecke/Taeger/Feldmann/*Wiedemann/Korreng*, Mobile Apps, 2013, Kap. 4 Rz. 164 ff.; Baumgartner/*Ewald*, Apps und Recht, 2. Aufl. 2016, Rz. 442 ff.; *Bisges*, NJW 2014, 183 ff.
6 So zutreffend *Feldmann*, in Taeger/Wiebe, Die Welt im Netz – Folgen für Wirtschaft und Gesellschaft, 2011, S. 47.

a) Rechtsbeziehung zwischen Anbieter und Betreiber

5.191 Die Rechtsbeziehungen zwischen den Anbietern der Apps und den Betreibern der App Stores werden durch die **von den Betreibern einseitig vorgegebenen Nutzungs- und Lizenzbedingungen** bestimmt, die die technischen, inhaltlichen und rechtlichen Voraussetzungen für die Entwicklung der Apps, deren Vertrieb über die Apps Stores und die Nutzung der App Stores durch die App-Anbieter festlegen. Ohne Zustimmung zu diesen grundsätzlich nicht verhandelbaren Nutzungs- und Lizenzbedingungen[1] ist ein (legaler) Vertrieb der Apps kaum möglich[2] (s. zu den App Stores als geschlossene Systeme und Vertriebsmodelle Rz. 5.20). Die Nutzungs- und Lizenzbedingungen der App Stores haben großen Einfluss auf alle Rechtsbeziehungen zwischen den Beteiligten, da sie eine Art **Verfassung für den jeweiligen App Store** und das damit verbundene Vertriebsmodell darstellen.

5.192 In ihrer Struktur und ihrem Charakter als überwiegend extrem einseitig zugunsten der App Store-Betreiber ausgestaltete Allgemeine Geschäftsbedingungen (AGB) sind sich die **Nutzungs- und Lizenzbedingungen der App Stores** ziemlich ähnlich. Hinsichtlich ihrer Philosophie, ihres Umfangs und ihrer inhaltlichen Details weisen sie jedoch zum Teil erhebliche Abweichungen auf.[3] Das für den **Apple App Store** geltende „iOS Developer Program License Agreement" (**iDPLA**)[4] ist unterteilt in einen Allgemeinen Teil nebst Anlagen (ua. dem Attachment 2 „Additional Terms for Use of the In-App Purchase API") sowie das Schedule 1 (für durch den Anbieter zur Verfügung gestellte kostenlose Apps) und das Schedule 2 (für im App Store angebotene kostenpflichtige Apps).[5] Das iDPLA ist sehr detailliert und umfangreich, worin sich die Apple Philosophie eines geschlossenen, von Apple kontrollierten Systems widerspiegelt.[6] Die für den **Google Play Store** geltende **„Google Play – Vereinbarung für den Entwicklervertrieb"** („Google Play – Developer Distribution Agreement")[7] ist – der offeneren und freieren Philosophie des Betriebssystems Android folgend – wesentlich kürzer sowie liberaler und wird ua. durch die ebenfalls relativ kurz gehaltenen „Google Play-Programmrichtlinien für Entwickler" („Google Play Developer Program Policies")[8] ergänzt.[9]

---

1 *Degmair*, K&R 2013, 213 (214) spricht zu Recht von einer „take it or leave it"-Situation für die App-Anbieter.

2 Vgl. *Kremer*, CR 2011, 769 (772). Ausweichmöglichkeiten gibt es nur bei Apps für das Google Betriebssystem Android, die von den App-Anbietern auch direkt vertrieben werden können, und bei unternehmensinternen Apps, vgl. dazu etwa Solmecke/Taeger/Feldmann/*Denker/Hartl/Denker*, Mobile Apps, 2013, Kap. 1 Rz. 27 bzw. Solmecke/Taeger/Feldmann/*Solmecke/Lachenmann*, Mobile Apps, 2013, Kap. 3 Rz. 14 f.

3 Vgl. Solmecke/Taeger/Feldmann/*Engelhardt*, Mobile Apps, 2013, Kap. 3 Rz. 178 f.; Baumgartner/*Ewald*, Apps und Recht, 2. Aufl. 2016, Rz. 93; *Kremer*, CR 2011, 769 (772).

4 Das iDPLA ist nur nach vorheriger Registrierung als Apple Developer unter https://developer.apple.com und Zustimmung zum Apple Developer Agreement, online unter https://developer.apple.com/programs/terms/apple_developer_agreement.pdf, sowie nach weiterer gebührenpflichtiger Registrierung für eines der Apple Developer Programs erhältlich, vgl. dazu Baumgartner/*Ewald*, Apps und Recht, 2. Aufl. 2016, Rz. 94 ff. Eine Version des iDPLA von September 2014 ist unter https://developer.apple.com/programs/terms/ios/standard/ios_program_standard_agreement_20140909.pdf abrufbar.

5 Vgl. näher Baumgartner/*Ewald*, Apps und Recht, 2. Aufl. 2016, Rz. 97.

6 Vgl. dazu Solmecke/Taeger/Feldmann/*Engelhardt*, Mobile Apps, 2013, Kap. 3 Rz. 168; Baumgartner/*Ewald*, Apps und Recht, 2. Aufl. 2016, Rz. 97, 122 f., 143.

7 Die Google Play – Vereinbarung für den Entwicklervertrieb ist unter https://play.google.com/intl/ALL_de/about/developer-distribution-agreement.html abrufbar.

8 Die Google Play-Programmrichtlinien für Entwickler sind unter https://play.google.com/intl/ALL_de/about/developer-distribution-agreement.html abrufbar.

9 Vgl. dazu Baumgartner/*Ewald*, Apps und Recht, 2. Aufl. 2016, Rz. 122 f., 127, 133, 143; Solmecke/Taeger/Feldmann/*Engelhardt*, Mobile Apps, 2013, Kap. 3 Rz. 168.

aa) Stellung des Betreibers

Hinsichtlich der vertragsrechtlichen Stellung des App Store-Betreibers, also der Frage, ob der App Store-Betreiber oder der Anbieter der App Vertragspartner der Nutzer wird, treffen das iDPLA und die Google Play – Vereinbarung für den Entwicklervertrieb **unterschiedliche Regelungen**. **5.193**

Gemäß Schedule 2 zum **iDPLA** (Vertrieb von kostenpflichtigen Apps) möchte Apple für App-Anbieter in Deutschland als „commissionaire" (nach Art. 91 Luxembourg Code de Commerce) tätig werden. Nach deutschem Rechtsverständnis bestünde zwischen den Anbietern der Apps und Apple demnach ein Kommissionsvertrag nach §§ 383 ff. HGB.[1] Infolgedessen käme der (Kauf-)Vertrag über die jeweilige App unmittelbar zwischen Apple als Kommissionär und den Nutzern als Käufer ohne Beteiligung des Anbieters als Kommittent zustande. Apple fungierte dabei als mittelbarer Stellvertreter, verkaufte also die Apps zwar im Interesse und für Rechnung der Anbieter, aber in eigenem Namen.[2] Damit wäre **Apple Vertragspartner der Nutzer**. **5.194**

Die **Google Play – Vereinbarung für den Entwicklervertrieb** deutet hingegen darauf hin, dass die Anbieter ihre Apps unmittelbar an die Nutzer vertreiben sollen. Eine Kommissionsabrede zwischen Google und den Anbietern wie im iDPLA fehlt. Damit wäre der **App-Anbieter Vertragspartner der Nutzer**.[3] **5.195**

bb) Vertragsbeziehung

Die Nutzungs- und Lizenzbedingungen der App Stores, insbesondere das iDPLA und die Google Play – Vereinbarung für den Entwicklervertrieb, gestalten die Vertragsbeziehungen zwischen den App-Anbietern und den Betreibern der App Stores zum Teil extrem einseitig zugunsten der Betreiber aus. Nach deutschem Rechtsverständnis handelte es sich um Allgemeine Geschäftsbedingungen (**AGB**), die zwar in der Regel im B2B-Bereich angesiedelt wären, aber dennoch vielfach einer AGB-rechtlichen Kontrolle gemäß §§ 305c, 307 ff. BGB nicht standhalten würden.[4] Nachfolgend werden einige wichtige Vertragsinhalte des iDPLA und der Google Play – Vereinbarung für den Entwicklervertrieb skizziert.[5] **5.196**

Sowohl das iDPLA (Ziff. 15.10) als auch die Google Play – Vereinbarung für den Entwicklervertrieb (Ziff. 15.7) enthalten Rechtswahl- und Gerichtsstandsklauseln zugunsten **kalifornischen Rechts** bzw. **kalifornischer Gerichte**. Während die Rechtswahlklauseln so- **5.197**

---

1 Vgl. zum aktuellen Stand Baumgartner/*Ewald*, Apps und Recht, 2. Aufl. 2016, Rz. 115 ff.; vgl. auch Solmecke/Taeger/Feldmann/*Engelhardt*, Mobile Apps, 2013, Kap. 3 Rz. 178 ff.; *Feldmann*, in Taeger/ Wiebe, Die Welt im Netz – Folgen für Wirtschaft und Gesellschaft, 2011, S. 47 (53); *Kremer*, CR 2011, 769 (774).
2 Vgl. näher zum aktuellen Stand Baumgartner/*Ewald*, Apps und Recht, 2. Aufl. 2016, Rz. 115 ff.; vgl. auch Solmecke/Taeger/Feldmann/*Engelhardt*, Mobile Apps, 2013, Kap. 3 Rz. 178 ff.; *Feldmann*, in Taeger/Wiebe, Die Welt im Netz – Folgen für Wirtschaft und Gesellschaft, 2011, S. 47 (53).
3 Vgl. dazu Baumgartner/*Ewald*, Apps und Recht, 2. Aufl. 2016, Rz. 129; Solmecke/Taeger/Feldmann/ *Engelhardt*, Mobile Apps, 2013, Kap. 3 Rz. 196 f.
4 So etwa auch *Marly*, Praxishandbuch Softwarerecht, 6. Aufl. 2014, Rz. 1168 f. Da die hier betrachteten App Store-Betreiber, Apple und Google, ihren Sitz in den USA haben und sowohl im iDPLA als auch in der Google Play – Vereinbarung für den Entwicklervertrieb im Ergebnis eine Rechtswahl zugunsten kalifornischen Rechts getroffen ist (s. Rz. 5.197), findet – soweit es sich bei den App-Anbietern um Unternehmer handelt – eine AGB-rechtliche Kontrolle nach deutschem Recht allerdings nicht statt.
5 Vgl. zu den Inhalten des iDPLA und der Google Play – Vereinbarung für den Entwicklervertrieb ausführlich Baumgartner/*Ewald*, Apps und Recht, 2. Aufl. 2016, Rz. 98 ff. bzw. Rz. 128 ff.; Solmecke/ Taeger/Feldmann/*Engelhardt*, Mobile Apps, 2013, Kap. 3 Rz. 171 ff., der auch die Nutzungs- und Lizenzbedingungen des Microsoft Windows Phone Stores darstellt; *Kremer*, CR 2011, 769 (772 ff.).

wohl im B2B- als auch im B2C-Bereich – dort vorbehaltlich Art. 6 Abs. 2 Rom I-VO – wirksam sein dürften, ist das bei den Gerichtsstandsklauseln im B2C-Bereich nicht der Fall und im B2B-Bereich zumindest zweifelhaft.[1]

5.198   Neben den umfangreichen **technischen und inhaltlichen Vorgaben für Apps**, wie zB Virenfreiheit, bestimmte Funktionalitäten, bestimmte Design- und Layout-Vorgaben oder keine rechtswidrigen oder anstößigen, insbesondere sexuellen oder erotischen Inhalte, die den App-Anbietern insbesondere von Apple im iDPLA auferlegt werden,[2] behalten sich sowohl Apple als auch Google vor, Apps nach eingehender Prüfung trotz Erfüllung der festgelegten Vorgaben nicht in die App Stores aufzunehmen oder ggf. jederzeit wieder zu entfernen (Ziff. 6.5 iDPLA bzw. Ziff. 7.2 Google Play – Vereinbarung für den Entwicklervertrieb). Somit besteht für App-Anbieter trotz Registrierung unter Anerkennung der Nutzungs- und Lizenzbedingungen von Apple bzw. Google, Entrichtung der jährlichen Gebühr für den App Store[3] und Einhaltung sämtlicher Vorgaben der Betreiber **kein Anspruch auf Aufnahme einer App** in den App Store und **kein Anspruch auf Aufrechterhaltung des App-Vertriebs** über den App Store (s. zu den hiermit verbundenen kartellrechtlichen Aspekten Rz. 5.204 ff.).[4]

5.199   Bedingt durch den möglichen weltweiten Vertrieb der Apps werden die Anbieter von den Betreibern des Weiteren verpflichtet, dafür Sorge zu tragen, dass ihre Apps (weltweit) **sämtlichen einschlägigen Rechtsvorschriften** und Regelungen der Länder entsprechen, in denen sie nach Wahl der Anbieter vertrieben werden dürfen. Damit tragen die App-Anbieter bei unbeschränktem Vertrieb das beinahe unkalkulierbare Risiko von Rechtsverletzungen weltweit.[5]

5.200   ⮞ **Praxistipp:** Anbieter von Apps sollten daher den Vertrieb ihrer Apps auf die für sie wichtigen Länder beschränken.

5.201   Gemäß Ziff. 11, 13 und 14 iDPLA bzw. Ziff. 11, 12 und 13 Google Play – Vereinbarung für den Entwicklervertrieb **schließen** die Betreiber (so gut wie) **jegliche Haftung und Gewährleistung aus** und lassen sich, soweit gesetzlich zulässig, von sämtlichen Schäden, Verpflichtungen, Ansprüchen etc., insbesondere etwaigen Gewährleistungsansprüchen der Nutzer, **freistellen**. Auch diese Haftungsausschlüsse und Freistellungen wären nach deutschem AGB-Recht unwirksam.[6]

5.202   Nach der Google Play – Vereinbarung für den Entwicklervertrieb wird der Vertrag mit dem Anbieter auf unbestimmte Zeit geschlossen, das iDPLA sieht eine **Vertragslaufzeit** von einem Jahr mit anschließender automatischer jährlicher Verlängerung vor. Neben den ordentlichen **Kündigungsmöglichkeiten** ist sowohl im iDPLA als auch in der Google Play – Vereinbarung für den Entwicklervertrieb geregelt, dass der Betreiber den Vertrag mit dem Anbieter jederzeit bei Vorliegen ziemlich unbestimmter und/oder weitgehender Gründe fristlos kündigen kann. Zusätzlich sind Apple und Google berechtigt, den Vertrag

---

1   Vgl. dazu Baumgartner/*Ewald*, Apps und Recht, 2. Aufl. 2016, Rz. 99 f., 128; Solmecke/Taeger/Feldmann/*Engelhardt*, Mobile Apps, 2013, Kap. 3 Rz. 171 f.; *Kremer*, CR 2011, 769 (772).
2   Vgl. zu den technischen und inhaltlichen Vorgaben für Apps näher Baumgartner/*Ewald*, Apps und Recht, 2. Aufl. 2016, Rz. 108 ff. (Apple), 132 ff. (Google); Solmecke/Taeger/Feldmann/*Engelhardt*, Mobile Apps, 2013, Kap. 3 Rz. 216 ff.
3   Vgl. dazu näher Solmecke/Taeger/Feldmann/*Engelhardt*, Mobile Apps, 2013, Kap. 3 Rz. 198 ff.
4   Vgl. dazu sowie zur (hypothetischen) AGB-rechtlichen Unzulässigkeit dieser Regelungen näher Solmecke/Taeger/Feldmann/*Engelhardt*, Mobile Apps, 2013, Kap. 3 Rz. 246 ff.; *Kremer*, CR 2011, 769 (773); vgl. auch näher Baumgartner/*Ewald*, Apps und Recht, 2. Aufl. 2016, Rz. 113.
5   Vgl. dazu näher Baumgartner/*Ewald*, Apps und Recht, 2. Aufl. 2016, Rz. 108, 111 (Apple), 132 (Google); Solmecke/Taeger/Feldmann/*Engelhardt*, Mobile Apps, 2013, Kap. 3 Rz. 218; *Kremer*, CR 2011, 769 (773).
6   Vgl. dazu näher Solmecke/Taeger/Feldmann/*Engelhardt*, Mobile Apps, 2013, Kap. 3 Rz. 275 ff. (Apple), 283 f. (Google); *Kremer*, CR 2011, 769 (773 f.).

mit dem Anbieter zu kündigen, wenn dieser innerhalb einer festgelegten Frist einseitigen Vertragsänderungen des Betreibers nicht zustimmt.[1]

cc) Kartellrechtliche Aspekte

Die Betreiber von App Stores, insbesondere Apple und Google, sind bedingt durch ihre wirtschaftliche Größe und Macht und/oder bestimmte Verhaltensweisen, wie zB die (inzwischen aufgegebene) Verpflichtung im iDPLA, Abonnements von Verlagsprodukten (im Wege von In-App-Sales) ausschließlich bzw. kostengünstiger als anderswo über den Apple App Store zu verkaufen,[2] zunehmend in den **Fokus des Kartellrechts** geraten. **5.203**

Im Zusammenhang mit App-Sales könnte neben anderen kartellrechtlichen Gesichtspunkten, wie zB der Verpflichtung im iDPLA, iOS-Apps ausschließlich über den Apple App Store zu vertreiben,[3] vor allen Dingen fraglich sein, ob App-Anbieter nicht entgegen der Regelungen im iDPLA und in der Google Play – Vereinbarung für den Entwicklervertrieb einen **Anspruch auf Aufnahme von Apps** in den App Store haben, wenn sie alle vom jeweiligen Betreiber vorgegebenen Anforderungen erfüllen. Das könnte dann der Fall sein, wenn der Betreiber des App Stores mit der Ablehnung einer App iSd. §§ 19 ff. GWB bzw. Art. 102 AEUV missbräuchlich eine marktbeherrschende Stellung ausnutzte (s. zum kartellrechtlichen Missbrauchsverbot ausführlich Rz. 10.343 ff.). Beide Voraussetzungen – die marktbeherrschende Stellung des App Store-Betreibers und das Vorliegen eines Missbrauchstatbestands – wird man im Einzelfall genau prüfen müssen. **5.204**

Denn große Unternehmen wie Apple oder Google sind nicht per se **marktbeherrschend**, sondern sie können es nur bezogen auf einen bestimmten sachlich, räumlich und zeitlich abgegrenzten relevanten Markt sein (s. dazu Rz. 10.345 ff.). Sowohl die Feststellung des sachlich relevanten Markts als auch die Feststellung des räumlich relevanten Markts bereitet indes nicht unerhebliche Schwierigkeiten. So ist etwa bei der Abgrenzung des sachlich relevanten Markts ungewiss, ob insgesamt auf die Angebote zum Vertrieb von Apps aller existierenden App Stores abgestellt werden muss, ob also alle App Stores zusammen der sachlich relevante Markt sind,[4] oder ob die Angebote zum Vertrieb von Apps für ein bestimmtes mobiles Betriebssystem einen eigenständigen sachlich relevanten Markt bilden, ob also zB der Apple App Store als einziger App Store für das mobile Betriebssystem iOS ein sachlich relevanter Markt ist.[5] In ähnlich gelagerten Fällen, in denen es um den Zugang zu Online-Vertriebs-Plattformen, konkret um den Zugang zu eBay, ging, hat die Rechtsprechung bislang den sachlich relevanten Markt eher weit gezogen (s. zu diesen Fällen und zur marktbeherrschenden Stellung von Apple Rz. 10.420 ff.). **5.205**

Darüber hinaus müsste im Einzelfall auch ein **Missbrauchstatbestand**, insbesondere eine missbräuchliche Zugangsverweigerung gemäß § 19 Abs. 2 Nr. 4 GWB, vorliegen (s. zu den Missbrauchstatbeständen näher Rz. 10.354 ff.). Unzulässig könnte beispielsweise eine sachlich nicht gerechtfertigte willkürliche Ablehnung einer App oder eine Ungleich- **5.206**

---

1 Vgl. dazu sowie zur (hypothetischen) AGB-rechtlichen Unzulässigkeit dieser Regelungen näher Solmecke/Taeger/Feldmann/*Engelhardt*, Mobile Apps, 2013, Kap. 3 Rz. 264 f. (Apple), 270 (Google); *Kremer*, CR 2011, 769 (772 f.).
2 Vgl. dazu *Feldmann*, in Taeger/Wiebe, Die Welt im Netz – Folgen für Wirtschaft und Gesellschaft, 2011, S. 47 (59); vgl. zu den insoweit erhobenen kartellrechtlichen Vorwürfen und deren Ausräumung *Immenga*, BB 2011, 257 bzw. *Kremer/Hoppe/Kamm*, CR 2015, 18 (19).
3 Vgl. dazu und zu weiteren kartellrechtlichen Aspekten von Apps, wie zB der Koppelung von mobilem Betriebssystem und App Store oder der Erzwingung unangemessener Geschäftsbedingungen in App Stores, *Kremer/Hoppe/Kamm*, CR 2015, 18 ff.
4 In diese Richtung etwa *Kremer/Hoppe/Kamm*, CR 2015, 18 (20, 23).
5 In diese Richtung etwa *Lober*, GRUR-Prax 2010, 453; *Schütz/Schreiber*, MMR 2012, 659 (663); *Koenig*, MMR 2013, 137.

behandlung von App-Anbietern ohne sachlichen Grund durch den Betreiber des App Stores sein.[1]

5.207 ➡ **Praxistipp:** Sollten Apple oder Google aus nicht nachvollziehbaren Gründen die Aufnahme von Apps in ihre App Stores verweigern oder verzögern, kann es für App-Anbieter ratsam sein, einen Anspruch auf Aufnahme unter kartellrechtlichen Gesichtspunkten zu prüfen.

b) Rechtsbeziehung zwischen Betreiber und Nutzer

5.208 Die Rechtsbeziehungen zwischen den Betreibern der App Stores und den Nutzern bzw. Erwerbern der Apps werden durch die ebenfalls **einseitig von den Betreibern vorgegebenen Verkaufs- und Nutzungsbedingungen** des jeweiligen App Stores bestimmt. Diesen Verkaufs- und Nutzungsbedingungen müssen die Nutzer, bevor sie Apps erwerben können, in der Regel im Rahmen einer **vorherigen Registrierung beim jeweiligen App Store** unter Angabe ihrer persönlichen Daten überwiegend einschließlich ihrer Kreditkarten- oder anderer Zahlungsdaten, wie zB PayPal, zur Bezahlung der Apps zustimmen (zur AGB-rechtlichen Einbeziehung s. Rz. 5.214).

5.209 Die sehr umfangreichen **Verkaufs- und Nutzungsbedingungen der App Stores** bestehen regelmäßig aus mehreren einzelnen Bedingungswerken, deren Zusammenhang häufig nicht einfach zu durchschauen ist. Die für den **Apple App Store** geltenden Verkaufs- und Nutzungsbedingungen, die **„iTunes Store Bedingungen"**,[2] setzen sich aus den Verkaufsbedingungen (für sämtliche Stores von Apple), den Nutzungsbedingungen des iTunes Stores, den Nutzungsbedingungen des Mac App Stores, des App Stores, des App Stores für Apple TV und des iBook Stores, den Nutzungsbedingungen des Apple Music Dienstes und der Apple Datenschutzrichtlinie zusammen. Die für den **Google Play Store** geltenden Verkaufs- und Nutzungsbedingungen, die **„Google Play Nutzungsbedingungen"**,[3] bestehen aus eben diesen Google Play Nutzungsbedingungen, den Google Nutzungsbedingungen, den Geschäfts- und Programmrichtlinien von Google Play, den Nutzungsbedingungen und Datenschutzhinweisen von Google Payments, der Datenschutzerklärung von Google und der Datenschutzerklärung für Bücher auf Google Play.

aa) Stellung des Betreibers

5.210 Was die vertragsrechtliche Stellung des App Store-Betreibers, also die Frage, ob der jeweilige App Store-Betreiber oder aber der Anbieter der App Vertragspartner der Nutzer wird, angeht, ist die **Rechtslage** nach wie vor **nicht eindeutig**.

5.211 Die **Verkaufs- und Nutzungsbedingungen der App Stores** enthalten in dieser Hinsicht teilweise nicht ganz klare, mitunter sogar widersprüchliche Regelungen. So heißt es in den **iTunes Store Bedingungen** von Apple etwa einerseits: „iTunes verkauft Ihnen eine Lizenz zur Nutzung der Produkte. Wenn Sie ein Produkt von iTunes gekauft haben, begründet die Lizenz eine bindende Vereinbarung unmittelbar zwischen Ihnen und dem Veröffentlicher des Produktes (der „Veröffentlicher"), die Ihre Nutzung dieses Produktes regelt.", andererseits aber auch „Die Lizenz zu jedem Apple Produkt, das Sie über den Mac App Store oder den App Store Service erhalten oder das Sie mit Ihrem Konto verbinden, stellt eine bindende Vereinbarung zwischen Ihnen und iTunes dar. Sie wissen, dass,

---

1 Kritisch *Koenig*, MMR 2013, 137 (138), der auf die hohen Voraussetzungen nach der bislang ergangenen „essential facilities"-Rechtsprechung hinweist.
2 Die iTunes Store Bedingungen sind unter http://www.apple.com/legal/internet-services/itunes/de/ terms.html abrufbar.
3 Die Google Play Nutzungsbedingungen sind unter https://play.google.com/intl/de_de/about/play-terms.html abrufbar, wo auch Links zu den anderen Bedingungswerken zu finden sind.

wenn Sie ein Dritt-Produkt von iTunes erwerben, Sie eine bindende Vereinbarung direkt mit dem Veröffentlicher des Dritt-Produktes abschließen, der Ihre Nutzung des Dritt-Produktes regelt; iTunes ist nicht Partei der Lizenzvereinbarung zwischen Ihnen und dem Veröffentlicher bezüglich dieses Dritt-Produktes. Der Veröffentlicher eines Dritt-Produktes ist ausschließlich für dieses Dritt-Produkt, den darin enthaltenen Inhalte, für etwaige Mängelrechte, soweit solche Mängelrechte nicht ausgeschlossen wurden, und für jegliche Ansprüche, die Sie oder ein anderer bezüglich dieses Dritt-Produktes haben könnten, verantwortlich." Tendenziell soll damit wohl eher der App-Anbieter Vertragspartner der Nutzer sein und Apple bloß eine Vermittlerrolle einnehmen.[1] In den **Google Play Nutzungsbedingungen** stand lange Zeit: „Einige dieser Produkte können von Google angeboten werden, während andere von Dritten, die nicht mit Google verbunden sind, verfügbar gemacht werden. Sie erkennen an, dass Google nicht für Produkte auf Google Play verantwortlich ist, die nicht von Google stammen." Auch das deutete eher darauf hin, dass der App-Anbieter Vertragspartner der Nutzer sein soll.[2] Eindeutig waren indes auch diese Regelungen nicht. Ende 2012 hat Google in Ziff. 2 der Google Play Nutzungsbedingungen in diese Richtung eine klarere Regelung getroffen.[3]

Zur Ermittlung des Vertragspartners der Nutzer beim Erwerb einer App ist letztlich auf den gemäß §§ 133, 157 BGB maßgeblichen **objektiven Empfängerhorizont der Nutzer** abzustellen.[4] Ausschlaggebend ist also, wie die Nutzer die in den App Stores bereit gehaltenen App-Angebote sowie den Erwerbsvorgang wahrnehmen und verstehen, insbesondere wer ihnen aus ihrer Sicht in diesen Angeboten sowie Erwerbsvorgängen als Anbieter bzw. Verkäufer der App gegenübertritt. Betrachtet man die App-Angebote und den Erwerbsvorgang im **Apple App Store**, ergibt sich **kein eindeutiges Bild**. Einerseits gibt es Umstände, wie zB das (eventuelle) Wissen der Nutzer, dass es sich beim Apple App Store um eine (bloße) Vertriebs-Plattform für Apps handelt, die Tatsache, dass nicht Apple, sondern der App-Anbieter auf der konkreten App-Angebotsseite genannt wird, und die weitere Tatsache, dass die dort erscheinende Beschreibung der App und deren (Verkaufs-)Preis (erkennbar) vom App-Anbieter stammen, die für den App-Anbieter als Verkäufer sprechen.[5] Andererseits wird der App-Anbieter auf der konkreten App-Angebotsseite lediglich als „Entwickler" und nicht klar als „Anbieter" oder „Verkäufer" der App bezeichnet und auch ansonsten gibt es keinen deutlichen Hinweis, wie zB eine Anbieterkennzeichnung auf der konkreten App-Angebotsseite, darauf, dass der App-Anbieter der Vertragspartner der Nutzer sein soll. Hinzu kommt, dass die Bezahlung der Apps über Apple abgewickelt wird, die Übermittlung der App auf das mobile Endgerät des Nutzers durch Apple erfolgt und auch eine etwaige Rückabwicklung des Erwerbs, zB bei einer fehlerhaften App, sowie die Bereitstellung und Übermittlung von Updates für die App ebenfalls über den Apple App Store abläuft. Überdies haben die Nutzer zuvor mit Apple die Verkaufs- und Nut-

5.212

---

1 So etwa auch Solmecke/Taeger/Feldmann/*Lachenmann*, Mobile Apps, 2013, Kap. 3 Rz. 341; Baumgartner/*Ewald*, Apps und Recht, 2. Aufl. 2016, Rz. 42; in diese Richtung auch *Kremer*, CR 2011, 769 (770); *Feldmann*, in Taeger/Wiebe, Die Welt im Netz – Folgen für Wirtschaft und Gesellschaft, 2011, S. 47 (50, 55).

2 So auch *Kremer*, CR 2011, 769 (770).

3 Vgl. dazu etwa Solmecke/Taeger/Feldmann/*Lachenmann*, Mobile Apps, 2013, Kap. 3 Rz. 340; Baumgartner/*Ewald*, Apps und Recht, 2. Aufl. 2016, Rz. 43.

4 So auch Baumgartner/*Ewald*, Apps und Recht, 2. Aufl. 2016, Rz. 45, 53b; *Marly*, Praxishandbuch Softwarerecht, 6. Aufl. 2014, Rz. 1173; *Kremer*, CR 2011, 769 (771); *Degmair*, K&R 2013, 213 (215); *Mankowski*, CR 2013, 508 (509); vgl. auch *Feldmann*, in Taeger/Wiebe, Die Welt im Netz – Folgen für Wirtschaft und Gesellschaft, 2011, S. 47 (49); Solmecke/Taeger/Feldmann/*Lachenmann*, Mobile Apps, 2013, Kap. 3 Rz. 342; *Lachenmann*, K&R 2013, 505, die jedoch dann fast ausschließlich auf die Nutzungsbedingungen der App Store-Betreiber abstellen; ähnlich *Bisges*, NJW 2014, 183 (185).

5 Vgl. *Feldmann*, in Taeger/Wiebe, Die Welt im Netz – Folgen für Wirtschaft und Gesellschaft, 2011, S. 47 (49 f.); Solmecke/Taeger/Feldmann/*Lachenmann*, Mobile Apps, 2013, Kap. 3 Rz. 343, die ua. diese Umstände hervorheben.

zungsbedingungen geschlossen, dort ihre Kreditkarten- oder sonstigen Zahlungsdaten hinterlegt und zum Erwerb der App ausschließlich den Apple App Store und das Apple-Passwort benutzt.[1] Im Zweifel werden die Nutzer insgesamt **wohl eher** davon ausgehen, dass **Apple der Vertragspartner** ist.[2] Schaut man sich aus Nutzer-Perspektive die App-Angebote und den Erwerbsvorgang im **Google Play Store** an, ergibt sich ebenfalls **kein eindeutiges Bild**. Die Umstände, die für den App-Anbieter als Verkäufer sprechen, und die Umstände, die dagegen sprechen, sind ähnlich denen im Apple App Store. Allerdings erscheint anders als dort der App-Anbieter mittlerweile unter dem Begriff „Anbieter" bzw. „Angeboten von" auf der konkreten App-Angebotsseite des Google Play Stores. Seine Kontaktdaten und weitere Angaben stehen indes immer noch unter der Überschrift „Entwickler".[3] Ferner ist es wiederum der App Store-Betreiber Google, der im Rahmen der Bezahlung das Widerrufsrecht der Nutzer nach § 356 Abs. 5 BGB zum Erlöschen bringen möchte, und den Nutzern ein vertragliches Rücktrittsrecht einräumt.[4] Alles in allem dürften auch hier die Nutzer nach wie vor im Zweifel **wohl eher** annehmen, dass nicht der App-Anbieter, sondern **Google der Vertragspartner** ist.[5]

bb) Vertragsbeziehung

5.213 Ebenso wie die gegenüber den App-Anbietern verwendeten Nutzungs- und Lizenzbedingungen gestalten auch die gegenüber den Nutzern verwendeten Verkaufs- und Nutzungsbedingungen der App Stores die Vertragsbeziehungen teilweise extrem einseitig zugunsten der App Store-Betreiber aus. Anders als die den App-Anbietern auferlegten Vertragsbedingungen unterliegen die den Nutzern aufgebürdeten Verkaufs- und Nutzungsbedingungen, bei denen es sich regelmäßig um **B2C-AGB** handelt, jedoch deutschem Recht und mithin auch der Vertragstypik und der **AGB-rechtlichen Kontrolle** des BGB.

5.214 Die Zustimmung der Nutzer zu den Verkaufs- und Nutzungsbedingungen der App Store-Betreiber erfolgt in der Regel im Rahmen der Registrierung beim jeweiligen App Store. Legt man hier die Maßstäbe der **Einbeziehung von AGB** im M-Commerce (s. dazu ausführlich Rz. 5.139 ff.) an, ist fraglich, ob die Verkaufs- und Nutzungsbedingungen jeweils wirksam gemäß § 305 Abs. 2 und 3 BGB in die Vertragsbeziehungen mit den Nutzern einbezogen werden. So ist insbesondere zweifelhaft, ob für die Nutzer bei Abschluss der Rahmenvereinbarung iSd. § 305 Abs. 3 BGB im Rahmen der Registrierung beim App-Store gemäß § 305 Abs. 2 Nr. 2 BGB eine zumutbare Kenntnisnahmemöglichkeit von den Verkaufs- und Nutzungsbedingungen besteht. Denn die Verkaufs- und Nutzungsbedingungen der App Stores, insbesondere Apples iTunes Store Bedingungen, sind so umfangreich und schlecht strukturiert, dass diese selbst auf (modernen) Smartphones und Tablets-PCs teil-

---

1 Vgl. zum Ganzen Baumgartner/*Ewald*, Apps und Recht, 2. Aufl. 2016, Rz. 54 ff.; *Kremer*, CR 2011, 769 (771); *Degmair*, K&R 2013, 213 (214 ff.), die diese Umstände des App-Erwerbs hervorheben.
2 So auch Baumgartner/*Ewald*, Apps und Recht, 2. Aufl. 2016, Rz. 54 ff., 59 ff.; *Marly*, Praxishandbuch Softwarerecht, 6. Aufl. 2014, Rz. 1173; *Kremer*, CR 2011, 769 (771); *Degmair*, K&R 2013, 213 (214 ff.); *Mankowski*, CR 2013, 508 (509); so im Ergebnis auch *Feldmann*, in Taeger/Wiebe, Die Welt im Netz – Folgen für Wirtschaft und Gesellschaft, 2011, S. 47 (54 ff.); Solmecke/Taeger/Feldmann/*Lachenmann*, Mobile Apps, 2013, Kap. 3 Rz. 345 ff.; *Lachenmann*, K&R 2013, 505, die insoweit allerdings stark auf die Nutzungsbedingungen von Apple abstellen; aA wohl *Bisges*, NJW 2014, 183 (185).
3 Vgl. dazu Baumgartner/*Ewald*, Apps und Recht, 2. Aufl. 2016, Rz. 54 ff., der aus dieser Änderung der Gestaltung des Google Play Stores herleitet, dass nunmehr der App-Anbieter Vertragspartner der Nutzer ist.
4 Vgl. Baumgartner/*Ewald*, Apps und Recht, 2. Aufl. 2016, Rz. 20 bzw. Rz. 80 ff.
5 So wohl auch *Marly*, Praxishandbuch Softwarerecht, 6. Aufl. 2014, Rz. 1173; *Kremer*, CR 2011, 769 (771); *Mankowski*, CR 2013, 508 (509), die bei allen (wichtigen) App Stores davon ausgehen, dass der Betreiber Vertragspartner der Nutzer ist; aA auch Baumgartner/*Ewald*, Apps und Recht, 2. Aufl. 2016, Rz. 54 ff., 59 (vgl. Fn. 3); aA auch Solmecke/Taeger/Feldmann/*Lachenmann*, Mobile Apps, 2013, Kap. 3 Rz. 350 f., der jedoch fast ausschließlich auf die Nutzungsbedingungen von Google abstellt.

weise nicht übersichtlich und gut lesbar dargestellt werden.[1] Was den **Vertragsschluss** hinsichtlich des Erwerbs einzelner Apps angeht, werden – wie bei anderen im Rahmen vorheriger Nutzer-Registrierungen vertriebenen digitalen Inhalten, Gütern und Diensten (s. dazu Rz. 5.130) – bereits die App-Angebotsseiten in den App Stores als (verbindliche) Vertragsangebote des jeweiligen App Store-Betreibers (iSd. § 145 BGB) und nicht mehr als invitatio ad offerendum anzusehen sein.[2]

Die Verkaufs- und Nutzungsbedingungen der App Stores enthalten zumeist eine Rechtwahlklausel zugunsten der **Anwendbarkeit deutschen Rechts**.[3] Das gilt insbesondere für die iTunes Store Bedingungen von Apple[4] und die Google Play Nutzungsbedingungen.[5]   5.215

Wenn man mit der hM die dauerhafte Überlassung von Standardsoftware gegen ein einmaliges Entgelt kaufvertraglich einordnet,[6] wird man auch den dauerhaften entgeltlichen Erwerb von Apps als (Anwendungs-)Software für mobile Endgeräte **vertragstypologisch** (in der Regel) als **Kaufvertrag gemäß § 433 BGB** qualifizieren können.[7] Hiervon abweichende Regelungen in den Verkaufs- und Nutzungsbedingungen der App Stores, die den Nutzern, wie zB die iTunes Store Bedingungen, lediglich (eingeschränkte) Lizenzen zur Nutzung der Apps einräumen, dürften AGB-rechtlich nach § 307 Abs. 2 Nr. 1 BGB unwirksam sein.[8]   5.216

Die vertragsrechtliche Stellung der Betreiber der App Stores als Vertragspartner der Nutzer (s. Rz. 5.212) und die kaufvertragliche Einordnung der Vertragsbeziehungen führen dazu, dass die **App Store-Betreiber** im Fall von Sach- oder Rechtsmängeln einer App gegenüber den Nutzer **gemäß §§ 434 ff. BGB gewährleistungspflichtig** sind. Bei Sachmängeln sind die Betreiber demnach zur Mängelbeseitigung oder Lieferung einer mangelfreien App verpflichtet. Hiervon abweichende Regelungen in den Verkaufs- und Nutzungsbedingungen der App Stores, insbesondere die nach wie vor in den iTunes Store Bedingungen enthaltenen Gewährleistungsausschlüsse bzw. diesbezüglichen Verweise auf die App-Anbieter und die noch 2012 sowohl in den iTunes Store Bedingungen als auch den Google Play Nutzungsbedingungen enthaltenen weitergehenden Gewährleistungs- und Haftungsausschlüsse, dürften wiederum AGB-rechtlich und auch bereits nach § 475 Abs. 1 Satz 1 BGB unwirksam sein.[9]   5.217

Neben den AGB-rechtlich problematischen Regelungen zum Vertragstyp bzw. -gegenstand und den teilweise noch AGB-rechtswidrigen Gewährleistungsausschlüssen (s. Rz. 5.216 f.)   5.218

---

1 Vgl. *Marly*, Praxishandbuch Softwarerecht, 6. Aufl. 2014, Rz. 1171 f., der eine zumutbare Kenntnisnahmemöglichkeit verneint; vgl. auch Solmecke/Taeger/Feldmann/*Lachenmann*, Mobile Apps, 2013, Kap. 3 Rz. 318 ff., der eine wirksame Einbeziehung der App Store-AGB aus anderen Gründen ablehnt.
2 Vgl. ausführlich Baumgartner/*Ewald*, Apps und Recht, 2. Aufl. 2016, Rz. 46 ff. mwN.
3 Vgl. dazu etwa *Kremer*, CR 2011, 769 (770).
4 Vgl. dazu Baumgartner/*Ewald*, Apps und Recht, 2. Aufl. 2016, Rz. 65; *Feldmann*, in Taeger/Wiebe, Die Welt im Netz – Folgen für Wirtschaft und Gesellschaft, 2011, S. 47 (51).
5 Vgl. dazu Baumgartner/*Ewald*, Apps und Recht, 2. Aufl. 2016, Rz. 75.
6 Vgl. nur BGH v. 4.11.1987 – VIII ZR 314/86, BGHZ 102, 135 = NJW 1988, 406 = MDR 1988, 223 = CR 1988, 124; BGH v. 22.12.1999 – VIII ZR 299/98, BGHZ 143, 307 = NJW 2000, 1415 = MDR 2000, 442 = CR 2000, 207; Baumgartner/*Ewald*, Apps und Recht, 2. Aufl. 2016, Rz. 27.
7 So etwa auch LG Frankfurt aM v. 6.6.2013 – 2-24 O 246/12, CR 2013, 744 (745) = ITRB 2013, 181; Solmecke/Taeger/Feldmann/*Lachenmann*, Mobile Apps, 2013, Kap. 3 Rz. 304; *Marly*, Praxishandbuch Softwarerecht, 6. Aufl. 2014, Rz. 1173; vgl. dazu näher Baumgartner/*Ewald*, Apps und Recht, 2. Aufl. 2016, Rz. 27 ff.; *Kremer*, CR 2011, 769 (771).
8 Vgl. etwa Solmecke/Taeger/Feldmann/*Lachenmann*, Mobile Apps, 2013, Kap. 3 Rz. 304; *Kremer*, CR 2011, 769 (771).
9 Vgl. zu den seit 2012 geänderten Gewährleistungs- und Haftungsausschlüssen in den iTunes Store Bedingungen und den Google Play Nutzungsbedingungen Baumgartner/*Ewald*, Apps und Recht, 2. Aufl. 2016, Rz. 73 bzw. 77 ff.; vgl. zum Stand 2012 *Kremer*, CR 2011, 769 (771); *Feldmann*, in Taeger/Wiebe, Die Welt im Netz – Folgen für Wirtschaft und Gesellschaft, 2011, S. 47 (56 f.).

unterliegen die Verkaufs- und Nutzungsbedingungen der App Stores auch ansonsten **erheblichen AGB-rechtlichen Bedenken**. So hat der Verbraucherzentrale Bundesverband (vzbv) 2012 fast alle größeren App Store-Betreiber (Apple, Google, Microsoft, Nokia und Samsung) wegen jeweils zahlreicher intransparenter und die Nutzer benachteiligender Klauseln abgemahnt.[1] Während Microsoft und Nokia umfassende strafbewehrte Unterlassungserklärungen abgaben,[2] unterlag Samsung vor dem LG Frankfurt a.M., das (rechtskräftig) insgesamt zwölf einzelne Klauseln der Verkaufs- und Nutzungsbedingungen von Samsung untersagte. Darunter waren zB die Einwilligung der Nutzer in eine automatische Installation von Updates wegen unzumutbaren Änderungsvorbehalts gemäß § 308 Nr. 4 BGB und Eingriffs in die Gewährleistungsrechte der Nutzer, der Leistungsänderungs- und -einstellungsvorbehalt des Betreibers wegen Verstoßes gegen § 308 Nr. 4 BGB, der Änderungsvorbehalt des Betreibers hinsichtlich der AGB wegen Verstoßes gegen § 308 Nr. 4 und 5 BGB und zu weitgehende Haftungsausschlüsse.[3] Apple unterwarf sich hinsichtlich eines Teils der beanstandeten Klauseln außergerichtlich und wurde wegen der restlichen Klauseln – alle das Datenschutzrecht betreffend – erstinstanzlich vom LG Berlin zur Unterlassung verurteilt.[4] Neben einer Reihe von Datenschutzklauseln verbot das LG Berlin erstinstanzlich auch einige weitere Klauseln der von Google verwendeten Verkaufs- und Nutzungsbedingungen, darunter ähnlich wie bei Samsung Klauseln über die Änderung, Aussetzung und Einstellung von Diensten, Klauseln über etwaige Überprüfungen von Inhalten, Klauseln über das einseitige Recht zur Änderung der Nutzungsbedingungen und zu weitgehende Haftungsausschlüsse.[5] Darüber hinaus dürften die Verkaufs- und Nutzungsbedingungen der App Stores noch weitere Regelungen zugunsten der Betreiber, wie zB unklare und/oder zu weitgehend eingeschränkte Nutzungsrechte der Nutzer oder zu weitgehende Kündigungsmöglichkeiten der Betreiber, enthalten, die einer AGB-rechtlichen Inhaltskontrolle gemäß §§ 305c, 307 ff. BGB nicht standhalten.[6] Schließlich bestehen auch beträchtliche Transparenzdefizite: So dürften die Regelungen in den iTunes Store Bedingungen zu der Frage, wer Vertragspartner der Nutzer ist, infolge ihrer Unklarheit und Widersprüchlichkeit (s. dazu Rz. 5.211) wegen Intransparenz gemäß § 307 Abs. 1 Satz 2 BGB unwirksam sein.[7] Ferner weisen insbesondere die Apple iTunes Store Bedingungen mit ihrem unübersichtlichen Aufbau, ihrer Länge und ihren teilweise nur schwer nachvollziehbaren Formu-

---

1 Bei Apple und Google waren je 25 Klauseln betroffen, bei Microsoft zehn, bei Nokia 15 und bei Samsung 19, vgl. App-Store-Betreiber bestehen AGB-Check nicht, Pressemitteilung des vzbv v. 20.8.2012, online unter http://www.vzbv.de/pressemitteilung/app-store-betreiber-bestehen-agb-check-nicht.

2 Vgl. Samsung-App-Store: zahlreiche Klauseln rechtswidrig, Pressemitteilung des vzbv v. 14.6.2013, online unter http://www.vzbv.de/pressemitteilung/samsung-app-store-zahlreiche-klauseln-rechtswidrig.

3 Vgl. LG Frankfurt aM v. 6.6.2013 – 2-24 O 246/12, ITRB 2013, 181 = CR 2013, 744 = K&R 2013, 503 m. zust. Anm. *Lachenmann*; vgl. auch Samsung-App-Store: zahlreiche Klauseln rechtswidrig, Pressemitteilung des vzbv v. 14.6.2013, online unter http://www.vzbv.de/pressemitteilung/samsung-app-store-zahlreiche-klauseln-rechtswidrig.

4 Vgl. LG Berlin v. 30.4.2013 – 15 O 92/12, NJW 2013, 2605 m. zust. Anm. *Steinrötter* = CR 2013, 402 m. krit. Anm. *Kremer/Buchalik*; vgl. auch Datenklauseln von Apple rechtswidrig, Pressemitteilung des vzbv v. 7.5.2013, online unter http://www.vzbv.de/pressemitteilung/datenklauseln-von-apple-rechtswidrig. Die Berufung gegen das Urteil ist beim KG Berlin unter dem Az. 5 U 69/13 anhängig.

5 Vgl. LG Berlin v. 19.11.2013 – 15 O 402/12, CR 2014, 404 = ITRB 2014, 79; vgl. auch vzbv gewinnt Klage gegen Google, Pressemitteilung des vzbv v. 19.11.2013, online unter http://www.vzbv.de/pressemitteilung/vzbv-gewinnt-klage-gegen-google. Die Berufung gegen das Urteil ist beim KG Berlin unter dem Az. 23 U 268/13 anhängig.

6 Vgl. zum Stand 2012 *Kremer*, CR 2011, 769 (772), der sogar davon ausgeht, dass die Verkaufs- und Nutzungsbedingungen der App Stores weitgehend gegen AGB-Recht verstoßen; vgl. zum Stand danach etwa Solmecke/Taeger/Feldmann/*Lachenmann*, Mobile Apps, 2013, Kap. 3 Rz. 323 ff.; Baumgartner/*Ewald*, Apps und Recht, 2. Aufl. 2016, Rz. 63 ff.

7 So zutreffend etwa *Kremer*, CR 2011, 769 (771).

lierungen zahlreiche weitere intransparente Regelungen iSd. § 307 Abs. 1 Satz 2 BGB auf,[1] ja werden sogar von einigen wegen Verstoßes gegen das Transparenzgebot des § 307 Abs. 1 Satz 2 BGB in ihrer Gesamtheit als unwirksam angesehen.[2] Folglich kommen in den Vertragsbeziehungen zwischen den App Store-Betreibern und den Nutzern gemäß § 306 Abs. 2 BGB weitgehend die **gesetzlichen Bestimmungen**, insbesondere der **§§ 433 ff. BGB** zur **Anwendung**.

cc) Allgemeine Informations- und Gestaltungspflichten

Im Verhältnis zu den Nutzern haben die Betreiber der App Stores – hinsichtlich der Pflichten zur Preisangabe und der E-Commerce-rechtlichen Informations- und Gestaltungspflichten nur, soweit sie wie Apple und Google Vertragspartner der Nutzer beim Verkauf der Apps sind (s. dazu Rz. 5.212) – wie M-Commerce-Anbieter generell die **allgemeinen Informations- und Gestaltungspflichten im M-Commerce** einzuhalten (s. zu den allgemeinen Informations- und Gestaltungspflichten im M-Commerce ausführlich Rz. 5.41 ff.).

5.219

Bei den **Pflichten zur Anbieterkennzeichnung** nach § 5 TMG (s. zur Anbieterkennzeichnung im M-Commerce allgemein Rz. 5.42 ff.) ist zwischen der Anbieterkennzeichnung für den App Store, der ggf. davon abweichenden separaten Anbieterkennzeichnung für die einzelnen App-Angebote bzw. App-Verkäufe im App Store und der etwaigen Anbieterkennzeichnung für die (Nutzung der) App selbst zu unterscheiden.[3] Als elektronischer Informations- und Kommunikationsdienst und damit Telemediendienst iSd. § 1 Abs. 1 TMG unterliegt zunächst der **App Store** einer Impressumspflicht gemäß § 5 TMG.[4] Während sich im Apple App Store immer noch keine Anbieterkennzeichnung von Apple findet, ist im Google Play Store mittlerweile eine Anbieterkennzeichnung von Google vorhanden. Auch auf den **App-Angebotsseiten** des Apple App Stores befinden sich nach wie vor keine Anbieterkennzeichnungen, weder eine Anbieterkennzeichnung des jeweiligen App-Anbieters noch eine Anbieterkennzeichnung des App Store-Betreibers Apple. Für den Google Play Store gilt Ähnliches, auch wenn dort auf den App-Angebotsseiten mittlerweile unter dem Begriff „Anbieter" bzw. „Angeboten von" der App-Anbieter und unter dem Begriff „Entwickler" seine Kontaktdaten erscheinen. Von einer (vollständigen) Anbieterkennzeichnung iSd. § 5 TMG kann jedoch (noch) keine Rede sein. Eine solche separate Anbieterkennzeichnung für die einzelnen App-Angebote bzw. App-Verkäufe in den App Stores wäre jedoch erforderlich, wenn es sich bei den einzelnen App-Angeboten um eigenständige Telemediendienste iSd. § 1 Abs. 1 TMG handelte. Ähnlich wie zB auf der Online-Auktions-Plattform eBay wäre das der Fall, wenn eigenständige Drittangebote vorlägen, konkret also die App-Anbieter selbst als Verkäufer ihrer Apps die App-Angebotsseiten gestalten könnten.[5] Da im Apple App Store und im Google Play Store allerdings nicht die App-Anbieter, sondern die App Store-Betreiber Verkäufer der angebotenen Apps über ihre App-Angebotsseiten sind (s. dazu Rz. 5.212), bedarf es neben der (im Apple App Store fehlenden) Anbieterkennzeichnung für den App Store keiner separaten Anbieterkennzeichnungen auf den App-Angebotsseiten. Schließlich können auch die (über die App Stores verkauften) **Apps** selbst eine Anbieterkennzeichnung gemäß § 5 TMG benötigen, vorausgesetzt sie sind als Telemediendienst iSd. § 1 Abs. 1 TMG zu qualifizieren. Apps als bloße (Anwendungs-)Software

5.220

---

1 So zutreffend etwa *Kremer*, CR 2011, 769 (772).
2 Vgl. Solmecke/Taeger/Feldmann/*Lachenmann*, Mobile Apps, 2013, Kap. 3 Rz. 324; in diese Richtung auch *Marly*, Praxishandbuch Softwarerecht, 6. Aufl. 2014, Rz. 1171.
3 In diese Richtung auch Baumgartner/*Ewald*, Apps und Recht, 2. Aufl. 2016, Rz. 148 ff.; Solmecke/Taeger/Feldmann/*Wiedemann*, Mobile Apps, 2013, Kap. 4 Rz. 72 ff.; *Feldmann*, in Taeger/Wiebe, Die Welt im Netz – Folgen für Wirtschaft und Gesellschaft, 2011, S. 47 (60 f.).
4 Ebenso *Feldmann*, in Taeger/Wiebe, Die Welt im Netz – Folgen für Wirtschaft und Gesellschaft, 2011, S. 47 (61).
5 Vgl. ausführlich Baumgartner/*Ewald*, Apps und Recht, 2. Aufl. 2016, Rz. 154 ff.

für mobile Endgeräte erfüllen diese Voraussetzung zunächst nicht.[1] Bereits wenn Apps aber online kommunizieren, um beispielsweise weitere Inhalte oder Funktionalitäten zu laden, oder wenn Apps noch etwas weitergehend elektronische Informations- oder Kommunikationsdienste wie etwa Navigationsdienste, Social Media oder Online-Shops bereit halten – ohne, wie zB tendenziell die WhatsApp-App, Telekommunikationsdienst oder, wie zB tendenziell eine Webradio-App, Rundfunk zu sein –, stellen sie gemäß § 1 Abs. 1 TMG Telemediendienste dar, die nach § 5 TMG impressumspflichtig sind.[2] Anzugeben sind dann die nach § 5 Abs. 1 Nr. 1 bis 7 TMG erforderlichen Informationen des jeweiligen App-Anbieters. Für die Umsetzung der Pflichten zur Anbieterkennzeichnung auf den uU kleineren Bildschirmen von mobilen Endgeräten gelten insoweit die gleichen Anforderungen wie im M-Commerce allgemein (s. dazu Rz. 5.45 ff.).

5.221 ◖ **Praxistipp:** App-Anbieter sollten daran denken, dass ihre Apps in der Regel eine Anbieterkennzeichnung nach § 5 TMG benötigen.

5.222 Soweit die Betreiber der App Stores – wie das bei Apple und Google der Fall ist (s. dazu Rz. 5.212) – Vertragspartner der Nutzer beim Verkauf der Apps sind, müssen sie außerdem die **Preisangabepflichten** nach der PAngV einhalten. Hier bestehen im Vergleich zu den herkömmlichen M-Commerce-Angeboten keine Besonderheiten, so dass auf die dortigen Ausführungen verwiesen werden kann (s. zu den Preisangabepflichten im M-Commerce allgemein Rz. 5.53 ff.).[3] Die App-Angebote im Apple App Store und im Google Play Store sind auch in dieser Hinsicht nicht rechtskonform.

5.223 Soweit sie Vertragspartner der Nutzer sind, sind die Betreiber der App Stores weiter verpflichtet, die **E-Commerce-rechtlichen Informations- und Gestaltungspflichten** nach § 312i BGB iVm. Art. 246c EGBGB und § 312j BGB zu erfüllen. Auch insoweit gibt es im Vergleich zu den herkömmlichen M-Commerce-Angeboten keine Besonderheiten, so dass auf die dortige Darstellung Bezug genommen werden kann (s. zu den E-Commerce-rechtlichen Informations- und Gestaltungspflichten im M-Commerce allgemein Rz. 5.77 ff.). Sowohl im Apple App Store als auch im Google Play Store werden weder die vorvertraglichen Informationspflichten gemäß § 312i Abs. 1 Nr. 2 BGB iVm. Art. 246c EGBGB, beispielsweise die Erteilung von Informationen über die einzelnen Schritte, die zu einem Vertragsschluss führen, eingehalten noch die obligatorischen technischen Gestaltungen gemäß § 312i Abs. 1 Nr. 1 und 4 BGB (Bestellübersicht zur Korrektur von Eingabefehlern und Abrufbarkeit sowie Speicherbarkeit der Vertragsbestimmungen) befolgt. Auch die Informations- und Gestaltungspflichten der Button-Lösung gemäß § 312j Abs. 2 und 3 BGB finden keine Beachtung.

5.224 Soweit die Betreiber der App Stores, wie im Fall von Apple und Google (s. dazu Rz. 5.212), Vertragspartner der Nutzer beim Verkauf der Apps sind, müssen sie außerdem die **Informationspflichten zur alternativen Streitbeilegung** gemäß Art. 14 der EU-Verordnung über Online-Streitbeilegung in Verbraucherangelegenheiten und § 36 VSBG beachten. Auch hier bestehen im Vergleich zu den herkömmlichen M-Commerce-Angeboten keine Besonderheiten, so dass auf die dortigen Ausführungen verwiesen werden kann (s. zu den Informationspflichten zur alternativen Streitbeilegung im M-Commerce allgemein Rz. 5.94 ff.)

---

1 *Feldmann*, in Taeger/Wiebe, Die Welt im Netz – Folgen für Wirtschaft und Gesellschaft, 2011, S. 47 (60); vgl. auch Baumgartner/*Ewald*, Apps und Recht, 2. Aufl. 2016, Rz. 148.
2 Vgl. *Feldmann*, in Taeger/Wiebe, Die Welt im Netz – Folgen für Wirtschaft und Gesellschaft, 2011, S. 47 (61); vgl. ausführlich zur Einordnung von Apps als Telemediendienst und/oder Telekommunikationsdienst oder Rundfunk auch Baumgartner/*Ewald*, Apps und Recht, 2. Aufl. 2016, Rz. 148 ff.; *Kremer*, CR 2012, 438 (440 f.).
3 Vgl. zu den Preisangabepflichten bei Apps ausführlich Solmecke/Taeger/Feldmann/*Wiedemann*, Mobile Apps, 2013, Kap. 4 Rz. 85 ff.; vgl. auch Baumgartner/*Ewald*, Apps und Recht, 2. Aufl. 2016, Rz. 180 ff.

dd) Fernabsatzrechtliche Informationspflichten

Soweit die Betreiber der App Stores Vertragspartner der Nutzer beim Verkauf der Apps 5.225
sind – wie das bei Apple und Google der Fall ist (s. dazu Rz. 5.212) –, müssen sie darüber
hinaus die **fernabsatzrechtlichen Informationspflichten** gemäß § 312d Abs. 1 BGB iVm.
Art. 246a §§ 1 ff. EGBGB und § 312f Abs. 2 und 3 BGB iVm. Art. 246a EGBGB erfüllen. In
dieser Hinsicht ergeben sich keine relevanten Unterschiede zum M-Commerce im Allgemeinen (s. zu den fernabsatzrechtlichen Informationspflichten im M-Commerce ausführlich Rz. 5.99 ff.).

Demnach sind App Store-Betreiber wie jeder M-Commerce-Anbieter zum einen nach 5.226
§ 312d Abs. 1 BGB iVm. Art. 246a §§ 1 ff. EGBGB verpflichtet, den Nutzern vor Abgabe von
deren Vertragserklärung die **vorvertraglichen Pflichtinformationen** in einer dem M-Commerce angepassten Weise klar und verständlich zur Verfügung zu stellen (s. zu diesen fernabsatzrechtlichen vorvertraglichen Informationspflichten und deren Umsetzung im
M-Commerce eingehend Rz. 5.101 ff.). Hierbei haben sie die Nutzer insbesondere über die
Funktionsweise der Apps einschließlich eines eventuellen Nutzungs-Trackings und das
Bestehen oder Nichtbestehen eines Widerrufsrechts zu unterrichten. Da bei App-Sales
nach Umsetzung der VRRL grundsätzlich ein fernabsatzrechtliches Widerrufsrecht besteht
(s. dazu sogleich Rz. 5.229), müssten die App Store-Betreiber hierüber informieren. Mittlerweile enthalten die Verkaufs- und Nutzungsbedingungen von Apple und Google zwar Hinweise auf das Widerrufsrecht der Nutzer, allerdings dürften diese zum Teil ungenügend und
zumindest bei Apple aufgrund der Unübersichtlichkeit und Länge der iTunes Store Bedingungen nicht in einer dem M-Commerce angepassten Weise klar und verständlich zur Verfügung gestellt werden. Auch die sonstigen vorvertraglichen Pflichtinformationen lassen
sich weder im Apple App Store noch im Google Play Store (vollständig sowie den fernabsatzrechtlichen inhaltlichen und formellen Anforderungen entsprechend) finden.

Zum anderen müssen App Store-Betreiber wie M-Commerce-Anbieter allgemein nach 5.227
§ 312f Abs. 2 und 3 BGB iVm. Art. 246a EGBGB die fernabsatzrechtlichen **vertraglichen**
Informationspflichten einhalten. Hierzu gehört insbesondere, den Nutzern eine Bestätigung des geschlossenen Vertrags (Vertragsbestimmungen inklusive AGB) einschließlich
der vorvertraglichen Pflichtinformationen sowie ggf. der Informationen über das vorzeitige Erlöschen des Widerrufsrechts gemäß § 356 Abs. 5 BGB auf einem dauerhaften Datenträger zur Verfügung zu stellen (s. zu diesen fernabsatzrechtlichen vertraglichen Informationspflichten und deren Umsetzung im M-Commerce eingehend Rz. 5.120 ff.). Auch
diesen Pflichten kommen Apple und Google in ihren App Stores nicht nach.

ee) Widerrufsrecht

Die App Store-Betreiber sind, soweit sie wie Apple und Google als Vertragspartner der 5.228
Nutzer fungieren, des Weiteren Adressaten eines etwaigen fernabsatzrechtlichen Wider-
rufsrechts der Nutzer gemäß § 312g iVm. §§ 355 ff. BGB (s. zum Widerrufsrecht im
M-Commerce allgemein ausführlich Rz. 5.156 ff.).

Nach Umsetzung der VRRL wird bei App-Sales in der Regel ein **fernabsatzrechtliches Wi-** 5.229
derrufsrecht bestehen. Die nach altem Recht geltende Ausnahme vom Widerrufsrecht für
gelieferte Waren, die aufgrund ihrer Beschaffenheit nicht für eine Rücksendung geeignet
sind (§ 312d Abs. 4 Nr. 1 Alt. 3 BGB aF), zu denen nach hM auch online herunterladbare digitale Werke, wie zB Software einschließlich kostenpflichtiger Apps, gehörten,[1] ist mit
Umsetzung der VRRL entfallen (s. dazu Rz. 5.163 und Rz. 5.167).[2] Das Widerrufsrecht der
Nutzer beim Erwerb kostenpflichtiger Apps gemäß § 312g Abs. 1 BGB kann von den App

---

1 Vgl. dazu etwa *Mankowski*, CR 2013, 508 (510) mwN.
2 Vgl. zum Ganzen Baumgartner/*Ewald*, Apps und Recht, 2. Aufl. 2016, Rz. 171 ff.

Store-Betreibern jedoch gemäß § 356 Abs. 5 BGB vorzeitig zum **Erlöschen** gebracht werden, wenn sie die Nutzer nach Vertragsschluss und vor Herunterladen der Apps (per Schaltfläche) erklären lassen, dass sie dem Beginn der Vertragsausführung vor Ablauf der Widerrufsfrist ausdrücklich zustimmen und bestätigen, dass ihnen das damit verbundene Erlöschen des Widerrufsrechts bekannt ist (s. dazu Rz. 5.168 f.).[1] Google setzt dies im Google Play Store durch einen bloßen Hinweis ohne extra Schaltfläche zur Einholung einer aktiven Erklärung der Nutzer um, was nicht ausreichend ist.[2] Zudem gewährt Google ein (zusätzliches) vertragliches Rücktrittsrecht (innerhalb von zwei Stunden nach dem Download).[3] Auch der von Apple teilweise verwendete Ausschluss des Widerrufsrechts[4] erscheint nicht rechtskonform.

c) Rechtsbeziehung zwischen Anbieter und Nutzer

5.230 Wenn man – wie hier für den Apple App Store und den Google Play Store vertreten – davon ausgeht, dass die App Store-Betreiber Vertragspartner der Nutzer beim Verkauf der Apps über die App Stores werden (s. dazu Rz. 5.212), kommen bei diesen App-Verkäufen **keine unmittelbaren Rechts- und Vertragsbeziehungen** zwischen den Anbietern der Apps und den Nutzern zustande. Solche Rechts- und Vertragsbeziehungen können nur dann entstehen, wenn zwischen den App-Anbietern und den Nutzern, wie das nach dem iDPLA von Apple und der Google Play – Vereinbarung für den Entwicklervertrieb von Google möglich ist, ein zusätzliches direktes sog. End User License Agreement (**EULA**) über die (urheberrechtliche) Nutzung der Apps geschlossen wird.[5]

5.231 Auch wenn die App-Anbieter nicht Vertragspartner der Nutzer und damit auch nicht Normadressaten der gesetzlichen Informations- und Gestaltungspflichten für die App-Angebote in den App Stores sind, sondern diese Pflichten von den App Store-Betreibern erfüllt werden müssten, könnten die App-Anbieter unter wettbewerbsrechtlichen Gesichtspunkten für die **Einhaltung der gesetzlichen Informations- und Gestaltungspflichten (mit-)verantwortlich** sein. Denn die wettbewerbsrechtliche Verantwortlichkeit etwa für die Verletzung der Pflichten zur Anbieterkennzeichnung (s. dazu Rz. 5.51) oder zur Preisangabe (s. dazu Rz. 5.62) oder die Verletzung der fernabsatzrechtlichen vorvertraglichen oder vertraglichen Informationspflichten (s. dazu Rz. 5.119 bzw. Rz. 5.126) trifft gemäß § 8 Abs. 1 UWG nicht nur den (unmittelbaren) Verletzer bzw. Täter, hier also den Betreiber des App Stores, sondern gemäß § 8 Abs. 2 UWG uU auch dasjenige Unternehmen, für das ein Beauftragter tätig ist. Beauftragter iSd. § 8 Abs. 2 UWG ist jeder, der, ohne Mitarbeiter zu sein, für das Unternehmen eines anderen aufgrund eines vertraglichen oder anderen Rechtsverhältnisses tätig und dergestalt in die betriebliche Organisation eingliedert ist, dass einerseits der Erfolg seiner Handlung zumindest auch dem Unternehmen zugute kommt, andererseits aber dem Unternehmen ein bestimmender und durchsetzbarer Einfluss jedenfalls auf die beanstandete Tätigkeit eingeräumt ist.[6] Im Rahmen eines Kommissionsvertrags – wie er zumindest zwischen den App-Anbietern und Apple vorliegen dürfte (s. dazu Rz. 5.194) – kann der Kommissionär, hier also der App Store-Betreiber, Beauftragter des Kommittenten, hier also des App-Anbieters, iSd. § 8 Abs. 2 UWG sein.[7] Sehr fraglich ist allerdings, ob die App-Anbieter einen bestimmenden und durchsetzbaren Einfluss auf die

---

1 Vgl. auch Baumgartner/*Ewald*, Apps und Recht, 2. Aufl. 2016, Rz. 178 f.
2 Vgl. zur Umsetzung im Google Play Store Baumgartner/*Ewald*, Apps und Recht, 2. Aufl. 2016, Rz. 84a, 179, der jedoch einen rechtskonformen Ausschluss annimmt.
3 Vgl. dazu ausführlich Baumgartner/*Ewald*, Apps und Recht, 2. Aufl. 2016, Rz. 80 ff., 137 ff.
4 Vgl. zur Umsetzung im Apple App Store Baumgartner/*Ewald*, Apps und Recht, 2. Aufl. 2016, Rz. 179.
5 Vgl. dazu sowie zu den Schwierigkeiten der EULA Solmecke/Taeger/Feldmann/*Engelhardt*, Mobile Apps, 2013, Kap. 3 Rz. 287 ff., 299; *Kremer*, CR 2011, 769 (775).
6 Vgl. nur Köhler/Bornkamm/*Feddersen*/*Köhler*, § 8 UWG Rz. 2.41 mwN.
7 Vgl. nur Köhler/Bornkamm/*Feddersen*/*Köhler*, § 8 UWG Rz. 2.45 mwN.

Gestaltung der App-Angebote einschließlich der Umsetzung der gesetzlichen Informations- und Gestaltungspflichten auf den App-Angebotsseiten in den App Stores haben. Mit anderen Worten werden die App-Anbieter die App Stores weder tatsächlich noch rechtlich dazu anhalten können, die gesetzlichen Informations- und Gestaltungspflichten in den App Stores umzusetzen. Von daher sollte auch keine wettbewerbsrechtliche Verantwortlichkeit nach § 8 Abs. 2 UWG gegeben sein.

⮕ **Praxistipp:** Da nicht ausgeschlossen werden kann, dass nicht die App Store-Betreiber, sondern die App-Anbieter als Vertragspartner der Nutzer angesehen, zumindest aber für die Einhaltung der gesetzlichen Informations- und Gestaltungspflichten (mit-)verantwortlich gemacht werden, sollten App-Anbieter alle ihnen möglichen und zumutbaren Maßnahmen ergreifen, um auf die rechtskonforme Umsetzung der gesetzlichen Informations- und Gestaltungspflichten für die von ihnen angebotenen Apps in den App Stores hinzuwirken, sowie die gesetzlichen Informations- und Gestaltungspflichten bei der Entwicklung und Gestaltung ihrer Apps selbst beachten. **5.232**

2. In-App-Sales

Bei den In-App-Sales, also wenn von Nutzern innerhalb bereits erworbener bzw. heruntergeladener Apps mit Zahlungsabwicklung über die App Stores Erweiterungen, insbesondere zusätzliche Funktionen, Services oder Inhalte bzw. Abonnements, zu den vorhandenen Apps gekauft werden, stellen sich ebenfalls die Fragen nach den Rechtsbeziehungen zwischen den Beteiligten, der vertragsrechtlichen Stellung der App Store-Betreiber und der Erfüllung der gesetzlichen Informations- und Gestaltungspflichten. **5.233**

Die **Rechtsbeziehungen zwischen den Anbietern der App-Erweiterungen und den App Store-Betreibern** werden wiederum durch die von den App Store-Betreibern vorgegebenen Nutzungs- und Lizenzbedingungen – beim Apple App Store durch das iDPLA und beim Google Play Store durch die Google Play – Vereinbarung für den Entwicklervertrieb – bestimmt (s. zu diesen Nutzungs- und Lizenzbedingungen von Apple und Google Rz. 5.191 ff.). Nach dem **iDPLA** und dessen **Attachment 2** („Additional Terms for Use of the In-App Purchase API"), in dem ergänzende spezifische Regelungen zu den In-App-Sales enthalten sind, dürfen sowohl In-App-Sales als auch In-App-Abonnements nur aus einer zuvor gekauften oder kostenlos heruntergeladenen App heraus unter zwingender Verwendung der Apple Zahlungsfunktion getätigt und nur innerhalb der jeweiligen App genutzt werden. Apple lässt keine In-App-Sales für Waren oder Dienstleistungen zu, die dann außerhalb der App genutzt werden. Der **Google Play Store** ermöglicht ebenfalls In-App-Sales, wobei In-App-Sales dort im Grunde lediglich unter dem Gesichtspunkt der In-App-Bezahlung als Bezahlmethode für App-Erweiterungen gesondert behandelt werden.[1] Google schreibt für In-App-Sales ebenfalls grundsätzlich die Verwendung der eigenen Zahlungsfunktion vor, macht jedoch hiervon Ausnahmen.[2] Auch die Nutzung der über In-App-Sales erworbenen Waren oder Dienstleistungen außerhalb der jeweiligen App ist bei Google nicht verboten. **5.234**

Auch hinsichtlich der **Rechtsbeziehungen zwischen den App Store-Betreibern und den Nutzern** gelten für In-App-Sales die gleichen Verkaufs- und Nutzungsbedingungen der App Stores wie für App-Sales, im Apple App Store also die iTunes Store Bedingungen, die die In-App-Sales den App-Sales im Wesentlichen gleich stellen, und im Google Play Store die Google Play Nutzungsbedingungen (s. zu diesen Verkaufs- und Nutzungsbedingungen von Apple und Google Rz. 5.208 ff.). **5.235**

---

1 Vgl. die Google Play-Programmrichtlinien für Entwickler, online unter https://play.google.com/intl/ ALL_de/about/developer-distribution-agreement.html, und die Hinweise „In-App-Produkte und Abonnementabrechnung" des Google Play Stores, online unter https://support.google.com/googleplay/ android-developer/topic/3452896?hl=de&rd=1.

2 Vgl. Baumgartner/*Ewald*, Apps und Recht, 2. Aufl. 2016, Rz. 141 f.

5.236 Was die **vertragsrechtliche Stellung der App Store-Betreiber**, also die Frage, ob der jeweilige App Store-Betreiber oder aber der Anbieter der App-Erweiterungen Vertragspartner der Nutzer wird, betrifft, ist die **Rechtslage auch bei In-App-Sales nicht eindeutig**. Da die Verkaufs- und Nutzungsbedingungen der App Store-Betreiber in diesem Punkt nicht vollständig klar und teilweise sogar widersprüchlich sind (s. dazu Rz. 5.211), muss auch zur Ermittlung des Vertragspartners der Nutzer bei In-App-Sales gemäß §§ 133, 157 BGB auf den objektiven Empfängerhorizont der Nutzer und deren Wahrnehmung sowie Verständnis vom Erwerbsvorgang der In-App-Sales abgestellt werden. Ähnlich wie bei den App-Sales ergibt sich insofern **kein eindeutiges Bild**. Wieder gibt es einige Umstände, die eher für den Anbieter der App-Erweiterung als Vertragspartner der Nutzer sprechen. So ist insbesondere die Tatsache relevant, dass In-App-Sales von den Nutzern aus einer bereits auf ihren mobilen Endgeräten installierten App des App-(Erweiterungs-)Anbieters heraus und nicht über eine Angebotsseite im App Store initiiert und abgeschlossen werden. Auch Teile der Abwicklung der In-App-Sales, wie zB der Download der App-Erweiterungen, finden dann regelmäßig innerhalb der App statt. Hieraus leitet die inzwischen hM in der Literatur ab, dass die Nutzer den Eindruck hätten, in einer vom App-(Erweiterungs-)Anbieter geschaffenen Umgebung zu sein, so dass dieser von den Nutzern auch als Vertragspartner wahrgenommen würde.[1] Andererseits stellen sich nicht unerhebliche Teile der weiteren Abwicklung des In-App-Kaufs aus Nutzersicht ganz ähnlich dar wie beim Erstkauf bzw. -bezug der App, zu der der Nutzer die Erweiterung erwerben möchte. Insbesondere die Bezahlung der App-Erweiterung, manchmal auch deren Übermittlung auf das mobile Endgerät des Nutzers erfolgt auch bei In-App-Sales über den jeweiligen App Store. Gleiches gilt für eine etwaige Rückabwicklung des Erwerbs. Für den App Store-Betreiber als Vertragspartner der Nutzer spricht ferner, dass die Nutzer wohl auch beim Erstkauf bzw. -bezug der App eher den Eindruck gewonnen haben dürften, dass der App Store-Betreiber ihr Vertragspartner ist (s. dazu Rz. 5.212), und dass es wohl auch in den (meisten) Apps, über die In-App-Sales möglich sind, an einem deutlichen Hinweis darauf, dass der Anbieter der App-Erweiterung Vertragspartner der Nutzer sein soll, fehlt. Hinzu kommt, dass sowohl die mobilen Endgeräte von Apple als auch der Google Play Store Einstellungen bereit halten, mit denen die (oft kostspieligen) In-App-Sales gesperrt werden können, und dass zum Erwerb einer iOS-App-Erweiterung ebenfalls das Apple-Passwort benutzt werden muss. Alles in allem werden die Nutzer deshalb im Zweifel **wohl eher** davon ausgehen, dass **Apple bzw. Google** und nicht die Anbieter der App-Erweiterungen **die Vertragspartner** sind.[2]

5.237 Als Vertragspartner der Nutzer und Anbieter der App-Erweiterungen sind die App Store-Betreiber folglich nicht nur den Nutzern im Fall von Sach- oder Rechtsmängeln auf Grundlage der über die App-Erweiterungen geschlossenen Kaufverträge[3] gemäß §§ 434 ff. BGB **gewährleistungspflichtig** (s. dazu Rz. 5.217), sondern auch für die Einhaltung der **gesetzlichen Informations- und Gestaltungspflichten**, insbesondere der Pflichten zur Anbieterkennzeichnung nach § 5 TMG (soweit die App-Erweiterung einen eigenständigen Telemediendienst iSd. § 1 Abs. 1 TMG darstellt), der Pflichten zur Preisangabe nach der PAngV, der E-Commerce-rechtlichen Informations- und Gestaltungspflichten nach § 312i BGB iVm. Art. 246c EGBGB und § 312j BGB, der Informationspflichten zur alternativen Streitbeilegung gemäß Art. 14 der EU-Verordnung über Online-Streitbeilegung in Verbraucherangelegenheiten und § 36 VSBG sowie der fernabsatzrechtlichen Informations-

---

1 Vgl. *Marly*, Praxishandbuch Softwarerecht, 6. Aufl. 2014, Rz. 1173 f., 1178; *Degmair*, K&R 2013, 213 (216); *Kremer*, CR 2011, 769 (774); vgl. auch *Bisges*, NJW 2014, 183 (184), der insoweit jedoch eher auf die Nutzungsbedingungen der App Stores abstellt.

2 So auch *Feldmann*, in Taeger/Wiebe, Die Welt im Netz – Folgen für Wirtschaft und Gesellschaft, 2011, S. 47, der im Ergebnis App-Sales und In-App-Sales ebenfalls gleich stellt.

3 Auch In-App-Sales über zusätzliche Funktionen, Services oder Inhalte bzw. Abonnements für Apps wird man wie App-Sales (s. Rz. 5.216) als Kaufverträge gemäß § 433 BGB, je nach Vertragsgegenstand zumindest als Rechtskäufe (so *Bisges*, NJW 2014, 183), auf die gemäß § 453 Abs. 1 BGB die kaufvertraglichen Vorschriften entsprechende Anwendung finden, qualifizieren können.

pflichten gemäß § 312d Abs. 1 BGB iVm. Art. 246a §§ 1 ff. EGBGB und § 312f Abs. 2 und 3 BGB iVm. Art. 246a EGBGB, verantwortlich (s. dazu ausführlich Rz. 5.219 ff.). Auch hier zeigt die Praxis, dass diese gesetzlichen Informations- und Gestaltungspflichten bislang kaum oder allenfalls nur unzureichend umgesetzt werden.[1]

In-App-Sales sind in den letzten Jahren in **Kritik** geraten, weil die Gefahr besteht, dass Nutzer, insbesondere **Kinder und Jugendliche**, durch die zunächst kostenlosen Apps neugierig gemacht und dann leicht zu teuren Zusatzkäufen verleitet werden, um die Apps weiternutzen oder deren Nutzung verbessern zu können. Das betrifft vor allem (kostenlose) Spiele-Apps. So wurde beispielsweise ein Fall bekannt, in dem ein Sechsjähriger in nur einer Spielsitzung des kostenlosen Spiels „Smurfs" („Schlümpfe") über 3000 Euro für „Schlumpfbeeren" (virtuelles Obst) ausgegeben haben soll.[2] Um derartigen (Missbrauchs-)Gefahren zu begegnen, startete die EU-Kommission Ende 2013 eine Initiative zur Verbesserung des Verbraucherschutzes bei In-Apps-Sales, die zu ersten Anpassungen, zB in der Bewerbung von Spiele-Apps mit integrierten In-App-Sales, geführt hat.[3] Trotzdem bestehen in dieser Hinsicht, insbesondere wenn sich die Angebote gezielt an Kinder und Jugendliche richten, nach wie vor erhebliche vertragsrechtliche und wettbewerbsrechtliche Defizite.[4] | 5.238

Wie bei den App-Sales kommen nach der hier vertretenen Ansicht (s. Rz. 5.236) auch bei den In-App-Sales **keine unmittelbaren Rechtsbeziehungen zwischen den Anbietern der App-Erweiterungen und den Nutzern** zustande. Dennoch ist nicht auszuschließen, dass die Anbieter der App-Erweiterungen unter vertragsrechtlichen und/oder wettbewerbsrechtlichen Gesichtspunkten für die **Einhaltung der gesetzlichen Informations- und Gestaltungspflichten (mit-)verantwortlich** sind (s. dazu Rz. 5.231 f.). | 5.239

➲ **Praxistipp:** Daher sollten auch die Anbieter von App-Erweiterungen alle ihnen möglichen und zumutbaren Maßnahmen ergreifen, um die rechtskonforme Umsetzung der gesetzlichen Informations- und Gestaltungspflichten sicherzustellen. | 5.240

3. Vertrieb von kostenlosen Apps

Häufig werden Apps, insbesondere zu Marketing-Zwecken oder als Freemium-Angebote, die durch anschließende In-App-Sales refinanziert werden, von App-Anbietern kostenlos über die App Stores vertrieben. Auch bei dieser Vertriebskonstellation sind die Rechtsbeziehungen zwischen den Beteiligten und die vertragsrechtliche Stellung der App Store-Betreiber zu klären. | 5.241

Beim Vertrieb von kostenlosen Apps werden die **Rechtsbeziehungen zwischen den App-Anbietern und den App Store-Betreibern** ebenfalls durch die von den App Store-Betreibern vorgegebenen Nutzungs- und Lizenzbedingungen – beim Apple App Store durch das iDPLA und beim Google Play Store durch die Google Play – Vereinbarung für den Entwicklervertrieb – geregelt (s. zu diesen Nutzungs- und Lizenzbedingungen von Apple und Google Rz. 5.191 ff.). Das **iDPLA** und dessen **Schedule 1**, das spezifische Regelungen zum Vertrieb von kostenlosen Apps enthält, können iVm. Exhibit A zum Schedule 1 – zumindest was europäische Länder, darunter Deutschland, betrifft – im Ergebnis wie beim Vertrieb von kostenpflichtigen Apps dahingehend ausgelegt werden, dass ein Kommissionsvertrag nach §§ 383 ff. HGB zwischen App-Anbieter und Apple besteht, Apple also als | 5.242

---

1 Vgl. *Degmair*, K&R 2013, 213 (216); *Spengler*, WRP 2015, 1187 (1193).
2 Vgl. *Bisges*, NJW 2014, 183; *Spengler*, WRP 2015, 1187 (1188).
3 Vgl. EU: Besserer Schutz vor versteckten Kosten bei In-App-Käufen, MMR-Aktuell 2014, 360367; vgl. auch *Spengler*, WRP 2015, 1187 (1188) mwN.
4 Vgl. dazu ausführlich *Bisges*, NJW 2014, 183 ff.; *Spengler*, WRP 2015, 1187 ff.

Vertragspartner der Nutzer auftreten soll.[1] Die **Google Play – Vereinbarung für den Ent-wicklervertrieb** unterscheidet hingegen nicht zwischen dem Vertrieb kostenpflichtiger und dem Vertrieb kostenloser Apps. Mangels Kommissionsabrede deutet sie eher darauf hin, dass der App-Anbieter der Vertragspartner der Nutzer sein soll.

5.243 Die für die vertragsrechtliche Stellung der App Store-Betreiber letztlich maßgeblichen **Rechtsbeziehungen zwischen den App Store-Betreibern und den Nutzern** der kostenlosen Apps unterliegen wiederum den von den App Store-Betreibern gestalteten Verkaufs- und Nutzungsbedingungen der App Stores. Für den Apple App Store gelten also die iTunes Store Bedingungen und für den Google Play Store die Google Play Nutzungsbedingungen (s. zu diesen Verkaufs- und Nutzungsbedingungen von Apple und Google Rz. 5.208 ff.). Hinsichtlich der vertragsrechtlichen Stellung der App Store-Betreiber, also der Frage, ob die App Store-Betreiber oder die App-Anbieter Vertragspartner der Nutzer werden, er-geben sich beim Vertrieb von kostenlosen Apps im Vergleich zum Vertrieb von kosten-pflichtigen Apps keine Besonderheiten. Im Ergebnis werden die Nutzer wohl eher davon ausgehen, dass **Apple bzw. Google** und nicht die App-Anbieter ihre **Vertragspartner** sind (s. dazu Rz. 5.212).[2]

5.244 Werden Apps in den App Stores kostenlos vertrieben, liegt dem Erwerbsvorgang ein **Schen-kungsvertrag** nach § 516 Abs. 1 BGB zugrunde. Dieser wird gemäß § 518 Abs. 2 BGB mit dem Bewirken der Leistung, also dem vollständigen Download der App auf das mobile End-gerät des Nutzers, wirksam.[3] Dass Nutzer für kostenlose Apps uU mit ihren (personenbe-zogenen) Daten „bezahlen", macht die Verträge mangels entsprechenden vertraglichen Ge-genseitigkeitsverhältnisses nicht zu Tauschverträgen.[4] Schenkungsverträge liegen auch dann vor, wenn kostenlose Apps durch sog. In-App-Werbung refinanziert werden, da die Nutzer nicht zur Nutzung der App und Inanspruchnahme der Werbung verpflichtet sind.[5] Auch bei Freemium-Angeboten liegt der kostenlos überlassenen App grundsätzlich ein Schenkungsvertrag zugrunde, es sei denn die App ist so gestaltet, dass Nutzer zwangsläufig In-App-Sales in Anspruch nehmen müssen. Dann wäre ein einheitlicher Kaufvertrag gege-ben.[6] Da Vertragspartner der Nutzer die Betreiber der App Stores sind, kommen die jewei-ligen Schenkungsverträge in diesem Rechtsverhältnis zustande. Gewährleistungsansprü-che seitens der Nutzer bestehen hier jedoch nur im Rahmen der beschränkten Haftung des Schenkungsrechts nach §§ 521, 523, 524, 526 BGB.[7]

5.245 Als Vertragspartner der Nutzer und Anbieter der kostenlosen Apps sind die App Store-Be-treiber grundsätzlich auch für die Einhaltung der **gesetzlichen Informations- und Gestal-**

---

1 Vgl. dazu Baumgartner/*Ewald*, Apps und Recht, 2. Aufl. 2016, Rz. 115 ff.; vgl. ausführlich auch *Feld-mann*, in Taeger/Wiebe, Die Welt im Netz – Folgen für Wirtschaft und Gesellschaft, 2011, S. 47 (57 f.).

2 So (im Ergebnis) etwa auch *Marly*, Praxishandbuch Softwarerecht, 6. Aufl. 2014, Rz. 1173; *Feldmann*, in Taeger/Wiebe, Die Welt im Netz – Folgen für Wirtschaft und Gesellschaft, 2011, S. 47 (57 f.); vgl. auch *Kremer*, CR 2011, 769 (771).

3 Vgl. Baumgartner/*Ewald*, Apps und Recht, 2. Aufl. 2016, Rz. 31 ff.; Solmecke/Taeger/Feldmann/*Solmecke/Lachenmann*, Mobile Apps, 2013, Kap. 3 Rz. 312, 368; *Marly*, Praxishandbuch Software-recht, 6. Aufl. 2014, Rz. 1173; vgl. auch *Kremer*, CR 2011, 769 (771); *Feldmann*, in Taeger/Wiebe, Die Welt im Netz – Folgen für Wirtschaft und Gesellschaft, 2011, S. 47 (59).

4 AA *Gaßner/Strömer*, VersR 2015, 1219 (1226).

5 So zutreffend Baumgartner/*Ewald*, Apps und Recht, 2. Aufl. 2016, Rz. 36. Das LG Berlin (v. 19.11.2013 – 15 O 402/12, CR 2014, 404 = ITRB 2014, 79) lehnt zwar hinsichtlich der Google Play Nutzungsbedingungen einen Schenkungsvertrag ab, weil die von Google durch Einwilligung erlang-ten Nutzerdaten eine Gegenleistung der Nutzer darstellten, meint damit aber wohl nicht den Bezug von kostenlose Apps, sondern die kostenlose Nutzung des Google Play Stores durch die Nutzer.

6 Vgl. zum Ganzen Baumgartner/*Ewald*, Apps und Recht, 2. Aufl. 2016, Rz. 37 ff.

7 Vgl. Baumgartner/*Ewald*, Apps und Recht, 2. Aufl. 2016, Rz. 33; Solmecke/Taeger/Feldmann/*Solm-ecke/Lachenmann*, Mobile Apps, 2013, Kap. 3 Rz. 368 f.

tungspflichten verantwortlich. Allerdings ist fraglich, inwieweit die gesetzlichen Informations- und Gestaltungspflichten bei M-Commerce-Angeboten, denen Schenkungsverträge zugrunde liegen, überhaupt zur Anwendung kommen. Zu beachten sind jedenfalls die Pflichten zur Anbieterkennzeichnung nach § 5 TMG (s. dazu Rz. 5.220), da auch die Angebote kostenloser Apps und kostenlose Apps selbst Telemediendienste iSd. § 1 Abs. 1 TMG sind bzw. sein können.[1] Nicht anwendbar beim Vertrieb von kostenlosen Apps sind hingegen die Pflichten zur Preisangabe nach der PAngV und die fernabsatzrechtlichen Informationspflichten, die auf unentgeltliche Verträge keine Anwendung finden (s. Rz. 5.99). Was die E-Commerce-rechtlichen Informations- und Gestaltungspflichten nach § 312i BGB iVm. Art. 246c EGBGB und § 312j BGB angeht, dürfte eine Anwendbarkeit ebenfalls zu verneinen sein. Der den sachlichen Anwendungsbereich der E-Commerce-rechtlichen Informations- und Gestaltungspflichten bestimmende Vertrag im elektronischen Geschäftsverkehr iSd. § 312i Abs. 1 Satz 1 BGB setzt einen Vertrag über die Lieferung von Waren oder über die Erbringung von Dienstleistungen voraus. Da hierunter in europarechtskonformer Auslegung Verträge mit einem Vertragsgegenstand beliebiger Art verstanden werden, sofern dieser seinem Wesen nach geeignet ist, den Gegenstand von entgeltlichen Geschäften zu bilden,[2] gehören Schenkungsverträge – auch nach dem Sinn und Zweck der E-Commerce-rechtlichen Regelungen und dem Verweis auf Zahlungsmittel in § 312j Abs. 1 BGB – wohl nicht zu den E-Commerce-Verträgen iSd. § 312i Abs. 1 Satz 1 BGB.[3] Das Gleiche wird für die Informationspflichten zur alternativen Streitbeilegung gemäß Art. 14 der EU-Verordnung über Online-Streitbeilegung in Verbraucherangelegenheiten und § 36 VSBG gelten, die ebenfalls nur auf entgeltliche Online-Kaufverträge, Online-Dienstleistungsverträge, Online-Marktplätze oder Websites anwendbar sein dürften.

II. Vertrieb über Verkaufs-Apps

Der **Vertrieb über Verkaufs-Apps**, also über von Nutzern in der Regel kostenlos aus App Stores heruntergeladene Apps von M-Commerce-Anbietern, mit deren Hilfe wie in (mobilen) Online-Shops bei den App- bzw. M-Commerce-Anbietern Waren oder Dienstleistungen bestellt werden können, die dann größtenteils außerhalb der Apps und offline geliefert bzw. erbracht werden, **unterscheidet sich wesentlich vom App-Vertrieb**. Zum einen werden beim Vertrieb über Verkaufs-Apps keine Apps oder App-Erweiterungen verkauft, sondern mittels der Verkauf-Apps als einem weiteren Vertriebskanal des M-Commerce sonstige Waren oder Dienstleistungen der App-Anbieter. Zum anderen erfolgt der Vertrieb von Waren oder Dienstleistungen über Verkaufs-Apps nicht über die App Stores, sondern unmittelbar zwischen den Anbietern der Waren oder Dienstleistungen (sowie Verkaufs-Apps) und den Nutzern bzw. Käufern (s. dazu auch Rz. 5.17 und Rz. 5.22). **5.246**

Für die **Vertrags- und Rechtsbeziehungen zwischen den Beteiligten** hat das zur Folge, dass lediglich Vertragsverhältnisse zwischen den App-Anbietern bzw. Anbietern der Waren oder Dienstleistungen und den Nutzern bzw. Käufern bestehen. Weder die Vertragsschlüsse über die Waren oder Dienstleistungen noch deren Bezahlung oder die Erfüllung der Verträge werden über App Stores und deren Betreiber abgewickelt. Diese sind beim Vertrieb über Verkauf-Apps – abgesehen vom regelmäßig kostenlosen Vertrieb der Verkaufs-Apps selbst – vollständig unbeteiligt. Insofern unterscheidet sich der Vertrieb über Verkauf-Apps nicht von herkömmlichen M-Commerce-Angeboten, insbesondere (mobilen) Online-Shops. Ge- **5.247**

---

1 Vgl. Baumgartner/*Ewald*, Apps und Recht, 2. Aufl. 2016, Rz. 162 f.; Solmecke/Taeger/Feldmann/ *Wiedemann*, Mobile Apps, 2013, Kap. 4 Rz. 74.
2 Vgl. nur MüKoBGB/*Wendehorst*, § 312i BGB Rz. 38 mwN.
3 AA etwa Bamberger/Roth/*Maume*, Beck'scher Online-Kommentar BGB, Stand 1.5.2016, § 312i BGB Rz. 6; MüKoBGB/*Wendehorst*, § 312i BGB Rz. 40.

währleistungspflichtig als Vertragspartner der Nutzer bzw. Käufer ist deshalb auch allein der App-Anbieter bzw. Anbieter der Waren oder Dienstleistungen.[1]

5.248 Der App-Anbieter bzw. Anbieter der Waren oder Dienstleistungen unterliegt darüber hinaus den gleichen rechtlichen Anforderungen wie jeder andere M-Commerce-Anbieter, insbesondere den **gesetzlichen Informations- und Gestaltungspflichten** sowie dem **Widerrufsrecht** der Nutzer im M-Commerce.[2] Da in dieser Hinsicht im Vergleich zu den herkömmlichen M-Commerce-Angeboten keine Besonderheiten bestehen, kann auf die Darstellung der entsprechenden rechtlichen Anforderungen im M-Commerce allgemein verwiesen werden.

III. Vertrieb über Marktplatz-Apps

5.249 Der **Vertrieb über Marktplatz-Apps**, also über von Nutzern in der Regel kostenlos aus App Stores heruntergeladene Apps von Online-Auktions- oder -Verkaufs-Plattformen wie eBay oder dem Amazon Marketplace, mit deren Hilfe Waren oder Dienstleistungen von auf diesen Plattformen anbietenden gewerblichen oder privaten Verkäufern bestellt werden können, **ähnelt dem Vertrieb über Verkaufs-Apps**. Der Vertrieb über Marktplatz-Apps stellt ebenfalls einen weiteren Vertriebskanal des M-Commerce dar, bei dem der Vertrieb von Waren oder Dienstleistungen nicht über die App Stores, sondern unmittelbar zwischen den Anbietern der Waren oder Dienstleistungen und den Nutzern bzw. Käufern erfolgt. Im Unterschied zum Vertrieb über Verkaufs-Apps sind beim Vertrieb über Marktplatz-Apps die App-Anbieter jedoch nicht identisch mit den Anbietern der Waren oder Dienstleistungen, die von auf der jeweiligen Online-Plattform tätigen gewerblichen oder privaten Anbietern vertrieben werden (s. dazu auch Rz. 5.17 und Rz. 5.22).

5.250 Erwerben oder ersteigern Nutzer über Marktplatz-Apps Waren oder Dienstleistungen, entstehen **Vertragsverhältnisse** unmittelbar und ausschließlich zwischen ihnen und den gewerblichen oder privaten Anbietern der Waren oder Dienstleistungen. Weder die Anbieter der Marktplatz-Apps bzw. Betreiber der entsprechenden Online-Plattformen noch App Stores und deren Betreiber sind unmittelbar vertraglich am Vertrieb über Marktplatz-Apps beteiligt. Als Vertragspartner der Nutzer bzw. Käufer sind daher auch nur die Anbieter der Waren oder Dienstleistungen gewährleistungspflichtig.

5.251 Wie beim herkömmlichen Vertrieb über Online-Auktions- oder -Verkaufs-Plattformen (s. dazu ausführlich Rz. 4.1 ff.) müssen die Anbieter der Waren oder Dienstleistungen ferner die **gesetzlichen Informations- und Gestaltungspflichten** sowie das **Widerrufsrecht** der Nutzer beachten.[3] Hierbei gelten die in der Darstellung zum M-Commerce allgemein bei den einzelnen rechtlichen Anforderungen dargelegten M-Commerce-spezifischen Besonderheiten. Nochmals hervorzuheben ist, dass die Anbieter auch dann für die Einhaltung der gesetzlichen Informations- und Gestaltungspflichten haften, wenn sie nicht wissen, dass ihre Angebote vom Betreiber der Online-Auktions- oder -Verkaufs-Plattform zusätzlich über eine Marktplatz-App vertrieben werden.[4]

---

1 Vgl. zum Ganzen auch *Degmair*, K&R 2013, 213 (216 f.); *Marly*, Praxishandbuch Softwarerecht, 6. Aufl. 2014, Rz. 1174, 1178; *Feldmann*, in Taeger/Wiebe, Die Welt im Netz – Folgen für Wirtschaft und Gesellschaft, 2011, S. 47 (59 f.).
2 Vgl. Solmecke/Taeger/Feldmann/*Wiedemann*, Mobile Apps, 2013, Kap. 4 Rz. 1 ff.
3 Vgl. Solmecke/Taeger/Feldmann/*Wiedemann*, Mobile Apps, 2013, Kap. 4 Rz. 1 ff.
4 Vgl. OLG Hamm v. 20.5.2010 – I-4 U 225/09, CR 2010, 609 = K&R 2010, 591 m. zust. Anm. *Dittrich*; vgl. auch Solmecke/Taeger/Feldmann/*Wiedemann*, Mobile Apps, 2013, Kap. 4 Rz. 4.

IV. Datenschutzrechtliche Besonderheiten

Apps weisen im Vergleich zu herkömmlichen M-Commerce-Angeboten einige daten- 5.252
schutzrechtliche Besonderheiten auf.[1] Grundsätzlich ist zwischen den datenschutzrechtlichen Anforderungen beim Vertrieb von Apps und App-Erweiterungen und den datenschutzrechtlichen Anforderungen bei der Nutzung von Apps zu unterscheiden. Für Apps,
die Location Based Services zur Verfügung stellen, gelten weitere datenschutzrechtliche
Besonderheiten, hinsichtlich der auf die Darstellung in den Rz. 5.269 ff. verwiesen wird.

1. Vertrieb von Apps

Beim Vertrieb von Apps und App-Erweiterungen über App Stores an deutsche Nutzer 5.253
stellt sich, da die App Store-Betreiber durchgängig im Ausland ansässig sind, zunächst
die Frage nach dem **anwendbaren nationalen Datenschutzrecht**. § 1 Abs. 5 BDSG[2] differenziert hierbei zwischen verantwortlichen Stellen, die ihren Sitz in einem Mitgliedstaat
der EU oder des EWR haben und auf die nach der sog. Sitzlandprinzip das nationale Datenschutzrecht ihres jeweiligen Sitzes Anwendung findet (wenn die Datenerhebung und
-verarbeitung nicht durch eine inländische Niederlassung erfolgt), und verantwortlichen
Stellen, die ihren Sitz außerhalb der EU bzw. des EWR haben, jedoch im Inland personenbezogene Daten erheben, verarbeiten oder nutzen und daher nach der sog. Territoriali-
tätsprinzip dem BDSG unterliegen. Weil die App Store-Betreiber als Vertragspartner der
Nutzer und Anbieter der Apps und App-Erweiterungen (s. dazu Rz. 5.212, Rz. 5.236 und
Rz. 5.243) hinsichtlich der beim Vertrieb der Apps und App-Erweiterungen erhobenen
und verarbeiteten personenbezogenen Daten der Nutzer auch verantwortliche Stelle iSd.
§ 3 Abs. 7 BDSG sind,[3] kommt es auf deren jeweiligen Sitz an. Angesichts dessen, dass es
sich bei den App Store-Betreibern regelmäßig um internationale Konzerne handelt, sind
die für die relevanten Datenerhebungen und -verarbeitungen im jeweiligen Konzern tatsächlich verantwortliche Stelle und deren Sitz schwierig zu ermitteln.[4] Im Fall des **Apple
App Stores**, der laut Angaben im App Store von der in Irland ansässigen Apple Distribution International betrieben wird, werden die relevanten Datenerhebungen und -ver-
arbeitungen nach den Hinweisen in der Apple Datenschutzrichtlinie ebenfalls von dieser
Gesellschaft verantwortet. Daher dürfte irisches Datenschutzrecht anwendbar sein.[5] Im
Fall des **Google Play Stores**, der von der in den USA ansässigen Google Inc. betrieben
wird, die auch in der Datenschutzerklärung von Google genannt ist, dürfte hingegen
deutsches Datenschutzrecht zur Anwendung kommen.[6]

Die Anwendbarkeit deutschen Datenschutzrechts unterstellt (s. dazu Rz. 5.253), sind die 5.254
App Store-Betreiber als **verantwortliche Stellen** iSd. § 3 Abs. 7 BDSG für die Einhaltung
der datenschutzrechtlichen Vorschriften beim Vertrieb von Apps und App-Erweiterungen

---

1 Da die ab dem 25.5.2018 unmittelbar anwendbaren neuen datenschutzrechtlichen Anforderungen
   der EU-Datenschutz-Grundverordnung (DS-GVO) noch nicht geltendes Recht sind, wird nachfolgend auf die geltende Rechtslage eingegangen.
2 Mangels eigenständiger datenschutzrechtlicher Kollisionsnormen im TKG und im TMG gilt § 1
   Abs. 5 BDSG auch für die Bestimmung der Anwendbarkeit der datenschutzrechtlichen Vorschriften
   des TKG und des TMG, vgl. etwa Baumgartner/Ewald/*Baumgartner*, Apps und Recht, 2. Aufl. 2016,
   Rz. 194 (Fn. 191); *Kremer/Buchalik*, CR 2013, 789 (791) jeweils mwN.
3 Vgl. etwa Baumgartner/Ewald/*Baumgartner*, Apps und Recht, 2. Aufl. 2016, Rz. 192; Solmecke/Tae-
   ger/Feldmann/*Taeger*, Mobile Apps, 2013, Kap. 5 Rz. 27; *Feldmann*, in Taeger/Wiebe, Die Welt im
   Netz – Folgen für Wirtschaft und Gesellschaft, 2011, S. 47 (61 f.).
4 Vgl. dazu etwa Baumgartner/Ewald/*Baumgartner*, Apps und Recht, 2. Aufl. 2016, Rz. 199 ff.
5 Ebenso etwa *Kremer/Buchalik*, CR 2013, 789 (793 f.); *Schröder*, ZD 2013, 453 (454); aA (deutsches
   Recht) LG Berlin v. 30.4.2013 – 15 O 92/12, ITRB 2013, 130 = NJW 2013, 2605 m. zust. Anm. *Steinrötter* = CR 2013, 402 m. krit. Anm. *Kremer/Buchalik*, das allerdings § 1 Abs. 5 BDSG übersieht.
6 Ebenso (jedoch mit unzutreffender Begründung) LG Berlin v. 19.11.2013 – 15 O 402/12, CR 2014,
   404 = ITRB 2014, 79.

verantwortlich.[1] Da App Stores Telemediendienste iSd. § 1 Abs. 1 TMG sind, kommen in erster Linie die datenschutzrechtlichen Vorschriften der **§§ 11 ff. TMG** zur Anwendung (s. zur Abgrenzung der auf M-Commerce-Angebote anwendbaren datenschutzrechtlichen Vorschriften Rz. 5.172 ff.).

5.255 Gemäß **§ 14 Abs. 1 TMG** sind die App Store-Betreiber ohne vorherige Einwilligung der Nutzer berechtigt, die für die Abwicklung der Verträge über die Apps bzw. App-Erweiterungen erforderlichen personenbezogenen Nutzerdaten, wie zB Namen, E-Mail-Adressen und Zahlungsdaten der Nutzer, zu erheben und zu verarbeiten. Hierzu gehören uU auch Datenübermittlungen an die App-Anbieter, soweit diese zur Abwicklung der App-Verträge erforderlich sind. Für weitergehende Datenverarbeitungen, insbesondere Datenverarbeitungen zu Werbezwecken oder Datenübermittlungen an Dritte einschließlich weitergehender Datenübermittlungen an App-Anbieter, benötigen App Store-Betreiber gemäß §§ 12 Abs. 1, 13 Abs. 2 TMG in der Regel entsprechende vorherige **Einwilligungen** der Nutzer.[2]

5.256 Noch 2012 waren in den **Datenschutzrichtlinien bzw. -erklärungen von Apple und Google** zahlreiche vorformulierte Einwilligungserklärungen bzw. Berechtigungen der App Store-Betreiber und Datenschutzhinweise enthalten, die nach deutschem Datenschutz- und AGB-Recht ua. wegen fehlender oder unzureichender Einwilligungen in Werbenutzungen oder Datenübermittlungen oder zu allgemeiner, ungenauer und/oder unvollständiger Angaben **unwirksam** sind. Etliche dieser Datenschutzklauseln wurden vom LG Berlin in zwei 2013 gegen Apple bzw. Google ergangenen Urteilen erstinstanzlich untersagt.[3] Schon zuvor hatte ua. die Stiftung Warentest beanstandet, dass die datenschutzrechtlichen Informationspflichten gemäß § 13 Abs. 1 TMG über die in App Stores vorgenommenen (weiteren) (automatisierten) Datenerhebungen, Datenverarbeitungen, insbesondere Datenübermittlungen, und Datennutzungen infolge zu ungenauer und/oder unvollständiger Angaben oftmals nicht eingehalten werden.[4] Auch die aktuellen Fassungen der Datenschutzrichtlinien bzw. -erklärungen von Apple und Google weisen immer noch **datenschutzrechtliche Defizite** auf.

5.257 ➲ **Praxistipp:** Da nicht ausgeschlossen werden kann, dass nicht die App Store-Betreiber, sondern die App-Anbieter als Vertragspartner der Nutzer und damit als verantwortliche Stellen iSd. § 3 Abs. 7 BDSG angesehen, zumindest aber für die Einhaltung der datenschutzrechtlichen Verpflichtungen (mit-)verantwortlich gemacht werden, sollten App-Anbieter alle ihnen möglichen und zumutbaren Maßnahmen ergreifen, um auf die datenschutzrechtskonforme Umsetzung ihrer App-Angebote in den App Stores hinzuwirken.

---

1 So zutreffend etwa auch *Feldmann*, in Taeger/Wiebe, Die Welt im Netz – Folgen für Wirtschaft und Gesellschaft, 2011, S. 47 (62 f.).

2 Vgl. zum Ganzen etwa Baumgartner/Ewald/*Baumgartner*, Apps und Recht, 2. Aufl. 2016, Rz. 246, der allerdings § 28 Abs. 1 Satz 1 Nr. 1 BDSG heranzieht; *Feldmann*, in Taeger/Wiebe, Die Welt im Netz – Folgen für Wirtschaft und Gesellschaft, 2011, S. 47 (62).

3 Vgl. LG Berlin v. 30.4.2013 – 15 O 92/12, ITRB 2013, 130 = NJW 2013, 2605 m. zust. Anm. *Steinrötter* = CR 2013, 402 m. krit. Anm. *Kremer/Buchalik*; vgl. auch Datenklauseln von Apple rechtswidrig, Pressemitteilung des vzbv v. 7.5.2013, online unter http://www.vzbv.de/pressemitteilung/datenklauseln-von-apple-rechtswidrig; die von Apple eingelegte Berufung gegen das Urteil ist beim KG Berlin unter dem Az. 5 U 69/13 anhängig; LG Berlin v. 19.11.2013 – 15 O 402/12, CR 2014, 404 = ITRB 2014, 79; vgl. auch vzbv gewinnt Klage gegen Google, Pressemitteilung des vzbv v. 19.11.2013, online unter http://www.vzbv.de/pressemitteilung/vzbv-gewinnt-klage-gegen-google; die von Google eingelegte Berufung gegen das Urteil ist beim KG Berlin unter dem Az. 23 U 268/13 anhängig.

4 Vgl. die Untersuchung von App Stores durch die Stiftung Warentest im Frühjahr 2011, test 8/2011, S. 42 (44 ff.).

2. Nutzung von Apps

Bei der Nutzung von Apps ist ebenfalls zunächst die Frage nach dem **anwendbaren nationalen Datenschutzrecht** zu klären. Da bei der Nutzung von Apps, soweit die genutzten Apps Telemediendienste iSd. § 1 Abs. 1 TMG sind (s. dazu Rz. 5.220), die App-Anbieter als Diensteanbieter iSd. § 13 Abs. 1 TMG bzw. als verantwortliche Stellen iSd. § 3 Abs. 7 BDSG anzusehen sind,[1] kommt es gemäß § 1 Abs. 5 BDSG auf deren Sitz an. Sind die App-Anbieter in einem anderen Mitgliedstaat der EU oder des EWR ansässig, ist das Datenschutzrecht ihres jeweiligen Sitzlandes anwendbar (wenn die Datenerhebung und -verarbeitung nicht durch eine inländische Niederlassung erfolgt). Haben die App-Anbieter ihren Sitz oder eine für die betreffende Datenerhebung oder -verarbeitung relevante Niederlassung in Deutschland oder haben sie ihren Sitz außerhalb der EU bzw. des EWR, unterliegen die über Apps vorgenommenen Datenerhebungen und anschließenden Datenverarbeitungen in Deutschland dem deutschen Datenschutzrecht.[2]

5.258

Die Anwendbarkeit deutschen Datenschutzrechts unterstellt (s. dazu Rz. 5.258), sind die **App-Anbieter** als Diensteanbieter iSd. § 13 Abs. 1 TMG bzw. **verantwortliche Stellen** iSd. § 3 Abs. 7 BDSG verpflichtet, die Einhaltung der datenschutzrechtlichen Vorschriften, insbesondere der vorrangig geltenden **§§ 11 ff. TMG**[3], sicherzustellen.[4] Auch die **Nutzungs- und Lizenzbedingungen der App Store-Betreiber**, insbesondere das iDPLA von Apple und die Google Play – Vereinbarung für den Entwicklervertrieb von Google (s. dazu Rz. 5.191 ff.), stellen inzwischen sehr hohe datenschutzrechtliche Anforderungen an die App-Anbieter und deren Apps. So müssen die App-Anbieter ua. die jeweils anwendbaren Datenschutzgesetze der Länder, in denen die Apps vertrieben werden, einhalten und die Nutzer deutlich und vollständig bzw. rechtlich einwandfrei über die Erhebung, Nutzung und Übermittlung von Daten informieren. Apple verbietet ferner ua. Analyse-Software innerhalb einer App.[5] Für die praktische Umsetzung der datenschutzrechtlichen Anforderungen an App-Anbieter und Apps besonders relevant sind die beiden diesbezüglichen **Stellungnahmen der europäischen und deutschen Datenschutzaufsichtsbehörden**, die „Stellungnahme 02/2013 zu Apps auf intelligenten Endgeräten" der Artikel-29-Datenschutzgruppe vom 27.2.2013[6] und die „Orientierungshilfe zu den Datenschutzanforderungen an App-Entwickler und App-Anbieter" des Düsseldorfer Kreises vom 16.6.2014.[7]

5.259

---

1 So zutreffend etwa auch Baumgartner/Ewald/*Baumgartner*, Apps und Recht, 2. Aufl. 2016, Rz. 190 ff.; Solmecke/Taeger/Feldmann/*Taeger*, Mobile Apps, 2013, Kap. 5 Rz. 24 ff.; *Kremer*, CR 2012, 438 (439); *Feldmann*, in Taeger/Wiebe, Die Welt im Netz – Folgen für Wirtschaft und Gesellschaft, 2011, S. 47 (63).

2 Vgl. zum Ganzen etwa auch Baumgartner/Ewald/*Baumgartner*, Apps und Recht, 2. Aufl. 2016, Rz. 194 ff.; Solmecke/Taeger/Feldmann/*Taeger*, Mobile Apps, 2013, Kap. 5 Rz. 28 ff.; *Kremer*, CR 2012, 438 (439 f.).

3 Zur Anwendbarkeit datenschutzrechtlicher Vorschriften des TKG und des BDSG vgl. etwa Baumgartner/Ewald/*Baumgartner*, Apps und Recht, 2. Aufl. 2016, Rz. 204 ff., 243 ff.; Solmecke/Taeger/Feldmann/*Taeger*, Mobile Apps, 2013, Kap. 5 Rz. 49 ff.

4 Vgl. nur *Kremer*, CR 2012, 438 (439); *Feldmann*, in Taeger/Wiebe, Die Welt im Netz – Folgen für Wirtschaft und Gesellschaft, 2011, S. 47 (63); vgl. ausführlich zu den datenschutzrechtlichen Vorschriften bei der Nutzung von Apps etwa Baumgartner/Ewald/*Baumgartner*, Apps und Recht, 2. Aufl. 2016, Rz. 211 ff.; Solmecke/Taeger/Feldmann/*Taeger*, Mobile Apps, 2013, Kap. 5 Rz. 34 ff.; *Lober/Falker*, K&R 2013, 357 ff.; *Sachs/Meder*, ZD 2013, 303 ff.; *Kremer*, CR 2012, 438 ff.

5 Vgl. ausführlich zu den datenschutzrechtlichen Anforderungen aus den Nutzungs- und Lizenzbedingungen von Apple und Google Baumgartner/Ewald/*Baumgartner*, Apps und Recht, 2. Aufl. 2016, Rz. 258 ff.

6 Die „Stellungnahme 02/2013 zu Apps auf intelligenten Endgeräten" der Artikel-29-Datenschutzgruppe vom 27.2.2013 ist unter http://www.cnpd.public.lu/de/publications/groupe-art29/wp202_de.pdf abrufbar.

7 Die „Orientierungshilfe zu den Datenschutzanforderungen an App-Entwickler und App-Anbieter" des Düsseldorfer Kreises vom 16.6.2014 ist unter http://www.baden-wuerttemberg.datenschutz.de/wp-content/uploads/2013/02/OH_Apps_20140616.pdf abrufbar.

5.260 Soweit für die bestimmungsgemäße Nutzung einer App die Erhebung und Verarbeitung personenbezogener Daten von Nutzern erforderlich ist, können solche Datenerhebungen und -verarbeitungen gemäß **§§ 14 oder 15 TMG** als Bestands- oder Nutzungsdatenerhebungen bzw. -verarbeitungen oder gemäß **§ 28 Abs. 1 BDSG** als erlaubte Erhebungen bzw. Verarbeitungen von Inhaltsdaten gerechtfertigt sein.[1] Das ist zB bei Social Media-Apps hinsichtlich der Login-Daten der Nutzer, bei Navigations-Apps hinsichtlich der Standortdaten der Nutzer oder bei Verkaufs-Apps hinsichtlich der Nutzerdaten, die für die Abwicklung und Abrechnung der über die Verkaufs-Apps geschlossenen Verträge notwendig sind, der Fall.[2] Ferner ist auf Grundlage von **§ 15 Abs. 3 TMG** für Zwecke der Werbung, der Marktforschung und zur bedarfsgerechten Gestaltung von Apps die Erstellung und Verwendung von pseudonymisierten Nutzungsprofilen möglich, soweit die Nutzer dem nicht widersprechen. Mit Hilfe dieses gesetzlichen Erlaubnistatbestands lassen sich insbesondere Nutzungsanalysen und Werbeschaltungen in Apps realisieren. Zu beachten ist jedoch, dass IP-Adressen und Gerätekennungen von mobilen Endgeräten, wie zB der UDID (Unique Device Identifier), nach Auffassung der deutschen Datenschutzaufsichtsbehörden keine pseudonymen Daten darstellen.[3]

5.261 **In der Praxis** erheben und verarbeiten allerdings viele Apps personenbezogene Daten von Nutzern, die für den Betrieb der jeweiligen App nicht erforderlich sind. Solche Datenerhebungen und -verarbeitungen lassen sich in der Regel nicht über gesetzliche Erlaubnistatbestände rechtfertigen (s. dazu Rz. 5.260). Sehr häufig werden hierfür auch keine vorherigen Einwilligungen der Nutzer eingeholt. So werden von Apps beispielsweise die Gerätekennungen der mobilen Endgeräte, die diesen, wie zB der Unique Device Identifier (UDID) bei Apple Endgeräten, meistens fest zugeordnet sind, ausgelesen und an Dritte übermittelt.[4] Ferner werden etwa (nicht anonymisierte oder pseudonymisierte) Benutzungsstatistiken der Apps, zB zu Werbezwecken, erhoben und übermittelt. Oftmals kommt es auch vor, dass Apps ohne Wissen der Nutzer personenbezogene Daten, wie zB Kontaktdaten aus Telefon- oder Adressbüchern der mobilen Endgeräte, Standortdaten oder Daten aus der Nutzung von Apps (beispielsweise Zielangaben aus Navigations-Apps oder die mit Barcode- oder QR-Code-Scannern erfassten Informationen), an die App-Anbieter oder an Dritte, etwa Werbenetzwerke oder Analysedienste, übertragen. Solche heimlichen Datenübertragungen finden zudem nicht selten unverschlüsselt und/oder nicht anonymisiert statt. Das alles hat die Stiftung Warentest bereits Mitte 2012 in einer Untersuchung von beliebten Apps festgestellt.[5] Seitdem gibt es eine Vielzahl weiterer Untersuchungen und Stellungnahmen, die alle belegen, dass bei der Nutzung von Apps in der Praxis **erhebliche datenschutzrechtliche Defizite** bestehen.[6]

---

1 Vgl. etwa Baumgartner/Ewald/*Baumgartner*, Apps und Recht, 2. Aufl. 2016, Rz. 243 ff., 249, 285; Orientierungshilfe zu den Datenschutzanforderungen an App-Entwickler und App-Anbieter des Düsseldorfer Kreises vom 16.6.2014, S. 9 ff., 13 f.; *Kremer*, CR 2012, 438 (444 f.); *Feldmann*, in Taeger/Wiebe, Die Welt im Netz – Folgen für Wirtschaft und Gesellschaft, 2011, S. 47 (63).

2 Vgl. Orientierungshilfe zu den Datenschutzanforderungen an App-Entwickler und App-Anbieter des Düsseldorfer Kreises vom 16.6.2014, S. 10 f., 14.

3 Vgl. zum Ganzen Baumgartner/Ewald/*Baumgartner*, Apps und Recht, 2. Aufl. 2016, Rz. 285; Orientierungshilfe zu den Datenschutzanforderungen an App-Entwickler und App-Anbieter des Düsseldorfer Kreises vom 16.6.2014, S. 11 ff.

4 Vgl. zu den Gerätekennungen von mobilen Endgeräten, insbesondere dem UDID und dem zwischenzeitlichen Verbot von Apple, diese im Rahmen von Apps zu nutzen, Baumgartner/Ewald/*Baumgartner*, Apps und Recht, 2. Aufl. 2016, Rz. 217 ff.

5 Vgl. die Untersuchung von Apps durch die Stiftung Warentest Mitte 2012, in der festgestellt wurde, dass von 63 untersuchten Apps 37 Apps entweder unnötig, ungefragt, unverschlüsselt und/oder nicht anonymisiert personenbezogene Daten von Nutzern übertragen, test 6/2012, S. 38 ff., online unter https://www.test.de/filestore/4406898_t201206038.pdf?path=/protected/91/41/d4ec57a2-ac93-42db-b6bd-053f1d5284d1-protectedfile.pdf; vgl. dazu auch Baumgartner/Ewald/*Baumgartner*, Apps und Recht, 2. Aufl. 2016, Rz. 185, 279 f.

6 Vgl. dazu nur den Überblick bei Baumgartner/Ewald/*Baumgartner*, Apps und Recht, 2. Aufl. 2016, Rz. 185, 279 ff. mwN; vgl. auch den Beschluss des Düsseldorfer Kreises v. 4./5.5.2011, S. 1 f., online

App-Anbieter sind daher vor allem gehalten, gegenüber den Nutzern ihren **datenschutz-** **5.262** **rechtlichen Informationspflichten** gemäß § 13 Abs. 1 TMG nachzukommen, insbesondere über Art, Umfang sowie Zwecke der Datenerhebungen und Empfänger der Datenübermittlungen zu unterrichten, und keine heimlichen Datenerhebungen oder -übermittlungen vorzunehmen. Im Ausgangspunkt gelten insoweit grundsätzlich keine anderen Anforderungen wie bei herkömmlichen M-Commerce-Angeboten (s. zu den datenschutzrechtlichen Informationspflichten im M-Commerce allgemein Rz. 5.177 ff.). Die deutschen Datenschutzaufsichtsbehörden verlangen allerdings einige (zusätzliche) App-spezifische Datenschutzhinweise, wie insbesondere Angaben zu Zugriffen und Datenerhebungen auf bzw. über Gerätefunktionen oder Sensoren mobiler Endgeräte, wie zB Kameras, Mikrofone oder Bewegungssensoren, zu Zugriffen auf in anderen Apps oder den mobilen Endgeräten gespeicherten Daten, zu Erhebungen und Verarbeitungen von Standortdaten, zu verwendeten Tracking- und Analysetools sowie zu den Steuerungsmöglichkeiten der Nutzer hinsichtlich der Erhebung, Verarbeitung und Nutzung ihrer Daten.[1] Die für die jeweilige App erforderlichen Datenschutzhinweise müssen schon auf der App-Angebotsseite vor Download und Installation der App erfolgen, spätestens jedoch vor der ersten Nutzung der App.[2] Zwischenzeitlich ist den App-Anbietern eine entsprechende Gestaltung der App-Angebotsseiten in den App Stores von Apple und Google möglich.[3]

Darüber hinaus müssen App-Anbieter für sämtliche Datenerhebungen und -verarbeitun- **5.263** gen, die nicht für die bestimmungsgemäße Nutzung der jeweiligen App erforderlich sind und sich daher in der Regel nicht über gesetzliche Erlaubnistatbestände rechtfertigen lassen (s. dazu Rz. 5.260), insbesondere für die meisten Datenverarbeitungen zu Werbezwecken und die meisten Datenübermittlungen an Dritte, gemäß §§ 12 Abs. 1, 13 Abs. 2 TMG entsprechende vorherige **Einwilligungen** der Nutzer einholen. Hierbei sind die ziemlich hohen und in der Praxis oftmals nicht eingehaltenen Voraussetzungen an eine wirksame Einwilligung nach § 13 Abs. 2 und 3 TMG zu beachten. Die Einwilligung muss insbesondere freiwillig, informiert und aktiv erteilt werden sowie für die Zukunft jederzeit widerrufbar sein.[4] Auch Einwilligungen sind schon auf den App-Angebotsseiten einzuholen, spätestens jedoch vor der ersten Nutzung der jeweiligen App.[5]

Noch strengere und weitergehende datenschutzrechtliche Anforderungen bestehen bei **Ge-** **5.264** **sundheits-, Fitness- und Lifestyle-Apps**, die Gesundheitsdaten der Nutzer, wie zB Temperatur-, Puls- oder Körperfettwerte,[6] erheben und verarbeiten und deshalb insoweit beson-

---

unter http://www.baden-wuerttemberg.datenschutz.de/wp-content/uploads/2013/02/Beschluss-des-Düsseldorfer-Kreises-vom-04.-05.-Mai-2011-Datenschutzgerechte-Smartphone-Nutzung-ermöglichen. pdf.

1 Vgl. Orientierungshilfe zu den Datenschutzanforderungen an App-Entwickler und App-Anbieter des Düsseldorfer Kreises vom 16.6.2014, S. 19 f.; vgl. dazu auch den Beschluss des Düsseldorfer Kreises v. 4./5.5.2011, S. 1 f., online unter http://www.baden-wuerttemberg.datenschutz.de/wp-content/ uploads/2013/02/Beschluss-des-Düsseldorfer-Kreises-vom-04.-05.-Mai-2011-Datenschutzgerechte-Smartphone-Nutzung-ermöglichen.pdf; Baumgartner/Ewald/*Baumgartner*, Apps und Recht, 2. Aufl. 2016, Rz. 229 ff.

2 Vgl. Orientierungshilfe zu den Datenschutzanforderungen an App-Entwickler und App-Anbieter des Düsseldorfer Kreises vom 16.6.2014, S. 18 f.; Baumgartner/Ewald/*Baumgartner*, Apps und Recht, 2. Aufl. 2016, Rz. 231, 233.

3 Vgl. dazu Baumgartner/Ewald/*Baumgartner*, Apps und Recht, 2. Aufl. 2016, Rz. 234.

4 Vgl. dazu und zu den damit verbundenen Schwierigkeiten nur Baumgartner/Ewald/*Baumgartner*, Apps und Recht, 2. Aufl. 2016, Rz. 226 ff., 235 ff.; *Kremer*, CR 2012, 438 (442 f.) jeweils mwN.

5 Vgl. auch Baumgartner/Ewald/*Baumgartner*, Apps und Recht, 2. Aufl. 2016, Rz. 237 f.

6 Vgl. zum weit gefassten Begriff der Gesundheitsdaten etwa die Stellungnahme „Health data in apps and devices" der Artikel-29-Datenschutzgruppe v. 5.2.2015, online unter http://ec.europa.eu/justice/ data-protection/article-29/documentation/other-document/files/2015/20150205_letter_art29wp_ec_ health_data_after_plenary_annex_en.pdf; vgl. dazu etwa Baumgartner/Ewald/*Baumgartner*, Apps und Recht, 2. Aufl. 2016, Rz. 337 ff.; *Bierekoven*, ITRB 2015, 114 (118 f.); *Jandt/Hohmann*, K&R 2015, 694 (697).

dere Risiken bergen.[1] Da die gesetzlichen Erlaubnistatbestände für Gesundheitsdaten des § 28 Abs. 6 bis 8 BDSG in den seltensten Fällen eingreifen werden, müssen App-Anbieter für die Erhebung und Verarbeitung einschließlich Übermittlung von Gesundheitsdaten regelmäßig entsprechende vorherige Einwilligungen der Nutzer einholen.[2] Außerdem sind bei der Erhebung und Verarbeitung dieser besonders sensiblen personenbezogenen Daten iSd. § 3 Abs. 9 BDSG erhöhte Anforderungen an die technischen und organisatorischen Maßnahmen zur Datensicherheit gemäß § 9 BDSG zu beachten.[3]

5.265 ➲ **Praxistipp:** Angesichts der vielfach bestehenden (öffentlich diskutierten) erheblichen Datenschutzdefizite von Apps sollten App-Anbieter in besonderem Maß auf die Einhaltung der vorstehenden datenschutzrechtlichen Verpflichtungen achten. Zu deren Umsetzung sollten sich App-Anbieter an den Stellungnahmen der Datenschutzaufsichtsbehörden, insbesondere der „Orientierungshilfe zu den Datenschutzanforderungen an App-Entwickler und App-Anbieter" des Düsseldorfer Kreises[4] orientieren.

J. Location Based Services als Sonderform des M-Commerce

5.266 M-Commerce-Anbieter müssen beim Vertrieb von Location Based Services ebenfalls zahlreiche rechtliche Anforderungen einhalten. Da zur Erbringung von Location Based Services die konkreten Standorte der Nutzer ermittelt und damit Standortdaten erhoben und verarbeitet werden, bestehen im Vergleich zu herkömmlichen M-Commerce-Angeboten datenschutzrechtliche Besonderheiten.

I. Rechtliche Anforderungen beim Vertrieb von Location Based Services

5.267 Beim Vertrieb von Location Based Services unterliegen die M-Commerce-Anbieter grundsätzlich den gleichen rechtlichen Anforderungen wie bei herkömmlichen M-Commerce-Angeboten. Sie haben daher insbesondere die allgemeinen Informations- und Gestaltungspflichten, die fernabsatzrechtlichen Informationspflichten sowie das Widerrufsrecht im M-Commerce zu beachten. Da insofern im Vergleich zu herkömmlichen M-Commerce-Angeboten keine Besonderheiten bestehen, kann auf die Darstellung der entsprechenden rechtlichen Anforderungen im M-Commerce allgemein verwiesen werden.

5.268 Werden Location Based Services in Form von (kostenpflichtigen oder kostenlosen) Apps vertrieben oder sind sie Bestandteile von Apps, gelten die rechtlichen Besonderheiten für den Vertrieb von Apps (s. dazu ausführlich Rz. 5.189 ff.).

---

1 Vgl. ausführlich zu diesen Risiken und den datenschutzrechtlichen Anforderungen an Gesundheits-, Fitness- und Lifestyle-Apps etwa *Bierekoven*, ITRB 2015, 114 ff.; *Jandt/Hohmann*, K&R 2015, 694 ff.; vgl. auch die Entschließung der Konferenz der unabhängigen Datenschutzbehörden des Bundes und der Länder (DSK) „Wearables und Gesundheits-Apps – Sensible Gesundheitsdaten effektiv schützen!" v. 6./7.4.2016, online unter http://www.bfdi.bund.de/SharedDocs/Publikationen/Entschliessungssammlung/DSBundLaender/91DSK_EntschliessungWearables.pdf?__blob=publicationFile&v=4.

2 So zutreffend etwa Baumgartner/Ewald/*Baumgartner*, Apps und Recht, 2. Aufl. 2016, Rz. 336; *Bierekoven*, ITRB 2015, 114 (119); *Jandt/Hohmann*, K&R 2015, 694 (698).

3 Vgl. dazu Orientierungshilfe zu den Datenschutzanforderungen an App-Entwickler und App-Anbieter des Düsseldorfer Kreises vom 16.6.2014, S. 28; *Bierekoven*, ITRB 2015, 114 (117 f.).

4 Vgl. „Orientierungshilfe zu den Datenschutzanforderungen an App-Entwickler und App-Anbieter" des Düsseldorfer Kreises vom 16.6.2014, online unter http://www.baden-wuerttemberg.datenschutz.de/wp-content/uploads/2013/02/OH_Apps_20140616.pdf.

II. Datenschutzrechtliche Besonderheiten

Im Vergleich zu herkömmlichen M-Commerce-Angeboten und auch im Vergleich zum Vertrieb von Apps weisen Location Based Services allerdings datenschutzrechtliche Besonderheiten auf.[1] Die für Location Based Services erforderliche und charakteristische (ständige) Erhebung und Verarbeitung von (geografischen) Standortdaten der Nutzer unterscheidet sich nicht nur von den Datenerhebungen und -verarbeitungen der übrigen M-Commerce-Angebote, sondern birgt auch die Gefahr der Erstellung von Bewegungs- und/oder Persönlichkeitsprofilen der Nutzer. Das gilt zumindest dann, wenn die Standortdaten mit den Inhaltsdaten der Location Based Services kombiniert werden und dadurch Rückschlüsse auf Gewohnheiten und/oder Beziehungen der georteten Person und ggf. auf ihr zukünftiges Verhalten gezogen werden können.[2] Schwierig zu beantworten ist bei Location Based Services des Weiteren die Frage, inwieweit die bereichsspezifischen datenschutzrechtlichen Vorschriften des TKG und/oder des TMG auf die Erhebung und Verarbeitung der Standortdaten Anwendung finden (s. zur Abgrenzung der anwendbaren datenschutzrechtlichen Vorschriften im M-Commerce allgemein Rz. 5.172 ff.). Hierbei ist grundsätzlich zwischen den netzbasierten und den terminalbasierten Lokalisierungsverfahren zu unterscheiden.

5.269

1. Netzbasierte Lokalisierungsverfahren

Bei der netzbasierten Lokalisierung der Nutzer durch die Cell-of-Origin-Methode, also der durch den Mobilfunkanbieter mit Hilfe der Mobilfunkzelle vorgenommenen Standortbestimmung (s. dazu Rz. 5.26), werden die personenbezogenen Standortdaten[3] der Nutzer von deren jeweiligem Mobilfunkanbieter erhoben und anschließend an den Anbieter der Location Based Services übermittelt, der diese dann für seinen Dienst verarbeitet und nutzt. Nach der prinzipiellen **Abgrenzung der anwendbaren datenschutzrechtlichen Vorschriften** im M-Commerce anhand des Schichtenmodells (s. dazu Rz. 5.172) unterliegt demnach die über Mobilfunknetze und somit auf der Transportebene abgewickelte Erhebung, Verarbeitung und Übermittlung von Standortdaten durch die Mobilfunkanbieter grundsätzlich den datenschutzrechtlichen Vorschriften des **TKG**, während die weitere Verarbeitung und Nutzung der übermittelten Standortdaten durch die Anbieter von Location Based Services auf der Dienste- bzw. Anwendungsebene stattfindet und deshalb grundsätzlich in den Anwendungsbereich der datenschutzrechtlichen Vorschriften des **TMG** fällt.[4]

5.270

Rechtsgrundlage für die **Erhebung und Verarbeitung der Standortdaten** der Nutzer durch die **Mobilfunkanbieter** bei netzbasierten Lokalisierungsverfahren ist **§ 98 Abs. 1 TKG**. Diese Vorschrift regelt die Verarbeitung von Standortdaten iSd. § 3 Nr. 19 TKG, also von in Telekommunikationsnetzen erhobenen, die Standorte von Nutzerendgeräten angebenden Daten, zu Zwecken sog. Dienste mit Zusatznutzen iSd. § 3 Nr. 5 TKG, also solcher Tele-

5.271

---

1 Da die ab dem 25.5.2018 unmittelbar anwendbaren neuen datenschutzrechtlichen Anforderungen der EU-Datenschutz-Grundverordnung (DS-GVO) noch nicht geltendes Recht sind, wird nachfolgend auf die geltende Rechtslage eingegangen.

2 Vgl. zu diesen Gefahren nur Baumgartner/Ewald/*Baumgartner*, Apps und Recht, 2. Aufl. 2016, Rz. 319; *Maier/Ossoinig*, VuR 2015, 330 (331); *Bremer*, CR 2009, 12 (13) mwN; vgl. dazu auch die Stellungnahme 13/2011 zu den Geolokalisierungsdiensten von intelligenten mobilen Endgeräten der Artikel-29-Datenschutzgruppe v. 16.5.2011, S. 7 f., online unter http://www.cnpd.public.lu/de/publications/groupe-art29/wp185_de.pdf.

3 Vgl. zum Personenbezug von Standortdaten nur Baumgartner/Ewald/*Baumgartner*, Apps und Recht, 2. Aufl. 2016, Rz. 220; *Maier/Ossoinig*, VuR 2015, 330 (331); *Jandt/Schnabel*, K&R 2008, 723 (724) jeweils mwN.; vgl. auch Orientierungshilfe zu den Datenschutzanforderungen an App-Entwickler und App-Anbieter des Düsseldorfer Kreises vom 16.6.2014, S. 5, online unter http://www.baden-wuerttemberg.datenschutz.de/wp-content/uploads/2013/02/OH_Apps_20140616.pdf.

4 So zutreffend etwa auch *Bremer*, CR 2009, 12 (13).

kommunikationsdienste, die über die Übermittlung von Nachrichten hinausgehen.[1] Entgegen seines Wortlauts erfasst § 98 Abs. 1 TKG auch die Erhebung von Standortdaten für Dienste mit Zusatznutzen.[2] Gemäß § 98 Abs. 1 TKG dürfen Mobilfunkanbieter Standortdaten von Nutzern entweder nur anonymisiert – was im Rahmen von Location Based Services kaum möglich ist – oder mit vorheriger **Einwilligung des** jeweiligen **Mobilfunkteilnehmers**, also desjenigen, mit dem der Mobilfunkanbieter den entsprechenden Vertrag geschlossen hat, erheben und verarbeiten. Die erforderliche Einwilligung der Mobilfunkteilnehmer unterliegt, wenn sie elektronisch erteilt werden soll, den Anforderungen des § 94 TKG und ist jederzeit widerrufbar. Die Einwilligung muss nicht bei jeder Erhebung und Verarbeitung von Standortdaten erklärt werden, sondern kann auch vorab im Rahmen eines Vertrags, insbesondere des Mobilfunkvertrags, erfolgen.[3] Die Mobilfunkteilnehmer müssen Mitbenutzer von Endgeräten über erteilte Einwilligungen unterrichten. Darüber hinaus ist der Mobilfunkanbieter gemäß § 98 Abs. 1 Satz 2 TKG verpflichtet, den jeweiligen tatsächlichen Nutzer des Mobilfunkendgeräts, der nicht mit dem Mobilfunkteilnehmer, der den entsprechenden Vertrag abgeschlossen hat, identisch sein muss, über jede Standortfeststellung per **Textmitteilung** an das Endgerät, dessen Standort ermittelt wurde, zu informieren. Diese Textmitteilung wird in der Regel per SMS erfolgen.

5.272 Auch für die **Übermittlung der Standortdaten** der Nutzer von den Mobilfunkanbietern an die Anbieter der Location Based Services gilt **§ 98 Abs. 1 TKG**. Grund hierfür ist, dass die Übermittlungen von den Mobilfunkanbietern initiiert werden.[4] Die Mobilfunkanbieter benötigen daher für die Übermittlung der Standortdaten ebenfalls eine vorherige **Einwilligung** der Mobilfunkteilnehmer. Werden Standortdaten an Dritte wie Anbieter von Location Based Services übermittelt, müssen die Einwilligungen gemäß § 98 Abs. 1 Satz 4 TKG abweichend von § 94 TKG ausdrücklich, gesondert und schriftlich erteilt werden.

5.273 Die anschließende **Verarbeitung und Nutzung der Standortdaten** der Nutzer im Rahmen der **Location Based Services** durch die Anbieter dieser Dienste erfolgt dann nach hM auf Grundlage von **§ 15 Abs. 1 TMG**.[5] Denn bei den Location Based Services handelt es sich gewöhnlich um Telemediendienste iSd. § 1 Abs. 1 TMG.[6] Außerdem verlassen die Standortdaten den Bereich der technischen Übermittlungsebene und werden für die Erbringung der Location Based Services auf der Dienste- bzw. Anwendungsebene eingesetzt.[7] Soweit die Standortdaten der Nutzer erforderlich sind, um die Inanspruchnahme des jeweiligen Location Based Service zu ermöglichen, kann ihre Verarbeitung und Nutzung auf den gesetzlichen Erlaubnistatbestand des § 15 Abs. 1 TMG gestützt werden. Das dürfte bei Location Based Services häufig der Fall sein, so dass es insoweit grundsätzlich keiner (separaten) Einwilligung der Nutzer bedarf.[8] Allerdings sind die Anbieter von Location Based Services gehalten, die Nutzer gemäß § 13 Abs. 1 TMG über Art, Umfang und Zwecke der Verarbeitungen und Nutzungen von Standortdaten und etwaige Übermittlungen von Standortdaten an Dritte zu informieren.[9] Hinzuweisen ist ferner darauf, dass es in der Li-

---

1 Vgl. zur Abgrenzung von § 98 Abs. 1 TKG und § 96 Abs. 1 TKG, der ua. die zur Durchführung der Mobilfunkkommunikation erforderliche Verarbeitung von Standortdaten regelt *Maier/Ossoinig*, VuR 2015, 330 (332 f.); *Jandt*, MMR 2007, 74 (75) jeweils mwN.
2 Vgl. nur *Jandt*, MMR 2007, 74 (75) mwN.
3 Vgl. nur *Bremer*, CR 2009, 12 (13) mwN.
4 Vgl. hierzu näher *Jandt*, MMR 2007, 74 (76) mwN.
5 Vgl. etwa *Maier/Ossoinig*, VuR 2015, 330 (333); *Jandt*, MMR 2007, 74 (76 ff.); *Bremer*, CR 2009, 12 (13) jeweils mwN.
6 So zutreffend etwa *Maier/Ossoinig*, VuR 2015, 330 (333); *Bremer*, CR 2009, 12 (13); *Jandt/Schnabel*, K&R 2008, 723 (725) jeweils mwN.
7 So zutreffend *Jandt*, MMR 2007, 74 (76).
8 Vgl. zum Ganzen etwa *Maier/Ossoinig*, VuR 2015, 330 (333); *Jandt*, MMR 2007, 74 (76 f.); *Bremer*, CR 2009, 12 (13) jeweils mwN.
9 Vgl. *Bremer*, CR 2009, 12 (13 f.).

teratur eine nicht ganz zu vernachlässigende Meinung gibt, die § 98 Abs. 1 TKG auch auf die Verarbeitung und Nutzung von Standortdaten durch Anbieter von Location Based Services anwenden will, insbesondere um etwaige Wertungswidersprüche zwischen der Verarbeitung von Standortdaten durch Telekommunikations- und Telemediendiensteanbieter zu vermeiden.[1] Auch die Datenschutzaufsichtsbehörden erwarten bei der Erhebung und Verarbeitung von Standortdaten – unabhängig von der konkreten Rechtslage und sogar über die gesetzlichen Verpflichtungen hinausgehend – grundsätzlich eine vorherige **Einwilligung** der Nutzer, zumindest wenn terminalbasierte Lokalisierungsverfahren (s. dazu sogleich Rz. 5.275 ff.) zum Einsatz kommen.[2]

⇨ **Praxistipp:** Aus diesem Grund ist es durchaus auch für Anbieter von Location Based Services ratsam, die Verarbeitung und Nutzung von Standortdaten zum Gegenstand einer entsprechenden Einwilligung der Nutzer zu machen. Das gilt insbesondere dann, wenn die Verarbeitung oder Nutzung der Standortdaten über das für die Erbringung der Location Based Services absolut Erforderliche hinausgeht.   5.274

2. Terminalbasierte Lokalisierungsverfahren

Bei den terminalbasierten Lokalisierungsverfahren, insbesondere der GPS- und der WLAN-Methode (s. dazu Rz. 5.26), werden die personenbezogenen Standortdaten der Nutzer unmittelbar von den Anbietern der Location Based Services mit Hilfe der mobilen Endgeräte der Nutzer erhoben und dann im Rahmen der Location Based Services verarbeitet und genutzt. Gemäß der prinzipiellen **Abgrenzung der anwendbaren datenschutzrechtlichen Vorschriften** im M-Commerce anhand des Schichtenmodells (s. dazu Rz. 5.172) unterliegt demnach die von der bzw. für die Dienste- bzw. Anwendungsebene der Location Based Services erfolgende Erhebung, Verarbeitung und Nutzung der Standortdaten durch die Anbieter der Location Based Services auf den ersten Blick grundsätzlich den datenschutzrechtlichen Vorschriften des **TMG**.[3]   5.275

Auch die hM hat als Rechtsgrundlage für die **Erhebung, Verarbeitung und Nutzung der Standortdaten** der Nutzer durch die **Anbieter von Location Based Services** bei terminalbasierten Lokalisierungsverfahren bislang **§ 15 Abs. 1 TMG** herangezogen.[4] Denn zum einen sind Location Based Services in der Regel als Telemediendienste iSd. § 1 Abs. 1 TMG einzuordnen[5] und zum anderen wurden die über GPS oder WLAN ermittelten Standortdaten der Nutzer überwiegend nicht als Standortdaten gemäß § 3 Nr. 19 TKG angesehen, da sie nicht in einem (öffentlichen) Telekommunikationsnetz iSd. § 3 Nr. 27 TKG erhoben werden.[6] Somit wurde die Erhebung, Verarbeitung und Nutzung von Standortdaten durch die Anbieter von Location Based Services gemäß § 15 Abs. 1 TMG ohne vorherige   5.276

---

1 Vgl. etwa *Rammos*, K&R 2011, 692 (696) mwN.
2 Vgl. Orientierungshilfe zu den Datenschutzanforderungen an App-Entwickler und App-Anbieter des Düsseldorfer Kreises vom 16.6.2014, S. 26; Stellungnahme 13/2011 zu den Geolokalisierungsdiensten von intelligenten mobilen Endgeräten der Artikel-29-Datenschutzgruppe v. 16.5.2011, S. 15 ff.
3 Vgl. nur *Bremer*, CR 2009, 12 (13).
4 Vgl. etwa *Maier/Ossoinig*, VuR 2015, 330 (333 f.); *Jandt/Schnabel*, K&R 2008, 723 (725 f., 728); *Bremer*, CR 2009, 12 (13); *Feldmann*, in Taeger/Wiebe, Die Welt im Netz – Folgen für Wirtschaft und Gesellschaft, 2011, S. 47 (64) jeweils mwN.
5 So zutreffend etwa *Maier/Ossoinig*, VuR 2015, 330 (333); *Jandt/Schnabel*, K&R 2008, 723 (725); *Bremer*, CR 2009, 12 (13) jeweils mwN; vgl. dazu auch die Stellungnahme 13/2011 zu den Geolokalisierungsdiensten von intelligenten mobilen Endgeräten der Artikel-29-Datenschutzgruppe v. 16.5.2011, S. 9 f.
6 Vgl. dazu ausführlich *Maier/Ossoinig*, VuR 2015, 330 (334); *Jandt/Schnabel*, K&R 2008, 723 (725 f., 728) jeweils mwN., die lediglich die per WLAN-Hotspots ermittelten Standortdaten als Standortdaten iSd. TKG ansehen.

Einwilligung der Nutzer für zulässig gehalten, soweit sie zur Inanspruchnahme des jeweiligen Location Based Service erforderlich ist.[1]

5.277 Mit Inkrafttreten der **TKG-Novelle** 2012[2] haben sich allerdings die Anforderungen an die Erhebung und Verarbeitung von Standortdaten verschärft. So wurde die Definition der Standortdaten in § 3 Nr. 19 TKG ausgeweitet und umfasst jetzt auch Daten, die von einem Telekommunikationsdienst erhoben werden. Darunter könnten auch GPS- oder WLAN-(Standort-)Daten fallen, die nicht über ein (öffentliches) Telekommunikationsnetz, sondern über die mobilen Endgeräte der Nutzer erhoben bzw. von diesen selbst ausgesendet werden.[3] Damit ist auch bei terminalbasierten Lokalisierungsverfahren fraglicher denn je, ob auf die Erhebung, Verarbeitung und Nutzung von Standortdaten durch Anbieter von Location Based Services nicht **§ 98 Abs. 1 TKG** zur Anwendung kommt mit der Folge, dass entsprechende **vorherige Einwilligungen** der Nutzer und **Textmitteilungen über jede Standortfeststellung** an die mobilen Endgeräte notwendig wären. Hinzuweisen ist ferner darauf, dass auch die deutschen Datenschutzaufsichtsbehörden, die zwar offensichtlich nach wie vor von einer Anwendbarkeit des § 15 Abs. 1 TMG ausgehen, unabhängig von dieser Rechtslage und über die gesetzlichen Verpflichtungen nach § 15 Abs. 1 TMG hinausgehend bei terminalbasierten Lokalisierungsverfahren für die Erhebung und Verarbeitung von Standortdaten eine vorherige Einwilligung der Nutzer erwarten.[4] Außerdem sollen die Anbieter von Location Based Services **weitere datenschutzrechtliche Anforderungen** einhalten, wie zB dass Standortdaten nur in der unbedingt erforderlichen Genauigkeit erhoben und soweit wie möglich „verwaschen" werden, dass Standortdaten mit der geringst möglichen Abtastfrequenz erhoben werden und dass Standortdaten möglichst nur lokal auf den mobilen Endgeräten der Nutzer verarbeitet werden.[5]

5.278 ➡ **Praxistipp:** Vor diesem Hintergrund und weil es ohnehin im Rahmen von Location Based Services nicht selten zu Verarbeitungen von Standortdaten kommen dürfte, die über das für die Erbringung dieser Dienste absolut Erforderliche hinausgehen, ist es für Anbieter von Location Based Services ratsam, die Erhebung, Verarbeitung und Nutzung von Standortdaten, die durch terminalbasierte Lokalisierungsverfahren wie GPS oder WLAN gewonnen werden, zum Gegenstand einer entsprechenden Einwilligung der Nutzer zu machen. Ferner sollten die Nutzer bei jeder Standortfeststellung hierauf noch einmal per Textmitteilung, etwa in Form eines entsprechenden Pop-ups, hingewiesen und die weiteren datenschutzrechtlichen Anforderungen (s. Rz. 5.277) berücksichtigt werden.

5.279 Bei Location Based Services, die über **Apps** angeboten werden, werden die Nutzer sehr häufig vor Download der jeweiligen App oder vor Erhebung von insbesondere über GPS ermittelten Standortdaten um ihr Einverständnis gebeten.[6] Die entsprechenden vorfor-

---

1 Vgl. nur *Jandt/Schnabel*, K&R 2008, 723 (725 f., 728); *Bremer*, CR 2009, 12 (13); *Feldmann*, in Taeger/Wiebe, Die Welt im Netz – Folgen für Wirtschaft und Gesellschaft, 2011, S. 47 (64) jeweils mwN.
2 Gesetz zur Änderung telekommunikationsrechtlicher Regelungen (TK-ÄndG) v. 9.5.2012, BGBl. I 2012, 958.
3 So etwa Spindler/Schuster/*Eckhardt*, § 98 TKG Rz. 9; *Pokutnev/Schmid*, CR 2012, 360 (365); *Roßnagel/Johannes/Kartal*, K&R 2012, 244 (250) jeweils mwN; aA Plath/*Jenny*, BDSG, § 98 TKG Rz. 2; *Maier/Ossoinig*, VuR 2015, 330 (334).
4 Vgl. Orientierungshilfe zu den Datenschutzanforderungen an App-Entwickler und App-Anbieter des Düsseldorfer Kreises vom 16.6.2014, S. 26; vgl. auch Stellungnahme 13/2011 zu den Geolokalisierungsdiensten von intelligenten mobilen Endgeräten der Artikel-29-Datenschutzgruppe v. 16.5.2011, S. 15 ff.; Baumgartner/Ewald/*Baumgartner*, Apps und Recht, 2. Aufl. 2016, Rz. 321 ff.
5 Vgl. näher Orientierungshilfe zu den Datenschutzanforderungen an App-Entwickler und App-Anbieter des Düsseldorfer Kreises vom 16.6.2014, S. 25 f.; vgl. dazu Baumgartner/Ewald/*Baumgartner*, Apps und Recht, 2. Aufl. 2016, Rz. 321 ff.
6 Vgl. nur *Feldmann*, in Taeger/Wiebe, Die Welt im Netz – Folgen für Wirtschaft und Gesellschaft, 2011, S. 47 (64).

mulierten Einwilligungserklärungen sind jedoch oftmals nach §§ 12 Abs. 1, 13 Abs. 2 TMG bzw. §§ 98 Abs. 1, 94 TKG und §§ 305c, 307 BGB nicht bestimmt genug und mithin unwirksam.

➲ **Praxistipp:** Location Based Services- bzw. App-Anbieter sind daher gehalten, auf da-   5.280
tenschutz- und AGB-rechtskonforme Einwilligungen der Nutzer zu achten, insbesondere die Nutzer zuvor so genau wie möglich über die Erhebung, Verarbeitung
und Nutzung von Standortdaten und deren Zwecke zu informieren (informierte Einwilligung). Ferner sollten sie sich an den Stellungnahmen der Datenschutzaufsichtsbehörden, insbesondere der „Orientierungshilfe zu den Datenschutzanforderungen
an App-Entwickler und App-Anbieter" des Düsseldorfer Kreises[1] orientieren.

---

1 Vgl. „Orientierungshilfe zu den Datenschutzanforderungen an App-Entwickler und App-Anbieter"
des Düsseldorfer Kreises vom 16.6.2014, online unter http://www.baden-wuerttemberg.datenschutz.
de/wp-content/uploads/2013/02/OH_Apps_20140616.pdf.

Kapitel 6
Zahlungsverkehr

A. Rechtsgrundlagen des Zahlungsverkehrs und aufsichtsrechtliche Fragestellungen im Versandhandel

Literatur: *Appelt*, Rechtliche Anforderungen an Bonuskartensysteme, NJW 2016, 1409; *BaFin*, Merkblatt „Hinweise zu dem Gesetz über die Beaufsichtigung von Zahlungsdiensten (Zahlungsdienstaufsichtsgesetz – ZAG)"; Stand: Dezember 2011, v. 22.12.2011 (abrufbar im Internet: www.bafin.de); *Beck*, Bitcoins als Geld im Rechtssinne, NJW 2015, 580; *Bergmann* (Hrsg.), Handlexikon der Europäischen

Union, 5. Aufl. 2015; *Bitter*, Problemschwerpunkte des neuen Zahlungsdiensterechts, WM 2010, 1725 ff., 1773 ff.; *Boehm/Pesch*, Bitcoins: Rechtliche Herausforderungen einer virtuellen Währung – Eine erste juristische Einordung, MMR 2014, 75; *Casper/Terlau*, Das Aufsichtsrecht des Zahlungsverkehrs und des E-Geldes, 2014; *Deutsche Bundesbank*, Merkblatt über die Erteilung einer Erlaubnis für Zahlungsinstitute und E-Geld-Institute gemäß § 8 Abs. 1 und § 8a Abs. 1 ZAG, zuletzt geändert am 21.7.2015 (Stand: Juni 2015), abrufbar im Internet unter: www.bundesbank.de; Deutsche Bundesbank, Zahlungsverkehrs- und Wertpapierabwicklungsstatistiken in Deutschland 2010 bis 2014 (Stand: November 2015) (abrufbar im Internet unter: www.bundesbank.de); *Dittmer*, Rabatte und Zugaben nach dem Wegfall von Rabattgesetz und Zugabeverordnung: Mehr Gestaltungsspielraum für Unternehmer, BB 2001, 1961 ff.; *Engelhardt/Klein*, Bitcoins – Geschäfte mit Geld, das keines ist – Technische Grundlagen und zivilrechtliche Betrachtung, MMR 2014, 355; *Escher*, Bankaufsichtsrechtliche Änderungen im KWG durch das Vierte Finanzmarktförderungsgesetz, BKR 2002, 652 ff.; *Fett/Bentele*, Der E-Geld-Intermediär im Visier der Aufsicht – Das Gesetz zur Umsetzung der Zweiten E-Geld-Richtlinie und seine Auswirkungen auf E-Geld-Agenten, BKR 2011, 403 ff.; *Fett/Bentele*, E-Geld-Aufsicht light? – Das Gesetz zur Umsetzung der Zweiten E-Geld-Richtlinie und seine Auswirkungen auf E-Geld-Institute, WM 2011, 1352 ff.; *Föhlisch/Dyakova*, Fernabsatzrecht und Informationspflichten im Onlinehandel – Anwendungsbereich nach dem Referentenentwurf zur Umsetzung der Verbraucherrechterichtlinie, MMR 2013, 3; *Franck/Massari*, Die Zahlungsdiensterichtlinie: Günstigere und schnellere Zahlungen durch besseres Vertragsrecht?, WM 2009, 1117 ff.; *Fritzsche*, Miles & More – Wettbewerbsrechtliche Probleme der Bonussysteme, BB 1999, 273 ff.; *Gößmann/van Look*, Die Banküberweisung nach dem Überweisungsgesetz, WM 2000 Sonderbeilage 1, S. 3 ff.; *Grundmann*, Das neue Recht des Zahlungsverkehrs, WM 2009, 1109 ff., 1157 ff.; *Grundmann*, Grundsatz- und Praxisprobleme des neuen deutschen Überweisungsrechts, WM 2000, 226; *Herdegen*, Zum Verordnungsvorschlag der Europäischen Kommission über grenzüberschreitende Zahlungen, WM 2001, 2081 ff.; *Hingst/Lösing*, Zur Erlaubnispflichtigkeit von Finanztransfergeschäften nach dem Zahlungsdiensteaufsichtsgesetz: Hohe Anforderungen an die Betreiber von Internetplattformen mit Bezahlsystemen – zugleich Anmerkung zum Urteil des LG Köln vom 29.9.2011 – 81 O 91/11, BKR 2012, 334; *Hingst/Lösing*, Die geplante Fortentwicklung des europäischen Zahlungsdiensteaufsichtsrechts durch die Zweite Zahlungsdienste-Richtlinie, BKR 2014, 315; *Hladjk*, E-Geld auf dem Vormarsch? Rechtliche Rahmenbedingungen elektronischen Geldes, MMR 2001, 731 ff.; *Hoenike/Szodruch*, Rechtsrahmen innovativer Zahlungssysteme für Multimediadienste, MMR 2006, 519 ff.; *Jakobs*, Gesetzgebung im Banküberweisungsrecht, JZ 2000, 641 ff.; *Kokemoor*, Aufsichtsrechtliche Rahmenbedingungen für die Vertragsgestaltung bei der Ausgabe und Verwaltung von elektronischem Geld, BKR 2003, 859 ff.; *Kokert*, SEPA-Umstellung: Der Countdown läuft, WPg 2013, 821; *Köndgen*, Das neue Recht des Zahlungsverkehrs, JuS 2011, 481 ff.; *Kovacs/Rieg/Welz*, Bezahlverfahren im Internet – Aufsichtsrechtliche Vorschriften für Zahlungsdienste und das E-Geld-Geschäft, BaFin Journal, April 2014, S. 7 ff.; *Kümpel/Wittig*, Bank- und Kapitalmarktrecht, 4. Aufl. 2011; *Langenbucher/Gößmann/Werner* (Hrsg.), Zahlungsverkehr – Handbuch Überweisung, Lastschrift, Kreditkarte und elektronische Zahlungsformen, 2004; *Lösing*, Das neue Gesetz zur Umsetzung der Zweiten E-Geld-Richtlinie, ZIP 2011, 1944; *Luckey*, Ein europarechtlicher Rahmen für das elektronische Geld, WM 2002, 1529 ff.; *Matthies*, Die Lastschrift, JuS, 2009, 1074; *Medler/Grabe*, PayPal – Die „Internet-Währung" der Zukunft?, BKR 2005, 467 ff.; *Neumann/Bauer*, Rechtliche Grundlagen für elektronische Bezahlsysteme – Mobile Payment – Neue Rahmenbedingungen bei E-Geld-Geschäften, MMR 2011, 563 ff.; *Nobbe*, Neuregelungen im Zahlungsverkehrsrecht – Ein kritischer Überblick, WM 2011, 961 ff.; *Piekenbrock*, Das Recht der Zahlungsdienste zwischen Unions- und nationalem Recht, WM 2015, 797; *Schäfer/Lang*, Die aufsichtsrechtliche Umsetzung der Zahlungsdiensterichtlinie und die Einführung des Zahlungsinstituts, BKR 2009, 11 ff.; *Schimansky/Bunte/Lwowski*, Bankrechts-Handbuch, 4. Aufl. 2011; *Schnauder*, 50 Jahre Lastschriftverfahren – Alte und neue Rechtsprobleme, WM 2014, 1701; *Schneider*, Pflichten und Haftung der erstbeauftragten Kreditinstitute bei grenzüberschreitenden Überweisungen, WM 1999, 2189 ff.; *Schneider*, Preiskontrolle durch die Europäische Union?, EuZW 2001, 705 ff.; *Schulze* et.al., Bürgerliches Gesetzbuch, Buch 2, 8. Aufl. 2014; *Spallino*, Rechtsfragen des Netzgeldes, WM 2001, 231 ff.; *Spindler/Bille*, Rechtsprobleme von Bitcoins als virtuelle Währung, WM 2014, 1357; *Werner*, Das Weisungsrecht im Überweisungsrecht, BKR 2010, 353 ff.; *Zahrte*, Änderungen im ZAG durch das SEPA-Begleitgesetz. WM 2013, 1207.

I. Einführung

6.1 Im modernen Wirtschaftsleben genießt der bargeldlose Zahlungsverkehr eine enorme und stetig wachsende Bedeutung. Dabei bezeichnet die bargeldlose Zahlung einen Vorgang, bei dem nicht Bargeld den Besitzer wechselt, sondern Buchgeld von einem Konto auf ein anderes übertragen wird. Die Umsätze im bargeldlosen Zahlungsverkehr in Deutschland haben sich in den vergangenen zehn Jahren mehr als verdoppelt.[1] Ein solcher bargeldloser Zahlungsverkehr unterliegt unter bestimmten Umständen in gewissem Umfang der staatlichen Aufsicht. Da hiervon im Einzelfall auch Online-Versandhändler betroffen sein können, wenn sie bestimmte Formen des Zahlungsverkehrs anbieten, werden nachfolgend neben den zivilrechtlichen auch die aufsichtsrechtlichen Grundlagen des bargeldlosen Zahlungsverkehrsrechts dargestellt.

II. Bargeldlose Zahlungsverfahren

Bargeldlose Zahlungen erfolgen mittels sog. „Buchgeld" (Giralgeld), das lediglich in Gestalt von Forderungen gegen einen Dritten besteht, der als kontoführende Stelle agiert. Gutschriften begründen solche Forderungen, während sie durch Abbuchungen reduziert werden. Anders als bei der Barzahlung sind bereits die technischen Vorgänge während des Zahlungsvorgangs sehr komplex.   6.2

In der kreditwirtschaftlichen Praxis wie auch zivilrechtlich lassen sich dabei vier „Grundvarianten" unterscheiden: 6.3

1. Überweisung

Eine Legaldefinition der Überweisung existiert nicht. Bei der Überweisung (mit der Sonderform des Dauerauftrags) handelt es sich um eine sog. Push-Zahlung, bei der die Zahlung auf Veranlassung des Zahlenden erfolgt. Dabei weist der Zahlende seinen Zahlungsdienstleister – in der Regel ein Kreditinstitut – an, zu Lasten seines Kontos einen bestimmten Zahlungsbetrag unbar auf das Konto des Zahlungsempfängers zu transferieren. Im einfachsten Fall führen Auftraggeber und Gläubiger ein Konto bei demselben Kreditinstitut. Unterhält der Gläubiger sein Konto bei einem anderen Kreditinstitut, erfolgt der Geldtransfer über den Umweg von zwischengeschalteten Kreditinstituten und sog. Clearingstellen, wobei sich die Rechtsbeziehungen nach den Vereinbarungen der beteiligten Banken mit den Clearingstellen und deren AGB richten.[2]   6.4

2. Lastschriftverfahren

Das Lastschriftverfahren ermöglicht die kostengünstige Abwicklung bargeldloser Zahlungen. Aus diesem Grund ist es insbesondere auch für den Online-Handel bzw. im E-Commerce eine sehr attraktive Zahlungsmethode. Bezogen auf das Transaktionsvolumen ist sie das zweitwichtigste Zahlungsinstrument nach der Überweisung, nach der Anzahl der Transaktionen sogar das wichtigste Zahlungsinstrument. Die Lastschrift gehört zu den sog. Pull-Zahlungen. Das Lastschriftverfahren gestattet es dem Zahlungsempfänger bei einmaligen Zahlungen, aber auch bei wiederkehrenden Zahlungen im Rahmen einer laufenden Geschäftsbeziehung selbstständig einen pünktlichen Zahlungseingang sicher-   6.5

---

1 Der Gesamtumfang bargeldloser Zahlungen einschließlich grenzüberschreitender Zahlungen belief sich im Jahr 2014 auf rund 56,8 Bio. Euro bei etwa 17,9 Mrd. Transaktionen, von denen 32,92 % auf Überweisungen, 48,17 % auf das Lastschriftverfahren, 14,31 % auf Debitkarten, 4,23 % auf Scheckkarten und nur knapp 0,17 % auf den Scheckverkehr sowie 0,21 % auf E-Geld-Zahlungstransaktionen entfielen; vgl. Deutsche Bundesbank, Zahlungsverkehrs- und Wertpapierabwicklungsstatistiken in Deutschland 2010 bis 2014 (Stand: August 2011), Tabellen 6a und 7a.
2 Zur banktechnischen Abwicklung des Überweisungsverkehrs vgl. im Einzelnen: Langenbucher/Gößmann/Werner/*Langenbucher*, Zahlungsverkehr – Handbuch Überweisung, Lastschrift, Kreditkarte und elektronische Zahlungsformen, 2004, § 1; Schimansky/Bunte/Lwowski/*Schimansky*, Bankrechts-Handbuch, § 46 Rz. 9 ff., § 48 Rz. 2 ff.; MüKo-BGB/*Casper*, § 675f Rz. 66, § 675c Rz. 37.

zustellen, weshalb es auch für Vertriebssysteme sehr interessant und als Zahlungsverfahren im Online-Handel nicht mehr wegzudenken ist.

6.6 Der institutsübergreifenden Lastschrift liegt ein Vier-Personenverhältnis zu Grunde. Zu unterscheiden sind das Valutaverhältnis zwischen Gläubiger (Zahlendem) und Schuldner (Zahlungsempfänger), das Deckungsverhältnis zwischen dem Schuldner (Zahlenden) und seiner Bank (Zahlstelle) sowie das Inkassoverhältnis zwischen dem Gläubiger (Zahlungsempfänger) und seiner Bank (erste Inkassostelle). Das Verhältnis zwischen Zahlstelle und erster Inkassostelle sowie ggf. den weiteren zwischengeschalteten Banken wird als Interbankenverhältnis bezeichnet. Es entfällt nur bei der sog. Hauslastschrift bzw. der innerbetrieblichen Lastschrift, bei der erste Inkassostelle und Zahlstelle zusammenfallen.

Die Lastschrift ist materiell in § 1 Abs. 4 ZAG und inhaltlich entsprechend in Art. 2 Nr. 2 der SEPA-VO definiert. Danach handelt es sich bei einer Lastschrift um einen vom Zahlungsempfänger ausgelösten Zahlungsvorgang zur Belastung des Zahlungskontos des Zahlers, dem dieser gegenüber dem Zahlungsempfänger, dessen Zahlungsdienstleister oder seinem eigenen Zahlungsdienstleister zustimmt.

Der Zahlungsempfänger leitet den Geldtransfer durch einen Inkassoauftrag ein, indem er seine eigene Bank (erste Inkassostelle) beauftragt, dem eigenen Konto einen bestimmten Geldbetrag zu Lasten des Kontos des Zahlenden gutzuschreiben. Die Gläubigerbank beauftragt sodann die Schuldnerbank (Zahlstelle), den Betrag auf das von der Gläubigerbank geführte Konto zu überweisen. Eine Bank darf einen Inkassoauftrag nur dann ausführen, wenn der Zahlungsempfänger sich auf eine ihm vom Kontoinhaber eingeräumte Berechtigung zum Zugriff auf das Schuldnerkonto stützen kann.

6.7 Seit dem Jahr 2009 existiert neben den bisher in Deutschland praktizierten Abbuchungsauftrags-, dem Einzugsermächtigungsverfahren[1] die sog. SEPA-Lastschrift. Hierbei handelt es sich um ein neues Lastschriftverfahren, das verschiedene tatsächliche und rechtliche Unterschiede zu den bislang in Deutschland praktizierten nationalen Lastschriftverfahren aufweist[2].

3. Kartengesteuerte Zahlungsverfahren

6.8 Neben den beiden vorgenannten bargeldlosen Zahlungsarten existieren vielfältige kartengesteuerte Zahlungsverfahren. Zu unterscheiden ist hier zunächst zwischen Zahlungen unter Verwendung einer Bankkundenkarte (Debitkarte) und Zahlungen mit einer Kreditkarte. Außerhalb des Versandhandels haben sich insbesondere die Zahlung mit der **Bankkundenkarte** (sog. Girocard) mittels des im Einzelhandel praktizierten Point of Sale-(POS-)Verfahrens unter Verwendung einer PIN bzw. des sog. **Online-Lastschriftverfahrens (OLV) oder Elektronischen Lastschriftverfahrens (ELV)** etabliert. Das POS-Verfahren ermöglicht die bargeldlose Zahlung mittels Debitkarte unter Eingabe einer PIN, während bei dem OLV bzw. ELV mittels einer Debitkarte eine Einzugsermächtigung generiert wird, die der Kunde unterzeichnet. Diese Zahlungsverfahren eigenen sich für die Distanzzahlung im Versandhandel ebenso wenig wie die Zahlung mittels **Kartengeld**, bei dem elektronisches Geld (E-Geld; zum Begriff des E-Geldes vgl. Rz. 6.93) auf dem Chip der Debitkarte gespeichert wird.

Weitaus verbreiteter im Versandhandel ist demgegenüber die älteste Form der Kartenzahlung, die Zahlung per **Kreditkarte**. Das System der Universalkreditkarte, die von einem Kreditinstitut ausgegeben wird, basiert grundsätzlich auf einem Drei-Parteien-System.

---

1 Zu den bislang in Deutschland praktizierten Lastschriftverfahren vgl. *Matthies*, JuS, 2009, 1074.
2 Für einen Überblick über die verschiedenen Formen der Lastschrift vgl. *Casper* in MüKo-BGB, § 675f Rz. 71 ff.; zur SEPA-Lastschrift vgl. *Casper* in MüKo-BGB, § 675f Rz. 76 ff.

Die Universalkreditkarte ist von der sog. Kundenkreditkarte zu unterscheiden, die insbesondere von größeren Handels- und Dienstleistungsunternehmen als reine „Zwei-Parteien-Karte" ausschließlich zur Abwicklung bilateraler Zahlungsvorgänge zwischen Kunde und Händler ausgegeben werden.[1]

4. Netzgeld (E-Geld)

Das sog. **Netzgeld** ist neben dem Kartengeld eine weitere Form des E-Geldes. Bei seiner Einführung galt es als „größte Revolution im Geldumlauf, seit Gold die Muscheln als Zahlungsmittel abgelöst hat". Bankaufsichtsrechtlich handelt es sich um Zahlungseinheiten in Rechnernetzen wie dem Internet. Technisch gesehen unterscheiden sich Netzgeld und Geldkarte somit in der Art des Speichermediums: Anders als bei der Geldkarte wird der monetäre Wert des Netzgeldes nicht auf einem Chip, sondern lokal oder auf einem Server auf der Festplatte eines Computers gespeichert. Das Netzgeldsystem soll bargeldähnlich funktionieren und bargeldlose Zahlungen substituieren, indem der Zahlende dem Zahlungsempfänger das Eigentum an einem Bargeldsurrogat ohne Beteiligung Dritter bei relativer Anonymität und unverkettbar überträgt.[2]

6.9

➲ **Wichtig:** Rechtliche Begriffe wie elektronisches Geld (E-Geld), Kartengeld und Netzgeld sind in der Rechtspraxis streng von ihren Produktbezeichnungen (z.B. „Geldkarte" oder „ecash™") und verbreiteten plakativen Bezeichnungen (z.B. „virtuelles Geld", „Cybermoney" oder „Cyber Coins") zu unterscheiden.

6.10

Die Frage, welche Zahlungsverfahren ein Händler seinen Kunden anbieten möchte, ist in der Praxis des Versandhandels von erheblicher Bedeutung. Dies gilt für den Online-Handel im besonderen Maße. Dementsprechend haben in den vergangenen Jahren spezialisierte Anbieter zunehmend eigene Systeme für die Zahlungsabwicklung im Internet entwickelt. Während einige von ihnen sich in der Praxis nicht durchsetzen konnten,[3] sind andere bargeldlose Bezahlsysteme, die sich in ihrer technischen Funktionsweise erheblich von ihren Vorgängern unterscheiden, zu den etablierten Zahlungsverfahren hinzugetreten. Die etablierten Zahlungsverfahren – hier insbesondere Überweisung, Lastschrift und Kreditkarte einschließlich deren Online-Varianten wie z.B. Giropay und Sofortüberweisung machen zwar nach wie vor den Löwenanteil der Zahlungsvorgänge aus, einige der innovativen Systeme zum elektronischen Geldtransfer wie z.B. PayPal, Skrill (früher Moneybookers), WorldPay, Paydirekt, Paysafecard und Neteller und sogar alternative „Währungen" wie der Bitcoin[4] erfreuen sich jedoch einer stetig wachsenden Beliebtheit[5].

6.11

Eine ausführliche Darstellung der einzelnen Zahlungsverfahren enthält das Kapitel „Typische Zahlungswege und Bezahlsysteme" (Rz. 6.133 ff.).

6.12

---

1 Vgl. Schimansky/Bunte/Lwowski/*Martinek/Oechsler*, Bankrechts-Handbuch, § 67 Rz. 1.
2 Zum Netzgeld im Allgemeinen vgl. Schimansky/Bunte/Lwowski/*Neumann*, Bankrechts-Handbuch, § 55a Rz. 1 ff.
3 Die „erste Generation" von Zahlungssystemen wie e-cash der Deutschen Bank AG und CyberCoin der Dresdner Bank AG wurde bereits zu Beginn des vergangenen Jahrzehnts wieder eingestellt.
4 Vgl. *Spindler/Bille*, WM 2014, 1357; *Boehm/Pesch*, MMR 2014, 75; MMR 2014, 355; *Beck*, NJW 2015, 580.
5 Auf der Anbieterseite ist eine Marktbereinigung zu beobachten. Das Zahlungssystem ClickandBuy wurde im April 2016 eingestellt. Ukash, ein ehemaliges elektronisches Zahlungsverfahren für vorwiegend digitale Güter, wurde 2015 von der Skrill Group übernommen und in den zwei Jahre zuvor ebenfalls von der Skrill Group erworbenen Ukash-Konkurrenten Paysafecard integriert. Im August 2015 wurde die Skrill Group ihrerseits von der Optimal Payments Group übernommen, Anbieterin des elektronischen Zahlungsverfahrens Neteller, die im November 2015 ein Rebranding zur Paysafe Group vollzog.

III. Rechtsrahmen des bargeldlosen Zahlungsverkehrs

1. Europäischer Rechtsrahmen

a) Harmonisierung der Abwicklung von bargeldlosen Zahlungen

6.13 Im Bereich des Zahlungsverkehrs sprach die EU-Kommission zunächst lediglich **Empfehlungen** aus, namentlich die Empfehlung 87/598/EWG für einen **Verhaltenskodex im Bereich des elektronischen Zahlungsverkehrs**[1] und die Empfehlung der Kommission 88/590/EWG[2] zu **Zahlungssystemen**, insbesondere zu den Beziehungen zwischen Karteninhabern und Kartenausstellern, die Empfehlung 90/109/EWG zur **Transparenz der Bankkonditionen bei grenzüberschreitenden Finanztransaktionen**[3] und die Empfehlung 97/489/EG[4] zu den **Geschäften, die mit elektronischen Zahlungsinstrumenten getätigt werden** (besonders zu den Beziehungen zwischen Emittenten und Inhabern solcher Instrumente).

6.14 Im Jahr 1997 machte der Richtliniengeber in der **Richtlinie 97/5/EG**[5] (**Überweisungsrichtlinie**) erstmals verbindliche Vorgaben für grenzüberschreitende Überweisungen.

6.15 In seiner Hoffnung, durch die Überweisungsrichtlinie verbesserte Gebührentransparenz auch die ausufernden Dienstleistungspreise für Auslandsüberweisungen in den Griff zu bekommen, sah sich der Richtliniengeber indes bald enttäuscht. Dies führte im Jahr 2001 zur Verabschiedung der **Verordnung (EG) Nr. 2560/201 über grenzüberschreitende Zahlungen in Euro (ZahlungsentgelteVO)**,[6] durch die eine Angleichung der Gebühren für grenzüberschreitende Überweisungen und Kartenzahlungen bis zu 50 000 Euro an vergleichbare Inlandszahlungen vorgeschrieben wurde.[7] Die Verordnung vereinfachte zudem den grenzüberschreitenden Überweisungsverkehr innerhalb der EU durch Einführung der ISO-Codes IBAN und BIC.

6.16 Die Kreditwirtschaft reagierte auf diese Regelwerke im Jahr 2002 mit der Gründung des European Payments Counsel (EPC), dessen Ziel es ist, Verfahren und Standards für einen einheitlichen Euro-Zahlungsverkehrsraum („**Single Euro Payments Area**", kurz: „**SEPA**") zu entwickeln und die Zahlungsverkehrsinstrumente Überweisung, Lastschrift und Kartenzahlung europaweit zu vereinheitlichen. Geografisch umfasst SEPA den gesamten EWR und die Schweiz.

6.17 Da die EU-Kommission jedoch den mangelnden Willen der Kreditinstitute bemängelte, auf eine möglichst rasche Harmonisierung der unterschiedlichen Zahlungssysteme hinzuarbeiten und auf eine schnellere Einführung der harmonisierten Zahlungsinstrumente hinwirken wollte, erließ der Richtliniengeber im Jahr 2007 die **Richtlinie 2007/64/EG**[8] (**Zahlungsdiensterichtlinie**, kurz: **ZD-RL**), die bis zum 31.10.2009 in nationales Recht umzusetzen war. Mit der ZD-RL beabsichtigte der EU-Gesetzgeber, den Wettbewerb im

---

1 Empfehlung 87/598/EWG v. 24.12.1987, ABl. Nr. L 365/72; hierzu: *Horn*, ZBB 1995, 273 (274).
2 Empfehlung 88/590/EWG v. 17.11.1988, ABl. Nr. L 317/55.
3 Empfehlung 90/109/EWG v. 14.2.1990, ABl. Nr. L 67/39.
4 Empfehlung 97/489/EG v. 30.7.1997, ABl. Nr. L 208 v. 2.8.1997, S. 52 ff.
5 Richtlinie 97/5/EG v. 27.1.1997 über grenzüberschreitende Überweisungen, ABl. Nr. L 43 v. 14.2.1997, S. 25 ff.
6 VO (EG) Nr. 2560/201 v. 19.12.2001 über grenzüberschreitende Zahlungen in Euro, ABl. Nr. L 344 v. 28.12.2001, S. 13 ff.
7 Mit Kritik: *Schneider*, EuZW 2001, 705; *Herdegen*, WM 2001, 2081 ff.
8 Richtlinie 2007/64/EG v. 13.11.2007 über Zahlungsdienste im Binnenmarkt, zur Änderung der Richtlinien 97/7/EG, 2005/65/EG, 2005/60/EG und 2006/48/EG sowie zur Aufhebung der Richtlinie 97/5/EG, ABl. Nr. L 319 v. 5.12.2007, S. 1 ff.

EU-Zahlungsverkehrsmarkt zu intensivieren und die Kosteneffizienz und Innovationskraft der Anbieter zu fördern sowie den Verbraucherschutz zu stärken.[1]

Die Akzeptanz von SEPA-Zahlungsinstrumenten war lange Zeit vergleichsweise gering. 6.18
Dies hat sich mit der am 31.3.2012 in Kraft getretenen **Verordnung 260/2012**[2] **(SEPA-Verordnung, kurz: SEPA-VO)** geändert. Das Kernelement der Verordnung bildet der verbindlich festgelegte Auslauftermin für die nationalen Zahlverfahren für Überweisungen und Lastschriften am 1.2.2014.

Mit dem **SEPA-Begleitgesetz vom 3.4.2013**[3] hat der Bundesgesetzgeber von einzelnen Übergangsbestimmungen der SEPA-VO für bestimmte nationale Zahlungsverkehrsprodukte Gebrauch gemacht, um eine verbraucherfreundliche Umstellung sicherstellen[4]. Außerdem regelte es eine Übergangsfrist für das in Deutschland stark genutzte Elektronische Lastschriftverfahren (ELV) bis zum 1.2.2016.

aa) SEPA-Überweisung (SEPA Credit Transfer)

Die SEPA-Überweisung wird seit dem 28.1.2008 zur Abwicklung sowohl nationaler als 6.19
auch grenzüberschreitender europäischer Euro-Zahlungen angeboten.

Am 1.2.2014 löste die SEPA-Überweisung das nationale Überweisungsverfahren in den 6.20
Euroländern grundsätzlich ab. Der Überweisende und der Begünstigte sowie deren Zahlungsdienstleister werden bei der SEPA-Überweisung durch zwei besondere Kennziffern identifiziert: die IBAN (International Bank Account Number, internationale Kontonummer) und den BIC (Business Identifier Code, internationale Bankleitzahl) anstatt der althergebrachten Kontonummer und Bankleitzahl.

Um den Verbrauchern in Deutschland ausreichend Zeit zu geben, sich auf diese Neue- 6.21
rungen einzustellen, konnten Zahlungsdienstleister in Deutschland bis zum 1.2.2016
von Verbraucherinnen und Verbrauchern weiterhin die althergebrachten Kontoidentifikatoren (Kontonummer und Bankleitzahl) entgegennehmen und eine Konvertierung in die IBAN durchführen. Auf den BIC kann bei Inlandsüberweisungen seit dem 1.2.2014 verzichtet werden, bei grenzüberschreitenden SEPA-Überweisungen innerhalb des Europäischen Wirtschaftsraums (EWR) seit ab 1.2.2016.

bb) SEPA-Lastschrift (SEPA Direct Debit)

Das SEPA-Lastschriftverfahren wird seit November 2009 angeboten[5]. Am 1.2.2014 löste 6.22
die SEPA-Lastschrift die nationalen Lastschriftverfahren in den Euroländern grundsätzlich ab. Seitdem werden Einreichungen von Lastschriften nach dem Abbuchungsauftragsverfahren von Banken und Sparkassen nicht mehr angenommen. Zum 1.8.2014 war die unionsweite Umstellung nationaler Lastschriftverfahren auf das SEPA-Lastschriftverfahren auf der rechtlichen Grundlage der SEPA-VO abgeschlossen.

Die SEPA-Lastschrift existiert in zwei Formen. Einerseits als SEPA-Basis-Lastschrift (SEPA 6.23
Core Direct Debit) im BtoC (Privatkunden, Business to Customer) Bereich, andererseits als SEPA-Firmen-Lastschrift (SEPA Business to Business Direct Debit), die ausschließlich für

---

1 Vgl. Bergmann/*Becker*, Handlexikon der Europäischen Union, Zahlungsverkehr in der EU, III.
2 VO (EU) Nr. 260/2012 v. 14.3.2012 zur Festlegung der technischen Vorschriften und der Geschäftsanforderungen für Überweisungen und Lastschriften in Euro und zur Änderung der Verordnung (EG) Nr. 924/2009, ABl. Nr. L 94 v. 30.3.2012, S. 22 ff.
3 Gesetz zur Begleitung der Verordnung (EU) Nr. 260/2012 zur Festlegung der technischen Vorschriften und der Geschäftsanforderungen für Überweisungen und Lastschriften in Euro und zur Änderung der Verordnung (EG) Nr. 924/2009, BGBl. I 2013, 610.
4 Vgl. *Kokert*, WPg 2013, 821; *Piekenbrock*, WM 2015, 797.
5 Vgl. *Schnauder*, WM 2014, 1701.

den BtoB-Bereich Verkehr mit Geschäftskunden (BtoB) vorgesehen ist. Die SEPA-Basis-Lastschrift enthält zahlreiche von dem deutschen Einzugsermächtigungslastschriftverfahren zahlreiche bekannte Elemente. Die SEPA-Firmenlastschrift, die dem bisherigen Abbuchungsauftragsverfahren ähnelt, berücksichtigt unter Ausnutzung der Gestaltungsmöglichkeiten nach § 675e Abs. 4 BGB insbesondere die Bedürfnisse von Geschäftskunden und sieht insbesondere keinen Erstattungsanspruch für den Zahlenden vor.

6.24 Wesentliches Merkmal der SEPA-Lastschrift bildet das sog. SEPA-Mandat, das im Rahmen des neuen SEPA-Verfahrens anstelle der bisherigen Einzugsermächtigung erteilt wird. Dabei handelt es sich um ein doppeltes Mandat, dh. eine Autorisierung sowohl gegenüber dem Gläubiger als auch der Zahlstelle (vgl. § 675j BGB). Durch dieses Lastschriftmandat wird der Zahlungsempfänger ermächtigt, die fälligen Beträge vom Konto des Zahlungspflichtigen einzuziehen. Daneben wird entsprechend die Bank mit der Einlösung der Lastschrift beauftragt.

6.25 Von entscheidender Bedeutung für die Gültigkeit des SEPA-Lastschriftmandats ist eine wirksame, gesetzeskonforme Mandatserteilung. Weder die SEPA-VO noch das deutsche Recht sehen bestimmte Anforderungen an die Form der Mandatserteilung vor (wie zB die Unterzeichnung eines Lastschriftbelegs aus Papier).[1]

6.26 ➲ **Wichtig:** Eine wirksame Mandatserteilung im Internet und damit die Bezahlung per Lastschrift im Online-Handel und E-Commerce sind auch nach der SEPA-Umstellung im Februar 2014 (weiterhin) möglich.

6.27 Die Gültigkeit bzw. die Verwendbarkeit von im Internet erteilten SEPA-Lastschriftmandaten richtet sich – wie bislang auch – allein nach der privatautonomen vertraglichen Gestaltung zwischen dem Zahlenden mit seinem Zahlungsdienstleister (Kreditinstitut) bzw. dem Zahlungsempfänger mit seinem Zahlungsdienstleister (Kreditinstitut) in den AGB bzw. den Inkassobedingungen.

6.28 Vertraglich vereinbarte Formvorgaben für das SEPA-Mandat sind sowohl im Verhältnis des Zahlenden zu seinem Zahlungsdienstleister als auch im Verhältnis des Zahlungsempfängers zu seinem Zahlungsdienstleister möglich. Die Wirksamkeit der Zustimmung (Autorisierung) durch den Zahlenden ist jedoch nur dann betroffen, wenn zwischen dem Zahlenden und dessen Zahlungsdienstleister für die Erteilung der in der Lastschriftabrede enthaltenen Zustimmung die Schriftform vereinbart ist. Formvorgaben im Verhältnis des Zahlungsempfängers zu seinem Zahlungsdienstleister sind jedoch nur für die Verwendbarkeit des Mandats in diesem Verhältnis maßgeblich.

6.29 ➲ **Wichtig:** Zahlungsempfänger, die im Internet erteilte SEPA-Mandate zur Einziehung an die Inkassostelle einreichen möchten, sollten sich wegen der Frage eines möglichen Formerfordernisses zuvor mit der Inkassostelle abstimmen.

6.30 Die SEPA-VO enthält keine verbindlichen Vorgaben zur Gestaltung eines SEPA-Mandats, sondern regelt nur dessen Mindestinhalt, wie die technischen Spezifikationen (zB IBAN, BIC). Werden bei der Gestaltung des SEPA-Mandats jedoch zwingende rechtliche Vorgaben nicht beachtet, besteht die Gefahr, dass das Mandat unwirksam ist und somit ein nicht autorisierter Zahlungsvorgang vorliegt. In diesem Fall kann der Zahlende von seiner Zahlstelle eine Wiedergutschrift verlangen (sog. Rücklastschrift), woraufhin es zur

---

1 Dies entspricht der Auffassung des Deutschen SEPA-Rates, der von dem Bundesministerium der Finanzen (BMF) und der Deutschen Bundesbank im Mai 2011 nach dem Vorbild des europäischen SEPA Councils gegründet wurde (vgl. Schreiben des Deutschen Bundesbank v. 12.9.2013, abrufbar im Internet unter: www.bundesbank.de), sowie des Bundesgesetzgebers (vgl. Beschlussempfehlung und Bericht des Finanzausschusses zu dem Gesetzentwurf der Bundesregierung, BT-Drs. 17/11395. S. 11 f.).

Rückgabe der Lastschrift an die erste Inkassostelle sowie der Wiederbelastung des Kontos des Zahlungsempfängers kommt.

⮕ **Wichtig:** Ungeachtet der Gestaltungsfreiheit ist in der Praxis die Verwendung unver- 6.31
änderter Mustermandate der Kreditwirtschaft (zB des Verbandes Die Deutsche Kreditwirtschaft) zu empfehlen.

Den Zahlungsempfänger trifft – wie bisher auch – die Darlegungs- und Beweislast eines 6.32
vom Zahler autorisierten Mandats. Die Beweissicherheit der Mandatserteilung ist vor allem eine Frage der technischen Umsetzung bei der Einholung des Mandats im Rahmen des E-Commerce.

Genau wie bei SEPA-Überweisungen werden für SEPA-Lastschriften grundsätzlich IBAN 6.33
(International Bank Account Number, internationale Kontonummer) und BIC (Business Identifier Code, internationale Bankleitzahl) anstatt der bisherigen Kontonummer und Bankleitzahl benötigt (Rz. 6.21). SEPA-Lastschriften haben ein festes Fälligkeitsdatum, an dem die Kontobelastung erfolgt und das dem Zahler vom Zahlungsempfänger (Lastschrifteinreicher) vorab mitgeteilt wird.

Bereits erteilte Einzugsermächtigungen im nationalen Lastschriftverfahren können als 6.34
SEPA-Mandate in dem neuen europäischen Verfahren verwendet werden. Auf der Grundlage zweier aufeinander abgestimmter Entscheidungen vom 20.7.2010, mit denen der BGH seine Rechtsprechung zur Einzugsermächtigungslastschrift in der Insolvenz vereinheitlicht und zugleich einen Weg zur Fortentwicklung der Einzugsermächtigungslastschrift in eine (vor)autorisierte Zahlung aufzeigte[1], hat die Kreditwirtschaft durch eine Anpassung ihrer Allgemeinen Geschäftsbedingungen (AGB) eine Nutzung der bisherigen Einzugsermächtigung als SEPA-Basis-Lastschriftmandat ermöglicht (sog. Mandatsmigration). Die in diesem Sinne am 9.7.2012 in Kraft getretenen AGB-Änderungen der Banken und Sparkassen gelten sowohl für bereits in der Vergangenheit erteilte Einzugsermächtigungen als auch solche, die nach der AGB-Änderung erteilt werden.

⮕ **Wichtig:** Der Zahlungsempfänger hat den Zahlenden vor dem ersten SEPA-Basislast- 6.35
schrifteinzug über den Wechsel vom Einzug per Einzugsermächtigungslastschrift auf den Einzug per SEPA-Basis-Lastschrift unter Angabe von Gläubiger-Identifikationsnummer und Mandatsreferenz in Textform zu unterrichten.

Die SEPA-VO sieht ebenfalls eine Regelung zur Mandatsmigration vor. Diese erlangt aber 6.36
nur in solchen Fällen eine eigenständige Bedeutung, in denen keine entsprechende nationale Regelung oder anderweitige Kundenvereinbarungen vorliegen. Letzteres ist in Deutschland mit der o.g. AGB-Änderung jedoch erfolgt. Die SEPA-VO ergänzt diese AGB-Änderung und schafft in den Fällen Rechtssicherheit, in denen die AGB-Änderung zB auf Grund eines Widerspruchs des Kunden gegen die AGB-Änderung nicht wirksam geworden ist.

Die im bisherigen Abbuchungsauftragsverfahren erteilten Abbuchungsaufträge werden 6.37
von der o.g. AGB-Änderung nicht erfasst. In diesen Fällen ist die Einholung eines neuen SEPA- Firmenlastschrift-Mandats erforderlich, weshalb sich Zahlungsempfänger und Zahler entweder auf die Nutzung des SEPA-Basis- oder des SEPA-Firmen-Lastschriftverfahrens verständigen müssen und ein entsprechendes Lastschriftmandat vom dem Zahler eingeholt werden muss.

Gleichwohl sieht § 675x Abs. 2–4 BGB die Möglichkeit vor, dem Zahlenden ein acht- 6.38
wöchiges Widerspruchsrecht zu gewähren, wovon jedoch nur bei der SEPA-Basislastschrift Gebrauch gemacht wurde.

---

1 BGH v. 20.7.2010 – XI ZR 236/07, NJW 2010, 3510 = MDR 2010, 1199 und BGH v. 20.7.2010 – IX ZR 37/09, NJW 2010, 3517 = MDR 2010, 1202.

6.39

Vergleich SEPA-Lastschrift und Einzugsermächtigungsverfahren	
Nutzung innerhalb von SEPA	Ausschließlich nationale Nutzung
Mitgabe von Mandatsinformationen im Datensatz beim Einzug einer Lastschrift	Lediglich Verweis auf Einzugsermächtigung beim Einzug einer Lastschrift
Mandatsverfall nach 36 Monaten bei Nichtnutzung	Einzugsermächtigung gilt bis auf Widerruf
Vorgabe eines Fälligkeitsdatums (Due Date) Festgelegte Vorlauffristen: – Erst- und einmalige Lastschriften: Due Date – 5 Tage – Wiederkehrende Lastschriften: Due Date – 2 Tage	Fälligkeit bei Sicht
Verwendung einer Gläubiger-Identifikationsnummer und Mandatsreferenz erforderlich	Kein äquivalentes Element
Verwendung von IBAN und BIC	Nutzung von Kontonummer und BLZ

b) Elektronisches Geld (E-Geld)

6.40 Der europarechtliche Rahmen für die Ausgabe und Verwaltung von E-Geld innerhalb des EWR wurde ursprünglich von der **Richtlinie 2000/46/EG**[1] vom 18.9.2006 (**Erste E-Geld-Richtlinie**) vorgegeben. Sie sollte die Rechts- und Verwaltungsvorschriften in den Mitgliedstaaten auf dem Gebiet dieser neuen Form der Zahlungsmittel koordinieren, um E-Geld-Instituten die Aufnahme und Ausübung ihrer Tätigkeit innerhalb der EU zu erleichtern. Der Begriff „E-Geld" bezeichnet einen elektronischen Ersatz für Münzen und Banknoten, dh. Geld, das elektronisch, zB auf einer Chipkarte oder der Festplatte eines Computers, gespeichert wird.

6.41 Rund neun Jahre nach Verabschiedung dieser Richtlinie erließ der Richtliniengeber die **Richtlinie 2009/110/EG**[2] vom 16.9.2009 (**Zweite E-Geld-Richtlinie**), um mit Hilfe einer modernisierten Richtlinie die Entstehung neuer, innovativer und sicherer E-Geld-Dienstleistungen zu ermöglichen, neuen Akteuren Zugang zum Markt zu verschaffen und einen echten, wirksamen Wettbewerb zwischen allen Marktteilnehmern herzustellen.[3] Die Zweite E-Geld-Richtlinie ist inhaltlich eng mit der Zahlungsdiensterichtlinie und den Geschäftsaktivitäten der Zahlungsinstitute verzahnt: Während die Abwicklung von E-Geld-Zahlungen in den Anwendungsbereich der Zahlungsdiensterichtlinie fällt, fällt die Ausgabe von Geld unter die Zweite E-Geld-Richtlinie, die v.a. Aufsichtsfragen erfasst.[4] Die Umsetzung der Zweiten E-Geld-Richtlinie erfolgte durch das **Gesetz zur Umsetzung der Zweiten E-Geld-Richtlinie (2. EGeldRLUG)**,[5] das mit Ausnahme bestimmter Vorschriften am 30.4.2011 in Kraft trat.[6]

---

1 Richtlinie 2000/46/EG v. 18.9.2000 über die Aufnahme, Ausübung und Beaufsichtigung der Tätigkeit von E-Geld-Instituten, ABl. EU Nr. L 275/39.
2 Richtlinie 2009/110/EG v. 16.9.2009 über die Aufnahme, Ausübung und Beaufsichtigung der Tätigkeit von E-Geld-Instituten, zur Änderung der Richtlinien 2005/60/EG und 2006/48/EG sowie zur Aufhebung der Richtlinie 2000/46/EG, ABl. Nr. L 267/7.
3 Vgl. *Fett/Bentele*, WM 2011, 1352 (1352) mwN.
4 Vgl. auch Erwägungsgrund 9 der ZD-RL.
5 BGBl. I 2011, 288; zur Umsetzung vgl. etwa *Fett/Bentele*, WM 2011, 1352; *Fett/Bentele* BKR 2011, 403; *Lösing* ZIP 2011, 1944.
6 Vgl. Art. 15 des 2. EGeldRLUG.

2. Recht des bargeldlosen Zahlungsverkehrs in Deutschland

Der BGB-Gesetzgeber sah in § 270 Abs. 1 BGB den körperlichen Versand von Bargeld oder Schecks als Normalfall einer Distanzzahlung an. Als sich die bargeldlose Zahlung in den vergangenen Jahrzehnten wachsender Beliebtheit erfreute, blieb in der Rechtspraxis lediglich der Rückgriff auf das allgemeine Geschäftsbesorgungsrecht, namentlich den heutigen § 675 Abs. 1 BGB und dessen Globalverweisung auf die meisten Normen des Auftragsrechts. Entsprechend wurden die rechtlichen Pflichten und die Haftungsverteilung bei der bargeldlosen Zahlung lange Zeit ausschließlich in Gestalt von AGB der Kreditwirtschaft geregelt.

6.42

Dies änderte sich erstmals im Jahr 1999, als der Bundesgesetzgeber in dem **Überweisungsgesetz**[1] die rechtlichen Vorgaben der Überweisungsrichtlinie in den §§ 675a ff. BGB kodifizierte und dabei deren wesentliche Inhalte auch für den inländischen Überweisungsverkehr sowie für Zahlungen in Drittländer übernahm.[2]

6.43

Eine grundlegende Neufassung des Rechts des bargeldlosen Zahlungsverkehrs brachte die Umsetzung der Zahlungsdiensterichtlinie (ZD-RL) in nationales Recht mit sich. In ihren zivilrechtlichen Teilen wurde die ZD-RL durch das Gesetz zur Umsetzung der Verbraucherkreditrichtlinie, des zivilrechtlichen Teils der Zahlungsdiensterichtlinie sowie zur Neuordnung der Vorschriften über das Widerrufs- und Rückgaberecht (**VerbrKredRLUG**)[3] vom 29.7.2009 im Wesentlichen im BGB umgesetzt. Die zivilrechtlichen Teile befinden sich in §§ 675c bis 676c BGB (zuvor: §§ 676 bis 676h BGB aF) mit Untertitel 3. Zahlungsdienste. Genau wie die ZD-RL regelt das Umsetzungsgesetz die Zahlungsdienste detailliert, ohne die einzelnen Zahlungsinstrumente wie Überweisung, Lastschrift und Bankkundenkarte separat anzusprechen. Die §§ 675c bis 676c BGB sind richtlinienkonform auszulegen, soweit die Fragen des Zahlungsverkehrs durch die Zahlungsdiensterichtlinie tatsächlich geregelt sind.[4] Da einzelne Rechtsfragen, bestimmte Rechtsbeziehungen (zB das Valutaverhältnis) und ganze Rechtskomplexe (zB der Scheckverkehr) ausgespart werden, lässt eine richtlinienkonforme Auslegung hinreichend Raum für eine nationale Dogmatik, so dass die Rechtsprechung zum alten Recht in erheblichem Umfang weiter bedeutsam ist. Der für die Rechtspraxis zweifellos tiefste Einschnitt liegt darin, dass fortan die Letztentscheidungskompetenz über Zweifelsfragen ganz überwiegend nicht mehr beim XI. Zivilsenat, sondern beim EuGH liegt.[5] Es bleibt indes abzuwarten, inwieweit und insbesondere in welcher Tiefe der EuGH dazu bereit ist und ob er sich ähnlich wie im Bereich der AGB-Kontrolle darauf beschränkt, nur die allgemeinen Kriterien zu prüfen.[6] Die deutsche Kreditwirtschaft hat durch umfangreiche Änderungen ihrer AGB auf die neue Rechtslage reagiert.

6.44

Die Umsetzung des aufsichtsrechtlichen Teils der ZD-RL erfolgte durch das Gesetz über die Beaufsichtigung von Zahlungsdiensten (**Zahlungsdiensteaufsichtsgesetz – ZAG**) vom 25.6.2009.[7] Zu beachten ist, dass die aufsichtsrechtlichen Vorgaben des ZAG und KWG auch maßgeblich für die die Legaldefinitionen im BGB sind (vgl. § 675c Abs. 3 BGB).

6.45

---

1 Gesetz v. 21.7.1999, BGBl. I 1999, 1642.
2 Vgl. zum neuen Recht etwa: *Grundmann*, WM 2000, 2269 ff.; *Gößmann/van Look*, WM 2000, Sonderbeilage Nr. 1, S. 3 ff.; *Schneider*, WM 1999, 2189 ff.; kritisch: *Jakobs*, JZ 2000, 641; *Nobbe*, WM 2011, 961 ff.
3 BGBl. I 2009, 2355.
4 Überblick über die Konkordanzen zwischen den Umsetzungsvorschriften im BGB und denen der Zahlungsdiensterichtlinie: Baumbach/Hopt/*Hopt*, 2. Teil, V. (7) C/3 sowie *Grundmann*, WM 2009, 1109 (1111).
5 Vgl. *Grundmann*, WM 2009, 1109 (1110); Ebenroth/Boujong/Joost/Strohn/*Grundmann*, HGB, Bd. II, 2., II., 3. b).
6 EuGH v. 4.6.2009 – Rs. C-243/08 – Pannon GSM Zrt./Erzsébet Sustinkné Györfi, NJW 2009, 2367.
7 BGBl. I 2009, 1506; zuletzt geändert durch Art. 14 des Gesetzes v. 11.3.2016 (BGBl. I 2016, 396); zur Umsetzung des aufsichtsrechtlichen Teils vgl. etwa *Schäfer/Lang*, BKR 2009, 11; zu den Änderungen im ZAG durch das SEPA-Begleitgesetz vgl. *Zahrte*, WM 2013, 1207.

IV. Zivilrechtliche Grundlagen des bargeldlosen Zahlungsverkehrs

6.46 Der Markt der Bezahlsysteme ist groß, zum Teil unübersichtlich und sehr dynamisch. Zurzeit stehen allein in Deutschland mehr als 40 Zahlungsverfahren zur Verfügung. Die nachfolgende Darstellung beschränkt sich deshalb auf einen allgemeinen Überblick über die zivilrechtlichen Rahmenbedingungen der bargeldlosen Zahlung und die rechtlichen Grundlagen der gängigsten Zahlungsverfahren.[1] Dabei werden nachfolgend die allgemeinen Grundlagen des Zahlungsverkehrsrechts erläutert. Eine ausführliche Darstellung der jeweiligen bargeldlosen Zahlungsverfahren enthält Rz. 6.133 ff. „Typische Zahlungswege und Bezahlsysteme".

1. Grundstruktur der zivilrechtlichen Beziehungen im bargeldlosen Zahlungsverkehr

6.47 Beim bargeldlosen Zahlungsverkehr schalten der Schuldner (Zahler) und der Gläubiger (Zahlungsempfänger) Zahlungsdienstleister zwecks bargeldloser Zahlung ein. Daraus folgen üblicherweise vier oder mehr Vertragsverhältnisse, die streng voneinander zu trennen sind:

1. Die Zahlungen des bzw. der Zahlungsdienstleister dienen der Erfüllung im Verhältnis zwischen Zahlendem und Überweisungsempfänger (sog. **„Valutaverhältnis"**).

   Durch die Einschaltung des bzw. der Zahlungsdienstleister treten zu dem Valutaverhältnis ein oder in der Regel zwei oder mehrere weitere Rechtsverhältnisse hinzu:

2. Das Verhältnis zwischen dem Zahlenden und seinem Zahlungsdienstleister (sog. **„Deckungsverhältnis"**), also der Zahlungsdiensterahmenvertrag (Girovertrag), auf Grund dessen der Zahlende seiner Bank den Zahlungsauftrag erteilt.

3. Das Verhältnis zwischen dem Zahlungsempfänger und seinem Zahlungsdienstleister (sog. **„Inkasso"-** oder **„Ausführungsverhältnis"**), dh. üblicherweise ebenfalls ein Zahlungsdiensterahmenvertrag, auf Grund dessen dem Zahlungsempfänger der Betrag auf seinem Konto gutgeschrieben wird.

4. Wenn, was in der Praxis zumeist der Fall ist, der Zahler und der Zahlungsempfänger ihre Konten nicht bei derselben Bank führen, tritt daneben noch das Verhältnis zwischen der Bank des Zahlers und der Bank des Zahlungsempfängers (sog. „Interbankenverhältnis"); diese Rechtsbeziehungen werden hier nicht näher behandelt.

a) Die bargeldlose Zahlung als Leistungsmodalität der Geldschuld

6.48 Im Allgemeinen Teil des Schuldrechts werden Zahlungsschulden vergleichsweise stiefmütterlich behandelt. Geregelt hat das Gesetz in § 270 iVm. § 269 Abs. 1 BGB lediglich, dass der Zahlungsort für Geldschulden der Wohnsitz des Gläubigers ist. Die Frage des zu wählenden Zahlungsweges hat keine gesetzliche Regelung erfahren. Das gesetzliche Zahlungsmittel ist Bargeld, dh. einen gesetzlichen Annahmezwang gibt es nur für Banknoten, nicht für Buchgeld.[2]

6.49 Da im Versandhandel die Barzahlung jedoch die Ausnahme und die bargeldlose Zahlung die Regel ist, trifft den Händler die **Obliegenheit**, bestehende Erfüllungshindernisse zu beseitigen. Dies geschieht in der Regel, indem der Händler sich mit einer Zahlung von Buchgeld einverstanden erklärt. Dabei ist der Händler in seiner Entscheidung frei, welche Zahlungsarten er im konkreten Fall anbietet. Bei schwacher oder unbekannter Bonität

---

1 Vgl. für einen Überblick insbesondere: *Grundmann*, WM 2009, 1109 ff.; 1157 ff.; *Bitter*, WM 2010, 1725 ff. (1773 ff.).
2 OLG Frankfurt v. 22.9.1986 – 2 Ws (B) 151/86, NJW 1987, 455 = MDR 1987, 167.

des Kunden kann er auch auf Vorauszahlung[1] bestehen. Dies stellt bei Internetgeschäften keine nach § 309 Nr. 2a) BGB unzulässige Einschränkung des Leistungsverweigerungsrechts des Kunden dar.

Akzeptiert der Versandhändler **mehrere bargeldlose Zahlungsverfahren**, so kann der Kunde als Schuldner der Geldforderung grundsätzlich eine bestimmte Zahlungsart auswählen. Wenn sich der Versandhändler mit einer bestimmten Form der bargeldlosen Zahlung einverstanden erklärt hat, so muss er diese, wenn sie bewirkt ist, auch als Erfüllung gegen sich gelten lassen.[2] Auch die widerspruchslose Hinnahme einer bestimmten bargeldlosen Zahlungsweise im Rahmen einer laufenden Geschäftsbeziehung kann als Einverständnis gewertet werden, und zwar unter Umständen auch für künftige Zahlungen.[3] Das Einverständnis ist grundsätzlich entsprechend § 183 BGB frei widerruflich, jedoch nicht mehr nach Eingang des Zahlungsbetrages.

6.50

b) Informationspflichten des Händlers

Bei allen Fernabsatzverträgen muss der Versandhändler als Unternehmer dem Verbraucher nach Maßgabe des § 312d BGB iVm. Art. 246a § 1 Abs. 1 Satz 1 Nr. 7 EGBGB rechtzeitig vor Abgabe von dessen Vertragserklärung in einer dem benutzten Fernkommunikationsmittel angepassten Weise klar und verständlich über die Zahlungsbedingungen informieren.

6.51

Der Versandhändler muss zunächst darüber informieren, welche **Zahlungsarten konkret zur Verfügung stehen**. Dabei muss er nicht alle denkbaren, sondern nur diejenigen Zahlungsarten nennen, die er bereit ist zu akzeptieren, zB Vorkasse durch Überweisung, Lastschrift, Kreditkarte, PayPal, Giropay, Bargeldtransfer per Western Union, Nachnahme, offene Rechnung, Barzahlung bei Abholung, etc. Dabei muss er die einzelnen Zahlungsarten in der Weise erläutern, dass er den Verbraucher in die Lage versetzt, die für ihn günstigste, sicherste oder aus sonstigen Gründen bevorzugte Zahlungsart auszuwählen.

6.52

Für den Fernabsatz im elektronischen Geschäftsverkehr enthält § 312j Abs. 1 BGB eine Sonderregelung zum Zeitpunkt der Informationserteilung. Danach hat der Händler auf Webseiten für den elektronischen Geschäftsverkehr mit Verbrauchern spätestens bei Beginn des Bestellvorgangs – und somit früher als derzeit – klar und deutlich anzugeben, ob Lieferbeschränkungen bestehen und welche Zahlungsmittel akzeptiert werden. Die praktische Ausgestaltung der Angabe zu den akzeptierten Zahlungsmitteln erscheint nicht unproblematisch. So ist ein Kauf auf Rechnung regelmäßig erst nach positiver Bonitätsprüfung möglich. Der Unternehmer sollte insoweit entweder unter Vorbehalt eines positiven Bonitätsergebnisses dieses Zahlungsmittel nennen oder zunächst eine abstrakte und anschließend eine konkrete Unterrichtung über die angebotenen Zahlungsmittel vornehmen[4].

6.53

Bereits aus Art. 246 § 1 Abs. 1 Nr. 7 EGBGB folgt, dass der Versandhändler den Verbraucher auch über besondere Gebühren informieren muss, die mit einer Zahlungsart verbunden sind. Über die rechtlichen Folgen von Versäumnissen bei Zahlung muss der Versandhändler nicht informieren. Dabei ist die Vorgabe des § 312a Abs. 4 BGB zu beachten. Nach dieser Vorschrift ist eine Vereinbarung, durch die ein Verbraucher verpflichtet wird, ein Entgelt dafür zu zahlen, dass er für die Erfüllung seiner vertraglichen Pflichten ein bestimmtes Zahlungsmittel nutzt, unwirksam, wenn für den Verbraucher keine gängige und zumutbare unentgeltliche Zahlungsmöglichkeit besteht oder das vereinbarte Entgelt

6.54

---

1 OLG Hamburg v. 13.11.2006 – 5 W 162/06, MMR 2007, 324 = ITRB 2007, 254.
2 OLG Oldenburg v. 21.3.1991 – 8 U 206/90, NJW-RR 1991, 1071.
3 BGH v. 30.10.1954 – II ZR 131/53B, BGHZ 154 (157).
4 Vgl. *Föhlisch/Dyakova*, MMR 2013, 3 (6).

über die Kosten hinausgeht, die dem Unternehmer durch die Nutzung des Zahlungsmittels entstehen.

6.55 ➡ **Wichtig:** Der Unternehmer kann nur dann die Erstattung der Kosten für eine gewählte Zahlungsart verlangen, wenn er zusätzlich eine gängige und zumutbare kostenfreie Zahlungsart (zB Vorkasse per Überweisung) anbietet. Es ist generell unzulässig, Kosten für eine Zahlungsart zu verlangen, die über das angefallene tatsächliche Entgelt hinausgehen.

Sofern Zahlungsarten angeboten werden, für die zusätzliche Gebühren anfallen, sind diese in der tatsächlichen Höhe gesondert auszuweisen. Der Unternehmer muss die zusätzlich anfallenden Gebühren sowohl unter den Zahlungs- und Versandbedingungen als auch innerhalb des Bestellvorgangs sowie auf der Bestellübersichtsseite durch einen deutlichen Hinweis ergänzen.

6.56 Darüber hinaus muss der Versandhändler den Verbraucher über den Zeitpunkt der Zahlung informieren, auch wenn dieser nicht von der gesetzlichen Regelung des § 271 Abs. 1 BGB abweicht, zB die Fälligkeit bei Lieferung auf offene Rechnung, aber auch der Abbuchungszeitpunkt bei Zahlung per Kreditkarte oder Lastschrift. Für die Vertragsentscheidung des Verbrauchers ist es von entscheidender Bedeutung, ob der Kaufpreis für eine Ware, die erst in drei Wochen geliefert werden kann, schon bei Bestellung, mit Auslieferung oder erst einige Tage nach Erhalt der Ware abgebucht wird. Soll die Lieferung erst nach Zahlung erfolgen, genügt eine bloße Information nicht; erforderlich ist insoweit eine ausdrückliche Vereinbarung, die jedoch auch in den AGB erfolgen kann.

6.57 ➡ **Wichtig:** Die Art und Weise der Bewirkung der Leistung durch den Kunden im Wege der bargeldlosen Zahlung sollte im Rahmen der AGB eine ausdrückliche Regelung erfahren. Es empfiehlt sich, dabei zwischen Zahlungsbedingung und der technischen Abwicklung der Zahlung zu unterschieden. Während bei dem Zahlungszeitpunkt vereinbart wird, wann der Kunde die Zahlung zu erbringen hat, bestimmt die Zahlungsart, in welcher Weise, dh. mit welcher Zahlungsart dies geschehen soll bzw. kann.

6.58 Eine ausführliche Darstellung der Informationspflichten des Händlers enthalten Rz. 2.142 ff. („Vertragsbezogene Informationspflichten") sowie Rz. 2.114 ff. („Gestaltungs- und Informationspflichten nach § 312i BGB").

2. Zahlungsverkehrsrecht

6.59 Wie bereits bei der Überweisungsrichtlinie hat der Bundesgesetzgeber den Zahlungsverkehr mit sog. Drittstaaten dem innerstaatlichen und EU-weiten Zahlungsverkehr gleichgestellt. Anders als früher unterscheiden die neuen §§ 675c–§ 676c BGB nicht zwischen den einzelnen Zahlungsinstrumenten, also zB Überweisung, Lastschrift und Bankkundenkarte, sondern regeln abstrakt-generell, dh. übergreifend einzelne Abwicklungsabschnitte des Zahlungsverkehrs nach ihrem zeitlichen Ablauf. Das neue Recht, von dem – abgesehen von Zahlungsdiensten für Unternehmen (§ 675e Abs. 4 BGB) und von Zahlungsvorgängen mit Drittstaatenbezug (§ 675e Abs. 2 BGB) – nur zum Vorteil des Verbrauchers abgewichen werden darf (§ 675e Abs. 1 BGB), enthält in §§ 675c–675e BGB zunächst allgemeine Vorschriften über den Anwendungsbereich und umfangreiche vertragliche und vorvertragliche Informationspflichten der Zahlungsdienstleister, befasst sich sodann in §§ 675f–675i BGB mit dem Zahlungsdienstevertrag im Allgemeinen, insbesondere dem Girovertrag, der nunmehr als Zahlungsdiensterahmenvertrag bezeichnet wird und sodann in einem dritten Kapitel ausführlich mit der Ausführung von bargeldlosen Zahlungsvorgängen (§§ 675j bis 675t BGB) sowie Haftungsfragen (§§ 675u bis 676c BGB).

Bei der Reform außen vor blieben bargeldlose Zahlungsvorgänge, die nicht auf speziellen **6.60** technischen Verfahren basieren und zunehmend bedeutungsloser werden (zB Scheck, Wechsel oder Postanweisung). Gänzlich weggefallen sind ua. Regelungen zu den Zahlungsvorgängen im Interbankenverhältnis (vgl. § 676d BGB aF). Die Organisation von Zahlungssystemen und die gegenseitigen Rechte und Pflichten der Teilnehmer an solchen Systemen unterliegen nunmehr der Selbstregulierung durch die Kreditwirtschaft.

➡ **Wichtig:** Das in §§ 675c–676c BGB kodifizierte Zahlungsdiensterecht regelt, von ei- **6.61** nigen wenigen Ausnahmen abgesehen, ausschließlich das Deckungsverhältnis zwischen dem Zahler und seiner Bank und das Inkassoverhältnis zwischen dem Zahlungsempfänger und seiner Bank, hingegen – mit Ausnahme des Ausgleichs- bzw. Haftungsanspruchs nach § 676a BGB zwischen zwei Zahlungsdienstleistern oder einer zwischengeschalteten Stelle nach § 676a BGB – nicht das Interbankenverhältnis und überhaupt nicht das Valutaverhältnis.

a) Zahlungsdienstevertrag als vertragliche Grundlage für bargeldlose Zahlungen

Der Zahlungsdienstevertrag (§§ 675f bis § 675i BGB) ist eine Sonderform des Geschäfts- **6.62** besorgungsvertrages. Demgemäß verweist § 675c Abs. 1 BGB für Verträge über die Erbringung von Zahlungsdiensten ergänzend auf die Vorschriften der §§ 663, 665 bis 670 und §§ 672 bis 674 BGB.

b) Begrifflichkeiten

Der Begriff des **„Zahlungsdienstleisters"** findet in § 1 Abs. 1 ZAG seine Legaldefinition. **6.63** Er umfasst im Wesentlichen die Unternehmen, die gewerbsmäßig Zahlungsdienste anbieten, insbesondere Kreditinstitute und E-Geld-Institute. Unternehmen, die Zahlungsdienstleistungen erbringen und in § 1 Nr. 1 bis 4 ZAG aufgezählt werden, werden als Zahlungsinstitut bezeichnet (vgl. § 1 Abs. 1 Nr. 5 ZAG). **Zahlungsdienstnutzer** ist jede Person, die einen Zahlungsdienst als Zahler, Zahlungsempfänger oder in beiden Eigenschaften (zB bei der Barabhebung am Schalter oder Terminal) in Anspruch nimmt.

Ein **„Zahlungsvorgang"** ist – unabhängig vom zugrunde liegenden Rechtsverhältnis – der **6.64** tatsächliche, das Geld betreffende Vorgang, also die Bereitstellung, der Transfer oder die Abhebung von Bar- oder Buchgeld, regelmäßig also der eigentliche Geldfluss (vgl. § 675f Abs. 3 BGB). Dagegen bezieht sich der Begriff Zahlungsauftrag auf die rechtsgeschäftliche Erklärung einschließlich der Zahlungsinformationen, die den Geldfluss auslöst und nach der neuen Terminologie dazu führt, dass der Zahlungsvorgang als autorisiert gilt (§ 675j BGB).

c) Arten von Zahlungsdiensteverträgen

Das Gesetz unterscheidet zwischen dem Einzelzahlungsvertrag und dem Zahlungsdienst- **6.65** erahmenvertrag. Nach § 675f Abs. 1 BGB trifft den Zahlungsdienstleister aus dem Zahlungsvertrag beim **Einzelzahlungsvertrag** gegenüber dem Zahlungsdienstnutzer die Pflicht, einen bestimmten Zahlungsvorgang auszuführen. Der Einzelzahlungsvertrag spielt in der Praxis nur eine sehr geringe Rolle.

Demgegenüber besteht beim **Zahlungsdiensterahmenvertrag** die Primärleistungspflicht **6.66** des Zahlungsdienstleisters gemäß § 675f Abs. 2 BGB darin, einzelne oder aufeinander folgende Zahlungsaufträge auszuführen. Der Zahlungsdiensterahmenvertrag stellt somit die schuldrechtliche Basis für künftige Zahlungsvorgänge dar. Der Zahlungsdiensterahmenvertrag hat den sog. Girovertrag – den bisher umfassenden Rechtsrahmen für die Abwicklung bargeldloser Zahlungen des Bankkunden auf der Basis eines Girokontos – abgelöst.

6.67 ➡ **Wichtig:** Zur Abwicklung der Zahlung im Rahmen des Versandhandels ist es grund-sätzlich erforderlich, dass sowohl der Versandhändler als auch der Kunde einen Zah-lungsdiensterahmenvertrag mit ihrem Kreditinstitut abgeschlossen haben. Der Nachnahmeversand, bei dem auch ohne Zahlungsdiensterahmenvertrag eine Bezah-lung erfolgen kann, bildet eine Ausnahme.

d) Der Zahlungsdiensterahmenvertrag

6.68 Der Zahlungsdiensterahmenvertrag ist ein Dauerschuldverhältnis, das nach allgemeinen Regeln durch Einigung zwischen Zahlungsnutzer und Zahlungsdienstleister zustande kommt. Zwar ist der Vertragsschluss formfrei möglich. Zahlungsdienstleister verschaffen sich jedoch bereits mit Rücksicht auf das Abgabenrecht (§ 154 AO) und die Vorschriften des Geldwäschegesetzes bei Abschluss des Vertrages Gewissheit über die Person und die Anschrift des Kunden und dokumentieren diese Merkmale üblicherweise auch schrift-lich. Während gemäß § 1 Abs. 3 ZAG nur Zahlungsdienstleister als Vertragspartner in Be-tracht kommen, kann „Zahlungsdienstnutzer" jeder mögliche Rechtsträger sein. Gesetz-lich näher geregelt werden im Zahlungsdiensterecht neben den Hauptpflichten auch die Änderung des Zahlungsdiensterahmenvertrages (§ 675g BGB) und dessen Kündigung (§ 675h BGB).

6.69 Der Zahlungsdiensterahmenvertrag regelt üblicherweise die Führung eines **Zahlungskon-tos**.[1] In der Praxis ist dies zumeist das Girokonto. Die Pflicht zur Führung eines solchen Zahlungskontos tritt zwar nach dem Wortlaut nur „gegebenenfalls" neben der Pflicht zur Ausführung von einzelnen Zahlungsaufträgen. Der in der Praxis häufigste Fall des Zah-lungskontos, das klassische Girokonto, wird durch einen als Girokontoeröffnungsvertrag unter Einbeziehung der AGB-Banken bzw. AGB-Sparkassen und der Bedingungen für Überweisungen, Lastschriften, die Girocard und ggf. weiterer Sonderbedingungen (zB für das Online-Banking sowie des Preis- und Leistungsverzeichnisses des betreffenden Kre-ditinstituts gemäß § 675a Abs. 1 Satz 1 BGB) abgeschlossen.

aa) Konkretisierung der Ausführungspflicht durch den Zahlungsauftrag

6.70 Der Zahlungsdiensterahmenvertrag ist die rechtliche Grundlage für mehrere Zahlungs-vorgänge, die der Zahlungsdienstnutzer in Auftrag geben kann. Die Konkretisierung der Rahmenverpflichtung des Zahlungsdienstleisters aus § 675f Abs. 2 BGB geschieht durch Erteilung eines sog. **Zahlungsauftrags** (§§ 675f Abs. 3 Satz 2, § 675n ff. BGB). Bei diesem handelt es sich um eine einseitige empfangsbedürftige Willenserklärung, die sich als auf-trags- bzw. geschäftsbesorgungsrechtliche Weisung iSd. § 665 BGB darstellt.[2] Damit hat der Gesetzgeber den Rechtszustand vor der Umsetzung der Überweisungsrichtlinie wie-derhergestellt. Der Zahlungsauftrag ist – vorbehaltlich einer anderen Vereinbarung zwi-schen Auftraggeber und Zahlungsdienstleister – nur bis zum Zugang beim Zahlungsinsti-tut **widerruflich** (vgl. § 675p Abs. 1 und 4 BGB). Die Widerruflichkeit kann maximal bis zu dem Zeitpunkt verlängert werden, in dem die Empfängerbank dem Zahlungsempfän-ger die Gutschrift erteilt hat.[3]

6.71 Die Vorschrift des § 675n BGB enthält Regelungen für das „Wirksamwerden" von Zah-lungsaufträgen. Der gesetzlich geregelte **Zugangszeitpunkt** ist wichtig, weil er den Beginn der Ausführungs- und Ablehnungsfrist von Zahlungsaufträgen (vgl. §§ 675s und 675o BGB) kennzeichnet. Der Zahlungsdienstleister kann den Zahlungsauftrag gemäß § 675o BGB ablehnen. Die **Ablehnung** ist dem Kunden gemäß § 675o Abs. 1 BGB unverzüglich

---

1 Zur Legaldefinition des Zahlungskontos vgl. § 1 Abs. 3 ZAG.
2 Vgl. Kümpel/Wittig/*Werner*, Bank- und Kapitalmarktrecht, Rz. 7.203; *Werner*, BKR 2010, 353 ff.
3 Vgl. ausführlich zum Widerruf im Überweisungsrecht: *Werner*, BKR 2010, 353 ff.

mitzuteilen. Das Ablehnungsrecht ändert jedoch nichts an der Rechtsnatur des Zahlungsauftrags als einseitige empfangsbedürftige Willenserklärung, denn es besteht nach § 675o Abs. 2 BGB nur dann, wenn die Ausführung nach den Bedingungen des Rahmenvertrages nicht verlangt werden kann (zB bei unzureichender Kontodeckung) oder sonst gegen das Gesetz verstößt. Eine unberechtigte Ablehnung stellt eine Pflichtverletzung dar, die zu einer Schadensersatzpflicht des Zahlungsdienstleisters nach § 280 Abs. 1 BGB führt.

Neben der Veranlassung des Zahlungsvorgangs durch den Zahlungsauftrag verlangt das Gesetz in § 675j f. BGB die Veranlassung in Gestalt einer sog. **„Autorisierung"** durch den Zahler. In der Praxis enthält jedoch der eigentliche Zahlungsauftrag bereits die Autorisierung.[1]   6.72

bb) Pflichten des Zahlungsdienstleisters des Zahlers

Der Zahlungsdienstevertrag ist eine Sonderform des **Geschäftsbesorgungsvertrags**, die nicht nur auf ein Bemühen, sondern auf einen Werkerfolg gerichtet ist (§§ 675 Abs. 1, 631 BGB) und damit dem Zahlungsdienstleister des Zahlers die Gesamtverantwortlichkeit für eine regelmäßig nur arbeitsteilig erbringbare Leistung auferlegt.[2] Dass die Ausführungspflicht der Bank des Zahlers für Überweisungen und Kartenzahlungen erst mit der Gutschrift auf dem Eingangskonto der Empfängerbank endet, ergibt sich auch aus § 676s BGB. Der Zahlungsdienstleister schuldet mithin den Erfolg der Zahlung, dh. die erfolgreiche Ausführung eines Zahlungsvorgangs, namentlich das rechtzeitige und ungekürzte Eingehen des Zahlungsbetrags, womit im Falle der Überweisung auf Konten eines anderen Kreditinstituts die Gutschrift auf dem Eingangskonto des Kreditinstituts (des Zahlungsempfängers) gemeint ist. Dabei werden dem Zahlungsdienstleister des Zahlers gemäß § 675z Satz 3 BGB auch die Fehler sämtlicher nachgeschalteten Zwischenbanken zugerechnet.   6.73

Die **Ausführungsfrist**, die mit dem Zugang des Zahlungsauftrages zu laufen beginnt, wurde durch § 675s Abs. 1 BGB nochmals deutlich verkürzt. Seit dem Jahr 2012 müssen alle nicht in Papierform ausgelösten Inlandszahlungen bis zum Ende des auf den Tag des Auftragseingangs folgenden Geschäftstags bei der Empfängerbank ankommen. Dies gilt unabhängig davon, ob der Zahlungsvorgang innerhalb des Hauses, Filial- oder institutsübergreifend erfolgt und selbst für Auslandszahlungen innerhalb des EWR, sofern diese auf Euro lauten. § 675s Abs. 1 BGB gilt sowohl für „Push"- als auch für „Pull"-Zahlungen und auch für Zahlungen, die auf der Grundlage des Lastschrifteinzugsverfahrens ausgelöst werden.[3] Für Zahlungen, die vom oder über den Empfänger initiiert wurden, enthält § 675s Abs. 2 BGB zusätzlich eine Weiterleitungsfrist für Zahlungsaufträge.   6.74

Mit dem Eingang des Betrages auf einem Konto der Empfängerbank oder – im Falle eines fehlgeschlagenen Zahlungsvorganges – mit der auf ein Erstattungsverlangen des Zahlers folgenden Erstattung hat der Zahlungsdienstleister des Zahlers seine Ausführungspflicht erfüllt.   6.75

cc) Pflichten des Zahlungsdienstleisters des Empfängers

Nachdem der Betrag auf einem Konto der Empfängerbank eingegangen ist, ist der Zahlungsdienstleister des Zahlungsempfängers aus dem zwischen dem Empfänger und sei-   6.76

---

1 Vgl. *Köndgen*, JuS 2011, 481 (486) mwN.
2 Baumbach/Hopt/*Hopt*, 2. Teil, V. (7) C/24; bereits zum alten Recht: BGH v. 19.3.1991 – XI ZR 102/90, NJW 1991, 2210 = MDR 1991, 623.
3 Beck-OK/*Schmalenbach*, Stand: 1.5.2016, § 675s BGB Rz. 3 ff.; aA *Franck/Massari*, WM 2009, 1117 (1120).

nem Zahlungsdienstleister abgeschlossenen Zahlungsdienstevertrag verpflichtet, die eingehende Zahlung nach Maßgabe des § 675t BGB unverzüglich auf das Empfängerkonto weiterzuleiten, und zwar mit sofortiger Wertstellung (dh. zum Zwecke der Berechnung von Soll- oder Habenzinsen) zur freien Verfügung des Empfängers.

dd) Entgelte für die Erbringung von Zahlungsdiensten

6.77 Der Zahlungsdienstleister ist berechtigt, für die Ausführung des Auftrags vom Kunden Aufwendungsersatz in Gestalt einer Belastungsbuchung auf dem Konto des Nutzers (§ 675c Abs. 1 iVm. § 670 BGB) sowie ein vereinbartes Entgelt zu verlangen. Die Vorschrift des § 675f Abs. 4 Satz 1 BGB regelt somit eine Selbstverständlichkeit: Demnach hat der Zahlungsdienstnutzer für die Erbringung eines Zahlungsdienstes an den Zahlungsdienstleister ein Entgelt zu entrichten, soweit ein solches vereinbart ist. Dabei besteht grundsätzlich Vertragsfreiheit. Für die Erfüllung von Nebenpflichten muss der Nutzer jedoch nur dann ein Entgelt entrichten, sofern dies vom Gesetz zugelassen ist,[1] wobei dieses Entgelt angemessen und an den tatsächlichen Kosten des Zahlungsdienstleisters ausgerichtet sein muss (§ 675f Abs. 4 Satz 2 BGB). Sämtliche Informationen im Zusammenhang mit Erteilung und Ausführung eines Zahlungsauftrages sind grundsätzlich gebührenfrei zu erteilen (§ 675d Abs. 3 BGB).

ee) Sonstige Pflichten der Vertragsparteien

6.78 Gemäß § 675d Abs. 1 BGB hat der Zahlungsdienstleister dem Zahlungsdienstenutzer mit einer Reihe von Informationen zu versorgen. Diese Informationspflichten werden in Art. 248 §§ 1 bis 16 EGBGB konkretisiert. Die §§ 1 f. des Art. 248 EGBGB enthalten eine Konkurrenzregelung für den Fall, dass der Zahlungsdienstevertrag zugleich ein Fernabsatzvertrag ist, sowie allgemeine Formvorschriften. Die Vorschriften der §§ 3–11 des Art. 248 EGBGB beinhalten Informationspflichten für Zahlungsdiensterahmenverträge, die §§ 12–16 des Art. 248 EGBGB statuieren Mitteilungspflichten für Einzelzahlungsverträge. Von besonderem Interesse für den Handel sind die zusätzlichen Informationspflichten für den Empfänger von Kartenzahlungen in §§ 17 f. des Art. 248 EGBGB.

6.79 Darüber hinaus treffen beide Vertragsparteien besondere Nebenpflichten im Zusammenhang mit der Nutzung von Zahlungsauthentifizierungsinstrumenten (ec- oder Kreditkarten).[2]

6.80 Um Instrumente für Kleinbetragszahlungen nicht durch übermäßig hohe Anforderungen zu überfrachten, erweitert der Gesetzgeber in § 675i Abs. 2 BGB den Gestaltungsspielraum des Zahlungsdienstleisters bei der Konzeption der Vertragsbedingungen, soweit er seine Dienste nur durch Überlassung eines Kleinbetragsinstruments iSd. § 675i Abs. 1 BGB erbringt, indem die betreffenden Informationspflichten und Ausführungsvorschriften auf das unbedingt Notwendige reduziert. § 675i Abs. 3 BGB bestimmt, dass für elektronisches Geld (E-Geld) unter bestimmten Voraussetzungen die Haftungsvorschriften, die normalerweise für nicht autorisierte Zahlungsvorgänge gelten (§§ 675u und 675v BGB), nicht anwendbar sind. Da E-Geld ausschließlich in Gestalt von Geldkarten („Kartengeld") und serverbasierten Geld („Netzgeld") existiert, bezieht sich die Regelung nur auf das Netzgeld.

---

1 Vgl. etwa § 675o Abs. 1 Satz 4 BGB für die Benachrichtigung des Zahlungsdienstnutzers von der berechtigten Ablehnung der Ausführung eines Zahlungsauftrags.
2 Vgl. *Köndgen*, JuS 2011, 481 (488).

V. Aufsichtsrechtliche Grundlagen des bargeldlosen Zahlungsverkehrs

Im Grundsatz gilt, dass derjenige, der Zahlungsdienste jeglicher Art anbietet, eine Erlaubnis der Bundesanstalt für Finanzdienstleistungsaufsicht (BaFin) benötigt. Der Begriff des Zahlungsdienstes ist in § 1 Abs. 2 ZAG legaldefiniert. Dabei bestehen bei den neuen elektronischen Bezahlsystemen vielfach Abgrenzungsschwierigkeiten. Insbesondere die Rechtsfrage, ob ein Anbieter elektronische Zahlungsdienste anbietet und etwa „nur" im Rahmen der Ausführung von Zahlungsvorgängen tätig wird oder aber das E-Geld-Geschäft betreibt, hatte bis vor kurzem ganz erhebliche rechtliche Auswirkungen. Denn während für Zahlungsinstitute mit dem ZAG seit dem Jahr 2009 ein eigenes Regelwerk existiert, galt für E-Geld-Institute als Sonderfall von Kreditinstituten das deutlich strengere Aufsichtsregime des Kreditwesengesetzes (KWG).[1] Mit dem Inkrafttreten des 2. EGeldRUG zum 30.4.2011 wurden E-Geld-Institute jedoch aus der Aufsicht nach dem KWG herausgenommen und das „E-Geld-Geschäft", also die Ausgabe von E-Geld, in den Bereich der erlaubnispflichtigen Zahlungsdienste einbezogen und ebenfalls dem Aufsichtsregime des ZAG unterstellt, das sich seitdem gleichermaßen an Unternehmen richtet, die Zahlungsdienste erbringen (Zahlungsinstitute) und Unternehmen, die das E-Geld-Geschäft betreiben (E-Geld-Institute). **6.81**

1. Zahlungsinstitute

Zahlungsinstitute werden gemäß § 1 Abs. 1 Nr. 5 ZAG definiert als Unternehmen, die Zahlungsdienste gewerbsmäßig oder in einem Umfang erbringen, der einen in kaufmännischer Weise eingerichteten Geschäftsbetrieb erfordert, ohne zu den unter die in § 1 Abs. 1 Nr. 1 bis 4 ZAG genannten Zahlungsdienstleistern zu gehören. **6.82**

2. Katalog der aufsichtspflichtigen Zahlungsdienste

Was ein Zahlungsdienst ist, wird in § 1 Abs. 2 ZAG enumerativ aufgeführt. Diese Liste bezieht sich auf die Übermittlung von gesetzlichen Zahlungsmitteln (Bargeld), gesetzliche Zahlungsmittel vertretende Zahlungsmittel (Buchgeld) sowie E-Geld. **6.83**

⮕ **Wichtig:** Die Übermittlung von „privaten Währungen", mit denen Dienstleistungen oder Lieferungen von Waren in Tauschringen oder Barter-Clubs oder virtuellen Computerwelten wie „Second Life" verrechnet werden, wird nicht als Zahlungsdienst erfasst, solange sie nicht zu irgendeinem Zeitpunkt, zB bei Ein- oder Austritt in den Ring, in Bargeld, Buchgeld oder elektronisches Geld umgerechnet und ein- oder ausgezahlt werden.[2] **6.84**

Bei den folgenden Dienstleistungen handelt es sich um Zahlungsdienste iSd. § 1 Abs. 2 ZAG: **6.85**

– **Ein- oder Auszahlungsgeschäft:** Bareinzahlungen auf ein Zahlungskonto und alle für die Führung eines Zahlungskontos (§ 675f Abs. 2 BGB) erforderlichen Vorgänge.

– **Zahlungsgeschäft ohne Kreditgewährung:** Ausführung von Zahlungsvorgängen (§ 675f Abs. 3 BGB) einschließlich der Übermittlung von Geldbeträgen auf ein Zahlungskonto beim Zahlungsdienstleister des Zahlungsempfängers oder einem anderen Zahlungsdienstleister durch Überweisung, Lastschrift oder auf Grund eines Zahlungsinstruments (zB Kreditkarte, Debitkarte oÄ).

– **Zahlungsgeschäft mit Kreditgewährung:** Ausführung der in Nr. 2 genannten Zahlungsvorgänge, verbunden mit einer Kreditgewähr, soweit der Kredit lediglich als Neben-

---

1 Vgl. § 1 Abs. 1 Satz 2 Nr. 11 KWG aF.
2 Vgl. RegBegr., BR-Drs. 827/08, S. 53.

geschäft ausschließlich im Zusammenhang mit der Ausführung des Zahlungsvorgangs gewährt wird und binnen höchstens zwölf Monaten zurückzuzahlen ist (§ 2 Abs. 3 ZAG), zB Überziehungskredite, Kreditkartenkredite.

- **Zahlungsauthentifizierungsgeschäft:** Ausgabe von Zahlungsauthentifizierungsinstrumenten (§ 675j Abs. 1 Satz 4 BGB; § 1 Abs. 5 ZAG), zB Maestro-, Geld- und Kreditkarten sowie die Annahme und Abrechnung damit ausgelöster Zahlungsvorgänge.

- **Digitalisiertes Zahlungsgeschäft:** Ausführung von Zahlungsvorgängen, bei denen die Autorisierung (§ 675j Abs. 1 Satz 1 BGB) über ein Telekommunikations-, Digital- oder IT-Gerät übermittelt wird und die Zahlung an den Betreiber des Systems oder Netzes als zwischengeschaltete Stelle zwischen Zahlungsdienstnutzer und Lieferant erfolgt (zB Mehrwertdienste der Telekom), jedoch nicht die Zahlung für Leistungen zur Nutzung durch das Gerät selbst (§ 1 Abs. 10 Nr. 11 ZAG). Als Beispiel hat der Gesetzgeber ausdrücklich die „Abrechnung von Fahrscheinen des öffentlichen Personennahverkehrs in verschiedenen Regionen" genannt, die über das Telekommunikationsunternehmen des Fahrgastes, insbesondere auch gegen die Belastung von Mobilfunkguthaben bewerkstelligt werden können.[1]

- **Finanztransfergeschäft:** Dienste, bei denen ohne Einrichtung eines Zahlungskontos auf den Namen eines Zahlers oder eines Zahlungsempfängers ein Geldbetrag des Zahlers ausschließlich zur Übermittlung eines entsprechenden Betrags an den Zahlungsempfänger oder an einen anderen, im Namen des Zahlungsempfängers handelnden Zahlungsdienstleister entgegengenommen wird oder bei dem der Geldbetrag im Namen des Zahlungsempfängers entgegengenommen und diesem verfügbar gemacht wird.

  Hierunter fallen Zahlungsdienste, die nicht über die Einschaltung eines Zahlungskontos ausgeführt werden, wobei jedoch durchaus denkbar ist, dass der Zahlungsdienstnutzer den Geldbetrag dem Zahlungsdienstleister unbar (zB durch Überweisung, Scheck, Electronic-Cash, Einzugsermächtigung oÄ) übermittelt. Nachnahmezahlungen beim Versandkauf sollen nach dem Willen des Gesetzgebers auch zukünftig nicht erfasst werden, ohne dass dies jedoch näher begründet wird.[2]

a) Begriff des Zahlungskontos

6.86 Der Begriff des von dem Zahlungsinstitut verwendeten **Zahlungskontos** wird in § 1 Abs. 3 ZAG definiert. Die Definition entspricht dem allgemeinen Kontobegriff.[3] Gemäß § 2 Abs. 2 Satz 1 ZAG wird die Nutzung des Zahlungskontos beschränkt auf die Abwicklung von Zahlungsvorgängen iSd. Zahlungsdienste. Dementsprechend handelt es sich gemäß § 1 Abs. 2 Satz 3 bei einem Guthaben grundsätzlich auch nicht um eine rückzahlbare Einlage iSd. § 1 Abs. 1 Satz 2 Nr. 1 KWG. Folgerichtig beinhaltet § 2 Abs. 2 Satz 2 ZAG ein Verzinsungsverbot.

b) Bereichsausnahmen

6.87 Der Gesetzgeber nimmt in § 1 Abs. 10 ZAG eine Reihe von Vorgängen aus der Aufsicht heraus, bei denen es sich – der Definition nach – ansonsten um Zahlungsdienste handelt. Für den Bereich des Versandhandels können, abhängig vom jeweiligen Geschäftsmodell, folgende Ausnahmen bedeutsam sein:

- Zahlungsvorgänge unter Einschaltung von **Handelsvertretern** (Zentralregulierern) (Nr. 2);

---

1 Vgl. RegBegr., BR-Drs. 827/08, S. 56.
2 Vgl. RegBegr., BR-Drs. 827/08, S. 58.
3 Es handelt sich dabei um ein Konto iSd. § 154 Abs. 2 AO.

Hintergrund dieser Ausnahmevorschrift ist, dass der Schwerpunkt der Dienstleistung zB eines Handelsvertreters in der Vermittlung des Grundgeschäfts, dem Verkauf oder Kauf von Waren oder Dienstleistungen, liegt, das überhaupt erst Anlass zu dem Zahlungsvorgang gibt, den er sozusagen als Hilfs- oder Nebendienstleistung abwickelt. Nach Ansicht der BaFin lässt sich die Vorschrift dahin verstehen, dass derjenige, der als Abschlussvertreter, als Bote oder auch nur als Unterhändler in den Abschluss des Grundgeschäfts eingebunden ist, das Geld für den Zahlungsempfänger in Empfang nehmen und an diesen weiterleiten darf.[1]

– **technische Infrastrukturdienstleistungen**, zB Swift (Nr. 9);

– **Verbundzahlungssysteme**, dh. Systeme zum Erwerb von Waren oder Dienstleistungen innerhalb eines abgegrenzten Systems zB Kundenkarten von Kaufhäusern, Clubkarten einer Freizeitanlage, Stationskarten von Tankstellen oder Verbundzahlungssysteme im ÖPNV (Nr. 10);

– **digitale Zahlungen als Nebendienstleistung zu digitalen Übertragungen**, dh. Lieferungen an ein Telekommunikations-, ein Digital- oder IT-Gerät wie zB Prepaid-Mobilfunkarten, Klingeltöne, Musik oder Computerspiele, etc. (Nr. 11); diese Ausnahme gilt nicht mehr, sobald zB ein Mobiltelefon als universales Bezahlmedium eingesetzt wird und der System- bzw. Netzbetreiber nur noch als zwischengeschaltete Durchlaufstelle in seiner Funktion als Zahlungsprovider agiert;

– Zahlungsvorgänge innerhalb **verbundener Unternehmen** (Nr. 13).

Zahlungsdienst ist somit jede privatrechtliche Dienstleistung eines Dritten, welche die Ausführung einer Zahlung zwischen zwei Parteien, namentlich dem Zahler und dem Zahlungsempfänger bewirken soll, dh. dem Zahler dabei helfen oder ihn in die Lage versetzen soll, einen Geldbetrag aus seinem Vermögen in das des Zahlungsempfängers zu übertragen, und nicht unter einen der Ausschlusstatbestände des § 1 Abs. 10 ZAG fällt.   6.88

Den Zahlungsdienst erbringt der Zahlungsdienstleister typischerweise auf Grund eines Zahlungsauftrages (§ 675f Abs. 3 Satz 2). Denkbar ist aber auch, dass der Zahlungsdienstleister eine Zahlung ohne einen solchen Auftrag erbringt, zB zur Erfüllung einer eigenen Verbindlichkeit.   6.89

⊃ **Wichtig:** Leistungen, die ohne Beteiligung eines Dritten ausschließlich zur Bezahlung von Waren oder Dienstleistungen einer Vertragspartei durch die andere dienen, wie zB die Ausgabe und der Einsatz von Prepaid-Karten, fallen nicht unter den Begriff des Zahlungsdienstes.   6.90

3. E-Geld-Institute

E-Geld-Institute sind gemäß § 1a Abs. 1 Nr. 5 ZAG alle Unternehmen, die das E-Geld Geschäft betreiben, ohne unter die in Abs. 1 genannten Nummern 1 bis 4 zu fallen.[2] Als E-Geld-Geschäft gilt nach § 1a Abs. 2 ZAG die „Ausgabe von E-Geld". Unternehmen, die E-Geld ausgeben, unterliegen einem Erlaubnisvorbehalt (§ 8a ZAG) und der laufenden Aufsicht nach dem Zahlungsdiensteaufsichtsgesetz.   6.91

---

1 Vgl. BaFin-Merkblatt v. 22.12.2011 – „Hinweise zu dem Gesetz über die Beaufsichtigung von Zahlungsdiensten (Zahlungsdiensteaufsichtsgesetz – ZAG)".
2 In den Nrn. 1 bis 4 werden die weiteren E-Geld-Emittenten (Kreditinstitute; Bund, Länder, Gemeinden und andere Behörden; die EZB, die Deutsche Bundesbank und andere Zentralbanken sowie die KfW) genannt.

a) Regulierung des E-Geldes

6.92 Der rechtliche Rahmen für die Ausgabe von E-Geld innerhalb des EWR wurde zunächst durch die Erste E-Geld-Richtlinie vom 18.9.2006 bestimmt. Im Zuge der Umsetzung der Richtlinie erfuhr das E-Geld mit Inkrafttreten des Vierten Finanzmarktförderungsgesetzes (4. FMFG) mit Wirkung zum 1.7.2002 in § 1 Abs. 14 KWG aF erstmals eine Legaldefinition. Am 16.9.2009 wurde die Erste E-Geld-Richtlinie von der Zweiten E-Geld-Richtlinie abgelöst, die bis 30.4.2011 in nationales Recht umzusetzen war. Inhaltlich ist sie eng mit der Zahlungsdiensterichtlinie und den Geschäftsaktivitäten der Zahlungsinstitute verzahnt. Während die Zahlungsdiensterichtlinie die *Ausführung* von Zahlungsvorgängen regelt, und zwar auch soweit es sich bei den Geldbeträgen um E-Geld handelt, regelt die Zweite E-Geld-Richtlinie die *Ausgabe von E-Geld* und die Aufsicht über die E-Geld-Institute. Dieser systematischen Aufteilung des Richtliniengebers folgend integrierte der deutsche Gesetzgeber aufsichtsrechtliche Vorgaben der Zweiten E-Geld-Richtlinie im Wesentlichen in das Zahlungsdiensteaufsichtsgesetz, das entsprechende Regelungen bereits für den Institutstypus des Zahlungsinstituts enthielt.[1] Der zivilrechtliche Teil bezüglich der Ausführung von E-Geld-Zahlungen fällt grundsätzlich in den Anwendungsbereich der §§ 675c ff. BGB.[2]

b) Begriff des E-Geldes

6.93 Der Begriff des E-Geldes erfuhr insbesondere in seinen Anfängen eine verwirrende Begriffsvielfalt.[3] Dabei bildeten sich zwei grundlegende Erscheinungsformen des E-Geldes heraus: hardwarebasiertes, dh. kartengestütztes E-Geld (sog. Kartengeld; Geldbörsensysteme) und softwarebasiertes E-Geld (sog. Netzgeld).

6.94 Der Begriff des E-Gelds ist nunmehr in **§ 1a Abs. 3 ZAG** legaldefiniert. Aus der gesetzlichen Definition folgt, dass es sich beim E-Geld um monetäre Werteinheiten in Form einer Forderung gegen einen E-Geld-Emittenten[4] handelt, die

1. elektronisch, darunter auch magnetisch gespeichert sind (zB dem Chip einer Bankkundenkarte oder auf der Festplatte eines Servers),

2. gegen Entgegennahme eines Geldbetrages (gleich ob durch Buch- oder Bargeld) ausgegeben werden,

3. um damit Zahlungsvorgänge iSd. § 675f Abs. 3 Satz 1 BGB durchzuführen und

4. von Dritten wie ein Zahlungsmittel angenommen werden, ohne ein solches von Gesetzes wegen zu sein.

6.95 Dabei ist ein **Zahlungsvorgang** jede Bereitstellung, Übermittlung oder Abhebung eines Geldbetrags, unabhängig von der zu Grunde liegenden Rechtsbeziehung zwischen Zahler und Zahlungsempfänger.

6.96 Aus der gesetzlichen Definition folgt zwingend, dass E-Geld nur dann vorliegt, wenn der Forderungsverpflichtete und der Zahlungsempfänger **nicht identisch** sind. Denn die De-

---

1 Im Gegenzug wurden die E-Geld-Institute aus der Aufsicht des KWG entlassen, wo sie seit dem Inkrafttreten des 4. FMFG als eigener Institutstyp innerhalb der Kategorie der Kreditinstitute geregelt waren, und sämtliche Regelungen des KWG, die sich auf die Erbringung des E-Geld-Geschäfts durch E-Geld-Institute beziehen, aufgehoben.

2 Zur Reform des E-Geld-Rechts durch die Umsetzung der Zweiten E-Geld-Richtlinie vgl. *Fett/Beutele*, WM 2011, 1352 ff.

3 Zur Problematik der verschiedenen Definitionen vgl. Schimansky/Bunte/Lwowski/*Neumann*, Bankrechts-Handbuch, § 55a Rz. 1 ff.; *Hladjk*, MMR 2001, 731 (731); *Spallino*, WM 2001, 231 (231); *Luckey*, WM 2002, 1529 (1530); *Kokemoor*, BKR 2003, 859 (861); jeweils mwN.

4 Vgl. § 1a Abs. 1 ZAG.

finition des E-Geldes setzt zwingend ein Drei- oder Mehrpersonenverhältnis voraus, so dass Vertragsbeziehungen, die ausschließlich ein Zwei-Personen-Verhältnis betreffen, nicht erfasst werden.

Ferner werden durch das Erfordernis der Entgegennahme eines Geldbetrags unentgeltlich ausgegebene Werteinheiten vom Anwendungsbereich ausgenommen: E-Geld iSd. ZAG leitet sich stets von gesetzlichen Zahlungsmitteln oder anderem E-Geld iSd. ZAG ab. **6.97**

Die Bezeichnung „E-Geld" dient als Oberbegriff für eine Vielzahl von Bezahlsystemen mit unterschiedlichen Verfahren. Ein bekanntes Beispiel für ein Instrument zur Bezahlung mit E-Geld ist die Geldkarte, die häufig als Zusatzfunktion einer Bankkundenkarte von dem kartenemittierenden Institut zur Verfügung gestellt wird. Während in den Anfängen des Netzgeldes zunächst erfolgversprechende Pilotprojekte wie „**CyberCoin**" oder „**eCash**" wieder eingestellt wurden,[1] ist als prominentes Beispiel aus dem Bereich des Netzgeldes insbesondere das **PayPal**-System zu nennen. Dabei handelt es sich im Kern um ein „virtuelles Kundenkonto", über das nicht nur auf das Bankkonto bzw. das Kreditkartenkonto des Nutzers zugegriffen werden kann, sondern auf das – im Sinne einer E-Geld-Funktion auch Geldbeträge – „einbezahlt" und anschließend an andere PayPal-Nutzer übertragen werden können.[2] **6.98**

c) Bereichsausnahmen

Dieser zunächst sehr weite Begriff des E-Gelds wird durch bestimmte Bereichsausnahmen eingeschränkt. Es handelt sich dabei um die gleichen Bereichsausnahmen, die auch für Zahlungsinstitute gelten: **6.99**

– **Verbundzahlungssysteme**, dh. Systeme zum Erwerb von Waren oder Dienstleistungen innerhalb eines abgegrenzten Systems zB Kundenkarten von Kaufhäusern, Clubkarten einer Freizeitanlage, Stationskarten von Tankstellen oder Verbundzahlungssysteme im ÖPNV (§ 1a Abs. 5 Nr. 1 iVm. § 1 Abs. 10 Nr. 10 ZAG);

– **digitale Zahlungen als Nebendienstleistung zu digitalen Übertragungen**, dh. Lieferungen an ein Telekommunikations-, ein Digital- oder IT-Gerät wie zB Prepaid-Mobilfunkarten, Klingeltöne, Musik oder Computerspiele, etc. (§ 1a Abs. 5 Nr. 2 iVm. § 1 Abs. 10 Nr. 11 ZAG).

Diese Ausnahme gilt nicht mehr, sobald zB ein Mobiltelefon als universales Bezahlmedium eingesetzt wird und der System- bzw. Netzbetreiber nur noch als zwischengeschaltete Durchlaufstelle in seiner Funktion als Zahlungsprovider agiert.

---

1 Zur rechtlichen Einordnung der beiden inzwischen eingestellten Zahlungssysteme vgl. *Spallino*, WM 2001, 231 (231 ff.); zum eCash-System vgl. auch Schimansky/Bunte/Lwowski/*Neumann*, Bankrechts-Handbuch, § 55a Rz. 24 ff.
2 Ausweislich Ziff. 1.1. der AGB versteht sich PayPal selbst als E-Geld-Emittent und Dienstleister von mit der Ausgabe von E-Geld eng verbundenen Leistungen. Ob es sich bei den Guthaben, die PayPal auf seinen PayPal-Konten verwaltet, bzw. bei den über PayPal abgewickelten Zahlungsvorgängen um E-Geld bzw. Zahlungsvorgänge mit Hilfe von E-Geld handelt, war ursprünglich umstritten (für eine Einordnung als E-Geld ua. *Medler/Grabe*, BKR 2005, 467 (471) mwN; *Fett/Bentele*, WM 2011, 1352 (1352); Schulze et.al./*Schulte-Nölke*, BGB, § 675c BGB Rz. 3; aA: *Kokemoor*, BKR 2003, 859 (865); *Hoenike/Szodruch*, MMR 2006, 519 (524). Die britische FCA (früher: Financial Services Authority) hatte PayPal kurz nach Umsetzung der Ersten E-Geld-Richtlinie in Großbritannien eine Lizenz als E-Geld-Institut erteilt. Der extensiven Auslegung des E-Geld-Tatbestandes durch die FCA sind inzwischen der Richtliniengeber und der Bundesgesetzgeber gefolgt, vgl. hierzu ausführlich Casper/Terlau/*Terlau*, ZAG, § 1a Rz. 63.

4. Erlaubnisvorbehalt für Zahlungsinstitute und E-Geldinstitute

6.100 Soweit der Anwendungsbereich des ZAG eröffnet ist, steht sowohl die Erbringung von Zahlungsdiensten (§ 8 Abs. 1 ZAG) als auch das Betreiben des E-Geld-Geschäftes (§ 8a Abs. 1 ZAG) unter einem Verbot mit Erlaubnisvorbehalt. Dieses Verbot mit Erlaubnisvorbehalt gilt für jedermann, der das E-Geld-Geschäft betreiben oder aber im Inland gewerbsmäßig oder in einem Umfang, der einen in kaufmännischer Weise eingerichteten Geschäftsbetrieb erfordert, Zahlungsdienste als Zahlungsinstitut erbringen will.[1] Bei Verstößen gegen den Erlaubnisvorbehalt drohen bußgeld- und strafrechtliche Konsequenzen (§ 31 ZAG).

6.101 Von besonderem Interesse ist die Pflicht der E-Geld-Institute, die Geldbeträge, die sie für die Ausgabe von E-Geld entgegengenommen haben, auf bestimmte Weise zu sichern, damit sie im Insolvenzfall nicht in die Insolvenzmasse des Instituts fallen, zB durch die Übertragung der Gelder auf ein offenes Treuhandkonto bei einem Kreditinstitut, die Anlage in sichere liquide Aktiva mit niedrigem Risiko oder den Abschluss einer entsprechenden Versicherung oder vergleichbaren Garantie.

5. Grenzüberschreitender Dienstleistungsverkehr

6.102 Für den grenzüberschreitenden Dienstleistungsverkehr enthält das das ZAG sowohl für Zahlungs- als auch für E-Geld-Institute in § 25 ZAG eine Regelung, die weitestgehend dem bereits im KWG vorgesehenen „Europäischer Pass" entspricht. Ein Institut, das der Aufsicht nach dem ZAG unterliegt und eine Zweigniederlassung in einem anderen Staat des EWR errichten oder dort grenzüberschreitend E-Geld-Geschäfte betreiben möchte, benötigt hierfür **keine gesonderte Erlaubnis des anderen Staats** (§ 25 Abs. 1 und 2 ZAG). Erforderlich ist lediglich eine Anzeige bei der BaFin und der Deutschen Bundesbank. Dementsprechend benötigen innereuropäische Institute auch keine gesonderte Erlaubnis der BaFin, wenn sie mittels Zweigniederlassung oder im Wege des grenzüberschreitenden Dienstleistungsverkehrs im Inland E-Geld-Geschäfte betreiben wollen, sofern sie von den zuständigen Behörden des Herkunftsstaats zugelassen wurden und deren laufende Aufsicht sichergestellt ist (§ 26 Abs. 1 ZAG). Diese Erleichterungen gelten nicht für ein Unternehmen mit Sitz außerhalb des Europäischen Wirtschaftsraums. Selbst wenn ein solches Unternehmen nicht über eine physische Präsenz im Inland verfügt, besteht eine Erlaubnispflicht nach dem ZAG, sofern es E-Geld-Geschäfte mittels im Inland errichteter Konten erbringt oder sich anderweitig zielgerichtet an den deutschen Markt wendet.

VI. Aufsichtsrechtliche Fragestellungen in der Praxis des Online-Versandhandels

6.103 Versandhändler benötigen zur Abwicklung ihres Zahlungsverkehrs grundsätzlich keine Erlaubnis der Bundesanstalt für Finanzdienstleistungsaufsicht (BaFin), da Sie üblicherweise weder Zahlungsinstitute noch E-Geld-Institute oder sogar Kreditinstitute darstellen. Sie vereinnahmen die Kundengelder für sich im eigenen Namen und auf eigene Rechnung und sind selbst Zahlungsempfänger.

---

1 Zu den Erlaubnisvoraussetzungen, zum Erlaubnisverfahren und zur laufenden Aufsicht durch die BaFin vgl. ausführlich *Schäfer/Lang*, BKR 2009, 11 (16 f.); Deutsche Bundesbank, Merkblatt über die Erteilung einer Erlaubnis für Zahlungsinstitute und E-Geld-Institute gemäß § 8 Abs. 1 und § 8a Abs. 1 ZAG, zuletzt geändert am 21.7.2015 (Stand: Juni 2015), abrufbar im Internet unter: www.bundesbank. de; für das E-Geld-Institut ferner *Fett/Bentele*, WM 2011, 1352 (1357 ff.). Zu den geldwäscherechtlichen Aspekten bei E-Geld-Geschäfte vgl. etwa *Fett/Bentele*, WM 2011, 1352 (1360); *Neumann/Bauer*, MMR 2011, 563 (565 ff.).

Online-Versandhändler können auf Grund der Vielfalt der Geschäftsmodelle jedoch schnell die Grenze zu dem jetzt erlaubnispflichtigen Bereich überschreiten und sollten deshalb bei der Entwicklung ihrer Geschäftsmodelle stets auch aufsichtsrechtliche Fragestellungen im Blickfeld behalten. **6.104**

1. Einschaltung von Dritten in den Zahlungsprozess

Vereinnahmt ein als Makler oder Vermittler tätiges Unternehmen über Online-Bezahldienste wie zB PayPal oder „sofortüberweisung.de" Geldbeträge der Kunden und leitet es diese dann an den Verkäufer oder Dienstleiter weiter, kann ein erlaubnispflichtiges Finanztransfergeschäft iSd. § 1 Abs. 2 Nr. 6 Alt. 1 ZAG vorliegen, sofern der Vermittler nicht unter die Ausnahmevorschrift in § 1 Abs. 10 Nr. 2 ZAG (Handelsvertreter oder Zentralregulierer) fällt.[1] **6.105**

Einer entsprechenden Entscheidung des LG Köln[2] lag ein Sachverhalt zu Grunde, bei dem der Anbieter ein Online-Bestellportal betrieb, in dem Kunden bei verschiedenen Lieferdiensten Bestellungen aufgeben können. Der Anbieter wickelte dabei die Zahlungen selbst ab und bot Kunden hierzu verschiedene Online-Bezahlverfahren an, insbesondere PayPal, sofortüberweisung.de oder die unmittelbare Zahlung mit Kreditkarte. Erst nach erfolgter Zahlung gab der Anbieter die Bestellung an den Lieferanten weiter. Das vereinnahmte Geld rechnete er monatlich mit den jeweiligen Lieferanten ab, wobei er diesen die für die Inanspruchnahme von Zahlungsdiensten entstandenen Gebühren anteilig in Rechnung stellte. **6.106**

Nach Ansicht des Gerichts erbrachte der Anbieter damit tatsächlich einen Zahlungsdienst in Form des Finanztransfergeschäfts (§ 1 Abs. 2 Nr. 6 ZAG). Ein solches liegt ua. vor, wenn ohne Einrichtung eines Kontos ein Geldbetrag zur Übermittlung an einen Zahlungsempfänger entgegengenommen wird. Diesen Tatbestand habe der Anbieter nach Ansicht des Gerichts durch Vereinnahmung der Zahlung und Auskehrung an die Lieferanten erfüllt, da der Tatbestand des Finanztransfergeschäfts nicht nur die Entgegennahme von Bargeld, sondern auch die Entgegennahme von Buchgeld erfasse. **6.107**

Gegen die Qualifizierung des Anbieters als erlaubnispflichtiges Zahlungsinstitut sprach nach Ansicht des Gerichts nicht, dass der Zahlungsdienst nur anlässlich einer anderen Haupttätigkeit (Vermittlung von Waren und Dienstleistungen) erbracht werde. Auch das Einräumen einer bestimmten Zahlungsmöglichkeit für ein Hauptgeschäft reiche für die Bejahung der erforderlichen Gewerblichkeit des Zahlungsdienstes aus. Die für gewerbliche Betätigung erforderliche **Gewinnerzielungsabsicht** müsse sich nämlich nicht zwingend auf den Zahlungsdienst beziehen, sondern es genüge, wenn dieser die Gewinnerzielungsabsicht im Rahmen des Hauptgeschäfts fördere. Auch handele es sich bei der Vereinnahmung und Weiterleitung der Geldbeträge durch die Verfügungsbeklagte nicht um eine unentgeltliche Tätigkeit, da in einer Gesamtbetrachtung der Zahlungsdienst durch die vereinbarte Provision mitvergütet werde. **6.108**

Durch die Entscheidung wurde dem bisherigen Geschäftsmodell des Anbieters letztlich von heute auf morgen im einstweiligen Rechtsschutz die Grundlage entzogen: dem Anbieter wurde verboten, sein Geschäft weiter wie bisher zu betreiben. **6.109**

Die Rechtsprechung des LG Köln ist auf Händler, die eigene Waren direkt den Endkunden anbieten, nicht ohne Weiteres übertragbar. Denn wer eigene Waren oder Dienstleis- **6.110**

---

1 Casper/Terlau/*Terlau*, ZAG, § 1 Rz. 71 mwN.
2 LG Köln v. 29.9.2011 – 81 O 91/11 = BKR 2012, 348 = WM 2012, 405 = CR 2012, 60 = ITRB 2012, 34 – Lieferheld; vgl. hierzu auch *Hingst/Lösing*, BKR 2012, 334; Casper/Terlau/*Terlau*, ZAG, § 1 Rz. 71 mwN.

tungen verkauft, ist selbst Zahlungsempfänger und leitet die Zahlungen auch nicht an einen Dritten weiter. Weitreichende Folgen hatte das Urteil jedoch für alle Anbieter, die Waren oder Dienstleistungen Dritter anbieten und für diese den Zahlungsverkehr abwickeln, und zwar auch dann, wenn die Zahlungsmöglichkeit nur als Nebendienst angeboten wurde, aber nicht das Hauptgeschäft des Unternehmens darstellt. Dies gilt umso mehr, als der Wortlaut des ZAG grundsätzlich nicht zwischen Online- und Offline-Geschäften differenziert.

6.111 ➲ **Wichtig:** Die Folgen der Qualifizierung eines Geschäfts als Finanztransfergeschäft sind weitreichend. Betroffene Online-Anbieter müssen ua. einen Geldwäschebeauftragten bestellen, besondere IT-Richtlinien erfüllen, bei der BaFin und der Deutschen Bundesbank vierteljährlich die für die Überprüfung der angemessenen Eigenkapitalausstattung erforderlichen Angaben einreichen und der Bundesbank monatlich Berichte über Vermögensstatus, Gewinn- und Verlustrechnung und Zahlungsvolumen übermitteln sowie weitere Auflagen erfüllen.

6.112 Die Entscheidung des LG Köln blendet aus, dass bestimmte Bereiche aus dem rechtlichen Rahmen der ZD-RL ausgeklammert bleiben sollten. Seine Anwendung sollte insbesondere auf solche Zahlungsdienstleister beschränkt werden, deren Haupttätigkeit darin besteht, für Zahlungsdienstnutzer Zahlungsdienste zu erbringen.[1] Ob Betreiber von Online-Plattformen, die Dienstleistungen und Waren lediglich vermitteln, von dem Anwendungsbereich der ZD-RL erfasst werden sollen, erscheint somit eher fraglich. Das ZAG erwähnt unter den Ausnahmen jedoch nicht explizit Betreiber solcher E-Commerce-Plattformen, sondern sieht nur vergleichsweise vage vor, dass beispielsweise Zahlungsvorgänge über einen Handelsvertreter, der befugt ist, den Verkauf im Namen des Zahlers oder des Zahlungsempfängers auszuhandeln oder abzuschließen, nicht als Zahlungsdienste zu qualifizieren sind[2].

6.113 Die BaFin scheint in ihrer Aufsichtspraxis gleichwohl der weiten Auslegung des Begriffs des Finanztransfergeschäfts durch das LG Köln zu folgen. Auch nach Ansicht der BaFin soll ein erlaubnispflichtiges Finanztransfergeschäft vorliegen, wenn eine Online-Handelsplattform das Geld des Kunden entgegennimmt und an den Händler weiterleitet. Hierunter sollen auch die Treuhandservices fallen, bei denen der Anbieter der Online-Handelsplattform die Kaufpreiszahlung des Kunden vorab treuhänderisch auf einem eigenen Konto entgegennimmt und den Betrag an den Händler weiterleitet, sobald der Kunde bestätigt, dass er die Ware ohne Mängel erhalten hat.

6.114 Nach Ansicht der BaFin wird das Erbringen des Finanztransfergeschäfts auch durch eine Abtretung der Forderung an den Dienstleister nicht ausgeschlossen, da es sich bei der Übertragung der Forderung lediglich um eine Abwicklungsmodalität handele, die den zu Grunde liegenden Zahlungsdienst nicht berühre.

6.115 Auch die Ausnahme von der Erlaubnispflicht für Handelsvertreter nach § 1 Abs. 10 Nr. 2 ZAG soll nach Auffassung der BaFin nur dann greifen, wenn der Betreiber der Online-Plattform tatsächlich eine Befugnis zum „Aushandeln oder Abschließen" des jeweiligen Vertrags habe. Diese beinhalte aber ein bestimmtes Maß an Entscheidungs- oder Handlungsmacht, woran es fehlen soll, wenn ein Betreiber die Willenserklärungen nur weiterleitet, ohne eine eigene Befugnis zum Vertragsschluss zu besitzen. Zu der Befugnis auszuhandeln oder abzuschließen gehöre es nach Ansicht der BaFin zudem, nur für eine der Parteien tätig zu werden, die am Geschäft beteiligt sind, also für den Käufer oder für den Händler. Auch hieran fehle es bei Online-Handelsplattformen im Regelfall, da diese lediglich in automatisierter Weise zum Vertragsschluss zwischen Kunden und Händler beitragen, jedoch nicht

---

1 Vgl. Erwägungsgrund 6 der ZD-RL.
2 Zu dieser Problematik vgl. *Hingst/Lösing*, BKR 2014, 315.

für nur eine Partei den Vertragsschluss bestimmen. Dementsprechend sollen auch Regelungen in den AGB der Betreiber nichts ändern, nach denen der Betreiber formal als Vertreter des Kunden oder des Händlers auftritt, oder die bestimmte Bedingungen für Verträge vorgeben, die über die Plattform zustande kommen[1]. Die BaFin prüft nach eigenen Angaben in jedem Einzelfall die vertraglichen Grundlagen und die tatsächliche Abwicklung.

➡ **Praxistipp:** Die Entscheidung des LG Köln wie auch die Verwaltungspraxis der BaFin   **6.116** zeigen auch jenseits der konkreten Rechtsfrage anschaulich, wie wichtig es unter der Geltung des ZAG geworden ist, vertragliche Beziehungen und Zahlungsvorgänge sorgfältig zu strukturieren und dabei in Zweifelsfällen auch qualifizierten Rechtsrat einzuholen, um keine Erlaubnispflicht nach dem ZAG auszulösen. Denn der hier dargestellte Fall wäre anders zu entscheiden gewesen, wenn der Anbieter Partei des Liefervertrages geworden wäre. Anders wäre der Fall auch zu entscheiden gewesen, wenn sich der Anbieter zur Abwicklung des Geldtransfers eines Zahlungsdienstleisters mit BaFin-Erlaubnis bedient hätte. Dabei ist das Risiko eines Angriffs durch Wettbewerber, die kurzfristig das Geschäft ihrer Konkurrenten im Wege des einstweiligen Rechtsschutzes effektiv unterbinden können, viel unmittelbarer als die Gefahr von behördlich verhängten Bußgeldern. Mit Hilfe eines Negativattests der BaFin lassen sich derartige rechtliche Risiken weitgehend ausschließen. Hierbei handelt es sich um einen verbindlichen Bescheid der BaFin, worin festgestellt wird, dass ein Geschäftsmodell nicht einer Erlaubnis nach dem ZAG bedarf.

2. Digitale Rabatt- und Bonussysteme

Verbraucher können heutzutage auch ohne Rabattheftchen allein durch Vorzeigen einer   **6.117** Kundenkarte **„Bonuspunkte"**, **„Rewards"** oder **„Miles"** sammeln. Derartige Rabatt- und Bonuspunktesysteme sind eine Form von Kundenbindungsprogrammen, die entwickelt wurden, um Stammkunden für ihre Treue zu belohnen. Der Kunde kann durch bestimmte Aktionen, zB den Erwerb von Waren oder Dienstleistungen oder auch das bloße Ausfüllen von Fragebögen oder Bewertungsskalen, **Rabatt- oder Bonuspunkte** sammeln. Die gesammelten Bonuspunkte kann der Kunde in Waren, Dienstleistungen, **Rabatte, Bargeld** oder **sonstige Incentives** einlösen. Zu den bekanntesten deutschen Bonussystemen zählen PayBack, Webmiles und Miles & More. Bei den genannten Bonuspunkte- und Rabattsystemen handelt es sich faktisch um Geldsurrogate, bei denen die teilnehmenden Händler vorauszahlen. Hierbei werden im Vorhinein beim Systembetreiber Bonuspunkte zu ihrem monetären Gegenwert eingekauft, die dann anschließend an die Kunden weitergegeben werden können. Letztere können mit den gesammelten Punkten Produkte aus dem Angebot der am System angebundenen Unternehmen erwerben – sei es zu vergünstigten Konditionen oder vollständig punktefinanziert.

Werden derartige Punkte in digitaler Form zentral auf einem Server auf einem Kunden-   **6.118** konto oder dezentral auf einer Karte gespeichert und verwaltet, entstehen klärungsbedürftige **aufsichtsrechtliche Fragen.** Dürfen Versandhändler „eigenes Geld" in den Umlauf bringen? Falls ja, wo liegen die rechtlichen Grenzen? Ab wann sind digitale Bonuspunkte als E-Geld aufsichtspflichtig?

Zu unterscheiden sind zunächst zweiseitige Systeme einerseits und händlerübergreifende   **6.119** Systeme, in denen man bei mehreren Unternehmen identische Punkte sammeln kann, andererseits.

---

1 Vgl. *Kovacs/Rieg/Welz*, Bezahlverfahren im Internet – Aufsichtsrechtliche Vorschriften für Zahlungsdienste und das E-Geld-Geschäft, BaFin Journal, April 2014, S. 7 ff.

a) Zwei-Parteien-Systeme

6.120 Die Ausgabe von Rabatt- und Bonuspunkten, die unter bestimmten Voraussetzungen einen Anspruch auf eine Bonusleistung oder einen Auszahlungsanspruch hinsichtlich eines bestimmten Rabattbetrags gewähren und als zweiseitiges System gestaltet sind, sind nicht erlaubnispflichtig. Zum einen würden Zwei-Parteien-Systeme, bei denen nur der Emittent das elektronische Zahlungsmittel akzeptiert, bereits unter die Bereichsausnahme des § 1a Abs. 5 Nr. 1 iVm. § 1 Abs. 10 Nr. 10 ZAG fallen. Zum anderen lassen sich digitale Bonusprogramme, bei denen die ausgebende Stelle identisch ist mit dem Leistungserbringer und deren Bonuspunkte oder Rabattgutschriften von Dritten nicht als Zahlungsmittel angenommen werden, ohnehin nicht unter den E-Geld-Begriff des § 1a Abs. 3 ZAG subsumieren.

b) Händlerübergreifende Bonussysteme

6.121 Die Frage, ob digitale Werteinheiten als elektronisches Geld anzusehen sind, wenn sie im Rahmen von Bonusprogrammen gewährt werden, die vorsehen, dass der Inhaber der Bonuspunkte seine bei verschiedenen teilnehmenden Händlern gesammelten und auf einem Server gespeicherten Bonuspunkte gegen den Bezug von Waren oder Dienstleistungen bei einem der teilnehmenden Händler eintauschen kann, ist differenziert zu beantworten. Denn in diesen Fällen handelt es sich bei den Bonuspunkten jedenfalls um monetäre Werteinheiten, die von Dritten als Zahlungsmittel angenommen werden.

6.122 Um E-Geld würde es sich allerdings nur handeln, wenn die Werteinheiten „gegen Entgegennahme eines Geldbetrags" ausgegeben werden.

6.123 Aus diesem Grund wird vertreten, bei der Beantwortung der Frage, ob es sich bei der Gewährung von Bonuspunkten um ein E-Geld-Geschäft handelt, auf das Tatbestandsmerkmal der Entgeltlichkeit abzustellen.[1] Insoweit vertrat das seinerzeitige Bundesaufsichtsamt für das Kreditwesen (BAKred) unter der Geltung des mit der 6. KWG-Novelle eingeführten „Netzgeldgeschäfts" noch den Standpunkt, dass auch digitale Bonuspunktesysteme, die Zahlungsverkehrsfunktionalitäten aufweisen, als elektronisches Geld angesehen werden könnten, da das dem Netzgeldgeschäft immanente Tatbestandsmerkmal der „Vorausbezahlung"[2] auch dadurch erfüllt sein könne, dass die Vorausbezahlung von einem Dritten und somit auch von einem an dem Bonuspunktesystem teilnehmenden Händler geleistet werden könne.[3] Auch wurde im Zuge der Umwandlung der Ersten E-Geld-Richtlinie in deutsches Recht ausdrücklich auf eine Klarstellung im Gesetzestext verzichtet, dass digital gespeicherte Bonuspunkte eines Rabattsystems kein E-Geld-Geschäft seien. Die Bundesregierung erklärte jedoch seinerzeit im Rahmen der Finanzausschussberatung, dass sich aus der Formulierung im Gesetzentwurf eindeutig ergebe, dass solche Bonuskarten nicht als elektronisches Geld anzusehen seien, da es an der Ausgabe gegen Entgegennahme eines Geldbetrages fehle.[4]

6.124 Im Rahmen von digitalen Bonussystemen zahlt in der Regel der Kunde einen Geldbetrag als Gegenleistung für eine Ware oder eine Dienstleistung und erhält dadurch zugleich die Gutschrift von Bonuspunkten. Selbst wenn die Ausgabekosten in den Preis der Ware bzw. Dienstleistung einkalkuliert sein mögen, dürfte aber so lange nicht von einer Ausgabe gegen Entgegennahme eines Geldbetrags zu sprechen sein, wie der Wert der Bonuseinheiten erheblich hinter dem der Hauptleistung zurückbleibt und im Verhältnis zu dieser nur un-

---

1 Vgl. auch *Kokemoor*, BKR 2003, 859 (861 f.); *Escher*, BKR 2002, 652 (653).
2 Vgl. RegBegr. zur 6. KWG-Novelle, BT-Drs. 13/7142, S. 64 f.
3 Vgl. Schreiben des BAKred v. 11.10.2000 – Gz. VII 4 – 71.51 (7387).
4 Vgl. Bericht des Finanzausschusses, BT-Drs. 14/8601, S. 11; BMF-Schreiben v. 23.4.2002 – Gz. VII B1-WK 5270-3/02.

tergeordnete Bedeutung erlangt.[1] Diese Auslegung findet eine Stütze in § 23b Abs. 1 Satz 2 ZAG, der offenbar einen gerade auf E-Geld bezogenen Tauschvorgang voraussetzt, da anderenfalls kaum verständlich wäre, weshalb hier von einem „Rück"-Tausch zum Nennwert in gesetzliche Zahlungsmittel die Rede ist.[2]

Da die BaFin in den Fällen, in denen sich mehrere Händler zu einem Bonus- und Treue- **6.125** punktverbund zusammenschließen, wie bereits die Vorgängerbehörde eine weite Aus- legung des Gesetzes bzw. eine äußerst strikte Auslegung der entsprechenden Ausnahme- vorschriften vertritt, besteht die Gefahr, dass sie jeden einzelnen Händler, der an einem solchen Verbund teilnimmt, als E-Geld-Emittent einstuft mit der Folge einer entsprechen- den Erlaubnispflicht[3].

➡ **Praxistipp:** Bei händlerübergreifenden digitalen Rabatt- und Bonussystemen können **6.126** neben wettbewerbsrechtlichen Fallstricken[4] insbesondere auch aufsichtsrechtliche Risiken bestehen. Deshalb sollten Plattformbetreiber und Versandhändler vor der Einführung eines solchen Systems zumindest in Zweifelsfällen eine Auskunft der BaFin über die aufsichtsrechtliche Beurteilung des Modells einholen.

c) Cashback-System und Gutscheinmodell

Versandhändler, die ihren Kunden im Rahmen eines digitalen Bonusprogramms händler- **6.127** übergreifend den Erwerb von Waren und Dienstleistungen ermöglichen wollen, können aufsichtsrechtliche Fragestellungen, die sich mit der möglichen Qualifikation der Bonus- punkte als E-Geld ergeben, durch die Gestaltung des Bonussystems als Cashback- oder Gutscheinmodell vermeiden.

Ein Cashback-System ist ein Bonusprogramm, das sich von klassischen Bonusprogram- **6.128** men dadurch unterscheidet, dass keine Rabattpunkte gesammelt werden, die gegen Wa- ren eingetauscht werden, sondern echtes Geld ausgezahlt wird. Das Guthaben wird zu- nächst auf einem virtuellen Konto gutgeschrieben. In der Regel kann der Nutzer es sich auf Anforderung auszahlen lassen. Die meisten Cashback-Systeme zahlen ab einer Gren- ze von etwa 20 Euro die gesammelten Provisionen auf ein Bankkonto des Kunden oder auf ein virtuelles Konto (zB PayPal) aus.

Bei einem Gutscheinmodell kann der Kunde bei Erreichen eines bestimmten Kontostan- **6.129** des auf seinem Bonuspunktekonto die Bonuspunkte gegen einen Gutschein oder Gut- schein-Code einlösen, den der Händler bei einem Partnerunternehmen erwirbt und an den Kunden weiterreicht.

d) Barter-Clubs, Tauschringe, virtuelle Währungen

Auch für Barter-Clubs, private Tauschringe oder private Währungen, die vor allem in vir- **6.130** tuellen Welten und Online-Spielen eingesetzt werden, stellt sich die Frage, inwieweit sie künftig der gesetzlichen Aufsicht der BaFin unterfallen.

Insoweit ist festzustellen, dass die Übermittlung von „privaten Währungen", mit denen **6.131** Dienstleistungen oder Lieferungen von Waren in Tauschringen oder Barter-Clubs oder vir- tuellen Computerwelten wie „Second Life" verrechnet werden, nicht als Zahlungsdienst erfasst wird, solange sie nicht zu irgendeinem Zeitpunkt, zB bei Ein- oder Austritt in den

---

1 Vgl. auch *Kokemoor*, BKR 2003, 859 (861 f.); im Ergebnis auch: *Escher*, BKR 2002, 652 (653).
2 Vgl. *Kokemoor*, BKR 2003, 859 (861 f.).
3 Zur Problematik der aufsichtsrechtlichen Anforderungen an Bonuskartensysteme vgl. ausführlich *Appelt*, NJW 2016, 1409.
4 Vgl. hierzu *Fritzsche*, BB 1999, 273; *Dittmer*, BB 2001, 1961.

Ring in Bargeld, Buchgeld oder elektronisches Geld umgerechnet und ein- oder ausgezahlt werden.

6.132 Da die E-Geld-Definition das Erfordernis der Entgegennahme eines Geldbetrags vorsieht, werden unentgeltlich ausgegebene Werteinheiten auch von dem E-Geld-Begriff nicht umfasst. E-Geld iSd. ZAG leitet sich stets von gesetzlichen Zahlungsmitteln oder anderem E-Geld iSd. ZAG ab. Hieraus folgt, dass als Zahlungsmittel bestimmte Werteinheiten, die in sog. Barter-Clubs, privaten Tauschringen oder anderen Bezahlsystemen gegen realwirtschaftliche Leistungen, Warenlieferungen oder Dienstleistungen geschöpft oder wie zB die **Bitcoins** gegenleistungslos in Computernetzwerken erschaffen werden, von dem Tatbestand des E-Geldes nicht erfasst werden, und zwar selbst dann nicht, wenn sie wirtschaftlich die gleiche Funktion wie E-Geld haben.[1] Erlaubnisfrei sind jedoch ausschließlich die Schaffung derartiger Werteinheiten und ihr Einsatz als Zahlungsmittel. Wenn jedoch diese Werteinheiten ihrerseits selbst zum Handelsgegenstand werden (zB durch den Handel mit **Bitcoins, Linden-Dollar**, etc.), ist das Geschäft – abhängig von seiner konkreten Ausgestaltung – entweder als Bankgeschäft nach § 1 Abs. 1 Satz 2 Nrn. 4 oder 10 KWG oder als Finanzdienstleistung nach § 1 Abs. 1a Satz 2 Nrn. 1–4 KWG zu qualifizieren und steht nach § 32 Abs. 1 KWG grundsätzlich unter einem Erlaubnisvorbehalt. Diese Werteinheiten sind Rechnungseinheiten und fallen als solche nach Ansicht der BaFin ohne Weiteres unter die Finanzinstrumente iSd. § 1 Abs. 11 KWG.[2]

B. Typische Zahlungswege und Bezahlsysteme

---

1 Vgl. RegBegr. zum 2. EGeldRUG, BT-Drs. 17/3023, S. 40.
2 Vgl. BaFin Merkblatt „Hinweise zu dem Gesetz über die Beaufsichtigung von Zahlungsdiensten (Zahlungsdiensteaufsichtsgesetz – ZAG)"; Stand: Dezember 2011, v. 22.12.2011 (abrufbar im Internet: www.bafin.de).

Literatur: *Auer-Reinsdorff/Conrad*, Handbuch IT- und Datenschutzrecht, 2. Aufl. 2016; *Casper/Pfeifle*, Missbrauch der Kreditkarte im Präsenz- und Mail-Order-Verfahren nach neuem Recht, WM 2009, 2343 ff.; *Föhlisch/Stariradeff*, Zahlungsmittel und Vertragsschluss im Internet, NJW 2016, 353 ff.; *Franck/Massari*, Die Zahlungsdiensterichtlinie: Günstigere und schnellere Zahlungen durch besseres Vertragsrecht?, WM 2009, 1117 ff.; *Grundmann*, Das neue Recht des Zahlungsverkehrs – Teil I, WM 2009, 1109 ff.; *Grundmann*, Das neue Recht des Zahlungsverkehrs – Teil II, WM 2009, 1157 ff.; *Hoenike/Szodruch*, Rechtsrahmen innovativer Zahlungssysteme für Multimediadienste, MMR 2006, 519 ff.; *Kilian/Heussen*, Computerrechtshandbuch, Stand 32. EL 2013; *Kümpel/Wittig*, Bank- und Kapitalmarktrecht, 4. Aufl. 2011; *Laitenberger*, Das Einzugsermächtigungslastschriftverfahren nach Umsetzung der Richtlinie über Zahlungsdienste im Binnenmarkt, NJW 2010, 192 ff.; *Meder/Grabe*, PayPal – Die Internet-Währung der Zukunft?, BKR 2005, 467 ff.; *Müller-ter Jung*, Die Visualisierung von Kundeninformationen im M-Payment – Der Rahmenvertrag als Ausweg, BB 2010, 1874 ff.; *Nobbe*, Neuregelungen im Zahlungsverkehrsrecht – Ein kritischer Überblick –, WM 2011, 961 ff.; *Omlor*, Die zweite Zahlungsdiensterichtlinie: Revolution oder Evolution im Bankvertragsrecht?, ZIP 2016, 558 ff.; *Schimansky/Bunte/Lwowski*, Bankrechtshandbuch, 4. Aufl. 2011; *Schnauder*, 50 Jahre Lastschriftverfahren – Alte und neue Rechtsprobleme, WM 2014, 1701 ff.; *Schöttle*, Zahlungsmittel im elektronischen Geschäftsverkehr, K&R 2007, 183 ff.; *Schulte am Hülse/Klabunde*, Abgreifen von Bankzugangsdaten in Onlinebanking, MMR 2010, 84 ff.; *Taeger*, Datenschutz im Versandhandel: Übermittlung von Kundendaten mit positivem Bonitätswert, BB 2007, 785 ff.

I. Interessenlage

Der Austausch der Hauptleistungen als **Zug um Zug-Abwicklung** ist im Distanzhandel (Versand- und Onlinehandel) in Reinform nicht möglich, da die maßgeblichen Handlungen weder am gleichen Ort noch zur gleichen Zeit vorgenommen werden können. **6.133**

Die einzig relevante Ausnahme einer Zug-um-Zug-Leistung im Fernabsatz stellt die **Barzahlung bei Nachnahme** per Post dar. Der Logistiker tritt dann als Zahlstelle oder als Dritter gemäß § 362 Abs. 2 iVm. § 185 BGB auf. Regelmäßig erfolgt jedoch auch bei der Nachnahme die Zahlung bargeldlos „per Karte" (Debit-/EC-Karte mit PIN, EC-Karten-Lastschrift, Kreditkarte), so dass wiederum die dortigen Besonderheiten dieser Zahlungswege gelten. **6.134**

Folglich leistet im Distanzhandel regelmäßig einer der Beteiligten vor. Zu unterscheiden ist dabei auf Kundenseite zwischen der Vorleistungspflicht („Vorkasse") als Verzicht auf das Zurückbehaltungsrecht einerseits und einem vorvertraglichen Zahlungsverlangen andererseits. Während vor dem Hintergrund der Umsetzbarkeit, der Käufererwartung und der Risikoverteilung im Distanzhandel ein Vorkasseverlangen nicht als unangemessen gemäß § 307 Abs. 1 Satz 1 BGB anzusehen sein dürfte (dazu noch Rz. 6.138 mit Fn.), jedenfalls dann, wenn die Zahlungsmodalität für den Kunden rechtzeitig vor Vertragsabschluss und eindeutig im Vertragsprozess (und nicht nur über AGB-Klauseln) erkennbar ist, ist es nicht mehr mit dem Grundgedanken der §§ 145 ff. BGB vereinbar und damit (zumindest außerhalb von Individualvereinbarungen) nach § 307 Abs. 2 Nr. 1 BGB unwirksam, wenn der Händler versucht, seine Willenserklärung zum Vertragsabschluss von einem vorherigen Zahlungseingang abhängig zu machen (sei es als – schon dogmatisch fragwürdige – bedingte Annahme oder als „vorgetäuschte" Zahlungspflicht ohne Vertragsgrundlage).[1] **6.135**

Die **Vorleistung des Händlers** in Reinform ist Lieferung auf **Rechnung**. Rechtlich verzichtet der Händler auf sein Zurückbehaltungsrecht nach § 320 Abs. 1 Satz 2 BGB. Er trägt dabei das Risiko, dass sein Kunde später nicht zahlt oder er einer Identitätstäuschung aufgesessen ist. Dagegen kann er sich zwar absichern durch eine begrenzte Bonitätsprüfung oder Personenauskunft,[2] das Ausfallrisiko bleibt ihm jedoch. In Zukunft kann im Einsatz **6.136**

---

1 S. dazu auch *Föhlisch/Stariradeff*, NJW 2016, 353 (354 f.).
2 Zu den sich daraus ergebenden datenschutzrechtlichen Fragen s. *Taeger*, BB 2007, 785 ff.

des elektronischen Personalausweises eine zusätzliche Möglichkeit liegen, speziell das Betrugsrisiko zu minimieren.

6.137 Diese auf den ersten Blick nicht unerheblichen Risiken relativieren sich, wenn man – wie nachfolgend gezeigt – sich vor Augen führt, dass auch bei den bargeldlosen Zahlungssystemen ganz vergleichbare Ausfall- und Betrugs- bzw. Missbrauchsrisiken bestehen. Die Nachteile dieser Kaufabwicklung sind damit nicht mehr so groß, wie es zunächst scheint.

6.138 Die **Vorleistung des Kunden** liegt im eigentlichen Sinne nur dann vor, wenn er die Erfüllung seiner Verbindlichkeit endgültig und nicht rückholbar bewirkt, bevor der Händler ausliefert.[1] In der Praxis ist es nicht selten so, dass der Kunde nur einen Teilakt der Transaktion vornimmt, der noch gar nicht zur (unbedingten) Erfüllung führt, und bereits dann ausgeliefert wird.

6.139 Für den Händler ist bei seiner Risiko-Nutzen-Bewertung verschiedener Zahlungssysteme von zentraler rechtlicher Bedeutung, wann und wodurch Erfüllung eintritt bzw. wann für ihn die Gutschrift des Zahlungsbetrags gesichert ist. Darüber hinaus spielen auch rein praktische Erwägungen eine Rolle, so die einfache Zahlungsabwicklung ohne viel Überwachungs- und Inkassoaufwand, aber auch die statistische Wahrscheinlichkeit von Beanstandungen und Rückläufern in den verschiedenen Bezahlsystemen. So ist der Händler bei der Überweisung zwar besser davor geschützt, dass eine erfolgte Zahlung rückgängig gemacht wird, dafür ist es bei der Lastschrift weniger wahrscheinlich, dass sie gar nicht vorgenommen wird.

6.140 Rechtlich lassen sich drei maßgebliche Formen des bargeldlosen Zahlungsverkehrs unterscheiden: die **Überweisung**, die **Lastschrift** und die **Kreditkarte**.

6.141 Im stationären Handel kommt die Zahlung per **Debitkarte** (Girocard/EC-Karte) hinzu, wobei hier die jeweiligen Kartensysteme verschiedene Einsatzmöglichkeiten vorsehen, die rechtlich grundlegend voneinander abweichen, zB electronic cash (Karte mit PIN und Online-Terminal-POS), EC-Lastschrift (mit Unterschrift und mit oder ohne Online-Terminal), teils mit und teils ohne Zahlungsgarantie. Die Debitkarten sind nach bisherigem technischen Stand im Online-Handel nicht einsetzbar (ausgenommen bei Nachnahme, s. oben), es sei denn sie sind zugleich kombiniert mit der Funktion der **Elektronischen Geldbörse (Geldkarte)** (vgl. dazu unten Rz. 6.196 ff.).

6.142 Die bargeldlose Zahlung per Scheck und Wechsel spielen schon im stationären Handel keine praktische Rolle mehr, erst recht nicht im Fernabsatz.

6.143 Schließlich werden speziell für das Internet immer wieder einzelne Sonderformen der Zahlungsabwicklung angeboten, gerne unter modernen Begriffen wie **„mobile-payment"** oder **„cybercash"**. Die Systemanbieter kombinieren dabei meist klassische Bezahlsysteme mit besonderen Dienstleistungen, die eine Abwicklung beschleunigen, vereinfachen oder sicherer machen sollen. Im Regelfall nimmt der Systemanbieter dabei gar nicht am eigentlichen rechtlichen Bezahlvorgang teil, sondern beschränkt sich auf Serviceleistungen bis hin zur Inkassofunktion. Teilweise aber geht er über eine Treuhand oder Garantie oder Versicherung eine zusätzliche eigene Verpflichtung ein (dazu näher Rz. 6.226 ff.).

---

1 Maßstab für die AGB-rechtliche Zulässigkeit solcher Klauseln ist nach hM nicht § 309 Nr. 2a BGB, sondern § 307 Abs. 1 Satz 1 BGB, vgl. BGH v. 4.3.2010 – II ZR 79/09 – Rz. 28 ff. – Internet-System-Vertrag, NJW 2010, 1449.

II. Bargeldloser Zahlungsverkehr im Distanzhandel

1. Überweisung

a) Allgemeines

Die Banküberweisung ist der **Grundfall** der bargeldlosen Bezahlung. Der Kunde veranlasst hierbei sein Kreditinstitut, eine Kontogutschrift für den Händler bei dessen Kreditinstitut vorzunehmen und den entsprechenden Aufwand auf seinem Konto zu belasten. 6.144

Die gesetzlichen Vorgaben des BGB zur Überweisung haben zuletzt eine zweimalige **Neuregelung** erfahren, zunächst im Jahr 1999[1] und dann im Jahr 2009.[2] Grundlage der aktuellen Regelung von 2009 war die (erste) europäischen Zahlungsdiensterichtline[3]; die sogenannte Zahlungsdiensterichtlinie II vom November 2015[4] wurde noch nicht in nationales Recht transformiert. Sie enthält Änderungen zahlreicher Einzelpunkte; die hier interessierenden Grundaussagen für die zivilrechtlichen Vertragsbeziehungen dürften sich aber durch die Umsetzung der Richtlinie nicht relevant verändern.[5] Die einzelne Überweisung ist damit wieder – im Prinzip wie vor 1999 – kein Vertrag, sondern eine einseitige **Weisung** iSd. § 665 BGB. Die BGB-Regelungen von 2009 geben auch (bereits) die rechtlichen Maßstäbe vor, die für die seit 2016 in Deutschland und den Euroländern ausschließlich noch zu verwendende SEPA-Überweisung gelten, die der Vereinheitlichung dienen, wie etwa sichtbar an der Verwendung der international standardisierten IBAN (International Bank Account Number) zur Identifizierung des Empfängerkontos. 6.145

Die Banken übernehmen mit dem Überweisungsauftrag jeweils eine einzelne **Geschäftsbesorgung** (vgl. § 675c Abs. 1 BGB) für ihren Kunden. Das Vertragsverhältnis stellt sich einheitlich als Zahlungsdienstevertrag dar, mit der Untergliederung in den **Rahmenvertrag** (Girovertrag, § 675f Abs. 2 BGB) und die **Einzelweisung** („Überweisungsauftrag", § 675f Abs. 1 BGB).[6] 6.146

b) Rechtsbeziehungen

An dem Rechtsvorgang der Überweisung sind vier Rechtspersonen beteiligt: Der Schuldner, sein Kreditinstitut (Bank, Sparkasse), der Gläubiger und dessen Kreditinstitut. 6.147

Das Ausgangsgeschäft (in der Regel Kaufvertrag mit Liefer- und Zahlungspflicht) zwischen dem Schuldner (Kunde) und dem Gläubiger (Händler) ist das **Valutaverhältnis**. 6.148

Zwischen dem Schuldner und seinem Kreditinstitut besteht das **Deckungsverhältnis** (Girovertrag, § 676f BGB), das ausgestaltet ist durch die standardmäßig einbezogenen AGB der Banken und Sparkassen sowie ergänzende Sonderbedingungen.[7] 6.149

---

1 Überweisungsgesetz v. 21.7.1999, BGBl. I 1999, 1642 zur Umsetzung der EU-Überweisungsrichtlinie, welches den Überweisungsvertrag in §§ 676a–c BGB aF mit dem sogenannten „Vertragsmodell" eingeführt hatte.
2 Gesetz v. 29.7.2009, BGBl. I 2009, 2355, zur Umsetzung der EU-Zahlungsdiensterichtlinie.
3 Richtlinie 2007/64/EG des Europäischen Parlaments und des Rates v. 13.11.2007 über Zahlungsdienste im Binnenmarkt.
4 Richtlinie (EU) 2015/2366 des Europäischen Parlaments und des Rates v. 25.11.2015 über Zahlungsdienste im Binnenmarkt.
5 Vgl. dazu *Omlor*, NJW 2016, 558 ff. mit einer Zusammenfassung zur Haftung (562) und zu unautorisierten Zahlungsvorgängen (563) mit Ausblick auf den Änderungsbedarf im BGB (563 f.).
6 Dazu vertiefend: Kümpel/Wittig/*Werner*, 7.134; *Grundmann*, WM 2009, 1109 (1113 f.).
7 Allgemein zur Einbeziehung und Bedeutung der vereinheitlichten AGB-Banken bzw. AGB-Sparkassen: Schimansky/Bunte/Lwowski/*Bunte*, § 2 Rz. 5 ff.; Kümpel/Wittig/*Peterek*, 6.13 ff.

6.150 Zwischen dem Gläubiger und seinem Kreditinstitut besteht analog das **Inkassoverhältnis** (ebenfalls Girovertrag, § 676f BGB).

6.151 Das sogenannte **Interbankenverhältnis** zwischen den Kreditinstituten (ggf. auch unter Einschaltung weiterer Zwischenbanken) ist ein allgemeiner Geschäftsbesorgungsvertrag,[1] der durch regelmäßig erneuerte Abkommen der Banken zum Überweisungsverkehr[2] ausgestaltet ist.

c) Erfüllung

6.152 Ob es sich bei der Banküberweisung anstelle Barzahlung um Erfüllung oder Leistung an **Erfüllungs statt** (§ 364 BGB) handelt, ist umstritten.[3] Im Distanzhandel spielt diese Frage aus praktischen Gründen im Ergebnis keine Rolle. Denn der Händler kann hier von vornherein keine Barzahlung anbieten: Die Rechtsprechung geht aber davon aus, dass der Gläubiger sein Einverständnis zur Zahlung durch Überweisung statt Barzahlung regelmäßig schon dadurch zum Ausdruck bringt, dass er seine Kontonummer auf der Rechnung oder sonst im Zusammenhang mit dem Kundenkontakt bekannt gibt.[4]

6.153 Gibt der Händler ein **bestimmtes** Konto an, muss der Kunde auch auf dieses bestimmte Konto überweisen, Zahlungen auf ein anderes Konto des Händlers haben dann im Regelfall keine Tilgungswirkung.[5] Jedoch kann der Gläubiger die Zahlung auf das falsche Konto nachträglich genehmigen. Eine bloß schweigende Entgegennahme allein kann nach allgemeiner Rechtsgeschäftslehre zwar eine solche Genehmigung nicht begründen, dennoch soll das nach Ansicht mancher Gerichte genügen, mit der Begründung, der Zahlungsempfänger sei zur unverzüglichen (ausdrücklichen) Zurückweisung im Interesse eines reibungslosen Zahlungsverkehrs verpflichtet[6]. Richtigerweise wird man in solchen Fällen stattdessen fragen müssen, ob der Empfänger durch nach außen tretendes Verhalten zum Ausdruck gebracht hat, die Zahlung behalten zu wollen[7], oder ob sich eine spätere bzw. verspätete Ablehnung als rechtsmissbräuchlich darstellt, weil er zunächst die Zahlung zur Tilgung eigener Schulden einsetzen konnte und damit bereichert ist[8].

6.154 ➲ **Praxistipp:** Zur Klarstellung sollte dem Händler immer angeraten werden, alle von ihm zugelassenen Zahlungswege ausdrücklich aufzulisten und dies zum Vertragsinhalt zu machen.

6.155 **Erfüllungswirkung** nach § 362 BGB[9] tritt bei der Überweisung erst dann ein, wenn der Gläubiger bzw. Händler frei über den Betrag verfügen kann. Nach Rspr. und hM ist das

---

1 Palandt/*Sprau*, Einführung § 675c BGB Rz. 7.
2 Rechtstechnisch ein Abkommen der deutschen Bankenverbände für deren Mitgliedsbanken und der Deutschen Bundesbank.
3 S. nur Palandt/*Grüneberg*, § 362 BGB Rz. 9 mwN.
4 BGH v. 17.3.2004 – VIII ZR 161/03, NJW-RR 2004, 1281 (1282) = MDR 2004, 1068.
5 Vgl. BGH v. 6.12.1994 – XI ZR 173/94, BGHZ 128, 135 (137) = MDR 1995, 490.
6 OLG Karlsruhe v. 2.11.1995 – 4 U 49/95, NJW-RR 1996, 752; zweifelnd aber offen lassend OLG Köln v. 20.1.2006 – 19 U 63/05, WM 2006, 1144.
7 BGH v. 17.3.2004 – VIII ZR 161/03, NJW-RR 2004, 1281 = MDR 2004, 1068.
8 OLG Nürnberg v. 23.5.2007 – 4 U 2528/06, OLGR 2008, 536.
9 Hiervon zu trennen ist die Rechtzeitigkeit der Zahlung im Hinblick auf § 270 BGB; hier hat die europäische Zahlungsverzugsrichtlinie zu grundlegenden Änderungen geführt, so dass im Anwendungsbereich der Richtlinie nicht mehr der Leistungserfolg (Gutschrift) eingetreten sein muss, sondern bereits die Leistungshandlung (Überweisungsvertrag) genügt, vgl. EuGH v. 3.4.2008 – Rs. C-306/06, NJW 2008, 1935 (modifizierte Bringschuld statt qualifizierter Schickschuld); bislang vom BGH außerhalb des Anwendungsbereichs der Richtlinie offen gelassen, vgl. BGH v. 25.11.2015 – IV ZR 169/14 – Rz. 14 mwN., NJW-RR 2016, 511 (s. dazu auch das OLG Karlsruhe v. 9.4.2014 – 7 U 177/13, WM 2014, 1422, in der Vorinstanz bejahend).

der Moment, in dem der Betrag dem Empfängerkonto **gutgeschrieben** ist.[1] Die Bank des Gläubigers ist dabei seine Zahlstelle, nicht Dritter iSd. § 362 Abs. 2 BGB.[2] Die Abwicklung im Interbankenverkehr erfolgt heute über die sogenannten Clearingstellen, zu unterscheiden ist dabei zwischen der zunächst stattfindenden Mitteilung des Eingangs des Überweisungsauftrags an die Empfängerbank als bloße Information und dem rechtlich relevanten Eingang der bestätigten buchmäßigen Deckung;[3] erst durch Letzteres erlangt die Bank den Wert der Überweisung und erhält der Kunde seinen Anspruch auf Gutschrift dessen, was die Bank erlangt und so nach § 667 BGB an ihn herauszugeben hat.[4]

Ohne Bedeutung für den **Leistungserfolg** in Bezug auf das Valutaverhältnis ist, ob und oder wann der Gläubiger von der Gutschrift bei seiner Bank Kenntnis erlangt.[5] Die Mitteilung der Gutschrift an den Gläubiger ist also der Erfüllung im Valutaverhältnis nachgelagert.

6.156

⮕ **Wichtig:** Vorsicht geboten ist, wenn die Bank des Gläubigers eine Gutschrift unter Vorbehalt vornimmt (gekennzeichnet mit dem Vermerk „**Eingang vorbehalten**" bzw. „**E.v.**"). Diese Gutschrift erfolgt frühzeitig, nämlich gemäß § 9 Abs. 1 AGB-Banken und AGB-Sparkassen bereits allein aufgrund der Erteilung des Auftrags durch den Schuldner, ohne dass die Deckung geprüft und damit bestätigt ist. Sie steht also unter einer weitreichenden **auflösenden Bedingung**; der Gläubiger hat damit keinen gesicherten Zahlungseingang.[6]

6.157

d) Risiken, Rückbelastung

Bis zum Erfolgseintritt kann die Ausführung der Überweisung aus verschiedenen Gründen **scheitern**. Der Eingang des Überweisungsträgers oder der Online-Überweisung beim Kreditinstitut gibt dem Gläubiger daher noch keine Sicherheit. Es kann die Deckung auf dem Schuldnerkonto fehlen, so dass die Bank die Ausführung zurückweist (wird später Deckung hergestellt, muss erst wieder eine neue Weisung erteilt werden). Es können Eingabefehler vorliegen, insbesondere bei der Kontonummer des Empfängers oder der Empfängerbank, so dass die Weisung undurchführbar oder nicht eindeutig ist (vgl. auch § 675o und § 675r Abs. 3 BGB).

6.158

Schließlich kann ein **Widerruf** des Zahlungsauftrags erfolgen, was grundsätzlich zwar mit Zugang der Überweisung beim Kreditinstitut als Zahlungsdienstleister des Schuldners ausgeschlossen ist (§ 675p Abs. 1 BGB),[7] aber zwischen den Parteien des Deckungsverhältnisses abweichend vereinbart werden kann (§ 675p Abs. 4 Satz 1 BGB).[8]

6.159

---

1 Str., aber st. Rspr., BGH v. 7.2.1972 – VIII ZR 152/70, BGHZ 58, 108 (109); BGH v. 10.6.2008 – XI ZR 283/07 – Rz. 23, BGHZ 177, 69 = MDR 2008, 1361; eingehend auch zu der im Vordringen befindlichen aA: Schimansky/Bunte/Lwowski/*Mayen*, § 49 Rz. 192.

2 Vgl. BGH v. 5.12.2006 – XI ZR 21/06 – Rz. 10, NJW 2007, 914 mwN = MDR 2007, 449.

3 Davor steht die sog. Nachdisposition bei der Schuldnerbank, bei der die Deckung auf dem Schuldnerkonto, ein Widerruf der Weisung, die Kontodaten und evtl. weitere interne Prüfungen durchlaufen werden, s. dazu Schimansky/Bunte/Lwowski/*Schimansky*, § 47 Rz. 54 f. – die Abklärung zwischen Kontonummer und Kontoinhaber ist nach der Gesetzesänderung in § 675r BGB grundsätzlich nicht mehr Rechtspflicht des Kreditinstituts; für Fehler bei der Kontonummerneingabe haftet daher nunmehr allein der überweisende Kontoinhaber.

4 Eingehend dazu Schimansky/Bunte/Lwowski/*Mayen*, § 47 Rz. 10.

5 BGH v. 25.1.1988 – II ZR 320/87 – Rz. 15, NJW 1988, 1320 = CR 1989, 106 = MDR 1988, 472.

6 Schimansky/Bunte/Lwowski/*Mayen*, § 47 Rz. 55 mwN; vgl. auch BGH v. 29.9.1986 – II ZR 283/85, NJW 1987, 317 = MDR 1987, 293 = CR 1987, 166.

7 Sofern es sich nicht um eine Terminüberweisung handelt, §§ 675p Abs. 3, 675n Abs. 2 BGB.

8 Nach dem früheren Modell der Weisung konnte diese bis zur Ausführung einseitig widerrufen werden.

6.160 Auch nach der Gutschrift ist eine **Rückbelastung** nicht ausgeschlossen. Da der Anspruch auf die Gutschrift wie auch der Anspruch aus der Gutschrift kausal verknüpft ist mit den vorausgegangenen Rechtsgeschäften, schlägt im Grundsatz jede Unwirksamkeit durch, also insbesondere, wenn die Weisung im Deckungsverhältnis beispielsweise mangels Geschäftsfähigkeit unwirksam war oder infolge Anfechtung unwirksam wird oder wenn sich herausstellt, dass ein Missbrauchsfall (gefälschte Unterschrift, Phishing oder Pharming bei der Online-Überweisung) vorliegt, also von Beginn an gar keine Weisung des Berechtigten vorlag. Dieses Risiko trägt dem Grundsatz nach der ausführende Zahlungsdienstleister.[1] Im Übrigen erfolgen Rückabwicklungen bei Mängeln im Deckungs- oder Valutaverhältnis nach den Grundsätzen **ungerechtfertigter Bereicherung**[2] sowie nach den Sonderregelungen der **§§ 675u ff. BGB**.[3] Schadensersatzansprüche nach anderen Vorschriften, speziell § 280 Abs. 1 BGB, sind durch diese Sonderregelungen verdrängt.[4]

e) Online-Überweisung

6.161 Die Online-Überweisung unterscheidet sich im Prinzip rechtlich nicht von der herkömmlichen Überweisung. Hier wird der Zahlungsauftrag an die Bank mittels sogenannter „**Zahlungsauthentifizierungsinstrumente**" gemäß § 675j Abs. 1 Satz 1 BGB durchgeführt. Die Art der Authentifizierung muss hierfür zwischen Kreditinstitut und Kunde zuvor vereinbart worden sein, zu den Authentifizierungsmitteln zählen im Regelfall die persönliche Identifikationsnummer (PIN) sowie die Transaktionsnummer (TAN), evtl. ein Nutzungscode einer elektronischen Signatur. Hierbei handelt es sich um sogenannte „**personalisierte Sicherheitsmerkmale**" (vgl. § 675l, § 675m oder § 675v Abs. 1 Satz 2 BGB).[5]

6.162 Der Online-Auftrag wird dann unter Einsatz dieser personalisierten Sicherheitsmerkmale abgegeben. Dabei darf die Authentifizierung mittels dieser Merkmale nicht verwechselt werden mit der auch hier **notwendigen Autorisierung** des Zahlungsvorgangs durch den Kontoinhaber (§ 675j Abs. 1 Satz 1 BGB). Veranlasst also ein Dritter den Zahlungsvorgang, ohne hierzu vom Inhaber befugt zu sein, fehlt es an der notwendigen Weisung, sofern nicht etwa die Grundsätze der Anscheinsvollmacht gelten. Hat der Kunde die PIN oder TAN nicht sicher verwahrt oder an den Dritten herausgegeben, ist dies auf der Ebene der vertraglichen Haftung gegenüber seinem Kreditinstitut einschließlich der Beweislastverteilung zu klären.[6]

2. Lastschriftverfahren

a) Allgemeines

6.163 Bei der Lastschrift werden traditionell zwei rechtlich grundlegend andersartige Verfahren zur bargeldlosen Zahlung unterschieden: Das Abbuchungsverfahren und die Einzugsermächtigung. Diese beiden wurden abgelöst und ersetzt durch das im November 2009 europaweit vereinheitlichte **SEPA-Lastschriftverfahren**, das nunmehr neu unterscheidet zwischen dem „**SEPA-Basis-Lastschriftverfahren**", das im Ergebnis der traditionellen Ein-

---

1 Aber der Inhaber haftet bei Missbrauch im Fall grober Fahrlässigkeit, vgl. § 675v BGB; dazu Kümpel/ Wittig/*Werner*, 7.225 ff.; Überblick zur neuen Rechtslage bei *Franck/Massari*, WM 2009, 1117 (1125 ff.).

2 Eingehend mit Vergleich zur alten Rechtslage auch: Schimansky/Bunte/Lwowski/*Mayen*, § 50; *Grundmann*, WM 2009, 1109 (1116).

3 S. dazu Kümpel/Wittig/*Werner*, 7.171 ff., 7.178 ff., 7.182 ff., 7.256 ff.

4 Palandt/*Sprau*, § 675v BGB Rz. 2 m. Verweis auf die amtl. Begründung.

5 Vgl. dazu im Einzelnen Schimansky/Bunte/Lwowski/*Maihold*, § 55 Rz. 38 ff.

6 Eingehend zu den sich daraus ergebenden Einzelfragen Schimansky/Bunte/Lwowski/*Maihold*, § 55 Rz. 64 ff. m. zahlr. Nachw.; *Schulte am Hülse/Klabunde*, MMR 2010, 84 ff.

zugsermächtigung nachgebildet ist[1], und dem „**SEPA-Firmen-Lastschriftverfahren**", das nur von Unternehmern als Kunden bzw. Zahlungspflichtigen genutzt werden kann und das letztlich dem ehemaligen Abbuchungsverfahren entspricht[2].

In beiden Lastschriftvarianten wird der Zahlungsvorgang nicht durch den Schuldner aus- **6.164** gelöst, sondern durch den **Zahlungsempfänger** über sein Kreditinstitut – also im Gegensatz zur Überweisung, bei der dies über den Zahlungspflichtigen und dessen Kreditinstitut erfolgt.

Im Grundsatz bestehen auch bei der Lastschrift dieselben Rechtsbeziehungen wie bei der **6.165** Überweisung, also auch hier gibt es das **Valuta-, Deckungs-, Inkasso- und Interbankenverhältnis** (s. oben Rz. 6.148 ff.).

b) SEPA-Basis-Lastschrift

Der Hauptanwendungsfall der Lastschrift ist die SEPA-Basis-Lastschrift (ehemals Ein- **6.166** zugsermächtigung). Dabei muss der Gläubiger mit seiner Bank eine **Inkassovereinbarung** abgeschlossen haben, die ihn erst zur Teilnahme an dem Lastschriftverfahren berechtigt. Zuvor muss der Lastschriftgläubiger bei der Bundesbank einmalig eine **Gläubiger-ID** beantragen, die seiner eindeutigen Kennzeichnung im Zahlungsvorgang dient.

Im einzelnen Zahlungsvorgang reicht er dann bei seinem Kreditinstitut eine Lastschrift **6.167** zur Einziehung (mit Namen, Bankverbindungen und Betrag) ein, die ihm sein Kreditinstitut unter Vorbehalt des Eingangs (gekennzeichnet durch den Vermerk „**Eingang vorbehalten**" bzw. „**E.v.**") gutschreibt (s. oben Rz. 6.157),[3] sie an das Kreditinstitut des Zahlungspflichten als Zahlstelle weiterleitet, die damit das Konto des Kunden – bei ausreichender Deckung – entsprechend belastet.

Bis dahin erfolgt die Kontobelastung als **unautorisierte Verfügung** auf Veranlassung des **6.168** Zahlungsempfängers bzw. Gläubigers. Sie bleibt unautorisiert, so lange der Schuldner im **Deckungsverhältnis** gegenüber seinem Kreditinstitut keine bestätigende Willenserklärung abgegeben hat (§ 675f Abs. 3 Satz 2 BGB). Nach der klassischen „**Genehmigungstheorie**" des BGH musste der Schuldner also die Lastschrift dort erst noch durch separate Willenserklärung nachträglich genehmigen.[4] Diese Problematik dürfte sich durch die Neuregelung der AGB zur SEPA-Lastschrift einschließlich der Geltung der SEPA-Verordnung seit 2014 weitgehend nicht mehr stellen[5].

In den neuen AGB zur SEPA-Basis-Lastschrift ist zwischenzeitlich in der Regel die Be- **6.169** stimmung enthalten, dass die Einzugsermächtigung des Schuldners in Form des neuen **SEPA-Mandats** (das er gegenüber dem Gläubiger abgibt) **zugleich die Autorisierung** des Schuldners gegenüber seiner Bank gemäß § 675j Abs. 1 Satz 1 BGB enthält („als solche gilt", somit ausgestaltet als Fiktion). Gibt der Gläubiger das Mandat über sein Kreditinstitut an die Schuldnerbank als Boten (§ 120 BGB) weiter, ist damit – ohne weitere Um-

---

1 Zur Entsprechung und dem möglichen Fortbestand einer Einzugsermächtigung als SEPA-Basislastschrift vgl. BGH v. 20.7.2010 – XI ZR 236/07, BGHZ 186, 269 Rz. 40 = MDR 2010, 1199. Das wird inzwischen auch in den einschlägigen AGB (zB in Ziff. 2.2.2 des Bankenverbandes) so fingiert und ist mit Stichtag 1.2.2014 ebenso geregelt in Art. 7 Abs. 1 der SEPA-VO (EU) Nr. 260/2012.
2 Vgl. die eingehende Darstellung der Entsprechungen und Unterschiede bei *Schnauder*, WM 2014, 1701 (1704 ff.).
3 Vgl. BGH v. 28.5.1979 – II ZR 219/77, BGHZ 74, 309.
4 Vgl. BGH v. 14.2.1989 – XI ZR 141/88, WM 1989, 520 (521); danach st.Rspr., vgl. nur BGH v. 6.6.2000 – XI ZR 258/99, BGHZ 144, 349 (353); BGH v. 10.6.2008 – XI ZR 283/07, BGHZ 177, 69 Rz. 20 ff. = MDR 2008, 1361.
5 So auch *Schnauder*, WM 2014, 1701 (1709).

wege der Genehmigungstheorie und insbesondere zu einem früheren Zeitpunkt als bisher – der Zahlungsvorgang wirksam[1].

6.170 Auch die autorisierte Lastschrift kann noch nachträglich **rückgängig** gemacht werden, was die Regelung des § 675x BGB in Verbindung mit den (AGB-)Vereinbarungen zwischen Schuldner und seiner Bank ermöglicht. Nach der bisherigen Regelung folgte die Rückholbarkeit aus der noch nachzuholenden Genehmigung, die bei einer dem Gläubiger gestatteten Einzugsermächtigung fingiert wurde, anknüpfend an dem letzten Rechnungsabschluss (Kontokorrent), so dass per AGB sechs Wochen nach dessen Zugang ein Widerspruch nicht mehr zulässig war.[2] Nach den üblichen AGB (Ziff. 2.5) zum **SEPA-Basis-Lastschriftverfahren**, das nun eben von einer autorisierten Kontobelastung ausgeht, kann der Schuldner binnen einer Frist von **acht Wochen ab der Belastungsbuchung** (vgl. § 675x Abs. 4 BGB) auf seinem Konto die Rückbelastung verlangen, und dies ohne Angabe von Gründen (vgl. § 675x Abs. 2 BGB).[3]

6.171 Lag hingegen dem Gläubiger **keine Autorisierung** des Schuldners vor (etwa im Missbrauchsfall oder bei Geschäftsunfähigkeit oder nach einer Anfechtung), hat die Bank als Zahlungsdienstleister keinen Anspruch gegen ihren Kunden. Der Kontoinhaber kann grundsätzlich unbefristet die Rückerstattung auf seinem Konto verlangen (§ 675u BGB), allerdings muss er diese Ansprüche und Einwendungen spätestens **13 Monate nach dem Tag der Belastung** seiner Bank mitteilen, sonst ist er damit ausgeschlossen (vgl. § 676b Abs. 2 BGB mit den dortigen Voraussetzungen der Anzeigepflicht).[4]

6.172 Die Schuldnerbank wiederum kann im **Interbankenverhältnis** gegenüber der Gläubigerbank nach dem Lastschriftabkommen eine Lastschrift nur innerhalb einer Frist von **sechs Wochen ab Belastung** zurückgeben, wenn der Schuldner widerspricht.[5] Allerdings ist auch nach Ablauf dieser Frist die Gläubigerbank berechtigt, die Lastschrift weiterhin zurückzunehmen und der Schuldnerbank gutzuschreiben, sie kann außerdem zum Ausgleich im Wege des Schadensersatzes verpflichtet sein, sofern die Lastschrift unberechtigt eingereicht wurde.[6] Bleibt letztlich wegen dieser Fristendifferenz die Zahlstelle gegenüber der Inkassostelle belastet, weil sie von dort keine Wiedervergütung erhält, aber ihrem Kunden den vorläufig belasteten Betrag ihrerseits wieder gutschreiben muss, kann sie sich direkt an den Gläubiger halten. Die Rechtsprechung billigt ihr hierfür einen direkten Bereicherungsanspruch aus Nichtleistungskondiktion zu.[7]

c) SEPA-Firmen-Lastschrift

6.173 Die zweite Version der Lastschrift ist die SEPA-Firmen-Lastschrift, ähnlich dem bisherigen Abbuchungsverfahren. Dort gibt der Zahlungspflichtige seinem kontoführenden Kreditinstitut die **allgemeine Weisung** (§ 665 BGB), auf jede konkrete Anforderung des be-

---

1 Vgl. BGH v. 20.7.2010 – XI ZR 236/07, BGHZ 186, 269 Rz. 16 f. = MDR 2010, 1199.
2 Nach Nr. 2.4 der „Bedingungen für Zahlungen mittels Lastschrift im Einzugsermächtigungsverfahren"; vgl. *Laitenberger*, NJW 2010, 192 (194).
3 Außerdem besteht nach § 675x Abs. 1 BGB unter bestimmten Voraussetzung ein gesetzlicher Rückzahlungsanspruch.
4 Vgl. *Laitenberger*, NJW 2010, 192 (194).
5 Vgl. Abschn. III Nr. 1 und 2 LSA. Vor Einlösung ist die Rückgabe möglich, wenn: uneinbringlich oder keine Deckung oder kein Abbuchungsauftrag oder Rückruf, vgl. Abschn. II Nr. 1 LSA, im Einzelnen dazu Schimansky/Bunte/Lwowski/*Ellenberger*, § 58 Rz. 162 ff. und 149 ff.
6 Vgl. Abschn. I Nr. 5 LSA; Schimansky/Bunte/Lwowski/*Ellenberger*, § 58 Rz. 168 ff.
7 Vgl. BGH v. 11.4.2006 – XI ZR 220/05 – Rz. 16 ff., BGHZ 167, 171 = MDR 2006, 1178; hierzu sowie zu den verschiedenen Anspruchskonstellationen Schimansky/Bunte/Lwowski/*Ellenberger*, § 58 Rz. 209 ff.

stimmten Zahlungsempfängers (über dessen Kreditinstitut) sein Konto entsprechend zu belasten.[1] Wegen des sperrigen Ablaufs hatte die Abbuchungsermächtigung als Vorläufer dieser Lastschrift kaum praktische Bedeutung; ob sich das künftig ändert, bleibt abzuwarten.

Die Vereinbarung der Zahlung mittels SEPA-Firmen-Lastschrift kann nicht mit Verbrauchern vereinbart werden. Da nach § 675x Abs. 2 BGB nun auch der Unternehmer als Kontoinhaber dem gesetzlichen Grundsatz nach die (autorisierte) Weisung gegenüber seinem Kreditinstitut später ohne Angabe von Gründen zurückholen kann, und zwar bis 8 Wochen nach Einlösung (vgl. § 675x Abs. 4 BGB), spricht das dafür, dies nunmehr auch in den AGB des Händlers (bei B2B) zum Valutaverhältnis wirksam vereinbaren zu dürfen. Der BGH sah bei der vorherigen Rechtslage einen AGB-Verstoß deshalb als gegeben an, weil der Schuldner die vorab erteilte allgemeine Weisung nachträglich nicht mehr widerrufen und damit die Abbuchung nicht mehr rückgängig machen konnte.[2] Da jedoch auch der jetzige § 675x Abs. 3 BGB die Möglichkeit eröffnet, die Rückholbarkeit qua Vereinbarung auszuschließen, und davon die Banken regelmäßig in ihren AGB Gebrauch machen[3], bleibt die Argumentation des BGH auch künftig, wenn auch unter anderen Vorzeichen, möglich.

d) Erfüllung bei der Basislastschrift

Nach der früheren Rechtslage ging der BGH gemäß seiner Genehmigungstheorie zur Einzugsermächtigung davon aus, dass **erst mit der Genehmigung** durch den Schuldner Erfüllung eintreten kann. Die seit 2009 geltende Gesetzeslage bzw. die Ausgestaltung des SEPA-Lastschriftmandats legt indes nach Auffassung des BGH nahe, dass die Gutschrift hier nurmehr unter einer **auflösenden Bedingung** steht für den Fall, dass der Zahlungspflichtige fristgerecht Erstattung der Belastungsbuchung bei seiner Bank verlangt (vgl. Rz. 6.160); Erfüllung dürfte damit richtigerweise schon eintreten mit vorbehaltloser Gutschrift.[4] Bedeutung hat diese Unterscheidung vor allem bei der Insolvenzfestigkeit der bewirkten Zahlung.[5]

Auch nach den neuen Maßgaben bleibt der gewichtige rechtliche Nachteil der Lastschrift, nämlich ein **langer Schwebezustand bzw. eine Auflösbarkeit** mit der Ungewissheit, ob dem Gläubiger die Zahlung verbleibt. Der Kunde begeht zwar (im Zweifel, falls ohne dortige Einrede) einen Vertragsverstoß im Valutaverhältnis, wenn er nach Ermächtigung des Gläubigers zum Einzug anschließend die Lastschrift nicht gegenüber seiner Bank genehmigt bzw. ihr widerspricht, das ändert aber an der Rückgängigmachung der Verfügung nichts.

Die Bezahlung wird bei der Lastschrift zur **Holschuld** des Gläubigers.[6] Der Schuldner muss zum Fälligkeitsdatum nur für ausreichende Kontodeckung sorgen und die zur Lastschrift notwendigen Erklärungen abgegeben haben und aufrechterhalten; sofern er das einhält, gerät er nicht in Verzug.[7]

6.174

6.175

6.176

6.177

---

1 S. BGH v. 19.12.2002 – IX ZR 377/99, WM 2003, 524 ff. = MDR 2003, 652.
2 BGH v. 29.5.2008 – III ZR 330/07 – Rz. 17, NJW 2008, 2495 = MDR 2008, 964.
3 So einen Ausschluss sieht regelmäßig Nr. 2.5 der AGB zur SEPA-Firmen-Lastschrift vor.
4 Vgl. BGH v. 20.7.2010 – XI ZR 236/07 – Rz. 13, 21 ff., WM 2010, 1546 = MDR 2010, 1199.
5 BGH v. 20.7.2010 – XI ZR 236/07 – Rz. 37, WM 2010, 1546 = MDR 2010, 1199; dazu auch eingehend: Schimansky/Bunte/Lwowski/*Ellenberger*, § 59.
6 BGH v. 19.10.1977 – IV ZR 149/76, BGHZ 69, 361 (369).
7 BGH v. 19.10.1977 – IV ZR 149/76, BGHZ 69, 361 (369).

3. Kreditkartenzahlung

a) Allgemeines

6.178 Die Kreditkarte als sogenannte **Universalkreditkarte** (im Gegensatz zu einer – hier nicht näher behandelten – Kundenkreditkarte, die einzelne Handelsunternehmen ihren Kunden ausgeben und sie damit allein in deren Unternehmen „auf Kredit einkaufen" lassen[1]) ist ein im Online-Handel besonders einfach und bequem einsetzbares Zahlungsmittel, allerdings mit einigen Risiken für beide Seiten behaftet.

6.179 Anders als bei der Überweisung oder Lastschrift ist Grundvoraussetzung einer solchen Zahlung, dass zunächst beide Parteien des Ausgangsgeschäfts mit demselben Dritten eine Vertragsbeziehung unterhalten, über den die Zahlung abgewickelt wird, das heißt Kunde und Händler müssen dem Kreditkartensystem desselben Kreditkartenunternehmens angehören.

b) Dreipersonenverhältnis und Viergliedrigkeit

6.180 Im Grundfall bestehen damit Rechtsbeziehungen nur in einem Dreipersonenverhältnis, nämlich zwischen den Parteien des Ausgangsvertrags und dem Kreditkartenunternehmen, das sich zur Zahlungsabwicklung einschaltet. Zum Ausgangsgeschäft als dem **Valutaverhältnis** kommt auch hier das **Deckungsverhältnis** zwischen dem Karteninhaber und dem Kreditkartenunternehmen hinzu sowie das **Zuwendungsverhältnis** zwischen dem Händler und dem Kreditkartenunternehmen. Die Vertragsverhältnisse sind auch in der gesetzlichen Neufassung von 2009 nur fragmentarisch geregelt, ausgenommen Entgeltfragen, so dass sich die meisten Fragen nach den jeweiligen Vertragsbedingungen des Kreditkartenunternehmens richten.[2]

6.181 Bei dem Grundvertrag des Karteninhabers mit dem Kreditkartenunternehmen handelt es sich um den **Emissionsvertrag.** Darin sind vor allem der Kreditrahmen und die Abrechnung und Abwicklung der Kontobelastungen geregelt. Für den Einsatz der Karte bezahlt der Karteninhaber im Regelfall nur eine jährliche Pauschalgebühr und keine umsatzabhängigen Gebühren.[3]

6.182 Der Grundvertrag des Händlers mit dem Kreditkartenunternehmen ist der **Akquisitionsvertrag**, ein Rahmenvereinbarung, der ihm als sogenanntem Vertragsunternehmen die Berechtigung verleiht (und ihn üblicherweise auch dazu verpflichtet), die Kreditkarte als Zahlungsmittel entgegenzunehmen.[4] Der Händler zahlt dafür einen Teil seines über dieses Kartensystem gemachten Umsatzes als „Disagio" an das Kreditkartenunternehmen, regelmäßig derzeit unter 2 Prozent pro Transaktion[5]. Bislang war in den Akquisitionsverträgen bestimmt, dass der Händler dem Kartenzahler dieselben Konditionen einräumen musste wie dem Barzahler (Preisaufschlagsverbot). § 675f Abs. 5 BGB verbietet nun eine solche Klausel im Akquisitionsvertrag.[6] Allerdings dürften Preisaufschläge auch künftig nicht möglich sein, da eine solche Regelung des Händlers gegenüber dem Kunden regelmäßig gegen AGB-Recht (§ 307 Abs. 1 und 2 Nr. 1 BGB) verstoßen dürfte.[7]

---

1 Zur Abgrenzung Palandt/*Sprau*, § 675c BGB Rz. 75.
2 *Grundmann*, WM 2009, 1157 (1161 f.); Schimansky/Bunte/Lwowski/*Martinek*, § 67 Rz. 6a.
3 Zum weiteren Pflichteninhalt im Einzelnen: Schimansky/Bunte/Lwowski/*Martinek*, § 67 Rz. 7 ff.
4 Dazu Schimansky/Bunte/Lwowski/*Martinek*, § 67 Rz. 58 ff.
5 Die seit 9.12.2015 geltende Deckelung für kartengebundene Zahlungsvorgänge betrifft nur die Interbankenentgelte, für Privatkundenkreditkarten sind sie auf 0,3 % des Transaktionswertes begrenzt durch die Verordnung (EU) 2015/751 des Europäischen Parlaments und des Rates vom 29.4.2015 über Interbankenentgelte.
6 *Grundmann*, WM 2009, 1157 (1162); Schimansky/Bunte/Lwowski/*Martinek*, § 67 Rz. 58.
7 BGH v. 20.5.2010 – Xa ZR 68/09 – Rz. 41 ff., BGHZ 185, 359 = MDR 2010, 1039 = CR 2010, 674 = ITRB 2010, 273.

Die Kreditkartenunternehmen geben die Karten an den Kunden je nach Geschäftsmodell entweder über Banken aus (so bei MasterCard, Visa) oder aber direkt (so bei American Express, Diners Club). Die Einschaltung einer Bank in die Emission der Karte führt dann zur rechtlichen **Viergliedrigkeit** des Systems. **6.183**

Die **Abrechnung** – Belastung beim Karteninhaber und Gutschrift beim Vertragsunternehmen – erfolgt im Normalfall einmal monatlich. Somit geht bei der Zahlung per Kreditkarte der Händler immer in **Vorleistung**. Da eine Gutschrift erst mit der nächsten Abrechnung des Kreditkartenunternehmens erfolgt, **stundet** er zugleich dem Kunden die Zahlung regelmäßig um bis zu einen Monat.[1] **6.184**

c) Zahlungsvorgang

Die Abwicklung der einzelnen Transaktion per Kreditkarte erfolgt beim traditionellen stationären Handel regelmäßig mittels **Belastungsbeleg**, den der Karteninhaber zum gleichzeitigen Identitätsnachweis unterschreibt und der dem Kartenunternehmen zur Abrechnung vorgelegt wird. **6.185**

Im **Online-Handel** ist das nicht möglich, dort begnügt man sich daher mit dem Namen des Karteninhabers, der Kreditkartennummer und der Gültigkeitsdauer der Karte. Meist wird zur Verringerung des Missbrauchsrisikos noch die Kartenprüfnummer abgefragt; sie ist nur auf der Karte sichtbar und weder aufgeprägt noch auf dem Magnetstreifen gespeichert. Grundsätzlich sehen die Karten auch die Möglichkeit eines PIN-Abgleichs über das Kreditkartenunternehmen vor, was aber in der Praxis in Deutschland nur bei der Abhebung von Bargeld stattfindet. Auch wiederholte Ansätze zur Einführung eines sogenannten „SET"-Verfahrens (Secure Electronic Transaction) unter Verwendung digitaler Signaturen haben noch keine relevante Verbreitung gefunden. **6.186**

➲ **Wichtig:** Zur Verringerung von Missbrauchs- (und Haftungs-)risiken durch Phishing usw. sollten Händler und Kunden eine Übertragung von Kartendaten nur über gesicherte Verbindungen (SSL-Verschlüsselung) vornehmen.[2] **6.187**

d) Erfüllung

Die Erfüllung im Valutaverhältnis tritt nicht bereits ein mit Unterschrift des Belastungsbelegs oder Hingabe der Kartendaten. Der BGH leitet inzwischen vielmehr aus dem Rahmenvertrag zwischen Vertragshändler und Kreditkartenunternehmen ein **abstraktes Schuldversprechen** nach § 780 BGB ab, das **aufschiebend bedingt** ist (§ 158 Abs. 1 BGB) auf eine wirksame und ordnungsgemäß zustande gekommene Weisung des berechtigten Karteninhabers und das auf dem Akquisitionsvertrag als Geschäftsbesorgung nach §§ 675, 631 BGB basiert.[3] Trotz intensiver rechtlicher Diskussionen und abweichender Auffassungen – insbesondere mit der abweichenden Einordnung als Forderungskauf – dürfte es sich dabei inzwischen auch im Schrifttum um die herrschende Meinung handeln.[4] **6.188**

Erhält der Händler aufgrund der Weisung des Karteninhabers ein Schuldversprechen des Kreditkartenunternehmens, so liegt darin nur eine Leistung **erfüllungshalber**, und zwar nach § 364 Abs. 2 BGB analog, da nicht der Vertragspartner, sondern ein Dritter die neue Verbindlichkeit eingeht. **6.189**

---

1 Zur Frage einer damit verbundenen Kreditgewährung vgl. Kümpel/Wittig/*Werner*, 7.1007 ff.
2 Nicht zu verwechseln mit SET- oder anderen Identifizierungsverfahren; s. *Schöttle*, K&R 2007, 183 (184).
3 Vgl. nur BGH v. 16.4.2002 – XI ZR 375/00, ZIP 2002, 974 (976 f.) = CR 2002, 747 = MDR 2002, 958 = ITRB 2002, 227.
4 Vgl. Darstellung bei MüKoHGB/*Hadding*, Anh. § 372 HGB Rz. G.20 ff.; sowie Schimansky/Bunte/Lwowski/*Martinek*, § 67 Rz. 63 m. Fn. 1 und Rz. 64 ff.

6.190 Dies bedeutet, dass einerseits die **Weisung** zwar als wirksame Willenserklärung des Karteninhabers vorliegen muss (also beispielsweise Geschäftsfähigkeit bestehen muss), andererseits aber diese dann anschließend **nicht mehr zurückgenommen** oder widerrufen werden kann (so jetzt ausdrücklich in § 675p Abs. 1 und 2 BGB bestimmt für den Zeitpunkt ab Übermittlung an das Kartenunternehmen, bis dahin ist sie nach hM als geschäftsbesorgungsähnliche Weisung nach § 665 BGB ebenfalls schon nicht widerrufbar[1]). Das Risiko ist hier also geringer als etwa bei der Lastschrift.

6.191 ➡ **Wichtig:** Somit bietet die – wirksame (und nachweisbare) – Weisung des Karteninhabers dem Händler eine gewisse Sicherheit, erfüllt wird aber erst mit Einlösung des Schuldversprechens durch das Kreditkartenunternehmen.

e) Nachweispflicht, Einwendungsdurchgriff, Rückforderungsrechte

6.192 Da im Online- und Versandhandel mangels eines unterschriebenen Belastungsbelegs keine schriftlich fixierte Weisung vorliegt, würde eigentlich das Vertragsunternehmen das volle **(Beweis-)Risiko** tragen, wenn der Karteninhaber später – zu Recht oder zu Unrecht – eine Weisung bestreitet.

6.193 Der BGH sieht das jedoch anders und überträgt grundsätzlich dem Kreditkartenunternehmen das Risiko eines **Kartenmissbrauchs**, sofern es dem Vertragsunternehmen den Karteneinsatz per Internet oder Telefon ausdrücklich gestattet hat.[2] Die Kartenunternehmen haben daraufhin in ihren AGB verschiedene Abwicklungsmodelle mit und ohne **Zahlungsgarantie** zu entsprechend unterschiedlichen (Preis-)Konditionen eingeführt. Diese Vertragsanpassungen sowie die Gefahr der Manipulation auf Seiten des Vertragsunternehmens durch rein fiktive Buchungen ohne substantielle Nachweispflicht lassen Zweifel aufkommen, ob die vom BGH angenommene Risikoverteilung tatsächlich weiterhin sachgerecht ist und in dieser strengen Form Bestand haben kann und ob nicht doch Mindestanforderungen an den Beweis des Vertragsunternehmens für die Weisung und damit das Zustandekommen des Schuldversprechens zu stellen sind.[3]

6.194 **Einwendungen aus dem Valutaverhältnis** können dem Anspruch des Vertragsunternehmens aus dem Schuldversprechen nicht entgegengehalten werden.[4] Zwar ist das abstrakte Schuldversprechen des Kreditkartenunternehmens prinzipiell nach den Grundsätzen ungerechtfertigter Bereicherung kondizierbar. Zu beachten ist aber, dass der Rechtsgrund für das Schuldversprechen nicht in dem Vertrag mit dem Karteninhaber liegt, sondern in dem Akquisitionsvertrag mit dem Kreditkartenunternehmen.[5]

6.195 Deshalb vertritt der BGH allein beschränkt auf besondere Ausnahmefälle, in denen der Karteninhaber dem Kartenunternehmen „offenkundige und liquide beweisbare Einwendungen" gegenüber dem Anspruch des Vertragsunternehmens darlegt, die Auffassung, dass ei-

---

1 Vgl. Schimansky/Bunte/Lwowski/*Martinek*, § 67 Rz. 34: Keine selbstständige Anweisung iSd. § 783 ff. und § 790 BGB; s. auch BGH v. 24.9.2002 – XI ZR 420/01, BGHZ 152, 75 = MDR 2003, 100.

2 BGH v. 16.4.2002 – XI ZR 375/00, ZIP 2002, 974 (977 f.) = CR 2002, 747 = MDR 2002, 958 = ITRB 2002, 227; BGH v. 16.3.2004 – XI ZR 169/03, WM 2004, 1130 (1131) = MDR 2004, 950; BGH v. 16.3.2004 – XI ZR 13/03, WM 2004, 1031 (1032) = MDR 2004, 951; BGH v. 12.7.2005 – XI ZR 412/04, WM 2005, 1601 (1603) = CR 2006, 74 = MDR 2005, 1361 = ITRB 2006, 30.

3 Schimansky/Bunte/Lwowski/*Martinek*, § 67 Rz. 40, zur aktuellen Entwicklung auch *Casper/Pfeifle*, WM 2009, 2343 ff.

4 BGH v. 16.4.2002 – XI ZR 375/00, ZIP 2002, 974 (977 f.) = CR 2002, 747 = MDR 2002, 958 = ITRB 2002, 227.

5 S. Schimansky/Bunte/Lwowski/*Martinek*, § 67 Rz. 67 zur Rückforderung über die Sicherungsabrede im Akquisitionsvertrag, sofern sich ein allgemeines Geschäftsrisiko des Vertragsunternehmens realisiert.

ne trotz dieser Einwendungen stattfindende Auszahlung durch das Kartenunternehmen unter Berufung auf die frühere Weisung des Karteninhabers treuwidrig wäre und das Vertragsunternehmen rechtsmissbräuchlich handeln würde („dolo agit …").[1] Hier wird also der Abstraktionsgrundsatz über § 242 BGB aufgehoben und das Kartenunternehmen kann und muss die Auszahlung an das Vertragsunternehmen verweigern.

4. Elektronisches Geld

a) Allgemeines

Das elektronische Geld hat der Gesetzgeber in § 675c Abs. 2 BGB ausdrücklich den Zahlungsdiensten zugerechnet, so dass auch darauf die §§ 675c ff. BGB anzuwenden sind. Die rechtlichen Rahmenbedingungen werden maßgeblich durch die Ausgestaltung in den Verträgen des Systemanbieters bestimmt.   6.196

Nach der **Legaldefinition** in § 1a ZAG ist elektronisches Geld: *„jeder elektronisch, darunter auch magnetisch gespeicherte monetäre Wert in Form einer Forderung gegenüber dem Emittenten, der gegen Zahlung eines Geldbetrages ausgestellt wird, um damit Zahlungsvorgänge im Sinne des § 675f Absatz 3 Satz 1 des Bürgerlichen Gesetzbuchs durchzuführen, und der auch von anderen natürlichen oder juristischen Personen als dem Emittenten angenommen wird"*.   6.197

Es handelt sich dabei um Buchgeld, das in zwei Erscheinungsformen auftritt, entweder auf einer Zahlungskarte oder Geldkarte[2] gespeichert (regelmäßig auf einem Chip) – also **kartenbasiert** – oder auf einem Datenträger beim Kunden oder auf einem Server beim Emittenten mit Kundenzugriff gespeichert – also **softwarebasiert**.[3]   6.198

b) Rechtsbeziehungen

Beim elektronischen Geld gibt es eine Dreipersonenbeziehung, im Prinzip ähnlich strukturiert wie bei der Kreditkarte, nämlich neben dem **Valutaverhältnis** mit einem **Deckungsverhältnis** zwischen Kunde und Emittent bzw. Systemanbieter und einem **Zuwendungsverhältnis** zwischen Händler und Emittent bzw. Systemanbieter.   6.199

Wesentlicher Unterschied zur Kreditkarte ist, dass beim elektronischen Geld der Karteninhaber zuvor seine „elektronische Geldbörse" aufladen muss, also mittels eines klassischen Zahlungssystems ein **Guthaben** beim Emittenten herstellen muss, regelmäßig per Überweisung oder Lastschrift oder Kreditkarte, aber auch denkbar per Barzahlung am Schalter oder Automaten. Diese Gutschrift wird auf der Karte oder dem Speichermedium für den Kunden verbucht, der diesen Betrag dann entsprechend für einen Zahlungsvorgang einsetzen kann. Rechtlich wird dieses Guthaben als **Vorschuss** an den Geschäftsherrn nach § 669 BGB anzusehen sein.[4] Im Regelfall handelt es sich dabei um „Kleinbetragsinstrumente" iSv. § 675i BGB mit entsprechenden vereinfachenden Sonderregelungen.[5]   6.200

---

1 Vgl. BGH v. 24.9.2002 – XI ZR 420/01 – Rz. 19, BGHZ 152, 75 ff. = MDR 2003, 100; Schimansky/Bunte/Lwowski/*Martinek*, § 67 Rz. 37 mwN.

2 Als Gattungsbegriff nicht zu verwechseln mit dem von der deutschen Kreditwirtschaft betriebenen System GeldKarte, das von Banken und Sparkassen als Zusatzfunktion zur Bank- oder ec-Karte ausgegeben wird – tatsächlich ist das jedoch der bekannteste und am stärksten verbreitete Anwendungsfall einer Geldkarte.

3 So unterscheidend auch, lediglich begrifflich abweichend Palandt/*Sprau*, § 675f BGB Rz. 54; ferner Schimansky/Bunte/Lwowski/*Neumann*, § 55a Rz. 1.

4 So die hM, vgl. Palandt/*Sprau*, § 675f BGB Rz. 55; *Schöttle*, K&R 2007, 183 (186); zum Produkt Geld-Karte jeweils: *Grundmann*, WM 2009, 1157 (1161); Schimansky/Bunte/Lwowski/*Koch*, § 68 Rz. 22 ff.; Kümpel/Wittig/*Werner*, 7.945 ff.; Kilian/Heussen/*Neumann*, Kap. 110 Rz. 71 ff.

5 Schimansky/Bunte/Lwowski/*Koch*, § 68 Rz. 31 ff.; Kümpel/Wittig/*Werner*, 7.952.

6.201 Bei seiner **Zahlung** mit elektronischem Geld erteilt der Kunde einen Auftrag iSd. § 675f Abs. 3 Satz 2 BGB, den Transfer seines Guthabens an seinen Gläubiger (den Händler) zu veranlassen. Dabei wird der Auftrag regelmäßig über den Zahlungsempfänger, der insoweit als Empfangsbote auftritt, an den Systemanbieter übermittelt.[1]

6.202 Der Vertrag des Zahlungsempfängers mit dem Systemanbieter ist ein Rahmenvertrag, der einerseits ihm die Möglichkeit zur Akzeptanz des spezifischen Zahlungsmittels, andererseits üblicherweise die Verpflichtung enthält, das elektronische Geld als Zahlungsmittel anzunehmen, was in der Regel als echter Vertrag zugunsten Dritter gemäß § 328 BGB ausgestaltet ist.[2] Rechtlich ist wohl davon auszugehen, dass sich der Systemanbieter gegenüber dem Zahlungsempfänger in Form eines **abstrakten Schuldanerkenntnisses** verpflichtet, als Folge des Einsatzes des elektronischen Geldes die Forderung aus dem Valutaverhältnis zu begleichen.[3]

c) Erfüllung

6.203 Die Entgegennahme des elektronischen Geldes erfolgt auch hier im Zweifel nur **erfüllungshalber**, so dass nicht schon das Schuldanerkenntnis des Systemanbieters, sondern erst die Gutschrift beim Händler zur Erfüllung führt.[4] Die vorbehaltlose Bestätigung der Gutschrift verschafft dem Händler dann aber eine gesicherte Rechtsposition zumindest gegenüber dem Systemanbieter, vergleichbar mit der vorbehaltlosen Gutschrift bei der Banküberweisung.[5] Es liegt also wesentlich in der Hand des E-Geld-Anbieters, ob er nach seinen Vertragsbedingungen und Zahlungsbestätigungen dem Händler sofort und vorbehaltlos eine Gutschrift stellt und damit eine direkte, gesicherte Zahlung erreicht wird, die für ihn einem Bargeschäft gleichkommt (für den Systemanbieter nur risikolos bei softwarebasierten prepaid-Konten mit entsprechendem Guthaben, vgl. Rz. 6.200 f.).

d) Spezifische Risiken

6.204 Die **Missbrauchsrisiken** liegen hier vor allem auf technischem Gebiet, also in der Gefahr unautorisierter Zugriffe oder sonstiger Manipulationen bis hin zu „elektronischem Falschgeld". Haftungen und etwaige Garantien oder Zusicherungen ergeben sich nach den allgemeinen zivilrechtlichen Grundsätzen und sind im Zweifel durch die vertraglichen Regelungen des Systemanbieters modifiziert.[6]

III. Praktische Ausgestaltungen von (Online-)Zahlungssystemen

1. Besondere Varianten klassischer Bezahlsysteme

a) Eingebundene Onlineüberweisung

6.205 Um kein eigenständiges Bezahlverfahren, sondern um eine bloß technische Einbindung der Bezahlung in die Kaufabwicklung handelt es sich bei dem Modell der „eingebundenen

---

1 Palandt/*Sprau*, § 675f BGB Rz. 57 mwN.
2 *Grundmann*, WM 2009, 1157 (1161) Fn. 75.
3 Palandt/*Sprau*, § 675f BGB Rz. 58 und § 675t BGB Rz. 10 mwN; zur „Garantie" bei der vertraglichen Ausgestaltung der GeldKarte vgl. Kümpel/Wittig/*Werner*, 7.966 mwN; Schimansky/Bunte/Lwowski/*Koch*, § 68 Rz. 59 ff.
4 Palandt/*Grüneberg*, § 362 BGB Rz. 10, § 364 BGB Rz. 5; Schimansky/Bunte/Lwowski/*Neumann*, § 55a Rz. 36 mwN; zweifelnd zum Produkt GeldKarte aufgrund der dort vertraglich gegebenen „Garantie": Schimansky/Bunte/Lwowski/*Koch*, § 68 Rz. 62.
5 So auch Palandt/*Grüneberg*, § 362 BGB Rz. 10.
6 Schimansky/Bunte/Lwowski/*Neumann*, § 55a Rz. 38 f.

Onlineüberweisung". Prominente Vertreter im Markt sind die Anbieter „**SOFORT Überweisung**" oder „**Giropay**".

Das Prinzip ist so aufgebaut, dass der Systemanbieter nicht Partei im Zahlungsvorgang wird, sondern lediglich als **technische Schnittstelle** fungiert, indem er den Kunden im Bezahlvorgang entweder auf das Online-Banking seiner Bank oder Sparkasse verbindet (Giropay) oder indem er dessen Zugangs- und Transaktionsdaten für sein Online-Banking abfragt und diese dann an die Bank weiterleitet (SOFORT Überweisung). Im Anschluss an den erfolgreichen Zahlungsvorgang im Online-Banking – der wie gehabt rechtlich allein zwischen den dortigen Vertragsparteien stattfindet – erhalten Kunde und vor allem Händler direkt die sofortige **Zahlungsbestätigung**, nicht aber eine sofortige Gutschrift (laut Giropay dazu eine „Zahlungsgarantie"). 6.206

Der **Vorteil** dieser Lösung für den Kunden ist eine höhere Bequemlichkeit, ihm werden verschiedene Eingabeschritte abgenommen. Der Vorteil für den Händler ist die direkte Zahlungsveranlassung des Kunden, der so nicht mehr den Schritt der Überweisung getrennt initiieren muss, sowie die Bestätigung der technischen Transaktion. Für beide Seiten erhöht sich die Wahrscheinlichkeit der erfolgreichen Vertragsabwicklung und es führt zu einer Beschleunigung der Abläufe. Mangels gesicherter Zahlung wird aber eine Vorkassezahlung damit nicht erreicht. 6.207

Die **Risiken** sind für beiden Seiten dieselben wie bei jeder (Online-)Überweisung. Hinzu kommt allerdings, dass die Zwischenschaltung des Systemanbieters als weiterer Übertragungsschritt zusätzliche Missbrauchs- und Umleitungsrisiken (Phishing usw.) mit sich bringt. Beim Modell „SOFORT Überweisung" dürfte sich außerdem die Weitergabe von PIN und TAN an den Systemanbieter als eine Verletzung der Geheimhaltungspflichten des Kunden nach dem Bankvertrag bzw. den üblichen Banken-AGB darstellen.[1] 6.208

b) Zahlungsabwicklung per Telefon oder Mobiltelefon

Immer wieder als das Zahlungsmittel der Zukunft speziell im Onlinehandel gepriesen wird die Zahlung per Telefon oder speziell Mobiltelefon („**M-Payment**"). Nichtsdestotrotz fristen diese Systeme bestenfalls ein Schattendasein, viele Anbieter sind in der Vergangenheit gescheitert und haben sich vom Markt wieder zurückgezogen.[2] 6.209

Ein frühes Ablaufmodell des „mobilen Bezahlens" war beispielsweise die Eingabe der Mobiltelefon-Nummer im Bezahlvorgang, Rückruf über das Telefon und Eingabe einer Geheimnummer, mit der dann der Zahlungsvorgang ausgelöst werden konnte (so bei „Paybox", das bereits in 2003 eingestellt wurde). Letztlich handelte es sich dabei nur um ein im Ablauf variiertes Lastschriftverfahren.[3] Nach ähnlichem Prinzip hatte die Deutsche Telekom längere Zeit ein Bezahlsystem „Pay by call" als Teil der Dienste „T-Pay" angeboten(das im Jahr 2010 eingestellt wurde); dessen Besonderheit bestand in der Zusammenfassung verschiedener Systeme und Zahlungswege, die eine Bezahlung wahlweise ermöglichte über die Telefonrechnung, über Lastschrift und Kreditkarte oder über Prepaid-Guthabenkarten („Micromoney"). Rechtlich stellte das nichts anderes dar als die alternative Anwendung dieser drei klassischen Bezahlsysteme, ergänzt um die vertraglich ausgestalteten technischen Dienstleistungen des Systemanbieters. 6.210

Heutige Angebote arbeiten meist mit SMS-Versand: Der Kunde gibt hier seine Mobilfunknummer bei der Kaufabwicklung ein, erhält einen „Zugangscode" per SMS, den er dann 6.211

---

1 Ähnlich Auer-Reinsdorff/Conrad/*Kociok*, Handbuch IT- und Datenschutzrecht, § 27 Rz. 85, allerdings mit kartellrechtlichen Bedenken.
2 Zuletzt stoppte OTTO zum Januar 2016 das erst 2011 gestartete Modell „Yapital".
3 Vgl. Darstellung zu diesem Produkt von Killian/Heussen/*Neumann*, Kap. 110 Rz. 110 ff.

wiederum in der Kaufabwicklung eintragen muss und damit den Kauf bestätigt (zB im System „**mpass**" verschiedener Mobilfunkanbieter). Der Zahlbetrag wird dann dem Kunden auf seiner Telefonrechnung belastet. Solche Systeme sind meist begrenzt auf relativ geringe Beträge je Transaktion und werden vor allem eingesetzt für mobilfunknahe Downloads (Klingeltöne, Bilder). Je mehr es sich dabei um ein **anonymisiertes Verfahren** handelt, bei dem die Identität des Kunden nicht mitgeteilt wird und auch im Nachhinein allenfalls die Mobilfunknummer bestimmt werden kann, stellen sich Nachweisprobleme für den Händler sowohl für das Grundgeschäft wie für das Erfüllungsgeschäft, was Vertragsabschluss und Vertragspartner betrifft. Ob sich deshalb eine Anwendung außerhalb des Massengeschäfts mit Kleinbeträgen findet, ist fraglich. Die künftige Entwicklung von „M-Payment" Bezahlverfahren wird vor allem gesehen in der Umsetzung per Funk-Chips, die auf einer Datenübertragung über kurze Strecken („Near Field Communication" – **NFC**) basieren, eingebaut in Mobilfunktelefon oder Kreditkarte. Für den Online-Handel sind die entsprechenden (dafür abgewandelten) Dienste wie zB Apple Pay in Deutschland (noch) nicht einsetzbar.

6.212 Rechtlich kann solch ein „M-Payment" sich nicht nur als **Forderungseinziehung** des Telefonanbieters für den Händler über die Telefonrechnung darstellen, sondern denkbar ist auch eine unmittelbare Zahlung durch den Systemanbieter als **Leistungsmittler** für den Schuldner in Form einer Geschäftsbesorgung wie beim Girovertrag (§ 676f BGB).[1] Die Zahlung des Kunden an den Systemanbieter kann wiederum aus Guthaben („prepaid") oder mit paralleler bzw. nachgelagerter Einlösung per Kreditkarte oder Lastschrift erfolgen („Pay-now", „Pay-later") (s. dazu nachfolgend unter Rz. 6.220 ff.).[2]

6.213 Generell lassen sich die Rechtsbeziehungen solcher Systeme immer nur anhand seiner konkreten vertraglichen Ausgestaltung ermitteln. Ein gesetzliches Modell gibt es nicht. Letztlich wird auch hier der Schwerpunkt in technischer Dienstleistung (Authentifizierungssicherung und Abwicklungsvereinfachung) liegen und sich der Zahlungsvorgang immer auf eines der klassischen Bezahlsysteme beziehen müssen, meist auf Lastschrift oder Kreditkartenzahlung. Häufig ist dann der Systemanbieter nur eingeschaltet als zusätzliche Schnittstelle oder Vermittlungsstelle. Risiken und Haftungsfragen müssen allgemein zivilrechtlich und vertraglich gelöst werden, mit den Schwierigkeiten einer beweissicheren Dokumentation bzw. einer Eingrenzung der Missbrauchsmöglichkeiten, was man richtigerweise über die vertragliche (nach §§ 305 ff. BGB angemessene) Zuweisung von Risikosphären auflösen muss.

2. Netzgeld, Virtuelle Konten, Abrechnungssysteme

a) Allgemeines

6.214 Für speziell auf den Online-Handel zugeschnittenes Zahlungsmittel wird gerne mit den Begriffen „**Netzgeld**" oder „**cybercash**" geworben. Die Begriffsverwendung ist aber schillernd und sagt rechtlich erstmal nichts aus über den tatsächlichen Gehalt des Zahlungssystems.

6.215 Das praktische Problem auch dieser Systeme ist die noch immer zu geringe Verbreitung. Da es nur einsetzbar ist, wenn zuvor sowohl Kunde als auch Händler sich vertraglich wie technisch auf das jeweilige Zahlungsmittel eingerichtet haben, wird das bei einer Vielzahl von Systemanbietern aufwändig, teuer und unübersichtlich. Solange Handel wie Verbraucher mit den klassischen, bekannten und verbreiteten Zahlungswegen auskom-

---

1 Vgl. *Müller-ter Jung/Kremer*, BB 2010, 1874 (1875) mwN; dort auch ausführlich zu den Informationspflichten des M-Payment-Anbieters.
2 Überblicksmäßig auch bei *Müller-ter Jung/Kremer*, BB 2010, 1874 (1875).

men, bleibt es daher schwer für „proprietäre" internetspezifische Zahlungsmittel, sich nennenswert durchzusetzen.

b) Virtuelle Kontensysteme: prepaid

Netzgeld im eigentlichen Sinne bezieht sich auf **Aufladesysteme** mit Vorauszahlung. Rechtlich basieren die Systeme alle auf den Grundsätzen des **elektronischen Geldes** gemäß § 672c Abs. 2 BGB (dazu oben Rz. 6.196 ff.).   **6.216**

Der Kunde kauft vorab vom Systemanbieter bestimmte Mengen bzw. Einheiten des Netzgeldes oder Buchgeldes ein und bezahlt dafür gleich („**prepaid**"). Er erhält dafür entweder ein virtuelles Konto mit einem Guthaben, auf das er später beim Bezahlvorgang zugreifen kann („**softwarebasiert**"), oder ihm werden die Einheiten zur Abspeicherung in digitaler Form übermittelt oder per Chipkarte ausgehändigt, um sie dann beim Kauf an den Händler digital transferieren und somit einlösen zu können („**kartengestützt**").   **6.217**

Der Händler erhält dann im Bezahlvorgang den Gegenwert vom Systemanbieter gutgeschrieben.   **6.218**

Praktische Bedeutung haben diese Systeme vor allem als Gutschein- oder Geschenkekarte mit relativ geringen Beträgen.[1]   **6.219**

c) Virtuelle Kontensysteme: Pay now

Eine Variation hiervon, bei der es sich aber nicht mehr um elektronisches Geld im eigentlichen Sinne handelt, sind die sogenannten „**pay now**"-Systeme.   **6.220**

Auch hier werden virtuelle Konten unterhalten, die jedoch nicht die (volle) Betragsdeckung vor dem Kaufvorgang aufweisen müssen, sondern erst mit dem Zahlungsvorgang aufgefüllt werden, insbesondere mittels Kreditkarte (zB bietet **Paypal** eine solche Funktion an).   **6.221**

Rechtlich werden je nach Vertragsgestaltung verschiedene Zahlungssysteme miteinander kombiniert, ggf. ergänzt mit einer begrenzten Garantiefunktion des Systemanbieters. Der Händler als Gläubiger nimmt im Zweifel diese Art der Zahlung nur erfüllungshalber an (§ 362 Abs. 2 BGB).[2] Er erwirbt zum Zwecke der Befriedigung eine **Forderung gegenüber dem Anbieter** des Zahlungssystems. Der Kunde verpflichtet sich aus dem Zahlungsvorgang zugleich gegenüber dem Systemanbieter, sein virtuelles Konto vertragsgemäß aufzufüllen.   **6.222**

d) Abrechnungssysteme: Pay later

Einen ganz anderen rechtlichen Ansatz haben die speziell für die Internetnutzung entwickelten **Abrechnungssysteme**. Dort unterhält der Kunde kein Guthaben beim Systemanbieter, sondern er muss sich lediglich vorab einmal registrieren und seine Kenndaten zur Bezahlung angeben (so zB bei dem zum April 2016 eingestellten Dienst **clickandbuy**).[3]   **6.223**

Dann kann der Kunde bei jedem an das System angeschlossenen Händler unter Bezugnahme auf diese Daten „bezahlen", wobei der Bezahlvorgang für den Kunden erst später auf einem der klassischen bargeldlosen Zahlungswege erfolgt, also durch Überweisung,   **6.224**

---

1 Vgl. zu – allerdings auch hier zum Teil bereits wieder eingestellten – Anwendungsbeispielen: *Hoenike/Szodruch*, MMR 2006, 519 (520).

2 So auch *Hoenicke/Szodruch*, MMR 2006, 519, (521) mwN in Fn. 28.

3 Vgl. *Hoenike/Szodruch*, MMR 2006, 519 (521 f.).

Lastschrift oder Kreditkarte, wie bei der Registrierung mit dem Systemanbieter vereinbart (daher **„pay later"**).

6.225 Rechtlich kann das System durch die Rahmenverträge ausgestaltet sein entweder als reine Serviceleistung des Anbieters bei der Datenvermittlung zwischen den Parteien des Va-
lutaverhältnisses oder aber als echte Beteiligung des Anbieters im Bezahlvorgang. Gilt
letzteres, dann liegt auch hier im Zweifel eine Bezahlung gegenüber dem Händler nur erfüllungshalber vor, der Händler erwirbt dann nach den vereinbarten Maßgaben eine **Forderung gegenüber dem Anbieter** und es wird so ein Dreiparteienverhältnis begründet, in
dem der Systemanbieter gegenüber dem Kunden sowie gegenüber dem Händler auftritt
wie ein Kreditinstitut bzw. ein Kreditkartenunternehmen.[1]

3. Treuhandabwicklung

a) Allgemeines

6.226 Einige Anbieter von Zahlungssystemen ergänzen die Bezahlung um eine Treuhandabwick-
lung. Ähnlich wie bei Zahlungsausfallversicherungen oder Zahlungsgarantien auf Seiten
des Händler erfüllen sie damit das **Sicherheitsbedürfnis**, hier vor allem auf Seiten des Kunden für den Fall, dass er bei Vorkassezahlung (per Überweisung) nicht oder schlecht beliefert wird.

6.227 Wie die Zahlung an den Treuhänder erfolgt, ist im Prinzip beliebig vereinbar, sinnvoller
Weise sollte aber die **Überweisung** gewählt werden wegen der geringsten Risiken der
Rückholung.

6.228 Das Prinzip jeder Treuhand ist, dass die Zahlung nicht direkt erfolgt, sondern über einen
Dritten als Treuhänder, der das Geld erst weiterleitet bei Eintritt bestimmter Bedingun-
gen. Sowohl die Bedingungen als auch deren Nachweis sind notwendiger Weise vertraglich streng formalisiert und im Regelfall bereits allgemein vorgegeben durch die Geschäftsbedingungen des Treuhänders und die von ihm entwickelten Modelle (zB **Paypal**[2]).
Zentral für die Qualität der Treuhand ist die inhaltliche und technische Regelung der
Auszahlungsvoraussetzungen. Der Kunde möchte im Wesentlichen erreichen, dass sein
Geld nicht weitergeleitet wird, bevor bestimmte Voraussetzungen erfüllt sind, namentlich die Ware abgesendet oder bei ihm eingegangen ist. Der Händler muss davor gesichert
sein, dass die Gutschrift nur an objektiven und leicht von ihm nachweisbaren, hingegen
nicht an Freigabeerklärungen des Kunden oder aber an (vermeintlichen) Mängeldiskussio-
nen hängen kann. Der Kunde muss darauf achten, dass die Weiterleitung nicht allein von
einfachen unbelegten Erklärungen des Händlers abhängen kann.

6.229 Sowohl für den Kunden als auch für den Händler können zusätzliche **Versicherungen
oder Garantien** des Treuhänders eingebaut werden für den Fall, dass bestimmte Abwick-
lungsprobleme im Ausgangsgeschäft auftreten (so zB das Angebot **„Trusted Shops"**).

b) Erfüllung

6.230 Die Erfüllungswirkung bei Zahlung an einen Treuhänder kann nicht einheitlich beantwortet werden. Sie hängt von der vertraglichen Ausgestaltung der Treuhand ab.

6.231 Die Rechtsprechung geht für den Fall der notariellen Treuhand als Hauptanwendungsfall
in der „physischen Welt" im Zweifel davon aus, dass Erfüllung **erst mit Auszahlung** an

---

1 Zu den daraus resultieren Zulassungsfragen und Pflichten des Systemanbieters nach KWG und Aufsichtsrecht s. Rz. 6.81 ff.
2 Zu den Modellen von Paypal eingehend: *Meder/Grabe*, BKR 2005, 467 ff.

den Gläubiger eintritt. Der Notar ist also hier kein Dritter nach § 362 Abs. 2 BGB, erst recht nicht Zahlstelle.[1] Diese Grundsätze dürften im Regelfall auch bei einer Treuhand mit beiderseitiger Sicherungsfunktion im Online-Handel oder Fernabsatz gelten. Etwas anderes gilt indes dann, wenn der Treuhänder **keine eigene Überwachungs- oder Sicherungsfunktion** wahrnimmt (die wenigstens auch im Interesse des Schuldners liegt). Dann gilt § 362 Abs. 2 iVm. § 185 BGB, also sofortige Erfüllungswirkung mit Zahlungseingang beim Treuhänder, vorausgesetzt die wirksame Zustimmung des Gläubigers, grundsätzlich mit der treuhänderischen Zahlung an den Dritten einverstanden zu sein, liegt vor.

Die Parteien können unabhängig davon die Erfüllungswirkung ohne Weiteres **abweichend regeln**, und zwar auch konkludent. So kann sich aus den konkreten Umständen und der Ausgestaltung der Abläufe der Wille der Parteien ableiten lassen, dass bereits **mit Auszahlungsreife** Erfüllung eintreten soll.[2]   6.232

---

1 Vgl. Palandt/*Grüneberg*, vor § 372 BGB Rz. 4 mwN.
2 Vgl. Palandt/*Grüneberg*, vor § 372 BGB Rz. 4 mwN; offengelassen in BGH v. 17.2.1994 – IX ZR 158/93, NJW 1994, 1404 (1405 f.) mwN = MDR 1994, 770.

Kapitel 7
Produkt- und dienstleistungsspezifische Anforderungen

A. Finanzdienstleistungen

Literatur: *Armbrüster*, Kapitalanleger als Verbraucher?, ZIP 2006, 406 ff.; *Arnold*, Verbraucherschutz im Internet – Anforderungen an die Umsetzung der Fernabsatz-Richtlinie, CR 1997, 526 ff.; *Bamberger/ Roth*, Beck'scher Online-Kommentar, BGB, Stand: 1.2.2012; *Bierekoven*, Neuerungen für Online-Shops nach Umsetzung der Verbraucherrechterichtlinie – Ein erster Überblick, MMR 2014, 283; *Bierekoven/ Crone*, Umsetzung der Verbraucherrechterichtlinie – Neuerungen im deutschen Schuldrecht – Ein erster Überblick, MMR 2013, 687; *Bodewig*, Die neue europäische Richtlinie zum Fernabsatz, DZWiR 1997, 447 ff.; *Brönneke*, Der Anwendungsbereich der Vorschriften über die besonderen Vertriebsformen nach Umsetzung der Verbraucherrechterichtlinie, VuR 2014, 3; *Dörrie*, Der Verbraucherdarlehensvertrag im Fernabsatz, ZBB 2005, 121 ff.; *Ehmann/Forster*, Umsetzung der Verbraucherrechterichtlinie – Teil 1: Der neue „allgemeine Teil" des Verbraucherschutzrechts, GWR 2014, 163; *Ehmann/Hohlweger*, Umsetzung der Verbraucherrechterichtlinie – Teil 2: Das neue Widerrufsrecht, GWR 2014, 211; *Felke/ Jordans*, Umsetzung der Fernabsatz-Richtlinie für Finanzdienstleistungen, NJW 2005, 710 ff.; *Finke*, Der Fernabsatz von Finanzdienstleistungen an Verbraucher, Zur Umsetzung der Richtlinie 2002/65/EG in das deutsche Recht, 2004; *Gößmann*, Electronic Commerce, Die EU-Fernabsatzrichtlinie und ihre Auswirkungen auf den Handel über neue Medien, MMR 1998, 88 ff.; *Härting/Schirmbacher*, Finanzdienstleistungen im Fernabsatz, CR 2005, 48 ff.; *Herberger/Martinek/Rüßmann/Weth*, jurisPK-BGB, 7. Aufl. 2014; *Kamanabrou*, Die Umsetzung der Fernabsatzrichtlinie, WM 2000, 1417 ff.; *Knöfel*, Auf dem Weg zu einem neuen Schuldrecht für den Fernabsatz von Finanzdienstleistungen – Zum schuldrechtlichen Teil des Regierungsentwurfs eines Gesetzes zur Änderung der Vorschriften über Fernabsatzverträge bei Finanzdienstleistungen, ZGS 2004, 182 ff.; *Kocher*, Neue Vorschriften für den Fernabsatz von Finanzdienstleistungen an Verbraucher, DB 2004, 2679 ff.; *Leier*, Die Rückabwicklung des widerrufenen Vertrags – Neuerungen durch das Gesetz zur Umsetzung der Verbraucherrechterichtlinie, VuR 2013, 457; *von Loewenich*, Einbeziehung von Finanzdienstleistungen in das Gesetz zur Umsetzung der Verbraucherrechterichtlinie, NJW 2014, 1409; *Luz/Neus/Schaber/Wagner/Schneider/Weber* (Hrsg.), KWG und CRR, Kommentar zu KWG, CRR, SolvV, WuSolv, GroMiKV, LiqV und weiteren aufsichtsrechtlichen Vorschriften, 3. Aufl. 2015; *Martinek/Semler/Habermeier/Flohr*, Handbuch des Vertriebsrechts, 3. Aufl. 2010; *Masuch/Koch*, Fernabsatz von Finanzdienstleistungen – Umsetzung der neuen rechtlichen Vorgaben und Auswirkungen auf die Praxis der Kreditinstitute, 2005; *Meier*, Der Verbrauchergriff nach der Umsetzung der Verbraucherrechterichtlinie, JuS 2014, 777; *Möller*, Die Umsetzung der Verbraucherrechterichtlinie im deutschen Recht, BB 2014, 1411; *Mohrhauser*, Der Fernabsatz von Finanzdienstleistungen an Verbraucher, 2006; *Obele*, Bedürfnisorientierte Marktstrukturierung für Finanzdienstleistungen, 1998; *Reich*, Die neue Richtlinie 97/7/EG über den Verbraucherschutz bei Vertragsabschlüssen im Fernabsatz, EuZW 1997, 581 ff.; *Rott*, Die Umsetzung der Richtlinie über den

Fernabsatz von Finanzdienstleistungen im deutschen Recht, BB 2005, 53 ff.; *Schieber*, Die Aufsicht über Finanzkonglomerate. Das Aufsichtsrecht der Finanzdienstleistungsunternehmen im Spannungsverhältnis zwischen Gruppen- und Einzelinstitutsaufsicht, 1998; *Schmidt/Brönneke*, Das Widerrufsrecht bei Fernabsatz- und Haustürgeschäften – Neuerungen durch das Gesetz zur Umsetzung der Verbraucherrechterichtlinie, VuR 2013, 448; *Schmidt-Kessel/Schäfer*, Wie flexibel ist die Musterwiderrufsbelehrung?, WM 2013, 2241; *Siedler*, Fernabsatzgesetz Finanzdienstleistungen: Erläuterungen für die Praxis der Kreditinstitute, 2005; *Stracke/Geitner*, Finanzdienstleistungen, 1992; *Tamm/Tonner*, Verbraucherrecht, 2. Aufl. 2016; *Tiffe*, Die Struktur der Informationspflichten bei Finanzdienstleistungen, 2006; *Tonner*, Das Gesetz zur Umsetzung der Verbraucherrechterichtlinie – unionsrechtlicher Hintergrund und Überblick, VuR 2013, 443; *Weber-Rey/Baltzer*, Aufsichtsrechtliche Regelungen für Vermittler von Finanzanlagen und Vermögensverwalter nach der 6. KWG-Novelle, WM 1997, 2288 ff.; *Wendehorst*, Das neue Gesetz zur Umsetzung der Verbraucherrechterichtlinie, NJW 2014, 577; *Wilmer/Hahn*, Fernabsatzrecht mit Finanzdienstleistungs-, Versicherungs- und Haustürgeschäfterecht, 2. Aufl. 2005.

I. Einführung

Für den Begriff der Finanzdienstleistung existieren zahlreiche Definitionen. Eine allgemeine Definition liefern *Stracke/Geitner*:   **7.1**

„Bei Finanzdienstleistungen handelt es sich um Dienstleistungen, die zur Erfüllung einer oder mehrerer finanzwirtschaftlicher Funktionen (Einnehmen, Ausgeben, Vermögen bilden, Vermögen schützen, etc.) beitragen oder deren Erfüllung ganz übernehmen. Voraussetzung ist ein auf die Ausschöpfung von potentiellen Synergien gerichtetes Vermarktungskonzept, das Produkt-, Marketing- und Technologie-Strategien zu einer integrierten Gesamtstrategie zusammenfasst".[1]

In der deutschen Rechtsordnung wird der Begriff „Finanzdienstleistungen" nicht einheitlich verwendet. Für das Aufsichtsrecht findet sich seit Inkrafttreten der 6. KWG-Novelle[2] im Jahr 1998 eine Legaldefinition für „Finanzdienstleistungsinstitute" und „Finanzdienstleistungen" in § 1 Abs. 1a KWG. Bei der Namensgebung für die Bundesanstalt für Finanzdienstleistungsaufsicht (BaFin) im Jahr 2002 wurde der Begriff „Finanzdienstleistungen" in einem umfassenderen Sinne verwendet. In das BGB wurde durch das Gesetz zur Änderung von Vorschriften über Finanzabsatzverträge bei Finanzdienstleistungen[3] im Jahr 2004 in § 312b Abs. 1 Satz 2 BGB der Begriff der „Finanzdienstleistungen" eingefügt und durch das Gesetz zur Umsetzung der Verbraucherrechterichtlinie und zur Änderung des Gesetzes zur Regelung der Wohnungsvermittlung[4] inhaltlich unverändert in § 312 Abs. 5 Satz 1 BGB überführt wurde.   **7.2**

⮕ **Definition: Gemäß § 312 Abs. 5 Satz 1 BGB sind** Finanzdienstleistungen Bankdienstleistungen sowie Dienstleistungen im Zusammenhang mit einer Kreditgewährung, Versicherung, Altersversorgung von Einzelpersonen, Geldanlage oder Zahlung.   **7.3**

Der nachfolgende Überblick[5] enthält nur einen Ausschnitt aus der Vielzahl unterschiedlicher Finanzdienstleistungsprodukte.   **7.4**

---

1 *Stracke/Geitner*, Finanzdienstleistungen, 1992, S. 38; zum Begriff der Finanzdienstleistungen s. auch: *Tiffe*, Die Struktur der Informationspflichten bei Finanzdienstleistungen, 2006, S. 27, 29 f., ferner: *Obele*, Bedürfnisorientierte Marktstrukturierung für Finanzdienstleistungen, 1998, S. 4 ff.; *Schieber*, Die Aufsicht über Finanzkonglomerate, 1998, S. 49 ff., 50.
2 BGBl. I 1997, 2518.
3 BGBl. I 2004, 3102.
4 BGBl. I 2013, 3642.
5 Martinek/Semler/Habermeier/Flohr/*Feyerabend*, § 48 Rz. 5.

Finanzierungen:	Beratungs-/Vermittlungs-dienstleistungen:	Kapitalanlagen:
– Ratenkredite, Anschaffungsdarlehen – Hypothekar-Kredite – Überziehungskredite – Bankbürgschaften, zB für Mietkautionen	– Anlageberatung – Finanzportfolioverwaltung	– Termin- und Spareinlagen – Spar- und Bausparkassenverträge – Investmentzertifikate – Wertpapiere – Beteiligungen, etc.
Versicherungen:		**Zahlungsverkehr:**
– Alle Arten von Lebensversicherungen – Haftpflichtversicherungen Sachversicherungen, zB Hausrat – Private Krankenversicherungen, etc.		– Sichteinlagen – Überweisungen, Daueraufträge – Lastschriften – Scheckverkehr und Kreditkarten

7.5 Während Finanzdienstleistungen ursprünglich praktisch ausschließlich von Kreditinstituten einschließlich Bausparkassen und Hypothekenbanken sowie Versicherungen und Kreditkartenunternehmen angeboten wurden, bearbeiten seit einigen Jahren **zunehmend auch der Handel** (Warenhäuser) und Automobilhersteller den Markt. Insbesondere gewinnen Makler, Finanzvertriebe und freie Anlageberater stetig an Bedeutung. Neben das klassische Haustürgeschäft tritt dabei verstärkt der Vertrieb im Fernabsatz. Online-Plattformen bieten attraktive und kostengünstige Produkte an und ermöglichen einen überregionalen Finanzvertrieb mit vergleichsweise geringem Personalaufwand.

7.6 Unabhängig davon, welchen Zugang ein Unternehmen zum Kunden wählt, stellt der Gesetzgeber an Finanzdienstleister **in fachlicher und persönlicher Hinsicht** wie auch an eine **ordnungsgemäße Erbringung von Finanzdienstleistungen** strenge gesetzliche Anforderungen. Diese werden im Bereich des Fernabsatzes von Dienstleistungen ergänzt durch die zivilrechtlichen Vorschriften der §§ 312 ff. BGB über Verbraucherverträge und besondere Vertriebsformen, zu denen auch der Fernabsatz von Dienstleistungen gehört und die Finanzdienstleistern auch vertragsrechtlich umfassende Informations- und Belehrungspflichten aufbürden. Dabei haben Unternehmen beim Fernabsatz von Finanzdienstleistungen gegenüber dem Vertrieb von Waren und sonstigen Dienstleistungen eine Reihe von Besonderheiten zu beachten. Darüber hinaus haben Finanzdienstleister weitreichende organisatorische Anforderungen im Bereich der Geldwäscheprävention und der Terrorismusbekämpfung zu erfüllen. Da sowohl im Bereich des Aufsichtsrechts als auch im zivilrechtlichen Bereich den Unternehmen bei etwaigen Rechtsverletzungen empfindliche Sanktionen drohen, empfiehlt es sich, das jeweilige Geschäftsmodell bereits vor der Aufnahme der operativen Tätigkeit rechtlich auf „Herz und Nieren" zu prüfen, um den rechtlichen Anforderungen des Markts gerecht zu werden und vor unliebsamen Überraschungen gefeit zu sein.

II. Regulatorische Anforderungen

7.7 Durch das Gesetz über die Bundesanstalt für Finanzdienstleistungsaufsicht (FinDAG)[1] wurde mit Wirkung zum 1.5.2002 die BaFin mit Sitz in Bonn und Frankfurt a.M. errichtet. Sie beaufsichtigt Banken, Finanzdienstleistungsinstitute, private Versicherungsunternehmen, Pensionsfonds, Investmentfonds und Kapitalanlagegesellschaften.

---

1 BGBl. I 2002, 1310.

Das Regime der Aufsicht über Banken und Finanzdienstleistungsinstitute findet seine 7.8
Rechtsgrundlage hauptsächlich im **Kreditwesengesetz** (KWG). Daneben existieren Son-
dergesetze wie das Pfandbriefgesetz (PfandBG), das Depotgesetz (DepotG), das Bauspar-
kassengesetz (BauSparkG) und das Zahlungsdiensteaufsichtsgesetz (ZAG). Die Aufsicht
über die privaten Versicherungsunternehmen ist im Wesentlichen im Versicherungsauf-
sichtsgesetz (VAG) geregelt. Ziele der Wertpapieraufsicht sind die Gewährleistung der
Transparenz und der Integrität des Finanzmarktes sowie der Anlegerschutz. Neben dem
„Grundgesetz" der Wertpapieraufsicht, dem Wertpapierhandelsgesetz (WpHG), finden
sich die aufsichtsrechtlichen Grundlagen im Wertpapiererwerbs- und Übernahmegesetz
(WpÜG), im Wertpapierprospektgesetz (WpPG) und für nicht in Wertpapieren verbriefte
Anlagen im Wertpapierverkaufsprospektgesetz (VerkProspG) bzw. – seit dem 1.6.2012 –
in dem durch das Gesetz zur Novellierung des Finanzanlagenvermittler- und Vermögensanlagenrechts vom 6.12.2011[1] neu eingeführte Vermögensanlagengesetz (VermAnlG). Im
Bereich des Assetmanagements hat die BaFin nach Maßgabe des überwiegend zum
22.7.2013 in Kraft getretenen Kapitalanlagegesetzbuches (KAGB)[2] die Aufsicht über Investmentvermögen.

Bereits aus dieser **hohen Regelungsdichte** folgt, dass eine vollständige Darstellung aller 7.9
beim Fernabsatz von Finanzdienstleistungen zu beachtenden aufsichtsrechtlichen Vorschriften in dem hier gesetzten Rahmen naturgemäß nicht möglich ist. Es soll jedoch der
Einstieg in die wichtigsten rechtlichen Problemkreise ermöglicht werden. Dabei konzentriert sich die nachfolgende Darstellung auf die Geschäftstätigkeit von „klassischen" Finanzdienstleistern.[3]

1. Überblick

In aufsichtsrechtlicher Hinsicht gibt es für Finanzberater mehrere Möglichkeiten einer 7.10
geschäftlichen Betätigung, die abhängig sind vom jeweiligen Geschäftsmodell, insbesondere von Art und Umfang der angebotenen Finanzdienstleistungen.

– Wenn ein Unternehmen **Finanzdienstleistungen** wie zB die Anlage- oder Abschluss- 7.11
  vermittlung, das Platzierungsgeschäft, die Finanzportfolioverwaltung, die Anlageberatung oder die Anlageverwaltung, das Factoring oder das Finanzierungsleasing in einem
  Umfang erbringen will, der einen in kaufmännischer Weise eingerichteten Geschäftsbetrieb erfordert, benötigt es hierfür die Erlaubnis nach § 32 KWG, die von der BaFin
  erteilt wird, und muss sich dem Aufsichtsregime des KWG unterwerfen.

– Dies gilt allerdings nicht, wenn sich das Unternehmen unter das sog. **Haftungsdach ei-** 7.12
  nes Kreditinstituts begibt und damit als sog. vertraglich gebundener Vermittler tätig
  wird. Solche Unternehmen gelten gemäß § 2 Abs. 10 KWG nicht als Finanzdienstleistungsinstitute, sofern und soweit sie keine Bankgeschäfte iSd. § 1 Abs. 1 Satz 2 KWG
  betreiben und als Finanzdienstleistungen nur die Anlagevermittlung, das Platzierungsgeschäft oder die Anlageberatung ausschließlich für Rechnung und unter der Haftung
  eines Einlagenkreditinstituts oder eines Wertpapierhandelsunternehmens erbringen,
  das seinen Sitz in Deutschland hat oder in einem anderen EWR-Staat hat und mit einem „Europäischen Pass" iSd. § 53b Abs. 1 S. 1 oder Abs. 7 KWG im Inland tätig ist[4].

---

1 BGBl. I 2011, 2481.
2 BGBl. I 2013, 1981.
3 Bundesbank und BaFin haben zur Erläuterung der Antragsvoraussetzungen das „Merkblatt über die
  Erteilung einer Erlaubnis zum Betreiben von Bankgeschäften gemäß § 32 Abs. 1 KWG" (Stand:
  31.12.2007), zuletzt geändert am 3.9.2012 und das Merkblatt über die Erteilung einer Erlaubnis
  zum Erbringen von Finanzdienstleistungen (Stand: 31.3.2016) veröffentlicht. Diese können im Internet (www.bundesbank.de) abgerufen werden. Eine nützliche Checkliste sämtlicher erforderlichen
  Antragsunterlagen findet sich bei *von Goldbeck* in Luz et al., § 32 KWG Rz. 43.
4 *Weber/Seifert* in Luz et al., § 2 KWG Rz. 78a ff.

7.13 – Außerhalb eines schützenden Haftungsdaches können Finanzdienstleister von der Bereichsausnahme des **§ 2 Abs. 6 Satz 1 Nr. 8 KWG** Gebrauch machen, sofern sie als Finanzdienstleistung ausschließlich die Anlageberatung und Vermittlung von Anteilen oder Aktien der dort genannten inländischen Investmentvermögen bzw. an EU-Investmentvermögen oder ausländischen AIF, die nach dem KAGB vertrieben werden dürfen sowie Vermögensanlagen iSd. § 1 Abs. 2 VermAnlG erbringen und es sich dabei nicht um Anteile oder Aktien an Hedge-Fonds iSd. §§ 283 f. KAGB handelt. Die Vorschrift ist im Zusammenhang mit der Regelung des § 34f Abs. 1 S. 1 GewO zu lesen, mit der der Gesetzgeber mit Wirkung zum 1.1.2013 die Vorschriften des bisherigen § 34c Abs. 1 Satz 1 Nr. 2 und Nr. 3 GewO fortgeschrieben und diese um die Vermögensanlagen iSd. § 1 Abs. 2 des VermAnlG erweitert hat. Soweit sich die Anlagevermittlung und Anlageberatung auf die in § 34c Abs. 1 Satz 1 Nr. 2 und Nr. 3 GewO bzw. § 34f GewO nF beschränken, wird sie durch § 2 Abs. 6 Satz 1 Nr. 8 KWG von dem Grundsatz der Erlaubnispflicht gemäß § 32 KWG ausgenommen[1].

7.14 Für den Vertrieb von Finanzdienstleistungen existieren damit abhängig vom jeweiligen Geschäftsmodell verschiedene Aufsichtsregime und damit einhergehend auch unterschiedlich hohe Hürden für den Marktzugang. Die Erlaubnis als Finanzdienstleistungsinstitut nach § 32 KWG bedeutet unternehmerische Unabhängigkeit und freie Produktauswahl, ist für das Unternehmen jedoch auf Grund der einzuhaltenden aufsichtsrechtlichen Anforderungen mit einem nicht unerheblichen Aufwand verbunden. Die Ausnahmeregelung des § 2 Abs. 6 Satz 1 Nr. 8 KWG für Investmentanteile und Vermögensanlagen ermöglicht freien Finanzdienstleistern einen vergleichsweise niederschwelligen Zugang zur Finanzdienstleistungsbranche. Dieser ist zwar nur auf bestimmte Arten von Produkten beschränkt. Innerhalb dieser hat der Finanzdienstleister jedoch die freie Auswahl bezüglich der Produkte. Darüber hinaus ist der freie – anders als der gebundene – Vermittler nicht an ein haftendes Unternehmen gebunden und genießt damit eine größere unternehmerische Freiheit. Das Haftungsdach ist für den Unternehmer mit einem Verlust an unternehmerischer Freiheit verbunden, da das haftende Institut umfassende Eingriffs- und Überwachungspflichten (bzw. Überwachungsrechte) gegenüber dem gebundenen Vermittler wahrzunehmen hat und sich solche von diesem üblicherweise vertraglich einräumen lässt.

2. Erlaubnispflicht für Finanzdienstleistungen (§ 32 KWG)

7.15 Wer in Deutschland gewerbsmäßig oder in einem Umfang, der einen in kaufmännischer Weise eingerichteten Geschäftsbetrieb erfordert,[2] Bankgeschäfte betreiben oder Finanzdienstleistungen im eigenen Namen für eigene Rechnung erbringen will, bedarf gemäß § 32 Abs. 1 KWG grundsätzlich der schriftlichen Erlaubnis der Bundesanstalt für Finanzdienstleistungsaufsicht (BaFin).

a) Erlaubnispflichtige Bankgeschäfte und Finanzdienstleistungen

7.16 In § 1 ff. KWG sind die grundlegenden aufsichtsrechtlichen Begriffe wie „Kreditinstitut", „Bankgeschäfte", „Finanzdienstleistungsinstitute", „Finanzdienstleistungen" und „Finanzinstrumente" legaldefiniert. Die Einstufung eines Unternehmens als „Kreditinstitut" bzw. „Finanzdienstleistungsinstitut" bestimmt, unter welchen Voraussetzungen die gewerbliche Tätigkeit aufgenommen werden kann und für welche Tätigkeiten ggf. Erleichterungen existieren.

7.17 Die Vorschrift des § 1 KWG enthält in Abs. 1 einen Katalog der genehmigungspflichtigen Bankdienstleistungen und in Abs. 1a eine abschließende Aufzählung der grundsätzlich ge-

---

1 *Weber/Seifert* in Luz et al., § 2 KWG Rz. 37 ff.
2 Zur Gewerbsmäßigkeit bzw. zum kaufmännischen Geschäftsbetrieb vgl. *von Goldbeck* in Luz et al., § 32 KWG Rz. 11.

nehmigungspflichtigen Finanzdienstleistungen (sog. Katalogtätigkeiten). Bei den **Finanzdienstleistungen** können, abhängig vom jeweiligen Geschäftsmodell, naturgemäß Berührungspunkte mit allen Katalogtätigkeiten bestehen (die jeweilige Ziffer bezieht sich auf die Nummerierung im Gesetz):

7.18

Institute[1]				KWG
Kreditinstitute betreiben Bankgeschäfte		**Finanzdienstleistungsinstitute erbringen Finanzdienstleistungen für andere**		§ 1 Abs. 1 und 1a
Bankgeschäfte sind		Finanzdienstleistungen sind		
– Einlagengeschäft – Pfandbriefgeschäft – Kreditgeschäft – Diskontgeschäft – Depotgeschäft – Revolvinggeschäft – Garantiegeschäft – Scheck- und Wechseleinzugsgeschäft, Reisescheckgeschäft – Tätigkeit als zentrale Gegenpartei	– Finanzkommissionsgeschäft – Emissionsgeschäft	– Anlagevermittlung – Anlageberatung – Betrieb eines multilateralen Handelssystems – Platzierungsgeschäft – Abschlussvermittlung – Finanzportfolioverwaltungen – Eigenhandel (als Dienstleistung)	– Drittstaateneinlagenvermittlung – Sortengeschäft – Factoring Finanzierungsleasing – Anlageverwaltung – eingeschränktes Verwahrgeschäft	
	Wertpapierhandelsunternehmen sind Institute, die die oben genannten Geschäfte betreiben, aber keine Einlagenkreditinstitute sind **Wertpapierhandelsbanken** sind Kreditinstitut, die die oben genannten Geschäfte betreiben, aber keine Einlagenkreditinstitute sind			§ 1 Abs. 3d Satz 4 § 1 Abs. 3d Satz 5
CRR-Kreditinstitute betreiben das Einlagen- und Kreditgeschäft				§ 1 Abs. 3d Satz 1
E-Geld-Institute betreiben das E-Geld-Geschäft, ohne unter § 1a Abs. 1 Nr. 1 bis 4 ZAG zu fallen				§ 1 Abs. 3d Satz 6

Die einzelnen Finanzdienstleistungen werden nachfolgend überblickartig dargestellt[2]. 7.19

– **Anlagevermittlung:** Die Vermittlung von Geschäften über die Anschaffung und die Veräußerung von Finanzinstrumenten (§ 1 Abs. 1a Satz 2 Nr. 1 KWG). 7.20

– **Anlageberatung:** Die Abgabe von persönlichen Empfehlungen an Kunden oder deren Vertreter, die sich auf Geschäfte mit bestimmten Finanzinstrumenten beziehen, so- 7.21

---

1 Angelehnt an: *Grill/Perczynski*, Wirtschaftslehre des Kreditwesens 2007, S. 17.
2 Für eine Übersicht und Abgrenzung sowie eine tabellarische Zusammenfassung vgl. *Weber/Seifert* in Luz et al., § 1 KWG Rz. 47 ff., 67.

fern die Empfehlung auf eine Prüfung der persönlichen Umstände des Anlegers gestützt oder als für ihn geeignet dargestellt wird und nicht ausschließlich über Informationsverbreitungskanäle oder für die Öffentlichkeit bekannt gegeben wird (§ 1 Abs. 1a Satz 2 Nr. 1a KWG).

7.22 – **Betrieb eines multilateralen Handelssystems:** Der Betrieb eines multilateralen Systems, das die Interessen einer Vielzahl von Personen am Kauf und Verkauf von Finanzinstrumenten innerhalb des Systems und nach festgelegten Bestimmungen in einer Weise zusammenbringt, die zu einem Vertrag über den Kauf dieser Finanzinstrumente führt (§ 1 Abs. 1a Satz 2 Nr. 1b KWG).

7.23 – **Platzierungsgeschäft:** Das Platzieren von Finanzinstrumenten ohne feste Übernahmeverpflichtung im Namen und für Rechnung des Emittenten (§ 1 Abs. 1a Satz 2 Nr. 1c KWG).

7.24 – **Abschlussvermittlung:** Die Anschaffung und Veräußerung von Finanzinstrumenten im fremden Namen für fremde Rechnung (§ 1 Abs. 1a Satz 2 Nr. 2 KWG).

7.25 – **Finanzportfolioverwaltung:** Die Verwaltung einzelner in Finanzinstrumenten angelegter Vermögen für andere mit Entscheidungsspielraum (§ 1 Abs. 1a Satz 2 Nr. 3 KWG).

7.26 – **Eigenhandel (als Dienstleistung):** Die Anschaffung und die Veräußerung von Finanzinstrumenten für eigene Rechnung als Dienstleistung für andere (§ 1 Abs. 1a Satz 2 Nr. 4 KWG).

7.27 – **Drittstaateneinlagenvermittlung:** Die Vermittlung von Einlagengeschäften mit Unternehmen mit Sitz außerhalb des Europäischen Wirtschaftsraums (§ 1 Abs. 1a Satz 2 Nr. 5 KWG).

7.28 – **Sortengeschäft:** Der Handel mit Sorten (§ 1 Abs. 1a Satz 2 Nr. 7 KWG).

7.29 – **Factoring:** Der laufende Ankauf von Forderungen auf der Grundlage von Rahmenverträgen mit oder ohne Rückgriff (§ 1 Abs. 1a Satz 2 Nr. 9 KWG).

7.30 – **Finanzierungsleasing:** Der Abschluss von Finanzierungsleasingverträgen als Leasinggeber und die Verwaltung von Objektgesellschaften iSv. § 2 Abs. 6 Satz 1 Nr. 17 (§ 1 Abs. 1a Satz 2 Nr. 10 KWG).

7.31 – **Anlageverwaltung:** Die Anschaffung und die Veräußerung von Finanzinstrumenten als Form gemeinsamer Vermögensanlage (§ 1 Abs. 1a Satz 2 Nr. 11 KWG).

7.32 – **Eingeschränktes Verwahrgeschäft:** Die Verwahrung und die Verwaltung von Wertpapieren ausschließlich für alternative Investmentfonds (AIF) iSd. § 1 Abs. 3 KAGB (§ 1 Abs. 1a Satz 2 Nr. 12 KWG).

7.33 Unter dem Begriff „Finanzinstrumente" iSd. Bankgeschäfts- und Finanzdienstleistungstatbestände in § 1 Abs. 11 KWG **waren ursprünglich Gattungen von Finanzprodukten** zusammengefasst: Handelbare Wertpapiere, Vermögensanlagen, Geldmarktinstrumente, Devisen oder Rechnungseinheiten sowie Derivate.[1] Darunter fallen zB Aktien, Anteile an ausländischen Kapitalgesellschaften, Investmentanteile, Inhaberschuldverschreibungen, Zertifikate und Termingeschäfte.

7.34 Durch das Gesetz zur Novellierung des Finanzanlagenvermittler- und Vermögensanlagenrechts[2] vom 6.12.2011 (VermAnlGEG) hat der Gesetzgeber den Begriff des Finanzinstruments wesentlich erweitert. Zu den Finanzinstrumenten zählen seit dem 1.6.2012 auch Vermögensanlagen iSd. § 1 Abs. 2 des durch das VermAnlGEG neu geschaffenen Vermögensanlagengesetzes (VermAnlG). Finanzinstrumente sind nunmehr auch nicht in

---

1 Vgl. *Weber/Seifert* in Luz et al., § 1 KWG Rz. 96 ff.
2 BGBl. I 2011, 2481.

Wertpapieren verbriefte Anteile, die eine Beteiligung am Ergebnis eines Unternehmens gewähren, Anteile an Treuhandvermögen, Nachrangdarlehen, Genussrechte und Namensschuldverschreibungen sowie sonstige Anlagen, die einen Anspruch auf Verzinsung und Rückzahlung gewähren oder im Austausch für die zeitweise Überlassung von Geld einen vermögenswerten auf Barausgleich gerichteten Anspruch vermitteln. Vom Anwendungsbereich des KWG ausgenommen sind nach § 1 Abs. 11 KWG lediglich Anteile an einer Genossenschaft iSd. § 1 des Genossenschaftsgesetzes (GenG).

Nachfolgend werden die Voraussetzungen der Erlaubniserteilung und die Sanktionen bei einer Verletzung der Erlaubnispflicht skizziert. Bundesbank und BaFin haben zu verschiedenen Themengebieten ausführliche Merk- und Informationsblätter veröffentlicht, die interessierten Unternehmen eine erste Einschätzung ermöglichen, ob ein bestimmtes Geschäftsmodell als erlaubnispflichtiges Bankgeschäft oder Finanzdienstleistungen iSd. KWG zu beurteilen ist.[1] Zu aktuellen Rechtsfragen finden sich instruktive Ausführungen auch in dem monatlich erscheinenden BaFin Journal sowie in den Jahresberichten. Die BaFin führt auf ihrer Internetseite zudem ein Register sämtlicher inländischer Institute mit Betriebserlaubnis und ehemals zugelassener Institute.   **7.35**

b) Voraussetzungen für die Erlaubniserteilung und Versagung der Erlaubnis

Die gewerbsmäßige Erbringung von Finanzdienstleistungen setzt eine schriftliche Erlaubnis der BaFin voraus. Die Erlaubnis muss vor Aufnahme der Geschäftstätigkeit vorliegen. Dementsprechend dürfen Eintragungen in öffentliche Register (zB Handelsregister) nur vorgenommen werden, wenn dem Registergericht die Erlaubnis nachgewiesen worden ist (§ 43 Abs. 1 KWG). Die Erlaubnis kann unter Auflagen erteilt und auf einzelne Bankgeschäfte oder Finanzdienstleistungen beschränkt werden (§ 32 Abs. 2 KWG).   **7.36**

Die wichtigsten Voraussetzungen für eine Erlaubniserteilung sind: **7.37**

aa) Anfangskapital

Entsprechend den detaillierten Regelungen in § 33 KWG muss dem Unternehmen ein ausreichendes Anfangskapital zur Verfügung stehen.   **7.38**

bb) Die fachliche Eignung der Geschäftsleiter und ihre Zuverlässigkeit

Das Unternehmen muss zuverlässige und fachlich geeignete Geschäftsleiter haben, die dem Institut nicht nur ehrenamtlich zur Verfügung stehen (§ 33 Abs. 1 Satz 1 Nrn. 2, 4 und 5 KWG). Grundsätzlich genügt ein Geschäftsleiter. Lediglich bei Finanzdienstleistungsinstituten, die befugt sind, sich bei der Erbringung von Finanzdienstleistungen Eigentum oder Besitz an Geldern oder Wertpapieren von Kunden zu verschaffen, sind mindestens zwei Geschäftsleiter erforderlich (§ 33 Abs. 1 Satz 1 Nr. 5 KWG). Es dürfen keinerlei Tatsachen vorliegen, aus denen sich ergibt, dass ein Geschäftsleiter nicht zuverlässig ist (§ 33 Abs. 1 Satz 1 Nr. 2 KWG) oder nicht die zur Leitung des Instituts erforderliche fachliche Eignung besitzt (§ 33 Abs. 1 Satz 1 Nr. 4 KWG). Die fachliche Eignung setzt voraus, dass die Geschäftsleiter in ausreichendem Maß theoretische und praktische Kenntnisse in den betreffenden Geschäften sowie Leitungserfahrung haben (§ 25c Abs. 1 Satz 2 KWG). Dies ist regelmäßig anzunehmen, wenn eine dreijährige leitende Tätigkeit bei einem Institut von vergleichbarer Größe und Geschäftsart nachgewiesen wird (§ 25c Abs. 1 Satz 3 KWG). Im Übrigen überprüft die BaFin die fachliche Eignung anhand einer alle Umstände des Ein-   **7.39**

---

[1] Die Merkblätter können auf der Homepage der Bundesbank und der BaFin abgerufen werden (www.bundesbank.de und www.bafin.de).

zelfalles erfassenden und die Besonderheiten des jeweiligen Instituts berücksichtigenden Würdigung.

7.40 Die **fachliche Eignung** ist regelmäßig unproblematisch bei Antragstellern, die in einer vorangegangenen Beschäftigung in der Finanzbranche gearbeitet haben und neben einer kaufmännischen Ausbildung oder eines betriebswirtschaftlichen Studiums auch einige Jahre Berufserfahrung darstellen können. Als Nachweis der praktischen Kenntnisse dient va. der eingereichte Lebenslauf. Es empfiehlt sich, die Tätigkeiten, aus denen die erforderliche Erfahrung für die künftigen erlaubnispflichtigen Tätigkeiten hervorgeht, ausführlich darzustellen. Die Einreichung entsprechender (positiver) Beurteilungen aus bisherigen Tätigkeiten ist hilfreich. Zu einer Ablehnung kommt es in der Praxis nur, wenn der Antragsteller weder nennenswerte Ausbildungsgänge noch über einschlägige vorangegangene Beschäftigungsverhältnisse in der Finanzbranche nachweisen kann. Die **Leitungserfahrung** wird üblicherweise anhand der Personalverantwortung bei vorherigen Tätigkeiten beurteilt. Je größer das zu gründende Institut ist, desto höher muss die Anzahl der Personen sein, die dem Antragsteller unterstellt waren.

7.41 Die **Zuverlässigkeit** wird va. anhand der einzureichenden Straffreiheitserklärung und durch die Anforderung eines behördlichen Führungszeugnisses durch die BaFin beurteilt. Neben Straftaten, insbesondere Eigentums-, Vermögens-, oder Steuerdelikte, führen in der Praxis va. frühere Verstöße gegen das Finanzaufsichtsrecht nach dem KWG oder dem WpHG sowie das Gewerbeaufsichtsrecht zu einer Ablehnung wegen mangelnder Zuverlässigkeit. Dabei hat die BaFin den Grundsatz der Verhältnismäßigkeit zu beachten. Für die Beurteilung der Zuverlässigkeit ist maßgeblich, wie schwer der Verstoß war und wie lange er zurückliegt.

cc) Sonstige Voraussetzungen

7.42 Das Unternehmen muss bereit bzw. in der Lage sein, die erforderlichen **organisatorischen Vorkehrungen** zum ordnungsmäßigen Betreiben der Geschäfte, für die es die Erlaubnis beantragt, zu schaffen (§ 33 Abs. 1 Satz 1 Nr. 7 KWG). Zu nennen sind in diesem Zusammenhang insbesondere die sich aus § 25a KWG für die Institute ergebenden umfassenden organisatorischen Pflichten.

7.43 Gemäß § 33 Abs. 2 KWG kann die Bundesanstalt die Erlaubnis schließlich auch versagen, wenn Tatsachen die Annahme rechtfertigen, dass eine wirksame Aufsicht über das Institut beeinträchtigt wird oder aber der Erlaubnisantrag keine ausreichenden Angaben und Unterlagen enthält.

7.44 Gemäß § 33 Abs. 3 KWG darf die BaFin die Erlaubnis aus anderen als den in § 33 Abs. 1 und 2 KWG nicht versagen.

7.45 ➲ **Praxistipp:** Der bei der Antragstellung einzureichende Geschäftsplan sollte schlüssig und gut verständlich formuliert sein. Bei der Geschäftsplanung der ersten fünf Jahre und den damit zusammenhängenden Planzahlen sollte beachtet werden, dass es gerade in der Gründungsphase oft zu nicht unerheblichen Anlaufverlusten kommt. Das Unternehmen sollte über ausreichend Kapital verfügen, um das Mindestkapital in der Anfangsphase nicht zu unterschreiten. Andernfalls wird die BaFin den Antragsteller auffordern, den Geschäftsplan zu überarbeiten und mehr Eigenkapital bereitzustellen, was zu zeitlichen Verzögerungen im Erlaubnisverfahren führt.

c) Laufende Aufsicht durch Bundesbank und BaFin

7.46 Sobald die Erlaubnis erteilt ist, unterliegt das Finanzdienstleistungsinstitut dem Aufsichtsregime durch die BaFin und die Bundesbank. Ziel der Aufsicht ist vor allem die Sicherstellung der sog. „**Solvabilität**", dh. angemessener Eigenmittel und Liquidität der Unternehmen. Wer plant, ein Finanzdienstleistungsinstitut zu gründen (oder zu übernehmen), muss sich über die Tragweite seiner Entscheidung im Klaren sein. Denn im Rahmen des Geschäftsbetriebes müssen zahlreiche bankaufsichtsrechtliche Pflichten erfüllt werden, was mit Kosten verbunden ist. Als Beispiele ist die Pflicht zu nennen, unverzüglich nach Ablauf eines jeden Quartals der Deutschen Bundesbank Informationen zu seiner finanziellen Situation (Finanzinformationen) einzureichen (§ 25 Abs. 1 Satz 1 KWG), die gerade für kleinere Finanzdienstleistungsunternehmen in der Anlaufphase mit einem vergleichsweise hohen personellen Aufwand verbunden ist.

d) Rechtsfolgen einer Verletzung der Erlaubnispflicht

Werden erlaubnispflichtige Bankgeschäfte oder Finanzdienstleistungen ohne Erlaubnis erbracht, drohen schwerwiegende Sanktionen. Die **BaFin** kann gemäß **§ 37 KWG** die sofortige Einstellung des Geschäftsbetriebs und die unverzügliche Abwicklung (Rückabwicklung) dieser Geschäfte gegenüber dem Unternehmen und den Mitgliedern seiner Organe anordnen. Auch gegen Unternehmen und deren Organmitglieder, die in die Anbahnung, den Abschluss oder die Abwicklung der unerlaubten Geschäfte einbezogen sind, können Zwangsmaßnahmen angeordnet werden.   7.47

Das Erbringen von Bank- oder Finanzdienstleistungen ohne Erlaubnis stellt zudem **gemäß § 54 KWG eine Straftat** dar, die bei Vorsatz mit Geldstrafe oder Freiheitsstrafe bis zu fünf Jahren und bei Fahrlässigkeit mit Geldstrafe oder Freiheitsstrafe bis zu drei Jahren geahndet werden kann. Eine Straftat begeht auch, wer über den Rahmen einer eingeschränkten Erlaubnis hinaus Bankgeschäfte betreibt oder Finanzdienstleistungen erbringt. Darüber hinaus kann auch das Unternehmen gemäß **§ 30 OWiG** iVm. § 59 KWG mit einer Geldbuße bis zu 10 Mio. Euro (bei fahrlässiger Begehung bis 5 Mio. Euro) belegt werden.   7.48

Zivilrechtlich ist ein ohne Erlaubnis abgeschlossenes Rechtsgeschäft nach hM wirksam. Es verstößt grundsätzlich insbesondere nicht gegen § 134 BGB, so dass die Vertragsparteien grundsätzlich an dem abgeschlossenen Vertrag festhalten können.[1] Die Rechtsprechung stuft § 32 KWG als Schutzgesetz iSd. § 823 Abs. 2 BGB ein[2]. Der Geschäftspartner kann von demjenigen, der erlaubnispflichtige Dienstleistungen ohne Erlaubnis nach § 32 KWG anbietet, Schadensersatz insbesondere auch in Form der Rückabwicklung des Vertrags verlangen. Daneben kommen auch Schadenersatzansprüche wegen der Verletzung vorvertraglichen Pflichten aus §§ 280 Abs. 1, 311 Abs. 2, 241 Abs. 2 BGB in Betracht.   7.49

Die Anfechtung wegen Irrtums gemäß § 119 BGB oder ein Kündigungsrecht kommen in Betracht, wenn der Kunde erkennbar darauf vertraut, dass er ein Rechtsgeschäft mit einem zugelassenen Institut abschließt.[3]   7.50

Die Verletzung der Erlaubnispflicht kann schließlich auch einen Wettbewerbsverstoß darstellen, der entsprechende Beseitigungs- bzw. Unterlassungs- und Schadensersatzansprüche und eine Gewinnabschöpfung gemäß §§ 1, 3, 8, 9 und 10 UWG nach sich zieht, sofern es sich bei den wettbewerbswidrigen Geschäften nicht nur um Nebengeschäfte handelt.[4]   7.51

---

1 *von Goldbeck*, Luz et al., § 32 KWG Rz. 7; OLG Karlsruhe v. 18.9.2006 – 1 U 34/06, WM 2007, 350 (Rz. 99 ff.).
2 BGH v. 21.4.2005 – III ZR 238/03, WM 2005, 1217 = MDR 2005, 1002; Urt. v. 11.7.2006 – VI ZR 339/04, ZIP 2006, 1761; Urt. v. 7.12.2009 – II ZR 15/08, DStR 2010, 233 (234) = MDR 2010, 277; VGH Kassel v. 20.5.2009 – 6 A 1040/08, WM 2009, 1889.
3 *von Goldbeck*, Luz et al., § 32 KWG Rz. 7 mwN.
4 *von Goldbeck*, Luz et al., § 32 KWG Rz. 7 mwN.

3. Freie Vermittler

7.52 Anteile oder Aktien an Investmentvermögen iSd. § 1 Abs. 1 KAGB stellen Finanzinstrumente gemäß § 1 Abs. 11 Satz 2 Nr. 5 KWG dar. Dementsprechend ist die Beratung in Bezug auf sowie die Vermittlung von diesen Anlagen dem Grundsatz nach auch eine Finanzdienstleistung nach § 1 Abs. 1a Satz 2 Nr. 1a, 1 und 2 KWG. Die **Ausnahmeregelung des § 2 Abs. 6 Satz 1 Nr. 8 KWG** stellt diese Tätigkeiten von dem Erfordernis einer Erlaubnis nach § 32 KWG unter den folgenden Voraussetzungen frei:

7.53 1. Die Finanzdienstleistung beschränkt sich auf eine Tätigkeit zwischen Kunden und einem inländischen Institut (§ 1 Abs. 1b KWG) oder einem der in § 2 Abs. 6 Satz 1 Nr. 8 KWG genannten Unternehmen, Kapitalverwaltungsgesellschaften, extern verwalteten Investmentgesellschaften, EU-Verwaltungsgesellschaften oder ausländischen AIF-Verwaltungsgesellschaften oder Anbietern oder Emittenten von Vermögensanlagen iSd. § 1 Abs. 2 VermAnlG.

2. Die Finanzdienstleistungen beschränken sich auf in § 2 Abs. 6 Satz 1 Nr. 8 KWG enumerativ aufgeführten Anteile, Aktien oder Vermögensanlagen.

3. Der Finanzdienstleister ist grundsätzlich nicht befugt, sich bei der Erbringung dieser Finanzdienstleistungen Eigentum oder Besitz an Geldern oder Anteilen von Kunden zu verschaffen.

7.54 Anders als bei dem gebundenen Agenten nach § 2 Abs. 10 KWG gilt diese Bereichsausnahme auch dann, wenn der Finanzdienstleister die Vermittlung zwischen Kunden und mehreren Produktgebern betreibt.[1]

7.55 **Die Ausnahme** des § 2 Abs. 6 Nr. 8 KWG **greift** auch **dann nicht mehr**, wenn neben den dort genannten Anlagen andere Finanzinstrumente wie zB Anleihen, Aktien oder Optionen vermittelt werden sollen oder auch nur eine Anlageberatung in einem nicht von der Ausnahmeregelung erfassten Finanzinstrument erfolgt. Um diese Finanzdienstleistungen erbringen zu müssen, benötigt das Unternehmen eine Erlaubnis nach § 32 KWG oder muss sich unter ein Haftungsdach gemäß § 2 Abs. 10 KWG begeben. Vorsicht ist auch geboten, wenn das Unternehmen das Portfolio des Kunden eigenständig umschichten können soll. Denn bei dieser Tätigkeit handelt es sich um eine Finanzportfolioverwaltung (§ 1 Abs. 1a Satz 2 Nr. 3 KWG), was zur Folge hat, dass die Tätigkeit insgesamt dem Aufsichtsregime des KWG unterfällt.

a) Freistellung von den Vorschriften des WpHG

7.56 Mit der Freistellung nach dem KWG ist zugleich auch eine Freistellung nach dem WpHG verbunden, da § 2a Abs. 1 Nr. 7 WpHG eine entsprechende Ausnahme enthält. Demnach sind die §§ 31 ff. WpHG in diesen Fällen auch nicht anzuwenden.[2]

b) Erfordernis der gewerberechtlichen Erlaubnis

7.57 Obschon Finanzdienstleister auf Grund der Bereichsausnahme von der Einholung einer Erlaubnis nach § 32 Abs. 1 KWG befreit sind, benötigen sie dennoch eine gewerberechtliche Erlaubnis gemäß § 34f Abs. 1 Satz 1 GewO. Die Vorschrift, die die gewerberechtliche Erlaubnispflicht für die Anlagevermittlung und die Anlageberatung regelt, erfasst die Vermittlung von Anteilen und Aktien an inländischen Investmentvermögen, EU-Investmentvermögen und ausländischen Investmentvermögen, soweit diese nach dem KAGB vertrie-

---

1 Vgl. RegBegr, BT-Drs. 16/4028, S. 91.
2 *Weber-Rey/Baltzer*, WM 1997, 2288 (2290).

ben werden dürfen. Daneben erstreckt sie sich auch auf den Vertrieb von Vermögensanlagen iSd. § 1 Abs. 2 VermAnlG, darunter auch geschlossene Fonds.

c) Gewerberechtliche Aufsicht über freie Vermittler

Für freie Vermittler ergaben sich aus dem Gesetz zur Novellierung des Finanzanlagenvermittler- und Vermögensanlagenrechts (VermAnlG) und der hierzu ergangenen Finanzanlagenvermittlerverordnung (FinVermV) weitreichende Neuerungen. Ziel der zahlreichen neuen Anforderungen an die Finanzanlagenvermittler ist die Schaffung eines einheitlichen Finanzdienstleistungsrechts und die **Gewährleistung eines hohen und einheitlichen Anlegerschutzniveaus**. 7.58

Durch das VermAnlG wurde einerseits der Begriff der Finanzinstrumente um Vermögensanlagen iSd. § 1 Abs. 2 VermAnlG erweitert (ausgenommen sind lediglich Anteile an Genossenschaften) worden. Andererseits wurde auch die Bereichsausnahme des § 2 Abs. 6 Satz 1 Nr. 8 KWG für den Vertrieb dieser Vermögensanlagen erweitert. 7.59

Schließlich wurden die Vorschriften zur gewerberechtlichen Erlaubnis für freie Finanzanlagenvermittler und Finanzanlagenberater umfassend neu gefasst und in den neu eingeführten § 34f und § 34g GewO geregelt. Der betroffene Personenkreis wurde zu diesem Zweck aus dem bisherigen Anwendungsbereich des § 34c GewO herausgenommen. 7.60

Darüber hinaus wurden Informations-, Beratungs- und Dokumentationspflichten für Finanzanlagenvermittler eingeführt, die sich am sechsten Abschnitt des WpHG orientieren. 7.61

aa) Voraussetzungen für die Erteilung der gewerberechtlichen Erlaubnis

Nach § 34f GewO ist die Erteilung einer gewerberechtlichen Erlaubnis für gewerbsmäßige Finanzanlagenvermittlung davon abhängig, dass die hierfür erforderliche Sachkunde durch eine vor der Industrie- und Handelskammer abgelegte Prüfung oder durch eine ihr gleichgestellte Berufsqualifikation nachgewiesen sowie der Nachweis einer Berufshaftpflichtversicherung erbracht wird und eine Eintragung in das bei den Industrie- und Handelskammern geführte öffentliche Vermittlerregister gemäß § 11a GewO erfolgt. 7.62

bb) Informations-, Beratungs- und Dokumentationspflichten

Für freie Finanzanlagenvermittler gelten künftig Informations-, Beratungs- und Dokumentationspflichten, die dem Anlegerschutzniveau des sechsten Abschnitts des Wertpapierhandelsgesetzes der diese konkretisierenden Wertpapierdienstleistungs-Verhaltens- und Organisationsverordnung (WPDVerOV) entsprechen. Zu nennen sind in diesem Zusammenhang neben der Pflicht zur Einholung von Informationen über den Anleger insbesondere die Verpflichtungen zur Erstellung eines Beratungsprotokolls, zur Offenlegung von Zuwendungen und zur Bereitstellung des Produktinformationsblattes. Die bislang nur für Banken und Finanzdienstleister geltenden anlegerschützenden Vorschriften des WpHG werden damit auf die gewerblichen freien Finanzanlagenvermittler ausgeweitet. Einzelheiten zu der Umsetzung befinden sich im 4. Abschnitt der Verordnung über die Finanzanlagenvermittlung (§§ 11–19 FinVermV). 7.63

Verstöße gegen die dem freien Finanzanlagenvermittler gemäß §§ 11–19 FinVermV obliegenden Informations-, Beratungs-, und Dokumentationspflichten stellen eine mit Geldbuße bewehrte Ordnungswidrigkeit dar, § 26 FinVermV. 7.64

4. Vertraglich gebundener Vermittler (Haftungsdach)

7.65 Eine weitere Ausnahme von der Erlaubnispflicht des § 32 KWG enthält die Vorschrift des § 2 Abs. 10 KWG, die den Einsatz von sog. vertraglich gebundenen Vermittlern (sog. „**Tied Agents**") regelt. Vertraglich gebundene Vermittler gelten bei Einhaltung bestimmter Anforderungen aufsichtsrechtlich nicht als Finanzdienstleistungsunternehmen und können im Namen und für Rechnung eines haftenden Unternehmens die Anlagevermittlung, Abschlussvermittlung, das Platzierungsgeschäft sowie die Anlageberatung ohne eigene Erlaubnis erbringen.

7.66 Ein vertraglich gebundener Vermittler, der die in § 34c Abs. 1 Satz 1 Nr. 2 und Nr. 3 GewO aufgeführten Geschäfte tätigt, benötigt weder eine Erlaubnis nach § 32 KWG *noch* Gewerbeerlaubnis nach § 34f GewO (vgl. § 34f Abs. 3 Nr. 4 GewO). Alleiniger Träger der Erlaubnis und damit auch **Objekt der unmittelbaren Aufsicht ist das haftende Institut**. Von entscheidender Bedeutung ist, dass der vertraglich gebundene Vermittler nur innerhalb des Erlaubnisumfangs tätig werden darf, den das haftende Institut aufweist. Durch Einschaltung eines vertraglich gebundenen Vermittlers kann dieser Erlaubnisumfang nicht erweitert werden, da der betreffende Vermittler nur als Vertreter im Namen des haftungsgewährenden Instituts und nicht kraft eigener Erlaubnis tätig wird.

7.67 ➲ **Wichtig:** Überschreitet der vertraglich gebundene Vermittler diesen Erlaubnisumfang, kann die BaFin gegen ihn direkt Untersuchungen und Maßnahmen anordnen. Eingriffsmöglichkeiten der Aufsicht bestehen mithin nur in dem Umfang, wie die organisatorischen Pflichten bei der laufenden Geschäftstätigkeit über vertraglich gebundene Vermittler nicht erfüllt werden oder deren Zuverlässigkeit und Sachkunde nachweislich nicht oder nicht mehr gegeben ist.

7.68 Als **Haftungsdach** kommen CRR-Kreditinstitute oder Wertpapierhandelsunternehmen mit Sitz im Inland oder Unternehmen mit einem Sitz in einem anderen Staat des Europäischen Wirtschaftsraumes gemäß § 53b Abs. 1 Satz 1 oder Abs. 7 KWG in Betracht.

7.69 Das haftende Institut muss der BaFin die Haftungsübernahme für jeden für ihn tätigen vertraglich gebundenen Vermittler gemäß § 2 Abs. 10 Satz 1 bzw. 3 KWG anzeigen, bevor dieser tätig werden darf. Die BaFin führt außerdem auf ihrer Internetseite ein Register, in dem die vertraglich gebundenen Vermittler mit Sitz im Inland verzeichnet sind (§ 2 Abs. 10 Satz 6 KWG).

a) Fachliche Eignung und Zuverlässigkeit vertraglich gebundener Vermittler

7.70 Anders als im Bereich des Versicherungsvertriebes gibt es keinen gesetzlich geregelten Sachkundenachweis entsprechend dem des IHK-Versicherungskaufmanns nach § 34d Abs. 2 Nr. 4 bzw. § 34e Abs. 2 GewO. Gemäß Art. 23 Abs. 3 Unterabsatz 3 der Finanzmarktrichtlinie[1] setzt die Zuverlässigkeit und fachliche Eignung voraus, dass die gebundenen Vermittler „über angemessene allgemeine, kaufmännische und berufliche Kenntnisse verfügen, um alle einschlägigen Informationen über die angebotene Dienstleistung korrekt an den Kunden oder den potenziellen Kunden weiterleiten zu können".

7.71 Die Zuverlässigkeit des vertraglich gebundenen Vermittlers hat dieser durch geeignete aktuelle Unterlagen nachzuweisen, zB Führungszeugnis, Gewerbezentralregisterauszug, Auszug aus dem Schuldnerverzeichnis, Auskünfte von privaten Auskunftsdiensten, wie bspw. Creditreform, Schufa oÄ und eine Selbstauskunft, darüber, ob aktuell gegen ihn ein Strafverfahren geführt wird oder ob gegen den Bewerber oder ein von ihm geleitetes Unternehmen als Schuldnerin ein Insolvenzverfahren geführt wurde. Vorstrafen, ins-

---

1 Richtlinie 2004/39/EG, ABl. v. 21.4.2004, L 145/20.

besondere solche wegen Eigentums-, Vermögens-, oder Steuerdelikten oder einer Insolvenzstraftat sprechen gegen die Zuverlässigkeit. Anhand der vorliegenden Nachweise wird das haftende Unternehmen eine Entscheidung darüber treffen, ob eine redliche Tätigkeit im Interesse des Kunden zu erwarten ist.

b) Vermittlerdatenbank der BaFin

Gemäß § 34d Abs. 5 WpHG und der WpHG-Mitarbeiteranzeigeverordnung (WpHGMa-AnzV), die gemeinsam mit § 34d WpHG mit Wirkung zum 1.11.2012 in Kraft getreten ist, führt die BaFin eine interne „Vermittlerdatenbank" (§ 34d Abs. 5 WpHG). Nach § 34d Abs. 1 Satz 1 WpHG darf ein Mitarbeiter nur dann mit der Anlageberatung betraut werden, wenn dieser sachkundig ist und über die für die Tätigkeit erforderliche Zuverlässigkeit verfügt. Einzelheiten enthalten die §§ 1 und 6 WpHGMaAnzV. Das Wertpapierdienstleistungsunternehmen hat der BaFin den beabsichtigten Einsatz des jeweiligen Mitarbeiters sowie den für den Anlageberater unmittelbar zuständigen Vertriebsbeauftragten vor Aufnahme der Tätigkeit anzuzeigen, § 34d Abs. 1 Satz 2 WpHG. Eine Anmeldung ist nur bei vorliegender Sachkunde des Mitarbeiters zulässig. **7.72**

Beurteilt die BaFin im Rahmen ihrer Überprüfungen erteilte Anlageempfehlungen als ungeeignet, Produktinformationsblätter als unvollständig oder entgegengenommene oder gewährte Zuwendungen als unzulässig, so stellt dies künftig eine bußgeldbewährte Ordnungswidrigkeit dar, die mit Geldstrafen bis zu max. 50 000 Euro, im Falle einer ungeeigneten Anlageempfehlung bis zu 100 000 Euro geahndet werden kann.[1] **7.73**

5. Kombination der Ausnahmen durch mehrere Rechtsträger

Die beiden Ausnahmevorschriften für die Vermittlung von Anteilen, Aktien oder Vermögensanlagen im Rahmen von § 2 Abs. 6 Satz 1 Nr. 8 KWG und die Tätigkeit als vertraglich gebundener Vermittler nach § 2 Abs. 10 KWG stehen in einem Alternativverhältnis. Das bedeutet, der betreffende Vermittler darf entweder auf Grund einer Erlaubnis nach § 34f GewO die genannten Fondsanteile vertreiben oder unter der Haftung eines haftenden Unternehmens nach § 2 Abs. 10 KWG tätig sein. Demgegenüber darf der gebundene Vermittler selbstverständlich auch Investmentfondsanteile im Namen und für Rechnung des haftenden Unternehmens vertreiben. **7.74**

Es ist jedoch ohne weiteres möglich, die Vermittlung von bzw. Beratung betreffend von Anteilen, Aktien oder Vermögensanlagen gemäß § 2 Abs. 6 Satz 1 Nr. 8 KWG und den Vertrieb von weiteren Finanzinstrumenten bzw. Beratung für diese im Rahmen des § 2 Abs. 10 KWG in zwei rechtlich getrennten Unternehmen zu organisieren. **7.75**

➲ **Praxistipp:** Der Finanzdienstleister darf beispielsweise den Vertrieb von Investmentanteilen auf der Grundlage von § 2 Abs. 6 Satz 1 Nr. 8 KWG als Einzelkaufmann und zusätzlich den Vertrieb von weiteren Finanzinstrumenten nach § 2 Abs. 10 KWG als geschäftsführender Gesellschafter einer GmbH vornehmen. Nicht zulässig ist diese Konstruktion jedoch mit einer Personengesellschaft. Auch darf zB ein hauptberuflich im Wertpapiergeschäft für eine Bank oder ein Finanzdienstleistungsunternehmen tätiger Angestellter nebenberuflich Investmentanteile im Rahmen der Ausnahme des § 2 Abs. 6 Satz 1 Nr. 8 KWG oder als vertraglich gebundener Vermittler nach § 2 Abs. 10 KWG Finanzinstrumente vertreiben. **7.76**

---

1 Vgl. § 39 Abs. 2 bis 4 WpHG.

6. Versicherungsvermittler und Versicherungsberater

7.77 Die gewerbsmäßige Versicherungsvermittlung und Versicherungsberatung sind ebenfalls gewerberechtlich erlaubnispflichtige Gewerbe. Einzelheiten hierzu sind in den § 34d und § 34e GewO geregelt.

III. Geldwäschegesetz

7.78 Das Geldwäschegesetz (GwG) erlegt den nach dem GwG Verpflichteten zur Mitwirkung bei der Bekämpfung der organisierten Kriminalität, insbesondere der Geldwäsche, umfangreiche Organisations-, Kontroll- und Anzeigepflichten auf. Es soll dazu führen, dass bestimmte Finanztransaktionen sog. „Papierspuren" („paper trail") hinterlassen, um den Strafverfolgungsbehörden das Aufspüren von Gewinnen aus schweren Straftaten zu erleichtern, die Geldwäsche zu erschweren und das Erkennen von Strukturen organisierter Kriminalität zu ermöglichen.[1] Zu diesem Zweck sieht das GwG zB für Banken, Versicherungen, freie Berufe und andere Gewerbetreibende Pflichten zur Identifizierung ihrer Kunden sowie zur Aufzeichnung und Aufbewahrung der Identifizierungsangaben vor. Ferner müssen die Verpflichteten des Geldwäschegesetzes den sog. wirtschaftlich Berechtigten identifizieren, Art und Zweck der Geschäftsbeziehung feststellen und Geschäftsbeziehungen kontinuierlich überwachen. Ferner besteht bei dem Verdacht der Geldwäsche oder Terrorismusfinanzierung die Pflicht, diesen an die Strafverfolgungsbehörden zu melden. Online-Anbieter von Finanzdienstleistungen haben diese Pflichten zu beachten, wenn sie zu den nach § 2 GWG Verpflichteten gehören. Zu diesen gehören neben Kreditinstituten, Finanzdienstleistungsinstituten u.a. Finanzunternehmen einschließlich vertraglich gebundener Vermittler sowie Versicherungsvermittler iSd. § 59 VVG, dh. Versicherungsvertreter und Versicherungsmakler, soweit sie Lebensversicherungen oder Dienstleistungen mit Anlagezweck vermitteln. Verpflichtet sind auch im Inland gelegene Niederlassungen entsprechender Versicherungsvermittler mit Sitz im Ausland. Ausdrücklich nicht unter die Regelung fallen die Vertreter iSd. § 34d Abs. 3 GewO, die die Versicherungen als Ergänzung anlässlich einer Warenlieferung oder Dienstleistung vermitteln (sog. produktakzessorische Vermittler). Gleiches gilt für die sog. gebundenen Vermittler gemäß § 34d Abs. 4 GewO, die in die Organisation eines Versicherungsunternehmens eingebunden sind und der dortigen internen Kontrolle unterliegen.[2]

7.79 Gemäß § 2 Abs. 1 Nr. 1 bis 6 GwG findet das GwG nicht nur auf Verpflichtete mit Sitz im Inland Anwendung, sondern darüber hinaus auch auf im Inland gelegene Zweigstellen oder Zweigniederlassungen, bzw. Niederlassungen von entsprechenden Unternehmen im Ausland.

IV. Überblick über die zivilrechtlichen Grundlagen

7.80 Am 23.9.2002 erließ der EU-Richtliniengeber die Richtlinie 2002/65/EG des Europäischen Parlamentes und des Rates über den Fernabsatz von Finanzdienstleistungen an Verbraucher (kurz: „FAFDL-RL").[3] Mit der Richtlinie, die auf die europaweite Angleichung der Rechtsvorschriften über den Vertrieb von Finanzdienstleistungen über Fernkommunikationsmittel (zB Internet, E-Mail, Briefpost oder Telefon) abzielt, sollte den Verbrauchern der gleiche Zugang zu einem breitestmöglichen Angebot an Finanzdienstleis-

---

1 BT-Drs. 12/2704, S. 10.
2 Vgl. BR-Drs. 168/08, S. 69 f.
3 Richtlinie 2002/65/EG über den Fernabsatz von Finanzdienstleistungen an Verbraucher und zur Änderung der Richtlinie 90/619/EWG des Rates und der Richtlinien 97/7/EG und 98/27/EG v. 23.9.2002, ABl. Nr. L 271/16 v. 9.10.2002.

tungen und dabei zugleich ein hohes Verbraucherschutzniveau gewährleistet werden. Die Richtlinie schloss damit eine Lücke im europäischen Verbraucherschutzrecht, nachdem die allgemeine Fernabsatzrichtlinie[1] den Bereich der Finanzdienstleistungen ausdrücklich aus ihrem Anwendungsbereich ausgenommen hatte.[2] Kerninhalte der Richtlinie sind umfassende Informationspflichten des Unternehmers gegenüber dem Verbraucher sowie ein Widerrufsrecht des Verbrauchers. Der deutsche Gesetzgeber setzte die europäischen Vorgaben der FAFDL-RL mit Wirkung zum 8.12.2004 durch das Gesetz zur Änderung der Vorschriften über Fernabsatzverträge bei Finanzdienstleistungen[3] in nationales Recht um.[4] Ausgenommen vom Anwendungsbereich der Vorschriften über Fernabsatzverträge im BGB (§§ 312 ff. BGB) sind seitdem lediglich noch Versicherungs- und Versicherungsvermittlungsverträge.[5] Die gesetzlichen Vorgaben für den Fernabsatz von Finanzdienstleistungen wurden seitdem mehrfach überarbeitet.

Mit dem Gesetz zur Umsetzung der Verbraucherrechterichtlinie und zur Änderung des Gesetzes zur Regelung der Wohnungsvermittlung[6] (VerbrRRLUG) setzte der Bundesgesetzgeber die Richtlinie 2011/83/EU des Europäischen Parlaments und des Rates vom 25.10.2011 (Verbraucherrechterichtlinie – VRRL)[7] in nationales Gesetz um. Das Gesetz, das am 13.6.2014 in Kraft trat, brachte weitreichende Änderungen mit sich, die nicht nur das Fernabsatzrecht und das Recht des elektronischen Geschäftsverkehrs betreffen[8]. Das erklärte Ziel der VRRL lautet, die bisherigen EU-Richtlinien betreffend den Verbraucherschutz im Falle von Geschäften außerhalb von Geschäftsräumen (Haustürwiderrufsrichtlinie) und über den Verbraucherschutz bei Vertragsabschlüssen im Fernabsatz (Fernabsatzrichtlinie) durch eine einzige Richtlinie zu ersetzen. Da die Verbraucherrechterichtlinie Verträge über Finanzdienstleistungen von ihrem Geltungsbereich ausnimmt[9], gilt für den Fernabsatz von Finanzdienstleistungen über den 13.6.2014 hinaus unverändert die FAFDL-RL.   **7.81**

Nachfolgend erfolgt zunächst ein Überblick über die zivilrechtlichen Grundlagen sowie eine Erläuterung, unter welchen Umständen die Vorschriften über den Fernabsatz von Finanzdienstleitungen überhaupt zur Anwendung gelangen. Im Übrigen beschränkt sich   **7.82**

---

1 Richtlinie 97/7/EG des Europäischen Parlaments und des Rates v. 20.5.1997 über den Verbraucherschutz bei Vertragsabschlüssen im Fernabsatz, ABl. Nr. L 144/19 v. 4.6.1997; zur Fernabsatzrichtlinie vgl. *Arnold*, CR 1997, 526 (528 ff.); *Bodewig*, DZWir 1997, 447; *Gößmann*, MMR 1998, 88; *Reich*, EuZW 1997, 581.
2 Zur Umsetzung der Fernabsatzrichtlinie in deutsches Recht vgl. *Kamanabrou*, WM 2000, 1417 ff.
3 BGBl. I 2004, 3102.
4 Literatur zum Recht des Fernabsatzes von Finanzdienstleistungen: *Finke*, Der Fernabsatz von Finanzdienstleistungen an Verbraucher, 2004; *Masuch/Koch*, Fernabsatz von Finanzdienstleistungen, 2005; *Siedler*, Fernabsatzgesetz Finanzdienstleistungen, 2005; *Wilmer/Hahn*, Fernabsatzrecht, 2005; *Mohrhauser*, Der Fernabsatz von Finanzdienstleistungen an Verbraucher, 2006. Einen Überblick über die seinerzeitigen gesetzlichen Neuerungen geben *Rott*, BB 2005, 53 ff.; *Felke/Jordans*, NJW 2005, 710 ff.; *Härting/Schirmbacher*, CR 2005, 48 ff.; *Kocher*, DB 2004, 2679 ff.
5 Wegen des systematischen Zusammenhangs ist der Schutz bei Versicherungs- und Versicherungsvermittlungsverträgen im VVG geregelt. Die dort enthaltenen Regelungen der §§ 7 bis 9 VVG entsprechen inhaltlich weitgehend den §§ 312 ff. BGB.
6 BGBl. I 2013, 3642.
7 Richtlinie 2011/83/EU des Europäischen Parlaments und des Rates vom 25.10.2011 über die Rechte der Verbraucher, zur Abänderung der Richtlinie 93/13/EWG des Rates und der Richtlinie 1999/44/EG des Europäischen Parlaments und des Rates sowie zur Aufhebung der Richtlinie 85/577/EWG des Rates und der Richtlinie 97/7/EG des Europäischen Parlaments und des Rates, ABl. v. 22.11.2011, L 304/64.
8 Zur Verbraucherrechterichtlinie und deren Umsetzung in deutsches Recht vgl. *Bierekoven/Crone*, MMR 2013, 687; *Brönneke*, VuR 2014, 3; *Ehmann/Forster*, GWR 2014, 163; *Ehmann/Hohlweger*, GWR 2014, 211; *Leier*, VuR 2013, 457; *Schmidt/Brönneke*, VuR 2014, 448; *Schmidt-Kessel/Schäfer*, WM 2013, 2241; *Tonner*, VuR 2013, 443; *von Loewenich*, NJW 2014, 1409; *Wendehorst*, NJW 2014, 577; zu den Neuerungen für Online-Shops vgl. *Bierekoven*, MMR 2014, 283.
9 Vgl. Art. 3 III lit. d VRRL.

die Darstellung auf die Kerninhalte der maßgeblichen Vorschriften, die Informationspflichten des Unternehmers beim Vertragsschluss und das Widerrufsrecht des Verbrauchers. Schließlich werden einzelne Aspekte der Umsetzung der gesetzlichen Vorgaben in der Praxis aufgezeigt und erörtert.

1. Anwendungsbereich

a) Persönlicher Anwendungsbereich

7.83 Die Vorschriften über Fernabsatzverträge gem. § 312c BGB gelten nur bei Verbraucherverträgen iSd. § 310 Abs. 3 BGB, dh. bei Verträgen, die zwischen einem Unternehmer und einem Verbraucher abgeschlossen werden (§ 312 Abs. 1 BGB).

aa) Verbraucher

7.84 Der Begriff des Verbrauchers wird in § 13 BGB legal definiert. Danach gilt als Verbraucher jede natürliche Person, die ein Rechtsgeschäft zu Zwecken abschließt, die überwiegend weder ihrer gewerblichen noch ihrer selbständigen beruflichen Tätigkeit zugerechnet werden können, also zu privaten oder abhängigen beruflichen Zwecken handelt.

7.85 Für die Einordnung eines Verhaltens als Verbraucherverhalten ist seine **Zweckrichtung** maßgeblich. Diese Zweckrichtung ergibt sich jedoch nicht aus dem inneren Willen des Handelnden. Entscheidend ist vielmehr, ob das Verhalten der Sache nach dem privaten oder dem gewerblich/beruflichen Bereich zuzuordnen ist. Dies ist anhand objektiver Umstände festzustellen.

7.86 Zu den privaten Zwecken gehören neben Haushalt, Freizeit, Gesundheit- und Altersvorsorge auch die Verwaltung und Anlage eigenen Vermögens, und zwar unabhängig von dessen Höhe.[1] Zur Verwaltung eigenen Vermögens gehört generell auch der Erwerb oder das Halten eines GmbH-Anteils[2] oder von Aktien[3] durch eine Privatperson, die Beteiligung an einem Fonds[4] oder der Erwerb oder die Verwaltung einer Immobilie.[5] Die Vermögensverwaltung wird jedoch dann eine berufs- oder gewerbsmäßige, wenn der Umfang der mit ihr verbundenen Geschäfte einen planmäßigen Geschäftsbetrieb wie etwa die Unterhaltung eines Büros oder eine geschäftsmäßige Organisation erfordert[6].

7.87 Bei Vertragsschluss mit einem **Firmen- oder Geschäftskunden** ist nach der Rechtsform zu differenzieren. Bei juristischen Personen oder rechtsfähigen Personengesellschaften genießt der Kunde bereits per Definition keinen Schutz als Verbraucher. Einzelkaufleute und Freiberufler unterfallen dann nicht dem Anwendungsbereich der fernabsatzrechtlichen Vorschriften, wenn diese als Unternehmer, dh. in Ausübung ihrer gewerblichen oder ständigen Tätigkeit handeln. Eine Unterscheidung findet hier nur auf Grund der Zweckrichtung des Geschäftsabschlusses statt. Handelt etwa ein Kaufmann oder ein sonstiger Unternehmer im privaten Bereich, so ist er insoweit nicht Unternehmer, sondern Verbraucher.[7]

---

1 BGH v. 14.7.2000 – V ZR 384/98, NJW 2000, 3496 = MDR 2000, 1426.
2 OLG Celle v. 22.9.2010 – 3 U 75/10, MDR 2011, 91; MüKoBGB/*Micklitz/Purnhagen*, Bd. 1, 7. Aufl. 2015, § 13 Rz. 56.
3 MüKoBGB/*Micklitz/Purnhagen*, Bd. 1, 7. Aufl. 2015, § 13 Rz. 56 mwN.
4 BGH v. 29.11.2004 – II ZR 6/03, ZIP 2005, 254 = MDR 2005, 404; die Verbraucherrolle des Kapitalanlegers voraussetzend EuGH NJW 2005, 3551; vgl. hierzu auch *Armbrüster*, ZIP 2006, 406.
5 BGH v. 23.10.2001 – XI ZR 63/01, NJW 2002, 368 (369) = MDR 2002, 222.
6 BGH v. 23.10.2001 – XI ZR 63/01, NJW 2002, 368 (369) = MDR 2002, 222; MüKoBGB/*Micklitz/Purnhagen*, Bd. 1, 7. Aufl. 2015, § 13 Rz. 56 mwN.
7 Vgl. BGH v. 30.9.2009 – VIII ZR 7/09, NJW 2009, 3780 (3781) = MDR 2010, 71 = CR 2010, 43.

Schwierig sind Fälle, in denen das Handeln nicht eindeutig nur dem privaten Bereich oder nur dem gewerblich/beruflichen Bereich zuzuordnen ist. Dies ist beispielsweise der Fall, wenn ein Rechtsanwalt eine Finanzdienstleistung sowohl für berufliche als auch für private Zwecke in Anspruch nimmt (sog. „**dual use**"). Die Beurteilung solcher Fälle war streitig.[1] Nach der wohl herrschenden Meinung war die Zuordnung davon abhängig, ob das private oder das berufliche Handeln überwiegt.[2] Da § 13 BGB seit dem Inkrafttreten des VerbrRRLUG nunmehr auf Zwecke des Rechtsgeschäfts abstellt, die „überwiegend" weder der gewerblichen noch der selbständigen beruflichen Tätigkeit der Person zugerechnet werden können, hat sich die bereits bislang in Deutschland herrschende Auffassung zum dual use durchgesetzt[3]. Existenzgründer werden grundsätzlich als Unternehmer qualifiziert, es sei denn, sie tätigen Geschäfte, die nicht der Vorbereitung der Existenzgründungstätigkeit, sondern lediglich der Existenzgründungsentscheidung dienen[4].

7.88

In der Praxis empfiehlt es sich, entweder vorsorglich vom Vorliegen der Verbrauchereigenschaft und somit von einer Eröffnung des Anwendungsbereichs der fernabsatzrechtlichen Vorschriften auszugehen oder aber bei dem erstmaligen Kontakt mit dem Kunden bzw. im Rahmen der bestehenden Geschäftsverbindung durch entsprechende Nachfrage beim Kunden zu ermitteln, ob dieser als Verbraucher handelt und dies zu dokumentieren.

7.89

bb) Unternehmer

Die Finanzdienstleistung muss von einem Unternehmer iSd. § 14 BGB angeboten und erbracht werden. Unternehmer ist eine natürliche oder juristische Person oder eine rechtsfähige Personengesellschaft, die bei Abschluss eines Rechtsgeschäfts in Ausübung ihrer gewerblichen unselbstständigen beruflichen Tätigkeit handelt. Dazu gehört jedes planmäßige und dauerhafte Angebot von Leistungen gegen Entgelt, wobei es auf eine Gewinnerzielungsabsicht nicht ankommt.

7.90

cc) Beweislast

Die Vorschrift des § 13 BGB ist beweislastneutral formuliert.[5] Für die Frage, ob die Verbraucherschutzvorschriften der §§ 312b ff. BGB anwendbar sind, greift deshalb die Grundregel, dass im Streitfall derjenige die Darlegungs- und Beweislast für Umstände trägt, der aus ihnen Rechte herleiten will. Deshalb muss auch der Verbraucher grundsätzlich darlegen und beweisen, ob eine Verbraucherschutzvorschrift in seinem Falle eingreift oder nicht.[6] Dabei können dem Verbraucher ggf. Beweiserleichterungen zur Seite stehen. So wird vertreten, dass bei Geschäften über Waren und Dienstleistungen, die Verbrauchern angeboten oder typischerweise von ihnen nachgefragt werden, ein Beweis des ersten Anscheins für die Verbrauchereigenschaft des Kunden spricht[7]. Dann muss der Unternehmer Umstände darlegen, die gegen die Verbrauchereigenschaft des Kunden sprechen. Bei

7.91

---

1 Zum Streit vgl. BeckOK-BGB/*Bamberger*, Stand: 1.5.2016, § 13 BGB Rz. 12 f. mwN.
2 Vgl. etwa OLG Celle v. 11.8.2004 – 7 U 17/04, NJW-RR 2004, 1645 (1646); OLG Naumburg v. 11.12.1997 – 3 U 144/96, WM 1998, 2158; OLG Rostock v. 24.11.1993 – 2 U 71/93, OLG-NL 1994, 77; Palandt/*Ellenberger*, § 13 BGB Rz. 1, 4 mwN.
3 Zum Verbraucherbegriff nach der Umsetzung der Verbraucherrechterichtlinie vgl. *Meier*, JuS 2014, 777.
4 Zur Einordnung von Existenzgründern vgl. MüKoBGB/*Micklitz/Purnhagen*, Bd. 1, 7. Aufl. 2015, § 13 BGB Rz. 61 ff. mwN.
5 BeckOK-BGB/*Bamberger*, § 13 BGB Rz. 15; aA *Bülow/Artz*, NJW 2000, 2049 (2055).
6 Vgl. BGH v. 11.7.2007 – VIII ZR 110/06, NJW 2007, 2619 (2621) = MDR 2007, 1245; Urt. v. 30.9.2009 – VIII ZR 7/09, NJW 2009, 3780 (3781) = MDR 2010, 71 = CR 2010, 43; OLG Stuttgart v. 17.3.2010 – 3 U 160/09, ZGS 2010, 380 (381); BeckOK-BGB/*Bamberger*, § 13 BGB Rz. 15; MüKoBGB/*Micklitz/Purnhagen*, Bd. 1, 7. Aufl. 2015, § 13 BGB Rz. 61 ff., jeweils mwN.
7 BeckOK-BGB/*Bamberger*, § 13 BGB Rz. 16.

etwaigen Zweifeln ist nach der Rechtsprechung zugunsten der Verbraucherrolle zu entscheiden[1].

7.92 ➲ **Praxistipp:** Der Händler muss damit rechnen, dass ihm der **Nachweis** der Unternehmereigenschaft des Kunden nicht gelingt und sollte die Einrichtung seiner Geschäftsprozesse deshalb nicht von Zufälligkeiten abhängig machen. Muss der Unternehmer in der Praxis damit rechnen, dass ein Großteil der natürlichen Personen, mit denen er Geschäfte abschließt, tatsächlich Verbraucher sind, wird er natürliche Personen entgegen der gesetzlichen Grundregel grundsätzlich auch dann als Verbraucher behandeln, wenn sie eigentlich Unternehmer sind, dies aber nicht erkennen lassen. Umgekehrt wird ein Unternehmer, der überwiegend oder ausschließlich mit Unternehmern zu tun hat, seinen Geschäftsbetrieb auf diesen Bereich ausrichten und es in Kauf nehmen, dass er dann mitunter einen Verbraucher wie einen Unternehmer behandelt und sich dann Verbraucherschutzvorschriften entgegen halten lassen muss.

7.93 Bietet der Händler seine Waren und Dienstleistungen ausdrücklich nur Unternehmern an, so wird ein Verbraucher einen Vertragsschluss nur erreichen können, indem er sich als Unternehmer ausgibt. Daran aber muss sich der Verbraucher dann auch festhalten lassen müssen.[2]

7.94 ➲ **Wichtig:** Vereinbarungen über die Verbraucher- oder Unternehmereigenschaft sind als unzulässige Beweislastklauseln gemäß § 309 Nr. 12 BGB nichtig.[3]

b) Sachlicher Anwendungsbereich

7.95 In sachlicher Hinsicht setzt die Anwendung der fernabsatzrechtlichen Vorschriften das Vorliegen eines Fernabsatzvertrages über Finanzdienstleistungen voraus.

aa) Finanzdienstleistungen

7.96 Demnach bedarf es zunächst einer Finanzdienstleistung. Für das Fernabsatzrecht ist der Begriff der Finanzdienstleistung in § 312 Abs. 5 Satz 1 BGB abweichend von den aufsichtsrechtlichen Definitionen eigens legal definiert.

7.97 Mit dieser Definition der Finanzdienstleistungen, die inhaltlich der bis zum Inkrafttreten des VerbrRRLUG am 13.6.2014 geltenden Fassung des § 312b Abs. 1 Satz 2 BGB entspricht, hat der Bundesgesetzgeber die Definition von Art. 2 lit. b der FAFDL-RL wörtlich übernommen. Für die Auslegung des Begriffs der Finanzdienstleistung ist ausschließlich die FAFDL-RL maßgeblich, wohingegen Definitionen aus anderen nationalen Gesetzen (insbesondere der Legaldefinition in § 1 Abs. 1a Satz 2 KWG) in diesem Zusammenhang keine eigenständige Bedeutung zukommt.[4] Der im KWG enthaltene Katalog stellt jedoch nur einen Teilbereich der Finanzdienstleistungen im Bereich des Fernabsatzrechts dar. Wie sich aus dem Wortlaut der Vorschrift („insbesondere") ergibt, ist das fernabsatzrechtliche Verständnis der Finanzdienstleistung umfassender als im KWG.[5] Neben den aufgezählten Beispielen sind daher auch bei anderen Dienstleistungen, die eine Erledigung von Finanzgeschäften betreffen, die zivilrechtlichen Vorschriften des Fernabsatzrechts zu beachten.

---

1 BGH v. 30.9.2009 – VIII ZR 7/09, NJW 2009, 3780 (3781) = MDR 2010, 71 = CR 2010, 43.
2 BGH v. 22.12.2004 – VIII ZR 91/04, NJW 2005, 1045 = MDR 2005, 503.
3 BGH v. 17.5.1982 – VII ZR 316/81, NJW 1982, 2309 (2310) = MDR 1982, 921.
4 Vgl. MüKoBGB/*Wendehorst*, Bd. 1, 7. Aufl. 2016, § 312 BGB Rz. 73 f., mwN.
5 Vgl. BT-Drs. 14/2658, S. 32.

(1) Bankdienstleistungen

Zu den **Bankdienstleistungen** gehören zunächst alle in § 1 Abs. 1 Satz 2 KWG genannten   7.98
Bankgeschäfte, insbesondere das

- Einlagegeschäft (die Annahme und Verwaltung rückzahlbarer Gelder, zB Sparvertrag, Festgeldverträge, etc.),

- Pfandbriefgeschäft (die in § 1 Abs. 1 Satz 2 des Pfandbriefgesetzes bezeichneten Geschäfte),

- Kreditgeschäft (die Gewährung von Gelddarlehen und Akzeptkrediten),

- Diskontgeschäft (der Ankauf von Wechseln und Schecks),

- Sortengeschäft (der An- und Verkauf von Münzen und Geldnoten, die gesetzliche Zahlungsmittel darstellen, und von Reiseschecks),

- Emissionsgeschäft (die Übernahme von Finanzinstrumenten für eigenes Risiko zur Platzierung oder die Übernahme gleichwertiger Garantien),

- Garantiegeschäft (die gewerbsmäßige Übernahme von Bürgschaften, Garantien oder sonstigen Gewährleistungen für andere).

Derartige Leistungen sind als Bankdienstleistungen unabhängig davon zu qualifizieren,   7.99
ob sich der konkrete Unternehmer als „Bank" bezeichnet oder rechtlich oder nach der
Verkehrsanschauung als solche anzusehen ist. Ob und in welchem Umfang bestimmte
Wertpapierdienstleistungen (va. das Depotgeschäft und das Finanzkommissionsgeschäft)
zu den Bankdienstleistungen zu zählen sind, kann offen bleiben, da es sich dabei jedenfalls um Dienstleistungen im Zusammenhang mit einer Geldanlage handelt. Entsprechendes gilt für die Erbringung von Zahlungsdiensten (zB Durchführung des bargeldlosen
Zahlungsverkehrs als Dienstleistung für Dritte und des Abrechnungsverkehrs) sowie das
E-Geld-Geschäft (die Ausgabe von elektronischem Geld).[1]

Zu den Bankdienstleistungen gehören schließlich auch solche Dienstleistungen, die zwar   7.100
zum klassischen Leistungsspektrum typischer Kreditinstitute gehören, aber auch eine
Entsprechung außerhalb des Bankensektors finden, insbesondere die meisten der übrigen
Finanzdienstleistungen, aber auch beispielsweise die Schließfachverwaltung und die Immobilienvermittlung. Auch diese Leistungen sind als „Bankdienstleistungen" zu qualifizieren, sofern sie durch Unternehmen erbracht werden, die ansonsten schwerpunktmäßig
typische Bankdienstleistungen anbieten. Damit ist die Immobilienvermittlung durch eine
Bank als Bankdienstleistung einzustufen, die Vermittlung durch einen Immobilienmakler
hingegen nicht. Gänzlich branchenfremde Leistungen, zB der Vertrieb von Merchandise-
Produkten, sind keine Bankdienstleistungen.

Die Vornahme von Sicherungsgeschäften durch Verbraucher (zB Bestellung von Sicherhei-   7.101
ten) stellt regelmäßig keine Finanzdienstleistung dar, da sie nicht von dem Unternehmer,
sondern von dem Verbraucher erbracht und somit nicht vom Anwendungsbereich erfasst
wird.[2] Dies gilt, anders als bei Außergeschäftsraumverträgen[3], auch für die Bürgschaft.[4] Et-

---

1 Bei dem Einzug eigener Forderungen gegenüber Kunden oder dem bloßen Anbieten der Möglichkeit, mit E-Geld, das von einem anderen Unternehmen mit entsprechender Erlaubnis ausgegeben wurde, handelt es sich nicht um Finanzdienstleistungen.
2 *Dörrie*, ZBB 2005, 121 (122).
3 Zum Widerrufsrecht bei Haustürgeschäften vgl. EuGH v. 17.3.1998 – Rs. C-45/96 – Dietzinger, NJW 1998, 1295 = MDR 1998, 665; BGH v. 14.5.1998 – IX ZR 56/95, NJW 1998, 2356 = MDR 1998, 1019; BGH v. 10.1.2006 – XI ZR 169/05, NJW 2006, 845 = MDR 2006, 764.
4 Zu § 312b BGB aF. vgl. OLG Dresden v. 30.1.2009 – 8 U 1540/08, OLGR 2009, 521 (522); Staudinger/ *Thüsing* (2012), § 312b BGB Rz. 19; *Dörrie*, ZBB 2005, 121 (122); jurisPK-BGB/*Junker*, § 312 Rz. 23; *von Loewenich*, NJW 2014, 1409 (1411); aA Tamm/Tonner/*Schirmbacher*, § 9 Rz. 21.

was anderes gilt nur dann, wenn ein Unternehmer einem Verbraucher als Dienstleistung eine Sicherheit stellt.[1]

(2) Sonstige Finanzdienstleistungen

7.102 Die **sonstigen Finanzdienstleistungen** sind – insbesondere – Dienstleistungen im Zusammenhang mit der Kreditgewährung (zB Verbraucherdarlehensverträge), Versicherung,[2] Altersvorsorge von Einzelpersonen, Geldanlage und Zahlung.

7.103 – **Dienstleistungen im Zusammenhang mit einer Kreditgewährung:** Die gewerbsmäßige Gewährung von Gelddarlehen selbst ist bereits als Bankdienstleistung zu qualifizieren. Während Finanzierungsleasingverträge zu den Finanzdienstleistungen zu zählen sind, gilt dies nicht für Operating-Leasingverträge oder Mietkauf-Modelle.[3] Der einfache Zahlungsaufschub und das Teilzahlungsgeschäft sind jedenfalls dann als Finanzdienstleistung zu qualifizieren, wenn diese als isolierbare Leistung erbracht werden, wofür die Entgeltlichkeit – also eine Differenz zwischen dem Teilzahlungspreis und dem Barzahlungspreis – ein zentrales Indiz für das Vorliegen einer Finanzdienstleistung darstellt.[4] In der Praxis ist die dogmatische Einordnung jedoch eher von untergeordneter Bedeutung, da in diesen Fällen regelmäßig ohnehin die §§ 506 ff. BGB (zusätzlich) gelten. Zudem geht gemäß § 312g Abs. 3 BGB das verbraucherkreditrechtliche Widerrufsrecht dem fernabsatzrechtlichen Widerrufsrecht vor und gemäß Art. 247 § 2 Abs. 4 Satz 2 EGBGB beinhalten die verbraucherkreditrechtlichen Informationspflichten die fernabsatzrechtlichen Informationen. Zu den Dienstleistungen im Zusammenhang mit einer Kreditgewährung gehört insbesondere auch die Vermittlung von Darlehensverträgen.[5] Dabei ist unerheblich, ob der Unternehmer konkrete Kreditverträge vorstellt, anbietet oder als Vertreter abschließt bzw. sonstige Vorarbeiten zum Abschluss von Kreditverträgen erledigt. Erforderlich ist jedoch stets, dass der mit dem Verbraucher geschlossene und den §§ 312 ff. BGB unterfallende Vertrag sich in spezifischer Weise auf einen künftigen Kreditvertrag zwischen dem Verbraucher und einem Dritten bezieht. Die Lieferung von Informationsbroschüren oder die Bereitstellung eines Internet-Informationsdienstes oder einer Suchmaschine, in denen sich Werbung für Kreditinstitute befindet bzw. die mit den Internetseiten von Kreditinstituten verlinkt sind, ist deshalb keine Finanzdienstleistung. Die bloße Kreditberatung bzw. Schuldnerberatung ist nur dann als Finanzdienstleistung zu qualifizieren, wenn die Tätigkeit des Unternehmers unmittelbar dazu dienen soll, Entscheidungen des Verbrauchers im Hinblick auf einen künftigen oder bestehenden Kreditvertrag zu beeinflussen. Die allgemeine Verbraucherberatung, bei der es auch um Finanzierungsfragen geht, ist somit ebenso wenig als Finanzdienstleistung zu qualifizieren wie etwa die anwaltliche oder notarielle Beratung.[6]

7.104 – **Dienstleistungen im Zusammenhang mit einer Versicherung:** Verträge im Zusammenhang mit Versicherungen fallen ebenfalls unter die Definition des § 312 Abs. 5 Satz 1 BGB. Verträge über Versicherungen sowie Verträge über deren Vermittlungen werden jedoch in § 312b Abs. 6 BGB von dem Anwendungsbereich der Vorschriften über Verbraucherverträge ausgenommen. Eine Ausnahme gilt insoweit lediglich für die Vorschriften des § 312a Abs. 3, 4 und 6 BGB.

---

1 Staudinger/*Thüsing* (2012), § 312b BGB Rz. 19.
2 Verträge im Zusammenhang mit einer Versicherung werden aber mit § 312b Abs. 6 BGB mit Ausnahme des § 312a Abs. 3, 4 und 6 BGB aus dem Anwendungsbereich der Vorschriften über Verbraucherverträge ausgenommen und finden im VVG eine spezielle Regelung.
3 MüKoBGB/*Wendehorst*, 7. Aufl. 2016, § 312 BGB, Bd. 1, 7. Aufl. 2016, Rz. 78 f. mwN.
4 MüKoBGB/*Wendehorst*, 7. Aufl. 2016, § 312 BGB Rz. 79 mwN.
5 Staudinger/*Thüsing* (2012), § 312b BGB Rz. 24.
6 MüKoBGB/*Wendehorst*, 7. Aufl. 2016, § 312 BGB Rz. 81.

– **Dienstleistungen im Zusammenhang mit einer Altersvorsorge von Einzelpersonen:**   7.105
Auch der Begriff der „Altersvorsorge" ist ausschließlich zivilrechtlich auszulegen. In
der Praxis sind zahlreiche Dienstleistungen in diesem Bereich sicherlich als Versicherungen zu qualifizieren[1] und unterfallen damit vorrangig dem Anwendungsbereich der
§§ 7 bis 9 VVG. An Finanzdienstleistungen, die nach §§ 312 ff. BGB zu beurteilen wären,
bleibt damit nur sehr wenig übrig. Der Bereich der betrieblichen Altersversorgung[2] ist
durch die Einschränkung auf die Altersvorsorge für Einzelpersonen ausgeschlossen. Als
Dienstleistungen im Zusammenhang mit einer Altersvorsorge von Einzelpersonen
kommen damit insbesondere Leistungen in Betracht, die durch eine im Alter zu gewäh-
rende, einmalige, mehrmalige oder periodisch wiederkehrende Geldzahlung gekennzeichnet sind, dh. gerade die finanzielle Ausstattung im Alter sicherstellen sollen, und
zwar auch dann, wenn neben Geldzahlungen im Alter auch andere, damit sachlich zusammenhängende Leistungen gewährt werden, zB die Versorgung von Hinterbliebenen
oder die Förderung selbst genutzten Wohnungseigentums (Zwischenentnahme-Mo-
dell).[3] Auch die Vermittlungstätigkeit und – in denselben engen Grenzen wie bei der
Kreditgewährung – die Beratungstätigkeit im Hinblick auf eine künftige oder bestehende Altersversorgung werden von dem Anwendungsbereich erfasst[4].

– **Dienstleistungen im Zusammenhang mit einer Geldanlage:** In Hinblick auf die Viel-   7.106
zahl von unterschiedlichen Anlagemöglichkeiten (zB Aktienfonds, Geschlossene
Fonds, Edelmetalle, Immobilien, Kunstgegenstände, etc.) und der noch viel größeren
Anzahl von Dienstleistungen, die damit im Zusammenhang stehen, lassen sich zahlreiche Leistungen unter den Begriff der Geldanlage subsumieren. Mögliche Anlageobjekte
sind insbesondere Wertpapiere (Aktien, Schuldverschreibungen, Genussscheine, Opti-
onsscheine, etc.), Anteile an Anlagegesellschaften, andere Geldmarktinstrumente (zB
kurzfristige Schuldscheindarlehen), Devisen, Derivate (Fest- und Optionsgeschäfte,
Swap-Geschäfte) sowie Anteile an offenen oder geschlossenen Immobilien-Fonds. Die
steuerliche Qualifizierung der Erträge aus den Geldanlagen[5] ist unerheblich. Zu den
Dienstleistungen im Zusammenhang mit einer Geldanlage gehören in erster Linie der
Anlagenhandel, das Finanzkommissionsgeschäft, das Depotgeschäft sowie die Finanzportfolioverwaltung. Erfasst werden schließlich auch die Anlagevermittlung und die
Anlageberatung. Ähnlich wie bei der Kreditgewährung muss jedoch ein unmittelbarer
Zusammenhang zwischen der vertraglichen Leistung des Unternehmers und einer hin-
reichend konkretisierten Anlageentscheidung des Verbrauchers bestehen.

– **Dienstleistungen im Zusammenhang mit einer Zahlung:** Viele Dienstleistungen im   7.107
Zusammenhang mit einer Zahlung unterfallen bereits dem Begriff der Bankdienstleistung. Zu nennen ist hier insbesondere der gesamte bargeldlose Zahlungsverkehr, der
über den Giroverkehr und das Diskontgeschäft abgewickelt wird. Die Abgrenzung
zwischen Bankdienstleistung und sonstiger Finanzdienstleistung ist zum Teil nicht
einfach, in der Praxis aber für die Anwendung der §§ 312b ff. BGB indes auch nicht
von Bedeutung. Unter Leistungen im Zusammenhang mit einer Zahlung fallen letztlich unabhängig von dem konkreten technische Ablauf (Prepaid-, Pay-now-, Inkasso-
system, etc.) alle unternehmerischen Dienstleistungen, bei denen ein monetärer Wert
im Auftrag des Verbrauchers von diesem auf einen Dritten übertragen bzw. die für diesen Transfer notwendige Zwischenschritte vollzogen werden und damit – cum grano

---

1 Beispielsweise Kapitallebensversicherung, klassische Rentenversicherung, fondsgebundene Rentenversicherung, Rentenversicherung gegen Einmalbetrag.
2 Pensionskassen, Unterstützungskassen, Pensionsfonds etc.
3 MüKoBGB/*Wendehorst*, 7. Aufl. 2016, § 312 BGB Rz. 84.
4 MüKoBGB/*Wendehorst*, 7. Aufl. 2016, § 312 BGB Rz. 85.
5 Beispielsweise als Einkünfte aus Kapitalvermögen oder als andere Einkünfte (zB Vermietung und
Verpachtung).

salis – letztlich sämtliche Dienstleistungen, die zivilrechtlich zugleich von den §§ 675c ff. BGB erfasst werden.

7.108 ➲ **Wichtig:** Im Sinne eines umfassenden Verbraucherschutzes **wird** der Begriff der Finanzdienstleistung weit **verstanden**. Dem Begriff der sonstigen Finanzdienstleistungen unterfallen somit neben den ausdrücklich genannten Wertpapierdienstleistungen auch alle sonstigen Bank- und Finanzdienstleistungen iSd. § 1 KWG.

bb) Vertragsschluss im Rahmen eines für den Fernabsatz organisierten Vertriebs- oder Dienstleistungssystems

7.109 Der Vertrag über die Erbringung einer Finanzdienstleistung muss unter ausschließlicher Verwendung von Fernkommunikationsmitteln abgeschlossen worden sein. Als **Fernkommunikationsmittel** sind gemäß § 312c Abs. 2 BGB insbesondere (Post-)Briefe, Kataloge, Telefonanrufe, Telekopien, E-Mails, über den Mobilfunkdienst versendete Nachrichten (SMS) sowie Rundfunk und Telemediendienste anzusehen. Erfasst sind damit all die Kommunikationsmittel, derer sich eine Bank täglich bedient, um in Kontakt mit dem Kunden zu gelangen bzw. zu bleiben und um ihre Dienstleistungen anzubieten oder durchzuführen. Der Wechsel des Kommunikationsmittels auf einer Vertragsseite oder die Kombination mehrerer Kommunikationsmittel ist für die Anwendung der fernabsatzrechtlichen Regelungen unschädlich.

7.110 Die fernabsatzrechtlichen Vorschriften gelangen jedoch nur dann zur Anwendung, wenn der Abschluss des Vertrages **ausschließlich unter Verwendung der vorgenannten Fernkommunikationsmittel** erfolgt. Das heißt, in keiner der drei Phasen des Vertragsschlusses, nämlich der *Vertragsanbahnung*, der *Vertragsverhandlung* sowie des *Vertragsabschlusses*, darf ein persönlicher Kontakt mit dem Kunden stattgefunden haben. Stehen sich in einer der genannten Phasen ein Mitarbeiter des Unternehmens und der Verbraucher unmittelbar gegenüber, liegt kein Fernabsatzvertrag vor und die Vorgaben der §§ 312b ff. BGB sind nicht zu beachten.

7.111 Von den Regeln über den Fernabsatz auszunehmen sind somit auch diejenigen Verträge, die unter ausschließlicher Verwendung von Fernkommunikationsmitteln abgeschlossen werden, denen aber ein **persönlicher Kontakt** in einer der Phase der Vertragsanbahnung oder Vertragsverhandlungen vorausgegangen ist. Dabei wird jedoch im Hinblick auf den Schutzzweck des Gesetzes gefordert, dass der Verbraucher anlässlich des persönlichen Kontakts in der vorvertraglichen Phase auch tatsächlich die Möglichkeit hatte, die für den Vertragsschluss wesentlichen Informationen zu erlangen. Darüber hinaus wird verlangt, dass der Vertrag im unmittelbaren zeitlichen Zusammenhang mit dem persönlichen Kontakt zu Stande gekommen sein muss, wobei hinsichtlich des Kriteriums der Unmittelbarkeit aller Umstände des jeweiligen Einzelfalls zu berücksichtigen sind. Für die ausschließliche Verwendung von Fernkommunikationsmitteln trägt der Verbraucher die Beweislast. Wurden jedoch Erklärungen der Parteien, die zum Vertragsschluss geführt haben, durch Fernkommunikationsmittel übermittelt, so trägt der Unternehmer, wenn er einen persönlichen Kontakt in der Phase der Vertragsanbahnung behauptet, hierfür die Beweislast.[1] Das Gesetz sieht dafür, dass der Vertrag im Rahmen eines Fernabsatzsystems geschlossen wurde, eine widerlegliche Vermutung vor. Steht fest, dass der Vertrag unter ausschließlicher Verwendung von Fernkommunikationsmitteln geschlossen wurde, so hat der Unternehmer nachzuweisen, dass dies nicht im Rahmen eines Fernabsatzsystems geschehen ist. Auf diese Weise will er die Praxis von aufwendigen Beweiserhebungen entlasten.[2]

---

1 Vgl. Palandt/*Ellenberger*, § 312c BGB Rz. 6.
2 Vgl. RegBegr, BT-Drs. 14/2658, S. 31.

Die Berücksichtigung der vorvertraglichen Phase bei der Frage nach der ausschließlichen Verwendung von Fernkommunikationsmitteln ist in der Praxis der Finanzdienstleistungen nicht unproblematisch. Fraglich ist insbesondere, wann noch ein unmittelbarer zeitlicher Zusammenhang zwischen persönlichen Kontakt und Vertragsschluss gegeben ist. Um den Unternehmer nicht unangemessen zu benachteiligen, dürfte der **unmittelbare zeitliche Zusammenhang** auch dann noch zu bejahen sein, wenn zwischen Beratungsgespräch, also persönlichem Kontakt, und eigentlichem Vertragsschluss die für Finanzdienstleistungen übliche Bearbeitungszeit zur Ausfertigung der Vertragsunterlagen liegt. Diese kann bei komplexen Produkten, etwa einer aufwändigen Immobilienfinanzierung, auch schon einmal mehrere Wochen betragen. Auch in diesen Fällen dürfte der Schutzzweck des Gesetzes gewahrt sein, sofern der Verbraucher anlässlich des Beratungsgespräches die Möglichkeit hatte, sich umfassend zu informieren. Allein der spätere Austausch der für den Vertragsschluss maßgeblichen Willenserklärungen führt dann nicht zu einer Anwendung der fernabsatzrechtlichen Schutzvorschriften. **7.112**

Schließlich setzt die Anwendung der §§ 312b ff. BGB voraus, dass der Vertragsschluss „im Rahmen eines für den Fernabsatz organisierten Vertriebs- oder Dienstleistungssystems" (**Fernabsatzsystem**) erfolgt. Dabei werden an das Vorliegen eines „Fernabsatzsystems" keine hohen Anforderungen gestellt. Unproblematisch sind die Fälle, in denen der Unternehmer ausschließlich im Wege des Fernabsatzes handelt, wie im Falle des Versand- bzw. Online-Handels. Eine hinreichende Organisation ist ferner anzunehmen, wenn der Unternehmer zwar (auch) persönlichen Kontakt mit seinen Kunden pflegt, er aber nach außen auch als Unternehmer auftritt, der Fernabsatzverträge abschließt, er also zB mit dieser Vertriebsform wirbt. Hingegen liegt kein für den Fernabsatz organisiertes System vor, wenn der Unternehmer nur gelegentlich oder ausnahmsweise einen Auftrag am Telefon oder per E-Mail entgegennimmt, dh. entgegen dem sonst bei ihm üblichen Vorgehen ein Fernabsatzgeschäft tätigt.[1] **7.113**

➡ **Praxistipp:** Angesichts der mit einer Fehleinschätzung einhergehenden Rechtsfolgen sollte in Zweifelsfällen immer davon ausgegangen werden, dass ein Vertragsschluss im Rahmen eines für den Fernabsatz organisierten Vertriebs- oder Dienstleistungssystems erfolgt. Dies gilt umso mehr vor dem Hintergrund der für den Unternehmer insoweit bestehenden Beweislast. **7.114**

cc) Ausnahmen vom sachlichen Anwendungsbereich im Finanzdienstleistungsbereich

Das Gesetz enthält in § 312 Abs. 2 bis 6 BGB eine Reihe von Bereichsausnahmen bzw. Einschränkungen für den Anwendungsbereich der Vorschriften über den Fernabsatz. Für den Bereich der Finanzdienstleistungen im Distanzgeschäft besonders relevant ist die Ausnahme für Verträge über Versicherungen sowie über deren Vermittlung (§ 312 Abs. 6 BGB), da Versicherungsverträge bereits den Spezialvorschriften des VVG und der VVG-Informationspflichtenverordnung unterliegen. **7.115**

c) Gesamtvorgänge (Dauerschuldverhältnisse)

Im Bereich der Finanzdienstleistungen kommt es nicht selten vor, dass zwischen Unternehmer und Verbraucher eine längere Geschäftsbeziehung besteht, in deren Rahmen immer wieder ähnliche Verträge geschlossen werden bzw. ähnliche Vorgänge auf der Basis eines einzigen vertraglichen Grundverhältnisses erfolgen. Die FAFDL-RL nennt als Beispiele den Kreditkarten-, den Giro- und den Depotverwaltungsvertrag. Es würde den Unternehmer wie auch den Rechtsverkehr insgesamt unverhältnismäßig belasten, wenn die Vorschriften über Fernabsatzverträge bei jedem einzelnen Vorgang in vollem Umfang an- **7.116**

---

1 *Kamanabrou*, WM 2000, 1417 (1420 f.).

zuwenden wären. Problematisch sind insbesondere die Informationspflichten, die ohne besondere Regelung jedes Mal von neuem entstehen würden, sofern sie nach dem anwendbaren Recht einen eigenständigen Vertrag darstellen. Eine solche besondere erneute Information des Verbrauchers vor jedem einzelnen Geschäft ist sachlich jedoch nicht erforderlich. Der Verbraucher muss bei Abschluss des Grund- oder Rahmenvertrags informiert werden. Einen zusätzlichen Informationswert haben Wiederholungen vor jedem Ausführungsgeschäft nicht. Deshalb stellt § 312 Abs. 5 BGB den Unternehmer in diesen Fällen von solchen Informationspflichten frei.

aa) Rahmenverträge

7.117 Gemäß § 312 Abs. 5 Satz 1 BGB finden die Vorschriften über Fernabsatzverträge bei Vertragsverhältnissen, die eine erstmalige Vereinbarung mit daran anschließenden aufeinander folgenden Vorgängen oder eine daran anschließende Reihe getrennter, in einem zeitlichen Zusammenhang stehende Vorgänge der gleichen Art umfassen, nur auf die erste Vereinbarung Anwendung.

7.118 Dabei führt § 312 Abs. 5 Satz 2 BGB zwei Unterfallgruppen auf: die „anschließenden aufeinander folgenden Vorgänge" sowie die „getrennten, in einem zeitlichen Zusammenhang stehenden Vorgänge gleicher Art". Während mit der ersten Unterfallgruppe unselbständige Vorgänge gemeint sind, die sich als Erfüllungshandlungen in Bezug auf die erste Vereinbarung darstellen, umfasst die zweite Unterfallgruppe gesonderte Verträge[1].

7.119 Liegen die Voraussetzungen vor, so sind §§ 312b bis 312h BGB auf die Folgevorgänge nicht anzuwenden, dh. für die auf die erste Vereinbarung folgenden Vorgänge gelten weder die Informationspflichten nach § 312d Abs. 2 BGB mit Art. 246b EGBGB noch existiert ein Widerrufsrecht nach §§ 312g, 355 BGB. Ein Widerrufsrecht oder Kündigungsrecht kann sich selbstverständlich aus dem Vertrag oder aus anderen Vorschriften ergeben. Auf jeden der Folgevorgänge bleiben jedoch nach § 312 Abs. 5 Satz 2 BGB die Vorschriften in § 312a Abs. 1, 3, 4 und 6 BGB anwendbar.

7.120 ⮎ **Praxistipp:** Als „erste Dienstleistungsvereinbarung" sind beispielsweise eine Kontoeröffnung, der Erwerb einer Kreditkarte, der Abschluss eines sonstigen Zahlungsdiensterahmenvertrages oder der Abschluss eines Portfolioverwaltungsvertrages anzusehen.

7.121 Die Informationen, die anlässlich der Rahmenvereinbarung zu erteilen sind, müssen auch alle Informationen enthalten, die anlässlich der folgenden Vorgänge bzw. Vereinbarungen zu erteilen wären, wenn § 312d Abs. 2 BGB iVm. Art. 246b EGBGB auf die folgenden Vorgänge bzw. Vereinbarungen anwendbar wäre. Die Vorschrift des § 312 Abs. 5 BGB enthält eine Vereinfachung dergestalt, dass keine mehrmalige, sondern nur eine einmalige Informationserteilung erforderlich ist. Sie entbindet den Unternehmer indes nicht von seiner Pflicht, bei den nach § 312d Abs. 2 BGB iVm. Art. 246b EGBGB anlässlich der ersten Vereinbarung zu erteilenden Informationen auch diejenigen Informationen zu erteilen, die spezifisch nur die Folgevorgänge betreffen.[2]

bb) Fortlaufende Vorgänge ohne Rahmenvereinbarung

7.122 Nach § 312 Abs. 5 Satz 3 BGB gelten die Vorschriften über Informationspflichten des Unternehmers nur für den ersten Vorgang, wenn Vorgänge ohne eine Vereinbarung iSd. § 312 Abs. 5 Satz 1 BGB aufeinander folgen. Ausweislich der Gesetzesbegründung sollen hierdurch auch Konstellationen erfasst werden, in denen eine gesonderte Rahmenvereinbarung

---

1 Vgl. MüKoBGB/*Wendehorst*, 7. Aufl. 2016, § 312 BGB Rz. 92.
2 Vgl. MüKoBGB/*Wendehorst*, 7. Aufl. 2016, § 312 BGB Rz. 96.

fehlt, aber gleichartige Vorgänge in einem zeitlichen Zusammenhang geschlossen und abgewickelt werden. Hierunter sind **beispielsweise** Zeichnungen neuer Anteile desselben Investmentfonds zu verstehen. In Betracht kommt auch der Abschluss mehrerer gleichartiger Verträge, zB Termingelder. Erforderlich ist jedoch, dass die Vorgänge der gleichen Art **innerhalb eines Jahres** stattfinden. Ist dies nicht der Fall, liegt der letzte Vorgang also länger als ein Jahr zurück, muss der Unternehmer seinen Informationspflichten erneut nachkommen (§ 312 Abs. 5 Satz 4 BGB).

⮩ **Praxistipp:** In der Praxis dürfte die Vorschrift jedoch nur von geringer Bedeutung   7.123
sein, da das Widerrufsrecht des Verbrauchers für jeden Vorgang gleichwohl besteht und der Verbraucher insoweit auch jedes Mal über das ihm zustehende Widerrufsrecht zu belehren ist.

2. Vertragsschluss

Damit sich der Verbraucher vor Vertragsschluss ein vollständiges Bild über die angebotene Finanzdienstleistung machen kann, ist der Unternehmer verpflichtet, diesem bereits   7.124
vor Abgabe seiner Willenserklärung umfassende Informationen zur Verfügung zu stellen. Die maßgeblichen Vorschriften in § 312d Abs. 2 BGB iVm. Art. 246b EGBGB betreffen Außergeschäftsraumverträge und Fernabsatzverträge über Finanzdienstleistungen und sind gegenüber § 312d Abs. 1 BGB iVm. Art. 246a EGBGB lex specialis. Diese Regelungstechnik ist dem Umstand geschuldet, dass Art. 246a EGBGB auf der VRRL beruht, während Art. 246b EGBGB auf der FAFDL-RL basiert.

Auch die Regelung in Art. 246b EGBGB unterscheidet zwischen den vorvertraglichen Informationspflichten und der Mitteilung der Vertragsinformationen. Während die vorvertragliche Information des Verbrauchers dazu dient, ihn in den Stand zu setzen, eine informierte Entscheidung über den Vertragsschluss treffen zu können, soll die Pflicht zur Mitteilung der Vertragsinformationen in erster Linie für eine dauerhafte Verfügbarkeit der Information im Falle von Auseinandersetzungen nach Vertragsschluss sorgen.

Dabei entspricht die Vorschrift des Art. 246b § 1 EGBGB funktionell Art. 246a §§ 1 bis 4   7.125
EGBGB. Die Vorschrift widmet sich den vorvertraglichen Informationspflichten („Vorabinformationen") und regelt Inhalt, Form und Zeitpunkt der Vorabinformationen – anders als bei Art. 246a EGBGB – einer einzigen Vorschrift. Demgegenüber entspricht Art. 246b § 2 EGBGB funktionell § 312f BGB und regelt die Pflicht zur Übermittlung der gesamten Vertragsbedingungen samt aller Pflichtinformationen („Vertragsinformationen") auf einem dauerhaften Datenträger. Eine Unterschied zu § 312f besteht lediglich darin, dass auch die Vertragsinformationen grundsätzlich rechtzeitig vor Vertragsschluss erteilt werden müssen, sofern nicht wegen der Art des verwendeten Fernkommunikationsmittels Besonderheiten bestehen.

Die Vorschrift des Art. 246b § 1 Abs. 2 EGBGB enthält besondere Regelungen für den Fall,   7.126
dass der Unternehmer das **Telefon** nutzt, um mit dem Verbraucher in Kontakt zu treten (vgl. Rz. 7.191).

Schließlich hat der Verbraucher beim Fernabsatz von Finanzdienstleitungen gem. § 312d   7.127
Abs. 2 BGB iVm. Art. 246b § 2 Abs. 2 EGBGB einen Anspruch auf Übermittlung der Vertragsbedingungen einschließlich der Allgemeinen Geschäftsbedingungen in Papierform.

a) Informationen des Verbrauchers in der vorvertraglichen Phase (Art. 246b § 1 Abs. 1 und 2 EGBGB)

Dem Verbraucher sind bei Fernabsatzverträgen über Finanzdienstleistungen gemäß   7.128
Art. 246b § 2 Abs. 1 EGBGB rechtzeitig vor Abgabe der Vertragserklärung, dh. der auf den

Abschluss des Vertrages gerichteten Willenserklärung, eine Reihe von Basisinformationen mitzuteilen.

aa) Umfang der Information

7.129 Gemäß Art. 246b § 2 Abs. 1 EGBGB muss der Unternehmer bei Fernabsatzverträgen über Finanzdienstleistungen dem Verbraucher rechtzeitig die in Art. 246b § 1 Abs. 1 EGBGB vorgesehenen Informationen zur Verfügung stellen (vgl. hierzu die ausführlichen Erörterungen in Rz. 2.142 ff.). Hierzu gehören:

1. die Identität des Unternehmers einschließlich des öffentlichen Unternehmensregisters, bei dem der Rechtsträger eingetragen ist, und die zugehörige Registernummer oder gleichwertige Kennung (Nr. 1),

2. die Hauptgeschäftstätigkeit des Unternehmers und die für seine Zulassung zuständige Aufsichtsbehörde (Nr. 2),

3. die Identität des Vertreters des Unternehmers in dem Mitgliedstaat, in dem der Verbraucher seinen Wohnsitz hat, wenn es einen solchen Vertreter gibt, oder die Identität einer anderen gewerblich tätigen Person als dem Anbieter, wenn der Verbraucher mit dieser Person geschäftlich zu tun hat, und die Eigenschaft, in der diese Person gegenüber dem Verbraucher tätig wird (Nr. 3),

4. die ladungsfähige Anschrift des Unternehmers und jede andere Anschrift, die für die Geschäftsbeziehung zwischen diesem, seinem Vertreter oder einer anderen gewerblich tätigen Person nach Nr. 3 und dem Verbraucher maßgeblich ist, bei juristischen Personen, Personenvereinigungen oder Personengruppen auch den Namen des Vertretungsberechtigten (Nr. 4),

5. die wesentlichen Merkmale der Finanzdienstleistung sowie Informationen darüber, wie der Vertrag zustande kommt (Nr. 5),

6. den Gesamtpreis der Finanzdienstleistung einschließlich aller damit verbundenen Preisbestandteile sowie alle über den Unternehmer abgeführten Steuern oder, wenn kein genauer Preis angegeben werden kann, seine Berechnungsgrundlage, die dem Verbraucher eine Überprüfung des Preises ermöglicht (Nr. 6),

7. gegebenenfalls zusätzlich anfallende Kosten sowie einen Hinweis auf mögliche weitere Steuern oder Kosten, die nicht über den Unternehmer abgeführt oder von ihm in Rechnung gestellt werden (Nr. 7),

8. ggf. der Hinweis, dass sich die Finanzdienstleistung auf Finanzinstrumente bezieht, die wegen ihrer spezifischen Merkmale oder der durchzuführenden Vorgänge mit speziellen Risiken behaftet sind oder deren Preis Schwankungen auf dem Finanzmarkt unterliegt, auf die der Unternehmer keinen Einfluss hat, und dass in der Vergangenheit erwirtschaftete Erträge kein Indikator für künftige Erträge sind (Nr. 8),

9. eine Befristung der Gültigkeitsdauer der zur Verfügung gestellten Informationen, beispielsweise die Gültigkeitsdauer befristeter Angebote, insbesondere hinsichtlich des Preises (Nr. 9),

10. Einzelheiten hinsichtlich der Zahlung und der Erfüllung (Nr. 10),

11. alle spezifischen zusätzlichen Kosten, die der Verbraucher für die Benutzung des Fernkommunikationsmittels zu tragen hat, wenn solche zusätzlichen Kosten durch den Unternehmer in Rechnung gestellt werden (Nr. 11),

12. das Bestehen oder Nichtbestehen eines Widerrufsrechts sowie die Bedingungen, Einzelheiten der Ausübung, insbesondere Name und Anschrift desjenigen, gegenüber dem der Widerruf zu erklären ist, und die Rechtsfolgen des Widerrufs einschließlich

Informationen über den Betrag, den der Verbraucher im Falle des Widerrufs nach § 357a BGB für die erbrachte Leistung zu zahlen hat (Nr. 12),

13. die Mindestlaufzeit des Vertrags, wenn dieser eine dauernde oder regelmäßig wiederkehrende Leistung zum Inhalt hat (Nr. 13),

14. die vertraglichen Kündigungsbedingungen einschließlich etwaiger Vertragsstrafen (Nr. 14),

15. die Mitgliedstaaten der Europäischen Union, deren Recht der Unternehmer der Aufnahme von Beziehungen zum Verbraucher vor Abschluss des Vertrags zugrunde legt (Nr. 15),

16. eine Vertragsklausel über das auf den Vertrag anwendbare Recht oder über das zuständige Gericht (Nr. 16),

17. die Sprachen, in welchen die Vertragsbedingungen und die in dieser Vorschrift genannten Vorabinformationen mitgeteilt werden, sowie die Sprachen, in welchen sich der Unternehmer verpflichtet, mit Zustimmung des Verbrauchers die Kommunikation während der Laufzeit dieses Vertrags zu führen (Nr. 17),

18. gegebenenfalls, dass der Verbraucher ein außergerichtliches Beschwerde- und Rechtsbehelfsverfahren, dem der Unternehmer unterworfen ist, nutzen kann, und dessen Zugangsvoraussetzungen (Nr. 18) und

19. das Bestehen eines Garantiefonds oder anderer Entschädigungsregelungen, die nicht unter die RL 94/19/EG des Europäischen Parlaments und des Rates vom 30. Mai 1994 über Einlagensicherungssysteme[1] und die Richtlinie 97/9/EG des Europäischen Parlaments und des Rates vom 3. März 1997 über Systeme für die Entschädigung der Anleger[2] fallen (Nr. 19).

bb) Form der Informationserteilung

Der Unternehmer hat eine Pflicht, die genannten Informationen in einer dem eingesetzten Fernkommunikationsmittel entsprechenden Weise klar und verständlich (**Transparenzgebot**) und unter Angabe (**Offenlegung**) des geschäftlichen Zwecks zur Verfügung zu stellen. Der Unternehmer schuldet dem Verbraucher keinen Informationserfolg im Sinne eines nachprüfbaren Erkenntnisgewinns.[3] Sichergestellt werden soll vielmehr, dass der Verbraucher die Information „zur Kenntnis nehmen und eine wirtschaftlich selbstbestimmte, informierte Entscheidung über den Vertragsschluss treffen kann".[4] Insofern bestehen im Bereich der Finanzdienstleistungen keine Unterschiede zu Fernabsatzgeschäften mit anderen Dienstleistungen.

7.130

cc) Zeitpunkt der Informationserteilung

Die Informationen sind dem Verbraucher rechtzeitig vor Abgabe von dessen Vertragserklärung zur Verfügung zu stellen, dh. sie sind zu erteilen, bevor der Verbraucher durch seine Vertragserklärung gebunden ist. Gemeint ist dabei die auf den Abschluss des Vertrages gerichtete Willenserklärung.[5] Auch in diesem Fall besteht kein Unterschied zu Fernabsatzgeschäften mit anderen Dienstleistungen (vgl. hierzu Rz. 2.162 ff.).

7.131

---

1 ABl. EG Nr. L 135/5.
2 ABl. EG Nr. L 84/22.
3 BT-Drs. 15/2946, S. 20.
4 So bereits BT-Drs. 14/2658, S. 38.
5 BT-Drs. 15/2946, S. 20.

b) Vertragsinformation (Art. 246b § 2 Abs. 1 EGBGB)

7.132 Die Vertragsinformationen bei Fernabsatzverträgen über Finanzdienstleistungen werden in § 312f Abs. 4 BGB von dem Anwendungsbereich des für Fernabsatzverträge über andere Leistungen als Finanzdienstleistungen geltenden § 312f BGB ausdrücklich ausgeschlossen und erfahren stattdessen in Art. 246b § 2 EGBGB eine eigenständige Regelung.

aa) Umfang der Information und Art und Weise der Informationserteilung

7.133 Beim Fernabsatz von Finanzdienstleistungen hat der Unternehmer dem Verbraucher gemäß Art. 246b § 2 Abs. 1 EGBGB neben den Vertragsbestimmungen einschließlich der Allgemeinen Geschäftsbedingungen auch die in Art. 246b § 1 Abs. 1 EGBGB bestimmten Informationen mitzuteilen.

bb) Form der Informationserteilung

7.134 Die Informationen müssen den Verbraucher gemäß Art. 246b § 2 Abs. 1 Satz 1 EGBGB auf einem dauerhaften Datenträger (§ 126b Satz 2 BGB) mitgeteilt werden.

cc) Zeitpunkt der Informationserteilung

7.135 Die Mitteilung der Vertragsinformationen über Finanzdienstleistungen muss – anders als bei Fernabsatzgeschäften bei Fernabsatzverträgen über andere Leistungen als Finanzdienstleistungen – gemäß Art. 246b § 2 Abs. 1 EGBGB bereits rechtzeitig vor Abgabe von dessen Vertragserklärung mitgeteilt werden. Da bei Finanzdienstleistungen die Mitteilung der Vertragsinformationen somit – genau wie die Mitteilung der Vorabinformationen – grundsätzlich vor Abgabe der Vertragserklärung des Verbrauchers zu erfolgen hat, entspricht der Zeitpunkt für die Mitteilung der Vertragsinformationen mehr oder weniger dem Zeitpunkt der Mitteilung der Vorabinformationen, so dass die Abgrenzung zwischen Vorabinformationen und Vertragsinformationen beim Fernabsatz von Finanzdienstleistungen in der Regel verschwimmt.

7.136 Zu einer echten Zweispurigkeit der Informationserteilung kommt es damit grundsätzlich nur in den Fällen von Art. 246b § 2 Abs. 1 Satz 2 EGBGB, wenn auf Verlangen des Verbrauchers der Vertrag telefonisch oder unter Verwendung eines anderen Fernkommunikationsmittels geschlossen wird, das die Mitteilung auf einem dauerhaften Datenträger (§ 126b Satz 2 BGB) vor Vertragsschluss nicht gestattet. Denn in diesem Fall hat der Unternehmer dem Verbraucher gemäß Art. 246b § 2 Abs. 1 Satz 2 EGBGB abweichend von Art. 246b § 2 Abs. 1 Satz 1 EGBGB die Informationen unverzüglich nach Abschluss des Fernabsatzvertrags zu übermitteln.

7.137 ➲ **Praxistipp:** Da eine doppelte Information des Verbrauchers zu einem praktisch gleichen Zeitpunkt eher Verwirrung stiften dürfte, sollte eine solche Vorgehensweise in anderen Fällen nach Möglichkeit vermieden werden.

dd) Anspruch des Verbrauchers auf Übermittlung der Vertragsbedingungen in Papierform (Art. 246b § 2 Abs. 2 EGBGB)

7.138 Gemäß Art. 246b § 2 Abs. 2 EGBGB kann der Verbraucher während der Laufzeit des Vertrages jederzeit vom Unternehmer verlangen, dass ihm dieser die Vertragsbestimmungen einschließlich der AGB in **Papierform** zur Verfügung stellt. Dies gilt auch dann, wenn der Verbraucher die Information bereits vor Vertragsschluss in Textform erhalten hat[1].

---

1 Für Fernabsatzverträge, die keine Finanzdienstleistungen zum Gegenstand haben, gilt insoweit die Vorschrift des § 312f Abs. 2 BGB.

Eine Unterschrift ist nicht erforderlich. Der Unternehmer darf dem Verbraucher für die 7.139 Erfüllung des Anspruchs keine Kosten berechnen. Die Vereinbarung einer Kostenpauschale in den AGB des Unternehmers wäre unwirksam. Der Verbraucher kann nur einmal verlangen, dass ihm die Unterlagen in Papierform zur Verfügung gestellt werden. Da der Anspruch erst mit Zustandekommen des Vertrages entsteht, besteht er auch dann, wenn der Unternehmer dem Verbraucher die Vertragsbedingungen einschließlich der AGB bereits vor Zustandekommen des Vertrages zur Verfügung gestellt hat[1].

➡ **Praxistipp:** Der Unternehmer muss also auch bei langfristigen Verträgen durch ent- 7.140 sprechende organisatorische Maßnahmen sicherstellen, dass dem Verbraucher die dem Vertrag zu Grunde liegenden Bestimmungen jederzeit während der Laufzeit übermittelt werden können.

Mit dieser Vorschrift soll gewährleistet werden, dass der Verbraucher sich unabhängig 7.141 von einer eigenen Aktenführung über die Rechte und Pflichten aus dem Vertrag informieren kann.

➡ **Praxistipp:** Darüber hinaus ist dem Verbraucher der Anspruch so lange einzuräumen, 7.142 wie noch nicht alle beiderseitigen Pflichten aus dem Vertrag erfüllt sind. Der Anspruch auf Zusendung der Vertragsbestimmungen in einer Urkunde ist für den Verbraucher (gerade) auch dann noch von Relevanz, solange auch nach Vertragsbeendigung noch Unklarheiten oder sogar Streitigkeiten zwischen den Parteien bestehen können.[2]

Zwar kann der Verbraucher die Vorlage der Vertragsbestimmungen während der Laufzeit 7.143 grundsätzlich nur einmal verlangen.[3] Hat der Verbraucher jedoch einen wichtigen Grund (zB den Verlust der Unterlagen), dürfte es dem Unternehmer aber im Hinblick auf den Zweck der Vorschrift und mit Rücksicht auf Treu und Glauben verwehrt sein, dem Verbraucher die erneute Übersendung zu versagen.[4]

➡ **Praxistipp:** Während die erstmalige Übersendung der Urkunden ohne zusätzliche 7.144 Kosten für den Verbraucher zu erfolgen hat, kann der Unternehmer für weitere Anforderungen den Ersatz seiner Auslagen verlangen.

c) Weitergehende Einschränkungen und Pflichten auf Grund anderer Vorschriften

Unberührt von § 312d BGB bleiben die Informationspflichten nach § 312i Abs. 1 Satz 1 7.145 Nr. 2 BGB iVm. Art. 246c EGBGB, die zusätzlich zu den fernabsatzrechtlichen Informationspflichten erfüllt werden müssen. Diese Informationspflichten betreffen Fernabsatzverträge, die im elektronischen Geschäftsverkehr nicht ausschließlich durch individuelle Kommunikation (zB durch den Austausch individuell formulierter E-Mails) geschlossen werden.

Gemäß § 675d Abs. 1 Satz 1 BGB haben **Zahlungsdienstleister** dem Zahlungsdienstnutzer 7.146 bei der Erbringung von Zahlungsdiensten über die in Art. 248 §§ 1 bis 16 EGBGB bestimmten Umstände in der dort vorgesehenen Form zu unterrichten. Dabei enthält Art. 248 § 1 EGBGB eine ausdrückliche Regelung für konkurrierende Informationspflichten im Fernabsatz. Danach werden, wenn der Zahlungsdienstevertrag zugleich ein Fernabsatzvertrag ist, die Informationspflichten nach Art. 246 § 1 Abs. 1 und 2 EGBGB mit Ausnahme der in

---

1 JurisPK-BGB/*Junker*, § 312d BGB Rz. 140 f. mwN.
2 MüKoBGB/*Wendehorst*, 7. Aufl. 2016, Art. 246b § 2 EGBGB Rz. 57.
3 Vgl. BT-Drs. 15/2946, S. 22; Palandt/*Grüneberg*, Art. 246b § 2 EGBGB, Rz. 5.
4 MüKoBGB/*Wendehorst*, 7. Aufl. 2016, Art. 246b § 2 EGBGB Rz. 57.

Art. 246 § 1 Abs. 1 Nr. 7 bis 12, 15 und 19 EGBGB genannten Informationspflichten durch die Informationspflichten gemäß den Art. 248 §§ 2 bis 16 EGBGB ersetzt.

7.147 Im Verbraucherkreditrecht muss der Unternehmer beachten, dass beim Vertrieb von **Verbraucherdarlehen** als Finanzdienstleistung im Fernabsatz zu den fernabsatzrechtlichen Informationspflichten vorbehaltlich der Ausnahmetatbestände nach § 491 Abs. 2 und 3 BGB auch die verbraucherkreditrechtlichen Informationspflichten nach § 491a iVm. Art. 247 EGBGB hinzutreten.[1]

7.148 – Wird ein Verbraucherdarlehen im Fernabsatz mit einem anderen Fernabsatzvertrag als **verbundener Vertrag** angeboten, sind im Hinblick auf den Verbraucherdarlehensvertrag die Informationspflichten nach § 491 BGB und Art. 247 EGBGB zu beachten, welche die Informationspflichten im Fernabsatz von Finanzdienstleistungen beinhalten. Treten Verbraucherdarlehen als verbundene Verträge nach § 358 BGB auf, die ihrerseits jedoch nicht im Fernabsatz vertrieben werden, so gelten für sie allein die verbraucherkreditrechtlichen Informationspflichten, während es hinsichtlich der finanzierten Fernabsatzverträge bei den Informationspflichten nach § 312d BGB sein Bewenden hat. Wird ein Verbraucherdarlehen als Fernabsatzvertrag vertrieben und handelt es sich dabei gleichzeitig um einen mit einem anderen Fernabsatzvertrag verbundener Vertrag, sind hinsichtlich des Verbraucherdarlehensvertrags die Informationspflichten nach § 491 BGB und Art. 247 EGBGB zu beachten, welche die Informationspflichten nach § 312d BGB beinhalten, hinsichtlich des finanzierten Vertrags die Informationspflichten nach § 312d BGB.

7.149 – Wird ein **Teilzahlungsgeschäft** oder ein **Finanzierungsleasingvertrag** im Fernabsatz vertrieben, sind zusätzlich zu den fernabsatzrechtlichen Informationspflichten die verbraucherkreditrechtlichen Informationspflichten nach §§ 506 Abs. 1, 491a, 492 iVm. Art. 247 EGBGB zu beachten. Gemäß Art. 247 Abs. 4 Satz 2 EGBGB sind bei Verwendung des kreditrechtlichen Standardformulars die Informationspflichten nach § 312d Abs. 2 BGB jedenfalls mit erfüllt, so dass beim Finanzierungsleasingvertrag mithin nur die kreditrechtlichen Informationspflichten gelten. Da beim Teilzahlungsgeschäft die kreditrechtlichen Informationen nicht alle Informationsbedürfnisse des Verbrauchers abdecken (Lieferbedingungen, Kundendienst, Gewährleistung und Garantie, etc.), wird in richtlinienkonformer Reduktion von Art. 247 Abs. 4 Satz 2 EGBGB die zusätzliche Erfüllung der fernabsatzrechtlichen Informationspflichten gefordert.[2]

7.150 Zu beachten sind schließlich auch **spezialgesetzliche Regelungen**.

7.151 ➲ **Praxistipp:** Für den Vertrieb von Finanzdienstleistungen im Fernabsatz von besonderer Bedeutung sind die vielfältigen **kapitalmarktrechtlichen Informationspflichten**. So sieht § 31 WpHG zusätzlich umfassende Aufklärungspflichten für den Wertpapierhandel vor. Das Kapitalanlagegesetzbuch (KAG), das Wertpapier-Verkaufsprospektgesetz (VerkProspG), das Wertpapierprospektgesetz (WpPG) und das Altersvorsorgeverträge-Zertifizierungsgesetz (AltZertG) beinhalten weitreichende prospektrechtliche Informationspflichten.

3. Widerrufsrecht

7.152 Bei Fernabsatzverträgen über Finanzdienstleistungen besteht für den Verbraucher gemäß § 312g Abs. 1 BGB grundsätzlich ein Widerrufsrecht. Dieses Widerrufsrecht stellt einen Kernbereich des Fernabsatzrechts dar, auf das die vorgenannten Informationspflichten zu-

---

1 Das nach Art. 247 § 2 Abs. 1 und 2 EGBGB zwingend zu verwendende Muster erfüllt gemäß Art. 247 § 2 Abs. 4 Satz 2 EGBGB, wenn ein Darlehensvertrag zugleich ein Fernabsatzvertrag ist, die Anforderungen des § 312d Abs. 2 BGB.
2 Vgl. MüKoBGB/*Wendehorst*, 7. Aufl. 2016, § 312d Rz. 27.

geschnitten sind. Im Rahmen des allgemeinen Fernabsatzrechts soll das Widerrufsrecht dem Umstand Rechnung tragen, dass der Verbraucher im Fernabsatz keine Möglichkeit hat, die entstandene Ware vor Vertragsschluss zu begutachten bzw. auf ihre Funktionsfähigkeit und Brauchbarkeit zu untersuchen. Bei Dienstleistungen, und damit auch beim Fernabsatz von Finanzdienstleistungen, verschafft das Widerrufsrecht dem Verbraucher eine längere **Überlegungsfrist** und dient insoweit insbesondere **dem Übereilungsschutz**.

Beim Widerruf von Fernabsatzverträgen über Finanzdienstleistungen gelten Besonderheiten gegenüber dem allgemeinen Widerrufsrecht bei Fernabsatzgeschäften hinsichtlich der Ausnahmen vom Widerrufsrecht, des Erlöschens des Widerrufsrechts und des Wertersatzes für erbrachte Dienstleistungen infolge der Ausübung des Widerrufsrechts.   7.153

a) Entstehen des Widerrufsrechts

Das Widerrufsrecht des Verbrauchers nach § 312g Abs. 1 BGB iVm. § 355 BGB besteht grundsätzlich bei Fernabsatzverträgen, auf die das Fernabsatzrecht als solches Anwendung findet. Es entsteht in dem Augenblick, in dem die auf Abschluss eines Fernabsatzvertrages gerichtete Willenserklärung des Verbrauchers wirksam wird. Das ist gemäß § 130 Abs. 1 Satz 1 BGB regelmäßig der Fall, wenn die Erklärung dem Unternehmer zugeht.   7.154

b) Ausnahmen vom fernabsatzrechtlichen Widerrufsrecht

aa) Finanzdienstleistungen, deren Preis auf dem Finanzmarkt Schwankungen unterliegt (§ 312g Abs. 2 Satz 1 Nr. 8 BGB)

Kein Widerrufsrecht besteht bei der Erbringung von Finanzdienstleistungen, deren Preis auf dem Finanzmarkt Schwankungen unterliegt, auf die der Unternehmer keinen Einfluss hat und die innerhalb der Widerrufsfrist auftreten können (§ 312g Abs. 2 Satz 1 Nr. 8 BGB). Die Ausschlussregelung soll Spekulationsmöglichkeiten des Verbrauchers innerhalb der Widerrufsfrist auf Kosten des Unternehmers verhindern.[1] Unerheblich ist dabei, ob sich der jeweilige Preis bzw. Kurs innerhalb der Widerrufsfrist tatsächlich verändert oder nicht.[2]   7.155

Beispiele: 7.156

Hierunter fällt nach dem Gesetz insbesondere die Erbringung von Dienstleistungen im Zusammenhang mit Aktien, mit Anteilen an offenen Investmentvermögen iSd. § 1 Abs. 4 KAG und mit anderen handelbaren Wertpapieren, Devisen, Derivaten (zB Swaps, Futures und Optionen) oder Geldmarktinstrumenten. Soweit die Vorschrift auf Waren Bezug nimmt, deren Preis von Schwankungen auf dem Finanzmarkt abhängt, ist va. der Handel mit Edelmetallen erfasst, aber auch mit Rohstoffen, die an der Börse gehandelt werden.

Nicht von der Ausnahmevorschrift erfasst wird beispielsweise eine auf Dauer angelegte Beteiligung an einer Publikumsgesellschaft.[3]   7.157

Der Ausschluss des Widerrufsrechts besteht unabhängig von einer Erfüllung der Informationspflichten nach § 312d Abs. 2 BGB.   7.158

---

1 BT-Drs. 15/2946, S. 22.
2 *Härting/Schirmbacher*, CR 2005, 48 (52).
3 *Armbrüster*, ZIP 2006, 406 (412).

bb) Widerrufsrecht nach Verbraucherkreditrecht (§ 312g Abs. 3 BGB) und sonstige Konkurrenzfragen

7.159 Gemäß § 312g Abs. 3 BGB besteht das Widerrufsrecht nicht bei Fernabsatzverträgen, bei denen dem Verbraucher bereits auf Grund der §§ 495, 506 bis 513 BGB ein Widerrufsrecht nach §§ 355 BGB zusteht. Damit statuiert der Gesetzgeber einen gesetzlichen **Vorrang des verbraucherkreditrechtlichen Widerrufsrechts** bei Verbraucherdarlehen, sonstigen Finanzierungshilfen und bei Ratenlieferungsverträgen, der allerdings nur gilt, soweit ein solches tatsächlich entstanden ist. Entsteht ein solches wegen eines Ausschlusstatbestandes, zB der Bagatellgrenze (§ 491 Abs. 2 Nr. 1 BGB) nicht, bleibt es bei dem fernabsatzrechtlichen Widerrufsrecht.

7.160 Das Bestehen des Widerrufsrechts ändert nichts an der Möglichkeit des Verbrauchers, nach allgemeinen Vorschriften bzw. aus sonstigen Gründen die Rückabwicklung des Vertrags zu verlangen, zB den Vertrag wegen Irrtums nach § 119 BGB oder wegen arglistiger Täuschung nach § 123 BGB anzufechten oder aus §§ 280 Abs. 1, 241 Abs. 2, 311 Abs. 2 BGB vorzugehen.

c) Beginn und Länge der Widerrufsfrist

7.161 Der Zeitpunkt der Entstehung des Widerrufsrechts ist streng zu trennen vom Beginn der Widerrufsfrist. Im Bereich der Finanzdienstleistungen wird die Widerrufsfrist in Gang gesetzt, wenn folgende Bedingungen kumulativ erfüllt sind:

– Gemäß § 356 Abs. 2 Nr. 2 BGB beginnt die Widerrufsfrist nicht vor dem Tag des Vertragsschlusses.

– Ferner bestimmt § 356 Abs. 3 Satz 1 BGB, dass die Widerrufsfrist nicht vor Erfüllung der Informationspflichten nach Art. 246b § 2 Abs. 1 EGBGB beginnt. Während es bei den übrigen im Fernabsatz geschlossenen Verträgen nur auf die ordnungsgemäße Belehrung über das Widerrufsrecht (Art. 246a § 1 Abs. 2 Satz 1 Nr. 1 EGBGB) ankommt, hängt der Beginn der Widerrufsfrist bei im Fernabsatz geschlossenen Verträgen über Finanzdienstleistungen somit davon ab, dass der Unternehmer sämtliche Informationen nach Art. 246b § 2 Abs. 1 Satz 1 und § 1 Satz 1 EGBGB, insbesondere über den Inhalt des Vertrags und den Unternehmer, formgerecht erteilt.

7.162 Erst, wenn diese Bedingungen erfüllt sind, wird der Lauf der Widerrufsfrist mit Eintritt des letzten Ereignisses **in Gang** gesetzt.

7.163 Sind die vorgenannten Voraussetzungen erfüllt, gilt gemäß § 355 Abs. 2 Satz 1 BGB im Regelfall – eine ordnungsgemäße Belehrung vorausgesetzt – eine Widerrufsfrist von **14 Tagen**.

7.164 Fehlt es zunächst an einer Widerrufsbelehrung des Verbrauchers oder ist diese nicht ordnungsgemäß, so beginnt die Widerrufsfrist nicht zu laufen (§ 356 Abs. 3 Satz 3 BGB). Der Unternehmer kann diesen Mangel nachträglich beheben, um die Widerrufsfrist in Gang zu setzen. Andernfalls kann das Widerrufsrecht lediglich nach § 356 Abs. 4 Satz 2 BGB erlöschen.

7.165 Sind die Voraussetzungen für das In-Gangsetzen der Widerrufsfrist nicht erfüllt, beginnt die Widerrufsfrist nicht zu laufen.

7.166 ➲ **Wichtig:** Beim Fernabsatz von Finanzdienstleistungen führt praktisch jede Verletzung der vertraglichen Informationspflichten dazu, dass das Widerrufsrecht mangels Beginn der Frist nicht erlischt.

7.167 Hat der Unternehmer dem Verbraucher beim Fernabsatz von Finanzdienstleistungen die Informationspflichten nach Art. 246b § 2 Abs. 1 EGBGB verletzt, so beginnt die Widerrufsrecht nicht zu laufen. In diesen Fällen kann der Verbraucher den Vertrag innerhalb der Grenzen der Verwirkung und des Rechtsmissbrauchs auch nach beliebiger Zeit noch widerrufen.

 Praxistipp: Die Erfüllung der Voraussetzungen für den Beginn des Laufs der Widerrufsfrist können, sofern es hier zu Versäumnissen gekommen ist, noch nachträglich erfüllt werden. Sofern nachträglich sämtliche Voraussetzungen für den Beginn der Widerrufsfrist erfüllt werden, beginnt die Widerrufsfrist zu laufen. Auch beim Fernabsatz von Finanzdienstleistungen kann der Unternehmer durch eine nachträgliche ordnungsgemäße Information des Verbrauchers die Widerrufsfrist in Gang setzen.   7.168

d) Vorzeitiges Erlöschen des Widerrufsrechts durch Erfüllung bei Dienstleistungen (§ 356 Abs. 4 Satz 2 BGB)

Das Widerrufsrecht erlischt bei einer Finanzdienstleistung gemäß § 356 Abs. 4 Satz 2 BGB auch dann, wenn der Vertrag von beiden Seiten auf ausdrücklichen Wunsch des Verbrauchers vollständig erfüllt ist, bevor der Verbraucher sein Widerrufsrecht ausgeübt hat.   7.169

Der Verbraucher muss diesen Wunsch ausdrücklich gegenüber dem Unternehmer äußern. Die formularmäßige Erklärung des Wunsches in einbezogenen AGB des Unternehmers genügt hierfür nicht.[1] Mit „Wunsch" ist mehr als nur bloße „Zustimmung" oder sogar nur „Veranlassung" gemeint. Erforderlich ist vielmehr, dass die Initiative explizit vom Verbraucher ausgeht, wohingegen es nicht ausreicht, dass der Verbraucher lediglich auf das Leistungsangebot des Unternehmers reagiert[2]. Die Übersendung von persönlichen Unterlagen des Verbrauchers zur Erstellung einer Kostensenkungsanalyse ist nicht als „ausdrückliche" Zustimmung anzusehen.[3]   7.170

e) Rechtsfolgen des Widerrufs

Soweit der Verbraucher seine auf den Abschluss des Vertrages gerichtete Willenserklärung fristgerecht widerruft, ist er nach § 355 Abs. 1 Satz 1 BGB an seine Erklärung nicht mehr gebunden.   7.171

Die wirksame Ausübung des Widerrufsrechts wandelt den bestehenden Vertrag mit exnunc-Wirkung in ein Rückabwicklungs-Schuldverhältnis um. Die an den Widerruf von Verträgen über Finanzdienstleistungen geknüpften Rechtsfolgen finden eine abschließende Regelung in § 357a BGB geregelt. Nach § 357a Abs. 1 BGB sind die jeweils empfangenen Leistungen spätestens nach 30 Tagen zurückzugewähren.   7.172

Entsprechend den Vorgaben der FAFDL-RL sieht § 357a Abs. 2 BGB qualifizierte Voraussetzungen für den durch den Verbraucher zu leistenden Wertersatz vor. Dabei hat der Verbraucher gemäß § 357a Abs. 2 BGB Wertersatz für eine erbrachte Finanzdienstleistung nach den gesetzlichen Rücktrittsvorschriften nur dann zu leisten, wenn er vor Abgabe seiner Vertragserklärung auf diese Rechtsfolge hingewiesen worden ist und wenn er ausdrücklich zugestimmt hat, dass der Unternehmer vor Ende der Widerrufsfrist mit der Ausführung der Finanzdienstleistung beginnt. Falls also vorzeitig mit der Leistung begonnen oder gar vorzeitig vollständig erfüllt wurde, ohne dass der Verbraucher dem ausdrücklich zugestimmt hatte, besteht keinerlei – auch kein bereicherungsrechtlicher[4] – Anspruch des Unternehmers auf Wertersatz.   7.173

---

1 *Kocher*, DB 2004, 2679 (2683).
2 Vgl. MüKoBGB/*Fritsche*, 7. Aufl. 2016, § 356 BGB Rz. 42.
3 AG Hannover v. 22.8.2006 – 561 C 5828/06, NJW 2007, 781.
4 *Kocher*, DB 2004, 2679 (2683).

7.174 ⇨ **Wichtig:** Die Beweislast für die Information des Verbrauchers unter dessen ausdrücklicher Zustimmung zum Erfüllungsbeginn trägt der Unternehmer.[1]

7.175 Der Wertersatz berechnet sich zunächst nach der vereinbarten Gegenleistung (§ 357a Abs. 2 Satz 4 BGB). Ist diese unverhältnismäßig hoch, ist gemäß § 357a Abs. 2 Satz 5 BGB auf die übliche und angemessene Vergütung für eine gleichwertige Dienstleistung abzustellen. Bei gemischten Verträgen, bei denen zusätzlich zur Erbringung der Dienstleistung eine Ware geliefert wird, ist ein etwaiger Anspruch des Unternehmers auf Wertersatz für die Nutzung der Ware regelmäßig von dem Wertersatz für die Dienstleistung mitumfasst[2].

f) Zusammenhängende Verträge (§ 360 BGB)

7.176 Die Vorschrift des § 360 BGB wurde durch das VerbrRRLUG eingefügt. Sie fasst die bisherigen Vorschriften der §§ 312f, 359a Abs. 1, 2, 485 Abs. 3 aF. BGB zusammen und führt den Begriff des „zusammenhängenden Vertrags" ein.

7.177 Gemäß § 360 BGB ist der Verbraucher auch an seine auf den Abschluss eines zusammenhängenden Fernabsatzvertrags gerichtete Willenserklärung nicht mehr gebunden, wenn dieser Vertrag eine **weitere Dienstleistung** des Unternehmers oder eines Dritten auf der Grundlage einer Vereinbarung zwischen dem Unternehmer und dem Dritten zum Gegenstand hat und der Verbraucher seine auf den Abschluss eines Fernabsatzvertrags über eine Finanzdienstleistung gerichtete Willenserklärung wirksam widerrufen hat. Ferner bestimmt die Vorschrift auf die Rückabwicklung den § 358 Abs. 4 Satz 1 bis 3 BGB für den hinzugefügten Vertrag als entsprechend anwendbar.

7.178 Ein zusammenhängender Vertrag liegt gemäß § 360 Abs. 2 Satz 1 BGB vor, wenn er einen Bezug zu dem widerrufenen Vertrag aufweist und eine Leistung betrifft, die von dem Unternehmer des widerrufenen Vertrags oder einem Dritten auf der Grundlage einer Vereinbarung zwischen dem Dritten und dem Unternehmer des widerrufenen Vertrags erbracht wird. Nach § 360 Abs. 2 Satz 2 BGB ist ein Verbraucherdarlehensvertrag auch dann ein zusammenhängender Vertrag, wenn das Darlehen ausschließlich der Finanzierung des widerrufenen Vertrags dient und die Leistung des Unternehmers aus dem widerrufenen Vertrag in dem Verbraucherdarlehensvertrag genau angegeben ist.

7.179 Nach § 360 Abs. 1 Satz 1 BGB greift der Widerruf eines Fernabsatzvertrags über eine Finanzdienstleistung auf einen diesem hinzugefügten Vertrag durch. Der Verbraucher ist somit, wenn er den Vertrag über die Finanzdienstleistung widerrufen hat, auch an seine Vertragserklärung für den hinzugefügten Vertrag nicht mehr gebunden. Funktionell und inhaltlich entspricht dieser **Durchgriff** dem Durchgriff des Widerrufs bei verbundenen Geschäften nach § 358 BGB. Jene Vorschrift ist indes auf zusammenhängende Verträge über Finanzdienstleistungen nur anwendbar, wenn ein Verbraucherkreditvertrag mit einem Fernabsatzvertrag über eine (Finanz-)Dienstleistung ein verbundenes Geschäft darstellt. Die FAFDL-RL schreibt eine vergleichbare Regelung jedoch für jeden Verbund eines Fernabsatzvertrags über eine Finanzdienstleistung mit einem Fernabsatzvertrag über eine andere (Finanz-)Dienstleistung vor.

7.180 Nach § 360 Abs. 2 Satz 1 BGB setzt ein zusammenhängender Vertrag zunächst voraus, dass er einen Bezug zu dem widerrufenen Vertrag aufweist. Ein solcher Bezug liegt bereits dann vor, wenn zwischen beiden Verträgen ein kausaler Zusammenhang besteht, wobei ein bloß tatsächlicher Zusammenhang genügt. Der zusammenhängende Vertrag muss nach § 360 Abs. 2 Satz 1 BGB ferner eine Leistung zum Gegenstand haben. Dabei kann es

---

1 *Knöfel*, ZGS 2004, 182 (185).
2 RegE BT-Drs. 17/5097, S. 13.

sich um eine Sach- oder eine Dienstleistung handeln. Ferner muss die Leistung entweder vom Unternehmer des widerrufenen Vertrags oder von einem Dritten auf der Grundlage einer Vereinbarung zwischen diesem Dritten und dem Unternehmer des widerrufenen Vertrags erbracht werden.

Hinsichtlich des widerrufenen Vertrags enthält die Vorschrift § 360 BGB keine Vorgaben.   **7.181**
Sie umfasst damit jeden Vertrag zwischen einem Unternehmer und einem Verbraucher, der vom Verbraucher nach Maßgabe der für den konkreten Vertrag geltenden gesetzlichen Vorschriften widerrufen werden kann. Es muss sich jedoch um ein Widerrufsrecht iSd. § 355 handeln. Dies trifft auf die Widerrufsrechte gemäß § 305 Abs. 1 KAGB und § 8 VVG nicht zu. Jedoch sieht § 9 Abs. 2 VVG für Versicherungsverträge die Erstreckung der Widerrufsfolgen auf einen zusammenhängenden Vertrag vor. Von der Vorschrift des § 360 Abs. 2 Satz 1 BGB wird auch das Widerrufsrecht für Verbraucherdarlehensverträge nach § 495 BGB erfasst. Die Sondervorschrift des § 360 Abs. 2 Satz 2 BGB regelt nur den Fall, dass es sich bei dem Verbraucherdarlehensvertrag um den zusammenhängenden Vertrag handelt. Sie schließt indes nicht aus, dass sich der Widerruf des Verbraucherdarlehensvertrags nach der Regelung des § 360 Abs. 2 Satz 1 BGB auf einen mit diesem zusammenhängenden Vertrag erstreckt.

Widerruft der Verbraucher seine auf den Abschluss eines Vertrags gerichtete Willenserklä-   **7.182**
rung wirksam, so ist er auch an seine auf den Abschluss eines mit dem widerrufenen Vertrag zusammenhängenden Vertrags gerichtete Willenserklärung nicht mehr gebunden. Die Widerrufsfolgen werden somit auf einen zweiten – als solchen nicht widerrufenen – Vertrag erstreckt mit der Folge, dass beide Verträge nach Maßgabe des § 360 Abs. 1 Satz 2 und 3 BGB rückabzuwickeln sind. Nach § 360 Abs. 1 Satz 2 BGB ist auf die Rückabwicklung des zusammenhängenden (nicht widerrufenen) Vertrags die Vorschrift des § 358 Abs. 4 Satz 1 bis 3 BGB entsprechend anzuwenden. Die Regelung des § 358 Abs. 4 Satz 4 BGB bezüglich des Ausschlusses von Ansprüchen auf Zahlung von Zinsen und Kosten aus der Rückabwicklung des Darlehensvertrags findet indes keine Anwendung. Bei Widerruf eines Teilzeit-Wohnrechtevertrags oder eines Vertrags über ein langfristiges Urlaubsprodukt wird der in § 357b Abs. 1 BGB geregelte Grundsatz der Kostenfreiheit für den Verbraucher durch § 360 Abs. 1 Satz 3 BGB auf den zusammenhängenden Vertrag erstreckt. Die Rückabwicklung des widerrufenen Vertrags richtet sich nach den Vorschriften der §§ 355 ff. BGB.

4. Praktische Umsetzung der gesetzlichen Vorgaben

Nach den rechtlichen Ausführungen stellt sich die Frage, wie die Informationspflichten   **7.183**
des Unternehmers in der Praxis umgesetzt werden können. Dies betrifft einerseits den Umfang der geschuldeten Information, andererseits die damit einhergehende Frage der Gestaltung, des Zeitpunkts der Informationsgestaltung sowie die Frage, wie die Informationen im Rahmen der einzelnen Vertriebswege unter Wahrung der in § 312d Abs. 2 BGB genannten Anforderungen mitzuteilen sind. Hiermit verbunden sind die Fragen, wie der Unternehmer die Mitteilung der Information beweisen kann und welche Rechtsfolgen ein Verstoß gegen die gesetzlichen Informationspflichten nach sich zieht.

a) Umfang der Information

Die nach § 312d Abs. 2 BGB iVm. Art. 246b EGBGB zu erteilenden Information sind äu-   **7.184**
ßerst umfangreich. Fehlt dabei eine gesetzlich zwingende Information oder ist diese fehlerhaft, so ist der Verbraucher nicht ordnungsgemäß informiert worden und ihm steht bei Fernabsatzverträgen über Finanzdienstleistungen grundsätzlich ein unbefristetes Widerrufsrecht zu.

7.185 Vor diesem Hintergrund sollte der Unternehmer besondere Sorge tragen, dass stets alle Informationspflichten erfüllt werden. Entbehrlich können allenfalls die nach Art. 246b § 1 Abs. 1 Nr. 7, 8, 18 EGBGB zu erteilenden Informationen sein, sofern deren Voraussetzungen im Einzelfall nicht gegeben sind („gegebenenfalls").

7.186 Bei der Gestaltung der Informationen ist der Unternehmer grundsätzlich frei. Zwar kann die Mitteilung der Informationen auch in den AGB erfolgen, dh. die Informationen können in den eigentlichen Vertragstext integriert werden. Für eine Mitteilung in einer gesonderten Informationsschrift spricht indes Tatsache, dass dieses dem Verbraucher letztlich einen besseren Überblick verschafft und der Unternehmer nicht Gefahr läuft, gegen das Transparenzgebot zu verstoßen.

7.187 ⮞ **Praxistipp:** Es empfiehlt sich, für jede im Fernabsatz vertriebene Finanzdienstleistung ein gesondertes Informationsblatt zu erstellen, bei dessen Gliederung auf das in der Richtlinie vorgesehene Schema zurückgegriffen werden kann. Somit könnten Informationsschriften untergliedert werden in Informationen über

– den Unternehmer als Anbieter der Dienstleistung,

– die angebotene Dienstleistung selbst,

– die Besonderheiten des Fernabsatzvertrages und

– die Belehrung über das Widerrufsrecht.

Daneben sind die Vertragsbestimmungen einschließlich der AGB sowie die weiteren Bedingungen zu übermitteln, die für das einzelne Geschäft maßgeblich sind.

b) Übermittlung der Informationen im Rahmen der einzelnen Vertriebswege

7.188 Die Informationen nach Art. 246b § 1 Abs. 1 EGBGB sind dem Verbraucher rechtzeitig vor Abgabe von dessen Vertragserklärung in einer dem eingesetzten Fernkommunikationsmittel entsprechenden Weise klar und verständlich und unter Angabe des geschäftlichen Zwecks zu erteilen. In der Praxis fallen die Vorabinformation und die Mitteilung der Vertragsinformationen auf einem dauerhaften Datenträger üblicherweise zusammen. Es stellt sich die Frage, wie das aus Informationsblatt, Vertragsbestimmungen und AGB bestehende „Informationspaket" im Rahmen der einzelnen Vertriebswege bereitgestellt werden kann, um diesen Anforderungen gerecht zu werden.

aa) Vertragsschluss mittels Brief, Telefax oder E-Mail

7.189 Zur Wahrung der Textform des § 126b BGB ist es erforderlich, dass

– die Erklärung auf zur dauerhaften Wiedergabe im Schriftzeichen geeigneter Weise abgegeben ist,

– die Person des Erklärenden genannt und

– der Abschluss der Erklärung durch Nachbildung der Namensunterschrift oder anders erkennbar gemacht wird.

7.190 Für die Wahrung der Form genügt es somit, wenn dem Verbraucher Informationen entweder als Schriftstück per Briefpost bzw. Telefax oder als Textdatei per E-Mail oder auf Diskette oder CD zugesendet werden.

bb) Vertragsschluss mittels Telefon

Bei dem Vertrieb von Finanzdienstleistungen spielt der telefonische Vertragsschluss eine **7.191** nicht unbedeutende Rolle. Bei einem Vertragsschluss per Telefon sind insbesondere die in Art. 246b § 1 Abs. 2 EGBGB enthaltenen Sonderregelungen zu beachten.

Die Vorschrift des Art. 246b § 1 Abs. 2 Satz 1 EGBGB verlangt bei einem von dem Unter- **7.192** nehmer veranlassten Telefongespräch in jedem Fall, dass

– die **Identität der Kontaktperson** des Verbrauchers und deren **Verbindung zum Unternehmer,**

– die Beschreibung der **Hauptmerkmale der Finanzdienstleistung,**

– der **Gesamtpreis,** den der Verbraucher dem Unternehmer für die Finanzdienstleistung schuldet, einschließlich aller über den Unternehmer abgeführten Steuern, oder, wenn kein genauer Preis angegeben werden kann, die **Grundlage für die Berechnung des Preises,** die dem Verbraucher eine Überprüfung des Preises ermöglicht,

– mögliche **weitere Steuern und Kosten,** die nicht über den Unternehmer abgeführt oder von ihm in Rechnung gestellt werden, und

– das **Bestehen oder Nichtbestehen eines Widerrufsrechts** sowie für den Fall, dass ein Widerrufsrecht besteht, auch die **Widerrufsfrist** und die **Bedingungen, Einzelheiten der Ausübung und die Rechtsfolgen des Widerrufs** einschließlich Informationen über den Betrag, den der Verbraucher im Falle des Widerrufs nach § 357a BGB für die erbrachte Leistung zu zahlen hat,

bereits **unmittelbar zu Beginn eines jeden Gesprächs** gegenüber dem Verbraucher **offen gelegt** werden. Dies gilt auch dann, wenn der Verbraucher auf Grund einer Aufforderung des Unternehmers bei diesem Anruf, da auch diese Gespräche als vom Unternehmer „veranlasst" anzusehen sind. Eine Offenlegung ist lediglich bei solchen Telefongesprächen nicht erforderlich, bei denen der Kunde ausschließlich aus eigenem Antrieb anruft.

Darüber hinaus hat der Unternehmer selbstverständlich **wettbewerbsrechtliche** Vorgaben **7.193** zu beachten.

⮕ **Wichtig:** Gemäß § 7 Abs. 2 Nr. 2 UWG ist Werbung mit einem Telefonanruf gegen- **7.194** über einem Verbraucher ohne dessen vorherige ausdrückliche Zustimmung (Einwilligung) unlauter, da diese nach der Wertung des Gesetzgebers eine unzumutbare Belästigung des Verbrauchers darstellt. Eine Werbung mit Telefonanrufen gegenüber einem sonstigen Marktteilnehmer ist unlauter, wenn nicht zumindest von dessen mutmaßlicher Einwilligung auszugehen ist.

Nach Art. 246b § 1 Abs. 2 Satz 1 EGBGB muss der Unternehmer dem Verbraucher ledig- **7.195** lich die o.g. Informationen zur Verfügung stellen. Dies gilt gemäß Art. 246b § 1 Abs. 2 Satz 2 EGBGB jedoch nur dann, wenn der Unternehmer den Verbraucher darüber informiert hat, dass auf Wunsch weitere Informationen übermittelt werden können und welcher Art diese Informationen sind, und der Verbraucher ausdrücklich auf die Übermittlung der weiteren Informationen vor Abgabe seiner Vertragserklärung verzichtet hat. Möglich ist auch ein Teilverzicht des Verbrauchers.

⮕ **Praxistipp:** Der Unternehmer trägt die Beweislast für die Auskunft und den Verzicht **7.196** des Verbrauchers. Diesen Beweis dürfte der Unternehmer mit letzter Sicherheit nur dann führen können, wenn er das Gespräch aufgezeichnet hat. Hierzu bedarf es jedoch – zur Vermeidung strafrechtlicher Konsequenzen – der dokumentierten Einwilligung des Verbrauchers.

7.197   Erfolgt der Vertragsschluss am Telefon, hat der Unternehmer dem Verbraucher zusätzlich zu der fernmündlichen Vorabinformation gemäß Art. 246b § 2 Abs. 1 Satz 2 EGBGB die nach Art. 246b § 2 Abs. 1 Satz 1 EGBGB geschuldeten Informationen unverzüglich nach Abschluss des Vertrags in Textform zu erteilen. Dies kann, wie beim Vertragsschluss mittels Brief, Telefax oder E-Mail, durch Übersendung der entsprechenden Unterlagen per Post, Telefax oder E-Mail geschehen. Der Unternehmer hat dafür zu sorgen, dass er vom Verbraucher die für die Zusendung erforderlichen Daten (zB E-Mail-Adresse, Fax-Nummer oder Postanschrift) in Erfahrung bringt. Er ist nicht dazu verpflichtet, die schnellste Versendungsart zu wählen. Die Absendung hat aber grundsätzlich am Tag des Eingangs der Bestellung, allenfalls am nächsten Tag, zu erfolgen.

7.198   ➲   **Praxistipp:** Die vorstehenden Vorschriften gelten nicht nur in den Fällen, in denen auf Verlangen des Verbrauchers der Vertrag telefonisch geschlossen wird, sondern auch dann, wenn der Vertrag unter Verwendung eines anderen Fernkommunikationsmittels geschlossen wird, das die Mitteilung in Textform nicht gestattet. Hierunter fallen alle Systeme, die ausschließlich Sprachkommunikation ermöglichen.

cc) Vertragsschluss im Internet

7.199   Für den Vertragsschluss über die Erbringung von Finanzdienstleistungen im Internet bestehen grundsätzlich keine Besonderheiten zum Vertragsschluss über andere Dienstleistungen, so dass insofern auf die allgemeinen Ausführungen verwiesen wird (vgl. Rz. 2.235 ff.)

c) Rechtsfolgen der Verletzung der Informationspflichten

7.200   Im Fernabsatzrecht findet sich keine ausdrückliche Regelung, welche Konsequenzen es hat, wenn der Unternehmer seine Informationspflichten verletzt. Bei fehlenden oder unzutreffenden Informationen kommen insbesondere die folgenden Rechtsfolgen in Betracht.

aa) Unbefristetes Widerrufsrecht für den Verbraucher

7.201   Wie aufgezeigt wurde, hat ein Finanzdienstleister gegenüber anderen Dienstleistungen erheblich strengere Anforderungen zu erfüllen. So genügt beim Fernabsatz von Finanzdienstleistungen allein die ordnungsgemäße Widerrufsbelehrung nicht, um den Lauf der Widerrufsfrist in Gang zu setzen oder die Ausübung des Widerrufsrechts auf sechs Monate zu befristen. Ein Finanzdienstleister muss vielmehr zusätzlich jede der in Art. 246b § 2 Abs. 1 EGBGB angeordneten Informationspflichten erfüllt haben (vgl. § 356 Abs. 3 Satz 1 BGB). Damit ist es theoretisch möglich, dass ein Verbraucher uU noch Jahre nach dem Vertragsschluss den im Fernabsatz geschlossenen Vertrag widerrufen kann. Folge dieser Regelung ist, dass dem Verbraucher bei einer Verletzung dieser Mitteilungspflichten – vorbehaltlich den Rechtsinstituten der Verwirkung und des Rechtsmissbrauchs – faktisch ein unbegrenztes Widerrufsrecht zusteht. Allenfalls eine Nachholung der Information vermag nach der hier vertretenen Ansicht die Widerrufsfrist nachträglich in Gang zu setzen.

bb) Verlust des Wertersatzanspruchs des Unternehmers

7.202   Beim Fernabsatz von Dienstleistungen folgt aus § 357a Abs. 2 BGB, dass der Unternehmer von dem Verbraucher nur dann Wertersatz verlangen kann, wenn er diesen vor Abgabe seiner Vertragserklärung auf die Verpflichtung zum Wertersatz ordnungsgemäß informiert.

cc) Auswirkungen auf den Vertragsinhalt

Die nicht ordnungsgemäße Vorabinformation kann zu einer Nichteinbeziehung der betref- **7.203** fenden Klauseln in den Vertrag führen. Die Rechtsfolgen der Nichteinbeziehung bestimmen sich dann nach § 306 BGB, dh. es gilt dispositives Gesetzesrecht. Soweit vorvertragliche Informationen unzutreffend erteilt werden, muss sich der Unternehmer regelmäßig zugunsten des Verbrauchers an den unzutreffenden Informationen festhalten lassen. Die Beschreibungen sind im Zweifel nicht bloß Erfüllung der Informationspflicht, sondern (ggf. auch) verbindliche Beschreibung der vertraglichen Leistung, die der Unternehmer einhalten muss. Genügt die dann erbrachte Leistung diesen Anforderungen nicht, so hat der Verbraucher einen Nacherfüllungsanspruch und bei Scheitern der Nacherfüllung ggf. auch Sekundäransprüche wegen Pflichtverletzung.

➲ **Praxistipp:** Die Verletzung der Pflicht zur Information über die wesentlichen Merk- **7.204** male der Finanzdienstleistung kann auch Erfüllungsansprüche verändern bzw. auslösen und Sekundäransprüche zur Folge haben. Um rechtliche Risiken zu vermeiden, sollte der Unternehmer seine Informationspflichten im Rahmen einer einheitlichen Informationsschrift erfüllen und diese mit größter Sorgfalt erstellen.

dd) Schadensersatzanspruch des Verbrauchers

Verletzt der Unternehmer die Informationspflichten aus den Vorschriften des § 312d Abs. 2 **7.205** BGB mindestens fahrlässig, kann der Verbraucher den Unternehmer aus §§ 280 Abs. 1, 241 Abs. 2, 311 Abs. 2 Nr. 1 BGB auf Schadensersatz in Anspruch nehmen. Ein solcher Anspruch kommt etwa in Betracht, wenn der Verbraucher infolge unzureichender Informationen an der Ausübung seines Widerrufs- oder Rückgaberechts oder an der Geltendmachung sonstiger Ansprüche gehindert worden ist und er dadurch einen Schaden, beispielsweise einen Rechtsverlust, erlitten hat. Sofern man § 312d Abs. 2 BGB als Schutzgesetz einstuft, kommt ggf. auch ein deliktischer Schadensersatzanspruch aus § 823 Abs. 2 BGB in Betracht.

ee) Unterlassungsanspruch und wettbewerbsrechtliche Konsequenzen

Wahrscheinlicher ist jedoch, dass Verbraucherschutzverbände bei Nichtbeachtung der **7.206** Vorschriften einen Unterlassungsanspruch gegen den Unternehmer wegen gesetzwidriger Praktiken gemäß § 2 UKlaG und ggf. auch nach § 1 UKlaG geltend machen.

Soweit die Verletzung einzelner Informationspflichten Auswirkungen auf den Wettbewerb **7.207** hat, kommen daneben auch Beseitigungs- bzw. Unterlassungs- und ggf. auch Schadensersatz- und Gewinnabschöpfungsansprüche von Wettbewerbern aus §§ 1, 3, 8, 9 und 10 UWG in Betracht. So ist es vorstellbar, dass der Verbraucher durch die Verletzung von Informationspflichten von der Ausübung seines Widerrufsrechts abgehalten und dem Unternehmer damit einen höheren Profit verschafft wird als seinen pflichtgemäß informierenden Konkurrenten. Irreführende Angaben bzw. Nichtangaben über die wesentlichen Merkmale der Dienstleistung, den Preis, zusätzlich anfallende Kommunikationskosten oder die Gültigkeitsdauer von Angeboten können nämlich geeignet sein, Kunden in unlauterer Weise zum Vertragsschluss zu bewegen.

B. Versicherungen

Literatur: *Armbrüster*, Das allgemeine Widerrufsrecht im neuen VVG, r + s 2008, 493 ff.; *Boslak*, Die Pflichten des Versicherungsvermittlers im Internet- und Telefonvertrieb, VW 2008, 636 ff.; *Brömmelmeyer*, Vorvertragliche Informationspflichten des Versicherers – insbesondere in der Lebensversicherung, VersR 2009, 584 ff.; *Fischer*, Versicherungsvermittlung im Internet – der Vertriebskanal der Zukunft?, BB 2012, 2773; *Gaul*, Zum Abschluss des Versicherungsvertrags, VersR 2007, 21 ff.; *Landmann/Rohmer*, Gewerbeordnung, 72. Ergänzungslieferung März 2016; Münchener Kommentar zum VVG, 2. Aufl. 2016; *Präve*, Die VVG-Informationspflichtenverordnung, VersR 2008, 151 ff.; *Prölss/Martin*, Versicherungsvertragsgesetz, 29. Aufl. 2015; *Rüffer/Halbach/Schimikowski*, Versicherungsvertragsgesetz, 3. Aufl. 2015; *Schwintowski*, Versicherungsvermittlung über Internetportale, VuR 2014, 370; *Schwintowski*, Internetplattformen im Spannungsfeld zwischen Versicherungsvermittlungs- und Lauterkeitsrecht, VersR 2015, 1062; *Stockmeier*, Das Vertragsabschlussverfahren nach neuem VVG, VersR 2008, 717 ff.

7.208 Im Folgenden werden die regulatorischen Anforderungen für Versicherer und Versicherungsvermittler im Online-Vertrieb dargestellt, soweit sie sich von den gesetzlichen Vorgaben für den Online-Vertrieb anderer Waren unterscheiden. Die Rechtsgrundlagen dieser Anforderungen sind im Versicherungsvertragsgesetz („**VVG**") sowie in der VVG-Informationspflichtenverordnung („**VVG-InfoV**") und in der Versicherungsvermittlungsverordnung („**VersVermV**") geregelt. Die Vorschriften über das Fernabsatzrecht in §§ 312b bis 312h BGB finden auf Versicherungsverträge und auf Verträge über die Versicherungsvermittlung keine Anwendung (vgl. § 312 Abs. 6 BGB). Die Vorschriften in § 312i BGB (s. oben Kap. 2) und § 312j BGB (s. oben Kap. 2) sind dagegen anwendbar.

I. Besondere regulatorische Anforderungen an Versicherer im Online-Vertrieb

Für Versicherer bestehen im Online-Vertrieb die folgenden besonderen regulatorischen Anforderungen: **7.209**

1. Informationspflichten nach dem VVG und der VVG-InfoV

Anders als bei dem Online-Vertrieb anderer Produkte hat nach § 7 Abs. 1 und 2 VVG der   **7.210** Versicherer dem Versicherungsnehmer bereits rechtzeitig **vor Abgabe** von dessen Vertragserklärung – dies ist in der Regel der Versicherungsantrag – seine Vertragsbestimmungen einschließlich der Allgemeinen Versicherungsbedingungen ("**AVB**") sowie die in der VVG-InfoV aufgeführten Informationen **in Textform** mitzuteilen.[1]

a) Vertragsbestimmungen einschließlich AVB

Zu den Vertragsbestimmungen gehören neben den im Gesetz explizit erwähnten AVB   **7.211** sämtliche weitere Vertragsbedingungen, insbesondere individuell getroffene Vereinbarungen sowie Nebenabreden.[2]

b) Informationen nach der VVG-InfoV

Nach der VVG-InfoV sind folgende Informationen mitzuteilen: **7.212**

aa) Produktinformationsblatt (§ 4 VVG-InfoV)

Ist der Versicherungsnehmer ein Verbraucher (§ 13 BGB), hat der Versicherer diesem die   **7.213** in § 4 VVG-InfoV genannten Informationen in einem sog. „Produktinformationsblatt" zur Verfügung zu stellen.

Sinn und Zweck des Produktinformationsblattes ist es, dem Versicherungsnehmer in   **7.214** kurzer und übersichtlicher Form die Informationen zur Verfügung zu stellen, die für den Versicherungsvertrag von besonderer Bedeutung sind. Der Versicherungsnehmer soll sich auf diese Weise schnell über die Art und den wesentlichen Inhalt des angebotenen Versicherungsproduktes informieren und dieses leicht mit den Produkten anderer Anbieter vergleichen können.

Vor diesem Hintergrund sind in § 4 Abs. 5 VVG-InfoV Regelungen zum Aufbau und zur äu-   **7.215** ßeren Gestaltung des Produktinformationsblattes enthalten: So ist das Produktinformationsblatt als solches zu bezeichnen und anderen zu erteilenden Informationen, also insbesondere den Informationen nach §§ 1–3 VVG-InfoV und den AVB, voranzustellen. Die Informationen des Produktinformationsblattes müssen in der in § 4 Abs. 2 VVG-InfoV vorgegebenen Reihenfolge erfolgen. Ihre Darstellung muss **übersichtlich, verständlich und knapp** sein. Als Ausgleich dafür, dass die im Produktinformationsblatt enthaltenen Informationen nur knapp darzustellen und damit zwangsläufig nicht vollständig sind, ist auf die jeweils maßgebliche Bestimmung im Versicherungsvertrag bzw. in den AVB sowie darauf hinzuweisen, dass die Informationen im Produktinformationsblatt nicht abschließend sind.

---

1 Ausgenommen sind gem. § 7 Abs. 5 VVG Versicherungsverträge über ein Großrisiko iSd. § 210 Abs. 2 VVG.
2 Vgl. MüKoVVG/*Armbrüster*, § 7 VVG Rz. 23.

7.216   ⮎   **Wichtig:** Der Verweis auf die jeweils maßgebliche Bestimmung im Versicherungsvertrag bzw. in den AVB sollte so konkret wie möglich erfolgen, damit der Versicherungsnehmer die Bestimmung ohne Probleme finden kann (zB *„Nähere Informationen finden Sie unter Ziffer xy der Allgemeinen Versicherungsbedingungen"*).[1]

7.217   Im Einzelnen hat das Produktinformationsblatt **folgende Informationen zu enthalten** (vgl. § 4 Abs. 2–4 VVG-InfoV):

7.218   ⮎   **Wichtig:** Das Produktinformationsblatt darf keine weiteren als die nachfolgenden Informationen enthalten, um die Übersichtlichkeit und die Vergleichbarkeit mit den Produkten anderer Anbieter nicht zu beeinträchtigen.

(1) § 4 Abs. 2 Nr. 1 VVG-InfoV: Angaben zur Art des angebotenen Versicherungsvertrages

7.219   Anzugeben ist in abstrakter Form, um welche Art von Versicherungsvertrag es sich handelt, also zB Lebensversicherung, Haftpflichtversicherung etc.

(2) § 4 Abs. 2 Nr. 2 und Abs. 3 VVG-InfoV: Eine Beschreibung des durch den Vertrag versicherten Risikos und der ausgeschlossenen Risiken

7.220   Hier ist der Umfang des Versicherungsschutzes in positiver und negativer Hinsicht möglichst anschaulich zu umschreiben.

7.221   ⮎   **Praxistipp:** Dies sollte nicht nur durch eine allgemeine abstrakte Risikobeschreibung, sondern möglichst auch durch Nennung von typischen Beispielen versicherter oder auch nicht versicherter Risiken erfolgen.

7.222   Gewisse Abgrenzungsschwierigkeiten können sich zwischen der negativen Risikobeschreibung und dem Hinweis auf die Leistungsausschlüsse nach § 4 Abs. 2 Nr. 4 VVG-InfoV ergeben. Allerdings sollte nicht die dogmatische Einordnung als negative Risikobeschreibung oder Leistungsausschluss, sondern die für den Versicherungsnehmer verständlichste Darstellung im Vordergrund stehen.[2]

7.223   Bei der Lebensversicherung mit Überschussbeteiligung ist zusätzlich auf die vom Versicherer zu übermittelnde Modellrechnung (§ 154 Abs. 1 VVG) hinzuweisen.

(3) § 4 Abs. 2 Nr. 3 und Abs. 4 VVG-InfoV: Angaben zur Höhe der Prämie in Euro, zur Fälligkeit und zum Zeitraum, für den die Prämie zu entrichten ist, sowie zu den Folgen unterbliebener oder verspäteter Zahlung

7.224   An dieser Stelle sind konkrete Angaben zur Prämienhöhe in Euro zu machen. Die bloße Umschreibung der Prämienhöhe bzw. eine Darstellung ihrer Berechnung ist daher nicht ausreichend, ebenso wenig ein bloßer Hinweis auf die Regelungen zur Prämie an anderer Stelle der Versicherungsunterlagen. Dies bedeutet, dass grundsätzlich bereits an dieser Stelle (und nicht erst im Versicherungsschein) individuelle Angaben gemacht werden müssen. Erfolgt nach der Vertragserklärung des Versicherungsnehmers jedoch noch eine Risikoprüfung, kann regelmäßig nur die generelle Prämie angegeben werden, mit dem Hinweis auf deren mögliche Änderung nach der individuellen Risikoprüfung.[3]

7.225   Anzugeben ist ferner, wann die Prämie fällig wird, und der Zeitraum, für den sie zu zahlen ist, sowie die Rechtsfolgen bei Nichtleistung bzw. Verzug. Bei letzterem ist entspre-

---

1 Vgl. hierzu allgemein auch Rüffer/Halbach/Schimikowski/*Baroch Castellvi*, § 4 VVG-InfoV Rz. 39 f.
2 Vgl. auch Prölss/Martin/*Knappmann*, § 4 VVG-InfoV Rz. 4.
3 Vgl. Prölss/Martin/*Knappmann*, § 4 VVG-InfoV Rz. 5.

chend der Unterscheidung in §§ 37, 38 VVG zwischen dem Verzug mit der Erstprämie und der Folgeprämie zu differenzieren.[1]

Bei der Lebensversicherung, der Berufsunfähigkeitsversicherung und der Krankenversicherung sind gem. **§ 4 Abs. 4 VVG-InfoV** neben der Prämie auch die „**Abschluss- und Vertriebskosten und die Verwaltungskosten**"[2] gesondert auszuweisen. Die Vorschrift verweist insoweit auf § 2 Abs. 1 Nr. 1 und § 3 Abs. 1 Nr. 1 VVG-InfoV.   7.226

Zusätzlich zu den Abschluss- und Vertriebskosten und den Verwaltungskosten sind gem. **§ 4 Abs. 4 VVG-InfoV** auch die **sonstigen Kosten iSd. § 2 Abs. 1 Nr. 2, § 3 Abs. 1 Nr. 2 VVG-InfoV** gesondert auszuweisen. Hierzu gehören insbesondere solche Kosten, die einmalig oder aus besonderem Anlass entstehen können, wie zB Kosten einer Ersatzpolice oder einer Mahnung.   7.227

Der Ausweis der in § 4 Abs. 4 VVG-InfoV genannten Kosten hat jeweils in Euro zu erfolgen und nicht zB als Prozentsatz der Prämie.   7.228

(4) § 4 Abs. 2 Nr. 4 VVG-InfoV: Hinweise auf im Vertrag enthaltene Leistungsausschlüsse

Nach dieser Vorschrift hat der Versicherer auf die im Vertrag enthaltenen Leistungsausschlüsse hinzuweisen.   7.229

⮑ **Praxistipp:** Neben generellen Ausführungen sollten hier einzelne in der Praxis bedeutsame Leistungs- und Risikoausschlüsse genannt und im Übrigen auf die Bestimmungen in den Versicherungsunterlagen verwiesen werden, in denen auch die weiteren Ausschlüsse genannt sind.   7.230

Im Einzelnen können sich Abgrenzungsschwierigkeiten zur negativen Risikobeschreibung nach § 4 Abs. 2 Nr. 2 VVG-InfoV (s. oben Rz. 7.224) ergeben.   7.231

(5) § 4 Abs. 2 Nr. 5 VVG-InfoV: Hinweise auf bei Vertragsschluss zu beachtende Obliegenheiten und die Rechtsfolgen ihrer Nichtbeachtung

An dieser Stelle ist auf die Obliegenheiten bei Vertragsschluss hinzuweisen, insbesondere auf die Anzeigepflicht nach § 19 VVG.   7.232

⮑ **Praxistipp:** Die wesentlichen Obliegenheiten sollten beispielhaft aufgezählt und im Übrigen auf die Bestimmungen in den Versicherungsunterlagen verwiesen werden, in denen auch die weiteren Obliegenheiten genannt sind.   7.233

Ferner sind die Rechtsfolgen bei Nichtbeachtung der Obliegenheiten **in prägnanten Worten** zu beschreiben. Insbesondere soll dem Versicherungsnehmer verdeutlicht werden, dass die Nichtbeachtung erhebliche Nachteile mit sich bringt und welcher Art diese sind (Kündigung, Rücktritt). Eine genaue Darstellung der differenzierten Rechtsfolgen nach § 19 Abs. 2 ff. VVG ist jedoch nicht erforderlich, zumal hierauf ohnehin in einer gesonderten Mitteilung hinzuweisen ist (vgl. § 19 Abs. 5 Satz 1 VVG).[3] Insoweit ist ein Verweis auf diese Mitteilung oder die entsprechenden Bestimmungen an anderer Stelle der Versicherungsunterlagen ausreichend.   7.234

---

1 Vgl. auch Rüffer/Halbach/Schimikowski/*Baroch Castellvi*, § 4 VVG-InfoV, Rz. 17.
2 Mit der expliziten Erwähnung der „Verwaltungskosten" in § 4 Abs. 4 VVG-InfoV in der seit dem 7.8.2014 geltenden Fassung hat der Gesetzgeber die Unsicherheit darüber beendet, ob die Verwaltungskosten im Produktinformationsblatt anzugeben sind (vgl. zum Streit hierüber in der juristischen Literatur zB Prölss/Martin/*Knappmann*, § 4 VVG-InfoV Rz. 11; *Brömmelmeyer*, VersR 2009, 584 [592]).
3 So auch Rüffer/Halbach/Schimikowski/*Baroch Castellvi*, § 4 VVG-InfoV, Rz. 20.

(6) § 4 Abs. 2 Nr. 6 VVG-InfoV: Hinweise auf während der Laufzeit des Vertrages zu beachtende Obliegenheiten und die Rechtsfolgen ihrer Nichtbeachtung

7.235 Hinsichtlich der während der Vertragslaufzeit bestehenden gesetzlichen (zB bei Gefahrerhöhung nach § 23 VVG) und etwaigen vertraglichen Obliegenheiten sowie der Rechtsfolgen bei Nichtbeachtung (zB §§ 24 ff. VVG) gilt das vorstehend zu § 4 Abs. 2 Nr. 5 VVG-InfoV (vgl. Rz. 7.236 ff.) Gesagte entsprechend.

(7) § 4 Abs. 2 Nr. 7 VVG-InfoV: Hinweise auf bei Eintritt des Versicherungsfalles zu beachtende Obliegenheiten und die Rechtsfolgen ihrer Nichtbeachtung

7.236 Auch hinsichtlich der bei Eintritt des Versicherungsfalles bestehenden gesetzlichen oder vertraglichen Obliegenheiten (insbesondere bzgl. der Anzeige- und Auskunftpflichten nach § 30 f. VVG) und der Rechtsfolgen bei Nichtbeachtung gilt das zu § 4 Abs. 2 Nr. 5 VVG-InfoV (vgl. Rz. 7.236 ff.) Gesagte entsprechend.

(8) § 4 Abs. 2 Nr. 8 VVG-InfoV: Angabe von Beginn und Ende des Versicherungsschutzes

7.237 Soweit möglich sind Beginn und Ende des Versicherungsschutzes mit Datum anzugeben, ansonsten kann auch eine generelle Beschreibung erfolgen (zB Beginn mit Erhalt des Versicherungsscheins und Ende fünf Jahre später). Von besonderer Bedeutung ist die Angabe des Versicherungsbeginns, wenn dieser nicht dem Vertragsschluss entspricht, zB weil der Versicherungsschutz erst nach Ablauf einer Wartezeit beginnt.[1]

(9) § 4 Abs. 2 Nr. 9 VVG-InfoV: Hinweise zu den Möglichkeiten einer Beendigung des Vertrages

7.238 Gemeint sind hier nur die Kündigungsmöglichkeiten des Versicherungsnehmers (zB die Kündigung von Versicherungsverträgen mit unbestimmter Laufzeit nach § 11 Abs. 2 VVG), nicht die Kündigungsmöglichkeiten des Versicherers.[2]

7.239–7.247 Einstweilen frei.

bb) Weitere Informationen (§§ 1–3 VVG-InfoV)

7.248 Weitere Informationspflichten sind in den §§ 1 bis 3 VVG-InfoV enthalten. Anders als die Bestimmungen über das Produktinformationsblatt in § 4 VVG-InfoV gelten sie nicht nur, wenn es sich bei dem Versicherungsnehmer um einen Verbraucher (§ 13 BGB) handelt, sondern auch dann, wenn der Versicherungsnehmer ein Unternehmer (§ 14 BGB) ist. Die Informationspflichten in § 1 VVG-InfoV gelten für alle Versicherungszweige. Zusätzliche Informationspflichten sind in § 2 VVG-InfoV für Lebensversicherungen, Berufsunfähigkeitsversicherungen und Unfallversicherungen mit Prämienrückgewähr sowie in § 3 VVG-InfoV für substitutive Krankenversicherungen (dh. private Krankenversicherungen, welche die gesetzliche Krankenversicherung ganz oder teilweise zu ersetzen geeignet sind, vgl. § 12 aF bzw. § 146 nF des Versicherungsaufsichtsgesetzes) geregelt. Ferner bestehen nach § 6 VVG-InfoV auch Informationspflichten während der Laufzeit des Versicherungsvertrages. Die Informationen nach §§ 1 bis 3 und 6 VVG-InfoV sind insgesamt sehr umfangreich und werden daher im Folgenden nicht aufgeführt.[3]

---

1 Vgl. auch Prölss/Martin/*Knappmann*, § 4 VVG-InfoV Rz. 8.
2 Vgl. Rüffer/Halbach/Schimikowski/*Baroch Castellvi*, § 4 VVG-InfoV Rz. 24.
3 Vgl. im Einzelnen zu den §§ 1 bis 3 und 6 VVG-InfoV: Rüffer/Halbach/Schimikowski/*Baroch Castellvi*, §§ 1 bis 3 und 6 VVG-InfoV, jeweils Rz. 1 ff.; Prölss/Martin/*Knappmann*, §§ 1 bis 3 und 6 VVG-InfoV, jeweils Rz. 1 ff.

c) Mitteilung in Textform

Gemäß § 7 Abs. 1 und 2 VVG hat der Versicherer dem Versicherungsnehmer die Vertragsbestimmungen einschließlich der AVB sowie die Informationen nach der VVG-InfoV in Textform mitzuteilen. Die Besonderheit gegenüber dem Online-Vertrieb anderer Produkte ist, dass die Mitteilung in Textform bereits **vor Abgabe** der Vertragserklärung des Versicherungsnehmers – dies ist in der Regel der Versicherungsantrag – erfolgen muss. 7.249

Für den Online-Vertrieb ist in Rechtsprechung und juristischer Literatur seit längerer Zeit umstritten, was zur Erfüllung der „Textform" (§ 126b BGB) erforderlich ist. Zwar sind die Gerichtsentscheidungen im Wesentlichen zu den Regelungen des Fernabsatzrechts in § 312c Abs. 2 BGB in der bis zum 10.6.2010 geltenden Fassung bzw. § 355 Abs. 2 BGB in den bis zum 10.6.2010 bzw. 12.6.2014 geltenden Fassungen und nicht zu § 7 Abs. 1 und 2 VVG ergangen. Jedoch kann diese Rechtsprechung insoweit übertragen werden, als auch nach den vorstehend genannten BGB-Vorschriften die Informationen „in Textform mitgeteilt" werden müssen. 7.250

Die mittlerweile herrschende Meinung in der Rechtsprechung und juristischen Literatur[1] verlangt in diesem Zusammenhang für die Mitteilung in Textform bzw. deren Zugang, dass der Versicherungsnehmer die auf der Website des Versicherers **bereitgestellten Informationen tatsächlich ausdruckt oder speichert** (sofern der Versicherer dem Versicherungsnehmer die Information nicht auf andere Weise, zB per E-Mail, übersendet). Eine Mindermeinung[2] lässt dagegen bereits die *Möglichkeit* des Ausdruckens oder Speicherns durch den Versicherungsnehmer genügen. Die bloße Darstellung der Informationen zur Ansicht für den Versicherungsnehmer auf der Internetseite des Versicherers soll dagegen nach ganz überwiegender Auffassung nicht ausreichen.[3] 7.251

Ob diese Diskussion durch die seit dem 13.6.2014 geltende Fassung des § 126b BGB neuen Schwung erhält, da dort nun ausdrücklich geregelt ist, dass es dem Empfänger (lediglich) „ermöglicht" werden muss, die Erklärung aufzubewahren bzw. zu speichern, bleibt abzuwarten. Allerdings ist zu berücksichtigen, dass nach der Gesetzesbegründung zu § 126b BGB nF mit der Neufassung der Vorschrift lediglich eine Anpassung an die Terminologie der Verbraucherrechterichtlinie, nicht aber auch eine inhaltliche Änderung verbunden sein sollte.[4] Vor diesem Hintergrund ist eher nicht davon auszugehen, dass sich die herrschende Meinung in dieser Rechtsfrage in absehbarer Zeit ändern wird. 7.252

Folgt man der herrschenden Meinung, muss daher der Versicherer zur Vermeidung eines Verstoßes gegen § 7 Abs. 1 und 2 VVG sicherstellen, dass der Versicherungsnehmer vor Abgabe seiner Vertragserklärung die Informationen tatsächlich speichert oder ausdruckt. 7.253

Praxistipp: Zur Umsetzung sind verschiedene Möglichkeiten denkbar. So könnte die Website des Versicherers – sofern technisch umsetzbar – so gestaltet werden, dass der Versicherungsantragsprozess im Internet nicht beginnt bzw. unterbrochen wird, bis der Versicherungsnehmer die Informationen ausgedruckt oder gespeichert hat. Denkbar wäre auch, dass nicht der Versicherungsnehmer den Antrag stellt, sondern 7.254

---

1 Vgl. nur BGH v. 15.5.2014 – III ZR 368/13, VersR 2014, 381 = CR 2014, 736 = MDR 2014, 790 (für eine sog. gewöhnliche Webseite, offengelassen für eine sog. fortgeschrittene Webseite) sowie v. 29.4.2010 – I ZR 66/08 – Holzhocker, VersR 2011, 269 = CR 2010, 804 = MDR 2010, 1411 mwN; OLG Stuttgart v. 4.2.2008 – 2 U 71/07, MMR 2008, 616 = CR 2009, 61; Palandt/*Ellenberger*, § 126b BGB Rz. 3; Prölss/Martin/*Prölss*, § 7 VVG Rz. 6; MüKoVVG/*Armbrüster*, § 7 VVG Rz. 106.

2 Vgl. LG Paderborn v. 28.11.2006 – 6 O 70/06, MMR 2007, 191 = CR 2007, 465; LG Flensburg v. 23.8.2006 – 6 O 107/06, MMR 2006, 686 = CR 2007, 112.

3 Vgl. die Nachweise in den beiden vorgenannten Fußnoten; anders wohl nur OLG München v. 25.1.2001 – 29 U 4113/00, NJW 2001, 2263 = CR 2001, 401.

4 Vgl. BT-Drucks. 17/12637, 44.

lediglich den Versicherer im Internet auffordert, ihm ein Angebot zu unterbreiten, so dass der Versicherer dem Versicherungsnehmer das Angebot nebst Vertragsunterlagen (zB per E-Mail, wodurch die Textform unstreitig gewahrt ist) übersendet und der Versicherungsnehmer dieses annimmt (sog. „Invitatio-Modell").[1]

d) Rechtsfolgen bei Verstoß

7.255 Bei einem Verstoß des Versicherers gegen die Pflichten aus § 7 Abs. 1 und 2 VVG kommen die nachfolgend aufgeführten Rechtsfolgen in Betracht:

– Die in der Praxis wichtigste Rechtsfolge ist, dass die Widerrufsfrist nach § 8 Abs. 2 VVG nicht zu laufen beginnt, solange der Versicherer dem Versicherungsnehmer die Informationen nach § 7 Abs. 1 und 2 VVG nicht in Textform mitgeteilt hat. Dem Versicherungsnehmer kann daher ein „ewiges Widerrufsrecht" zustehen.[2]

7.256 ➡ **Wichtig:** Wird im Rahmen des Online-Vertriebs – entgegen den vorstehenden Ausführungen (Rz. 7.249 ff.) – nicht sichergestellt, dass der Versicherungsnehmer die Informationen nach § 7 Abs. 1 und 2 VVG rechtzeitig vor Abgabe seiner Vertragserklärung ausdruckt oder speichert, sollten zumindest die mitzuteilenden Informationen nachträglich (zB zusammen mit dem Versicherungsschein) per Post, Telefax oder E-Mail übersandt werden. Zwar kann hierdurch nicht der Verstoß gegen § 7 Abs. 1 und 2 VVG geheilt werden, aber zumindest beginnt die Widerrufsfrist – sofern auch alle anderen Voraussetzungen des § 8 VVG eingehalten werden – zu laufen.[3]

– Der betroffene Versicherungsnehmer kann ferner wegen eines Verstoßes gegen § 7 Abs. 1 und 2 VVG Schadensersatzansprüche nach Maßgabe der §§ 280 Abs. 1, 311 Abs. 2, 241 Abs. 2 BGB gegen den Versicherer geltend machen.

– In der juristischen Literatur ist jedoch umstritten, ob als Schadensersatz auch ein Anspruch auf Vertragsaufhebung in Frage kommen kann.[4] Diese Frage wird relevant, wenn der Versicherer die Informationen nachträglich erteilt, so dass die Widerrufsfrist in Gang gesetzt wird und der Versicherungsnehmer die Widerrufsfrist dann verstreichen lässt.

– Ferner kommen bei Verstößen gegen § 7 Abs. 1 und 2 VVG Ansprüche von Wettbewerbern des Versicherers auf Unterlassung, Schadenersatz und Gewinnabschöpfung nach Maßgabe der §§ 8, 9 und 10 iVm. §§ 3 und 4 Nr. 11 UWG in Betracht. Denkbar ist auch die Geltendmachung von Unterlassungsansprüchen durch Verbraucherschutzverbände nach §§ 2, 3 UKlaG.

– Bei häufig auftretenden bzw. systematischen Verstößen gegen die Informationspflichten kommt auch ein Einschreiten der Bundesanstalt für Finanzdienstleistungsaufsicht im Wege der sog. „Missstandsaufsicht" nach § 81 aF bzw. § 294 nF des Versicherungsaufsichtsgesetzes in Betracht.[5]

2. Widerrufsbelehrung nach § 8 VVG

7.257 Gemäß § 8 Abs. 1 Satz 1 VVG kann der Versicherungsnehmer seine Vertragserklärung innerhalb von 14 Tagen (bei Lebensversicherungen sind es 30 Tage, vgl. § 152 Abs. 1 VVG)

---

1 Vgl. hierzu näher Prölss/Martin/*Prölss*, § 7 VVG Rz. 9 f.; *Gaul*, VersR 2007, 21.
2 Vgl. zB *Stockmeier*, VersR 2008, 717 (723).
3 Vgl. MüKoVVG/*Armbrüster*, § 7 VVG Rz. 114; (wohl) auch Prölss/Martin/*Prölss*, § 7 VVG Rz. 39.
4 Grundsätzlich dafür Prölss/Martin/*Prölss*, § 7 VVG Rz. 40; aA MüKoVVG/*Armbrüster*, § 7 VVG Rz. 119.
5 Vgl. zB *Präve*, VersR 2008, 151 (152).

widerrufen.[1] Um diese Widerrufsfrist in Gang zu setzen, hat der Versicherer dem Versicherungsnehmer nicht nur den Versicherungsschein und die AVB nebst der übrigen Vertragsbestimmungen sowie die weiteren Informationen nach § 7 Abs. 1 und 2 VVG iVm. der VVG-InfoV zu übersenden und die Pflichten nach § 312i Abs. 1 Satz 1 BGB zu erfüllen (zu § 312i BGB s. oben Kap. 2)[2], sondern hat den Versicherungsnehmer auch über das diesem gem. §§ 8, 9 VVG zustehende Widerrufsrecht zu belehren.[3] Im Hinblick auf diese Widerrufsbelehrung gilt Folgendes:

a) Zeitpunkt

Wann die Widerrufsbelehrung erteilt werden muss, regelt das Gesetz nicht. Nach Sinn und Zweck kann aber eine wirksame Widerrufserklärung frühestens bei Abgabe der Vertragserklärung des Versicherungsnehmers erfolgen. So wird es für ausreichend erachtet, wenn die Widerrufsbelehrung – direkt vor der Unterschriftenzeile und deutlich hervorgehoben – im Antragsformular enthalten ist. Erfolgt die Widerrufsbelehrung zeitlich früher, bleibt sie ohne Wirkung und muss später noch einmal wiederholt werden.[4]

7.258

b) Form

Die Widerrufsbelehrung muss dem Versicherungsnehmer in „Textform" zugehen. Insoweit gelten die vorstehenden Ausführungen zur Mitteilung der Informationen nach § 7 Abs. 1 und 2 VVG iVm. der VVG-InfoV in „Textform" entsprechend (s. oben Rz. 7.249 ff.).

7.259

c) Inhaltliche Anforderungen, Muster für die Widerrufsbelehrung

Die Widerrufsbelehrung muss den in § 8 Abs. 2 Nr. 2 VVG vorgesehenen Inhalt haben: Sie muss in deutlich gestalteter Form über das Widerrufsrecht und die Widerrufsfolgen (§ 9 VVG) belehren. Die Belehrung muss ferner den Namen nebst ladungsfähiger Anschrift des Widerrufsadressaten sowie einen Hinweis auf die Länge der Widerrufsfrist, den Fristbeginn sowie die Anforderungen an den Widerruf nach § 8 Abs. 1 Satz 2 VVG enthalten, also dass der Widerruf in Textform gegenüber dem Versicherer erfolgen muss, keiner Begründung bedarf und zur Fristwahrung die rechtzeitige Absendung des Widerrufs ausreichend ist.

7.260

Nach § 8 Abs. 5 VVG genügt eine Widerrufsbelehrung den gesetzlichen Anforderungen, wenn das in der Anlage zum VVG beigefügte Muster für die Widerrufsbelehrung unter Beachtung der dazugehörigen Gestaltungshinweise verwendet wird.

7.261

d) Rechtsfolgen bei Verstoß

Sofern keine Widerrufsbelehrung erfolgt oder die Belehrung inhaltlich oder nach ihrer Gestaltung nicht den gesetzlichen Anforderungen entspricht, beginnt die Widerrufsfrist nicht zu laufen. Dem Versicherungsnehmer kann daher ein „ewiges Widerrufsrecht" zustehen.

7.262

---

1 Hat der Versicherungsnehmer sein Widerrufsrecht wirksam ausgeübt, ist er auch an einen mit dem Versicherungsvertrag zusammenhängenden Vertrag nicht mehr gebunden, vgl. § 9 Abs. 2 VVG. Kein Widerrufsrecht besteht in den Ausnahmefällen des § 8 Abs. 3 VVG.
2 Vgl. ferner Prölss/Martin/*Prölss*, § 8 VVG Rz. 39 f. und auch § 1 VVG Rz. 68 ff.; MüKoVVG/*Eberhardt*, § 8 VVG Rz. 45 f.
3 Zu beachten ist ferner, dass die Widerrufsfrist nicht vor Vertragsschluss beginnt, auch wenn dem Versicherungsnehmer zuvor alle in § 8 VVG genannten Unterlagen zugegangen sind, vgl. hierzu *Armbrüster*, r + s 2008, 493 (497) mwN.
4 Vgl. zum Ganzen Prölss/Martin/*Prölss*, § 8 VVG Rz. 25 ff.; *Armbrüster*, r + s 2008, 493 (497), beide mwN.

7.263 In Betracht kommen ferner – ähnlich wie bei einem Verstoß gegen die Informations-pflichten nach § 7 VVG (s. oben Rz. 7.255 f.) – Schadensersatzansprüche des Versiche-rungsnehmers aus § 280 Abs. 1 (iVm. § 311 Abs. 2) BGB sowie wettbewerbs- und auf-sichtsrechtliche Konsequenzen.[1]

3. Keine Beratungspflichten für Versicherer nach § 6 VVG bei Fernabsatzverträgen

7.264 Grundsätzlich besteht für Versicherer nach § 6 VVG die Pflicht, einen Versicherungsneh-mer vor Abschluss des Versicherungsvertrages nach seinen Wünschen und Bedürfnissen zu befragen und zu beraten sowie die Gründe für den erteilten Rat anzugeben. Die Befra-gung und Beratung sind vom Versicherer zu dokumentieren. Ferner hat der Versicherer dem Versicherungsnehmer den erteilten Rat und die Gründe vor Abschluss des Versiche-rungsvertrags in Textform zu übermitteln.

7.265 Die vorgenannten Pflichten bestehen jedoch gem. § 6 Abs. 6 VVG nicht, wenn der Vertrags-schluss mit dem Versicherungsnehmer im Wege des Fernabsatzes nach § 312c BGB, also zB online, erfolgt. Der Gesetzgeber hat diese Ausnahme damit begründet, dass bei ausschließ-licher Verwendung von Fernkommunikationsmitteln die Befragungs- und Beratungspflicht praktisch nicht erfüllt werden könne. Ein Versicherungsnehmer, der auf diese Weise einen Vertrag schließe, sei sich bewusst, dass er von dem Versicherer zwar die notwendigen Infor-mationen (dh. nach § 7 VVG iVm. der VVG-InfoV), eine Beratung aber nur dann erhalten werde, wenn er ein Bedürfnis hierfür gegenüber dem Versicherer, zB durch entsprechende Fragen, zum Ausdruck bringe.[2]

7.266 Eine Beratungspflicht kann daher allenfalls aus Treu und Glauben (§ 242 BGB) und zwar dann bestehen, wenn ein Versicherungsnehmer sich mit konkreten Fragen an den Ver-sicherer wendet. Eine Pflicht des Versicherers, eigeninitiativ Fragen an den Versiche-rungsnehmer zu stellen oder ihn zu beraten, besteht aber nicht.[3]

II. Besondere regulatorische Anforderungen an Versicherungsvermittler und -berater im Online-Vertrieb

7.267 Im Vergleich zum Online-Vertrieb anderer Produkte gelten im Falle des Online-Vertriebs von Versicherungsprodukten nicht nur für Versicherer, sondern auch für Versicherungs-vermittler, also für Versicherungsvertreter und Versicherungsmakler, sowie für Versiche-rungsberater besondere regulatorische Anforderungen.[4]

1. Definitionen

7.268 Die Begriffe des Versicherungsvertreters, Versicherungsmaklers sowie des Versicherungs-beraters sind in § 59 VVG legaldefiniert:

a) Versicherungsvertreter

7.269 Versicherungsvertreter ist, wer von einem Versicherer oder einem Versicherungsvertreter damit betraut ist, gewerbsmäßig Versicherungsverträge zu vermitteln oder abzuschließen (§ 59 Abs. 2 VVG).

---

1 Vgl. MüKoVVG/*Eberhardt*, § 8 VVG Rz. 47; Prölss/Martin/*Prölss*, § 8 VVG Rz. 33 ff.
2 Vgl. BT-Drucks. 16/3945, 58.
3 Vgl. Prölss/Martin/*Prölss*, § 6 VVG Rz. 71; MüKoVVG/*Armbrüster*, § 6 VVG Rz. 359.
4 Welche konkreten Änderungen sich künftig aufgrund der Umsetzung der kürzlich auf europäischer Ebene verabschiedeten Insurance Distribution Directive (IDD) in das deutsche Recht ergeben wer-den, bleibt abzuwarten.

Der Versicherungsvertreter wird aufgrund eines Geschäftsbesorgungsvertrages („Agentur-   7.270
vertrag") für den Versicherer tätig. Er steht demnach „im Lager" des Versicherers, dem regelmäßig die Handlungen und das Verschulden des Versicherungsvertreters zugerechnet
werden. Zwischen dem Versicherungsvertreter und dem Versicherungsnehmer besteht
grundsätzlich keine vertragliche Beziehung.

➲   **Wichtig:** In der Praxis ergeben sich häufig Schwierigkeiten in der Abgrenzung zwi-   7.271
schen dem Versicherungsvermittler (insb. Versicherungsvertreter) und dem sog.
„**Tippgeber**", der keine Versicherungsvermittlung betreibt und daher auch nicht den
Vorschriften für Versicherungsvermittler (§§ 59 ff. VVG, § 34d Gewerbeordnung
(**GewO**) auch iVm. der VersVermV) unterliegt.[1] Es sollte daher immer genau geprüft
werden, ob (noch) eine Tippgebertätigkeit vorliegt oder (schon) die **Schwelle zur Ver-
sicherungsvermittlertätigkeit** – mit den sich daraus ergebenden Pflichten – überschritten ist. In der Gesetzesbegründung zu § 34d GewO finden sich Ausführungen
zum Tippgeber, die als Leitlinie dienen können.[2] Danach ist die Tätigkeit eines Tipp-
gebers darauf beschränkt, Möglichkeiten zum Abschluss von Versicherungsverträgen
namhaft zu machen (sog. „Namhaftmacher") oder Kontakte zwischen einem potentiellen Versicherungsnehmer und einem Versicherungsvermittler oder Versicherungsunternehmen herzustellen (sog. „Kontaktgeber"). Diese Tätigkeiten stellen nach Ansicht des Gesetzgebers keine Versicherungsvermittlung iSd. § 34d GewO dar, weil sie
als vorbereitende Handlungen nicht auf eine konkrete Willenserklärung des Interessenten zum Abschluss eines Vertrages abzielten. Von einem bloßen Tippgeber, der lediglich Kontaktdetails weitergebe – wobei eine Konkretisierung auf ein bestimmtes
Produkt noch gar nicht stattgefunden habe – erwarte ein potentieller Versicherungsnehmer auch keine Beratung, so dass der Tippgeber den für Versicherungsvermittler
geltenden Pflichten nicht unterliege.[3]

b) Versicherungsmakler

Versicherungsmakler ist, wer gewerbsmäßig für den Auftraggeber die Vermittlung oder   7.272
den Abschluss von Versicherungsverträgen übernimmt, ohne von einem Versicherer oder
von einem Versicherungsvertreter damit betraut zu sein (§ 59 Abs. 3 VVG).

Zwischen dem Versicherungsmakler und dem Versicherungsnehmer wird (ausdrücklich   7.273
oder stillschweigend) ein Maklervertrag abgeschlossen, durch den der Versicherungsmakler zum Interessenvertreter und „treuhänderischen Sachwalter" des Versicherungsnehmers wird. Im Gegensatz zum Versicherungsvertreter steht der Versicherungsmakler
daher „im Lager" des Versicherungsnehmers und vertritt regelmäßig den Versicherungsnehmer gegenüber dem Versicherer.

Allerdings besteht auch ein (gesetzliches oder vertragliches) Rechtsverhältnis zwischen   7.274
dem Versicherungsmakler und dem Versicherer, aus dem sich für den Versicherungsmakler u.a. gewisse Rücksichtnahmepflichten gegenüber dem Versicherer ergeben. Der Versicherer ist aus diesem Rechtsverhältnis verpflichtet, dem Versicherungsmakler für die
Vermittlung eines Versicherungsvertrages eine Courtage zu zahlen.

---

1 Vgl. zur Abgrenzung in der Online-Versicherungsvermittlung insb. BGH v. 28.11.2013 – I ZR 7/13,
   VersR 2014, 497 = MDR 2014, 671.
2 Vgl. BT-Drucks. 16/1935, 17 f.
3 Vgl. auch LG Wiesbaden v. 14.5.2008 – 11 O 8/08, VersR 2008, 919; ausführlich zu diesem Thema
   auch MüKoVVG/*Reiff*, § 59 VVG Rz. 6 ff.

c) Versicherungsberater

7.275 Versicherungsberater ist, wer gewerbsmäßig Dritte bei der Vereinbarung, Änderung oder Prüfung von Versicherungsverträgen oder bei der Wahrnehmung von Ansprüchen aus Versicherungsverträgen im Versicherungsfall berät oder gegenüber dem Versicherer außergerichtlich vertritt, ohne von einem Versicherer einen wirtschaftlichen Vorteil zu erhalten oder in anderer Weise von ihm abhängig zu sein (§ 59 Abs. 4 VVG).

7.276 Der Versicherungsberater wird aufgrund eines Geschäftsbesorgungsvertrages mit dem Versicherungsnehmer für diesen tätig. Im Gegensatz zum Versicherungsmakler (und -vertreter) erhält er seine Vergütung vom Versicherungsnehmer.

2. Pflichten für Versicherungsvermittler und -berater

7.277 Neben der grundsätzlichen Erlaubnispflicht für die Ausübung des Gewerbes nebst Eintragung in das Vermittlerregister (§§ 34d, 11a GewO) und den gesetzlichen Regelungen zur Zahlungssicherung zugunsten der Versicherungsnehmer (§ 64 VVG und §§ 12 ff. VersVermV) sind Versicherungsvermittler und -berater besonderen Informations-, Beratungs- und Dokumentationspflichten unterworfen. Die folgenden Ausführungen zu den Versicherungsvermittlern **gelten für Versicherungsberater entsprechend**, soweit nicht auf eine Abweichung hingewiesen wird.

a) Informationspflichten nach § 11 VersVermV

7.278 Ein Versicherungsvermittler – mit Ausnahme der in § 34d Abs. 9 GewO genannten Fälle (sog. „Bagatellvermittler", Bausparkassen sowie Restschuldversicherungen unter den dort beschriebenen Voraussetzungen) – hat dem Versicherungsnehmer beim ersten Geschäftskontakt die in § 11 VersVermV aufgeführten Informationen klar und verständlich in Textform mitzuteilen. Es handelt sich um die folgenden Informationen:

aa) Inhalt der Informationen

7.279 Der Versicherungsvermittler hat dem Versicherungsnehmer folgende Angaben mitzuteilen:

1. Familiennamen und Vornamen sowie die Firma und ggf. die Personenhandelsgesellschaften, in denen der Vermittler als geschäftsführender Gesellschafter tätig ist,

2. betriebliche Anschrift,

3. Vermittlerstatus, dh. ob der Vermittler als Versicherungsmakler (§ 34d Abs. 1 GewO) bzw. produktakzessorischer Versicherungsmakler (§ 34d Abs. 3 GewO) oder als ungebundener (§ 34d Abs. 1 GewO), gebundener (§ 34d Abs. 4 GewO) bzw. produktakzessorischer (§ 34d Abs. 3 GewO) Versicherungsvertreter oder als Versicherungsberater (§ 34e GewO) in das Vermittlerregister eingetragen ist; ferner ist anzugeben wie sich die Eintragung überprüfen lässt (dh. zB die Kontaktdaten des Vermittlerregisters sind anzugeben),

4. Anschrift, Telefonnummer und Internetadresse des DIHK (als der „gemeinsamen Stelle" iSd. § 11a GewO) sowie die Registrierungsnummer, unter welcher der Vermittler im Vermittlerregister eingetragen ist,

5. direkte oder indirekte Beteiligungen von mehr als 10 %, die der Vermittler an den Stimmrechten oder am Kapital eines Versicherungsunternehmens besitzt,

6. Versicherungsunternehmen oder Mutterunternehmen eines Versicherungsunternehmens, die eine direkte oder indirekte Beteiligung von über 10 Prozent an den Stimmrechten oder am Kapital des Vermittlers besitzen,

7. die Anschrift des Versicherungsombudsmannes und ggf. des Ombudsmannes Private Kranken- und Pflegeversicherung, die als Schlichtungsstellen bei Streitigkeiten zwischen Versicherungsvermittlern oder Versicherungsberatern und Versicherungsnehmern angerufen werden können.

bb) Zeitpunkt

Die Informationen sind beim ersten Geschäftskontakt mitzuteilen. Ein solcher Geschäftskontakt wird dann anzunehmen sein, wenn der Versicherungsvermittler und der (potentielle) Versicherungsnehmer anlassbezogen, dh. zwecks Vermittlung eines Versicherungsvertrages, erstmals in Kontakt treten.[1] Die bloße Kontaktaufnahme seitens des Versicherungsnehmers zwecks Terminabsprache soll dagegen die Informationspflicht noch nicht auslösen.[2]   **7.280**

Im Falle der Online-Versicherungsvermittlung kann der erste Geschäftskontakt daher bereits mit dem Aufsuchen der Homepage des Vermittlers (bzw. beim Start des Programms oder Menüs für die Vermittlung) durch den Versicherungsnehmer eintreten.[3] Sofern der Vermittler auf seiner Homepage jedoch lediglich ein Kontaktformular bereitstellt, mit dem sich der Versicherungsnehmer an ihn wenden kann, kommt der erste Geschäftskontakt mit der Bestätigung der Kontaktanfrage durch den Vermittler zustande, so dass der Vermittler die Informationen erst mit der Kontaktbestätigung (zB per E-Mail) zu übersenden hat.[4]   **7.281**

cc) Form

Die Mitteilung der Informationen hat in „Textform" (§ 126 BGB) zu erfolgen. Für den Fall der Online-Versicherungsvermittlung wird zur Erfüllung der Textform – entsprechend der Mitteilung der Informationen in Textform nach § 7 Abs. 1 und 2 VVG iVm. der VVG-InfoV (s. oben Rz. 7.249 ff.) – zu fordern sein, dass der Versicherungsnehmer die vom Versicherungsvermittler online bereitgestellten Informationen **tatsächlich ausdruckt oder speichert**.[5] Die bloße Möglichkeit des Ausdrucks oder des Abspeicherns durch den Versicherungsnehmer oder gar lediglich die Darstellung der Informationen zur Ansicht für den Versicherungsnehmer auf der Internetseite des Vermittlers dürften nicht ausreichen. Etwas anderes könnte sich aus einer jüngeren Entscheidung des LG München I vom 13.7.2016 – 37 O 15268/15 ergeben. Dort wird die Frage der „Textform" zwar nicht direkt angesprochen, jedoch könnte man aus den Entscheidungsgründen des Urteils den Eindruck gewinnen, dass das Gericht die bloße Präsentation der Informationen auf der Internetseite genügen lässt (sofern die Informationen für den Versicherungsnehmer leicht zu finden sind). Es sollte jedoch abgewartet werden, ob andere Gerichte diesem (noch nicht rechtskräftigen) Urteil folgen bzw. die Frage eindeutig in diese Richtung beantworten und wie die Reaktion der juristischen Literatur auf dieses Urteil ausfällt.   **7.282**

---

1 Ähnlich *Boslak*, VW 2008, 636.
2 Vgl. BR-Drucks. 207/07, 30.
3 Vgl. *Boslak*, VW 2008, 636.
4 Ähnlich Landmann/Rohmer/*Stenger*, § 11 VersVermV Rz. 21; enger *Schwintowski*, VersR 2015, 1062; sehr weitgehend dagegen OLG Schleswig v. 25.5.2010 – 6 U 19/10, VersR 2011, 114: die Zusendung eines Versicherungsangebotes auf telefonische Anfrage stellt grundsätzlich noch keinen ersten Geschäftskontakt dar.
5 Etwas großzügiger der EFTA-Gerichtshof v. 27.1.2010 – E-4/09, VersR 2010, 793 zum Begriff des „dauerhaften Datenträgers" in Art. 2 Abs. 12 der Versicherungsvermittlerrichtlinie (2002/92/EG): die Internet-Website des Vermittlers muss einen sicheren Speicherbereich oder Elemente enthalten, die den Verbraucher *„mit an Sicherheit grenzender Wahrscheinlichkeit"* dazu anhalten, die Informationen auszudrucken oder abzuspeichern. Dem folgend: Landmann/Rohmer/*Stenger*, § 11 VersVermV Rz. 16 ff.

dd) Rechtsfolgen bei Verstoß

7.283 Eine Verletzung der Informationspflichten nach § 11 VersVermV stellt eine Ordnungs-widrigkeit dar (und bei Gefährdung von Leben, Gesundheit oder fremden Sachen von be-deutendem Wert eine Straftat, was aber kein große praktische Bedeutung haben dürfte; § 18 VersVermV).

b) Informationspflichten nach §§ 60, 62 VVG

7.284 Weitere Informationspflichten für Versicherungsvermittler – mit Ausnahme der sog. „Ba-gatellvermittler" nach § 66 VVG iVm. § 34d Abs. 9 Nr. 1 GewO – bestehen nach §§ 60, 62 VVG. Die darin genannten Informationen sollen den Versicherungsnehmer in die Lage versetzen, sich (zumindest) teilweise ein Urteil über die fachliche Kompetenz und Inte-ressengebundenheit des Versicherungsvermittlers bilden zu können.[1] Die Informationen ergänzen die Angaben zum Vermittlerstatus nach § 11 Abs. 1 Nr. 3 VersVermV (s. oben Rz. 7.278 ff.).

aa) Inhalt der Informationen

7.285 Der Inhalt der Informationen ist für Versicherungsvertreter und Versicherungsmakler bzw. -berater unterschiedlich:

(1) Versicherungsvertreter

7.286 Gemäß § 60 Abs. 2 Satz 1 VVG hat ein Versicherungsvertreter dem Versicherungsnehmer mitzuteilen, auf welcher Markt- und Informationsgrundlage er seine Vermittlungsleis-tung erbringt und hat ferner die Namen der seinem Rat zugrunde gelegten Versicherer an-zugeben.

7.287 Der Versicherungsvertreter hat gem. § 60 Abs. 2 Satz 2 VVG außerdem mitzuteilen, ob er nur für einen Versicherer (also als Ausschließlichkeitsvertreter) oder ob er für mehrere Versicherer (also als Mehrfachvertreter) tätig ist und um welche(n) Versicherer es sich handelt.

(2) Versicherungsmakler

7.288 Der Versicherungsmakler hat gem. § 60 Abs. 1 Satz 1 VVG seinem Rat grundsätzlich eine hinreichende Zahl von auf dem Markt angebotenen Versicherungsverträgen und von Ver-sicherern zugrunde zu legen, so dass er nach fachlichen Kriterien eine Empfehlung dahin abgeben kann, welcher Versicherungsvertrag geeignet ist, die Bedürfnisse des Versiche-rungsnehmers zu erfüllen.

7.289 Sofern die Beratung durch den Versicherungsmakler dagegen nur auf einer eingeschränk-ten Auswahl von Versicherungsverträgen und Versicherern basiert, hat der Versiche-rungsmakler den Versicherungsnehmer hierauf gem. § 60 Abs. 1 Satz 2 VVG ausdrücklich hinzuweisen. Zudem hat der Versicherungsmakler in diesem Fall gem. § 60 Abs. 2 Satz 1 VVG dem Versicherungsnehmer auch mitzuteilen, auf welcher Markt- und Informations-grundlage er seine Vermittlungsleistung erbringt und hat die Namen der seinem Rat zu-grunde gelegten Versicherer anzugeben.

---

1 Vgl. BT-Drucks. 16/1935, 23.

(3) Versicherungsberater

Für den Versicherungsberater gilt gem. § 68 VVG die für den Versicherungsmakler gelten- **7.290**
de Pflicht des § 60 Abs. 1 Satz 1 VVG entsprechend.

bb) Zeitpunkt

Gemäß § 62 VVG hat der Versicherungsvermittler dem Versicherungsnehmer die Informa- **7.291**
tionen nach § 60 Abs. 2 VVG mitzuteilen, bevor dieser seine Vertragserklärung – dies ist in
der Regel der Versicherungsantrag – abgibt.

cc) Form

Gemäß § 62 Abs. 1 VVG sind die Informationen dem Versicherungsnehmer klar und ver- **7.292**
ständlich in Textform (§ 126b BGB) zu übermitteln. Für die Textform wird hier das Gleiche
zu gelten haben wie für die Informationen nach § 11 VersVermV, die ebenfalls in Textform
mitzuteilen sind (s. oben Rz. 7.282).

dd) Rechtsfolgen bei Verstoß

Verletzt der Versicherungsvermittler seine Pflichten nach § 60 VVG, ist er dem Versiche- **7.293**
rungsnehmer insbesondere zum Schadensersatz verpflichtet, es sei denn, er hat die
Pflichtverletzung nicht zu vertreten (vgl. § 63 VVG).

c) Beratungs- und Dokumentationspflichten nach §§ 61, 62 VVG

Den Versicherungsvermittler – mit Ausnahme der sog. „Bagatellvermittler" nach § 66 **7.294**
VVG iVm. § 34d Abs. 9 Nr. 1 GewO – treffen auch Beratungs- und Dokumentationspflichten. So hat der Versicherungsvermittler gem. § 61 Abs. 1 VVG einen Versicherungsnehmer
nach dessen Wünschen und Bedürfnissen zu befragen und zu beraten sowie die Gründe für
den erteilten Rat anzugeben. Die Befragung und Beratung sind vom Versicherungsvermittler zu dokumentieren. Ferner hat gem. § 62 Abs. 1 VVG der Versicherungsvermittler dem
Versicherungsnehmer den erteilten Rat und die Gründe vor Abschluss des Versicherungsvertrags in Textform zu übermitteln. Ein Verstoß gegen diese Pflicht löst gem. § 63 VVG
Schadensersatzansprüche aus.

Das Gesetz sieht diese Pflichten grundsätzlich auch im Falle einer Vermittlung des Ver- **7.295**
sicherungsvertrages im Wege des Fernabsatzes nach § 312c BGB vor. Eine Ausnahmeregelung, wie für die Beratungs- und Dokumentationspflichten der Versicherer im Fernabsatz
in § 6 Abs. 6 VVG (s. oben Rz. 7.265), existiert für Versicherungsvermittler nicht. In der
juristischen Literatur wird jedoch überwiegend – und teilweise mit beachtlichen Argumenten – dafür plädiert, die Ausnahmeregelung in § 6 Abs. 6 VVG insoweit auch auf Versicherungsvermittler anzuwenden.[1] Dieser Ansicht hat das LG München I in einem jüngeren (noch nicht rechtskräftigen) Urteil vom 13.7.2016 – 37 O 15268/15 allerdings eine
Absage erteilt.

---

1 Vgl. zB *Fischer*, BB 2012, 2773; *Boslak*, VW 2008, 636; Prölss/Martin/*Prölss*, § 6 VVG Rz. 72; differenzierend MüKoVVG/*Armbrüster*, § 6 VVG Rz. 362; aA *Schwintowski*, VuR 2014, 370.

C. Arzneimittel/Heilmittel und Gesundheitsanwendungen

Literatur: *Backmann*, Versand frei für Tierarzneimittel, PharmR 2010, 377; *Balzer*, Lohnherstellung von Rezepturarzneimitteln – welche Erleichterungen bringt die Gesundheitsreform für den Versand?, PharmR 2004, 97; *Becker/Föhlisch*, Von Dessous, Deorollern und Diabetes-Streifen – Ausschluss des Widerrufsrechts im Fernabsatz, NJW 2008, 3751; *Bierekoven*, Datenschutzrechtliche Zulässigkeit von Gesundheits-Apps, ITRB 2015, 114; *Bruggmann*, Sieben Jahre Arzneimittelversandrecht: verflixtes 7. Jahr oder neue Perspektiven?, PharmR 2011, 161; *Dettling*, Jurisdiktion und Wettbewerb im internationalen Gesundheitswirtschaftsrecht, GRUR Prax 2013, 177; *Dieners/Reese*, Handbuch des Pharmarechts, 2010; *Kamann/Gey/Kreuzer*, Das EuGH-Urteil zum Apotheken-Fremdbesitzverbot – „Renationalisierung" des Gesundheitssektors?, PharmR 2009, 320; *Fuhrmann/Klein/Fleischfresser*, Arzneimittelrecht, 2. Aufl. 2014; *Gaßner/Strömer*, Mobile Health Applications – haftungsrechtlicher Standard und das Laissez-faire des Gesetzgebers, VersR 2015, 1219; *Heimhalt/Rehmann*, Gesundheits- und Patienteninformationen via Apps, MPR 2014, 197; *Hauke/Kremer*, Arzneimittelfälschungen: Reaktionspflichten und Haftung des Originalherstellers, PharmR 2013, 213; *Heimhalt/Rehmann*, Gesundheits- und Patienteninformationen via Apps, MPR 2014, 197; *Köber*, Gemischtwarenladen Apotheke – wo liegen die Grenzen?, APR 2008, 146; *Koenig/Engelmann/Sander*, Parallelhandelsbeschränkungen im Arzneimittelbereich und die

Freiheit des Warenverkehrs, GRURInt 2001, 919; *Kügel/Müller/Hofmann*, Arzneimittelgesetz, 2. Aufl. 2016; *Kuhls/Starnecker*, E-Health Gesetz – Schreitet die Digitalisierung des Gesundheitswesens voran? (Teil 1) – Stellungnahme zum Referentenentwurf eines Gesetzes für sichere digitale Kommunikation und Anwendungen im Gesundheitswesen, jurisPR-ITR 10/2015 Anm. 2; *Leupold/Glossner*, Münchener Anwaltshandbuch IT-Recht, 3. Aufl. 2013; *Mand*, Bindung EU-ausländischer Apotheken an das deutsche Arzneimittelpreisrecht, NJW 2014, 3200; *Mand*, Der EuGH und das Fremdbesitzverbot für Apotheken, WRP 2010, 702; *Mand*, Widerrufsrecht gegenüber Versandapotheke?, NJW 2008, 190; *Mand/Könen*, Verbraucherschutz und Versandhandel mit Arzneimitteln, WRP 2006, 841; *Martinek/Semler/Habermeier/Flohr*, Handbuch des Vertriebsrechts, 3. Aufl. 2010; *Marwitz*, Heilmittel im Internet, MMR 1999, 83; *Maur*, Die aktuelle Rechtsprechung des Bundesgerichtshofs zur Bewertung geldwerter Zuwendungen für den Erwerb verschreibungspflichtiger Arzneimittel, PharmR 2011, 33; *Meeser*, Apothekenboni und das Zuwendungsverbot des § 7 HWG im Lichte der neuen Rechtsprechung des BGH, PharmR 2011, 113; *Müller*, Grundfragen des Arzneimittelbegriffs und der Zweifelsregelung, NVwZ 2009, 425; *Prütting*, Fachanwaltskommentar Medizinrecht, 2. Aufl. 2011; *Rehmann*, Arzneimittelgesetz; 4. Aufl. 2014; *Rübsamen*, Rechtliche Rahmenbedingungen für mobileHealth, MedR 2015, 485; *Sander*, Arzneimittelrecht, Stand 46. Lieferung 2008; *Schickert*, Einzelfragen zu Rechtsfolgen des markenrechtswidrigen Arzneimittel-Parallelimports, PharmR 2005, 125; *Siegel*, Neue Vertriebsformen für Arzneimittel auf dem juristischen Prüfstand, NVwZ 2011, 599; *Spyra*, Der Schutz von Daten bei vernetzten (Software-)Medizinprodukten aus Herstellersicht, MPR 2015, 15; *Vogel*, Chancen und Risiken einer Liberalisierung des Arzneimittelmarktes aus Verbrauchersicht, VuR 2007, 421.

I. Einführung

Anders als für andere Produkte galt in Deutschland früher für Arzneimittel traditionell ein generelles **Versandhandelsverbot** nach § 43 Abs. 1 des Arzneimittelgesetzes (AMG), da die Abgabe von – apothekenpflichtigen – Arzneimitteln als Waren besonderer Art wegen der damit verbundenen besonderen Gefahren der Präsenzapotheke mit der dort vorhandenen direkten Beratung durch den Apotheker vorbehalten sein sollte. Das Verbot war 1998 mit der 8. AMG-Novelle im Arzneimittelgesetz aufgenommen worden und ergab sich davor als an den Apotheker gerichtetes Verbot aus der Apothekenbetriebsordnung (ApoBetrO).[1] Erst infolge der Diskussionen um die Tätigkeit der holländischen Onlineapotheke Doc Morris und zahlreicher Entscheidungen der deutschen Gerichte[2] und zuletzt des Europäischen Gerichtshofes[3] wurde durch das Gesetz zur Modernisierung der gesetzlichen Krankenversicherung (GKV-Modernisierungsgesetz – GMG) vom 14. November 2003 dieses generelle Versandhandelsverbot durch einen **Vorbehalt der behördlichen Erlaubnis** ersetzt. Seit dem 1. Januar 2004 ist daher ein Inverkehrbringen von Arzneimitteln im Wege des Versandhandels mit einer behördlichen Erlaubnis möglich, deren Erteilung sich wiederum nach dem Apothekengesetz (ApoG) und der Apothekenbetriebsordnung (ApoBetrO) richtet.

7.296

Die grundlegende Entscheidung des EuGH stellt im Hinblick auf Arzneimittel, die für den deutschen Markt zugelassen sind, fest, dass ein nationales Verbot des Versandhandels mit diesen Arzneimitteln eine Beschränkung des freien Warenverkehrs darstelle. Der Gerichtshof wies insoweit darauf hin, dass eine Regelung, die auf die Einfuhren pharmazeutischer Erzeugnisse eine solche beschränkende Wirkung haben kann, mit dem EG-Vertrag nur vereinbar ist, soweit sie für einen wirksamen Schutz der Gesundheit und des Lebens von Menschen notwendig ist. Für Arzneimittel, für die keine ärztliche Verschreibung vorgeschrieben ist, sei das Verbot nicht gerechtfertigt, weil die Möglichkeit, eine hinreichende Information und Beratung vorzusehen, auch bei einem Verkauf über das Internet

7.297

---

1 Vgl. hierzu Kügel/Müller/Hofmann/*Hofmann*, § 43 AMG Rz. 16.
2 Vgl. etwa BGH v. 20.12.2007 – I ZR 205/04 – DocMorris, MedR 2008, 611 = CR 2008, 238; OLG Frankfurt/M. v. 31.5.2001 – 6 U 240/00, MMR 2001, 751 = MDR 2001, 1006; KG v. 29.5.2001 – 5 U 10150/00, MMR 2001, 759 = CR 2001, 556; BVerfG v. 16.1.2002 – 1 BvR 1236/99, WRP 2002, 203 – verkaufsoffene Sonntage; BVerfG v. 11.2.2003 – 1 BvR 1972/00 – Impfstoffversand, BVerfGE 107, 186 ff.
3 EuGH v. 11.12.2003 – Rs. C-322/01, MMR 2004, 149 ff.

gewährleistet werden kann. Der Kauf über das Internet könne zudem auch Vorteile bieten, wie etwa die Möglichkeit, von zu Hause aus in Ruhe Fragen an die Apotheker zu richten.[1] Mit dem GMG wurde daher das generelle Verbot durch ein **Verbot mit Erlaubnisvorbehalt** ersetzt. Die Gesetzesbegründung führt insoweit aus, dass wegen der besonderen Anforderungen, insbesondere hinsichtlich der Arzneimittelsicherheit, des Verbraucherschutzes, der Versorgungssicherheit und des fairen Wettbewerbs, der Versandhandel nur von Apotheken betrieben werden darf. Die Ermöglichung des Versandhandels auch mit apothekenpflichtigen Arzneimitteln soll der geänderten Situation im Gesundheitswesen Rechnung tragen und auch dem Verbraucherschutz dienen, da der Verbraucher durch einen geregelten, kontrollierten und überwachten Versandhandel besser als bisher geschützt werden könne. Zudem können Apotheken Internet und Versandhandel gezielt nutzen, um im Wettbewerb im Arzneimittelmarkt in berufsangemessener Weise ihren Service auszubauen und so die Kundenbindung zu verstärken. Damit soll auch den Anliegen der Verbraucher wie chronisch Kranker, immobiler Patienten, älteren Bürgern, Berufstätigen oder Kunden mit größeren Entfernungen zur nächsten Apotheke sowie der häuslichen Pflege von Patienten entgegengekommen werden.[2]

7.298 Eng mit dem Arzneimittelversandhandel verbunden ist die Frage der **zulässigen Werbung** für diesen Vertriebsweg bezogen auf Arzneimittel. Entsprechend dem Verbot des Versandhandels galt auch ein generelles Werbeverbot für den Arzneimittelversand. Im Zuge der Aufhebung des generellen Versandhandelsverbotes ist auch das heilmittelwerberechtliche Verbot der Werbung für einen Arzneimittelversand in § 8 Abs. 1 HWG aF entfallen. Weiterhin gilt jedoch ein Werbeverbot für den Bezug von Arzneimitteln im Wege des Teleshopping[3] oder den Bezug bestimmter in Deutschland nicht zugelassener Arzneimittel im Wege der Einzeleinfuhr.

II. Regulatorische Anforderungen

7.299 Der Versandhandel von apothekenpflichtigen Arzneimitteln an Endverbraucher ist daher arzneimittelrechtlich nach § 43 Abs. 1 AMG an eine **behördliche Erlaubnis** gebunden, die den Versandhandel für apothekenpflichtige Arzneimittel den Apotheken vorbehält. Die regulatorischen Anforderungen an die erforderliche Erlaubnis zum Versandhandel mit Arzneimitteln richten sich dabei im Einzelnen nach dem ApoG und der ApoBetrO. Danach ist auch für den Inhaber einer Präsenzapotheke der Versandhandel nicht generell erlaubt, sondern bedarf einer zusätzlichen Erlaubnis, deren Erteilung sich nach § 11a ApoG richtet.

7.300 Nicht dem Apothekenvorbehalt unterliegt dagegen die Abgabe von Arzneimitteln durch den pharmazeutischen Unternehmer (den Inhaber der Arzneimittelzulassung) und den Arzneimittelgroßhändler (den Inhaber einer Großhandelserlaubnis nach § 52a AMG) in dem durch § 47 AMG vorgesehenen **Vertriebsweg** an die dort genannten Institutionen. Dies gilt etwa für die Abgabe an andere pharmazeutische Unternehmer und Großhändler, die Abgabe bestimmter Arzneimittel an Krankenhäuser und Ärzte, an bestimmte Behörden, Einrichtungen der Wissenschaft und Forschung oder Hochschulen. Da es sich insoweit nicht um eine Abgabe an den Endverbraucher handelt, ist das Apothekenmonopol hiervon nicht betroffen.

7.301 Hinsichtlich der regulatorischen Anforderungen an den Arzneimittelversand ist daneben zwischen der Art der Arzneimittel zu unterscheiden. Dies gilt insbesondere für die Un-

---

1 EuGH v. 11.12.2003 – Rs. C-322/01, MMR 2004, 149 (152).
2 S. BT-Drs. 15/1170, S. 134. Zu den Beweggründen der Aufhebung im Einzelnen s. auch Kügel/Müller/
  Hofmann/*Hofmann*, § 43 AMG Rz. 17. S. hierzu auch *Vogel*, VUR 2007, 421 ff.
3 Hierzu im Einzelnen etwa Prütting/*Mand*, § 8 HWG Rz. 2 ff.

terscheidung zwischen den apothekenpflichtigen und den freiverkäuflichen Arzneimitteln. Während erstere nur mit behördlicher Erlaubnis durch den Apotheker abgegeben werden dürfen, kann der Onlinevertrieb freiverkäuflicher Arzneimittel – allerdings unter Berücksichtigung der sonstigen arzneimittelrechtlichen Vorschriften, insbesondere des Verbots der Selbstbedienung – auch ohne eine solche Erlaubnis erfolgen. Die Abgrenzung wird durch ein Regel-/Ausnahmeverhältnis vorgenommen, das als **apothekenpflichtige Arzneimittel** regelmäßig sämtliche Fertigarzneimittel iSd. § 4 Abs. 1 AMG (zur Abgabe an Verbraucher bestimmten Arzneimittel) erfasst, während die Freiverkäuflichkeit die Ausnahme bleibt.[1] Dies gilt auch für sog. Bulkware (Großmengen an Arzneistoffen) oder speziell für den Endverbraucher im Rahmen einer sog. verlängerten Rezeptur wiederholt in einer Apotheke hergestellte Arzneimittel (Defekturarzneimittel[2]).[3] Kein Fertigarzneimittel stellt dagegen ein im Einzelfall für den Patienten auf der Grundlage einer Verschreibung hergestelltes (Einzel-)Rezepturarzneimittel dar, da es nicht im Voraus hergestellt wird.[4] Die von der Apothekenpflicht ausgenommenen sog. Freiverkäuflichen Arzneimittel bestimmen sich nach §§ 44 und 45 AMG im Zusammenhang mit der Verordnung über apothekenpflichtige und freiverkäufliche Arzneimittel (AMVerkV) und den Anlagen zu dieser Rechtsverordnung. Dies betrifft im Wesentlichen pflanzliche Zubereitungen und solche Arzneimittel, deren arzneiliche Wirkung auf die natürliche Wirkung bestimmter pflanzlicher Stoffe zurückzuführen ist.

Ferner ist zusätzlich bei den apothekenpflichtigen Arzneimitteln danach zu unterscheiden, ob diese nach § 48 AMG und der Verordnung über die Verschreibungspflicht von Arzneimitteln (Arzneimittelverschreibungsverordnung – AMVV) der **Verschreibungspflicht** unterliegen und damit nur auf ärztliche, zahnärztliche oder tierärztliche Verordnung abgegeben werden dürfen, oder ob die Abgabe auch ohne ein ärztliches Rezept erfolgen darf. Beim Versand verschreibungspflichtiger Arzneimittel muss daher vor dem Versand sichergestellt werden, dass der versendende Apotheker zunächst das Rezept erhält, das in der Regel auf dem Postweg übermittelt wird. Bei der Übermittlung der Rezepte durch die verschreibende Arztpraxis ist zu berücksichtigen, dass die Übermittlung per Telefax oder die Verbringung in die Betriebsräume der Apotheke gegen das Verbot des Betreibens von Rezeptsammelstellen in Arztpraxen nach § 24 Abs. 2 ApoBetrO verstößt, sofern nicht im Einzelfall ein über den Patientenwunsch hinausgehender besonderer medizinischer Rechtfertigungsgrund vorliegt.[5] Eine Sonderstellung nehmen zudem Tierarzneimittel ein, die im Versandhandel besonderen Vorschriften unterliegen, die teilweise von den Regelungen für Humanarzneimittel abweichen (s. hierzu Rz. 7.326). 7.302

Eng verbunden mit der Frage der Zulässigkeit des Arzneimittelversands durch Apotheken sind die regulatorischen Anforderungen an den Apothekenbetrieb durch den Apotheker in Abgrenzung zur Inhaberschaft durch Dritte, die nicht selbst im Besitz einer Apothekenbetriebserlaubnis sind. In dieser Hinsicht ist insbesondere das **Fremdbesitzverbot** zu beachten, dessen Wirksamkeit zuletzt auch durch den EuGH bestätigt wurde.[6] Damit scheidet auch der mittelbare Betrieb einer Filialapotheke durch eine Kapitalgesellschaft aus.[7] Problematisch ist insoweit auch der Betrieb einer oder mehrerer Apotheken, wenn 7.303

---

1 Vgl. etwa OVG Münster v. 10.10.2013 – 13 A 342/13.
2 Zum Versandhandel mit Defekturarzneimitteln s. BGH v. 14.4.2011 – I ZR 129/09; *Balzer*, PharmR 2004, 97 ff.
3 S. zur Reichweite des § 43 Abs. 1 AMG etwa Dieners/Reese/*Sandrock/Nawrothi*, § 9 Rz. 40; *Sander*, § 43 AMG Anm. 1; aA *Rehmann*, § 43 AMG Rz. 2.
4 Dieners/Reese/*Wagner*, § 6 Rz. 153.
5 OLG Saarbrücken v. 25.9.2013 – 1 U 42/13, MedR 2014, 175 ff.
6 EuGH v. 19.5.2009 – Rs. C-171/07, Rs. C-172/07, EuZW 2009, 409 ff. = CR 2009, 822; s. hierzu auch *Kamann/Gey/Kreuzer*, PharmR 2009, 320; *Mand*, WRP 2010, 702 ff. Die Zulassungsfreiheit von Defekturarzneimitteln hat der BGH zuletzt im Hinblick auf die Vereinbarkeit mit europäischem Recht dem EuGH vorgelegt, BGH v. 16.4.2015 – I ZR 130/13, PharmR 2015, 371.
7 OLG Saarbrücken v. 6.12.2006 – 1 U 484/06, NJW-RR 2007, 548.

der Apotheker als „Strohmann" vorgeschoben ist.[1] Der Betrieb einer Apotheke kann nach § 8 ApoG nur in Form einer Gesellschaft bürgerlichen Rechts oder einer offenen Handelsgesellschaft erfolgen. Auch die Verpachtung einer Apotheke ist nach § 9 Abs. 1 ApoG auf eng begrenzte Ausnahmefälle beschränkt.[2] Das bis vor kurzem noch geltende Mehrbesitzverbot ist dagegen insoweit aufgelockert worden als nach § 2 Abs. 4 und 5 ApoG der Betrieb mehrerer Apotheken (Filialapotheken) zulässig ist.

III. Die Versandhandelsapotheke

7.304 Der Versandhandel von Arzneimitteln unterliegt in Deutschland für den Bereich der apothekenpflichtigen Arzneimittel wegen des Erfordernisses einer behördlichen Erlaubnis, die apothekenrechtlich nur dem Inhaber einer Apotheke erteilt wird, einem **Apothekenvorbehalt**. Demgegenüber können freiverkäufliche Arzneimittel grundsätzlich etwa auch durch Drogerieketten und andere Einzelhändler im Internet vertrieben werden. Insoweit ist aber zu berücksichtigen, dass nach § 67 Abs. 1 AMG auch für den Einzelhandel mit freiverkäuflichen Arzneimitteln eine Anzeigepflicht gegenüber der zuständigen Behörde besteht. In der Anzeige sind die Art der Tätigkeit und die Betriebsstätte anzugeben. Nachträgliche Änderungen müssen gemäß § 67 Abs. 3 AMG ebenfalls angezeigt werden. Seit 26.6.2015 gilt zusätzlich § 67 Abs. 8 AMG, eine Umsetzung der europäischen Richtlinie 2011/62/EU zur Verhinderung des Eindringens von gefälschten Arzneimitteln in die legale Lieferkette. § 67 Abs. 8 AMG besagt, dass die Absicht, Arzneimittel im Wege des Versandhandels über das Internet anzubieten, vor Aufnahme der Tätigkeit der zuständigen Behörde unter Angabe des Namens oder der Firma und der Anschrift des Ortes, von dem aus die Arzneimittel geliefert werden sollen, und die Adresse jedes Internetportals einschließlich aller Angaben zu deren Identifizierung der Behörde anzuzeigen sind. Das Versandhandelsportal muss den Namen und die Anschrift der zuständigen Behörde sowie das gemeinsame Versandhandelslogo nach Artikel 85c der Richtlinie 2001/83/EG aufweisen und eine Verbindung zum Internetportal des DIMDI haben. Das Inkrafttreten des § 67 Abs. 8 AMG wäre nach der Übergangsregelung zum 1.1.2016 erfolgt, ist aber bislang nicht im Bundesgesetzblatt nachvollzogen. Außerdem erfordert § 52 Abs. 3 AMG die Anwesenheit einer sachkundigen Person im Sinne des § 50 AMG während der Öffnungszeiten des betreffenden Einzelhandelsgeschäfts.[3]

1. Versandhandelsapotheken in Deutschland

7.305 Die Erlaubnis zum Versand von apothekenpflichtigen Arzneimitteln gemäß § 43 Abs. 1 Satz 1 AMG ist dem Inhaber einer Apothekenerlaubnis nach § 2 ApoG zu erteilen, wenn er schriftlich versichert, die in § 11a Satz 1 ApoG enthaltenen besonderen **Anforderungen an den Arzneimittelversand** zu erfüllen.

a) Antrag auf Versandhandelserlaubnis

7.306 Die Erteilung der Erlaubnis zum Versandhandel mit Arzneimitteln erfolgt durch die jeweilige Landesgesundheitsbehörde auf Antrag. Der Antrag auf Erteilung der Versandhandelserlaubnis ist in der Regel formlos möglich, wobei die Versicherung der Einhaltung

---

1 Vgl. zur strafrechtlichen Würdigung BGH v. 25.4.2002 – 4 StR 152/01, NJW 2002, 2724 (2725) für einen Fall des zu dieser Zeit noch geltenden Mehrbesitzverbotes.
2 Zum Begriff der Verpachtung bei der entgeltlichen Nutzungsüberlassung von Räumlichkeiten und Einrichtungen der Apotheke vgl. BGH v. 22.10.1997 – XII ZR 142/95, NJW-RR 1998, 803 (805) = MDR 1998, 94; S. zu einem vergleichbaren Fall auch OLG Brandenburg v. 26.1.2016 – 3 U 138/09, juris.
3 OVG Lüneburg v. 21.3.2012 – 13 LA 190/11, GewerbeArchiv 2012, 222 f.

der Anforderungen an den Versandhandel nach § 11a ApoG schriftlich erfolgen muss. Als möglicher Antragsteller kommt der Inhaber einer Apothekenbetriebserlaubnis nach § 2 ApoG in Betracht, wobei sich die Erlaubnis auf eine öffentliche Apotheke (Offizinapotheke) beziehen muss, während eine Erlaubniserteilung an eine Krankenhausapotheke nicht in Betracht kommt.[1]

⮕ **Praxistipp:** Vor einer Antragstellung bietet es sich an, den Kontakt mit der zuständigen Landesbehörde aufzunehmen, um die jeweiligen Anforderungen und die einzureichenden Unterlagen abzustimmen. Zudem finden sich im Internet auch Merkblätter für die Antragstellung der jeweiligen Landesbehörden.[2]   7.307

b) Anforderungen an den Versandhandel

Bei den Anforderungen, deren Einhaltung der Antragsteller für den Fall der Erlaubniserteilung versichern muss, handelt es sich im Wesentlichen um die folgenden Voraussetzungen an den Versandhandel: 7.308

aa) Versand zusätzlich zum üblichen Apothekenbetrieb

Der Versand von Arzneimitteln aus einer öffentlichen Apotheke (im Gegensatz etwa zur Krankenhausapotheke) darf nur zusätzlich zum üblichen Apothekenbetrieb erfolgen (§ 11a Satz 1 Nr. 1 ApoG), dh. der Inhaber einer Apothekenbetriebserlaubnis muss neben dem Arzneimittelversand auch weiterhin eine Präsenzapotheke führen. Hierdurch wird der Betrieb einer reinen Versandhandelsapotheke ohne eine gleichzeitige Präsenzapotheke ausgeschlossen.   7.309

bb) Qualitätssicherungssystem

Nach § 11a Satz 1 Nr. 2 ApoG hat der Apotheker durch ein besonderes **Qualitätssicherungssystem** unter anderem dafür zu sorgen, dass die Arzneimittel so verpackt und transportiert werden, dass ihre Wirksamkeit erhalten bleibt, dass das Arzneimittel auch tatsächlich bei dem Besteller ankommt und die fachliche Beratung gewährleistet bleibt. Die einzelnen Anforderungen ergeben sich dabei aus § 17 Abs. 2 a ApoBetrO. Diese Regelung sieht in Satz 2 vor, dass die Versendung nicht erfolgen darf, wenn zur sicheren Anwendung des Arzneimittels ein Informations- oder Beratungsbedarf besteht, der auf einem anderen Wege als einer persönlichen Information oder Beratung durch einen Apotheker nicht erfolgen kann. Leitlinien zur Qualitätssicherung wurden von der Bundesapothekerkammer als Empfehlungen verabschiedet, ohne dass diesen Leitlinien jedoch verbindliche Wirkung zukommt.[3]   7.310

c) Sicherstellungen (§ 11a Satz 1 Nr. 2a ApoG)

§ 11a ApoG sieht daneben eine Reihe von Sicherstellungen vor, die beim Betrieb einer Versandhandelsapotheke zu berücksichtigen sind und deren Einhaltung bei der Beantragung der Versandhandelserlaubnis zu versichern ist. Hierzu gehören: 7.311

– die Sicherstellung der vollständigen Lieferung der bestellten Arzneimittel binnen zweier Arbeitstage nach Eingang der Bestellung,

---

1 S. auch Prütting/*Prütting*, § 11a ApoG Rz. 6.
2 Ein Merkblatt für die Antragstellung hat etwa die Behörde für Gesundheit und Verbraucherschutz in Hamburg unter der Internetadresse http://www.hamburg.de/contentblob/3503630/data/merkblatt-versandhandelserlaubnis-fuer-apotheken-stand-juli-2012.pdf veröffentlicht. Ebenso finden sich im Internet entsprechende Merkblätter anderer Landesbehörden.
3 Nähere Informationen finden sich dazu unter http://www.abda.de/leitlinien.html.

- die Sicherstellung der Arzneimittelsicherheit,

- die Sicherstellung der kostenfreien Zweitzustellung,

- die Unterhaltung eines Systems der Sendungsverfolgung und

- die Unterhaltung des Abschlusses einer Transportversicherung.

d) Sonstige Anforderungen an den Versandhandel

7.312 Neben diesen besonderen Anforderungen an die Erlaubnis zum Versandhandel mit Arzneimittel gelten für diesen zudem die gleichen Vorschriften wie sie im „normalen" Vertrieb über eine Präsenzapotheke zu berücksichtigen sind. Dies gilt insbesondere für die Vorschriften über die Verschreibungspflicht und die Preisbildung bei der Abgabe von Arzneimitteln. Darüber hinaus soll auch bei der Abgabe von Arzneimitteln im Wege des Versandhandels ausgeschlossen werden, dass hierbei eine Beschränkung der Arzneimittelabgabe auf einzelne umsatzstarke oder lukrative Medikamente beschränkt wird. Insoweit sieht § 11a Satz 1 Nr. 3 b) ApoG einen **Kontrahierungszwang** für alle bestellten Arzneimittel vor, soweit sie im Geltungsbereich des Arzneimittelgesetzes in den Verkehr gebracht werden dürfen und verfügbar sind. Die Versandapotheke ist daher verpflichtet, ein Vollsortiment an apothekenüblichen Arzneimitteln vorzuhalten. Dies gilt jedenfalls, soweit die Arzneimittel überhaupt für einen Versand geeignet sind, also etwa nicht für Arzneimittel, die wegen ihrer kurzen Haltbarkeitsdauer im Verhältnis zur Dauer des Transports ungeeignet erscheinen. Ferner ist der Versand für flüssige Zytostatika, radioaktive Arzneimittel oder bestimmte Betäubungsmittel keine geeignete Vertriebsform[1]

7.313 ➡ **Praxistipp:** Ein Apotheker, der einen Antrag auf Erteilung einer Versandhandelserlaubnis anstrebt, sollte daher vor der Antragstellung sicherstellen, dass ein Vollsortiment an apothekenüblichen Arzneimitteln vorhanden oder kurzfristig verfügbar ist und seinen Onlineshop entsprechend auf ein Vollsortiment ausrichten.

e) Rücknahme, Widerruf und Anfechtung der Versandhandelserlaubnis

7.314 Die Versandhandelserlaubnis kann als Verwaltungsakt gemäß § 11b Abs. 1 ApoG zurückgenommen werden, wenn zum Zeitpunkt ihrer Erteilung die Voraussetzungen für ihre Erteilung tatsächlich nicht vorlagen. Ebenso ist die Erlaubnis nach § 11b Abs. 2 ApoG zu widerrufen, wenn die Anforderungen an den Versandhandel nachträglich entfallen. Ein Widerruf kann auch dann erfolgen, wenn der Betrieb entgegen einer vollziehbaren Anordnung der Behörde nicht entsprechend der Anforderungen an den Versandhandel oder den Vorgaben der ApoBetrO erfolgt. Da die Erteilung einer Erlaubnis zum Versandhandel für einen Apotheker zweifelsohne einen Wettbewerbsvorteil darstellt, stellt sich im Zusammenhang mit der Erlaubniserteilung auch die Frage, ob ein Mitbewerber die Möglichkeit hat, die Erteilung einer Erlaubnis im Klagewege zu verhindern (**Konkurrentenklage**). Das BVerwG hat insoweit entschieden, dass ein Apotheker, der die einem anderen Apotheker erteilte Erlaubnis zum Versand apothekenpflichtiger Arzneimittel anficht, nur dann nach § 42 Abs. 2 VwGO klagebefugt ist, wenn die Erlaubniserteilung eine Wettbewerbsveränderung im Apothekenmarkt herbeiführt, die die wirtschaftliche Position des klagenden Konkurrenten unzumutbar beeinträchtigt. Eine solche unzumutbare Beeinträchtigung konnte das BVerwG in dem entschiedenen Fall nicht feststellen, die durch den Versandhandel des Wettbewerbers bedingten tatsächlichen Nachteile des Klägers sollen per se keine Beeinträchtigung darstellen, die über das allgemeine marktimmanente Wettbewerbsrisiko hinausgingen.[2] Für die Zulässigkeit einer Konkurrentenklage müssten daher besondere Um-

---

1 S. hierzu auch Prütting/*Prütting*, § 11a ApoG Rz. 8.
2 BVerwG v. 15.12.2011 – 3 C 41/10, NVwZ 2012, 639.

stände vorliegen, die im konkreten Einzelfall eine drittschützende Wirkung entfalten, während die Anforderungen nach § 11a ApoG selbst keine drittschützende Wirkung haben.

2. Versandhandelsapotheken außerhalb von Deutschland

Während sich die Zulassung des Arzneimittelversandhandels unter Erlaubnisvorbehalt an die Personen richtet, die in Deutschland einen Arzneimittelversand durchführen wollen, stellt sich beim Versandhandel aus dem Ausland die Situation anders dar. Das Arzneimittelgesetz sieht insoweit mit § 73 AMG als maßgebliche Regelung vor, dass die Verbringung von Arzneimitteln aus dem Ausland nach Deutschland einem **grundsätzlichen Verbringungsverbot** unterstellt wird und der Versandhandel von Apotheken mit Sitz im Ausland an besondere Voraussetzungen geknüpft ist. Dabei ist zunächst der Begriff der Verbringung, der im Einzelnen in § 4 Abs. 32 AMG definiert ist, von dem dort ebenfalls definierten Begriff der Einfuhr zu unterscheiden. Die Einfuhr von Arzneimitteln, die sich im Einzelnen nach §§ 72 sowie 72a und b AMG richtet, ist aus Sicht desjenigen zu verstehen, der innerhalb Deutschlands Arzneimittel aus dem Ausland nach Deutschland holen will. Insoweit wird für ein berufs- oder gewerbsmäßiges Handeln in § 72 AMG eine gesonderte Einfuhrerlaubnis gefordert. Demgegenüber richtet sich beim Versandhandel aus dem Ausland die einschlägige Regelung des § 73 AMG an denjenigen, der Arzneimittel aus dem Ausland nach Deutschland verbringen will. Der Versandhandel mit Arzneimitteln unterfällt daher grundsätzlich einem Verbringungsverbot soweit nicht die Verbringung von Arzneimitteln unter den in § 73 AMG im Einzelnen geregelten Voraussetzungen zugelassen ist.

7.315

a) Zulassung des Arzneimittels in Deutschland

Das aus dem Ausland – auch aus dem EU-Ausland – nach Deutschland versandte Arzneimittel muss zunächst in Deutschland zugelassen sein: Die in § 73 Abs. 1 AMG vorgesehene Unterscheidung zwischen der Zulassung, Registrierung oder Genehmigung bezieht sich dabei auf die unterschiedlichen Zulassungsformen der §§ 21, 21a und 38 AMG. Insoweit betrifft das Genehmigungsverfahren des § 21a AMG Gewebezubereitungen und die Registrierung homöopathische Arzneimittel, während im Übrigen für Fertigarzneimittel das vollumfängliche Zulassungserfordernis des § 21 AMG gilt. Die Frage, ob es sich bei dem betroffenen Produkt überhaupt um ein Arzneimittel handelt, oder um ein nicht der Zulassung unterliegendes Lebensmittel oder Kosmetikum, richtet sich dabei nach deutschem Arzneimittelrecht und ist nach den Gesamtumständen zu ermitteln.[1] Das Erfordernis der deutschen Zulassung des aus dem Ausland versandten Arzneimittels bezieht sich auf das konkrete für den Versand vorgesehene Arzneimittel. Wird beispielsweise aus den Niederlanden ein in den Niederlanden zugelassenes Arzneimittel nach Deutschland versandt, so ist das Erfordernis der Zulassung in Deutschland nicht bereits dann erfüllt, wenn es ein entsprechendes wirkstoffidentisches deutsches Präparat mit einer deutschen Zulassung gibt, wie dies bei Generika regelmäßig der Fall ist.[2] Ein zulässiger Arzneimittelversand aus dem Ausland erfasst daher **im Grundsatz nur deutsche Originalpräparate**. Dabei bleibt es unbenommen, das Arzneimittel im Wege des sog. Parallelimports in dem dafür vorgesehenen vereinfachten Verfahren in Deutschland zuzulassen.[3] In diesen Fällen des Parallelimports stellen sich dann weniger arzneimittelrechtliche Fragen als solche einer möglichen Verletzung von Markenrechten.[4]

7.316

---

1 Vgl. etwa FG München v. 14.10.2009 – 14 K 3435/06 – Probiotika, juris.
2 Vgl. Martinek/Semler/Habermeier/Flohr/*Wagner*, § 51 Rz. 48.
3 Ausführlich zum Parallelimport etwa *Koenig/Engelmann/Sander*, GRUR Int 2001, 919 ff.
4 Hierzu etwa *Schickert*, PharmR 2005, 125.

7.317 Dem Begriff der deutschen Arzneimittelzulassung unterfallen auch Arzneimittel, die im Rahmen eines zentralen Zulassungsverfahrens entsprechend § 37 AMG bei der europäischen Arzneimittelbehörde EMA zugelassen sind[1] oder Arzneimittel, die im dezentralen Zulassungsverfahren des § 25b AMG im Rahmen der gegenseitigen Anerkennung innerhalb der Europäischen Union auf der Grundlage eines in einem anderen Mitgliedsland durchgeführten Zulassungsverfahrens in Deutschland zugelassen werden.

7.318 Die Ausnahme von der Zulassungspflicht für sog. **Defekturarzneimittel** (sog. verlängerte Rezeptur) soll nach einer teilweise vertretenen Ansicht nicht den Versandhandel mit Defekturarzneimitteln gemäß § 8 ApoBetrO rechtfertigen, da die Ausnahme auf den üblichen Apothekenbetrieb beschränkt ist und daher nur den Vertrieb in einem regional begrenzten Gebiet, nämlich im üblichen Einzugsbereich der Apotheke, erlaubt.[2] Nach der jüngsten Rechtsprechung des BGH[3] deckt die Erlaubnis zum Versandhandel aber auch den bundesweiten Versand der in der Apotheke selbst hergestellten Arzneimittel ab, so dass ein Ausschluss von Defekturarzneimitteln aus dem Versandhandel innerhalb Deutschlands nicht mehr gerechtfertigt ist. Eine Übertragung dieser Rechtsprechung auf einen Arzneimittelversand aus dem europäischen Ausland erscheint aber gleichwohl fraglich, da das Erfordernis der Zulassung in Deutschland jedenfalls nicht erfüllt ist, allerdings eine solche ja aber auch in Deutschland nicht erforderlich wäre. Bisher sind jedenfalls keine Bestrebungen bekannt, einen grenzüberschreitenden Versand von Defekturarzneimitteln aufzubauen.

7.319 Allein das Vorliegen einer Zulassung eines bestimmten Stoffes als Arzneimittel in Deutschland schließt allerdings auch nicht aus, dass der Gesetzgeber grenzüberschreitenden Verkehr im Hinblick auf einen umfassenden weltweiten Gesundheitsschutz für bestimmte Stoffe zur Wahrung der Sicherheit und der Kontrolle besonderen Regelungen unterstellt. Dies gilt etwa für die betäubungsmittelrechtlichen Vorschriften über die Ausfuhr, die durch eine bestehende Versandhandelserlaubnis nicht tangiert werden.[4]

b) Apotheke mit Sitz in einem Mitgliedsstaat der EU oder des EWR

7.320 § 73 Abs. 1 Nr. 1a erfordert für den Versandhandel aus dem Ausland außerdem, dass der Versand aus einer Apotheke mit Sitz in einem Mitgliedsstaat der EU oder des EWR erfolgt. Damit werden jedoch nicht alle EU-/EWR-Mitgliedstaaten erfasst, da durch das Erfordernis eines im Hinblick auf den Versandhandel dem deutschen Recht entsprechenden Apothekenrechts eine Beschränkung auf einzelne Mitgliedstaaten folgt, die in einer vom Bundesgesundheitsministerium geführten „Länderliste" genannt sind (s. Rz. 7.310).

c) Befugnis zum Versandhandel

7.321 Als weitere Voraussetzung fordert § 73 Abs. 1 Satz 1 Nr. 1a AMG eine Erlaubnis zum Versandhandel. Diese Erlaubnis muss sich nicht nach deutschem Recht richten, sondern kann sich auch aus dem für die Versandhandelsapotheke geltenden nationalen Recht ergeben, soweit es dem deutschen Apothekenrecht im Hinblick auf die Vorschriften zum Versandhandel entspricht. In § 73 Abs. 1 Satz 3 AMG wird das Bundesministerium für Gesundheit (BMG) verpflichtet, in regelmäßigen Abständen eine aktualisierte Übersicht über die Mitgliedstaaten der Europäischen Union und die anderen Vertragsstaaten des Europäischen Wirtschaftsraums zu veröffentlichen, in denen für den Versandhandel und den elektro-

---

1 Hierzu Kügel/Müller/Hofmann/*Kortmann*, § 37 AMG Rz. 3 ff.
2 Vgl etwa OLG Hamburg v. 11.6.2009 – 3 U 195/08, MD 2009, 918.
3 BGH v. 14.4.2011 – I ZR 129/09 – Injektionslösung, WRP 2011, 1450 mit Anm. *Wesser*, jurisPR-MedizinR 9/2011 Anm. 4.
4 S. etwa OVG Münster v. 29.12.2014 – 13 A 1203/14, juris.

nischen Handel mit Arzneimitteln dem deutschen Recht vergleichbare Sicherheitsstandards bestehen. Dieser Verpflichtung zur Vorlage einer aktualisierten Übersicht (**Länderliste**) ist das BMG zuletzt durch die Bekanntmachung vom 5. Juli 2011[1] nachgekommen. Das BMG stellt darin auf der Grundlage einer europaweiten Erhebung fest, dass diese Vergleichbarkeit zur Zeit in folgenden Staaten besteht:

– Island,

– Niederlande, soweit Versandapotheken gleichzeitig eine Präsenzapotheke unterhalten,

– Schweden, nur für den Versandhandel mit verschreibungspflichtigen Arzneimitteln,

– Tschechien, nur für den Versandhandel mit nicht verschreibungspflichtigen Arzneimitteln, und

– Vereinigtes Königreich.[2]

Bei Vorliegen der sonstigen Voraussetzungen nach § 73 Abs. 1 AMG können daher Apotheken von dort aus Arzneimittel im Wege des Versandes an den Endverbraucher in Deutschland verbringen. Um festzustellen, ob eine Apotheke eine behördliche Erlaubnis zum Versandhandel mit Arzneimitteln in oder nach Deutschland besitzt, hat das Deutsche Institut für Medizinische Dokumentation und Information (DIMDI) diesen Apotheken für ihren Internetauftritt ein Sicherheitslogo zur Verfügung gestellt und ein **Versandapothekenregister** eingerichtet, das sowohl deutsche als auch ausländische Versandapotheken erfasst.[3] Dieses freiwillige Logo wird inzwischen durch ein verbindliches europäisches Versandhandelslogo ersetzt (s. hierzu Rz. 7.325). 7.322

Die Entsprechung mit dem deutschen Apothekenrecht im Hinblick auf den Versandhandel erfordert allerdings nicht, dass das ausländische Apothekenrecht in allen Einzelheiten dem deutschen Recht entsprechen muss. So ist etwa die Tatsache, dass für eine Versandhandelsapotheke in den Niederlanden nicht eine gleichzeitige Präsenzapotheke vorgeschrieben ist, nicht geeignet, diese Anforderung zu verneinen.[4] Gleichwohl beschränkt die Länderliste den Bereich auf solche niederländischen Apotheken, die zugleich eine Präsenzapotheke unterhalten. 7.323

d) Versand entsprechend den deutschen Vorschriften

Ungeachtet der Beurteilung der Versandhandelserlaubnis nach dem Recht des jeweiligen Mitgliedstaates muss sich der Versandhandel aus diesem Land nach Deutschland an den deutschen Vorschriften für den Versandhandel orientieren. Die Erlaubnis zum Versandhandel aus dem europäischen Ausland führt daher nicht dazu, dass bestimmte in Deutschland **geltende Verbote für die Werbung für den Versandhandel** aus dem europäischen Ausland nicht zur Anwendung kommen, weil sie für den Sitzstaat des ausländischen Apothekeninhabers nicht gelten. So wurden Bonuszahlungen, die etwa nach niederländischem Recht nicht beanstandet werden, auch beim Versandhandel aus dem europäischen Ausland für unzulässig erachtet.[5] 7.324

---

1 Az. 113-41501-03, im Internet abrufbar unter: http://www.bmg.bund.de/fileadmin/dateien/Downloads/ Gesetze_und_Verordnungen/Bekanntmachungen/A/Uebersicht_zum_Versandhandel_mit_Arzneimitteln/ Bekanntmachung_nach___73_AMG_Uebersicht_Versandhandel.pdf.

2 Informationen hierzu finden sich auf der Internetseite des BMG, abrufbar unter http://www.bmg. bund.de/glossarbegriffe/v-y/versandhandel-mit-arzneimitteln.html.

3 Informationen zu diesem Versandapothekenregister finden sich im Internet unter http://www.dimdi. de/static/de/amg/var/index.htm.

4 Vgl. etwa BGH v. 20.12.2007 – I ZR 205/04, MMR 2008, 242 = MedR 2008, 611 = CR 2008, 238.

5 OLG Hamburg v. 25.3.2010 – 3 U 126/09, PharmR 2010, 410.

e) Anzeigepflicht, Versandhandelslogo

7.325 Seit 26.6.2015 sind alle Apotheken und sonstigen Unternehmen in der Europäischen Union verpflichtet, auf ihren Websites das gemeinsame europäische Versandhandelslogo zu verwenden, wenn sie der Öffentlichkeit über das Internet Arzneimittel, die zur Anwendung bei Menschen bestimmt sind, zum Verkauf anbieten. Das gemeinsame europäische Versandhandelslogo zeigt den Verbraucherinnen und Verbrauchern, dass ein Versandhändler nach seinem jeweiligen nationalen Recht zum Versandhandel über das Internet mit Arzneimitteln, die zur Anwendung bei Menschen bestimmt sind, berechtigt ist. Zudem lässt sich auf den ersten Blick der Mitgliedstaat erkennen, in dem der Versandhändler niedergelassen ist.

7.326 Alle Apotheken und sonstigen Unternehmen, die einen entsprechenden Versandhandel betreiben, werden in ein nationales Versandhandelsregister eingetragen. In Deutschland wird dieses Register vom Deutschen Institut für medizinische Dokumentation und Information (DIMDI) geführt. § 67 Abs. 8 Satz 1 AMG sieht insoweit vor, dass derjenige, der zum Zweck des Einzelhandels Arzneimittel, die zur Anwendung bei Menschen bestimmt sind, im Wege des Versandhandels über das Internet anbieten will, dies vor Aufnahme der Tätigkeit der zuständigen Behörde unter Angabe des Namens oder der Firma und der Anschrift des Ortes, von dem aus die Arzneimittel geliefert werden sollen, und die Adresse jedes Internetportals einschließlich aller Angaben zu deren Identifizierung anzuzeigen hat. Spätere Änderungen (einschließlich einer Einstellung der Tätigkeit) sind ebenfalls meldepflichtig.

f) Einzeleinfuhr als Ausnahme zum Verbringungsverbot?

7.327 Eine Ausnahmeregelung zu dem Verbringungsverbot des § 73 Abs. 1 AMG enthält die Regelung des § 73 Abs. 2 Nr. 6a AMG für Arzneimittel, die im Herkunftsland als Arzneimittel zugelassen sind und ohne gewerbs- oder berufsmäßige Vermittlung in einer dem üblichen persönlichen Bedarf entsprechenden Menge aus einem EU-Mitgliedstaat oder EWR-Vertragsstaat bezogen werden. Ob diese Regelung geeignet ist, einen Versandhandel aus einem europäischen Mitgliedsstaat auch ohne eine den vorstehenden Anforderungen entsprechende Erlaubnis durchzuführen, erscheint fraglich, weil eine **„gewerbs- oder berufsmäßige Vermittlung"** hierfür ausgeschlossen ist. Eine solche Vermittlung verlangt eine über das bloße „Zur-Verfügung-Halten" von Arzneimitteln hinaus erfolgende aktive Beeinflussung und Förderung der Tätigkeit zum Vertrieb von Arzneimitteln.[1, 2] Die im Ausland ansässige Apotheke übt keine solche Vermittlungstätigkeit aus, erforderlich wäre vielmehr ein Dritter, der sich berufs- oder gewerbsmäßig darum bemüht, den Kontakt zwischen dem ausländischen Lieferanten und dem deutschen Verbraucher herzustellen.[3] Ungeachtet dessen ist diese Regelung aufgrund ihres Ausnahmecharakters aber nicht geeignet, einen planmäßigen Produktabsatz aus dem europäischen Ausland zu rechtfertigen.[4] Die Initiative für einen nach § 73 Abs. 2 Nr. 6a AMG zulässigen Bezug von bestimmten Arzneimitteln muss grundsätzlich von dem einführenden Verbraucher ausgehen, ohne dass dieser durch gezielte und auf den deutschen Markt gerichtete Absatzförderungsmaßnahmen beeinflusst wird. Die Werbung für eine Einzeleinfuhr von Arzneimitteln nach § 73 Abs. 2 Nr. 6a AMG wäre zudem auch nach der aktuellen Fassung des § 8 HWG unzulässig. Der Begriff der „Werbung" ist dabei weit auszulegen und erfasst jeden an einen möglichen Abnehmer gerichte-

---

1 Über die Homepage des DIMDI findet sich eine Liste der in Deutschlad zugelassenen Versandapotheken, wie auch die Links zu den nationalen Registern der anderen Mitgliedsstaaten (http://www.ema.europa.eu/ema/index.jsp?curl=/pages/regulation/general/general_content_000630.jsp)
2 Kügel/Müller/Hofmann/*Kügel*, § 73 AMG Rz. 41; KG v. 29.5.2001 – 5 U 10150/00, GRUR-RR 2001, 244 (247 f.) = CR 2001, 556.
3 OLG Frankfurt v. 31.5.2001 – 6 U 240/00, WRP 2001, 951 (953) = MDR 2001, 1006.
4 So auch Martinek/Semler/Habermeier/Flohr/*Wagner*, § 51 Rz. 49.

ten Hinweis darauf, dass er bestimmte in Deutschland nicht zugelassene Arzneimittel aus dem Ausland beziehen könne.[1]

Abgesehen von dieser Frage der Vereinbarkeit des Versandhandels mit einer „Einzeleinfuhr" erlaubt § 73 Abs. 2 Nr. 6a AMG auch einen Bezug von Arzneimitteln, die in Deutschland nicht zugelassen sind, soweit eine **Zulassung im Herkunftsland** besteht. Dies bezieht sich aber nur auf solche Produkte, die im Herkunftsland als Arzneimittel zugelassen sind, nicht dagegen auf Produkte, die etwa anders als auf dem deutschen Markt keiner Zulassung bedürfen, sondern beispielsweise als Nahrungsergänzungsmittel im Herkunftsland in den Verkehr gebracht werden können.[2] Eine solche Beschränkung ist mit europarechtlichen Grundsätzen vereinbar, da sich der deutsche Gesetzgeber insoweit auf den vorrangigen Gesundheitsschutz beziehen kann. Erst dann, wenn auch im europäischen Ausland eine Überprüfung der Produktabgabe durch eine Zulassung stattgefunden hat, bestehen nach dem insoweit harmonisierten Arzneimittelmarkt keine Gründe, eine Einzeleinfuhr durch einen deutschen Verbraucher für unzulässig zu erklären.[3]

7.328

3. Sonderform: Drogeriemärkte als Pick-up-Stellen

Im Zusammenhang mit der Zulassung eines Versandhandels durch eine ausländische Internet-Apotheke kam auch die Idee auf, in deutschen Drogeriemärkten sog. Bestell- und Abholstationen für Arzneimittel (sog. **Pick-up-Stellen**) einzurichten. Ob bzw. inwiefern dieses Modell unter der Ägide des § 11a ApoG zulässig ist, oder einen Fall der nach § 24 ApoBetrO unzulässigen Rezeptsammelstellen darstellt, hat ebenfalls die Rechtsprechung ausführlich beschäftigt.[4] Der Versandhandel kennzeichnet sich durch die Übermittlung von Waren auf Veranlassung des Versenders an den Besteller durch ein vom Versender beauftragtes Logistikunternehmen mittels dazu geeigneter Transportsysteme, wobei der Begriff auch die Auslieferung der bestellten Ware über eine Abholstation umfasst (weiter Versandhandelsbegriff).[5] Damit liegt ein zulässiger Versand an den Endverbraucher auch dann vor, wenn die Lieferung des Logistikunternehmens an den jeweiligen Drogeriemarkt oder einen dort als Beauftragten fungierenden Mitarbeiter erfolgt, der nicht Endverbraucher ist, wenn der Endverbraucher das Arzneimittel im Drogeriemarkt abholen kann. Entscheidend ist, dass der Versand aus einer öffentlichen Apotheke heraus erfolgt, und dass die Beteiligung des Dritten am Vertrieb nicht über eine bloße Transportfunktion hinausgeht. Soweit der in den Vertrieb eingeschaltete Drogeriemarkt durch seine Werbung daher nicht den Eindruck erweckt, bei ihm selbst könnte man die Arzneimittel – wenn auch im Wege der Bestellung – kaufen, liegt auch kein unzulässiger Versandhandel durch den Drogeriemarkt vor.[6] Nach der Rechtsprechung des BVerwG[7] setzt der zugelassene Versandhandel mit Arzneimitteln nicht voraus, dass die bestellten Medikamente dem Endverbraucher an seine Adresse zugestellt werden.[8] Der Versand kann auch durch **Übersendung an eine in einem Gewerbebetrieb eingerichtete Abholstation** erfolgen, in der die Arzneimittelsendung dem Kunden ausgehändigt wird. Das BVerwG stellt im Rahmen der Entscheidung zudem fest, dass das Verbot der Rezeptsammelstellen (§ 24 ApoBetrO) nicht das Einsammeln von Medi-

7.329

---

1 Kügel/Müller/Hofmann/*Kügel*, § 73 AMG Rz. 43; OLG Frankfurt v. 31.5.2001 – 6 U 240/00, WRP 2001, 951 (953) = MDR 2001, 1006.
2 Vgl. etwa BGH v. 11.7.2002 – I ZR 34/01 – Muskelaufbaupräparate WRP 2002, 1141 (1147).
3 S. hierzu auch Kügel/Müller/Hofmann/*Kügel*, § 73 AMG Rz. 42.
4 S. hierzu auch *Bruggmann*, PharmR 2011, 161 (161 f.).
5 BVerwG v. 13.3.2008 – 3 C 27/07, GewArch 2008, 313; vgl. hierzu auch *Liebler* (Anm.), jurisPR-BVerwG 15/2008 Anm. 5; Terbille/*Kügel*, Münchener Anwaltshandbuch Medizinrecht, 2009, § 9 Rz. 180.
6 BVerwG v. 13.3.2008 – 3 C 27/07, GewArch 2008, 313.
7 BVerwG v. 13.3.2008 – 3 C 27/07, BVerwGE 131, 1 ff.
8 BVerwG v. 13.3.2008 – 3 C 27/07, MedR 2008, 572.

kamentenbestellungen im Rahmen des Versandhandels mit Arzneimitteln betrifft.[1] Eine andere Situation stellt sich aber dann dar, wenn Rezepte in einer Arztpraxis eingesammelt werden. Hierbei handelt es sich um einen Fall der Rezeptsammelstelle, der nicht erlaubnisfähig wäre, da § 24 Abs. 2 ApBetrO das Einrichten von Rezeptsammelstellen in Gewerbebetrieben und bei Angehörigen der Heilberufe verbietet.[2]

4. Weitere Sonderformen: Apothekenterminals/„Vorteil24"

7.330 Als eine weitere dem Versandhandel zumindest ähnliche Sonderform stellen sich sog. **Apothekenterminals** dar.[3] Bei diesen Apothekenterminals kann der Kunde Arzneimittel an einem von der Apotheke räumlich getrennten Terminal erhalten. Bei apothekenpflichtigen Produkten erfolgt über einen Monitor und einen Lautsprecher eine Verbindung mit einem Apotheker zum Zwecke der Beratung und Freigabe des Medikaments. Etwaig erforderliche Verschreibungen werden eingescannt und verbleiben im Terminal. Das BVerwG hat diese Apothekenterminals aus verschiedenen Gründen als unzulässig angesehen, die im Wesentlichen gegen einen ordnungsgemäßen Apothekenbetrieb sprechen, insbesondere die fehlende Beratung und Kontrolle der Verschreibung.[4] Apothekenterminals stellen außerdem insbesondere unter dem Gesichtspunkt des Verbots der Selbstbedienung nach § 51 Abs. 1 AMG eine unzulässige Vertriebsform dar. Die Abgabe von Arzneimitteln an den Patienten nicht durch die Apotheke selbst, sondern durch entsprechende Warenautomaten, ist danach nicht zulässig.[5]

7.331 Eine weitere Sonderform des Versandhandels stellt das Modell „**Vorteil24**" dar, bei dem ein teilnehmender Apotheker die Bestellung an eine niederländische Versandapotheke weiterleitet. Diese liefert sodann die bestellten Arzneimittel an die deutsche Apotheke aus, wo sie dem Kunden ausgehändigt wird. Der Vorteil dieses Modells soll darin liegen, dass die Arzneimittel wegen des zwischen der Bundesrepublik Deutschland und den Niederlanden bestehenden Umsatzsteuergefälles billiger werden, wodurch sich indirekt auch die Wettbewerbsposition der beteiligten Apotheke verbessern soll.[6] Ausweislich einer kürzlich erfolgten Pressemitteilung hat das LG Nürnberg jedoch einer Apothekerin aus Fürth die Teilnahme an diesem Modell im Wege des einstweiligen Rechtsschutzes untersagt.[7]

IV. Arzneimittel und andere Gesundheitsprodukte im Versandhandel

7.332 Für die Beurteilung der Zulässigkeit eines Versandhandels von wesentlicher Bedeutung ist die Einordnung des jeweiligen Produktes als Arzneimittel in Abgrenzung zu anderen Produkten mit tatsächlicher oder behaupteter gesundheitlicher Wirkung. Bevor daher beurteilt werden kann, ob und mit welchen zusätzlichen Anforderungen für das spezifische Produkt ein Versandhandel in Betracht kommt, muss zunächst bestimmt werden, ob das in einem Onlineshop oder per Katalog für einen Versand angebotene Warensortiment Arzneimittel, Medizinprodukte, Lebensmittel, Kosmetika oder andere Produkte ohne Gesundheitsbezug umfasst. Diese Produktklassifizierung hat nicht nur dafür Bedeutung, ob sich der Versand an den besonderen Vorgaben für einen Arzneimittelversand orientieren muss,

---

1 Hierzu auch Spickhoff/*Walter*, Medizinrecht, 2011, § 11a ApoG Rz. 8.
2 OLG Hamm v. 12.5.2015 – 4 U 53/15, WRP 2015, 990; s. hierzu auch Dieners/Reese/*Sandrock/Nawroth*, § 9 Rz. 133.
3 S. hierzu *Siegel*, NVwZ 2011, 599 (600 f.).
4 BVerwG v. 24.6.2010 – 3 C 30/09, PharmR 2010, 462 ff.
5 Vgl. OVG Koblenz v. 7.7.2009 – 6 A 11397/08, PharmR 2009, 624.
6 S. hierzu und zur rechtlichen Bewertung *Siegel*, NVwZ 2011, 599 (601).
7 Vgl. die Pressemitteilung unter http://www.apotheke-adhoc.de/nachrichten/markt/gericht-verbietet-vorteil24.

sondern auch dafür, ob ein zulässiger Arzneimittelversand auch apothekenfremde Produkte erfassen darf.

1. Zulässiges Warensortiment im Arzneimittelversandhandel

§ 2 Abs. 4 ApoBetrO sieht vor, dass ein Apothekenleiter neben Arzneimitteln und apothekenpflichtigen Medizinprodukten die in § 25 genannten apothekenüblichen Waren nur in einem Umfang anbieten oder feilhalten darf, der den ordnungsgemäßen Betrieb der Apotheke und den Vorrang des Arzneimittelversorgungsauftrages nicht beeinträchtigt. Dadurch soll vermieden werden, dass der Apothekenleiter zu Lasten seines Versorgungsauftrages die Apotheke – etwa nach dem amerikanischen Vorbild eines „Drugstore" – an für ihn möglicherweise lukrativeren Waren ausrichtet.[1] Welches Warensortiment danach als **apothekenübliche Waren** in einer (Versand-)Apotheke vertrieben werden dürfen, richtet sich nach § 25 ApoBetrO. Apothekenübliche Waren sind neben Arzneimitteln

- Medizinprodukte, auch soweit sie nicht der Apothekenpflicht unterliegen,
- Mittel sowie Gegenstände und Informationsträger, die der Gesundheit von Menschen und Tieren mittelbar oder unmittelbar dienen oder diese fördern,
- Prüfmittel, Chemikalien, Reagenzien, Laborbedarf,
- Schädlingsbekämpfungs- und Pflanzenschutzmittel und
- Mittel zur Aufzucht von Tieren.

7.333

Die Abgrenzung von solchen apothekenüblichen Waren von Waren, die nicht im Apothekensortiment angeboten werden dürfen, ist dabei allerdings im Einzelfall wegen der Weite der Begriffe schwierig zu treffen.[2]

7.334

2. Vom Erfordernis der Versandhandelserlaubnis erfasste Waren

Auf der anderen Seite ist die Warenklassifizierung auch insoweit von Bedeutung, als sie gegebenenfalls einen intendierten Onlineshop von dem Erfordernis einer entsprechenden Erlaubnis abhängig macht. Wer beabsichtigt, Waren in sein Shopsortiment aufzunehmen, sollte zuvor prüfen, ob diese Waren als Arzneimittel zu klassifizieren sind oder ohne besondere Erlaubnis versandt werden dürfen. Die Abgrenzung fällt insbesondere dann schwer, wenn dem Produkt gesundheitliche Wirkungen zugeordnet werden. Während die Abgrenzung zwischen Medizinprodukten (die allerdings unter Umstanden nach § 1 Medizinprodukte-Vertriebswegeverordnung (MPVertrV) ebenfalls der Apothekenpflicht unterliegen) und Arzneimitteln anhand einer mechanischen oder pharmakologischen Wirkweise im Regelfall noch verhältnismäßig einfach erscheint, ist gerade die **Abgrenzung zu den dem Lebensmittelbereich**[3] **zuzuordnenden diätetischen Produkten und Nahrungsergänzungsmitteln** häufig schwierig[4] und wird nicht selten dazu genutzt, langwierige Zulassungsverfahren zu umgehen. Gerade das Internet bietet sich insoweit an, Produkte im Versandhandel zu vertreiben, deren Wirkweise fragwürdig erscheint. Eine vertiefende Darstellung der vielfältigen Einzelfälle würde jedoch den Rahmen dieser Darstellung sprengen. Anzumerken ist insoweit, dass die Zweifelsregelung in Art. 1 Nr. 2 und Art. 2 Absatz 2 der Richtlinie 2001/83/EG vom 6. November 2001 zur Schaffung eines Gemeinschaftskodexes für Hu-

7.335

---

1 Leupold/Glossner/*Domeier/Werner*, Teil 8 Rz. 245.
2 S. hierzu etwa BGH v. 21.9.2000 – I ZR 216/98 – Kompressionsstrümpfe, NJW 2001, 3411; OLG Oldenburg v. 22.11.2007 – 1 U 49/07 – weihnachtliche Dekorationsartikel, NJW-RR 2008, 290; OLG Sachsen-Anhalt v. 9.12.2005 – 10 U 37/05 – Schals, WRP 2006, 618; dazu auch *Köber*, APR 2008, 146 ff.
3 Hierzu etwa Dieners/Reese/*Doepner/Hüttebräuker*, § 3 Rz. 77 ff.
4 Vgl. etwa VGH Baden-Württemberg v. 8.12.2010 – 9 S 783/10 – Misteltee, PharmR 2011, 92.

manarzneimittel für Zweifelsfälle einen grundsätzlichen Vorrang des Arzneimittelrechts vorsieht[1] und im Übrigen auch die Produktpräsentation zu einer Einstufung als Arzneimittel führen kann, wenn es entweder ausdrücklich als ein solches Mittel bezeichnet wird oder aber sonst beim Verbraucher auch nur schlüssig, aber mit Gewissheit der Eindruck entsteht, dass es in Anbetracht seiner Aufmachung die betreffenden Eigenschaften haben müsse (sog. Präsentationsarzneimittel[2]).

3. Apothekenpflichtige und verschreibungspflichtige Arzneimittel

7.336 Im Hinblick auf die Zulässigkeit und die Anforderungen eines Arzneimittelversandhandels ist auch nach der Art der versandten Arzneimittel zu differenzieren. Dies gilt insbesondere für die Frage der erforderlichen Zulassung, Registrierung oder Genehmigung des Arzneimittels entsprechend den Anforderungen des AMG (s. Rz. 7.291 f.). Soweit der Apotheker Arzneimittel nicht in der vom Hersteller bereitgestellten Verpackung versendet, sondern im Wege der **sog. Auseinzelung** weitergibt, stellt sich die Frage, ob ungeachtet eines zulässigen Versandhandels der Apotheker selbst Arzneimittel herstellt. Es stellt jedoch keinen Verstoß gegen die Zulassungspflicht für Arzneimittel dar, wenn ein Apotheker in seiner Apotheke aus einem zugelassenen Fertigarzneimittel Fertigspritzen auseinzelt und an andere Apotheken weitergibt, sofern es sich um individuelle Zubereitungen für Patienten nach Rezeptur handelt und das Abfüllen in unveränderter Form erfolgt.[3] Ein Apotheker, der eine Erlaubnis zum Versand von apothekenpflichtigen Arzneimitteln hat, darf auch die von ihm hergestellten Defekturarzneimittel aufgrund dieser Erlaubnis bundesweit versenden.[4]

7.337 Bestimmte Arzneimittel sind auch unter Berücksichtigung einer Erlaubnis zum Versandhandel nicht dem Versandhandel zugänglich. So bestimmt etwa § 17 Abs. 2b ApoBetrO, dass für Arzneimittel, die die **Wirkstoffe Thalidomid oder Lenalidomid** enthalten, ein Inverkehrbringen im Wege des Versandes nicht zulässig ist. Dieser **Ausschluss vom Versandhandel** beruht auf dem besonderen Gefährdungspotential dieser Wirkstoffe, wobei der Wirkstoff Thalidomid im Zusammenhang mit dem Arzneimittel Contergan eine besondere Vorgeschichte hat. Diese Wirkstoffe werden daher nur mit einer engen Indikation für bestimmte seltene Leiden eingesetzt.

4. Freiverkäufliche Arzneimittel

7.338 Bei freiverkäuflichen Arzneimiiteln, also solchen, die nicht der Apothekenpflicht unterliegen, ist für einen Versand die Regelung des § 50 Abs. 1 AMG zu beachten, der den Einzelhandel außerhalb von Apotheken mit freiverkäuflichen Arzneimitteln an die Voraussetzung knüpft, dass der Unternehmer, eine zur Vertretung des Unternehmens gesetzlich berufene oder eine von dem Unternehmer oder der Leitung des Unternehmens oder mit dem Verkauf beauftragte Person die **erforderliche Sachkenntnis** besitzt. Bei Unternehmen mit mehreren Betriebsstellen muss für jede Betriebsstelle eine Person mit der erforderlichen Sachkenntnis vorhanden sein. Die erforderliche Sachkenntnis muss durch eine entsprechende, durch Prüfungszeugnisse über eine einschlägige berufliche Ausbildung oder in sonstiger Weise nachgewiesen werden. Die Einzelheiten der erforderlichen Sachkenntnis ergeben sich dabei aus § 50 Abs. 2 AMG und aus der Verordnung über den Nachweis

---

1 Vgl. hierzu etwa *Müller*, NVwZ 2009, 425 (426).
2 Vgl. etwa OVG Lüneburg v. 3.2.2011 – 13 LC 92/09, PharmR 2011, 86.
3 OLG München v. 6.5.2010 – 29 U 4316/09, PharmR 2010, 476; aA HansOLG Hamburg v. 24.2.2011 – 3 U 12/09, PharmR 2011, 178. S. auch VG Neustadt a.d. Weinstraße v. 11.3.2014 – 5 K 542/13. NW, PharmR 2014, 486.
4 BGH v. 14.4.2011 – I ZR 129/09 – Injektionslösung, WRP 2011, 1450 mit Anm. *Wesser*, jurisPR-MedizinR 9/2011 Anm. 4; anders noch *Hans*, OLG Hamburg v. 11.10.2007 – 3 U 127/06, PharmR 2008, 448.

der Sachkenntnis im Einzelhandel mit freiverkäuflichen Arzneimitteln (AMSachKV). Die Sachkenntnisse müssen sich dabei auf die Herstellung, Lagerung und das Inverkehrbringen der freiverkäuflichen Arzneimittel beziehen. Für den Versandhandel ist daneben auch § 52 Abs. 1 AMG zu berücksichtigen, der eine Abgabe im Wege der Selbstbedienung untersagt. Als eine Form der Selbstbedienung wird auch der Versandhandel angesehen.[1] Dies kann jedoch nicht bedeuten, dass ein Versandhandel für freiverkäufliche Arzneimittel ausgeschlossen wäre, da hierdurch der Versandhandel konterkariert würde. Zu fordern ist aber, dass auch beim Versandhandel freiverkäuflicher Arzneimittel eine Begleitung des Käufers durch den Anbieter durch **entsprechende Informationen und Beratungsangebote** erfolgt und eine Person mit der erforderlichen Sachkenntnis erreichbar ist.

5. Tierarzneimittel

Anders als im Bereich der zur Anwendung am Menschen bestimmten Arzneimittel galt bis zur 15. AMG-Novelle für apothekenpflichtige Arzneimittel, die zur Anwendung bei Tieren bestimmt sind, ein unbeschränktes Versandverbot. Auch insoweit wurde allerdings durch die 15. AMG-Novelle der Versandhandel für Arzneimittel, die ausschließlich zur Anwendung bei Tieren zugelassen sind, die nicht der **Gewinnung von Lebensmitteln** dienen, mit der Regelung des neu eingefügten § 43 Abs. 5 Satz 3 AMG geöffnet.[2] Bereits zuvor hatte der BGH entschieden, dass das in § 43 Absatz 5 AMG geregelte Verbot des Versandhandels mit apothekenpflichtigen Tierarzneimitteln nicht solche Fälle erfasst, in denen eine durch die spezifischen Risiken des Versandhandels verursachte Fehlmedikation weder eine Gesundheitsgefahr für den Menschen noch eine relevante Gefahr für die Gesundheit des behandelten Tieres begründet.[3] Eine solche Gefahr ist grundsätzlich bei Tierarzneimitteln ausgeschlossen, die bestimmungsgemäß nur bei nicht zu Ernährungszwecken gehaltenen Haustieren anzuwenden sind. Der Endverbraucher für zur Anwendung am Tier bestimmte Arzneimittel ist der Tierhalter oder eine andere Person, die nach § 47 Abs. 1 AMG im Arzneimittelvertrieb mit Tierarzneimitteln beliefert werden darf, wie etwa Tierärzte.

7.339

V. Preisvorschriften beim Arzneimittelversand

Die Arzneimittelpreisverordnung (AMPreisV) schreibt in den §§ 1, 3 für verschreibungspflichtige Fertigarzneimittel die Festlegung eines **einheitlichen Apothekenabgabepreises** vor. Die auch zwischen den obersten Bundesgerichten streitige Frage, ob auch eine im Ausland ansässige Versandapotheke an diese Preisvorschriften gebunden ist, ist inzwischen durch den Gemeinsamen Senat der obersten Gerichtshöfe des Bundes bejaht worden.[4] Die AMPreisV ist danach als zwingendes öffentliches Recht gemäß Art. 9 der Verordnung EG Nr. 593/2008 (Rom I-Verordnung, vormals Art. 34 EGBGB) nicht vom Vertragsstatut erfasst. Sie stellt zwingendes Preisrecht dar, indem sie den Preis jedenfalls für verschreibungspflichtige Medikamente verbindlich festlegt. Nach dem Willen des Gesetzgebers soll sie auch für den grenzüberschreitenden Versandhandel Geltung beanspruchen. Die Regelung des § 73 Abs. 1 Satz 1 Nr. 1a AMG ordnet für den Versand von Arzneimitteln an Endverbraucher durch eine versandberechtigte ausländische Apotheke ausdrücklich die Geltung der „deutschen Vorschriften zum Versandhandel oder zum elektronischen Handel" an. Zu den Regelungen des üblichen Apothekenbetriebs gehören aber gerade auch die preisrechtlichen Regelungen der §§ 78 AMG und 1, 3 AMPreisV. Der durch das Zweite Gesetz

7.340

---

1 Kügel/Müller/Hofmann/*Stumpf*, § 52 AMG Rz. 6; *Marwitz*, Heilmittel im Internet, MMR 1999, 83 (87).
2 S. auch Kügel/Müller/*Hofmann*, § 43 AMG Rz. 38 ff.; *Backmann*, PharmR 2010, 377 ff.
3 BGH v. 12.11.2009 – I ZR 210/07, MMR 2010, 464 = MDR 2010, 825.
4 Az.: GmS-OGB 1/10, Entsch. v. 22.8.2012; hierzu *Dettling*, GRUR-Prax 2013, 177 ff.

zur Änderung arzneimittelrechtlicher und anderer Vorschriften vom 19.10.2012 eingeführte § 78 Abs. 1 Satz 4 AMG bestätigt diese Rechtslage auch durch eine ausdrückliche gesetzliche Regelung.[1] Eine gegen die Preisregulierung bei verschreibungspflichtigen Arzneimitteln eingelegte Verfassungsbeschwerde wurde bereits als unzulässig abgelehnt, in einem obiter dictum hat das BVerfG dabei jedoch auch bestätigt, dass gegen § 78 Abs. 1 Satz 4 AMG keine verfassungsrechtlichen Bedenken bestehen und dass die mit ihm verbundene Beschränkung von Art. 12 Abs. 1 beziehungsweise Art. 2 Abs. 1 GG weder formell noch materiell zu beanstanden ist.[2] Im Übrigen hat der BGH in mehreren Parallelentscheidungen die Frage des Zuwendungsverbotes nach § 7 HWG entschieden, die Fälle betrafen, in denen der Preis zwar nach der AMPreisV berechnet war, aber dem Kunden beim Kauf andere geldwerte Vorteile wie Bonustaler oder der Erlass der Rezeptgebühr angeboten worden waren. Der BGH hat in allen entschiedenen Fällen einen Verstoß gegen die arzneimittelrechtlichen Preisbindungsvorschriften bejaht.[3] Damit ist der Arzneimittelversand nicht dazu geeignet, die arzneimittelrechtlichen Preisvorschriften zu umgehen.

VI. Anforderungen an den Vertragsschluss und die Zahlungsbedingungen

7.341 Die allgemeinen verbraucherschützenden Regelungen für den Versandhandel gelten auch für den Arzneimittelversand. Dies gilt insbesondere für die **Regelungen zum Fernabsatz**, da der Versandhandel mit Arzneimitteln durch eine Internetapotheke ein Fernabsatzgeschäft ist (im Einzelnen wird hierzu auf die Ausführungen in Kap. 3 verwiesen). Dem Verbraucher steht daher grundsätzlich auch bei Versandhandelsgeschäften mit Arzneimitteln ein Widerrufsrecht gemäß § 312d iVm. § 355 BGB zu.[4] Eine Ausschlussklausel zum Widerrufsrecht in den AGB der Versandapotheke wird von der Rechtsprechung gemäß § 312f BGB überwiegend als unwirksam angesehen und soll nicht durch § 312d Abs. 4 Nr. 1 BGB gedeckt sein.[5] Ein Arzneimittel, ob apothekenpflichtig oder nicht, habe keine besondere Beschaffenheit, die es zur Rücksendung ungeeignet mache. Der Umstand, dass die Versandapotheke das Arzneimittel möglicherweise nicht mehr in Verkehr bringen darf, liege allein in deren Risikobereich. Durch die Rücksendung sei es weder Verderb noch sonstiger Verschlechterung ausgesetzt.[6] Anders wird dies jedoch überwiegend in der Literatur beurteilt.[7] Jedenfalls bei Rezepturarzneimitteln, die individuell für den Empfänger hergestellt werden, ist wegen der eindeutig auf die Bedürfnisse bezogenen Zubereitung ein Widerruf ausgeschlossen. Auch im Übrigen ist eine Wiederverkaufsmöglichkeit zurückgesendeter Arzneimittel zumindest fraglich. Entsprechend der Regelung für den Arzneimittelgroßhandel in § 7b der Betriebsordnung für Arzneimittelgroßhandelsbetriebe (AMGrHdlBetrV), die eine Vernichtung zurückgegebener Arzneimittel vorschreibt, wenn der Zurückgebende ihre Verkehrsfähigkeit nicht bestätigen kann, dürfte auch eine an die Versandapotheke zurückgegebene Arzneimittelsendung nicht ohne weiteres wieder verkauft werden. Gleichwohl muss sich der Anbieter eines Onlineversandhandels darauf einstellen, dass ein Ausschluss des Widerrufsrechts jedenfalls im Streitfal-

---

1 BGBl. I 2012, 2192 ff.
2 BVerfG v. 4.11.2015 – 2 BvR 282/13.
3 BGH v. 26.2.2014 – I ZR 120/09, NJOZ 2014, 1522; BGH v. 9.9.2010 – I ZR 193/07 – Unser Dankeschön für Sie, MedR 2011, 282 = MDR 2010, 1478 = CR 2010, 828; BGH v. 9.9.2010 – I ZR 98/08 – Bonuspunkte, GRUR 2010, 1133 = MDR 2010, 1477; BGH v. 9.9.2010 – I ZR 26/09 – Bonus-Taler, GRUR-RR 2011, 39 = BeckRS 2010, 23771; hierzu auch *Meeser*, PharmR 2011, 113 ff.; *Maur*, PharmR 2011, 33 ff.
4 S. hierzu auch *Bruggmann*, PharmR 2011, 161 (154 f.); *Mand*, NJW 2008, 190 ff.; anders jedoch LG Halle v. 8.1.2013 – 8 O 105/12, MMR 2013, 711 ff.
5 Vgl. etwa AG Köln v. 31.5.2007 – 111 C 22/07, NJW 2008, 236. Zum Ausschluss des Widerrufsrechts nach § 312d BGB ausführlich *Becker/Föhlisch*, NJW 2008, 3751 ff.
6 AG Köln v. 31.5.2007 – 111 C 22/07, NJW 2008, 236; s. hierzu auch *Mand*, NJW 2008, 190.
7 Hierzu *Mand*, NJW 2008, 190 ff.; *Bruggmann*, PharmR 2011, 161 (165).

le keine Wirkung entfaltet. Eine Rückerstattung von Hinsendekosten nach der Rückgabe kommt beim Arzneimittelversand in der Regel ebenfalls nicht in Betracht.[1]

VII. Anforderungen an den Transport und die Transportverpackung

Die Anforderungen an den Transport und die Verpackung der Arzneimittel im Versand-   7.342
handel ergeben sich insbesondere aus § 11a Satz 1 Nr. 2a ApoG, wonach sichergestellt werden muss, dass das zu versendende Arzneimittel so verpackt, transportiert und ausgeliefert wird, dass seine Qualität und Wirksamkeit erhalten bleibt. Ein Verlust der Wirksamkeit eines Arzneimittels kann sich aus unterschiedlichen Umständen ergeben, etwa aufgrund von Druck, Vibrationen oder Temperatur. Daher müssen Verpackung, Transport und Auslieferung den besonderen Anforderungen des jeweiligen Wirkstoffs gerecht werden. Des Weiteren ist die vollständige Lieferung der bestellten Arzneimittel binnen zweier Arbeitstage nach Eingang der Bestellung sicherzustellen und ebenfalls eine kostenfreie Zweitzustellung zu gewähren. Die Versandapotheke muss außerdem ein System der Sendungsverfolgung unterhalten und den Abschluss einer Transportversicherung nachweisen (§ 11a Satz 1 Nr. 3 ApoG).

VIII. Versandhandel und Arzneimittelwerbung

Bei der Werbung für den Arzneimittelversand sind neben den allgemeinen Vorgaben für   7.343
die Werbung auch die Einschränkungen für den Bereich der Heilmittelwerbung zu beachten, die sich aus dem Heilmittelwerbegesetz (HWG) ergeben. Spezifische Themen für den Arzneimittelversand ergeben sich dabei für die Gewährung von Vorteilen nach § 7 HWG, die bereits im Bereich der Preisfestlegung behandelt wurden (s. Rz. 7.327). Besondere Anforderungen an die Werbung für Arzneimittel ergeben sich ferner aus der Regelung des § 4 HWG, der eine Reihe von **Pflichtangaben** vorschreibt. Dies gilt etwa für die Anwendungsgebiete, Nebenwirkungen und Gegenanzeigen.[2] Bei einer Internetapotheke müssen die gesetzlichen Pflichtangaben zwar nicht auf dem Bestellformular vorhanden sein, wohl aber auf den Web-Seiten der Internetapotheke, die sich mit den Detailinformationen befassen.[3] Darüber hinaus gehört zu den erforderlichen Pflichtangaben auch der Satz „Zu Risiken und Nebenwirkungen lesen Sie die Packungsbeilage und fragen Sie ihren Arzt oder Apotheker". Soweit der Anbieter eines Onlineversandhandels von Arzneimitteln im grenzüberschreitenden Verkehr beschränken will, ist zu beachten, dass der Werbende das Verbreitungsgebiet der Werbung im Internet durch einen sog. Disclaimer einschränken kann, in dem er ankündigt, Adressaten in einem bestimmten Land nicht zu beliefern. Um wirksam zu sein, muss ein solcher Disclaimer aber eindeutig gestaltet und aufgrund seiner Aufmachung als ernst gemeint aufzufassen sein und vom Werbenden auch tatsächlich beachtet werden.[4] Hinsichtlich der über den Webshop bereitgestellten Informationen ist immerhin anzumerken, dass nach der im Oktober 2012 in Kraft getretenen 16. AMG-Novelle durch den neu aufgenommenen § 1 Abs. 8 HWG das Gesetz keine Anwendung auf die Bereitstellung der nach den §§ 10 bis 11a des Arzneimittelgesetzes für Arzneimittel vorgeschriebenen vollständigen Informationen im Internet finden soll.[5]

---

1 So OLG Karlsruhe v. 5.9.2007 – 15 U 226/06, NJW-RR 2008, 1016 = CR 2008, 118.
2 OLG Naumburg v. 12.10.2006 – 10 W 65/06, GRUR-RR 2007, 113; zum Sonderfall der sog. AdWords-Anzeigen s. *v. Czettritz/Thewes*, Pflichtangaben in AdWords-Anzeigen?, PharmR 2012, 56 f.
3 OLG Naumburg v. 24.3.2006 – 10 U 58/05, MMR 2006, 467; zu den Anforderungen an das Bestellformular s. auch Dieners/Reese/*Reese/Holtorf*, § 11 Rz. 119 f.
4 BGH v. 30.3.2006 – I ZR 24/03, PharmR 2006, 329 (333) = CR 2006, 539 = MDR 2006, 941.
5 BGBl. I 2012, 2218.

7.344 ➲ **Praxistipp:** Wer eine Internetapotheke betreiben möchte, muss sich darauf einstellen, dass er wie andere Internethändler ein bevorzugtes Ziel für wettbewerbsrechtliche Angriffe seitens Wettbewerbern oder anderen Akteuren des Pharma- und Gesundheitsmarktes darstellt, die nicht nur gegen eigene Werbeaussagen gerichtet sein können, sondern auch gegen ihn als „Störer" für unzulässige Werbeangaben des Herstellers. Umso sorgfältiger sollte daher bei der Gestaltung des Onlineportals darauf geachtet werden, die Vorgaben für eine zulässige Werbung zu beachten.

IX. Gefahren beim Versandhandel

7.345 Als einer der wesentlichen Gründe, die gegen einen Versandhandel von Arzneimittel ins Feld geführt wurden, wurde insbesondere die Gefahr der ungehinderten Verbreitung von **Arzneimittelfälschungen** genannt, die auch nach der Zulassung des Versandhandels immer wieder als ein wesentliches Risiko für Verbraucher genannt wird.[1] Der europäische Gesetzgeber hat vor diesem Hintergrund mit der Richtlinie 2011/52/EU unter anderem eine Sonderregelung für Internet-Apotheken verabschiedet. Auf dieser Grundlage dürfen (und müssen) die Apotheker ein Logo auf ihrer Internetseite wiedergeben, das mit einer speziellen Internetseite des jeweiligen Mitgliedstaates verlinkt ist. Hier sollen sich umfassende Informationen zu den bereits bislang bestehenden Regelungen für den Versandhandel mit Arzneimitteln finden. Zudem wird über die Gefahren durch Arzneimittel, die über das Internet illegal abgegeben werden, sowie bestehende Unterschiede bei der Klassifizierung von Arzneimitteln informiert.[2]

X. eHealth und mHealth, Gesundheits-, Fitness- und Wellness-Apps

7.346 Neben dem Vertrieb von gesundheitsbezogenen Waren wie Arzneimittel und Medizinprodukte über das Internet werden in wachsendem Umfang auch nicht gegenständliche Gesundheitsleistungen im Internet (eHealth) und auch über Apps für mobile Geräte, insbesondere Smartphones und Tablets (mHealth) angeboten. Dies betrifft insbesondere den Austausch gesundheitsbezogener Informationen, die über elektronische Kommunikationsmedien zur Verfügung gestellt werden.

1. E-Health-Gesetz und elektronische Gesundheitskarte

7.347 Der Gesetzgeber hat sich der Thematik der Anwendung elektronischer Kommunikationsmittel im Gesundheitswesen mit dem „Gesetz für sichere digitale Kommunikation und Anwendungen im Gesundheitswesen (E-Health-Gesetz)" vom 21.12.2015 angenommen.[3] Der Kern des E-Health-Gesetzes besteht in den Regelungen zur elektronischen Gesundheitskarte, die in § 291 SGB V enthalten sind. Die elektronische Gesundheitskarte ersetzt zum einen die Krankenversicherungskarte, soll aber über den bloßen Berechtigungsnachweis hinaus mittelfristig auch die Möglichkeit bieten, medizinische Daten zu speichern. Einen Einstieg hierfür bildet der in § 31a SGB V neu aufgenommene Medikationsplan, der für Versicherte, die gleichzeitig mindestens drei Medikamente einnehmen, einen Anspruch auf Erstellung und Aushändigung eines Medikationsplans in Papierform durch einen an der vertragsärztlichen Versorgung teilnehmenden Arzt begründet. Mit diesem Medikationsplan soll vermieden werden, dass Wechselwirkungen verschiedener nicht auf-

---

1 S. etwa die Verbraucherwarnung des BMG unter http://www.bmg.bund.de/themen/krankenversicherung/arzneimittelversorgung/versandhandel-mit-arzneimitteln.html.
2 S. hierzu auch *Stallberg*, GRUR-Prax 2011, 212.
3 BGBl. I 2015, 2408 ff.

einander abgestimmter Arzneimittel nachteilige Folgen für den Patienten haben[1]. Eine Aushändigung an den Patienten erfolgt allerdings zunächst ausschließlich in Papierform, nicht in elektronischer Form. Für die elektronische Verarbeitung der Daten des Medikationsplans soll nach § 31a Abs. 5 SGB V bis 30.4.2017 die Vereinbarung zwischen den Spitzenverbänden der Ärzte, Apotheker und der gesetzlichen Krankenversicherung fortgeschrieben werden, die die Aufnahme und Nutzung der Daten in den von Vertragsärzten und Apothekern genutzten elektronischen Programmen regelt. Die elektronische Gesundheitskarte bildet einen Einstieg in die Nutzung der elektronischen Datenverarbeitung bei der Patientenversorgung, die auf lange Sicht im Rahmen einer elektronischen Patientenakte die Möglichkeit bieten kann, sowohl dem Patienten selbst die gesammelten Daten seiner medizinischen Behandlung einzusehen wie auch Leistungserbringern, Daten über Vorbehandlungen untereinander auszutauschen. Hieraus wird zugleich deutlich, dass der Schutz der Gesundheitsdaten des Patienten hier eine der wesentlichen Herausforderungen ist. Auch wenn das E-Health-Gesetz hier einen Ansatzpunkt bildet, bleibt es in vielen Fragen hinter den Erwartungen an eine umfassende Regelung zurück.[2]

2. mHealth, Gesundheits-, Fitness- und Wellness-Apps

Im Zusammenhang mit der sich inzwischen als Standardkommunikationsmedium verbreiteten Nutzung von mobilen Smartphones und Tablets eröffnen sich auch vielfältige Möglichkeiten, Mobilgeräte im Gesundheitsbereich zu nutzen. Dafür ist nicht nur die Verfügbarkeit des mobilen Endgerätes als ständiger Begleiter in allen Alltagssituationen eine der Triebfedern, die die Nutzung von Smartphones als Geschäftsfeld auch für den Gesundheitsbereich interessant machen, sondern auch die Möglichkeit, das Mobilgerät mit anderen Geräten zu verbinden, die zugleich Messdaten über Körperfunktionen, wie Herzfrequenz, Bewegung oder auch Blutdruck oder gar den Insulinspiegel liefern und so die Möglichkeit bieten, diese Daten an den Arzt zu übermitteln oder unmittelbar selbst auszuwerten. Der demographische Wandel, die vermehrte Verbreitung chronischer Krankheiten und das allgemeine Streben nach Förderung der Gesundheit und des Wohlgefühls machen den Gesundheitsbereich zu einem der größten Wachstumsmärkte weltweit. Dabei fokussieren sich viele der Anwendungen der mobilen Kommunikation im Gesundheitsbereich auf die Bereiche Fitness, Wellness und Ernährung. Demgegenüber nehmen derzeit Apps zur Überwachung des Gesundheitszustandes wie zB Blutzucker und Blutdruck-Apps, als auch zur Diagnose, zur Verfolgung von Behandlungsabläufen, Erinnerungs-Apps, Fernüberwachungs-Apps oder Patientenakten-Apps bisher nur ca. 16 % der mHealth Apps ein.[3] Diese Einsatzmöglichkeiten machen allerdings zugleich auch deutlich, dass der Bereich des mHealth regulatorischen Vorgaben unterliegen muss, wie sie auch die ärztliche Behandlung oder der Einsatz von Arzneimitteln und Medizinprodukten außerhalb der mobilen Kommunikation unterliegt. Welcher Rechtsrahmen dabei für Health-Apps anzuwenden ist, wurde in den Vereinigten Staaten bereits 2013 durch die FDA untersucht und liegt inzwischen in überarbeiteter Form vom 9.2.2015 vor.[4] Für den Bereich der Europäischen Union wurde am 10.4.2014 ein Green Paper on mobile Health („mHealth") veröffentlicht, das den bestehenden europäischen Rechtsrahmen für „lifestyle and wellbeing apps" beleuchtet.[5]

7.348

---

1 Hierzu etwa *Kuhls/Starnecker*, jurisPR-ITR 10/2015 Anm. 2.
2 Zur Kritik s. etwa *Kuhls/Starnecker*, jurisPR-ITR 20/2015 Anm. 2.
3 Vergleiche etwa die Studie „mHealth App Developer Economics 2014", die im Internet unter http://mhealtheconomics.com/mhealth-developer-economics-report/ eingesehen werden kann.
4 Mobile Medical Applications – Guidance for Industry and Food and Drug Administration Staff, im Internet unter http://www.fda.gov/downloads/MedicalDevices/.../UCM263366.pdf einsehbar.
5 COMMISSION STAFF WORKING DOCUMENT on the existing EU legal framework applicable to lifestyle and wellbeing apps, im Internet unter http://eur-lex.europa.eu/legal-content/EN/TXT/?uri=CELEX%3A52014DC0219 verfügbar.

7.349 Maßgeblich für die regulatorischen Anforderungen in Deutschland an das Anbieten von Gesundheits-Apps ist zunächst, wie diese Anwendungen zu klassifizieren sind. Insoweit ist nach der vierten MPG-Novelle zu berücksichtigen, dass nach § 3 MPG in Übereinstimmung mit den europarechtlichen Vorgaben der Richtlinie 2007/47/EG Software ebenfalls als Medizinprodukt einzustufen ist,[1] wenn sie eine medizinische Zweckbestimmung hat. Ein medizinischer Zweck besteht gemäß § 3 Abs. 1 MPG dann, wenn die Erkennung, Verhütung, Überwachung, Behandlung oder Linderung von Krankheiten, die Erkennung, Überwachung, Behandlung, Linderung oder Kompensierung von Verletzungen oder Behinderungen, die Untersuchung, Ersetzung oder Veränderung des anatomischen Aufbaus oder eines physiologischen Vorgangs oder eine Empfängnisregelung vorliegt. Wann eine Bestimmung der App für einen solchen Zweck vorliegt, richtet sich nach den Angaben des Herstellers (§ 3 Abs. 10 und Abs. 15 MPG). Als Medizinprodukt einzustufen ist eine Software daher unabhängig von einer objektiven Eignung zu medizinischen Zwecken bereits dann, wenn der Hersteller der Software einen medizinischen Zweck zuordnet. Umgekehrt fällt ein Gegenstand, obwohl er vom Hersteller zur Anwendung für Menschen zum Zwecke der Untersuchung eines physiologischen Vorgangs konzipiert wurde, dann nicht unter den Begriff „Medizinprodukt", wenn der Hersteller eine Verwendung des Gegenstands für medizinische Zwecke mit hinreichender Deutlichkeit ausschließt, ohne dabei willkürlich zu handeln.[2] Auf einen Vorlagebeschluss des BGH an den EuGH hatte dieser zuvor entschieden, dass ein Gegenstand nur dann ein Medizinprodukt sein kann, wenn er eine medizinische Zweckbestimmung aufweist.[3] Für die Beurteilung der medizinischen Zweckbestimmung aus der Herstellersicht ist die Zweckbestimmung maßgeblich, wie sie sich aus den Angaben ergibt, die der angesprochene Verkehr der Kennzeichnung, der Gebrauchsanweisung oder der Werbung entnimmt.[4] Eine bloße Geeignetheit der App, einem medizinischen Zweck zu dienen, kann nach der Entscheidung des BGH also durch klare Herstellerangaben begegnet werden, jedenfalls solange dies – etwa bei einer ausschließlich zu einem medizinischen Zweck geeigneten – App willkürlich erscheint. Ob das Produkt zur Anwendung am oder im menschlichen Körper bestimmt ist, ist ungeachtet des insoweit nicht eindeutigen Bestimmungen des MPG und der Richtlinie 2007/47/EG für die medizinische Zweckbestimmung nicht maßgeblich.[5] Sofern eine App als sog. „Embedded Software" mit einem Medizinprodukt als Zubehör im Sinne des § 2 Abs. 1 Satz 2 MPG verbunden ist, ist sie selbst als Medizinprodukt einzuordnen. Sofern eine solche Verbindung nicht besteht, kann eine medizinische Zweckbestimmung einer solchen „Stand-Alone" Software daraus folgen, dass der Zweck der App darauf gerichtet ist, anhand von Informationen aus medizinischen Datenbanken Empfehlungen für eine Diagnose, Prognose, Überwachung und Behandlung für einen bestimmten Patienten oder eine Medikamentendosierung zu erhalten.[6] Keine medizinische Zweckbestimmung einer Software folgt jedoch daraus, dass allgemeine medizinische Datenbanken über die App zugänglich sind. Allerdings ist gerade dann auf die Herstellerangaben besonders zu achten, wenn in diesem Zusammenhang Ernährungsempfehlungen zur Vermeidung von Krankheiten oder ähnliches mit angeboten werden. Die Grenze zwischen reinen Lifestyle- und Wellness-Apps zu Apps mit medizinischer Zweckbestimmung ist insoweit bisher nicht eindeutig, da Leitlinien für eine Einordnung von Apps als Medizinprodukt bisher nicht vorliegen.[7]

---

1 RICHTLINIE 2007/47/EG v. 5.9.2007, Amtsblatt der Europäischen Union L 247/21.
2 BGH v. 18.4.2013 – I ZR 53/09 – Messgerät II, MPR 2014, 60/61 = MDR 2014, 237.
3 EuGH v. 22.11.2012 – Rs. C-219/11 – Brain Products, EuZW 2013, 117.
4 BGH v. 18.4.2013 – I ZR 53/09 – Messgerät II, MPR 2014, 60 (61) = MDR 2014, 237.
5 Vergleiche hierzu auch *Heimhalt/Rehmann*, MPR 2014, 197 (202).
6 S. etwa *Heimhalt/Rehmann*, MPR 2014, 197 (203).
7 Eine Orientierungshilfe des BfArM findet sich unter dem Link: http://www.bfarm.de/DE/Medizin produkte/Abgrenzung/medical_apps/_node.html.

⮕ **Praxistipp:** Bei der Angabe von Vorteilen für die Gesundheit, die durch die Verwendung einer App erzielt werden sollen, ist ungeachtet der verkaufsfördernden Wirkung auch zu beachten, dass durch die Angaben möglicherweise eine medizinische Zweckbestimmung begründet wird, die für die Verkehrsfähigkeit eine Konformitätsbewertung erforderlich machen kann. Diese wird bei Apps, die in der Regel Medizinprodukte der Klasse I sind, regelmäßig ohne Einschaltung einer Benannten Stelle durch den Hersteller selbst vorgenommen werden können. Unabhängig von der Frage, ob ausreichende Daten für eine klinische Bewertung vorliegen oder solche erst durch klinische Studien ermittelt werden können, sollte in jedem Falls darauf geachtet werden, dass nicht durch zu idealistische Werbeaussagen einer App mit bloßem Wellnesscharakter eine medizinische Zweckbestimmung untergejubelt wird. 7.350

Je nach der Zielrichtung und Zweckbestimmung von Gesundheits-Apps sind für die Haftung insbesondere produkthaftungsrechtliche Fragen zu beachten, die zu einer Haftung für Konstruktionsfehler, Fabrikationsfehler, Instruktionsfehler oder bei einer Verletzung der Produktbeobachtungspflicht führen können. Unter Umständen können zudem arzthaftungsrechtliche Grundsätze zu berücksichtigen sein, wenn die Anwendung die Funktion einer ärztlichen Leistung übernimmt oder bei der Leistungserbringung vom Arzt einbezogen wird.[1] Bei den Fachkreisen besteht bislang allerdings auch eine deutliche Zurückhaltung bei der Nutzung mobiler Anwendungen für medizinische Behandlungszwecke, obwohl angesichts eines Ärztemangels in unterversorgten ländlichen Regionen der Einsatz mobiler Kommunikationsmöglichkeiten einen besonderen Anreiz für deren Nutzung bilden kann. 7.351

Zur Vermeidung von eventuellen Haftungsrisiken ist die Nutzung eines sog. „Disclaimers" bei Gesundheits-Apps allgemein üblich, allerdings in aller Regel auch ohne Wirkung. Ungeachtet der meist wirkungslosen Verwendung von Haftungsausschlüssen, kann ein Disclaimer allerdings dann zweckmäßig sein, wenn er klar und in klarstellt, was und was eben nicht Inhalt der Leistung ist. Ein klarer und nicht im Hinblick sonstiger Aussagen widersprüchlicher Hinweis, dass die in einer Gesundheits-App enthaltenen Informationen allgemeinen Charakter haben und keine individuelle Aussage enthalten, kann daher durchaus sinnvoll sein. Im Fall des kostenlosen Herunterladens einer App oder bei der Benutzung einer Web-App bzw. eines Internetportals kann unter Umständen auch eine Anwendung von § 675 Abs. 2 BGB eine Rolle spielen. Allerdings ist dabei zu berücksichtigen, dass eine Gegenleistung nicht zwingend ein Entgelt für die Nutzung sein muss, sondern auch die Mitteilung persönlicher Daten die Anwendung des § 675 BGB ausschließen kann. 7.352

Für die datenschutzrechtlichen Anforderungen an Apps existiert eine Orientierungshilfe des Düsseldorfer Kreises der Aufsichtsbehörden für den Datenschutz vom 16.6.2014, die für App-Entwickler und App-Anbieter über den Umgang mit personenbezogenen Daten i.S.d. § 3 Abs. 1 BDSG.[2] Für gesundheitsbezogene Apps ist zudem zu berücksichtigen, dass Gesundheitsdaten nach § 3 Abs. 9 BDSG zu den besonderen Kategorien personenbezogener Daten gehören. Die Orientierungshilfe Apps zählt hierzu Daten über den physischen und psychischen Gesundheitszustand des Nutzers ebenso wie Angaben zu einzelnen Krankheiten, deren ärztliche Begleitung sowie Medikamente.[3] Vor diesem Hintergrund sind an den Datenschutz bei gesundheitsbezogenen Apps besondere Anforderungen zu stellen.[4] 7.353

---

1 Zu Haftungsfragen bei Gesundheits-Apps s. insb. *Gaßner/Strömer*, VersR 2015, 1219 ff.
2 Orientierungshilfe Datenschutzanforderungen App-Entwickler und App-Anbieter, im Internet etwa über den link: www.bfdi.bund.de/DE/Infothek/Orientierungshilfen-node.html. Zu datenschutzrechtlichen Fragen s. auch Kapitel 2 F und Rz. 5.250 in diesem Buch.
3 S. hierzu auch *Bierekoven*, ITRB 2015, 114 (115 f.).
4 S. hierzu *Spyra*, MPR 2015, 15 (20 f.).

7.354 Geht man davon aus, dass Gesundheits-Apps als Medizinprodukte einzustufen sind, sind für die Werbung für solche Apps auch die heilmittelwerberechtlichen Regelungen des HWG zu beachten, insbesondere wenn diese Apps für den Verbraucher bestimmt sind. Einschränkungen ergeben sich hier insbesondere aus den Verboten der Werbung für verschreibungspflichtige Arzneimittel nach § 10 HWG oder dem Verbot bestimmter Werbeinhalte nach § 11 HWG.

XI. Ausblick

7.355 Der Versandhandel hat seit dem GMG auch in den Arzneimittelmarkt Einzug gehalten und ist damit auch für die Abgabe von Arzneimitteln an den Endverbraucher eine zulässige Vertriebsform. Dabei hat sich der Versandhandel von Arzneimitteln mittlerweile seit über zehn Jahren bewährt und stellt einen etablierten Vertriebsweg für Arzneimittel dar. Auch wenn sich der Arzneimittelversand nicht zu einem Massenphänomenen entwickelt hat und bei verschreibungspflichtigen Arzneimitteln nur einen Marktanteil im einstelligen Prozentbereich erlangt hat,[1] bietet er gerade für chronisch kranke Patienten oder Patienten, für die eine Präsenzapotheke nur schwer erreichbar ist, Vorteile. Von den in Deutschland betriebenen Apotheken haben etwa 14,4 % eine Versandhandelserlaubnis beantragt. Der Umsatz im Versandhandel hat sich im Jahr 2014 gegenüber dem Umsatz der Präsenzapotheken erheblich gesteigert und soll nach den Prognosen bis 2020 weiter deutliche Zuwächse erhalten.[2] Der wesentliche Marktanteil beim Versandhandel konzentriert sich aber auf wenige Anbieter, die einen Versandhandel in nennenswertem Umfang betreiben.

7.356 Als Vertriebsform für Waren besonderer Art, deren Anwendung ein erhöhtes Risikopotential hat, unterliegt der Versandhandel mit Arzneimitteln besonderen regulatorischen Anforderungen, die bei der Vorbereitung und Unterhaltung eines Versandhandels zu berücksichtigen sind. Neben diesen spezifischen regulatorischen Anforderungen an den Arzneimittelversand gelten für die Errichtung des Webshops einer Onlineapotheke als eine Form des Internethandels auch die allgemeinen Anforderungen an die Gestaltung wie sie für den Vertrieb sonstiger Waren zu beachten sind (hierzu wird insbesondere auf die Ausführungen in Kap. 3 verwiesen).

7.357 Mit dem Einsatz von mobilen Apps im Gesundheitsbereich stellen sich zusätzliche rechtliche Fragestellungen, insbesondere hinsichtlich des Schutzes von Gesundheitsdaten sowie bei der regulatorischen Einordnung von Gesundheits-Apps im Hinblick auf die Überwachung der Qualität solcher Anwendungen wie auch hinsichtlich der Haftung für fehlerhafte Apps und daraus entstehende Gefährdungen der Gesundheit. Ungeachtet dessen kann davon ausgegangen werden, dass die Entwicklung mobiler Anwendungen im Gesundheitsbereich nicht nur im Consumerbereich, sondern auch in der Anwendung für medizinische Leistungserbringer erheblich zunehmen wird.

---

1 Vgl. etwa die Meldung in den Stuttgarter Nachrichten v. 12.3.2012 unter http://de.nachrichten.yahoo. com/stuttgarter-nachrichten-arzneimittel-versandhandel-000000018.html.

2 So die Angaben des Bundesverbandes Deutscher Versandapotheken BVDVA unter http://www.bvdva. de/daten-und-fakten.

Kapitel 8
Versandhandel und Öffentliches Recht

A. Einführung

Literatur: *Ahlhaus/Waggershauser*, Das neue Batteriegesetz, 2011; *Becker/Tiedemann*, Chemikalienrecht, 2011; *Stroetmann/Flanderka*, Verpackungsverordnung, 4. Aufl. 2015; *Hoeren*, Die fünfte Verordnung zur Änderung der Verpackungsordnung und die spezifischen Auswirkungen auf den Internetversandhandel, WRP 2008, 633; *Zipfel/Rathke*, Lebensmittelrecht, Kommentar, Stand: März 2015 (160. EL)

Der Versandhandel ist wenig überraschend kein originärer Gegenstand des Öffentlichen Rechts, da der gesamte Warenverkehr ohnehin nur in Ausnahmefällen aus übergeordneten Gründen des Allgemeinwohls reguliert wird. In der Sache naheliegend wird der europarechtliche Grundsatz des freien Waren- und Dienstleistungsverkehrs bei Arznei-/Heilmitteln, Versicherungen, Finanzdienstleistungen, Genussmitteln und Medien aber durchbrochen (hierzu im einzelnen Kap. 7). **8.1**

Jenseits dieser Waren- und Dienstleistungsbereiche findet der Versandhandel im Öffentlichen Recht nur selten überhaupt Erwähnung. § 21 Abs. 3 Satz 1 der 1. SprengV[1] stellt etwa ausdrücklich klar, dass pyrotechnische Gegenstände iSd. SprengG[2] im Wege des Versandhandels an Verbraucher abgegeben werden dürfen. (Legale) Feuerwerkskörper können deshalb bei Beachtung der übrigen Anforderungen auch auf dem Versandwege vertrieben werden. **8.2**

Dies lässt erwarten, dass sich der **Versandhandel weithin unbeeinträchtigt von spezifischen öffentlich-rechtlichen Anforderungen** vollzieht.[3] Demgemäß hatte die verwaltungsgerichtliche Rechtsprechung bislang nur in wenigen Einzelfällen Gelegenheit, sich außerhalb der genannten Warenbereiche mit dem Versandhandel zu befassen. Das bedeutet jedoch nicht, dass der Versandhandel dem Öffentlichen Recht keine Beachtung schenken sollte. **Versandhandelsspezifische Anforderungen** sind zwar spärlich, aber fast durchgehend **bußgeld-** oder gar **strafbewehrt**.[4] Schon deshalb empfiehlt sich die Beachtung, zumal die Vorgaben entweder unmittelbar einleuchten oder mit vergleichsweise geringem Aufwand umgesetzt werden können. **8.3**

---

1 Erste Verordnung zum Sprengstoffgesetz (1. SprengV), neugefasst durch Bekanntmachung v. 31.1.1991 (BGBl. I 1991, 169), zuletzt geändert durch Art. 290 VO v. 31.8.2015 (BGBl. I 2015, 1474).

2 Gesetz über explosionsgefährliche Stoffe (SprengG), neugefasst durch Bekanntmachung v. 10.9.2002 (BGBl. I 2002, 3518), zuletzt geändert durch Art. 626 Abs. 4 VO v. 31.8.2015 (BGBl. I 2015, 1474). Pyrotechnische Gegenstände sind danach (§ 3 Abs. 1 Nr. 2) „solche Gegenstände, die Vergnügungs- oder technischen Zwecken dienen und in denen explosionsgefährliche Stoffe oder Stoffgemische enthalten sind, die dazu bestimmt sind, unter Ausnutzung der in diesen enthaltenen Energie Licht-, Schall-, Rauch-, Nebel-, Heiz-, Druck- oder Bewegungswirkungen zu erzeugen."

3 Die öffentlich-rechtlichen Vorgaben für den gesamten Warenhandel (jüngst etwa im Fokus die novellierte Pkw-Energieverbrauchskennzeichnungsverordnung sowie die Textilkennzeichnungsverordnung) werden hier nicht betrachtet. Sie gelten selbstverständlich auch für den Versandhandel. Auf sie wird nachfolgend aber nur eingegangen, soweit dies für das Verständnis der versandhandelsspezifischen Anforderungen notwendig ist.

4 Außerdem sind sie vielfach als Marktverhaltensregeln iSv. § 4 Nr. 11 UWG wettbewerbsrechtlich relevant, vgl. hierzu weiterführend Köhler/Bornkamm/*Köhler*, § 4 UWG Rz. 11.146 ff. mwN. – Hierzu aktuell in der Diskussion etwa Smartphone-Apps für die Vermittlung von Personenbeförderungsdienstleistungen (dazu – nicht rechtskräftig – LG Berlin (KfH) v. 9.2.2015 – 101 O 125/14, GRUR-RR 2015, 350) sowie „Blitzer-Apps", die Verkehrsüberwachungsmaßnahmen anzuzeigen und vor mobilen und/oder stationären Geschwindigkeitsmessungen warnen (dazu OLG Celle v. 3.11.2015 – 2 Ss (OWi) 313/15, NJW 2015, 3733).

B. Versandverbote/-beschränkungen

8.4 Die Abgabe von **Chemikalien** unterliegt allgemein engen Beschränkungen. § 4 Abs. 2 ChemVerbotsV[1] verbietet zudem den Versandhandel mit **giftigen und sehr giftigen Chemikalien** sowie mit bestimmten Sprengstoffgrundstoffen an private Endverbraucher. Stoffe und Zubereitungen, die nach der GefStoffV[2] mit den Gefahrensymbolen T (giftig) oder T+ (sehr giftig) zu kennzeichnen sind, dürfen danach ebenso wie Ammoniumnitrat einschließlich ausgewählter ammoniumnitrathaltiger Zubereitungen, Kaliumchlorat, Kaliumnitrat, Kaliumperchlorat, Kaliumpermanganat, Natriumchlorat, Natriumnitrat, Natriumperchlorat und Wasserstoffperoxidlösung mit einem Massengehalt von mehr als 12 Prozent im Versandhandel **nicht an Privatpersonen**, sondern ausschließlich an Wiederverkäufer, berufsmäßige Verwender sowie öffentliche Forschungs-, Untersuchungs- oder Lehranstalten abgegeben werden. Von dem Verbot erfasst ist nach § 4 Abs. 2 Satz 2 ChemVerbotsV nicht nur die gewerbsmäßige oder selbständig im Rahmen einer wirtschaftlichen Unternehmung erfolgende Abgabe, sondern auch der Versand der bezeichneten Chemikalien durch Privatpersonen an Privatpersonen, etwa im Rahmen von Internetauktionen.[3] Der Verstoß gegen § 4 Abs. 2 ChemVerbotsV stellt nach § 7 Abs. 2 Nr. 4 ChemVerbotsV, § 26 Abs. 1 Nr. 7b) ChemG[4] eine **Ordnungswidrigkeit** dar, die nach § 26 Abs. 2 ChemG mit einer Geldbuße bis zu 200 000 Euro geahndet werden kann.

8.5 Versandhändler für die genannten Chemikalien haben deshalb sicherzustellen, dass der Versand nur an die zugelassenen Bezugsgruppen – Wiederverkäufer, berufsmäßige Verwender sowie öffentliche Forschungs-, Untersuchungs- oder Lehranstalten – erfolgt. Dies stellt in der Praxis kein erhebliches Problem dar, wenn der Versandhändler seiner eigenen **Informationspflicht** nach § 3 Abs. 1 Satz 1 Nr. 1 ChemVerbotsV genügt, wonach er die **Identität des Erwerbers** (Name und Anschrift) festzustellen hat. Der Versandhändler kann deshalb regelmäßig schon aus der Bestellung ersehen, ob der Besteller zum Kreis der nach § 4 Abs. 2 ChemVerbotsV zulässigen Empfänger gehört. Bei etwaigen Zweifeln sollte der Versandhändler angesichts der potentiell scharfen Sanktionen im eigenen Interesse von der Versendung absehen.

C. Rücknahmepflichten

---

1 Verordnung über Verbote und Beschränkungen des Inverkehrbringens gefährlicher Stoffe, Zubereitungen und Erzeugnisse nach dem Chemikaliengesetz (Chemikalien-Verbotsverordnung – ChemVerbotsV) in der Fassung der Bekanntmachung v. 13.6.2003 (BGBl. I 2003, 867), zuletzt geändert durch Art. 5 Abs. 40 Gesetz v. 24.2.2012 (BGBl. I 2012, 212).

2 Verordnung zum Schutz vor Gefahrstoffen (Gefahrstoffverordnung – GefStoffV) in der Fassung v. 26.10.2010 (BGBl. I 2010, 1643, 1644), zuletzt geändert durch Art. 2 VO v. 3.2.2015 (BGBl. I 2015, 49).

3 Vgl. BR-Drs. 190/06 v. 19.5.2006.

4 Gesetz zum Schutz vor gefährlichen Stoffen (Chemikaliengesetz – ChemG), neugefasst durch Bekanntmachung v. 2.7.2008 (BGBl. I 2008, 1146), zuletzt geändert durch Art. 431 VO v. 31.8.2015 (BGBl. I 2015, 1474).

Die dem Handel für Altbatterien (Rz. 8.7 ff.) und Verkaufsverpackungen (Rz. 8.15 ff.) nach **8.6** den allgemeinen kreislaufwirtschaftsrechtlichen Vorschriften obliegenden Rücknahmepflichten wurden für die besondere Situation des Versandhandels konkretisiert.

I. Altbatterien

§ 9 Abs. 1 BattG[1] legt grundsätzlich jedem, der Batterien gewerblich für den Endnutzer **8.7** anbietet („Vertreiber"[2]), die Pflicht auf, etwaige **Altbatterien unentgeltlich zurückzunehmen**. Altbatterien sind dabei alle Batterien, die Abfall iSd. KrWG[3] darstellen, vereinfacht gesprochen also „leere" Batterien. Die Rücknahmepflicht ist in mehrfacher Hinsicht beschränkt. Zurückzunehmen sind

- nur Altbatterien, die der Vertreiber als Neubatterien in seinem Sortiment führt oder geführt hat;

- Altbatterien nur in haushaltsüblichen Mengen („Menge, derer sich Endnutzer üblicherweise entledigen");

- keine Produkte mit eingebauten Altbatterien[4]

Die Rücknahmepflicht ist grundsätzlich an oder in unmittelbarer Nähe der **Verkaufsstelle** zu erfüllen. Das stößt für den Versandhandel auf Auslegungsschwierigkeiten, da man **8.8** gels persönlichen Kontakts zwischen Händler und Endkunde mehrere Orte als Verkaufsstelle in Betracht kommen. Dem trägt § 9 Abs. 1 Satz 4 BattG Rechnung und definiert, dass Verkaufsstelle im Falle des Versandhandels das **Versandlager** ist. Dort sind die für die Rücknahme der Altbatterien notwendigen Einrichtungen sicherzustellen.

Zum **weiteren Procedere** gelten keine versandhandelsspezifischen Besonderheiten. Der **8.9** Großteil der zurückzunehmenden Altbatterien, die Geräte-Altbatterien,[5] ist vom Versandhändler gem. § 9 Abs. 2 BattG grundsätzlich dem Gemeinsamen Rücknahmesystem iSv. § 6 BattG[6] zur Abholung bereitzustellen, soweit er die Geräte-Altbatterien nicht ei-

---

1 Gesetz über das Inverkehrbringen, die Rücknahme und die umweltverträgliche Entsorgung von Batterien und Akkumulatoren (Batteriegesetz – BattG) v. 25.6.2009 (BGBl. I 2009, 1582), zuletzt geändert durch Art. 5 Abs. 3 VO v. 20.10.2015 (BGBl. I 2015, 1739).

2 Das Anbieten von Batterien idS ist nach § 2 Abs. 14 BattG das auf den Abschluss eines Kaufvertrages gerichtete Präsentieren oder öffentliche Zugänglichmachen von Batterien einschließlich der Aufforderung, ein Kaufangebot abzugeben.

3 Gesetz zur Förderung der Kreislaufwirtschaft und Sicherung der umweltverträglichen Bewirtschaftung von Abfällen (Kreislaufwirtschaftsgesetz – KrWG) v. 24.2.2012 (BGBl. I 2012, 212), zuletzt geändert durch Art. 4 VO v. 20.10.2015 (BGBl. I 2015, 1739).

4 Produkte mit fest eingebauten Batterien sind deshalb nicht zurückzunehmen. Ihre Integration in den Wertstoffkreislauf wird v. Gesetz über das Inverkehrbringen, die Rücknahme und die umweltverträgliche Entsorgung von Elektro- und Elektronikgeräten (Elektro- und Elektronikgerätegesetz – ElektroG v. 16.3.2005 [BGBl. I 2005, 762], zuletzt geändert durch Art. 3 VO v. 20.10.2015 [BGBl. I 2015, 1739]) für Elektro- und Elektronik-Altgeräte sowie die Altfahrzeug-Verordnung (Verordnung über die Überlassung, Rücknahme und umweltverträgliche Entsorgung von Altfahrzeugen, neugefasst durch Bekanntmachung v. 21.6.2002 [BGBl. I 2002, 2214], zuletzt geändert durch Art. 95 VO v. 31.8.2015 [BGBl. I 2015, 1474]) für Altfahrzeuge geregelt.

5 Gerätebatterien sind nach § 2 Abs. 6 BattG alle Batterien, die gekapselt sind und in der Hand gehalten werden können mit Ausnahme von Fahrzeug- und Industriebatterien. Erfasst sind folglich Monozellenbatterien, Batterien für Mobiltelefone, tragbare Computer, schnurlose Elektrowerkzeuge, Spielzeuge und Haushaltsgeräte wie elektrische Zahnbürsten, Rasierer und tragbare Staubsauger und alle Batterien, die Verbraucher für die üblichen Zwecke im Haushalt nutzen (vgl. BR-Drs. 70/09 v. 23.1.2009).

6 Führende Hersteller von Gerätebatterien haben hierzu im Jahre 1998 zusammen mit dem Zentralverband der Elektrotechnik und Elektroindustrie e.V. die „Stiftung Gemeinsames Rücknahmesystem Batterien" (GRS Batterien) geschaffen.

nem oder mehreren herstellereigenen Rücknahmesystemen überlässt. Die verbleibenden Fahrzeug- und Industrie-Altbatterien kann der Versandhändler einem nach §§ 5, 8 BattG rücknahmepflichtigen Hersteller überlassen, der mit der Überlassung auch die Entsorgungsverantwortung übernimmt. Alternativ kann der Versandhändler Fahrzeug- und Industrie-Altbatterien auch selbst verwerten oder Dritten zur Verwertung überlassen; er trägt dann allerdings die Entsorgungsverantwortung, die im Falle der Überlassung an gewerbliche Altbatterieentsorger oder öffentlich-rechtliche Entsorgungsträger als erfüllt gilt.

8.10 Der Verstoß gegen die Rücknahmepflicht stellt für den Versandhändler **keine Ordnungswidrigkeit** dar.

II. Elektro- und Elektronikgeräte

8.11 Elektro- und Elektronikgeräte machen einen erheblichen Teil der im Wege des Versandhandels[1] gehandelten Waren aus. Wegen der erheblichen Umweltrelevanz der nicht sach- und fachgerechten Entsorgung solcher Geräte modifiziert § 17 Abs. 2 ElektroG nunmehr in Umsetzung der Richtlinie 2012/19/EU[2] die nach § 17 Abs. 1 ElektroG für alle Vertreiber (§ 3 Nr. 11 ElektroG) geltende Rücknahmepflicht aus § 17 Abs. 1 ElektroG.

8.12 Zunächst bestimmt § 17 Abs. 2 Satz 1 ElektroG, dass bei einem Vertrieb „unter Verwendung von Fernkommunikationsmitteln" als Verkaufsfläche im Sinne von § 17 Abs. 1 ElektroG „alle Lager- und Versandflächen für Elektro- und Elektronikgeräte" gelten, wobei schon unklar ist, was „Lager- und Versandflächen" sind.[3] Ungeachtet dessen bleibt unklar, welche Flächen zu berücksichtigen sind: In der Begründung[4] heißt es dazu lapidar, dass bei „Vertreibern mit mehreren Versandlägern ... ausschließlich die Fläche am jeweiligen Standort maßgeblich" sei, obgleich dies im Normtext keine Grundlage findet und gerade dann nicht weiterhilft, wenn der Vorgang an mehreren Standorten abgewickelt wird. Weitaus problematischer ist jedoch, dass Lager- und Versandflächen gerade bei Versandhändlern oftmals „dynamisch" genutzt werden und nicht ständig einer bestimmten Warengruppe zugeordnet sind, so dass die Bestimmung der maßgeblichen Fläche in der Praxis schwierig bis unmöglich ist.[5] Die gleichen Schwierigkeiten bereiten alle Formen des sog. Streckenhandels, bei der Versandhändler Waren erwerben und weiterverkaufen, ohne je (physischen) Kontakt mit der Ware zu haben und deshalb überhaupt keine eigenen Lager- und Versandflächen unterhalten.[6] Auf all diese Fragen lässt sich derzeit keine rechtssichere Antwort geben. Versandhändler tun deshalb gut daran, bis auf weiteres im Zweifel von der Rücknahmepflicht auszugehen.

---

1 Zwar nicht versandhandelsspezifisch, aber dennoch für den Versandhandel von Bedeutung ist in diesem Zusammenhang weiter die Entscheidung des BVerwG v. 15.4.2010 – 7 C 9/09, NVwZ-RR 2010, 673, wonach die Registrierungspflicht des Herstellers trotz des engen Wortlauts von § 6 Abs. 2 Satz 1 ElektroG marken- und gerätebezogen ist und jeweils neu entsteht, wenn eine weitere Marke oder Geräteart in Verkehr gebracht wird. Folglich gilt der Versandhändler selbst als Hersteller (und ist nach § 6 Abs. 2 ElektroG registrierungspflichtig), wenn der Hersteller seiner Registrierungspflicht nicht genügt hat, s. BVerwG, aaO.

2 Richtlinie 2012/19/EU des Europäischen Parlaments und des Rates vom 4.7.2012 über Elektro- und Elektronik-Altgeräte (ABl. L 197 v. 24.7.2012, S. 38).

3 Nach der Gesetzesbegründung dürften im Ausgangspunkt Grundflächen (vgl. BT-Drs. 18/4901, S. 91) und nicht Regalflächen gemeint sein; a.A. *Rummler*, EUWID Recycling und Entsorgung 41/2015, S. 1.

4 BT-Drs. 18/4901, S. 91.

5 Darauf weisen zu Recht hin *Friedel/Merz*, AnwZert HaGesR 5/2016 Anm. 1.

6 Vgl. *Händlerbund e.V. und Bundesverbandes Digitale Wirtschaft e.V.*, Gemeinsame Stellungnahme zum Entwurf eines Gesetzes zur Neuordnung des Gesetzes über das Inverkehrbringen, die Rücknahme und die umweltverträgliche Entsorgung von Elektro- und Elektronikgeräten (Elektro- und Elektronikgerätegesetz – ElektroG), vom 30.3.2015.

Darüber hinaus und für die Praxis fast noch bedeutsamer ergänzt § 17 Abs. 2 Satz 2 ElektroG, dass die Rücknahme im Fall eines Vertriebs unter Verwendung von Fernkommunikationsmitteln durch geeignete **Rückgabemöglichkeiten** in zumutbarer Entfernung zum jeweiligen Endnutzer zu gewährleisten ist. Der Versandhändler hat folglich – wenn er der Rücknahmepflicht nach § 17 Abs. 1 ElektroG unterliegt – selbst und in eigener Verantwortung dafür Sorge zu tragen, dass Endnutzer die von § 17 Abs. 1 Satz 1 ElektroG erfassten Altgeräte wie dargelegt zurückgeben können. Dafür können Versandhändler zur Erfüllung ihrer Rücknahmepflicht nicht einfach auf die Infrastruktur der öffentlich-rechtlichen Entsorgungsträger verweisen, weil die Rücknahme nach § 17 Abs. 4 Satz 2 ElektroG nicht an deren Sammel- oder Übergabestellen nach § 13 Abs. 1 ElektroG erfolgen darf. Stattdessen müssen Versandhändler eine eigene Infrastruktur anbieten, wofür nach der Gesetzesbegründung[1] neben Kooperationen mit dem stationären Handel oder Sozialbetrieben und der Schaffung von Rücksendemöglichkeiten aber auch Kooperationen mit öffentlich-rechtlichen Entsorgungsträgern in Betracht kommen, weil die Möglichkeit zur Übergabe von Altgeräten an öffentlich-rechtlichen Entsorgungsträger gemäß § 17 Abs. 5 Satz 1 ElektroG durch § 17 Abs. 4 Satz 2 ElektroG nicht eingeschränkt wird.[2]

8.13

Der Verstoß gegen die Rücknahmepflicht stellt **keine Ordnungswidrigkeit** dar.

8.14

III. Verpackungen

Von besonderer praktischer Bedeutung für den Versandhandel sind kreislaufwirtschaftsrechtliche Pflichten im Hinblick auf Verpackungen, weshalb die Verpackungsverordnung[3] den Versandhandel ausdrücklich anspricht (§ 3 Abs. 9 Satz 2 VerpackV). In den Blick rücken praktisch nur **Verkaufsverpackungen**, also alle Verpackungen, die als eine Verkaufseinheit angeboten werden und beim (privaten oder gewerblichen) Endverbraucher anfallen (§ 3 Abs. 1 Nr. 2 VerpackV).[4]

8.15

1. Rechtlicher Rahmen

Bereits seit der 5. Novelle zur Verpackungsverordnung[5] im Jahre 2008 besteht für Hersteller und Vertreiber von Verkaufsverpackungen nicht mehr die Wahl zwischen der Rücknahme und Selbstentsorgung von Verkaufsverpackungen oder der Beteiligung an einem Rücknahmesystem. Vielmehr sieht § 6 Abs. 1 VerpackV seit 2009 vor, dass der Erstinverkehrbringer von mit Ware befüllten Verkaufsverpackungen, die typischerweise beim privaten Endverbraucher anfallen, sich für die Verkaufsverpackungen grundsätzlich an einem flächendeckenden, haushaltsnahen dualen Rücknahmesystem beteiligen müssen. Die **Verkaufsverpackungen** sind hierzu bei dem Rücknahmesystem zu **lizenzieren**.[6] Um die Beteiligung an einem flächendeckenden Rücknahmesystem bzw. die Lizenzierung von Verkaufsverpackungen kommen die Erstinverkehrbringer nur herum, wenn sie sich

8.16

---

1 BT-Drs. 18/4901, S. 91 f.
2 So auch *Pauly/Peine/Janke*, ZUR 2016, 67 (70 f.).
3 Verordnung über die Vermeidung und Verwertung von Verpackungsabfällen (Verpackungsverordnung – VerpackV) v. 21.8.1998 (BGBl. I 1998, 2379), zuletzt geändert durch Art. 1 VO v. 17.7.2014 (BGBl. I 2014, 1061).
4 Die weiteren besonderen Verpackungstypen nach der VerpackV – Umverpackungen und Transportverpackungen (§ 3 Abs. 1 Nrn. 3 und 4 VerpackV) – haben für den Versandhandel keine erhebliche praktische Bedeutung, da alle Verpackungen, die dem Kunden zugesendet werden, von Rechts wegen als Verkaufsverpackungen anzusehen sind, unabhängig von ihrer ursprünglichen Zweckbestimmung; vgl. hierzu *Hoeren*, WRP 2008, 633 (634); *Fischer/Arndt*, § 3 Rz. 27, 39 f.
5 Fünfte Verordnung zur Änderung der Verpackungsverordnung v. 2.4.2008 (BGBl. I 2008, 531).
6 Der Begriff der Lizenzierung von Verkaufsverpackungen durch das flächendeckende Rücknahmesystem findet sich in der VerpackV nicht, wird aber von Gesetzgeber und Praxis einhellig verwendet, vgl. etwa BT-Drs. 16/6400.

einer „Branchenlösung" iSv. § 6 Abs. 2 VerpackV anschließen. Das ist nicht nur an inzwischen sehr hohe Hürden geknüpft, sondern in der Praxis oftmals unsinnig, da die Beteiligung an einer Branchenlösung nur hinsichtlich der von der Branchenlösung erfassten Verkaufsverpackungen von der Pflicht zur Beteiligung an flächendeckenden Rücknahmesystemen befreit, die Systembeteiligungspflicht im Übrigen aber unberührt lässt (vgl. § 6 Abs. 2 Satz 1: „soweit"). Die Teilnahme an einer Branchenlösung kommt für Versandhändler deshalb nur selten in Betracht, nämlich wenn sie zu einer erschöpfenden Erfüllung der Rücknahmepflicht führt. Für Verkaufsverpackungen, die nicht beim privaten Endverbraucher – also im gesamten gewerblichen Bereich – anfallen, besteht nach § 7 VerpackV hingegen die grundsätzliche Pflicht zur Rücknahme am Ort der tatsächlichen Übergabe oder in dessen unmittelbarer Nähe und zur Verwertung weiterhin fort; nach § 7 Abs. 1 Satz 4 VerpackV können (und werden in der Praxis oftmals) allerdings abweichende Vereinbarungen über den Ort der Rückgabe und die Kostenregelung getroffen werden.

2. Praktische Handhabung

8.17 Die getrennten Entsorgungsregime für Verkaufsverpackungen sind für den Versandhandel nicht ohne Auswirkungen. Zu berücksichtigen sind nicht nur unterschiedliche Kundengruppen – private und nicht private Endverbraucher –, sondern zudem lizenzierte und nicht lizenzierte Verkaufsverpackungen. Der Versandhändler kann all dem in der Praxis aus dem Weg gehen, wenn er für den Versand **nur lizenzierte Verkaufsverpackungen** verwendet. Das bedeutet:

– Die gehandelten und versendeten Waren dürfen nur in lizenzierten Verkaufsverpackungen verpackt sein.

– Weitere, vom Versandhändler für den eigentlichen Versand verwendete Verpackungen müssen ebenfalls lizenziert sein. Dies gilt für alle Verpackungen, die zum eigentlichen Versand erforderlich sind (zB Versandtaschen, Kartons, Packpapier), wie auch für sonstiges Verpackungsmaterial, das etwa zum Schutz der versendeten Waren verwendet wird (zB Luftpolsterfolie, Wellpappe, Füllmaterial wie Verpackungschips).

8.18 In der Regel sind lizenzierte Verkaufsverpackungen entsprechend **gekennzeichnet**,[1] zwingend ist dies nach der VerpackV aber nicht. Für entsprechend lizenzierte Verkaufsverpackungen ist die flächendeckende Entsorgung sichergestellt, so dass es in der Praxis keine Rolle spielt, ob die Verkaufsverpackung beim privaten oder beim gewerblichen Endverbraucher anfällt.

8.19 Praktisch sind allerdings verschiedene Situationen denkbar, in denen der Versandhändler nicht sicherstellen kann, dass alle von ihm an Endverbraucher versendeten Verkaufsverpackungen von einem flächendeckenden Rücknahmesystem lizenziert sind. In Betracht kommen etwa **importierte Waren**, bei denen die Produktverpackungen gegebenenfalls nicht lizenziert sind, oder **nicht lizenzierte Versandverpackungen** und Verpackungsmaterial. Für diese, von Versandhändlern erstmals in den Verkehr gebrachten Verkaufsverpackungen ist es am einfachsten, wenn sich der einzelne Versandhändler an einem flächendeckenden Rücknahmesystem beteiligt und die verwendeten Verkaufsverpackungen lizenziert.[2] Will der Versandhändler dies nicht, muss er entweder auf die Belieferung von

---

1 In der Öffentlichkeit bekanntestes Beispiel dürfte nach wie vor der sog. „Grüne Punkt" der Duales System Deutschland GmbH sein. Speziell für den Onlinehandel bietet seit einigen Jahren die Landbell AG ein flächendeckendes Rücknahmesystem an, das die Anforderungen von § 6 VerpackV erfüllt.

2 Die Lizenzierung ist denkbar einfach: Der Versandhändler hat sich hinsichtlich der von ihm erstmals in den Verkehr gebrachten Verkaufsverpackungen an mindestens einem dualen System zu beteiligen, wobei die Modalitäten der Systembetreiber für die Lizenzierung im Wesentlichen identisch sind. Sonstige Maßnahmen sind für die Lizenzierung nicht erforderlich.

privaten Endverbrauchern verzichten oder sich für alle von ihm verwendeten Verkaufsverpackungen an einer Branchenlösung beteiligen. Beides dürfte praktisch allenfalls ausnahmsweise in Betracht kommen.

3. Ordnungswidrigkeiten

Verstöße gegen die Verpackungsverordnung stellen nach § 15 VerpackV weithin Ordnungs- 8.20
widrigkeiten iSv. § 69 KrWG dar, die nach § 69 Abs. 3 KrWG mit **empfindlichen Geldbußen**
geahndet werden können. Praktisch bedeutsam ist dies insbesondere für jene Versandhändler, die auch nicht lizenzierte Verkaufsverpackungen zum Versand von Waren an private
Endverbraucher verwenden möchten. Denn deren grundsätzliche Pflicht, sich für die entsprechenden Verkaufsverpackungen einem flächendeckenden Rücknahmesystem an-
zuschließen, ist nach § 15 Abs. 1 Nr. 6 VerpackV iVm. § 69 Abs. 1 Nr. 8, Abs. 3 KrWG mit
einem Bußgeld von bis zu 100 000 Euro bewehrt. Gleiches gilt nach § 15 Abs. 1 Nr. 7 VerpackV für das grundsätzliche Verbot, solche Verkaufsverpackungen an private Endverbraucher abzugeben, deren Hersteller und Vertreiber sich mit diesen Verpackungen nicht an einem flächendeckenden Rücknahmesystem beteiligen (§ 6 Abs. 1 Satz 3 VerpackV).

D. Informationspflichten

Zahlreicher als Versandverbote oder Rücknahmepflichten sind von Versandhändlern zu 8.21
beachtende besondere Informationspflichten. Die Palette reicht dabei von reinen Infor-
mations- bzw. Hinweis- über Kennzeichnungs- bis hin zu Kenntlichmachungspflichten.
Nur ausnahmsweise handelt es sich um Informationspflichten, die allein den Versandhandel treffen. Vielmehr sind Informationspflichten, die allgemein für den Vertrieb bestimmter Produkte gelten, regelmäßig **versandhandelsspezifisch ausgestaltet.**

I. Batterien

Da die nicht fachgerechte Entsorgung von Batterien offenkundig Umweltrelevanz hat, be- 8.22
stehen für deren Vertrieb an Endnutzer besondere Hinweispflichten. Diese sind in § 18
Abs. 1 BattG für den Versandhandel an Endnutzer modifiziert und konkretisiert. Versandhändler haben danach in den von ihnen verwendeten **Darstellungsmedien** darauf hinzuweisen,

– dass Batterien nach Gebrauch im Versandlager unentgeltlich zurückgegeben werden
  können,

– dass der Endnutzer zur Rückgabe von Altbatterien gesetzlich verpflichtet ist und

– welche Bedeutung das Symbol nach § 17 Abs. 1 BattG und die Zeichen nach § 17
  Abs. 3 BattG haben.

8.23 Nach § 18 Abs. 1 Satz 2 BattG können die Hinweise beim Versandhandel alternativ auch in **schriftlicher Form der Warensendung beigefügt** werden. Dies ist in der Praxis des Versandhandels allemal vorzuziehen, denn mit der Beigabe der Hinweise erledigt sich die anhand des Gesetzestexts nicht eindeutig zu beantwortende Frage, ob die Hinweise in den Darstellungsmedien in einer Weise erfolgen müssen, dass der Versandhandelskunde sie im Zuge seines Einkaufs ohne erhebliche Schwierigkeiten wahrnehmen kann. § 18 Abs. 1 Satz 1 BattG bestimmt hierzu allgemein für den Vertrieb von Batterien, dass die Hinweise durch „im unmittelbaren Sichtbereich des Hauptkundenstroms[1] platzierte Schrift- oder Bildtafeln" zu erfolgen haben. Das ist in der Situation des Versandhandels nicht unmittelbar möglich und bedürfte deshalb der Anpassung, die bis auf weiteres nicht rechtssicher zu leisten ist.[2]

8.24 Der vollständige **Hinweis** kann **für Geräte-Altbatterien**, die in aller Regel über das Gemeinsame Rücknahmesystem entsorgt werden, etwa lauten wie folgt:

„Altbatterien können bei nicht sachgemäßer Entsorgung Umwelt und Gesundheit schädigen. Sie enthalten zudem möglicherweise Schwermetalle in erheblicher Menge und sind dann mit den entsprechenden chemischen Zeichen „Pb" (enthält Blei), „Cd" (enthält Cadmium) und „Hg" (enthält Quecksilber) gekennzeichnet.

Aus diesen Gründen sind Altbatterien getrennt zu entsorgen und gehören nicht in den Hausmüll. Sie sind deshalb mit diesem Symbol gekennzeichnet:

Endnutzer sind gesetzlich verpflichtet, Altbatterien zurückzugeben. Sie können nach Gebrauch bei öffentlichen Sammelstellen und überall dort, wo Batterien verkauft werden, abgegeben werden. Ferner können Altbatterien nach Gebrauch an [*Postanschrift Versandlager*] zurückgesendet werden."[3]

8.25 Die Missachtung der Hinweispflicht stellt eine **Ordnungswidrigkeit** dar. § 22 Abs. 1 Nr. 17, Abs. 2 BattG droht hierfür ein Bußgeld von bis zu 10 000 Euro an.

II. Elektro- und Elektronikgeräte

8.26 Die nach § 17 Abs. 1 ElektroG zur Rücknahme von Altgeräten verpflichteten Versandhändler haben nach § 18 Abs. 2 Satz 1, Abs. 1 Satz 1 ElektroG die privaten Haushalte darüber zu informieren, dass

---

1 Der „Hauptkundenstrom" umfasst nach der Begründung zum Gesetzesentwurf der Bundesregierung zur Neuregelung der abfallrechtlichen Produktverantwortung für Batterien und Akkumulatoren (BR-Drs. 70/09, S. 44) alle „Bereiche, die der Kunde in der Regel unabhängig von seinen konkreten Einkäufen passieren muss; hierzu zählen insbesondere der Eingang, der Kassenbereich und der Ausgang".

2 Die europarechtlichen Vorgaben (Erwägungsgrund 20 Satz 1 sowie Art. 20 der Richtlinie 2006/66/EG des Europäischen Parlaments und des Rates v. 6.9.2006 über Batterien und Akkumulatoren sowie Altbatterien und Altakkumulatoren und zur Aufhebung der Richtlinie 91/157/EWG [ABl. L 266 v. 26.9.2006, S. 1]) beantworten die Frage ebenfalls nicht eindeutig, legen aber nahe, dass der Versandhandelskunde im Zuge seines Einkaufs beim Versandhändler die Hinweise erhalten müsste. Dies könnte im Rahmen des Onlinehandels beispielsweise im Zuge der Bestellung vor deren Abschluss erfolgen und beim klassischen Kataloghandel in enger räumlicher Nähe zum Bestellformular.

3 Für Fahrzeug- und Industrie-Altbatterien sind Sätze 2 und 3 des letzten Absatzes des Hinweisbeispiels aufgrund der anderweitigen Erfassungsvarianten (s. § 11 BattG, Fahrzeugbatterien: Vertreiber; öffentlich-rechtliche Entsorgungsträger; Behandlungsanlagen für Altfahrzeuge; Industriebatterien: Vertreiber; gewerbliche Altbatterieentsorger) anzupassen.

– diese Altgeräte einer vom unsortierten Siedlungsabfall getrennten Erfassung zuzuführen haben und

– Altbatterien und Altakkumulatoren, die nicht vom Altgerät umschlossen sind, vor der Abgabe an einer Erfassungsstelle von diesem zu trennen sind, es sei denn, die Altgeräte werden nach § 14 Abs. 5 Satz 2 und 3 ElektroG zulässigerweise separiert, um sie für die Wiederverwendung vorzubereiten.

Weiter haben Versandhändler private Haushalte nach § 18 Abs. 2, Abs. 1 Satz 2 Nrn. 1, 7 und 8 ElektroG zu informieren über **8.27**

– die von ihnen geschaffenen Möglichkeiten der Rückgabe von Altgeräten,

– die Eigenverantwortung der Endnutzer im Hinblick auf das Löschen personenbezogener Daten auf den zu entsorgenden Altgeräten und

– die Bedeutung des Symbols nach Anlage 3 ElektroG.

Zur **Form** und zum konkreten **Inhalt** der Informationen trifft das ElektroG keine Regelung. Der Verstoß gegen die Informationspflichten ist **nicht bußgeldbewehrt**. **8.28**

III. Energieverbrauchsrelevante Produkte

Für die besondere Situation des Versandhandels werden auch die Modalitäten der für energieverbrauchsrelevante Produkte nach der Energieverbrauchskennzeichnungsverordnung[1] allgemein geltenden Kennzeichnungspflichten geringfügig angepasst. **8.29**

Grundsätzlich sind energieverbrauchsrelevante Produkte,[2] die für den Endverbraucher zum Kauf, zum Abschluss eines Mietvertrags oder ähnlicher entgeltlicher Gebrauchsüberlassung angeboten oder ausgestellt werden, gem. § 3 Abs. 1 EnVKV nach Maßgabe von §§ 4 und 5 sowie Anlage 1 EnVKV und den Verordnungen der Europäischen Union nach Anlage 2 „über den Verbrauch an Energie und anderen wichtigen Ressourcen" sowie weiterer Angaben zu kennzeichnen. Allgemein bekannt hiervon sind insbesondere die näher ausdifferenzierten Angaben zur **Energieeffizienzklasse** sowie zum **Energie- und anderweitigen Ressourcenverbrauch** unter näher bestimmten, gewöhnlichen Bedingungen. Für den „klassischen" Einzelhandel ist vorgesehen, dass die Angaben am Produkt selbst („deutlich sichtbar", „nicht verdeckt") erfolgen oder zur persönlichen Abgabe an den Kunden bereitgehalten werden müssen. **8.30**

Mangels persönlichen Kundenkontakts verfehlen diese Informationswege bei der Warenpräsentation im Versandhandel ihr Ziel ersichtlich. Nach § 5 Abs. 1 EnVKV hat deshalb der Versandhändler die erforderlichen Verbrauchsangaben den Interessenten **vor** dem **Vertragsabschluss Kenntnis von den Verbrauchsangaben zu geben**. Dies hat hinsichtlich Form, Inhalt und Umfang der Information so zu geschehen, wie in Anlage 1 Nr. 6 EnVKV iVm. den dort in Bezug genommenen europäischen Richtlinien bzw. in den in Anlage 2 Abschnitt 1 Abs. 1 EnVKV genannten Verordnungen festgelegt, und es hat bei Angeboten über das Internet nach § 5 Abs. 2 Satz 1 EnVKV „auf dem Anzeigemechanismus in der Nähe des Produkt- **8.31**

---

1 Verordnung zur Kennzeichnung von energieverbrauchsrelevanten Produkten mit Angaben über den Verbrauch an Energie und anderen wichtigen Ressourcen (Energieverbrauchskennzeichnungsverordnung – EnVKV) v. 30.10.1997 (BGBl. I 1997, 2616), zuletzt geändert durch Art. 1 VO v. 24.10.2014 (BGBl. I 2014, 1650).
2 Darunter fallen nach § 1 Abs. 1 EnVKV alle in Anlage 1 und 2 EnVKV aufgeführten Arten von energieverbrauchsrelevanten Produkten. Vereinfacht zusammengefasst geht es dabei um die sog. „Weiße Ware", Leuchtmittel (Glühlampen, Leuchtstofflampen usw.), Klimageräte, Fernseher, Staubsauger, Warmwasserbereiter und -speicher sowie näher bestimmte Elektrobacköfen und Dunstabzugshauben.

preises" zu erfolgen. Sowohl in **Versandkatalogen** wie auch beim **Angebot im Internet, via E-Mail** etc. haben deshalb die Angaben entsprechend den in den Richtlinien bzw. den Verordnungen vorgegebenen Musteretiketten zu erfolgen, beispielsweise wie nachfolgend:[1]

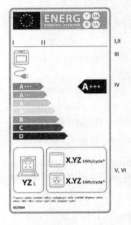

8.32 Die Missachtung der Informationspflicht nach § 5 Abs. 1 EnVKV ist ebenso wie die fehlende oder unzureichende Etikettierung eine **Ordnungswidrigkeit**. § 8 Nrn. 13 und 14 EnVKV iVm. § 15 Abs. 1 Nr. 1, Abs. 2 EnVKG[2] drohen hierfür ein Bußgeld von bis zu 50 000 Euro an.

IV. Lebensmittel

8.33 Das Lebensmittel- und Futtermittelgesetzbuch[3] sowie die zahlreichen auf ihm gründenden Verordnungen[4] lassen den Versandhandel mit Lebensmitteln ebenso wie europäisches Recht nahezu unbeeinträchtigt von spezifischen öffentlich-rechtlichen Vorgaben. Zahlreiche Regelungen zeigen, dass der europäische und der deutsche Gesetzgeber den Versand von Lebensmitteln als **gewöhnlichen Vertriebsweg** betrachten und deshalb keinen speziellen öffentlich-rechtlichen Anforderungen unterwerfen.[5] Für den Versandhandel gelten des-

---

1 Etikett gem. Anhang III Ziffer. 1.1.1 der Delegierten Verordnung 65/2014/EU für jeden Garraum eines Haushaltselektrobackofens gem. Anlage 2 Abschnitt 1 Abs. 1 Nr. 11 EnVKV.

2 Gesetz zur Kennzeichnung von energieverbrauchsrelevanten Produkten, Kraftfahrzeugen und Reifen mit Angaben über den Verbrauch an Energie und an anderen wichtigen Ressourcen (Energieverbrauchskennzeichnungsgesetz – EnVKG) v. 10.5.2012 (BGBl. I 2012, 1070), zuletzt geändert durch Art. 337 VO v. 31.8.2015 (BGBl. I 2015, 1474).

3 Lebensmittel-, Bedarfsgegenstände- und Futtermittelgesetzbuch (Lebensmittel- und Futtermittelgesetzbuch – LFGB) in der Fassung der Bekanntmachung v. 3.6.2013 (BGBl. I 2013, 1426), zuletzt geändert durch Art. 67 VO v. 31.8.2015 (BGBl. I 2015, 1474).

4 Erschöpfend hierzu *Zipfel/Rathke*, Lebensmittelrecht.

5 Hervorzuheben ist allerdings, dass der Vertrieb von Lebensmitteln im Wege des Versandhandels grundsätzlich den fernabsatzrechtlichen Vorschriften im BGB (§§ 312c ff.) unterliegt. Eine Ausnahme enthält lediglich § 312 Abs. 2 Nr. 8 BGB: Danach ist die Lieferung von Lebensmitteln, Getränken oder sonstigen Haushaltsgegenständen des täglichen Bedarfs, die „am Wohnsitz, am Aufenthaltsort oder am Arbeitsplatz eines Verbrauchers von Unternehmern im Rahmen häufiger und regelmäßiger Fahrten geliefert werden", von der Anwendung der Fernabsatzvorschriften weitestgehend ausgenommen. Die Lieferung muss aber vom Unternehmer selbst oder dessen Angestellten ausgeführt werden; erfasst werden hiervon insbesondere Supermarktlieferungen, Getränkelieferungen, Pizza-Bring-Service etc., bei denen Bestellungen online oder per Telefon erfolgen. Erfolgt die Lieferung dagegen über die Post oder einen Zustelldienst, greift § 312 Abs. 2 Nr. 8 BGB nicht, die Fernabsatzvorschriften sind dann uneingeschränkt anwendbar, s. BGH v. 9.6.2011 – I ZR 17/10, CR 2012, 110 = MDR 2012, 299 = WRP 2012, 975 („Computer-Bild"); MüKoBGB/*Wendehorst*, § 312 BGB Rz. 51.

halb grundsätzlich die für den gesamten Lebensmittelvertrieb geltenden lebensmittelrechtlichen Vorgaben, wobei insbesondere die gesundheits- bzw. hygienerechtlichen Vorgaben[1] von praktischer Relevanz sind.

Eine Besonderheit für den Vertrieb von Lebensmitteln im Versandhandel regelt allerdings   **8.34**
Art. 14 Abs. 1 und 2 Verordnung (EG) Nr. 1169/2011,[2] der umfangreiche **vorvertragliche Informationspflichten** vorsieht. Demnach müssen bereits **beim Angebot** von vorverpackten Lebensmitteln zum Verkauf „durch Einsatz von Fernkommunikationstechniken" die verpflichtenden Informationen nach Art. 9 Verordnung (EG) Nr. 1169/2011 mit Ausnahme des Mindesthaltbarkeitsdatums oder des Verbrauchsdatums verfügbar sein und auf dem Trägermaterial des Fernabsatzgeschäfts[3] erscheinen oder durch andere geeignete, für den Verbraucher nicht mit Mehrkosten verbundene Mittel, die vom Lebensmittelunternehmer eindeutig anzugeben sind, bereitgestellt werden. Gleiches gilt beim entsprechenden Angebot von nicht vorverpackten Lebensmitteln für die nach Art. 44 Verordnung (EG) Nr. 1169/2011 vorgeschriebenen Angaben. Darüber hinaus werden nur einzelne **Informationspflichten** ebenso wie einzelne produktbezogene Regelungen **versandhandelsspezifisch angepasst** bzw. ergänzt.

1. Zusatzstoffe

§ 9 Abs. 1 bis 5 ZZulV[4] bestimmt für zahlreiche Zusatzstoffe in Lebensmitteln[5] im Falle   **8.35**
der Abgabe an den Verbraucher weitreichende **Kenntlichmachungspflichten**. Für den Gehalt an Farbstoffen, Konservierungsstoffen, Antioxidationsmitteln, Geschmacksverstärkern, Schwefeldioxid, Lebensmittelschwärzer und -wachse, Phosphaten in Fleischerzeugnissen (alle Abs. 1) und Süßungsmitteln bzw. Tafelsüßen (Abs. 2 bis 5) wird im Detail geregelt, ob und mit welchem Wortlaut der jeweilige Zusatzstoff anzugeben ist.

Die genauen **Modalitäten** der Kenntlichmachung regelt § 9 Abs. 6 ZZulV. Die Angaben   **8.36**
sind demnach zunächst (Satz 1) „**gut sichtbar, in leicht lesbarer Schrift und unverwischbar**" anzugeben. Diesen Anforderungen genügen die Angaben nur, wenn sie sich wegen der Größe, Farbe und Anordnung der Buchstaben vom Untergrund und von der Umge

---

1 S. etwa Verordnung über Anforderungen an die Hygiene beim Herstellen, Behandeln und Inverkehrbringen von Lebensmitteln (Lebensmittelhygiene-Verordnung – LMHV) v. 8.8.2007 (BGBl. I 2007, 1816), zuletzt geändert durch Art. 1 VO v. 14.7.2010 (BGBl. I 2010, 929), und Verordnung über tiefgefrorene Lebensmittel (TLMV) in der Fassung der Bekanntmachung v. 22.2.2007 (BGBl. I 2007, 258), zuletzt geändert durch Art. 3 VO v. 13.12.2011 (BGBl. I 2011, 2720).
2 VO (EU) Nr. 1169/2011 des Europäischen Parlaments und des Rates vom 25.10.2011 betreffend die Information der Verbraucher über Lebensmittel und zur Änderung der VOen (EG) Nr. 1924/2006 und (EG) Nr. 1925/2006 des Europäischen Parlaments und des Rates und zur Aufhebung der Richtlinie 87/250/EWG der Kommission, der Richtlinie 90/496/EWG des Rates, der Richtlinie 1999/10/EG der Kommission, der Richtlinie 2000/13/EG des Europäischen Parlaments und des Rates, der Richtlinien 2002/67/EG und 2008/5/EG der Kommission und der VO (EG) Nr. 608/2004 der Kommission (ABl. L 304 v. 22.11.2011, S. 18); dazu ausführlich *Karsten*, ZLR 2013, 41.
3 Der Begriff des „Trägermaterials des Fernabsatzgeschäfts" wird in der VO (EG) Nr. 1169/2011 nicht definiert. Der Begriff wird weit auszulegen sein, mit der Europäischen Kommission (vgl. Durchführungsbeschluss 2013/63/EU) werden darunter Website, Katalog, Broschüre, Schreiben oÄ zu verstehen sein.
4 Verordnung über die Zulassung von Zusatzstoffen zu Lebensmitteln zu technologischen Zwecken (Zusatzstoff-Zulassungsverordnung – ZZulV) v. 29.1.1998 (BGBl. I 1998, 230), zuletzt geändert durch Art. 3 VO v. 21.5.2012 (BGBl. I 2012, 1021).
5 Für das Verständnis von „Lebensmittel" und „Zusatzstoff" ist auf die Begriffsbestimmungen in § 2 Abs. 2 (iVm. VO (EG) Nr. 178/2003) und Abs. 3 (iVm. VO (EG) Nr. 1333/2008) LFGB zurückzugreifen, in dessen § 7 Abs. 1 Nr. 1 und Abs. 2 Nr. 1 die ZZulV nach der Aufhebung von §§ 12, 16 LMGB ihre Rechtsgrundlage findet.

bung genügend abhebt und von einem Menschen mit voller Sehkraft ohne Hilfsmittel und ohne Anstrengung gelesen werden kann.[1]

8.37 Weiter bestimmt § 9 Abs. 6 Satz 2 ZZulV in Abhängigkeit davon, wie die Lebensmittel abgegeben werden, wo bzw. wie die Angaben an bzw. bei dem Lebensmittel anzubringen sind. Während Satz 2 Nrn. 1 bis 3 auf bestimmte Verpackungsformen Bezug nimmt (lose Abgabe, in Umhüllungen oder in Fertigpackungen), bestimmt Satz 2 Nr. 4, dass die Angaben bei der Abgabe im Versandhandel zusätzlich in den **Angebotslisten** zu erfolgen haben. Umfasst hiervon ist neben dem traditionellen Versandhandel auch das Angebot von Lebensmitteln im Fernsehen und in elektronischen Medien, so dass insbesondere auch Speiselieferdienste (zB Pizzaservice) in den Anwendungsbereich fallen.[2] Als „Angebotslisten" sind dann alle Beschreibungen des ggf. versendeten Lebensmittels anzusehen, neben der Präsentation im Internet, in Versandkatalogen oder im Fernsehen also auch einfache Wurfsendungen („Flyer").[3]

8.38 Die Angaben nach § 9 Abs. 1 ZZulV sind überdies auch dann in den Angebotslisten anzugeben, wenn § 9 Abs. 8 Satz 1 Nrn. 2 und 3 ZZulV diese Angaben im Übrigen (dh. am Produkt selbst) für entbehrlich erklärt. § 9 Abs. 6 Satz 2 Nr. 4 ZZulV enthält nach einhelliger Auffassung aus Gründen des Verbraucherschutzes eine **zusätzliche Verpflichtung** neben der Pflicht zur Kenntlichmachung am Produkt selbst.[4]

8.39 Vorsätzliche, bei der gewerbsmäßigen Abgabe von Lebensmitteln an Verbraucher begangene Verstöße gegen die Kenntlichmachungspflichten nach § 9 Abs. 1, Abs. 2 Sätze 1 und 2 sowie Abs. 3 ZZulV sind nach § 10 Abs. 4 ZZulV iVm. § 59 Abs. 1 Nr. 21 lit. a) LFGB **Straftaten**, die mit Freiheitsstrafe bis zu einem Jahr oder mit Geldstrafe wird bestraft werden. Entsprechende fahrlässige Verstöße sind nach § 10 Abs. 5, 4 ZZulV **Ordnungswidrigkeiten**, die nach § 60 Abs. 1 Nr. 2, Abs. 5 Nr. 2 LFGB mit einer Geldbuße bis zu 50 000 Euro geahndet werden können.

2. Fleischerzeugnisse

8.40 § 4 FlV[5] regelt ein grundsätzlich umfassendes und daher in seiner Reichweite verfassungs- und gemeinschaftsrechtlich zumindest fragwürdiges[6] Verbot, Fleischerzeugnisse in den Verkehr zu bringen, bei deren Herstellung die dort aufgeführten Stoffe verwendet worden sind („**Reinheitsgebot**"). Der Begriff des Fleischerzeugnisses ist in der FlV nicht definiert. Nach der Verkehrsauffassung gehören hierzu alle „**ausschließlich oder überwiegend aus Fleisch hergestellten Erzeugnisse**".[7]

---

1 So OLG München v. 26.9.1985 – 6 U 3743/84, GRUR 1986, 86, zum inhaltlich entsprechenden damaligen § 8 Abs. 2 ZZulV, ferner Zipfel/Rathke/*Rathke*, § 9 ZZulV Rz. 53.
2 OVG NRW v. 10.11.2008 – 13 A 2903/05, LRE 57, 394; Sächsisches OVG v. 26.2.2008 – 3 BS 333/06, LRE 58, 258.
3 So Zipfel/Rathke/*Rathke*, § 9 ZZulV Rz. 61.
4 OVG NRW v. 10.11.2008 – 13 A 2903/05, LRE 57, 394; Sächsisches OVG v. 26.2.2008 – 3 BS 333/06, LRE 58, 258.
5 Verordnung über Fleisch und Fleischerzeugnisse (Fleisch-Verordnung – FlV) in der Fassung der Bekanntmachung v. 21.1.1982 (BGBl. I 1982, 89), zuletzt geändert durch Art. 6 VO v. 8.8.2007 (BGBl. I 2007, 1816).
6 S. hierzu etwa OVG Niedersachsen v. 25.3.2004 – 11 LC 96/03, LMRR 2004, 128 (zu § 4 Abs. 1 Nr. 3 FlV); VG Oldenburg v. 6.9.2005 – 7 A 700/04, LMRR 2005, 27 (zu § 4 Abs. 1 Nr. 5 FlV); VG Berlin v. 4.3.2009 – 14 A 11.05, LRE 59, 377 (zu § 4 Abs. 1 Nr. 2 FlV) sowie EuGH v. 2.2.1989 – Rs. C-274/87, NJW 1989, 1428. Ferner Zipfel/Rathke/*Rathke/Islam*, § 4 FlV Rz. 10a ff.
7 Hessischer VGH v. 26.1.1988 – 11 UE 1204/85, LRE 1989, 94, ebenso Zipfel/Rathke/*Rathke/Islam*, Vorb. FlV Rz. 14. Erzeugnisse mit einem Zusatz an Fleisch (zB Canelloni, Lasagne) sind deshalb keine Fleischerzeugnisse. – Unter „Fleisch" (ebenfalls nicht legaldefiniert) sind demnach alle Teile von geschlachteten oder erlegten warmblütigen Tieren zu verstehen, die zum Genuss für Menschen bestimmt sind, vgl. Zipfel/Rathke/*Rathke/Islam*, Vorb. FlV Rz. 13 mwN.

Dieses **Verkehrsverbot** wird durch § 5 Abs. 1 Nr. 1 FlV für den Versandhandel **partiell** 8.41
durchbrochen. Fleischerzeugnisse, bei deren Herstellung die in Anlage 3 FlV aufgeführten
Stoffe unter den dort genannten Verwendungsbedingungen zugesetzt wurden, dürfen demnach im Wege des Versandhandels in den Verkehr gebracht werden, wenn

– die verwendeten Stoffe am Produkt selbst kenntlich gemacht werden und zusätzlich

– die in Anlage 3 FlV vorgeschriebenen Angaben und Hinweise in den Angebotslisten
  gemacht werden.

Zum Begriff der Angebotslisten ist dabei auf obige Ausführungen zur Kenntlichmachung 8.42
von Zusatzstoffen zu verweisen (Rz. 8.37). Sonstige Vorgaben, wie die Angaben und Hinweise in den Angebotslisten zu machen sind, sieht die FlV nicht vor.

Der Verstoß gegen die Angaben- und Hinweispflichten ist für sich genommen **nicht straf-** 8.43
oder ordnungswidrigkeitenbewehrt. Gleichwohl ist die **Missachtung** der Pflichten **nicht
ohne Sanktion**: Ohne die Angaben und Hinweise bleibt das Verkehrsverbot nach § 4 FlV bestehen (s. hierzu Rz. 8.40).[1] Vorsätzliche, gewerbsmäßig begangene Verstöße hiergegen
stellen nach § 13 Abs. 3 Nr. 3 FlV iVm. § 59 Abs. 1 Nr. 21 lit. a LFGB Straftaten dar, die mit
Freiheitsstrafe bis zu einem Jahr oder mit Geldstrafe wird bestraft werden, entsprechende
fahrlässige Verstöße sind nach § 13 Abs. 4, 3 FlV iVm. § 60 Abs. 1 Nr. 2, Abs. 5 Nr. 2 LFGB
Ordnungswidrigkeiten, die mit einer Geldbuße bis zu 50 000 Euro geahndet werden können.

3. Diätetische Lebensmittel für Säuglinge und Kleinkinder

Für in Fertigpackungen vertriebene diätetische Lebensmittel für Säuglinge und Kleinkin- 8.44
der sind nach § 22 DiätV[2] spezielle **Warnhinweise** vorgeschrieben, die auf der Packung
anzubringen sind.[3] Einzelnen Hinweispflichten ist beim Vertrieb im Versand gem. § 22
Abs. 3 DiätV darüber hinaus zusätzlich mit dem in der Verordnung vorgegebenen Wortlaut in den Angebotslisten (Rz. 8.37) zu genügen:

– Bei allen Lebensmitteln, die d-Milchsäure oder dl-Milchsäure enthalten, hat – unabhängig vom Gehalt – der Hinweis „nicht für Säuglinge in den ersten drei Lebens-
  monaten verwenden" zu erfolgen.

– Beim Vertrieb von Kinderzucker, Nährzucker und Aufbauzucker (§ 14 Abs. 2 Nr. 5 DiätV) außer Malzextrakt ist anzugeben „nicht zusätzlich zu Fertignahrungen für Säuglinge und Kleinkinder verwenden" iVm. der Bezeichnung des Lebensmittels.

– Ferner ist beim Vertrieb von Kinderzucker, Nährzucker und Aufbauzucker (§ 14 Abs. 2
  Nr. 5 DiätV) außer Malzextrakt mit einem Gehalt an Monosacchariden von mehr als 5
  Hundertteilen anzugeben „nicht zusätzlich zu Fertignahrungen für Säuglinge und
  Kleinkinder verwenden".

Ein vorsätzlicher, gewerbsmäßig begangener Verstoß gegen die Hinweispflichten stellt 8.45
nach § 26 Abs. 2 Nr. 4 lit. f) DiätV eine **Straftat** dar, die nach § 59 Abs. 1 Nr. 21 lit. a) LFGB
mit Freiheitsstrafe bis zu einem Jahr oder Geldstrafe bestraft wird. Entsprechend fahrlässig

---

1 So Zipfel/Rathke/*Rathke/Islam*, § 5 FlV Rz. 50. Von Bedeutung sind dann die verfassungsrechtlichen
  Zweifel an § 4 FlV.
2 Verordnung über diätetische Lebensmittel (Diätverordnung – DiätV), idF der Bekanntmachung v.
  28.4.2005 (BGBl. I 2005, 1161), zuletzt geändert durch Art. 60 VO v. 31.8.2015 (BGBl. I 2015, 1474).
3 Die Regelung erfasst alle diätetischen Lebensmittel für Säuglinge und Kleinkinder sowie „normale"
  Lebensmittel, die für Säuglinge oder Kleinkinder geeignet sind und mit einem Hinweis darauf in
  den Verkehr gebracht werden (§ 2 Abs. 2 Satz 1 Nr. 2, Satz 2 DiätV). Nicht erfasst werden diätetische
  Säuglingsanfangsnahrung (hierzu § 22a DiätV) sowie Beikost (§ 22b DiätV), vgl. Zipfel/Rathke/*Grün-
  dig*, § 22 DiätV Rz. 5 f.

begangene Verstöße sind gem. § 26 Abs. 6, Abs. 2 Nr. 4 lit. f) DiätV **Ordnungswidrigkeiten** und können nach § 60 Abs. 1 Nr. 2, Abs. 5 Nr. 2 LFGB mit einem Bußgeld bis zu 50 000 Euro geahndet werden.

4. Getrocknete aromatische Kräuter und Gewürze

8.46 Die Konservierung von getrockneten aromatischen Kräutern und Gewürzen ist nach der LMBestrV[1] einer der wenigen zulässigen Zwecke, zu denen Lebensmitteln mit Elektronen-, Gamma- und Röntgenstrahlen behandelt werden dürfen. Auf den Umstand der **Bestrahlung** hat derjenige, der bestrahlte Kräuter und Gewürze in Verkehr bringt, nach § 3 Abs. 1 LMBestrV hinzuweisen, und zwar auch dann, wenn bestrahlte Kräuter oder Gewürze als **Zutaten** in einem anderen Lebensmittel enthalten sind.

8.47 Soweit bestrahlte Kräuter oder Gewürze im Versandhandel vertrieben werden, müssen nach § 3 Abs. 1 bis 3 LMBestrV nicht nur auf der Verpackung des Produkts, sondern nach § 3 Abs. 3 Satz 1 Nr. 4 LMBestrV auch in den Angebotslisten (Rz. 8.37) „gut sichtbar, in leicht leslicher Schrift und unverwischbar" die Hinweise „bestrahlt" oder „mit ionisierenden Strahlen behandelt" angegeben werden. Werden Lebensmittel vertrieben, denen bestrahlte Kräuter oder Gewürze als Zutat zugesetzt wurden, ist nach § 3 Abs. 5 Satz 1 LMBestrV die **Zutat iVm. den bezeichneten Angaben** in den Angebotslisten anzugeben.

8.48 Die vorsätzlich begangene, gewerbsmäßig unzureichende Kennzeichnung bestrahlter Kräuter oder Gewürze stellt nach § 8 Abs. 2 LMBestrV eine **Straftat** dar, die nach § 59 Abs. 1 Nr. 21 lit. a) LFGB mit Freiheitsstrafe bis zu einem Jahr oder Geldstrafe bestraft wird. Fahrlässig unzureichend gekennzeichnete Kräuter oder Gewürze bedeuten gem. § 8 Abs. 5, Abs. 2 LMBestrV die Begehung einer **Ordnungswidrigkeit** und können nach § 60 Abs. 1 Nr. 2, Abs. 5 Nr. 2 LFGB mit einem Bußgeld bis zu 50 000 Euro geahndet werden.

V. Pflanzenschutzmittel

8.49 Das Pflanzenschutzgesetz[2] verbindet das Verbot bestimmter Vertriebsformen mit Informationspflichten: Nach § 23 Abs. 2 PflSchG dürfen Pflanzenschutzmittel unabhängig von ihrer Gefährlichkeit ausnahmslos nicht im Wege der Selbstbedienung in den Verkehr gebracht werden.[3] Dieses **Selbstbedienungsverbot** korrespondiert mit **Informationspflichten** des Abgebenden eines Pflanzenschutzmittels. Nach § 23 Abs. 3, Abs. 4 Satz 1 und 2 PflSchG hat der Abgebende

– sämtliche Erwerber über die bestimmungsgemäße und sachgerechte Anwendung des Pflanzenschutzmittels, insbesondere über Verbote und Beschränkungen, zu unterrichten (Abs. 3) und

– nicht-beruflichen Anwendern zusätzlich allgemeine Informationen über die Risiken der Anwendung von Pflanzenschutzmitteln für Mensch, Tier und Naturhaushalt zur Verfügung zu stellen, die insbesondere den Anwenderschutz, die sachgerechte Lagerung, Handhabung und Anwendung sowie die sichere Entsorgung nach den abfall-

---

1 Verordnung über die Behandlung von Lebensmitteln mit Elektronen-, Gamma- und Röntgenstrahlen, Neutronen oder ultravioletten Strahlen (Lebensmittelbestrahlungsverordnung – LMBestrV) v. 14.12.2000 (BGBl. I 2000, 1730), zuletzt geändert durch Art. 62 VO v. 31.8.2015 (BGBl. I 2015, 1474).

2 Gesetz zum Schutz der Kulturpflanzen (Pflanzenschutzgesetz – PflSchG) v. 6.2.2012 (BGBl. I 2012, 148), zuletzt geändert durch Art. 375 VO v. 31.8.2015 (BGBl. I 2015, 1474).

3 Das Verbot ist verfassungsgemäß, vgl. BVerwG v. 27.8.2009 – 7 C 1/09, NVwZ-RR 2010, 97 ff., zur inhaltlich identischen Vorgängerregelung in § 22 Abs. 1 Satz 1 PflSchG aF.

rechtlichen Vorschriften und Möglichkeiten des Pflanzenschutzes mit geringem Risiko berücksichtigen (Abs. 4 Satz 1 und 2).

Für den **Versandhandel** modifiziert § 23 Abs. 4 Satz 3 PflSchG die Informationspflichten **8.50** dahingehend, dass die Informationen „bereits vor der Abgabe zu übermitteln oder zur Verfügung zu stellen sind". Sonstige **Vorgaben zu Art und Weise** der Information sieht das Gesetz nicht vor. Orientiert an den in § 1 umschriebenen Zwecken des PflSchG, dürfte § 23 Abs. 4 Satz 3 PflSchG dadurch erfüllt werden können, dass die Informationen gut sichtbar und in leicht leslicher Schrift in die Angebotslisten (Rz. 8.37) aufgenommen werden.

Der Verstoß gegen die Pflicht zur vorzeitigen Information nach § 23 Abs. 4 Satz 3 PflSchG **8.51** im Versandhandel ist für sich genommen **nicht sanktionsbewehrt**. Dagegen stellt der Verstoß gegen die Informationspflichten als solche nach § 68 Abs. 1 Nr. 17 und 18 PflSchG eine **Ordnungswidrigkeit** dar, die nach § 68 Abs. 3 PflSchG im Falle des § 23 Abs. 3 PflSchG mit einem Bußgeld in Höhe von bis zu 50 000 Euro und im Falle des § 23 Abs. 4 Satz 1 und 2 PflSchG mit einem Bußgeld in Höhe von bis zu 10 000 Euro geahndet werden kann.

VI. Futtermittel

Die Futtermittelverordnung[1] macht den Vertrieb von Futtermitteln[2] im Wege des Ver- **8.52** sandhandels entsprechend den Vorgaben der Verordnung (EG) Nr. 1169/2011 ebenfalls von der Erfüllung vorvertraglicher Informationspflichten abhängig. Nach § 12 FuttMV dürfen Futtermittel durch Fernkommunikationsmittel nur dann zum Verkauf angeboten werden, wenn die für das jeweilige Futtermittel erforderlichen, näher bestimmten Kennzeichnungsangaben nach der Verordnung (EG) Nr. 767/2009 **vor dem Abschluss eines Fernabsatzvertrags**, dh. bereits beim Angebot der Futtermittel entweder auf dem Trägermaterial des jeweiligen Fernabsatzgeschäfts[3] erscheinen oder auf andere angemessene Weise bekannt gegeben werden.

---

1 Futtermittelverordnung (FuttMV) idF der Bekanntmachung v. 15.10.2015 (BGBl. I 2015, 1687).
2 Zum Begriff s. § 2 Abs. 4 LFGB iVm. VO (EG) Nr. 178/2002.
3 Der Begriff des „Trägermaterials des Fernabsatzgeschäfts" wird in der VO (EG) Nr. 1169/2011 nicht definiert. Der Begriff wird weit auszulegen sein, mit der Europäischen Kommission (vgl. Durchführungsbeschluss 2013/63/EU) werden darunter Website, Katalog, Broschüre, Schreiben oÄ zu verstehen sein.

Kapitel 9
Vertrieb an Kinder und Jugendliche

A. Fragen der Geschäftsfähigkeit

Literatur: *Erbs/Kohlhaas*, Strafrechtliche Nebengesetze, 204. Ergänzungslieferung 2015; *Ernst/Spoenle*, Weinversandhandel und Jugendschutz, ZLR 2007, 114; *Gola/Schulz*, DS-GVO – Neue Vorgaben für den Datenschutz bei Kindern? – Überlegungen zur einwilligungsbasierten Verarbeitung von personenbezogenen Daten Minderjähriger, ZD 2013, 475; *Hoeren/Sieber*, Multimedia-Recht, 42. Ergänzungslieferung 2015; Münchener Kommentar zum StGB, Bd. 2/2, 2. Auflage 2012; *Knöfel*, Der Rechtsanwalt als Jugendschutzbeauftragter für Telemedien, MMR 2005, 816; *Langenfeld*, Die Neuordnung des Jugendschutzes im Internet, MMR 2003, 303; *Liesching*, Anforderungen des Erwachsenenversandhandels nach dem Jugendschutzgesetz, NJW 2004, 3303; *Liesching*, Restriktive Rechtsauffassungen der Obersten Landesjugendbehörden zu Internetversandhandel mit Film- und Spiel-Bildträgern, MMR 2005, Heft 12 XVI; *Mayer*, Der Versandhandel mit Computer- und Konsolenspielen ohne Jugendfreigabe aus wettbewerbsrechtlicher Sicht, NJOZ 2010, 1316; *Spindler/Schuster*, Recht der elektronischen Medien, 3. Auflage 2015.

I. Überblick

Beim Vertrieb von Produkten an Minderjährige im Wege des Versandhandels sind insbesondere zwei Themenkomplexe von besonderer Relevanz. **9.1**

Dies ist zum einen der Umgang mit der fehlenden bzw. beschränkten Geschäftsfähigkeit von Minderjährigen. Dieser weist gerade im Versandhandel besondere Probleme auf, da es an einem unmittelbaren Kontakt mit dem Endkunden fehlt (s. Rz. 9.8 ff.). **9.2**

Zum anderen werfen die jugendschutzrechtlichen Anforderungen an den Vertrieb von Produkten im Wege des Versandhandels eine Vielzahl von Fragen auf, insbesondere im Hinblick auf den Vertrieb von jugendgefährdenden Produkten und die Anforderungen an eine Altersverifikation, die ebenfalls maßgeblich aus dem mangelnden Kontakt des Verkäufers mit dem Endkunden vor Ort resultieren (s. Rz. 9.24 ff.). **9.3**

II. Einführung

Sowohl beim Katalog- als auch beim Onlineversandhandel fehlt dem Unternehmer in aller Regel eine effektive Möglichkeit, das Alter des Vertragspartners zu überprüfen.[1] Daher **9.4**

---

1 Zwar gibt es mit dem elektronischen Signaturverfahren und den speziellen Altersverifikationsverfahren auch im Online-Bereich durchaus Möglichkeiten der effektiven Alterskontrolle. Diese stellen aber aufgrund des damit verbundenen Aufwands eine nicht unerhebliche Hürde für Kunden dar, so dass sich weder das Signaturverfahren noch spezielle Altersverifikationssysteme in der Praxis durchsetzen

kommt Fragen der Geschäftsfähigkeit, also der Fähigkeit, Rechtsgeschäfte selbständig wirksam vornehmen zu können, besondere Bedeutung zu.

9.5 Grundsätzlich bestehen auch im Versandhandel hinsichtlich des Problemfeldes der Geschäftsfähigkeit keine Besonderheiten; vielmehr gilt auch hier das in den §§ 104 ff. BGB normierte Prinzip der gestuften Geschäftsfähigkeit von Minderjährigen[1], dh. der Geschäftsunfähigkeit (s. hierzu Rz. 9.8) sowie der beschränkten Geschäftsfähigkeit (s. hierzu Rz. 9.9 ff.).

9.6 Als Rechtsfolge normiert § 105 BGB, dass Verträge, die ein nach § 104 BGB Geschäftsunfähiger abschließt, unwirksam sind. Die Wirksamkeit von Rechtsgeschäften, die ein gem. § 106 BGB beschränkt geschäftsfähiger Minderjähriger vornimmt, hängt demgegenüber regelmäßig von der Zustimmung des gesetzlichen Vertreters ab, §§ 106 ff. BGB, sofern der Minderjährige nicht lediglich einen rechtlichen Vorteil erlangt.

9.7 Aufgrund des Fehlens eines wirksamen Altersverifikationssystems und den damit einhergehenden Schwierigkeiten im Versandhandel, Bestellungen von Geschäftsunfähigen bzw. beschränkt Geschäftsfähigen faktisch wirksam auszuschließen, kommt sowohl den Fragen der Rechtsscheinhaftung, namentlich der Duldungs- und Anscheinsvollmacht (s. Rz. 9.14 ff.), als auch der Rückabwicklung gescheiterter Geschäftsabschlüsse besondere praktische Relevanz zu (s. Rz. 9.19 ff.).

III. Geschäftsunfähigkeit

1. Voraussetzungen

9.8 Im Prinzip normiert das BGB den Grundsatz, dass jeder Mensch geschäftsfähig ist. Lediglich ausnahmsweise ist Geschäftsunfähigkeit oder beschränkte Geschäftsfähigkeit anzunehmen. Geschäftsunfähig sind zum einen altersbedingt und damit unabhängig von der tatsächlichen geistigen Entwicklung nach § 104 Nr. 1 BGB Kinder, die das siebte Lebensjahr noch nicht vollendet haben. Zum anderen betrifft dies nach § 104 Nr. 2 BGB Personen, die sich dauerhaft in einem krankhaften Geisteszustand befinden, der die freie Willensbestimmung ausschließt. Letzteres ist zu bejahen, wenn der Betroffene nicht mehr in der Lage ist, aufgrund einer eigenen, sachlichen Prüfung verschiedener Handlungsoptionen zu einem freien Willensentschluss zu kommen.[2] Die Beweislast hinsichtlich beider Alternativen obliegt demjenigen, der sich auf die Geschäftsunfähigkeit beruft.[3]

2. Rechtsfolgen

9.9 Willenserklärungen von Geschäftsunfähigen sind nach § 105 Abs. 1 BGB unwirksam. Das Gleiche gilt nach § 105 Abs. 2 BGB für Willenserklärungen, die in einem lediglich zeitweisen Zustand der Störung der Geistestätigkeit bzw. Bewusstlosigkeit abgegeben werden. Die praktische Relevanz dieser Vorschriften dürfte im Bereich des Versandhandels jedoch regelmäßig aufgrund der technischen Hürden, die einem Vertragsschluss voraus-

---

konnten. Anders stellt sich dies nur in den Bereichen dar, in denen effektive Altersverifikationssysteme gesetzlich zwingend vorgeschrieben sind (dazu in Rz. 9.46 ff.). Wirksame vertragliche Absicherungen sind hingegen nicht möglich, da diese das Problem der beschränkten bzw. fehlenden Geschäftsfähigkeit nicht lösen können und jugendschutzrechtlich von geringer Bedeutung sind. Lediglich wegen der Signalwirkung können vertragliche Regelungen, etwa die Festlegung eines Mindestalters, sinnvoll sein. Auch eine Beweislastumkehr lässt sich durch vertragliche Regelungen nicht erreichen (vgl. dazu OLG Brandenburg v. 11.1.2006 – 7 U 52/05, MMR 2006, 405 (406) = CR 2006, 490.

1 *Gola/Schulz*, ZD 2013, 475 (480).
2 BGH v. 19.6.1970 – IV ZR 83/69, NJW 1970, 1680 (1681).
3 Palandt/*Ellenberger*, § 104 BGB Rz. 8.

gehen, nur sehr gering sein. Das Handeln eines Geschäftsunfähigen kann Dritten, etwa dem Inhaber eines Internetanschlusses, grundsätzlich auch nicht unter Rechtsschein-grundsätzen zugerechnet werden, da Geschäftsunfähige nicht rechtswirksam als Vertreter eines anderen handeln können.[1] Folge ist, dass, sofern im Hinblick auf die Willenserklä-rung bereits Leistungen ausgetauscht worden sind, diese Leistungen grundsätzlich nach §§ 812 ff. BGB kondiziert werden können.[2]

Hinzuweisen ist auf die **Ausnahmevorschrift des § 105a BGB**, nach der Geschäfte des täg-lichen Lebens eines volljährigen Geschäftsunfähigen als wirksam gelten, wenn sie mit geringen Mitteln bewirkt werden und sowohl Leistung als auch Gegenleistung bereits vollständig erbracht sind. Mit Bewirkung von Leistung und Gegenleistung wird ein wirk-samer Vertrag (ex nunc) fingiert.[3] Ab diesem Zeitpunkt ist eine Rückforderung der aus-getauschten Leistungen ausgeschlossen, da mit dem fingierten Vertrag ein Rechtsgrund iSv. § 812 Abs. 1 Satz 1 Alt. 1 BGB besteht. **9.10**

IV. Beschränkte Geschäftsfähigkeit

1. Voraussetzungen

Minderjährige, dh. Personen, die das siebente, aber noch nicht das achtzehnte Lebensjahr vollendet haben, sind nach § 106 BGB in ihrer Geschäftsfähigkeit beschränkt. Die Wil-lenserklärung eines Minderjährigen, die diesem nicht lediglich rechtliche Vorteile bringt, bedarf nach § 107 BGB der **Einwilligung des gesetzlichen Vertreters**, soweit nicht einer der in den §§ 110, 112 und 113 BGB geregelten Ausnahmetatbestände greift. Die Ermäch-tigungen nach §§ 112, 113 BGB, die eine gegenständlich beschränkte Erweiterung der Ge-schäftsfähigkeit zum selbständigen Betrieb eines Erwerbsgeschäfts bzw. zum Eintritt in ein Dienst- oder Arbeitsverhältnis, darstellen[4], sind für den hier beschriebenen Bereich des Versandhandels indes ohne Relevanz. **9.11**

2. Rechtsfolgen

Greift keiner der vorgenannten Tatbestände und fehlt die Einwilligung des gesetzlichen Vertreters, so ist der Vertrag nach § 108 Abs. 1 BGB zunächst **schwebend unwirksam**. Wird die Genehmigung des Vertragsschlusses, ggf. nach entsprechender Aufforderung gem. § 108 Abs. 2 BGB, durch den gesetzlichen Vertreter nicht erteilt bzw. verweigert, so gilt der Vertrag als von Anfang an unwirksam. **9.12**

a) Taschengeldparagraph

In der Praxis des Versandhandels wird als einschlägiger Ausnahmetatbestand regemäßig § 110 BGB, der sogenannte „Taschengeldparagraph", in Betracht kommen. Danach gilt ein von einem Minderjährigen ohne Zustimmung des gesetzlichen Vertreters geschlosse-ner Vertrag als von Anfang an wirksam, wenn der Minderjährige die vertragsgemäße Leis-tung mit Mitteln bewirkt, die ihm zu diesem Zweck oder zu freier Verfügung überlassen worden sind. Erst mit der Bewirkung der Leistung, dh. mit der vollständigen Zahlung des vertragsgegenständlichen Entgelts durch den Minderjährigen, etwa durch Überweisung, wird der Vertrag wirksam.[5] Als derartige zur freien Verfügung überlassene Mittel kom-men vor allem das Taschengeld sowie das dem Minderjährigen belassene Arbeitseinkom- **9.13**

---

1 MüKoBGB/*Schubert*, § 165 BGB Rz. 11 ff.
2 MüKoBGB/*Schmitt*, § 105 BGB Rz. 22.
3 MüKoBGB/*Schmitt*, § 105a BGB Rz. 18.
4 MüKoBGB/*Schmitt*, § 106 BGB Rz. 14.
5 Palandt/*Ellenberger*, § 110 BGB Rz. 4.

men in Frage. Die Verwendung des Taschengelds kann jedoch auch weiteren Beschränkungen unterliegen.[1] So erstreckt sich die Überlassung zur freien Verfügung im Zweifel nicht auf jeden Verwendungszweck, sondern nur auf sich im Rahmen des Vernünftigen haltende Verfügungen.[2] Jedenfalls muss eine Grenze bei Eingriffen in höchstpersönliche Rechtsgüter des Minderjährigen, wie sein allgemeines Persönlichkeitsrecht oder seine körperliche Unversehrtheit, gezogen werden.[3]

b) Rechtsscheinvollmachten

9.14 Fehlt es an einer Einwilligung bzw. Genehmigung des gesetzlichen Vertreters, stellt sich im Online-Bereich die Frage, ob ggf. dem Anschluss- bzw. Zugangsinhaber das Handeln des Minderjährigen nach den Grundsätzen der Rechtsscheinhaftung im Sinne einer Duldungs- oder Anscheinsvollmacht zugerechnet werden kann. Eine derartige Zurechnung ist zwar in den Fällen ausgeschlossen, in denen der Minderjährige erkennbar selbst als Käufer auftritt, also keine Fehlvorstellung über die Identität des Handelnden hervorgerufen wird.[4] Gerade bei der Nutzung fremder Zugänge, etwa zu Online-Shops, ist dies aber regelmäßig nicht der Fall.

aa) Duldungsvollmacht

9.15 Eine Duldungsvollmacht liegt vor, wenn der Vertretene es wissentlich duldet, dass ein anderer, ohne Vollmacht zu haben, wiederholt und über einen längeren Zeitraum, für ihn wie ein Vertreter auftritt. Zudem muss der Geschäftsgegner das Verhalten des Vertreters und des Vertretenen gekannt haben und nach Treu und Glauben dahingehend werten dürfen, dass der als Vertreter Handelnde bevollmächtigt ist.[5] Bei einem unter Verwendung einer fremden Identität getätigten Geschäft des Namensträgers ist dabei auf dessen Verhalten abzustellen.[6] Eine Duldungsvollmacht kann daher zB dann gegeben sein, wenn Zugangsdaten zu einer Online-Verkaufsplattform oder einem Online-Shop mit Wissen und Wollen des Zugangsinhabers von Dritten zur Abgabe von Bestellungen benutzt werden.[7] Dabei ist es unerheblich, entsprechend § 165 BGB, wenn es sich um beschränkt geschäftsfähige Dritte handelt. Eine Zurechnung aufgrund Rechtsscheins bei geschäftsunfähigen Personen als Vertreter ist hingegen grundsätzlich nicht möglich.[8]

9.16 Voraussetzung einer Duldungsvollmacht ist somit immer die **Kenntnis des Zugangsinhabers**, deren Nachweis in der Regel jedoch nur schwer zu führen sein wird.

bb) Anscheinsvollmacht

9.17 Bei fehlender Kenntnis kann eine Rechtsscheinhaftung aufgrund einer Anscheinsvollmacht in Betracht kommen. Sie ist gegeben, wenn der Vertretene bei pflichtgemäßer Sorgfalt hätte erkennen und verhindern können, dass ein Scheinvertreter für ihn handelt und der Geschäftsgegner auch annehmen durfte, der als Vertreter Handelnde sei bevollmächtigt. Letzteres erfordert regelmäßig eine gewisse Häufigkeit und Dauer des Verhaltens des

---

1 Vgl. AG Freiburg. v. 24.10.1997 – 51 C 3570–97, NJW-RR 1999, 637 zum Kauf einer Softair-Pistole.
2 Palandt/*Ellenberger*, § 110 BGB Rz. 2.
3 MüKoBGB/*Schmitt*, § 110 BGB Rz. 29.
4 BGH v. 11.5.2011 – VIII ZR 289/09, MMR 2011, 447 (448) = MDR 2011, 773 = CR 2011, 455 = ITRB 2011, 148.
5 BGH v. 14.5.2002 – XI ZR 155/01, NJW 2002, 2325 (2327) = MDR 2002, 1133; MüKoBGB/*Schubert*, § 167 BGB Rz. 102.
6 BGH v. 11.5.2011 – VIII ZR 289/09, MMR 2011, 447 (448) = MDR 2011, 773 = CR 2011, 455 = ITRB 2011, 148.
7 Vgl. LG Aachen v. 15.12.2006 – 5 S 184/06, NJW-RR 2007, 565 = CR 2007, 605.
8 Zu den Einzelheiten MüKoBGB/*Schramm*, § 165 BGB Rz. 12 ff.

einen Teils, aus dem der Geschäftsgegner auf die Bevollmächtigung eines Dritten schließen zu können glaubt.[1] Bei einem mit einer Identitätstäuschung verbundenen Handeln unter fremdem Namen ist dabei auf das Verhalten des Namensträgers abzustellen.[2] Wie auch bei der Duldungsvollmacht setzt die Stellvertretung im Rahmen der Anscheinsvollmacht die zumindest beschränkte Geschäftsfähigkeit des Vertreters voraus (s. dazu oben Rz. 9.15).

Im Online-Bereich kann das Vorliegen einer Anscheinsvollmacht dann bejaht werden, wenn ein Zugangsinhaber schuldhaft eine Ursache für den Rechtsschein gesetzt hat, wie es insbesondere bei der (ggf. auch nur fahrlässigen) **Ermöglichung der Nutzung von Zugangsdaten** der Fall sein kann[3] und der Geschäftsgegner annehmen durfte, der Zugangsinhaber kenne und billige das Verhalten des Dritten.[4] In diesem Zusammenhang ist erforderlich, dass der Geschäftsgegner auch auf die Identität des Zugangsinhabers vertrauen durfte.[5] Letzteres setzt voraus, dass ein **hinreichend sicheres Benutzeridentifikationssystem** zum Einsatz kommt. Bejaht wird dies von Teilen der Literatur bei der Verwendung von Chipkarte und Passwort eines Signaturkarteninhabers durch einen Dritten.[6] An einer hinreichenden sicheren Benutzeridentifikation, die ein Vertrauen in die Identität des Zugangsinhabers rechtfertigen würde, fehlt es hingegen nach der Rechtsprechung bei nur passwortgeschützten Zugangssystemen[7] bzw. der Identifikation über den Versand einer E-Mail (sog. „mailorder"),[8] da es bereits an einer sicheren Erstidentifikation des Zugangsinhabers fehlt. So können bereits bei der Registrierung des Nutzers bei einer passwortgeschützten Verkaufsplattform (bzw. dem verwendeten E-Mail-Dienst) falsche Angaben gemacht werden.[9]

9.18

V. Besonderheiten bei der Rückabwicklung

Rechtsfolge der Unwirksamkeit von Vertragsschlüssen in den dargestellten Konstellationen ist das Erfordernis der Rückabwicklung des Geschäfts. Die empfangene Leistungen muss derjenige, der diese aufgrund eines unwirksamen Vertrages erlangt hat, nach den §§ 812 ff. BGB zurückgewähren. Die praktische Relevanz der Beurteilung der Geschäftsfähigkeit des Vertragspartners im Versandhandel wird durch das im Verbraucherbereich in der Regel ohnehin geltende Widerrufsrecht allerdings deutlich abgemildert, da dieses bei Geltendmachung ebenfalls zur Rückabwicklung führt.

9.19

Dennoch bestehen zwei Unterschiede zu der Widerrufssituation. Zum einen ist der Widerruf anders als die bereicherungsrechtliche Rückabwicklung nach den §§ 812 ff. BGB fristgebunden und kann grundsätzlich nur innerhalb von 14 Tagen erklärt werden.

9.20

➲ **Praxistipp:** Um den Zustand der schwebenden Unwirksamkeit bei Kenntnis des Webshopbetreibers von der beschränkten Geschäftsfähigkeit zu beenden, bietet es sich an, den gesetzlichen Vertreter nach § 108 Abs. 2 BGB zur Genehmigung auf-

9.21

---

1 BGH v. 10.1.2007 – VIII ZR 380/04, NJW 2007, 987 (989).
2 BGH. v. 11.5.2011 – VIII ZR 289/09, MMR 2011, 447 (449) = MDR 2011, 773 = CR 2011, 455 = ITRB 2011, 148.
3 LG Aachen v. 15.12.2006 – 5 S 184/06, NJW-RR 2007, 565 = CR 2007, 605; vgl. aber auch BGH v. 11.5.2011 – VIII ZR 289/09, MMR 2011, 447 (449) = MDR 2011, 773 = CR 2011, 455 = ITRB 2011, 148.
4 BGH v. 11.5.2011 – VIII ZR 289/09, MMR 2011, 447 (449) = MDR 2011, 773 = CR 2011, 455 = ITRB 2011, 148.
5 LG Bonn v. 19.12.2003 – 2 O 472/03, MMR 2004, 179 (180 f.) = CR 2004, 218.
6 Spindler/Schuster/*Anton*, Vorbemerkung zu §§ 104 ff. BGB Rz. 10 mwN.
7 LG Bonn v. 19.12.2003 – 2 O 472/03, MMR 2004, 179 (180 f.) = CR 2004, 218.
8 OLG Köln v. 6.9.2002 – 19 U 16/02, MMR 2002, 813 = CR 2003, 55 = ITRB 2003, 23; AG Erfurt v. 14.9.2001 – 28 C 2354/01, MMR 2002, 127 = CR 2002, 767.
9 LG Bonn v. 7.8.2001 – 2 O 450/00, MMR 2002, 255 (256 f.) = CR 2002, 293.

zufordern. Allerdings ist dabei zu Bedenken, dass etwaige bereits erteilte Genehmigungen des gesetzlichen Vertreters durch die Aufforderung unwirksam werden.[1] Ein derartiges Vorgehen ist daher nur bei ernsthaften Zweifeln an dem Vorliegen der Genehmigung zu empfehlen.

9.22 Zum anderen trägt der Händler bei der bereicherungsrechtlichen Rückabwicklung anders als beim Widerruf das Risiko des Untergangs der erbrachten Leistung bei dem Minderjährigen bzw. Geschäftsunfähigen. Im Falle der Beteiligung von nicht oder beschränkt Geschäftsfähigen findet die Saldotheorie nämlich keine Anwendung. Eine Saldierung der bereicherungsrechtlichen Ansprüche findet daher nicht statt; es bleibt vielmehr bei der reinen **Zweikondiktionentheorie**, nach der zwei unabhängige wechselseitige Bereicherungsansprüche bestehen,[2] in deren Rahmen sich beide Bereicherungsschuldner grundsätzlich auf eine Entreicherung nach § 818 Abs. 3 BGB berufen können. Die Tatsache, dass der Anspruch bei dem Minderjährigen gem. § 818 Abs. 3 BGB, etwa durch Untergang der Leistung, erloschen ist, hat daher auf den Gegenanspruch keinen Einfluss.[3]

9.23 Umstritten ist, ob die verschärfte Haftung des Empfängers einer rechtsgrundlosen Leistung nach § 819 Abs. 1 BGB auch durch die Kenntnis eines beschränkt Geschäftsfähigen ausgelöst werden kann, oder ob es auf die Kenntnis des gesetzlichen Vertreters ankommt.[4] Der mit der Beschränkung der Geschäftsfähigkeit verfolgte Schutzzweck gebietet aber jedenfalls dann auf die Kenntnis des gesetzlichen Vertreters abzustellen, wenn es um Geschäfte geht, die der beschränkt Geschäftsfähige selbst abgeschlossen hat.[5] Eine verschärfte Haftung des nicht oder beschränkt Geschäftsfähigen aufgrund seiner Kenntnis von der fehlenden bzw. beschränkten Geschäftsfähigkeit kann daher nicht angenommen werden.

B. Jugendschutzrechtliche Anforderungen

I. Einführung

9.24 Beim Versandhandel sind die jugendschutzrechtlichen Anforderungen hinsichtlich des Vertriebs von jugendgefährdenden Produkten zu beachten. Dies betrifft vor allem jugendgefährdende Trägermedien, bei denen der Gesetzgeber grundsätzlich den Einsatz von wirksamen Altersverifikationssystemen vorschreibt. Hinzu kommen Hinweis- und Kontrollpflichten bei der Abgabe von Trägermedien mit Alterskennzeichnung. Auch für den Vertrieb von Alkohol und Tabakerzeugnissen sind die einschlägigen Abgabebeschränkungen einzuhalten. Angesichts der unklaren Rechtslage ist jedoch (nach wie vor) fraglich,

---

1 Palandt/*Ellenberger*, § 108 BGB Rz. 6.
2 BGH v. 4.5.1994 – VIII ZR 309/93, NJW 1994, 2021 (2022) mwN = MDR 1994, 660; MüKoBGB/*Lieb*, § 818 BGB Rz. 271.
3 BGH v. 4.5.1994 – VIII ZR 309/93, NJW 1994, 2021 (2022) = MDR 1994, 660.
4 Vgl. zum Meinungsstand MüKoBGB/*Schwab*, § 819 BGB Rz. 8.
5 BGH v. 7.1.1971 – VII ZR 9/70, BGHZ 55, 128 (136); Palandt/*Sprau*, § 819 BGB Rz. 4.

wie dies in der Praxis umzusetzen ist. So wird diskutiert, ob und in welcher Form auch hier Altersverifikationssysteme zum Einsatz kommen müssen.

Jugendschutzrechtliche Regelungen für den Versandhandel finden sich vornehmlich im Jugendschutzgesetz (JuSchG). Telemedienangebote, dh. elektronische Informations- und Kommunikationsdienste iSd. § 2 Rundfunkstaatsvertrag (RStV), richten sich hingegen nach den Vorschriften des Jugendmedienschutz-Staatsvertrags (JMStV), § 2 Abs. 1 JMStV, wobei allerdings auch das JuSchG Bestimmungen enthält, die ausschließlich Telemedien betreffen (vgl. zB § 12 Abs. 2 Satz 4 JuSchG für die Verbreitung von Filmen sowie Film- und Spielprogrammen). **9.25**

Online-Shops sind zwar regelmäßig als Telemedien iSd. JMStV bzw. RStV einzuordnen, soweit der elektronische Online-Katalog mit Produktangeboten und entsprechender Be- stellmöglichkeit ausgestattet ist. Die Auslieferung des Produktes selbst ist hingegen nur dann als Telemediendienst zu qualifizieren, wenn sie in elektronischer Form erfolgt, wie zB bei Streaming-Diensten und Downloadangeboten.[1] Im Ergebnis ist daher für den On- line-Versandhandel mit Trägermedien und damit deren physischer Auslieferung, was den Versand als solchen angeht, das JuSchG einschlägig. Dem JMStV kommt damit in diesem Bereich nur hinsichtlich der Ausgestaltung von Online-Shops Bedeutung zu. **9.26**

II. Genussmittel

Der **Vertrieb von Alkohol und Tabakwaren im Wege des Versandhandels** ist gesetzlich nicht ausdrücklich normiert. Dies führt zu Unklarheiten hinsichtlich der zulässigen Ausgestaltung des Versandhandels mit entsprechenden Genussmitteln. **9.27**

Die Abgabe derartiger Genussmittel an Minderjährige regelt allgemein § 9 Abs. 1 JuSchG für Alkohol und § 10 Abs. 1 JuSchG für Tabakwaren. Beide Regelungen verbieten die Ab- gabe an unter 18-Jährige in *„Gaststätten, Verkaufsstellen oder sonst in der Öffentlich- keit"*, wobei bei nicht branntweinhaltigen Getränken und Lebensmitteln die Altersgren- ze von 16 Jahren gilt. Die Anforderungen an die Alterskontrolle sind allgemein in § 2 Abs. 2 JuSchG geregelt. Danach hat der Anbieter in Zweifelsfällen das Lebensalter zu überprüfen. Anders als im Bereich der jugendgefährdenden Trägermedien (vgl. §§ 12 Abs. 3 Nr. 2, 15 Abs. 1 Nr. 3 JuSchG) enthalten §§ 9, 10 JuSchG aber keine ausdrückliche Regelung zum Versandhandel, obwohl der Begriff Versandhandel in § 1 Abs. 4 JuSchG le- galdefiniert ist. Danach ist Versandhandel jedes entgeltliche Geschäft, das im Wege der Bestellung und Übersendung einer Ware durch Postversand oder elektronischen Versand ohne persönlichen Kontakt zwischen Lieferant und Besteller oder ohne dass durch tech- nische oder sonstige Vorkehrungen sichergestellt ist, dass kein Versand an Kinder und Ju- gendliche erfolgt, vollzogen wird. **9.28**

Mit dieser Definition werden gleichzeitig mittelbar die gesetzlichen Anforderungen an Altersverifikationssysteme festlegt, die geeignet sind, das grundsätzliche Versandhandels- verbot auszuschließen. Da der Gesetzgeber hinsichtlich des Vertriebs von Alkohol und Tabakwaren aber den Begriff Versandhandel nicht verwendet, fehlt es auch an einer Fest- legung von speziellen Anforderungen an eine Altersverifikation. **9.29**

Vereinzelt wird vertreten, dass das Abgabeverbot der §§ 9, 10 JuSchG bereits nicht für den Versandhandel gelte, da die Abgabe im Wege des Versandhandels nicht von dem Merkmal *„sonst in der Öffentlichkeit"* erfasst sei. Dies wird im Wege des Umkehrschlusses daraus abgeleitet, dass der Gesetzgeber auf den Begriff des Versandhandels in den §§ 9, 10 JuSchG **9.30**

---

1 Vgl. Spindler/Schuster/*Erdemir*, § 2 JMStV Rz. 8 ff.

verzichtet hat.[1] Bereits nach dem Wortlaut ist dies aber kaum zu begründen. Zudem erscheint es nur schwerlich mit der gesetzlichen Wertung vereinbar, dass im Bereich des Versandhandels keinerlei Abgabebeschränkungen hinsichtlich des Vertriebs von Alkohol und Tabakwaren gelten sollen.[2]

9.31 Vielmehr liegt es nahe, auch im Bereich des Versandhandels von der Anwendbarkeit der §§ 9 Abs. 1, 10 Abs. 1 JuSchG auszugehen, mit der Folge, dass die dort normierten Abgabeverbote greifen. Damit ist jedoch auch **kein generelles Versandhandelsverbot für Alkohol und Tabakwaren** normiert.[3] Der Gesetzgeber hat vielmehr davon abgesehen, für diese Genussmittel spezielle Altersverifikationssysteme festzulegen. Daher ist anzunehmen, dass lediglich die in § 2 Abs. 2 JuSchG geregelte Prüfungspflicht Anwendung findet und Anbieter somit verpflichtet sind, in Zweifelsfällen das Alter der Käufer nachzuprüfen.

9.32 Anders als bei dem Verkauf in Ladengeschäften wird es allerdings im Bereich des Versandhandels, mangels direkten Kontakts mit dem Kunden, in aller Regel keine geeigneten Anhaltspunkte geben, die Zweifel am Alter des Kunden aufkommen lassen. Insofern bleibt unklar, welche gesetzlichen Anforderungen hier für den Bereich des Versandhandels gelten. In jedem Fall erscheint der ausdrückliche, gut sichtbare Hinweis sinnvoll, dass sich das Angebot nicht an Minderjährige richtet und kein Versand an Minderjährige erfolgt.[4]

9.33 Ob darüber hinaus auch **konkrete Kontrollmaßnahmen** zu ergreifen sind, bleibt zweifelhaft.[5] Dem Gesetzeswortlaut lässt sich die Verpflichtung zu anlasslosen Kontrollen gerade nicht entnehmen. Zu weitgehend erscheint auch die denkbare Auslegung, bereits in der Versandhandelssituation selbst, auch ohne weitere Anhaltspunkte, Anlass zu Zweifeln am Alter des Bestellers zu sehen. Die Obersten Landesjugendbehörden gehen offenbar von keiner derartigen gesetzlichen Verpflichtung aus, wenn sie darauf hinweisen, dass empfehlenswerte Maßnahmen *„auf freiwilliger Basis"* existieren.[6] Es ist davon auszugehen, dass sich der Hinweis auf derartige freiwillige Maßnahmen auf Alterskontrollen durch den Einsatz eines technischen Mittels iSv. § 5 Abs. 3 Nr. 1 JMStV, also eines technischen oder sonstigen Mittels, das die Wahrnehmung des Angebots durch Kinder oder Jugendliche der betroffenen Altersstufe unmöglich macht oder wesentlich erschwert, bezieht, das durch die Kommission für Jugendmedienschutz („KJM") positiv bewertet wurde.[7]

9.34 Als Kontrollmaßnahme kommt hier aber auch der Einsatz von weniger aufwendigen Maßnahmen in Betracht,[8] wie zB die Kontrolle durch das Erfordernis der Eingabe der Personalausweisnummer, verbunden mit dem softwarebasierten Abgleich, ob diese in ihrer Zusammensetzung einer Personalausweisnummer eines Erwachsenen entspricht. Zwar

---

1 So LG Koblenz v. 13.8.2007 – 4 HK O 120/07, MMR 2007, 725.
2 Vgl. Anmerkung *Liesching* zu LG Koblenz v. 13.8.2007 – 4 HK O 120/07, MMR 2007, 725.
3 So im Ergebnis auch Beschl. der Obersten Landesjugendbehörden v. 29./30.9.2005: Rechtsauffassung und Praxishinweise der Obersten Landesjugendbehörden zum Versandhandel nach § 1 Abs. 4 JuSchG, BPjM – Aktuell 4/2005, S. 8.
4 Vgl. *Ernst/Spoenle*, ZLR 2007, 114.
5 Vgl. Hoeren/Sieber/*Wolff*, Teil 11 Rz. 117; im Ergebnis ablehnend *Ernst/Spoenle*, ZLR 2007, 114.
6 Beschl. der Obersten Landesjugendbehörden v. 29./30.9.2005: Rechtsauffassung und Praxishinweise der Obersten Landesjugendbehörden zum Versandhandel nach § 1 Abs. 4 JuSchG, BPjM – Aktuell 4/2005, S. 8.
7 Eine Liste der von der KJM positiv bewerteten technischen Mittel ist abrufbar unter http://www.kjm-online.de/fileadmin/Download_KJM/Rundfunk/Uebersicht_technische_Mittel.pdf. Allerdings ist zu beachten, dass die KJM keine verbindliche Bewertung vornehmen kann und die Bewertung zudem unmittelbar nur für den Bereich der Telemedien (in Abgrenzung zum physischen Versandhandel) gilt.
8 Vgl. *Liesching*, MMR 2005, Heft 12 XVI, der es im Bereich der Trägermedien mit Alterskennzeichnung für offen hält, ob die von den Obersten Landesjugendbehörden vorgeschlagenen Maßnahmen die einzig denkbaren Umsetzungsmöglichkeiten sind und im Bereich des Versandhandels mit Alkohol und Tabak dieselben Grundsätze anwenden will.

erlaubt dieses Verfahren gerade keine sichere Altersverifikation und ist damit zB für den Bereich der jugendgefährdenden Trägermedien ungeeignet.[1] Ein solches Verfahren kann aber zumindest geeignet sein, etwaige sich lediglich aus der Versandhandelssituation ergebende Zweifel am Alter des Bestellers auszuräumen, soweit man einen derartigen Anlass zu Zweifeln überhaupt bejaht.

Sollte der Anbieter allerdings tatsächlich **Zweifel an dem Alter des Bestellers** haben, bleibt ihm letztlich faktisch in der Regel nur die Möglichkeit, die Auslieferung des Produkts abzulehnen, da die ansonsten erforderliche Alterskontrolle rechtsicher nur durchzuführen wäre, wenn den Anforderungen an Altersverifikationssysteme in § 1 Abs. 4 JuSchG genügt wurde (s. dazu Rz. 9.46 ff.). Die Einführung derartiger Altersverifikationssysteme wird in der Praxis aber regelmäßig außer Verhältnis zu dem damit verbundenen Aufwand stehen, wenn es lediglich um einige wenige Zweifelsfälle geht. — 9.35

Mangels der unsicheren Rechtslage verbleibt letztlich die unbefriedigende Situation, dass – bis zu einer etwaigen gesetzlichen Klarstellung bzw. einer entsprechenden gefestigten Rechtsprechung – das Risiko der Fehleinschätzung der Anforderungen beim Anbieter liegt. — 9.36

III. Jugendgefährdende Medien

1. Jugendgefährdende Trägermedien

Jugendgefährdende Trägermedien dürfen nicht an Minderjährige vertrieben werden, § 15 Abs. 1 JuSchG. Zu den Trägermedien zählen insbesondere Druckschriften, Filmrollen, Schallplatten, Video- und Audiokassetten, Disketten, CD-ROMs, DVDs und Blu-ray Discs.[2] Für Trägermedien, die in die Liste jugendgefährdender Medien aufgenommen wurden (§ 15 Abs. 1 Nr. 3 JuSchG) oder derart offensichtlich schwer jugendgefährdend sind, dass es keiner ausdrücklichen Indizierung mehr bedarf (§ 15 Abs. 2 JuSchG), sowie für Datenträger mit Filmen oder Spielen, die mit *„Keine Jugendfreigabe"* gekennzeichnet sind oder keine Alterskennzeichnung haben (§ 12 Abs. 3 Nr. 2 JuSchG), gilt daher ein **generelles Versandhandelsverbot**, da ansonsten nicht hinreichend sichergestellt wäre, dass diese Medien nicht in die Hände Minderjähriger gelangen. Bei pornografischen Medien besteht zudem zusätzlich auch ein Versandhandelsverbot nach § 184 Abs. 1 Nr. 3 StGB. Bundesweit gerichtlich beschlagnahmte Trägermedien unterliegen zudem einem absoluten Vertriebsverbot. — 9.37

Diese Einschränkungen des Versandhandels für jugendgefährdende Trägermedien gelten allerdings nicht, wenn ein *„persönlicher Kontakt zwischen Lieferant und Besteller"* besteht oder durch *„technische oder sonstige Vorkehrungen"* iSe. **geeigneten Altersverifikationsverfahrens** (zu den Anforderungen an entsprechend geeignete Altersverifikationsverfahren s. Rz. 9.46 ff.) *„sichergestellt ist, dass kein Versand an Kinder und Jugendliche erfolgt"*. In diesem Fall liegt nach der Legaldefinition des Versandhandels in § 1 Abs. 4 JuSchG bereits kein Versandhandel iSd. JuSchG vor. Für § 184 Abs. 1 Nr. 3 StGB fehlt zwar ein entsprechender Ausnahmetatbestand. Dennoch ist im Wege der teleologischen Reduktion davon auszugehen, dass bei Einsatz eines den Anforderungen des § 1 Abs. 4 JuSchG entsprechenden Altersverifikationssystems auch das strafrechtliche Versandhandelsverbot nicht greift.[3] — 9.38

---

1 Vgl. BGH v. 18.10.2007 – I ZR 102/05, NJW 2008, 1882 = MDR 2008, 699 = CR 2008, 386 zu den Anforderungen des § 4 Abs. 2 Satz 2 JMStV mit vergleichbarer Schutzrichtung.
2 Vgl. zu den Einzelheiten Erbs/Kohlhaas/*Liesching*, § 1 JuSchG Rz. 8.
3 OLG München v. 29.7.2004 – 29 U 2745/04, NJW 2004, 3344; MüKoStGB/*Hörnle*, Bd. 3, § 184 StGB Rz. 58; Erbs/Kohlhaas/*Liesching*, § 1 JuSchG Rz. 18.

2. Filme und Spiele mit Jugendfreigabe

9.39 Für Filme und Spiele, die mit einer Jugendfreigabe gekennzeichnet sind und für Informations-, Instruktions- und Lehrprogramme, die vom Anbieter mit *„Infoprogramm"* oder *„Lehrprogramm"* gekennzeichnet sind, gilt kein Versandhandelsverbot.[1] Eine Anbieterkennzeichnung als Info- oder Lehrprogramm ist jedoch nur zulässig, wenn das Produkt offensichtlich nicht die Entwicklung von Kindern und Jugendlichen beeinträchtigt (§ 14 Abs. 7 JuSchG).

9.40 Zu beachten ist aber, dass derartige Medien gem. § 12 Abs. 1 JuSchG nur an die der Kennzeichnung entsprechende Altersgruppe abgegeben werden dürfen. Anders als im Bereich der jugendgefährdenden Trägermedien schreibt das Gesetz allerdings **kein bestimmtes Altersverifikationsverfahren** vor. Zur Anwendung kommt daher § 2 Abs. 2 JuSchG, wonach der Händler in Zweifelsfällen das Alter seiner Kunden überprüfen muss. Ähnlich wie auch im Bereich des Versandhandels mit Alkohol und Tabakwaren stellt sich damit auch hier die Frage, wie dies in die Praxis umzusetzen ist. Die Obersten Landesjugendbehörden empfehlen diesbezüglich, *„um in Einzelfällen aufgrund des fehlenden persönlichen Kontaktes zwischen Händler und Kunden ordnungsrechtliche Ermittlungen zu vermeiden"*, den Versand nur im Rahmen eines geeigneten Altersnachweises vorzunehmen. Nach Auffassung der Obersten Landesjugendbehörden kann eine solche Alterskontrolle durch den Einsatz eines technischen Mittels iSv. § 5 Abs. 3 Nr. 1 JMStV, das durch die KJM positiv bewertet wurde, erfolgen.[2] Dem kann aber nicht ohne Weiteres entnommen werden, dass die Obersten Landesjugendbehörden die Auffassung vertreten, es bestünde auch eine entsprechende gesetzliche Verpflichtung zur Durchführung derartiger Alterskontrollen ohne konkreten Anlass. Daher kommen, wie auch im Bereich des Versandhandels mit Alkohol und Tabakwaren, als Kontrollmaßnahmen auch die oben unter Rz. 9.34 beschriebenen weniger aufwendigen Maßnahmen in Betracht.

9.41 Anbieter von Online-Shops, die Filme und Spiele im Wege des Versandhandels vertreiben, sind zudem gem. §§ 12 JMStV, 12 Abs. 2 JuSchG verpflichtet, auf die vorhandene Alterskennzeichnung deutlich hinzuweisen. Dabei sollte auf die besonderen Zeichen iSd. § 12 Abs. 2 Satz 1 und 2 Nr. 1 JuSchG zurückgegriffen werden.[3] Nach dem Gesetzeswortlaut gilt diese Verpflichtung hingegen nicht für den nicht internetbasierten Katalogversandhandel, da dieser nicht vom Begriff der Telemedien umfasst ist. Dennoch ist auch in diesem Bereich ein Hinweis zu empfehlen.

3. Jugendschutz in der Werbung

9.42 Auch bei der Werbung für Alkohol und Tabak im Versandhandel sind die einschlägigen jugendschutzrechtlichen Bestimmungen zu beachten. Im Bereich der Werbung für Alkohol oder alkoholhaltige Getränke besteht zwar kein generelles Werbeverbot. Nach der allgemeinen Regelung des § 7 Abs. 10 RStV darf Werbung für alkoholische Getränke jedoch den übermäßigen Genuss solcher Getränke nicht fördern. Ergänzend ist nach § 6 JMStV der Einsatz von bestimmten Werbeformen in Telemedien gegenüber Kindern und Jugendlichen untersagt.[4] Gem. § 6 Abs. 5 JMStV darf sich Werbung für alkoholische Getränke in Telemedien, wie zB Online-Shops, weder an Kinder oder Jugendliche richten noch durch

---

1 So auch Beschl. der Obersten Landesjugendbehörden v. 29./30.9.2005: Rechtsauffassung und Praxishinweise der Obersten Landesjugendbehörden zum Versandhandel nach § 1 Abs. 4 JuSchG, BPjM – Aktuell 4/2005, S. 9.
2 Beschl. der Obersten Landesjugendbehörden v. 29./30.9.2005 aaO.
3 Erbs/Kohlhaas/*Liesching*, § 12 JuSchG Rz. 8.
4 Vgl. hierzu die Verhaltensregeln des Deutschen Werberats über die kommerzielle Kommunikation für alkoholhaltige Getränke unter http://www.werberat.de/alkoholhaltige-getraenke, die auch zur Auslegung dieser Bestimmungen herangezogen werden können.

die Art der Darstellung Kinder und Jugendliche besonders ansprechen oder diese beim Alkoholgenuss darstellen.

Im Bereich der Tabakwerbung gelten auch im Versandhandel die allgemeinen Werbe- **9.43** beschränkungen und -verbote der §§ 21a Abs. 3 u. 4, 21b Abs. 4 und 22 Abs. 2 Vorläufiges Tabakgesetz (VTabakG). Aus §§ 21a, 21b und 22 VTabakG folgt ein grundsätzliches **allgemeines Werbeverbot** in Printmedien sowie in Hörfunk und Fernsehen als auch im Internet (§ 21a Abs. 4 VTabakG).[1]

Die Werbung für indizierte Bildträger und sonstige Trägermedien ist gem. § 15 Abs. 1 Nr. 6 **9.44** JuSchG und § 6 Abs. 1 JMStV in der Öffentlichkeit verboten, wobei für Angebote aus den Listenteilen B oder D überhaupt nicht geworben werden darf.

Zudem sind die allgemeinen Werbeverbote des StGB (§§ 131 Abs. 1 Nr. 3 StGB, 184a Zif- **9.45** fer 3 StGB und 184b Nr. 2 StGB) zu beachten.

IV. Altersverifikationssysteme

Der Versandhandel mit Trägermedien, die in die Liste jugendgefährdender Medien auf- **9.46** genommen wurden oder derart offensichtlich schwer jugendgefährdend sind, dass es keiner ausdrücklichen Indizierung mehr bedarf, sowie für Datenträger mit Filmen oder Spielen, die mit *„Keine Jugendfreigabe"* gekennzeichnet sind oder keine Alterskennzeichnung haben, ist, wie bereits dargestellt, nur dann zulässig, wenn durch ein geeignetes Altersverifikationsverfahren sichergestellt ist, dass kein Versand an Minderjährige erfolgt. So bestimmt § 1 Abs. 4 JuSchG, dass vom Begriff des Versandhandels iSd. JuSchG Versandhandelsgeschäfte dann nicht umfasst sind, wenn *„durch technische oder sonstige Vorkehrungen sichergestellt ist, dass kein Versand an Kinder und Jugendliche erfolgt"*. In diesem Fall greifen die einschlägigen Versandhandelsverbote des JuSchG somit nicht.

In der Literatur wird mehrheitlich davon ausgegangen, dass ein geeignetes Altersverifikati- **9.47** onssystem, das den Voraussetzungen des § 1 Abs. 4 JuSchG genügt, bereits dann vorliegt, wenn es den Anforderungen an **geschlossene Benutzergruppen** nach § 4 Abs. 2 Satz 2 JMStV gerecht wird.[2] Dies ist der Fall, wenn das Alter des Bestellers durch persönlichen Kontakt mit einem Lichtbildausweis verifiziert wird, wie zB bei dem sog. **POSTIDENT-Verfahren**, bei dem der Kunde in einer Postfiliale mit einem Lichtbildausweis sein Alter nachweisen muss. Zudem muss durch ein **geeignetes Authentifizierungsverfahren** sichergestellt sein, dass nur die jeweils identifizierte und altersgeprüfte Person Zugang zu der elektronischen Bestellmöglichkeit erhält.[3] Die Anforderungen des § 4 Abs. 2 Satz 2 JMStV sind allerdings im Bereich des Handels mit Trägermedien gerade nicht unmittelbar einschlägig, da dieser lediglich im Bereich der Telemedien Anwendung findet. Ob darüber hinausgehende Maßnahmen erforderlich sind, ist umstritten. Nach der Rechtsprechung muss neben der Altersüberprüfung durch Vorlage des Lichtbildausweises auch sichergestellt werden, dass die Ware beim Versand nicht von Minderjährigen in Empfang genommen wird.[4] Dies wird mit dem gesetzlichen Schutzzweck begründet, nach dem verhindert

---

1 Hoeren/Sieber/*Boemke*, Teil 11 Rz. 111.
2 Erbs/Kohlhaas/*Liesching*, § 1 JuSchG Rz. 19aa mwN; MüKoStGB/*Hörnle*, Bd. 3, § 184 StGB Rz. 58; *Mayer*, NJOZ 2010, 1316 (1318).
3 Zu den Anforderungen des § 4 Abs. 2 Satz 2 JMStV BGH v. 18.10.2007 – I ZR 102/05, GRUR 2008, 534 = MDR 2008, 699 = CR 2008, 386; zu den von der KJM im Bereich der Telemedien aus Sicht der Aufsicht als geeignet eingestuften Altersverifikationssysteme vgl. die Positivliste unter www.kjm-online.de.
4 BGH v. 12.7.2007 – I ZR 18/04, GRUR 2007, 890 (895) = CR 2007, 729 = MDR 2008, 97 = ITRB 2007, 269; OLG München v. 29.7.2004 – 29 U 2745/04, NJW 2004, 3344 (3345).

werden soll, dass Minderjährige jugendschutzrelevante Inhalte wahrnehmen. Diese Auffassung ist jedoch wenig überzeugend, denn ihr kann entgegengehalten werden, dass das JuSchG die mit der Postzustellung verbundenen Risiken dem Besteller nach dem klaren gesetzlichen Wortlaut auch nicht auferlegt, wenn die Bestellung im Rahmen eines persönlichen Kontakts erfolgt. Wenn also etwa bei der Bestellung im Ladenlokal, die dann im Wege des einfachen postalischen Versands ausgeliefert wird, bereits begrifflich kein Versandhandel vorliegt, so erscheint es nicht einsichtig, warum bei einer Altersüberprüfung zB im Wege des POSTIDENT-Verfahrens erhöhte Anforderungen an den postalischen Versand gestellt werden sollten.[1] Der Minderjährige ist jedenfalls in beiden Fällen gleich schutzbedürftig.

9.48 Angesichts der anderslautenden Rechtsprechung ist im Ergebnis aber festzuhalten, dass im Bereich des Versandhandels mit Trägermedien hinsichtlich der Anforderungen an geeignete Altersverifikationssysteme nur solche Verfahren zu empfehlen sind, bei denen neben der Erfüllung der Anforderungen an geschlossene Benutzergruppen nach § 4 Abs. 2 Satz 2 JMStV (zB im Wege des POSTIDENT-Verfahrens iVm. einem geeigneten Authentifizierungsverfahren) auch sichergestellt wird, dass die Ware beim Versand nicht von Minderjährigen in Empfang genommen wird. Dies kann zB durch die Versendung als „**Einschreiben eigenhändig**" erreicht werden.[2]

V. Jugendschutzbeauftragter

1. Bestellpflicht

9.49 Die Verpflichtung zur Bestellung eines Jugendschutzbeauftragten trifft nach § 7 Abs. 1 JMStV alle geschäftsmäßigen Anbieter von allgemein zugänglichen Telemedien mit entwicklungsbeeinträchtigenden oder jugendgefährdenden Inhalten. Als Telemedien einzustufen sind zunächst alle unmittelbar elektronisch abrufbaren Online-Angebote, wie zB Streaming-Dienste. Im Rahmen von Online-Shops gilt, dass der nicht elektronische Internetversandhandel per Postversand als solcher nicht als Telemedium einzuordnen ist. Soweit jedoch die Ausgestaltung des Online-Shops selbst betroffen ist, sind Online-Shops auch im Bereich des physischen Versandhandels als Telemedien iSd. JMStV einzustufen.

9.50 Damit trifft die Verpflichtung zur Bestellung eines Jugendschutzbeauftragten grundsätzlich alle Online-Shop-Betreiber, bei denen nach der Art des Produktsortiments zu erwarten ist, dass das Online-Produktangebot bzw. die entsprechende Werbung entwicklungs- oder jugendgefährdend ist.[3] Dies gilt jedoch nur insoweit, als der betreffende Online-Shop allgemein zugänglich ist, also von einem unbestimmten Personenkreis abgerufen werden kann.[4] Soweit durch ein Altersverifikationssystem, das den Anforderungen des § 1 Abs. 4 JuSchG bzw. des § 4 Abs. 2 Satz 2 JMStV entspricht, sichergestellt ist, dass nur Volljährige auf den Online-Shop Zugriff haben, entfällt nach dem Sinn und Zweck der Vorschrift, Angebote bereits vor ihrer Verbreitung unter Jugendschutzgesichtspunkten einer Prüfung zu unterziehen, die Bestellpflicht,[5] auch wenn nach dem Wortlaut der Bestimmung strenggenommen auch im Bereich der geschlossenen Benutzergruppen von einem allgemein zugänglichen Angebot ausgegangen werden müsste. Zu den Anforderungen an derartige Altersverifikationssysteme s. Rz. 9.46 ff.

---

1 Erbs/Kohlhaas/*Liesching*, § 1 JuSchG Rz. 19.
2 BGH v. 12.7.2007 – I ZR 18/04, GRUR 2007, 890 (895) = CR 2007, 729 = MDR 2008, 97 = ITRB 2007, 269.
3 Vgl. *Hoeren/Sieber*, Teil 20 Rz. 153 ff.
4 Spindler/Schuster/*Erdemir*, § 7 JMStV Rz. 8.
5 Spindler/Schuster/*Erdemir*, § 7 JMStV Rz. 8 mwN.

Da im Bereich des Versandhandels mit indizierten, schwer jugendgefährdenden bzw. nicht mit einer Alterskennzeichnung versehenen Trägermedien ohnehin der Einsatz eines Altersverifikationssystems, das den Anforderungen des § 1 Abs. 4 JuSchG genügt, vorgeschrieben ist, ist der Anwendungsbereich des § 7 JMStV somit deutlich eingeschränkt. **9.51**

➲ **Praxistipp:** In der Praxis des Online-Versandhandels spielt die Bestellpflicht vor allem beim Angebot von sonstigen entwicklungsbeeinträchtigenden oder jugendgefährdenden Inhalten eine Rolle, zB bei dem Angebot von mit FSK 16 gekennzeichneten Trägermedien, wenn zu erwarten ist, dass entwicklungsbeeinträchtigende oder jugendgefährdende Inhalte auch im Online-Shop selbst abrufbar sein werden, etwa in Form von Werbung für das entsprechende Angebot. In diesem Fall ist ein Jugendschutzbeauftragter zu bestellen. **9.52**

Gem. § 7 Abs. 2 JMStV können Anbieter von Telemedien mit weniger als 50 Mitarbeitern oder nachweislich weniger als zehn Millionen Zugriffen im Monatsdurchschnitt eines Jahres auf die Bestellung eines Jugendschutzbeauftragten verzichten, wenn sie sich einer Einrichtung der Freiwilligen Selbstkontrolle (die nicht anerkannt sein muss) anschließen und diese zur Wahrnehmung der Aufgaben des Jugendschutzbeauftragten verpflichten. **9.53**

Ein Verstoß gegen die Bestellpflicht ist eine Ordnungswidrigkeit und kann gem. § 24 Abs. 1 Nr. 8 JMStV mit einer Geldbuße von bis zu 500 000 Euro geahndet werden. **9.54**

2. Anforderungen und Aufgaben

Der Jugendschutzbeauftragte muss nach § 7 Abs. 4 JMStV die zur Erfüllung seiner Aufgaben erforderliche Fachkunde besitzen und somit in der Lage sein, hinsichtlich der fachgerechten Umsetzung der für das jeweilige Angebot einschlägigen jugendschutzrechtlichen Anforderungen beratend unterstützen zu können. Eine bestimmte Berufsausbildung ist zwar nicht vorgesehen[1], jedoch erfordert die Tätigkeit ein **Mindestmaß an juristischen Kenntnissen**, wobei diese nicht notwendigerweise von einem Volljuristen ausgeübt werden muss.[2] **9.55**

Der Jugendschutzbeauftragte ist hinsichtlich seiner Aufgabenwahrnehmung nach dem JMStV **weisungsfrei** und darf wegen der Erfüllung seiner Aufgaben nicht benachteiligt werden (§ 7 Abs. 4 JMStV). Wenn ein interner Jugendschutzbeauftragter eingesetzt wird, ist er, soweit zur Wahrnehmung seiner Tätigkeit erforderlich, von der Arbeitsleistung freizustellen (§ 7 Abs. 4 Satz 5 JMStV). **9.56**

Nach § 7 Abs. 3 JMStV kommt dem Jugendschutzbeauftragten eine **Doppelfunktion** zu. Hiernach ist er zum einen Ansprechpartner für die Nutzer des Angebots, zum anderen berät er den Anbieter in Fragen des Jugendschutzes. Daher ist er vom Anbieter bei Fragen der Herstellung, des Erwerbs, der Planung und der Gestaltung von jugendschutzrelevanten Angeboten und bei allen Entscheidungen zur Wahrung des Jugendschutzes zu beteiligen und über das jeweilige Angebot vollständig zu informieren. Auch kann er dem Anbieter eine Beschränkung oder Änderung von Angeboten vorschlagen. Allerdings räumt die gesetzliche Regelung dem Jugendschutzbeauftragten weder ein persönliches Eingriffsrecht bei unzulässigen Angeboten ein, noch besteht eine generelle Verpflichtung, jugendgefährdende bzw. strafrechtlich relevante Inhalte an die Jugend- und Strafverfolgungsbehörden weiterzuleiten. Vielmehr ist dem Jugendschutzbeauftragten zunächst die Gelegenheit zu geben, einen rechtmäßigen Zustand durch eine entsprechende Einwirkung auf den Anbieter her- **9.57**

---

1 Vgl. OLG Düsseldorf v. 11.2.2003 – 20 U 7/03, MMR 2003, 336 = CR 2003, 447; zu den Anforderungen an Rechtsanwälte als Jugendschutzbeauftragte vgl. *Knöfel*, MMR 2005, 816.
2 Spindler/Schuster/*Erdemir*, § 7 JMStV Rz. 17.

zustellen.[1] Wenn und soweit Verstöße gegen jugendschutzrechtliche Vorschriften aber vom Anbieter auch nach entsprechender Beratung des Jugendschutzbeauftragten nicht abgestellt werden, ist von einer Verpflichtung des Jugendschutzbeauftragten zur Mitteilung an die zuständigen Behörden auszugehen.[2] In seiner Funktion als Ansprechpartner für Nutzer hat der Jugendschutzbeauftragte Beschwerden und Anfragen entgegenzunehmen und an den Anbieter weiterzuleiten sowie Nutzer ggf. über technische Sicherungsmöglichkeiten und die Zuständigkeit für die Entgegennahme von Hinweisen auf jugendgefährdende Inhalte zu informieren.[3]

---

1 Spindler/Schuster/*Erdemir*, § 7 JMStV Rz. 15 f.
2 Spindler/Schuster/*Erdemir*, § 7 JMStV Rz. 16.
3 OLG Düsseldorf v. 11.2.2003 – 20 U 7/03, MMR 2003, 336 = CR 2003, 447.

Kapitel 10
Marketing und Vertrieb

A. Marketing und Datenschutz

Literatur: *Bauer*, Direktmarketing, Kundenprofile & Co., 2014; *Bauer*, Safe Harbor 2.0, ZRFC 1/16, 12; *Bauer*, Google Analytics – Endlich eine Lösung?, Datenschutzpraxis 12/2011, 118; *Bauer*, Google Analytics – Datenschutzrechtlich zulässig oder nicht?, Datenschutzpraxis 6/2009, 6; *Breyer*, Personenbezug von IP-Adressen, ZD 2014, 400; *Däubler/Klebe/Wedde/Weichert*, Bundesdatenschutzgesetz, 3. Aufl. 2010; *Eckardt*, Datenschutzrichtlinie für elektronische Kommunikation – Auswirkungen auf Werbung mittels elektronischer Post, MMR 2003, 557; *Eckhardt*, IP-Adresse als personenbezogenens Datum, CR 2011, 339; *Ernst*, Social Plugins: Der „Like-Button" als datenschutzrechtliches Problem, NJOZ 2010, 1917; *Galetzka*, Datenschutz und unlauterer Wettbewerb, K&R 2015, 77; *Gola/Reif*, Datenschutzrelevante Aspekte des novellierten UWG, RDV 2009, 104; *Gola/Schomerus*, BDSG – Bundesdatenschutzgesetz, 11. Aufl. 2012; *Härting*, Anonymität und Pseudonymität im Datenschutzrecht, NJW 2013, 2065; *Ilgenfritz*, Erläuterung zu den Anwendungshinweisen der Datenschutzaufsichtsbehörden zur Erhebung, Verarbeitung und Nutzung von personenbezogenen Daten für werbliche Zwecke, RDV 2013, 18; *Karg*, IP-Adressen sind personenbezogene Verkehrsdaten, MMR – Aktuell 2011, 315811; *Krüger/Maucher*, Ist die IP-Adresse wirklich ein personenbezogenes Datum? – Ein falscher Trend mit großen Auswirkungen auf die Praxis, MMR 2011, 433; *Meyerdierks*, Sind IP-Adressen personenbezogene Daten?, MMR 2009, 8; *Ohlenburg*, Die neue EU-Datenschutzrichtlinie 2002/58/EG – Auswirkungen und Neuerungen für elektronische Kommunikation, MMR 2003, 82; *Pahlen-Brandt*, Diensteanbieter, Speicherung und Unterlassung, K&R 2008, 288; *Piper/Ohly/Sosnitza*, Gesetz gegen den unlauteren Wettbewerb, 5. Aufl. 2010; *Rauer/Ettig*, Rechtskonformer Einsatz von Cookies, ZD 2015, 255; *Rogosch*, Die Einwilligung im Datenschutzrecht, 2013; *Schirmbacher*, UWG 2008 – Auswirkungen auf den E-Commerce, Kommunikation und Recht 2009, 433; *Schleipfer*, Nutzungsprofile unter Pseudonym – Die datenschutzrechtlichen Bestimmungen und ihre Anwendung im Internet, RDV 2008, 143; *Schleipfer*, Datenschutzkonformer Umgang mit Nutzungsprofilen – Sind IP-Adressen, Cookies und Fingerprints die entscheidenden Details beim Webtracking?, ZD 2015, 319; *Simitis*, Bundesdatenschutzgesetz, 7. Aufl. 2011; *Steinhoff*, Nutzerbasierte Online Werbung 2.0, K&R 2014, 86; *Voigt/Alich*, Facebook-Like-Button und Co. – Datenschutzrechtliche Verantwortung der Webseitenbetreiber, NJW 2011, 3541; *Voigt*, Datenschutz in der Werbung nach Düsseldorfer Art, K&R 2014, 156.
S. auch die Literaturhinweise vor Rz. 10.220, Rz. 10.279 und Rz. 10.302.

I. Einleitung – Persönlichkeitsschutz versus Marktinteressen

10.1 Datenschutzrecht hat in den letzten Jahren immer mehr an Bedeutung gewonnen: Der Schutz der Persönlichkeitsrechte des Einzelnen wird nicht nur von den Verbrauchern selbst immer ernster genommen, sondern auch von Unternehmen als ein Marketinginstrument entdeckt. Gerade im Bereich des Versandhandels, der ua. dadurch gekennzeichnet ist, dass Geschäfte zwischen Unbekannten getätigt werden, ist **Vertrauen in den Geschäftspartner** eine wesentliche Voraussetzung für den Erfolg. Verbraucher – und auch Unternehmen – sollen davor geschützt werden, dass andere unbefugt über ihre Daten verfügen und diese im schlechtesten Fall missbrauchen. Betroffene sollen selbst darüber entscheiden, für welche Zwecke ihre Daten genutzt werden und wer welche Daten erhält. Konkretisiert wird dieser Grundsatz in dem grundgesetzlich verbrieften Recht auf informationelle Selbstbestimmung (Art. 1 Abs. 1 und Art. 2 Abs. 1 GG): Danach hat jeder das Recht frei zu entscheiden, ob er seine Daten einem Unternehmen für Werbezwecke zur Verfügung stellen will oder nicht.

10.2 Auf der anderen Seite stehen die wirtschaftlichen Interessen der Unternehmen: Unternehmen möchten ihren Vertrieb ankurbeln, neue Zielgruppen gewinnen, Bedürfnisse wecken und ihre Produkte zielgerichtet möglichen Käufern anbieten. Einfachstes Mittel ist dabei die Ansprache der Kunden für werbliche Zwecke. Zudem erlaubt der technische Fortschritt immer wieder neue Möglichkeiten der Erstellung von Profilen, der Auswertung von Kundenverhalten im Rahmen von Big Data oder auch die gezielte werbliche Ansprache von potentiellen Kunden über das Internet, um nur einige zu nennen.

Ein Interessenkonflikt, den es zu lösen gilt: Einerseits das Recht der Betroffenen, selbst über die Verwendung ihrer Daten entscheiden zu können, andererseits das Bedürfnis der Unternehmen, wirtschaftlichen Erfolg zu erzielen. Dabei sichert das Datenschutzrecht dem Betroffenen nicht zu, dass er auf einer einsamen Insel leben kann. Er hat zu akzeptieren, dass es im wirtschaftlichen Verkehr erforderlich ist, bestimmte Daten zu erheben und diese auch zu nutzen. Das Datenschutzrecht dient dabei als Messlatte, wie weit Unternehmen gehen dürfen und in welchem Umfang der Betroffene den Umgang mit seinen Daten dulden muss.   **10.3**

II. Grundlagen des Datenschutzrechts

1. Allgemeines

Das Datenschutzrecht ist bislang national zB im Bundesdatenschutzgesetz oder dem Telemediengesetz geregelt. Grundlage des deutschen Datenschutzrechts ist – neben dem verfassungsrechtlich konstatierten Persönlichkeitsrecht – das europäische Recht. Die Europäische Union hat dazu in der Vergangenheit Richtlinien erlassen, die in das jeweilige nationale Recht der Mitgliedstaaten der Europäischen Union umzusetzen waren, wie zB die Europäische Datenschutzrichtlinie 95/46/EG aus 1995. Dies hat im Laufe der Zeit dazu geführt, dass jeder EU-Mitgliedsstaat nationale Regelungen erlassen hat, deren Ursprung zwar in der Richtlinie 95/46/EG liegt, die aber im Detail unterschiedlich ist. Dies beginnt mit der Bestellung von Datenschutzbeauftragten und endet mit den Voraussetzungen für die Einholung von Einwilligungen. Im Ergebnis gelten damit für Unternehmen, die zB selbstständige Niederlassungen in den verschiedenen EU-Mitgliedsstaaten haben, auch unterschiedliche datenschutzrechtliche Anforderungen. Dies widerspricht dem Gedanken einer einheitlichen Union. Zudem führt eine solche Zersplitterung der gesetzlichen Grundlagen im Rahmen der Globalisierung zu Wettbewerbsnachteilen. Nicht zu vergessen ist daneben, dass das bislang kodifizierte Recht aus 1995 dem technischen Fortschritt erheblich hinterher hinkt und daher nur bedingt die neuen Anforderungen an einen umfassenden Datenschutz abbildet.   **10.4**

Die Europäische Union hat sich daher zu einer Reform des Datenschutzrechts entschlossen. Seit 2011 wurden verschiedene Entwürfe einer entsprechenden Verordnung innerhalb der Europäischen Union, d.h. zwischen dem EU-Parlament, der EU-Kommission und dem Rat diskutiert. Ende 2015 kam es zu einer erfolgreichen Einigung, so dass künftig in ganz Europa ein einheitliches Datenschutzrecht gelten wird, die **Datenschutz-Grundverordnung**.[1]   **10.5**

Die Datenschutz-Grundverordnung muss nicht mehr in nationales Recht umgesetzt werden, sondern gilt unmittelbar in allen EU-Mitgliedsstaaten. Lediglich in bestimmten Bereichen, wie zB dem Beschäftigtendatenschutz oder der Bestellung von Datenschutzbeauftragten, enthält sie Öffnungsklauseln, die es dem nationalen Gesetzgeber erlauben, eigene Regelungen zu treffen.   **10.6**

Die Datenschutz-Grundverordnung wurde am 14.4.2016 durch das EU-Parlament beschlossen und am 4.5.2016 im Amtsblatt der Europäischen Union veröffentlicht. Sie tritt damit am 25.5.2016 in Kraft und ist ab dem 25.5.2018 auch in Deutschland anwendbar bzw. von den Unternehmen umzusetzen. Die Unternehmen haben daher eine Vorlaufzeit bis voraussichtlich Mai 2018, um sich auf die geänderten Bedingungen einzustellen.   **10.7**

---

1 Die verabschiedete Fassung ist in deutscher Sprache unter folgendem Link abrufbar: http://eur-lex. europa. eu/legal-content/DE/TXT/PDF/?uri=CELEX:32016R0679&from=DE

10.8 In Zukunft wird – neben den Datenschutzaufsichtsbehörden bzw. dem Datenschutzausschuss, dem künftigen Gremium der Datenschutzaufsichtsbehörden auf europäischer Ebene – der Europäische Gerichtshof maßgebliche Instanz für die Beurteilung der datenschutzrechtlichen Zulässigkeit des Umgangs mit Daten auf Grundlage der Datenschutz-Grundverordnung sein. Die bisherige Rechtsprechung der deutschen Gerichte wird damit mehr oder weniger hinfällig. Es wird daher in den nächsten Jahren mangels einheitlicher Auslegungskriterien und mangels Rechtsprechung zu einem gewissen rechtlichen Vakuum kommen, das erst im Laufe der Jahre gefüllt werden kann.

10.9 Die Datenschutz-Grundverordnung wird jedenfalls Auswirkungen auf den Bereich Versandhandel und Marketing haben. Diese Auswirkungen werden im Ergebnis für Unternehmen eher positiv zu werten sein, da es zB Erleichterungen bei der Einholung von Einwilligungen geben wird oder die Unterscheidung zwischen Anforderungen im Online- und Offline-Handel wegfällt. Gleichwohl werden die Anforderungen an die Transparenz im Umgang mit den Daten oder auch an die Datenschutzorganisation strikter. Zudem trifft die Unternehmen künftig hinsichtlich der Umsetzung der Anforderungen der Datenschutz-Grundverordnung eine Rechenschaftspflicht" (so genannte „Accountabilty", Art. 5 Abs. 2, Art. 24 sowie Erwägungsgrund 85 Datenschutz-Grundverordnung). Unternehmen müssen u.a. durch die Vorlage geeigneter Dokumente etc. nachweisen, dass der Umgang mit den Daten im Einklang mit den in der Datenschutz-Grundverordnung dargestellten Grundsätzen erfolgt. Die Rechenschaftspflicht führt zu einer Beweislastumkehr zu Lasten der verantwortlichen Stelle, so dass bereits die fehlerhafte Dokumentation der Einhaltung des Datenschutzrechts zu wirtschaftlichen Folgen für Unternehmen führen kann.

10.10 Unternehmen sollten ihre entsprechenden Prozesse frühzeitig prüfen und anpassen. Auch wenn die Datenschutz-Grundverordnung erst ab 2018 konkret anwendbar ist, weisen wir daher nachfolgend auf mögliche Änderungen der Rechtslage bereits jetzt hin.

10.11 Datenschutzgesetze sind grundsätzlich **Verbotsgesetze mit Erlaubnisvorbehalt**: Solange nicht eine Rechtsgrundlage wie bspw. ein Gesetz die geplante Erhebung, Verarbeitung und Nutzung von personenbezogenen Daten erlaubt oder die Einwilligung des Betroffenen vorliegt, dürfen diese weder erhoben noch für die geplanten Zwecke genutzt werden.

10.12 Als „**personenbezogen**" gelten dabei heute wie auch künftig grundsätzlich alle Einzelangaben, über die persönlichen oder sachlichen Verhältnisse einer bestimmten oder bestimmbaren natürlichen Person, § 3 Abs. 1 BDSG.[1] Dies umfasst zB deren Name, Adresse, Hobbies, Bankdaten oder auch Interessen an bestimmten Produkten.

10.13 Bereits bei der Erhebung der Daten ist festzulegen, für welche Zwecke die Daten genutzt werden sollen. Eine anschließende **Zweckänderung** ist nur in engen Grenzen zulässig.

10.14 Die **Datenschutz-Grundverordnung** sieht in Art. 5 Abs. 1 lit. b bzw. Art. 6 Abs. 4 entsprechende Formulierungen vor. Damit findet auch künftig das **Prinzip der Zweckbindung** Anwendung. Gemäß Art. 6 Abs. 4 Datenschutz-Grundverordnung ist eine Zweckänderung nur dann zulässig, wenn der neue Zweck mit dem alten Zweck vereinbar ist. Dies ist anhand von Kriterien wie der Verbindung zwischen den Zwecken, dem Gesamtkontext, in dem die Daten erhoben wurden, der Art der Daten, den möglichen Konsequenzen

---

1 Die Datenschutzaufsichtsbehörden sehen den Anwendungsbereich auch für juristische Personen eröffnet, sofern leicht ein Rückschluss auf die dahinterstehende natürliche Person geschlossen werden kann, zB bei Ein-Mann-GmbHs, BGB-Gesellschaften. Daher hat sich durchgesetzt, dass das BDSG auch im B2B-Bereich Anwendung findet. Zudem findet das Telemediengesetz nach § 2 Nr. 3 TMG sowohl auf natürliche als auch auf juristische Personen Anwendung, so dass hier jedenfalls eine Differenzierung dahinstehen kann. Die Datenschutz-Grundverordnung soll hingegen nur auf natürliche Personen Anwendung finden, Art. 4 Ziffer 1 und Erwägungsgrund 14 Datenschutz-Grundverordnung.

für die Betroffenen oder auch unter Berücksichtigung der umgesetzten angemessenen technisch-organisatorischen Maßnahmen zu beurteilen. Im Ergebnis werden damit zB **Big-Data-Anwendungen**, in denen Daten zweckfrei in möglichst großen Mengen zusammengetragen und im Anschluss zur Gewinnung neuer Erkenntnisse ausgewertet werden, auch künftig kritisch zu werten bzw. nicht zulässig sein (s. dazu auch Erwägungsgrund 40 Datenschutz-Grundverordnung). Die Datenschutz-Grundverordnung hat entgegen den Erwartungen der Unternehmen in diesem Zusammenhang keine Erleichterung gebracht. Stattdessen wird hier kritisch zu prüfen sein, unter welchen Voraussetzungen Versandhändler die Daten ihrer Kunden künftig erheben und im Anschluss auch analysieren dürfen (siehe dazu auch Rz. 10.84 und Rz. 10.86 ff.).

Die Nutzung von Daten für **Marketingzwecke** wird bislang nicht durch ein besonderes Gesetz geregelt. Dies wird sich auch nach Einführung der Datenschutz-Grundverordnung nicht ändern, da die Verordnung unter Berücksichtigung des Harmonisierungsgedankens darauf abzielt, möglichst wenig bereichsspezifische Regelungen vorzusehen bzw. zu erlauben. Sie sieht daher nur an einigen Stellen Öffnungsklauseln vor, die eigene Regelungen der EU-Mitgliedsstaaten zulassen. Dazu zählen insbesondere die in Art. 85 ff. Datenschutz-Grundverordnung vorgesehenen Vorschriften für Besondere Verarbeitungssituationen. Danach kann der nationale Gesetzgeber zB Regelungen für den Bereich des Beschäftigtendatenschutzes treffen. Der Bereich des Marketings ist allerdings nicht benannt, so dass hier keine gesonderten nationalen Regelungen zu erwarten sind, die die Datenschutz-Grundverordnung bereichsspezifisch ergänzen bzw. neben dieser gelten werden.[1]   **10.15**

Ob eine Marketingmaßnahme zulässig ist und wie sie ausgestaltet sein muss, richtet sich zurzeit nach bereichsspezifischen Vorschriften. Es kommt jeweils das Gesetz zur Anwendung, das den in Frage stehenden Sachverhalt am konkretesten regelt. So gelten heute für „Online"-Marketing-Maßnahmen (bspw. Werbung per E-Mail oder die Erhebung von Daten über Apps) andere Maßgaben als für „Offline"-Marketing-Maßnahmen (bspw. Einwurf von Werbematerial in den Briefkasten). Gemeinsam ist den Vorschriften allerdings, dass Werbung entweder mit der vorherigen Einwilligung der Beworbenen oder auf Basis einer Rechtsgrundlage, die die entsprechende Maßnahme erlaubt, erfolgen darf.   **10.16**

Nach Einführung der Datenschutz-Grundverordnung wird es voraussichtlich keine diesbezügliche bereichsspezifische Unterscheidung mehr geben. Regelungen zum Online-Datenschutz würden dem in Erwägungsgrund 15 der Datenschutz-Grundverordnung konstatierten Anspruch widersprechen, dass Datenschutz „technologieneutral" zu gewährleisten ist. Im Einklang mit diesen Vorgaben ist in der Datenschutz-Grundverordnung keine Öffnungsklausel für den Online-Bereich vorgesehen, so dass die nationalen Mitgliedsstaaten auch keine zusätzlichen Regelungen treffen dürfen. Es ist daher davon auszugehen, dass die datenschutzrechtlichen Regelungen des Telemediengesetzes (TMG) im Rahmen der Umsetzung der Datenschutz-Grundverordnung wegfallen.   **10.17**

2. Welche Gesetze sind anwendbar?

Im **„Online"-Bereich** findet zurzeit als lex specialis das **Telemediengesetz (TMG)** Anwendung. Das TMG regelt, wann Daten, die im Zusammenhang mit der Nutzung von Telemedien erhoben wurden, für Werbemaßnahmen genutzt werden dürfen. Der Begriff „Telemedien" umfasst beispielsweise Webseiten, Webshops, Informationsportale, Suchmaschinen, Auktionshäuser, Chatrooms oder Webportale, also sämtliche Angebote, die von einem Unternehmen im World-Wide-Web den Nutzern unentgeltlich oder entgeltlich zum Abruf zur Verfügung gestellt werden. Online-Versandhändler müssen bei der Erhebung bzw. Nutzung von Daten für Werbezwecke zunächst die Vorschriften des TMG   **10.18**

---

1 Vgl. *Ilgenfritz*, RDV 2013, 18.

beachten. Bestellt bspw. ein Kunde einen Newsletter, findet die Kommunikation zwischen Verbraucher und Webshop-Betreiber ausschließlich online statt. Es werden keine Daten „außerhalb" des Internets bzw. des Telemediendienstes benötigt.

10.19 Die Regelungen des TMG sind dann nicht mehr anwendbar, wenn der Online-Bereich verlassen wird, dh. wenn die Daten nicht mehr ausschließlich im Bereich des Webshops genutzt werden. Bestellt der Kunde online eine Ware, wie bspw. einen Kühlschrank, so ist es jedenfalls erforderlich, seine Daten auch für Zwecke außerhalb des Internets bzw. nicht nur im Webshop zu nutzen. Der Händler muss die Daten zB. in seinem ERP-System speichern, um dem Kunden eine Rechnung zu schreiben oder diese an seinen Lieferanten für Zwecke der Auslieferung zu übermitteln. In diesem Bereich gilt dann das **Bundesdatenschutzgesetz (BDSG)**.

10.20 Es ist daher – auch innerhalb einer Geschäftsbeziehung mit einem Kunden – immer zu unterscheiden, ob die Daten im **Online-** oder auch im **Offline-Bereich** genutzt werden. In der Praxis ist diese Unterscheidung nicht unkritisch, da das TMG und das BDSG unterschiedliche Voraussetzungen für den Umgang mit Daten vorsehen: Im Bereich der Werbung sieht das TMG ua. vor, dass in jedem Fall eine Einwilligung in Werbemaßnahmen einzuholen ist, während das BDSG unter Umständen einen Verzicht auf die Einwilligung zulässt. Hier ist im Einzelfall zu unterscheiden, für welchen Zweck die Daten erhoben und im Anschluss genutzt werden. In dem Moment, in dem die Geschäftsbeziehung über den Online-Kontakt hinausgeht (so, wenn nicht nur ein elektronischer Newsletter abonniert, sondern eine Ware bestellt und ausgeliefert wird), wird regelmäßig das BDSG Anwendung finden.

10.21 Wie oben ausgeführt, wird nach Umsetzung der **Datenschutz-Grundverordnung** diese Unterscheidung dahinstehen können: Es ist davon auszugehen, dass die datenschutzrechtlichen Regelungen des TMG (insbesondere die §§ 11 ff. TMG) wegfallen.

3. Wechselwirkung zwischen Datenschutzrecht und unlauterem Wettbewerb

10.22 Häufig wird übersehen, dass bei einer Bewerbung von Kunden neben den datenschutzrechtlichen Vorgaben auch das Recht zur Bekämpfung des unlauteren Wettbewerbs zu berücksichtigen ist, dh. das Gesetz gegen den unlauteren Wettbewerb, das „UWG". Das UWG regelt den **Umgang von Konkurrenten im geschäftlichen Verkehr** und schützt Verbraucherinteressen. Im Gegensatz zu den Datenschutzgesetzen gewährt es jedoch keinen Individualschutz des Einzelnen, sondern überlässt Mitbewerbern oder Verbraucherschutzverbänden die Sanktionierung von Verstößen.[1]

10.23 In diesem Zusammenhang ist auf die Stärkung der Verbraucherschutzverbände durch die Änderungen des **Unterlassungsklagegesetzes (UKlaG)** hinzuweisen: Die seit Ende Februar 2016 geltenden Regelungen des „Gesetzes zur Verbesserung der zivilrechtlichen Durchsetzung von verbraucherschützenden Vorschriften des Datenschutzrechts"[2], die im Unterlassungsklagegesetz integriert wurden, erlauben Unterlassungs- bzw. Beseitigungsklagen zum Zwecke des Verbraucherschutzes im Bereich des Datenschutzes durch Verbraucherschutzverbände, Wirtschaftsverbände, Industrie- und Handelskammern und Handwerkskammern uÄ. Diese können Unternehmen zB aufgrund der unzulässigen Erhebung, Verarbeitung oder Nutzung von Verbraucherdaten zu Zwecken der Werbung, der Markt- und Meinungsforschung, des Betreibens von Auskunfteien, des Erstellens von Persönlichkeits- und Nutzungsprofilen, des Adresshandels, des sonstigen Datenhandels oder zu vergleichbaren kommerziellen Zwecken verklagen. Damit hat der Gesetzgeber klargestellt, dass Datenschutzverstöße grundsätzlich auch einen Verstoß gegen das Wettbewerbsrecht darstel-

---

1 Vgl. auch *Galetzka*, K&R 2015, 77.
2 BGBl. I 2016, 233.

len können und die Rechte der o.g. Verbände erheblich gestärkt. Diese können jetzt neben den Datenschutzaufsichtsbehörden aktiv werden.

Zudem dürfen künftig zB Verbraucherschutzverbände nach Art. 80 Datenschutz-Grundverordnung Beschwerden gegenüber den Aufsichtsbehörden geltend machen oder deren Recht auf Schadenersatz wahrzunehmen. Auch dies stärkt deren Rechte erheblich.

Das UWG wird für Versandhändler insbesondere beachtlich, wenn sie für Zwecke der Werbung Kundendaten nutzen möchten: Hier regelt § 7 UWG ua., wann und mittels welchem Kommunikationskanal ein Verbraucher oder ein Geschäftspartner angesprochen werden darf, s. ausführlich Rz. 11.90 ff. Dazu zählt auch, unter welchen Voraussetzungen E-Mail-Werbung betrieben werden darf oder ob elektronisch erhobene Daten für Werbezwecke genutzt werden dürfen. Handelt der Werbetreibende dabei unlauter und darf er aus diesem Grund die Daten nicht für Werbezwecke nutzen, kann der Verstoß gegen das UWG gleichzeitig zu einem Verstoß gegen die datenschutzrechtlichen Gesetze, insbesondere dem BDSG, führen; s. dazu auch Rz. 11.47 ff. Unlauter erhobene Daten sind in diesen Fällen zu löschen.[1] Im Ergebnis beeinflussen sich das Datenschutzrecht und das UWG gegenseitig, so dass eine Werbemaßnahme zwar nach Datenschutzrecht, aber nicht nach dem UWG erlaubt sein kann oder umgekehrt. Soweit erforderlich, wird daher nachfolgend auch auf die Vorgaben des UWG eingegangen, s. zu den Anforderungen des UWG ausführlich Rz. 11.5 ff., Rz. 11.90 ff. **10.24**

Es bleibt in diesem Zusammenhang abzuwarten, ob der nationale Gesetzgeber im Rahmen der Umsetzung der **Datenschutz-Grundverordnung** das UWG abändern wird und für den Bereich des Umgangs mit Daten für Werbezwecke lediglich die Datenschutz-Grundverordnung Anwendung finden wird. Da die Tendenz zu einer Harmonisierung geht, ist dies wohl nicht auszuschließen. **10.25**

4. Sonstige Voraussetzungen

a) Transparenzgebot

Verstöße, die auf Grundlage des UWG bzw. aufgrund des UKlaG geahndet werden, basieren häufig auf dem Umstand, dass der Werbetreibende die datenschutzrechtlich erforderliche Transparenz im Umgang mit den Daten nicht eingehalten hat: Das Datenschutzrecht sieht in § 4 Abs. 3 BDSG sowie § 13 Abs. 1 TMG vor, dass der Betroffene jeweils vor Beginn der Erhebung seiner Daten ausführlich über den Zweck, Umfang und die Verwendung seiner Daten zu informieren ist. Unterlässt der Werbetreibende dies, kann darin eine Täuschung liegen, die als unlauter einzustufen ist bzw. dies kann einen Verstoß gegen das datenschutzrechtliche Transparenzgebot darstellen. Betreiber zB eines Webshops sollten daher immer umfassend darüber aufklären, welche Daten sie erheben und für welche Zwecke sie diese nutzen. **10.26**

⊃ Praxistipp: **10.27**

– Dem Transparenzgebot wird in der Regel genüge getan, wenn auf der Webseite eine ausführliche **Datenschutzerklärung** zum Abruf zur Verfügung gestellt wird. Diese sollte über die og. Umstände informieren und insbesondere Hinweise betreffend die Nutzung der Daten für Werbezwecke, die Weitergabe der Daten an Dritte, den Einsatz von Cookies, die Erstellung von Nutzungsprofilen und Informationen über Webanalyse-Tools oder Social-PlugIns, Social Bookmarks uÄ. beinhalten. Als vertrauensbildende Maßnahme – die sich gerade in einem anonymen Medium wie dem World-Wide-Web empfiehlt – sollten daneben weitere Hinweise zum Datenschutz eingebunden werden, wie Hinweise auf die Löschung der Daten oder die um-

---

1 Vgl. weiterführend *Gola/Reif*, RDV 2009, 104.

gesetzten Sicherheitsmaßnahmen (s. dazu auch das Muster der Datenschutzerklärung in Rz. 2.595 ff. sowie für den Einsatz von mobilen Apps in Rz. 5.14 ff. und Rz. 5.250 ff.).

– Die Erklärung sollte unter einem **gesonderten Button** abrufbar sein, der bspw. neben den Nutzungsbedingungen auf der Eingangsseite prominent kenntlich gemacht ist.

– Daneben empfiehlt es sich in den Bestellvorgang die **Akzeptanz** (bspw. durch Klick auf eine bestimmte Checkbox) der Datenschutzerklärung zu integrieren. Damit wird sichergestellt, dass der Webseiten-Betreiber auch nachweisen kann, dass der Nutzer die Datenschutzerklärung zur Kenntnis genommen hat, s. Rz. 10.160 ff. allgemein zur Nachweisbarkeit von Erklärungen.

10.28 Die **Datenschutz-Grundverordnung** sieht ebenfalls weitgehende Transparenzpflichten vor: Gemäß Art. 13 der Datenschutz-Grundverordnung ist bereits bei Erhebung von Daten umfassend über zB die verantwortliche Stelle, die Zwecke der Verarbeitung, die Rechtsgrundlage, die Speicherdauer, eventuelle Auskunfts- oder Widerrufsrechte, mögliche Beschwerderechte bei einer Aufsichtsbehörde, die Übermittlung von Daten an einen Empfänger mit Sitz in einem Drittland und ob im Hinblick auf dieses Drittland ein sogenannter „Angemessenheitsbeschluss" der Kommission vorliegt oder ob auf andere Weise ein angemessener Datenschutzstandard gewährleistet wird, zu unterrichten. Werden Daten aufgrund einer Interessenabwägung erhoben, sind die berechtigten Interessen mitzuteilen, die von dem erhebenden Unternehmen oder auch einem Dritten, in dessen Interesse sie erhoben werden, verfolgt werden. Zudem muss die verantwortliche Stelle künftig dafür Sorge tragen, dass der Betroffene bei einer nachträglichen Änderung der Zwecke, die ihm gegenüber benannt wurden, vorab über diese Zweckänderung informiert wird, Art. 13 Abs. 3 Datenschutz-Grundverordnung. Künftig muss daher eine ausführliche Datenschutzerklärung zur Verfügung gestellt werden, die sogar während der laufenden Geschäftsbeziehung bei Bedarf erneuert werden muss und dem Kunden zur Verfügung zu stellen ist. Die Information muss zudem leicht verständlich sein; es bleibt abzuwarten, ob die EU-Kommission von ihrer Befugnis Gebrauch macht, Bildsymbole vorzugeben, die die Information erleichtern sollen.

10.29 Neu ist zudem eine Informationspflicht gegenüber Betroffenen, deren Daten nicht direkt bei diesen erhoben wurden, Art. 14 der Datenschutz-Grundverordnung (s. dazu Rz. 10.30 ff.): Auch diese sind innerhalb bestimmter Fristen (zB unter Berücksichtigung der besonderen Umstände der Verarbeitung längstens innerhalb eines Monats nach Erlangung der Daten) entsprechend zu informieren.

b) Direkterhebung

10.30 An den Grundsatz der Transparenz schließt sich direkt der Grundsatz der Direkterhebung an: Daten sind nach dem BDSG bei dem Betroffenen selbst und nicht über Dritte zu erheben, § 4 Abs. 2 BDSG. Damit soll sichergestellt werden, dass der Nutzer weiß, wozu seine Daten genutzt werden.[1] Kritisch zu würdigen ist daher der Umgang mit Freundschaftswerbung oÄ, dh. Werbung, die es erforderlich macht, dass ein Dritter die Daten eines Freundes dem Webseiten-Betreiber mitteilt, damit dieser dem Freund im besten Fall elektronisch eine Information über für ihn interessante Produkte zukommen lässt. In der Regel ist dieses Vorgehen sowohl datenschutzrechtlich unzulässig als auch unlauter.[2]

---

1 Vgl. *Simitis/Sokol*, § 4 BDSG Rz. 23.
2 Vgl. OLG Nürnberg v. 25.10.2005 – 3 U 1084/05, MMR 2006, 111 = CR 2006, 196 = ITRB 2006, 157; vgl. die Revision BGH v. 29.5.2008 – I ZR 189/05, MMR 2009, 115 = MDR 2008, 1415 = CR 2008, 797; zust. *Schirmbacher*, K&R 2009, 433 (438); LG Berlin v. 18.8.2009 – 15 S 8/09, K&R 2009, 823; ebenso AG Berlin v. 22.5.2009 – 15 C 1006/09, VUR 2010, 77.

Die **Datenschutz-Grundverordnung** sieht keine ausdrücklichen Regelungen zur Direkt- **10.31** erhebung vor. Sie sichert die Rechte der Betroffenen, deren Daten nicht direkt erhoben werden, allerdings über Art. 13 ff. und die dort vorgesehenen Informationspflichten ab, so dass sich daraus ein indirekter Schutz ergibt (siehe dazu Rz. 10.26 ff.). Zudem muss dabei der in der Datenschutz-Grundverordnung konstatierte Grundsatz der Verhältnismäßigkeit berücksichtigt werden, dh. es sind bei einer Erhebung der Daten von Betroffenen über Dritte stets auch die schutzwürdigen Interessen des Betroffenen einzubeziehen. Insofern wäre es verfehlt, von einem Wegfall dieses Grundsatzes auszugehen und künftig zB die Freundschaftswerbung als schrankenlos zulässig zu erachten.

c) Datensparsamkeit

Ein Grundsatz des Datenschutzrechts lautet: Weniger ist mehr. Daten, die nicht erforder- **10.32** lich sind, sollen daher nicht erhoben, gespeichert und verarbeitet werden (vgl. § 3a BDSG, § 13 Abs. 6 TMG).

Daten sollten daher **anonym** (dh., ohne dass ein Rückschluss auf den Betroffenen möglich **10.33** ist) oder unter einem **Pseudonym** (dh. beispielsweise nur unter der E-Mail-Adresse) erhoben, verarbeitet und genutzt werden. Im Rahmen der Pseudonymisierung werden der Name und andere Identifikationsmerkmale durch ein Kennzeichen ersetzt. Ziel ist, die Bestimmung des Betroffenen ganz auszuschließen oder zumindest für das Unternehmen oder Dritte, die die Daten erhalten, zu erschweren, vgl. § 3 Abs. 6a BDSG.[1]

Das TMG sieht dabei sogar explizit vor, dass ein Webseiten-Betreiber gemäß § 13 Abs. 6 **10.34** TMG – soweit technisch möglich und zumutbar – die Nutzung seines Dienstes und dessen Bezahlung **anonym** (dh. ohne, dass ein Rückschluss auf den Nutzer möglich wäre) oder unter einem **Pseudonym** (dh. beispielsweise nur unter der E-Mail-Adresse) ermöglichen muss.

Eine anonyme Nutzung wird im Online-Bereich regelmäßig nur im Rahmen einfacher Be- **10.35** suche der Webseite zu realisieren sein. Hier kann es allerdings zu einer Protokollierung von IP-Adressen oÄ kommen, die ebenfalls einen Rückschluss auf den Besucher der Webseite zulassen; werden diese Daten für Zwecke der Analyse der Aktivitäten auf der Webseite erhoben, ist dies nur unter bestimmten Umständen erlaubt, s. Rz. 10.178 ff. Bestellt der Besucher allerdings online eine Ware, kann auf die Anonymität bzw. Pseudonymität verzichtet werden; der Anbieter benötigt diese Daten für die Abwicklung des Verkaufs. Dies gilt indes nicht für die Bestellung eines Newsletters: Hierfür reicht die E-Mail-Adresse (also ein Pseudonym) aus, s. zur pseudonymen Erstellung von Nutzerprofilen Rz. 10.189 ff.

Praxistipp: Die Bestellung eines Newsletters sollte regelmäßig nicht davon abhängig **10.36** gemacht werden, dass der Besucher einer Webseite verpflichtend über seine E-Mail-Adresse hinaus bestimmte Daten angeben muss, die für den Versand des Newsletters nicht erforderlich sind. Gleichwohl steht es dem Webshop-Betreiber frei, freiwillig Angaben wie beispielsweise den Namen zur persönlicheren Ansprache abzufragen.

Die **Datenschutz-Grundverordnung** sieht in Art. 5 Abs. 1 lit. c. und e. explizit vor, dass **10.37** auch künftig die Grundsätze der Datensparsamkeit und -minimierung innerhalb der Euro-

---

1 Strittig ist, ob auf pseudonyme Daten das Datenschutzrecht anwendbar ist oder nicht. Das BDSG geht davon aus, dass der Anwendungsbereich nicht eröffnet ist. Die Datenschutzaufsichtsbehörden gehen davon aus, dass der Personenbezug gleichwohl gegeben ist (und damit der Anwendungsbereich des BDSG eröffnet), wenn der Betroffene jedenfalls leicht zu identifizieren ist. Hier wird unterschieden, ob nur die verantwortliche Stelle konkret identifizieren kann („relative" Personenbeziehbarkeit) oder ob es abstrakt-theoretisch möglich wäre, eine Identifizierung durchzuführen („absolute" Personenbeziehbarkeit); zum Begriff des „absoluten" sowie „relativen" Personenbezugs s. weiterführend: *Härting*, NJW 2013, 2065.

päischen Union Geltung beanspruchen. Zudem soll dieser Grundsatz mittels der Umsetzung des Prinzips des Datenschutzes durch Technikgestaltung und durch datenschutzfreundliche Voreinstellungen („privacy by design and default", Art. 25 Datenschutz-Grundverordnung; s. dazu Rz. 10.40).

10.38 Gleichwohl kommt die „Anonymität" nur noch am Rande vor; nur Informationen, die absolut anonym sind, sollen dem Anwendungsbereich der Datenschutz-Grundverordnung entzogen werden (s. Erwägungsgrund 26).

10.39 Die Definition der Pseudonymisierung gemäß Art. 4 Abs. 5 Datenschutz-Grundverordnung entspricht im Wesentlichen der bislang im deutschen Recht verwendeten Definition (s. dazu bereits oben, Rz. 10.33). Eine wesentliche Änderung ergibt sich dabei allerdings: Pseudonyme Daten gelten nach der Datenschutz-Grundverordnung als Daten mit Personenbezug (s. Erwägungsgrund 26 Satz 2 und Erwägungsgrund 29). Daher unterliegen diese grundsätzlich dem Datenschutzrecht. Der Gesetzgeber hat insofern darauf verzichtet, für deren Verwendung einen Anreiz zu schaffen; die Verwendung von Pseudonymen wird entsprechend auch nur empfohlen (s. Erwägungsgrund 29).

10.40 Dazu kommt in Art. 25 die Verpflichtung, dass die verantwortlichen Stellen durch technische Voreinstellungen ihrer Systeme sicherstellen müssen, dass dort tatsächlich nur für die jeweilige Zweckerreichung erforderlichen Daten verarbeitet werden („**privacy by design and default**"). Damit ist der Grundsatz der Datensparsamkeit künftig technisch sicherzustellen. Dies wird im Ergebnis dazu führen, dass Unternehmen ihre CRM-Systeme, Webseiten etc. sorgfältig überprüfen und ggf. bereinigen müssen.

d) Rechte des Betroffenen

10.41 Neben dem Recht auf Information steht dem Betroffenen jederzeit das Recht auf **kostenfreie Auskunft** hinsichtlich der über seine bei der verantwortlichen Stelle (wie zB dem Webseiten-Betreiber oder Versandhändler) gespeicherten Daten zu. Davon umfasst ist auch das Recht zur Auskunft über seine unter einem Pseudonym (bspw. der E-Mail-Adresse) gespeicherten Daten (vgl. § 13 Abs. 7 TMG iVm. § 34 BDSG). Grundsätzlich ist hier die Textform (dh. eine Auskunft per E-Mail) ausreichend, s. § 34 Abs. 6 BDSG; sofern vom Betroffenen gewünscht ist zudem nach § 13 Abs. 7 TMG eine elektronische Auskunft ausreichend.

10.42 Betroffene haben neben dem Recht auf Auskunft das Recht, die Berichtigung unrichtiger Daten zu verlangen bzw. die Löschung von nicht mehr erforderlichen Daten, § 35 BDSG.

10.43 ➲ **Praxistipp:** Es empfiehlt sich, organisatorische Maßnahmen zu ergreifen, die eine kurzfristige Auskunft ermöglichen. Gerade im Bereich des Online-Handels kommt es vermehrt zu Auskunftsersuchen, da das Risiko besonders groß ist, dass ein Nutzer nicht immer nachhält, welchen Unternehmen er beispielsweise die Einwilligung in den Erhalt von Werbung erteilt hat und im Anschluss Auskünfte verlangt. Daneben sollte sichergestellt werden, dass die für die Beantwortung von Fragen eingesetzten Mitarbeiter zeitnah und kompetent Auskunft erteilen können. Sofern ein Kunde die Löschung seiner Daten verlangt, weil er zB den bestehenden Vertrag gekündigt hat oder nicht mehr werblich angesprochen werden will, sollte auch hier sichergestellt werden, dass die Daten zumindest nicht mehr aktiv genutzt, sondern nur für zB gesetzliche Archivierungszwecke aufbewahrt werden. Es fördert nicht das Vertrauen in einen Händler, wenn der Kunde nach fünf Jahren wieder einen Vertrag abschließt und er in diesem Zusammenhang informiert wird, dass seine Daten immer noch vollständig in den Systemen der Händler aktiv gespeichert sind.

10.44 Die Rechte der Betroffenen werden in der **Datenschutz-Grundverordnung** erheblich gestärkt. In Kapitel III der Datenschutz-Grundverordnung werden ausführliche Regelungen zur Transparenz, zu Auskunftsrechten (auch hinsichtlich der Empfänger der Daten) sowie zu dem Recht zur Berichtigung, Einschränkung und Löschung der gespeicherten Daten getroffen. Unternehmen müssen dabei künftig strikte Fristen einhalten und ausführliche Informationen erteilen.

Zudem ist sicherzustellen, dass Kunden, deren Daten im Rahmen eines vertraglichen Verhältnisses erhoben wurden, diese Daten künftig in einem gängigen Format zum nächsten Anbieter/Vertragspartner mitnehmen können. Dieses **Recht auf Datenübertragung** trifft nach jetzigem Rechtsstand auch Versandhändler. Insofern sollten rechtzeitig entsprechende Prozesse etabliert werden.   10.45

Neu ist hinzugekommen ist zudem das sogenannte **Recht auf „Vergessenwerden"** in Art. 17 der Datenschutz-Grundverordnung: Danach muss die verantwortliche Stelle Daten ohne unangemessene Verzögerung löschen, wenn zB der Zweck, für den die Daten erhoben wurden, wegfällt, der Betroffene seine Einwilligung widerruft, Widerspruch einlegt oder die Daten unrechtmäßig verarbeitet werden. Nach Art. 17 Abs. 2 Datenschutz-Grundverordnung trifft die Unternehmen künftig zudem die Pflicht, für Daten, die sie öffentlich gemacht haben und zu deren Löschung sie verpflichtet sind, in technischer und wirtschaftlicher Hinsicht angemessene Maßnahmen zu treffen, damit auch Dritte, die die Daten erhalten haben, über das Löschungsbegehren informiert werden. Weiterhin muss derjenige, der die Daten veröffentlicht hat, diesen Dritten mitteilen, dass alle Links zu diesen Daten bzw. Kopien oder Replikationen der Daten gelöscht werden. Auch wenn diese Vorschrift insbesondere auf den Umgang mit Daten durch zB Suchmaschinenbetreiber wie Google abzielt, kann im Einzelfall nicht ausgeschlossen werden, dass sie auch die Betreiber von anderen Webseiten betrifft. Hier wird sorgfältig zu prüfen sein, welche personenbezogenen Daten ein Versandhändler auf seiner Webseite zum Abruf zur Verfügung stellt, welche Verlinkungen genutzt werden und wie die Information gegenüber dem Dritten künftig erfolgen soll.   10.46

Checkliste   10.47

– Ist sichergestellt, dass nur die erforderlichen Daten erhoben werden?

– Ist in der auf der Webseite abrufbaren Datenschutzerklärung eine Adresse beinhaltet, an die sich Nutzer wenden können (vorzugsweise eine Telefonnummer bzw. eine E-Mail-Adresse)?

– Haben die Support-Mitarbeiter Zugriff auf die Daten des Nutzers bzw. auf die Datenbank, in der die Daten gespeichert werden?

– Sind die Support-Mitarbeiter geschult im Umgang mit kritischen Kundenfragen, insbesondere im Beschwerdefall?

– Wird der Datenschutzbeauftragte mit einbezogen?

– Wird nachgehalten, wie schnell die Rückantwort erfolgt und ob diese qualitativ den gestellten Anforderungen entspricht?

– Wird dafür Sorge getragen, dass bis 2018 Prozesse eingeführt werden, die die Rechte auf Datenübertragung, das Recht auf Vergessenwerden und die umfassenden Informationsanforderungen/Belehrungen/Auskunftsrechte innerhalb der erforderlichen Fristen umsetzen?

III. Gesetzliche Erlaubnistatbestände zur Nutzung von Daten für Marketingzwecke

Grundsätzlich dürfen Daten auch ohne Einwilligung des Betroffenen genutzt werden, wenn ein Gesetz die geplante Nutzung erlaubt. Dabei ist zwischen dem Online- und dem Offline-Bereich zu unterscheiden. Während die Nutzung von Daten für Marketingzwecke im Online-Bereich (dh. ausschließlich unter Nutzung von Telemedien) durch das TMG   10.48

geregelt wird (dazu unter Rz. 10.50 ff.), richtet sich die Nutzung von Daten, die bspw. Offline in CRM-Datenbanken erfolgt, nach dem BDSG (dazu unter Rz. 10.63 ff.).[1]

10.49 Wie bereits oben ausgeführt (s. Rz. 10.17 ff.), wird es nach Umsetzung der **Datenschutz-Grundverordnung** keine Unterscheidung mehr zwischen dem Online- und dem Offline-Bereich geben. Die Datenschutz-Grundverordnung orientiert sich zudem mehr an den Regelungen des BDSG, so dass unsere diesbezüglichen Ausführungen unter Rz. 10.80 ff. für den Online-Bereich entsprechend gelten.

1. Erlaubnistatbestände nach TMG

10.50 Das für den Bereich des Online-Handels relevante TMG kennt – im Gegensatz zu dem BDSG und der künftigen Datenschutz-Grundverordnung – drei Arten von Daten, die regelmäßig bei der Nutzung von Telemediendiensten anfallen und die in einem abgegrenzten Umfang erhoben, gespeichert und für bestimmte, gesetzlich festgelegte Zwecke genutzt werden dürfen:

– Bestandsdaten,

– Nutzungsdaten,

– Abrechnungsdaten.

a) Bestandsdaten

10.51 Das TMG erlaubt die Erhebung, Verarbeitung und Nutzung der so genannten Bestandsdaten, soweit dies für die Gestaltung des Telemediendienstes **erforderlich** ist (§ 14 Abs. 1 TMG). Dazu zählen Daten wie die E-Mail-Adresse oder – wenn es sich um einen Online-Shop handelt – beispielsweise auch der Name, die Adresse oder Bankdaten. Diese Daten dürfen für die Abwicklung der vertraglichen Angelegenheiten mit dem Kunden genutzt werden.

10.52 § 14 Abs. 1 TMG erlaubt jedoch nicht die Nutzung dieser Daten für Marketingzwecke: Dies ist regelmäßig nicht erforderlich, um den jeweiligen Vertrag zu erfüllen. § 14 Abs. 1 TMG stellt daher keine Rechtsgrundlage dar, die eine Marketingmaßnahme rechtfertigen würde, so dass der Nutzer danach grundsätzlich seine Einwilligung in die Nutzung der Daten für diese Zwecke erteilen muss. Anderes kann gelten, wenn diese „offline" gespeichert werden, beispielsweise wenn eine Bestellung von Waren erfolgt ist. Marketingmaßnahmen dürfen dann unter den Voraussetzungen des § 28 Abs. 3 BDSG durchgeführt werden, dh. der Versand postalischer Werbung ist unter besonderen Voraussetzungen zulässig (s. dazu unten unter Rz. 10.65 ff.).

b) Nutzungsdaten

10.53 § 15 TMG regelt den Umgang mit Nutzungsdaten. Nutzungsdaten sind beispielsweise Daten betreffend die Identifikation des Nutzers, Daten über die von dem Nutzer besuchten Webseiten, die Dauer des Besuchs der Webseite, Datum und Uhrzeit des Abrufs oder die übertragene Datenmenge. Sie fallen in der Regel technisch bedingt an und gestatten dem Anbieter die Verbindung des Nutzers zu dem jeweiligen Telemediendienst herzustellen, aufrechtzuerhalten oder auch nachzuvollziehen.

---

1 Vgl. dazu die „Anwendungshinweise der Datenschutzaufsichtsbehörden zur Erhebung, Verarbeitung und Nutzung von personenbezogenen Daten für werbliche Zwecke", Stand September 2014, abrufbar unter: http://www.lda.bayern.de/lda/datenschutzaufsicht/lda_daten/Anwendungshinweise_Werbung.pdf; sowie *Ilgenfritz*, RDV 2013, 18.

Die deutschen Datenschutzaufsichtsbehörden zählen – trotz kritischer Gegenstimmen – **10.54** bislang sowohl dynamische als auch statische **IP-Adressen** zu den Nutzungsdaten. Diese Auffassung vertritt im Ergebnis auch der Europäische Gerichtshof.[1] Damit unterliegen insbesondere Marketinginstrumente, die das Nutzerverhalten durch die Speicherung und Analyse von Daten betreffend den Webseitenbesuch tracken (verfolgen), den Regelungen des TMG. Dies hat in der Vergangenheit zu heftigen Diskussionen zwischen den Anbietern dieser Tools und den Aufsichtsbehörden geführt, da aufgrund dieser Auslegung des Begriffs der Nutzungsdaten viele Trackingtools datenschutzrechtlich unzulässig wurden (s. dazu vertieft Rz. 10.176 ff.).[2]

aa) Erlaubte Nutzung der Daten

Gemäß § 15 Abs. 1 TMG ist es dem Anbieter eines Telemediendienstes gestattet, die so ge- **10.55** nannten Nutzungsdaten zu erheben etc., sofern dies erforderlich ist, um die **Inanspruchnahme der Dienste zu ermöglichen** und **diese abzurechnen**.

Die für den oben genannten Zweck erhoben Daten dürfen nur während der Dauer des Be- **10.56** suchs der Webseite gespeichert werden und sind unmittelbar nach Beendigung des Nutzungsvorgangs zu **löschen**, sofern sie nicht weiterhin für Abrechnungszwecke benötigt werden. Weitere Nutzungen bedürfen der Einwilligung des Nutzers.

Eine **Einwilligung** ist daher immer erforderlich, wenn der Versandhändler diese Daten für **10.57** Werbezwecke, Marktforschung oder auch für die Erstellung von personifizierten Nutzungsprofilen zur bedarfsgerechten Gestaltung seines Shops nutzen möchte.

bb) Pseudonyme Erstellung von Nutzungsprofilen

Alternativ hat der Anbieter des Shops die Möglichkeit, Nutzungsdaten zu verwenden, **10.58** um **pseudonyme Nutzungsprofile** zu erstellen (§ 15 Abs. 3 TMG). Unter einem „Pseudonym" ist datenschutzrechtlich der Ersatz des Namens des Betroffenen oder eines anderen Identifikationsmerkmals durch ein Kennzeichen zu verstehen. Ziel eines Pseudonyms ist es, die Bestimmung des Betroffenen wesentlich zu erschweren oder im besten Fall vollständig auszuschließen (vgl. § 3 Abs. 6a BDSG).

Nutzungsprofile werden benötigt, um die Aktivitäten des Nutzers auf der Webseite sicht- **10.59** bar zu machen und dessen Verhalten zu analysieren. Sie sind daher für Webseiten-Betreiber unter Marketinggesichtspunkten höchst attraktiv. In der Regel werden die Profile unter Einsatz von Webanalysetools erstellt, die allerdings datenschutzrechtlichen Grenzen unterliegen, vgl. dazu im Einzelnen vertieft Rz. 10.176 ff.

Während das TMG noch Anreize geschaffen hat, Pseudonyme zu nutzen, indem lediglich **10.60** eine Belehrung über die Widerspruchsrechte erforderlich war (Opt-Out), sieht die **Datenschutz-Grundverordnung** keine entsprechenden Regelungen mehr vor. Hier wird lediglich angeraten, Pseudonyme zu nutzen (s. Erwägungsgrund 26, 29), aber keine Privilegierung geschaffen. Zudem erleichtert die Datenschutz-Grundverordnung künftig das so genannte

---

1 S. dazu u.a. EUGH v. 24.11.2011 – Rs. C-70/10, CR 2012, 33 = ITRB 2012, 26, abrufbar unter: http://curia.europa.eu/juris/document/; aber auch den Vorlagebeschluss des BGH zum EUGH hinsichtlich der Personenbeziehbarkeit von dynamischen IP-Adressen: BGH v. 28.10.2014 – VI ZR 135/13, GRUR 2015, 192 = MDR 2015, 26 = CR 2015, 109 = ITRB 2015, 55, der EUGH führt das Verfahren unter dem Aktenzeichen Rs. C-582/14.

2 Vgl. den Beschluss des Düsseldorfer Kreises von Stralsund v. 26./27.11.2009 betreffend „Datenschutzkonforme Ausgestaltung von Analyseverfahren zur Reichweitenmessung bei Internet-Angeboten", abrufbar bspw. unter: https://datenschutz-berlin.de/attachments/630/Duess_Kreis_Nov2009_Ausgestaltung_von_Analyseverfahren.pdf?1259660867; s. auch AG Berlin-Mitte v. 27.3.2007 – 5 C 314/06, DuD 2007, 856 = ITRB 2008, 34.

Profiling, dh. die Bewertung von Persönlichkeitsmerkmalen für Zwecke der Analyse oder Einschätzung der Kunden (s. die Definition in Art. 4a Datenschutz-Grundverordnung und unten Rz. 10.84 und Rz. 10.86 ff.). Die Datenschutz-Grundverordnung ermöglicht es daher Unternehmen künftig wesentlich einfacher ihre Kunden und deren Aktivitäten gezielt zu analysieren und ihre Marketingaktionen entsprechend gezielt auszurichten.

cc) Abrechnungsdaten

10.61 Eine dritte Kategorie von Daten, die bei der Nutzung eines Webshops anfallen können, sind die sogenannten Abrechnungsdaten: Dabei handelt es sich um Nutzungsdaten, die über das Ende des Nutzungsvorgangs hinaus gespeichert werden müssen, um die Abrechnung der Nutzung des Telemediendienstes zu ermöglichen (§ 15 Abs. 4 Satz 1 TMG). Hier ist es erforderlich, **Nutzungs- und Bestandsdaten zu kombinieren**, da eine ordnungsgemäße Abrechnung denknotwendig – neben beispielsweise der Ermittlung der Dauer des Besuchs der Webseite oder der Art der vom Nutzer in Anspruch genommenen kostenpflichtigen Dienste – auch den Namen oder die E-Mail-Adresse des Nutzers erfordert.

10.62 Bietet ein Versandhändler einen Webshop an, ist es indes meistens nicht erforderlich, eine Abrechnung über den Besuch bzw. die Nutzung des Shops zu erstellen, da diese Dienste regelmäßig kostenfrei zur Verfügung gestellt werden. Damit besteht auch keine Rechtsgrundlage für die Erhebung bzw. Speicherung von Daten für diesen Zweck. Diese Daten dürfen erst recht nicht für Marketingzwecke genutzt werden.

2. Erlaubnistatbestände nach BDSG und Datenschutz-Grundverordnung

10.63 In der Praxis ist es nicht unüblich, dass ein Versandhändler zwar Daten über den Webshop erhebt, diese dann aber im Anschluss im Rahmen der Abwicklung der Bestellung etc. nicht mehr ausschließlich im Online-Bereich nutzt, sondern – wie bereits oben in Rz. 10.6 ausgeführt – auch im täglichen Geschäftsleben außerhalb des World-Wide-Web. Dies ist auf Grundlage des § 28 BDSG auch zulässig, soweit er diese für Zwecke des Abschlusses, der Durchführung und Beendigung des Vertrages oder auch der Kundenbeziehung nutzt. Die Nutzung der Daten für Werbezwecke ist allerdings von diesen Zwecken regelmäßig nicht umfasst. Grundsätzlich ist es daher – ebenso wie bislang im Online-Bereich – erforderlich, die Einwilligung derjenigen, deren Daten für Werbezwecke genutzt werden, einzuholen (s. dazu ausführlich Rz. 10.95 ff.). Eine Ausnahme besteht im Rahmen des Listenprivilegs (s. dazu unter Rz. 10.65 ff.).

10.64 Mit Einführung der **Datenschutz-Grundverordnung** wird die Nutzung von Daten für Werbezwecke einfacher, da ihre Regelungen für den Umgang mit Daten für Zwecke der Werbung bei weitem nicht so differenziert sind wie die des heute geltenden BDSG. Es wird nur noch eine Rechtsgrundlage für den Umgang mit Daten für Werbezwecke geben. Das Listenprivileg entfällt ebenso wie die heute speziell für den Bereich der Werbung vorgesehenen zB Speicherpflichten bei Übermittlung von Daten für Werbezwecke. Lediglich die Belehrung über die Widerspruchsrechte bleibt bestehen. Die künftigen Regelungen werden unter Rz. 10.80 ff. dargestellt.

a) Das Listenprivileg

10.65 Die Nutzung von Daten für Werbezwecke ohne Einwilligung ist nach dem BDSG ausnahmsweise im B2B- als auch im B2C-Bereich für **Bestandskunden** erlaubt: Deren Daten dürfen im Rahmen des so genannten „Listenprivilegs" auch ohne deren Einwilligung für postalische Marketingzwecke des Unternehmens, das die Daten erhoben hat, genutzt werden. Als Bestandskunden gelten alle Kunden, mit denen das Unternehmen ein rechtsgeschäftliches oder rechtsgeschäftsähnliches Schuldverhältnis eingegangen ist. Ausreichend ist dabei bereits, dass die Daten im Rahmen von Gewinnspielen, Preisausschreiben, Katalog- oder Prospektanforderungen erhoben wurden.[1]

Daneben besteht eine Ausnahme, wenn unter Rückgriff auf **allgemein zugängliche Verzeichnisse** (wie dem Telefonbuch) Briefwerbung für eigene Angebote betrieben werden soll.

10.66

Das Listenprivileg erlaubt nur die Nutzung von bestimmten Daten, die listenmäßig oder sonst zusammengefasst sein müssen (bspw. in einer Excel-Liste). Die Daten müssen sich auf Angehörige einer Personengruppe beziehen (bspw. Kunden, die Taschen gekauft haben), sich auf die Angabe über die Zugehörigkeit des Betroffenen zu dieser Personengruppe, seine Berufs-, Branchen- oder Geschäftsbezeichnung, seinen Namen, seinen Titel, seine akademischen Grade, seine Anschrift und sein Geburtsjahr beschränken. Damit wird ua. sichergestellt, dass die Daten nicht für das E-Mail-Marketing genutzt und weitergegeben werden.

10.67

Der Versandhändler darf allerdings zu den vorgenannten Zwecken weitere Daten zu den in der Liste bereits gespeicherten Daten hinzuspeichern. Daher kann der Versandhändler bspw. zusätzlich vermerken, ob der Kunde eine bestimmte Marke bevorzugt bestellt. Er kann dann im Anschluss nach diesen Kriterien selektieren, um seine Marketingaktionen gezielter vorzubereiten. Speichert er die E-Mail-Adresse hinzu, hat er gleichwohl nur unter Einhaltung der rechtlichen Vorgaben das Recht, diese für Marketingaktionen zu nutzen; die Hinzuspeicherung selbst ändert nichts an den grundsätzlichen Voraussetzungen der Nutzung der Daten für Werbemaßnahmen über bestimmte Kommunikationskanäle (s. dazu Rz. 10.120).

10.68

Möchte der Versandhändler Werbung für fremde Angebote machen, so muss er die für die Nutzung der Daten verantwortliche Stelle eindeutig kenntlich machen. Er muss im Ergebnis einen Hinweis auf sich selbst aufnehmen. Relativ einfach ist dies bei der so genannten Beipackwerbung, bei der die verantwortliche Stelle bei dem Versand ihrer eigenen Werbung einfach fremde Werbung hinzufügt. Hier kann die verantwortliche Stelle (= Versender) deutlich herausstellen, dass er der Verantwortliche sowie Ansprechpartner für den Beworbenen ist und er zusätzlich für fremde Angebote wirbt.

10.69

b) Informationspflichten und Widerspruchsrechte im Rahmen des Listenprivilegs

In jedem Fall hat der Werbetreibende sicherzustellen, dass die Kunden über den Umstand, dass ihre Daten für eigene und ggf. fremde Briefwerbung genutzt werden sollen, informiert werden, § 4 Abs. 3 BDSG. Daneben sind sie explizit über ihr Recht auf Widerspruch gegen die Verwendung ihrer Daten für diese Zwecke bei Vertragsschluss und später bei jeder Ansprache zu informieren (so genanntes „Opt-Out", § 28 Abs. 4 BDSG, s. dazu auch unten Rz. 10.144 und Rz. 10.146 ff.).[2] Kunden, deren Daten aus allgemeinen Verzeichnissen erhoben wurden, sind bei Ansprache über die verantwortliche Stelle und ihre Widerspruchsrechte zu informieren.

10.70

---

1 Vgl. dazu die „Anwendungshinweise der Datenschutzaufsichtsbehörden zur Erhebung, Verarbeitung und Nutzung von personenbezogenen Daten für werbliche Zwecke", Stand September 2014, abrufbar unter: http://www.lda.bayern.de/lda/datenschutzaufsicht/lda_daten/Anwendungshinweise_Werbung.pdf.

2 Vgl. auch BGH v. 16.8.2008 – VIII ZR 348/06 – Payback, BGHZ 177, 253 = MDR 2008, 1264 = CR 2008, 720 = ITRB 2008, 219 und BGH v. 11.11.2009 – VIII ZR 12/08 – Happy-Digits, NJW 2010, 864 = CR 2010, 87 = MDR 2010, 133 = ITRB 2010, 153: Hier wurde ua. entschieden, dass für Briefwerbung ein „Opt-Out", dh. ein Widerspruchsrecht gegen die Nutzung der Daten für diese Zwecke ausreichend ist und keine explizite Einwilligung vorliegen muss.

10.71 ➲ **Praxistipp:**

- Es empfiehlt sich die Information darüber, dass Briefwerbung erfolgen soll, und das Recht des Kunden auf jederzeitigen Widerspruch in die Datenschutzerklärung aufzunehmen. Daneben sollte der Hinweis auf das Recht zum Widerspruch deutlich in das Werbeschreiben integriert werden.

- Erfolgt der Widerspruch, ist er in angemessener Weise zu dokumentieren und im Anschluss zu beachten (s. dazu Rz. 10.173 ff.).

10.72 Risiken bestehen bei Kunden, die sich in die von dem Deutsche Dialogmarketing-Verband („DDV") geführte so genannte „Robinson-Liste" haben eintragen lassen bzw. in die vom Interessenverband Deutsches Internet e.V. („IDI") geführte Liste. Hier ist strittig, ob dieser Eintrag als Widerspruch gilt oder nicht, da er letztlich nicht direkt gegenüber der verantwortlichen Stelle erteilt wird. Da es aber inzwischen best practice ist, einen Abgleich mit zumindest der Liste des DDV durchzuführen, prüfen viele Unternehmen rein vorsichtshalber vor dem Versand von Werbung die Liste.

10.73 ➲ **Praxistipp:** Zur Minimierung von Risiken empfiehlt sich vor der Durchführung einer Werbemaßnahme ein Abgleich mit der Robinson-Liste.[1] Zudem ist die Ansprache von Werbeverweigerern eher kontraproduktiv und schadet dem Image von Unternehmen. Insofern ist es als vertrauensbildende Maßnahmen empfehlenswert, einen entsprechenden Abgleich durchzuführen.

c) Besondere Pflichten bei Nutzung übermittelter Daten für Werbezwecke

10.74 Übermittelt der Versandhändler die listenmäßig zusammengefassten Daten an ein anderes Unternehmen für Werbezwecke, so ist dieses darüber zu informieren, dass es die Daten nur für diese Zwecke nutzen darf. Widerspricht der Kunde bei diesem Unternehmen, muss es einen entsprechenden Hinweis aufnehmen bzw. vorsehen, dass die Daten für diese Zwecke nicht mehr genutzt werden (bspw. mittels Sperrvermerk).

10.75 Im Übrigen muss die übermittelnde Stelle die Herkunft der Daten und den Empfänger für die Dauer von zwei Jahren nach Übermittlung speichern und dem Kunden Auskunft über die Herkunft der Daten und deren Empfänger geben, sofern dieser Auskunft verlangt, § 34 Abs. 1a BDSG.

10.76 Dies gilt entsprechend für das empfangende Unternehmen.

10.77 ➲ **Praxistipp:** Es sind organisatorische Prozesse einzuführen, die sicherstellen, dass ein solches Auskunftsbegehren erfüllt werden kann. Dies kann sich in der Praxis – gerade wenn Daten zwischen verschiedenen Konzernunternehmen für Werbezwecke im großen Stil ausgetauscht werden – als Herausforderung darstellen.

d) Nutzungsdauer

10.78 Unternehmen, die Daten von Kunden für Werbezwecke bzw. zur Reaktivierung, Kundenpflege, Rückgewinnung etc. nutzen, dürfen dies nur für eine begrenzte Zeit nach dem letzten aktiven Geschäftskontakt mit dem Betroffenen. Obwohl im BDSG keine konkrete Frist für die Nutzungsdauer festgelegt ist, müssen auch hier die üblichen Grundsätze der Datenvermeidung, Datensparsamkeit und letztlich des § 35 Abs. 2 Nr. 3 BDSG berücksichtigt werden. Daten, die nicht mehr erforderlich sind, sind danach zu löschen. Teilweise wird hier argumentiert, dass in Anlehnung an § 34 Abs. 1a BDSG eine Frist von zwei Jahren als

---

1 Vgl. dazu bspw. die Informationen für Unternehmen des DDV, abrufbar unter: https://www.ddv-rl-abo.de/.

erforderlich erachtet werden könnte (s. dazu Rz. 10.75, Rz. 10.76). Die Datenschutzaufsichtsbehörden akzeptieren jedoch auch längere Speicherdauern, wenn die verantwortliche Stelle gute Gründe für die längere Dauer anführen kann.[1]

➲ **Praxistipp:** Hier ist sorgfältig zu prüfen, ob entsprechende Gründe vorliegen. In Betracht käme zB eine verlängerte Speicherdauer aufgrund der langen Lebensdauer des Produkts. Auszuschließen ist dabei allerdings nicht, dass die Aufsichtsbehörden sich nicht von den Argumenten der Unternehmen überzeugen lassen und daher die längere Aufbewahrung ggf. verbieten.   **10.79**

e) Erlaubnistatbestände und Widerspruchsrechte nach der Datenschutz-Grundverordnung

Die Datenschutz-Grundverordnung sieht im Vergleich zum BDSG wesentlich weniger und **10.80** mehr allgemein gefasste Erlaubnistatbestände vor. Während das BDSG zB eigene Regelungen zum Umgang mit Daten für Zwecke der Werbung, der Markt- und Meinungsforschung, dem Scoring, Adresshandel oder auch zum Umgang mit Beschäftigtendaten vorsieht, bestimmt sich künftig die Rechtsgrundlage im Grunde nur nach Art. 6 Datenschutz-Grundverordnung. Daneben gibt es noch Sondervorschriften für die Verarbeitung von besonderen personenbezogenen Daten, wie zB Gesundheit, Religion oder Rasse, Art. 9, Daten betreffend strafrechtliche Verurteilungen und Straftaten, Art. 10 oder auch zur automatisierten Generierung von Einzelentscheidungen (inklusive Profiling), Art. 22. Für den Umgang mit Daten im Bereich des Marketings sind daher die Art. 6 und 22 Datenschutz-Grundverordnung maßgeblich, deren für diesen Bereich maßgebliche Inhalte ebenso wie die in diesem Zusammenhang bestehenden Widerspruchsrechte nachfolgend dargestellt werden.

aa) Erlaubnistatbestand Abschluss von Verträgen oder vorvertragliche Maßnahmen

Nach Art. 6 Abs. 1 lit. b der Datenschutz-Grundverordnung dürfen Daten (entsprechend **10.81** dem heute geltenden § 28 Abs. 1 BDSG) für Zwecke der **Erfüllung eines Vertrages** oder zur **Durchführung vorvertraglicher Maßnahmen** infolge der Anfrage dieser Person verarbeitet werden. Zukünftig gilt dabei nichts anderes als heute: Die Nutzung der für diese Zwecke erhobenen Daten zu Werbezwecken wird weder für Zwecke des Abschlusses eines Vertrages noch zur Durchführung vorvertraglicher Maßnahmen erforderlich sein. Aus Art. 6 Abs. 1 lit. b Datenschutz-Grundverordnung lässt sich damit keine Rechtsgrundlage für die Nutzung von Daten für Werbezwecke ableiten.

bb) Erlaubnistatbestand Interessenabwägung

Als Alternative kann die Nutzung von Daten für Werbezwecke durch Art. 6 Abs. 1 lit. f **10.82** Datenschutz-Grundverordnung gerechtfertigt werden. Dieser erlaubt die Verarbeitung personenbezogener Daten ua. dann, wenn

– die Verarbeitung zur Wahrung der **berechtigten Interessen** des für die Verarbeitung Verantwortlichen oder eines Dritten **erforderlich** ist und

– die **Interessen oder Grundrechte und Grundfreiheiten der betroffenen Person**, die den Schutz personenbezogener Daten erfordern, **nicht überwiegen**.

Insofern wird zukünftig zwischen den verschiedenen Interessen abzuwägen sein. In Erwä- **10.83** gungsgrund 47 wird dazu ausgeführt, dass die Verarbeitung personenbezogener Daten für

---

1 Vgl. dazu die „Anwendungshinweise der Datenschutzaufsichtsbehörden zur Erhebung, Verarbeitung und Nutzung von personenbezogenen Daten für werbliche Zwecke", Stand September 2014, abrufbar unter: http://www.lda.bayern.de/lda/datenschutzaufsicht/lda_daten/Anwendungshinweise_Werbung.pdf.

Zwecke der **Direktwerbung** als eine einem berechtigten Interesse von Unternehmen dienende Verarbeitung betrachtet werden kann. Dies bedeutet eine erhebliche Erleichterung im Vergleich mit den Regelungen des BDSG. Direktwerbemaßnahmen sind danach künftig bereits gesetzlich erlaubt, sofern keine schutzwürdigen Interessen des Betroffenen entgegenstehen. Dies käme ua in Betracht, wenn der Betroffene der Nutzung seiner Daten für Werbezwecke widerspricht oder eine fehlerhafte Information über diese Nutzung bzw. die berechtigten Interessen erfolgt. Die komplizierten Regelungen zum Listenprivileg etc. werden wegfallen. Damit einhergehend wird auch die Nutzung von Daten für Kundenzufriedenheitsbefragungen deutlich einfacher. Die Rechtsprechung klassifiziert solche Kundenbefragungen zurzeit als Werbung, da sie letztlich dazu dienen, die Kunden zu binden und den Absatz des Unternehmens zu steigern. Ohne explizite Einwilligung sind diese daher in Deutschland bislang unzulässig.[1]

10.84 Zudem wird künftig das **Profiling** erleichtert. Unter Profiling wird ua. eine Bewertung persönlicher Eigenschaften, der wirtschaftlichen Lage oder von Ortswechseln des Betroffenen anhand seiner personenbezogenen Daten verstanden. Diese werden letztlich für Zwecke der Analyse und Prognose genutzt. Das Profiling ist an Art. 6 Abs. 1 lit. f zu messen, so dass eine Interessenabwägung zu erfolgen hat. Es ist damit ua. zulässig, wenn es dazu dient, den (künftigen) Vertragspartner richtig einzuschätzen und zB sein Zahlungsverhalten zu analysieren, um eigene Forderungsausfälle abzuwehren.

10.85 Kritisch im Rahmen von Interessenabwägungen ist darüber hinaus, dass einer Abwägung immer ein subjektives Element innewohnt. Wenn ein Unternehmen im Rahmen einer Abwägung zu einem bestimmten Ergebnis kommt und den Umgang mit den Daten für zulässig erachtet, kann eine Datenschutzaufsichtsbehörde, ein Gericht oder ein Verbraucherschutzverband zu einem völlig abweichenden Ergebnis kommen. Da die Datenschutz-Grundverordnung von den Unternehmen eine Dokumentation und auch eine Information über die jeweiligen Interessen verlangt, sind diese Risiken zwar minimiert, aber nicht völlig auszuschließen. Auch wenn bei einer Dokumentation der Interessen nachvollziehbar ist, warum das Unternehmen von einem Überwiegen seiner Interessen ausgeht und damit wohl Auswüchse zu Lasten von Betroffenen verhindert werden können, kann ein Dritter trotzdem anderer Auffassung sein. Hier liegt durchaus ein Konfliktpotential, bei dem abzuwarten sein wird, wie dies künftig zugunsten aller Beteiligten aufgelöst wird.

cc) Voraussetzungen der automatisierten Generierung von Einzelentscheidungen

10.86 Die **automatisierte Durchführung von Profiling-Maßnahmen** ist im Vergleich zu dem einfachen Profiling an strengere Voraussetzungen gebunden, s. Art. 22 der Datenschutz-Grundverordnung sowie Erwägungsgründe 71 und 72.

10.87 Automatisiertes Profiling liegt vor, wenn eine Beurteilung einer Person ohne menschliche Beteiligung erfolgt, so zB wenn aufgrund der Postleitzahl von einem Computer automatisch berechnet wird, ob eine Person einen Kredit erhält oder nicht und ihr diese Entscheidung ohne eine Überprüfung durch einen Menschen mitgeteilt wird. Künftig ist automatisiertes Profiling grundsätzlich verboten, es sei denn

– es erfolgt für Zwecke des Abschlusses oder die Erfüllung eines Vertrages zwischen dem Betroffenen und dem Unternehmen;

– es ist aufgrund des nationalen Rechts erlaubt oder

– der Betroffene hat eingewilligt.

Die Nutzung für werbliche Zwecke ist daher kritisch zu beurteilen, da dies in der Regel nicht für vertragliche Zwecke erforderlich ist.

---

1 Vgl. OLG Köln v. 19.4.2013 – 6 U 222/12, GRUR-RR 2014, 80.

Das Unternehmen muss mindestens sicherstellen, dass die Entscheidung durch eine natürliche Person nachgeprüft werden kann, Art. 20 Abs. 3 Datenschutz-Grundverordnung. **10.88**

Da automatisiertes Profiling erhebliche Risiken bergen kann, soll der Europäische Datenschutzausschuss, das künftig maßgebliche Gremium der Datenschutzaufsichtsbehörden, bei Bedarf Leitlinien im Umgang mit diesem Instrument herausgeben. **10.89**

Zudem gelten für diese Profiling-Tätigkeiten spezielle Informationspflichten (insbesondere Art. 13 Abs. 2 lit. f Datenschutz-Grundverordnung) hinsichtlich zB der verwendeten Logik und den angestrebten Auswirkungen einer derartigen Verarbeitung für die betroffene Person. Das Unternehmen muss daneben dafür Sorge tragen, dass die Verarbeitung mit angemessenen Garantien verbunden ist, dh., dass der Betroffene eine Überprüfung der Entscheidung einfordern darf, Kinder ausgenommen werden oder auch die Entscheidung angefochten werden darf (s. Erwägungsgrund 71). Insofern sind in der Praxis umfassende Maßnahmen umzusetzen, die die Rechte der Betroffenen stärken. Die Nutzung von besonderen personenbezogenen Daten für Profilingzwecke ist nur in ganz engen Grenzen zulässig, Art. 20 Abs. 4 Datenschutz-Grundverordnung. **10.90**

Für das automatisierte Profiling soll künftig zudem eine Datenschutzfolgenabschätzung erforderlich sein (s. Erwägungsgrund 71). Die Datenschutzfolgenabschätzung stellt eine Vorabbeurteilung der möglichen datenschutzrechtlichen Risiken dar, die die jeweils verantwortliche Stelle durchführen muss. **10.91**

dd) Widerspruchsrechte

Die Datenschutz-Grundverordnung sieht in Art. 21 Abs. 4 eine dem § 28 Abs. 4 BDSG entsprechende Regelung betreffend die **Belehrung über Widerspruchsrechte** vor. Künftig ist bei Ansprache von Kunden für werbliche Zwecke über das Bestehen eines Widerspruchsrechts zu belehren. Die Belehrung muss in verständlicher und von anderen Informationen getrennter Form erfolgen (s. dazu Erwägungsgrund 70 Datenschutz-Grundverordnung). **10.92**

Der Betroffene hat gemäß Art. 21 Abs. 2 Datenschutz-Grundverordnung jederzeit das Recht, gegen die Nutzung seiner Daten für Zwecke der Direktwerbung oder des Profilings, das im Zusammenhang mit Direktwerbung steht, **Widerspruch** einzulegen. Da hier nicht zwischen dem „normalen" und dem automatisierten Profiling unterschieden wird, sind wohl beide umfasst, sofern sie im Zusammenhang mit Direktwerbung stehen. Werbemaßnahmen stehen im Ergebnis weiterhin unter dem Vorbehalt des Widerspruchs. Legt ein Betroffener Widerspruch ein, hat die Verarbeitung zu unterbleiben, Art. 21 Abs. 3 Datenschutz-Grundverordnung. **10.93**

Nach Art. 21 Abs. 1 Datenschutz-Grundverordnung besteht zudem ein Widerspruchsrecht, wenn die Daten aufgrund einer Interessenabwägung nach Art. 6 Abs. 1 lit. f Datenschutz-Grundverordnung verarbeitet werden. Umfasst ist hier die Verarbeitung im Rahmen des „normalen" Profiling. Das Widerspruchsrecht setzt voraus, dass sich Gründe aus der besonderen Situation des Betroffenen heraus ergeben, die den Widerspruch rechtfertigen. Welche besondere Situation dies sein soll, ist der Datenschutz-Grundverordnung jedoch nicht zu entnehmen. Das Unternehmen kann im Rahmen einer Interessenabwägung gleichwohl nachweisen, dass die eigenen Interessen überwiegen und die Verarbeitung weiter durchführen. Hier wird abzuwarten sein, wie sich die best practice entwickelt. **10.94**

IV. Die Einwilligung in die Nutzung von Daten zu Marketingzwecken

10.95 Sofern kein gesetzlicher Erlaubnistatbestand die gewünschte Nutzung von Daten gestattet, kann der Betroffene seine Einwilligung erteilen, § 4 Abs. 1 BDSG bzw. § 12 Abs. 1 TMG. Ihm steht es grundsätzlich frei, über seine Daten zu verfügen und dem Unternehmen zB die Ansprache für werbliche Zwecke mittels eines Newsletters zu erlauben.

10.96 Im **Offline-Bereich** (also bspw. bei einem Vertragsschluss außerhalb eines Webshops) ist es nach § 4a BDSG erforderlich, eine schriftliche Einwilligung einzuholen. Zusätzlich kann auch eine elektronische Einwilligung eingeholt werden (bspw. per E-Mail), § 28 Abs. 3a BDSG. Dies setzt voraus, dass diese protokolliert wird und dem Kunden immer zum Abruf zur Verfügung gestellt wird. Der Betroffene hat das Recht zum Widerruf der Einwilligung. Er ist über dieses Recht zu belehren. Eine mündliche Einwilligung in die Nutzung von Daten für Werbezwecke, die möglicherweise über einen Call-Center eingeholt wird, ist dem Kunden schriftlich zu bestätigen, § 28 Abs. 3a BDSG.

10.97 Im **Online-Bereich** ist die Einholung von elektronischen Einwilligungen erlaubt bzw. aufgrund der speziellen Ausgestaltung des Online-Bereichs sogar als einzig gangbare Form vorgesehen, § 13 Abs. 1 TMG. Allerdings sind bei der Einholung der Einwilligung zum Schutz des Betroffenen bestimmte Anforderungen zu beachten (s. dazu unter Rz. 10.138 ff.). Damit soll der Betroffene vor den Folgen einer übereilten Einwilligung im eher anonymen, schnelllebigen und mitunter intransparenten World-Wide-Web geschützt werden (s. dazu unter Rz. 10.140).

10.98 Die **Datenschutz-Grundverordnung** sieht ebenfalls das Instrument der Einwilligung vor. Sie ist in Art. 4 Ziffer 11 Datenschutz-Grundverordnung definiert und wird gemäß Art. 6 Abs. 1 lit. a als Grundlage für den Umgang mit Daten anerkannt. Einzelheiten sind in Art. 7 Datenschutz-Grundverordnung geregelt. Die Datenschutz-Grundverordnung sieht im Gegensatz zum BDSG oder TMG keine spezielle Form der Einwilligung mehr vor. Insofern ist künftig jedenfalls neben der Schriftform auch die elektronische Form zulässig. Einzige Anforderung ist, dass die Einwilligung in verständlicher und leicht zugänglicher Form zur Verfügung gestellt wird, Erwägungsgrund 42 Datenschutz-Grundverordnung. Obwohl in Erwägungsgrund 32 Datenschutz-Grundverordnung auch die mündliche Einwilligung anerkannt ist, erscheint eine mündliche Einwilligung aufgrund dieser Anforderung als kritisch. Diese kann letztlich nicht in einer bestimmten, leicht zugänglichen Form zur Verfügung gestellt werden. Zudem muss das Unternehmen auch künftig gemäß Art. 7 Abs. 1 Datenschutz-Grundverordnung nachweisen, dass die Einwilligung erteilt wurde. Daher empfiehlt sich auch aus diesem Grund der Verzicht auf die mündliche Einholung. Andernfalls wird dieser Nachweis in der Praxis schwierig (s. dazu unter Rz. 10.160 ff.).

1. Erhebung und Nutzung von Daten mittels Einwilligung

10.99 Jeder Betroffene – egal ob die Daten online oder offline erhoben werden – muss seine Einwilligung freiwillig, bewusst und ausdrücklich erteilen. Daneben muss ihm klar sein, wofür exakt seine Daten genutzt werden. In der Praxis führt dies regelmäßig zu Unsicherheiten, da weder die Rechtsprechung noch die Datenschutzaufsichtsbehörden bislang eine klare Linie erkennen lassen, welche inhaltlichen Anforderungen eine rechtmäßige Einwilligung erfüllen muss. Kritisch ist hier insbesondere zu würdigen, dass gerade im Bereich des Marketings Anforderungen an den Inhalt der Einwilligung gestellt werden, die es den Unternehmen praktisch unmöglich machen, eine wirksame Einwilligung zu formulieren, die auch unter Gesichtspunkten des Marketings akzeptabel ist und die die Betroffenen animiert, eine solche zu erteilen.

a) Freiwilligkeit

Jeder Betroffene hat das Recht selbst zu bestimmen, ob er in die Nutzung seiner Daten für Werbezwecke einwilligen möchte oder nicht.　　10.100

Gleichwohl kann im **Online-Bereich** der Anbieter einer Webseite die Nutzung seiner Services davon abhängig machen, dass der Nutzer der Webseite in den Erhalt von beispielsweise Werbung einwilligt. Ein direktes Kopplungsverbot zwischen Einwilligung und erlaubter Nutzung des Telemediendienstes im Online-Bereich, wie es der frühere § 13 Abs. 2 TMG aF bis 2009 vorgesehen hat, besteht nicht mehr.　　10.101

Allerdings findet sich für den **Offline-Bereich** in dem 2009 eingeführten § 28 Abs. 3b Satz 1 BDSG noch eine entsprechende Vorgabe: Dort ist geregelt, dass ein Unternehmer von einem Betroffenen nicht verlangen kann, eine „unfreiwillige" Einwilligung zu erteilen, wenn es dem Betroffenen nicht zumutbar ist, ohne Erteilung seiner Einwilligung gleichwertige Leistungen von einem anderen Unternehmen zu beziehen. Zudem sieht § 4a BDSG vor, dass der Betroffene über die Folgen der Verweigerung der Einwilligung zu belehren ist. Das BDSG gilt jedoch grundsätzlich nicht für den Online-Bereich.　　10.102

Dies hat zur Konsequenz, dass ein Webseiten-Betreiber beispielsweise die **Teilnahme an einem Gewinnspiel** von einer Einwilligung des Teilnehmers in die Nutzung seiner Daten zu Werbezwecken abhängig machen darf. Da es unzählige Anbieter solcher Gewinnspiele gibt, kann der Teilnehmer – sofern er nicht einwilligen will – an einem anderen Gewinnspiel teilnehmen. Selbst der ausgelobte Preis genügt nicht als Kriterium: Im World-Wide-Web werden sich viele Gewinnspiele finden lassen, die einen ähnlichen Preis ausloben. Gleiches gilt auch dann, wenn der Teilnehmer den Zugang zu diesen Telemediendiensten nur zu schlechteren Konditionen erlangen kann; er hat trotzdem die Wahl.[1]　　10.103

Risiken können sich indes aus dem **Wettbewerbsrecht** ergeben, da hier eine dem Datenschutzrecht entsprechende Regelung fehlt, die eine solche Kopplung erlauben würde. Die Rechtsprechung hat in diesem Zusammenhang bislang entschieden, dass eine solche Kopplung nicht zulässig sein soll, da der Betroffene jeweils unter Zwang stünde bzw. eine Täuschung und unsachliche Beeinflussung vorliege.[2] Gleichwohl kann hier ggf. argumentiert werden, dass die Intention des Gesetzgebers durch die Streichung bzw. Erleichterung der Kopplung im Bereich des Online-Datenschutzrechts dahin geht, Kopplungen unter bestimmten Umständen zuzulassen. Wäre die Kopplung wettbewerbsrechtlich unzulässig, so hätte das Datenschutzrecht nicht entsprechend geändert werden müssen.　　10.104

⟳ **Praxistipp:** Häufig ist das einzige Ziel der Durchführung eines Gewinnspiels die Generierung von Adressen. Anbieter müssen sich allerdings darüber im Klaren sein, dass bei einer Kopplung zwischen der Teilnahme und der Einwilligung in die Nutzung von Daten für Werbezwecke aus wettbewerbsrechtlichen Gründen gewisse Risiken bestehen. Sofern möglich, sollte daher darauf verzichtet werden.　　10.105

Die **Datenschutz-Grundverordnung** sieht in Art. 7 Abs. 4 und in Erwägungsgrund 42 vor, dass Kopplungen nicht zulässig sind, dh., die Erfüllung eines Vertrages darf nicht von der Einwilligung abhängig gemacht werden, wenn diese nicht für die Erfüllung des Vertrages erforderlich ist. Die Einwilligung wird künftig zudem bei einem eindeutigen Ungleichgewicht zwischen Betroffenem und Datenverarbeiter unzulässig sein (s. dazu Erwägungsgrund 43 Datenschutz-Grundverordnung). Daraus ergeben sich im Massenverkehr zwi-　　10.106

1　Vgl. *Gola/Schomerus*, § 28 BDSG Rz. 46; aA Däubler/Klebe/Wedde/Weichert/*Wedde*, § 28 BDSG Rz. 135; Simitis/*Simitis*, § 4a BDSG Rz. 64.
2　Vgl. OLG Hamm v. 15.11.2007 – 4 U 23/07, MMR 2008, 684 (684); OLG Köln v. 12.9.2007 – 6 U 63/07, GRUR-RR 2008, 62.

schen Verbrauchern und Unternehmen durchaus Risiken. Es ist wohl nie ganz auszuschließen, dass ein solches Ungleichgewicht insbesondere bei Marktführern anzunehmen sein könnte. Als Konsequenz sollten Unternehmen künftig besser sicherstellen, dass die Einwilligung nicht Voraussetzung für die Erbringung ihrer Dienstleistungen ist. Ggf. können Werbemaßnahmen künftig auch auf Art. 6 Abs. 1 lit. f der Datenschutz-Grundverordnung gestützt werden (siehe dazu Rz. 10.82 ff.). Ob im Rahmen einer Interessenabwägung allerdings ein überwiegendes Interesse eines Unternehmens in Abwägung mit den berechtigten Interessen des Betroffenen anzunehmen ist, wenn das Unternehmen die Erbringung seiner Services mit einer Marketingmaßnahme koppelt, kann zumindest bezweifelt werden.

10.107 Weiterhin ist sicherzustellen, dass Einwilligungen zu verschiedenen Datenverarbeitungen gesondert eingeholt werden, sofern dies im Einzelfall angebracht ist. Eine „Kopplung" von verschiedenen Einwilligungen in Form einer Art Catch-All-Klausel ist nach der Datenschutz-Grundverordnung nicht zulässig oder zumindest nur in sehr engen Grenzen.

Zudem muss der Betroffene die Gelegenheit haben, die Einwilligung zu verweigern oder zurückzuziehen, ohne negative Konsequenzen befürchten zu müssen. Andernfalls hat er keine echte Wahlfreiheit und die Einwilligung wird als unwirksam erachtet (s. Erwägungsgrund 32 Datenschutz-Grundverordnung).

b) Minderjährige

10.108 Grundsätzlich können auch Minderjährige eine wirksame Einwilligung erteilen – hier kommt es auf deren Einsichtsfähigkeit an.[1] Wesentlich ist darüber hinaus, welche Daten der Minderjährige angibt und für welchen Zweck. Gibt er beispielsweise seine E-Mail-Adresse für den Erhalt eines Newsletters an, wird dies eine andere Qualität als die Angabe der Kreditkartendaten der Eltern haben.[2] Erklärungen von Kindern zwischen drei bis zwölf Jahren sind regelmäßig mangels Geschäftsfähigkeit unwirksam.

10.109 ➲ **Praxistipp:** Auch wenn eine Altersbeschränkung in den Datenschutzbestimmungen aufgenommen wird, wird sich die Wirksamkeit der Einwilligungserklärung jeweils nach der Einsichtsfähigkeit und nicht nach der vorgesehenen Altersangabe richten. Gleichwohl kann es sich zur Verdeutlichung und als Warnfunktion empfehlen, eine Altersbeschränkung aufzunehmen.

10.110 Die **Datenschutz-Grundverordnung** normiert in Art. 8 besondere Regelungen für den Umgang mit Daten Minderjähriger. Sollen Daten von Kindern, die das sechzehnte Lebensjahr noch nicht vollendet haben, verarbeitet werden, müssen die Eltern in diese Verarbeitung einwilligen. Eine Ausnahme kann gelten, wenn die Rechtsordnungen der Mitgliedsstaaten dies vorsehen; das dreizehnte Lebensjahr darf allerdings in keinem Fall unterschritten werden. Unternehmen müssen angemessene Anstrengungen unternehmen, um die Einhaltung der Altersgrenzen und das Vorliegen der Einwilligung unter Berücksichtigung der verfügbaren Technik zu prüfen. In der Praxis müssen daher zB technische Anpassungen von ua. Webseiten vorgenommen werden, damit diese Vorgabe umgesetzt werden kann.

c) Transparente Mitteilung der Erklärung

10.111 Eine wirksame Einwilligungserklärung setzt voraus, dass der Nutzer von deren Inhalt Kenntnis nehmen kann und er diese bewusst zur Kenntnis nimmt. Kritisch ist daher zu

---

1 Vgl. Simitis/*Simitis*, § 4a BDSG Rz. 20; das Innenministerium Baden-Württemberg geht von einem Alter von 14 Jahren aus – vgl. Hinweise zum Bundesdatenschutz des Innenministeriums Baden-Württemberg, Staatsanzeiger für Baden-Württemberg 1998, 7.
2 Vgl. Simitis/*Simitis*, § 4a BDSG Rz. 21; Däubler/Klebe/Wedde/Weichert/*Wedde*, § 4a BDSG Rz. 5.

würdigen, wenn die Einwilligungserklärung Teil der Datenschutzbestimmungen oder gar der Nutzungsbedingungen ist und der Nutzer diese nicht auf den ersten Blick erkennen kann.

Die Vorschriften des BDSG sehen für den Offline-Bereich vor, dass eine datenschutzrechtliche Einwilligungserklärung durchaus mit anderen Erklärungen verbunden werden kann (§ 28 Abs. 3a Satz 2 BDSG, s. dazu auch oben Rz. 10.100 ff.).[1] Voraussetzung dafür ist, dass die **Einwilligung besonders hervorgehoben** wird (beispielsweise durch Fettdruck oder durch einen besonders prominent hervorgehobenen Absatz am Ende der Bedingungen).[2] Insofern könnte in der Unterschriftzeile unter einem Vertrag grundsätzlich eine Formulierung wie: *„Ja, ich akzeptiere die Allgemeinen Geschäftsbedingungen und willige ausdrücklich in die dort unter Ziffer XX beschriebenen Nutzungen meiner Daten ein."* gewählt und der konkrete Einwilligungstext in die Allgemeinen Geschäftsbedingungen in Fettschrift integriert werden. Daran angelehnt könnte auch im Online-Bereich entsprechend vorgegangen werden und ein Button mit einem ähnlichen Text unter Hinweis auf die Online-Nutzungsbedingungen in die Webseite integriert werden, der angeklickt werden kann. **10.112**

⮕ **Wichtig:** Wettbewerbsrechtlich und im Online-Bereich ist eine Einbindung des Einwilligungstextes in die Nutzungs- oder Datenschutzbedingungen allerdings höchst risikoreich: Die Rechtsprechung verlangt insbesondere im Bereich des Direktmarketings, wozu auch die Kontaktaufnahme per E-Mail zählt, grundsätzlich eine spezielle Einwilligung in diese Kontaktaufnahme (Opt-In). Dazu kommt, dass eine nicht gekennzeichnete Klausel von der Rechtsprechung als eine überraschende Klausel iSd. § 305c Abs. 1 BGB angesehen wird; die Nutzungs- und Datenschutzbedingungen sind insofern an den Grundlagen des Rechts der AGB zu messen.[3] Gleiches gilt nach § 13 Abs. 2 TMG für die elektronische Einwilligung, die ausdrücklich erteilt werden muss (s. dazu Rz. 10.74 ff.). Insofern empfiehlt es sich nicht, die Einwilligungserklärung in gesonderten Bedingungen zu verstecken. **10.113**

Die **Datenschutz-Grundverordnung** sieht ebenfalls vor, dass Erklärungen, die in einem Text integriert werden, deutlich hervorzuheben und verständlich zu formulieren sind, Art. 7 Abs. 2 sowie Erwägungsgrund 32 Datenschutz-Grundverordnung. **10.114**

d) Inhaltliche Anforderungen

Die Einwilligung muss den Nutzer umfassend informieren, **dass** er einwilligt, in **was** er einwilligt und **wem** gegenüber er einwilligt.[4] **10.115**

Auch künftig wird eine Information über die Identität der datenverarbeitenden Stelle und die Zwecke der Datenverarbeitung erforderlich sein (s. Erwägungsgrund 32 **Datenschutz-Grundverordnung**). Daneben muss nach den Regelungen der Datenschutz-Grundverordnung sichergestellt werden, dass für verschiedene Datenverarbeitungen auch verschiede- **10.116**

---

1 Vgl. in diesem Zusammenhang auch BGH v. 16.8.2008 – VIII ZR 348/06 – Payback, BGHZ 177, 253 = MDR 2008, 1264 = CR 2008, 720 = ITRB 2008, 219 und BGH v. 11.11.2009 – VIII ZR 12/08 – Happy-Digits, NJW 2010, 864 = CR 2010, 87 = MDR 2010, 133 = ITRB 2010, 153: In diesen Urteilen wurden ua. die Anforderungen, ob und wie Einwilligungen in den Vertragstext integriert werden, präzisiert. Sie führten letztlich zu der Einführung des § 28 Abs. 3a BDSG.
2 Vgl. Simitis/*Simitis*, § 4a BDSG Rz. 40; vgl. OLG Koblenz v. 26.3.2014 – 9 U 1116/13, ZD 2014, 524 = CR 2014, 716.
3 Vgl. OLG Frankfurt v. 17.12.2015 – 6 U 30/15, GRUR-Prax 2016, 66 = CR 2016, 256; LG Frankfurt a.M. v. 10.12.2014 – O 030/14, MMR 2015, 321; LG Berlin v. 28.10.2014 – 16 O 60/13, ZD 2015, 133 = CR 2015, 121; BGH v. 16.7.2008 – VIII ZR 348/06, BGHZ 177, 253 (256) = MDR 2008, 1264 = CR 2008, 720 = ITRB 2008, 219; LG Hamburg v. 10.8.2010 – 312 O 25/10.
4 Vgl. BGH v. 25.10.2012 – I ZR 169/10, NJW 2013, 2683 = CR 2013, 440 = MDR 2013, 992 = ITRB 2013, 152.

ne Einwilligungen eingeholt werden. Ziel ist es, so genannte Sammeleinwilligungen zu vermeiden, die letztlich dazu führen, dass der Betroffene sich nicht frei entscheiden kann, in was er konkret einwilligt bzw. für welchen Zweck er die Einwilligung nicht erteilen möchte. Die Einwilligung ist klar und leicht verständlich zu formulieren. Im Ergebnis werden die Anforderungen an den Inhalt der Einwilligung nicht wesentlich minimiert.

10.117 Es wird abzuwarten sein, ob die Voraussetzungen, deren Einhaltung die Rechtsprechung hinsichtlich des Inhalts der Einwilligung zurzeit in Deutschland einfordert (s. dazu nachfolgend) auf dem jetzigen Niveau bleiben oder ob aufgrund abweichender europäischer Praxis eine Absenkung dieser Standards erfolgen wird.

aa) Ausdrücklichkeit

10.118 Der Betroffene muss wissen, dass er einwilligt.

10.119 ➲ **Praxistipp:** Es sollten Formulierungen gewählt werden wie:

- „Ich willige ein, dass …".
- „Mit meiner Unterschrift willige ich ein, dass …".

Formulierungen wie:

- „Ich wurde auf die auf der Rückseite vorgesehenen Inhalte hingewiesen."
- „Mir ist bekannt, dass …".

sind zwar marketingfreundlicher, bergen aber das Risiko der Unwirksamkeit.

bb) Kommunikationskanal

10.120 In „was" der Betroffene einwilligt, umfasst regelmäßig die Frage nach **dem jeweiligen Kommunikationskanal** für die künftige Ansprache und die **geplante Nutzung** seiner Daten.

10.121 Die Einwilligung muss deutlich erkennen lassen, ob die künftige Ansprache telefonisch, elektronisch, per SMS, MMS oder ggf. postalisch erfolgen soll. Im Rahmen einer regelmäßigen Kontaktaufnahme kann sich auch empfehlen, den zeitlichen Turnus festzulegen, in dem der Betroffene angeschrieben werden soll (bspw. „monatlicher Newsletter").

10.122 ➲ **Praxistipp:** Es empfiehlt sich, bei Einholung der Einwilligung die künftige Ausgestaltung der Werbekanäle zu berücksichtigen. Wird aufgrund der aktuellen Planung einer Werbekampagne nur die Einwilligung zum Erhalt eines monatlichen Newsletters eingeholt und später soll wöchentlich oder sogar telefonisch geworben werden, ist eine neue Einwilligung erforderlich. In der Praxis sind die Erfolgsquoten von Nachqualifizierungen eher gering. Daher sollte grundsätzlich nur soweit eingeschränkt werden, wie unbedingt nötig.

cc) Sachlicher Umfang

10.123 Naturgemäß möchten Unternehmen mit dem geringsten Aufwand die größtmögliche Flexibilität in Sachen Werbung erzielen. Die Einwilligung soll idealerweise eine zeitlich unbegrenzte Bewerbung diverser Produkte durch am besten jedes mit dem Unternehmen verbundene Unternehmen ermöglichen. Sie soll kurz und bündig sein, damit der Betroffene nicht durch langatmige, komplizierte Erklärungen gelangweilt und abgeschreckt wird. Was aus Marketinggesichtspunkten einleuchtend erscheint, ist allerdings juristisch höchst kritisch zu würdigen: Die Rechtsprechung tendiert dazu, Einwilligungen, die zu weit und unbestimmt gefasst sind, als unwirksam zu erachten, da sie die Betroffenen unbillig benachteiligen.

10.124 Formulierungen wie:

- „Ich bin damit einverstanden, dass meine Daten für Werbezwecke genutzt werden."
- „Ich willige ein, künftig von XY elektronisch über interessante Angebote informiert zu werden."
- „Ich bin damit einverstanden, dass meine Vertragsdaten von dem Unternehmen XY zur Kundenberatung, Werbung, Marktforschung und bedarfsgerechten Gestaltung der von mir genutzten Dienstleistungen verwendet werden."

sind **regelmäßig unwirksam**, da die sachliche Reichweite zu wenig präzise definiert wird und dem Einwilligenden daher nicht klar erkennbar ist, in was genau er einwilligt.[1] Die Rechtsprechung hat sich allerdings noch nicht abschließend dazu geäußert, wieweit die Beschränkung der sachlichen Reichweite gehen muss, um wirksam zu sein. Das OLG München[2] hat bspw. die folgende Klausel als **wirksam** erachtet:

„Einwilligung in Werbung und Marktforschung: Mit meiner Unterschrift erkläre ich mich einverstanden, dass die von mir oben angegebenen Daten sowie die Rabattdaten (Waren/Dienstleistungen/Preis, Rabattbetrag, Ort und Datum des Vorgangs) für an mich gerichtete Werbung (zB Informationen über Sonderangebote, Rabattaktionen) per Post und mittels ggf. von mir beantragter Services (SMS oder E-Mail Newsletter) sowie zu Zwecken der Markforschung ausschließlich von der L Partner GmbH und den Partnerunternehmen gemäß Nummer 2 der beiliegenden Hinweise zum Datenschutz gespeichert und genutzt werden."

Genauso wurde eine Klausel betreffend die Nutzung der Daten für *„interne Weiterverarbeitung"* und *„eigene Werbezwecke"* als zulässig erachtet.[3] **10.125**

⮡ **Praxistipp:** Unternehmen sollten so präzise wie möglich die von ihnen angebotenen – beworbenen – Produkte bezeichnen. Lediglich dann, wenn beispielsweise ein Versandhändler eine Vielzahl von Produkten anbietet, wird es zulässig sein, sich auf Produktkategorien zu beschränken oder ggf. eine Formulierung dergestalt zu wählen, dass „Produkte des Versandhändlers" beworben werden sollen. Empfehlenswert sind jedenfalls aufgrund der unsicheren Rechtslage **Beschränkungen** in die eine oder andere Richtung; eine uferlose Klausel, die die Bewerbung unzähliger Waren beinhaltet, wird in der Regel unwirksam sein. In der Praxis finden sich indes kaum Klauseln, die den Anforderungen der Rechtsprechung Genüge tun, da Unternehmen häufig eher die wirtschaftlichen Risiken einer unwirksamen Einwilligung eingehen als auf einen umfassenden Adressdatenbestand zu verzichten. Daneben ist die rechtliche Lage höchst unbestimmt; dies führt in der Konsequenz häufig zu dem unbefriedigenden Ergebnis, dass Unternehmen von vornherein ihre Bemühungen hinsichtlich der Formulierung einer wirksamen Klausel aufgeben. Kritisch wird dies jedoch – unabhängig von dem Risiko einer Ahndung durch Wettbewerber oder Verbraucherschützer nach UWG bzw. **Unterlassungsklagegesetz** – dann, wenn eine **Datenschutzaufsichtsbehörde** die rechtmäßige Erhebung etc. von Daten mittels Einwilligung kontrolliert. Die unwirksame Speicherung, Verarbeitung etc. von Daten für Werbezwecke im beispielsweise CRM-System eines Unternehmens können diese mit Bußgeldern gemäß §§ 43, 44 BDSG sanktionieren (Bußgelder bis zu 300 000 Euro pro Verstoß). Dazu kommt, dass unwirksam erhobene Daten zu löschen sind. Dies kann zu erheblichen wirtschaftlichen Einbußen führen. Die Einwilligung sollte daher sorgfältig formuliert werden. **10.126**

---

1 Vgl. LG Berlin v. 9.8.2011 – 15 O 762/04, MMR-Aktuell 2912, 336522; OLG Hamburg v. 21.4.2010 – 5 U 62/08, GRUR-RR 2009, 351 = CR 2009, 437; OLG Köln v. 23.11.2007 – 6 U 5/07, GRUR-RR 2008, 316; LG Dortmund v. 23.7.2007 – 8 O 194/06.
2 Vgl. OLG München v. 28.9.2006 – 29 U 2796/06, MMR 2007, 47.
3 Vgl. LG Berlin v. 20.6.2007 – 26 O 433/06.

10.127 Die **Datenschutz-Grundverordnung** sieht künftig vor, dass eine Einwilligung keine missbräuchlichen Klauseln beinhalten darf (Erwägungsgrund 32). Werden die Bedingungen für die Einholung einer Einwilligung künftig missachtet, kann dies zu Bußgeldern bis zu 20 Mio. Euro bzw. 4 % des weltweiten Jahresumsatzes des vergangenen Kalenderjahres eines Unternehmens führen (Art. 83 Abs. 5 lit. a Datenschutz-Grundverordnung).

dd) Persönlicher Umfang

10.128 Die Einwilligung wird gegenüber demjenigen erteilt, der sie einholt, dh. der Empfänger der Einwilligung darf die Daten in dem dort beschriebenen Umfang nutzen. Dem Betroffenen muss allerdings klar sein, wer der **Empfänger** ist. In der Regel ist dieser leicht als zB der Betreiber der Webseite oder Veranstalter eines Gewinnspiels zu identifizieren.

10.129 Will dieser die Daten für Werbezwecke an Dritte weitergeben bzw. sollen diese Dritten die erhobenen Daten ebenfalls werblich nutzen dürfen, so muss er auch dafür eine Einwilligung einholen. Allerdings muss er die Empfänger genau bezeichnen; unterlässt er dies, ist die Einwilligung regelmäßig rechtswidrig.

10.130 Formulierungen wie

– „Ich bin einverstanden, dass XY meine Daten für Zwecke der Markt- und Meinungsforschung nutzt und dafür auch an Dritte weitergibt."

– „Ich willige darin ein, dass ich über meinen Gewinn benachrichtigt werde und von den Sponsoren des Gewinnspiels im Anschluss über deren interessante Angebote regelmäßig per E-Mail unterrichtet werde."

– „Ja, ich möchte dass XY meine Daten für Zweck der eigenen Werbung selbst oder durch auch Dritte verarbeitet."

sind regelmäßig **unwirksam**, da sie den Betroffenen nicht ausreichend darüber informieren, welche Dritten die Daten erhalten.[1]

10.131 ➲ **Praxistipp:** Es ist sicherzustellen, dass das Unternehmen, das die Einwilligung einholt und die Daten nutzt, klar identifizierbar und benannt ist.[2] Das Risiko von Verwechslungen zwischen beispielsweise Mutter- und Tochterunternehmen, die unter ähnlichen Firmennamen tätig sind, ist zu minimieren. Bei einer möglichen Verwechslungsgefahr empfiehlt es sich daher nicht, Abkürzungen der Firmierungen zu verwenden.

10.132 Gleiches gilt für die Weitergabe der Daten an Dritte, die die Daten für werbliche Zwecke übermittelt erhalten: Diese sollten in der Erklärung stets angegeben werden oder deren Namen zumindest leicht für den Betroffenen abrufbar/erhältlich sein (bspw. online per gesondertem Link, der auf eine entsprechende Liste verweist). Die Listengröße sollte sich auf eine überschaubare Anzahl beschränken; die Empfehlung des Deutsche Dialogmarketing Verband („DDV") ging hier im Jahr 2009 von zehn Unternehmen aus. Er hat diese Kenngröße ausweislich der aktuell abrufbaren Informationen zwar nicht mehr aufrechterhalten; sie kann gleichwohl noch als Kenngröße dienen.[3]

---

1 Vgl. für ähnliche Formulierungen: OLG Frankfurt v. 17.12.2015 – 6 U 30/15, GRUR-Prax 2016, 66 = CR 2016, 256; OLG Koblenz v. 26.3.2014 – 9 U 1116/13, ZD 2014, 524 = CR 2014, 716; OLG Köln v. 29.4.2009 – 6 U 218/08, MMR 2009, 470 (471) = CR 2009, 783; LG Berlin v. 18.11.2009 – 4 O 89/09, RDV 2010, 88; LG Traunstein v. 20.5.2008 – 7 O 318/08, MMR 2008, 858; LG Potsdam v. 12.12.2007 – 52 O 67/07, K&R 2008, 117.

2 Vgl. OLG Köln v. 17.6.2011 – 6 U 8/11, ITRB 2012, 10 = CR 2012, 130.

3 Vgl. den Ehrenkodex des DDV aus 2009; abrufbar unter http://www.ddv.de/downloads/Service/ Ehrenkodex_eMail-Marketing.pdf; abweichend der Ehrenkodex aus 2011, dem keine Anzahl mehr zu entnehmen ist, abrufbar unter: https://www.ddv.de/fileadmin/user_upload/pdf/Verband/Councils/ Council_Digitaler_Dialog/Regularien/Ehrenkodex_E-Mail-Marketing.pdf.

ee) Zeitlicher Umfang

Holt ein Unternehmen die Einwilligung für die Nutzung der Daten für bspw. Werbezwecke ein, muss es auch zeitnah den zu Bewerbenden ansprechen. Eine Werbemaßnahme, die auf einer vor langer Zeit erteilten Einwilligung beruht, kann unzulässig sein und als unzumutbare Belästigung gelten. In der Folge ist die Einwilligung zwar grundsätzlich datenschutzrechtlich wirksam, kann allerdings von dem Unternehmen nicht mehr ohne rechtliche Risiken als Grundlage für die Werbung genutzt werden.   **10.133**

➲ **Praxistipp:** Die Rechtsprechung hat einen Zeitraum zwischen Einwilligungserklärung und erster Werbemaßnahme von siebzehn Monaten als zu lang erachtet.[1] Insofern sollte darauf geachtet werden, aktuelle Einwilligungen zu nutzen und das Datum der Einholung bei diesen zu vermerken.   **10.134**

e) Widerrufsrecht

Das BDSG sieht keine explizite Regelung hinsichtlich des Widerrufsrechts der Einwilligung vor. Allerdings ist die Einwilligung nur wirksam, wenn sie auf einer freien Entscheidung des Betroffenen beruht (s. dazu oben, Rz. 10.100 ff.). Die Einwilligungserklärung gilt insofern als Willenserklärung. Damit steht es dem Betroffenen jederzeit frei, diese zu widerrufen. Üblicherweise wird in der Datenschutzerklärung über dieses Widerrufsrecht belehrt (s. zu dem speziellen Widerrufsrecht im Online-Bereich unter Rz. 10.147, Rz. 10.151 ff.).   **10.135**

Die **Datenschutz-Grundverordnung** sieht in Art. 7 Abs. 3 vor, dass der Betroffene jederzeit seine Einwilligung mit Wirkung für die Zukunft widerrufen kann. Der Betroffene ist bei Einholung der Einwilligung über sein entsprechendes Recht zu belehren. Zudem muss der Widerruf so einfach wie die Erteilung der Einwilligung sein. Es dürfen damit keine zusätzlichen Hürden aufgebaut werden, sondern es sollte – wie auch bisher – ein Hinweis auf eine Kontaktadresse in einer Datenschutzerklärung o.ä. angegeben werden, an die das Begehren gerichtet werden kann. Elektronisch erteilte Einwilligungen sollten auch elektronisch widerruflich sein.   **10.136**

Checkliste   **10.137**

– Ist die Einwilligung klar und bestimmt formuliert?
– Ist eindeutig, wer die Einwilligung einholt?
– Sofern die Weitergabe an Dritte erfolgt: Sind diese benannt und ist deren Anzahl begrenzt?
– Ist die Einwilligung noch aktuell?
– Wird über das Widerrufsrecht und eventuelle Folgen der Verweigerung der Einwilligung informiert?

2. Besondere Voraussetzungen der elektronischen Einwilligung

Das World-Wide-Web ermöglicht im Gegensatz zum herkömmlichen Handel eine weitgehend anonyme und schnelle Kommunikation zwischen den Geschäftspartnern. Daraus resultieren besondere Risiken, die mittels besonderer Vorschriften für diesen Bereich minimiert werden sollen. Insbesondere sieht § 13 TMG besondere Voraussetzungen vor, die bei der Einholung einer elektronischen Einwilligung einzuhalten sind.   **10.138**

Die **Datenschutz-Grundverordnung** sieht in diesem Zusammenhang vor, dass eine klare, prägnante Aufforderung zur Einwilligung erfolgen soll. Die Einwilligung soll ausdrücklich erteilt werden. Der Vorgang soll ohne unnötige Unterbrechung des Dienstes erfolgen, in   **10.139**

---

1 Vgl. LG München I v. 8.4.2010 – 17 HK O 138/10, CR 2011, 830 = ITRB 2012, 12.

dessen Bereitstellung eingewilligt wird, Erwägungsgrund 32. Wie genau diese Anforderung umgesetzt werden soll, erschließt sich nicht ganz aus dem Text der Verordnung, so dass hier abzuwarten sein wird, wie die Praxis mit dieser Regelung umgeht. Jedenfalls werden künftig wesentlich weniger Anforderungen umzusetzen sein als bisher, da zB keine konkreten Regelungen zur Protokollierung und Abrufbarkeit der Einwilligungserklärung vorgesehen sind. Da die Einwilligung jedoch letztlich nachgewiesen werden muss, empfiehlt sich allerdings, diese Vorgaben auch künftig einzuhalten.

a) Bewusste und ausdrückliche Einwilligung

aa) Erklärungswille

10.140   Eine bewusste Einwilligung setzt voraus, dass der Nutzer sich vor der Erteilung der Erklärung einen Erklärungswillen gebildet hat und nicht etwa übereilt eine Schaltfläche anklickt, weil die Ausgestaltung des Einwilligungsprozesses ihn dazu verleitet. Bei der Beurteilung, unter welchen Umständen ein Nutzer üblicherweise einen solchen Willen bildet, ist nach der Rechtsprechung auf den „durchschnittlich verständigen" Nutzer abzustellen.[1] In der Regel soll dies der Fall sein, wenn der Nutzer zunächst über den **Inhalt der Einwilligung informiert** und dann noch einmal **vor dem Anklicken der Schaltfläche** in einem Text auf sein Tun **hingewiesen** wird.

10.141   ➲   **Praxistipp:** Es empfiehlt sich einen Prozess zu installieren, nach dem der Nutzer vor der Erklärung **noch einmal den Text angezeigt** bekommt. In diesem Zusammenhang sei darauf hingewiesen, dass es nicht erlaubt ist, eine **E-Mail-Adresse**, die beispielsweise im Impressum auf der Webseite eines Händlers abrufbar ist, sich auf einem Briefkopf oder in einem **öffentlichem Verzeichnis** befindet, zu Werbezwecken zu nutzen. Die Veröffentlichung allein führt nicht zu einem (stillschweigenden) Einverständnis in die Nutzung dieser Adresse.[2] Gleiche Risiken bestehen bei eingekauften Adressen: Hier müsste der Adresshändler wirksam nachweisen, dass der Empfänger der Werbung exakt in die von dem Käufer geplante Nutzung eingewilligt hat.

bb) Opt-In und Ausnahmeregelung

10.142   Der BGH hat in den Entscheidungen „Payback"[3] und „Happy Digits"[4] klargestellt, dass für den Bereich der elektronischen Werbung eine aktive Zustimmung des Betroffenen in exakt diese Nutzung vorliegen muss.

10.143   Das so genannte **„Opt-In"** setzt ein aktives Tun voraus. Danach ist es nicht zulässig, zur Erteilung einer Einwilligung eine vorangeklickte Checkbox vorzusehen, bei der das Häkchen entfernt werden muss, sofern der Nutzer die Einwilligung nicht erteilen möchte.[5] Ausreichend kann allerdings sein, dass der Kunde zB den nächsten Schritt einer Buchung nur dann tun kann, wenn er eine Entscheidung trifft (dh. ein Häkchen setzen muss, mit dem er sich für die Inanspruchnahme einer Leistung entscheidet oder gegen deren Inanspruchnahme).[6]

---

1 Vgl. OLG Brandenburg v. 11.1.2006 – 7 U 52/05, MMR 2006, 405 = CR 2006, 490.
2 Vgl. OLG Hamm v. 25.10.2007 – 4 U 89/07, MMR 2008, 780.
3 Vgl. BGH v. 16.7.2008 – VIII ZR 348/06, BGHZ 177, 253 = MDR 2008, 1264 = CR 2008, 720 = ITRB 2008, 219.
4 Vgl. BGH v. 11.11.2009 – VIII ZR 12/08, NJW 2010, 864 = CR 2010, 87 = MDR 2010, 133 = ITRB 2010, 153.
5 Vgl. OLG Jena v. 21.4.2010 – 2 U 88/10, MMR 2011, 101 = CR 2010, 815; LG Berlin v. 9.12.2011 – 15 O 343/11, WRP 2012, 610.
6 Vgl. OLG Frankfurt v. 9.4.2015 – 6 U 33/14, GRUR-RR 2015, 339 = CR 2015, 735; OLG Frankfurt v. 9.10.2014 – 6 U 148/13, GRUR 2015, 400 = ITRB 2015, 111.

Ein so genanntes „**Opt-Out**" (dh. die Zustimmung gilt als erteilt, ohne dass eine ausdrückliche Handlung vorgenommen werden muss, der Erteilende kann dieser Nutzung jedoch widersprechen) ist nach der höchstrichterlichen Rechtsprechung grundsätzlich nur noch für den Bereich der postalischen Werbung zulässig.[1] | 10.144

➜ **Wichtig:** Von Besuchern einer Webseite, die lediglich einen Newsletter bestellen möchten oder die sich im Rahmen eines Online-Portals registrieren, ohne etwas zu kaufen, ist immer eine ausdrückliche elektronische Einwilligung bei der Nutzung der Daten für Werbezwecke einzuholen (Opt-In). | 10.145

Anderes gilt, sofern der Besucher des Web-Shops einen Online-Kauf tätigt: In diesem Fall gilt sowohl für den B2C- als auch den B2B-Business die in **§ 7 Abs. 3 UWG formulierte Ausnahme**. Danach darf ein Unternehmen elektronische Werbung auch ohne Einwilligung versenden, wenn **vorher eine geschäftliche oder quasi-vertragliche Geschäftsbeziehung** mit dem Verbraucher oder Unternehmen bestanden hat (**Opt-Out**), s. dazu auch ausführlich Rz. 11.90 ff. | 10.146

Es müssen allerdings die folgenden Voraussetzungen erfüllt sein: | 10.147

– Die E-Mail-Adresse muss im Zusammenhang mit dem Verkauf von Waren und Dienstleistungen mitgeteilt worden sein;

– es müssen ähnliche Waren und Dienstleistungen beworben werden;

– es darf kein Widerspruch des Kunden vorliegen;

– der Kunde muss bei Erhebung der E-Mail-Adresse und bei jeder werblichen Ansprache auf sein Recht zum Widerspruch gegen die Nutzung für diesen Zweck hingewiesen werden. Daneben muss der Webshop-Betreiber den Nutzer darauf hinweisen, dass für die Übersendung des Widerspruchs keine ungewöhnlichen Kosten entstehen, beispielsweise für kostenpflichtige 0900-Rufnummern.

Daraus ergibt sich: | 10.148

– Der Kunde muss seine E-Mail-Adresse dem Unternehmen selbst mitgeteilt haben;[2]

– der Bestellvorgang sollte abgeschlossen sein; Shop-Abbrecher, die erst eine Bestellung generieren und dann auf den Vertragsschluss verzichten, sollten nicht angeschrieben werden;[3]

– die Daten dürfen nicht an Dritte zur Nutzung für Werbezwecke übermittelt werden;

– die Daten dürfen nur für Eigenwerbung genutzt werden;

– der Webshop-Betreiber muss anhand der getätigten Einkäufe prüfen, für welche Waren sich der Kunde noch interessieren könnte. Davon umfasst sind auch Zubehör- oder Ersatzteile für die gekauften Waren.[4]

➜ **Praxistipp:** Im Rahmen einer bestehenden Kundenbeziehung ist es daher erlaubt, ein passives Opt-Out anstelle des aktiven Opt-In in den Erhalt von elektronischer Werbung vorzusehen. Daher kann der Webshop-Betreiber beispielsweise eine vorein- | 10.149

---

1 Vgl. BGH v. 16.8.2008 – VIII ZR 348/06, BGHZ 177, 253 = MDR 2008, 1264 = CR 2008, 720 = ITRB 2008, 219; BGH v. 11.11.2009 – VIII ZR 12/08, NJW 2010, 864 = CR 2010, 87 = MDR 2010, 133 = ITRB 2010, 153.
2 Vgl. OLG Hamm v. 25.10.2007 – 4 U 89/07, MMR 2008, 780.
3 Bislang liegt hierzu keine höchstrichterliche Rechtsprechung vor; in der Literatur ist die Frage umstritten, vgl. statt vieler Piper/Ohly/Sosnitza/*Ohly*, § 7 UWG Rz. 73 mwN; aA: *Ohlenburg*, MMR 2003, 83; *Eckardt*, MMR 2003, 557 (559); aus Gründen der Risikominimierung empfiehlt sich daher ein Verzicht auf die Ansprache.
4 Vgl. OLG Jena v. 21.4.2010 – 2 U 88/10, MMR 2011, 101 = CR 2010, 815.

gestellte Check-Box in den Bestellvorgang integrieren, die der Nutzer deaktivieren kann. Der Betreiber muss dann allerdings sicherstellen, dass er nur ähnliche Waren und Dienstleistungen bewirbt und die Daten nicht für andere Zwecke nutzt. Da Newsletter uÄ mitunter umfassender konzipiert sind und sich auf einen größeren Warenbestand beziehen, kann dies Risiken bergen. Daneben ist sicherzustellen, dass der Kunde über seine Widerspruchsrechte belehrt wird und dass im Falle des Widerspruchs keine anderen Übermittlungskosten als nach den Basistarifen entstehen. Eine diesbezügliche Formulierung könnte wie folgt lauten:

„Wir danken Ihnen für Ihren Einkauf, den wir Ihnen hiermit bestätigen. Sie erhalten im Zusammenhang mit Ihrem Einkauf künftig unter Nutzung Ihrer dabei angegebenen E-Mail-Adresse weitere Informationen von uns, die sich auf Waren beziehen, die für sie ebenfalls von Interesse sein könnten. Sie können dieser Zusendung jederzeit durch eine E-Mail an unsubscribe@xyz.com widersprechen, ohne dass für Sie andere als die Übermittlungskosten nach den Basistarifen entstehen. Sollten Sie widersprechen, werden wir den Versand umgehend einstellen."

10.150 Die **Datenschutz-Grundverordnung** sieht nun das **Opt-In** als maßgebliches Instrument an. Ausreichend ist künftig eine konkludente Handlung, wie zB der Klick mit der Maus, damit die Einwilligung wirksam erteilt werden kann. Erwägungsgrund 32 Satz 2 Datenschutz-Grundverordnung sieht sogar vor, dass eine Einwilligung mittels Browsereinstellung ausreichen soll. Gleichwohl muss eine aktive Handlung, dh. ein Opt-In, erfolgen; das Opt-Out ist nach den Erwägungsgründen nicht mehr zulässig. Damit erteilt die Datenschutz-Grundverordnung der gerne geübten Praxis, zB bereits ein Häkchen voreingestellt zu setzen, das vom Kunden entfernt werden muss, eine Absage. Gleiches gilt für die Praxis, von dem Verbraucher die Streichung einer Einwilligungserklärung zu verlangen, die dann ohne Streichung gelten soll. Hier ist abzuwarten, ob der deutsche Gesetzgeber das UWG entsprechend anpassen oder ob dieses als bereichsspezifische Regelung weitergelten wird.

b) Recht des Widerrufs der Einwilligung

10.151 Zu unterscheiden von den Widerspruchsrechten in den Erhalt weiterer Werbung („Opt-Out") ist das Recht des Nutzers, **jederzeit** seine **erklärte Einwilligung** mit Wirkung für die Zukunft zu **widerrufen**, § 13 Abs. 2 Nr. 4 TMG. Er ist darüber vor Erteilung seiner Einwilligung und im Anschluss bei jeder Ansprache zu Werbezwecken zu **belehren** (s. zur **Datenschutz-Grundverordnung** oben, Rz. 10.92 ff.).

10.152 ➲ **Praxistipp:** Zur Minimierung von Risiken empfiehlt es sich, den Hinweis auf die Widerrufsmöglichkeit direkt in die Einwilligungserklärung aufzunehmen. Alternativ kann diese auch in der Datenschutzerklärung deutlich formuliert sein. Jedenfalls ist eine Kontaktadresse aufzunehmen, an die der Widerruf gerichtet werden kann. Eine Formulierung könnte wie folgt lauten:

„Ja, ich willige in den Erhalt des monatlichen Newsletters „Recht und Ordnung" ein. Die Einwilligung kann ich jederzeit mit Wirkung für die Zukunft unter der in Ziff. XX der **Datenschutzerklärung** (Link) benannten Adresse widerrufen."

Gleiches gilt für die E-Mail zur werblichen Ansprache; der Newsletter muss ebenfalls einen Hinweis auf das Recht zum Widerruf nebst Kontaktadresse enthalten. Eine Formulierung könnte wie folgt lauten:

„Wenn Sie unseren Newsletter nicht mehr erhalten möchten, klicken Sie hier: **Newsletter abbestellen**. (alternativ: (...) senden Sie eine E-Mail an folgende Adresse: unsubscribe@xyz.com.)"

Um die Abbestellung nutzerfreundlich zu gestalten, kann vorgesehen werden, dass nach Anklicken des Links ein **kurzer Hinweis mit der Bestätigung**, der Nutzer sei erfolgreich aus dem Verteiler gestrichen worden, erfolgt. Eine Bestätigung der Abbestellung empfiehlt sich nicht, da dies als unzumutbare Belästigung gelten könnte. Im Übrigen sollte die Abbestellung so einfach wie möglich ausgestaltet sein. Sofern sich der Nutzer erst umständlich über ein Webportal einloggen muss oder die Abbestellung noch einmal bestätigen muss, besteht das Risiko, dass er den Vorgang abbricht, sich beschwert oÄ. Nutzerfreundlichkeit sollte hier Vorrang vor dem Erhalt der Adressbestände haben. **10.153**

c) Jederzeitige Abrufbarkeit

Die Einwilligung muss **jederzeit für den Nutzer abrufbar** sein. Unbeachtlich sind hier kurzfristige Unterbrechungen, bspw. aus technischen Gründen im Falle des Absturzes des Servers. Wesentlich ist, dass der Text auf der Webseite vorgehalten wird. Dies gilt auch für „alte" Einwilligungen, solange der Anbieter des Webshops auf Grundlage der Einwilligung beispielsweise Werbung versendet. **10.154**

➲ **Praxistipp:** **10.155**

– Im Rahmen eines Versionsmanagements oder bei Umgestaltung des Webshops ist darauf zu achten, dass Einwilligungserklärungen, die ein Nutzer erteilt hat und auf deren Grundlage Daten genutzt werden, abrufbar bleiben. Dies kann bspw. erfolgen, indem eine Bestätigungs-E-Mail mit dem Text der Einwilligung versandt wird (s. dazu auch unten Rz. 10.168 ff.);

– die Erklärungen in der Datenschutzerklärung vorgehalten werden;

– der Nutzer mittels eines Passworts Zugang zu einem geschützten Bereichs des Webshops erhält und dort seine sämtlichen Daten – inklusive seiner erteilten Einwilligungserklärungen – einsehen kann;

– der Text dauerhaft im Rahmen des Webshops vorgehalten wird; dies kann beispielsweise der Fall sein, wenn es sich um einen Standardtext zur Bestellung eines Newsletters handelt, der sich nicht ändert.

Empfehlenswert ist eine Bestätigungs-E-Mail, da damit auch zugleich nachgewiesen werden kann, dass der Nutzer tatsächlich eingewilligt hat.

Die **Datenschutz-Grundverordnung** sieht keine entsprechende Regelung vor. Gleichwohl ist dieses Vorgehen empfehlenswert, um einen angemessenen Nachweis führen zu können, in was der Kunde eingewilligt hat. **10.156**

d) Protokollierung der Einwilligung

Der Diensteanbieter muss sicherstellen, dass die Einwilligung protokolliert wird. In der Regel erfolgt dies durch Aufzeichnung des Zeitstempels und der IP-Adresse des Nutzers. Gleichwohl reicht diese Protokollierung nicht aus, um nachzuweisen, dass tatsächlich dieser spezielle Nutzer eingewilligt hat. Der Anbieter kann hier nur nachweisen, dass ein Nutzer einer IP-Adresse eine E-Mail-Adresse zur Bestellung eines Newsletters angegeben hat (s. dazu Rz. 10.168). **10.157**

Daneben wird häufig fraglich sein, ob der Diensteanbieter den Nutzer anhand seiner IP-Adresse ermitteln kann. Dies wird oftmals nur über den Telekommunikationsdiensteanbieter, der die IP-Adresse zur Verfügung gestellt hat, möglich sein; ob dieser die Informationen zur Verfügung stellt, erscheint fraglich, wenn nicht gar rechtlich kritisch. **10.158**

10.159 Die **Datenschutz-Grundverordnung** sieht keine entsprechende Regelung vor. Da das Unternehmen jedoch die Einwilligung nachweisen muss, empfiehlt sich das Vorgehen gleichwohl.

V. Nachweisbarkeit

1. Beweislast

10.160 Die verantwortliche Stelle, dh im Online-Bereich der Webshop-Betreiber oder auch im Offline-Bereich der Händler, ist verpflichtet nachzuweisen, ob eine wirksame Einwilligung des Kunden vorliegt bzw. ob er den Kunden wirksam über seine Rechte auf Widerspruch im Rahmen des Opt-Out belehrt hat.

10.161 ➲ **Praxistipp:** Im Fall eines Rechtsstreits muss jedes Unternehmen in der Lage sein, verwertbare Beweismittel zu liefern, die aufzeigen, dass genau dieser Betroffene in beispielsweise den Bezug dieses Newsletters eingewilligt hat. Gelingt dies nicht, ist die Verarbeitung der Daten unwirksam. Eine unwirksame Datenverarbeitung kann Sanktionen nach sich ziehen.

2. Dokumentation der Einwilligung

10.162 Hinsichtlich der Dokumentation der Nachweise kommt es entscheidend darauf an, über welchen Kommunikationskanal der Betroffene zur Abgabe seiner Einwilligung in die elektronische Ansprache für Marketingzwecke aufgefordert wurde.

10.163 Die **Datenschutz-Grundverordnung** sieht keine expliziten Regelungen zur Dokumentation der Einwilligung vor. Sie fordert lediglich, dass der Nachweis an sich vom Unternehmen geführt werden kann. Unternehmen sind allerdings gut beraten, auch künftig die folgenden Anforderungen umzusetzen, da sie letztlich den Nachweis der Erteilung der Einwilligung im Fall des Bestreitens führen müssen. Nutzen sie die Daten ohne (nachweisbare) Einwilligung, ist die darauf basierende Nutzung der Daten unzulässig.

a) Postalische Einwilligung

10.164 Wird die Einwilligung postalisch erteilt, dient das unterzeichnete Originaldokument als Nachweis. Insofern empfiehlt sich hier eine längerfristige und datenschutzgerechte Aufbewahrung, die zumindest den Zeitraum umfasst, in dem die Einwilligung genutzt wird. Alternativ kann die Erklärung auch digitalisiert aufbewahrt werden. Hier ist allerdings sicherzustellen, dass eine gerichtsfeste Umwandlung der Dokumente erfolgt (insbesondere der Nachweis, dass diese nicht manipuliert wurden).

b) Mündliche Einwilligung

10.165 Mündliche Einwilligungen sind schriftlich zu bestätigen, § 28 Abs. 3a BDSG. Die Bestätigung ist entsprechend der postalischen Einwilligung aufzubewahren.[1]

---

1 Vgl. dazu auch die Entscheidung des OVG Berlin-Brandenburg v. 31.7.2015 – OVG 12 N 71.14, ZD 2016, 37, in der es die Nutzung privater Telefonnummern im Rahmen von Zufriedenheitsumfragen für die Einholung von mündlichen Einwilligungen durch ein Call-Center für unzulässig erklärt hat.

c) Elektronische Einwilligung

Kritischer ist der Nachweis im Rahmen der elektronischen Einwilligungserklärung: Die Umsetzung der formellen, unter Rz. 10.138 ff. aufgezeigten Anforderungen des § 13 TMG reichen nicht aus, um den entsprechenden Nachweis zu führen. Vielmehr muss sichergestellt werden, dass der Webseiten-Betreiber später nachweisen kann, dass genau dieser Empfänger der E-Mail-Werbung auch seine Einwilligung erteilt hat, um das Risiko von Manipulationen im anonymen Online-Bereich zu minimieren.   **10.166**

In Betracht kommen dabei folgende Möglichkeiten: **10.167**

– Single Opt-In (der Nutzer willigt ein)

– Confirmed Opt-In (der Nutzer willigt ein und erhält eine Bestätigungs-E-Mail seiner Anmeldung)

– Double-Opt-In (der Nutzer willigt ein, erhält eine Bestätigungs-E-Mail seiner Anmeldung und muss noch einmal seine Einwilligung bestätigen)

Sowohl die Datenschutzaufsichtsbehörden als auch die Rechtsprechung verlangen den **Double-Opt-In**, da nur so sichergestellt ist, dass der bestätigende Empfänger die Werbung auch tatsächlich erhalten möchte.[1] So reicht bspw. die Bestätigungs-E-Mail (Confirmed Opt-In) nicht aus, um eine Beweiserleichterung zugunsten des Webseiten-Betreibers dergestalt zu schaffen, dass der Empfänger tatsächlich Werbung erhalten wollte. Bestätigt dieser jedoch im Rahmen des Double-Opt-In seine Einwilligung, tritt die gewünschte Beweiserleichterung ein: Der Nutzer muss dann nachweisen, dass er die Bestätigung nicht abgegeben hat.[2]   **10.168**

➲ **Praxistipp:** Der Bestätigungs-E-Mail sollte ein kurzer Hinweis vorgeschaltet sein, dass diese gleich versendet wird. Die Bestätigungs-E-Mail darf keine Werbung enthalten, da sie sonst als Spam gilt.[3] Sie sollte schlicht gestaltet sein. Daneben sollte diese den Wortlaut der Einwilligung wiederholen. So ist sichergestellt, dass der Nutzer den Text nachweisbar erhalten hat, ausdrucken und speichern kann. Als Formulierungen kommen in Betracht: **10.169**

M 22 Bestätigungs-E-Mail für Newsletter (Anmeldung)   **10.170**

1. Anmeldung

„Sehr geehrter Nutzer,

vielen Dank, dass Sie unseren Newsletter beziehen möchten. Um Ihre Privatsphäre zu schützen, senden wir Ihnen zunächst eine kurze Bestätigung Ihrer Anmeldung an die von Ihnen angegebene E-Mail-Adresse. Die E-Mail enthält einen Link, den Sie bitte zur Bestätigung Ihrer Anmeldung anklicken."

---

1 Vgl. Aufsichtsbehörde für den Datenschutz im nicht öffentlichen Bereich in Hessen, 31. Tätigkeitsbericht, Landtags-Drucksache 16/1680 v. 11.12.2003, S. 32; LG Berlin v. 18.8.2009 – 15 S 8/09, K&R 2009, 823 (824); LG Essen v. 20.4.2009 – 4 O 368/08, GRUR-RR 2009, 353 (354); BGH v. 10.2.2011 – I ZR 164/09, MMR 2011, 662 = CR 2011, 581 = MDR 2011, 1060 = ITRB 2011, 222.
2 BGH v. 10.2.2011 – I ZR 164/09, MMR 2011, 662 = CR 2011, 581 = MDR 2011, 1060 = ITRB 2011, 222.
3 Vgl. OLG München v. 27.9.2012 – 29 U 1682/12, GRUR-RR 2013, 226 = CR 2013, 44 = ITRB 2013, 4; LG Berlin v. 18.8.2009 – 15 S 8/09, K&R 2009, 823 (824); LG Essen v. 20.4.2009 – 4 O 368/08, GRUR-RR 2009, 353 (354); aA OLG Celle v. 15.5.2014 – 13 U 15/14, GRUR-RS 2014, 10306 15/14.

10.171 **M 23 Bestätigungs-E-Mail für Newsletter (Bestätigung)**

2. Bestätigung

„Sehr geehrter Interessent,

vielen Dank für Ihre Anmeldung zu unserem monatlichen Newsletter „Recht und Ordnung". Zum Schutz Ihrer Privatsphäre bitten wir Sie, uns Ihre Anmeldung durch Anklicken des folgenden Links: ... kurz zu bestätigen.

Sofern Sie die E-Mail fälschlicherweise erhalten haben, bitten wir um kurze Information an: ... . Sie werden dann unverzüglich aus dem Verteiler gelöscht."

10.172 Gleiches gilt im Übrigen auch für Bestätigungs-E-Mails, die zu anderen Zwecken, wie zB zur Bestätigung eines erhaltenen Widerspruchs genutzt werden. Auch hier ist darauf zu achten, dass diese keine Werbung enthält, da sie in diesem Fall als rechtswidriger Eingriff in das Persönlichkeitsrecht des Angeschriebenen gilt.[1]

3. Dokumentation der Belehrung über das Widerrufs- bzw. Widerspruchsrecht

10.173 Auch hinsichtlich dieser Belehrungen trifft die Beweislast die verantwortliche Stelle. Im Webshop empfiehlt sich, die Belehrungen in die Datenschutz- bzw. Nutzungsbedingungen zu integrieren. Diese sollten ausdrücklich vom Nutzer akzeptiert und dieser Vorgang protokolliert werden. Die protokollierten Daten gelten als Nachweis der Belehrung. Im Offline-Bereich sollten entsprechende Datenschutzerklärungen in die vertraglichen Vereinbarungen, Allgemeine Geschäftsbedingungen etc. integriert werden.

4. Dokumentation des erfolgten Widerrufs bzw. Widerspruchs

10.174 Daneben ist sicherzustellen, dass Betroffene, die zB der Zusendung von weiteren Werbe-E-Mails widersprechen bzw. ihre Einwilligung widerrufen, auch keine mehr erhalten. Dazu ist organisatorisch sicherzustellen, dass die E-Mail-Adressen, Namen etc. entsprechend gekennzeichnet, für die Nutzung für Werbezwecke gesperrt und in einer „schwarzen Liste" vermerkt werden.

10.175 **Checkliste: Nachweisbarkeit**

– Wie und wo wird die Einwilligung eingeholt?

– Werden Einwilligungen korrekt dokumentiert?

– Ist die Bestätigungs-E-Mail werbefrei?

– Enthält diese den Wortlaut der Einwilligung und einen Hinweis auf das Widerspruchsrecht?

– Wird der Nutzer unter Angabe einer Kontaktadresse bei erster Erhebung seiner Daten und künftig bei Ansprache darüber belehrt, dass er der weiteren Zusendung von Werbe-E-Mails wiedersprechen bzw. seine Einwilligung widerrufen kann?

– Gibt es Prozesse, die sicherstellen, dass der Double Opt-In, Widersprüche bzw. Widerrufe kontrolliert, protokolliert und beachtet werden?

VI. Besonderheiten bei dem Einsatz von Web-Tools

1. Grundlagen

10.176 Als ein großer Vorteil des Online-Marketings wird seit jeher die Möglichkeit der Messbarkeit der online durchgeführten Aktionen angesehen. Das Ziel der Webpräsenz ist nicht

---

1 Vgl. BGH v. 15.12.2015 – VI ZR 134/15, NJW 2016, 870.

nur der Handel mit Produkten – auch wenn laut dem bevh 2015 inzwischen 90 % des Umsatzes im Interaktiven Handel (dh. Versandhandel und Onlinehandel) über das World-Wide-Web erwirtschaftet wurden[1] – sondern auch die Analyse der Vorlieben der Nutzer, die eine Webseite besuchen. So lässt sich ua. gezielt Werbung treiben, um den Absatz zu steigern und Nutzer – negativ ausgedrückt – zu manipulieren. Das prominenteste Analysetool ist wohl Google Analytics; als kostenfreie Software erfreut es sich auch in Deutschland seit mehreren Jahren größter Beliebtheit.

Mittels der Tools werden Daten betreffend die bevorzugten Webseiten, die Dauer des Besuchs, Datum und Uhrzeit, die angeklickten Produkte, aber auch die IP-Adresse (beispielsweise des Clients, dh. des Browsers des Nutzers), die geographische Herkunft des Nutzers, das verwendete Betriebssystem, den verwendeten Browser oder die Bildschirmauflösung erhoben. Regelmäßig lässt sich damit ein umfassendes Profil eines Nutzers und seines Verhaltens im World-Wide-Web erstellen.[2] **10.177**

2. Rechtsrahmen

Der Einsatz solcher Tools ist aufgrund der datenschutzrechtlichen Vorgaben in Deutschland nur begrenzt zulässig. Die Datenschutzaufsichtsbehörden ordnen die im Rahmen solcher Analysen erhobenen Daten, wie beispielsweise die **IP-Adressen**, als personenbezogene Daten ein.[3] Entsprechendes hat auch der EuGH 2011 für dynamische IP-Adressen bestätigt.[4] Begründet wird diese Auffassung ua. damit, dass der Webseite-Betreiber die IP-Adresse relativ einfach einem Nutzer zuordnen kann. Dies gilt insbesondere, wenn der Nutzer registriert und sein Name bekannt ist.[5] **10.178**

⮕ **Praxistipp:** Auch wenn der Personenbezug der IP-Adresse hoch umstritten ist, empfiehlt es sich zur Minimierung von Risiken der Auffassung der Datenschutzaufsichtsbehörden zu folgen, da letztendlich diese die Zulässigkeit der Datenverarbeitungsvorgänge prüfen.[6] **10.179**

Damit sind beim Einsatz dieser Tools die **Regelungen des TMG** (§ 15 TMG) hinsichtlich des Umgangs mit Nutzungsdaten beachtlich, vgl. dazu bereits vorne, Rz. 10.50 ff. Ob und **10.180**

---

1 Vgl. Pressemitteilung des bevh – der E-Commerce Verband, abrufbar unter: http://www.bevh.org/presse/pressemitteilungen/details/datum/2016/februar/artikel/interaktiver-handel-in-deutschland-2015-fast-jeder-achte-euro-wird-online-ausgegeben/.
2 Vgl. weiterführend *Schleipfer*, ZD 2015, 319.
3 Beschl. des Düsseldorfer Kreises v. 26./27.11.2009 in Stralsund betreffend „Datenschutzkonforme Ausgestaltung von Analyseverfahren zur Reichweitenmessung bei Internet-Angeboten", abrufbar bspw. unter: https://datenschutz-berlin.de/attachments/630/Duess_Kreis_Nov2009_Ausgestaltung_von_Analyseverfahren.pdf; LG Darmstadt v. 25.1.2006 – 25 S 118/05, MMR 2006, 330 = CR 2006, 249; AG Berlin Mitte v. 27.3.2007 – 5 C 314/06, CR 2008, 194 = ITRB 2008, 34; LG Berlin v. 6.9.2007 – 23 S 3/07, MMR 2007, 799; aA hinsichtlich der IP-Adresse als personenbezogenes Datum: AG München v. 30.9.2008 – 133 C 5677/08, MMR 2008, 860 = CR 2009, 59 = ITRB 2008, 244; OLG Hamburg v. 3.11.2010 – 5 W 126/10, MMR 2011, 281 = CR 2011, 126; *Meyerdierks*, MMR 2009, 8; statt vieler zum Meinungsstand: *Karg*, MMR-Aktuell 2011, 315811, *Krüger/Maucher*, MMR 2011, 433.
4 EuGH v. 24.11.2011 – Rs. C-70/10, BB 2011, 3009 = CR 2012, 33 = ITRB 2012, 26; s. dazu auch den Vorlagebeschluss des BGH zum EuGH hinsichtlich der Personenbeziehbarkeit von dynamischen IP-Adressen: BGH v. 28.10.2014 – VI ZR 135/13, GRUR 2015, 192 = MDR 2015, 26 = CR 2015, 109 = ITRB 2015, 55; der EUGH führt das Verfahren unter dem Aktenzeichen Rs. C-582/14; *Hawellek*, ZD-Aktuell 2011, 129.
5 S. dazu auch pro Personenbezug: *Pahlen-Brandt*, K&R 2008, 288 ff.; BGH v. 13.1.2011 – III ZR 146/10, MMR 2011, 345 f. m. Anm. *Karg* = CR 2011, 254 = MDR 2011, 343 = ITRB 2011, 122; *Breyer*, ZD 2014, 400 ff.; contra Personenbezug: *Eckhardt*, CR 2011, 339 ff.; *Meyerdierks*, MMR 2009, 8 ff.
6 Entsprechend fällt auch die Empfehlung des Bundesverband Digitale Wirtschaft BVDW e.V. aus; s. dazu das Whitepaper „Webanalyse und Datenschutz", abrufbar unter http://www.bvdw.org/presseserver/bvdw_webanalytics_whitepaper/bvdw_whitepaper_webanalyse_datenschutz.pdf.

in welchem Umfang die Erstellung von Nutzerprofilen auf Grundlage des TMG zulässig ist, richtet sich danach, ob die Profile anonym bzw. pseudonym erstellt werden oder ob die Profile einen Personenbezug aufweisen, indem sie beispielsweise die IP-Adresse des Nutzers beinhalten.

10.181 ➲ **Praxistipp:** § 15 TMG umfasst lediglich die Erstellung von Profilen der Nutzer, die sich konkret auf deren Verhalten bei dem Besuch der Webseite beziehen; davon zu unterscheiden sind Kennzahlen, die sich ausschließlich auf die Webseite beziehen und keinen Rückschluss auf die Nutzer zulassen (Webnutzungsanalysen). Insofern können auch Statistiken über die Anzahl der aufgerufenen Seiten oder die geographische Herkunft der Nutzer erstellt werden – solange diese keinerlei Daten über die Nutzer enthalten.

10.182 Hinsichtlich der Erlaubnistatbestände zum Einsatz solcher Tools in der **Datenschutz-Grundverordnung** s. bereits oben, Rz. 10.84, Rz. 10.86 ff. Da künftig nicht mehr zwischen dem Online- und dem Offline-Bereich unterschieden wird, gelten die Ausführungen insbesondere zu den Profilings entsprechend.

a) Anonyme Profile, Beispiel: Google Analytics

10.183 Anonymisieren bedeutet, dass personenbezogene Daten dergestalt verändert werden, dass die Einzelangaben über die persönlichen oder sachlichen Verhältnisse nicht mehr oder nur mit einem unverhältnismäßig großen Aufwand an Zeit, Kosten und Arbeitskraft einer bestimmten oder bestimmbaren natürlichen Person zugeordnet werden können, § 3 Abs. 6 BDSG. Werden Daten anonymisiert, findet das **Datenschutzrecht keine Anwendung**: Die Daten können daher an Dritte übermittelt, ausgewertet, gespeichert werden, ohne dass etwaige Restriktionen bestehen.

10.184 Viele Analysetools bieten die Möglichkeit, Nutzungsprofile anonym zu erstellen;[1] dazu zählt als bekanntestes Tool **Google Analytics**. Nach langwierigen Auseinandersetzungen mit den deutschen Datenschutzaufsichtsbehörden um die Zulässigkeit des Tools,[2] hat sich Google in Abstimmung mit dem Hamburgischen Datenschutzbeauftragten für Datenschutz und Informationssicherheit entschieden, die IP-Adressen der Nutzer zu anonymisieren, um den Webseiten-Betreibern eine datenschutzkonforme Nutzung des Tools zu ermöglichen. Um dem Datenschutz gerecht zu werden, wurden daneben die nachfolgenden Voraussetzungen[3] vereinbart, die bei Einsatz des Tools von dem Webseiten-Betreiber zu beachten sind:[4]

---

1 Vgl. bspw. die Empfehlungen des Unabhängigen Landeszentrum für Datenschutz, abrufbar unter: https://www.datenschutzzentrum.de/tracking/piwik/; inzwischen sind auch Tools als datenschutzkonform von dem Unabhängigen Landeszentrum für Datenschutz zertifiziert worden; s. dazu die Hinweise unter: https://www.datenschutzzentrum.de/tracking; daneben wurde auch z.B. Adobe Analytics die Datenschutzkonformität von dem LDA Bayern bestätigt: http://www.lda.bayern.de/onlinepruefung/adobeanalytics.html.

2 Vgl. den Beschl. des Düsseldorfer Kreises von Stralsund v. 26./27.11.2009, betreffend „Datenschutzkonforme Ausgestaltung von Analyseverfahren zur Reichweitenmessung bei Internet-Angeboten", abrufbar bspw. unter: https://datenschutz-berlin.de/attachments/630/Duess_Kreis_Nov2009_Ausgestaltung_von_Analyseverfahren.pdf; dazu auch ausführlich: Informationen des Unabhängigen Landeszentrum für Datenschutz, abrufbar unter https://www.datenschutzzentrum.de/tracking, insbesondere: https://www.datenschutzzentrum.de/tracking/20090123_GA_stellungnahme.pdf, s. auch Bauer, Datenschutzpraxis 6/2009, 6.

3 Vgl. die unter „https://www.datenschutz-hamburg.de/uploads/media/GoogleAnalytics_Hinweise_fuer_Webseitenbetreiber_in_Hamburg.pdf" abrufbaren Hinweise des Hamburgischen Datenschutzbeauftragten für Datenschutz und Informationssicherheit.

4 Vgl. zu den für Webseiten-Betreiber resultierenden Risiken: *Bauer*, Datenschutzpraxis 12/2011, 1.

– Abschluss eines Auftragsdatenverarbeitungsvertrags mit Google;[1]

– Hinweis sowohl auf die Nutzung des Tools als auch auf die bestehenden Widerspruchsmöglichkeiten gegen die Erfassung der Daten in der auf der Website abrufbaren Datenschutzerklärung des Webseiten-Betreibers; empfehlenswert sei ein Link auf die Seite http://tools.google.com/dlpage/gaoptout?hl=de;

– Verwendung des von Google zur Verfügung gestellten Anonymizers[2] und

– Löschung eventuell vorhandener Altdaten (dh. von Daten, die nicht unter Beachtung dieser Vorgaben erhoben wurden).

⭢ **Praxistipp:** Selbst wenn die Erhebung anonym erfolgt, empfiehlt sich unbedingte Transparenz und eine detaillierte Erläuterung der Prozesse. In der Praxis hat sich auch in diesen Fällen durchgesetzt, dass der Nutzer selbst der anonymen Nutzung widersprechen kann und entsprechend über sein Widerspruchsrecht belehrt wird.　　　　10.185

Bemerkenswert ist im Übrigen hinsichtlich Google Analytics Folgendes: Der Analyseanbieter (hier Google Deutschland), der die Daten erhält und ggf. auswertet, wird nach Auffassung der an obiger Lösung Beteiligten als **Auftragsdatenverarbeiter gemäß § 11 BDSG** tätig. Damit muss er ua. die Weisungen des Webseiten-Betreibers befolgen, unterliegt dessen Kontrolle und bleibt auch für dessen Tun gegenüber den Nutzern und Datenschutzaufsichtsbehörden verantwortlich.[3] In der Praxis wird üblicherweise der von Google Inc. zur Verfügung gestellte Auftragsdatenverarbeitungsvertrag abgeschlossen; eine Kontrolle etc. von Google findet allerdings nicht statt.[4] Vorteil dieser Lösung ist allerdings, dass die Übermittlung – außer dem entsprechenden Vertrag – keiner gesonderten Rechtsgrundlage bedarf. Im Fall einer Auftragsdatenverarbeitung liegt nämlich keine Übermittlung im datenschutzrechtlichen Sinn vor; der Auftragnehmer gilt als Teil des „Lagers" des Auftraggebers. Da das Vorgehen und auch der Auftragsdatenverarbeitungsvertrag letztlich mit der Datenschutzaufsichtsbehörde abgestimmt wurden, ist kaum zu erwarten, dass eine Aufsichtsbehörde gegen Unternehmen, die den Vertrag abgeschlossen haben, vorgeht. Die Behörden prüfen allerdings, ob bei einem Einsatz des Tools die erforderlichen Belehrungen transparent auf den Webseiten eingebunden sind. Dies gilt im Übrigen auch für die Tools anderer Anbieter wie etracker oder Adobe Analytics entsprechend. Anbieter tun daher gut daran, umfassende Belehrungen auf ihren Webseiten aufzunehmen.　　　　10.186

Alternativ ist die Übermittlung auch an Dritte zulässig, wenn die **Daten anonymisiert verarbeitet** werden: Da anonymisierte Daten nicht mehr unter den Anwendungsbereich der Datenschutzgesetze fallen, greifen die Vorgaben des § 15 TMG nicht mehr. Eine Übermittlung ohne Anonymisierung ist indes kritisch, da diese Weitergabe nicht von den Vorgaben des TMG gedeckt ist; sie ist weder für die Nutzung noch für die Abrechnung des Dienstes erforderlich, s. dazu bereits Rz. 10.61 ff. Es müsste daher de facto vor Beginn der Nutzung eine Einwilligung in die Übermittlung eingeholt werden.　　　　10.187

---

1 Abrufbar unter: http://static.googleusercontent.com/media/www.google.de/de/de/analytics/terms/de.pdf

2 S. dazu: http://code.google.com/intl/de/apis/analytics/docs/gaJS/gaJSApi_gat.html#_gat._anonymizIp.

3 Vgl. ausführlich zu den durchaus strengen Voraussetzungen einer Auftragsdatenverarbeitung statt vieler: *Gola/Schomerus*, § 11 BDSG oder Simitis/*Petri*, § 11 BDSG, jeweils mwN.

4 Der Muster-Auftragsdatenverarbeitungsvertrag, der mit Google abzuschließen ist, sieht insofern Weisungen vor, die sich konkludent aus dem Handeln des Webseite-Betreibers ergeben; wird bspw. der Anonymizer installiert, gilt dies als Weisung das „letzte Oktett der IP-Adressen" zu löschen. Die Löschung seines Accounts durch den Website-Betreiber – dessen vorherige Anlage Voraussetzung für die Nutzung des Tools ist – bedeutet die Weisung, eventuell vorhandene Kundendaten zu löschen.

10.188 **Praxistipp:** Vorsicht ist im Übrigen bei dem Einsatz von Analysetools geboten, deren Anbieter im **außereuropäischen Ausland** sitzt: Die Übermittlung von Daten an Anbieter, die in Ländern ihren Sitz haben, die kein Datenschutzniveau aufweisen, das im Vergleich mit dem EU-Datenschutzrecht angemessen ist, unterliegt weiteren Voraussetzungen. Sie kann insbesondere nicht allein durch einen Auftragsdatenverarbeitungsvertrag gemäß § 11 BDSG legitimiert werden, sondern es bedarf einer weiteren Rechtsgrundlage, die die Übermittlung in diese so genannten unsicheren Drittstaaten rechtfertigt. Hier kommt zB der Abschluss der so genannten Standardvertragsklauseln in Betracht, die die Europäische Kommission erlassen hat und die unverändert zwischen dem Datenexporteur und dem Datenimporteur abzuschließen sind.[1]

Zurzeit wird hoch kontrovers diskutiert, ob der Transfer von Daten in diese unsicheren Drittstaaten zulässig ist. Hier wird angeführt, dass der Datenexporteur keine Kontrolle über den Umgang mit seinen Daten in dem unsicheren Drittstaat habe und die Rechte der europäischen Bürger nur unzureichend geschützt seien. Die Diskussion ergab sich aus den Enthüllungen über die Aktivitäten insbesondere der US-Geheimdienste. Der EuGH hat in diesem Zusammenhang im Oktober 2015 das so genannte **Safe-Harbor-Programm**, das bis dato als Rechtsgrundlage für den Transfer von Daten in die USA anerkannt war, für unzulässig erklärt. Hat sich ein Unternehmen mit Sitz in den USA nach diesem Programm zertifiziert, galt dies als Rechtsgrundlage für die Übermittlung der Daten an dieses Unternehmen. Auch Anbieter wie Google Inc. oder Facebook haben unter diesem Programm Daten in die USA transferiert. Nach dem EuGH-Urteil ist der Transfer allein auf Safe-Harbor ungültig. Die EU-Kommission erarbeitet zurzeit ein **„Privacy Shield"**, das als Nachfolger von Safe-Harbor dienen soll. Die Datenschutzaufsichtsbehörden sehen die Bemühungen bislang eher kritisch und behalten sich eine Prüfung der gesamten Rechtsgrundlagen für den Transfer von Daten in unsichere Drittstaaten vor. Eine solche finale Prüfung soll im Sommer 2016 erfolgen. Hier sollte unbedingt die aktuelle Entwicklung verfolgt werden.[2]

Alternativ kann der Webshop-Betreiber selbst die Daten speichern, das Analysetool hosten und die anonyme Auswertung durchführen. Voraussetzung ist dann in der Regel der Kauf einer entsprechenden Software. Eine ggf. zu rechtfertigende Übermittlung von Daten findet in diesen Fällen nicht statt, so dass die daraus resultierenden Risiken erheblich minimiert werden und der Kauf eine Überlegung wert ist.

b) Pseudonymisierte Nutzungsprofile

aa) Allgemeine Voraussetzungen

10.189 § 15 Abs. 3 TMG erlaubt die Erstellung von Nutzungsprofilen für folgende **Zwecke**:

– zur bedarfsgerechten Gestaltung eines Online-Angebots,

– zur Marktforschung,

– zu Werbezwecken.

---

1 Vgl. dazu: *Bauer*, ZRFC 1/16, S. 21 ff.
2 S. dazu: EuGH (Große Kammer) v. 6.10.2015 – Rs. C-362/14 (Schrems, M./Data ProtectionCommissioner), EUZW 2015, 881 ff. = CR 2015, 633; und ausführlich: *Bauer*, ZRFC 1/16, S. 21 ff. sowie die Ausführungen zum Nachfolgeprogramm „Data Privacy Shield", abrufbar unter: http://europa.eu/rapid/press-release_IP-16-216_de.htm (Stand: 29.2.2016); Pressemitteilung der EU: http://europa.eu/rapid/press-release_IP-16-433_de.htm (Stand: 1.3.2016), Memo: http://europa.eu/rapid/press-release_MEMO-16-434_en.htm (Stand: 1.3.2016), Factsheet: http://ec.europa.eu/justice/data-protection/files/factsheets/factsheet_eu-us_privacy_shield_en.pdf (Stand: 1.3.2016) und die unter: http://europa.eu/rapid/press-release_IP-16-433_en.htm?locale=en abrufbaren Dokumente Annex 1–7 (Stand: 1.3.2016).

Voraussetzung ist weiterhin, dass 10.190

- die Analyse unter einem **Pseudonym** erfolgt,[1]

- sichergestellt ist, dass das Pseudonym **nicht** mit wieder mit den Daten des Nutzers **zusammengeführt** wird,

- der Nutzer vorab über sein **Widerspruchsrecht** gegen die Erstellung des Profils informiert wird („**Opt-Out**") und

- **kein Widerspruch** vorliegt.

Werden diese Voraussetzungen nicht erfüllt oder sollen die Daten für andere Zwecke erhoben werden, ist die **explizite vorherige Einwilligung** des Nutzers in die Erstellung eines personenbezogenen Nutzungsprofils erforderlich, s. dazu Rz. 10.57. 10.191

Die **Datenschutz-Grundverordnung** sieht keine ausdrücklichen Regelungen zum Umgang 10.192 mit pseudonymisierten Nutzerprofilen vor. Insofern wird – sofern § 15 TMG nach Umsetzung der Datenschutz-Grundverordnung keine Anwendung mehr finden wird, wovon auszugehen ist – der Umgang mit diesen Profilen an den allgemeinen Erlaubnistatbeständen der Datenschutz-Grundverordnung zu messen sein, insbesondere Art. 6 (s. dazu bereits oben, Rz. 10.82 ff.). Im Ergebnis wird es damit auf eine Interessenabwägung zwischen den berechtigten Interessen des Unternehmens bzw. des Dritten, für den die Daten genutzt werden, und den schutzwürdigen Interessen des Betroffenen bzw. des Nutzers nach Art. 6 Abs. 1 lit. f Datenschutz-Grundverordnung hinauslaufen. Danach wird jeweils zu bestimmen sein wird, ob die Nutzung der Daten zulässig ist oder nicht.

Art. 21 Abs. 1 Datenschutz-Grundverordnung sieht im Übrigen vor, dass gegen eine Nut- 10.193 zung von Daten, die auf Art. 6 Abs. 1 lit. f Datenschutz-Grundverordnung gestützt wird, jederzeit aus Gründen, die sich aus der besonderen Situation der Person ergeben, Widerspruch eingelegt werden kann. Dies gilt insbesondere, wenn eine Nutzung für Profilingzwecke erfolgt. Welche besonderen Gründe für den Widerspruch vorliegen müssen, ergibt sich allerdings nicht aus der Verordnung. Wird das Profiling im Zusammenhang mit Direktmarketing durchgeführt, ist nach Art. 21 Abs. 2 Datenschutz-Grundverordnung jederzeit ein Widerspruch möglich.

Nach Art. 13 Abs. 2 Ziffer b Datenschutz-Grundverordnung muss zudem über das Recht 10.194 zum Widerspruch bei Erhebung der Daten informiert werden sowie die berechtigten Interessen des Unternehmen bzw. des Dritten. Im Ergebnis wird auch künftig die Erstellung von Profilen nicht ohne Weiteres zulässig sein.

bb) Einsatz von Cookies

Das Nutzerprofil selbst wird von Webanalyse-Anbietern bzw. Unternehmen häufig mit- 10.195 tels eines **Cookies**, über den der Nutzer wiedererkannt wird, angelegt. Cookies sind kleine Dateien, die einem Nutzer eine ID zuordnen, über die er identifiziert wird. Cookies sind daher Pseudonyme iSd. § 15 TMG.

➲ **Praxistipp:** Es ist sicherzustellen, dass der Nutzer ordnungsgemäß über sein Wider- 10.196 spruchsrecht gegen die Nutzung seiner Daten zur Erstellung von Profilen belehrt wird. Dazu zählt auch, welche Cookies für welchen Zweck eingesetzt werden. Die Belehrung ist in die Datenschutzerklärung zu integrieren (s. dazu unter Rz. 10.26 ff.). Eine Formulierung, die sich auf die bedarfsgerechte Gestaltung des Angebots bezieht, könnte wie folgt lauten:

---

1 Ausführlich zu den technischen Voraussetzungen der Pseudonymisierung von Nutzungsprofilen und den datenschutzrechtlichen Konsequenzen: *Schleipfer*, RDV 4/2008, 143.

„Wir möchten unser Angebot für Sie optimieren. Daher zeigen wir Ihnen bei Ihrem Besuch unseres Shops Ihre persönlichen Empfehlungen an. Diese basieren auf den Produkten, die Sie schon einmal in unserem Shop angeschaut, gesucht oder gekauft haben. Wir speichern diese „Informationen" in einem sogenannten Cookie. Dabei handelt es sich um eine kleine Textdatei, die lokal im Zwischenspeicher Ihres Internet-Browsers gespeichert werden. Die Cookies ermöglichen die Wiedererkennung Ihres Browsers. Diese Daten werden von uns nicht mit Ihren weiteren persönlichen Daten, die Sie uns im Rahmen Ihrer Registrierung für den Shop mitgeteilt haben, wie zB Name, Geburtsdatum und Adresse, zusammengeführt.

Wenn Sie nicht möchten, dass wir Ihre bisher gesehenen Produkte wie oben beschrieben speichern, können Sie unter unsubscribe@xyz.com widersprechen. Bitte beachten Sie, dass Sie dann keine auf Sie zugeschnittenen Produktempfehlungen mehr erhalten."

Daneben sind organisatorische bzw. technische Maßnahmen zu treffen, die sicherstellen, dass die gewonnenen statistischen Daten keinesfalls mit den Daten zusammengeführt werden, die einen Rückschluss auf den Nutzer zulassen („Re-Pseudonymisierung") und eingelegte Widersprüche des Nutzers beachtet werden. Nicht ausreichend ist es im Übrigen, den Nutzer auf die Möglichkeit hinzuweisen, wie er die Cookies clientseitig deaktivieren kann (beispielsweise über spezielle Einstellungen seines Browsers). Die Datenschutzaufsichtsbehörden verlangen hier, dass eine konkrete Widerspruchsmöglichkeit besteht, die aktiv durch den Webseiten-Betreibers durchgeführt wird.[1] Als Alternative bieten Analyseanbieter in der Zwischenzeit Verfahren an, die die Abschaltung des Trackings direkt über einen Link oder ein direktes Opt-Out ermöglichen. Beides sollte in der Datenschutzerklärung zur Verfügung gestellt werden.[2]

10.197 Das EU-Parlament hat im Übrigen die Datenschutzrichtlinie für elektronische Kommunikation (2002/58/EG) durch die so genannte **„Cookie-Richtlinie"** (2009/136/EG) abgeändert. Ziel der Richtlinie ist es, mehr Transparenz und Sicherheit für Verbraucher herzustellen, indem diese über den Einsatz und die Nutzung von Cookies genauer informiert werden.

10.198 Die Cookie-Richtlinie hätte bereits bis zum 25.5.2011 in nationales deutsches Recht umgesetzt werden müssen. Allerdings ist die korrekte Umsetzung der Vorgaben strittig (insbesondere ob Cookies als personenbezogene Daten iSd. § 15 TMG gelten sollen oder nicht) und wird seit mehreren Jahren kontrovers diskutiert.[3]

10.199 Im äußersten Fall müssten Webseiten-Betreiber vor dem Einsatz von Cookies eine informierte Einwilligung einholen und ihre Webseiten entsprechend ausgestalten. In Betracht käme bspw. ein Pop-Up-Fenster, das bei dem Aufruf der Webseite erscheint, den Nutzer über den Einsatz von Cookies informiert und eine entsprechende Einwilligung abverlangt. Willigt der Nutzer nicht ein, muss er die Webseite verlassen. Die Rechtsprechung hat in diesen Zusammenhang allerdings anerkannt, dass ein Opt-Out ausreichen soll. Weder das Telemediengesetz noch Art. 5 III der RL 2002/58/EG, der durch die Cookie-Richtlinie neu gefasst wurde, verlange ein ausdrückliches Opt-In. Es sei lediglich eine deutliche und transparente Information über den Einsatz der Cookies zu fordern.[4]

---

1 Vgl. die entsprechende Stellungnahme des Unabhängigen Landeszentrum für Datenschutz, abrufbar unter https://www.datenschutzzentrum.de/tracking/20090123_GA_stellungnahme.pdf.
2 Vgl. bspw. das Unternehmen etracker, das diese Möglichkeit vorsieht, abrufbar unter www.etracker. com/de/privacy.html, oder auch das Unternehmen nugg.ad, das dem Nutzer die Auswahl zum Opt-Out über Checkboxen ermöglicht: http://www.nugg.ad/de/unternehmen/datenschutz.
3 Vgl. zum aktuellen Stand: *Rauer/Ettig*, ZD 2015, 255 mwN.
4 Vgl. OLG Frankfurt v. 17.12.2015 – 6 U 30/15; GRUR-Prax 2016, 66 = CR 2016, 256.

Der deutsche Gesetzgeber hat sich aufgrund der unklaren Rechtslage bislang entschlossen, das Ergebnis der Diskussionen vor einer Entscheidung über weitergehenden gesetzgeberischen Handlungsbedarf abzuwarten. Der letzte diesbezügliche Gesetzentwurf (BT-Drucks. 17/8454) wurde am 29.2.2012 von dem Ausschuss für Wirtschaft und Technologie des Deutschen Bundestages abgelehnt. Auch das von der europäischen Artikel-29-Datenschutzgruppe im Juni 2012 veröffentlichte Dokument, in dem Auslegungshilfen vorgesehen sind, konnte diesbezüglich bislang keine Klärung bringen.[1] Die deutschen Datenschutzaufsichtsbehörden haben die Bundesregierung im Februar 2015 deutlich aufgefordert, die Rechtslage klar zu regeln. Bislang ist allerdings diesbezüglich nichts passiert.[2]

10.200

⟳ **Praxistipp:** Ob die Cookie-Richtlinie ggf. auch von der Datenschutz-Grundverordnung abgelöst wird, ist bislang noch offen. Es empfiehlt sich jedenfalls, die weitere Entwicklung zu beobachten, da möglicherweise in die ein oder andere Richtung kurzfristiger Handlungsbedarf entstehen kann.

10.201

c) Personifizierte Nutzungsprofile

Sollen neben der rein statistischen Auswertung personenbezogene Nutzerprofile erstellt werden, ist dies nur mit der **ausdrücklichen, vorherigen Einwilligung** des Nutzers möglich. Das hier anwendbare TMG sieht – außer der Einwilligung – keine gesetzliche Erlaubnis der Erstellung solcher Profile vor.

10.202

Personenbezogen ist das Profil immer dann, wenn die ermittelten Daten beispielsweise mit der E-Mail-Adresse des Nutzers verknüpft werden sollen. Daneben ist erforderlich, dass das **Verhalten** des Nutzers für Zwecke der Profilbildung ausgewertet wird. Daher ist das Erheben von Informationen, ob und wann ein Nutzer eine E-Mail geöffnet hat oder was er wann angeklickt hat, an seine Einwilligung gebunden (sofern diese Information mit seinen persönlichen Daten verknüpft werden). Erstellt der Webseiten-Betreiber dagegen lediglich eine Liste, wann er dem Nutzer einen Newsletter geschickt hat, hat dies nichts mit dem Verhalten oder einer Profilbildung zu tun und ist zulässig.

10.203

⟳ **Praxistipp:** Die Einwilligung in die Profilbildung sollte separat von anderen Einwilligungen und zumindest im Opt-In-Verfahren eingeholt werden. Eine vorangeklickte Checkbox begegnet rechtlichen Bedenken, da eine ausdrückliche Zustimmung erfolgen sollte. Empfehlenswert ist auch ein Hinweis auf die Datenschutzbedingungen, da diese weitere Informationen über die Profile enthalten sollen/müssen.

10.204

Risiken können sich ergeben, wenn die Daten bereits bei Aufruf der Webseite erhoben werden: Die Einwilligung kann dann nicht rechtzeitig erteilt werden. Will der Anbieter nicht darauf verzichten, muss er ggf. ein Pop-Up-Fenster installieren, das bei dem Aufruf der Webseite erscheint, den Nutzer über die Erstellung personifizierter Nutzungsprofile informiert und eine entsprechende Einwilligung abverlangt. Nutzer, die nicht einwilligen, müssen dann die Webseite verlassen. Alternativ ist technisch sicherzustellen, dass keine Profile für diese Nutzer gebildet werden. Ob dieses Vorgehen aus Marketinggesichtspunkten akzeptabel ist, sei hier dahingestellt.

10.205

---

1 Vgl. den Beschl. der Artikel-29-Datenschutzgruppe, abrufbar unter http://ec.europa.eu/justice/data-protection/article-29/documentation/opinion-recommendation/files/2012/wp194_en.pdf sowie deren Stellungnahme, abrufbar unter: http://ec.europa.eu/justice/data-protection/article-29/press-material/press-release/art29_press_material/20150217__wp29_press_release_on_cookie_sweep_.pdf.
2 Vgl. die Umlaufentschließung der Datenschutzbeauftragten des Bundes und der Länder v. 5.2.2015, mit der sie die Umsetzung anmahnten, abrufbar unter: http://www.bfdi.bund.de/SharedDocs/ Publikationen/Entschliessungssammlung/DSBundLaender/Entschliessung_Cookies.pdf?__blob= publicationFile&v=9.

10.206 Die **Datenschutz-Grundverordnung** sieht in Art. 22 eine konkrete Regelung zum Umgang mit automatisiertem Profiling vor. Automatisiert ist ein Profiling immer dann, wenn kein Mensch die Sachlage beurteilt, sondern zB aufgrund bestimmter Parameter, die in einem Online-Registrierungsformular eingegeben werden, eine automatisierte Entscheidung getroffen wird (zB die Ablehnung eines Kreditantrages). In Erwägungsgrund 71 wird dazu ausgeführt, dass automatisiertes Profiling nur in engen Grenzen zulässig ist und dabei die schutzwürdigen Interessen der jeweils Betroffenen durch Umsetzung angemessener Garantien (wie dem Recht zur Anfechtung des Ergebnisses) ausdrücklich zu berücksichtigen sind.

10.207 Ein solches Profiling ist insbesondere nur dann erlaubt, wenn es für den Abschluss oder die Erfüllung eines Vertrages zwischen dem Unternehmen und der Person erforderlich ist (also zB zur Analyse des Zahlungsverhaltens), eine nationale Vorschrift das Profiling erlaubt oder eine ausdrückliche Einwilligung des Betroffenen vorliegt. Der Betroffene hat zudem das Recht, die Überprüfung der Entscheidung durch eine natürliche Person zu verlangen. Besondere personenbezogene Daten (zB Gesundheitsdaten, Religion, Rasse oder Geschlecht) dürfen grundsätzlich für Marketingzwecke nicht in das Profiling mit einfließen. Zudem bestehen umfassende Informations- und Widerspruchsrechte, über die zu belehren ist, und es ist eine Vorabprüfung der Risiken (Folgenabschätzung) durchzuführen (s. dazu auch Rz. 10.86 ff.).

10.208 Wird das Profiling nicht automatisiert durchgeführt, ist es an Art. 6 Abs. 1 lit. f Datenschutz-Grundverordnung zu messen (s. dazu und zu den weiteren Voraussetzungen bereits oben Rz. 10.84 ff.). Hier ist eine Interessenabwägung zwischen den berechtigten Interessen des Unternehmens bzw. des Dritten, für den die Daten genutzt werden, und den schutzwürdigen Interessen des Betroffenen bzw. des Nutzers durchzuführen.

10.209 **Checkliste**

- Enthält die Datenschutzerklärung leicht verständliche Erläuterungen über die eingesetzten Tools, erstellten Profile, genutzten Cookies etc.?
- Werden die Nutzer über ihr Recht auf Widerspruch belehrt?
- Wird der Widerspruch dokumentiert und umgesetzt?
- Sofern die Daten pseudonymisiert erhoben werden: Erfolgt keine Verknüpfung mit personenbezogenen Daten?
- Wird eine gesonderte Einwilligung in die Erstellung von personalisierten Profilen eingeholt?
- Sind die mit dem Analyseanbieter erforderlichen Verträge (bspw. Auftragsdatenverarbeitungsvertrag) geschlossen?

d) Sonderfall Social Media

10.210 Immer mehr Webseite-Betreiber setzen den „**Gefällt-mir-Button**" von Facebook oder den „**1+-Button**" von Google aus Marketinggründen ein und nutzen das Potential des Web 2.0 für ihre Zwecke. Nutzer können diese Buttons anklicken und damit zum Ausdruck bringen, dass ihnen die Webseite, der Inhalt etc. gefällt; neben erhöhtem Traffic führt dies zu einem positiven Image und liefert Erkenntnisse über die eigenen Nutzer.

10.211 Datenschutzrechtlich bergen diese Tools allerdings erheblichen Sprengstoff: Einfach gesagt werden Daten an Facebook oder auch Google übermittelt, ohne dass der Nutzer dem widersprechen oder dies irgendwie verhindern könnte.[1] Dies gilt insbesondere, wenn der

---

1 S. ausführlich zu den Bedenken der Datenschutzaufsichtsbehörden: https://www.datenschutzzentrum. de/facebook/ oder auch: https://www.datenschutz-hamburg.de/ihr-recht-auf-datenschutz/internet/ facebook.html; zudem hat auch das Bundeskartellamt ein Verfahren gegen Facebook wegen daten-

Nutzer bei Facebook zeitgleich eingeloggt ist, wohl aber auch bei Nutzern, die keinen Account haben bzw. ausgeloggt sind. Das bloße Ansehen der Website löst die entsprechende Datenübertragung aus und ermöglicht es Facebook, jedwedes Surfverhalten der Nutzer einer Webseite, die den Button enthält, von Facebook aufzuzeichnen. Damit einhergehend kann auch eine Verknüpfung des Surfverhaltens von Nutzern außerhalb der besuchten Website erfolgen. In der Regel handelt es sich um die URL der Seite sowie die Angabe, ob dem Nutzer die Website gefällt oder nicht.

Bei fehlender Belehrung liegt – sofern davon ausgegangen wird, dass deutsches Datenschutzrecht für diese Anbieter gilt – ein Verstoß gegen § 15 TMG vor. Daneben werden nicht nur im Fall von Facebook die mangelnde Transparenz des Umgangs mit den Daten und die Übermittlung der Daten in die USA – also in ein Land, das kein dem EU-Standard vergleichbares Datenschutzniveau aufweist und das ua. stetig aufgrund des unkontrollierbaren Zugriffs durch staatliche Behörden auf Daten europäischer Bürger in den Schlagzeilen steht[1] – ohne entsprechende Rechtsgrundlage kritisiert (s. dazu auch oben Rz. 10.188).[2] **10.212**

Die Rechtsprechung ist dieser Auffassung gefolgt und hat insbesondere den Einsatz des Social-PlugIns von Facebook, des Like-Buttons, für unzulässig erklärt[3]. Nur dann, wenn der Nutzer vorab transparent und umfassend über die Nutzung seiner Daten informiert wird und frei entscheiden kann, ob seine Daten zB an Facebook übermittelt werden, ist der Einsatz von PlugIns zurzeit zulässig. **10.213**

➲ **Praxistipp:** Soll aus Marketinggesichtspunkten nicht auf den Einsatz der Tools verzichtet werden, muss jedenfalls in der Datenschutzerklärung ausführlich über den Einsatz belehrt und ein entsprechendes Widerspruchsrecht vorgesehen werden.[4] Empfehlenswert ist auch, eine 2-Klick-Variante vorzusehen: Der Button ist bei Aufruf einer Seite zunächst deaktiviert und es wird erst dann eine Verbindung zu Facebook hergestellt, wenn der Button angeklickt wird. Mittlerweile sind zudem 1-Klick-Varianten im Angebot, die entsprechende Features liefern.[5] **10.214**

---

schutzrechtlicher Bedenken eingeleitet, vgl. die Pressemitteilung des Kartellamts, abrufbar unter: http://www.bundeskartellamt.de/SharedDocs/Meldung/DE/Pressemitteilungen/2016/02_03_2016_ Facebook.html.

1 Dies hat letztlich dazu geführt, dass der Europäische Gerichtshof das so genannte Safe-Harbor Programm, auf dessen Grundlage Daten an amerikanische Unternehmen, die sich unter dem Programm zertifiziert haben, als unzulässig erklärt hat, s. dazu EuGH (Große Kammer) v. 6.10.2015 – Rs. C-362/ 14 (Schrems, M./Data ProtectionCommissioner), EUZW 2015, 881 ff. = CR 2015, 633; s. dazu ausführlich: *Bauer*, ZRFC 1/16, S. 21 ff. sowie die Ausführungen zum Nachfolgeprogramm „Data Privacy Shield", abrufbar unter: http://europa.eu/rapid/press-release_IP-16-216_de.htm (Stand: 29.2.2016); Pressemitteilung der EU: http://europa.eu/rapid/press-release_IP-16-433_de.htm (Stand: 1.3.2016), Memo: http://europa.eu/rapid/press-release_MEMO-16-434_en.htm (Stand: 1.3.2016), Factsheet: http://ec.europa.eu/justice/data-protection/files/factsheets/factsheet_eu-us_privacy_shield_en.pdf (Stand: 1.3.2016) und die unter: http://europa.eu/rapid/press-release_IP-16-433_en.htm?locale=en abrufbaren Dokumente Annex 1–7 (Stand: 1.3.2016).
2 S. dazu die Entschließung des Düsseldorfer Kreises v. 8.12.2011: https://www.datenschutzzentrum. de/internet/20111208-DK-B-Soziale-Netzwerke.html, ausführliche Informationen zum Streit zwischen den Datenschutzaufsichtsbehörden und Facebook, s.: https://www.datenschutzzentrum.de/ facebook/, statt vieler: *Voigt/Alich*, NJW 2011, 3541; *Ernst*; NJOZ 2010, 1917.
3 LG Düsseldorf v. 9.3.2016 – 12 O 151/15, GRUR-Prax 2016, 137 = CR 2016, 372.
4 Vgl. dazu auch die Entscheidung des KG Berlin v. 29.4.2011 – 5 W 88/11, NJW-RR 2011, 1264 = CR 2011, 468: Ein Unterlassen der Belehrung ist nicht wettbewerbswidrig, da § 13 TMG keine markschützende Norm nach UWG ist; vgl. dazu die Musterformulierungen von trustedshops, abrufbar unter: http://www.trustedshops.com/tsdocument/audit_sample_social_plugins_de.pdf.
5 Die 2-klick-Variante des Heise-Verlags ist abrufbar unter: http://www.heise.de/extras/socialsharepri vacy/; zudem bietet Heise jetzt auch eine 1-Klick-Variante „Shariff" an, die ebenfalls die Daten datenschutzkonform schützt; weitere Informationen sind abrufbar unter: „https://github.com/heiseonline/ shariff.

e) Sonderfall: Nutzung mobiler Apps

10.215 Mobile Apps, die über das Smartphone oder ähnliche Geräte abrufbar sind, werden immer mehr auch vom Handel genutzt, um Verbraucher zu erreichen (s. dazu im Einzelnen Rz. 5.14 ff. und Rz. 5.250 ff.). Im Prinzip gilt für mobile Apps das Gleiche wir für Webseiten: Sie müssen eine Datenschutzerklärung, ein Impressum etc. aufweisen. Es ist sicherzustellen, dass der Nutzer transparent und umfassend über den Umgang mit seinen Daten informiert wird. Hier sollte insbesondere darauf geachtet werden, transparent darüber zu informieren, wer welche Daten bei Herunterladen der App und wer welche Daten bei der Nutzung der App erhebt und verarbeitet. Die Datenschutzaufsichtsbehörden sehen dabei auch die Gerätekennziffer als personenbezogenes Datum an. Damit ist auch der transparente und datenschutzkonforme Umgang mit diesen Daten sicherzustellen.[1]

10.216 Bei einem Einsatz von Tracking-Tools, wie zB dem Advertising Identifiers ist zudem auf ein entsprechendes Widerspruchsrecht zu verweisen. Die Widerspruchsmöglichkeit gegen das Tracking ergibt sich zurzeit aus § 15 Abs. 3 TMG (bzw. später wohl aus Art. 21 Datenschutz-Grundverordnung). Nach Auffassung der Datenschutzaufsichtsbehörden ist es in diesem Zusammenhang ausreichend, dass der Nutzer auf die Möglichkeit der Abschaltung des Trackings in den System-Einstellungen zu verweisen. Damit wäre ausreichend über die Widerspruchsmöglichkeit informiert. Es sollte dabei allerdings konkret beschrieben werden, wie dieser Opt-out in den Einstellungen des Betriebssystems letztlich durchgeführt werden kann. Daneben ist die Möglichkeit des Widerspruchs per E-Mail/Post nach Auffassung der Datenschutzaufsichtsbehörden nicht ausreichend. Sie gehen in diesem Zusammenhang davon aus, dass die Zuordnung von Widerspruch und Nutzer aufgrund des Medienbruchs schwierig bzw. gar nicht umsetzbar ist. Anbieter der App sollten daher eine Widerspruchsmöglichkeit bereits in die Einstellungen der jeweiligen App integrieren.

VII. Fazit

10.217 Eine datenschutzkonform ausgestaltete Webseite, auf der der Nutzer transparent darüber informiert wird, was mit seinen Daten passiert und wie er ggf. von ihm unerwünschte Ansprache unterbinden kann, stärkt das Vertrauen der Nutzer und auch ihre Zufriedenheit mit dem Webshop. Auch wenn auf den ersten Blick die Anforderungen als sehr streng erscheinen, dienen sie doch im Ergebnis der Steigerung der Effizienz des Shops: Nur Marketingmaßnahmen, die auf einer guten und sicheren Datenbasis begründet und durchgeführt werden, führen im Ergebnis zu guter Performance. Dies gilt umso mehr, als gerade im Internet sehr schnell öffentlich darüber diskutiert wird, welcher Anbieter die Netiquette nicht beachtet oder ein schwarzes Schaf ist. Zudem haben die Verbraucherschützer durch die Änderungen im UKlaG heute wesentlich mehr Möglichkeiten gegen schwarze Schafe vorzugehen.

10.218 Hilfreich kann daher auch sein, seinen Webshop von einem seriösen Anbieter zertifizieren zu lassen und dem Nutzer damit das Gefühl zu vermitteln, das er bei dem Besuch der Webseite sicher ist und keinen Missbrauch seiner Daten befürchten muss. Die Nutzer werden es durch viele Klicks auf den – wenigstens mit der 2-Klick-Lösung ausgestatteten – „Gefällt-mir-Button" danken.

10.219 Zusätzlich sollten sich die Unternehmen auf die spätestens ab 2018 geltenden Anforderungen der Europäischen Datenschutz-Grundverordnung einstellen. Neben umfassenden Informations- und Dokumentationspflichten sind auch das Recht auf Datenübertragbarkeit,

---

1 S. dazu die „Orientierungshilfe zu den Datenschutzanforderungen an App-Entwickler und App-Anbieter v. 16.6.2014" der Datenschutzaufsichtsbehörden bzw. des Düsseldorfer Kreises, abrufbar unter: http://www.lda.bayern.de/lda/datenschutzaufsicht/lda_daten/Orientierungshilfe_Apps_2014.pdf.

das Recht auf Vergessenwerden oder die Folgenabschätzung bei kritischen Anwendungen Neuerungen, die im Unternehmen umzusetzen sind. Da mit der Einführung der Datenschutz-Grundverordnung auch die Strafen für Verstöße empfindlich erhöht werden (bis zu 20 Mio. Euro bzw. 4 % des weltweit erzielten Jahresumsatzes eines Unternehmens im letzten Geschäftsjahr) sollten Unternehmen die Anforderungen ernst nehmen. Dabei empfiehlt es sich zudem, sich über die regelmäßige Rechtsentwicklung auf dem Laufenden zu halten: Mit der Datenschutz-Grundverordnung fängt der Datenschutz in Europa praktisch bei Null an, da nun europaweit eine Auslegung der Regelungen geboten ist. Maßgebliches Gericht ist der EuGH. Damit wird unsere bisherige Rechtsprechung voraussichtlich obsolet und es gilt neue Wege im Datenschutz zu beschreiten.

B. Preissuchmaschinen

Literatur: *Berberich*, Virtuelles Eigentum, 2010; *Deutsch*, Preisangaben und „Opt-out"-Versicherungen bei Flugbuchungen im Internet, GRUR 2011, 187 ff.; *Deutsch*, Die Zulässigkeit des so genannten „Screen-Scraping" im Bereich der Online-Flugvermittler, GRUR 2009, 1027 ff.; *Feldmann/Heidrich*, Rechtsfragen des Ausschlusses von Usern aus Internetforen, CR 2006, 406 ff.; *Kohl*, Die Haftung der Betreiber von Kommunikationsforen im Internet und virtuelles Hausrecht, 2008; *Kunz*, Rechtsfragen des Ausschlusses aus Internetforen, 2005; *Ladeur*, Ausschluss von Teilnehmern an Diskussionsforen im Internet – Absicherung von Kommunikationsfreiheit durch „netzwerkgerechtes" Privatrecht, MMR 2001, 787 ff.; *Lehmann*, Zum rechtlichen Schutz von Datenbanken, CR 2005, 15 f.; *Maume*, Bestehen und Grenzen des virtuellen Hausrechts, MMR 2007, 620 ff.; *Preuß*, Rechtlich geschützte Interessen an virtuellen Gütern, 2009; *Redeker*, Anmerkung zu LG München I – 30 O 11973/05, CR 2007, 265 ff.; *Schapiro/Ždanowiecki*, Screen Scraping – Rechtlicher Status Quo in Zeiten von Big Data, MMR 2015, 497 ff.; *Schmidl*, Zum virtuellen Hausrecht als Abwehrrecht, K&R 2006, 563 ff.; *Schmidt*, Virtuelles Hausrecht und Webrobots, 2011; *Sendrowski*, Zum Schutzrecht „sui generis" an Datenbanken, GRUR 2005, 369 ff.; *Tonner*, Preisangaben bei Online-Buchungen, VuR 2015, 454 ff.

I. Einführung

Preissuchmaschinen spielen im Bereich des Onlineshoppings eine sehr große Rolle. Die Informationsdienste von Preissuchmaschinen bieten Kunden heute einfache Möglichkeiten, günstige Anbieter für das gesuchte Produkt im Internet aufzuspüren und Preise verschiedener Anbieter miteinander zu vergleichen. Hierfür präsentieren die Preissuchmaschinen

10.220

den Kunden Preisvergleichslisten mit relevanten Angeboten verschiedener Webshops. Die Angebote können nach bestimmten Kriterien sortiert werden, wobei meistens der Preis das entscheidende Auswahlkriterium ist. Viele Kunden vertrauen auf die Informationsdienste der Preissuchmaschinen und treffen anhand der **Preisvergleichslisten** eine erste Vorauswahl von für sie interessanten Angeboten. Webshops, deren Angebote im Vergleich zu den Angeboten von Mitbewerbern vermeintlich teurer sind, werden regelmäßig gar nicht erst besucht.

10.221   Viele Anbieter betrachten Preissuchmaschinen als weitere Werbeplattformen für ihre Angebote. Sie beschicken die Preissuchmaschinen mit Angebotsdaten und zahlen dafür, in den Preissuchmaschinen gelistet zu sein. Die Anbieter übermitteln ihre Angebotsdaten teilweise manuell, durch Eingabe der Daten in von den Preissuchmaschinen dafür bereitgehaltenen Webformularen. Überwiegend erfolgt die Datenübermittlung aber automatisiert über eine Softwareschnittstelle, über die die jeweils aktuellen Angebotsdaten vom Webshop zur Preissuchmaschine gesendet werden. Anbieter, die Preissuchmaschinen nutzen, haben jedoch die rechtlichen Rahmenbedingungen für Werbung bei Preissuchmaschinen zu beachten (dazu unter Rz. 10.222 ff.). Andere Anbieter sehen in den Preissuchmaschinen hingegen aus unterschiedlichen Gründen eine Bedrohung für ihre eigene Vertriebsstruktur. Sie möchten nicht, dass (bestimmte) Preissuchmaschinen ihre Angebote listen und machen Unterlassungsansprüche geltend (dazu unter Rz. 10.249 ff.).

II. Rechtliche Rahmenbedingungen für werbende Webshops

10.222   Anbieter, die Preissuchmaschinen mit den Angeboten aus ihren Webshops beschicken, haben die rechtlichen Rahmenbedingungen für Werbung in Preissuchmaschinen zu beachten. Die Verletzung von Preisangabepflichten in Preissuchmaschinen (dazu Rz. 10.223 ff.) war bereits Gegenstand diverser Gerichtsentscheidungen. Werbende sollten aber auch im Auge behalten, dass Preiswerbung in Preissuchmaschinen unter bestimmten Voraussetzungen eine irreführende Werbung sein kann, etwa wegen einer unzureichenden Produktbeschreibung (dazu Rz. 10.245 ff.).

1. Preisangabepflichten

10.223   Der für ein Produkt zu zahlende Preis ist einer der wesentlichen Faktoren für die Kaufentscheidung. Die Webshops, die mit den vermeintlich niedrigsten Preisen bei den Preissuchmaschinen gelistet sind, werden von den Kunden bevorzugt besucht. Umso wichtiger ist daher, dass die Preisangaben zutreffend und vollständig sind.

a) Werbung mit Preisangaben ohne Umsatzsteuer

10.224   Produktwerbung mit Preisangaben ist der Regelfall in Preissuchmaschinen. Dies ist eine Preiswerbung, die den Anforderungen von § 1 Abs. 1 Satz 1 PAngV genügen muss. Hiernach ist bei einer Preiswerbung gegenüber Letztverbrauchern der Endpreis, also der Preis einschließlich Umsatzsteuer und sonstiger Preisbestandteile, anzugeben. Unzweifelhaft hat daher ein Webshop, der seine Angebote (auch) an Letztverbraucher richtet, bei der Preiswerbung in Preissuchmaschinen die Endpreise einschließlich der Umsatzsteuer zu nennen.

10.225   ➲   **Wichtig:** Bei der Frage, ob ein Webshop seine Angebote zumindest auch an Letztverbraucher richtet, kommt es nicht auf den Willen des Webshop-Betreibers an. Der BGH hat festgestellt, dass **aus der Sicht der Adressaten** der Preiswerbung zu beurteilen ist, ob sich die Preiswerbung ausschließlich an Gewerbetreibende etc. oder zumindest auch an private Letztverbraucher richtet.[1] Es kommt insbesondere nicht darauf an, an welchen Abnehmerkreis der Werbende seine Werbung adressieren möchte (zB nur an Gewerbetreibende oder Wiederverkäufer).[2]

Ein Anbieter, der seine Angebote in einer für jedermann zugänglichen und nutzbaren Preissuchmaschine listet, richtet sein **Angebot auch an Letztverbraucher.** Daher verstößt eine Preiswerbung ohne Umsatzsteuer in allgemein zugänglichen Preissuchmaschinen grundsätzlich **selbst dann** gegen § 1 Abs. 1 Satz 1 PAngV, **wenn ein Anbieter seine Ware ausschließlich an Gewerbetreibende oder Wiederverkäufer verkaufen möchte.**[3] Ein Verstoß gegen § 1 Abs. 1 Satz 1 PAngV ist nur dann zu verneinen, wenn der Anbieter bei der Preiswerbung deutlich hervorgehoben und klar verständlich darauf hinweist, dass er beispielsweise nur an Gewerbetreibende verkauft und ein Verkauf an Letztverbraucher ausgeschlossen ist.[4]

10.226

Ein Webshop, der bei Preissuchmaschinen eine Werbung mit **Preisangaben ohne Umsatzsteuer** betreibt, handelt **wettbewerbswidrig.** § 1 Abs. 1 Satz 1 PAngV ist eine Marktverhaltensregelung gemäß § 3 UWG, § 3a UWG (= § 4 Nr. 11 UWG aF).[5] Daneben ist eine Irreführung gemäß § 3 UWG, § 5 Abs. 1 UWG gegeben, da der Verbraucher meint, der angegebene Preis enthalte die Umsatzsteuer.[6] Darüber hinaus liegt auch ein Verstoß gegen § 3 UWG, § 5a Abs. 2 und 3 Nr. 3 UWG vor, da dem Verbraucher bei einer Preisangabe ohne Umsatzsteuer wesentliche Informationen vorenthalten werden.[7]

10.227

b) Endpreis einschließlich „sonstiger Preisbestandteile"

Nach § 1 Abs. 1 Satz 1 PAngV sind bei der Preiswerbung neben der Umsatzsteuer auch die „sonstigen Preisbestandteile" in den Endpreis einzurechnen. In Bezug auf Preiswerbung in Preissuchmaschinen kann im Regelfall auf bisher ergangene Rechtsprechung zu den „sonstigen Preisbestandteilen" zurückgegriffen werden, selbst wenn diese nicht die Preiswerbung in Preissuchmaschinen zum Gegenstand hat (näher zu den „sonstigen Preisbestandteilen" Rz. 2.181 f.).

10.228

Bei beworbenen Ferienwohnungen sind in jedem Fall die anfallenden Nebenkosten für Strom, Wasser, Gas, Heizung, Endreinigung usw. in den beworbenen Preis aufzunehmen.[8] Bei Kraftfahrzeugverkäufen sind grundsätzlich die Überführungskosten in die Preiswerbung einzubeziehen, wenn diese Überführungskosten, wie es regelmäßig der Fall ist, obligatorisch anfallen[9].

10.229

---

1 BGH v. 29.4.2010 – I ZR 99/08 – Rz. 23 – Preiswerbung ohne Umsatzsteuer, GRUR 2011, 82 (83) = MDR 2011, 248 = CR 2011, 39.

2 BGH v. 29.4.2010 – I ZR 99/08 – Rz. 24 – Preiswerbung ohne Umsatzsteuer, GRUR 2011, 82 (83) = MDR 2011, 248 = CR 2011, 39; vgl. auch BGH v. 30.11.1989 – I ZR 55/87 – Metro III, GRUR 1990, 617 (623) = MDR 1990, 695.

3 BGH v. 29.4.2010 – I ZR 99/08 – Rz. 23 – Preiswerbung ohne Umsatzsteuer, GRUR 2011, 82 (84) = MDR 2011, 248 = CR 2011, 39.

4 BGH v. 29.4.2010 – I ZR 99/08 – Rz. 24 – Preiswerbung ohne Umsatzsteuer, GRUR 2011, 82 (83 f.) = MDR 2011, 248 = CR 2011, 39.

5 BGH v. 29.4.2010 – I ZR 99/08 – Rz. 17 – Preiswerbung ohne Umsatzsteuer, GRUR 2011, 82 (83) = MDR 2011, 248 = CR 2011, 39.

6 BGH v. 29.4.2010 – I ZR 99/08 – Rz. 28 ff. – Preiswerbung ohne Umsatzsteuer, GRUR 2011, 82 (84) = MDR 2011, 248 = CR 2011, 39.

7 BGH v. 29.4.2010 – I ZR 99/08 – Rz. 32 – Preiswerbung ohne Umsatzsteuer, GRUR 2011, 82 (84) = MDR 2011, 248 = CR 2011, 39.

8 Vgl. BGH v. 6.6.1991 – I ZR 291/89 – Nebenkosten, GRUR 1991, 845 (846) = MDR 1992, 145.

9 BGH v. 6.6.1991 – I ZR 291/89 – Kfz-Endpreis, GRUR 1983, 443 (445) = MDR 1992, 145; OLG Düsseldorf v. 11.7.1995 – 20 U 100/95, WRP 95, 732; s. aber zu möglichen Ausnahmen und Erleichterungen: BGH v. 23.6.1983 – I ZR 75/81 – Hersteller-Preisempfehlung in Kfz-Händlerwerbung, GRUR 1983, 658 (661) = MDR 1984, 25; OLG Stuttgart v. 22.8.1997 – 2 U 101/97, NJWE-WettbR 1998, 78 (79).

10.230 Vorsicht ist bei der Anwendung früherer Rechtsprechung für Preisangabepflichten bei **Flugreisebuchungen** geboten: Der BGH hatte im Jahr 2003 zu § 1 PAngV entschieden, dass es bei Internet-Reservierungssystemen für Flugreisen zulässig sein kann, wenn bei der erstmaligen Bezeichnung von Preisen nicht bereits der Endpreis angegeben ist, sondern dieser erst bei der fortlaufenden Eingabe in das Reservierungssystem ermittelt wird. Voraussetzung ist, dass der Nutzer hierauf zuvor klar und unmissverständlich hingewiesen wird.[1] Es ist jedoch zweifelhaft, dass der BGH diese Erleichterungen für Preiswerbung auch in Bezug auf Preiswerbung in Preissuchmaschinen für zulässig erachtet hätte. In zwei zu Versandkosten ergangenen Entscheidungen hat er nämlich festgestellt, dass bei Preissuchmaschinen die Gesamtpreise gelistet sein müssen, damit Verbrauchern ein einfacher Preisvergleich möglich ist.[2]

10.231 Ohnehin dürfte das Urteil des BGH aus dem Jahr 2003, welches noch zu § 1 PAngV ergangen ist, inzwischen überholt sein. Für **Flugpreise** gilt nunmehr die Spezialregelung des Art. 23 der Verordnung (EG) Nr. 1008/2008 vom 24. September 2008 über die gemeinsamen Vorschriften für die Durchführung von Luftverkehrsdiensten in der Gemeinschaft (Luftverkehrsdienste-VO).[3] Diese Regelung gilt nach überwiegender Ansicht auch für Flugvermittler.[4] Die Mehrzahl der auf Flugreisen spezialisierten Preissuchmaschinen sind Flugvermittler, die die Vorgaben von Art. 23 der Luftverkehrsdienste-VO einhalten müssen. Diese Preissuchmaschinen zeichnen sich dadurch aus, dass Kunden direkt bei der Preissuchmaschine eine Flugreise buchen können. Der Besuch des Webshops der Fluggesellschaft ist nicht erforderlich. Der Vertrag zwischen Fluggesellschaft und Kunden wird also von der Preissuchmaschine vermittelt.

10.232 Nach Art. 23 der Luftverkehrsdienste-VO ist der zu zahlende Endpreis unter Einschluss sämtlicher Gebühren, Zuschläge und Entgelte, die unvermeidbar und zum Zeitpunkt der Veröffentlichung vorhersehbar sind, stets auszuweisen. Es ist mit Art. 23 Luftverkehrs-VO nicht vereinbar, wenn im Internet hinsichtlich des Flugpreises nicht der Endpreis, sondern im ersten Buchungsschritt nur der jeweilige Flugpreis ohne Buchungsgebühren angegeben wird.[5] Ein Sternchenhinweis über mögliche weitere Kosten reicht nicht aus. Vielmehr ist auch bei Flugreisen bereits in der Preiswerbung in Preissuchmaschinen der Endpreis auszuweisen.

c) Versandkosten

10.233 Der BGH hat klargestellt, dass bei Preiswerbung in Preissuchmaschinen die Versandkosten zwingend anzugeben sind. Anderenfalls liegt ein Verstoß gegen § 3 UWG, § 3a UWG (= § 4

---

1 BGH v. 3.4.2003 – I ZR 222/00 – Internet-Reservierungssystem, GRUR 2003, 889 (890) = CR 2003, 849 = MDR 2003, 1367.
2 BGH v. 16.7.2009 – I ZR 140/07 – Rz. 12 ff. – Froogle I, NJW-RR 2010, 1051 (1051) = MDR 2010, 338 = CR 2010, 192; BGH v. 18.3.2010 – I ZR 16/08 – Rz. 18 ff.– Froogle II, GRUR 2010, 1110 (1111) = CR 2010, 809 = MDR 2010, 1413, **aA**: LG Hamburg v. 21.9.2012 – 315 O 177/12, BeckRS 2014, 22070, aufgehoben durch OLG Hamburg v. 6.2.2014 – 5 U 174/12, GRUR-RR 2015, 14 ff.
3 Art. 23 der Luftverkehrsdienste-VO ist wie § 1 Abs. 1 Satz 1 PAngV eine Marktverhaltensregelung gemäß § 3a UWG (= § 4 Nr. 11 UWG aF): OLG Dresden v. 17.8.2010 – 14 U 551/10, GRUR 2011, 248 (249); LG Leipzig v. 21.5.2010 – 5 O 2485/09, RRa 2010, 195 (196); Köhler/Bornkamm/*Köhler*, § 3a UWG Rz. 1.262.
4 OLG Dresden v. 17.8.2010 – 14 U 551/10 – Flugendpreis, GRUR 2011, 248 (249); LG Leipzig v. 21.5.2010 – 5 O 2485/09, RRa 2010, 195 (196); LG Düsseldorf v. 3.2.2010 – 12 O 173/09 – Flugreisevermittlung, MMR 2010, 620 (620); einschränkend LG Hamburg v. 1.9.2009 – 327 O 481/09, BeckRS 2010, 28404, bestätigt durch OLG Hamburg v. 7.12.2009 – 3 W 103/09, BeckRS 2010, 28406; s. auch *Deutsch*, GRUR 2011, 187 (190).
5 EuGH v. 15.1.2015 – Rs. C-573/13 – Air Berlin, MMR 2015, 178 (179) = CR 2015, 245; BGH v. 30.7.2015 – I ZR 29/12 – Buchungssystem II, GRUR 2016, 392 (394) = CR 2016, 321 = MDR 2016, 341; näher zum Ganzen: *Tonner*, VuR 2015, 454 ff.

Nr. 11 UWG aF) iVm. § 1 Abs. 2 Satz 1 Nr. 2, Satz 2 sowie Abs. 6 Satz 1 und 2 PAngV vor.[1] Daneben ist auch ein Wettbewerbsverstoß gemäß § 5 Abs. 1 Satz 2 Nr. 1 und 2, § 5a Abs. 2 und 3 Nr. 3 UWG anzunehmen.[2]

Zunächst einmal ist klarzustellen, dass Versandkosten keine „sonstigen Preisbestandteile" iSv. § 1 Abs. 1 Satz 1 PAngV sind, die in den Endpreis einzuberechnen wären (s. dazu Rz. 2.181). Der BGH lässt es daher in aller Regel genügen, wenn die Versandkosten auf einer gesonderten Website des Anbieters beziffert werden, die noch vor Einleitung des Bestellvorgangs (durch Einlegen der Ware in den virtuellen Warenkorb) aufgerufen werden muss[3]. Es ist also grundsätzlich unschädlich, wenn der Anbieter im Internet auf Drittseiten Preiswerbung betreibt, ohne dabei die Versandkosten der Höhe nach zu beziffern.   **10.234**

Bei Preissuchmaschinen ist jedoch – so der BGH – eine Ausnahme zu machen.[4] Hier dürfen die zum Kaufpreis hinzukommenden Versandkosten nicht erst auf der eigenen Website des Werbenden beziffert werden. Die **Grundsätze der Preisklarheit und Preiswahrheit** gemäß § 1 Abs. 6 PAngV gebieten es, dass die Versandkosten bereits in der Preissuchmaschine betragsmäßig aufgeführt werden müssen. Preissuchmaschinen sollen eine leichte Vergleichbarkeit der Gesamtpreise ermöglichen. Der Verbraucher rechnet nicht damit, dass die in der Preisvergleichsliste angegebenen Preise unvollständig sind. Eine Preiswerbung ohne Hinweis auf die zusätzlich anfallenden Versandkosten kann für die Kaufentscheidung eine wesentliche Weichenstellung herbeiführen. Ohne Angabe der Versandkosten erscheint die beworbene Ware zunächst günstiger und wird in der Preisvergleichsliste besser gelistet. Erfahrungsgemäß bevorzugen Verbraucher die günstigsten Angebote. Wenn der Verbraucher erst bei Aufsuchen der Website des Werbenden auf die anfallenden Versandkosten hingewiesen wird, ist eine wichtige Vorauswahl für den Kaufentschluss bereits getroffen.[5]   **10.235**

➲ **Praxistipp:** Viele Preissuchmaschinen haben der BGH-Rechtsprechung inzwischen Rechnung getragen. Bei ihnen lassen sich die Versandkosten gesondert beziffern und werden unmittelbar neben der Angabe des Verkaufspreises ausgewiesen. Internetnutzer können so leicht die Versandkosten zum Verkaufspreis hinzuaddieren. Einige Preissuchmaschinen sehen sogar optional vor, dass der Gesamtpreis einschließlich Versandkosten ausgewiesen wird. Können die Versandkosten bei einer Preissuchmaschine nicht betragsmäßig ausgewiesen werden, dann kann der Anbieter beispielsweise den Gesamtpreis in der Preissuchmaschine bewerben (also Verkaufspreis einschließlich Umsatzsteuer und Versandkosten).   **10.236**

d) Hohe Aktualitätsanforderungen der Preisangaben

Der durchschnittlich informierte Nutzer einer Preissuchmaschine hat regelmäßig die Erwartung, dass die Preisvergleichslisten die **aktuellen Preise** zeigen. Er geht davon aus, dass eine von einem Anbieter vorgenommene Preisänderung sofort in der Preissuch-   **10.237**

---

1 BGH v. 16.7.2009 – I ZR 140/07 – Froogle I, NJW-RR 2010, 1051 (1052) = MDR 2010, 338 = CR 2010, 192; BGH v. 18.3.2010 – I ZR 16/08 – Froogle II, GRUR 2010, 1110 (1112) = CR 2010, 809 = MDR 2010, 1413.
2 BGH v. 18.3.2010 – I ZR 16/08 – Rz. 29 – Froogle II, GRUR 2010, 1110 (1112) = CR 2010, 809 = MDR 2010, 1413.
3 Vgl. BGH v. 4.10.2007 – I ZR 143/04 – Rz. 31 u. 33 – Versandkosten, GRUR 2008, 84 (86 f.) = NJW 2008, 1384 (1386 f.) = CR 2008, 108 = MDR 2008, 221; BGH v. 16.7.2009 – I ZR 50/07 – Rz. 24 ff. – Kamerakauf im Internet, GRUR 2010, 248 (250) = NJW-RR 2010, 915 (916) = MDR 2010, 457.
4 BGH v. 16.7.2009 – I ZR 140/07 – Froogle I, NJW-RR 2010, 1051 (1051) = MDR 2010, 338 = CR 2010, 192; BGH v. 18.3.2010 – I ZR 16/08 – Rz. 25 – Froogle II, GRUR 2010, 1110 (1111) = CR 2010, 809 = MDR 2010, 1413.
5 BGH v. 16.7.2009 – I ZR 140/07 – Froogle I, NJW-RR 2010, 1051 (1052) = MDR 2010, 338 = CR 2010, 192; BGH v. 18.3.2010 – I ZR 16/08 – Rz. 25 – Froogle II, GRUR 2010, 1110 (1112) = CR 2010, 809 = MDR 2010, 1413; **aA:** LG Hamburg v. 21.9.2012 – 315 O 177/12, BeckRS 2014, 22070, aufgehoben durch OLG Hamburg v. 6.2.2014 – 5 U 174/12, GRUR-RR 2015, 14 ff.

maschine berücksichtigt wird. Erfolgt die Preisänderung jedoch erst Stunden später, dann liegt grundsätzlich eine irreführende Werbung gemäß § 3 UWG, § 5 Abs. 1 Satz 1 und 2 Nr. 2 UWG vor.[1]

10.238   Etwas anderes gilt allenfalls dann, wenn die Irreführung durch einen klaren und sofort erkennbaren Hinweis auf die möglicherweise fehlende Aktualität verhindert wird.[2] Ein pauschaler Hinweis wie *„Alle Angaben ohne Gewähr"* reicht dabei ebenso wenig aus, wie ein Hinweis an einer Stelle, die nicht sofort und ohne weiteres vom Nutzer zur Kenntnis genommen wird.[3]

10.239   Der Anbieter, also der Betreiber des Webshops, haftet selbst dann auf Unterlassung gemäß § 8 Abs. 1 UWG, wenn er es technisch nicht beeinflussen kann, dass die Preissuchmaschine die Aktualisierung erst zu einem späteren Zeitpunkt vollzieht. In solchen Fällen obliegt es ihm, den angekündigten höheren Preis erst dann zu fordern, wenn sämtliche von ihm mit Angebotsdaten beschickten Preissuchmaschinen die Aktualisierung vollzogen haben.[4]

10.240   ➥ **Praxistipp:** Diverse Preissuchmaschinen haben der BGH-Rechtsprechung Rechnung getragen. Sie versehen die Preiswerbung jeweils mit dem ausdrücklichen und sofort erkennbaren Hinweis, **wann die jeweiligen Preisangaben eingestellt worden sind** und dass der Anbieter möglicherweise inzwischen einen höheren Preis verlangt. Dies ist ausreichend. Wo solche klaren Hinweise fehlen, sind die Anbieter angehalten, die höheren Preise erst dann in ihren Webshops zu fordern, wenn sämtliche von ihnen beschickten Preissuchmaschinen den höheren Preis listen.

e) Grundpreisangaben

10.241   Nach § 2 Abs. 1 Satz 2 PAngV muss bei den in § 2 Abs. 1 Satz 1 PAngV genannten Waren der Grundpreis bei Preiswerbung in unmittelbarer Nähe zum Endpreis aufgeführt werden. Aus diesem Grund ist auch bei Preiswerbung in Preissuchmaschinen der Grundpreis für die betreffenden Waren zu nennen. Der Grundpreis muss dabei zusammen mit dem Endpreis auf einem Blick wahrgenommen werden können.[5]

10.242   Allerdings bietet nicht jede Preissuchmaschine die Möglichkeit, die Grundpreise bei der Preiswerbung anzugeben. Der Anbieter haftet jedoch gleichwohl gemäß § 8 Abs. 1 UWG, § 3 UWG, § 3a UWG (= § 4 Nr. 11 UWG aF), wenn er die erforderliche Grundpreisangabe unterlässt (zur parallelen Problematik bei eBay-Angeboten s. Rz. 4.19 ff.). Daher muss der Anbieter in solchen Fällen andere Lösungen finden, um seiner Pflicht nach § 2 PAngV nachzukommen.

10.243   ➥ **Praxistipp:** Wenn bei einer Preissuchmaschine die Angabe eines Grundpreises nicht vorgesehen ist, könnte der Grundpreis beispielsweise direkt im Artikelnamen bei der Preissuchmaschine hinterlegt werden. Hierdurch wird gewährleistet werden, dass Grundpreis und Endpreis auf einem Blick zusammen erkannt werden.

---

1 BGH v. 11.3.2010 – I ZR 123/08 – Espressomaschine, MMR 2010, 745 mit Anm. *Leupold* = MDR 2010, 1276 = CR 2010, 680.

2 BGH v. 11.3.2010 – I ZR 123/08 – Rz. 12 ff. – Espressomaschine, MMR 2010, 745 (746) = MDR 2010, 1276 = CR 2010, 680; BGH v. 18.3.2010 – I ZR 16/08 – Rz. 31 ff. – Froogle II, GRUR 2010, 1110 (1112) = CR 2010, 809 = MDR 2010, 1413.

3 BGH v. 11.3.2010 – I ZR 123/08 – Rz. 12 ff. – Espressomaschine, MMR 2010, 745 (746) = MDR 2010, 1276 = CR 2010, 680.

4 BGH v. 11.3.2010 – I ZR 123/08 – Rz. 20 – Espressomaschine, MMR 2010, 745 (746) = MDR 2010, 1276 = CR 2010, 680; BGH v. 18.3.2010 – I ZR 16/08 – Rz. 34 – Froogle II, GRUR 2010, 1110 (1112) = CR 2010, 809 = MDR 2010, 1413.

5 BGH v. 26.2.2009 – I ZR 163/06 – Dr. Clauder's Hufpflege, NJW 2009, 3095 (3096) = CR 2009, 746 = MDR 2009, 1294.

➲ **Praxistipp:** Auf die Angabe eines Grundpreises kann verzichtet werden, wenn dieser   10.244
mit dem Endpreis identisch ist (§ 2 Abs. 1 Satz 3 PAngV). Daher bietet es sich an, die
Waren gleich in den entsprechend abgepackten Mengen zu verkaufen.

2. Irreführung durch unzureichende Produktbeschreibung

Mitunter kommt eine wettbewerbswidrige Irreführung bei Preiswerbung in Preissuch-   10.245
maschinen in Betracht, wenn ein Anbieter seine Angebote nur unzureichend beschreibt
und nicht erkennbar ist, dass der im Vergleich zu anderen Angeboten niedrigere Preis mit
einem geringeren Leistungsumfang einhergeht (zB „abgespeckte" Softwareversion, Computer mit weniger Festplattenkapazität, Arbeitsspeicher etc.).

In solchen Fällen kann eine Irreführung gemäß § 5 Abs. 1 Satz 2 Nr. 1 UWG gegeben sein,   10.246
weil die Kunden über wesentliche Merkmale der Ware, wie beispielsweise die Beschaffenheit, getäuscht werden. Daneben ist eine Irreführung durch Unterlassen gemäß § 5a Abs. 2
und 3 Nr. 1 UWG denkbar, weil nicht über sämtliche wesentlichen preisbildenden Merkmale der Ware informiert wird. Schließlich kann man auch argumentieren, dass in solchen
Fällen eine irreführende vergleichende Werbung gemäß § 5 Abs. 3 UWG vorliegt, wenn
durch die unzureichende Produktbeschreibung der unzutreffende Eindruck entsteht, dass
das Angebot bei vermeintlich gleichem Leistungsumfang günstiger als das eines Mitbewerbers ist.[1]

➲ **Praxistipp:** Der Anbieter sollte bei Preiswerbung in Preissuchmaschinen die Leis-   10.247
tungsmerkmale seines Angebots so exakt beschreiben, dass Missverständnisse über
den Leistungsumfang ausgeschlossen sind. Werden beispielsweise Produkte aus einer
Produktreihe mit unterschiedlichen Leistungsmerkmalen angeboten, dann sind die
exakte Produktbezeichnung und – wenn aus dieser die Leistungsunterschiede noch
nicht erkennbar sind – die wesentlichen Produktmerkmale zu nennen.

➲ **Praxistipp:** Einige Preissuchmaschinen bieten die Möglichkeit, dass ein Anbieter auf   10.248
bereits bei den Preissuchmaschinen hinterlegte Produktbeschreibungen zurückgreifen kann. Der Anbieter muss in diesem Fall keine eigene Produktbeschreibung erstellen, sondern kann seine Preiswerbung mit der bereits bestehenden Produktbeschreibung verknüpfen. In der Folge wird dann zu der Produktbeschreibung (auch) das
Angebot des Anbieters genannt. Hier hat der Anbieter darauf zu achten, dass die **Produktbeschreibung auf die von ihm angebotene Ware zutrifft**, also nicht lediglich eine
(andere) Ware beschreibt, die zwar vom gleichen Hersteller kommt und zur gleichen
Produktreihe gehört, aber andere Leistungsmerkmale aufweist. Dieser Umstand wird
in der Werbepraxis allzu häufig nicht beachtet.

III. Unterlassungsansprüche gegen Screen-Scraping durch Preissuchmaschinen

Es gibt Webshop-Betreiber, die sich dagegen zur Wehr setzen, dass ihre Angebote ohne bzw.   10.249
gegen ihren Willen bei (bestimmten) Preissuchmaschinen gelistet sind.[2] Seit der Vorauflage
hat es einige wegweisende Gerichtsentscheidungen und Kommentierungen hierzu gege-

---

1 S. dazu: *Schmidt*, S. 162 ff.
2 Vgl. LG Hamburg v. 28.8.2008 – 315 O 326/08, juris – Hausverbot im Internet; OLG Hamburg v.
28.5.2009 – 3 U 191/08, MMR 2010, 178 = MDR 2009, 1125 = CR 2009, 609 – Vermittlung von Flugtickets durch Screen-Scraping; OLG Frankfurt v. 5.3.2009 – 6 U 221/08, MMR 2009, 400 = CR 2009,
390 – Vermittlung von Flugtickets durch Screen-Scraping; LG Hamburg v. 1.10.2010 – 308 O 162/09,
CR 2010, 747 – Screen-Scraping-Software; grundlegend: *Schmidt*, S. 1 ff.

ben, die die rechtlichen Rahmenbedingungen näher konkretisieren.[1] Es folgt zunächst eine kurze Darstellung der Problematik (Rz. 10.250 ff.). Anschließend wird auf mögliche Unterlassungsansprüche der Anbieter aus Datenbankrechten (Rz. 10.254 ff.), Wettbewerbsrecht (Rz. 10.261 ff.), Vertragsrecht (Rz. 10.264) und einem möglichen „virtuellen Hausrecht" (Rz. 10.265 ff.) eingegangen.

1. Die Problematik

10.250　Auf den ersten Blick mag es überraschen, dass einzelne Anbieter sich gegen eine Listung ihrer Angebote bei (bestimmten) Preissuchmaschinen wehren. Vielfach werden die Dienste von Preissuchmaschinen von Anbietern als willkommene Werbeplattformen betrachtet. Es gibt allerdings auch wirtschaftlich nachvollziehbare Gründe, dass einzelne Anbieter selbst darüber bestimmen möchten, ob und bei welchen Preissuchmaschinen ihre Angebote gelistet sind.

10.251　Für Anbieter, die sich nicht über günstige Preise definieren, kann eine Platzierung ihrer Angebote in Preissuchmaschinen sehr nachteilig sein, da sie aus Sicht der Kunden schnell als überteuert erscheinen. Häufig ist der höhere Preis jedoch in einem Mehr an Service und Zusatzleistungen verbunden, die in Preissuchmaschinen mitunter nicht dargestellt werden (können).

10.252　Zudem befürchten gerade namhafte Anbieter – zu Recht – den **Verlust von Werbeeffekten**, wenn ihre Angebote ohne ihre Zustimmung bei Preissuchmaschinen gelistet sind.[2] Preissuchmaschinen machen den Besuch der Webshops weitgehend überflüssig oder reduzieren den Besuch auf den reinen Bestellvorgang. Dies ist gerade für solche Anbieter schädlich, die Kunden mit günstigen Angeboten für einen Teilbereich ihrer Leistungen (zB Flüge) auf ihren Webshop locken möchten, um sie dann mittels geschickt im Webshop platzierter Werbung für den Kauf von weiteren Zusatzprodukten (zB Mietwagen, Hotelzimmer) zu gewinnen. Zudem lassen es sich einige Anbieter teuer bezahlen, dass Dritte in ihren Webshop werben dürfen. Diese zusätzlichen Einnahmemöglichkeiten gehen verloren, wenn Kunden von Preissuchmaschinen direkt zum unmittelbaren Bestellmenü im Webshop geleitet werden. Inzwischen ist es sogar möglich, dass Kunden die Bestellungen direkt über die Preissuchmaschine aufgeben können, ohne den Webshop des Anbieters besuchen zu müssen. Die Preissuchmaschine leitet die Bestellung automatisiert an den Webshop weiter.

10.253　Es gibt **Preissuchmaschinen, die sich über den entgegenstehenden Willen von Anbietern hinwegsetzen** und die Angebotsdaten auch dieser Anbieter in ihre Preisübersichten einspeisen. Da diese Preissuchmaschinen über keine Softwareschnittstelle mit dem Webshop verbunden sind, müssen sie die Angebotsdaten anderweitig gewinnen. Meist erfolgt die Datengewinnung durch „Screen-Scraping". Beim Screen-Scraping werden von den Preissuchmaschinen Computerprogramme (sogenannte Webbots bzw. Webrobots) eingesetzt, mit deren Hilfe gezielt Angebotsdaten aus den Onlinedatenbanken der Webshops extrahiert werden.[3] Dabei wird mitunter nicht die gesamte Angebotsdatenbank ausgelesen, sondern häufig nur das Angebot abgerufen, das der Nutzer der Preissuchmaschine gerade anfordert. Zwar gibt es technische Abwehrmöglichkeiten gegen solche Webrobots, diese sind jedoch überwindbar bzw. nicht praktikabel.[4]

---

1 BGH v. 30.4.2014 – I ZR 224/12 – Flugvermittlung im Internet, GRUR 2014, 785 ff. = MDR 2014, 914; EuGH v. 19.12.2013 – Rs. C-202/12 – Innoweb/Wegener, MMR 2014, 185 ff. = CR 2014, 156; EuGH v. 15.1.2015 – Rs. C-30/14 – Ryanair Ltd/PR Aviation BV, GRUR 2015, 253 ff. = CR 2015, 185; s. auch: *Schapiro/Żdanowiecki*, MMR 2015, 497 ff.
2 Weitere mögliche Gründe: *Schmidt*, S. 7 f., 49 ff., 62 f.
3 Ausführlicher zu den technischen Hintergründen: *Schmidt*, S. 16 ff.; *Schapiro/Żdanowiecki*, MMR 2015, 497 (498).
4 Zu den technischen Möglichkeiten im Einzelnen: *Schmidt*, S. 27 ff.

2. Rechte des Datenbankherstellers

Anbieter führen immer wieder ins Feld, dass das Screen-Scraping der Preissuchmaschinen ihre Datenbankrechte gemäß §§ 87a ff., 97 UrhG verletzt, die an den Onlinedatenbanken mit den Angebotsdaten bestehen sollen. Häufig sind jedoch die Angebotsdatenbanken keine nach § 87a Abs. 1 UrhG geschützten Datenbanken. Daneben stellt sich die Frage, wann Screen-Scraping ein rechtsverletzender Eingriff gemäß § 87b Abs. 1 UrhG sein kann.

10.254

a) Schutzfähigkeit der Angebotsdatenbanken

Die in Onlinedatenbanken gespeicherten Angebotsinformationen sind nur in den wenigsten Fällen geschützte Datenbanken iSv. § 87a UrhG.[1] § 87a Abs. 1 UrhG erfordert für die „Beschaffung, Überprüfung oder Darstellung" der Datenbankelemente „eine nach Art oder Umfang wesentliche Investition". Die meisten Angebotsdatenbanken von Webshops werden diese Voraussetzungen nicht erfüllen.

10.255

Der EuGH hat inzwischen klargestellt, dass nur solche Investitionen berücksichtigungsfähig sind, die ausschließlich der Erstellung der Datenbank als solcher gewidmet sind. Dagegen sind sämtliche Investitionen, die (auch) für die Erzeugung der Datenbankelemente erbracht werden, generell nicht berücksichtigungsfähig. Dies gilt selbst dann, wenn die Investitionen gleichzeitig auch der Erstellung der Datenbank dienen.[2]

10.256

Bei den Angebotsdatenbanken sind die einzelnen Angebote die Datenbankelemente. Zwar können mitunter erhebliche Kosten für den Aufbau und die Pflege aufwendiger und umfangreicher Angebotsdatenbanken anfallen. Allerdings – und dies ist der entscheidende Punkt – dienen diese Investitionen in der Regel auch der Erstellung der Angebote (und damit der Datenbankelemente) als solcher. Indem die Anbieter ihre Angebote in die Angebotsdatenbank einpflegen, erzeugen sie häufig die Datenbankelemente erstmalig als solche. In diesen Fällen sind sämtliche damit in Zusammenhang stehenden Investitionen in der Regel nicht berücksichtigungsfähig.[3]

10.257

Der Inhaber einer Computer-Datenbank, die nicht nach §§ 87a ff. UrhG geschützt ist, kann aber vertragliche „Schutzrechte" an der Computer-Datenbank gegenüber seinen Vertragspartnern behaupten. Insbesondere greifen hier die Vertragsbeschränkungen nach § 87e UrhG nicht ein.[4]

10.258

b) Rechtsverletzender Eingriff

Es gibt aber auch geschützte Angebotsdatenbanken, bei denen es folglich darauf ankommt, ob durch das Screen-Scraping ein rechtsverletzender Eingriff vorliegt.[5] Nach früher vorherrschender Meinung war eine mittels Screen-Scraping erfolgende Datengewinnung kein rechtswidriger Eingriff in Datenbankrechte gemäß § 87b Abs. 1 UrhG.[6] Begründet wurde

10.259

---

1 *Schmidt*, S. 71 ff.; *Deutsch*, GRUR 2009, 1027 (1028 f.).
2 EuGH v. 9.11.2004 – Rs. C-203/02 – Rz. 30 – BHB-Pferdewetten, GRUR 2005, 244 (247) = CR 2005, 10; EuGH v. 9.11.2004 – Rs. C-46/02 – Rz. 31 ff. – Fixtures-Fußballspielpläne III, GRUR Int 2005, 244 (246); Wandtke/Bullinger/*Thum/Hermes*, UrhR, § 87a Rz. 43 mwN; **krit.** *Lehmann*, CR 2005, 15 f.
3 *Schmidt*, S. 71 ff.; *Deutsch*, GRUR 2009, 1027 (1028 f.).
4 EuGH v. 15.1.2015 – Rs. C-30/14 – Ryanair Ltd/PR Aviation BV, GRUR 2015, 253 ff. = CR 2015, 185; s. auch: *Schapiro/Żdanowiecki*, MMR 2015, 497 ff.
5 Vgl. OLG Hamburg v. 24.10.2012 – 5 U 38/10, BeckRS 2012, 22946, II. 2. lit. a. (Das OLG hat im konkreten Fall eine Schutzfähigkeit bejaht, aber einen rechtswidrigen Eingriff verneint).
6 BGH v. 22.6.2011 – I ZR 159/10 – Automobil-Onlinebörse, NJW 2011, 3443 (3444) = CR 2011, 757 = MDR 2011, 1369; OLG Hamburg v. 16.4.2009 – 5 U 101/08 – AUTOBINGOOO I, GRUR-RR 2009, 293 (293) = CR 2009, 526; OLG Hamburg v. 18.8.2010 – 5 U 62/09 – AUTOBINGOOO II, GRUR 2011, 728 (729 f.) = CR 2011, 47; OLG Frankfurt/M. v. 5.3.2009 – 6 U 221/08, MMR 2009, 400 (400) = CR 2009, 390; *Deutsch*, GRUR 2009, 1027 (1030).

diese Auffassung damit, dass beim Screen-Scraping stets nur einzelne Datenbankelemente (also einzelne Angebote) nie aber ein „wesentlicher Teil" iSv. § 87b Abs. 1 Satz 1 UrhG der Onlinedatenbank abgerufen werden. Ein Verstoß gegen die Umgehungsschutzklausel gemäß § 87b Abs. 1 Satz 2 UrhG liege ebenfalls nicht vor, da Screen-Scraping einer normalen Auswertung der Datenbank nicht zuwiderlaufe und zudem auch nicht unzumutbar berechtigte Interessen des Onlinedatenbankherstellers beeinträchtige.[1]

10.260 Diese wenig überzeugende Auffassung[2] darf mit dem EuGH-Urteil in Sachen „*Innoweb/ Wegener"* als überholt gelten.[3] **Screen-Scraping beeinträchtigt** massiv die **wirtschaftlichen Interessen der Datenbankhersteller (hier also der Webshops)** und ist keinesfalls eine „normale Auswertung" der Datenbank. Websites, die durch Screen-Scraping die Inhalte von Onlinedatenbanken „parasitär" übernehmen, können den Datenbankherstellern die wirtschaftliche Existenzgrundlage entziehen.[4] Das Urteil des EuGH ist vor diesem Hintergrund zu begrüßen.

3. Unterlassungsansprüche aus UWG

10.261 Wettbewerbsrechtliche Unterlassungsansprüche scheiden regelmäßig aus:

10.262 Die Preissuchmaschinen begehen keine gezielte Behinderung gemäß § 3 UWG, § 4 Nr. 4 UWG (= § 4 Nr. 10 UWG aF), wenn sie Angebote gegen den Willen der Anbieter in Preisvergleichslisten präsentieren.[5] Zwar können die Preisvergleichslisten die wirtschaftlichen Interessen der Anbieter – wie bereits angedeutet – erheblich beeinträchtigen. Allerdings ist die Beeinträchtigung nur dann unlauter iSv. § 3 UWG, § 4 Nr. 4 UWG (= § 4 Nr. 10 UWG aF), wenn die Preissuchmaschinen **gezielt den Zweck verfolgen, die Webshops an ihrer wirtschaftlichen Entfaltung zu hindern**[6] **oder** bei einem **unlauteren „Schleichbezug"**[7]. Beide Fallgruppen liegen regelmäßig nicht vor. Ein Schleichbezug scheidet meistens deshalb aus, weil die Preissuchmaschinen nicht als Wiederverkäufer auftreten, sondern lediglich den Vertrag zwischen Anbieter und Endkunden vermitteln. Die Preissuchmaschinen verfolgen auch nicht den Zweck, den Anbieter zu behindern. Vielmehr ist den Preissuchmaschinen primär daran gelegen, eigene Informationsdienste anzubieten. Dass hierdurch eventuell wirtschaftliche Interessen der Webshops beeinträchtigt werden, nehmen sie „lediglich" bewusst in Kauf. Dies ist – zumindest aus lauterkeitsrechtlicher Sicht – im Grundsatz nicht zu beanstanden.

10.263 Allerdings kann eine gezielte Behinderung vorliegen, wenn Screen-Scraping technische Störungen beim Server des Webshops hervorruft. Solche Funktionsstörungen werden sich jedoch im Regelfall nicht nachweisen lassen.[8] Darüber hinaus hat der BGH angedeutet,

---

1 BGH v. 22.6.2011 – I ZR 159/10 – Automobil-Onlinebörse, NJW 2011, 3443 (3448) = CR 2011, 757 = MDR 2011, 1369; OLG Hamburg v. 16.4.2009 – 5 U 101/08 – AUTOBINGOOO I, GRUR-RR 2009, 293 (296) = CR 2009, 526; OLG Hamburg v. 18.8.2010 – 5 U 62/09 – AUTOBINGOOO II, GRUR 2011, 728 (732) = CR 2011, 47; OLG Frankfurt/M. v. 5.3.2009 – 6 U 221/08, MMR 2009, 400 (400) = CR 2009, 390; LG Hamburg v. 1.10.2010 – 308 O 162/09 – Screen-Scraping-Software, CR 2010, 747; *Deutsch*, GRUR 2009, 1027 (1030).
2 S. bereits Vorauflage sowie LG Hamburg v. 9.4.2009 – 310 O 39/08, BeckRS 2009, 20109; grundlegend: *Schmidt*, S. 98 ff.
3 EuGH v. 19.12.2013 – Rs. C-202/12 – Innoweb/Wegener, MMR 2014, 185 ff. = CR 2014, 156.
4 Vgl. EuGH v. 19.12.2013 – Rs. C-202/12 – Innoweb/Wegener, MMR 2014, 185 (187 ff.) = CR 2014, 156.
5 *Schmidt*, S. 146 mwN.
6 Vgl. BGH v. 22.6.2011 – I ZR 159/10 – Automobil-Onlinebörse, NJW 2011, 3443 (3349 f.) = CR 2011, 757 = MDR 2011, 1369.
7 Vgl. BGH v. 30.4.2014 – I ZR 224/12 – Flugvermittlung im Internet, GRUR 2014, 785 (788) = MDR 2014, 914.
8 Vgl. BGH v. 22.6.2011 – I ZR 159/10 – Rz. 73 – Automobil-Onlinebörse, NJW 2011, 3443 (3349) = CR 2011, 757 = MDR 2011, 1369; OLG Frankfurt a.M. v. 5.3.2009 – 6 U 221/08 – Vermittlung von

dass eine gezielte Behinderung gemäß § 3 UWG, § 4 Nr. 4 UWG (= § 4 Nr. 10 UWG aF) auch dann möglich erscheint, wenn durch das Screen-Scraping kommunikationstechnische Schranken überwunden werden, die gerade das Screen-Scraping unterbinden sollen.[1] Zutreffend geht der BGH jedoch davon aus, dass es hierfür nicht ausreicht, wenn der Nutzer bzw. der Screen-Scraper während der Anfrage/Buchung lediglich einen Haken zur Bestätigung der AGB setzen muss, in denen Screen-Scraping untersagt wird. Demgegenüber spricht einiges dafür, dass die Überwindung von sogenannten „CAPTCHA" (vgl. dazu: Rz. 10.276 ff.) hiernach einen Wettbewerbsverstoß darstellen können.[2]

4. Vertragliche Unterlassungsansprüche

Einige Webshops sehen in ihren auf der Website hinterlegten Nutzungsbestimmungen vor, dass Screen-Scraping verboten ist. Solange diese Nutzungsbestimmungen nur einseitig vom Anbieter erklärt werden und nicht von Website-Besuchern ausdrücklich akzeptiert werden müssen, können sie keine vertraglichen Unterlassungsansprüche begründen. Zwar ist denkbar, dass Anbieter mit Preissuchmaschinen einen Vertragsschluss über die Nutzung des Webshops herbeiführen.[3] Diese Lösung wird jedoch häufig bereits daran scheitern, dass allein durch die Nutzung von Funktionalitäten auf der Website noch kein Vertrag mit dem Website-Betreiber zustande kommt.[4] Etwas anderes kann gelten, wenn der Screen-Scraper für den Nutzer beispielsweise eine Bestellung vornimmt und im Rahmen des Bestellvorgangs die Nutzungsbestimmungen durch Setzen eines Hakens akzeptieren muss.[5]

10.264

5. Virtuelles Hausrecht/telekommunikatives Herrschaftsrecht

Schließlich kommt die Möglichkeit in Betracht, aus einem „virtuellem Hausrecht" oder vergleichbaren Recht am Webshop bzw. am Webserver Unterlassungsansprüche gegen Screen-Scraping herzuleiten. Ob Screen-Scraping von Preissuchmaschinen ein in Bezug auf Webshops bestehendes virtuelles Hausrecht verletzen kann, ist höchst umstritten.

10.265

Die 15. Zivilkammer des LG Hamburg hat ein virtuelles Hausrecht bejaht und angenommen, dass dieses verletzt wird, wenn mittels Screen-Scraping auf eine Onlinedatenbank einer Website zugegriffen wird, obwohl in den Nutzungsbestimmungen der Website ein Screen-Scraping-Verbot geregelt ist.[6] Die 8. Zivilkammer des LG Hamburg ist demgegenüber der Auffassung, Screen-Scraping könne ein virtuelles Hausrecht nicht verletzen, weil es eine normale Nutzung der Website sei.[7] Das OLG Frankfurt a.M. verneint ein virtuelles Hausrecht bereits im Grundsatz.[8]

10.266

Vorzugswürdig erscheint die Ansicht, dass ein virtuelles Hausrecht bzw. ein damit vergleichbares Schutzrecht besteht. Allerdings wird dieses nicht bereits verletzt, wenn ein

10.267

Flugtickets durch Screen-Scraping, MMR 2009, 400 (400 f.) = CR 2009, 390; LG Hamburg v. 1.10.2010 – 308 O 162/09 – Rz. 35 – Flugbuchungssoftware, juris = CR 2010, 747.

1 BGH v. 30.4.2014 – I ZR 224/12 – Flugvermittlung im Internet, GRUR 2014, 785 (788 ff.) = MDR 2014, 914.
2 Vgl. *Schapiro/Ždanowiecki*, MMR 2015, 497 (498).
3 Eine solche Lösung deutet das OLG Frankfurt a.M. an, vgl. Urt. v. 5.3.2009 – 6 U 221/08 – Vermittlung von Flugtickets durch Screen-Scraping, MMR 2009, 400 (401) = CR 2009, 390.
4 *Schmidt*, S. 53 ff.
5 Vgl. EuGH v. 15.1.2015 – Rs. C-30/14 – Ryanair Ltd/PR Aviation BV, GRUR 2015, 253 ff. = CR 2015, 185, der in dem Vorabentscheidungsverfahren einen solchen Vertragsabschluss zu unterstellen hatte und dabei zu dem Ergebnis gelangt ist, dass unter bestimmten Voraussetzungen ein Screen-Scraping vertraglich untersagt werden kann.
6 LG Hamburg v. 28.8.2008 – 315 O 326/08 – Hausverbot im Internet, juris.
7 LG Hamburg v. 1.10.2010 – 308 O 162/09 – Screen-Scraping-Software, CR 2010, 747; ebenso *Deutsch*, GRUR 2010, 1027 (1031).
8 OLG Frankfurt a.M. v. 5.3.2009 – 6 U 221/08 – Vermittlung von Flugtickets durch Screen-Scraping, MMR 2009, 400 (400) = CR 2009, 390.

lediglich in den Nutzungsbestimmungen geregeltes Screen-Scraping-Verbot missachtet wird. Vielmehr müssen zumindest einfache technische Vorkehrungen zum Schutz vor Screen-Scraping getroffen werden.[1] Im Einzelnen:

a) Bestehen eines virtuellen Hausrechts bzw. eines vergleichbaren Rechts

10.268　Es gibt Stimmen, die sich gegen ein virtuelles Hausrecht bereits **im Grundsatz** wenden.[2] Die wohl herrschende Meinung bejaht jedoch ein virtuelles Hausrecht bzw. ein vergleichbares Recht, wenngleich mit unterschiedlicher Begründung:

10.269　Die eine Ansicht vergleicht Websites mit „virtuellen Räumlichkeiten". Diese Meinung begründet ein virtuelles Hausrecht mit der grundrechtlich geschützten Eigentumsfreiheit gemäß Art. 14 GG,[3] oder bemüht eine Analogie zu Eigentums- und Besitzrechten in Bezug auf die Website.[4] Dieser Begründungsansatz hat jedoch Schwächen, weil die Gestaltung und Funktionsweise von Websites bei näherer Betrachtung kaum etwas mit Räumlichkeiten gemein hat.[5] Daher ist diese Ansicht teilweise auf Ablehnung gestoßen.[6]

10.270　Nach anderer Ansicht ist das virtuelle Hausrecht Ausfluss von Eigentums- und Besitzrechten (§§ 858 ff., 903, 1004 BGB) am Webserver, auf dem die Website betrieben wird.[7] Dieser grundsätzlich zutreffende Ansatz versagt jedoch, wenn der Webserver nicht dem Website-Inhaber gehört, weil die Website beispielsweise auf einem Webserver eines Web Hosters betrieben wird.[8]

10.271　Die Nachteile der vorgenannten Begründungsansätze lassen sich jedoch vermeiden. Dem Betreiber einer Website sollte ein **Schutzrecht als „sonstiges Recht" iSv. § 823 Abs. 1 BGB iVm. der verfassungsrechtlich geschützten Privatautonomie** zuerkannt werden, dessen Begründung an das Sachenrecht angelehnt ist.[9] Ein solches Schutzrechts fußt im Wesentlichen auf zwei Grundgedanken:

10.272　Der erste Grundgedanke knüpft an die begrenzten Hardwareressourcen an, die einem Website-Betreiber zur Verfügung stehen: Jede Website wird auf Webservern betrieben, deren **Hardwareressourcen** (zB Prozessorleistung, Arbeitsspeicher, Datenübertragungskapazität) **stets begrenzt** sind. Auch ein Betreiber einer Website, die über einen unabhängigen Web Hoster betrieben wird, muss mit den ihm zugewiesenen begrenzten Hardwareressourcen haushalten. Das Gleiche gilt beim sog. Cloud-Computing. Es ist keine Konstellation vorstellbar, in denen ein Website-Betreiber auf unerschöpfliche Hardwareressourcen zugreifen kann.[10] Jeder Zugriff auf seine Website – beispielsweise durch Screen-Scraping – geht denknotwendiger Weise mit einer Nutzung der begrenzten Hardwareressourcen einher, wo-

---

1　*Schmidt*, S. 169 ff.
2　OLG Frankfurt a.M. v. 5.3.2009 – 6 U 221/08 – Vermittlung von Flugtickets durch Screen-Scraping, MMR 2009, 400 (400) = CR 2009, 390; LG München I v. 27.5.2015 – 37 O 11673/14 – Zulässigkeit von Werbeblockern, MMR 2015, 660 (665) = CR 2015, 738; *Preuß*, S. 178, 180 f.
3　*Schmidl*, K&R 2006, 563 f.
4　LG Hamburg v. 28.8.2008 – 315 O 326/08 – Rz. 40 – „Hausverbote" im Internet, juris; LG Bonn v. 16.11.1999 – 10 O 457/99, MMR 2000, 109 (110) = CR 2000, 245; *Ladeur*, MMR 2001, 787 (788).
5　*Schmidt*, S. 180 ff., 218, 220 ff.
6　OLG Frankfurt a.M. v. 5.3.2009 – 6 U 221/08 – Vermittlung von Flugtickets durch Screen-Scraping, MMR 2009, 400 (400) = CR 2009, 390; *Preuß*, S. 178, 180 f.; *Schmidt*, S. 180 ff., 218, 220 ff.
7　LG München I v. 25.10.2006 – 30 O 11973/05, CR 2007, 264; *Kohl*, S. 208 ff.; *Kunz*, S. 123 ff.; *Feldmann/Heidrich*, CR 2006, 406 (408); *Maume*, MMR 2007, 620 (622); iE auch *Redeker*, CR 2007, 265 (266), der zutreffend feststellt, dass hier terminologisch gar nicht von einem virtuellen Hausrecht zu sprechen ist, da es um gewöhnliche sachenrechtliche Ansprüche an der Hardware geht.
8　*Schmidt*, S. 187 ff.
9　Grundlegend dazu: *Schmidt*, S. 226 ff.
10　*Schmidt*, S. 228 ff.

durch zumindest im Moment des Zugriffs weniger Hardwareressourcen für andere Aufgaben zur Verfügung stehen.

Der zweite Grundgedanke für das anzuerkennende Schutzrecht basiert auf den Regelungen zur Sachherrschaft: Sowohl Eigentümer als auch unmittelbarer Besitzer einer Sache können grundsätzlich frei darüber bestimmen, ob und wie ein Dritter auf die in ihrer Sachherrschaft stehende Sache zugreifen darf (§§ 858 ff., 903, 1004 BGB). Dabei kommt es – anders als beispielsweise im Deliktsrecht bei § 823 Abs. 1 BGB – nicht darauf an, ob der Eingriff des Dritten für den Inhaber der Sachherrschaft eine spürbare Beeinträchtigung bedeutet oder nicht.[1] Hintergrund ist, dass eine Sache – anders als beispielsweise ein geistiges Schutzgut – ein **begrenztes Gut** ist, das einer **„rivalisierenden Nutzung"** durch seine Nutzer ausgesetzt ist.[2] Das Merkmal der rivalisierenden Nutzung lässt sich mit folgendem Beispiel veranschaulichen: Steht auf einem mehrere Hektar großen Grundstück der PKW eines Dritten, so belegt dieser PKW Fläche auf dem Grundstück, die in diesem Moment nicht für andere Zwecke genutzt werden kann. Der Eigentümer bzw. Besitzer des Grundstücks kann die Beseitigung des PKW verlangen. Auf die Grundstücksgröße kommt es dabei nicht an. Mithin resultieren sachenrechtliche Ansprüche des Eigentümers und Besitzers auf dem Merkmal der rivalisierenden Nutzung. Diese rivalisierende Nutzung ist aber auch dann gegeben, wenn die Hardwareressourcen – beispielsweise durch Screen-Scraping – beansprucht werden, die einem Website-Betreiber nur in begrenztem Umfang zur Verfügung stehen.[3]

10.273

Der verfassungsrechtlich verankerte Grundsatz der Privatautonomie (Art. 2 Abs. 1 GG) gebietet es daher, dass jeder Website-Betreiber zumindest im Grundsatz darüber bestimmen können sollte, auf welche Weise auf seine Website und damit auf die ihm zur Verfügung stehenden begrenzten Hardwareressourcen zugegriffen wird.[4]

10.274

Dieses Schutzrecht ähnelt in seinem Schutzumfang der tatsächlichen Herrschaftsgewalt beim Besitz gemäß §§ 858 ff. BGB[5] und verleiht im Ergebnis (auch) Befugnisse, wie sie aus einem virtuellen Hausrecht abgeleitet werden. Für dieses Schutzrecht bietet sich jedoch die Bezeichnung **„telekommunikatives Herrschaftsrecht"** an, weil der Website-Betreiber, also der Schutzrechtsinhaber, mittels Telekommunikation auf seine beim Web Hoster gespeicherte Website zugreift und so eine „telekommunikative Herrschaft" auf die Website und die ihm zur Verfügung stehenden Hardwareressourcen ausübt.

10.275

b) Schutzumfang und Rechtsausübung

Bejaht man ein virtuelles Hausrecht oder nimmt man ein „telekommunikatives Herrschaftsrecht" an, dann gelten diese Rechte gleichwohl nicht schrankenlos.[6] Es muss dem Umstand Rechnung getragen werden, dass Websites grundsätzlich dazu bestimmt sind, besucht zu werden.[7] Jede normale Nutzung einer Website, wie beispielsweise der Besuch eines Webshops, ist daher zunächst einmal von einer **stillschweigend erklärten, rechtfertigenden Einwilligung des Website-Betreibers** gedeckt.[8] Da auch Screen-Scraping eine ge-

10.276

---

1 *Schmidt*, S. 187 ff.
2 Grundlegend dazu: *Berberich*, S. 120 ff.
3 *Schmidt*, S. 228 ff.
4 *Schmidt*, S. 235 ff.
5 *Schmidt*, S. 248.
6 *Schmidt*, S. 250 ff.
7 Vgl. OLG Frankfurt a.M. v. 5.3.2009 – 6 U 221/08 – Vermittlung von Flugtickets durch Screen-Scraping, MMR 2009, 400 (400) = CR 2009, 390; LG Hamburg v. 1.10.2010 – 308 O 162/09 – Screen-Scraping-Software, CR 2010, 747; *Deutsch*, GRUR 2009, 1027 (1032).
8 Vgl. dazu in Bezug auf die rechtfertigende Einwilligung von urheberrechtlich relevanten Nutzungshandlungen im Internet: BGH v. 29.4.2010 – I ZR 69/08 – Vorschaubilder, NJW 2010, 2731 (2736) = MDR 2010, 884 = CR 2010, 463; BGH v. 29.4.2010 – I ZR 39/08 – Session-ID, GRUR 2011, 56 (59) = MDR 2011, 378 = CR 2011, 41.

wöhnliche Form der Website-Nutzung ist, liegt hierfür ebenfalls eine (stillschweigend erklärte) Einwilligung vor. Der Website-Betreiber kann diese Einwilligung jedoch widerrufen, wobei er sich dabei nicht dem Vorwurf des widersprüchlichen Verhaltens aussetzen darf. Ein lediglich in Nutzungsbestimmungen geregeltes Screen-Scraping-Verbot reicht hiernach nicht.[1] Der Website-Betreiber kann nicht einerseits den Zugang zu seiner Website barrierefrei für jegliche Nutzung (auch für Web-Scraper) öffnen und anderseits „irgendwo" auf der Website einschränkende Nutzungsbestimmungen hinterlegen, die von den Web-Scrapern überhaupt nicht ausgelesen werden können.

10.277 Nach hier vertretener Ansicht ist es erforderlich, dass der Website-Betreiber auch technische Barrieren schafft, die seinen Willen eindeutig zum Ausdruck bringen. Dabei ist es jedoch ausreichend, wenn die auf der Website integrierten technischen Hürden zur Abwehr von Web-Scrapern einfach gestaltet sind, also ohne größere Schwierigkeiten überwunden werden können.[2] Speziell für Web-Scraper bieten sich dabei sogenannte **CAPTCHA** (Completely Automated Public Turing test to tell Computers and Humans Apart) an, die bereits bei zahlreichen Websites zum Einsatz kommen. Bei den CAPTCHA muss ein Nutzer, bevor beispielsweise seine Suchanfrage oder Bestellung von der Website verarbeitet wird, zunächst eine kleine Aufgabe lösen. Ihm wird beispielsweise eine Grafik mit verzerrten Buchstaben und/oder Zahlenkombinationen gezeigt und er muss die zutreffende Zeichenfolge erkennen und eingeben. Nur wenn die Zeichenfolge vom Nutzer korrekt eingegeben wird, verarbeitet die Website seine Suchanfrage bzw. Bestellung.[3] Der einzige Zweck von einem CAPTCHA ist es, Screen-Scraping zu unterbinden. CAPTCHA sind für ausgefeilte Screen-Scraper zwar überwindbar, gleichwohl ausreichend, um **eindeutig den entgegenstehenden Willen des Website-Betreibers zu dokumentieren**. Werden solche CAPTCHA von Screen-Scrapern umgangen, ist ein Verstoß gegen das virtuelle Hausrecht bzw. gegen ein „sonstiges Recht" gemäß § 823 Abs. 1 BGB iVm. der Privatautonomie anzunehmen.

10.278 ➲ **Praxistipp:** Ein Anbieter, der Screen-Scraping von Preissuchmaschinen bei seinem Webshop unterbinden möchte, sollte dies **klar und deutlich in den Nutzungsbestimmungen für seinen Webshop regeln**. Darüber hinaus sind aber auch technische Barrieren zu errichten, die typischerweise gegen Screen-Scraping zum Einsatz kommen. Hierzu gehören beispielsweise **CAPTCHA**.

C. Affiliate Marketing

---

1 *Schmidt*, S. 253 ff.
2 *Schmidt*, S. 254 ff., vgl. dazu auch: BGH v. 29.4.2010 – I ZR 39/08 – Session-ID, GRUR 2011, 56 (59) = MDR 2011, 378 = CR 2011, 41.
3 Näher zu den technischen Hintergründen: *Schmidt*, S. 33 ff.

Literatur: *Hoeren/Semrau*, Haftung des Merchant für wettbewerbswidrige Affiliate-Werbung, MMR 2008, 571; *Janal*, Lauterkeitsrechtliche Betrachtungen zum Affiliate-Marketing, CR 2009, 317; *Kieser/Kleinemenke*, Neues zur Affiliate-Werbung: Die Haftung des Affiliate für (Schutz-)Rechtsverletzungen des Advertisers, WRP 2012, 543; *Kilian/Heussen*, Computerrechtrechts-Handbuch, 32. Ergänzungslieferung 2013; *Leupold/Glossner*, Münchener Anwaltshandbuch IT-Recht, 3. Auflage 2013; *Renner/Schmidt*, Unterlassung von Handlungen Dritter? – Die Erfolgshaftung im gewerblichen Rechtsschutz und Urheberrecht, GRUR 2009, 908; *Spieker*, Haftungsrechtliche Aspekte für Unternehmen und ihre Internet-Werbepartner (Affiliates), GRUR 2006, 903; *Schirmbacher/Ihmor*, Affiliate-Werbung – Geschäftsmodell, Vertragsgestaltung und Haftung, CR 2009, 245.

I. Einführung

Mit dem Begriff **„Affiliate-Marketing"** oder **„Affiliate-Programme"** bezeichnet man Vertriebslösungen bzw. Marketingkonzepte, bei denen kommerzielle Anbieter von Waren oder Dienstleistungen im Internet, sog. „Merchants" (nachfolgend „Anbieter"), ihre Angebote durch Werbepartner, sog. „Affiliates" oder „Publisher" (nachfolgend „Werbepartner"), auf Provisionsbasis bewerben lassen.[1] Der Anbieter stellt dabei die Werbemittel, etwa in Form von anklickbaren Werbebannern, zur Verfügung, die der Werbepartner zur Bewerbung der Angebote des Anbieters einsetzen kann. Dadurch können die Waren oder Dienstleistungen auf vielen Partnerwebseiten platziert werden, wodurch eine Erhöhung der Reichweite der Angebotswertung und ein höherer Besucherstrom auf den Webseiten erzielt werden kann.[2] Regelmäßig wirbt der Werbepartner auch auf seinen eigenen Webseiten für die Produkte des Anbieters und integriert dort einen Link, über den die Webseiten-Besucher bzw. Kaufinteressenten auf die Webseite des Anbieters weitergeleitet werden.[3]

10.279

Die Abrechnung der Vertriebsprovision erfolgt nach unterschiedlichen Vergütungsmodellen, wie zB einer Vergütung pro erfolgtem Klick auf das Werbebanner (Pay per Click) oder pro Aufruf einer Webseite (Pay per View) bzw. einer umsatzbasierten Provision pro vermitteltem Umsatz (Pay per Sale) oder für die Herstellung eines qualifizierten Kundenkontakts (Pay per Lead).[4]

10.280

Anfänglich kamen derartige **Affiliate-Programme** in kleinerem Maßstab unmittelbar zwischen Anbieter und Werbepartner zustande. Infolge des immer höheren operativen Aufwands der Werbepartner hat sich mittlerweile jedoch die Einschaltung sog. **Affiliate-Netzbetreiber** durchgesetzt. Die Affiliate-Netzbetreiber übernehmen für den Anbieter gegen Provisionsanteile und/oder eine fixe Vergütung ua. die technische Abwicklung, Zulassung, Verwaltung und Abrechnung der Werbepartner.[5]

10.281

Neben Fragen der vertraglichen Ausgestaltung sowie damit zusammenhängenden Abrechnungsfragen (s. Rz. 10.283 ff.) werden dabei in der Praxis vor allem Fragen der Haftung des Anbieters für Rechtsverletzungen seines Werbepartners relevant (s. Rz. 10.288 ff.).

10.282

II. Vertragliche Ausgestaltung

Im Affiliate-Marketing hat sich mittlerweile eine vertragliche Ausgestaltung durchgesetzt, bei der der Netzwerkbetreiber die Rolle eines Intermediärs zwischen Werbepart-

10.283

---

1 Kilian/Heussen/*Egermann*, Suchmaschinen Rz. 18.
2 *Spieker*, GRUR 2006, 903.
3 *Leupold/Glossner*, Teil 2 Rz. 729; Beispiele für weitere Modelle bei *Spieker*, GRUR 2006, 903 (903 f.).
4 *Kieser/Kleinemenke*, WRP 2012, 543; *Schirmbacher/Ihmor*, CR 2009, 245 (246); *Spieker*, GRUR 2006, 903 (904).
5 *Schirmbacher/Ihmor*, CR 2009, 245.

ner und Anbieter einnimmt.[1] Der Affiliate-Netzbetreiber schließt separate Verträge auf AGB-Basis mit dem Anbieter sowie dem Werbepartner, die jeweils faktisch auf die **Vermittlung von Werbepartnern mit Werbeflächen** bzw. die **Vermittlung von Anbietern mit Werbemitteln** und zugehörigem Werbeetat ausgerichtet sind. Anbieter und Werbepartner gehen hingegen keine direkte Vertragsbeziehung ein.

10.284 Neben der technischen Abwicklung und der Werbemittel-Verwaltung übernimmt der Netzwerkbetreiber regelmäßig auch die Abrechnung und Provisionsauszahlung. Er schuldet jedoch keine Transaktions-Vermittlung und insbesondere auch nicht die Bewerbung als solche. Mithin werden die Werbepartner nicht als Erfüllungsgehilfen des Netzwerkbetreibers eingesetzt, so dass auch der Werbepartner in der Regel vom Netzwerkbetreiber nicht zum Tätigwerden verpflichtet und von diesem daher rein erfolgsbasiert vergütet wird.

10.285 Auch die vom Anbieter an den Netzwerkbetreiber zu zahlende Vergütung erfolgt regelmäßig ebenfalls erfolgsbasiert bzw. anteilig – zB für die Einrichtung eines Partnerprogramms – auch auf Fixkostenbasis.[2] Folge dieser Vertragskonstellation ist, dass für den Anbieter regelmäßig nicht mehr transparent ist, in welcher Höhe der Netzwerkbetreiber dem Werbepartner Provisionen auszahlt.

10.286 Der Vertrag zwischen dem Netzwerkbetreiber und dem Anbieter ist daher regelmäßig vertragsrechtlich schwerpunktmäßig als **Dienstvertrag mit Geschäftsbesorgungscharakter** einzuordnen, der zum größten Teil erfolgsabhängig vergütet wird.[3]

10.287 Daneben existieren jedoch auch weiterhin solche vertragliche Ausgestaltungen, bei denen der Werbepartner unmittelbar mit dem Anbieter einen Vertrag über die Platzierung von Werbung des Anbieters schließt.

III. Pflichtverletzungen

10.288 In der Praxis werden regelmäßig Vertragspflichtverletzungen des Werbepartners gegenüber dem Netzwerkbetreiber relevant, die mittelbar auch den Anbieter betreffen. Die Pflichtverletzungen können in zwei Kategorien eingeordnet werden. Zum einen die Verstöße gegen Verpflichtungen zur rechts- bzw. vertragskonformen Ausgestaltung der eigenen Werbeflächen bzw. Werbemittel (s. Rz. 10.289 ff.), zum anderen die Vertragspflichtverletzungen, die beabsichtigen, das erfolgsbasierte Vergütungsmodell zu umgehen (s. Rz. 10.292 ff.).

1. Verstöße gegen Verpflichtungen zur rechts- bzw. vertragskonformen Ausgestaltung der Werbemittel

10.289 Der Anbieter hat regelmäßig konkrete Vorstellungen, in welcher Form der Werbepartner für ihn werben soll. So können zB eine Beschränkung der zulässigen Werbemethoden und die Festlegung eines bestimmten Werbeumfelds gewünscht sein. Da das Direktmarketing unter Verwendung von Adressdaten im Bereich von E-Mail, Fax- und Telefonwerbung grundsätzlich die vorherige ausdrückliche Einwilligung des Adressaten voraussetzt (§ 7 Abs. 2 UWG), sind derartige Werbeformen vom Anbieter häufig nicht gewünscht. Zudem sind regelmäßig auch besonders aggressive Werbeformen nicht im Interesse des Anbieters, wie zB bestimmte Formen der Pop-Up-Werbung.

---

1 *Schirmbacher/Ihmor*, CR 2009, 245 (246).
2 *Schirmbacher/Ihmor*, CR 2009, 245 (246).
3 *Schirmbacher/Ihmor*, CR 2009, 245 (248).

⮑ **Praxistipp:** Die **zulässigen Werbemittel** sowie die **Anforderungen an das Werbeumfeld** 10.290
und die Werbemethoden sowie bestimmte Verhaltenskodizes sollten konkret vertraglich fixiert werden. Teilweise räumen Netzwerkbetreiber den Anbietern die Möglichkeit ein, eigene ergänzende Teilnahmebedingungen für Werbepartner mit bestimmten
Anforderungen an die Bewerbung zur formulieren, die der Netzwerkbetreiber dann
wiederum in seine Verträge mit den Werbepartnern einbezieht. Soweit dies nicht der
Fall ist, sollte zumindest kontrolliert werden, ob die Vorgaben, die der Netzwerkbetreiber den Werbepartnern macht, die eigenen Anforderungen abdecken. Der Anbieter sollte auch darauf achten, dass die Rechtsfolgen von Verstößen gegen derartige Verpflichtungen ausdrücklich geregelt sind. Empfehlenswert sind die Vereinbarung von
Vertragsstrafen und der ausdrückliche Ausschluss von Provisionsansprüchen, die unter Verstoß gegen derartige Verpflichtungen erlangt wurden, sowie die Aufnahme einer
Freistellungsklausel.

Der Anbieter sollte daher insbesondere darauf achten, dass eine **strafbewehrte** Verpflich- 10.291
tung des Werbepartners zur rechtskonformen Ausgestaltung der Werbemaßnahmen und
des Werbeumfeldes vertraglich festgehalten ist. In der Praxis werden vor allem die Verletzung von Schutzrechten und die Verletzung von lauterkeitsrechtlichen Vorschriften relevant (zu den damit zusammenhängenden Haftungsfragen s. Rz. 10.296 ff.).

2. Umgehung der vertraglichen Vergütungsmechanismen

Das Ziel des Anbieters, die Höhe der Vergütung möglichst eng an den konkreten Wer- 10.292
beerfolg der Werbemaßnahmen zu knüpfen, führt zu **erfolgsabhängig ausgestalteten Vergütungsmodellen.** Darin liegt jedoch das Risiko, dass die Werbepartner sich veranlasst
sehen können, durch bestimmte Maßnahmen zu versuchen, den vertraglich definierten Erfolgseintritt künstlich, dh. ohne tatsächliche Werbewirkung, zu beeinflussen. Regelmäßig
sind solche Maßnahmen als Vertragspflichtverletzungen zu werten.

a) Klick-Betrug und Eigenbuchungen

Soweit die Vergütung pro Klick auf das Werbemittel (Pay per Click) vereinbart ist, kann der 10.293
Werbepartner versucht sein, durch manuelles oder softwarebasiertes automatisiertes Klicken den Vergütungsanspruch auszulösen. Derartige Manipulationen sind regelmäßig bereits nach den AGB des Netzwerkbetreibers untersagt und stellen eine **Vertragspflichtver-
letzung** dar, die dazu führt, dass kein Vergütungsanspruch entsteht bzw., bei bereits
erfolgter Zahlung, ein Rückforderungsanspruch aus Schadensersatz (§ 280 Abs. 1 Satz 1
BGB) sowie aus Bereicherungsrecht (§ 812 Abs. 1 Satz 1 Alt. 1 BGB) besteht.[1] Aber auch ohne ausdrückliche Regelung führt die Vertragsauslegung zu demselben Ergebnis, da eine
Vergütung erkennbar nur bei einem „echten" Klick erfolgen soll.[2]

Wenn eine Pay per Sale-Vergütung gewählt wurde, kann der Werbepartner wiederum 10.294
selbst dafür sorgen, dass die provisionsauslösenden Verkäufe stattfinden (sog. „Eigen-
buchung"). Dies ist immer dann von Interesse, wenn die Provision den (Mindest-)Umsatz
übersteigt.[3] Auch diese missbräuchliche Vornahme von Buchungen durch den Werbepartner stellt jedoch – auch ohne explizite vertragliche Regelung – eine Vertragspflichtverlet-
zung dar (und erfüllt gleichzeitig den Straftatbestand des Betrugs, § 263 StGB).[4]

---

1 *Schirmbacher/Ihmor*, CR 2009, 245 (249).
2 *Schirmbacher/Ihmor*, CR 2009, 245 (248).
3 *Schirmbacher/Ihmor*, CR 2009, 245 (249).
4 Vgl. LG Berlin v. 23.10.2008 – 32 O 501/08, BeckRS 2009, 02621 = CR 2009, 262; *Schirmbacher/Ih-
mor*, CR 2009, 245 (249).

b) Missbrauch von Cookies

10.295 Eine weitere, in der Vergangenheit zeitweise häufig gebräuchliche Missbrauchsmöglichkeit, den Anbieter über den Erfolgseintritt zu täuschen, ist es, Cookies auf dem PC von Nutzern bereits beim Besuch der Webseite, auf dem das Werbebanner geschaltet ist, abzulegen, und nicht erst, wie nach der Intention des zugrundeliegenden Vertrages Voraussetzung für die Vergütungspflicht, nach erfolgtem Klick auf das Werbebanner durch den Nutzer. Wie beim Klick-Betrug ergibt auch ohne ausdrückliche vertragliche Regelung die Vertragsauslegung, dass derartige Manipulationen einen Vergütungsanspruch ausschließen.[1]

IV. Haftungsfragen

10.296 Bei dem Einsatz von Werbepartnern im Rahmen von Affiliate-Programmen stellt sich für den Anbieter die Frage, ob und ggf. inwieweit er für Rechtsverstöße der Werbepartner selbst haftet. Solche **Rechtsverletzungen durch Werbepartner** im Rahmen eines Affiliate-Programms sind in vielfältiger Form möglich, wobei in der Praxis am häufigsten **lauterkeitsrechtliche Verstöße und Schutzrechtsverletzungen** eine Rolle spielen.

1. Verletzung von wettbewerbsrechtlichen Verkehrspflichten

10.297 Eine Haftung des Anbieters für Rechtsverstöße des Werbepartners kommt zum einen nach der neueren höchstrichterlichen Rechtsprechung unter dem Gesichtspunkt der Verletzung von wettbewerbsrechtlichen Verkehrspflichten in Betracht. Ursprünglich ordnete die Rechtsprechung die Haftung für Wettbewerbsverstöße eigenverantwortlicher Dritter unter der Rechtsfigur der sog. Störerhaftung ein (dazu unten Rz. 10.300). Nach der neueren Rechtsprechung treffen nunmehr wettbewerbsrechtliche Verkehrspflichten denjenigen, der durch sein Handeln im geschäftlichen Verkehr in einer ihm zurechenbaren Weise die ernsthafte Gefahr eröffnet, dass Dritte Interessen von Marktteilnehmern verletzen, die durch das Wettbewerbsrecht geschützt sind.[2] Der Anbieter ist daher verpflichtet, derartige Gefahren im Rahmen des Möglichen und Zumutbaren zu begrenzen. Soweit für den Anbieter in zumutbarer Weise erkennbar ist, dass Rechtsverletzungen durch den Werbepartner drohen, etwa durch unlautere Inhalte auf den für die Werbung vorgesehenen Seiten, ist er somit lauterkeitsrechtlich gehalten, eigene Werbung auf derartigen Seiten zu verhindern, etwa durch die Kündigung des Affiliate-Vertrages.[3]

2. Beauftragtenhaftung

10.298 Zum anderen kommt eine Haftung des Anbieters für Rechtsverstöße des Werbepartners aufgrund der **Zurechnung von Rechtsverstößen über die Rechtsfigur des Beauftragten** iSv. § 8 Abs. 2 UWG und § 14 Abs. 7 MarkenG in Betracht, wonach sich ein Unterlassungsanspruch bei Zuwiderhandlungen des Beauftragten gegen wettbewerbs- oder kennzeichenrechtliche Normen auch gegen den Unternehmensinhaber richten kann.[4] Soweit der Werbepartner hiernach als Beauftragter des Anbieters einzuordnen ist, kommt es nicht darauf an, ob der Anbieter die Rechtsverletzung durch zumutbare Maßnahmen hätte erkennen und verhindern können. Dem Unternehmensinhaber werden die Zuwiderhandlungen seiner Beauftragten vielmehr bereits wie eigene Handlungen zugerechnet.[5] Dabei haftet der

---

1 *Schirmbacher/Ihmor*, CR 2009, 245 (250).
2 BGH v. 12.7.2007 – I ZR 18/04, GRUR 2007, 890 = CR 2007, 729 = MDR 2008, 97.
3 OLG München v. 11.9.2008 – 29 U 3629/08, MMR 2009, 126 = CR 2009, 111.
4 Eine Beauftragtenhaftung ist zudem auch in § 44 GeschmMG und § 100 Satz 1 UrhG geregelt, die ebenfalls wie § 8 Abs. 2 UWG keinen Schadensersatzanspruch begründen.
5 BGH v. 7.10.2009 – I ZR 109/06, GRUR 2009, 1167 (1170) = CR 2009, 794.

Inhaber ggf. auch für ohne sein Wissen und gegen seinen Willen von einem Beauftragten begangene Rechtsverstöße.[1]

Von Rechtsprechung und Literatur wurde die Frage der Beauftragteneigenschaft von Werbepartnern zeitweise uneinheitlich beurteilt.[2] Mit seinem „Partnerprogramm"-Urteil aus dem Jahr 2009 hat der BGH diese Frage differenziert entschieden.[3] Danach könne der Werbepartner zwar auch bei einem zweiseitig ausgestalteten Partnerprogramm mit dazwischen geschaltetem Affiliate-Netzwerkbetreiber grundsätzlich als Beauftragter des Anbieters iSd. § 14 Abs. 7 MarkenG eingestuft werden. Entscheidend sei dabei aber, ob der Werbepartner in die betriebliche Organisation des Anbieters in der Weise eingegliedert ist, dass der Erfolg der Geschäftstätigkeit des Werbepartners dem Anbieter zugutekommt, und ob der Anbieter einen bestimmenden, durchsetzbaren Einfluss auf die Tätigkeit des Werbepartners hat, die zur Rechtsverletzung führt. Danach sei die Haftung des Anbieters auf solche Werbemittel beschränkt, mit deren Einsatz der Anbieter nach dem Partnerprogramm rechnen musste. Auf eine Kenntnis des Anbieters von der Rechtsverletzung des Werbepartners kommt es hingegen nicht an.[4] Dieselben Grundsätze gelten auch für die Beauftragtenhaftung nach § 8 Abs. 2 UWG,[5] wobei diese Vorschrift im Gegensatz zu § 14 Abs. 7 MarkenG nicht auf Schadensersatz- und zugehörige Auskunftsansprüche anwendbar ist.[6]

10.299

3. Störerhaftung

Nachdem die Rechtsprechung von dem Rechtsinstitut der Störerhaftung im Bereich des Wettbewerbsrechts offenbar abgerückt ist, kommt nur im Bereich der Immaterialgüterrechte weiter eine Haftung des Anbieters nach diesen Grundsätzen in Betracht.[7] Die Störerhaftung setzt aber, ähnlich wie die Verletzung von wettbewerbsrechtlichen Verkehrspflichten, neben der willentlichen und kausalen Mitwirkung an der rechtswidrigen Beeinträchtigung die **Verletzung zumutbarer Prüfpflichten** voraus.[8] Daher ist, auch wenn eine Haftung nach den Grundsätzen der Beauftragtenhaftung ausscheidet (etwa weil der Werbepartner den ihm erteilten Auftrag überschritten hat[9]), eine Haftung des Anbieters nach den Grundsätzen der Störerhaftung prinzipiell zumindest dann zu bejahen, wenn der Anbieter Kenntnis von der Verletzung von Immaterialgüterrechten im Rahmen eines Partnerprogramms durch den Werbepartner erlangt und daraufhin keine eingehende Prüfung vornimmt und ggf. Maßnahmen einleitet.[10] Die Störerhaftung begründet allerdings lediglich Unterlassungsansprüche, nicht hingegen Schadensersatzansprüche.[11]

10.300

4. Haftung für Erfüllungsgehilfen

Eine Haftung des Anbieters für Handlungen des Werbepartners als Erfüllungsgehilfe (§ 278 BGB) ist möglich, wenn – etwa aufgrund einer Abmahnung – Unterlassungsverpflichtun-

10.301

---

1 OLG Köln v. 18.10.2013 – 6 U 36/13, MMR 2014, 258 (259) = CR 2014, 331.
2 Bejahend LG Berlin v. 16.8.2005 – 15 O 321/05, MMR 2006, 118; OLG Köln v. 8.2.2008 – 6 U 149/07, CR 2008, 521; LG Potsdam v. 12.12.2007 – 52 O 67/07, K&R 2008, 117; *Spieker*, GRUR 2006, 903 (907 f.); *Renner/Schmidt*, GRUR 2009, 908 (910 f.); *Janal*, CR 2009, 317 (321); verneinend LG Frankfurt v. 15.12.2005 – 2/03 O 537/04, MMR 2006, 247; *Hoeren/Semrau*, MMR 2008, 571 (573 f.).
3 BGH v. 7.10.2009 – I ZR 109/06, GRUR 2009, 1167 (1170) = CR 2009, 794.
4 BGH v. 17.8.2011 – I ZR 134/10, MDR 2012, 44.
5 BGH v. 7.10.2009 – I ZR 109/06, GRUR 2009, 1167 (1170) = CR 2009, 794.
6 BGH v. 6.4.2000 – I ZR 67/98, GRUR 2001, 82 (83) = MDR 2001, 163.
7 *Renner/Schmidt*, GRUR 2009, 908 (910 f.); *Janal*, CR 2009, 317 (319).
8 BGH v. 6.4.2000 – I ZR 67/98, GRUR 2001, 82 (83) = MDR 2001, 163.
9 Vgl. BGH v. 7.10.2009 – I ZR 109/06, GRUR 2009, 1167 (1170) = CR 2009, 794.
10 *Renner/Schmidt* GRUR 2009, 908 (910 f.); *Janal*, CR 2009, 317 (320); im Ergebnis auch *Hoeren/Semrau*, MMR 2008, 571 (573 f.).
11 BGH v. 18.10.2001 – I ZR 22/99, NJW-RR 2002, 832 = MDR 2002, 711; BGH v. 6.4.2000 – I ZR 67/98, GRUR 2001, 82 (83) = MDR 2001, 163.

gen eingegangen wurden. Der Werbepartner ist aber dann nicht als Erfüllungsgehilfe des Anbieters in Bezug auf die vom Anbieter vertraglich übernommene Unterlassungspflicht anzusehen, soweit keine Neuvornahme, sondern nur die Beibehaltung der zu unterlassenden Werbung in Rede steht.[1]

D. Kartellrechtliche Anforderungen

---

1 OLG Köln v. 12.2.2010 – 6 U 169/09, MMR 2010, 782 (782 f.).

Literatur: *Bechtold/Bosch/Brinker*, EU-Kartellrecht, Kommentar, 3. Aufl. 2014; *Bechtold/Bosch*, Kartellgesetz – Gesetz gegen Wettbewerbsbeschränkungen, Kommentar, 8. Aufl. 2015; *von Dietze/Janssen*, Kartellrecht in der anwaltlichen Praxis, 5. Aufl. 2015, *Immenga/Mestmäcker*, Wettbewerbsrecht. Kommentar zum Europäischen Kartellrecht, 5. Aufl. 2012, *Kapp*, Kartellrecht in der Unternehmerpraxis, 2. Aufl. 2013; *Wegner/Johannsen*, VO 330/2010 in Busche/Röhling (Hrsg.), *Kölner Kommentar zum Kartellrecht*, Band 3, 2016; *Langen/Bunte* (Hrsg.), Kommentar zum deutschen und europäischen Kartellrecht, 12. Aufl. 2014; *Loewenheim/Meessen/Riesenkampff/Kersting/Meyer-Lindemann* (Hrsg.), Kartellrecht, Kommentar, 3. Aufl. 2016; *Münchener Kommentar* Europäisches und Deutsches Wettbewerbsrecht, 2. Aufl. 2015; *Schultze/Pautke/Wagener*, Vertikal-GVO, Praxiskommentar, 3. Aufl. 2011; *Wecker/Ohl*, Compliance in der Unternehmerpraxis, 3. Aufl. 2013; *Wiedemann* (Hrsg.), Handbuch des Kartellrechts, 3. Aufl. 2016.

I. Einleitung

1. Relevanz

Das Kartellrecht schützt die **Freiheit des Wettbewerbs**. Dies gilt für alle Stufen der Wertschöpfungskette, also auch den Handel. Jedes Handelsunternehmen ist daher frei in seiner Entscheidung, wie es seinen Vertrieb organisieren will: stationär, also von physischen Verkaufsstellen aus („offline"), per Katalog mit Bestellung per Post, Telefon oder Fax (klassischer Versandhandel), im Internet („online"), insbesondere per Online-Shop. Zum Vorläufer des Online-Verkaufs – dem Versandhandel – beschränkte sich die kartellrechtliche Praxis weitgehend darauf, ob ein Versandhändler Belieferung mit Markenware und Zugang zu selektiven Vertriebssystemen beanspruchen könne. Das Internet hat die wirtschaftlichen Rahmenbedingungen geändert und damit auch die Fragen an das Kartellrecht. Aus Sicht der Kartellbehörden sind diese Fragen in aller Regel zu Gunsten des unbeschränkten Internethandels zu beantworten. Denn, das ist unbestreitbar, das Internet hat zahlreiche wettbewerbsfördernde Wirkungen. So können über das Internet im Vergleich zu anderen Vertriebswegen mehr oder andere Kunden schnell und effektiv angesprochen werden.[1] Zudem schafft das Internet transparente Marktverhältnisse, die es Konsumenten und auch Produktanbietern erlauben, sich besser über die im Markt angebotenen Preise und Produktqualitäten zu informieren, wodurch sich der Wettbewerbsdruck auf die Anbieter erhöht.[2] Die Europäische Kommission vertritt den Grundsatz des freien Vertriebs über das Internet so rigoros, dass manche vom Internet-Dogma sprechen.[3] Die Kartellbehörden wenden sich dem Thema Internet-Ökonomie aktiv zu. Das Bundeskartellamt hatte in den vergangenen Jahren seine Praxis zunächst an einzelnen Verfahren punktuell entwickelt, versucht mittlerweile aber, das Thema grundsätzlicher und integriert in den Griff zu bekommen. So hat es Anfang 2015 eine interne Projektgruppe gebildet (den **„Think Tank Internetplattformen"**)[4]. Die Europäische Kommission hatte zunächst keine Fälle aufgegriffen, sondern sich auf Hinweise in ihren Vertikal-Leitlinien aus dem Jahr 2010 beschränkt.[5] Dies hat sich ebenfalls geändert. So läuft derzeit als Teil der **Digitalen Agenda**[6] die **„Sektoruntersuchung elektronischer Handel"**, in der die Kommission Erkenntnisse über Wettbewerbsbeschränkungen insbesondere beim grenzüberschreitenden Handel gewinnen will.[7]

10.302

---

1 Europäische Kommission, Leitlinien für vertikale Beschränkungen, ABl. EU C 130/01 v. 19.5.2010 (im Folgenden „Vertikal-Leitlinien") Rz. 52.
2 S. hierzu Rz. 16 ff. und 92 ff. der Verfügung der Schweizer Wettbewerbskommission v. 11.7.2011, Az. 22-0391 „Elektrolux", abrufbar unter www.weko.admin.ch.
3 S. etwa *Kapp*, Reform der Vertikal-GVO: Der Wind weht schärfer, WuW 2009, 1003.
4 BKartA, Arbeitspapier Marktmacht von Plattformen und Netzwerken, Juni 2016, B6-113/15.
5 Europäische Kommission, Leitlinien für vertikale Beschränkungen, ABl. EU C 130/01 v. 19.5.2010.
6 Europäische Kommission, Mitteilung v. 6.5.2015, COM (2015) 192 final: „Strategie für einen Digitalen Binnenmarkt für Europa".
7 Europäische Kommission v. 6.5.2015, C(2015) 3026 final; rechtliche Grundlage für eine solche Untersuchung ist Art. 17 VO 1/2003.

10.303 Um den gesetzgeberischen Zweck – Freiheit des Wettbewerbs – zu erreichen, gewährt das Kartellrecht Behörden wie Privaten Rechte, die sich unmittelbar auf das Geschäft des Online-Shops auswirken. Öffentlichrechtliche sowie zivilrechtliche Sanktionen können sich zum Vorteil der einen und zum Nachteil der anderen Partei oder auch zu beiderlei Lasten auswirken. In einigen Staaten ist Kartellrecht Strafrecht. Kartellrechtliche Normen, die den Versandhandel einschränken oder schützen, können dem deutschen Recht entstammen, oft sind aber auch andere Rechtsordnungen anwendbar (dazu unter Rz. 10.311). Diese Darstellung beschränkt sich auf das deutsche und das EU-Recht. Sachlich konzentriert sie sich auf das **Kartellverbot** und das **Missbrauchsverbot** (s. Rz. 10.325 ff.) sowie das **Boykottverbot** und die **Veranlassung zu verbotenem Verhalten** (s. Rz. 10.360 ff.). Die Regelungen zu kartellrechtlichen Genehmigungserfordernissen beim gesellschaftsrechtlichen Zusammenschluss von Unternehmen (sogenannte Fusionskontrolle), bleiben hier ausgespart.[1]

a) Rechtsfolgen

10.304 Vereinbarungen, die gegen das Kartellverbot oder das Missbrauchsverbot verstoßen, sind gemäß § 134 BGB **nichtig**.[2] Die Rechtsfolge erfasst nur diejenigen Klauseln, die gegen das Verbot verstoßen, nicht die übrigen Klauseln, die sich von der nichtigen trennen lassen.[3] Im deutschen Zivilrecht gilt gemäß § 139 BGB die Vermutung der Gesamtnichtigkeit, die allerdings durch die in Verträgen übliche Salvatorische Klausel abbedungen wird. Grundsätzlich ist es nicht arglistig, wenn sich eine Partei auf die Nichtigkeit des kartellrechtlichen Teils einer Vereinbarung beruft.[4] In der Praxis wird aber insbesondere bei Dauerschuldverhältnissen oft zu fragen sein, ob nicht eine Anpassung des Vertrags oder eine Übergangsfrist eingeräumt werden muss.

10.305 Ein Kartellrechtsverstoß kann einen **Beseitigungs- bzw. Unterlassungsanspruch** begründen; bei Verschulden besteht Anspruch auf **Schadensersatz**.[5] Kartellrechtlich begründete Schadensersatzansprüche werden in den letzten Jahren vermehrt geltend gemacht und von den Gerichten oft in substanzieller Höhe zugesprochen. Auch ein Arbeitnehmer oder ein Organ eines Unternehmens kann unter Umständen geschädigten Dritten zum Schadensersatz verpflichtet sein.[6] Zugleich kann sein Verhalten eine Verletzung seiner dienst- oder arbeitsvertraglichen Pflichten begründen, die ihn gegenüber seinem Arbeitgeber schadensersatzpflichtig macht.[7]

10.306 Im Falle einer Verletzung des Kartell- oder des Missbrauchsverbots können die Europäische Kommission und das Bundeskartellamt Bußgelder bis zur Höhe von **10 % des Umsatzes** der gesamten Unternehmensgruppe verhängen.[8] Diese Bußgelder erreichen oft mehrstellige Millionenbeträge. Nach deutschem Recht können – und werden – **Bußgelder** auch **gegen natürliche Personen** verhängt.[9]

---

1 Dazu etwa *von Dietze/Janssen*, Rz. 734 ff.
2 § 1 GWB iVm. § 134 BGB bzw. Art. 101 Abs. 2 AEUV iVm. § 134 BGB.
3 EuGH v. 30.6.1966, Slg. 1966, 282 (304) – „Société Technique Minière/Maschinenbau Ulm"; Urt. v. 13.7.1966, Slg. 1966, 322 (392) – „Consten und Grundig".
4 Vgl. BGH v. 21.2.1989, WuW/E BGH 2565 (2567) – „Schaumstoffplatten". Arglist (§ 242 BGB) aber, wenn sich derjenige, der durch den Wegfall der kartellrechtswidrigen Bestimmung bereits besser gestellt wird, einer vertragsrechtlichen und auch sonst nicht zu beanstandenden Verpflichtung entziehen will. Vgl. BGH v. 10.7.1969, WuW/E BGH 1039 – „Auto-Lok"; Langen/Bunte/*Krauß*, § 1 GWB Rz. 332; Wiedemann/*Topel*, § 50 Rz. 38.
5 § 33 GWB.
6 S. etwa OLG Düsseldorf v. 13.11.2013, WuW-E DE-R 4117 – Badarmaturen.
7 ZB LAG Düsseldorf v. 27.11.2015 und *Janssen/Ackermann*, Schienenkartell – Keine Arbeitnehmerhaftung des Verkaufsleiters, Compliance Berater 2016, 130 ff.
8 Art. 23 VO 1/2003; § 81 GWB.
9 § 81 Abs. 4 Satz 1 GWB.

Die Kartellbehörden können Unternehmen verpflichten, **Zuwiderhandlungen abzustellen**.[1] Nach deutschem Recht kann das Bundeskartellamt die **Abschöpfung des** durch den Rechtsverstoß erlangten wirtschaftlichen **Vorteils** anordnen.[2] Auch Verbände können wirtschaftliche Vorteile eines Kartells abschöpfen, müssen diese aber an den Fiskus herausgeben.[3]

10.307

b) Compliance

Die genannten Rechtsfolgen können für ein Unternehmen einschneidend und zuweilen existenzgefährdend sein. Daher räumen viele der Kartellrechts-Compliance einen hohen Stellenwert ein. Besondere Bedeutung hat die Kartellrechts-Compliance in erster Linie zur Vermeidung von Risiken durch Vereinbarungen oder abgestimmte Verhaltensweisen zwischen Unternehmen auf derselben Produktions- oder Vertriebsstufe (**horizontale Beschränkungen**). Denn in aller Regel sind es solche horizontalen Absprachen zwischen Wettbewerbern, die exorbitante Geldbußen und seit einigen Jahren Schadensersatzklagen in Millionenhöhe auslösen. Bei der Kooperation mit Wettbewerbern – vom informellen Informationsaustausch, über die Zusammenarbeit bei Einkauf oder Vertrieb bis hin zur strategischen Partnerschaft und dem Betrieb von Joint Ventures – ist also besondere Vorsicht angeraten.

10.308

Stehen die beteiligten Unternehmen auf unterschiedlichen Produktions- oder Vertriebsstufen, kann ein Kartellrechtsverstoß (**vertikale Beschränkung**) ebenfalls ein großes Bußgeld- und Schadensersatzrisiko bergen. Beispiele dafür sind, dass sich Lieferant und Abnehmer zum Nachteil der Kunden über Preise abstimmen.[4] Ein anders Beispiel ist die Druckausübung des Lieferanten auf einen Händler, der ein bestimmtes Mindestpreisniveau beim Weiterverkauf nicht einhalten will.[5]

10.309

Aus Sicht der Europäischen Kommission ist Kartellrechts-Compliance eine Selbstverständlichkeit, liegt im Eigeninteresse eines jeden Unternehmens und ist auf jedes Unternehmen individuell zuzuschneiden. Für viele Unternehmen ist dies mit einem geringen Aufwand zu bewerkstelligen. Die Elemente der Compliance sind im Wesentlichen Risikoanalyse, Präventionsmaßnahmen und Notfallpläne.[6]

10.310

2. Anwendbare Rechtsordnungen

Vermutlich alle Kartellrechtsordnungen der Welt folgen dem **Auswirkungsprinzip**. Dies bedeutet, dass das Kartellrecht desjenigen Staates Anwendung findet, in dem sich eine Handlung auswirkt. Bei grenzüberschreitenden Sachverhalten kann dies bedeuten, dass mehrere Rechtsordnungen zugleich anwendbar sind.

10.311

Innerhalb der EU gibt es zur Zeit 29 Kartellrechtsordnungen, und zwar die der 28 Mitgliedstaaten sowie die der EU. Offen ist noch, wie das Verhältnis zu Großbritannien nach dessen Ausscheiden aus der EU geregelt wird. Das EU-Recht grenzt sich dadurch von den mitgliedstaatlichen Ordnungen ab, dass es nur für solche Vereinbarungen und Verhaltensweisen gilt, „welche den Handel zwischen den Mitgliedstaaten zu beeinträchtigen geeignet sind". Das materielle Kartellrecht der Mitgliedstaaten und das der EU kommen nebeneinander zur Anwendung, sind aber weitgehend vereinheitlicht. Das Zivil- und Ver-

10.312

---

1 Kommission gem. Art. 7 VO 1/2003; BKartA gem. § 32 GWB.
2 § 34 GWB.
3 § 34a GWB, praktische Bedeutung hat diese Vorschrift noch nicht erlangt.
4 S. etwa die Entscheidung der Europäischen Kommission COMP 38.456 – Bitumen NL v. 13.9.2006, abrufbar unter www.ec.europa.eu.
5 Beschl. des BKartA v. 25.9.2009 – B 3 - 123/08 – „Kontaktlinsen" – WuW/E DE-V 1813.
6 S. dazu Wecker/Ohl/*Janssen*, S. 185 ff.

waltungskartellrecht hingegen bleibt von Rechtsordnung zu Rechtsordnung teilweise sehr unterschiedlich. Die Regeln, nach welchem nationalen Recht sich Ansprüche auf Kartellschadensersatz richten, sind allerdings EU-weit vereinheitlicht.[1]

3. Verfahren

a) Zivilprozess

10.313 Die **internationale Zuständigkeit** deutscher Gerichte (sowie der Gerichte anderer EU-Mitgliedstaaten) richtet sich in grenzüberschreitenden Fällen nach der Europäischen Gerichtsstands- und Vollstreckungsverordnung.[2] In Deutschland sind die Landgerichte für Kartellzivilprozesse ausschließlich **sachlich zuständig**, also unabhängig vom Streitwert.[3] Die **örtliche Zuständigkeit** richtet sich in Thüringen nach den allgemeinen Regeln; alle anderen Bundesländer haben die Zuständigkeit auf ein oder zwei Landgerichte konzentriert.[4] Die Parteien können – dies besagt die Ausschließlichkeit – keine abweichende Gerichtsstandsvereinbarung treffen.[5] Die Vereinbarung eines **Schiedsgerichts** ist hingegen zulässig.[6] Für Rechtsmittel bestehen bei den Oberlandesgerichten sowie dem BGH Kartellsenate.[7]

10.314 Es gilt eine Gesamtzuständigkeit, das heißt, dass sich die ausschließliche Zuständigkeit auch auf solche Rechtsstreite erstreckt, deren Entscheidung von einer kartellrechtlichen Vorfrage abhängt.[8] Eine Klageverbindung ist möglich.[9] Die **Gerichte unterrichten das Bundeskartellamt** über alle Kartellzivilprozesse und, wenn EU-Kartellrecht zur Anwendung kommt, auch die Europäische Kommission.[10]

b) Behördliche Verfahren

10.315 Unternehmen, die ein kartellrechtswidriges Verhalten eines Lieferanten, Abnehmers oder Wettbewerbers stört, können die Kartellbehörde – dh. das Bundeskartellamt und die Landeskartellbehörden, auch die Europäische Kommission – davon informieren und ggf. ein Verfahren auslösen, das die Störung beseitigt und in dem möglicherweise ein Bußgeld gegen den Störer verhängt wird. Ein Unternehmen, das sich an die Kartellbehörde wendet, kann dies als sogenannter **„Eingeber"** tun, dann ist es letztlich nur Informant und hat keine Verfahrensrechte; ihm wird aber in aller Regel mitgeteilt, wie das Verfahren abgeschlossen wurde. Auf Wunsch wird die Identität des Eingebers geheim halten. Das Unternehmen kann aber auch bei der deutschen Wettbewerbsbehörde einen Antrag auf **Beiladung** zum Verfahren stellen,[11] und erhält dadurch Verfahrensrechte; bei der Kommission ist eine formelle Beschwerde möglich.[12] Oft führt bereits die Einleitung eines kartellbehördlichen

---

1 Art. 6 der Verordnung (EG) Nr. 864/2007 des Europäischen Parlaments und des Rates v. 11.7.2007 über das auf außervertragliche Schuldverhältnisse anzuwendende Recht („Rom II"), ABl. EU v. 31.7.2007 L 199/40.
2 Die VO 1215/2012 schafft in ihrem sachlichen und zeitlichen Anwendungsbereich ein in allen EU-Mitgliedstaaten identisches Recht der internationalen Zuständigkeit, *von Dietze/Janssen*, Rz. 678 ff.; das Lugano-Übereinkommen enthält vergleichbare Regelungen im Verhältnis zur Schweiz, zu Norwegen und Island.
3 §§ 87, 95 GWB.
4 Nachweise bei Langen/Bunte/*Bornkamm*, § 89 GWB Rz. 4.
5 Langen/Bunte/*Bornkamm*, § 95 GWB Rz. 2.
6 Wiedemann/*Ollerdißen*, § 62 Rz. 1 ff.
7 Bayern hat die OLG-Zuständigkeit auf das OLG München konzentriert, Niedersachsen auf das OLG Celle, Nordrhein-Westfalen auf das OLG Düsseldorf.
8 § 87 Satz 2 GWB.
9 § 88 GWB.
10 §§ 90, 90a GWB.
11 § 54 Abs. 2 Nr. 3 GWB.
12 S. dazu *von Dietze/Janssen*, Rz. 634 ff.

Verfahrens zu einer Verhaltensänderung beim verdächtigten Unternehmen. Verpflichtet zur Ermittlung sind die Kartellbehörden nicht; es gilt vielmehr das **Opportunitätsprinzip**. Ihre Aufgabe ist es nicht, einem durch einen Kartellrechtsverstoß geschädigten Unternehmen zu helfen – dem Geschädigten steht der Zivilrechtsweg offen.

Es ist verboten und bußgeldbewehrt, einem anderen Unternehmen wirtschaftliche Nachteile aus dem Grund zuzufügen, dass es ein Einschreiten der Kartellbehörde beantragt oder angeregt hat.[1] Außerdem würde solch ein Verhalten einen Schadensersatzanspruch auslösen.[2] **10.316**

Den Kartellbehörden stehen **umfangreiche Ermittlungsbefugnisse** zu. Sie können sich informell erkundigen und Angaben zum Sachverhalt sammeln, sie können ein formelles Verwaltungsverfahren eröffnen und mit einem Verwaltungsakt abschließen; ferner können sie ein Bußgeldverfahren eröffnen.[3] Stellt eine Kartellbehörde einen Kartellrechtsverstoß bestandskräftig fest, ist dies für deutsche Gerichte in einem Schadensersatzprozess bindend.[4] **10.317**

4. Marktabgrenzung

In kaum einem Fall kann ohne die zumindest grobe Definition des relevanten Marktes (Marktabgrenzung) eine kartellrechtliche Einschätzung getroffen werden. So setzt etwa die Vertikal-GVO für eine Freistellung vom Kartellverbot voraus, dass der Anteil aller beteiligen Parteien auf einem Markt 30 % unterschreitet (s. Rz. 10.334). Ebenso ist das Missbrauchsverbot nur anwendbar, wenn ein Unternehmen auf einem Markt eine gewisse Machtposition einnimmt (s. Rz. 10.345 ff.). Zur Bestimmung des relevanten Marktes hat die Europäische Kommission eine ausführliche Bekanntmachung erlassen, in der sie ihre Verfahrenspraxis zusammenfasst.[5] Im deutschen Kartellrecht gelten dieselben Grundsätze. **10.318**

a) Sachlich relevanter Markt

Der sachlich relevante Markt ist aus der Sicht der Marktgegenseite abzugrenzen. Zu ihm gehören danach alle Waren oder gewerblichen Leistungen, die von der Marktgegenseite hinsichtlich ihrer Eigenschaften, ihres Preises und ihres vorgesehenen Verwendungszwecks als funktionell austauschbar angesehen werden.[6] Dem liegt die Erkenntnis zugrunde, dass für die Frage nach der Marktbeherrschung die Ausweichmöglichkeiten der Marktgegenseite von wesentlicher Bedeutung sind. Im Falle der Marktabgrenzung in Angebotsmärkten (bei Nachfragemärkten gelten die Ausführungen entsprechend) kommt es darauf an, welche Produkte oder gewerblichen Leistungen die Abnehmer zur Deckung eines bestimmten Bedarfs als gleichwertig ansehen (**sog. Bedarfsmarktkonzept**). Maßgebliches Kriterium hierfür ist der Verwendungszweck. Die Beschaffenheit oder die Zusammensetzung der Waren oder der gewerblichen Leistungen spielen dagegen keine Rolle. Gibt es für Waren oder gewerbliche Leistungen unterschiedliche Verwendungszwecke, ist abzuwägen, welche Verwendungszwecke für den Wettbewerb relevant sind. Der Verwendungszweck kann nicht allein rein objektiv bestimmt werden, sondern muss die Anschauung der Abnehmer berücksichtigen. **10.319**

---

1 § 21 Abs. 4 GWB.
2 § 33 GWB.
3 Das Verfahren deutscher Behörden richtet sich im Wesentlichen nach dem OWiG. Wird die Europäische Kommission tätig, richtet sich dies nach der VO 1/2003.
4 § 33 Abs. 4 GWB.
5 Bekanntmachung der Kommission über die Definition des relevanten Marktes iSd. Wettbewerbsrechts der Gemeinschaft, ABl. 1997 C 372/03 (im Folgenden „Bekanntmachung Relevanter Markt").
6 Bekanntmachung Relevanter Markt, Tz. 7.

10.320 Bei der Marktabgrenzung im Internet-Handel muss daher je nach Einzelfall zwischen Produkten, Sortimenten oder Branchen und nach **Vertriebsstufen** (Hersteller/Großhandel oder Großhandel/Einzelhändler) differenziert werden. Eine Unterscheidung nach **Vertriebswegen** (stationär oder online) scheint demgegenüber für viele Produkte nicht angezeigt. Die folgenden drei Fälle veranschaulichen die Abgrenzung des sachlich relevanten Marktes:

10.321 Die Medco Health Solutions, Inc. und die Celesio AG brachten ihre Versandapotheken „Europa Apotheek Venlo" und „Apotheek DocMorris" in ein Gemeinschaftsunternehmen ein und meldeten dies als Zusammenschluss beim Bundeskartellamt an. Das Amt[1] stellt fest, dass das Vorhaben den **Einzelhandel mit verschreibungspflichtigen Medikamenten** an Patienten in Deutschland betreffe und dass es einen sachlich relevanten Sortimentsmarkt für den Einzelhandel mit verschreibungspflichtigen Humanarzneimitteln geben könne.[2] Diese sogenannten RX-Produkte seien aus Sicht der Abnehmer nicht mit anderen Produkten austauschbar. Insbesondere **nicht verschreibungspflichtige Humanarzneimittel** wiesen andere Eigenschaften, Nachfragesituationen und Wettbewerbsbedingungen auf. Das Amt unterteilte diesen Markt **nicht weiter nach Vertriebswegen**. Der Vertrieb über den Versandhandel sei mit dem Vertrieb über stationäre Apotheken austauschbar und die Wettbewerbsbedingungen seien vergleichbar. Aus Sicht der Nachfrager sei der stationäre Apothekenhandel damit eine wirtschaftlich sinnvolle Bezugsalternative zum Versandhandel. Für diesen Befund spreche zudem, dass Versandapotheken zunehmend „Pick-up"-Stellen einrichteten und stationäre Apotheken nicht sofort verfügbare Medikamente zunehmend beim Patienten zu Hause auslieferten, so dass sich Versandapotheken und stationäre Apotheken zunehmend annäherten.

10.322 In einem anderen Fall ging es um die Sperrung eines Händler-Accounts auf eBay (s. hierzu Rz. 10.422) und um die Frage, ob eBay eine marktbeherrschende Stellung innehabe. Das Kammergericht Berlin entschied, dass der sachlich relevante Markt **nicht allein durch einen Vergleich der Auktionshäuser** festgestellt werden könne (wo es einen hohen Marktanteil von eBay gebe), sondern dass **auf den Schmuckhandel allgemein abzustellen** sei. Beim Schmuckhandel per Internet ändere sich das verkaufte Produkt gegenüber dem stationären Schmuckhandel nicht, so dass hierfür auch kein eigener abgrenzbarer Markt bestehe.[3] Auch in diesem Fall hatten die verschiedenen Vertriebswege – stationärer Handel und Internethandel – also keinen Einfluss auf die sachliche Marktabgrenzung.

10.323 Im dritten Fall, im Zusammenhang mit dem Erwerb der Online-Reiseportale Opodo, eDreams und GO Voyages durch die französische AXA-Gruppe, untersuchte die Europäische Kommission, ob der **Vertrieb von Flugreisen** zum einen über das Internet und zum anderen über stationäre Reisebüros dem gleichen sachlich relevanten Markt zuzuordnen sind.[4] Die Kommission ließ die Entscheidung über diese Frage offen, schloss aber nicht aus, dass der Internet-Vertrieb von Flugreisen, insbesondere für Geschäftsreisen einen eigenständigen Markt bilden könne.

b) Räumlich relevanter Markt

10.324 Die Abgrenzung des räumlich relevanten Markts beurteilt sich gleichfalls nach der funktionellen Austauschbarkeit aus Sicht der Marktgegenseite. **Unternehmen, die** aus dieser Sicht **eine alternative Lieferquelle** darstellen, gehören ein und demselben geographisch

---

1 S. Fallbericht des BKartA v. 15.9.2010 in der Sache B-3 – 59/10 „Versandapotheken", abrufbar unter www.bundeskartellamt.de.
2 Eine abschließende Marktabgrenzung ließ das BKartA offen.
3 KG Berlin v. 5.8.2008 – 13 U 4/05, zitiert nach juris = CR 2005, 818.
4 Entscheidung der Kommission v. 30.5.2011 in dem Fall M.6163 „Axa/Permira/Opodo/GO Voyages/eDreams", abrufbar unter http://ec.europa.eu/competition.

relevanten Markt an. Dabei spielen insbesondere die Transportkosten eine erhebliche Rolle. Aber auch andere Faktoren sind zu beachten, wie zB Sprache, Vorlieben für einheimische Marken, kulturelle Eigenarten. Im soeben genannten Fall „Versandapotheken" (Rz. 10.321) sah das Bundeskartellamt Anhaltspunkte für eine regionale Abgrenzung, weil das Angebot durch die in einem begrenzten regionalen Umkreis tätigen stationären Apotheken geprägt gewesen sei und auf diese weit über 95 % des Marktvolumens entfallen sei. Das Amt ließ die genaue räumliche Marktabgrenzung aber offen.[1] Eine solche regionale Abgrenzung würde für einen bundesweit tätigen Händler bedeuten, dass er nicht auf einem einzigen deutschlandweiten Markt, sondern deutschlandweit auf vielen regionalen Märkten tätig wäre und es im Zweifel auf die Betrachtung seines Marktanteils in jedem einzelnen dieser Märkte ankommt.

II. Kartellverbot und Missbrauchsverbot

Grundsätzlich sind das Kartellverbot und das Missbrauchsverbot nebeneinander anwendbar.[2] Beide richten sich an **Unternehmen**.[3] Dies sind alle natürlichen und juristischen Personen, die am wirtschaftlichen Verkehr teilnehmen, also Waren oder gewerbliche Leistungen anbieten oder nachfragen. Es kommt somit auf die Tätigkeit, nicht auf die rechtliche Verfasstheit des Handelnden an (**funktionaler Unternehmensbegriff**).[4] Natürliche Personen, die als Nachfrager für den privaten Bedarf agieren, sind somit nicht Unternehmen. | 10.325

1. Kartellverbot

a) Tatbestand

Art. 101 Abs. 1 AEUV und § 1 GWB verbieten Vereinbarungen oder abgestimmte Verhaltensweisen zwischen Unternehmen sowie Beschlüsse von Unternehmensvereinigungen, die eine Beschränkung[5] des Wettbewerbs bezwecken oder bewirken. Art. 101 Abs. 1 AEUV setzt zusätzlich voraus, dass die Vereinbarung geeignet ist, den mitgliedstaatlichen Handel zu beeinflussen (vgl. Rz. 10.312). | 10.326

Eine **Vereinbarung** ist jede Willensübereinstimmung zwischen Unternehmen über ihr Marktverhalten.[6] Darunter ist jeder zivilrechtliche Vertrag zu verstehen, der schriftlich, mündlich oder auch nur konkludent geschlossen wird. Nicht maßgeblich ist, ob die Vereinbarung Rechtsbindungen erzeugt.[7] **Beschlüsse von Unternehmensvereinigungen** unterscheiden sich von Vereinbarungen darin, dass sie nicht durch Willensübereinstimmung aller Beteiligten, sondern durch Mehrheitsbeschluss getroffen werden können. **Aufeinander abgestimmtes Verhalten** ist jede Koordinierung, die zwar nicht zu einer Vereinbarung geführt hat, in der aber bewusst eine praktische Zusammenarbeit an die Stelle des mit Risiken verbundenen Wettbewerbs gesetzt wird.[8] | 10.327

---

1 Fallbericht des Bundeskartellamtes v. 15.9.2010 in der Sache B-3 – 59/10 „Versandapotheken", abrufbar unter www.bundeskartellamt.de.
2 Langen/Bunte/*Bulst*, Art. 102 AEUV Rz. 387.
3 Das Kartellverbot nennt darüber hinaus auch Unternehmensvereinigungen.
4 EuGH v. 19.1.1994 – Tz. 18 – SAT Fluggesellschaft, Slg. 1994, I-55, 61; BGH v. 22.7.1999 – KZR 48/97 – Beschränkte Ausschreibung, WuW/E DE-R 349 (350).
5 In den Gesetzestexten heißt es „Verhinderung, Einschränkung oder Verfälschung", was allerdings als „Beschränkung" in einem Begriff zusammengefasst werden kann.
6 St.Rspr.; vgl. EuGH v. 15.7.1970 – Rs. C-45/69 – Böhringer, Slg. 1970, 769 (803).
7 EuGH v. 14.5.1998 – Rs. T-347/94 – Mayr-Melnhof, Slg. 1998, II-1751 (1777) Rz. 65.
8 St.Rspr., vgl. EuGH v. 14.7.1972 – Rs. C-48/69 – Imperial Chemical Industries, Slg. 1972, 619 (659 ff.).

10.328 Die Vereinbarung muss eine **Wettbewerbsbeschränkung** bezwecken oder bewirken. Dies bedeutet **Beschränkung der Handlungsfreiheit von Unternehmen** beim Anbieten oder Nachfragen von Waren oder gewerblichen Leistungen.[1] Die Handlungsfreiheit ist nicht erst dann beschränkt, wenn ein bestimmtes Verhalten ausdrücklich untersagt ist, sondern liegt bereits vor, wenn es den gemeinsamen Zielvorstellungen und der kaufmännischen Vernunft entspricht, sich für eine bestimmte Handlungsalternative zu entscheiden.[2] Bestimmte **Beschränkungen in selektiven Vertriebssystemen** hat der EuGH vom Tatbestand der Wettbewerbsbeschränkung ausgenommen. Dazu sind von dem Vertriebssystem aber mehrere Voraussetzungen zu erfüllen. So muss etwa die Selektion zur Wahrung der Qualität des Produkts erforderlich sein und die Selektionskriterien müssen diskriminierungsfrei angewendet werden.[3]

10.329 Nur eine **spürbare** Wettbewerbsbeschränkung kann kartellrechtswidrig sein. Es handelt sich um ein ungeschriebenes Tatbestandsmerkmal des europäischen,[4] aber auch des deutschen[5] Kartellrechts. Einheitliche Kriterien zur Konkretisierung dieses unbestimmten Begriffs hat die Rechtsprechung nicht entwickelt. Der EuGH geht allerdings bei bezweckten Wettbewerbsbeschränkungen (s. dazu Rz. 10.330) immer von einer Spürbarkeit aus.[6] Im Übrigen taucht als Faustformel auf, dass ein Marktanteil von mehr als 5 % die Spürbarkeit begründen könne.[7] Das Bundeskartellamt und die Europäische Kommission haben jeweils eine inhaltlich übereinstimmende Bagatellbekanntmachung veröffentlicht.[8] Auch wenn sich die Behörden in diesen Bekanntmachungen nur selbst festlegen, wann sie eine Beschränkung für so unbedeutend halten, dass sie sie nicht durch ein Verwaltungsverfahren prüfen werden, haben sich diese Bekanntmachungen in zivilrechtlichen Prüfungen oft als eine Daumenregel etabliert. Die Bekanntmachungen gehen davon aus, dass keine spürbare Wettbewerbsbeschränkung vorliegt, wenn im Falle von Vereinbarungen zwischen Nichtwettbewerbern (**vertikale Absprachen**) der von **jedem** der beteiligten Unternehmen gehaltene Marktanteil auf keinem der von der Vereinbarung betroffenen relevanten Märkte **15 %** überschreitet.[9] Dieser „Spürbarkeits-Test" gilt allerdings nicht, wenn die Vereinbarung sog. Kernbeschränkungen enthält, insbesondere Preisbindungen, Produktions- und Absatzbeschränkungen sowie die Aufteilung von Märkten oder Kunden. Wenn es ein Bündel von Vereinbarungen gibt, dh. in einer bestimmten Branche typischerweise Vereinbarungen dieser Art mit diesen wettbewerbsbeschränkenden Regelungen abgeschlossen werden, so gilt eine Marktanteilsschwelle von **5 %**.

10.330 Das Kartellverbot setzt voraus, dass die Wettbewerbsbeschränkung entweder bezweckt ist oder bewirkt wird. Im Falle des **Bezweckens** ist ein wettbewerbsbeschränkender Zweck der Vereinbarung, der nicht der einzige Zweck zu sein braucht, objektiv zu ermitteln. Lässt sich ein wettbewerbsbeschränkender Zweck der Vereinbarung nicht feststellen, ist zu er-

---

1 EuGH v. 14.7.1981 – Rs. C-172/80 – „Züchner/Bayerische Vereinsbank, Slg. 1981, 2021 (2031); BGH v. 29.1.1975 – KRB 4/74 – Aluminium-Halbzeug, WuW/E BGH 1337 (1342); vgl. auch BGH v. 14.1.1997 – KZR 41/95 – Druckgußteile, WuW/E BGH 3115 (3118).
2 BGH v. 18.11.1986 – KVR 1/86 – „Baumarkt-Statistik", WuW/E 2313 (2317) = MDR 1987, 471.
3 S. im Einzelnen von *Dietze/Janssen*, Rz. 317 ff.
4 Grdl. EuGH v. 30.6.1966 – Rs. C-56/65 – Société Technique minière/Maschinenbau Ulm, Slg. 1966, 281 (306); s. hierzu auch MüKo-KartR/*Pohlmann*, Art. 101 Abs. 1 AEUV, Rz. 382 ff.
5 Vgl. nur BGH v. 13.1.1998 – KVR 40/96 – Carpartner, WuW/E DE-R 115 (117).
6 EuGH v. 13.12.2012 – Rs. C-226/11 – Expedia, Rz. 35.
7 Vgl. EuGH v. 1.2.1978 – Rs. C-19/77 – Miller, Slg. 1978, 131; OLG Frankfurt v. 2.3.1989 – 6 U 68/87 Kart, WuW/E OLG 4488 (4491).
8 Bekanntmachung Nr. 18/2007 über die Nichtverfolgung von Kooperationsabreden von geringer wettbewerbsbeschränkter Bedeutung („Bagatellbekanntmachung BKartA") v. 13.3.2007 – abrufbar auf der Website des BKartA. Bekanntmachung der Kommission über Vereinbarungen von geringer Bedeutung, die iSd. Art. 101 Abs. 1 des Vertrags über die Arbeitsweise der Europäischen Union den Wettbewerb nicht spürbar beschränken (De-minimis-Bekanntmachung), ABl. 2014 C 291/1.
9 Bagatellbekanntmachung KOM, Tz. 8; Bagatellbekanntmachung BKartA, Tz. 11.

mitteln, ob die Vereinbarung bzw. das abgestimmte Verhalten eine wettbewerbsbeschränkende **Wirkung** hat, dh. zwischen der Vereinbarung oder dem Verhalten einerseits und einer eingetretenen Wettbewerbsbeschränkung andererseits ein Kausalzusammenhang besteht. Es genügt, dass die Wirkung als wahrscheinliche oder natürliche Folge der Absprache
oder Abstimmung anzusehen ist.[1]

b) Freistellung

Eine wettbewerbsbeschränkende Vereinbarung kann von dem Kartellverbot **freigestellt**   10.331
sein, und zwar entweder, weil die Voraussetzungen einer Gruppenfreistellungsverord-
nung vorliegen (Rz. 10.332 ff.) oder die der Einzelfreistellung (Rz. 10.337 ff.).

aa) Gruppenfreistellung

Von den verschiedenen Gruppenfreistellungsverordnungen ist für den Online- und Ver-   10.332
sandhandel die sogenannte „**Vertikal-GVO**"[2] von großer Bedeutung. Diese Verordnung gilt
für grenzüberschreitende Fälle in der gesamten EU, in Deutschland auch für reine Inlands-
fälle.[3] Für die Lizenzierung gewerblicher Schutzrechte und von Know-how gilt die
„Technologie-Transfer-GVO".[4] Deren Voraussetzungen werden bei Vereinbarungen mit
Vertriebsschwerpunkt – und darum geht es beim Online- und Versandhandel – nicht erfüllt
sein. Sie wird daher in diesem Buch nicht näher dargestellt.[5] Wichtig für die Auslegung der
Vertikal-GVO sind die sogenannten Vertikal-Leitlinien der Europäischen Kommission, die
zwar außer einer Selbstbindung der Kommission keine rechtliche Wirkung entfalten können, in der Praxis aber einen herausragenden Stellenwert haben. Die Vertikal-GVO gilt für
fast alle Branchen.[6]

Art. 2 Abs. 1 der Vertikal-GVO stellt die gängigsten Wettbewerbsbeschränkungen in Ver-   10.333
triebsbeziehungen vom Kartellverbot frei. Voraussetzung ist zunächst eine **vertikale Vereinbarung**. Diese sind gemäß Art. 1 Abs. 1a) Vertikal-GVO „Vereinbarungen oder abgestimmte Verhaltensweisen, die zwischen zwei oder mehr Unternehmen, von denen jedes
für die Zwecke der Vereinbarung oder der abgestimmten Verhaltensweise auf einer anderen Ebene der Produktions- oder Vertriebskette tätig ist, geschlossen werden". Diese Vereinbarungen „betreffen die Bedingungen, zu denen die beteiligten Unternehmen Waren
oder Dienstleistungen beziehen, verkaufen oder weiterverkaufen dürfen". Die Vertikal-
GVO ist somit anwendbar auf den Vertrieb von Waren oder Dienstleistungen. Auch auf
vertikale Vereinbarungen zwischen Wettbewerbern kann die Vertikal-GVO anwendbar
sein.[7]

Die Gruppenfreistellung greift gemäß Art. 3 Abs. 1 Vertikal-GVO nur, wenn der Markt-   10.334
anteil weder des Anbieters noch des Abnehmers 30 % überschreitet. Für die **30 %-Schwelle**
ist der Markt entscheidend, auf dem sich die Parteien mit den Vertragsprodukten begegnen.

---

1 EuGH v. 1.2.1978 – Rs. C-19/77 – Miller, Slg. 1978, 131 (151).
2 VO (EU) Nr. 330/2010 der Kommission über die Anwendung von Art. 101 Abs. 3 AEUV auf Gruppen
   von vertikalen Vereinbarungen und abgestimmten Verhaltensweisen, ABl. EU v. 23.4.2010 L 102/1.
   Sie ersetzt die inhaltlich weitgehend gleiche VO 2790/1999 und gilt v. 1.6.2010 bis zum 31.5.2023.
   Zur historischen Entwicklung s. etwa KK-Kart/*Wegner/Johannsen*, Vertikal-GVO Einleitung
   Rz. 4 ff.
3 § 2 Abs. 2 GWB.
4 VO Nr. 316/2014 der Kommission über die Anwendung von Art. 101 Abs. 3 des Vertrages über die
   Arbeitsweise der Europäischen Union auf Gruppen von Technologietransfer-Vereinbarungen, ABl.
   EU v. 28.3.2014 L 93/17.
5 S. dazu und zum Verhältnis der Vertikal-GVO zur Technologie-Transfer-GVO *von Dietze/Janssen*,
   Rz. 361 ff.; *Schultze/Pautke/Wagener*, Art. 2 Abs. 5 Rz. 467 ff.
6 Zu Ausnahmen im Kfz-Sektor s. etwa *von Dietze/Janssen*, Rz. 342.
7 Art. 2 Abs. 4 Vertikal-GVO; s. dazu Vertikal-Leitlinien Rz. 27 f., ABl. EU C 130/01 v. 19.5.2010.

Bei Unterschreiten dieser Schwelle sind die Wettbewerbsbeschränkungen in der Vereinbarung also vom Kartellverbot freigestellt, es sei denn, es liegt eine sogenannte Kernbeschränkung oder ein überlanges Wettbewerbsverbot vor.

10.335 Eine **Kernbeschränkung** gemäß Art. 4 Vertikal-GVO führt unabhängig von den Marktanteilen der Beteiligten zum Wegfall der Freistellung für alle Wettbewerbsbeschränkungen in einer Vereinbarung.[1] Eine Kernbeschränkung ist die **vertikale Preisbindung**, auch Preisbindung der zweiten Hand genannt (Art. 4a Vertikal-GVO). Vielfach relevant sind die Kernbeschränkungen der **Gebiets- und Kundenbeschränkungen** (Art. 4b Vertikal-GVO), von denen es jedoch eine Reihe von Ausnahmen gibt, und zwar für Exklusivvereinbarungen, Sprunglieferungsverbote, Beschränkungen in selektiven Vertriebssystemen und in Lieferverträgen über Bestandteile. Weitere Kernbeschränkungen sind für selektive Vertriebssysteme (Art. 4c und d Vertikal-GVO) sowie für den Ersatzteilvertrieb (Art. 4e Vertikal-GVO) vorgesehen. Auf die einzelnen Kernbeschränkungen, soweit sie in der Fallpraxis des Online- und Versandhandels bislang relevant wurden, wird in Teil IV. (Rz. 10.362 ff.) eingegangen.

10.336 Art. 5 Vertikal-GVO richtet sich gegen **überlange Wettbewerbsverbote im Vertikalverhältnis**. Wettbewerbsverbote sind Verpflichtungen, die den Käufer veranlassen, keine Waren oder Dienstleistungen herzustellen, zu beziehen, zu verkaufen oder weiterzuverkaufen, die mit Vertragswaren oder -dienstleistungen im Wettbewerb stehen.[2] Als Wettbewerbsverbote gelten auch alle Verpflichtungen des Käufers, mehr als 80 % seiner Einkäufe auf dem relevanten Markt vom Lieferanten oder einem von ihm bezeichneten Dritten zu beziehen. Die Regelung betrifft also **auch Mindestabnahmeverpflichtungen**. Wettbewerbsverbote sind insbesondere in **Alleinbezugsvereinbarungen** (auch als Exklusivitäts- oder Ausschließlichkeitsbindungen bezeichnet) enthalten. **Wettbewerbsverbote während der Vertragslaufzeit** sind für einen festen Zeitraum von maximal **fünf Jahren** zulässig. Ein **nachvertragliches Wettbewerbsverbot** ist grundsätzlich von der Freistellung ausgeschlossen.[3] Anders als im Bereich des Art. 4 Vertikal-GVO lässt ein unzulässiges Wettbewerbsverbot nicht die Freistellung für sämtliche wettbewerbsbeschränkende Regelungen entfallen, sondern nur für die gegen Art. 5 verstoßende Klausel.[4]

bb) Einzelfreistellung

10.337 Auch wenn die Vertikal-GVO eine Wettbewerbsbeschränkung nicht vom Kartellverbot freistellt, kann die Beschränkung zulässig sein, nämlich dann, wenn sie die vier Voraussetzungen der Einzelfreistellung (Art. 101 Abs. 3 AEUV oder § 2 GWB) erfüllt. Die Europäische Kommission hat dazu eine Leitlinie veröffentlicht.[5]

10.338 Erstens muss die Vereinbarung zur **Verbesserung der Warenerzeugung oder Warenverteilung** oder zur **Förderung des technischen oder wirtschaftlichen** Fortschritts beitragen. Dies ist weit zu verstehen. Es genügt, dass die konkrete Maßnahme insgesamt objektiv geeignet ist, technische oder kaufmännische Effizienzvorteile zu bewirken. Hierfür ist erforderlich, dass die zu erwartenden Effizienzvorteile die Nachteile der Wettbewerbsbeschränkung **spürbar**[6] überwiegen. Vorteile sind beispielsweise die Senkung von Vertriebs- und Produktionskosten oder die Verbesserung der Qualität des Produkt- oder Dienstleistungsangebotes.

---

1 Vgl. Vertikal-Leitlinien Rz. 46 und 66, ABl. EU C 130/01 v. 19.5.2010.
2 Art. 1d) Vertikal-GVO.
3 Ausnahme in Art. 5 Abs. 3 Vertikal-GVO.
4 Vertikal-Leitlinien Rz. 65, ABl. EU C 130/01 v. 19.5.2010.
5 Leitlinien zur Anwendung von Art. 81 Abs. 3 EG-Vertrag, ABl. EU C 101/97 v. 27.4.2004.
6 Komm.E. v. 1990 L 31/32, 44 – „Zuckerrüben".

Zweitens muss die Vereinbarung die **Verbraucher an dem** daraus entstehenden **Gewinn** angemessen **beteiligen**. „Verbraucher" ist in erster Linie die Marktgegenseite. Unter Gewinn ist jeder wirtschaftliche Vorteil zu verstehen. Bewirkt eine Wettbewerbsbeschränkung, dass sich die Qualität der betroffenen Vertragsprodukte verbessert, ist das ein Gewinn iSd. Voraussetzung.

10.339

Drittens darf die Vereinbarung den beteiligten Unternehmen keine Beschränkungen auferlegen, die für die Verwirklichung dieser Ziele nicht unerlässlich sind. Die **Unerlässlichkeit der Wettbewerbsbeschränkung** spielt eine besondere Rolle. Als Richtschnur gilt, dass eine Beschränkung des Wettbewerbs dann unerlässlich ist, wenn vernünftigerweise angenommen werden kann, dass die angestrebten Ziele ohne oder mit geringerer Beschränkung nicht erreicht werden können.

10.340

Viertens darf die Vereinbarung den beteiligten Unternehmen **keine Möglichkeiten** eröffnen, für einen wesentlichen Teil der betroffenen Waren oder Dienstleistungen **den Wettbewerb auszuschalten**. In ihren Leitlinien führt die Europäische Kommission sehr ausführlich aus, was im Einzelnen im Zusammenhang mit diesem Tatbestandsmerkmal zu prüfen sei.[1]

10.341

Die isolierte Betrachtung einer einzigen Vertragsbeziehung mag zu kurz greifen. Zu berücksichtigen ist auch die **kumulative Wirkung gleicher Beschränkungen bei mehreren Marktteilnehmern** („Bündeltheorie").[2] Ein solches Bündel von Vereinbarungen kann zu einer Stagnation der Innovationen bzw. zu permanent überhöhten Preisen führen.

10.342

2. Missbrauchsverbot

Das Missbrauchsverbot richtet sich nicht gegen Vereinbarungen und abgestimmte Verhaltensweisen, sondern gegen **einseitige Verhaltensweisen**. Marktbeherrschenden Unternehmen ist es durch das europäische (Art. 102 AEUV), aber auch das deutsche Kartellrecht (§§ 18 ff. GWB) verboten, ihre Stellung missbräuchlich auszunutzen. Das deutsche Kartellrecht dehnt dieses Verbot auf – sich unter der Schwelle der Marktbeherrschung befindliche – marktstarke Unternehmen bzw. Unternehmen mit „relativer Überlegenheit" aus.[3] Das EU-Missbrauchsverbot wird hier nur am Rande dargestellt, denn es ist nicht schärfer als das deutsche Missbrauchsverbot.

10.343

a) Adressaten

Der **Unternehmensbegriff** ist oben dargestellt (Rz. 10.325).

10.344

aa) Marktbeherrschende Unternehmen

Beherrschend kann ein Unternehmen immer nur bezogen auf einen bestimmten sachlich und räumlich relevanten Markt sein (zur Marktabgrenzung s. Rz. 10.318). Große Unternehmen sind also nicht per se marktbeherrschend, sie können es vielmehr nur sein in Bezug auf einen **bestimmten** Produktmarkt und in einen bestimmten geographischen Raum. Eine marktbeherrschende Stellung liegt vor, wenn ein Unternehmen **keinem wesentlichen Wettbewerb ausgesetzt** ist oder eine **überragende Marktstellung** gegenüber seinen Wett-

10.345

---

1 Vgl. Leitlinien zu Art. 81 Abs. 3, Rz. 105 ff.
2 Vgl. zur Bündeltheorie EuGH v. 12.12.1967 – Rs. C-23/67 – Haecht I, Slg. 1967, 543; EuGH v. 28.2.1991 – Rs. C-234/89 – Delimitis/Henninger Bräu, Slg. 1991, I-977.
3 Beim Verbot missbräuchlichen Verhaltens ist es den Mitgliedstaaten – anders als beim Kartellverbot – nicht verwehrt, in ihrem Hoheitsgebiet strengere innerstaatliche Vorschriften zur Unterbindung oder Ahndung einseitiger Handlung von Unternehmen zu erlassen oder anzuwenden (Art. 3 Abs. 2 Satz 2 VO 1/2003).

bewerbern innehat (§ 18 Abs. 1 GWB). Die europäische Rechtsprechung definiert die marktbeherrschende Stellung als Position, in der ein Unternehmen keine Rücksicht auf das Vorgehen der Wettbewerber, Abnehmer und letztlich Verbraucher nehmen müsse.[1]

10.346 § 18 Abs. 4 GWB stellt **eine (widerlegbare) gesetzliche Vermutung** auf, der zufolge ein Unternehmen marktbeherrschend ist, wenn es einen Marktanteil von **mindestens 40 %** hat. Wie die Vermutungsregel im **Zivilprozess** anzuwenden ist, bleibt umstritten.[2] Im **Ordnungswidrigkeitenverfahren** kann die Kartellbehörde nur dann ein Bußgeld verhängen, wenn sie die Marktbeherrschung beweisen kann.[3]

10.347 Nach § 18 Abs. 6 GWB gelten drei oder weniger Unternehmen in ihrer Gesamtheit als marktbeherrschend (Marktbeherrschung durch **Oligopol**), wenn sie zusammen einen Marktanteil von **50 %** erreichen. Vier oder fünf Unternehmen gelten in ihrer Gesamtheit als marktbeherrschend, wenn sie zusammen einen Marktanteil von **66 %** erreichen. Diese Vermutungen sind ebenfalls widerlegbar.

10.348 Zur Beantwortung der Frage, ob ein Unternehmen gegenüber seinen Wettbewerbern eine **überragende** Marktstellung hat, gibt das Gesetz einige Kriterien vor. Zu berücksichtigen sind danach der Marktanteil, die Finanzkraft, der Zugang zu Beschaffungs- und Absatzmärkten (zB durch ein Vertragshändlernetz), Verflechtungen mit anderen Unternehmen, rechtliche oder tatsächliche Schranken für den Markteintritt weiterer Unternehmen, der tatsächliche oder potenzielle Wettbewerb durch inländische und ausländische Konkurrenz, die Möglichkeit, die Produktion auf andere Waren oder gewerbliche Leistungen umzustellen, sowie die Möglichkeit der Marktgegenseite, auf andere Unternehmen auszuweichen.

bb) Marktstarke Unternehmen

10.349 Das Missbrauchsverbot gilt nach deutschem Recht in seinen Varianten Diskriminierungs- und Behinderungsverbot auch für Unternehmen mit relativer Marktmacht iSd. § 20 Abs. 1 GWB (**„marktstarke Unternehmen"**). Dies sind solche Unternehmen, die zwar keine überragende Marktstellung haben und auch wesentlichem Wettbewerb ausgesetzt sind, von denen aber **kleine oder mittlere Unternehmen abhängig** sind. Die Abhängigkeit definiert § 20 Abs. 1 Satz 1 GWB als das Fehlen ausreichender oder zumutbarer Möglichkeiten, auf andere Unternehmen als das marktstarke Unternehmen ausweichen zu können. Nach der Rechtsprechung kommt es immer auf die „relative Größe" an. Das heißt, es ist ein Größenvergleich mit den Wettbewerbern,[4] evtl. aber auch mit der Marktgegenseite[5] durchzuführen.

10.350 Abhängig können kleine und mittlere Unternehmen sowohl als Nachfrager (ein Händler benötigt bestimmte Markenwaren, um konkurrenzfähig zu sein) als auch als Anbieter (ein Lebensmittelhersteller ist auf Listung seiner Produkte in einer Supermarktkette angewiesen) sein. Bestehen alternative Bezugs- bzw. Absatzmöglichkeiten, scheidet eine Abhängigkeit aus.

10.351 Das Gesetz stellt in § 20 Abs. 1 Satz 2 GWB die Vermutung auf, der zufolge ein Anbieter einer bestimmten Art von Waren oder gewerblichen Leistungen dann als abhängig anzusehen ist, wenn sein Nachfrager bei ihm zusätzlich zu den verkehrsüblichen Preis-

---

1 EuGH v. 13.2.1979 – Rs. C-85/76 – Hoffmann-La Roche, Slg. 1979, 461 (520).
2 MüKoKartR/*Wolf*, § 18 GWB Rz. 42 ff. mit zahlreichen Hinweisen.
3 Vgl. hierzu MüKoKartR/*Wolf*, § 18 GWB Rz. 45.
4 Vgl. BGH v. 24.9.2002 – KVR 8/01 – Konditionenanpassung, WuW/E DE-R 984 (987).
5 Vgl. BGH v. 19.1.1993 – KVR 25/91 – Herstellerleasing, WuW/E BGH 2875 (2878 f.) = MDR 1993, 749.

nachlässen oder sonstigen Leistungsentgelten regelmäßig besondere Vergünstigungen erlangt, die gleichartigen Nachfragern nicht gewährt werden. Die Rechtsprechung hat folgende Fallgruppen im Zusammenhang mit dem Tatbestand der Abhängigkeit entwickelt:

Eine **unternehmensbedingte Abhängigkeit** besteht, wenn das kleine oder mittlere Unternehmen auf die Waren oder gewerblichen Leistungen angewiesen ist, weil es nur diese vertreibt oder weil es sich als Zulieferer spezialisiert hat, bestimmte halbfertige Produkte zur Weiterbearbeitung zu liefern. Eine **sortimentsbedingte Abhängigkeit** besteht, wenn das kleine oder mittlere (Einzel-)Handelsunternehmen ein bestimmtes Markenprodukt führen muss, um konkurrenzfähig zu bleiben.[1] Eine umgekehrte Abhängigkeit eines Anbieters von den Nachfragern ist ebenfalls möglich.[2] Eine **Spitzengruppenabhängigkeit** besteht, wenn ein kleines oder mittleres Handelsunternehmen zumindest einige der führenden Markenprodukte führen muss.[3] Anders als bei der sortimentsbedingten Abhängigkeit ist das Unternehmen nicht auf ein bestimmtes Markenprodukt angewiesen. Vielmehr besteht das einschlägige branchenübliche Sortiment aus einer Vielzahl von Markenprodukten. Normadressaten des § 20 GWB sind deshalb alle Unternehmen der Spitzengruppe, es sei denn, der Einzelhändler verfügt bereits über eine ausreichende Zahl von Markenprodukten aus der Spitzengruppe. Entscheidend ist hierbei die Sicht des Kunden.[4] Eine **mangelbedingte Abhängigkeit** besteht, wenn ein kleines oder mittleres Unternehmen wegen einer Verknappung bestimmte Waren nicht mehr erhält. Immer wieder wird die Frage erörtert, ob Markenartikelhersteller verpflichtet werden können, Abnehmer im Falle von Kapazitätsengpässen gleich zu behandeln. Die Entscheidungspraxis dazu ist sehr einzelfallabhängig.[5]

10.352

cc) Unternehmen mit überlegener Marktmacht

Gemäß § 20 Abs. 3 GWB gilt das Behinderungsverbot auch für solche Unternehmen, die gegenüber kleinen und mittleren Wettbewerbern eine **überlegene Marktmacht** innehaben („relativ überlegene Unternehmen"). Hier ist also die Beziehung eines Unternehmens zu seinen Wettbewerbern zu analysieren (horizontale Beziehung).

10.353

b) Missbrauch

Die Generalklausel des § 19 Abs. 1 GWB verbietet Unternehmen jede missbräuchliche Ausnutzung ihrer marktbeherrschenden Stellung, und zwar sowohl als Anbieter als auch als Nachfrager von Waren und Dienstleistungen. Die meisten in der Praxis vorkommenden Missbrauchstatbestände werden von § 19 Abs. 2 Nr. 1 bis Nr. 5 GWB erfasst.

10.354

aa) Behinderungsmissbrauch und Diskriminierung

Nach § 19 Abs. 2 Nr. 1 Fall 1 GWB liegt ein Missbrauch vor, wenn ein marktbeherrschendes Unternehmen die Wettbewerbsmöglichkeiten anderer Unternehmen unbillig beeinträchtigt (**Behinderungsmissbrauch**).[6] Beispiele sind Preisunterbietungen, um andere Unternehmen aus dem Markt zu drängen, und die Gewährung von Treuerabatten. Für die

10.355

---

1 Vgl. BGH v. 9.5.2000 – KZR 28/98 – Designer-Polstermöbel, WuW/E DE-R 481 ff.; vgl. auch BGH v. 20.11.1975 – KZR 1/75 – Rossignol, WuW/E BGH 1391 (1394).
2 Vgl. BGH v. 21.2.1995 – KVR 10/94 – Importarzneimittel, WuW/E BGH 2990 (2994) = MDR 1996, 604.
3 Vgl. BGH v. 9.5.2000 – KZR 28/98 – Designer-Polstermöbel, WuW/E DE-R 481 ff.; BGH v. 24.3.1987 – KZR 39/85 – Saba-Primus, WuW/E BGH 2419 (2420).
4 Vgl. OLG Stuttgart v. 23.4.1982 – 2 U 144/80 – Brillengläser, WuW/E OLG 2693 f.
5 Vgl. Loewenheim/Meessen/Riesenkampff/Kersting/Meyer-Lindemann/*Loewenheim*, § 19 GWB Rz. 56.
6 Vgl. KG v. 26.11.1980 – Kart 32/79 – Fertigfutter, WuW/E OLG 2403 ff.

Missbräuchlichkeit eines Verhaltens kommt es nicht darauf an, ob das marktbeherrschende Unternehmen gezielt bestimmte Unternehmen zu schädigen beabsichtigt. Nach § 19 Abs. 2 Nr. 1 Fall 2 GWB liegt ein Missbrauch vor, wenn der Marktbeherrscher ein Unternehmen ohne sachlich gerechtfertigten Grund anders behandelt als andere gleichartige Unternehmen (**Diskriminierung**). „Gleichartige Unternehmen" sind diejenigen, die gegenüber dem Normadressaten gleichartige Grundfunktionen (Produktion, Großhandel, Einzelhandel) ausüben.[1] Beispielsweise sind Großhändler gleichartig, unabhängig davon, ob sie als Selbstbedienungsgroßhandel oder Bedienungsgroßhandel organisiert sind.[2] Eine Behinderung ist jede für die wettbewerbliche Betätigungsfreiheit des betroffenen Unternehmens nachteilige Maßnahme.[3] Ob eine **Behinderung unbillig** ist, muss im Rahmen einer umfassenden, einzelfallbezogenen Interessenabwägung entschieden werden. Hierbei ist neben den Einzelinteressen der beteiligten Unternehmen die auf die Freiheit des Wettbewerbs gerichtete Zielsetzung des Gesetzgebers zu beachten.[4] Während das Behinderungsverbot auf die Vermeidung einer Behinderung im horizontalen Verhältnis, also gegenüber Wettbewerbern, abzielt, hat das Diskriminierungsverbot die Aufgabe, ungerechtfertigte Behinderungen im vertikalen Verhältnis zu verhindern, also gegenüber Kunden oder Lieferanten. Zunächst ist zu prüfen, ob zwei gleichartige[5] Unternehmen unterschiedlich behandelt werden. Im Falle einer Ungleichbehandlung ist zu fragen, ob diese Ungleichbehandlung sachlich gerechtfertigt werden kann. Der Schwerpunkt der Prüfung liegt daher auf dem Tatbestandsmerkmal der sachlichen Rechtfertigung. Zum Vertrieb von Markenparfums und -kosmetika hat der BGH in zwei Urteilen entschieden, dass der Ausschluss des Versandhandels[6] und der Ausschluss reiner Internet-Händler[7] eine sachliche Rechtfertigung darstellen, der Händler also keinen Anspruch auf Belieferung hat (ausführlich hierzu Rz. 10.362 ff.).

bb) Ausbeutungsmissbrauch

10.356   Nach § 19 Abs. 2 Nr. 2 GWB liegt ein Missbrauch vor, wenn ein marktbeherrschendes Unternehmen Entgelte oder sonstige Geschäftsbedingungen fordert, die von denjenigen abweichen, die sich bei wirksamem Wettbewerb mit hoher Wahrscheinlichkeit ergeben würden. Gegenstand dieser Fallgruppe ist missbräuchliches Verhalten gegenüber der Marktgegenseite, also Lieferanten oder Abnehmern.[8]

---

1 Besonders deutlich BGH v. 17.3.1998 – KZR 30/96 – Bahnhofsbuchhandel, WuW/E DE-R 134 = MDR 1998, 1425.
2 Vgl. BGH v. 18.9.1978 – KZR 17/77 – Fassbierpflegekette, WuW/E BGH 1530 (1531).
3 Vgl. BGH. Beschl. v. 22.9.1981 – KVR 8/80 – Original-VW-Ersatzteile II, WuW/E BGH 1829 ff. = MDR 1982, 118; BGH v. 14.7.1998 – KZR 1/97 – Schilderpräger im Landratsamt, WuW/E DE-R 201 (203).
4 Vgl. BGH v. 11.11.2008 – KVR 17/08, Rz. 14, 19 – Bau und Hobby, WuW/E DE-R 2514 (2515 f.); BGH v. 19.3.1996 – KZR 1/95 – Pay-TV-Durchleitung, WuW/E BGH 3058 (3063) = MDR 1996, 1144 = CR 1996, 674; BGH v. 2.2.1994 – KZR 9/93 – Orthopädisches Schuhwerk, WuW/E BGH 2919 (2922) = MDR 1995, 171.
5 Beispielsweise sind Tochtergesellschaften des Normadressaten und Drittunternehmer nicht gleichartig, BGH v. 14.3.1990 – KVR 4/88 – Sportübertragungen, WuW/E BGH 2627 (2641 f.) = MDR 1990, 900.
6 BGH v. 12.5.1998 – KZR 24/96 – Depotkosmetik, WuW/E DE-R 206 (210) = MDR 1990, 900; damals wurde ein Anspruch gemäß § 26 Abs. 2 GWB aF geprüft, der mit den derzeitigen § 20 Abs. 1 und 2 GWB inhaltlich weitgehend übereinstimmt.
7 BGH v. 4.11.2003 – KZR 2/02 – Depotkosmetik im Internet, MMR 2004, 536 = CR 2004, 295; der BGH prüfte § 20 Abs. 1 und 2 GWB.
8 Vgl. BGH v. 3.7.1976 – KVR 4/75 – Vitamin B 12, WuW/E BGH 1435 ff.; BGH v. 16.12.1976 – KVR 2/76 – Valium, WuW/E BGH 1445 (1450).

cc) Strukturmissbrauch

Nach § 19 Abs. 2 Nr. 3 GWB liegt ein Missbrauch vor, wenn ein marktbeherrschendes Unternehmen ungünstigere Entgelte oder sonstige Geschäftsbedingungen[1] fordert, als sie das marktbeherrschende Unternehmen selbst auf vergleichbaren Märkten von gleichartigen Abnehmern fordert.

10.357

dd) Zugangsverweigerung

Nach § 19 Abs. 2 Nr. 4 GWB liegt ein Missbrauchstatbestand vor, wenn sich ein marktbeherrschendes Unternehmen weigert, einem anderen Unternehmen gegen angemessenes Entgelt Zugang zu den eigenen Netzen oder anderen Infrastruktureinrichtungen zu gewähren. Voraussetzung ist allerdings, dass es dem anderen Unternehmen aus rechtlichen oder tatsächlichen Gründen ohne die Mitbenutzung nicht möglich ist, auf dem vor- oder nachgelagerten Markt als Wettbewerber des marktbeherrschenden Unternehmens tätig zu werden. Das marktbeherrschende Unternehmen kann die Mitbenutzung abwenden, wenn es nachweist, dass die Mitbenutzung aus betriebsbedingten oder sonstigen Gründen nicht möglich oder nicht zumutbar ist.[2]

10.358

ee) Veranlassung zur Gewährung von Vorteilen

Ein marktbeherrschendes Unternehmen kann seine Wettbewerber auch durch bestimmte Verhaltensweisen auf der Nachfrageseite behindern, so wenn das marktbeherrschende Unternehmen unter Einsatz seiner Nachfragemacht einen Lieferanten zwingt, zu Konditionen zu liefern, die günstiger sind als die den übrigen Abnehmern eingeräumten Konditionen. Einen solchen Missbrauch von Nachfragemacht regelt § 19 Abs. 2 Nr. 5 GWB. Danach ist es marktbeherrschenden Unternehmen verboten, ihre Marktstellung dazu auszunutzen, andere Unternehmen im Geschäftsverkehr dazu aufzufordern oder zu veranlassen, ihnen ohne sachlich gerechtfertigten Grund Vorteile zu gewähren. Vorteile sind etwa Vorzugsbedingungen, die ein Lieferant seinen Abnehmern üblicherweise nicht gewährt. Keine Vorteile sind dabei solche günstigen Bedingungen, die auf die Nachfragemenge zurückzuführen sind.[3] Ein Online- oder Versandhändler, von dem ein kleiner oder mittlerer Lieferant abhängig ist, darf daher den Lieferanten zum Beispiel nicht dazu auffordern – gleich ob erfolgreich oder nicht –, ihm nachträglich vertraglich nicht begründete Konditionenanpassungen zu gewähren.[4]

10.359

III. Boykottverbot und Veranlassung zu verbotenem Verhalten

1. Boykottverbot

§ 21 Abs. 1 GWB, das Verbot des Aufrufs zum Boykott, gilt **für alle Unternehmen** ungeachtet ihrer Marktstellung. Unter Boykott sind Liefer- und Bezugssperren gegen Unternehmen zu verstehen, die auf vor- oder nachgelagerten Wirtschaftsstufen des Adressaten des Boykottaufrufs tätig sind.[5] Richtet sich der Boykottaufruf an private Konsumenten,

10.360

---

1 Auch bei Kündigungen von Vertriebsverträgen gilt das Diskriminierungsverbot, vgl. LG Hannover v. 13.5.2009 – 21 O 6/09 – Rz. 34, WuW/E DE-R 2735 (2737).
2 Vgl. *Bunte*, WuW 1997, 302 (310).
3 Vgl. KG v. 23.6.1999 – Kart W 4327/99 – Schulbuchbeschaffung, WuW/E DE-R 367 f.
4 Vgl. BGH v. 24.9.2002 – KVR 8/01 – Konditionenanpassung, WuW/E DE-R 984; *Bechtold/Bosch*, § 20 GWB Rz. 77.
5 Vgl. zum Boykott gegen Molkereien wg. Milchpreisen: BKartA v. 12.11.2008 – B 2 – 100/08 – Milchpreisoffensive 2008, WuW/E DE-V 1679.

ist er aus kartellrechtlicher Sicht unbeachtlich.[1] Schließlich muss der Boykottaufruf auf der Absicht gründen, bestimmte Unternehmen unbillig zu beeinträchtigen. Die durch einen Boykott behinderten Unternehmen müssen – anders als bei § 1 UWG – nicht in einem Wettbewerbsverhältnis zu demjenigen stehen, der zum Boykott aufruft. Der Eintritt einer Schädigung ist – anders als bei § 826 BGB – unbeachtlich. Ob eine boykottbedingte Behinderung unbillig ist, entscheidet sich – wie stets im GWB – auf Grundlage einer Abwägung der Interessen der beteiligten Unternehmen unter Einbeziehung der auf die Freiheit des Wettbewerbs gerichteten Zielsetzung des GWB.[2] So wäre es etwa einem Hersteller verboten, andere Hersteller zur Nichtbelieferung eines Versandhändlers aus dem Grund aufzufordern, dass dieser Händler als zu niedrig empfundene Preise verlangt.

2. Veranlassung zu verbotenem Verhalten

10.361 § 21 Abs. 2 GWB verbietet es Unternehmen, Druck auf andere Unternehmen auszuüben, um sie zu einem Verhalten zu zwingen, das nach dem GWB (oder nach Art. 101, 102 AEUV oder kartellbehördlicher Verfügung) nicht zum Gegenstand einer vertraglichen Bindung gemacht werden dürfte.[3] Unbeachtlich ist, wie stark die Unternehmen im Markt sind. Die Vorschrift erfasst sowohl die Androhung eines Nachteils als auch das Versprechen eines Vorteils, um das andere Unternehmen zum kartellrechtswidrigen Verhalten zu veranlassen. Nachteil kann jedes vom anderen Unternehmen empfundene Übel sein. Ein Vorteil muss mehr sein, als das, was das andere Unternehmen durch das kartellrechtswidrige Verhalten erlangt. Ein Beispiel bietet der Fall „Kontaktlinsen" (Rz. 10.382).

IV. Typische Fragen und Fallpraxis

1. Umfassendes Verbot des Internetvertriebs

10.362 Verpflichtet sich der Händler, die Ware des Lieferanten nicht im Internet zu verkaufen, stellt dies in aller Regel einen Verstoß gegen das Kartellverbot dar. Nur in engen Grenzen ist eine solche Beschränkung zulässig.

a) Wettbewerbsbeschränkung

10.363 Ein Verbot des Verkaufs über das Internet muss nicht in jedem Fall gegen das Kartellverbot verstoßen. Ist das Verbot, im Internet zu verkaufen, objektiv notwendig und angemessen,[4] liegt nach Auffassung der Europäischen Kommission keine Wettbewerbsbeschränkung iSd. Art. 101 Abs. 1 AEUV vor. Dies soll beispielsweise dann gelten, wenn das Verbot dazu dient, einem aus **Sicherheits- oder Gesundheitsgründen** bestehenden öffentlichen Verbot nachzukommen, gefährliche Stoffe an bestimmte Kunden abzugeben.[5] Wirtschaftliche Erwägungen eines Herstellers, den Internetvertrieb zu unterbinden, genügen hingegen nicht.[6]

10.364 Der Europäische Gerichtshof hat sich hiermit in einem Fall befasst, der ihm vom Cour d'appel de Paris vorgelegt worden war. Der Kosmetikhersteller **Pierre Fabre** hatte in selek-

---

1 Jedoch könnte das deliktische (§ 826 BGB) oder das wettbewerbsrechtliche (§ 1 UWG) Boykottverbot zur Anwendung kommen.
2 Vgl. BGH v. 27.4.1999 – KZR 54/97 – Taxi Krankentransporte, WuW/E DE-R 303 (306).
3 Vgl. sog. Druckpreisempfehlungen mit denen der Hersteller Druck auf Handelsunternehmen ausübt, damit diese seine unverbindlichen Preisempfehlungen befolgen; vgl. BKartA v. 9.2.1997 – B 2 - 21/96 – Rolli, WuW/E DE-V 21 ff.; KG v. 30.4.1997 – Kart 10/96 – Jeans Vertrieb, WuW/E DE-R 83 ff.
4 S. Rz. 60 der Vertikal-Leitlinien, ABl. EU C 130/01 v. 19.5.2010.
5 Rz. 60 der Vertikal-Leitlinien, ABl. EU C 130/01 v. 19.5.2010.
6 In diesem Sinne auch *Schultze/Pautke/Wagener*, Rz. 733.

tiven Vertriebsvereinbarungen vorgesehen, dass seine nicht verschreibungspflichtigen Kosmetika und Körperpflegeprodukte in einem physischen Raum und in Anwesenheit eines diplomierten Pharmazeuten verkauft werden mussten. Damit war den Vertriebshändlern faktisch unmöglich, die Ware über das Internet zu verkaufen. Der EuGH legte nahe, die Vorgabe als eine bezweckte Wettbewerbsbeschränkung zu betrachten.[1] Zwar bestätigte das Gericht, dass die Beschränkungen eines selektiven Vertriebsnetzes unter den in ständiger Rechtsprechung anerkannten Voraussetzungen nicht den Tatbestand des Art. 101 Abs. 1 AEUV erfüllen.[2] Allerdings seien stets auch der legitime Zweck und die Verhältnismäßigkeit der Beschränkung zu prüfen. Das Verbot des Internethandels in einem selektiven Vertriebssystem sei – wie in anderem rechtlichen Zusammenhang entschieden – jedoch nicht notwendig, wenn es sich bei den Produkten um nicht verschreibungspflichtige Arzneimittel und Kontaktlinsen handele.[3] Für ein Kosmetikprodukt sei keine individuelle Beratung des Kunden zu dessen Schutz vor einer falschen Anwendung der Produkte notwendig.[4] Der bloße Prestigecharakter der in Rede stehenden Produkte sei darüber hinaus kein legitimes Ziel zur Beschränkung des Wettbewerbs.[5]

Das Bundeskartellamt vertritt ebenfalls diese Ansicht. Beispielsweise hat es die Vereinbarung des Kontaktlinsenherstellers **Ciba Vision** mit seinen Abnehmern über den Ausschluss des Internethandels mit einer bestimmten Sorte Kontaktlinsen als wettbewerbsbeschränkend qualifiziert.[6] Die Abnehmer hatten sich gegenüber Ciba Vision schriftlich verpflichtet, bestimmte Kontaktlinsen nicht im Internet zu vertreiben. Das Bundeskartellamt bewertete dies als eine Vereinbarung, die eine spürbare Beschränkung des Wettbewerbs auf der Ebene des Einzelhandels mit den betroffenen Kontaktlinsen bezwecke und bewirke.[7]   **10.365**

b) Freistellung

Wird das Verbot des Internetvertriebs nicht bereits aus dem Tatbestand des Kartellverbots ausgesondert, lässt sich eine **Freistellung nach der Vertikal-GVO** prüfen. Danach sind zwar Wettbewerbsbeschränkungen in Vertriebsverträgen unterhalb der 30 %-Schwelle grundsätzlich vom Kartellverbot freigestellt (s. oben Rz. 10.334). Die Freistellung gilt aber nicht beim Vorliegen von Kernbeschränkungen. Beschränkungen passiver Verkäufe sind aber grundsätzlich Kernbeschränkungen iSd. Art. 4b) und c) Vertikal-GVO.[8] Die Belieferung von Kunden, die den Internetshop des Händlers aus eigener Initiative aufsuchen, betrachtet die Kommission als passiven Verkauf, folglich sind nach ihrer Ansicht Einschränkungen des Internethandels durch Hersteller in den meisten Fällen eine Kernbeschränkung, die Händler daran hindern könnten, mehr und andere Kunden zu erreichen.[9]   **10.366**

---

1 EuGH v. 13.10.2011 – Rs. C-439/09 – Pierre Fabre Dermo-Cosmétique SAS, WuW/E EU-R 2163 (2169, Rz. 47) = CR 2011, 813.
2 EuGH v. 13.10.2011 – Rs. C-439/09 – Pierre Fabre Dermo-Cosmétique SAS, WuW/E EU-R 2163 (2168, Rz. 41) = CR 2011, 813; Rn. 10.
3 EuGH v. 13.10.2011 – Rs. C-439/09 – Pierre Fabre Dermo-Cosmétique SAS, WuW/E EU-R 2163 (2169, Rz. 43) = CR 2011, 813.
4 EuGH v. 13.10.2011 – Rs. C-439/09 – Pierre Fabre Dermo-Cosmétique SAS, WuW/E EU-R 2163 (2169, Rz. 44) = CR 2011, 813.
5 EuGH v. 13.10.2011 – Rs. C-439/09 – Pierre Fabre Dermo-Cosmétique SAS, WuW/E EU-R 2163 (2169, Rz. 46) = CR 2011, 813.
6 BKartA v. 25.9.2009 – B 3 - 123/08, WuW/E DE-V 1813.
7 BKartA v. 25.9.2009 – B 3 - 123/08, WuW/E DE-V 1813 (1814) Rz. 18.
8 S. Rz. 51, 2. Spiegelstrich der Vertikal-Leitlinien, ABl. EU C 130/01 v. 19.5.2010; zu Art. 4c EuGH v. 13.10.2011 – Rs. C – 439/09 – Pierre Fabre Dermo-Cosmétique SAS, WuW/E EU-R 2163 (2169) = CR 2011, 813; *Janssen*, Internetvertrieb und Kartellrecht, WuW 2015, 1116 (1117).
9 Rz. 51, 2. Spiegelstrich der Vertikal-Leitlinien, ABl. EU C 130/01 v. 19.5.2010; KK-Kart/*Wegner*/*Johannsen*, Art. 4 Vertikal-GVO Rz. 82; *Janssen*, Internetvertrieb und Kartellrecht, WuW 2015, 1116 (1118 f.).

10.367 Das Bundeskartellamt teilt die Ansicht der Kommission. So erklärte es, die Vereinbarung des Kontaktlinsenherstellers **Ciba Vision** mit seinen Abnehmern über den Ausschluss des Internethandels sei nicht nach den Vorschriften der Vertikal-GVO vom Kartellverbot freigestellt, weil „die Beschränkung des Internethandels … eine Kernbeschränkung gemäß Art. 4b) bzw. Art. 4c) Vertikal-GVO" darstelle.[1]

10.368 Somit könnte ein umfassendes Internet-Verbot nur unter den Voraussetzungen einer **Einzelfreistellung** (Rz. 10.337 ff.) zulässig sein. Die Voraussetzungen einer Einzelfreistellung werden aber höchst selten erfüllt. Im Fall „Kontaktlinsen"[2] lagen sie nach Ansicht des Bundeskartellamts nicht vor: Das Verbot, neu entwickelte 24h-Kontaktlinsen über das Internet zu verkaufen, sei nicht erforderlich, um den richtigen Gebrauch der Kontaktlinsen sicherzustellen oder um die **Gesundheit der Träger der Kontaktlinsen** zu schützen.[3] Kontaktlinsen waren nach dem Medizinproduktegesetz in Deutschland frei verkäuflich und unterlagen **keiner Verschreibungspflicht**, keiner Vertriebsbeschränkung und keinen Vorgaben bei der Warenpräsentation. Auch wenn eine fachmännische Erstanpassung, Beratung und regelmäßige Kontrollen wünschenswert sein mögen, so das Amt, gebe es geeignetere und zugleich mildere Mittel, wie etwa Beipackzettel, um die Gesundheit des Konsumenten zu schützen.[4] Zudem ging das Bundeskartellamt davon aus, dass Kontaktlinsen auch im stationären Handel jederzeit ohne Nachweis einer vorausgegangenen fachmännischen Anpassung erworben werden könnten, so dass die Augengesundheit des Kunden bei diesem Vertriebsweg nicht besser geschützt sei als im Internetvertrieb.[5]

10.369 Auch der **Schutz vor Trittbrettfahrern** (*free riders*) – also vor Händlern, die wenig in den Absatz investieren, aber von den Bemühungen jener Händler profitieren, die auch iSd. Herstellers teure Beratung und Präsentation anbieten – genügte nach Ansicht des Bundeskartellamts nicht, um eine Einzelfreistellung zu rechtfertigen. Denn ein Marktneueintritt, der mit erhöhten Kosten verbunden sei, deren Investition gegebenenfalls unter dem Aspekt des *free riding* eine Beschränkung zulassen, lag im konkreten Fall nicht vor.[6]

10.370 Auch außerhalb der Europäischen Union wird diese Ansicht geteilt. Die Schweizer Wettbewerbskommission qualifizierte einen ähnlich gelagerten Fall ebenfalls als Verstoß gegen das Kartellverbot.[7] **Electrolux**, ein Hersteller von elektronischen Haushaltsgeräten, hatte seinen Händlern unter Berufung auf ein selektives Vertriebssystem schriftlich den Vertrieb von Geräten über das Internet untersagt. Auch ein anderer Hersteller, **V-Zug AG**, geriet ins Visier der Schweizer Wettbewerbskommission, weil er seinen Händlern zunächst ankündigte, den Internethandel zu untersagen, diese Ankündigung dann zwar nicht umsetzte, aber Händler mit Online-Geschäft nur noch beliefern wollte, wenn diese kaum erreichbare Vorgaben einhielten. Die Schweizer Wettbewerbskommission stellte fest, dass der Online-Handel hierdurch stark behindert wurde.[8]

2. Verbot des Versandhandels per Katalog

10.371 Das **Verbot**, die Vertragsprodukte in den Katalog-Versandhandel aufzunehmen, hat die Europäische Kommission, als das Internet noch keine Rolle spielte, **in drei Fällen zuge-**

---

1 BKartA v. 25.9.2009 – B 3 - 123/08, WuW/E DE-V 1813 (1814) Rz. 19; die Entscheidung bezog sich auf die VO 2790/1999, der inhaltsgleichen Vorgängerin der heutigen Vertikal-GVO. Ebenso BKartA „Vertikale Beschränkungen in der Internetökonomie". Tagung des Arbeitskreises Kartellrecht 10. Oktober 2013, veröffentlicht auf www.bundeskartellamt.de.
2 BKartA v. 25.9.2009 – B 3 - 123/08, WuW/E DE-V 1813.
3 BKartA v. 25.9.2009 – B 3 - 123/08, WuW/E DE-V 1813 (1814) Rz. 20 ff.
4 BKartA v. 25.9.2009 – B 3 - 123/08, WuW/E DE-V 1813 (1814) Rz. 23 ff.
5 BKartA v. 25.9.2009 – B 3 - 123/08, WuW/E DE-V 1813 (1814) Rz. 25.
6 BKartA v. 25.9.2009 – B 3 - 123/08, WuW/E DE-V 1813 (1815) Rz. 29 ff.
7 Verfügung der Schweizer Wettbewerbskommission v. 11.7.2011 – 22-0391 – „Elektrolux".
8 Verfügung der Schweizer Wettbewerbskommission v. 11.7.2011, Medienmitteilung v. 16.8.2011, www.weko.admin.ch.

lassen, in denen ein selektives Vertriebssystem bestand. Die Kommission hat in diesen Fällen die Anwendbarkeit des Kartellverbots mangels Vorliegens einer Wettbewerbsbeschränkung[1] bzw. wegen fehlender Spürbarkeit verneint.[2] Auch die deutsche Rechtsprechung hat diese Auffassung geteilt.[3] Der Versandhandel per Katalog könne bei Markenwaren zulässige Anforderungen an die Ausstattung von Verkaufsstätten nicht erfüllen. Da es am direkten Kundenkontakt fehle, könne der Versandhandel per Katalog die vom Hersteller zulässigerweise genannten Vorführ-, Beratungs-, und Kundendienstleistungen nicht gewährleisten.

Ob diese Entscheidungspraxis heute unverändert weitergilt, ist zweifelhaft. Denn warum sollte ein Hersteller in einem selektiven Vertriebssystem den Vertrieb per Katalog untersagen dürfen, während er zugleich den Vertrieb im Internet nicht verhindern darf (s. oben Rz. 10.362 ff.)? In den mittlerweile durch eine neue Fassung abgelösten Vertikal-Leitlinien der Kommission hieß es dementsprechend, dass dieselben Erwägungen wie die zum Internethandel auf den Versandhandel zuträfen.[4] In den aktuellen Leitlinien findet sich diese Formulierung nicht mehr. Möglicherweise sind der Versandhandel und der Internethandel doch so unterschiedlich, dass die ältere Entscheidungspraxis auch heute noch Geltung hat.[5] | **10.372**

3. Zeitlich befristetes Verbot des Internet-Vertriebs

Ein zeitlich befristetes Verkaufsverbot kann zulässig sein. Nach Auffassung der Kommission soll ein Internetverkaufsverbot dann keine Wettbewerbsbeschränkung sein, wenn eine neue Marke in den Markt eingeführt wird und das Verkaufsverbot auf zwei Jahre begrenzt ist und dazu dient, die mit der **Markteinführung** verbundenen Investitionskosten zu **amortisieren**.[6] Dies gilt unter der Maßgabe, dass der Hersteller beträchtliche Mittel für den Markteintritt aufwenden muss und für das betroffene Produkt bislang keine Nachfrage besteht.[7] Auch wenn ein Hersteller die Erfolgsaussichten eines neuen Produkts in einem eingegrenzten Gebiet oder anhand einer kleineren Kundengruppe austesten möchte (sog. echte Markteinführungstests), sollen die Vertragshändler in ihren Verkäufen aus dem Testmarkt heraus beschränkt werden dürfen.[8] | **10.373**

Diese Voraussetzungen lagen im „Kontaktlinsen"-Fall nicht vor (s. Rz. 10.365). Zwar hatte der Hersteller vorgetragen, mit der neuen sogenannten „24-Stunden-Linse" werde ein neues und neuartiges Produkt in den Markt eingeführt. Das Bundeskartellamt war hingegen der Auffassung, dass die Aufnahme eines neuen Produkts in das bestehende Sortiment eines stationären Optikers weder bedeute, dass der Optiker in einen neuen Markt eintrete, noch dass er beträchtliche Mittel aufwenden müsse, um einen neuen Markt zu erschließen bzw. aufzubauen.[9] Vielmehr sei ein am Markt tätiger Optiker mit seinem sta- | **10.374**

---

1 Kommission v. 10.7.1985 – IV./29.420 – Grundig I, ABl. EG 1985 L 233/1; Entsch. v. 21.12.1993 – IV./29.420 – „Grundig II" für beratungsintensive technische Produkte, ABl. EG 1994 L 20/15.
2 Kommission v. 16.12.1991 – IV./33.242 – „Yves Saint Laurent" für Luxusprodukte, ABl. EG 1992 L 12/24.
3 BGH v. 12.5.1998 – KZR 24/96 – Depotkosmetik, BGH WuW/E DE-R, 206 (210); BGH v. 4.11.2003 – KZR 2/02 – Depotkosmetik im Internet, MMR 2004, 536 (537) = CR 2004, 295.
4 Mitteilung der Kommission. Leitlinien für vertikale Beschränkungen. ABl. EG C 291/1 v. 13.10.2000, Rz. 51 Satz 9.
5 So *Schutze/Pautke/Wagener*, Rz. 772 ff., Loewenheim/Meessen/Riesenkampff/Kersting/Meyer-Lindemann/*Baron*, Art. 4 Vert-GVO Rz. 293, aA *Bauer*, WRP 2003, 243 (244 f.).
6 S. Rz. 61 der Vertikal-Leitlinien, ABl. EU C 130/01 v. 19.5.2010.
7 Rz. 61 der Vertikal-Leitlinien, ABl. EU C 130/01 v. 19.5.2010.
8 S. Rz. 62 der Vertikal-Leitlinien, ABl. EU C 130/01 v. 19.5.2010; s. auch KK-Kart/*Wegner/Johannsen*, Art. 4 Vertikal-GVO Rz. 65.
9 S. BKartA v. 25.9.2009 – B 3 - 123/08 – Kontaktlinsen, WuW/E DE-V 1813 (1815) Rz. 29.

tionären Ladenlokal bereits auf dem Markt etabliert. Statt nennenswerter Investitionen müsse er nur die Anpass- und Beratungsleistungen erbringen, die mit jedem neuen Produkt einhergingen.[1]

4. Vereinbarung von Mindest-, Fest- und Höchstpreisen

10.375 Es verstößt gegen das Kartellverbot, wenn Lieferant und Abnehmer vereinbaren, zu welchem Preis der Abnehmer die Ware weiterverkaufen muss. Dies nennt man Preisbindung der zweiten Hand oder auch vertikale Preisbindung. Weder darf man Fest- oder Mindestweiterverkaufspreise festsetzen noch darf man sich darauf verständigen, ein Fest- oder Mindestpreisniveau zu erreichen. Dies wäre eine Kernbeschränkung iSv. Art. 4a) Vertikal-GVO.[2] In der Praxis werden solche Maßnahmen häufig auch als **„Preispflege"** bezeichnet.[3] Die Vereinbarung von Höchstpreisen ist im Rahmen der Vertikal-GVO hingegen zulässig.[4]

10.376 Preisbindungen der zweiten Hand und die Vorgabe von Fest- oder Mindestweiterverkaufspreisen werden wegen ihrer nachteiligen Auswirkungen auf den Preiswettbewerb vom Bundeskartellamt mit Nachdruck verfolgt und häufig mit hohen Bußgeldern geahndet. Im Zusammenhang mit dem Internet-Handel hat das Bundeskartellamt häufiger faktische oder sogar ausdrückliche Preisbindungen festgestellt. So hat das Bundeskartellamt Hersteller aus der Bekleidungsindustrie, insbesondere im Bereich Sport/Freizeitbekleidung/Outdoor, wo ein ausgeprägtes Markenbewusstsein herrscht, darauf hingewiesen, dass vertikale Preisbindungen einen Verstoß gegen § 1 GWB darstellen und auch die Drohung mit Liefersperren bei Nichteinhaltung von Preisempfehlungen ein Verfahren nach § 21 Abs. 2 GWB wegen verbotener Druckausübung nach sich ziehen kann.[5]

10.377 Ein Beispiel für ein verbotenes Vorgehen lieferte **Garmin**, ein Hersteller mobiler Navigationsgeräte. Er erhöhte mit einem sogenannten „Kickback-Programm" seine Abgabepreise für solche Fachhändler, die Handel im Internet betrieben und dort durch niedrige Verkaufspreise auffielen. Sobald ein Händler seinen Internet-Preis wieder auf ein durch Garmin vorgegebenes Mindestpreisniveau anhob, gewährte ihnen der Hersteller hierfür rückwirkend einen ausgleichenden Bonus.[6] Das Bundeskartellamt sah hierin einen Verstoß gegen das Kartellverbot.

10.378 Gegen einen Hersteller von Batterien und Akkuladegeräten und seinen Geschäftsführer hat das Bundeskartellamt wegen unerlaubter Preisbindungen und unerlaubter Preisempfehlungen (s. hierzu auch sogleich unter Rz. 10.379 ff.) zudem Bußgelder in Höhe von insgesamt 100 000 Euro verhängt.[7] Das Unternehmen hatte seinen Händlern gedroht, die **Belieferung einzustellen**, wenn diese nicht auf die **Einhaltung einer bestimmten Preisstruktur bei Verkäufen über die Internetplattform eBay** hinwirkten. Neben Händlern, die ihre Produkte direkt über eBay verkauften, wurde der Lieferboykott auch den Zulieferern der eBay-Händler angedroht, um die Händler zum Abschluss unerlaubter Preisbindungsvereinbarungen zu veranlassen. Mit einigen eBay-Händlern hatte der Hersteller zudem direkt eine Preisstruktur bei Internetverkäufen ausgehandelt und zwischengeschaltete

---

1 BKartA v. 25.9.2009 – B 3 - 123/08 – Kontaktlinsen, WuW/E DE-V 1813 (1815) Rz. 29.
2 S. etwa Art. 4a Vertikal-GVO sowie Ziffer 13. der De minimis-Bekanntmachung ABl. EU C 291/3 v. 30.8.2014.
3 S. BKartA v. 25.9.2009 – B 3 - 123/08 – Kontaktlinsen, WuW/E DE-V 1813.
4 Art. 4a Vertikal-GVO.
5 S. Tätigkeitsbericht des Bundeskartellamtes für die Jahre 2005/2006, S. 75, abrufbar unter www.bundeskartellamt.de.
6 Fallbericht des BKartA v. 28.6.2010, abrufbar unter www.bundeskartellamt.de.
7 S. Tätigkeitsbericht des Bundeskartellamtes für die Jahre 2003/2004, S. 41 und 120, abrufbar unter www.bundeskartellamt.de.

Händler wurden aufgefordert, gegenüber denjenigen eBay-Händlern, die sich nicht mit der Preisstruktur einverstanden erklärt hatten, Preisaufschläge zu verlangen.[1]

5. Unverbindliche Preisempfehlung

Das Kartellrecht verbietet es dem Lieferanten nicht, Preisempfehlungen auszusprechen und dem Abnehmer eine Liste mit unverbindlichen Preisempfehlungen („UVP") zu überlassen. UVP müssen aber auch tatsächlich unverbindlich sein, ansonsten gilt für sie das soeben zur Vereinbarung von Mindest-, Fest- und Höchstpreisen (Rz. 10.375) Gesagte. Das Bundeskartellamt führte daher ein Verfahren gegen den Design- und Haushaltswaren-Hersteller **Alessi**, weil er seine Online-Händler **vertraglich zur Einhaltung der UVP verpflichtet** hatte. Darüber hinaus fand sich diese Preisbindung nur in Verträgen mit Online- nicht mit stationären Händlern. Alessi musste die Preisbindung aus den Verträgen mit den Online-Händlern streichen und eine „Klarstellung bezüglich der Verträge mit den stationären Händlern" herbeiführen.[2] Aber auch ohne vertragliche Vorgabe, eine UVP einzuhalten, ist die Grenze zum Kartellrechtsverstoß nach der Praxis des Bundeskartellamts schnell überschritten: „Jede Kontaktaufnahme, die über die reine Übermittlung von UVP hinausgeht und diesen durch **nachträgliche und erneute Thematisierung** – insbesondere mit Blick auf das bisherige Preissetzungverhalten des Händlers – Nachdruck verleiht, stellt deren Unverbindlichkeit in Frage und ist (…) als Druckausübung (…) zu werten".[3]

10.379

Bleibt es bei einem isolierten, einseitigen Vorgang, liegt keine Vereinbarung iSd. Kartellverbots vor (Rz. 10.327). Verpflichtet sich der Händler aber, die UVP einzuhalten, stellt dies eine verbotene vertikale Preisabsprache dar. Verpflichtet er sich nicht, hält sich aber jedes Mal, wenn der Hersteller ihm neue UVPs übermittelt, an diese UVPs, könnten die Kartellbehörden darin bereits ein abgestimmtes Verhalten erkennen. Wenn der Lieferant durch Druck oder Anreize versucht, den Händler zur Einhaltung der UVP zu bewegen, liegt unabhängig davon, ob sich Hersteller und Händler abgestimmt verhalten, ein Verstoß vor.[4] Versucht ein Unternehmen, das Adressat des Missbrauchsverbots ist, seine UVPs gegen die Händler durchzusetzen, liegt ein Verstoß gegen das Missbrauchsverbot nahe.

10.380

Preisempfehlungen dürfen sich nicht wie Fest- oder Mindestverkaufspreise auswirken, etwa durch **Druckausübung oder** durch die **Gewährung von Anreizen**.[5] Dann liegt eine Kernbeschränkung iSv. Art. 4a) Vertikal-GVO vor. Ein Lieferant darf auf die Nichteinhaltung eines bestimmten Preisniveaus daher nicht mit Drohungen, Einschüchterung, Warnungen, Strafen, Verzögerung oder Aussetzung von Lieferungen und Vertragskündigung reagieren.[6]

10.381

Ein anschauliches Beispiel aus der Fallpraxis des Bundeskartellamtes zu einer unzulässigen „Preispflege" bietet der Fall „Kontaktlinsen". Dort unterhielt der Hersteller Ciba Vision ein Überwachungs- und Interventionssystem, mit dem er die Verkaufspreise der Händler im Internet erfasste und Kontakt zu solchen Händlern aufnahm, deren Preise nicht dem gewünschten Niveau entsprachen.[7] Diese **Kontaktaufnahme zu den Händlern**

10.382

---

1 S. Tätigkeitsbericht des Bundeskartellamtes für die Jahre 2003/2004, S. 41 und 120, abrufbar unter www.bundeskartellamt.de.
2 BKartA, Tätigkeitsbericht 2010/2011, BT-Drucks. 17/13675 v. 29.5.2013, S. 74.
3 BKartA v. 25.9.2009, – B 3 - 123/08 – Kontaktlinsen, WuW/E DE-V 1813 (1815) Rz. 44.
4 § 21 Abs. 2 GWB, der im Gegensatz zu Art. 4a Vertikal-GVO keine Vereinbarung erfordert.
5 S. Art. 4 Buchst. a Vertikal-GVO sowie Ziffer 11. der De minimis-Bekanntmachung ABl. EG C 386/13 v. 22.12.2001; s. auch KK-Kart/*Wegner*/*Johannsen*, Art. 4 Vertikal-GVO Rz. 24 f.
6 Nähere Erläuterungen und weitere Beispiele im Zusammenhang mit der Preispflege finden sich unter Rz. 48 der Vertikal-Leitlinien, ABl. EU C 130/01 v. 19.5.2010.
7 Diese Preispflege bezog sich wohlgemerkt nur auf solche Produkte, deren Internetvertrieb die Herstellerin nicht untersagt hatte (zum Verbot des Verkaufs im Internet s. oben Rz. 10.362 ff.).

zielte nach den Feststellungen des Amtes darauf ab, die **Abgabepreise im Internet anzuheben**. Dieses Überwachungs- und Interventionssystem überschritt die Grenze zulässiger unverbindlicher Preisempfehlungen.[1] Das Bundeskartellamt kam überdies zu dem Ergebnis, dass die Herstellerin nicht lediglich einseitig Druck auf die Händler ausgeübt habe, sondern dass eine tatsächliche Verhaltensabstimmung stattfand bzw. zumindest beabsichtigt war. Als Beleg hierfür führte das Amt an, dass die Händler ihre Preise im Anschluss an die Gespräche angehoben hätten.[2] Dem Vorbringen der Verteidigung, dass allein aus der Befolgung einer UVP nicht auf eine Vereinbarung oder abgestimmte Verhaltensweise geschlossen werden dürfe, erteilte das Bundeskartellamt demgegenüber eine deutliche Absage. Nach seiner Ansicht habe das EuG[3] – ganz im Gegenteil – festgestellt, dass sich aus einer Umsetzung der Vorgaben durch den Hersteller eine Zustimmung und somit eine Einigung bzw. Verhaltensabstimmung ergebe.[4] Im Gegensatz hierzu könne aus einer Nicht-Einhaltung der UVP auf eine fehlende Verhaltensabstimmung geschlossen werden.[5] Neben dieser Preispflege unterhielt der Kontaktlinsenhersteller zudem ein besonderes Kooperationsverhältnis zu sog. **Top-Kunden**, die sich neben hohen Umsätzen dadurch auszeichneten, dass ihre Internetverkaufspreise **nicht mehr als 10 bis 15 % unterhalb der UVP** lagen. Als „Gegenleistung" wurden die Top-Kunden gegenüber anderen Internethändlern bevorzugt und erhielten besondere Einkaufskonditionen und Unterstützung bei Marketingmaßnahmen.[6] Das Bundeskartellamt stellte fest, dass auch insoweit eine gegen das Kartellverbot verstoßende (konkludente) Willensübereinstimmung zwischen der Herstellerin und den Top-Kunden stattfand. Zudem war das Amt der Auffassung, dass die Bevorzugung der Top-Kunden zugleich einen Verstoß gegen § 21 Abs. 2 GWB darstellte (s. oben Rz. 10.361).[7]

6. Unterschiedliche Preise für On- und Offline-Verkauf

10.383 Solange ein Unternehmen nicht den Vorschriften des Missbrauchsverbots unterliegt (s. oben Rz. 10.343 ff.), ist es frei darin, zu welchem Preis es seine Produkte verkauft. Ein Hersteller kann sich also zum Beispiel dazu entscheiden, einen reinen Online-Händler teurer zu beliefern und einen stationären Händler billiger. Vorsicht ist aber geboten, wenn der Hersteller versucht, den Händler zu binden, indem er zum Beispiel den niedrigeren Preis daran knüpft, dass der stationäre Händler die Ware auch wirklich offline verkauft. In einem solchen Fall geht es nicht mehr darum, dass der Lieferant autonom bestimmt, zu welchem Preis er an welchen Kunden liefert, sondern es entsteht eine Bindung des Händlers. Außerdem kann sich durch wiederholte Geschäftsbeziehungen eine abgestimmte Verhaltensweise zwischen Hersteller und Händler entwickeln: der Hersteller hebt die Preise bei missbilligtem Verhalten an, und senkt sie, weil der Händler das Signal verstanden und sein Verhalten herstellerkonform geändert hat, wieder ab. Ein Hersteller, der einen Händler wegen dessen Absatzverhaltens nicht mehr beliefern will, wäre also später möglicherweise daran gehindert, die Belieferung wieder aufzunehmen, wenn sich der Händler auf seine Wünsche eingelassen hat, weil ansonsten ein abgestimmtes Verhalten oder ein Fall des § 21 Abs. 2 GWB (s. oben Rz. 10.361) vorliegen kann.

10.384 **Doppelpreissysteme** werden von der Europäischen Kommission kritisch gesehen.[8] Das Bundeskartellamt hat bereits mehrfach interveniert.

---

1 BKartA v. 25.9.2009 – B 3 - 123/08 – Rz. 39 ff. – Kontaktlinsen, WuW/E DE-V 1813 (1816).
2 BKartA v. 25.9.2009 – B 3 - 123/08 – Rz. 56 ff. – Kontaktlinsen, WuW/E DE-V 1813 (1818).
3 EuG v. 3.12.2003 – Rs. T-208/01 – VW-Händlerverträge, Slg. 2003, II (5141, 5158, Rz. 53 f.).
4 BKartA v. 25.9.2009 – B 3 - 123/08 – Rz. 60 – Kontaktlinsen, WuW/E DE-V 1813 (1819).
5 BKartA v. 25.9.2009 – B 3 - 123/08 – Rz. 60 – Kontaktlinsen, WuW/E DE-V 1813 (1819), mit Bezugnahme auf EuG v. 13.1.2004 – Rs. T-67/01 „JCB" – Rz. 129 – Kontaktlinsen.
6 BKartA v. 25.9.2009 – B 3 - 123/08 – Rz. 8 ff. – Kontaktlinsen, WuW/E DE-V 1813.
7 BKartA v. 25.9.2009 – B 3 - 123/08 – Rz. 66 – Kontaktlinsen, WuW/E DE-V 1813 (1820); *Kapp*, Preisempfehlung und Markenartikel, WuW 2011, 38.
8 S. Rz. 54 Vertikal-Leitlinien, ABl. EU C 130/01 v. 19.5.2010.

Im Bereich **Badezimmerausstattungen** wandte sich das Bundeskartellamt gegen eine Vereinbarung, mit der der Armaturenhersteller Dornbracht einen Rabatt auf den Listenpreis einräumte, sofern Händler im Vertrieb bestimmte Qualitätskriterien wie eine fachgerechte Montage der Produkte und einen adäquaten After-Sales-Service einhielten.[1] Nach Ansicht des Bundeskartellamts war diese Regelung geeignet, den Weiterverkauf an bestimmte Abnehmer wie Baumärkte, reine Internethändler, Discounter oder auch bei der Querbelieferung anderer Großhändler wirtschaftlich unattraktiv zu machen und bestimmte **Vertriebskanäle zu behindern**. Markeninterner Wettbewerb sei dadurch verloren gegangen und der Internethandel unzulässig beschränkt worden. Das Argument des Herstellers, den Händlern mit dem Rabatt eine Kompensation für besondere Vertriebskosten zu leisten und damit dem Risiko entgegenzuwirken, dass Händler allein aus Kostengründen dazu übergehen, die Produkte in einer der Marke abträglichen Weise zu vertreiben, ließ das Bundeskartellamt nicht gelten. Vielmehr werde durch Nichtgewährung des Rabatts auf Ware, die im Internet verkauft werden sollte, diese teurer abgegeben als stationär verkaufte Ware. Das Bundeskartellamt bewertete das Rabattsystem daher als (Weiter-)Verkaufsbeschränkung über das Internet, die als Kernbeschränkung einzuordnen sei und für die eine Freistellung nach der Vertikal-GVO ausscheide.[2] Nach Auffassung des Amtes sei es jedoch möglich, dass der Anbieter mit dem Abnehmer eine feste Gebühr vereinbart, um dessen Offlineoder Online-Verkaufsanstrengungen zu unterstützen.[3] Allerdings dürfe diese Gebühr nicht variabel mit dem erzielten Offline-Umsatz steigen.

10.385

Ein aus Sicht des Bundeskartellamts ebenfalls verbotenes Doppelpreissystem war die **Rabattstaffelung** des Gartenprodukte-Herstellers GARDENA.[4] Die sogenannten Funktionsrabatte waren letztlich daran geknüpft, auf welchem Vertriebsweg (stationär oder online) der Händler das Produkt verkaufte. Händler konnten nur über ihren stationären Absatz in den Genuss des vollen Rabatts kommen. Durch geringere Rabatte und damit höhere Einkaufspreise werde der Absatz über das Internet schlechter gestellt und die Händler hätten weniger Anreiz, mehr und andere Kunden über das Internet zu erreichen. Dies sei eine Wettbewerbsbeschränkung und als Kernbeschränkung nicht von der Vertikal-GVO freigestellt. Höhere Kosten des stationären Absatzes könnten stattdessen zum Beispiel durch umsatz- oder mengenunabhängige Fixzuschüsse ausgeglichen werden. So würde der Händler die Hoheit über die Wahl seiner Vertriebskanäle behalten.

10.386

Im Verfahren gegen BoschSiemensHausgeräte GmbH[5] lag das Doppelpreissystem in je nach Vertriebsweg unterschiedlich hohen Präsentations- und Beratungsrabatten. Das Rabattsystem hatte der Hersteller mit Fachhändlern vereinbart, die seine Geräte sowohl über ein stationäres Ladengeschäft als auch über einen Webshop absetzen (**Hybridhändler**). Die Rabatte fielen umso niedriger aus, je mehr Umsatz ein Hybridhändler über seinen Webshop erzielte. Das Bundeskartellamt wertete das Rabattsystem als wettbewerbsbeschränkendes Doppelpreissystem. Eine daraufhin geänderte Rabattregelung befand das Bundeskartellamt für **zulässig**. Diese neue Regelung knüpfte die Rabattgewährung zwar **vertriebswegabhängig** an **unterschiedliche Kriterien**, diese **entsprachen sich** aber **inhaltlich**. So wurde für den Online-Absatz etwa an die Online-Präsentation angeknüpft, für den stationären Absatz dementsprechend an die Qualität der Ausstellung. Die erzielbaren Rabatte waren online und stationär gleich hoch. Das neue Rabattsystem setzte also keine Anreize mehr, die Geräte eher stationär als online abzusetzen. Damit entfiel das Tatbe-

10.387

---

1 BKartA, Fallbericht v. 13.12.2011 – B5-100/10, abrufbar unter www.bundeskartellamt.de.
2 So auch OLG Düsseldorf v. 13.11.2013, WuW-E DE-R 4117 – Badarmaturen, im Zusammenhnag mit einer Schadensersatzklage; differenzierend KK-KartR/*Wegner/Johannsen*, Art. 4 Vertikal-GVO, Rz. 82.
3 So auch Rz. 54 Vertikal-Leitlinien, ABl. EU C 130/01 v. 19.5.2010.
4 BKartA, Fallbericht v. 5.12.2013 – B5-144/13, abrufbar unter www.bundeskartellamt.de.
5 BKartA, Fallbericht. v. 23.12.2013 – B7-11/13, abrufbar unter www.bundeskartellamt.de.

standsmerkmal der Wettbewerbsbeschränkung. Mit einer vergleichbaren Begründung ging das Bundeskartellamt gegen den Spielzeughersteller LEGO vor.[1] LEGO-Händler konnten allein durch Verkäufe im stationären Handel die höchste Rabattpunktzahl erhalten. Denn eine Reihe der Rabattkriterien war ausschließlich auf den stationären Handel zugeschnitten; vergleichbare Kriterien für den Online-Absatz sah das LEGO-Vertriebssystem nicht vor. So orientierte sich die Rabatthöhe zum Beispiel an den zur Verfügung stehenden Regalmetern, ohne ein entsprechendes Rabattkriterium für den Online-Vertrieb festzulegen. LEGO verpflichtete sich nach der Intervention des Bundeskartellamts ergänzende oder alternative Kriterien einzuführen, die auf die Besonderheiten des Online-Vertriebs angepasst waren. Dies bedeutet: Betreibt ein Hersteller ein Rabattsystem, dessen Kriterien (etwa weil nur mit Blick auf den traditionellen, also stationären Handel entwickelt) beim Online-Verkauf nicht dieselbe Rabatthöhe ermöglichen, muss der Hersteller sein Rabattsystem ändern, neue Kriterien hinzufügen oder alte streichen.

7. Vorgabe eines Mindest-offline-Umsatzes und Begrenzung des Online-Volumens

10.388 Die Europäische Kommission betrachtet in ihren Vertikal-Leitlinien solche Vereinbarungen als Kernbeschränkung, die denjenigen Teil der **Gesamtverkäufe begrenzen**, die der Händler über das Internet tätigen darf. Danach wäre es unzulässig, wenn der Händler dem Lieferanten zusagt, von den bezogenen Produkten nicht mehr als 50 % im Internet zu verkaufen. Nach Ansicht der Kommission soll der Lieferant allerdings nicht daran gehindert sein, vom Händler zu verlangen, dass er das Produkt **mindestens in einem** nach Wert oder Menge **bestimmten** absoluten **Umfang offline** verkauft, um einen effizienten Betrieb seines physischen Verkaufspunkts zu gewährleisten. Das heißt also, der Lieferant dürfte seinem Händler vorgeben, mindestens 1000 Stück der Vertragsprodukte stationär zu verkaufen. Der absolute Umfang der geforderten Offline-Verkäufe kann für alle Abnehmer identisch sein oder anhand objektiver Kriterien, beispielsweise der Größe des Abnehmers im Vertriebsnetz oder seiner geografischen Lage, im Einzelfall festgelegt werden. Vorgaben zum absoluten Umfang sind jedoch nur zulässig, wenn der Händler durch diese Vorgabe nicht in seinen Online-Verkäufen eingeschränkt wird.[2] Auch ist es dem Lieferanten nach Auffassung der Kommission erlaubt, durch vertragliche Vereinbarung sicherzustellen, dass der Internet-Shop des Händlers mit dem Vertriebsmodell des Anbieters im Einklang steht.[3]

10.389 Das Bundeskartellamt beanstandete eine Klausel in den Vertriebsbedingungen der Alfred Sternjakob GmbH & Co. KG, nach der den Vertriebspartnern ein Vertrieb von „Scout"-Schulranzen und „4You"-Schulrucksäcken über das Internet nur unter der Bedingung gestattet war, dass die im Internet-Handel erzielten Umsätze nicht mehr als die Hälfte der im stationären Handel erzielten Umsätze ausmachten.[4] Das Bundeskartellamt bewertete diese **Umsatzhöchstgrenzen für den Internethandel** als **nicht freigestellten** bzw. nicht sachlich gerechtfertigten Verstoß gegen das Kartellverbot. Eine wettbewerbsbeschränkende Klausel, die den Internetvertrieb an die Existenz eines Ladengeschäfts koppelte, hielt das Bundeskartellamt demgegenüber für vertretbar.[5]

10.390 Ein Hersteller von Markenparfums, der seine Produkte über ein selektives Vertriebssystem vertrieb, hatte seinen Einzelhändlern (in der Branche „Depositäre" genannt) den Verkauf über das Internet zwar gestattet, sich aber die Kündigung des Depotvertrages für den

---

1 BKartA, Pressemitteilung v. 18.7.2016, abrufbar unter www.bundeskartellamt.de.
2 Rz. 52 lit. c) Vertikal-Leitlinien, ABl. EU C 130/01 v. 19.5.2010.
3 Rz. 54 und 56 Vertikal-Leitlinien, ABl. EU C 130/01 v. 19.5.2010.
4 Tätigkeitsbericht des BKartA für die Jahre 2005 und 2006, S. 75, abrufbar unter www.bundeskartellamt.de.
5 Tätigkeitsbericht des BKartA für die Jahre 2005 und 2006, S. 39, abrufbar unter www.bundeskartellamt.de.

Fall vorbehalten, dass bei dem Depositär der Internetumsatz den Umsatz im stationären Handel überstieg. Der BGH lehnte die Klage eines Unternehmens auf Belieferung ab, das kosmetische Produkte ausschließlich über das Internet vertrieb.[1] Wer **ausschließlich über das Internet** vertreibe, könne – so der BGH – die qualitätsbezogenen Anforderungen des selektiven Vertriebs nicht erfüllen: die anspruchsvolle, die Aura des Exklusiven vermittelnde Präsentation, die Möglichkeit, die Parfums auszuprobieren, die Gelegenheit, sich von kundigem Fachpersonal eingehend beraten zu lassen. Die Vertikal-GVO gebiete es nicht, auf das Erfordernis eines stationären Ladenlokals als regelmäßigen Absatzweg zu verzichten. Ein generelles Verbot des Internethandels stelle demgegenüber eine Kernbeschränkung dar – ein solches Verbot hatte der Hersteller aber nicht ausgesprochen. Im Ergebnis musste der BGH nicht dazu Stellung nehmen, ob die 50/50-Klausel im Depotvertrag zulässig war oder nicht – die einige Jahre später verabschiedeten Vertikal-Leitlinien halten eine solche Klausel nicht für zulässig (Rz. 10.388).

8. Beschränkung des Händlers auf das Endkundengeschäft

Jeder Händler soll grundsätzlich frei sein, an welchen Kunden er verkauft. Eine Beschränkung des Kundenkreises in einer Vereinbarung zwischen Händler und Lieferant stellt daher in aller Regel eine Wettbewerbsbeschränkung dar, die von Art. 4b) Vertikal-GVO als Kernbeschränkung qualifiziert wird und folglich zum Verlust der Freistellung nach Art. 2 Vertikal-GVO führt. Art. 4b) Vertikal-GVO sieht aber für viele Fälle Ausnahmen vor, die dann doch von der Vertikal-GVO freigestellt sind.   10.391

Der Lieferant darf sich zum Beispiel vorbehalten, bestimmte Kundenkreise selbst zu beliefern oder einem Abnehmer ausschließlich zuzuweisen (exklusives Vertriebssystem). Dann darf er dem Internethändler verbieten, aktiv an diese Kunden heranzutreten (aktiver Verkauf). Treten allerdings die Kunden selbst an den Internethändler heran (passiver Verkauf), darf der Lieferant dem Händler den Vertragsabschluss nicht untersagen. Da die Kommission den Begriff des passiven Verkaufs sehr weit fasst (das Betreiben eines Internetshops, zu dem die ganze Welt Zugang hat, ist passiver Verkauf), kann sich der Hersteller „**Internetkunden" als eigenen Kundenkreis** nicht vorbehalten – sie sind nach der Rechtsprechung kein eigener Kundenkreis (s. Rz. 10.411).   10.392

Zulässig ist es nach Art. 4b) ii) Vertikal-GVO, wenn der Hersteller einem **Großhändler** untersagt, an Endverbraucher zu verkaufen, der Großhändler also nur andere Großhändler und Einzelhändler beliefern darf. Anders ist es, wenn der Abnehmer nicht auf der Großhandelsstufe tätig ist. So war es im Fall „Kontaktlinsen". Dort hatte die Herstellerin mit mehreren Internethändlern vereinbart, dass die Händler die Kontaktlinsen ausschließlich an Endverbraucher verkaufen durften, also nicht an Händler. Das Bundeskartellamt bewertete dieses Verbot, als Großhändler tätig zu werden, als Verstoß gegen das Kartellverbot.   10.393

9. Verbot der Belieferung von Systemaußenseitern

Hat der Hersteller ein selektives Vertriebssystem errichtet, bedeutet dies, dass er die Systemhändler verpflichten darf, nicht an Systemaußenseiter zu verkaufen. Dies ist von der Kernbeschränkung gemäß Art. 4b) iii) Vertikal-GVO ausgenommen, verstößt also nicht gegen das Kartellverbot. Systemaußenseiter können immer nur andere Händler sein (also solche, die nicht in das System aufgenommen worden sind). Im Verkauf an Endkunden dürfen Systemhändler nicht beschränkt werden, Art. 4c) Vertikal-GVO.[2]   10.394

---

1 BGH v. 4.11.2003 – KZR 2/02 – Depotkosmetik im Internet, MMR 2005, 236 (537) = CR 2004, 295.
2 S. dazu auch KK-Kart/*Wegner/Johannsen*, Art. 4 Vertikal-GVO Rz. 92, 94, 111.

10. Vorgabe einer zugelassenen Niederlassung

10.395 Der Lieferant darf dem Händler grundsätzlich vorschreiben, einen physischen Verkaufspunkt zu betreiben (s. oben Rz. 10.388 und Rz. 10.390). In einem selektiven Vertriebssystem stellt der Lieferant in der Regel besondere Anforderungen an diesen Verkaufspunkt und behält sich dessen Zulassung zum Vertriebssystem vor. Es ist gemäß Art. 4c) Vertikal-GVO keine Kernbeschränkung, wenn der Lieferant dem Händler untersagt, Geschäfte von nicht zugelassenen Niederlassungen aus zu betreiben.[1] **Ein Internet-Shop ist keine Niederlassung** iSd. Art. 4c) Vertikal-GVO, sodass ein Hersteller einem Systemhändler nicht vorwerfen kann, dieser betreibe seinen Handel von einer nicht zugelassenen Niederlassung.[2]

10.396 Im Fall „Depotkosmetik im Internet" (s. oben Rz. 10.390) hatte der Hersteller von Markenparfums in seinem selektiven Vertriebssystem Hersteller von der Belieferung ausgeschlossen, die über kein stationäres Fachgeschäft verfügten, also ausschließlich über das Internet verkauften. Anders als dies noch die Vorinstanz gesehen hatte, entschied der BGH, dass es dem Hersteller nicht verwehrt werden könne, Händler, die ausschließlich über das Internet vertreiben, von der Belieferung auszuschließen.[3]

11. Technische und gestalterische Vorgaben für den Web-Auftritt

10.397 Wenn das Aufrufen der Website und die Kontaktaufnahme mit dem Internethändler durch einen Kunden eingeschränkt wird, ist dies nach Ansicht der Kommission eine Einschränkung des passiven Verkaufs gemäß Art. 4b) Vertikal-GVO. Der Hersteller darf also dem Händler nicht das Führen einer Webseite **in eigener und in fremder Sprache** untersagen.

10.398 Bei einer exklusiven Zuweisung von Vertriebsgebieten mag jedoch die **Verwendung einer anderen Sprache als der des Vertriebsgebiets** einen aktiven Verkauf durch den Händler darstellen, den der Hersteller untersagen könnte, ohne die Freistellung zu gefährden.[4]

10.399 Eine Vereinbarung darüber, dass der Internet-Händler Internet-Transaktionen von Verbrauchern unterbricht, sobald deren Kreditkarte eine **Adresse** erkennen lässt, **die nicht im Gebiet/Alleinvertriebsgebiet des Händlers liegt**, (Geo-Blocking) ist nach Ansicht der Kommission eine Beschränkung des passiven Verkaufs,[5] also eine Kernbeschränkung nach Art. 4b) Vertikal-GVO.

10.400 Vereinbarungen, die einen Händler dazu verpflichten, **Abfragen** seiner Website automatisch **auf die Website des Herstellers oder anderer Händler weiterzuleiten**, sind Beschränkungen passiver Verkäufe, das heißt Kernbeschränkungen.

10.401 Die Verpflichtung, **zusätzlich Links zu Websites anderer Händler und/oder Anbieter zu schalten**, beschränkt hingegen nicht den passiven Verkauf und ist zulässig.

---

1 Der BGH folgert daraus, dass der Hersteller (mindestens) eine physische Niederlassung vorschreiben darf, BGH v. 4.11.2003 – KZR 2/02 – Depotkosmetik im Internet, MMR 2004, 536 (537) = CR 2004, 295.
2 So EuGH v. 13.10.2011 – Rs. C-439/09 – Pierre Fabre Dermo-Cosmétique SAS, WuW/E EU-R 2163 (2170, Rz. 55 ff.) = CR 2011, 813.
3 BGH v. 4.11.2003 – KZR 2/02 – Depotkosmetik im Internet, MMR, 2004, 536 (537) Ziff III.4 = CR 2004, 295.
4 S. dazu auch KK-Kart/*Wegner/Johannsen*, Art. 4 Vertikal-GVO Rz. 92, 94, 111.
5 Vertikal-Leitlinien Rz. 52b), ABl. EU C 130/01 v. 19.5.2010.

12. Beschränkungen von Werbemaßnahmen des Händlers

Grundsätzlich muss der Händler darin frei sein, welche Werbemaßnahmen er entfaltet. Macht ihm der Hersteller insoweit Vorgaben, ist immer zu prüfen, ob diese eine Wettbewerbsbeschränkung bedeuten und diese Wettbewerbsbeschränkung freigestellt ist. **10.402**

Die Kommission geht davon aus, dass **Qualitätsvorgaben** durch einen Anbieter zur Werbung des Abnehmers im Internet grundsätzlich **zulässig** sind.[1] Allerdings dürfen diese Vorgaben nicht so weit reichen, dass es dem Händler unzumutbar erschwert wird, über das Internet mehr oder andere Kunden zu erreichen.[2] Es ist daher grundsätzlich in allen Vertriebssystemen gerechtfertigt, Vorgaben für Werbemaßnahmen zu machen. **10.403**

Über diese allgemeine Beschränkungsmöglichkeit hinaus können in einem exklusiven Vertriebssystem weiterreichende Beschränkungen vorgesehen werden, ohne dass diese eine unzulässige Kernbeschränkung darstellen. Gemäß Art. 4b) i) Vertikal-GVO kann in exklusiven Vertriebssystemen in gewissem Umfang auch der sogenannte „aktive Verkauf" durch den Händler eingeschränkt werden. In einem Alleinvertriebssystem dürfen dem Händler zum Beispiel folgende Werbemaßnahmen außerhalb seines Vertriebsgebiets oder außerhalb seiner Kundengruppe verboten werden: **10.404**

- Massen-E-Mails,
- gezielt an bestimmte Kunden gerichtete Online-Werbung,
- gebietsspezifische Banner auf Internetseiten Dritter,
- Zahlungen eines Händlers an eine Internet-Suchmaschine, damit dessen Werbung gezielt auch auf gebietsfremden Bildschirmen erscheint.[3]

In den verschiedenen Vertriebssystemen darf dem Abnehmer vom Hersteller demgegenüber jedoch nicht untersagt werden, **Newsletter** an Kunden außerhalb des eigenen Kundenkreises oder des Vertriebsgebiets zu versenden, wenn diese Newsletter von den Kunden abonniert wurden.[4] Hierbei handelt es sich nach der Wortwahl der Kommission um einen „passiven Verkauf", der nicht beschränkt werden darf. Bei kundenspezifischen Newslettern mit Angeboten, die auf Grundlage früherer Kaufentscheidungen gezielt auf einzelne Kunden zugeschnitten werden, ist es allerdings denkbar, dass es sich nicht um einen „passiven Verkauf", sondern um gezielte Kundenwerbung und damit um einen „aktiven Verkauf" handelt,[5] der im exklusiven Vertrieb nach Maßgabe der Rückausnahme in Art. 4b) i Vertikal-GVO untersagt werden könnte. Einschlägige Behördenpraxis oder gerichtliche Entscheidungen zu dieser Frage gibt es jedoch soweit ersichtlich noch nicht. **10.405**

Auch darf ein Lieferant seinen Abnehmer nicht dazu veranlassen, zu verhindern, dass Kunden aus bestimmten Gebieten seine Website einsehen können, (**Geo-Blocking**) da eine derartige Vereinbarung den „passiven Verkauf" einschränkt und somit grundsätzlich als eine Kernbeschränkung eingestuft wird.[6] Die Europäische Kommission geht verstärkt gegen ein solches Sperren von Online-Angeboten für gebietsfremde Kunden vor, ebenso wie gegen die Differenzierung der Konditionen nach Wohnsitz der Kunden (**Geo-Filtering**).[7] Sie stützt sich dabei auf das Kartellrecht, alternativ aber auch auf andere Rechts- **10.406**

---

1 S. Rz. 54 Vertikal-Leitlinien, ABl. EU C 130/01 v. 19.5.2010.
2 *Schultze/Pautke/Wagener*, Rz. 728.
3 S. dazu auch KK-Kart/*Wegner/Johannsen*, Art. 4 Vertikal-GVO Rz. 77, 82.
4 S. Rz. 52 Satz 6 Vertikal-Leitlinien, ABl. EU C 130/01 v. 19.5.2010.
5 So *Schultze/Pautke/Wagener*, Rz. 747 ff., im Ergebnis jedoch ablehnend.
6 S. Rz. 52 lit. a) Vertikal-Leitlinien, ABl. EU C 130/01 v. 19.5.2010.
7 Vgl. Europäische Kommission, „Issues Paper" Sektoruntersuchung elektronischer Handel v. 18.3.2016, SWD (2016) 70 final.

grundlagen, um den „Digitalen Binnenmarkt" zu verwirklichen, etwa in ihrem **Verordnungsvorschlag über Maßnahmen gegen Geo-Blocking**[1] oder in ihrem Verfahren gegen die nach Herkunft der Kunden unterschiedlichen Eintrittspreise von **Disneyland Paris.**[2] Auch die Vereinbarung von **Paramount Pictures** und **Sky UK**, die ausländischen Kunden den Zugang zu dem Sender sperrte, war nach Ansicht der Europäischen Kommission ein unzulässiges Geo-Blocking.[3]

10.407 Die **Teilnahme an Preisvergleichsmaschinen** darf der Lieferant dem Abnehmer ebenfalls nicht untersagen. Diese Ansicht vertrat das Bundeskartellamt im Fall des Laufschuhherstellers ASICS.[4] Das Unternehmen hatte in Deutschland ansässigen autorisierten Händlern **verboten, Preisvergleichsmaschinen aktiv zur Verkaufsförderung zu nutzen, etwa durch** die Bereitstellung anwendungsspezifischer Schnittstellen. Sie durften also ihre eigene Website nicht mit der Preisvergleichsmaschine verknüpfen bzw. verknüpfen lassen, so dass ihre Produktangebote nebst Preisangabe bei Suchanfragen der Endkunden nicht erschienen. Dies qualifizierte das Bundeskartellamt als bezweckte Wettbewerbsbeschränkung, die unter das Kartellverbot fiel und als Kernbeschränkung i.S.v. Art. 4 lit. c) Vertikal-GVO nicht freigestellt war. Insbesondere war das pauschale Verbot nicht zum Schutz des Markenimages oder zur Lösung eines Trittbrettfahrerproblems erforderlich. Das OLG Frankfurt hielt eine solche **Beschränkung in einem qualitativ-selektiven Vertriebssystem** ebenfalls für **unzulässig.**[5]

10.408 ASICS hatte seinen Händlern zudem verboten, ASICS-**Markenzeichen als Schlüsselwort für bezahlte Suchmaschinenwerbung, für die Schaltung von Werbeanzeigen auf Internetseiten Dritter sowie im Rahmen von Backlinks zur Suchmaschinenoptimierung** zu verwenden. Damit wurde das Online-Angebot der Händler schlechter auffindbar und ihre Möglichkeit beschränkt, über das Internet Kunden auch außerhalb ihres geographischen Tätigkeitsgebiets zu erreichen. Das Bundeskartellamt meinte, in einem selektiven Vertriebssystem könnten diese Einschränkungen zwar grundsätzlich zulässig sein, eine der zulässigen Fallgruppen liege aber nicht vor: Die Einschränkungen waren den Händlern nicht mit vergleichbarem Inhalt auch für den stationären Handel auferlegt worden,[6] weil es im Offline-Handel dazu keine Entsprechung gab. Auch stellt das Verbot keine legitime Qualitätsanforderung für den Vertrieb der Produkte auf, vielmehr schloss es pauschal jede Werbung mit der Marke aus, ohne auf berechtigte Interessen der Händler etwa nach branchenüblicher Internetwerbung Rücksicht zu nehmen. Schließlich stelle eine fremde Marke als Schlüsselwort bei Google Adwords zu verwenden nicht zwangsläufig eine Markenrechtsverletzung dar; ASICS hätte vielmehr konkrete vertragliche Vorgaben für die Ausgestaltung der in der Suchergebnisliste unter „Anzeigen" erscheinenden Werbeanzeige machen können, durch die ein Irrtum der Verbraucher über die Herkunft der Produkte hätte ausgeschlossen werden können. Somit lag nach Auffassung des Amtes eine Kernbeschränkung i.S.v. Art. 4 lit. c) Vertikal-GVO vor. ASICS hat gegen diese Entscheidung Beschwerde zum OLG Düsseldorf eingelegt.[7]

---

1 COM(2016) 289 final v. 25.5.2016.
2 Kommission, Pressemitteilung v. 18.4.2016.
3 Kommission, Pressemitteilung v. 26.7.2016, Reg.Nr. 40023.
4 BKartA v. 26.8.2015 – B2-98/11; Fallbericht v. 25.1.2016; Beschl. und Fallbericht abrufbar auf www.bundeskartellamt.de. ASICS hat gegen die Entscheidung des Bundeskartellamts Beschwerde zum OLG Düsseldorf eingelegt (Az. VI – Kart 13/15).
5 OLG Frankfurt v. 22.12.2015 – Funktionsrucksäcke, NZKart 2016, 84.
6 Europäischen Kommission, Vertikal-Leitlinien Tz. 56.
7 OLG Düsseldorf, Az. VI – Kart 13/15. Ein Jahr vor der ASICS-Entscheidung hatte das BKartA adidas dazu bewogen, seinen autorisierten Händlern Suchmaschinenwerbung zu gestatten; BKartA Fallbericht v. 19.8.2014, B3-137/12, S. 10.

13. Beschränkungen des Vertriebs durch Löschungsabrede zwischen Hersteller und eBay

Im Fall „Kontaktlinsen" hatte die Herstellerin mit eBay eine Löschungsabrede verein-[1] bart.[1] Dadurch verhinderte die Herstellerin, dass Händler die Kontaktlinsen über eBay verkaufen konnten. Diese Vereinbarung wurde vom Bundeskartellamt als Verstoß gegen das Kartellverbot bewertet. Eine **Sperrung des Verkaufs über eBay sei nicht gerechtfertigt** (etwa aus Gründen des Gesundheitsschutzes, s. oben Rz. 10.363), zumal nicht dargetan sei, dass und inwiefern der eBay-Handel schwerwiegendere Gesundheitsrisiken aufwerfen würde als der sonstige Internethandel mit Kontaktlinsen. Die besonders lange Aufrechterhaltung des eBay-Verbots dürfe darauf zurückzuführen sein, dass von diesem Vertriebsmedium generell ein besonderer Preisdruck und damit ein gesteigertes Risiko des allgemeinen Preisverfalls ausgingen und dass Markenhersteller ihre Produkte ungern dort „verschleudert" sähen.[2] **10.409**

14. Verbot des Vertriebs über Online-Marktplätze und Internet-Auktionsplattformen

Händler sollen grundsätzlich frei sein, ihr Verkaufsforum zu wählen. Vereinbaren sie mit einem Lieferanten, dessen Ware auf einem bestimmten Forum – hier auf Online-Marktplätzen, Internet-Auktionsplattformen oder anderen Vermittlungsplattformen – nicht anzubieten, stellt dies in der Regel eine Wettbewerbsbeschränkung dar. In qualitativen selektiven Vertriebssystemen fällt eine solche Beschränkung aber möglicherweise nicht unter das Tatbestandsmerkmal der Wettbewerbsbeschränkung (Rz. 10.328). Auch ist eine Freistellung durch die Vertikal-GVO zu prüfen. Die Rechtslage ist derzeit wegen sich widersprechender Urteile deutscher Obergerichte sehr unsicher; das OLG Frankfurt hat ein Vorabentscheidungsverfahren beim EuGH eingeleitet (Rz. 10.417). Das Bundeskartellamt vertritt eine strenge Ansicht. **10.410**

Vor dem EuGH-Urteil „Pierre Fabre" im Jahr 2011[3] befassten sich zwei Obergerichte mit solchen Verboten. Das **OLG München**[4] hatte 2009 über die Klage der Münchner Wettbewerbszentrale gegen einen Sportartikelhersteller mit einem Marktanteil von unter 30 % zu entscheiden, der **kein selektives Vertriebssystem** betrieb und der seinen Abnehmern **in den AGB ausdrücklich untersagte**, Waren über Internet-Auktionsplattformen zu verkaufen. Das OLG München hielt den Unterlassungsanspruch der Wettbewerbszentrale für unbegründet, da die angegriffene AGB nicht gegen das Kartellverbot verstoße. Zur Begründung führte das Gericht aus, dass die Klausel zwar eine Einschränkung des Wettbewerbs bezwecke,[5] ließ aber offen, ob diese auch spürbar sei, da die angegriffene Klausel jedenfalls nach der Vertikal-GVO vom Kartellverbot freigestellt sei. Insbesondere enthalte das angegriffene Verkaufsverbot **keine Kernbeschränkungen** iSd. Vertikal-GVO, da der Händler hierdurch nicht in seiner Möglichkeit beschränkt werde, seine Verkaufspreise selbst festzusetzen (Kernbeschränkung iSd. Art. 4 lit. a) der Vertikal-GVO), noch werde der Händler im Hinblick auf eine bestimmte Kundengruppe iSd. Art. 4 lit. b) der Vertikal-GVO beschränkt.[6] Unter Hinweis auf das Urteil des BGH im Fall „Depotkosmetik im Internet"[7] stellte das Gericht fest, dass nicht jede Regelung im Bereich des Internethandels, sondern nur der vollständige Ausschluss von Internetverkäufen eine nach Art. 4 lit. b) Vertikal-VO unzulässige Kernbeschränkung sei. Schon nach dem Wortlaut der Vorschrift **10.411**

---

1 Da es sich bei der Vereinbarung zwischen dem Hersteller und eBay nicht um vertikale Vereinbarungen iSv. Art. 1 Abs. 1a) 2. HS Vertikal-GVO handelte, war auch eine Freistellung nach der Vertikal-GVO nicht möglich.

2 BKartA v. 25.9.2009 – B 3 - 123/08 – Kontaktlinsen, WuW/E DE-V 1813 (1816) Rz. 36.

3 EuGH v. 13.10.2011 – Rs. C-439/09 – Pierre Fabre Dermo-Cosmétique SAS, WuW/E EU-R 2163 = CR 2011, 813.

4 OLG München v. 2.7.2009 – U (K) 4842/08, WuW/E DE-R 2698 = CR 2009, 810.

5 OLG München v. 2.7.2009 – U (K) 4842/08, WuW/E DE-R 2698 (2698) = CR 2009, 810.

6 OLG München v. 2.7.2009 – U (K) 4842/08, WuW/E DE-R 2698 (2699) = CR 2009, 810.

7 BGH v. 4.11.2003 – KZR 2/02 – Depotkosmetik im Internet, MMR 2004, 536 = CR 2004, 295.

sei maßgebend, ob eine Beschränkung einen bestimmten Kreis von Kunden oder ob sie lediglich die Vertriebsmodalitäten, etwa Qualitätsanforderungen im Internethandel, betreffe.[1]

10.412 Ebenfalls im Jahr 2009 entschied das **OLG Karlsruhe**[2] über einen Fall, in dem die beklagte Herstellerin ihre Fachhändler anhand verschiedener Voraussetzungen auswählte (Betrieb eines stationären Einzelhandelsgeschäfts, geschultes Verkaufspersonal etc.) und diese verpflichtete, die gelieferte Ware nur an andere „zugelassene Fachhändler" bzw. solche, die die vorgeschriebenen Qualitätsanforderungen ebenfalls erfüllten, weiterzugeben. Sie betrieb also ein **selektives Vertriebssystem** im Sinne der Vertikal-GVO.[3] Die Herstellerin untersagte den Fachhändlern zudem, die gelieferte Ware – es handelte sich um **Scout-Schulranzen** – über eBay oder vergleichbare Auktionsformate zu verkaufen. Nachdem ein Händler die gelieferte Ware über eBay veräußerte, verweigerte die Herstellerin seine weitere Belieferung. Das OLG Karlsruhe gab der Herstellerin Recht. Sie durfte die Belieferung ihres Systemhändlers mit der Begründung verweigern, dieser verkaufe die Vertragsprodukte entgegen seinen vertraglichen Verpflichtungen auf eBay. Zur Begründung führte das Gericht unter Bezugnahme auf die Rechtsprechung des EuGH[4] aus, dass die selektiven Kriterien der Klägerin nicht unter den Tatbestand des § 1 GWB fallen, so dass es auf die Frage einer Freistellung nicht ankomme.[5] Der EuGH hatte anerkannt, dass selektive Vertriebssysteme, bei denen die Auswahl der zugelassenen Wiederverkäufer nicht an quantitative Beschränkungen, sondern an objektive Gesichtspunkte qualitativer Art anknüpft, nicht unter Art. 101 Absatz 1 AEUV fallen. Voraussetzung hierfür sei jedoch, dass sich die Kriterien für die Auswahl der Wiederverkäufer nach den Anforderungen des betreffenden Produkts richten und auf die fachliche Eignung des Wiederverkäufers und seines Personals und auf seine sachliche Ausstattung bezogen sind. Zudem müssen die Kriterien einheitlich und diskriminierungsfrei auf alle Händler angewandt werden (Rz. 10.328).

10.413 Nach diesen beiden Urteilen schien also der Vertrieb über Internet-Auktionsplattformen untersagt werden zu dürfen, entweder weil der Tatbestand des Kartellverbots nicht erfüllt war oder die Voraussetzungen der Vertikal-GVO vorlagen. Das Urteil des EuGH in der Rechtssache **Pierre Fabre**[6] im Jahr 2011 schien damit aber nicht vereinbar zu sein. Der EuGH bestätigte zwar, dass die Organisation eines **selektiven Vertriebsnetzes** unter den genannten Voraussetzungen nicht unter das Verbot in Art. 101 Absatz 1 AEUV fällt.[7] Allerdings betonte der Gerichtshof, dass stets auch der legitime Zweck und die Verhältnismäßigkeit der Beschränkung zu prüfen seien. Dabei schloss das Gericht aus, dass der bloße Prestigecharakter der in Rede stehenden Produkte ein **legitimes Ziel** zur Beschränkung des Wettbewerbs sein könne.[8] Auch führte der EuGH aus, dass für ein **Kosmetikprodukt keine individuelle Beratung** des Kunden zu dessen Schutz vor einer falschen Anwendung der Produkte **notwendig** sei.[9] Unter Verweis auf die Verkehrsfreiheiten und die hierzu ergangene

1 OLG München v. 2.7.2009 – U (K) 4842/08 – Rz. 29, WuW/E DE-R 2698 = CR 2009, 810; s. dazu auch KK-Kart/*Wegner/Johannsen*, Art. 4 Vertikal-GVO Rz. 84 ff.
2 OLG Karlsruhe v. 25.11.2009 – 6 U 47/08 Kart, WuW/E DE-R 2789 = CR 2010, 116.
3 S. Art. 1 Abs. 1e) Vertikal-GVO.
4 EuGH v. 25.10.1977 – Rs. C-26/76 – Metro/SABA I, Slg. 1977, 1875; EuGH v. 22.10.1986 – Rs. C-75/84 – SABA II – Slg. 1986, 3021; EuGH v. 11.12.1980 – Rs. C-31/80 – L'Oreal, Slg. 1980, 3775; Kommission, Entsch. v. 16.12.1991 – Yves Saint Laurent Parfums, GRUR-Int 1992, 915.
5 OLG Karlsruhe v. 25.11.2009 – 6 U 47/08 Kart, WuW/E DE-R 2789 (2791, Rz. 49) = CR 2010, 116.
6 EuGH v. 13.10.2011 – Rs. C-439/09 – Pierre Fabre, WuW/E EU-R 2163 = CR 2011, 813.
7 EuGH v. 13.10.2011 – Rs. C-439/09 – Pierre Fabre, WuW/E EU-R 2163 (2168, Rz. 41) = CR 2011, 813.
8 EuGH v. 13.10.2011 – Rs. C-439/09 – Pierre Fabre, WuW/E EU-R 2163 (2169, Rz. 46) = CR 2011, 813.
9 EuGH v. 13.10.2011 – Rs. C-439/09 – Pierre Fabre, WuW/E EU-R 2163 (2169, Rz. 44) = CR 2011, 813.

Rechtsprechung des EuGH[1] meinte der Gerichtshof, dass eine Beschränkung in einem selektiven Vertriebssystem etwa dann nicht notwendig ist, wenn es sich um nicht verschreibungspflichtige Arzneimitteln und Kontaktlinsen handele.[2]

Allerdings nahm das **KG**[3] im Jahr 2013 nicht daran Anstoß, dass Sternjakob, der Hersteller von Markenartikeln, die ein besonderes Produktimage genossen (**Scout-Schulranzen**), Händlern im Rahmen eines selektiven Vertriebssystems verbot, die Artikel über ebay anzubieten. In dem Fall hatte der Hersteller allerdings seine Produkte auch über Discounter verkauft und somit das **Verkaufsverbot nicht diskriminierungsfrei angewendet**. Daher lag im konkreten Fall der Tatbestandsausschluss, den das OLG Karlsruhe in seiner Entscheidung angenommen hatte (Rz. 10.412) hier nicht vor. Das KG nahm eine **Kernbeschränkung** iSd. Art. 4 lit. b Vertikal-GVO an, sodass aus diesem Grund das eBay-Verbot unzulässig war.

10.414

Das **OLG Schleswig**[4] entschied im Jahr 2014 in einem Fall, in dem kein selektives Vertriebssystem vorlag, es **verstoße gegen das Kartellverbot**, wenn **Casio**, als Hersteller von **Digitalkameras**, Einzelhändlern in Vertriebsvereinbarungen untersage, Waren im Internet über Internetauktionsplattformen (z.B. ebay) und Internetmarktplätze (z.B. amazon marketplace) zu verkaufen. Eine solche Regelung erfülle die Voraussetzungen für eine Freistellung ersichtlich nicht.

10.415

Das **OLG Frankfurt**[5] hielt es im Jahr 2015 für **zulässig**, dass der Hersteller von Markenrucksäcken (**Deuter**), der ein qualitatives selektives Vertriebssystem betrieb, die Belieferung seiner Händler davon abhängig machte, dass diese zustimmten, die Rucksäcke nicht über die Internetverkaufsplattform Amazon zu verkaufen. Der Hersteller sei zwar Adressat des Missbrauchsverbots (§ 20 Abs. 1 GWB, s. Rz. 10.343), missbrauche durch eine solche Klausel seine Stellung aber nicht. In einem selektiven Vertriebssystem dürfe der Hersteller zum Schutz der Marke steuern, unter welchen Bedingungen seine Markenprodukte weitervertrieben werden. Sein Interesse an einer qualitativen hochwertigen Beratung sowie der Signalisierung einer hohen Produktqualität der Marke überwiege.

10.416

Im April 2016 richtete das **OLG Frankfurt mehrere Vorlagefragen an den EuGH**.[6] Die Herstellerin (**Coty**) behauptete, das Angebot auf der Plattform Amazon werde ihren Qualitätsvorstellungen an eine angemessene Verkaufsumgebung für Luxuskosmetik nicht gerecht. Dies hatte die Vorinstanz unter Verweis auf das EuGH-Urteil „Pierre Fabre" anders gesehen. Der EuGH hatte festgestellt: „Das Ziel, den Prestigecharakter zu schützen, kann kein legitimes Ziel zur Beschränkung des Wettbewerbs sein und kann es daher nicht rechtfertigen, dass eine Vertragsklausel, mit der ein solches Ziel verfolgt wird, nicht unter Art. 101 Abs. 1 AEUV fällt."[7] Das OLG scheint anderer Meinung zu sein und hat dem EuGH die Frage vorgelegt: Können selektive Vertriebssysteme, die auf den Vertrieb von Luxus- und Prestigewaren gerichtet sind und primär der Sicherstellung eines „Luxusimages" der Waren dienen, einen mit Art. 101 Abs. 1 AEUV vereinbaren Bestandteil des Wettbewerbs darstellen? Darüber hinaus fragt das OLG im Kern, ob auch ein weitergehendes, pauschales Platt-

10.417

1 Urteile Deutscher Apothekerverband, Rz. 106, 107 und 112, sowie v. 2.12.2010, Ker-Optika, C-108/09, Slg. 2010, I-0000, Rz. 76.
2 EuGH v. 13.10.2011 – Rs. C-439/09 – Pierre Fabre, WuW/E EU-R 2163 (2169, Rz. 43) = CR 2011, 813.
3 KG v. 19.9.2013 – 2 U 8/09 Kart, EuZW, 2013, 873 m. Anm. *Neubauer* = CR 2014, 741.
4 OLG Schleswig v. 5.6.2014 – 16 U (Kart) 154/13 – Digitalkameras, NZKart 2014, 364.
5 OLG Frankfurt v. 22.12.2015 – 11 U 84/14 – Funktionsrucksäcke, NZKart 2016, 84.
6 OLG Frankfurt v. 19.4.2016 – 11 U 96/14 (Kart) – Depotkosmetik II (Coty), EuGH C-230/16.
7 EuGH v. 13.10.2011 – Rs. C-439/09 – Pierre Fabre Dermo-Cosmétique SAS, WuW/E EU-R 2163 Rz. 46 = CR 2011, 813.

formverbot ohne qualitative Anforderungen vom Tatbestand der Wettbewerbsbeschränkung ausgenommen wäre, ob ein Plattformverbot eine Beschränkung der Kundengruppe nach Art. 4 lit. b Vertikal-GVO darstellt, und ob es sich bei Plattformverboten um Beschränkungen des passiven Verkaufs nach Art. 4 lit. c Vertikal-GVO handelt.

10.418 Das **Bundeskartellamt** hielt in zwei Verfahren das Verbot der Teilnahme an Internet-Plattformen für kartellrechtswidrig. Es qualifizierte das Verbot der Nutzung von Online-Marktplätzen, das der Laufschuhhersteller **ASICS**[1] seinen Händlern auferlegt hatte, als bezweckte Wettbewerbsbeschränkung und als Kernbeschränkung iSv. Art. 4 lit. c) Vertikal-GVO.[2] ASICS habe auch keine dem Plattform-Verbot entsprechende Beschränkung für den stationären Vertrieb vorgesehen – dies hätte die Wettbewerbsbeschränkung ausschließen können (s. oben Rz. 10.387). Vermutlich, so das Bundeskartellamt, sei eine Entsprechung auch gar nicht möglich. Einkaufszentren, die häufig als mögliches Äquivalent im stationären Vertrieb angeführt würden, könnten keinen den Online-Marktplätzen vergleichbaren Service bieten. Auch sei das pauschale Verbot des Verkaufs über Online-Marktplätze keine zulässige Qualitätsanforderung. Ebenso wenig sei es zum Schutz des Images der Herstellermarke erforderlich. Schließlich sei ein etwaiges Trittbrettfahrerproblem in weniger einschneidender Weise zu lösen, etwa durch die Vorgabe eines Ladengeschäfts (Rz. 10.388) oder eine finanzielle Unterstützung für besondere Verkaufsanstrengungen. Im Ergebnis ebenso bewertete das Bundeskartellamt die **Einschränkungen von Kfz-Händlern bei der Nutzung internetbasierter Neuwagenportale** wie etwa „autohaus24" und „meinauto.de".[3] Hersteller hatten ihren Markenhändlern die Kooperation mit Vermittlungsportalen zwar nicht ausdrücklich verboten, Boni und Verkaufshilfen aber so gestaltet, dass die Händler aus Sorge, sie bei einer Kooperation mit den Portalen zu verlieren, mehrheitlich nicht mehr bereit waren, mit den Vermittlungsportalen zusammenzuarbeiten. Dies verstieß nach Ansicht des Bundeskartellamts gegen das Kartellverbot. Es ging zudem von einer Kernbeschränkung gemäß Art. 4 c) Vertikal-GVO aus, weil die Regelung den Verkauf an Endverbraucher durch auf der Einzelhandelsstufe tätige Mitglieder eines selektiven Vertriebssystems untersagte. Auch ließ die Einschränkung keine Verbesserung der Warenerzeugung und -verteilung erwarten, fiel daher ebenfalls nicht unter die Einzelfreistellung.

15. Ausschließliche Belieferung einer Online-Plattform

10.419 **Ausschließliche Belieferungspflichten** stellen eine Wettbewerbsbeschränkung dar, die **nach der Vertikal-GVO freigestellt** sind, wenn die 30 %-Marktanteilsschwellen nicht überschritten werden.[4] Das Bundeskartellamt prüft eine solche zwischen der Amazon-Tochtergesellschaft **Audible und Apple** vereinbarte Exklusivität.[5] Die Unternehmen haben vereinbart, dass Apple von Audible exklusiv Hörbücher bezieht. Audible ist ein führender Anbieter von Hörbüchern aus eigener und fremder Produktion (über seine eigene Seite, aber auch über Amazon). Apple bietet über den ITunes-Store ebenfalls Hörbücher zum Download an. Das Bundeskartellamt will klären, ob trotz dieser Exklusivität zu

---

1 BKartA v. 26.8.2015 – B2-98/11; Fallbericht v. 25.1.2016; beide abrufbar auf www.bundeskartellamt. de. Das BKartA hatte in derselben Entscheidung bereits das Verbot der Verwendung von Markenzeichen (oben Rz. 10.408) und das Verbot der Unterstützung von Preisvergleichsmaschinen (oben Rz. 10.407) als Kernbeschränkungen qualifiziert, sodass damit auch die Beschränkung des Plattformverbots nicht von dem Vorteil der Gruppenfreistellung profitierte (dazu oben Rz. 10.335). Daher musste das BKartA die Kartellrechtswidrigkeit des Plattformverbots nicht ausdrücklich feststellen.
2 Kritisch im Hinblick auf die Einordnung des Vertriebsausschlusses über Online-Plattformen als per se Kernbeschränkung iSv. Art. 4 c) Vertikal-GVO KK-Kart/*Wegner/Johannsen*, Art. 4 Vertikal-GVO Rz. 140.
3 BKartA, Fallbericht v. 15.12.2015 – B9-28/15.
4 von *Dietze/Janssen*, Rz. 333 ff.
5 BKartA, Pressemitteilung v. 16.11.2015.

Gunsten von Apple Hörbuchverlage hinreichende Ausweichalternativen für den Absatz ihrer digitalen Hörbücher zur Verfügung stehen. Wäre das nicht der Fall, könnte das Bundeskartellamt die Praktizierung der Exklusivität untersagen.

16. Zugangsverweigerung durch eBay oder Apple

Wenn eine Internetplattform eine starke Marktposition einnimmt, stellt sich die Frage, ob Händlern daraus ein Anspruch auf Zugang zu dieser Plattform erwächst (Rz. 10.355 ff.). **10.420**

Das OLG Brandenburg entschied, dass der Betreiber eines Online-Marktplatzes zur Sperrung von Mitgliedskonten berechtigt ist, wenn entgegen der AGB des Online-Marktplatzes die Sperrung des Accounts umgangen und **auf eigene Angebote geboten** (sog. *Shill Bidding*) wird.[1] Das Gericht entschied, dass dem Händler hiergegen keine kartellrechtlichen Ansprüche aus §§ 19, 20, 33 GWB zustünden, da er nicht hinreichend dargelegt habe, dass die Betreiber des Online-Marktplatzes auf dem sachlich-relevanten Markt für Dienstleistungen zum Zwecke der Offerierung ihrer Angebote bezogen auf PCs eine marktbeherrschende Stellung habe. Das Gericht stellte zudem lediglich fest, dass der relevante Markt für die von der Händlerin nachgefragten Leistungen der Markt für Dienstleistungen zum Zwecke der Offerierung ihrer Angebote bezogen auf PCs sei. Zu diesem sachlich relevanten Markt gehören nach Auffassung des Gerichts sämtliche Online-Shops, Internetplattformen und Internet-Marktplätze (Online-Marktplätze). **10.421**

Auch dem Kammergericht Berlin war ein solcher Fall vorgetragen worden (s. Rz. 10.322). Der Klägerin gelang es jedoch nicht, eine marktbeherrschende Stellung von eBay nachzuweisen, sodass das Gericht nicht über die Frage des Missbrauchs entschied.[2] **10.422**

Ein Unternehmen, das über **Apps** sein Produkt vertreiben will, ist ebenfalls auf die Zulassung auf eine Plattform – bei Apple den „App-Store" – angewiesen. Ein Anspruch auf Zulassung kann grundsätzlich aus §§ 19, 20, 33 GWB (oder Art. 102 AEUV) folgen. Dies setzt jedoch voraus, dass der Betreiber der Plattform Adressat des **Missbrauchsverbot** ist (s. Rz. 10.344 ff.). Auf verschiedene parlamentarische Anfragen[3] hat sich die Kommission im Jahr 2011 zu einer **marktbeherrschenden Stellung von Apple** iSd. Art. 102 AEUV geäußert. Der Markt oder die Märkte, zu denen iPod Touch, iPhone und iPad gehören, seien relativ neu und entwickelten sich noch. Eine große Zahl von Produkten mit ähnlichen Funktionen werde zur Zeit oder bald auf den Markt gebracht, sodass **nicht klar** sei, dass ein einziges Unternehmen, wie etwa Apple, zum jetzigen Zeitpunkt eine beherrschende Stellung errungen habe.[4] Soweit ersichtlich ist zu dieser Frage noch keine Entscheidung der Kartellbehörden oder der Gerichte ergangen. Der Musik-Streaming-Anbieter Simfy zog seine beim Bundeskartellamt und der Europäischen Kommission im Juni 2011 eingelegten Beschwerden gegen Apple zurück, nachdem Apple die Simfy-App in seinen App-Store aufgenommen hatte.[5] **10.423**

---

1 OLG Brandenburg (Kartellsenat) v. 17.6.2009 – Kart W 11/09, juris.
2 KG Berlin v. 5.8.2008 – 13 U 4/05, juris = CR 2005, 818.
3 Parlamentarische Anfrage der MEP Arlene McCarthy v. 18.2.2011 – E-001472/2011, Parlamentarische Anfrage des MEP Ivo Belet v. 14.10.2011 – E-009242/2011.
4 Antwort der Kommission v. 28.3.2011, www.europarl.europa.eu/sides/getAllAnswers.do?reference=E-2011-001472&language=DE, und v. 29.11.2011, www.europarl.europa.eu/sides/getAllAnswers.do?reference=E-2011-009242&language=DE.
5 S. Transatlantic Antitrust and IPR Developments, Newsletter der Universitäten Stanford und Wien v. 16.9.2011, S. 14. www.law.stanford.edu/program/centers/ttlf/newsletter/2011_4_5.pdf.

17. Preisparität und Meistbegünstigung für Betreiber von Internet-Marktplätzen

10.424 Um den Wert eines Internet-Marktplatzes zu erhöhen, hat sein Betreiber ein Interesse daran, den auf der Plattform agierenden Händlern vorzuschreiben, ihre Produkte auf dieser Plattform nicht zu höheren Preisen anzubieten als auf anderen Vertriebskanälen. Die kartellrechtliche Zulässigkeit solcher Vorgaben ist derzeit Gegenstand sowohl zivilrechtlicher als auch behördlicher Verfahren. Trotz der gemeinsamen rechtlichen Grundlage in der EU (Art. 101 AEUV und der Vertikal-GVO) bestehen unterschiedliche Auffassungen der nationalen Wettbewerbsbehörden zu diesem Thema.

10.425 **Amazon** wandte eine solche Bindung von Händlern unter der Bezeichnung „**Preisparität**" an. Gegen die Preisparitäts-Klausel war bereits im April 2010 das Online-Antiquariat Mediantis[1] mit einer einstweiligen Verfügung vor dem **Landgericht München I** erfolgreich vorgegangen.[2] Amazon verlangte von Verkäufern, dass der angebotene Artikel- und Gesamtpreis gleich günstig oder niedriger sein müsse, als der Preis, den der Verkäufer in anderen Internet-Vertriebskanälen verlange. Im Falle der Nichtbefolgung drohte der Ausschluss vom „Marketplace". In dieser Verpflichtung zur Preisparität sah das Landgericht eine **wettbewerbsbeschränkende Meistbegünstigungsklausel**. Sie beschneide den Wettbewerb massiv und beschränke die online anbietenden Händler in unzulässiger Weise in ihrer Freiheit der Preisgestaltung. Amazon wandte die Preisparität zunächst weiter an.

10.426 Das Bundeskartellamt betrachtete die Amazon-Preisparität ebenfalls kritisch. Eine Befragung von 2 500 Online-Händlern im Jahr 2013 ergab, dass die Preisparität zu einer deutlichen Erhöhung der Preise im Online-Handel geführt hatte. Auch die britische Wettbewerbsbehörde ermittelte. Amazon gab die Klausel auf; die Verfahren wurden eingestellt.[3] Die Besonderheit dieses Falles lag darin, dass das Unternehmen Amazon nicht nur den Marketplace, also die Vermittlung von Geschäften zwischen Händlern und Verbrauchern anbot. Vielmehr bot Amazon zugleich als Händler Produkte an. Das Gesamtsortiment enthielt beides – Amazon-Handelsware und Artikel von Händlern. Die Vereinbarung der Preisparität war somit eine Preisabsprache zwischen Wettbewerbern, die dem Dritthändler einen Mindestpreis auferlegte, wenn er über einen anderen Online-Kanal verkaufen wollte. Da die Klausel zum Betrieb des Marktplatzes nicht erforderlich war und zu einer Preiserhöhung geführt hatte, lagen die Voraussetzungen für eine Freistellung nicht vor. Zusätzlich zur Preisabsprache hatte die Klausel die weitere wettbewerbsbeschränkende Wirkung, dass sie Konkurrenten an einem Markteintritt oder einer Expansion behinderte.

10.427 Ähnlich liegt der Fall der **Bestpreisklauseln** der **Internet-Hotelportale HRS und booking.com** (anders als bei der Preisparität von Amazon ist hier der Plattform-Betreiber hier nicht zugleich konkurrierender Anbieter auf der Plattform). Die Allgemeinen Geschäftsbedingungen von HRS verpflichteten die Hotels, über HRS den jeweils niedrigsten Zimmerpreis, die höchstmögliche Zimmerverfügbarkeit und die jeweils günstigsten Buchungs- und Stornierungskonditionen im Internet anzubieten. Das Bundeskartellamt sah hier einen Verstoß gegen §§ 1 und 20 GWB und untersagte die weitere Anwendung der Klausel.[4] Zum einen sei es Wettbewerbern des Portals durch diese Klausel nicht möglich, durch bessere Konditionen Boden gut zu machen; Newcomern werde der Markteintritt erschwert. Zum anderen schränke die Klausel den Wettbewerb zwischen Hotels ein: Preisvorteile in Form niedriger Provisionen könnten nicht an die Endkunden weitergege-

---

1 www.zvab.com (Zentrales Verzeichnis Antiquarischer Bücher).
2 LG München I v. 30.4.2010 – 37 O 7636/10, Kurzfassung der Entscheidung in MMR-Aktuell 2010, 303085.
3 BKartA v. 26.11.2013 – B6-46/12.
4 BKartA v. 20.12.2013 – B9 - 66/10, WuW/E DE-V 1953; s. auch BKartA Pressemitteilung v. 3.6.2015: „Verivox verzichtet auf die Verwendung von Bestpreisklauseln".

ben werden. Das OLG Düsseldorf bestätigte die Entscheidung des Bundeskartellamts; es begründete seine Rechtsauffassung mit dem Kartellverbot und ließ die Frage, ob auch das Missbrauchsverbot verletzt sei, offen.[1] Die **Bestpreisklausel von Booking** war zunächst ebenso weit wie die von HRS. Booking schränkte sie dann aber ein. Die neue Fassung ließ zwar zu, dass die Hotels über andere Hotelportale günstiger als bei Booking anboten; auf anderen Online-Vertriebskanälen, etwa auf ihrer eigenen Webseite, durften die Hotels aber nicht günstiger anbieten als bei Booking. Auch diese Klausel **verbot das Bundeskartellamt.**[2] **Demgegenüber akzeptierte die französische Kartellbehörde** zunächst **die Klausel mit der genannten Einschränkung** und erlegte Booking auf, bis Oktober 2016 Bericht über die Wirkungen der eingeschränkten Klausel vorzulegen. Anfang 2017 wird die französische Wettbewerbsbehörde eine Anhörung durchführen. Auch andere nationale Kartellbehörden in der EU sehen die Sache offenbar weniger streng als das Bundeskartellamt.[3] Innerhalb des Netzwerks der Europäischen Kartellbehörden (ECN) ist eine Arbeitsgruppe eingesetzt worden, um eine abgestimmte Position der Behörden zu erreichen. Möglicherweise bietet das Verfahren gegen die Booking-Entscheidung die Gelegenheit, über eine Vorlage an den Europäischen Gerichtshof, die in dieser Frage erforderliche einheitliche Rechtsanwendung zu sichern.

Meistbegünstigungsklauseln beschränken den Wettbewerb, sind aber von Art. 2 Abs. 1 Vertikal-GVO freigestellt, wenn die Marktanteilsschwellen von 30 % nicht überschritten sind (Rz. 10.334). Sind diese Schwellen überschritten, kann die Meistbegünstigung nicht nur gegen das Kartellverbot verstoßen, sondern auch gegen das Missbrauchsverbot (Rz. 10.343 ff.). Die Europäische Kommission hat eine **Untersuchung gegen** eine Vereinbarung eingeleitet, mit der **Amazon** Verlage dazu verpflichte, Amazon zu informieren, wenn die Verlage Amazons Wettbewerbern **beim Vertrieb von E-Books** günstigere oder andere Konditionen bieten. Außerdem müssen die Verlage dann Amazon vergleichbare Konditionen einräumen oder auf andere Weise sicherstellen, dass Amazon mindestens ebenso gute Konditionen erhält.[4] Amazon könnte als derzeit größtes Vertriebsunternehmen für E-Books in Europa die 30 %-Schwelle überschreiten, sodass die Meistbegünstigung nur dann zulässig wäre, wenn die Voraussetzungen der Einzelfreistellung vorliegen würden (Rz. 10.337 ff.).

10.428

18. Kopplung von Verkauf über eBay mit Verwendung des Zahlsystems PayPal

In der Literatur wird zudem die Auffassung vertreten, dass die von eBay eingeführte Kopplung mit PayPal im Bereich der Online-Auktionen den Missbrauch einer marktbeherrschenden Stellung darstelle.[5] Das Bundeskartellamt sah jedoch offensichtlich keinen Anlass, ein Ermittlungsverfahren gegen eBay einzuleiten.[6]

10.429

---

1 OLG Düsseldorf v. 9.1.2015; kritisch zur Einordnung des Hotels als Abnehmer und des Vermittlers (des Hotelportals) als Anbieter und im Hinblick auf die Trittbrettfahrerproblematik KK-Kart/*Wegner/Johannsen*, Art. 4 Vertikal-GVO Rz. 15 ff. und Art. 2 Vertikal-GVO Rz. 5.
2 BKartA v. 22.12.2015 – B9-121/13; Booking legte am 22.1.2016 Beschwerde beim OLG Düsseldorf ein, Az. VI – Kart 2/16 (V).
3 KK-Kart/*Wegner/Johannsen*, Art. 4 Vertikal-GVO Rz. 17.
4 Europäische Kommission, Pressemitteilung v. 11.6.2015.
5 *Ruddigkeit*, Die kartellrechtliche Bewertung der Kopplungsgeschäfte von eBay und PayPal, veröffentlicht in: Beiträge zum Transnationalen Wirtschaftsrecht, Heft 103, Januar 2011 (abrufbar unter http://telc.jura.uni-halle.de/sites/default/files/altbestand/Heft103.pdf).
6 Monopolkommission, Sondergutachten 68, „Wettbewerbspolitik: Herausforderung digitale Märkte", Juni 2015, Tz. 397, *Ruddigkeit*, Die kartellrechtliche Bewertung der Kopplungsgeschäfte von eBay und PayPal, veröffentlicht in: Beiträge zum Transnationalen Wirtschaftsrecht, Heft 103, Januar 2011 (abrufbar unter http://telc.jura.uni-halle.de/sites/default/files/altbestand/Heft103.pdf).

19. Beschränkung von Film- und Musik-Downloads und -Streaming

10.430 Beschränkungen, die für den **Bestand** eines gewerblichen Schutzrechtes erforderlich sind, sind keine Wettbewerbsbeschränkungen, fallen also nicht unter das Kartellverbot. Übt der Inhaber sein Recht hingegen aus, macht es also zum Wirtschaftsgut und verlangt für jede Nutzung eine Vergütung, sind die Regelungen über diese **Ausübung** am Kartellrecht zu messen. Untersagt der Inhaber dem Lizenznehmer zum Beispiel die Verwertung des Rechts außerhalb eines ihm zugewiesenen geographischen Gebiets, kann das Kartellverbot verletzt sein. Diese Frage stellt sich etwa, wenn der Schutzrechtsinhaber seine Werke – zum Beispiel Filme oder Musikstücke – einem Unternehmen überlässt, das sie gegen Entgelt zum Streaming oder Download anbietet. Verbietet der Inhaber dem Unternehmen, Kunden von außerhalb seines **Exklusivgebiets** anzunehmen, sind auf diese Beschränkung die allgemeinen kartellrechtlichen Regelungen anwendbar.[1] Es ist also das Vorliegen einer Wettbewerbsbeschränkung und eine Freistellung zu prüfen. Ordnet man die Vertragsbeziehung als vertikale Vereinbarung iSd. Vertikal-GVO ein, läge eine Kernbeschränkung iSd. Vertikal-GVO vor, so dass ein Kartellrechtsverstoß nur nach den Voraussetzungen der Einzelfreistellung (s. Rz. 10.337 ff.) rechtmäßig wäre.

10.431 Nach Ansicht des EuGH liegt eine **Wettbewerbsbeschränkung** nicht zwangsläufig vor, wenn „der Inhaber des Urheberrechts an einem Film einem einzigen Lizenznehmer das ausschließliche Recht eingeräumt hat, diesen Film im Hoheitsgebiet eines Mitgliedstaats während eines bestimmten Zeitraums vorzuführen und somit dessen Verbreitung durch Dritte zu verbieten ... Die Merkmale, welche die Filmindustrie und die Filmmärkte in der Gemeinschaft kennzeichnen – vor allem was die Synchronisation oder das Untertiteln für verschiedensprachige Zuschauergruppen, die Sendemöglichkeiten im Fernsehen und das Finanzierungssystem der Filmproduktion in Europa anbelangt –, lassen nämlich erkennen, dass **eine ausschließliche Vorführungslizenz als solche nicht geeignet ist, den Wettbewerb zu [beschränken]**. Wenn somit das Urheberrecht an einem Film und das daraus fließende Vorführungsrecht an sich nicht unter [das Kartellverbot] fallen, **kann dennoch die Ausübung dieser Rechte** aufgrund wirtschaftlicher oder rechtlicher Begleitumstände, die eine spürbare Einschränkung des Filmvertriebs oder eine Verfälschung des Wettbewerbs auf dem Markt für Filme im Hinblick auf die Besonderheiten dieses Marktes bewirken würden, die Tatbestandsmerkmale der genannten **Verbotsvorschriften erfüllen.**"[2] Dies sei im Einzelfall festzustellen. Dabei werde „es insbesondere darauf ankommen, ob durch diese Ausübung Hindernisse errichtet werden, die im Hinblick auf die Bedürfnisse der Filmindustrie künstlich und ungerechtfertigt sind, ob unangemessen hohe Vergütungen für die getätigten Investitionen ermöglicht werden oder ob eine Ausschließlichkeit herbeigeführt wird, deren Dauer gemessen an diesen Bedürfnissen übermäßig lang ist." Einen Anhaltspunkt zur **Dauer** könnte die Technologie-Transfer-GVO (s. Rz. 10.332) geben, nach der in exklusiven Systemen passive Verkäufe für zwei Jahre untersagt werden dürfen,[3] sowie die Vertikal-Leitlinien, die dieselbe Frist bei der Einführung neuer Produkte einräumen.[4]

---

1 Immenga/Mestmäcker/*Ullrich*/*Heinemann*, GRUR B. Rz. 30 ff.
2 EuGH v. 6.10.1982 – Rs. C-262/81 – Rz. 15 ff. – Coditel/Ciné Vog Films, Slg. 1982, 3381 (3401, Rz. 15 ff.).
3 Art. 4 Abs. 2b) ii) Technologie-Transfer-GVO.
4 Vertikal-Leitlinien Rz. 61: „Wenn der Händler beträchtliche Mittel aufwenden muss, um den neuen Markt zu erschließen bzw. aufzubauen, fallen die für die Wiedereinholung dieser Investitionen erforderlichen Beschränkungen passiver Verkäufe durch andere Händler in dieses Gebiet oder an diese Kundengruppe, in den ersten zwei Jahren, in denen der Händler die Vertragswaren oder -dienstleistungen in diesem Gebiet oder an diese Kundengruppe verkauft, im Allgemeinen nicht unter Art. 101 Absatz 1 AEUV, selbst wenn in der Regel gilt, dass solche Kernbeschränkungen unter Art. 101 Absatz 1 AEUV fallen.", ABl. EU C 130/01 v. 19.5.2010.

Die **Behinderung grenzüberschreitender Dienste** kann kartellrechtswidrig sein. In einem Vorlageverfahren entschied der EuGH,[1] ein Rechtsinhaber dürfe einem einzigen Lizenznehmer zwar grundsätzlich eine exklusive Lizenz zur Weiterverbreitung gewähren. Doch dürfe der Rechteinhaber nicht jede grenzüberschreitende Weiterverbreitung untersagen. Eine absolute Gebietsexklusivität, die jeglichen Wettbewerb zwischen verschiedenen Lizenznehmern ausschalten und die nationalen Märkte nach den nationalen Grenzen abschotten würde, sei unzulässig. In dem Fall, der dem EuGH vorlag, hatten englische Gastwirte Liveübertragungen von Spielen der ersten englischen Fußball-Liga gezeigt. Sie hatte dazu jedoch keine Gaststättenlizenz des heimischen **PayTV**-Senders Sky UK genutzt, sondern das Preisgefälle in der EU genutzt und den günstigeren Satelliten-Decoder eines griechischen Anbieters importiert, der seinerzeit die Übertragungsrechte für dieselben Premier-League-Spiele in Griechenland besaß. Eine vergleichbare Konstellation untersucht derzeit die Europäische Kommission in einem Verfahren gegen Sky UK und mehrere US-amerikanische Filmstudios.[2] Die Vorwürfe richten sich gegen das **Geoblocking** und die Beschränkung des passiven Verkaufs: die Vereinbarungen zwischen dem Sender und den Studios verpflichten Sky UK, den Zugang zu Filmen, die über seine Pay-TV-Dienste ausgestrahlt werden, für Gebiete außerhalb des Lizenzgebietes zu blockieren; außerdem darf Sky UK Anfragen in Bezug auf lizenzierte Filme über das Internet außerhalb von UK und Irland nicht nachkommen. Die Studios müssen demgegenüber sicherstellen, dass Sender in anderen Mitgliedstaaten Pay-TV-Dienste nicht passiv nach Großbritannien oder Irland verkaufen. Außerdem untersucht die Europäische Kommission im Rahmen der Sektoruntersuchung elektronischer Handel (Rz. 10.302) derzeit auch das **Geo-Filtering**, bei dem der Anbieter nach der Herkunft seines Abnehmers differenziert, etwa indem er von Kunden mit Sitz in einem Mitgliedstaat ein höheres Entgelt verlangt als von Kunden mit Sitz in einem anderen.[3]

10.432

---

1 EuGH v. 4.10.2011 – Rs. C-403/08 und C-429/08 – Football Association Premier League u.a./QC Leisure u.a., Karen Murphy/Media Protection Services Ltd, CR 2012, 36.
2 Kommission, Pressemitteilung v. 23.7.2015; Paramount Pictures hat die Lockerung seiner Lizenzbedingungen angeboten, sodass Zugriff auf das lizenzierte Programm auch außerhalb des Sendegebiets eines Senders möglich sein soll, Kommission, Pressemitteilung v. 22.4.2016.
3 Kommission, Commission Staff Working Document, v. 18.3.2016: Geo-blocking practices in e-commerce, SWD (2016) 70 final, Rz. 33.

Kapitel 11

Wettbewerbsrecht und Geistiges Eigentum im Online- und Versandhandel

A. Wettbewerbsrecht

Literatur: *Alexander*, Synopse: Alt- und Neufassung des UWG – UGP-RL, WRP 2015, 1448 ff.; *Auer-Reinsdorff*, Aktuelle Serie Social Media Marketing – Rahmenbedingungen der Online-Marketing-Kommunikation, ITRB 2011, 81 ff.; *Auer-Reinsdorff/Conrad*, Handbuch IT- und Datenschutzrecht, 2. Aufl. 2016; *Bechtold/Bosch*, GWB Kommentar, 8. Aufl. 2015; *Buchmann*, Umstrittene Streitbeilegung, Editorial, Heft 4, WRP 2016; *Decker*, Ähnlichkeit von Waren und Dienstleistungen im Rahmen der Privilegierung von E-Mail-Werbung nach § 7 III UWG, GRUR 2011, 774 ff.; *Eckert*, Grundsätze der Preisangabenverordnung im Lichte der neuesten BGH-Entscheidungen, GRUR 2011, 678 ff.; *Elbrecht*, Neues Klagerecht als Chance begreifen, Editorial, Heft 5, WRP 2016; *Ernst*, Suchmaschinenmarketing (Keyword-Advertising, Doorwaypages uä.) im Wettbewerbs- und Markenrecht, WRP 2004, 278 ff.; *Ernst*, Die Double-opt-in-Bestätigungsmail als Werbung? WRP 2013, 160 ff.; *Ernst*, Verstoß der Facebook-AGB gegen deutsches Datenschutzrecht, jurisPR-WettbR 1/2015 Anm. 3; *Gola/Schomerus*, BDSG-Kommentar, 12. Aufl. 2015; *Gramespacher*, Kommentar zu OLG München, Bestätigungsaufforderung, WRP 2013, 113 f.; *Greger*, Das neue Verbraucherstreitbeilegungsgesetz – Die Neuregelungen und ihre Bedeutung für Verbraucher, Unternehmer, Rechtsanwälte, Schlichter und Richter, MDR 2016, 365 ff.; *Grützmacher*, Referenzen auf Unternehmens-Websites und in Werbeunterlagen, ITRB 2010, 232 ff.; *Hanloser*, „opt-in" im Datenschutzrecht und Wettbewerbsrecht – Konvergenzüberlegungen zum Einwilligungsbegriff bei der E-Mail-Werbung, CR 2008, 713 ff.; *Huppertz/Ohrmann*, Wettbewerbsvorteile durch Datenschutzverletzungen? Datenschutzbestimmungen als Marktverhaltensregeln iSd. UWG am Beispiel von „Google-Analytics" und „Facebooks I-Like-Button", CR 2011, 449 ff.; *Jackowski*, Der Missbrauchseinwand nach § 8 Abs. 4 UWG gegenüber einer Abmahnung, WRP 2010, 38 ff.; *Jaschinski/Piltz*, Das Gesetz zur Verbesserung der zivilrechtlichen Durchsetzung von verbraucherschützenden Vorschriften des Datenschutzrechts, WRP 2016, 420 ff.; *Klinger*, Trennungsgebot des § 4 Nr. 3 UWG bei Teasern auf werbende Pressemitteilungen in Internet-Portal, jurisPR-ITR 25/2011 Anm. 5; *Klinger*, Wirksamkeit von formularmäßigen Einwilligungserklärungen in Telefonwerbung („Einwilligung in Werbeanrufe II"), jurisPR-ITR 9/2013 Anm. 3; *Klinger*, Fehlende Datenschutzerklärung für Online-Kontaktformular, jurisPR-ITR 11/2016 Anm. 3; *Köhler*, Das Verbot der unzumutbaren Belästigung im Lichte des Unionsrechts, WRP 2015, 798 ff.; *Köhler*, UWG-Reform 2015: Was ändert sich im Lauterkeitsrecht? Editorial, Heft 12, WRP 2015; *Köhler/Bornkamm*, UWG, 34. Aufl. 2016; *Krieg*, Twitter und Recht, K&R 2010, 73 ff.; *Lederer*, Grenzüberschreitender E-Commerce und internetbasierte Streitbeilegung – Zusätzliche Informationspflichten für Online-Händler, CR 2015, 380; *Leupold/Bräutigam/Pfeiffer*, Von der Werbung zur kommerziellen Kommunikation: Die Vermarktung von Waren und Dienstleistungen im Internet, WRP 2000, 575 ff.; *Lindhorst*, Wettbewerbsrecht und Datenschutz, DuD 2010, 713 ff.; *Mankowski*, Postwurfsendungen nein danke!, WRP 2012, 269 ff.; *Mayer*, Die Folgen rechtsmissbräuchlicher Abmahnungen, WRP 2011, 534 ff.; *Mees*, Einsatz und Verwendung von Gutscheinen sowie Leistungen Dritter beim Verkauf im Preis gebundener Bücher, GRUR 2012, 353 ff.; *Ohly*, Das neue UWG im Überblick, GRUR 2016, 3 ff.; *Plath/Frey*, Online-Marketing nach der BDSG-Novelle – Auswirkungen für die Praxis, CR 2009, 613 ff.; *Rauda*, Anm. zu LG Berlin, Urt. v. 14.9.2010 – 103 O 43/10, GRUR-RR 2011, 334 ff.; *Rössel*, Der Wettlauf der Suchmaschinen, CR 2003, 349 ff.; *Schirmbacher*, Anm. zu BGH, Urt. v. 12.9.2013 – I ZR 208/12 – zur Haftung des Unternehmers für von Dritten ausgelöste Empfehlungs-E-Mails, CR 2013, 797 ff.; *Schirmbacher/Engelbrecht*, Suchmaschinenoptimierung und (un)zulässige SEO-Maßnahmen, CR 2015, 659 ff.; *Schirmbacher/Schätzle*, Einzelheiten zulässiger Werbung per E-Mail, WRP 2014, 1143 ff.; *Schlingloff*, Das elektronische Schutzschriftenregister und die Schutzschriftenregisterverordnung, WRP 2016, 301 ff.; *Scholz*, Zur Unlauterkeit der Verwendung unwirksamer AGB im B2C-Onlinehandel, MDR 2013, 690 ff.; *Schultz*, Kommentar zu OLG Nürnberg, Rechtsmissbrauch durch Facebook-Mehrfachabmahnungen, WRP 2014, 237 ff.; *Schulz*, Abmahnfähigkeit von Datenschutzverstößen, DSB 2011, 22 ff.; *Spengler*, Die lauterkeitsrechtlichen Schranken von In-App-Angeboten, WRP 2015, 1187 ff.; *Taeger/Gabel*, Kommentar zum BDSG, 2. Aufl. 2013; *Teplitzky*, Pro-

bleme der notariell beurkundeten und für vollstreckbar erklärten Unterlassungsverpflichtungserklärung, WRP 2015, 527 ff.; *Tonner*, Preisangaben in Reisekatalogen – Ein Auslaufmodell? VuR 2008, 210 ff.; *Wallenfels*, Erwiderung auf Golz „Was sind Substituten iS des § 2 Abs. 1 Nr. 3 Buchpreisbindungsgesetz?", AfP 2004, 29 ff.; *Wallenfels/Russ*, Preisbindungsgesetz, 6. Aufl. 2012; *Zech*, Durchsetzung von Datenschutz mittels Wettbewerbsrecht? WRP 2013, 1434 ff.
S. auch die Literaturhinweise vor Rz. 11.172 und Rz. 11.276.

I. Einführung

Der Betrieb eines Online-Shops und das Angebot von Waren im Versandhandel sind regelmäßig geschäftliche Handlungen iSv. § 2 Abs. 1 Nr. 1 UWG (vgl. näher Rz. 11.7 ff.). Betreiber von Online-Shops, App-Anbieter und Versandhändler unterliegen daher wie der stationäre Handel vielfältigen **lauterkeitsrechtlichen Anforderungen**.   **11.1**

Der Werbeauftritt von Online- und Versandhändlern richtet sich typischerweise an eine große Zahl potenzieller Kunden. Lauterkeitsrechtlich relevante Handlungen werden dabei in aller Regel bestimmungsgemäß von einer **Vielzahl von Adressaten und Konkurrenten** wahrgenommen. In besonderem Maße gilt dies naturgemäß für Online-Shops und App-Angebote. Selbst kleine Anbieter präsentieren sich dabei exponiert einem potenziell unübersehbaren Publikum. Lauterkeitsrechtlich kritische Äußerungen oder Darstellungen lassen sich bei Online-Angeboten über Suchmaschinen und andere Technologien **leicht recherchieren** und den Verantwortlichen zuordnen. Dies begünstigt **Abmahnungen** und setzt Online-Anbieter einem erhöhten wettbewerbsrechtlichen Verfolgungsrisiko aus. Auch Angebote im klassischen Katalogversandhandel bergen besondere wettbewerbsrechtliche Risiken, denn **Werbeunterlagen** werden dort üblicherweise **in Printform in hohen Auflagen** von Katalogen, Flyern und sonstigen Werbeträgern verbreitet, so dass gegebenenfalls kurzfristig zu befolgende wettbewerbsrechtliche Verbote schnell zu hohen Schäden führen und umfassende logistische Folgemaßnahmen auslösen können.   **11.2**

Die Risiken werden noch dadurch erhöht, dass Online- und Versandhändler **vielfältige**, teilweise auch für Juristen schwer zu überblickende außerwettbewerbsrechtliche **gesetzliche Anforderungen** befolgen müssen, insbesondere **komplexe Informationspflichten** (vgl. dazu ua. Rz. 2.19 ff., Rz. 2.122 ff., Rz. 2.145 ff., Rz. 2.204 ff.; Rz. 5.96 ff.) zu erfüllen haben, und dass Verstöße gegen diese Pflichten größtenteils **zugleich als Wettbewerbsverstoß** eingestuft werden (vgl. näher Rz. 11.18 ff.).   **11.3**

Im Distanzhandel zwischen Unternehmen und Verbrauchern haben sich in der Praxis **typische**, lauterkeitsrechtlich relevante **Problemlagen** herausgebildet, die nachfolgend näher beschrieben werden. Die erste Fallgruppe betrifft die Verletzung außerwettbewerbsrechtlicher Pflichten, die als Marktverhaltensregelungen eingestuft werden und deren Verletzung damit zugleich einen Wettbewerbsverstoß begründet (vgl. Rz. 11.15 ff.). Daneben ergeben sich für den Online- und Versandhandel typische Irreführungsrisiken (vgl. Rz. 11.58 ff.). Distanzhandel geht einher mit einer direkten Kundenansprache, so dass sich häufig wettbewerbsrechtliche Fragen aus dem Bereich der Belästigung durch Direktmarketingmaßnahmen stellen (vgl. Rz. 11.90 ff.). Im Fall der Nachahmung von Internet- oder Werbeauftritten von Versandhändlern können sich Fragen des ergänzenden wettbewerbsrechtlichen Leistungsschutzes stellen (vgl. Rz. 11.132). Da die Werbemaßnahmen häufig grenzüberschreitend erfolgen, werden ferner Hinweise zur internationalen Zuständigkeit der Gerichte und dem auf grenzüberschreitende Sachverhalte anwendbaren Recht gegeben (vgl. Rz. 11.133 ff.). Schließlich wird die Geltendmachung lauterkeitsrechtlicher Ansprüche thematisiert (vgl. Rz. 11.138 ff.).   **11.4**

II. Überblick

1. Rechtlicher Rahmen

11.5 Einschlägig sind die Bestimmungen des **UWG**. Nachdem das UWG in der Fassung vom 7.6.1909[1] (im Folgenden: „UWG 1909") durch Gesetz vom 3.7.2004[2] (im Folgenden: „UWG 2004") grundlegend reformiert worden war, folgten mit dem Ersten und dem Zweiten Gesetz zur Änderung des Gesetzes gegen den unlauteren Wettbewerb vom 22.12.2008[3] (im Folgenden: „UWG 2008") und vom 2.12.2015[4] (im Folgenden „UWG" oder „UWG 2015") weitere Novellierungen.

11.6 Diese Novellen dienten der Umsetzung der **Richtlinie** 2005/29/EG vom 11.5.2005 **über unlautere Geschäftspraktiken**[5] (im Folgenden: „UGP-Richtlinie"). Die UGP-Richtlinie betrifft gemäß ihrem Art. 3 Abs. 1 unlautere Geschäftspraktiken zwischen Unternehmen und Verbrauchern und ist daher für den hier behandelten Online- und Versandhandel von besonderer Bedeutung. Die Richtlinie bezweckt in ihrem Anwendungsbereich eine **Vollharmonisierung** des Rechts der Mitgliedsstaaten und lässt daher, von einigen Ausnahmen abgesehen, weder mildere noch strengere nationale Regelungen im Anwendungsbereich der Richtlinie zu[6] und regelt die Unlauterkeit von Geschäftspraktiken im Geschäftsverkehr zwischen Unternehmen und Verbrauchern **abschließend**.[7] Dies ist bei der gebotenen **richtlinienkonformen Auslegung** des UWG zu berücksichtigen.

2. Geschäftliche Handlung

11.7 Nach § 1 UWG dient das UWG dem Schutz der Mitbewerber, der Verbraucher und der sonstigen Marktteilnehmer vor unlauteren geschäftlichen Handlungen. Für die Anwendbarkeit der Bestimmungen des UWG kommt es also entscheidend darauf an, ob eine „**geschäftliche Handlung**" iSd. Bestimmungen vorliegt. § 2 Abs. 1 Nr. 1 UWG enthält eine **Legaldefinition** dieses Begriffs. Danach ist jedes Verhalten einer Person zu Gunsten des eigenen oder eines fremden Unternehmens erfasst, das vor, bei oder nach einem Geschäftsabschluss erfolgt und das mit der Förderung des Absatzes oder des Bezugs von Waren oder Dienstleistungen oder mit dem Abschluss oder der Durchführung von Verträgen über Waren oder Dienstleistungen objektiv zusammenhängt.

11.8 Das Angebot und die Bewerbung von Waren und Dienstleistungen im **Online- und im Katalogversandhandel** und sämtliche auf den Abschluss und die Durchführung von Fernabsatzverträgen gerichteten Handlungen fallen ohne weiteres unter diese Definition und unterliegen damit den wettbewerbsrechtlichen Anforderungen.[8] Der Anwendungsbereich des UWG beschränkt sich jedoch nicht auf den Bereich „Business to Consumer", sondern erfasst auch Geschäfte unter Unternehmern.

11.9 Problematisch kann der erforderliche **Unternehmensbezug** beim **Verkauf über Internet-Plattformen** wie zB eBay oder Amazon-Marketplace sein, die Privatpersonen und Unter-

---

1 RGBl. 1909, 499.

2 BGBl. I 2004, 1414.

3 BGBl. I 2008, 2949.

4 BGBl. I 2015, 2158; vgl. dazu *Ohly*, WRP 2016, 3 ff.; *Köhler*, Editorial, Heft 12, WRP 2015; s. ferner die Synopse von *Alexander*, WRP 2015, 1448 ff.

5 ABl L 149/22 v. 11.6.2005, 22.

6 Art. 4 UGP-Richtlinie; *Köhler/Bornkamm/Köhler*, Einl. UWG Rz. 3.56; BGH v. 9.6.2011 – I ZR 17/10, – Rz. 46 – Computer-Bild, GRUR 2012, 188 (192) = CR 2012, 110 = MDR 2012, 299; EuGH v. 14.1.2010 – Rs. C-304/08 – Rz. 41 – Plus Warenhandelsgesellschaft, GRUR 2010, 244 (246).

7 EuGH v. 23.4.2009 – Rs. C-261/07 – Rz. 51 f. – VTB/Total Belgium u. Galatea Sanoma, GRUR 2009, 599 (603).

8 Vgl. etwa für Verkaufsangebote eines Händlers bei eBay BGH v. 29.4.2010 – I ZR 66/08, – Rz. 11 – Holzhocker, WRP 2010, 1517 (1518) = MDR 2010, 1411 = CR 2010, 804.

nehmen gleichermaßen offen stehen. Der BGH hat zu § 2 UWG 2004, jedoch insoweit übertragbar auch auf die aktuelle Rechtslage, für Warenangebote auf einer Internet-Plattform entschieden, dass die Unternehmereigenschaft aufgrund einer Gesamtschau der relevanten Umstände zu beurteilen ist. Für die Annahme einer Wettbewerbshandlung spricht es danach, wenn wiederholt gleichartige Angebote erfolgen, wenn neue und erst kurz zuvor erworbene Waren angeboten werden und wenn der Anbieter ansonsten gewerblich tätig ist und häufig Feedbacks und „Bewertungen" erhält. Schließlich spricht für die Unternehmereigenschaft im wettbewerbsrechtlichen Sinn, wenn der Anbieter bei seinen Verkaufsaktivitäten für Dritte handelt.[1]

⮕ **Praxistipp:** Anbieter auf Internet-Plattformen sollten sich stets anhand der von der Rechtsprechung entwickelten Kriterien vergewissern, ob ihr Angebot als geschäftliche Handlung iSd. UWG zu werten ist, und sich zur Vermeidung von Abmahnrisiken im Zweifel auf die Einhaltung wettbewerbsrechtlicher Vorgaben einstellen. Davon zu unterscheiden ist die Frage, ob der Anbieter Unternehmer iSv. § 14 BGB ist und deshalb fernabsatzrechtlichen Bestimmungen (§ 312c Abs. 1 BGB) und den Regelungen über den elektronischen Geschäftsverkehr (§ 312i Abs. 1 BGB) unterliegt (vgl. dazu Rz. 4.3 ff.).

11.10

3. Spürbarkeit der wettbewerbswidrigen Handlung

Die lauterkeitsrechtliche Generalklausel in § 3 UWG 2015 enthält anders als der frühere § 3 Abs. 1 UWG 2004 und 2008 keine sog. Bagatell- oder Spürbarkeitsklausel mehr. Das bedeutet jedoch nicht, dass nun auch Bagatellfälle als unlauter gelten:

11.11

Die verbraucherbezogenen Unlauterkeitstatbestände der §§ 3 Abs. 2, 4a, 5 und 5a UWG setzen jeweils die Eignung der Handlung voraus, den Verbraucher zu einer geschäftlichen Handlung zu veranlassen, die er sonst nicht getroffen hätte. Dies wäre in Bagatellfällen nicht gegeben. Auch die Bestimmungen zum Mitbewerberschutz gem. § 4 UWG, zB der ergänzende wettbewerbsrechtliche Leistungsschutz oder die gezielte Behinderung, betreffen schon tatbestandlich nur spürbare Handlungen. § 3a UWG (= § 4 Nr. 11 UWG 2008), der nun den Rechtsbruchtatbestand regelt, sieht explizit eine dem früheren § 3 Abs. 1 UWG 2008 entsprechende Spürbarkeitsklausel vor. Insgesamt sind also auch nach der Novellierung des UWG nur spürbare Handlungen erfasst und können nach wie vor Bagatellverstöße nicht abgemahnt werden.[2]

11.12

4. Unterlassungsklagengesetz

Neben lauterkeitsrechtlichen Ansprüchen nach dem UWG kommt die Geltendmachung von Ansprüchen nach dem **Unterlassungsklagengesetz (UKlaG)** in Betracht. Solche Ansprüche bestehen etwa bei der Verwendung unwirksamer AGB (§ 1 UKlaG) und bei Verstoß gegen bestimmte Verbraucherschutzgesetze (§ 2 Abs. 1 UKlaG), insbesondere die für den Versand- und Onlinehandel einschlägigen Bestimmungen zu Fernabsatzverträgen (§ 2 Abs. 2 Nr. 1 lit. b UKlaG) und die Bestimmungen über den elektronischen Geschäftsverkehr (§ 2 Abs. 2 Nr. 2 UKlaG). Gemäß dem neu eingeführten[3] § 2 Abs. 2 Nr. 11 UKlaG können nun auch Verstöße gegen bestimmte datenschutzrechtliche Bestimmungen beanstandet werden (vgl. dazu näher unten Rz. 11.53).[4] Die Ansprüche können durch qualifizierte Einrichtungen und Verbände sowie durch Industrie-, Handels- und Handwerks-

11.13

---

1 BGH v. 4.12.2008 – I ZR 3/06 – Rz. 24 f. und Rz. 33 – Ohrclips, WRP 2009, 967 (969 f.) = CR 2009, 753 = MDR 2009, 993; vgl. mwN auch Köhler/Bornkamm/*Köhler*, § 2 UWG Rz. 23.
2 Köhler/Bornkamm/*Köhler*, § 3 UWG Rz. 2.20; *Ohly*, GRUR 2016, 3 (4).
3 Gesetz zur Verbesserung der zivilrechtlichen Durchsetzung von verbraucherschützenden Vorschriften des Datenschutzrechts, BGBl. I 2016, 233.
4 Vgl. dazu *Jaschinski/Piltz*, WRP 2016, 420 ff.

kammern geltend gemacht werden, **nicht** jedoch durch **Mitbewerber** (§ 3 UKlaG). Die Bestimmungen des UKlaG sind neben den lauterkeitsrechtlichen Regelungen anwendbar und setzen **keine geschäftliche Handlung** iSd. UWG voraus.[1] **Unerheblich** ist auch, ob sich der beanstandete Verstoß **spürbar auswirkt.**

11.14 ⬥ **Praxistipp:** Auch wenn lauterkeitsrechtliche Ansprüche wegen fehlender Spürbarkeit iSv. § 3a UWG ausscheiden, bleibt für den Händler unter Umständen gleichwohl das Risiko einer Abmahnung durch Verbände oder Kammern gemäß dem UKlaG. Händler und deren Berater sollten dies bei der Risikoabwägung etwa beim Einsatz kritischer Klauseln, deren Wirksamkeit höchstrichterlich ungeklärt ist, im Blick behalten.

III. Verletzung von Marktverhaltensregeln

1. Allgemeines

11.15 Nach § 3a UWG (= § 4 Nr. 11 UWG 2008)[2] handelt unlauter, wer einer gesetzlichen Vorschrift zuwiderhandelt, die auch dazu bestimmt ist, im Interesse der Marktteilnehmer das **Marktverhalten** zu regeln. Die Bestimmung knüpft an die Rechtsprechung des BGH zu § 1 UWG 1909 zum **Rechtsbruchtatbestand** an und regelt die Voraussetzungen, unter denen Verstöße gegen außerwettbewerbsrechtliche Bestimmungen zugleich als Wettbewerbsverstoß einzustufen sind. Die Vorschrift stellt klar, dass nicht jeder bei einer geschäftlichen Handlung begangene Verstoß gegen eine gesetzliche Bestimmung zugleich wettbewerbswidrig ist und dass wettbewerbsrechtliche Sanktionen nur veranlasst und gerechtfertigt sind, wenn die verletzte Norm jedenfalls auch das Marktverhalten im Interesse der Marktbeteiligen regelt.[3] Die Rechtsprechung hat zahlreiche der für Online-Shops und Versandhändler einschlägigen Bestimmungen als Marktverhaltensregeln iSv. § 3a UWG eingestuft. Der Rechtsbruchtatbestand ist deshalb in der Praxis des Katalog- und Onlinehandels von **großer praktischer Bedeutung.**

11.16 Da die **UGP-Richtlinie,** die eine Vollharmonisierung des nationalen Rechts vorschreibt und daher weder mildere noch strengere Regelungen zulässt (vgl. Rz. 11.6), keinen dem § 3a UWG vergleichbaren Unlauterkeitstatbestand kennt, können in den Anwendungsbereich der Richtlinie fallende Geschäftspraktiken nur als Verstoß gegen eine Marktverhaltensregel untersagt werden, wenn die betroffene Norm ihren Ursprung im Gemeinschaftsrecht hat oder von der UGP-Richtlinie in ihrer Anwendung aus sonstigen Gründen unberührt bleibt.[4] Andernfalls wäre das nationale Recht strenger als der in der UGP-Richtlinie für den Bereich „Business to Consumer" vorgesehene Standard.

11.17 ⬥ **Praxistipp:** Distanzhändler und deren Berater sollten bei der Prüfung, ob für sie einschlägige gesetzliche Vorschriften eingehalten sind, stets auch mögliche **wettbewerbsrechtliche Sanktionen** bei der Verletzung solcher Bestimmungen im Blick behalten, insbesondere das Risiko **kostenträchtiger Abmahnungen** durch Konkurrenten und Verbände.

---

1 Vgl. zum Verhältnis UKlaG zum Wettbewerbsrecht mwN Köhler/Bornkamm/*Köhler*, § 1 UKlaG Rz. 14 und § 2 UKlaG Rz. 11 ff.

2 Die Neufassung in § 3a UWG entspricht inhaltlich § 4 Nr. 11 UWG aF, ergänzt um eine auch früher schon geltende Spürbarkeitsklausel, so dass die Gesetzesänderung am Rechtsbruchtatbestand nichts geändert hat; vgl. BGH v. 14.1.2016 – I ZR 61/14 – Rz. 11 – Wir helfen im Trauerfall, WRP 2016, 581 = MDR 2016, 472.

3 BT-Drs. 15/1487, S. 19.

4 Köhler/Bornkamm/*Köhler*, § 3a UWG Rz. 1.8 mwN zur Rechtsprechung.

2. Informationspflichten

a) Fernabsatzrechtliche Widerrufsbelehrung

Nach Art. 246 § 1 Abs. 2 und 3 und § 4 EGBGB sind Unternehmer im Fernabsatz verpflich- **11.18**
tet, dem Verbraucher rechtzeitig vor Abgabe von dessen Vertragserklärung in einer dem
eingesetzten Fernkommunikationsmittel entsprechenden Weise klar und verständlich unter Angabe des geschäftlichen Zwecks Informationen über das Bestehen oder Nichtbestehen eines Widerrufsrechts sowie die Bedingungen, Einzelheiten der Ausübung und die
Rechtsfolgen des Widerrufs zur Verfügung zu stellen. Gemäß § 312f Abs. 2 BGB muss diese
Belehrung zusätzlich innerhalb angemessener Frist nach Vertragsschluss, spätestens mit
der Lieferung der Ware bzw. vor Ausführung der Dienstleistung, auf einem dauerhaften Datenträger (vgl. § 126b BGB) gegeben werden (vgl. zu Einzelheiten der Widerrufsbelehrung
Rz. 2.413 ff., Rz. 2.467 ff., für den Bereich des M-Commerce Rz. 5.98 ff.).

Schon zu § 1 UWG 1909 hatte der **BGH** wiederholt fehlende, unrichtige oder unvollstän- **11.19**
dige Widerrufsbelehrungen als zugleich wettbewerbswidrig untersagt.[1] Nach Meinung
des BGH begründeten derart unzureichende Belehrungen die Gefahr, dass der die Rechtslage nicht überblickende Vertragspartner von der Ausübung seines Widerrufsrechts abgehalten werde, was mit Blick auf das Ausnutzen dieser Rechtsunkenntnis mit dem Sinn
und Zweck des Leistungswettbewerbs und den guten kaufmännischen Sitten nicht in
Einklang stehe. Damit verschaffe sich der Anbieter zudem bewusst und planmäßig einen
wettbewerbswidrigen Vorsprung vor gesetzestreuen Mitbewerbern. Der BGH hat dies gemäß dem UWG 2008 – und dementsprechend übertragbar auf das UWG 2015 – im Ergebnis nicht anders gesehen und die Bestimmungen zur fernabsatzrechtlichen Pflicht, über
das Bestehen oder Nichtbestehen von Widerrufs- bzw. Rückgaberechten zu informieren,
für **Marktverhaltensregeln** iSv. § 3a UWG (= § 4 Nr. 11 UWG 2008) gehalten.[2] Fehlende
oder unzureichende Widerrufsbelehrungen sind daher, wenn die Verletzung der gesetzlichen Anforderungen iSv. § 3a UWG spürbar ist, zugleich Wettbewerbsverstöße.

Der BGH hat dies zB in der „Computer-Bild"-Entscheidung[3] in einem Fall bejaht, in dem **11.20**
nicht darüber belehrt wurde, dass in der angegriffenen Anzeige für ein Zeitschriftenabon-
nement gemäß dem seinerzeit geltenden § 312d Abs. 4 Nr. 3 BGB aF tatsächlich **kein Widerrufsrecht** bestand.[4] Im Fall „Holzhocker"[5] hat der BGH die Belehrung über ein 14-tägi-
ges Widerrufsrecht für wettbewerbswidrig gehalten, weil es an der dafür erforderlichen
Widerrufsbelehrung in **Textform** fehlte, sondern lediglich auf der Website belehrt wurde.

Der BGH hat in den genannten Entscheidungen auch die erforderliche **Spürbarkeit iSv.** **11.21**
§ 3a UWG bejaht. Nach Meinung des BGH enthält etwa die fehlende Belehrung über das

---

1 BGH v. 4.7.2002 – I ZR 55/00 – Belehrungszusatz, WRP 2002, 1263 (1266) = MDR 2003, 40; BGH v.
 7.5.1986 – I ZR 95/84 – Widerrufsbelehrung bei Teilzahlungskauf, GRUR 1986, 816 (818) = MDR
 1987, 24; BGH v. 17.12.1992 – I ZR 73/91 – Widerrufsbelehrung I, BGHZ 121, 52 (57 f.) = MDR 1993,
 953; BGH v. 11.4.2002 – I ZR 306/99 – Postfachanschrift, WRP, 832 (833) = MDR 2002, 1050.
2 BGH v. 9.6.2011 – I ZR 17/10 – Rz. 43 ff. – Computer-Bild, GRUR 2012, 188 (192) = CR 2012, 110 =
 MDR 2012, 299; BGH v. 29.4.2010 – I ZR 66/08 – Rz. 22 – Holzhocker, WRP 2010, 1517 (1519) =
 MDR 2010, 804.
3 BGH v. 9.6.2011 – I ZR 17/10 – Rz. 43 ff. – Computer-Bild, GRUR 2012, 188 (192) = CR 2012, 110 =
 MDR 2012, 299.
4 Nach dem aktuell geltenden § 312g Nr. 7 BGB gilt der Ausschluss des Widerrufsrechts für die Lieferung von Zeitungen, Zeitschriften und Illustrierten nun mehr für Abonnement-Verträge. Vgl.
 zur Belehrung über das Nichtbestehen eines Widerrufsrechts auch BGH v. 9.12.2009 – VIII ZR
 219/08, WRP 2010, 396 (399) = CR 2010, 388 = MDR 2010, 257, wonach eine Belehrung über gesetzliche Ausschlusstatbestände nicht für jeden Artikel gesondert erfolgen muss und dem Verbraucher
 die Beurteilung überlassen werden darf, ob die von ihm erworbene Ware unter einen Ausschlusstat-
 bestand fällt.
5 BGH v. 29.4.2010 – I ZR 66/08 – Holzhocker, WRP 2010, 1517 (1518 ff.) = MDR 2010, 1411 = CR
 2010, 804.

Nichtbestehen eines Widerrufsrechts im Fall „Computer-Bild" den Verbrauchern Informationen vor, die sie für ihre geschäftliche Entscheidung benötigen. Zudem werde die Gefahr begründet, dass die Verbraucher im Vertrauen auf das Bestehen eines Widerrufsrechts einen Vertrag schließen, den sie dann nicht widerrufen können. Damit sei das Verhalten geeignet, die Interessen von Mitbewerbern und Verbrauchern spürbar zu beeinträchtigen.[1] Im Fall „Holzhocker" hat der BGH auf die durch unrichtige Belehrungen begründete Gefahr abgestellt, dass der Verbraucher in der irrigen Annahme, die Widerrufsfrist sei bereits verstrichen, von der Ausübung seines in Wahrheit noch bestehenden Widerrufsrechts absieht. Ihm würden so Informationen vorenthalten, die er für seine geschäftliche Entscheidung benötige.

11.22 Die Einstufung der fernabsatzrechtlichen Verpflichtung, über Widerrufsrechte zu informieren, steht auch in Einklang mit dem Gemeinschaftsrecht. Der BGH hat in den genannten Entscheidungen „Computer-Bild" und „Holzhocker" betont, dass die **UGP-Richtlinie** der **Anwendung von § 3a UWG** auf fernabsatzrechtliche Belehrungspflichten **nicht entgegen steht**, weil die fraglichen Informationspflichten ihre Grundlage in der im Anhang II der UGP-Richtlinie genannten Fernabsatzrichtlinie[2] haben.[3]

11.23 In der umfangreichen **Instanzrechtsprechung** (vgl. dazu mit weiteren Beispielen auch Rz. 2.529 ff.) wurde die Wettbewerbswidrigkeit von Mängeln der fernabsatzrechtlichen Widerrufsbelehrung ua.

bejaht

– im Fall der Information über das Widerrufsrecht lediglich in der Weise, dass über einen **Link** „mich" erst zur der Rubrik „Angaben zum Verkäufer" geklickt werden muss[4] bzw. bei einer Verlinkung auf das Widerrufsrecht, die keinen Hinweis auf das Widerrufsrecht enthält;[5]

– bei **fehlender** Widerrufsbelehrung in einem Angebot eines Unternehmers auf **eBay**;[6]

– bei einer **unvollständigen** Belehrung über das Widerrufsrecht;[7]

– bei Angabe lediglich eines **Postfachs** statt einer ladungsfähigen Anschrift in einer Widerrufsbelehrung;[8]

– bei fehlender Anzeige einer Widerrufsbelehrung auf **mobilem Endgerät**, wenn das Angebot auf einer für den Abruf durch mobile Endgeräte optimierte Handelsplattform eingestellt ist;[9]

– bei einem Hinweis auf vom Verbraucher nach § 357 Abs. 2 BGB aF zu tragende **Rücksendekosten** in der Widerrufsbelehrung, wenn nicht zugleich außerhalb der Widerrufsbelehrung vertraglich die Übernahme der Rücksendekosten durch den Verbraucher geregelt ist;[10]

---

1 BGH v. 9.6.2011 – I ZR 17/10 – Rz. 42 und 46 – Computer-Bild, GRUR 2012, 188 (192) = CR 2012, 110 = MDR 2012, 299.

2 Richtlinie 97/7/EG über den Verbraucherschutz bei Vertragsabschlüssen im Fernabsatz.

3 BGH v. 9.6.2011 – I ZR 17/10 – Rz. 46 – Computer-Bild, GRUR 2012, 188 (192) = CR 2012, 110 = MDR 2012, 299; BGH v. 29.4.2010 – I ZR 66/08 – Holzhocker, WRP 2010, 1517 (1519) = MDR 2010, 1411 = CR 2010, 804.

4 OLG Hamm v. 14.4.2005 – 4 U 2/05, GRUR RR 2005, 285 (286) = CR 2005, 666.

5 OLG Frankfurt/M. v. 14.12.2006 – 6 U 129/06, GRUR-RR 2007, 56 = CR 2007, 387.

6 OLG Karlsruhe v. 27.4.2006 – 4 U 119/04, WRP 2006, 1038 (1040 f.) = CR 2006, 689.

7 OLG Hamm v. 21.1.2010 – 4 U 168/09 – Rz. 26 ff., juris.

8 OLG Koblenz v. 9.1.2006 – 12 U 740/04, NJW 2006, 919 ff.

9 OLG Hamm v. 20.5.2010 – 4 U 225/09, GRUR-RR 2010, 446 f.

10 OLG Stuttgart v. 10.12.2009 – 2 U 51/09, NJW-RR 2010, 1193 f.; OLG Hamburg v. 17.2.2010 – 5 W 10/10, MMR 2010, 320 (321); OLG Hamm v. 2.3.2010 – 4 U 180/09, NJW-RR 2010, 1193 f.; OLG Koblenz v. 8.3.2010 – 9 U 1283/09, CR 2010, 392 f. – aA LG Frankfurt/M. v. 4.12.2009 – 3-12 O 123/09, MMR 2010, 442 f.; kritisch auch *Oelschlägel*, Rz. 2.521 der Vorauflage; inzwischen trägt der Ver-

- bei nicht ausreichender **Deutlichkeit** der Belehrung (vgl. dazu mwN Rz. 2.530);

- bei fehlender Angabe des **gesetzlichen Muster-Widerrufsformulars** gem. Art. 246a § 1 Abs. 2 Nr. 1 EGBGB;[1]

- bei fehlender Angabe einer geschäftlich genutzten **Telefonnummer** an der dafür vorgesehenen Stelle des gesetzlichen Widerrufsbelehrungsmusters;[2]

verneint

- bei Verwendung der einleitenden Worte „Verbraucher haben das folgende gesetzliche Widerrufsrecht", ohne dass der **Begriff des Verbrauchers** definiert wird.[3]

b) Sonstige Informationspflichten

Die Rechtsprechung hat nicht nur die Pflicht, über das Widerrufsrecht zu belehren, sondern auch **andere fernabsatzrechtliche Informationspflichten** iSv. § 312d BGB iVm. Art. 246a § 1 Abs. 1 EGBGB als Marktverhaltensregeln eingestuft.[4] Die zahlreichen Pflichten sind jedoch von unterschiedlichem Gewicht, so dass im Einzelfall die Anforderungen nicht überspannt werden dürfen. So hat die Rechtsprechung etwa hinsichtlich der Verpflichtung, die wesentlichen Merkmale der Ware oder Dienstleistung anzugeben (Art. 246a § 1 Abs. 1 Nr. 1 EGBGB), zu Recht einen Verstoß in einem Fall verneint, in dem nicht alle Einzelheiten der angebotenen Dienstleistung aufgeführt wurden.[5] Diese Pflicht bezwecke lediglich, den Verbraucher in die Lage zu versetzen, das Leistungsangebot im Vergleich zu anderen Angeboten zu bewerten. Hinsichtlich der Verpflichtung, Angaben zu Gewährleistungsbedingungen (bzw. nach neuem Recht zum Bestehen eines gesetzlichen Mängelhaftungsrechts, Art. 246a Abs. 1 Nr. 8 EGBGB) zu machen, hat der BGH zu Recht keinen Verstoß darin gesehen, dass nicht ausdrücklich auch auf den Inhalt der anwendbaren gesetzlichen Gewährleistungsvorschriften hingewiesen wurde.[6] Es fehlt daher jedenfalls an einem iSv. § 3a UWG **spürbaren** Verstoß. | **11.24**

Auch die Verpflichtung gemäß § 5 TMG, für bestimmte Telemedien die in § 5 Abs. 1 Nr. 1 bis 7 TMG aufgeführten Informationen leicht erkennbar, unmittelbar erreichbar und ständig verfügbar zu halten (sog. „**Impressumspflicht**"), ist wiederholt als Marktverhaltensregel iSv. § 3a UWG eingestuft worden.[7] | **11.25**

Gemäß Art. 14 Abs. 1 der insoweit ab dem 9.1.2016 geltenden EU-Verordnung über Online – Streitbeilegung in Verbraucherangelegenheiten[8] sind in der EU niedergelassene Un- | **11.25a**

---

braucher nach § 357 Abs. 6 Sätze 1 und 2 BGB nF die Rücksendekosten kraft Gesetzes, wenn der Unternehmer ihn hierüber unterrichtet und sich nicht zur Kostenübernahme bereiterklärt hat.

1 LG Wuppertal v. 21.7.2015 – 11 O 40/15, WRP 2015, 1401 (1402).

2 OLG Hamm v. 3.3.2015 – I-4 U 171/14, VuR 2015, 319.

3 OLG Hamburg v. 3.6.2010 – 3 U 125/09, MMR 2011, 100 f.; bestätigt durch BGH v. 9.11.2011 – I ZR 123/10 – Rz. 16 ff. – Überschrift zur Widerrufsbelehrung, WRP 2012, 710 (711 f.) = CR 2012, 549 = MDR 2012, 862 – aA LG Kiel v. 9.7.2010 – 14 O 22/10, K&R 2011, 136 f.; kritisch auch *Oelschlägel*, Rz. 2.532.

4 Vgl. mwN Köhler/Bornkamm/*Köhler*, § 4 UWG Rz. 11.157a, 11.163 und 11.172.

5 LG Magdeburg v. 29.8.2002 – 36 O 115/02, GRUR-RR 2003, 55 (56); mit Recht zurückhaltend hinsichtlich dieser Verpflichtung auch OLG Hamburg v. 5.1.2009 – 3 W 155/08 – ZUM 2009, 862 (863).

6 BGH v. 4.10.2007 – I ZR 22/05 – Rz. 35 ff. – Umsatzsteuerhinweis, WRP 2008, 782 (784) = CR 2008, 446 = MDR 2008, 989.

7 BGH v. 20.7.2006 – I ZR 228/03 – Rz. 15 – Anbieterkennzeichnung im Internet, WRP 2006, 1507 (1509) = MDR 2007, 230 = CR 2006, 850 (im Streitfall jedoch verneint, weil über zwei Links „Kontakt" und „Impressum" erreichbare Anbieterkennzeichnung ausreichend sei); vgl. zur Impressumspflicht mit zahlreichen Rechtsprechungsnachweisen ausführlich Rz. 2.19 ff.

8 Verordnung (EU) Nr. 524/2013 des Europäischen Parlaments und des Rats vom 21.5.2013 über die Online-Beilegung verbraucherrechtlicher Streitigkeiten und zur Änderung der Verordnung (EG) Nr. 2006/2004 und der Richtlinie 2009/22/EG, ABl. L 165/1 v. 18.6.2013; vgl. dazu *Lederer*, CR 2015, 380 (381 f.); krit. *Buchmann*, Editorial, Heft 4, WRP 2016.

ternehmer, die Online-Kaufverträge oder Online-Dienstleistungsverträge eingehen, verpflichtet, auf ihren Websites leicht zugänglich einen **Link zu der von der EU-Kommission betriebenen Plattform zur Online-Streitbeilegung (sog. OS-Plattform) einzustellen** und ihre E-Mail-Adressen anzugeben. Die Verlinkung kann zB mit folgendem Hinweis erfolgen: *„Die von der EU-Kommission eingerichtete Plattform zur Online-Streitbeilegung finden Sie* hier [= Link]". Nach Art. 14 Abs. 2 der genannten EU-Verordnung müssen solche Unternehmen, wenn sie sich zur Nutzung von Stellen zur alternativen Streitbeilegung selbst verpflichtet haben oder dazu sonst verpflichtet sind, außerdem die Verbraucher über die Existenz der OS-Plattform und die Möglichkeit, diese für die Streitbeilegung zu nutzen, unterrichten; neben der Verlinkung auf die Plattform ist diese Information ggf. auch **in die AGB** des Anbieters **aufzunehmen**.

Ergänzend sieht das am 1.4.2016 in Kraft getretene **Gesetz über die alternative Streitbeilegung (VSBG)**[1] in den §§ 36 f. **weitere Informationspflichten** vor, die allerdings gemäß einer Übergangsregelung erst am **1.2.2017** in Kraft treten werden.[2]

Eine Verletzung dieser Pflichten kann gemäß dem flankierend neu eingeführten **§ 2 Abs. 2 Satz 2 Nr. 12 UKlaG** durch Verbände per Abmahnung und Unterlassungsklage verfolgt werden. Vermutlich werden die Gerichte die Verlinkungs- und Informationspflichten künftig auch als **Marktverhaltensregeln iSv. § 3a UWG** einstufen, mit der Folge, dass auch Mitbewerber Verletzungen abmahnen können.[3]

c) Pflichten im elektronischen Geschäftsverkehr

11.26 Auch die für den elektronischen Geschäftsverkehr bestehenden Verpflichtungen nach §§ 312i f. BGB können Marktverhaltensregeln sein. Bejaht wurde dies etwa hinsichtlich der Verpflichtung gemäß § 312i Abs. 1 Satz 1 Nr. 2 BGB iVm. Art. 246c Nr. 2 EGBGB, darüber zu belehren, ob der Vertragstext nach dem Vertragsschluss von dem Unternehmer gespeichert wird und ob er dem Kunden zugänglich ist.[4]

d) eBay-Grundsätze

11.27 Erörtert wurde auch die Frage, ob eine Verletzung der eBay-Grundsätze, die bei eBay-Verkäufen für die Vertragspartner verbindlich vereinbart werden, als Wettbewerbsverstoß zu beanstanden ist. Die Rechtsprechung hat dies jedoch zu Recht verneint, weil es sich bei diesen Grundsätzen nicht um gesetzliche Vorschriften iSv. § 3a UWG handelt. Allein der Umstand, dass diese Grundsätze möglicherweise das Marktverhalten der Vertragsparteien regeln, genügt zur Bejahung eines Wettbewerbsverstoßes nicht.[5]

e) Verletzung von Informationspflichten als Irreführung durch Unterlassen (Verweis)

11.28 Fehlende oder unzureichende Informationen können wettbewerbsrechtlich nicht nur unter dem Gesichtspunkt einer Verletzung von Marktverhaltensregeln relevant sein, sondern auch eine Irreführung durch Unterlassen gemäß § 5a UWG bedeuten (vgl. dazu näher Rz. 11.86 ff.).

---

1 Gesetz zur Umsetzung der Richtlinie über alternative Streitbeilegung in Verbraucherangelegenheiten und zur Durchführung der Verordnung über Online-Streitbeilegung in Verbraucherangelegenheiten v. 19.2.2016, BGBl. I 2016, 254.
2 Vgl. dazu im Einzelnen *Greger*, MDR 2016, 365 (368 f.).
3 So etwa *Lederer*, CR 2015, 380 (383); das LG Bochum v. 31.3.2016 – I-14 O 21/16, CR 2016, 461, bejaht die lauterkeitsrechtliche Relevanz eines Verstoßes gegen Art. 14 Abs. 1 der VO Nr. 524/2013 in bedenklicher Weise sogar für die Zeit, in der die zu verlinkende Plattform noch nicht einmal online verfügbar war.
4 OLG Hamm v. 15.3.2011 – 4 U 204/10, MMR 2011, 537 (538).
5 OLG Hamm v. 21.12.2010 – 4 U 142/10, WRP 2011, 498 (500).

3. Zivilrechtliche Klauselverbote, insbesondere AGB-Rechtsverstöße

Die früher umstrittene Frage, ob die **Nutzung AGB-rechtswidriger Klauseln** zugleich wegen Verstoßes gegen eine Marktverhaltensregel unlauter ist,[1] wird inzwischen ganz überwiegend bejaht, und zwar sowohl für BtoC- als auch für BtoB-Geschäfte: **11.29**

Der BGH hat das in **§ 475 BGB** geregelte Verbot, beim Verbrauchsgüterkauf Gewährleistungsrechte einzuschränken oder auszuschließen,[2] ferner **§ 477 Abs. 1 BGB**, wonach eine Garantieerklärung einen bestimmten Mindestinhalt aufweisen muss,[3] als Marktverhaltensregeln iSv. § 3a UWG eingestuft, ebenso wie die **AGB-rechtlichen Klauselverbote** in den §§ 307, 308 Nr. 1, 309 Nr. 7a BGB[4] und das AGB-rechtliche **Transparenzgebot**.[5] Dementsprechend wird inzwischen ganz überwiegend generell die Verletzung AGB-rechtlicher Vorgaben zugleich als unlauter iSv. § 3a UWG eingestuft.[6]   **11.30**

Dabei sollte nicht schematisch jeder AGB-Rechtsverstoß für per se unlauter gehalten, sondern stets im Einzelfall geprüft werden, ob die jeweilige angegriffene Klausel tatsächlich zu einer hinreichend **spürbaren Beeinträchtigung** von Verbrauchern, sonstigen Marktteilnehmern oder Mitbewerbern führt.[7] Zu weitgehend scheint es daher, sogar die Verwendung einer AGB-rechtswidrigen **salvatorischen Klausel** zugleich als Wettbewerbsverstoß zu bewerten.[8]   **11.31**

⮑ **Praxistipp:** Angesichts der äußerst strengen AGB-rechtlichen Inhaltskontrolle nach §§ 307 ff. BGB ergibt sich damit ein **erhebliches wettbewerbsrechtliches Risikopotenzial**, dem durch sorgfältige und im Zweifel zurückhaltende Klauselgestaltung Rechnung getragen werden sollte.   **11.32**

In AGB von Online- und Versandhändlern finden sich häufig Klauseln, wonach der Kunde keinen Anspruch auf Abschluss von Verträgen mit dem Anbieter hat. Damit wird in AGB-rechtlich unbedenklicher Weise lediglich die ohnehin bestehende **Abschlussfreiheit** klargestellt. Es ist deshalb auch wettbewerbsrechtlich unbedenklich, wenn ein Versandhandelsunternehmen Kunden, die in der Vergangenheit auffallend häufig von ihrem Widerrufsrecht Gebrauch gemacht haben (sog. **„Hochretournierer"**), nach vorherigen Hinweisen von der weiteren Belieferung ausschließt.[9]   **11.33**

---

1 Vgl. dazu für BtoC-Verträge mwN *Scholz*, MDR 2013, 690 ff.
2 BGH v. 31.3.2010 – I ZR 34/08 – Rz. 24 ff. – Gewährleistungsausschluss im Internet, WRP 2010, 1475 (1477 f.) = MDR 2010, 1412 = CR 2010, 806 – dort auch mwN zum Streitstand.
3 BGH v. 14.4.2011 – I ZR 133/09 – Rz. 22 – Werbung mit Garantie, WRP 2011, 866 (868) = MDR 2011, 870 = CR 2011, 525. Danach gilt allerdings § 477 BGB nur für Willenserklärungen, die zum Abschluss eines Kaufvertrags oder eines eigenständigen Garantievertrags führen, nicht dagegen für Werbung, die den Verbraucher lediglich zur Bestellung auffordert und in diesem Zusammenhang eine Garantie ankündigt, ohne sie bereits rechtsverbindlich zu versprechen. Im Streitfall wurde deshalb eine Verletzung verneint.
4 BGH v. 31.5.2012 – I ZR 45/11 – Rz. 45 ff. – Missbräuchliche Vertragsstrafe, WRP 2012, 1086 (1090 f.) = MDR 2012, 982.
5 BGH v. 19.7.2012 – I ZR 40/11 – Rz. 34 – Pharmazeutische Beratung über Call-Center, WRP 2013, 479 ff. = CR 2013, 228.
6 Vgl. aus der neueren Rechtsprechung zu einer in einem BtoB-Vertrag genutzten formularmäßigen Preisanpassungsklausel OLG München v. 16.7.2015 – 29 U 1179/15 – Rz. 11, WRP 2015, 1154 = MDR 2015, 933.
7 AA Köhler/Bornkamm/*Köhler*, § 3a UWG Rz. 1.289.
8 So aber OLG Hamburg v. 2.4.2008 – 5 U 81/07 – Rz. 44–50 – Cent Bullet proof, OLGR Hamburg 2009, 479 ff.; vgl. näher *Scholz*, MDR 2013, 690 (693 f.) mwN.
9 OLG Hamburg v. 25.11.2004 – 5 U 22/04 – Hochretournierer, WRP 2005, 1033 f. = CR 2005, 902.

4. Preisangabenverordnung

11.34 Die Preisangabenverordnung (PAngV) ist für den Online- und Versandhandel von besonderer Bedeutung. Nach § 1 Abs. 1 Satz 1 PAngV sind bei gewerbs- oder geschäftsmäßigen Waren- oder Leistungsangeboten gegenüber Letztverbrauchern immer **Endpreise** anzugeben, also die Preise einschließlich der Umsatzsteuer und sonstiger Preisbestandteile. Nach der für den Online- und Versandhandel gegenüber Verbrauchern einschlägigen fernabsatzspezifischen Regelung in § 1 Abs. 2 PAngV muss zusätzlich angegeben werden, dass die Preise die **Umsatzsteuer und sonstige Preisbestandteile** enthalten. Außerdem muss angegeben werden, ob zusätzliche **Liefer- oder Versandkosten** anfallen. Schließlich muss ggf. auch deren Höhe bzw. müssen nähere Einzelheiten der Berechnung angegeben werden. Daneben bestehen im Fernabsatzrecht (§ 312c Abs. 1 BGB iVm. Art. 246a § 1 Abs. 1 Nr. 4 und 5 EGBGB) im Wesentlichen gleichlautende preisbezogene Informationspflichten (vgl. dazu näher Rz. 2.181 f.). Auch das UWG selbst enthält in § 5a Abs. 3 Nr. 3 UWG entsprechende Pflichten (vgl. dazu Rz. 11.86 ff.). Die nach der Dienstleistungs-Informationspflichten-Verordnung (DL-InfoV) bestehende Verpflichtung, bestimmte Angaben zu den Preisen bereit zu stellen, gilt nach § 4 Abs. 2 DL-InfoV nicht für Empfänger von Dienstleistungen, die Letztverbraucher iSd. PAngV sind, weil insoweit die PAngV bereits hinreichende Vorgaben enthält.[1]

11.35 Die Bestimmungen der PAngV sind nach ständiger Rechtsprechung **Marktverhaltensregelungen** iSv. § 3a UWG.[2] Die Bestimmungen sollen die Stellung der Verbraucher stärken, indem sie durch transparente Preisangaben Vergleichsmöglichkeiten schaffen. Damit ist der erforderliche Marktbezug gegeben. Der BGH hat wiederholt klargestellt, dass dies mit der UPG-Richtlinie in Einklang steht, weil die fraglichen Preisregelungen eine Grundlage im Gemeinschaftsrecht haben.[3] Auch Verletzungen der PAngV sind wettbewerbsrechtlich nur zu beanstanden, wenn sie iSv. § 3a UWG spürbar sind.[4]

11.36 Nach der **Rechtsprechung** des BGH[5] ist für den Online- und Versandhandel insbesondere Folgendes bedeutsam:

Die Frage, ob sich ein Internetangebot an **private Letztverbraucher** richtet und damit nicht nach § 9 Abs. 1 Nr. 1 PAngV vom Anwendungsbereich der Verordnung ausgeschlossen ist, richtet sich nach der Sicht der Adressaten der Werbung. Der BGH hat im Fall „Preiswerbung ohne Umsatzsteuer"[6] entschieden, dass bei Internetangeboten, die für jedermann zugänglich sind, grundsätzlich davon auszugehen sei, dass sie zumindest auch Privatkunden ansprechen. Anders sei dies nur, wenn das Internetangebot eindeutig und unmissverständlich eine Beschränkung auf Wiederverkäufer enthält wie etwa den Hinweis „Verkauf nur an Händler". Der BGH hat im Streitfall die lediglich im Fließtext des auf www.mobile.de eingestellten Angebots enthaltenen Hinweise „Preisexport – FCA" bzw. „Preis-Händler-FCA" nicht für hinreichend klar gehalten und deshalb einen Verstoß gegen die PAngV bejaht.

---

1 Zweifelnd jedoch Köhler/Bornkamm/*Köhler*, § 4 DL-InfoV, Rz. 1 und 8 mit dem Hinweis auf das Erfordernis, die PAngV richtlinienkonform auszulegen.
2 BGH v. 29.4.2010 – I ZR 23/08 – Rz. 11 – Costa del Sol, WRP 2010, 872 (874 f.) = MDR 2010, 942 = CR 2010, 615; BGH v. 22.4.2009 – I ZR 14/07 – Rz. 24 – 0,00 Grundgebühr, WRP 2009, 1510 (1512) = MDR 2009, 1405; Köhler/Bornkamm/*Köhler*, § 3a UWG Rz. 1.260.
3 Vgl. BGH v. 29.4.2010 – I ZR 23/08 – Rz. 11 – Costa del Sol, WRP 2010, 872 (874 f.) = MDR 2010, 942 = CR 2010, 615; s. näher zu den unionsrechtlichen Grundlagen der PAngV Köhler/Bornkamm/*Köhler*, Vorb. PAngV Rz. 9 ff.
4 Köhler/Bornkamm/*Köhler*, § 3a UWG Rz. 1.260.
5 Vgl. dazu auch *Eckert*, GRUR 2011, 678 ff.
6 BGH v. 29.4.2010 – I ZR 99/08 – Rz. 23 – Preiswerbung ohne Umsatzsteuer, WRP 2011, 55 (57) = MDR 2011, 248 = CR 2011, 39.

🠖 **Praxistipp:** Internetangebote müssen auch dann stets an den Vorgaben der PAngV   11.37
ausgerichtet sein, wenn sie sich an Händler oder Gewerbetreibende richten, sofern
sie keinen eindeutigen und unmissverständlichen **Hinweis auf den beschränkten
Adressatenkreis** enthalten (zB „Verkauf nur an Händler").

Die nach der PAngV geforderten Informationen und Hinweise müssen im Internetver-   11.38
sand nach einer zum UWG 2004 ergangenen Entscheidung des BGH alsbald sowie leicht
erkennbar und gut wahrnehmbar auf einer gesonderten Seite mitgeteilt werden, die noch
vor Einleitung des Bestellvorgangs notwendig aufgesucht werden muss.[1] Dem hat sich
der BGH für das UWG 2008 – und übertragbar auch auf das UWG 2015 – angeschlossen
und dabei präzisiert, dass es mit Blick auf die Abhängigkeit der Höhe der Liefer- und Versandkosten vom Umfang der Gesamtbestellung des Kunden ausreiche, unmittelbar bei
der Werbung für das einzelne Produkt lediglich den Hinweis „zuzüglich Versandkosten"
aufzunehmen, wenn sich zum einen beim Anklicken oder Ansteuern dieses Hinweises
ein Fenster mit einer übersichtlichen und verständlichen Erläuterung der Versandkosten-
berechnung öffnet und zum anderen die tatsächliche Höhe der für den konkreten Einkauf
anfallenden Versandkosten bei Aufruf des virtuellen Warenkorbs in der Preisaufstellung
gesondert ausgewiesen wird.[2]

Werbung in **Preisvergleichslisten** einer Internetsuchmaschine steht nur in Einklang mit   11.39
den Anforderungen der PAngV, wenn die zum Kaufpreis hinzukommenden Versandkosten bereits **auf der Seite der Suchmaschine** und nicht erst auf der eigenen Internetseite
des werbenden Unternehmens genannt werden, die mit dem Anklicken der Warenabbil-
dung oder des Produktnamens auf der Vergleichsliste über eine Verlinkung erreicht werden kann.[3] Die Verantwortlichkeit für einen solchen Wettbewerbsverstoß liegt beim werbenden Händler, wenn er die gegen die PAngV verstoßenden Preisangaben ohne die
hinzukommenden Versandkosten dem Suchmaschinenbetreiber mitgeteilt hat und die
Angaben dort unverändert eingestellt wurden.[4]

Von Bedeutung ist in diesem Zusammenhang, dass nach der Rechtsprechung des BGH   11.40
der Nutzer eines Preisvergleichsportals im Internet **höchstmögliche Aktualität** der dort
eingestellten Preise erwartet und es deshalb als irreführend zu beanstanden ist, wenn der
tatsächlich verlangte Preis nach einer Preiserhöhung auch nur für einige Stunden über
den im Preisvergleichsportal angegebenen Preis liegt (vgl. dazu auch Rz. 10.237 ff.).[5]

Der BGH hat aufgrund der für Reiseveranstalter bestehenden Sonderreglung in § 4 Abs. 2   11.41
Satz 2 BGB-InfoV einen **Preisänderungsvorbehalt** in einem **Reiseprospekt** gebilligt und im
Ergebnis einen Verstoß gegen die PAngV verneint.[6] Diese Entscheidung lässt sich aller-
dings nicht für andere Sparten des Katalogversandhandels verallgemeinern, so dass der
katalogbasierte Handel im Vergleich zum Internetvertrieb weiterhin weniger flexibel auf
Preisänderungen reagieren kann.[7]

---

1 BGH v. 4.10.2007 – I ZR 143/04 – Rz. 31 – Versandkosten, WRP 2008, 98 (102) = CR 2008, 108 =
  MDR 2008, 221.
2 BGH v. 16.7.2009 – I ZR 50/07 – Rz. 24 ff. – Kamerakauf im Internet, WRP 2010, 370 (373) = MDR
  2010, 457.
3 BGH v. 16.7.2009 – I ZR 140/07 – Rz. 13 ff. – Versandkosten bei Froogle, WRP 2010, 245 (246 f.) =
  MDR 2010, 338 = CR 2010, 192.
4 BGH v. 18.3.2010 – I ZR 16/08 – Rz. 15 ff. – Versandkosten bei Froogle II, WRP 2010, 1498 (1499) =
  MDR 2010, 1413 = CR 2010, 809.
5 BGH v. 11.3.2010 – I ZR 123/08 – Rz. 10 ff. – Espressomaschine, WRP 2010, 1246 (1247 f.) = CR 2010,
  680 = MDR 2010, 1276.
6 BGH v. 29.4.2010 – I ZR 23/08 – Rz. 19 ff. – Costa del Sol, WRP 2010, 872 (875 f.) = MDR 2010, 942 =
  CR 2010, 615.
7 Vgl. dazu etwa *Tonner*, VuR 2008, 210, (212 f.).

5. Buchpreisbindung

11.42 Im Versandhandel sind häufig auch Bücher und zunehmend eBooks erhältlich, so dass Händler auch mit Fragen der Buchpreisbindung und deren wettbewerbsrechtlicher Relevanz konfrontiert sind. Ob die Regelungen im Buchpreisbindungsgesetz (BuchPrG) **Marktverhaltensregeln** iSv. § 3a UWG sind, ist umstritten. Richtigerweise wird man Verstöße gegen die Buchpreisbindung nicht zugleich als Wettbewerbsverstoß einordnen, weil die Regelungen im BuchPrG und insbesondere die dort vorgesehenen Sanktionen **abschließend** sind, so dass die Anwendung von **§ 3a UWG ausscheidet**.[1]

11.43 Die Frage ist von nicht allzu großer praktischer Bedeutung, weil das Buchpreisbindungsgesetz dem Wettbewerbsrecht **vergleichbare Sanktionen** vorsieht, insbesondere in § 9 Abs. 1 Satz 1 BuchPrG einen Unterlassungsanspruch und in § 9 Abs. 1 Satz 2 BuchPrG einen Schadenersatzanspruch. Auch die **Anspruchsberechtigung** für den Unterlassungsanspruch ist in § 9 Abs. 2 BuchPrG ähnlich wie im UWG geregelt, wenn auch der Kreis der Anspruchsberechtigten kleiner ist: Der Anspruch kann zB gemäß § 9 Abs. 2 Satz 1 Nr. 1 BuchPrG von Gewerbetreibenden geltend gemacht werden, die ihrerseits Bücher vertreiben, ferner von bestimmten Verbänden und qualifizierten Einrichtungen (§ 9 Abs. 2 Nr. 2 und 4 BuchPrG) sowie durch den Buchpreisbindungstreuhänder, also einen Rechtsanwalt, der ua. von Verlegern als Treuhänder beauftragt ist, ihre Preisbindung zu betreuen.

11.44 In Webshops angebotene **(Print-)Bücher** unterliegen den preisbindungsrechtlichen Vorgaben.[2] Deshalb verstößt zB die **Ausgabe von „Startgutscheinen"** beim Verkauf preisgebundener Bücher durch eine „Internet-Buchhandlung" gegen das buchpreisbindungsrechtliche Verbot, außer in den im Gesetz ausdrücklich geregelten Fällen Preisnachlässe zu gewähren.[3] Ebenfalls nicht mit der Buchpreisbindung in Einklang steht es nach Auffassung des BGH, wenn ein Onlinehändler **Gutscheine**, die er im Zusammenhang mit nicht preisgebundenen Geschäften ausgegeben hat, beim Verkauf preisgebundener Bücher **auf den Kaufpreis anrechnet**.[4] Die genannten Entscheidungen sind unmittelbar auf der Grundlage des BuchPrG ergangen, nicht über § 3a UWG als lauterkeitsrechtlichen Einstieg. Noch nicht abschließend geklärt ist, ob der im digitalen Vertrieb zunehmend bedeutsame Absatz von **eBooks**, also von Büchern in digitaler Form, unter die Buchpreisbindung fällt.[5]

11.45 Zu beachten ist, dass nach der Entscheidung „Buchpreisbindung" auch Personen oder Unternehmen, die nicht Normadressaten der Buchpreisbindung sind, entsprechend den **deliktsrechtlichen Teilnahmeregeln** auf Unterlassung in Anspruch genommen werden können.[6]

---

1 Köhler/Bornkamm/*Köhler*, § 4 UWG Rz. 11.141; Ohly/Sosnitza/*Ohly*, § 3a UWG Rz. 10 – aA wohl OLG Hamburg v. 26.9.2005 – 5 W 109/05, GRUR-RR 2006, 200, das ohne nähere Begründung § 4 Nr. 10 UWG (gezielte Behinderung) bejaht; für die Einordnung als Marktverhaltensregel Harte/Hennig/*v. Jagow*, § 4 UWG Nr. 11 Rz. 119; *Wallenfels/Russ*, § 3 BuchPrG Rz. 46; *Mees*, GRUR 2012, 353 (354 f.).

2 BGH v. 23.7.2015 – I ZR 83/14 – Rz. 2, 10 ff. – Gutscheinaktion beim Buchankauf, WRP 2016, 323 = MDR 2016, 290; OLG Frankfurt/M. v. 15.6.2004 – 11 U (Kart) 18/04, GRUR 2004, 708 (709) = CR 2004, 840.

3 OLG Frankfurt/M. v. 20.7.2004 – 11 U (Kart) 15/04 – Startgutscheine für Bücher, GRUR 2004, 585 = CR 2005, 61.

4 BGH v. 23.7.2015 – I ZR 83/14 – Rz. 13 ff. – Gutscheinaktion beim Buchankauf, WRP 2016, 323 = MDR 2016, 290.

5 Grundsätzlich befürwortend *Wallenfels/Russ*, § 2 BuchPrG Rz. 9 ff.; *Wallenfels*, AfP 2004, 29 f.; *Ganzhorn*, CR 2014, 492 – zurückhaltend dagegen *Golz*, AfP 2003, 509 f. und *Heuel*, AfP 2006, 535 f.; vgl. zur Frage, ob Preisbindungen für Onlineausgaben von Zeitungen und Zeitschriften nach § 30 GWB kartellrechtlich freigestellt sind, *Bechtold/Bosch*, § 30 GWB Rz. 11 mwN.

6 BGH v. 24.6.2003 – KZR 32/02 – Buchpreisbindung, WRP 2003, 1118 (1120).

➲ **Praxistipp:** Versand- und Onlinehändler müssen bei dem Vertrieb von (Print-)Bü- 11.46
chern die Buchpreisbindung beachten und sollten auch beim Bereitstellen von
eBooks je nach Ausgestaltung mögliche Preisbindungen im Blick behalten. In Vertriebsverträgen zwischen Lieferanten und (Online-)Händlern empfiehlt es sich, flexible Klauseln aufzunehmen, die den Händlern zB die Freiheit der Preisfindung im
Rahmen preisbindungsrechtlicher Vorgaben vorbehält.

6. Datenschutzrecht

Beim Distanzhandel werden anders als im stationären Handel nahezu immer personenbe- 11.47
zogene Daten der (potentiellen) Kunden erhoben und genutzt (vgl. zu den datenschutzrechtlichen Anforderungen näher Kap. 10 A).

Angesichts wachsender wirtschaftlicher Bedeutung personenbezogener Daten für den Dis- 11.48
tanzhandel und steigender Kosten der Umsetzung zunehmend komplexer datenschutzrechtlicher Anforderungen stellt sich die Frage, ob Datenschutzrechtsverstöße auch **wettbewerbsrechtlich** unter dem Gesichtspunkt des Verstoßes gegen Marktverhaltensregeln
angegriffen werden können.[1] Die Frage ist in Rechtsprechung und Literatur **umstritten**[2]
und höchstrichterlich noch ungeklärt.[3]

Nach wohl herrschender Auffassung ist danach zu **differenzieren**, ob der angegriffene Da- 11.49
tenschutzrechtsverstoß nur die informationelle Selbstbestimmung des Betroffenen berührt oder ob der Adressat der in Rede stehenden datenschutzrechtlichen Pflicht dabei jedenfalls auch in seinem Verhalten am Markt betroffen ist; im letztgenannten Fall soll
zugleich ein Wettbewerbsverstoß vorliegen.[4] Legt man diesen Maßstab zu Grunde, so wären konsequenterweise die Bestimmungen, die die **Datennutzung für eigene oder fremde
kommerzielle Zwecke** regeln, Marktverhaltensregeln iSv. § 3a UWG. Dazu zählen in aller
Regel neben den **§§ 28 f. BDSG**, die zB die Voraussetzungen der Datennutzung für Werbezwecke oder den Adresshandel regeln,[5] und **den telemedienrechtlichen Datenschutzbestimmungen**[6] auch sämtliche **Informationspflichten**, die im Vorfeld einer Datenerhebung zu kommerziellen Zwecken, auch des Abschlusses eines (Fernabsatz-)Vertrags, zu
erfüllen sind, also insbesondere die §§ 4, 4a BDSG,[7] § 13 TMG und die Verpflichtung ge-

---

1 Vgl. *Huppertz/Ohrmann*, CR 2011, 449 ff.; *Lindhorst*, DuD 2010, 713 ff.; *Schulz*, DSB 2011, 22 ff.
2 S. zum Streitstand mwN ua. *Huppertz/Ohrmann*, CR 2011, 449 (451); Köhler/Bornkamm/*Köhler*,
  § 3a UWG Rz. 1.74; Taeger/Gabel/*Schmidt*, § 1 BDSG Rz. 13 ff.
3 Immerhin hat der BGH es für wettbewerbsrechtlich bedenklich gehalten, wenn der private Bereich
  von Personen ohne deren Wissen ausgespäht wird und als Ergebnis der Ausforschung Name und Anschrift einem Gewerbetreibenden zur Erleichterung seiner Verkaufstätigkeit mitgeteilt werden (BGH
  v. 14.5.1992 – I ZR 204/90 – Verdeckte Laienwerbung, WRP 1992, 646 [648] = MDR 1993, 135).
4 Köhler/Bornkamm/*Köhler*, § 3a UWG Rz. 1.74; Taeger/Gabel/*Schmidt*, § 1 BDSG Rz. 14; *Ernst*,
  WRP 2004, 1133 (1137); *Lindhorst*, DuD 2010, 713 (714 f.); wohl auch *Ernst*, in Spindler/Wiebe, Internet-Auktionen und Elektronische Marktplätze, Kap. 3 Rz. 16.
5 Köhler/Bornkamm/*Köhler*, § 3a UWG Rz. 1.74; *Lindhorst*, DuD 2010, 713 (714); OLG Köln v.
  19.11.2010 – I-6 U 73/10, CR 2011, 680 ff.; OLG Köln v. 14.8.2009 – 6 U 70/09, GRUR-RR 2010, 34 f.;
  OLG Stuttgart v. 22.2.2007 – 2 U 132/06, GRUR-RR 2007, 330 (331) – aA jedoch OLG München v.
  12.1.2012 – 29 U 3926/11, GRURPrax 2012, 150 = CR 2012, 269.
6 *Huppertz/Ohrmann*, CR 2011, 449 (452 ff.), die den Einsatz des Tracking-Tools „Google Analytics"
  und von Social Plug-ins wie dem „I-Like-Button" des sozialen Netzwerks Facebook unter bestimmten Voraussetzungen nach diesen Bestimmungen für wettbewerbswidrig halten; so auch LG Düsseldorf v. 9.3.2016 – 12 O 151/15, MMR 2016, 328 ff. = CR 2016, 372; für Einstufung von § 13 TMG als
  Marktverhaltensregel OLG Köln v. 11.3.2016 – I-6 U 121/15 – juris-Rz. 27 ff. – K&R 2016, 429 mwN
  – aA iE KG v. 29.4.2011 – 5 W 88/11, GRUR-RR 2012, 19 ff. = CR 2011, 468, wonach § 13 TMG allenfalls im Hinblick auf Verbraucher in bestimmtem Umfang eine wettbewerbsbezogene Schutzfunk-
  tion zukomme, ablehnend auch *Klinger*, jurisPR-ITR 11/2016 Anm. 3 mwN zum Streitstand.
7 OLG Köln v. 19.11.2010 – I-6 U 73/10, CR 2011, 680 ff.; LG Berlin v. 6.3.2012 – 16 O 551/10, CR
  2012, 270 = juris-Tz. 43; LG Berlin v. 28.10.2014 – 16 O 60/13, CR 2015, 121 ff. m. zust. Anm. *Ernst*,

mäß § 28 Abs. 4 Satz 2 BDSG und § 15 Abs. 3 TMG, auf bestehende Widerspruchsrechte hinzuweisen.[1] Im Einzelfall ist auch hier stets zu prüfen, ob der Verstoß **iSv. § 3a UWG spürbar** ist. Die wettbewerbsrechtliche Relevanz ist zB bei unwesentlichen Defiziten einer Datenschutzerklärung zu verneinen.

11.50 Bei der Einstufung von Datenschutzverstößen als Wettbewerbsverletzungen ist **Zurückhaltung** angebracht. Denn die datenschutzrechtlichen Bestimmungen sollen das informationelle Selbstbestimmungsrecht gewährleisten und dienen damit dem **Persönlichkeitsschutz**.[2] Allein der Umstand, dass die Erhebung und Nutzung personenbezogener Daten zunehmend wirtschaftlich bedeutsam ist und das Auftreten von Unternehmen am Markt beeinflusst, macht diese Bestimmungen nicht zu iSv. § 3a UWG relevanten Marktverhaltensregeln. Unternehmen können ihre wirtschaftliche Stellung auch durch Verletzungen des allgemeinen Persönlichkeitsrechts – etwa im Fall öffentlichkeitswirksamer ehrverletzender Presseberichterstattung – oder Verletzungen von Urheberrechten oder anderen gewerblichen Schutzrechten im Vergleich zu rechtstreuen Marktteilnehmern verbessern und begehen damit nach herrschender Auffassung dennoch nicht zugleich einen Wettbewerbsverstoß.[3] Diese Grundsätze sollten auch bei der lauterkeitsrechtlichen Bewertung von Datenschutzrechtsverstößen im Blick behalten werden.

11.51 Die **UGP-Richtlinie** dürfte der Anwendung von § 3a UWG auf die genannten Datenschutzbestimmungen allerdings nicht entgegenstehen, weil diese ihrerseits eine Grundlage im Gemeinschaftsrecht haben[4] und richtlinienkonform auszulegen sind.[5]

11.52 Datenschutzrechtlich relevante Hinweise oder Erklärungen sind häufig in **AGB** enthalten und können dann auch am Maßstab der §§ 305 ff. BGB zu messen sein. Eine wettbewerbsrechtliche Beanstandung von Datenschutzrechtsverstößen kommt insoweit – mittelbar – auch unter dem Gesichtspunkt eines zugleich als Verletzung einer Marktverhaltensregel einzustufenden AGB-Rechtsverstoßes in Betracht (vgl. dazu oben Rz. 11.29 ff.).

11.53 Am 24.2 2016 trat das Gesetz zur Verbesserung der zivilrechtlichen Durchsetzung von verbraucherschützenden Vorschriften des Datenschutzrechts in Kraft,[6] mit dem ua. das UKlaG geändert wurde. Gemäß dem neu eingeführten **§ 2 Abs. 2 Nr. 11 UKlaG** können nun auch **Verstöße gegen bestimmte datenschutzrechtliche Bestimmungen** durch bestimmte Verbraucher- und Wirtschaftsverbände und die Industrie- und Handels- sowie

---

jurisPR-WettbR 1/2015 Anm. 3 – aA OLG Frankfurt/M. v. 30.6.2005 – 6 U 168/04, WRP 2005, 1029 (1030) = CR 2005, 830.

1 AA *Gärtner/Heil*, WRP 2005, 20 (22).

2 Taeger/Gabel/*Schmidt*, § 1 BDSG Rz. 14; Köhler/Bornkamm/*Köhler*, § 3a UWG Rz. 1.74 mwN; OLG Frankfurt/M. v. 30.6.2005 – 6 U 168/04, WRP 2005, 1029 (1030) = CR 2005, 830; OLG München v. 12.1.2012 – 29 U 3926/11, GRURPrax 2012, 150 = CR 2012, 269; die Einstufung als lauterkeitsrechtlich relevante Markverhaltensregel wegen der persönlichkeitsschützenden Funktion des Datenschutzrechts ablehnend auch *Zech*, WRP 2013, 1434 (1435).

3 Vgl. zB Köhler/Bornkamm/*Köhler*, § 3a UWG Rz. 1.75 (für das allgemeine Persönlichkeitsrecht) und – zu § 1 UWG 1909 – BGH v. 10.12.1998 – I ZR 100/96 – Elektronische Pressearchive, GRUR 1999, 325 (326) = CR 1999, 213 (für das Urheberrecht) – aA *Schricker/Loewenheim*, UrhG, Einl. Rz. 53 mwN.

4 Ua. Richtlinie 95/46/EG des Europäischen Parlaments und des Rates v. 24.10.1995 zum Schutz natürlicher Personen bei der Verarbeitung personenbezogener Daten und zum freien Warenverkehr, ABl. L 281, 31.

5 Nach EuGH v. 24.11.2011 – Rs. C-468/10 und Rs. C-469/10, NZA 2011, 1409 = ZD 2012, 33 Rz. 30 ff. enthält Art. 7 der Richtlinie 95/46/EG eine erschöpfende und abschließende Liste der Fälle, in denen eine Verarbeitung personenbezogener Daten als rechtmäßig angesehen werden kann, und gesteht den Mitgliedsstaaten einen Ermessensspielraum nur bei der näheren Bestimmung der gemeinschaftsrechtlich vorgegebenen Grundsätze zu.

6 BGBl. I 2016, 233.

die Handwerkskammern beanstandet werden.[1] Daraus lässt sich zwar nicht folgern, dass diese Bestimmungen nun auch als lauterkeitsrechtlich iSv. § 3a UWG relevant gelten. Doch verliert die Frage der wettbewerbsrechtlichen Relevanz von Datenschutzbestimmungen damit an praktischer Bedeutung, soweit Verbände iSv. § 8 Abs. 3 UWG auch gemäß § 3 UKlaG anspruchsberechtigt sind. Eine Besonderheit bei der Beanstandung von Datenschutzrechtsverstößen nach dem UKlaG ist, dass das Gericht – außer vor Erlass einer Beschlussverfügung im einstweiligen Verfügungsverfahren – gemäß **§ 12a UKlaG** vor der Entscheidung **die zuständige Datenschutzbehörde zu hören** hat. Der klagende Verband erhält mit der so in das Zivilverfahren einbezogene Behörde deren Sachverstand als Unterstützung bei der Rechtsverfolgung, vor allem aber über deren bußgeldbewehrte Amtsermittlungsbefugnis mittelbar auch Zugang zu Informationen aus der Sphäre des verklagten Unternehmens.[2] Es bleibt abzuwarten, wie Verbände, beteiligte Behörden und Gerichte diese Bestimmung praktisch handhaben werden.[3]

➲ **Praxistipp:** Angesichts der Aufnahme von Datenschutzverstößen in das UKlaG und der sich abzeichnenden Tendenz, dass Datenschutzrechtsverstöße zunehmend zugleich als Wettbewerbsverstoß bewertet werden, muss nicht nur bei der Gestaltung der erforderlichen Datenschutzhinweise (vgl. Rz. 2.538 ff.) und von AGB-Klauseln mit datenschutzrechtlich relevanten Inhalten, sondern insgesamt beim Umgang mit personenbezogenen Daten das Risiko von Abmahnungen durch Verbände und Mitbewerber bedacht werden. Umgekehrt bietet sich die Möglichkeit, datenschutzrechtliche Nachlässigkeiten von Mitbewerbern auch wettbewerbsrechtlich anzugreifen. **11.54**

7. Jugendschutz

Nicht selten werden im Katalog- oder Onlinehandel Produkte angeboten, deren Vertrieb im Hinblick auf eine mögliche Jugendgefährdung gesetzlichen Beschränkungen unterliegt, wie zB Alkohol und Tabakwaren (vgl. dazu Rz. 9.27 ff.) oder jugendgefährdende Medien (vgl. zu Trägermedien Rz. 9.37 ff.). Werden derartige Vorgaben verletzt, so fragt sich, ob darin zugleich ein Wettbewerbsverstoß liegt. **11.55**

Der **BGH** hat zum UWG 2004 das Verbot, indizierte jugendgefährdende, volksverhetzende und gewaltverherrlichende Medien im Versandhandel ohne ein sicheres Altersverifikationssystem anzubieten (§§ 1 Abs. 4, 15 Abs. 1 Nr. 3 und Abs. 2 JuSchG der damals geltenden Fassung), als **Marktverhaltensregelung iSv. § 4 Nr. 11 UWG** aF (= § 3a UWG 2015) eingestuft,[4] ebenso das Verbot, pornographische Inhalte im Internet ohne ausreichende Altersverifikation zugänglich zu machen (§ 4 Abs. 2 JMStV).[5] Trotz beachtlicher **Kritik**[6] wird man sich auch für das UWG 2015 darauf einstellen müssen, dass Verstöße gegen das Jugendschutzrecht als Verletzung von Marktverhaltensregeln zugleich als Wettbewerbsverstoß untersagt werden können.[7] **11.56**

---

1 Vgl. dazu den ausführlichen Überblick bei *Jaschinski/Piltz*, WRP 2016, 420 ff.
2 Mit Recht kritisch ua. dazu *Jaschinski/Piltz*, WRP 2016, 420 (423 ff.).
3 *Elbrecht* (Editorial, Heft 5, WRP 2016) verweist auf die Praxis der Verbraucherzentrale, bereits vor Einleitung eines Verfahrens den Sachverhalt beweisbar zu recherchieren, was einen behördlichen „Streithelfer" während des Verfahrens entbehrlich mache.
4 BGH v. 12.7.2007 – I ZR 18/04 – Rz. 35 – Jugendgefährdende Medien bei eBay, WRP 2007, 1173 (1177) = CR 2007, 729 = MDR 2008, 97.
5 BGH v. 18.10.2007 – I ZR 102/05 – Rz. 50 f. – ueber18.de, WRP 2008, 771 (776 f.) = MDR 2008, 699 = CR 2008, 386; für die Einstufung von Jugendschutzbestimmungen als Marktverhaltensregel auch OLG Frankfurt v. 7.8.2014 – 6 U 54/14, WRP 2014, 1480 (1481).
6 *Scherer*, WRP 2006, 401 (405 f.).
7 Zustimmend für das neue Recht etwa Köhler/Bornkamm/*Köhler*, § 3a UWG Rz. 1.334 mwN auch zur Gegenansicht.

11.57 ➲ **Praxistipp:** Jugendgefährdende Produkte sollten auch zur Minimierung wettbewerbsrechtlicher Risiken nur mit dem vom BGH[1] geforderten **zweistufigen Altersverifikationssystem** angeboten werden, das eine zuverlässige Altersverifikation **vor dem Versand** der Medien gewährleistet (zB durch das Postidentverfahren) und zB durch Versendung als „Einschreiben eigenhändig" sicherstellt, dass die abgesandte Ware nicht von Minderjährigen in **Empfang** genommen wird (vgl. dazu auch Rz. 9.46 ff.).

IV. Irreführung

11.58 Der Versandhandel, insbesondere die Bewerbung und das Angebot von Waren im Internet, bietet vielfältige Irreführungsrisiken. Katalog- und Onlinehändler haben dabei – wie andere Marktteilnehmer auch – die allgemeinen Grundsätze zum Verbot irreführender Werbung zu beachten. Im Folgenden werden einige für den Onlinehandel bedeutsame Fallgruppen behandelt.

1. Irreführende Domains

11.59 Bereits die Wahl der Domain, über die ein Online-Shop erreichbar sein soll, kann eine Irreführung bewirken. Wie die Firma oder sonstige geschäftliche Bezeichnungen kann auch die als Second-Level-Domain registrierte Bezeichnung aus Sicht des angesprochenen Verkehrs irreführende Werbebehauptungen iSv. § 5 UWG enthalten. Rechtlich gelten dabei für Domainnamen grundsätzlich keine Besonderheiten, jedoch haben sich einige für Domains typische **Fallgruppen** herausgebildet:[2]

11.60 Der BGH hat in dem Grundsatzurteil „Mitwohnzentrale.de" entschieden, dass die Nutzung eines beschreibenden Begriffs als Domainname zwar nicht generell wettbewerbswidrig ist, im Einzelfall aber eine irreführende **Alleinstellungsbehauptung** enthalten kann.[3] Dem liegt die Erwägung zugrunde, dass zB die im Streitfall angegriffene Domain „Mitwohnzentrale.de" zu der Annahme verleiten kann, bei dem Betreiber dieser Website handele es sich um den einzigen oder größten Verband von Mitwohnzentralen. Nach Meinung des BGH ist die Frage einer Alleinstellungsbehauptung durch Wahl eines Gattungsbegriffs als Domain im Kontext mit dem Inhalt der Website, die unter der Domain aufrufbar ist, zu beurteilen, so dass einer durch die Domain als solche begründeten Irreführung durch einen **klarstellenden Hinweis auf der Homepage** entgegengewirkt werden kann.[4]

11.61 ➲ **Praxistipp:** Bei Registrierung einer Gattungsbezeichnung als Domain, die nach den Umständen das ernsthafte Risiko einer Alleinstellungsbehauptung begründet, kann es sich empfehlen, auf der Startseite der Website klarstellend darauf hinzuweisen, dass noch andere Anbieter auf den durch die Domain bezeichneten Gebiet existieren.

---

1 BGH v. 12.7.2007 – I ZR 18/04 – Rz. 48 – Jugendgefährdende Medien bei eBay, WRP 2007, 1173 (1179) = CR 2007, 729 = MDR 2008, 97.
2 Vgl. mwN Köhler/Bornkamm/*Bornkamm*, § 5 UWG Rz. 4.103 ff. und Rz. 5.85.
3 BGH v. 17.5.2011 – I ZR 216/99 – Mitwohnzentrale.de, WRP 2001, 1283 (1290 ff.) = MDR 2002, 45 = CR 2001, 777; vgl. auch Moritz/Dreier/*Moritz/Hermann*, Rechts-Handbuch zum E-Commerce, D Rz. 332; *Ernst* in Spindler/Wiebe, Internet-Auktionen und Elektronische Marktplätze, Kap. 3 Rz. 10 f.
4 BGH v. 17.5.2011 – I ZR 216/99, WRP 2001, 1283, (1290 ff.) = MDR 2002, 45 = CR 2001, 777; Köhler/ Bornkamm/*Bornkamm*, § 5 UWG Rz. 4.103 aE, 4.109 und 4.110.

➲ **Praxistipp:** Bei Beanstandung einer Domain unter dem Gesichtspunkt einer unzuläs- **11.62** sigen Alleinstellungsbehauptung kann kein auf die Domainregistrierung und -nut- zung bezogenes „Schlechthin"-Verbot und demzufolge kein Verzicht auf die Domain beansprucht werden, weil dem Anbieter zur Abwehr außer der Domainlöschung auch die Möglichkeit eines klarstellenden Hinweises auf der Startseite bleibt.[1]

Im Anschluss an die „Mitwohnzentrale.de"-Rechtsprechung des BGH wurde in mehreren **11.63** Fällen eine Alleinstellungsbehauptung durch Domains **bejaht**, etwa für die Domain „tauschschule-dortmund.de"[2] und den Domainnamen für eine Anwaltskanzlei „rechts- anwaelte-dachau.de",[3] ähnlich im Fall der – jedoch nicht als Domain registrierten – Kanz- leibezeichnung „Bodenseekanzlei".[4] **Verneint** wurde eine Alleinstellungs- oder Spitzen- stellungswerbung dagegen für die Kanzleibezeichnung „Kanzlei-Niedersachsen"[5] und generell für Domains, die aus dem Kanzleinamen und der Anfügung des Ortsnamens des Kanzleisitzes gebildet werden,[6] sowie für die Domain „rechtsanwaelte-notar.de".[7]

Domainnamen können nicht nur eine unzulässige Alleinstellungsbehauptung enthalten, **11.64** sondern auch in **anderer Hinsicht** irreführend sein. So kann etwa durch die Wahl der Do- main – wie etwa im Fall der Domain „bayerischespielbank.de"[8] – eine unrichtige Vorstel- lung über den **Betreiber der Website** hervorgerufen werden. In Ausnahmefällen kann auch durch Registrierung einer Bezeichnung iVm. einer **Top-Level-Domain** eine Irreführung entstehen, etwa im Fall der Länderkennung für Antigua und Barbuda „.ag", die iVm. ei- ner als Second-Level-Domain registrierten Firma den ggf. unrichtigen Eindruck erweckt, es handele sich um eine Aktiengesellschaft.[9]

2. Irreführung beim Auffinden von Websites

Internetnutzer recherchieren überwiegend in Suchmaschinen nach Websites, weniger **11.65** durch Eingabe ihnen bekannter Internetadressen in die Adresszeile des Browsers. Da erfah- rungsgemäß nur die ersten Suchmaschinentreffer überhaupt wahrgenommen werden, ist es insbesondere für Anbieter essentiell, möglichst weit vorne auf der Trefferliste angezeigt zu werden. Dem dienen verschiedene Methoden der sog. **Search Engine Optimization** – kurz **SEO** –, die im Sinne des Anbieters vorteilhafte Suchmaschinenergebnisse erzielen sol- len. Dazu eingesetzte Mittel können jedoch ua. wettbewerbsrechtlich bedenklich sein (vgl. zu dabei ggf. auch auftretenden kennzeichenrechtlichen Problemen Rz. 11.253 ff.).[10]

a) MetaTags

So wurde häufig versucht, das Suchmaschinenranking durch Einsatz bestimmter Stich- **11.66** worte oder Kennzeichen als MetaTag zu verbessern. MetaTags sind auf der Website nicht sichtbare Suchworte im HTLM-Quelltext, die bis vor einiger Zeit maßgebenden Einfluss

---

1 BGH v. 17.5.2011 – I ZR 216/99 – Mitwohnzentrale.de, WRP 2001, 1283 (1290 ff.) = MDR 2002, 45 = CR 2001, 777.
2 OLG Hamm v. 18.3.2003 – 4 U 14/03 – Tauchschule Dortmund, GRUR-RR 2003, 289 = CR 2003, 522; der BGH hat die Nichtzulassungsbeschwerde durch Beschluss v. 20.11.2003 – I ZR 117/03 – zu- rückgewiesen, vgl. Köhler/Bornkamm/*Bornkamm*, § 5 Rz. 4.106.
3 OLG München v. 18.4.2002 – 29 U 1573/02, NJW 2002, 2112 = CR 2002, 757.
4 OLG Stuttgart v. 16.3.2006 – 6 U 147/05, NJW 2006, 2273 ff.
5 OLG Celle v. 17.11.2011 – 13 U 168/11 – Rz. 9 f., juris.
6 OLG Hamm v. 19.6.2008 – 4 U 63/08, MMR 2009, 50 f.
7 BGH v. 25.11.2002 – AnwZ (B) 8/02, NJW 2003, 504 f.; vgl. mwN Köhler/Bornkamm/*Bornkamm*, § 5 UWG Rz. 4.105 ff.
8 OLG München v. 28.10.2010 – 29 U 2590/10, MMR 2011, 243 f.
9 LG Hamburg v. 2.9.2003 – 312 O 271/03, CR 2004, 143 mit Anm. *Stögmüller*.
10 Vgl. den Überblick bei *Ernst*, WRP 2004, 278 ff. und *Schirmbacher/Engelbrecht*, CR 2015, 659 ff. mwN.

auf die Auffindbarkeit durch Suchmaschinen hatten. Zwischenzeitlich haben sie an praktischer Bedeutung verloren.[1]

11.67   Im Zentrum der Diskussion stand die kennzeichenrechtliche Problematik bei der Verwendung fremder Marken als MetaTag (vgl. dazu Rz. 11.253). Wettbewerbsrechtlich wurden Fälle diskutiert, in denen Gattungsbegriffe als MetaTag benutzt wurden, die zum Inhalt der Website keinerlei Bezug aufweisen. Überwiegend wird dies für **wettbewerbsrechtlich unkritisch** gehalten und insbesondere nicht als Irreführung eingestuft.[2] Auch im Einsatz solcher sachfremder MetaTags liege keine Irreführung, weil der Verkehr sich zumindest bei allgemein gehaltenen Stichworten keine Vorstellungen über den Inhalt der Trefferliste mache und auch mit der Anzeige von Websites rechne, in denen der Suchbegriff allenfalls am Rande auftauche. Diese Begründung trägt jedoch in den Fällen nicht, in denen der Begriff nicht einmal am Rande auftaucht, sondern nur zu Manipulationszwecken als MetaTag verwendet wird. Auch werden viele Nutzer bei Eingabe von Gattungsbegriffen erfahrungsgemäß jedenfalls vorrangig Suchergebnisse mit thematischem Bezug dazu erwarten. Dennoch dürfte die Nutzung sachfremder MetaTags in aller Regel wohl zumindest unterhalb der wettbewerbsrechtlich relevanten Spürbarkeitsschwelle bleiben.

b) Keyword-Advertising

11.68   In gewisser Weise mit der Nutzung von MetaTags verwandt ist eine von Suchmaschinenbetreibern angebotene Werbeform, die dem Werbenden die Möglichkeit bietet, auf der Startseite der Suchmaschine mit einer bezahlten Anzeige neben der Trefferliste zu erscheinen, sobald der Nutzer ein bestimmtes, vom Anzeigenschalter gewähltes Suchwort (**Keyword**) eingibt. Auch insoweit standen kennzeichenrechtliche Probleme in Fällen im Vordergrund, in denen als Keyword fremde Marken ohne Zustimmung der Zeicheninhaber angegeben wurden mit dem Ziel, die eigene Anzeige bei Eingabe der fremden Markenbezeichnung neben den Suchtreffern des Markeninhabers zu platzieren (vgl. zur kennzeichenrechtlichen Beurteilung Rz. 11.254 ff.).

11.69   **Wettbewerbsrechtlich** ist diese Form der Werbung ähnlich wie die Nutzung von MetaTags jedenfalls grundsätzlich **unbedenklich**, auch wenn mit dem Angebot des werbenden Unternehmens thematisch nicht verwandte Suchworte gebucht werden. Darin liegt in aller Regel weder eine Irreführung noch eine unlautere Behinderung iSv. § 4 Nr. 4 UWG.[3]

c) Sonstige Manipulationen von Suchmaschinenergebnissen

11.70   Denkbar sind vielfältige weitere Formen einer Einflussnahme auf Suchmaschinenergebnisse, etwa mittels **Doorway-Pages, SEO-Seiten, Cloaking** und dem **Linkbuilding,**[4] bzw. das Erscheinen von **bezahlten Onlineanzeigen**[5] Die Abgrenzung zulässiger Optimierung von Websites einerseits von wettbewerbsrechtlich bedenklicher Manipulation andererseits fällt indes schon deswegen schwer, weil – abgesehen von den Schwierigkeiten, technische Einflussnahmen zu erkennen und im Streitfall nachzuweisen – die Kriterien, nach denen Websites in Suchmaschinen angezeigt werden, äußerst komplex und wenig trans-

---

1   *Schneider*, Handbuch des EDV-Rechts, B Rz. 1096; vgl. aber *Schirmbacher/Engelbrecht*, CR 2015, 659 (660).
2   OLG Düsseldorf v. 1.10.2002 – 20 U 93/02, WRP 2003, 104 (106); Köhler/Bornkamm/*Bornkamm*, § 5 UWG Rz. 4.126 – kritisch dagegen *Rössel*, CR 2003, 349 (352).
3   Für den Fall der Eingabe einer fremden Marke bzw. eines fremden Unternehmenskennzeichens BGH v. 13.1.2011 – I ZR 125/07 – Rz. 34 ff. – Bananabay II, WRP 2011, 1160 (1164) = CR 2011, 664 = MDR 2011, 998; BGH v. 22.1.2009 – I ZR 30/07 – Rz. 22 ff. – Beta Layout, WRP 2009, 435 (438) = CR 2009, 328 = MDR 2009, 705; Köhler/Bornkamm/*Köhler*, § 4 UWG Rz. 4.31 f.
4   *Schirmbacher/Engelbrecht*, CR 2015, 659 (662 ff.).
5   Vgl. mwN *Schneider*, Handbuch des EDV-Rechts, B Rz. 1093 ff.

parent sind und sich zudem ständig fortentwickeln und dementsprechend auch die Verkehrserwartung bezogen auf die Verlässlichkeit der Ergebnisse von Suchmaschinenanfragen schwer feststellbar sind. Man wird die Grenzlinie, sei es unter dem Gesichtspunkt der unlauteren Behinderung oder dem Verbot der Irreführung, dort ziehen müssen, wo die Erfüllung von Kriterien, die Suchmaschinenbetreiber für das Ranking erkennbar zugrunde legen, etwa die Häufigkeit der Verlinkung auf oder von Webseiten oder die Häufigkeit der Besuche von Webseiten, durch manipulative Eingriffe gegenüber dem tatsächlichen Zustand merklich verfälscht werden.[1]

3. Irreführender Inhalt von Websites und sonstigen Werbematerialien

a) Allgemeines

Werbung in Online-Shops, Apps und Katalogen oder sonstigen Werbematerialien von Versandhändlern darf – wie andere Werbung auch – nicht irreführend iSv. § 5 UWG sein, also keine unwahren oder sonstige zur Täuschung geeigneten Angaben über in § 5 Abs. 1 Satz 2 Nr. 1 bis 7 UWG genannte Umstände enthalten. Dazu zählen im Wesentlichen die Merkmale der beworbenen Ware, der Preis und das Unternehmen des Händlers. Außerdem dürfen dem Verbraucher keine Informationen vorenthalten werden, die für seine Kaufentscheidung wesentlich sind, weil sonst iSv. § 5a Abs. 2 UWG durch Unterlassen irregeführt wird (vgl. dazu Rz. 11.86). Insoweit gelten für den Online- und Kataloghandel im Fernabsatz **grundsätzlich keine Besonderheiten**. Distanzhändler müssen demnach wie andere Händler auch die umfassende, zu den wettbewerbsrechtlichen Irreführungstatbeständen ergangene Rechtsprechung im Blick behalten. **11.71**

Die Rechtsprechung hat in verschiedenen Fällen jedoch Besonderheiten insbesondere des **Internethandels** Rechnung getragen, die teilweise mit den technischen Gegebenheiten und besonderen, nur dort möglichen oder verbreiteten Werbeformen, teilweise mit besonderen Verbrauchererwartungen im Onlinehandel zusammen hängen: **11.72**

So hat der BGH zB entschieden, dass der Verkehr im Internethandel **größtmögliche Aktualität der Preise** erwartet und eine Irreführung bereits bejaht, wenn eine Preiserhöhung in einem Preisvergleichsportal für wenige Stunden nicht aktualisiert wurde (vgl. dazu auch Rz. 11.40).[2] In ähnlicher Weise wurde die Bewerbung nicht **unverzüglich lieferbarer Waren** als irreführend eingestuft, weil nach Meinung der BGH der Verkehr bei Angeboten im Internet mangels anders lautender Angaben die sofortige Verfügbarkeit der beworbenen Ware erwarte.[3] Online-Angebote könnten nämlich anders als Werbung im Katalogversandhandel ständig aktualisiert werden. Der BGH hat es für einen Hinweis zu Lieferzeiten jedoch als ausreichend angesehen, wenn dieser auf einer gesonderten „Produktseite" angezeigt wird, auf die über einen deutlich erkennbaren Link im Zusammenhang mit dem beworbenen Produkt verwiesen wird. Der BGH hat es für eine **Adwords-Anzeige** beim Suchmaschinenbetreiber Google außerdem für unschädlich gehalten, dass die dort beanstandete Ankündigung einer Lieferung „innerhalb 24 Stunden" unvollständig war und die Lieferbedingungen erst über einen Link genauer erläutert wurden, weil dem angesprochenen Durchschnittsverbraucher dies erkennbar war und mit den auf der verlinkten Seite beschriebenen Einschränkungen zu rechnen war.[4] **11.73**

1 Ähnlich mit Beispielen *Ernst*, WRP 2004, 278 (281).
2 BGH v. 11.3.2010 – I ZR 123/08 – Rz. 10 ff. – Espressomaschine, WRP 2010, 1246 (1247 f.).
3 BGH v. 7.4.2005 – I ZR 314/02 – Internet-Versandhandel, WRP 2005, 886 (888) = MDR 2005, 940 = CR 2005, 591; Köhler/Bornkamm/*Bornkamm*, § 5 UWG Rz. 8.18.
4 BGH v. 12.5.2011 – I ZR 119/10 – Innerhalb 24 Stunden, GRUR 2012, 81 (82) = CR 2012, 53 = MDR 2011, 1490.

11.74 ➲ **Praxistipp:** Online-Shops sind **ständig aktuell zu halten**, müssen also jede Preisänderung sofort wiedergeben und dürfen nicht sofort verfügbare Artikel entweder nicht anzeigen oder mit einem unmissverständlichen Hinweis auf abweichende Lieferfristen versehen.

11.75 Angebote auf einer Internethandelsplattform können bereits dadurch irreführend sein, dass das Angebot in eine **falsche Suchrubrik** eingestellt wird, die zB für gebrauchte Pkw mit einer geringeren Kilometerlaufzeit vorgesehen sind als der tatsächlichen Laufleistung des angebotenen Fahrzeugs.[1]

11.76 Generell stellt sich häufig die Frage, ob eine im Online-Shop gegebene Information bereits deshalb unzureichend und das Angebot irreführend ist, weil die Information lediglich über einen **Link** und nicht bereits auf der **ursprünglichen Internetseite** angegeben ist, wo die Information an sich erwartet würde.[2] In der Regel genügt es, zur Vermeidung einer Irreführung gebotene Informationen auf einer gesonderten Internetseite anzugeben, wenn diese zwingend noch **vor Einleitung des Bestellprozesses** aufgesucht werden muss.[3] Man wird dieses Erfordernis jedoch nicht schematisch anwenden dürfen, sondern je nach den Umständen des Einzelfalls auch eine eindeutige und klare Verlinkung auf andere Seiten des Internetangebots ausreichen lassen müssen, über die jedoch im Bestellvorgang nicht zwingend geleitet wird.

11.77 ➲ **Praxistipp:** Web-Shops sollten zur Vermeidung von Irreführungsrisiken so gestaltet sein, dass dem Kunden alle zur Vermeidung von Irreführungsgefahren erforderlichen Informationen zwingend **vor Einleitung des Bestellprozesses** angezeigt werden oder darauf zumindest mit klaren und deutlichen Hinweisen verlinkt wird.

11.78 Ähnliche Grundsätze hat der BGH für die bei der Werbung mit **Testergebnissen** nötigen Fundstellenhinweise zugrunde gelegt und entschieden, dass bei einer Werbung für ein Produkt mit einem Testergebnis im Internet die Fundstelle entweder bereits deutlich auf der Internetseite angegeben werden muss, auf der sich die Werbung findet, oder jedenfalls ein deutlicher Sternchenhinweis den Verbraucher zu der nötigen Fundstellenangabe führen muss, etwa unmittelbar im Zusammenhang mit der Werbeüberschrift.[4] Nach einer Entscheidung des Kammergerichts soll die Fundstellenangabe für Testergebnisse nur dann in der erforderlichen Weise lesbar sein, wenn dabei im Regelfall mindestens **6-Punkt-Schrift** verwendet wird, wie dies für die Lesbarkeit von Pflichtangaben im Rahmen der Heilmittelwerbung gefordert wird.[5]

11.79 Webshops werben zunehmend mit **Zertifizierungen**, die durch Anbieter wie zB „Trusted Shops" verliehen werden und die die Einhaltung bestimmter Verbraucherstandards bestätigen sollen und teilweise besondere Leistungen umfassen wie etwa die Absicherung des Kaufpreises bei Vorkassezahlungen. Solche Hinweise dürfen nur geführt werden, wenn

---

1 BGH v. 6.10.2011 – I ZR 42/10 – Rz. 21 – Falsche Suchrubrik, GRUR 2012, 286 (288) = MDR 2012, 298; im Streitfall wurde eine Irreführung allerdings verneint, weil die tatsächliche Kilometerleistung aus der Textüberschrift der Anzeige erkennbar war.

2 Vgl. dazu mwN Köhler/Bornkamm/*Bornkamm*, § 5 UWG Rz. 4.119 ff.

3 Vgl. BGH v. 3.4.2003 – I ZR 222/00 – Internet-Reservierungssystem, WRP 2003, 1222 (1224) = MDR 2003, 1367 = CR 2003, 849 (wobei dort jedenfalls nicht ausdrücklich gefordert wurde, dass der Nutzer über diese Seite im Bestellprozess geführt wird, sondern auch ein Wechsel in ein Preisverzeichnis bei vorheriger klarer und unmissverständlicher Information hierauf ausreichend war); BGH v. 16.12.2004 – I ZR 222/02, WRP 2005, 480 (484) = MDR 2005, 941 = CR 2005, 357; BGH v. 4.10.2007 – I ZR 143/04 – Rz. 31 – Epson-Tinte, WPR 2003, 98 (102) = CR 2008, 108 = MDR 2008, 221 – Versandkosten; BGH v. 16.7.2009 – I ZR 50/07 – Rz. 24 ff. – Kamerakauf im Internet, WRP 2010, 370 (373) = MDR 2010, 457.

4 BGH v. 16.7.2009 – I ZR 50/07 – Rz. 32 – Kamerakauf im Internet, WRP 2010, 370 (374) = MDR 2010, 457.

5 KG v. 11.2.2011 – 5 W 17/11, WRP 2011, 497 f. = MDR 2011, 501.

und soweit dies mit vorheriger Zustimmung des Anbieters der jeweiligen Zertifizierung erfolgt. Andernfalls liegt ein Verstoß gegen Ziffer 2 des Anhangs zu § 3 Abs. 3 UWG vor,[1] daneben ein Verstoß gegen das allgemeine Irreführungsverbot. Zusätzlich ist bei der Werbung mit Zertifikaten oder Gütesiegeln im Einzelfall zu hinterfragen, ob das Siegel durch einen neutralen Dritten nach anerkannten und veröffentlichten Kriterien verliehen ist und ggf. geeignete Kontrollmaßnahmen vorgesehen werden.[2] Unzulässig ist die Werbung mit einem Gütesiegel, das nach geheimen Kriterien verliehen wird.[3] Problematisch kann es zudem sein, wenn als Gegenleistung für die Berechtigung, das Siegel zu führen, eine Lizenzgebühr zu entrichten ist.[4]

Irreführungen, die auf eine fehlerhafte Übersetzung eines **englischsprachigen Textes** einer unter der Top-Level-Domain „.com" abrufbaren, bestimmungsgemäß für den englischsprachigen Weltmarkt und nicht nur für deutsche Verkehrskreise konzipierten Website zurückgehen, sind nicht nach § 5 UWG zu beanstanden.[5]   **11.80**

Vorsicht ist schließlich geboten bei der **Nennung von Kunden, Lieferanten oder Partnern** als Referenz. Dies kann nicht nur kennzeichen- und persönlichkeitsrechtlich problematisch sein (vgl. Rz. 11.260), sondern auch eine Irreführung bedeuten, soweit etwa mit Beziehungen zu Dritten geworben wird, die schon länger zurückliegen oder die nicht mit dem Werbenden selbst, sondern mit anderen Unternehmen des gleichen Konzerns oder sogar nur mit seinen Vertriebspartnern bestehen.[6]   **11.81**

b) Trennungsgebot

Ähnlich wie das Irreführungsverbot dient auch das Trennungsgebot der Transparenz. Nach dem im allgemeinen Wettbewerbsrecht (§ 5a Abs. 6 und Nr. 11 des Anhangs zu § 3 Abs. 3 UWG) und insbesondere für die kommerzielle Kommunikation im Internet gemäß § 6 Abs. 1 Nr. 1 TMG geltenden Trennungsgebot muss der Werbecharakter stets offengelegt und Werbung streng von sonstigen, insbesondere redaktionellen Inhalten getrennt werden.[7]   **11.82**

Von großer Bedeutung ist das Trennungsgebot va. für werbefinanzierte, meist kostenfreie Online-Angebote mit **redaktionellen Inhalten**. Insbesondere dort ist stets auf eine strikte Trennung zwischen solchen Inhalten und auf der Website, in welcher Form auch immer erscheinender Werbung, insbesondere **Banner-Werbung**, zu achten.[8] So müssen etwa auf einem Internetportal mit sowohl redaktionellen Beiträgen als auch redaktionell aufgemachter Produktwerbung nicht nur die werblichen Beiträge selbst, sondern auch die **Teaser**, also kurze Hinweisen mit Überschrift, Teilen des Textes und ggf. einem Stichwort, die auf die Werbebeiträge verweisen, deutlich als Anzeige oder Werbung gekennzeichnet werden.[9] Geboten ist ferner die Trennung von Werbung und einer online (häufig kostenlos) bereitgestellten Leistung selbst; so sind zB Werbebanner auf einer Internetseite, mit der **Browserspiele** kostenfrei angeboten werden, wettbewerbswidrig, wenn diese   **11.83**

---

1 LG Bielefeld v. 12.8.2011 – 10 O 72/11, ITRB 2012, 280 f. (Zusammenfassung der Entscheidung).
2 Köhler/Bornkamm/*Bornkamm*, § 5 UWG Rz. 2.165 mwN.
3 LG Berlin v. 29.10.2013 – 11 O 157/13, juris-Rz. 38.
4 OLG Frankfurt/M. v. 8.3.1994 – 6 W 16/94 – Touristik-Gütesiegel, GRUR 1994, 523.
5 OLG Köln v. 6.8.2004 – 6 U 36/04 – Rz. 79, MMR 2005, 1010 f. = CR 2005, 536; Köhler/Bornkamm/ *Bornkamm*, § 5 UWG Rz. 2.208.
6 Vgl. dazu *Grützmacher*, ITRB, 2010, 232 (235) mwN.
7 Köhler/Bornkamm/*Köhler*, § 5a UWG Rz. 7.70 ff.; *Klinger*, jurisPR-ITR 25/2011 Anm. 5; Moritz/ Dreier/*Moritz/Hermann*, Rechts-Handbuch zum E-Commerce, D Rz. 353 f.; Auer-Reinsdorff/Conrad/*Eckhardt*, Handbuch IT- und Datenschutzrecht, § 25 Rz. 33 ff.
8 Reinsdorff/Conrad/*Eckhardt*, Handbuch IT- und Datenschutzrecht, § 25 Rz. 33.
9 LG Düsseldorf v. 24.8.2011 – 12 O 329/11, WRP 2011, 1665 (1666 f.) mit wesentlichen zustimmender Anm. *Klinger*, juris PR-ITR 25/2011 Anm. 5.

optisch ähnlich gestaltet sind, wie die Bilder, über die die jeweiligen Browserspiele ausgewählt werden.[1]

11.84 Im Bereich des Online-Versandhandels ist das Trennungsgebot meist von geringerer Bedeutung, weil Webseiten etwa eines Online-Shops per se werbenden Charakter haben und in aller Regel keine redaktionellen Inhalte oder ggf. von solchen Inhalten oder dem übrigen Inhalt der Shop-Seite zu trennende Werbung Dritter enthalten. Allerdings ist das Trennungsgebot nicht nur bei Internetseiten mit primär redaktionellen Inhalten, sondern **auch für Unternehmensauftritte** zu beachten. Jedoch dürften dort weniger strenge Maßstäbe anzulegen sein, weil etwa auf der Webseite eines Online-Händlers von vornherein kaum neutrale und sachliche Information wie etwa auf einem Presseportal erwartet wird. Eine Kennzeichnung ist aber zumindest zu fordern, wenn auf der Unternehmens-Website Werbebanner anderer Unternehmen bereitgestellt werden, mit denen etwa komplementäre Produkte beworben werden.[2]

c) Verlinkung auf andere Seiten

11.85 Auch im Zusammenhang mit der auch in Webshops häufig anzutreffenden Verlinkung auf andere Websites können sich Fragen der wettbewerbsrechtlich relevanten Irreführung stellen (vgl. zu den dabei häufig auch auftretenden kennzeichenrechtlichen Fragen Rz. 11.252). Dies ist etwa dann der Fall, wenn dem Nutzer aufgrund der dabei gewählten Gestaltung nicht deutlich wird, dass es sich bei dem Inhalt, auf den verlinkt wird, um den Inhalt einer fremden Website handelt, und er deshalb irrig annimmt, der Inhalt werde auf der von ihm ursprünglich besuchten Website bereitgestellt. Eine solche Intransparenz kann zB bei so genannten **Deep-Links** bestehen, also Verweisen, die nicht auf die Startseite einer fremden Website, sondern auf darunter liegende Seiten führen, die möglicherweise nicht ohne weiteres erkennen lassen, dass es sich um eine fremde Seite handelt.[3] Noch größer ist die Irreführungsgefahr beim so genannten **Framing**, auch Inline-Linking genannt, wo die Seite, auf die verlinkt wird, in einem der verweisenden Homepage entnommenen Gestaltungsrahmen dargestellt und so der Eindruck erweckt wird, es handele sich bei dem verlinkten Inhalt um einen eigenen Inhalt.[4]

4. Verletzung von Informations- und Belehrungspflichten als Irreführung durch Unterlassen

11.86 Die fehlende Unterrichtung des Verbrauchers kann nicht nur außerwettbewerbsrechtliche, als Marktverhaltensregel zu qualifizierende Informationspflichten im Fernabsatz und im elektronischen Geschäftsverkehr verletzen (vgl. dazu Rz. 11.18 ff.), sondern zugleich eine **Irreführung durch Unterlassen** gemäß § 5a UWG bedeuten.[5] Nach § 5a Abs. 2 UWG handelt unlauter, wer unter Berücksichtigung aller Umstände dem Verbraucher eine wesentliche Information vorenthält, die dieser für eine informierte geschäftliche Entscheidung benötigt und deren Vorenthalten geeignet ist, ihn zu einer Entscheidung zu veranlassen, die er sonst nicht getroffen hätte. § 5a Abs. 3 UWG enthält für konkrete,

---

1 LG Berlin v. 14.9.2010 – 103 O 43/10; GRUR-RR 2011, 332 (333).
2 *Leupold/Bräutigam/Pfeiffer*, WRP 2000, 575 (589).
3 Köhler/Bornkamm/*Bornkamm*, § 5 UWG Rz. 4.124 unter Hinweis auf OLG Köln v. 27.10.2000 – 6 U 71/00, GRUR-RR 2001, 97 (101) = CR 2001, 708; Moritz/Dreier/*Moritz/Hermann*, Rechts-Handbuch zum E-Commerce, D Rz. 470.
4 Köhler/Bornkamm/*Bornkamm*, § 5 UWG Rz. 4.125 – aA OLG Düsseldorf v. 29.6.1999 – 20 U 85/98, MMR 1999, 729 (733) = CR 2000, 184; Moritz/Dreier/*Moritz/Hermann*, Rechts-Handbuch zum E-Commerce, D Rz. 472; *Ernst* in Spindler/Wiebe, Internet-Auktionen und Elektronische Marktplätze, Kap. 3 Rz. 7.
5 Vgl. dazu *Steinbeck*, WRP 2011, 1221 ff.

zum Kauf auffordernde Werbeangebote einen Katalog von Informationen, die idS als wesentlich gelten.

Dazu zählen insbesondere 11.87

– alle wesentlichen Merkmale der Ware oder Dienstleistung,

– die Identität und Anschrift des Unternehmers,

– der Gesamtpreis,

– Zahlungs-, Liefer- und Leistungsbedingungen sowie Verfahren zum Umgang mit Beschwerden und

– das Bestehen eines Rechts zum Rücktritt oder Widerruf.

Diese Verpflichtungen bestehen größtenteils bereits nach anderen, insbesondere fernabsatzrechtlichen Bestimmungen und nach der Preisangabenverordnung. Zusätzlich enthält § 5a Abs. 4 UWG einen Verweis auf unionsrechtlich begründete Informationspflichten, darunter Informationspflichten nach der Fernabsatzrichtlinie, der Richtlinie über den elektronischen Geschäftsverkehr und der Verbraucherrechterichtlinie, also ebenfalls ohnehin bestehende Pflichten, die bereits als Marktverhaltensregeln Wettbewerbsverstöße begründen können. 11.88

Zu beachten ist, dass die **geschäftliche Relevanz** des Verschweigens von nach § 5a UWG relevanten Tatsachen bereits dem Tatbestand immanent ist, also nicht gesondert zu prüfen ist.[1] 11.89

V. Belästigung

Distanzhändler treten anders als der stationäre Handel nicht unmittelbar in persönlichen Kontakt mit ihren (potentiellen) Kunden. Sie verfügen jedoch regelmäßig über Kundendaten, die eine Kontaktaufnahme erlauben. Es liegt auf der Hand, dass Online- und Kataloghändler die dadurch eröffneten Möglichkeiten des **Direkt- und Dialogmarketings** möglichst weitreichend nutzen möchten. Dabei werden häufig die engen Grenzen des wettbewerbsrechtlichen Belästigungsschutzes berührt. 11.90

Nach § 7 UWG[2] sind die meisten praktisch bedeutsamen Formen der direkten werblichen Kundenansprache nur nach vorheriger Einwilligung des Adressaten zulässig. Neben dieser **wettbewerbsrechtlich** gebotenen **Einwilligung** ist häufig zugleich auch **datenschutzrechtlich** eine Einwilligung erforderlich, weil die direkte Kundenansprache regelmäßig mit der Erhebung und Nutzung personenbezogener Daten einhergeht, die nicht immer schon durch eine gesetzliche Norm gestattet und deshalb nur nach vorheriger Einwilligung zulässig ist (vgl. zu datenschutzrechtlichen Anforderungen Rz. 10.95 ff.; zu den unterschiedlichen Anforderungen an die wettbewerbsrechtliche und die datenschutzrechtliche Einwilligung ferner Rz. 11.98 f.). 11.91

1. Werbung per E-Mail, SMS uÄ

Praktisch bedeutsam sind zunächst verschiedene Formen der digitalen Kommunikation, insbesondere das Versenden von Nachrichten oder Newslettern per E-Mail.[3] Diese Werbeform ist mit vergleichsweise geringen Kosten verbunden, verspricht hohe Reichweiten 11.92

---

1 Köhler/Bornkamm/*Köhler*, § 5a UWG Rz. 2.17.
2 Vgl. zur Frage der Vereinbarkeit der Bestimmung mit dem Unionsrecht *Köhler*, WRP 2015, 798 ff.
3 Vgl. dazu etwa Auer-Reinsdorff/Conrad/*Eckhardt*, Handbuch IT- und Datenschutzrecht, § 25 Rz. 71 ff.; *Schirmbacher/Schätzle*, WRP 2014, 1143 ff.

und ermöglicht den Kunden eine bequeme Reaktion und begünstigt so einen Dialog mit (potentiellen) Kunden.

a) Grundsatz: Zulässig nur nach Einwilligung („Opt-In")

11.93 Grundsätzlich ist Werbung per E-Mail, SMS uÄ nur nach vorheriger Einwilligung des Werbeadressaten zulässig.

aa) Anwendungsbereich

11.94 Nach § 7 Abs. 1 UWG ist eine geschäftliche Handlung, durch die ein Marktteilnehmer in unzumutbarer Weise belästigt wird, unzulässig. Gemäß § 7 Abs. 2 Nr. 3 UWG ist eine unzumutbare Belästigung stets anzunehmen bei **Werbung** unter Verwendung „**elektronischer Post**", ohne dass eine vorherige ausdrückliche Einwilligung des Adressaten vorliegt. Elektronische Post ist nach der für die richtlinienkonforme Auslegung maßgebende Definition in Art. 2 Satz 2 lit. h der Datenschutzrichtlinie für elektronische Kommunikation jede über ein öffentliches Kommunikationsnetz verschickte Text-, Sprach-, Ton- oder Bildnachricht, die im Netz oder im Endgerät des Empfängers gespeichert werden kann, bis sie von diesem abgerufen wird. Darunter fallen **E-Mails, SMS** und **MMS**,[1] ferner bestimmte Fälle der Kommunikation in **sozialen Netzwerken** wie zB Twitter und Facebook.[2] Die nachfolgenden Ausführungen zur E-Mail-Werbung gelten entsprechend auch für diese anderen von § 7 Abs. 2 Nr. 3 UWG erfassten Formen der elektronischen Post.

11.94a Auch E-Mails, deren Versendung an sich gerechtfertigt ist, weil sie im Rahmen zulässiger Kommunikation gewechselt werden (auch **Transaktions-E-Mails** genannt) oder zB automatisiert per **Autoresponder** den Eingang einer E-Mail bestätigen, können nach § 7 Abs. 2 Nr. 3 UWG unzulässig sein, wenn sie Werbung enthalten.[3] Der VI. Zivilsenat des BGH hat automatisch generierte, per E-Mail versandte Bestätigungs-E-Mails mit unterhalb der Signatur angebrachter Werbung für kostenlose Unwetterwarnungen und eine Wetter-App jedenfalls dann als unerlaubte E-Mail-Werbung und Eingriff in das allgemeine Persönlichkeitsrecht des Adressaten eingestuft, wenn der Werbung zuvor widersprochen wurde.[4] Es ist nicht ausgeschlossen, dass die Gerichte solche E-Mails auch nach § 7 Abs. 2 Nr. 3 UWG für einwilligungsbedürftig halten.

11.94b Der BGH hat sog. **Empfehlungs-E-Mails** (auch „**Tell-a-friend"-Werbung**) unverlangter E-Mail-Werbung gleichgestellt.[5] Danach handeln Unternehmen unlauter, wenn sie Nutzern eine Weiterempfehlungsfunktion bereitstellen, die automatisiert Werbe-E-Mails an von den Nutzern eingegebene E-Mail-Adressen Dritter versenden. Dass die Werbung letztlich auf dem Willen eines Dritten beruht und an die von diesem durch Eingabe von E-Mail-Adressen ausgewählten Adressaten geschickt wird, steht dem nach Meinung des BGH nicht entgegen. Die Entscheidung ist in der Literatur teilweise auf Kritik gestoßen.[6]

---

1 Köhler/Bornkamm/*Köhler*, § 7 UWG Rz. 196.
2 *Krieg*, K&R 2010, 73 (76); *Auer-Reinsdorff*, ITRB 2011, 81 (84 f.). Dies gilt zumindest für die sog. „Direct Messages" auf Twitter und die Facebook-Nachrichten, mit denen ebenfalls individuell kommuniziert wird; vgl. dazu auch LG Berlin v. 6.3.2012 – 16 O 551/10 mit Anm. *Ernst*, jurisPR-WettbR 3/2012 Anm. 4.
3 Vgl. dazu *Schirmbacher/Schätzle*, WRP 2014, 1143 (1145) mit dem Hinweis, dass solche E-Mails mit dezenter, nicht in den Vordergrund tretender Werbung zulässig seien.
4 BGH v. 15.12.2015 – VI ZR 134/15 – Rz. 1111 ff., WRP 2016, 493 (494 f.) = MDR 2016, 271.
5 BGH v. 12.9.2013 – I ZR 208/12 – Rz. 16 ff. – Empfehlungs-E-Mail, WRP 2013, 1578 (1580) = MDR 2014, 45 = CR 2013, 797; so für auf Amazon werbende Händler auch OLG Hamm v. 9.7.2015 – 4 U 59/15 juris-Rz. 86 ff.
6 Vgl. dazu mwN und zu möglicherweise verbleibenden zulässigen Gestaltungen solcher Werbung *Schirmbacher*, CR 2013, 797 (800); *Schirmbacher/Schätzle*, WRP 2014, 1143 (1144).

bb) Keine gesonderte Prüfung der Unzumutbarkeit

E-Mail-Werbung ohne vorherige Einwilligung ist nach § 7 Abs. 2 Nr. 3 UWG „stets" eine **11.95** unzumutbare Belästigung. Damit wird klargestellt, dass die in § 7 Abs. 1 UWG enthaltene Bagatellschwelle der Unzumutbarkeit **nicht anwendbar** ist, also jede unzulässige E-Mail-Werbung per se wettbewerbsrechtlich relevant ist, auch die nur einmalige Übersendung einer unzulässigen E-Mail.[1] Dies wird mit der erheblichen Nachahmungsgefahr gerechtfertigt, erhöht aber auch des Abmahnrisiko, weil auch einzelne, ggf. irrtümlich versandte E-Mails bereits wettbewerbsrechtlich angreifbar sind.

cc) Ausdrückliche Einwilligung

E-Mail-Werbung ist grundsätzlich nur nach vorheriger **ausdrücklicher Einwilligung** zuläs- **11.96** sig. Der Begriff der „ausdrücklichen Einwilligung" ist richtlinienkonform dahin auszulegen, dass die Einwilligung ohne Zwang, für den konkreten Fall und in Kenntnis der Sachlage erfolgen muss, und dass sie in einer spezifischen Angabe zum Ausdruck kommt.[2] Nicht ausreichend – und zwar auch im Verhältnis zu Unternehmern – ist eine nur **mutmaßliche** Einwilligung.[3] Auch genügen **konkludente**, sich lediglich aus den Umständen ergebende Einwilligungserklärungen den Anforderungen nicht.[4] So kann zB aus der bloßen **Angabe einer E-Mail-Adresse** durch Verbraucher nicht auf eine Einwilligung zur E-Mail-Werbung geschlossen werden.[5] Auch das „Folgen" eines Nutzers auf **Twitter** oder das Hinzufügen einer Person als „Freund" bei **Facebook** stellt noch keine wirksame Einwilligung mit dem Versenden von Nachrichten mit werblichem Inhalt dar.[6]

Allerdings sieht das Gesetz **keine bestimmte Form** der Einwilligung vor. Die Einwil- **11.97** ligung kann deshalb schriftlich oder elektronisch übermittelt oder sogar mündlich, also auch telefonisch, erklärt werden; jedoch kann dies im Streitfall zu Beweisschwierigkeiten führen.

Eine Einwilligung zur E-Mail-Werbung iSv. § 7 Abs. 2 Nr. 3 UWG kann auch in **AGB** **11.98** wirksam erklärt werden.[7] Nach der Rechtsprechung des VIII. Zivilsenats des BGH[8] im Fall „Payback" folgt aus dem gemäß richtlinienkonformer Auslegung bestehenden Erfordernis einer „spezifischen Angabe" jedoch, dass eine formularmäßige **wettbewerbsrechtliche** Einwilligungserklärung iSv. § 7 Abs. 2 Nr. 3 UWG nicht in Textpassagen enthalten sein darf, die auch noch andere Erklärungen oder Hinweise enthalten. Vielmehr ist eine **gesonderte Erklärung** durch zusätzliche Unterschrift oder individuelles Markieren eines entsprechenden Feldes Wirksamkeitsvoraussetzung.[9] Fehlt es an einer solchen Gestaltung, ist die Erklärung nach § 307 BGB unangemessen und deshalb nichtig.

---

1 Köhler/Bornkamm/*Köhler*, § 7 UWG Rz. 96; BGH v. 10.2.2011 – I ZR 164/09 – Rz. 22 – Double-opt-in-Verfahren, WRP 2011, 1153 (1155) = CR 2011, 581 = MDR 2011, 1060.
2 BGH v. 16.7.2008 – VIII ZR 348/06 – Rz. 28 – Payback, WRP 2009, 56 (59) = MDR 2008, 1264 = CR 2008, 720; Köhler/Bornkamm/*Köhler*, § 7 UWG Rz. 185 mwN.
3 Köhler/Bornkamm/*Köhler*, § 7 UWG Rz. 185 aE.
4 Köhler/Bornkamm/*Köhler*, § 7 UWG Rz. 185 – aA *Möller*, WRP 2010, 321 (326).
5 Köhler/Bornkamm/*Köhler*, § 7 UWG Rz. 187 mwN und weiteren Beispielen.
6 So für Twitter auch *Krieg*, K&R 2010, 73 (76); vgl. auch LG Berlin v. 6.3.2012 – 16 O 551/10 – Rz. 27, juris = CR 2012, 270: keine Einwilligung der Empfänger von Mitteilungen durch Auswahl der Empfänger durch einen „einladenden" Nutzer.
7 Vgl. BGH v. 16.7.2008 – VIII ZR 348/06 – Rz. 29 ff. – Payback, WRP 2009, 56 (59 f.) = MDR 2008, 1264 = CR 2008, 720; BGH v. 25.10.2012 – I ZR 169/10 – Rz. 21 – Einwilligung in Werbeanrufe II, WRP 2013, 767 (768) = CR 2013, 440 = MDR 2013, 992.
8 Urt. v. 16.7.2008 – VIII ZR 348/06 – Rz. 29 – Payback, WRP 2009, 56 (59) = MDR 2008, 1264 = CR 2008, 720.
9 Kritisch zu diesen besonderen Anforderungen *Hanloser*, CR 2008, 713 (716 ff.).

11.99 Nach der zitierten Entscheidung soll es dagegen für die formularmäßige **datenschutzrechtliche** Einwilligung nach § 4a BDSG ausreichen, wenn sie zusammen mit anderen Erklärungen formularmäßig erteilt wird, solange sie besonders hervorgehoben ist. Eine „aktive" gesonderte Abgabe durch Unterzeichnung oder Ankreuzen eines Feldes ist danach nicht erforderlich.[1] Die erforderliche Freiwilligkeit ist nach Meinung des BGH bereits gewahrt, wenn der Kunde durch ein anzukreuzendes Feld oder die durch Fettdruck hervorgehobene Möglichkeit, die Klausel zu streichen,[2] deutlich machen könne, dass die datenschutzrechtliche Einwilligung **nicht** erteilt werde (sog. „**Auskreuzlösung**"; vgl. zur datenschutzrechtlichen Einwilligung auch Rz. 10.95 ff.).

11.100 Die vom BGH in der genannten „Payback"-Entscheidung benutzten **Begriffe** „opt-in" für die im Wettbewerbsrecht erforderliche gesonderte, „aktive" Erklärung und „opt-out" für die im Datenschutzrecht zur Wahrung der Freiwilligkeit der Einwilligung ausreichende „Auskreuzlösung" sind insofern **missverständlich** und sollten besser vermieden werden, als sie darüber hinwegtäuschen, dass es sich in beiden Fällen um unterschiedlich strenge Einwilligungserfordernisse und damit Ausprägungen von „opt-in"-Lösungen handelt, im Gegensatz zu der im Datenschutzrecht ebenfalls in manchen Fällen gesetzlich vorgesehenen „opt-out"-Lösung der gesetzlichen Gestattung, solange kein Widerspruch eingelegt wurde (vgl. zB § 28 Abs. 4 BDSG).[3] Die Unterscheidung bezieht sich lediglich auf die Modalitäten der sowohl wettbewerbsrechtlich als auch datenschutzrechtlich erforderlichen Einwilligung.

11.100a Der BGH[4] hat in richtlinienkonformer Auslegung für die Einwilligung zur Telefonwerbung – übertragbar aber auch auf die E-Mail-Werbung – gefordert, dass diese **ohne Zwang, für den konkreten Fall und in Kenntnis der Sachlage** erklärt wird. Dies setzte voraus, dass aus der Einwilligung klar wird, **welche Produkte oder Dienstleistungen welcher Unternehmen** sie konkret erfasst.[5] Wie präzise allerdings die potentiell werbenden Unternehmen bezeichnet und die potentiell beworbenen Waren oder Leistungen beschrieben sein müssen, ergibt sich aus dem Urteil nicht. Da die Einwilligung auch formularmäßig in AGB wirksam erteilt werden darf, sollten im Interesse der Praktikabilität an die Konkretisierung des Inhalts keine überspannten Anforderungen gestellt werden.[6]

11.101 ➔ **Praxistipp:** Bei der Formulierung von Einwilligungserklärungen muss besonders sorgfältig darauf geachtet werden, dass sowohl die spezifisch datenschutzrechtlichen als auch die wettbewerbsrechtlichen Anforderungen berücksichtigt werden und insbesondere die qualifizierten Anforderungen an die Einwilligung iSv. § 7 Abs. 2 Nr. 3 UWG nach der „Payback"-Rechtsprechung des BGH (Rz. 11.98 f.) und die vom BGH in „Einwilligung in Werbeanrufe II" formulierten Anforderungen (Rz. 11.100a) eingehalten sind.

dd) Darlegungs- und Beweislast; Double-opt-in-Verfahren

11.102 Die **Darlegungs- und Beweislast** für das Vorliegen der erforderlichen vorherigen ausdrücklichen Einwilligung iSv. § 7 Abs. 2 Nr. 3 UWG liegt beim werbenden Unternehmen. Der

---

1 BGH v. 16.7.2008 – VIII ZR 348/06 – Rz. 23 – Payback, WRP 2009, 56 (58) = MDR 2008, 1264 = CR 2008, 720.

2 BGH v. 11.11.2009 – VIII ZR 12/08 – Rz. 23 und 28 – HappyDigits, WRP 2010, 278 (281).

3 So auch *Hanloser*, CR 2008, 713 (714 f.).

4 BGH v. 25.10.2012 – I ZR 169/10 – Rz. 23 – Einwilligung in Werbeanrufe II, WRP 2013, 767 (768 f.) = CR 2013, 440 = MDR 2013, 992.

5 BGH v. 25.10.2012 – I ZR 169/10 – Rz. 24 – Einwilligung in Werbeanrufe II, WRP 2013, 767 (769) = CR 2013, 440 = MDR 2013, 992.

6 So mit Recht *Klinger*, jurisPR-ITR 9/2013 Anm. 3.

BGH[1] hat für das Einverständnis zu Telefonwerbung – insoweit übertragbar auch auf elektronische Werbung – entschieden, dass der Werbende für den Nachweis des Einverständnisses die konkrete Einverständniserklärung jedes einzelnen Verbrauchers **vollständig dokumentieren** muss. Elektronisch übermittelte Einverständniserklärungen müssen danach gespeichert werden und jederzeit ausgedruckt werden können. Dabei sind nur solche Verfahren für den Nachweis geeignet, die einen klaren Schluss darüber zulassen, dass die Einverständniserklärung tatsächlich von dem Adressaten der jeweiligen Werbung stammt.

Der BGH hat in der genannten Entscheidung zur Telefonwerbung in einem obiter dictum für den Fall der E-Mail-Werbung klargestellt, dass der Einsatz des so genannten **Double-opt-in-Verfahrens** grundsätzlich zum Nachweis der per E-Mail erteilten Einwilligung in E-Mail-Werbung geeignet ist.[2] Danach bittet der Anbieter den Absender einer per E-Mail übermittelten Einwilligungserklärung mit einer so genannten „Check-Mail", die an die angegebene E-Mail-Adresse bzw. an die E-Mail-Adresse gerichtet ist, von der die Einwilligung versandt wurde, die erklärte Einwilligung nochmals per E-Mail zu bestätigen. Erfolgt diese Bestätigung, so ist nach Meinung des BGH **hinreichend dokumentiert**, dass mit E-Mail-Werbung an diese E-Mail-Adresse ein ausdrückliches Einverständnis besteht.[3] Für einen behaupteten abweichenden Ablauf trägt dann derjenige die Darlegungs- und Beweislast, der sich darauf beruft.[4] | 11.103

Das OLG München hat die Ansicht vertreten, die erwähnte „**Check-Mail**", also die E-Mail des Anbieters, mit der um Bestätigung der schon per E-Mail erteilten Einwilligung gebeten wird, sei ihrerseits E-Mail-Werbung und damit nur mit vorheriger Einwilligung zulässig.[5] Diese Ansicht ist in der Literatur zu Recht auf Ablehnung gestoßen[6] und auch die Rechtsprechung ist ihr nicht gefolgt,[7] weil diese Nachricht (soweit sie nicht zusätzliche Werbeaussagen enthält) ersichtlich nur der Vergewisserung über das Vorliegen der Voraussetzungen der E-Mail-Werbung dient und jedenfalls aus Sicht eines verständigen Adressaten keinen eigenen Werbezweck verfolgt. Außerdem besteht keine nennenswerte Nachahmungsgefahr, weil Check-Mails immer an eine schon abgegebene Erklärung anknüpfen. Anders liegt es in Missbrauchsfällen, wenn also zB schon die ursprüngliche Einwilligung manipuliert ist und die „Check-Mail" in Kenntnis der fehlenden vorherigen Einwilligung versandt wird, um erstmals mit dem Adressaten in Kontakt zu treten. | 11.103a

➲ **Praxistipp:** Bei der Einholung von per E-Mail erteilten Einwilligungserklärungen in die E-Mail-Werbung sollte ein Double-opt-in-Verfahren eingerichtet werden. Die „Check-Mail" sollte frei von Werbung gehalten werden und lediglich die Bestätigung der Einwilligung erfragen. | 11.104

---

1 BGH v. 10.2.2011 – I ZR 164/09 – Rz. 31 – Double-opt-in-Verfahren, WRP 2011, 1153 (1156) = CR 2011, 581 = MDR 2011, 1060.
2 BGH v. 10.2.2011 – I ZR 164/09 – Rz. 37 – Double-opt-in-Verfahren, WRP 2011, 1153 (1156) = CR 2011, 581 = MDR 2011, 1060; vgl. dazu auch *Schirmbacher/Schätzle*, WRP 2015, 1143 (1146 f.).
3 BGH v. 10.2.2011 – I ZR 164/09 – Rz. 37 – Double-opt-in-Verfahren, WRP 2011, 1153 (1156) = CR 2011, 581 = MDR 2011, 1060 mit Hinweis ua. auf LG Essen, GRUR 2009, 353 (354) mit zustimmender Anm. *Klinger*.
4 Der BGH erwähnt aaO Rz. 38 lediglich, dass dann der Verbraucher die Beweislast trage, was insoweit nicht ganz verständlich ist, als der Verbraucher jedenfalls nach § 7 UWG ohnehin keine unmittelbaren Ansprüche hat.
5 OLG München v. 27.9.2012 – 29 U 1682/12 – Rz. 23 f. – Bestätigungsaufforderung, WRP 2013, 111 (112) = CR 2013, 44 = CR 2012, 799; so bereits zuvor *Möller*, WRP 2010, 321 (328).
6 Vgl. etwa *Gramespacher*, WRP 2013, 113 f.; *Ernst*, WRP 2013, 160 (162 f.); *Schirmbacher/Schätzle*, WRP 2015, 1143 (1146 f.) mwN; Köhler/Bornkamm/*Köhler*, § 7 UWG Rz. 189.
7 OLG Celle v. 15.5.2014 – 13 U 15/14 – Rz. 6, WRP 2014, 1218 (1219), iE allerdings offenlassend.

ee) Muster einer wettbewerbsrechtlichen Einwilligungserklärung

11.105

M 24 Einwilligung zur E-Mail-Werbung

Mit Anklicken dieses Buttons gestatte ich der xy GmbH, mir per E-Mail an meine bei der Bestellung angegebene E-Mail-Adresse Werbung zu den Produkten ..., auch als Newsletter, zu schicken. Voraussetzung ist, dass ich diese Einwilligungserklärung auf eine Check-Mail der xy GmbH hin per E-Mail bestätigt habe. Ich kann diese Einwilligung jederzeit mit Wirkung für die Zukunft widerrufen, zB per E-Mail an ... .

b) Ausnahme: Zulässig ohne Einwilligung (§ 7 Abs. 3 UWG)

aa) Überblick

11.106 Von großer praktischer Bedeutung ist die Ausnahmeregelung in § 7 Abs. 3 UWG, wonach elektronische Post unter bestimmten Voraussetzungen auch **ohne vorherige Einwilligung** des Werbeadressaten **zulässig** sein kann. Dem liegt die Erwägung zu Grunde, dass Kunden, die bereits eine Ware erworben oder eine Dienstleistung in Anspruch genommen haben, Werbung für ähnliche Waren oder Dienstleistungen per E-Mail **nicht als Belästigung** empfinden. Die Regelung erleichtert die **Pflege bestehender Kundenbeziehungen** und dient so der Förderung des elektronischen Handels.[1]

11.107 Werbung durch elektronische Post, also insbesondere per E-Mail, ist nach § 7 Abs. 3 UWG ausnahmsweise ohne vorherige ausdrückliche Einwilligung zulässig, wenn die folgenden **vier Voraussetzungen kumulativ** vorliegen:

– Der Unternehmer muss die E-Mail-Adresse des Kunden im Zusammenhang mit dem Verkauf einer Ware oder Dienstleistung erhalten haben (§ 7 Abs. 3 Nr. 1 UWG);

– der Unternehmer verwendet die E-Mail-Adresse zur Direktwerbung für eigene ähnliche Waren oder Dienstleistungen (§ 7 Abs. 3 Nr. 2 UWG);

– der Kunde hat der Verwendung nicht widersprochen (§ 7 Abs. 3 Nr. 3 UWG);

– der Kunde wird sowohl bei der Erhebung der E-Mail-Adresse als auch bei jeder weiteren Verwendung der E-Mail-Adresse klar und deutlich darauf hingewiesen, dass er der Verwendung jederzeit widersprechen kann, ohne dass ihm hierfür andere als die Übermittlungskosten nach den Basistarifen entstehen (§ 7 Abs. 3 Nr. 4 UWG).

11.108 Liegen diese Voraussetzungen vor, so ist die Versendung von Werbe-E-Mails in dem beschränkt gestatteten Umfang zulässig. Auch wenn es sich – wie regelmäßig – bei der E-Mail-Adresse um ein personenbezogenes Datum handelt, ist bei Vorliegen der Voraussetzungen von § 7 Abs. 3 UWG nicht nur die Einwilligung iSv. § 7 Abs. 2 Nr. 3 UWG entbehrlich, sondern auch eine datenschutzrechtliche Einwilligung nicht zu fordern, weil sonst praktisch kein Raum für die Anwendung von § 7 Abs. 3 UWG und die dort vorgesehene Freistellung vom Einwilligungserfordernis bliebe und die Bestimmung zudem ihre Grundlage in einer datenschutzrechtlichen Richtlinie hat.[2]

---

1 Köhler/Bornkamm/*Köhler*, § 7 UWG Rz. 202.
2 *Plath/Frey*, CR 2009, 613 (617); *Scholz*, Das Rechtformularbuch, Kap. 14 Rz. 56 – aA *Decker*, GRUR 2011, 774 (775).

bb) Die Voraussetzungen im Einzelnen

Die Voraussetzungen des grundsätzlich **eng auszulegenden**[1] Ausnahmetatbestands sind teilweise in Rechtsprechung und Literatur **umstritten**.[2] Die Fragen sind derzeit höchstrichterlich noch ungeklärt. Praktisch bedeutsam ist insbesondere Folgendes:

11.109

Der Unternehmer muss die „elektronische Postadresse", also die E-Mail-Adresse, gemäß § 7 Abs. 3 Nr. 1 UWG **im Zusammenhang mit dem Verkauf** einer Ware oder Dienstleistung **von dem Kunden** erhalten haben. Die Adresse muss vom Kunden selbst übermittelt worden sein, so dass anderweitig, etwa über kooperierende Händler oder sonstige Vertriebsmittler oder Adresshändler übergebene E-Mail-Adressen nicht privilegiert sind.[3] Es muss außerdem zu einem Vertragsschluss gekommen sein. Bloße Anfragen eines potentiellen Kunden genügen nicht.[4] Erforderlich, aber auch ausreichend ist es, wenn die E-Mail-Adresse entweder bei der Bestellung oder nach Vertragsschluss im Zuge der Vertragsdurchführung übermittelt wurde,[5] bei Dauerschuldverhältnissen auch nach Vertragsschluss während der Vertragslaufzeit.[6] Teilweise wird eine nicht näher bestimmte **zeitliche Grenze** zwischen Überlassung der E-Mail-Adresse durch den Kunden und Nutzung zu Werbezwecken durch den Anbieter verlangt.[7] Dem kann nicht gefolgt werden, weil eine solche zeitliche Beschränkung im Gesetz und der zugrundeliegenden Richtlinie keine Stütze findet und die unsichere Bemessung mit nicht hinnehmbaren Rechtsunsicherheiten verbunden wäre.[8] Damit ist der Kunde nicht übermäßig belastet, weil er ohne nennenswerten Aufwand jederzeit widersprechen kann.

11.110

Problematisch ist, was unter **ähnlichen Waren oder Dienstleistungen** iSv. § 7 Abs. 3 Nr. 2 UWG zu verstehen ist. Klar ist, dass die Bestimmung lediglich die Bewerbung eigener Waren erfasst, also nur derjenige Unternehmer Produkte bewerben darf, der die E-Mail-Adresse auch selbst erhoben hat.[9] Damit scheidet auch eine Nutzung der E-Mail-Adressen durch mit den Anbietern verbundene Unternehmen aus. Unklar ist dagegen der Begriff der „Ähnlichkeit". Teilweise wird Ähnlichkeit nur für Produkte oder Leistungen bejaht, die aus Sicht des Verbrauchers **austauschbar** sind.[10] Teilweise wird darüber hinausgehend Ähnlichkeit auch für funktionell mit der schon gekauften Ware zusammengehörige Produkte, etwa **Zubehör und sinnvolle Ergänzungen**, bejaht.[11] Der letztgenannten Auffassung ist zuzustimmen. Denn weder der Verkäufer noch der Kunde wird großes Interesse an der Werbung zB für ein Notebook haben, nachdem der Kunde gerade ein solches (vielleicht sogar teurer) gekauft hat; dagegen wird mutmaßlich ein größeres Interesse an sinnvollem Zubehör und Erweiterungsmöglichkeiten bestehen.

11.111

Der **Widerspruch** iSv. § 7 Abs. 3 Nr. 3 UWG hängt nicht von der Wahrung irgendeiner Form ab. Allerdings muss er – für den Widersprechenden im Streitfall nachweisbar – dem Unternehmer analog § 130 BGB zugegangen sein; die bloße Eintragung in eine Robinson-Liste genügt deshalb nicht.[12]

11.112

---

1 Köhler/Bornkamm/*Köhler*, § 7 UWG Rz. 202.
2 Vgl. dazu mwN den Überblick bei *Decker*, GRUR 2011, 774 ff. und die Darstellungen zB bei Köhler/Bornkamm/*Köhler*, § 7 UWG Rz. 202 ff.
3 Köhler/Bornkamm/*Köhler*, § 7 UWG Rz. 204; *Decker*, GRUR 2011, 774 (775).
4 Köhler/Bornkamm/*Köhler*, § 7 UWG Rz. 204a; *Decker*, GRUR 2011, 774 (775).
5 Köhler/Bornkamm/*Köhler*, § 7 UWG Rz. 204.
6 *Decker*, GRUR 2011, 774 (776).
7 Köhler/Bornkamm/*Köhler*, § 7 UWG Rz. 204b, wo unter Hinweis auf LG Berlin v. 2.7.2004 – 15 O 653/03, CR 2004, 941, jedenfalls zwei Jahre für zu lang erachtet wird.
8 So iE auch *Decker*, GRUR 2011, 774 (776 f.).
9 Köhler/Bornkamm/*Köhler*, § 7 UWG Rz. 205; *Decker*, GRUR 2011, 774 (777).
10 *Decker*, GRUR 2011, 774 (780 f.), jedoch differenzierend ua. nach der Dauer der Gebrauchsmöglichkeit der gekauften Ware.
11 Köhler/Bornkamm/*Köhler*, § 7 UWG Rz. 205.
12 Köhler/Bornkamm/*Köhler*, § 7 UWG Rz. 206.

11.113 Schließlich setzt die Zulässigkeit der E-Mail-Werbung nach § 7 Abs. 3 Nr. 4 UWG voraus, dass dem Kunden die dort vorgesehene **Belehrung** erteilt wurde, und zwar sowohl bei **Erhebung** der E-Mail-Adresse als auch bei **jeder weiteren Verwendung** zB im Newsletter.

11.114 ➲ **Praxistipp:** Es gibt immer wieder Fälle, in denen die ersten drei Voraussetzungen des Ausnahmetatbestandes (§ 7 Abs. 3 Nr. 1 bis 3 UWG) vorliegen und lediglich der in § 7 Abs. 3 Nr. 4 UWG geforderte Hinweis fehlt. Es ist deshalb unbedingt darauf zu achten, dass der Hinweis auf das Widerspruchsrecht sowohl bei Erhebung der E-Mail-Adresse als auch bei jeder weiteren E-Mail-Werbung gegeben wird, und zwar sinnvollerweise sowohl in der Bestellmaske/dem Bestellformular, wo die E-Mail-Adresse erstmals angegeben wird, als auch als Teil der allgemeinen Datenschutzerklärung.

cc) Muster eines Hinweises auf Widerspruchsrecht gemäß § 7 Abs. 3 Nr. 4 UWG

11.115 Der nach § 7 Abs. 3 Nr. 4 UWG erforderliche Hinweis kann wie folgt lauten (vgl. zu den Voraussetzungen des Ausnahmetatbestands im Einzelnen Rz. 11.106 ff.).

11.115a **M 25 Hinweis auf Widerspruchsrecht zur E-Mail-Werbung**

Wenn Sie bereits einen Artikel bei uns bestellt haben, werden wir Sie gegebenenfalls per E-Mail gemäß den gesetzlichen Bestimmungen auch ohne Ihre vorherige Einwilligung über interessante Angebote zu ähnlichen Artikeln informieren. Die Information erfolgt nur an die E-Mail-Adresse, die Sie bei Ihrer Bestellung angegeben haben. Wenn Sie solche E-Mail-Informationen nicht wünschen, können Sie dem jederzeit mit Wirkung für die Zukunft durch formlose Mitteilung an die xy GmbH widersprechen, zB per E-Mail an die E-Mail-Adresse .... . Durch einen solchen Widerspruch entstehen Ihnen keine über die Übermittlungskosten nach den Basistarifen hinausgehenden Kosten.

---

2. Werbeanrufe

11.116 Nach § 7 Abs. 2 Nr. 2 UWG ist auch telefonische Werbung ohne vorherige Einwilligung stets eine unzumutbare Belästigung. Anders als bei der Werbung mit „elektronischer Post" (vgl. Rz. 11.96) ist bei Werbeanrufen gegenüber **Unternehmern** jedoch deren **mutmaßliche Einwilligung** ausreichend. Gegenüber **Verbrauchern** ist allerdings auch hier eine vorherige **ausdrückliche Einwilligung** erforderlich.

11.117 Grundsätzlich gilt im Verhältnis zu Verbrauchern das schon im Zusammenhang mit der Werbung mit elektronischer Post Gesagte entsprechend (vgl. dazu Rz. 11.93 ff.). Auch insoweit wird mit dem Wort „stets" klargestellt, dass die Spürbarkeit nicht gesondert zu prüfen ist. Auch für die Telefonwerbung gilt, dass die Einwilligung immer durch die Person erteilt worden sein muss, die angerufen wird und dass der Werbende die konkrete Einverständniserklärung jedes einzelnen Verbrauchers, der angerufen werden soll, vollständig dokumentieren muss. Dies setzt im Fall der per E-Mail oder sonst elektronisch übermittelten Einverständniserklärung voraus, dass die Erklärung gespeichert wird und jederzeit ausgedruckt werden kann.[1] Hervorzuheben ist jedoch, dass die Einwilligung in Werbeanrufe **nicht** durch ein so genanntes **Double-opt-in-Verfahren** nachgewiesen werden kann (vgl. dazu Rz. 11.103), denn bei Werbeanrufen fehlt der dazu notwendige Zusammenhang zwischen der durch das Double-opt-in-Verfahren verifizierten E-Mail-Adresse und der angerufenen Telefonnummer.[2]

---

1 BGH v. 10.2.2011 – I ZR 164/09 – Rz. 30 f. – Double-opt-in-Verfahren, WRP 2011, 1153 (1155) = CR 2011, 581 = MDR 2011, 1060.
2 BGH v. 10.2.2011 – I ZR 164/09 – Rz. 39 ff. – Double-opt-in-Verfahren, WRP 2011, 1153 (1156) = CR 2011, 581 = MDR 2011, 1060.

3. Printwerbung

Versandhandelsunternehmen werben nach wie vor auch mit Printwerbemitteln, etwa durch Versendung von Katalogen und Prospekten. Diese Werbeform setzt **keine vorherige Einwilligung** voraus, unterliegt jedoch ebenfalls wettbewerbsrechtlichen Grenzen:

11.118

Nach § 7 Abs. 2 Nr. 1 UWG ist eine unzumutbare Belästigung stets anzunehmen, wenn ein Verbraucher „hartnäckig" mit Werbemitteln angesprochen wird, die in § 7 Abs. 2 Nr. 2 und 3 UWG nicht aufgeführt werden, obwohl der umworbene Verbraucher dies „erkennbar nicht wünscht". Unter § 7 Abs. 2 Nr. 1 UWG fallen verschiedene Formen der Printwerbung, insbesondere (adressierte oder nicht adressierte) Briefe, Prospekte und Kataloge.[1]

11.119

„**Hartnäckig**" ist eine Werbeansprache nur, wenn sie mindestens zweimal erfolgt ist.[2] Allerdings wird man nicht stets schon bei der zweiten Ansprache „Hartnäckigkeit" annehmen können. Bei nach den Einzelumständen weniger gravierenden Einwirkungen kann von einer hartnäckigen Werbeansprache erst bei mehr als zwei Verstößen gesprochen werden. Dabei ist auch zu berücksichtigen, dass nach § 7 Abs. 2 Nr. 1 UWG bei Vorliegen der Tatbestandsvoraussetzungen „stets" und ohne gesonderte Prüfung der Spürbarkeit eine Belästigung gegeben ist. Den Tatbestand können auch deshalb nur Handlungen von einigem Gewicht erfüllen. Die zum UWG 1909 ergangene „Ausreißer"-Rechtsprechung des BGH,[3] wonach einzelne Verstöße unter bestimmten Voraussetzungen außer Betracht bleiben können, ist insofern überholt, als die hartnäckige Werbeansprache nun ohnehin **mindestens zwei Verstöße** verlangt.[4] Diese Rechtsprechungsgrundsätze sind allerdings bei der Bewertung des Gewichts mehrerer Verstöße weiterhin von Bedeutung. An der Hartnäckigkeit kann es auch fehlen, wenn zwischen mehreren Verstößen ein längerer Zeitraum liegt, so dass das Gesamtverhalten nicht als hartnäckig eingestuft werden kann.

11.120

Printwerbung ist nach der genannten Vorschrift außerdem nur dann unzulässig, wenn der angesprochene Verbraucher sie „**erkennbar nicht wünscht**". Dabei müssen alle für die Bejahung der Hartnäckigkeit berücksichtigten Zusendungen erkennbar unerwünscht sein. Daraus folgt, dass Printwerbung grundsätzlich auch ohne die vorherige Einwilligung zulässig ist und dem Adressaten nur das Recht eines Widerspruchs zusteht („**Opt-out-Lösung**").

11.121

Ein erkennbar entgegenstehender Wille ist immer bereits dann gegeben, wenn der Werbeadressat dem Werbenden gegenüber unmittelbar seinen **Widerspruch erklärt** hat. Eine bestimmte Form muss dazu nicht gewahrt werden. Der Werbende kann den Adressaten also auch im Fall nicht adressierter Briefkastenwerbung nicht darauf verweisen, dass er (zusätzlich) einen Sperrvermerk am Briefkasten anbringen muss.[5]

11.122

Der entgegenstehende Wille kann außerdem grundsätzlich auch lediglich durch einen **Sperrvermerk** am Briefkasten erkennbar zum Ausdruck gebracht werden. Von dem üblichen Hinweis „Keine Werbung" oÄ umfasst ist **Briefkastenwerbung**, also unadressierte Postwurfsendungen[6] und auf andere Weise verteilte unadressierte Werbematerialien wie Prospekte und Kataloge. Nicht erfasst ist dagegen adressierte, per Post zugestellte **Briefwerbung**, weil der Postzusteller den Werbecharakter der adressierten Briefsendung nicht ohne weiteres erkennen kann und er gehalten ist, sämtliche adressierte Post unabhängig vom In-

11.123

---

1 Köhler/Bornkamm/*Köhler*, § 7 UWG Rz. 103 und 112.
2 Köhler/Bornkamm/*Köhler*, § 7 UWG Rz. 102a.
3 BGH v. 30.4.1992 – I ZR 287/90 – Briefkastenwerbung, WRP 1992, 638 ff. = MDR 1992, 1045.
4 Köhler/Bornkamm/*Köhler*, § 7 UWG Rz. 105.
5 So mit Recht LG Lüneburg v. 4.11.2011 – 4 S 44/11, WRP 2012, 365 ff. mit zust. Anm. *Mankowski*, WRP 2012, 269 ff.; Köhler/Bornkamm/*Köhler*, § 7 UWG Rz. 105.
6 Köhler/Bornkamm/*Köhler*, § 7 UWG Rz. 108.

halt zuzustellen.[1] Dagegen ist ein Sperrvermerk auch im Fall adressierter Briefwerbung zu beachten, wenn die Zustellung durch einen vom Werbenden eigens hierfür beauftragten Verteiler erfolgt und diesem der Werbecharakter der Briefsendung bekannt ist.[2] Ob ein Sperrvermerk am Briefkasten auch der Verteilung **kostenloser, werbefinanzierter Zeitungen** mit redaktionellem Teil entgegensteht, ist Auslegungsfrage. Der übliche Sperrvermerk „Bitte keine Werbung" oÄ umfasst diese Werbeform nicht, weil daraus nicht hinreichend klar erkennbar ist, dass damit auch dem Erhalt von Anzeigenblättern mit redaktionellen Inhalt widersprochen wird. Nur bei ausdrücklicher Bezugnahme auf kostenlose Anzeigenblätter im Sperrvermerk ist deren Verteilung unzulässig.[3] Dagegen stehen Sperrvermerke jedweder Art nicht der Versendung von **Werbebeilagen** in kostenpflichtigen, abonnierten Zeitungen und Zeitschriften entgegen.[4]

11.124 Schließlich müssen Werbende sowohl bei der Versendung nicht adressierter Briefkastenwerbung wie auch bei der Versendung adressierter Briefwerbung Einträge in die „**Robinson-Liste**" beachten, denn auch mit einem solchen Eintrag wird der Wille, solche Werbung nicht zu erhalten, iSv. § 7 Abs. 2 Nr. 1 UWG erkennbar.[5] Dagegen stehen Einträge in dieser Liste in Anlehnung an die Grundsätze zum Sperrvermerk, der sich lediglich allgemein auf Werbung bezieht, der Verteilung werbefinanzierter kostenloser Anzeigenblätter nicht entgegen.

11.125 Wird der erkennbar entgegenstehende Wille nicht beachtet, kommt neben der Haftung des Verteilers eine Haftung auch des **werbenden Unternehmens**, im Fall der Verteilung anzeigenfinanzierter kostenloser Anzeigenblätter auch der **Verleger** der Anzeigenblätter, in Betracht; die Verantwortlichkeit besteht jedoch nicht, wenn der Verstoß erfolgte, obwohl der Werbende bzw. der Verleger des Anzeigenblatts den eingeschalteten Verteiler vertraglich zur Beachtung von Sperrvermerken verpflichtet hat, Beanstandungen nachgeht und gegen Verstöße nach Maßgabe der getroffenen Vertragsabreden vorgeht.[6]

11.126 Besonders bei **adressierter Briefwerbung** muss ferner der **Werbecharakter** des Briefs in Abgrenzung zu privater oder geschäftlicher Korrespondenz offenbart werden. Es muss nach Öffnen des Briefs sofort leicht erkennbar sein, dass es sich um Werbung handelt; ein Hinweis schon auf dem Umschlag ist aber nicht erforderlich.[7]

4. Unverlangte Zusendung von Waren

11.127 Auch die unverlangte Zusendung von Waren oder deren Ankündigung kann eine **unzumutbare Belästigung** iSv. § 7 Abs. 1 Satz 1 UWG darstellen.[8] Die Voraussetzungen dieser Bestimmung liegen etwa vor, wenn in einem als „Auftragsbestätigung" bezeichneten Schreiben der unzutreffende Eindruck erweckt wird, es sei bereits eine Bestellung erfolgt

---

1 Köhler/Bornkamm/*Köhler*, § 7 UWG Rz. 115 aE.
2 Ähnlich Köhler/Bornkamm/*Köhler*, § 7 UWG Rz. 115.
3 OLG Stuttgart v. 12.11.1993 – 2 U 117/93, NJW-RR 1994, 502 f.; Köhler/Bornkamm/*Köhler*, § 7 UWG Rz. 109 – aA OLG Karlsruhe v. 30.7.1991 – 18a U 46/91 – Anzeigenblatt im Briefkasten, GRUR 1991, 940 f. = MDR 1991, 1208, wonach der Hinweis „Bitte keine Werbung einwerfen" sich auch auf als Werbung zu qualifizierende kostenlose Anzeigenblätter mit redaktionellem Teil beziehe.
4 Köhler/Bornkamm/*Köhler*, § 7 UWG Rz. 110.
5 Köhler/Bornkamm/*Köhler*, § 7 UWG Rz. 107 und Rz. 115.
6 Ähnlich, jedoch in der Tendenz etwas strenger BGH v. 30.4.1992 – I ZR 287/90 – Briefkastenwerbung, WRP 1992, 638 ff. = MDR 1992, 1045; vgl. zur Haftung des Franchisegebers für unzulässigerweise durch den Franchisenehmer verteilte Werbezettel LG Düsseldorf v. 2.1.2009 – 38 O 116/05 – Rz. 15 ff., juris.
7 Köhler/Bornkamm/*Köhler*, § 7 UWG Rz. 114.
8 BGH v. 17.8.2011 – I ZR 134/10 – Rz. 14 ff. – Auftragsbestätigung, GRUR 2012, 82 (84) = MDR 2012, 44.

und die Lieferung stehe deshalb bevor. Dagegen sind die Voraussetzungen von § 7 Abs. 1 Satz 1 UWG nicht erfüllt, wenn eine unbestellte Ware geliefert oder angekündigt wird und der Anbieter dabei irrtümlich von einer tatsächlich vorliegenden Bestellung ausgeht und der Irrtum nicht in seinem Verantwortungsbereich liegt. Dies ist etwa der Fall, wenn ein Dritter Ware unter dem Namen des Belieferten ohne dessen Zustimmung bestellt.[1] Online-Händler sind nicht gehalten, zur Vermeidung solcher Fehllieferungen besondere Vorkehrungen zu treffen, etwa ein Double-Opt-In-Verfahren einzurichten. Anders als etwa bei der unverlangten E-Mail-Werbung, zu deren Vermeidung ein solches Verfahren für online eingeholte Einwilligungen verlangt wird (vgl. Rz. 11.103), ist bei unbestellten Warenlieferungen ein deutlich geringerer Nachahmungseffekt zu befürchten.

Die Ankündigung und Lieferung unbestellter Waren gegenüber Verbrauchern kann außerdem den Tatbestand von Nr. 29 des Anhangs zu § 3 Abs. 3 UWG erfüllen, wonach die Aufforderung zur Zahlung nicht bestellter Waren oder Dienstleistungen oder eine Aufforderung zur Rücksendung oder Aufbewahrung nicht bestellter Sachen stets wettbewerbswidrig ist, sofern es sich nicht um eine fernabsatzrechtlich zulässige Ersatzlieferung handelt.[2] **11.128**

5. Anonyme Werbung

Mit dem Gesetz gegen unseriöse Geschäftspraktiken vom 8.10.2013[3] wurde § 7 Abs. 2 UWG um eine Nr. 4 erweitert, wonach bestimmte Formen anonymer Werbung als stets unzumutbare Belästigung gelten.[4] Die Regelung gilt auch für mit Einwilligung erfolgte Werbung und soll dem Werbeadressaten ermöglichen, seine Einwilligung zu widerrufen und ggf. Ansprüche gegen den Absender geltend zu machen. **11.128a**

6. Pop-up- und Pop-under-Werbung; Pre- und Interstitials; Layer-Ads

Schließlich können weitere internetspezifische Werbeformen unter bestimmten Voraussetzungen als unzumutbare Belästigung iSv. § 7 Abs. 1 und ggf. auch Abs. 2 UWG angegriffen werden. Diskutiert wird dies insbesondere bei Werbung mittels[5] **11.129**

– **Pop-up-Werbung**, also Anzeigen auf Websites, die in einem separaten Browserfenster erscheinen, das sich automatisch öffnet und sich über die betrachtete Webseite legt;

– **Pop-under-Werbung**, dh. Werbung in einem separaten Browserfenster, das sich jedoch – anders als Pop-ups – unter die betrachtete Seite legt und erst beim Verlassen dieser Seite sichtbar wird;

– **Pre- bzw. Interstitials**, also die automatische Unterbrechung zu Beginn oder während des Betrachtens einer Webseite, vergleichbar mit Werbeblöcken im frei empfangbaren Fernsehen, wobei die Unterbrechungen teilweise durch Anklicken deaktiviert werden können oder nach einer voreingestellten Zeit ohne eine solche Möglichkeit des aktiven Wegklickens automatisch enden;

---

1 BGH v. 17.8.2011 – I ZR 134/10 – Rz. 18 – Auftragsbestätigung, GRUR 2012, 82 (84) = MDR 2012, 44.
2 BGH v. 17.8.2011 – I ZR 134/10 – Rz. 12 ff. – Auftragsbestätigung, GRUR 2012, 82 (83 f.) = MDR 2012, 44; vgl. zur wettbewerbsrechtlichen Behandlung unbestellter Waren ferner Köhler/Bornkamm/*Köhler*, § 7 UWG Rz. 77 ff.
3 BGBl. I 2013, 3714.
4 Vgl. zu den Einzelheiten Köhler/Bornkamm/*Köhler*, § 7 UWG Rz. 208 ff.
5 Vgl. Köhler/Bornkamm/*Köhler*, § 7 UWG Rz. 93; Moritz/Dreier/*Moritz/Hermann*, Rechts-Handbuch zum E-Commerce, D Rz. 513 f.; Auer-Reinsdorff/Conrad/*Eckhardt*, Handbuch IT- und Datenschutzrecht, § 25 Rz. 37 f.

– **Layer-Ads**, dh. meist animierte, transparent ausgestaltete Werbeformate, die sich über die besuchte, sichtbare bleibende Webseite legen und die in der Regel nicht durch Pop-up-Blocker umgangen werden können.

11.130 Solche Werbeformen werden von den angesprochenen Nutzern je nach konkreter Ausgestaltung in unterschiedlichem Maße als belästigend empfunden, weil die Werbenachrichten ungefragt erscheinen und die Wahrnehmung der eigentlich aufgesuchten Websites beeinträchtigt. Ob solche Beeinträchtigungen allerdings die Schwelle der unlauteren Belästigung iSv. § 7 UWG erreichen oder andere wettbewerbsrechtlichen Tatbestände erfüllen, ist noch nicht abschließend geklärt und wird nicht einheitlich beurteilt.[1] In der **Rechtsprechung** wurden Interstitials für zulässig gehalten, die sich nach fünf Sekunden per Mausklick deaktivieren lassen,[2] jedoch Interstitials als Verstoß gegen § 7 Abs. 1 Satz 1 UWG untersagt, wenn sie zwanzig Sekunden sichtbar sind und sich nicht vorzeitig beenden lassen.[3] Letzteres ist ua. unter Hinweis auf die üblich gewordenen und jedenfalls nicht unter dem Blickwinkel einer unzumutbaren Belästigung beanstandeten Werbeblöcke im Free-TV auf beachtliche Kritik gestoßen.[4] Eine unzumutbare Belästigung liegt jedenfalls vor, wenn der Nutzer nicht lediglich vor die Alternative gestellt wird, entweder die Werbung zu erdulden oder das (meist kostenfreie) Angebot zu verlassen, sondern ihm zusätzliche Mühen abverlangt werden, wie etwa in dem vom LG Düsseldorf[5] entschiedenen Fall: Dort öffneten sich beim Schließen von Pop-ups immer neue Pop-ups und der Nutzer war gezwungen, den Browser zu schließen.

7. Zivilrechtliche Ansprüche der Adressaten

11.131 § 7 UWG gibt den Adressaten unzumutbar belästigender Werbung keine Abwehransprüche, soweit es sich nicht ausnahmsweise um Mitbewerber handelt. Allerdings können die mit unzumutbar belästigender Werbung Angesprochenen sich dagegen auf deliktsrechtlicher Grundlage (§ 823 Abs. 1 BGB iVm. § 1004 BGB analog) wegen Verletzung **ihres allgemeinen Persönlichkeitsrechts** oder ihres **Rechts am Unternehmen** mit Unterlassungs- und Schadensersatzansprüchen wehren, wobei im Ergebnis die gleichen Maßstäbe wie bei der Prüfung der unzumutbaren Belästigung iSv. § 7 UWG zu Grunde gelegt werden.[6] Der Adressat kann dabei jedoch – anders als ein wettbewerbsrechtlich Anspruchsberechtigter – lediglich Unterlassung rechtswidriger Werbung ihm gegenüber verlangen. Eine Unterlassungserklärung kann deshalb zur Beseitigung der Wiederholungsgefahr auf die Unterlassung von Werbung den Adressaten gegenüber beschränkt werden. Außerdem ist der Gegenstandswert anders als bei wettbewerbsrechtlichen Ansprüchen lediglich an dem Interesse des Adressaten an der künftigen Unterlassung zu bemessen, also in der Regel erheblich geringer als bei wettbewerbsrechtlich begründeter Beanstandung.

11.131a Zu **Schadensersatzansprüchen** von Adressaten nach § 7 UWG unzulässiger Werbung hat der BGH klargestellt, dass die Bestimmung nicht dem Schutz der Entscheidungsfreiheit der Werbeadressaten dient. Wenn also als Folge eine durch einen unerlaubten Werbeanruf geschaffenen Überrumplungssituation vertragliche Verbindlichkeiten eingegangen werden, kann insoweit kein Schadensersatz verlangt werden.[7]

---

1 Vgl. mwN Köhler/Bornkamm/*Köhler*, § 7 UWG Rz. 93; *Leupold/Bräutigam/Pfeiffer*, WRP 2000, 575 (591).
2 OLG Köln v. 12.4.2013 – I-6 U 132/12 – Rz. 33 ff., GRUR-RR 2014, 83 f.
3 LG Berlin v. 14.9.2010 – 103 O 43/10, GRUR-RR 2011, 333 (334).
4 *Rauda*, GRUR-RR 2011, 334 (335 f.).
5 LG Düsseldorf v. 26.3.2003 – 2a O 186/02, CR 2003, 525 f.
6 BGH v. 20.5.2009 – I ZR 218/07 – E-Mail-Werbung II, GRUR 2009, 980 (981 f.) = CR 2009, 733 = MDR 2009, 1234.
7 BGH v. 21.4.2016 – I ZR 276/14 – Rz. 14 ff. – Lebens-Kost, WRP 2016, 866.

VI. Ergänzender Leistungsschutz

Die Fallgruppe des ergänzenden wettbewerbsrechtlichen Leistungsschutzes (§ 4 Nr. 3 UWG) kann im Zusammenhang mit der unlauteren **Übernahme fremder Webshopgestaltungen** bedeutsam sein. Da solche Fallgestaltungen in erster Linie urheberrechtliche Fragen aufwerfen, wird der ergänzende Leistungsschutz von Websites und sonstigen Werbegestaltungen dort behandelt (vgl. Rz. 11.289 und Rz. 11.314). **11.132**

VII. Auslandsbezug: Internationale Zuständigkeit und anwendbares Recht

Bei Anbietern mit Sitz im Ausland stellt sich die Frage, ob diese vor deutschen Gerichten nach deutschem Recht wegen Wettbewerbsverstößen in Anspruch genommen werden können. Aus Sicht inländischer Webshop-Betreiber und Versender, die Waren und Dienstleistungen bestimmungsgemäß auch im Ausland anbieten, fragt sich, ob diese mit Klagen im Ausland nach ausländischem Recht rechnen müssen. **11.133**

1. Internationale Zuständigkeit

Die internationale Zuständigkeit[1] richtet sich in den EU-Mitgliedsstaaten nach der Verordnung (EU) Nr. 1215 v. 12.12.2012 (EuGVVO=Brüssel-Ia-VO). Nach **Art. 7 Nr. 2 EuGVVO** sind für unerlaubte Handlungen die Gerichte des Orts zuständig, an dem das schädigende Ereignis eingetreten ist oder einzutreten droht. Zu den unerlaubten Handlungen idS zählen auch Wettbewerbsverstöße.[2] Die Bestimmung ist auch für Klagen von Verbraucherverbänden gegen den Einsatz missbräuchlicher AGB durch Anbieter mit Sitz im EU-Ausland einschlägig.[3] **11.134**

Der Begehungsort umfasst sowohl den Handlungs- als auch den Erfolgsort. Für wettbewerbswidrige Werbeäußerungen im **Internet** kommt es maßgebend darauf an, in welchem Land bzw. in welchen Ländern sich der Internet-Auftritt **bestimmungsgemäß auswirken** soll.[4] Wo dies der Fall ist, hängt von einer ganzen Reihe von Kriterien ab wie zB den eingesetzten Sprachen und den für Geschäfte zugelassenen Währungen.[5] Der Anbieter hat dabei einen **Gestaltungsspielraum** und kann zB durch einen **Disclaimer** das Verbreitungsgebiet einschränken mit der Folge, dass Gerichte der Staaten außerhalb des Verbreitungsgebiets für Klagen nicht international zuständig sind. Ein solcher Disclaimer muss nach Auffassung des BGH allerdings klar und eindeutig gestaltet sein und gemäß der Aufmachung aus Sicht des Betrachters „ernst gemeint" sein; außerdem muss er durch den Anbieter auch tatsächlich befolgt werden.[6] **11.135**

➲ **Praxistipp:** Anbieter, die ohnehin nur bestimmte Absatzgebiete im Auge haben, sollten sich durch entsprechende klar gestaltete Disclaimer vor Klagen außerhalb dieses Verbreitungsgebiets schützen und sich beim Vertrieb auch tatsächlich an die im Disclaimer angegebenen Beschränkungen halten. **11.136**

---

1 Vgl. dazu *Sobola/Woltersdorf*, ITRB 2010, 257 ff.; Köhler/Bornkamm/*Köhler*, Einl. Rz. 5.50 ff.
2 BGH v. 20.12.2007 – I ZR 205/04 – Rz. 18 – Versandhandel mit Arzneimitteln, GRUR 2008, 275 (276); BGH v. 24.2.2005 – I ZR 101/02 – Vitamin-Zell-Komplex, GRUR 2005, 519 = MDR 2005, 1066.
3 BGH v. 9.7.2009 – Xa ZR 19/08 – Rz. 10 ff., WRP 2009, 1545 (1446) = MDR 2009, 1348.
4 BGH v. 30.3.2006 – I ZR 24/03 – Rz. 21 – Arzneimittelwerbung im Internet, GRUR 2006, 513 (515) = CR 2006, 539 = MDR 2006, 941.
5 Vgl. BGH v. 30.3.2006 – I ZR 24/03 – Rz. 22 – Arzneimittelwerbung im Internet, GRUR 2006, 513 (515) = CR 2006, 539 = MDR 2006, 941; s. ferner zu den Kriterien auch *Sobola/Woltersdorf*, ITRB 2010, 257 (258 f.).
6 Vgl. BGH v. 30.3.2006 – I ZR 24/03 – Rz. 22 – Arzneimittelwerbung im Internet, GRUR 2006, 513 (515) = CR 2006, 539 = MDR 2006, 941.

2. Anwendbares Recht

11.137 Von der Frage der Zuständigkeit der Gerichte zu trennen, ist die Frage, welche nationale Rechtsordnung das zuständige Gericht anzuwenden hat. Das anwendbare Recht auf außervertragliche Schuldverhältnisse bestimmt sich seit dem 11.1.2009 nach der ROM II-VO. Nach **Art. 6 Abs. 1 ROM II-VO** ist im Fall von Wettbewerbsverstößen das Recht des Staates anwendbar, in dessen Gebiet die **Wettbewerbsbeziehungen** oder die kollektiven **Interessen der Verbraucher beeinträchtigt** worden sind oder wahrscheinlich beeinträchtigt werden. Im Wesentlichen dürfte dies der bislang im Wettbewerbsrecht herrschenden kollisionsrechtlichen Anknüpfung an den **Marktort** entsprechen.[1] Für Internetsachverhalte kommt es dabei – ähnlich wie bei der Bestimmung der internationalen Zuständigkeit deutscher Gerichte (Rz. 11.135) – darauf an, wo sich der Auftritt **bestimmungsgemäß ausgewirkt** hat oder auszuwirken droht.[2] Die bloße technisch bedingte Abrufbarkeit im Internet begründet dagegen noch keinen hinreichenden Anknüpfungspunkt.

VIII. Rechtsverfolgung

1. Aktivlegitimation

11.138 Der Kreis der Anspruchsberechtigten ist weit: Gemäß § 8 Abs. 3 UWG können wettbewerbsrechtliche Ansprüche geltend gemacht werden durch jeden **Mitbewerber** (Nr. 1), bestimmte rechtsfähige **Verbände** wie zB die Zentrale zur Bekämpfung unlauteren Wettbewerbs e.V.,[3] **qualifizierte Einrichtungen** und **Industrie- und Handelskammern** und **Handwerkskammern** (Nrn. 2 bis 4). Mitbewerber ist gemäß § 2 Abs. 1 Nr. UWG jeder Unternehmer, der mit einem oder mehreren Unternehmern als Anbieter oder Nachfrager von Waren- oder Dienstleistungen in einem konkreten Wettbewerbsverhältnis steht. An die Feststellung eines solchen konkreten Wettbewerbsverhältnisses werden im Allgemeinen keine strengen Anforderungen gestellt.[4] Dies gilt für den Online-Versandhandel insbesondere für die räumliche Marktabgrenzung. Da der Online- wie der klassische Versandhandel grundsätzlich auf eine überregionale, meist bundesweite Kundenansprache ausgerichtet ist, treten auch weit voneinander entfernt ansässige kleinere Unternehmen miteinander in unmittelbaren Wettbewerb, so dass sich der Kreis der anspruchsberechtigten Mitbewerber in diesem Bereich kaum verlässlich räumlich eingrenzen lässt.[5] Andererseits ist auch im Bereich des Internethandels stets danach zu fragen, ob im konkreten Fall die gleichen Kunden umworben werden; im Einzelfall kann deshalb auch im Internethandel das konkrete Wettbewerbsverhältnis wegen einer großen räumlichen Entfernung zu verneinen sein.[6]

---

1 Vgl. dazu BGH v. 30.3.2006 – I ZR 24/03 – Rz. 25 – Arzneimittelwerbung im Internet, GRUR 2006, 513 (515) = CR 2006, 539 = MDR 2006, 941.

2 BGH v. 30.3.2006 – I ZR 24/03 – Rz. 25 – Arzneimittelwerbung im Internet, GRUR 2006, 513 (515) = CR 2006, 539 = MDR 2006, 941.

3 www.wettbewerbszentrale.de.

4 Köhler/Bornkamm/*Köhler*, § 2 UWG Rz. 97 mwN.

5 Vgl. zur Maßgeblichkeit der Reichweite der Werbung und der Vertriebsart auch Köhler/Bornkamm/*Köhler*, § 2 UWG Rz. 108c mwN.

6 Im Fall „Preiswerbung ohne Umsatzsteuer" (BGH v. 29.4.2010 – I ZR 99/08, WRP 2011, 55 [57]) blieb die tatrichterliche Feststellung unbeanstandet, dass Kunden bei Gebrauchtwagen, die mehr als 10 000,00 Euro kosten, auch „größere Entfernungen" von „mehreren 100 Kilometern" in Kauf nehmen. Dies zeigt, dass jedenfalls nicht allein die Tatsache des überall abrufbaren Internetangebots und die Möglichkeit, von jedem Ort aus einen Vertrag zu schließen, für die Annahme eines konkreten Wettbewerbsverhältnisses ausreicht.

2. Passivlegitimation, insbesondere Haftung als Täter, Teilnehmer und Störer

Gemäß § 8 Abs. 1 Satz 1 UWG richten sich lauterkeitsrechtliche Ansprüche gegen denjenigen, der eine nach § 3 UWG oder nach § 7 UWG unzulässige geschäftliche Handlung vornimmt. Dies ist zunächst der Fall beim **Täter**, also demjenigen, der den lauterkeitsrechtlichen Tatbestand in eigener Person adäquat kausal verwirklicht.[1] In Betracht kommt auch die Haftung als **mittelbarer Täter**, also die Verwirklichung des Tatbestandes durch einen anderen.[2] Eine Wettbewerbsverletzung kann außerdem als **Mittäter** begangen werden, was eine gemeinschaftliche Begehung, also ein bewusstes und gewolltes Zusammenwirken, voraussetzt.[3] Schließlich kommt eine Haftung als **Teilnehmer**, also als Gehilfe oder Anstifter in Bezug auf einen Wettbewerbsverstoß eines anderen, in Betracht. Dazu muss der Wettbewerbsverstoß zumindest mit bedingtem Vorsatz gefördert oder dazu angestiftet worden sein, wobei zum Teilnehmervorsatz sowohl die Kenntnis der objektiven Tatumstände als auch das Bewusstsein der Rechtswidrigkeit der Haupttat gehören.[4] Allerdings bejaht die Rechtsprechung den (bedingten) Teilnehmervorsatz bereits, wenn der Handelnde den lediglich für möglich gehaltenen Verstoß billigend in Kauf genommen hat oder er sich bewusst einer Kenntnisnahme von der Unlauterkeit des Verhaltens des Täters verschließt.[5]

11.139

Dagegen kommt nach neuerer Rechtsprechung eine früher noch angenommene[6] Haftung als **Störer** im Wettbewerbsrecht nicht mehr in Betracht. Nachdem der BGH dies in zahlreichen Entscheidungen bereits angedeutet hatte,[7] hat er die Störerhaftung für dem Verhaltensunrecht zuzuordnende Wettbewerbsverstöße in der Entscheidung „Kinderhochstühle im Internet" aufgegeben.[8] Damit werden Gehilfen privilegiert, denen der erforderliche Gehilfenvorsatz fehlt und die nach bisherigen Störergrundsätzen hätten in Anspruch genommen werden können.[9] Allerdings werden eine Reihe von Konstellationen, in denen bislang eine Haftung als Störer bejaht wurde, nun dadurch erfasst, dass **täterschaftliches** Handeln mit der Verletzung wettbewerbsrechtlicher **Verkehrspflichten** begründet werden kann. Nach der Entscheidung „Jugendgefährdende Medien bei eBay"[10] kann derjenige als Täter einen Wettbewerbsverstoß begehen, der durch sein Handeln im geschäftlichen Verkehr in einer ihm zurechenbaren Weise die Gefahr eröffnet, dass Dritte Interessen von Marktteilnehmern verletzen, die durch das Wettbewerbsrecht geschützt sind, wenn er diese Gefahr nicht im Rahmen des ihm Möglichen und Zumutbaren begrenzt.[11]

11.140

---

1 BGH v. 10.2.2011 – I ZR 183/09 – Rz. 27 – Irische Butter, GRUR 2011, 340 (342) = MDR 2011, 377.
2 BGH v. 10.2.2011 – I ZR 183/09 – Rz. 27 – Irische Butter, GRUR 2011, 340 (342) = MDR 2011, 377.
3 BGH v. 11.3.2009 – I ZR 114/06 – Rz. 14 – Halzband, GRUR 2009, 597 = CR 2009, 450 = MDR 2009, 879.
4 BGH v. 11.3.2009 – I ZR 114/06 Rz. 14 – Halzband, GRUR 2009, 597 = CR 2009, 450 = MDR 2009, 879; BGH v. 3.7.2008 – I ZR 145/05 – Rz. 15 – Kommunalversicherer, GRUR 2008, 810 (812) mwN = MDR 2008, 1289.
5 BGH v. 3.7.2008 – I ZR 145/05 – Rz. 45 – Kommunalversicherer, GRUR 2008, 810 (814) = MDR 2008, 1289.
6 Vgl. zB BGH v. 30.1.2003 – I ZR 142/00 – Kleidersack, GRUR 2003, 624 (626) = MDR 2003, 1066.
7 Vgl. etwa BGH v. 15.5.2003 – I ZR 292/00 – Ausschreibung von Vermessungsdienstleistungen, GRUR 2003, 969 (970) = CR 2004, 333; BGH v. 11.3.2004 – I ZR 304/01 – Internet-Versteigerung I, GRUR 2004, 860 (864) = MDR 2004, 1369 = CR 2004, 763; BGH v. 12.5.2010 – I ZR 121/08 Rz. 19 – Sommer unseres Lebens, GRUR 2010, 633 (634) = MDR 2010, 882 = CR 2010, 458.
8 BGH v. 22.7.2010 – I ZR 139/08 Rz. 48 – Kinderhochstühle im Internet, WRP 2011, 223 (228) = CR 2011, 259 = MDR 2011, 246; BGH v. 18.6.2014 – I ZR 242/12 – Rz. 11 – Geschäftsführerhaftung, WRP 2014, 1050 (1051) = MDR 2014, 1038; *Spindler*, GRUR 2011, 101 (102 f.); Köhler/Bornkamm/ *Köhler*, § 8 UWG Rz. 2.2c.
9 *Spindler*, GRUR 2011, 101 (103).
10 BGH v. 12.7.2007 – VII ZR 18/04 – Rz. 22 und Leitsatz 2 – Jugendgefährdende Medien bei eBay, GRUR 2007, 890 (892) = CR 2007, 729 = MDR 2008, 97.
11 Vgl. zur Täterschaft aufgrund von Verkehrspflichtverletzungen auch Köhler/Bornkamm/*Köhler*, § 8 UWG Rz. 2.6 ff.

11.141 Der BGH hat ferner in bestimmten Fällen – bejaht etwa im Zusammenhang mit Pflichtverletzungen bei der Verwahrung von Zugangsdaten für ein eBay-Mitgliedskonto – einen
selbständigen, gegenüber den Grundsätzen der Störerhaftung und den Verkehrspflichten
im Bereich des Wettbewerbsrechts unabhängigen **Zurechnungsgrund** für möglich gehalten[1] und damit ebenfalls bislang unter Störergesichtspunkten relevante Fälle auch weiterhin erfasst.[2]

11.142 Juristische Personen, Personenhandelsgesellschaften sowie die Partnerschaftsgesellschaft
und die BGB-Gesellschaft haften gemäß **§§ 31, 89 BGB** für Wettbewerbsverstöße ihrer
Organe und Repräsentanten, also zB Vorstände, Geschäftsführer oder sonstige Führungs-
kräfte; diese Haftung gilt auch für die im Wettbewerbsrecht in erster Linie verfolgten
Unterlassungsansprüche.[3] Daneben haftet das **Organ** als handelnde Person, also zB der Geschäftsführer einer GmbH oder der Vorstand einer AG persönlich, wenn er an der Wettbewerbshandlung durch positives Tun beteiligt war oder wenn er die unlautere Handlung
aufgrund einer deliktsrechtlichen Garantenstellung hätte verhindern müssen.[4] Eine Haftung von **Unternehmen**, gleich welcher Rechtsform, kommt auch nach **§ 8 Abs. 2 UWG** in
Betracht, wenn Mitarbeiter oder Beauftragte[5] des Unternehmens einen Wettbewerbsverstoß begehen. Unter dem Gesichtspunkt dieser so genannten Beauftragtenhaftung kommt
eine Haftung des Anbieters für Rechtsverstöße seiner „**Affiliates**", also Internet-Werbepartner, in Betracht (vgl. dazu näher Rz. 10.298).[6] Denkbar ist auch eine Haftung des Werbenden für Handlungen des von ihm beauftragten Betreibers einer **Preissuchmaschine**.[7]
Dagegen sind **selbständige Händler** (**Reseller**) als selbständige Absatzmittler nicht Beauftragte ihrer Lieferanten, so dass diese für deren Wettbewerbsverstöße nicht nach § 8 Abs. 2
UWG einzustehen haben.[8]

3. Ansprüche

a) Unterlassung

11.143 Wettbewerbsverstöße begründen Unterlassungsansprüche. § 8 Abs. 1 Satz 1 UWG sieht
einen Unterlassungsanspruch bei Wiederholungsgefahr vor, also in Fällen, in denen bereits ein Verstoß erfolgt ist und deshalb die Wiederholungsgefahr vermutet wird (sog. **Ver-
letzungsunterlassungsanspruch**).[9] Nach § 8 Abs. 1 Satz 2 UWG besteht der Unterlassungsanspruch auch, wenn ein Wettbewerbsverstoß erst droht, also Erstbegehungsgefahr
besteht (sog. **vorbeugender Unterlassungsanspruch**).[10] In der Praxis steht der Verletzungs-
unterlassungsanspruch im Vordergrund. Die Handlung, die die Wiederholungsgefahr begründet, muss zum Zeitpunkt ihrer Begehung wettbewerbswidrig und das beanstandete
Verhalten außerdem am Tag der letzten mündlichen Verhandlung noch verboten sein.[11]

---

1 BGH v. 11.3.2009 – I ZR 114/06 – Rz. 16 – Halzband, GRUR 2009, 597 (598) = CR 2009, 450 =
MDR 2009, 879.
2 Vgl. dazu Köhler/Bornkamm/*Köhler*, § 8 UWG Rz. 2.14 ff.
3 Köhler/Bornkamm/*Köhler*, § 8 UWG Rz. 2.19 mwN.
4 BGH v. 18.6.2014 – I ZR 242/12 – Rz. 17 – Geschäftsführerhaftung, WRP 2014, 1050 (1052) = MDR
2014, 1038; vgl. auch Köhler/Bornkamm/*Köhler*, § 8 UWG Rz. 2.20.
5 Vgl. zum Begriff Köhler/Bornkamm/*Köhler*, § 8 UWG Rz. 2.41 ff.
6 BGH v. 7.10.2009 – I ZR 109/06 – Rz. 21 ff. – Partnerprogramm, GRUR 2009, 1167 (1170 f.) = CR
2009, 794; BGH v. 17.8.2011 – I ZR 134/10 – Rz. 13 – Auftragsbestätigung, GRUR 2012, 82 (84) =
MDR 2012, 44.
7 Offengelassen allerdings in BGH v. 11.3.2010 – I ZR 123/08 – Rz. 20 – Espressomaschine, WRP
2010, 1246 (1249) = CR 2010, 680 = MDR 2010, 1276, weil im Streitfall der Werbende bereits für eigenes Handeln wegen seines eigenen Internetangebots wettbewerbsrechtlich haftete.
8 BGH v. 28.10.2010 – I ZR 174/08 – Rz. 10 ff. – Änderung der Voreinstellung III, WRP 2011, 749
(750 f.) = CR 2011, 374 = MDR 2011, 744.
9 Vgl. Köhler/Bornkamm/*Bornkamm*, § 8 UWG Rz. 1.30 ff.
10 Vgl. Köhler/Bornkamm/*Bornkamm*, § 8 UWG Rz. 1.15 ff.
11 Köhler/Bornkamm/*Bornkamm*, § 8 UWG Rz. 1.8a mwN.

Wesentlich ist, dass die durch eine Verletzungshandlung begründete Wiederholungs- **11.144**
gefahr grundsätzlich nur durch **Abgabe einer strafbewehrten Unterlassungserklärung** entfällt (vgl. näher unten Rz. 11.163 ff.).[1] Dagegen entfällt der vorbeugende Unterlassungsanspruch grundsätzlich bereits dann, wenn das Verhalten, das die Begehungsgefahr
begründet, eingestellt wird, etwa die Berühmung, ein bestimmtes wettbewerbswidriges
Verhalten sei zulässig, durch die Erklärung aufgegeben wird, dass die beanstandete Handlung künftig nicht vorgenommen werde.[2]

Der Unterlassungsanspruch ist grundsätzlich **sofort** zu befolgen. Allerdings ist er in be- **11.145**
sonderen Fällen unter dem Gesichtspunkt von Treu und Glauben und nach den Grundsätzen der Verhältnismäßigkeit dahin materiell-rechtlich beschränkt, dass dem Verletzer
eine **Aufbrauch- oder Umstellungsfrist** zu gewähren ist, etwa wenn die sofortige Befolgung eine unzumutbare Härte bedeuten würde.[3] Dies kommt zB in Betracht, wenn der
Verletzer wettbewerbswidrige Printwerbemittel in hoher Auflage oder sogar Produktverpackungen mit wettbewerbswidrigen Werbeaussagen besitzt, der Wettbewerbsverstoß
wenig gravierend ist und den Verletzer kein oder nur ein geringes Verschulden trifft.

Wie alle sonstigen lauterkeitsrechtlichen Ansprüche **verjährt** auch der Unterlassungs- **11.146**
anspruch nach § 11 Abs. 1 UWG grundsätzlich kurz nach **sechs Monaten**. Dies gilt auch
für den vorbeugenden Unterlassungsanspruch.[4] Sind jedoch – wie häufig – die Wiederholungsgefahr begründende Verletzungshandlung oder das Begehungsgefahr begründende
Verhalten **Dauerhandlungen**, so beginnt die kurze Verjährung stets neu zu laufen, so dass
im Ergebnis der Unterlassungsanspruch nicht verjährt.

b) Sonstige Ansprüche

Außer Unterlassung kann bei Wettbewerbsverstößen – in der Praxis allerdings weniger **11.147**
bedeutsam – **Beseitigung** (§ 8 Abs. 1 Satz 1 UWG),[5] auch in Gestalt eines Widerrufs-
anspruchs,[6] bei verschuldeten Verstöße **Schadensersatz** (§ 9 UWG),[7] ua. zur Vorbereitung
von Schadenersatzansprüchen auch **Auskunft**[8] sowie gemäß § 10 UWG **Gewinnabschöp-**
fung durch Verbände und Kammern verlangt werden.[9] Von großer praktischer Bedeutung
ist schließlich der Anspruch auf **Ersatz erforderlicher Aufwendungen** für eine berechtigte
wettbewerbsrechtliche Abmahnung gemäß § 12 Abs. 1 Satz 2 UWG (vgl. dazu näher
Rz. 11.153).

4. Ausgewählte Verfahrensfragen

a) Abmahnung

aa) Allgemeines

Nach § 12 Abs. 1 Satz 1 UWG soll der Anspruchsberechtigte den Schuldner vor Geltend- **11.148**
machung wettbewerbsrechtlicher Ansprüche **abmahnen** und ihm Gelegenheit zur außer-

---

1 Vgl. dazu und zu anderen Fällen des Wegfalls der Wiederholungsgefahr Köhler/Bornkamm/*Born-*
   kamm, § 8 UWG Rz. 1.38 ff.
2 BGH v. 31.5.2001 – I ZR 106/99 – Berühmungsaufgabe, GRUR 2001, 1174 (1176) = MDR 2002,
   106.
3 Vgl. zu Rechtsnatur und Voraussetzungen der Aufbruchs- oder Umstellungsfrist Köhler/Born-
   kamm/*Bornkamm*, § 8 UWG Rz. 1.58 ff.
4 Vgl. mwN zum Streitstand Köhler/Bornkamm/*Bornkamm*, § 8 UWG Rz. 1.16 und Köhler/Born-
   kamm/*Köhler*, § 11 UWG Rz. 1.3.
5 Vgl. Köhler/Bornkamm/*Bornkamm*, § 8 UWG Rz. 1.69 ff.
6 Vgl. Köhler/Bornkamm/*Bornkamm*, § 8 UWG Rz. 1.95 ff.
7 Vgl. Köhler/Bornkamm/*Köhler*, § 9 UWG Rz. 1.12 ff.
8 Vgl. Köhler/Bornkamm/*Köhler*, § 9 UWG Rz. 4.1 ff.
9 Vgl. dazu OLG Frankfurt/M. v. 20.5.2010 – 6 U 33/09, GRUR 2010, 482 ff. = CR 2010, 606.

gerichtlichen Beilegung durch Abgabe einer strafbewehrten Unterlassungsverpflichtungserklärung geben. Die Vorschrift begründet keine Pflicht zur Abmahnung, sondern lediglich eine **Obliegenheit**,[1] deren Verletzung im Fall einer gerichtlichen Geltendmachung zu Kostennachteilen für den Anspruchsberechtigten führen kann, wenn der Schuldner sofort anerkennt (§ 93 ZPO) oder wenn er im Prozess eine strafbewehrte Unterlassungserklärung abgibt und dem Kläger dann nach Klagerücknahme (§ 269 Abs. 3 Satz 2 ZPO) oder im Fall einer übereinstimmenden Erledigungserklärung die Kosten auferlegt werden (§§ 91a, 93 ZPO).[2] Nicht zuletzt wegen dieses Kostenrisikos ist die wettbewerbsrechtliche Abmahnung in der Praxis die Regel.

bb) Inhalt, Form, Vollmacht, Zugang

11.149 Mit der Abmahnung wird der Verletzer unter Androhung gerichtlicher Schritte **aufgefordert**, den beanstandeten Verstoß **zu unterlassen** und innerhalb einer angemessenen Frist eine strafbewehrte Unterlassungserklärung abzugeben. Meist wird außerdem Erstattung der durch die Abmahnung entstandenen Rechtsverfolgungskosten (vgl. unten Rz. 11.153) verlangt, daneben ggf. Auskunft und die Anerkennung der Schadensersatzpflicht dem Grunde nach.[3] Üblicherweise wird der Abmahnung eine vorformulierte Unterlassungserklärung beigefügt. Darin liegt ein Angebot auf Abschluss eines Unterwerfungsvertrags, das der Abgemahnte zur Beseitigung der Wiederholungsgefahr annehmen kann (vgl. unten Rz. 11.163).[4]

11.150 Für die Abmahnung ist keine bestimmte **Form** vorgesehen. Damit Inhalt und Zugang der Abmahnung beweisbar sind, empfiehlt sich aber schriftlich abzumahnen, am besten vorab per Telefax und per E-Mail und zusätzlich per Einwurf-Einschreiben. Die häufig empfohlene Versendung als Einschreiben mit Rückschein kann den Zugang leicht scheitern lassen, wenn die Sendung nicht angenommen bzw. nicht abgeholt wird. Der Zugang kann dann nur nach Treu und Glauben unter den Voraussetzungen einer treuwidrigen Zugangsvereitelung angenommen werden.[5]

11.151 Ob eine Abmahnung, der keine **Originalvollmacht** beigefügt ist, gemäß § 174 BGB zurückgewiesen werden kann, ist in Rechtsprechung und Literatur nach wie vor umstritten.[6] Der BGH hat zwar entschieden, dass § 174 Satz 1 BGB auf eine mit einer Unterwerfungserklärung verbundene Abmahnung nicht anwendbar sei, weil darin zugleich das Angebot zum Abschluss eines Unterwerfungsvertrags liege.[7] Allerdings könne der Schuldner bei Zweifeln an der Vertretungsmacht des Abmahnenden die Abgabe einer Unterwerfungserklärung von der Vorlage einer Vollmachtsurkunde abhängig machen (§ 177 Abs. 2 BGB).[8] Es empfiehlt sich daher, eine Originalvollmacht beizufügen.

11.152 Die Abmahnung muss dem Adressaten **zugehen**, weil sie sonst ihren Zweck, ihm die außergerichtliche Beilegung des Streits durch Unterwerfung zu ermöglichen, nicht erfüllen kann und eine ausbleibende Reaktion auf eine nicht zugegangene Abmahnung keinen

---

1 Köhler/Bornkamm/*Bornkamm*, § 12 UWG Rz. 1.7.
2 Köhler/Bornkamm/*Bornkamm*, § 12 UWG Rz. 1.9 mwN.
3 Vgl. zum Inhalt der Abmahnung ausführlich Köhler/Bornkamm/*Bornkamm*, § 12 UWG Rz. 1.12. ff.
4 Köhler/Bornkamm/*Bornkamm*, § 12 UWG Rz. 1.10 und 1.16.
5 Vgl. Köhler/Bornkamm/*Bornkamm*, § 12 UWG Rz. 1.22.
6 Vgl. mwN zum Streitstand Köhler/Bornkamm/*Köhler*, § 12 UWG Rz. 1.25 ff.
7 BGH v. 19.5.2010 – I ZR 140/08 – Rz. 15 – Vollmachtsnachweis, WRP 2010, 1495 (1496) = MDR 2011, 247.
8 BGH v. 19.5.2010 – I ZR 140/08 – Rz. 15 – Vollmachtsnachweis, WRP 2010, 1495 (1496) = MDR 2011, 247; Köhler/Bornkamm/*Bornkamm*, § 12 UWG Rz. 1.28.

Anlass zur Klage gibt.[1] Allerdings trägt der Verletzte, der klageweise geltend gemachte Ansprüche anerkennt und mit der Behauptung, ihm sei eine Abmahnung nicht zugegangen, gemäß § 93 ZPO beantragt, dem Kläger die Kosten aufzuerlegen, die **Darlegungs- und Beweislast** für den fehlenden Zugang. Jedoch muss der Abmahnende im Rahmen seiner sekundären Darlegungslast den Versand des Abmahnschreibens substantiiert darlegen.[2]

cc) Erstattung von Abmahnkosten

Nach § 12 Abs. 1 Satz 2 UWG kann der Abmahnende, soweit seine Abmahnung berechtigt ist, **Ersatz der erforderlichen Aufwendungen** verlangen. Der Anspruch entsteht unabhängig davon, ob der Verletzer den beanstandeten Verstoß verschuldet hat. Zu den Aufwendungen zählen in erster Linie die für die Abmahnung entstandenen **Anwaltskosten**. In einer weder umfangreichen noch schwierigen wettbewerbsrechtlichen Angelegenheit entsteht in der Regel eine 1,3 Geschäftsgebühr (§§ 2 Abs. 2, 13 RVG iVm. Nr. 2300 VV).[3] Die Höhe der Gebühr richtet sich nach dem Gegenstandswert (vgl. dazu sogleich Rz. 11.154 ff.) des Hauptsacheverfahrens, weil die Abmahnung auf eine endgültige Streitbeilegung gerichtet ist.[4]

11.153

dd) Gegenstandswert

Der Gegenstandswert wettbewerbsrechtlicher Angelegenheiten bestimmt maßgebend die Kosten einer Abmahnung und eines sich gegebenenfalls anschließenden Gerichtsverfahrens. Da im Vordergrund meist die Verfolgung von Unterlassungsansprüchen steht, kommt es in erster Linie auf deren Wert an. Dieser bemisst sich im Fall der Geltendmachung durch einen **Mitbewerber**[5] nach dem **wirtschaftlichen Interesse des Verletzten** daran, dass der beanstandete **Verstoß künftig unterbleibt**. Dies ist nach den Umständen des Einzelfalls zu schätzen, wobei maßgebend die Gefährlichkeit des Verstoßes, der so genannte **Angriffsfaktor**, zu berücksichtigen ist.[6] Bei Klagen von **Verbraucherverbänden** kommt es für die Bemessung des Streitwerts auf die satzungsgemäß wahrgenommenen Interessen der Allgemeinheit, also das Verbraucherinteresse, an, was zu höheren Werten führen kann.[7]

11.154

Nach § 12 Abs. 4 UWG ist es bei der Bemessung des Streitwerts **wertmindernd** zu berücksichtigen, wenn der Fall einfach gelagert ist oder die Belastung mit den Kosten nach dem vollen Streitwert für eine Partei angesichts ihrer Vermögens- und Einkommensverhältnisse nicht tragbar erscheint.

11.155

Die Gegenstandwerte bei für den (Online-)Versandhandel typischen Wettbewerbsstreitigkeiten weisen eine erhebliche Bandbreite auf. Verlässliche Schätzungen lassen sich deshalb

11.156

---

1 Köhler/Bornkamm/*Bornkamm*, § 12 UWG Rz. 1.29.
2 BGH v. 21.12.2006 – I ZB 17/06 – Zugang des Abmahnschreibens, WRP 2007, 781 (782 ff.) = MDR 2007, 1162 = CR 2007, 594.
3 BGH v. 19.5.2010 – I ZR 140/08 – Rz. 31 – Vollmachtsnachweis, WRP 2010, 1495 (1498) = MDR 2011, 247.
4 Köhler/Bornkamm/*Bornkamm*, § 12 UWG Rz. 1.96 mwN.
5 Im Fall der Geltendmachung durch einen Wettbewerbsverband bemisst sich der Streitwert an dem Interesse eines „gewichtigen Mitbewerbers"; BGH v. 17.3.2011 – I ZR 183/09 – Rz. 5 – Streitwertherabsetzung II, WRP 2011, 752 = MDR 2011, 377.
6 Köhler/Bornkamm/*Köhler*, § 12 UWG Rz. 5.6; dort auch zu den einzelnen Kriterien der Bemessung.
7 BGH v. 17.3.2011 – I ZR 183/09 – Rz. 6 – Streitwertherabsetzung II, WRP 2011, 752 = MDR 2011, 377; KG v. 9.4.2010 – 5 W 3/10, WRP 2010, 789 f. = MDR 2010, 839 = CR 2010, 452 – (unerbetene Telefonwerbung gegenüber Verbrauchern: 30 000 Euro bis 50 000 Euro; fehlende Widerrufsbelehrung: 15 000 Euro, jedoch reduziert nach § 12 Abs. 4 UWG).

für konkrete Streitfälle nur schwer abgeben. Bei weniger schwerwiegenden Verstößen, wie etwa Verletzungen von Informationspflichten nach § 5 TMG, finden sich Streitwertfestsetzungen eher am unteren Rand in einer Größenordnung von 2000 Euro bis 5000 Euro, in Einzelfällen bis zu 10 000 Euro (vgl. mwN Rz. 2.103). Bei fehlerhafter oder fehlender Widerrufsbelehrung liegen die Streitwerte tendenziell höher und reichen bis 30 000 Euro (vgl. die Rechtsprechungsnachweise in Rz. 2.533 f.). Auch bei unlauteren Direktmarketingmaßnahmen können deutlich höhere Streitwerte erreicht werden.[1]

ee) Missbrauch

11.157 Da sich insbesondere für den Internethandel typische Wettbewerbsverstöße – etwa Fehler im Impressum oder unzureichende fernabsatzrechtliche Belehrungen – im Internet vergleichsweise leicht recherchieren lassen (vgl. Rz. 11.2) und der Kreis der Anspruchsberechtigten weit ist (Rz. 11.138), kommt es mitunter zu regelrechten **Abmahnwellen**, in denen mehr oder weniger gleichlautende Abmahnungen in großer Zahl versandt werden. Solche Abmahnungen können nach § 8 Abs. 4 UWG missbräuchlich und damit unzulässig sein. Dies ist insbesondere dann der Fall, wenn die Geltendmachung vorwiegend dazu dient, von dem Abgemahnten Kosten der Rechtsverfolgung zu erlangen.[2]

11.158 Die Vorschrift ist va. im Bereich des Internethandels von großer praktischer Bedeutung, wenngleich dem Schuldner nicht selten beweisbare Kenntnisse über anderweitige Abmahnaktivitäten des Gläubigers fehlen.[3] Die Geltendmachung des Einwands ist deshalb häufig mit praktischen Schwierigkeiten verbunden.

11.159 Nach der Rechtsprechung[4] ist für den Missbrauch maßgebend, dass bei der beanstandeten Rechtsverfolgung die **sachfremden Ziele** überwiegen. Ein wesentliches Indiz kann darin liegen, dass Abmahntätigkeit einerseits und gewerbliche Tätigkeit des Abmahnenden andererseits nicht in einem vernünftigen wirtschaftlichen Verhältnis stehen. Auch das Ziel, den Gegner mit hohen Kosten zu belasten, spricht für missbräuchliche Rechtsverfolgung, wie etwa die systematische Geltendmachung überhöhter Rechtsverfolgungskosten oder Vertragsstrafen.[5]

---

1 LG Kleve v. 20.5.2011 – 8 O 113/10 – Rz. 46, juris (Klage eines Mitbewerbers wegen unzulässiger Telefonwerbung: Unterlassungsstreitwert 30 000 Euro); KG v. 9.4.2010 – 5 W 3/10, WRP 2010, 789 = MDR 2010, 839 = CR 2010, 452 (Klage eines Verbraucherverbandes gegen unerlaubte Telefonwerbung gegenüber Verbrauchern: 30 000 Euro bis 50 000 Euro).

2 Vgl. dazu näher mwN *Jackowski*, WRP 2010, 38 ff.; *Mayer*, WRP 2011, 534 ff.; Köhler/Bornkamm/ *Köhler*, § 8 UWG Rz. 4.1 ff.

3 So scheiterte der Missbrauchseinwand im Fall BGH v. 6.10.2011 – I ZR 42/10 – Rz. 14 – Falsche Suchrubrik, GRUR 2012, 286 (287) = MDR 2012, 298 ua. daran, dass der Beklagte „keine Einzelheiten" zu anderweitigen vorgetragenen Abmahnverfahren darlegen konnte, die „eine Beurteilung der Abmahnungen und der ihnen zugrunde liegenden Verstöße" erlaubten.

4 BGH v. 6.10.2011 – I ZR 42/10 – Rz. 13 – Falsche Suchrubrik, GRUR 2012, 286 (287) = MDR 2012, 298.

5 Weitere Beispiele aus der Rechtsprechung, in denen der Missbrauch jeweils bejaht wurde: OLG Hamm v. 3.5.2011 – 4 U 9/11, GRUR-RR 2011, 329 (330 ff.); OLG Jena v. 6.10.2010 – 2 U 386/10 – GRUR-RR 2011, 327 ff.; LG Siegen v. 18.11.2011 – 7 O 40/11 – Rz. 14 ff., WRP 2012, 248 (redaktioneller Leitsatz).

ff) Muster einer Abmahnung mit Unterlassungserklärung

M 26 Wettbewerbsrechtliche Abmahnung   11.160

Einwurf-Einschreiben

... [B-GmbH]

... [Anschrift]

vorab per Telefax ...

vorab per E-Mail ...

A-GmbH/B-GmbH

Abmahnung wegen Wettbewerbsverstoßes

Sehr geehrte(r) ...,

wir vertreten die A-GmbH, ... [Adresse]. Originalvollmacht liegt bei.

Unsere Mandantin betreibt wie Sie einen Webshop. Sie hat kürzlich davon Kenntnis erlangt, dass Sie Verbraucher ohne deren vorheriges Einverständnis angerufen haben, um sie zum Abschluss von Verträgen zu bewegen.[1]

Sie haben damit einen Wettbewerbsverstoß gemäß § 7 Abs. 1 und Abs. 2 Nr. 2 UWG begangen.

Ich fordere Sie daher namens unserer Mandantin zur Vermeidung eines Rechtsstreits auf, das Verhalten sofort einzustellen (§ 8 Abs. 1 UWG) und unverzüglich, spätestens bis zum

... [Datum]

eine ausreichend strafbewehrte Unterlassungserklärung abzugeben. Nur die Abgabe einer solchen strafbewehrten Unterlassungserklärung führt zum Wegfall der grundsätzlich vermuteten Wiederholungsgefahr. Es genügt nicht, den Verstoß nur einzustellen. Wir fügen eine vorbereitete Erklärung bei.

Wir fordern Sie außerdem auf, die unserer Mandantin durch unsere Einschaltung entstandenen Rechtsverfolgungskosten in nachstehend berechneter Höhe

Gegenstandswert ...	
1,3 Geschäftsgebühr	
§§ 13, 14 RVG, Nr. 2300 VV RVG	Euro
Zwischensumme der Gebührenpositionen	Euro
Post und Telekommunikation Nr. 7002 VV RVG	Euro
Gesamtbetrag	**Euro**

bis spätestens zum

... [Datum]

auf unser Konto zu überweisen. Die Erstattungspflicht ergibt sich aus § 12 Abs. 1 Satz 2 UWG. Sie setzt kein Verschulden voraus.

Die Geltendmachung weiterer Ansprüche, insbesondere auf Auskunft und Schadenersatz, bleibt vorbehalten.

Mit freundlichen Grüßen

Rechtsanwalt

---

1 Sachverhalt nachgebildet dem Fall BGH v. 5.10.2010 – I ZR 46/09 – Verbotsantrag bei Telefonwerbung, WRP 2011, 576 ff.

Anlage zur Abmahnung

Strafbewehrte Unterlassungserklärung

Die B-GmbH ... [Anschrift]

verpflichtet sich hiermit gegenüber

der A-GmbH ... [Anschrift],

1. es ab sofort zu unterlassen, im geschäftlichen Verkehr zu Zwecken des Wettbewerbs Verbraucher ohne ihr vorheriges Einverständnis zu Werbezwecken anzurufen oder anrufen zu lassen;[1]

2. für jeden Fall der schuldhaften Zuwiderhandlung gegen die Unterlassungsverpflichtung gemäß Ziffer 1 an die A-GmbH eine Vertragsstrafe in Höhe von 6000,00 Euro[2] zu bezahlen.

Ort, Datum

B-GmbH

---

b) Reaktion des Abgemahnten, insbesondere strafbewehrte Unterlassungserklärung

11.161 Die richtige Reaktion auf eine Abmahnung hängt im Wesentlichen davon ab, ob sie begründet ist oder nicht. Auch wenn diese – innerhalb der meist kurzen Frist häufig nur schwer zu beurteilende – Frage beantwortet ist, sind eine ganze Reihe von Punkten zu bedenken.

11.162 ➡ **Praxistipp:** Es empfiehlt sich daher, nach Erhalt einer Abmahnung unverzüglich anwaltlichen Rat einzuholen. Keinesfalls sollten ungeprüft in diversen Internetblogs empfohlene Musterschreiben eingesetzt werden.

aa) Abmahnung begründet

11.163 Ist die Abmahnung begründet und auf eine **bereits erfolgte Verletzung** gestützt, empfiehlt es sich grundsätzlich (vgl. aber Rz. 11.165 f.), eine **strafbewehrte Unterlassungserklärung** abzugeben. Denn nur so lässt sich die Wiederholungsgefahr ausräumen und eine kostenträchtige Unterlassungsklage vermeiden. Der Abgemahnte ist in der Formulierung der Unterlassungserklärung grundsätzlich frei und nicht an vorformulierte Erklärungen des Abmahnenden gebunden. Er trägt dann allerdings das Risiko, dass eine abweichende Formulierung möglicherweise die Wiederholungsgefahr nicht entfallen lässt. Grundsätzlich ist es zulässig, die Unterwerfungserklärung nicht allgemein, sondern an der **konkreten Verletzungsform** orientiert zu formulieren.[3] Außerdem kann es aus Sicht des Abgemahnten ratsam sein, statt einer festen Vertragsstrafe die Verpflichtung zu übernehmen, eine angemessene, vom Gläubiger **nach billigem Ermessen festzusetzende** und im Streitfall durch das Gericht zu überprüfende **Vertragsstrafe** zu übernehmen.[4] Dies kann mit einem Höchstbetrag kombiniert werden, der allerdings in etwa das Doppelte einer fest vereinbarten Vertragsstrafe betragen muss.[5] Sinnvollerweise sollte klargestellt werden, dass die Unterwerfung zwar rechtsverbindlich erfolgt, mit ihr jedoch **sonstige Ansprüche nicht**

---

1 Durch BGH v. 5.10.2010, I ZR 46/09 – Verbotsantrag bei Telefonwerbung, WRP 2011, 576 (577 f.) gebilligter Unterlassungstenor; vgl. dort (Rz. 13 ff.) auch zu den Voraussetzungen, unter denen ein (nahezu) gesetzeswiederholender Unterlassungsantrag zulässig ist.

2 Die angemessene Höhe der Vertragsstrafe hängt ua. von der Schwere des Verstoßes und der Größe und Wirtschaftskraft des abgemahnten Unternehmens ab. Die Vertragsstrafe sollte über 5000 Euro liegen, damit für etwaige Streitigkeiten über eine Vertragsstrafenverwirkung die Zuständigkeit der Landgerichte gegeben ist (arg. § 23 Nr. 1 GVG).

3 Köhler/Bornkamm/*Bornkamm*, § 12 UWG Rz. 1.102a.

4 Sog. „Neuer Hamburger Brauch"; vgl. dazu Köhler/Bornkamm/*Bornkamm*, § 12 UWG Rz. 1.142.

5 Köhler/Bornkamm/*Bornkamm*, § 12 UWG Rz. 1.142 f.

anerkannt werden.[1] Bei Zweifeln an der ordnungsgemäßen Bevollmächtigung der abmahnenden Person kann die Abgabe einer Unterwerfungserklärung vom **Nachweis der Vollmacht** abhängig gemacht werden (vgl. oben Rz. 11.151). Zur Möglichkeit einer **Aufbrauchfrist** vgl. Rz. 11.145.

➲ **Praxistipp:** Vor Abgabe einer Unterwerfungserklärung muss sichergestellt sein, dass die Verletzung abgestellt ist und durch geeignete Vorkehrungen (zB schriftliche Anweisungen an zuständige Mitarbeiter) gewährleistet ist, dass Verstöße künftig unterbleiben. Wettbewerbswidrige Äußerungen im Internet müssen vollständig **von den Servern gelöscht** werden. Es genügt nicht, lediglich Links zu den unerlaubten Inhalten zu entfernen.[2] Sicherheitshalber sollte auch veranlasst werden, dass auch im **Cache** gespeicherte Versionen des zu unterlassenden Webseiteninhalts nicht mehr über **Suchmaschinen** aufgerufen werden können.[3]   **11.164**

Mitunter kann es bei begründeten Abmahnungen ratsam sein, sich zur Unterlassung **verurteilen zu lassen**, statt eine strafbewehrte Unterlassungserklärung abzugeben, zB wenn die künftige Einhaltung einer Unterlassungsverpflichtung wie etwa bei manchen durch zahlreiche Mitarbeiter durchgeführten Direktmarketingmaßnahmen schwer kontrollierbar ist. Der Vorteil ist, dass im Bestrafungsverfahren nach § 890 ZPO anders als im Fall der Verwirkung einer Vertragsstrafe keine Zurechnung des Verschuldens Dritter nach § 278 BGB erfolgt und Ordnungsgelder – anders als Vertragsstrafen – erst in einem gesonderten Verfahren festzusetzen und nicht an den Abmahnenden, sondern an die Staatskasse zu zahlen sind.   **11.165**

Als weitere – umstrittene – Alternative zur Abgabe einer strafbewehrten Unterlassungserklärung wird die Möglichkeit einer **notariellen Unterlassungserklärung** diskutiert, in der der Abgemahnte sich der sofortigen Zwangsvollstreckung unterwirft.[4] Der Gläubiger erhalte damit einen Unterlassungstitel iSv. § 794 Nr. 5 ZPO, könne – nach von ihm nach § 890 Abs. 2 ZPO zu beantragender Ordnungsgeldandrohung – im Verletzungsfall ein Bestrafungsverfahren gemäß § 890 Abs. 1 ZPO betreiben und stünde daher wie nach einer entsprechenden gerichtlichen Verurteilung. Nicht zuletzt wegen des Erfordernisses der Ordnungsmittelandrohung und der ungeklärten Zuständigkeit für diese Androhung ist jedoch zweifelhaft, ob die notarielle Unterwerfung den Abmahnenden wirklich verlässlich klaglos stellt und dem unterwerfungswilligen Abgemahnten einen Prozess erspart.[5]   **11.165a**

Ist die Abmahnung lediglich auf **Erstbegehungsgefahr** gestützt, ist eine strafbewehrte Unterlassungserklärung nicht veranlasst. Allerdings muss die Erstbegehungsgefahr auf geeignete Weise ausgeräumt werden, etwa durch die (auch nicht strafbewehrte) Erklärung, von dem drohenden Verhalten abzusehen (vgl. dazu auch oben Rz. 11.144).   **11.166**

bb) Abmahnung unbegründet

Hält der Abgemahnte die Abmahnung für unbegründet, besteht kein Anlass zur Abgabe einer Unterlassungserklärung. In diesem Fall kann es ratsam sein, **Schutzschriften** zu hinterlegen, damit das Gericht jedenfalls eine solche Verfügung nicht durch Beschluss ohne vorherige mündliche Verhandlung erlässt. Gemäß dem am 1.1.2016 in Kraft getretenen § 945a   **11.167**

---

1 Köhler/Bornkamm/*Bornkamm*, § 12 UWG Rz. 1.111 f.; auch ohne einen solchen Vorbehalt präjudiziert die Unterlassungserklärung jedoch andere Ansprüche nicht.
2 LG Hamburg v. 7.11.2008 – 308 O 101/08, ZUM 2009, 251 ff. (zu urheberrechtswidrigen Inhalten).
3 Vgl. dazu zB mwN zum Streitstand LG Saarbrücken v. 10.12.2008 – 9 O 258/08 – Rz. 13 ff., juris; KG v. 27.11.2009 – 9 U 27/09, MMR 2010, 715 ff.; LG Halle v. 18.1.2010 – 4 O 807/08, juris.; zur Auslegung einer auf Datenverwendung im Internet gerichteten Unterlassungserklärung ferner BGH v. 21.10.2010 – III ZR 17/10, MMR 2010, 69 f.
4 Krit. mwN zum Streitstand Köhler/Bornkamm/*Bornkamm*, § 12 UWG Rz. 1.112d.
5 Ablehnend auch *Teplitzky*, WRP 2015, 527 (529 ff.) mwN.

Abs. 1 ZPO gelten bei dem neu eingerichteten **zentralen elektronischen Schutzschriftenregister**[1] eingestellte Schutzschriften als bei allen ordentlichen Gerichten eingereicht. Dies bringt eine erhebliche Erleichterung, da wegen des sog. fliegenden Gerichtsstands bei im Internet begangenen Verstößen ein Verfügungsantrag bei jedem deutschen Gericht eingereicht werden könnte. Die Erstattung von **Rechtsverteidigungskosten** für die Abwehr einer unberechtigten Abmahnung kommt im Wettbewerbsrecht grundsätzlich nicht in Betracht.[2] Allerdings kann der Abgemahnte bei einer **missbräuchlichen** Abmahnung gemäß dem durch das Gesetz gegen unseriöse Geschäftspraktiken vom 8.10.2013 neu eingeführten § 8 Abs. 4 Satz 2 UWG Erstattung seiner Rechtsverteidigungskosten verlangen. Der zu Unrecht Abgemahnte kann ferner durch **negative Feststellungsklage** gerichtlich klären lassen, dass kein Wettbewerbsverstoß vorlag; vor Erhebung einer solcher Klage ist eine Gegenabmahnung grundsätzlich nicht erforderlich und deshalb die Kosten hierfür in der Regel auch nicht erstattungsfähig.[3]

cc) „Unclean-Hands"-Einwand

11.168 Eine berechtigte Abmahnung kann in der Regel nicht mit dem Einwand zu Fall gebracht werden, der Abmahnende handele in gleicher Weise wettbewerbswidrig (so genannter „Unclean-Hands"-Einwand).[4] Jedoch ist der Abgemahnte nicht gehindert, den Abmahnenden seinerseits abzumahnen, wenn dieser sich ebenfalls wettbewerbswidrig verhält.

11.169 ➲ **Praxistipp:** Bevor ein Mitbewerber abgemahnt wird, sollte stets sorgfältig geprüft werden, ob der eigene Online-Shop oder sonstige eigene Werbematerialien irgendwelche wettbewerbsrechtlichen Angriffsflächen bieten, um das Risiko denkbarer Gegenabmahnungen möglichst weitgehend auszuschließen.

c) Gerichtliche Geltendmachung

11.170 Wettbewerbsrechtliche Auseinandersetzungen sind oft sehr zeitkritisch und werden deshalb in der Praxis häufig in **einstweiligen Verfügungsverfahren** ausgetragen, in denen das Gericht meist ohne mündliche Verhandlung oder auch nur Anhörung des Gegners durch Beschluss innerhalb kürzester Zeit entscheidet. Die für den Erlass einer einstweiligen Verfügung erforderliche **Dringlichkeit** wird in wettbewerbsrechtlichen Angelegenheiten gemäß § 12 Abs. 2 UWG grundsätzlich vermutet. Die Dringlichkeitsvermutung ist jedoch widerlegt, wenn der Antragsteller mit der gerichtlichen Verfolgung längere Zeit wartet, obwohl er den Wettbewerbsverstoß und die Person des Verletzers kannte oder grob fahrlässig nicht kannte.[5] Ab welcher Dauer des Zuwartens die Dringlichkeit entfällt, wird durch die Gerichte unterschiedlich beurteilt. Teilweise wird die Dringlichkeit bereits verneint, wenn länger als **ein Monat** gewartet wird,[6] teilweise werden je nach Einzelumständen Fristen von sechs Wochen bis zu sechs Monaten angenommen.[7]

---

1 Vgl. dazu und zu der ebenfalls am 1.1.2016 in Kraft getretenen Verordnung über das elektronische Schutzschriftenregister *Schlingloff*, WRP 2016, 301 ff.;
2 Vgl. dazu und zu möglicherweise in Einzelfällen bestehenden Ansprüchen des Abgemahnten Köhler/Bornkamm/*Bornkamm*, § 12 UWG Rz. 1.69 ff.
3 Vgl. dazu näher Köhler/Bornkamm/*Bornkamm*, § 12 UWG Rz. 1.74 ff. mwN auch zu Fällen, in denen eine solche Abmahnung ausnahmsweise erforderlich ist und die dadurch begründeten Kosten deshalb erstattungsfähig sind.
4 Vgl. dazu näher Köhler/Bornkamm/*Köhler*, § 11 UWG Rz. 2.38 ff.
5 ZB OLG Karlsruhe v. 14.4.2010 – 6 U 5/10 – Größter Komplettersteller der Branche, WRP 2010, 793 (794) = MDR 2010, 1013.
6 OLG Karlsruhe v. 25.4.2007 – 6 U 43/07, WRP 2007, 822 (823); OLG Hamm v. 15.3.2011 – 4 U 200/10, juris-Rz. 15; OLG Köln v. 22.1.2010 – 6 W 149/09; GRUR-RR 2010, 493.
7 So etwa OLG Hamburg v. 12.2.2007 – 5 U 189/06, WRP 2007, 675 (677); OLG Hamburg v. 10.4.2008 – 3 U 78/07; GRUR-RR 2008, 366 f.; vgl. auch die Rechtsprechungsübersicht bei Köhler/Bornkamm/*Köhler*, § 12 UWG Rz. 3.15b.

Daneben bleibt die Möglichkeit, wettbewerbsrechtliche Ansprüche auch im ordentlichen **Hauptsacheverfahren** geltend zu machen. Von praktischer Bedeutung ist dies insbesondere, wenn ein Verfügungsverfahren nicht zur endgültigen Klärung führt, weil der Verurteilte die einstweilige Regelung nicht durch Abschlusserklärung als verbindlich anerkennt. Bestimmte Ansprüche, insbesondere Beseitigungs-, Auskunfts- und Zahlungsansprüche, können nicht im Eil-, sondern nur im Hauptsacheverfahren geltend gemacht werden. **11.171**

B. Kennzeichenrecht

Literatur: *Auer-Reinsdorff*, Affiliate-Marketing und Suchstichwörter – Aktuelle Rechtsprechung auf dem Weg zu einem sach- und interessengerechten Verständnis, ITRB 2009, 277 ff.; *Berberich*, Absolute Rechte an der Nutzung einer Domain – eine zentrale Weichenstellung für die Rechtsentwicklung, WRP 2011, 543 ff.; *Brömmekamp*, Der Fall L'Oréal gegen eBay: Prüfstein für die Informationsgesellschaft, WRP 2011, 306 ff.; *Büscher/Dittmer/Schiwy*, Gewerblicher Rechtsschutz, Urheberrecht, Medienrecht, Kommentar, 3, Aufl. 2015; *Demuth*, Zur Verwendung geschützter Marken in Domain-Namen, WRP 2011, 1381 ff.; *Ellerbrock*, Titelschutz für Werke der elektronischen Medien: Eine Bestandsaufnahme, IPRB 2014, 257 ff.; *Fezer*, Markenschutzfähigkeit der Kommunikationszeichen (§§ 3 und 8 MarkenG) und Kommunikationsschutz der Marken (§§ 14 und 23 MarkenG), WRP 2010, 165 ff.; *Grabrucker*, Braucht die Dienstleistungsgesellschaft die Einzelhandelsmarke?, GRUR 2001, 623 ff.; *Grabrucker*, Anm. zu BGH, Beschl. v. 14.1.2016 – I ZB 56/14 – „BioGourmet", jurisPR-WettbR 3/2016, Anm. 2; *Grützmacher*, Referenzen auf Unternehmens-Websites und in Werbeunterlagen, ITBR 2010, 232 ff.; *Jacobs*, Kennzeichenrechtliche Privilegierungen im Internet. Zur Anwendbarkeit der §§ 23, 24 MarkenG auf MetaTags und Domain-Namen, GRUR 2011, 1069 ff.; *Ingerl/Rohnke*, Markengesetz Kommentar, 3. Aufl. 2010; *Kunczik*, Haftungsfalle Admin-C? Entwicklung der Rechtsprechung zur Haftung des Admin-C für rechtswidriges Verhalten Dritter, ITRB 2010, 63 ff.; *Ohly*, Keyword Advertising auf dem Weg zurück von Luxemburg nach Paris, Wien, Karlsruhe und Den Haag, GRUR 2010, 776 ff.; *Roth*, Verantwortlichkeit von Betreibern von Internet-Marktplätzen für Markenrechtsverletzungen durch Nutzer: L'Oréal gegen eBay, WRP 2011, 1258 ff.; *Schaeffer*, Die Einzelhandelsdienstleistungsmarke in der Praxis, GRUR 2009, 341 ff.; *Ströbele*, Markenschutz für Einzelhandels-Dienstleistungen – Chancen und Gefahren, GRUR Int 2008, 719 ff.; *Ströbele/Hacker*, Markengesetz Kommentar, 11. Aufl. 2015; *Weiler*, Die Eintragungsfähigkeit von Dienstleistungsmarken des Einzelhandels im deutschen und europäischen Markenrecht – Zugleich eine Besprechung des Urteils des EuGH vom 7. Juli 2005 – C-418/02 – Praktiker –, WRP 2006, 195 ff.; *Zöllner/Lehmann*, Kennzeichen- und lauterkeitsrechtlicher Schutz für Apps, GRUR 2014, 431 ff.

I. Einführung

11.172 Nach dem Markengesetz (MarkenG) sind Marken und geschäftliche Bezeichnungen geschützt. Sie dürfen im geschäftlichen Verkehr nur mit Zustimmung des Rechtsinhabers genutzt werden.

11.173 **Marken** sind Zeichen – in der Regel Wörter, grafische Darstellungen (Logos) oder Kombinationen von beidem –, die zur Kennzeichnung von **Waren** und/oder **Dienstleistungen** genutzt werden. Sie entstehen durch Eintragung in das Markenregister (§ 4 Nr. 1 MarkenG), bei Verkehrsgeltung auch kraft Gesetzes durch bloße Benutzung (§ 4 Nr. 2 MarkenG) (vgl. näher Rz. 11.181 ff.). Geschäftliche Bezeichnungen sind gemäß § 5 Abs. 1 MarkenG Unternehmenskennzeichen und Werktitel. **Unternehmenskennzeichen** sind nach § 5 Abs. 2 MarkenG ua. Zeichen, die im geschäftlichen Verkehr als Firma (§ 17 Abs. 1 HGB) oder sonstige Bezeichnung eines **Geschäftsbetriebs** oder eines Unternehmens benutzt werden. Der Schutz entsteht kraft Gesetzes durch bloße Benutzung im geschäftlichen Verkehr (vgl. näher Rz. 11.176 ff.). Auch der Schutz von **Werktiteln**, also Namen oder Bezeichnungen von Druckschriften und Film-, Ton-, Bühnen- oder sonstigen vergleichbaren **Werken** (§ 5 Abs. 3 MarkenG), entsteht kraft Gesetzes durch Benutzung, wenn sie originär[1] oder durch Verkehrsgeltung[2] kennzeichnungskräftig sind.

11.174 Für Versandhändler und Betreiber von Webshops bestehen **vielfältige Berührungspunkte mit dem Markenrecht**. Sie genießen in aller Regel **kennzeichenrechtlichen Schutz** ihrer Unternehmensbezeichnung (Firma) gemäß § 5 Abs. 2 MarkenG (Rz. 11.176 ff.) und sind häufig zusätzlich Inhaber von Marken für die vertriebenen Waren und/oder für Einzelhandels-Dienstleistungen (Rz. 11.181 ff.). Von praktischer Bedeutung ist ferner der kennzeichenrechtliche Schutz genutzter Werbeslogans (Rz. 11.204) und zum Betrieb von Webshops registrierter Domains und App-Bezeichnungen (Rz. 11.205 ff.). Das Markenrecht begründet

---

1 *Ingerl/Rohnke*, § 5 MarkenG Rz. 92 ff.
2 *Ingerl/Rohnke*, § 5 MarkenG Rz. 101.

jedoch nicht nur Schutz eigener Kennzeichen, sondern birgt auch das **Risiko, ältere Kennzeichenrechte Dritter zu verletzen** (Rz. 11.215 ff.).

II. Kennzeichenrechtlicher Schutz des Anbieters

Ein zugkräftiger Name und vor allem eine Domain, die markenrechtlich nicht angreifbar ist, sind für Webshop-Betreiber, Anbieter von Apps, aber auch für den Internetauftritt des klassischen Versandhändlers von erheblicher Bedeutung. Es ist deshalb unerlässlich, die genutzten Zeichen und die für den Geschäftsbetrieb registrierten Domainnamen bestmöglich kennzeichenrechtlich abzusichern. Katalog- und Versandhändler können unter mehreren Gesichtspunkten kennzeichenrechtlichen Schutz erlangen. In Betracht kommt im Wesentlichen der Schutz von Unternehmenskennzeichen (Rz. 11.176 ff.) und von Produkt- oder Dienstleistungsbezeichnungen als Marke (Rz. 11.181 ff.). **11.175**

1. Unternehmenskennzeichen

Versandhandelsunternehmen, Webshop-Betreiber und App-Anbieter treten – wie andere Unternehmen auch – im geschäftlichen Verkehr unter einer Geschäftsbezeichnung auf. Bei juristischen Personen, Handelsgesellschaften oder Einzelkaufleuten ist dies die handelsrechtliche Firma (§ 17 Abs. 1 HGB). Auch natürliche Personen, die kein einzelkaufmännisches Unternehmen betreiben, führen eine Bezeichnung, sei es ihren bürgerlichen Namen oder eine Fantasiebezeichnung. **11.176**

All diese Bezeichnungen können nach § 5 Abs. 2 MarkenG als **Unternehmenskennzeichen** geschützt sein. Voraussetzung ist, dass die Bezeichnung von Haus aus hinreichend kennzeichnungskräftig ist[1] oder Verkehrsgeltung genießt.[2] **Originäre Unterscheidungskraft** ist gegeben, wenn die Bezeichnung geeignet ist, bei Verwendung im Verkehr als Name eines Unternehmens zu wirken.[3] Die Rechtsprechung stellt daran **keine strengen Anforderungen**. Auch nicht aussprechbare **Buchstabenkombinationen** sind zB als Unternehmenskennzeichen unterscheidungskräftig.[4] Die Frage der Unterscheidungskraft ist stets in Relation zu dem jeweiligen Geschäftsgegenstand des Unternehmens zu beurteilen.[5] Fehlt die Kennzeichnungskraft, etwa weil das Zeichen sich im Wesentlichen in einer **Beschreibung des Geschäftsgegenstands** erschöpft, so kann gleichwohl die für den Schutz erforderliche Kennzeichnungskraft durch **Verkehrsgeltung** gegeben sein. Dies setzt einen erheblichen Bekanntheits- und Zuordnungsgrad von in der Regel über 50 % voraus und wurde etwa für das beschreibende Zeichen „Euro Telekom" bei einem Zuordnungsgrad von 60 % bejaht.[6] Die Kennzeichnungskraft wegen Verkehrsgeltung kann **regional begrenzt** sein; Aktivitäten im **Internet** lassen sich jedoch, soweit sich das Angebot nicht primär an lokale Adressaten wendet, kaum geografisch abgrenzen.[7] **11.177**

Liegen die genannten Schutzvoraussetzungen, also entweder originäre Kennzeichnungskraft oder Verkehrsgeltung, vor, so entsteht der Schutz kraft Gesetzes durch **bloße Benutzung** im geschäftlichen Verkehr. Es bedarf also keiner Eintragung in das beim Deutschen **11.178**

---

1 *Ingerl/Rohnke*, § 5 MarkenG Rz. 35 ff.; Ströbele/Hacker/*Hacker*, § 5 MarkenG Rz. 38 ff.
2 *Ingerl/Rohnke*, § 5 MarkenG Rz. 52 ff.; Ströbele/Hacker/*Hacker*, § 5 MarkenG Rz. 54 f.
3 BGH v. 31.7.2008 – I ZR 171/05 – Rz. 17 – Haus & Grund II, GRUR 2008, 1104 (1105) mwN.
4 BGH v. 19.2.2009 – I ZR 135/06 – Rz. 18 – ahd.de, GRUR 2009, 685 (686 f.) = CR 2009, 748 = MDR 2009, 942.
5 *Ingerl/Rohnke*, § 5 MarkenG Rz. 37.
6 BGH v. 19.7.2007 – I ZR 137/04 – Rz. 19 – Euro Telekom, GRUR 2007, 888 (889) = CR 2007, 727.
7 *Ingerl/Rohnke*, § 5 MarkenG Rz. 55; KG v. 31.3.2000 – 5 U 9777/98 – berlin.online.de, ZUM 2001, 74 (76).

Patent- und Markenamt (DPMA) geführte Marken- oder ein sonstiges Register. Die ggf. handelsrechtlich gebotene Eintragung in das Handelsregister ist für die Entstehung des Kennzeichenschutzes nach § 5 MarkenG zwar nicht erforderlich, stellt aber eine prioritätsbegründende Namensnutzung dar.[1] Keinesfalls ist die Handelsregistereintragung ein hinreichendes Indiz für fortbestehenden Unternehmenskennzeichenschutz.[2]

11.179 Der Schutz beginnt mit Aufnahme jeder nach außen gerichteten geschäftlichen Tätigkeit im Inland unter der betreffenden Bezeichnung.[3] Dazu genügt nicht schon die **Registrierung**,[4] wohl aber die **Nutzung** einer **Domain**, soweit der Verkehr in dieser Nutzung einen Herkunftshinweis auf das Unternehmen sieht.[5] Vgl. zum kennzeichenrechtlichen Schutz von Domainnamen und App-Bezeichnungen näher Rz. 11.205 ff.

11.180 Unerheblich ist, ob das Unternehmen seinen Sitz im Inland oder im Ausland hat. Unternehmen mit **Sitz im Ausland** genießen den inländischen Kennzeichenschutz allerdings nur, wenn das Zeichen auch **im Inland benutzt** wird und dort eine dauerhafte wirtschaftliche Betätigung erwarten lässt.[6] Wann diese Voraussetzungen bei einer Namensbenutzung im **Internet** gegeben sind, wird in der Rechtsprechung nicht einheitlich beurteilt. Teilweise wird es bereits als ausreichend angesehen, wenn etwa ein Internetmarktplatz nicht auf ein bestimmtes Land beschränkt ist und die Website durch inländische Interessenten besucht wird.[7] Teilweise wird dagegen ein deutlicher Inlandsbezug gefordert.[8]

2. Marke

a) Allgemeines

11.181 Neben dem Schutz als Unternehmenskennzeichen besteht die Möglichkeit, Zeichen als **Marke** schützen zu lassen. Anders als Unternehmenskennzeichen beziehen sich Marken auf die Bezeichnung von **Waren** und/oder **Dienstleistungen**.

11.182 Der Schutz entsteht – außer in den seltenen Fällen der Verkehrsgeltung (§ 4 Nr. 2 MarkenG) – erst durch **Eintragung** der Marke in das bei dem DPMA geführten Markenregister (§ 4 Nr. 1 MarkenG).[9] Das DPMA prüft im Eintragungsverfahren neben formellen Voraussetzungen auch die **materielle Eintragungsfähigkeit** des Zeichens (vgl. dazu Rz. 11.185). In Verletzungsstreitigkeiten sind die Gerichte grundsätzlich an die Eintragungsentscheidung des DPMA gebunden; ein Gericht kann deshalb im Verletzungsstreit einer eingetragenen Marke nicht jegliche Unterscheidungskraft absprechen (sog. **Bindung des Verletzungsrichters**).[10] Das DPMA prüft jedoch nicht, ob das angemeldete Zeichen mit bereits eingetragenen älteren Marken oder sonstigen Zeichen kollidiert. Das Amt trägt daher materiell eintragungsfähige Marken auch dann ein, wenn sie existierende Drittzeichen verletzen. Es

---

1 BGH v. 31.7.2008 – I ZR 171/05 – Rz. 31 – Haus & Grund II, GRUR 2008, 1104 (1107).
2 BGH v. 9.3.1962 – I ZR 149/60 – Leona, GRUR 1962, 419 (422): Ende des kennzeichenrechtlichen Schutzes nach Aufgabe des Geschäftsbetriebs trotz noch bestehender Handelsregistereintragung.
3 *Ingerl/Rohnke*, § 5 MarkenG Rz. 58.
4 BGH v. 24.4.2008 – I ZR 159/05 – Rz. 21 – afilias.de, GRUR 2008, 1099 (1100) = MDR 2009, 98.
5 BGH v. 24.4.2008 – I ZR 159/05 – Rz. 22 – afilias.de, GRUR 2008, 1099 (1100) = MDR 2009, 98.
6 *Ingerl/Rohnke*, § 5 MarkenG Rz. 62 mwN.
7 OLG Hamburg v. 25.11.2004 – 3 U 33/03 – abebooks, GRUR-RR 2005, 381 (383 f.) = CR 2006, 278.
8 OLG München v. 16.6.2005 – 29 U 5456/04 – 800-FLOWERS, GRUR-RR 2005, 375 (378) = CR 2006, 347.
9 Im Folgenden wird nur die markenrechtliche Situation nach deutschem Recht behandelt. Daneben besteht die Möglichkeit, internationalen Schutz durch Anmeldung von Unions- und/oder IR-Marken zu erlangen; vgl. zur Unionsmarke die Verordnung (EU) 2015/2424 des Europäischen Parlaments und des Rates v. 16.12.2015 und zu IR-Marken *Ingerl/Rohnke*, Vor §§ 107 bis 125 MarkenG Rz. 1 ff.
10 Vgl. dazu Ströbele/Hacker/*Hacker*, § 14 MarkenG Rz. 18.

obliegt daher dem Anmelder, solche Kollisionen zu vermeiden (vgl. zum Erfordernis einer vorherigen **Ähnlichkeitsrecherche** Rz. 11.212 ff.).

Der Markenschutz besteht während der ersten **fünf Jahre** nach Eintragung grundsätzlich unabhängig davon, ob der Markeninhaber die Marke tatsächlich nutzt (sog. **Benutzungsschonfrist**; § 25 Abs. 1 MarkenG). Nach Ablauf dieser Frist können Dritte jedoch Löschung beantragen (§ 49 Abs. 1 MarkenG) oder in Verletzungsstreitigkeiten die Nichtbenutzungseinrede erheben (§ 25 Abs. 2 MarkenG), wenn der Markeninhaber das Zeichen nicht benutzt. Zur Erhaltung des Markenschutzes ist es deshalb erforderlich, dass der Inhaber das Zeichen nach Ablauf der Benutzungsschonfrist für die Waren und/oder Dienstleistungen, für welche die Marke eingetragen ist, im geschäftlichen Verkehr nutzt (sog. **rechtserhaltende Benutzung**; vgl. dazu näher Rz. 11.195 ff.).   **11.183**

b) Wahl des Zeichens

Als Marke können gemäß § 3 Abs. 1 MarkenG grundsätzlich ua. Wörter, Abbildungen, Buchstaben, Zahlen und Farben geschützt werden. In der Praxis werden meist **Wörter**, häufig in Kombination mit **grafischen Gestaltungen** als Wort-/Bildmarke, angemeldet.   **11.184**

Die Eintragung erfolgt, wenn ihr keine **Schutzhindernisse** iSv. § 8 MarkenG entgegenstehen. Praktisch bedeutsam ist va. die fehlende **Unterscheidungskraft** von Marken für die beanspruchten Waren oder Dienstleistungen (§ 8 Abs. 2 Nr. 1 MarkenG)[1] und das **Freihaltebedürfnis** von Marken, die sich im Wesentlichen in einer Beschreibung der Waren oder Dienstleistungen erschöpfen (§ 8 Abs. 2 Nr. 2 MarkenG).[2] Nach der Rechtsprechung des BGH kann die Eintragung einer Marke mangels Unterscheidungskraft nur abgelehnt werden, wenn ihr jede noch so geringe Unterscheidungskraft fehlt. Es ist also ein großzügiger und **anmelderfreundlicher Maßstab** zu Grunde zu legen.[3]   **11.185**

Versandhandelsunternehmen und Webshopbetreiber melden als Marke häufig das **Zeichen** an, das sie **auch als Unternehmenskennzeichen** führen oder das jedenfalls den Kern der Unternehmenskennzeichnung bildet. Denn als Handelsunternehmen stellen sie meist nicht selbst Waren her und verfügen deshalb außer dem Unternehmenskennzeichen oft nicht über abweichende, ausschließlich für die Produktkennzeichnung eingesetzte Zeichen. Dieses Vorgehen ist rechtlich zulässig. Neben den Schutz als Unternehmenskennzeichen iSv. § 5 Abs. 2 MarkenG (vgl. Rz. 11.176 ff.) tritt in diesem Fall der Schutz des Zeichens auch als Marke. Zu beachten ist allerdings, dass nach der Rechtsprechung des BGH eine rein firmenmäßige Benutzung eines Zeichens nicht als zum Rechtserhalt einer Marke geeignete Verwendung angesehen wird (vgl. dazu näher Rz. 11.198).[4] Bei Anmeldung eines mit der eigenen Firma identischen Zeichens auch als Marke besteht daher das Risiko, dass der Markenschutz nach Ablauf der 5-jährigen Benutzungsschonfrist verloren geht, wenn das Zeichen nicht jedenfalls auch zur Kennzeichnung von Waren und Dienstleistungen genutzt wird (vgl. zur Problematik der rechtserhaltenden Benutzung von Handelsmarken näher Rz. 11.195 ff.).   **11.186**

---

1 Vgl. mwN zur umfangreichen Rechtsprechung *Ingerl/Rohnke*, § 8 MarkenG Rz. 108 ff. und Ströbele/Hacker/*Ströbele*, § 8 MarkenG Rz. 69 ff.
2 Vgl. mwN zur umfangreichen Rechtsprechung *Ingerl/Rohnke*, § 8 MarkenG Rz. 196 ff. und Ströbele/Hacker/*Ströbele*, § 8 MarkenG Rz. 337 ff.
3 Vgl. BGH v. 22.1.2009 – I ZB 52/08 – Rz. 9 – Deutschland-Card, GRUR 2009, 952 f.; zustimmend *Ingerl/Rohnke*, § 8 MarkenG Rz. 119 – kritisch Stöbele/Hacker/*Ströbele*, § 8 MarkenG Rz. 157; die Eintragungspraxis des DPMA ist in der Tendenz restriktiver.
4 BGH v. 15.9.2005 – I ZB 10/03 – Rz. 9 – NORMA, GRUR 2006, 150 (151) = MDR 2006, 527; BGH v. 21.7.2005 – I ZR 293/02 – OTTO, GRUR 2005, 1047 (1049) = MDR 2006, 346; vgl. dazu auch *Ingerl/Rohnke*, § 26 MarkenG Rz. 43.

c) Erfasste Waren und Dienstleistungen

aa) Allgemeines

11.187 Markenschutz besteht nur für die Waren und Dienstleistungen, für welche die Marke Schutz beansprucht. Dies richtet sich danach, für welche Waren und Dienstleistungen die Marke angemeldet und eingetragen ist. Die Fassung des **Waren und Dienstleistungsverzeichnisses** der Marke sollte grundsätzlich danach ausgerichtet werden, für welche Waren und Dienstleistungen das angemeldete Zeichen tatsächlich benutzt werden soll. Nur so ist die für den Rechtserhalt nach Ablauf der Benutzungsschonfrist erforderliche Benutzung gewährleistet. Zu weit gefasste Verzeichnisse vergrößern außerdem das Risiko einer Verletzung älterer Zeichen.

bb) Händler zugleich Hersteller

11.188 **Stellt** das Unternehmen die von ihm im Distanzhandel angebotenen Waren oder jedenfalls einen Teil dieser Waren **selbst her**, so empfiehlt es sich, **diese Waren** im Warenverzeichnis der Marke anzugeben. Als Zeichen sollte für selbst hergestellte Waren der Produktname angemeldet werden, der sich im Fall selbst hergestellter Waren häufig vom Unternehmenszeichen unterscheiden wird (Produkt „xy" des Unternehmens „abc"). In dieser Fallgestaltung bestehen bei der Anmeldung von Marken durch Versand- oder Onlinehändler keine Besonderheiten gegenüber von Produktherstellern angemeldeten Waren.

cc) Handelsmarken für Waren

11.189 Auch wenn das Handelsunternehmen die angebotenen Waren nicht selbst herstellt, kann die Anmeldung von Marken für Waren sinnvoll sein. Dies gilt jedenfalls dann, wenn der Händler die betreffenden **Waren** zwar bei **Drittherstellern** bezieht, jedoch **unter Eigenmarken anbietet**. Allerdings ist in solchen Fällen besonders darauf zu achten, dass die anschließende Benutzung solcher Warenmarken einen hinreichend konkreten Bezug zu den angebotenen Waren aufweist und nicht lediglich das gesamte, auch Drittmarken umfassende Sortiment kennzeichnet, wie dies etwa bei einer Markenbenutzung auf Katalogen oder im Webshop ohne konkreten Warenbezug häufig der Fall ist (vgl. zur Problematik der rechtserhaltenden Benutzung solcher Handelsmarken näher Rz. 11.195 ff.).

dd) Handelsmarken für Einzelhandels-Dienstleistungen

11.190 Angesichts der Schwierigkeiten bloßer Händler, für Waren eingetragene Marken rechtserhaltend zu benutzen, sollten Online- und Kataloghändler erwägen, die Marke jedenfalls auch für **Dienstleistungen des Einzelhandels** anzumelden. Diese Möglichkeit ist seit der „Praktiker"-Entscheidung des EuGH[1] anerkannt.

11.191 Die im Rahmen einer Dienstleistungsmarkenanmeldung eintragbaren Einzelhandels-Dienstleistungen beziehen sich auf alle vom Händler **im Zusammenhang mit dem Warenabsatz ausgeführten spezifischen Tätigkeiten** wie etwa die Auswahl und Zusammenstellung des Produktsortiments und die Warenpräsentation.[2] Darüber hinausgehende Leistungen, wie etwa die **Reparatur** von Waren, werden durch den Begriff der Einzelhan-

---

1 EuGH v. 7.7.2005 – Rs. C-418/02 – Rz. 52 – Praktiker, GRUR 2005, 764 (767); vgl. zur Eintragung von Marken für Einzelhandelsdienstleistungen bereits *Grabrucker*, GRUR 2001, 623 ff.; s. ferner *Ströbele*, GRUR Int. 2008, 719 ff. sowie *Weiler*, WRP 2006, 195 ff.
2 EuGH v. 7.7.2005 – Rs. C-418/02 – Rz. 34 ff. – Praktiker, GRUR 2005, 764 (766 f.); BPatG v. 27.9.2005 – 24 W (pat) 214/01 – Einzelhandelsdienstleistungen II, GRUR 2006, 63 (65); vgl. auch Ströbele/Hacker/*Ströbele*, § 26 MarkenG Rz. 46.

delsdienstleistung nicht umfasst[1] und sollten deshalb, wenn die betreffende Marke auch hierfür eingesetzt wird, zusätzlich angemeldet werden.

Eine **konkrete Bezeichnung** der in Betracht kommenden Dienstleistungen des Einzelhänd-lers ist nach der Rechtsprechung **nicht** erforderlich.[2] So muss zB der Inhalt der denkbaren Einzelhandels-Dienstleistungen oder etwa die Art der Vertriebsstätte bei der Anmeldung im Waren- und Dienstleistungsverzeichnis nicht näher spezifiert werden.[3] Dagegen müs-sen die **Waren**, auf die sich die Einzelhandels-Dienstleistungen beziehen, angegeben wer-den. Dabei werden jedoch keine allzu strengen Anforderungen an die Konkretisierung der betroffenen Waren gestellt;[4] die Waren müssen insbesondere nicht so konkret abgegeben werden, wie dies im Fall der Anmeldung als Warenmarke erforderlich wäre (vgl. zur Ähn-lichkeit von Einzelhandelsdienstleistungsmarken Rz. 11.212a).[5]

11.192

ee) Muster eines Waren- und Dienstleistungsverzeichnisses

Das nachfolgende Muster geht davon aus, dass ein Online- und Katalogversandhändler die angemeldete Marke voraussichtlich sowohl als Zeichen für entweder selbst hergestellte oder von Drittherstellern bezogene, unter der angemeldeten Marke als Eigenmarke des Händlers vertriebene **Waren** benutzen als auch ganz allgemein zur Bewerbung des gesam-ten Warensortiments und damit für seine **Einzelhandelsdienstleistung** einsetzen möchte. Daneben ist beabsichtigt, als zusätzliche Dienstleistung unter der Marke **Reparatur- und Kundendienstleistungen** zu erbringen, die von der Einzelhandels-Dienstleistung nicht um-fasst sind und die deshalb gesondert angemeldet werden.

11.193

M 27 Waren- und Dienstleistungsverzeichnis

11.194

Waren- und Dienstleistungsverzeichnis zur Anmeldung der Marke „XYZ" vom ...

Klasse 3	Parfümeriewaren, Mittel zur Körper- und Schönheitspflege
Klasse 14	Schmuckwaren
Klasse 25	Oberbekleidungsstücke, Schuhe, Kopfbedeckungen
Klasse 35	Online- oder Katalogversandhandelsdienstleistungen in den Bereichen: Parfü-meriewaren, Mittel zur Körper- und Schönheitspflege, Schmuckwaren, Ober-bekleidungsstücke, Schuhe, Kopfbedeckungen
Klasse 37	Reparatur von Schmuckwaren, Oberbekleidungsstücken, Schuhen und Kopf-bedeckungen.[6]

---

d) Rechtserhaltende Benutzung

Wie erwähnt (Rz. 11.183), können nach Ablauf der fünfjährigen Benutzungsschonfrist Rechte aus einer eingetragenen Marke nur geltend gemacht werden, wenn sie **rechts-erhaltend benutzt** wurde (§ 25 MarkenG). Außerdem droht im Fall fehlender Benutzung die Löschung wegen Verfalls (§ 49 Abs. 1 MarkenG). Für die Frage, ob eine für einen Händ-ler eingetragenen Marke (sog. **Handelsmarke**) rechtserhaltend benutzt wird, ist danach zu

11.195

---

1 Ströbele/Hacker/*Ströbele*, § 26 MarkenG Rz. 47.
2 EuGH v. 7.7.2005 – Rs. C-418/02 – Rz. 49 und 52 – Praktiker, GRUR 2005, 764 (767).
3 Vgl. *Ströbele*, GRUR Int 2008, 719 (721 f.); *Weiler*, WRP 2006, 195 (200 ff.).
4 EuGH v. 7.7.2005 – Rs. C-418/02 – Rz. 50 ff. – Praktiker, GRUR 2005, 764 (767); Ströbele/Hacker/*Kirschneck*, § 32 MarkenG Rz. 80 mwN.
5 BPatG v. 8.5.2007 – 33 W(pat) 128/05 – Rz. 22 – KAUFLAND, juris.
6 Vgl. auch die Empfehlung der Markenabteilung des DPMA v. 19.2.2008 im Anschluss an die Ent-scheidungen des BPatG „BP-Shop" (33 W(pat) 331/01) und „KAUFLAND" (33 W(pat) 128/05), abruf-bar unter www.dpma.de unter dem Suchbegriff „Einzelhandelsdienstleistungen".

differenzieren, ob die Marke für Waren (Rz. 11.196 ff.) oder für Einzelhandelsdienstleistungen (Rz. 11.203 ff.) eingetragen ist.[1]

aa) Handelsmarken für Waren

11.196 Eine für Waren eingetragene Marke wird rechtserhaltend benutzt, wenn sie in üblicher und wirtschaftlich sinnvoller Weise für die eingetragenen Waren verwendet wird.[2] Maßgebend ist, dass der angesprochene Verkehr die Benutzung des Zeichens jedenfalls auch als Unterscheidungszeichen für die betreffenden Waren ansieht.[3] Diese Grundsätze gelten unabhängig davon, ob die Marke für einen Produkthersteller oder für ein Handelsunternehmen eingetragen ist.[4] Nach der bisherigen Rechtsprechung des EuGH muss es sich um eine tatsächliche Benutzung handeln, die der Herkunftsfunktion der Marke entspricht, im Verkehr die Ursprungsidentität einer Ware zu garantieren, indem ihm ermöglicht wird, die Ware ohne Verwechslungsgefahr von Waren anderer Herkunft zu unterscheiden.[5] Die herrschende Auffassung folgert daraus, dass andere Markenfunktionen – also insbesondere die im „L'Oréal"-Urteil des EuGH[6] im Zusammenhang mit Verletzungsfällen benannte Qualitäts-, Kommunikations-, Investitions- und/oder Werbefunktion – im Rahmen des Benutzungszwangs grundsätzlich keine Rolle spielen sollen.[7] Ob daran vor dem Hintergrund der zitierten „L'Oréal"-Rechtsprechung festgehalten werden kann oder ob nicht jede funktionsgemäße Nutzung zum Rechtserhalt führt, bleibt abzuwarten.[8]

11.197 Die derzeit bestehenden Anforderungen an die rechtserhaltende Benutzung bereiten Händlern bei der Verwendung ihrer Handelsmarken häufig Schwierigkeiten: (Online-)Versandhändler nutzen oft Marken, die mit der geführten Firma identisch sind oder jedenfalls in prägenden Zeichenbestandteile übereinstimmen (vgl. dazu bereits Rz. 11.186). Diese Zeichen werden dann in der Regel nur allgemein in Werbemitteln wie zB Katalogen oder Flyern, als Domainnamen oder im Webseitentext zur Bewerbung des gesamten Produktportfolios eingesetzt sowie ggf. in der Geschäftskorrespondenz und im Zusammenhang mit der Vertragsabwicklung genutzt.

11.198 In solchen Fallgestaltungen fehlt es nach derzeitiger Rechtsprechung des BGH in der Regel an einer rechtserhaltenden Benutzung einer für Waren eingetragenen Marke. Der BGH hat deshalb zB die Löschung zahlreicher Marken des bekannten Versandhändlers OTTO mit dem Zeichenbestandteil „OTTO" wegen fehlender Benutzung gebilligt.[9] Die Verwendung des Zeichens „OTTO" auf Deckblättern von Katalogen und auf Versandtaschen werde aus Sicht des Verkehrs **nicht als produktbezogene Bezeichnung**, sondern als **lediglich firmenmäßiger Gebrauch** wahrgenommen.[10] Nach Meinung des BGH liegt bei (Versand-)Handelsunternehmen mit großem, teils von bekannten Markenherstellern, teils von unbekannten Herstellern stammendem Warensortiment die Annahme nahe, dass das von dem Händler

---

1 Vgl. zu dieser Differenzierung auch *Ingerl/Rohnke*, § 26 MarkenG Rz. 77 ff.; Ströbele/Hacker/*Ströbele*, § 26 Rz. 51 ff.
2 BGH v. 21.7.2005 – I ZR 293/02 – OTTO, GRUR 2005, 1047 (1049) mwN = MDR 2006, 346; BGH v. 15.9.2005 – I ZB 10/03 – NORMA, GRUR 2006, 150 (151) = MDR 2006, 527.
3 BGH v. 21.7.2005 – I ZR 293/02 – OTTO, GRUR 2005, 1047 (1049) mwN = MDR 2006, 346.
4 BGH v. 21.7.2005 – I ZR 293/02 – OTTO, GRUR 2005, 1047 (1049) = MDR 2006, 346; BGH v. 15.9.2005 – I ZB 10/03 – NORMA, GRUR 2006, 150 (151) = MDR 2006, 527.
5 EuGH v. 9.12.2008 – Rs. C-442/08 – Rz. 13 – Radetzky-Orden/BKFR, GRUR 2009, 156 (157).
6 EuGH v. 18.6.2009 – Rs. C-487/07 – L'Oréal/Bellure, GRUR 2009, 756 ff.; vgl. dazu näher Rz. 11.219.
7 *Ingerl/Rohnke*, § 26 MarkenG Rz. 7; Ströbele/Hacker/*Ströbele*, § 26 Rz. 3.
8 Das BPatG verlangt für den Rechtserhalt eine „funktionsgemäße" Benutzung und hält es jedenfalls für unschädlich, dass neben der herkunftshinweisenden Funktion auch andere anerkannte Markenfunktionen zum Tragen kommen: BPatG v. 5.4.2011 – 33 W (pat) 526/10 – Rz. 52 und 55 – SCORPION BUDO'S FINEST/SCORPIONS, GRUR-RR 2012, 121, juris.
9 BGH v. 21.7.2005 – I ZR 293/02 – OTTO, GRUR 2005, 1047 ff. = MDR 2006, 346.
10 BGH v. 21.7.2005 – I ZR 293/02 – OTTO, GRUR 2005, 1047 (1049) = MDR 2006, 346.

verwendete Kennzeichen nur dessen Unternehmenskennzeichen sei. Dies gelte jedenfalls dann, wenn sich die Verwendung des Zeichens nicht auf einzelne Produkte oder zumindest Produktgattungen, sondern auf das gesamte Sortiment beziehe. Es fehle dabei – auch im Fall der Verwendung des Zeichens auf Versandtaschen – an dem erforderlichen konkreten Bezug des Zeichens zum jeweiligen Produkt. Diese Beurteilung gelte auch dann, wenn die beworbenen Produkte teilweise keine oder keine bekannten Produktnamen tragen. Offen gelassen hat der BGH lediglich, ob ein konkreter Warenbezug nicht jedenfalls dann gegeben ist, wenn das als Marke geschützte Zeichen ausschließlich für den Handel mit sog. No-Name-Produkten verwendet wird.[1] Der BGH hat diese Rechtsprechung im Fall „NORMA" fortgeführt und entschieden, dass der erforderliche Warenbezug bei Kennzeichnung des gesamten Warensortiments durch das Zeichen auch dann nicht hergestellt ist, wenn das Zeichen etwa auf Einkaufstüten, Regal- und Preisaufklebern genutzt und iVm. dem markentypischen „R" im Kreis verwendet wird.[2] In ähnlicher Weise hat der BGH im Fall „Augsburger Puppenkiste" für das Warenangebot in einem **Online-Shop** entschieden, dass die Verwendung einer mit der Firmen- oder Geschäftsbezeichnung identischen Marke als Firmen- oder Geschäftsbezeichnung und nicht als Produktkennzeichnung für die im Shop angebotenen Waren verstanden werde.[3]

Nach diesen Grundsätzen wird es Händlern nur schwer möglich sein, mit ihrer Firma oder Geschäftsbezeichnung im Wesentlichen identische Zeichen als Marke rechtserhaltend für Waren zu benutzen.[4]   **11.199**

➦ **Praxistipp:** Im Hinblick auf die strengen Anforderungen an die rechtserhaltende Benutzung von Handelsmarken für Waren empfiehlt es sich, zum einen ein Zeichen zu wählen, dass sich deutlich von der eigenen Firma bzw. Unternehmensbezeichnung unterscheidet, zum anderen dieses Zeichen nicht für das gesamte Warensortiment, sondern konkret für einzelne Waren zu benutzen, die nicht bereits mit den Marken von Fremdherstellern versehen sind. Obwohl dies für die Annahme einer rechtserhaltenden Benutzung nicht hinreichend ist, sollte außerdem das markentypische „R" im Kreis im Zusammenhang mit dem Zeichen verwendet werden.   **11.200**

Die Verwendung einer Handelsmarke für bereits mit Marken des Herstellers gekennzeichnete Waren kann nicht nur für eine rechtserhaltende Benutzung der Handelsmarke unzureichend und außerdem unter dem Gesichtspunkt einer wettbewerbsrechtlichen Irreführung problematisch sein und außerdem der markenrechtlichen Erschöpfung in Bezug auf die Herstellermarke entgegenstehen, weil darin eine Veränderung des Herstellerkennzeichens gesehen werden kann.[5] Erst recht problematisch wäre es, Herstellermarken zu entfernen und stattdessen eigene Handelsmarken einzusetzen, weil darin eine Markenrechtsverletzung liegen kann.[6]   **11.201**

---

1 BGH v. 21.7.2005 – I ZR 293/02 – OTTO, GRUR 2005, 1047 (1049) = MDR 2006, 346.
2 BGH v. 15.9.2005 – I ZB 10/03 – NORMA, GRUR 2006, 150 (152) = MDR 2006, 527.
3 BGH v. 18.12.2008 – I ZR 200/06 – Rz. 53 – Augsburger Puppenkiste, GRUR 2009, 772 (776).
4 Kritisch zu den Anforderungen zu Recht *Ingerl/Rohnke*, § 26 MarkenG Rz. 79, die die zitierte „OTTO"- und „NORMA"-Rechtsprechung des BGH lediglich als Ausgangspunkte der Entwicklung von Grundsätzen werten und die Berücksichtigung händlerspezifischer Verkehrsauffassung und Interessenlagen verlangen. Ein weiterer Ansatz wäre, die Nutzung auch für nach der „L'Oréal"-Rechtsprechung des EuGH anerkannte weitere Markenfunktionen als rechtserhaltend einzustufen.
5 Vgl. *Ingerl/Rohnke*, § 24 MarkenG Rz. 84 für die Hinzufügung weiterer Zeichen des Herstellers; die Hinzufügung eigener Handelsmarken des Händlers dürfte der Erschöpfung also erst recht entgegenstehen.
6 EuGH v. 8.7.2010 – Rs. C-558/08 – Rz. 86 – Portacabin/Primakabin, GRUR 2010, 841 (846) = CR 2010, 827; allerdings ist nach bisheriger Rechtsprechung des BGH die bloße Entfernung einer Marke keine Markenverletzung, vgl. BGH v. 13.10.2004 – I ZR 277/01 – SB-Beschriftung, GRUR 2004, 1039 (1041) = MDR 2005, 524; vgl. zum Problemkreis Ströbele/Hacker/*Hacker*, § 14 MarkenG Rz. 161.

11.202 Grundsätzlich kann auch die Nutzung einer Marke als **Domainname** rechtserhaltend sein. Allerdings werden Domainnamen überwiegend als Hinweis auf eine Firma, weniger als Hinweis auf ein damit gekennzeichnetes Produkt verstanden, so dass die rechtserhaltende Benutzung durch die Nutzung der Marke als Domain eher die Ausnahme bleiben dürfte.[1]

bb) Handelsmarken für Einzelhandels-Dienstleistungen

11.203 Noch keine gesicherten Kriterien gibt es für die Beurteilung der Frage, unter welchen Voraussetzungen eine für Einzelhandels-Dienstleistungen eingetragene Marke rechtserhaltend benutzt wird. Klar ist, dass die Benutzung solcher Marken im Zusammenhang mit dem **Vertrieb der Waren als solchem** nicht ausreicht.[2] Klar ist auch, dass die Anforderungen weniger streng als für die rechtserhaltende Benutzung von Warenmarken sind, da die Nutzung einer Marke zur Kennzeichnung von unkörperlichen Dienstleistungen wesensmäßig auf indirekte Verwendungsformen beschränkt ist.[3] Erforderlich, aber auch ausreichend dürften deshalb sämtliche Benutzungsformen der Marke sein, die sich nach der Verkehrsauffassung auf **spezifische Leistungen eines Händlers** in Abgrenzung von anderen Händlern beziehen.[4] Dies wird man im (Online-)Versandhandel in der Regel für sämtliche Verwendungen des Zeichens auf **Katalogen**, der **Website**, ggf. auch **Kundenzeitschriften** und sonstigen typischen sortimentsbezogenen Werbeformen wie **Newslettern** annehmen können, die die Sortimentsauswahl und damit eine typische Händlerleistung dokumentieren.[5]

3. Werbeslogans

11.204 Auch für Werbeslogans kann markenrechtlicher Schutz erlangt werden.[6] Es gelten grundsätzlich die gleichen Anforderungen wie für sonstige als Wortmarke schützbare **Mehrwortzeichen** (vgl. zu den Schutzhindernissen Rz. 11.185).[7] Unschädlich ist es dabei, wenn der als Zeichen angemeldete Slogan in erster Linie eine allgemeine Werbefunktion erfüllt, soweit er jedenfalls auch als **betrieblicher Herkunftshinweis** verstanden werden kann.[8] Auch als Marke geschützte Werbeslogans müssen nach Ablauf der Benutzungsschonfrist rechtserhaltend benutzt werden (vgl. dazu Rz. 11.195 ff.). Vgl. zum ebenfalls denkbaren **urheberrechtlichen** Schutz von Werbeslogans Rz. 11.293.

4. Schutz von Domainnamen und App-Bezeichnungen

11.205 Häufig ist das als Domainname für einen Webshop oder das als Name einer App benutzte Zeichen im Wesentlichen **identisch mit der Geschäftsbezeichnung** des Webshop-Betreibers oder einer bereits durch den Webshop-Betreiber **geschützten Marke**. In diesem Fällen folgt der Schutz der als Second-Level-Domain bzw. als App-Bezeichnung genutzten Be-

---

1 *Ingerl/Rohnke*, § 26 Rz. 52; vgl. auch BGH v. 31.5.2012 – I ZR 135/10 – Rz. 29 ff. – ZAPPA, GRUR 2012, 832 (835 f.): Löschung der Gemeinschaftsmarke „ZAPPA" mangels rechtserhaltender Benutzung durch die Domain „zappa.com", weil das Publikum den Domainnamen nur als Hinweis auf eine Internetseite mit Informationen über den Musiker auffasse.
2 *Ingerl/Rohnke*, § 26 MarkenG Rz. 80; Ströbele/Hacker/*Ströbele*, § 26 MarkenG Rz. 55.
3 Ströbele/Hacker/*Ströbele*, § 26 MarkenG Rz. 45 ff. und 52.
4 Ähnlich Ströbele/Hacker/*Ströbele*, § 26 MarkenG Rz. 53.
5 Vgl. ähnlich *Schaeffer*, GRUR 2009, 341 (343 f.); *Ingerl/Rohnke*, § 26 MarkenG Rz. 80; Ströbele/Hacker/*Ströbele*, § 26 MarkenG Rz. 52 ff.
6 Vgl. dazu mwN *Ingerl/Rohnke*, § 8 MarkenG Rz. 144; Ströbele/Hacker/*Ströbele*, § 8 MarkenG Rz. 216 ff.
7 *Ingerl/Rohnke*, § 8 MarkenG Rz. 144; Ströbele/Hacker/*Ströbele*, § 8 MarkenG Rz. 221.
8 Ströbele/Hacker/*Ströbele*, § 8 MarkenG Rz. 222 mwN zur Rechtsprechung des EuGH und BGH.

zeichnung bereits aus § 5 Abs. 2 MarkenG (im Fall der Nutzung des Zeichens als Unternehmenskennzeichen) und/oder aus § 4 Nr. 1 MarkenG (im Fall der Eintragung des Zeichens als Marke). Die Frage, ob die Domainregistrierung oder -nutzung bzw. die Nutzung als App-Name als solche kennzeichenrechtlichen Schutz begründen kann, stellt sich in diesen Fällen nur, wenn die Domainregistrierung bzw. -nutzung oder die Nutzung des App-Namens bereits vor Anmeldung der Marke und Entstehung des Unternehmenskennzeichenschutzes durch „Offline"-Handlungen erfolgte und deshalb ggf. Schutz mit einen früheren Zeitrang begründen kann.[1]

Von größerer praktischer Bedeutung ist die Begründung von kennzeichenrechtlichem Schutz durch eine Domainregistrierung bzw. -nutzung oder die Nutzung eines App-Namens, wenn der Domainname bzw. die App-Bezeichnung sich **von dem Unternehmenskennzeichen unterscheidet** (etwa beim Auftritt einer ABC-GmbH unter dem Portal xyz.de) und auch nicht mit bereits ggf. anderweitig markenrechtlich geschützten Produktnamen übereinstimmt.[2] Denn in diesem Fall kann die Domain oder die App-Bezeichnung nicht unter Verweis auf bereits anderweitig bestehenden Kennzeichenschutz gegen kennzeichenrechtliche Angriffe verteidigt werden.   **11.206**

Nach der Rechtsprechung des BGH handelt es sich bei einem Domainnamen (vgl. zum Schutz von App-Bezeichnungen unten Rz. 11.211a) nur um eine **technische Adresse** im Internet, durch deren Registrierung der Inhaber kein absolutes Recht erwirbt, das ähnlich wie ein Immaterialgüterrecht verdinglicht wäre.[3] Gleichwohl ist anerkannt, dass die Nutzung eines Zeichens als Domainname **Kennzeichenrechte** begründen kann, die durch **Benutzung** entstehen, also Unternehmenskennzeichen- oder Titelschutzrechte (§ 5 Abs. 2 und 3 MarkenG) sowie – bei Verkehrsgeltung – auch Markenrechtsschutz kraft Benutzung (§ 4 Nr. 2 MarkenG).[4] Allerdings genügt dazu die bloße **Registrierung** eines Domainnamens nicht, weil damit regelmäßig noch keine Benutzung im geschäftlichen Verkehr verbunden ist.[5] Wird dagegen ein originär kennzeichnungskräftiger Domainname für eine **aktive Website** benutzt, so kann dies Kennzeichenrechtsschutz begründen.   **11.207**

Wenn der Verkehr in dem Domainnamen einen Herkunftshinweis sieht, entsteht mit Domainnutzung **Unternehmenskennzeichenschutz** nach § 5 Abs. 2 MarkenG.[6] Dies kann auch für solche Domainnamen der Fall sein, die der Firma oder dem Firmenschlagwort des Unternehmens nicht entsprechen, soweit der Domainname einer organisatorisch verselbständigten Einheit zugeordnet werden kann, die unter der Domain mit einer eigenen Website auftritt.[7]   **11.208**

⮞ **Praxistipp:** Wird ein Domainname genutzt, der nicht der Unternehmensbezeichnung entspricht, so ist – aus kennzeichenrechtlicher Sicht – möglichst zu gewährleisten, dass die Domainnutzung einem personell und organisatorisch abgrenzbaren Unternehmensteil zuordenbar ist und dies entsprechend dokumentiert ist.   **11.209**

---

1 *Ingerl/Rohnke*, Nach § 15 MarkenG Rz. 35.
2 *Ingerl/Rohnke*, Nach § 15 MarkenG Rz. 35.
3 BGH v. 18.1.2012 – I ZR 137/10 – Rz. 23 – gewinn.de, GRUR 2012, 417 (419); vgl. zur Rechtsnatur von Domains auch *Berberich*, WRP 2011, 543 ff.
4 Vgl. *Ingerl/Rohnke*, Nach § 15 MarkenG Rz. 36.
5 BGH v. 14.5.2009 – I ZR 231/06 – Rz. 40 f. – airdsl, GRUR 2009, 1055 (1057 f.) mwN = CR 2009, 801 = MDR 2009, 1402.
6 BGH v. 19.2.2009 – I ZR 135/06 – Rz. 29 – ahd.de, GRUR 2009, 685 (688) = CR 2009, 748 = MDR 2009, 942; *Ingerl/Rohnke*, Nach § 15 MarkenG Rz. 42 ff., mwN.
7 Vgl. *Ingerl/Rohnke*, § 5 MarkenG Rz. 27 ff. und Nach § 15 MarkenG Rz. 45; in diese Richtung auch, letztlich aber offenlassend OLG Düsseldorf v. 14.2.2006 – 20 U 195/05; GRUR-RR 2006, 265 (266) für den Fall des Internet-Auftritts einer Versandhandelssparte eines Unternehmens, soweit diese eine organisatorisch vom anderweitig firmierenden Unternehmen abgegrenzt ist.

11.210 Daneben kommt **Werktitelschutz** nach § 5 Abs. 3 MarkenG für aktive Websites in Betracht.[1] Allerdings wird der titelmäßige Gebrauch eines Domainnamens für Websites, die – wie etwa bei Webshops – in erster Linie dem Angebot und der Bewerbung von Waren und Dienstleistungen dienen, nur **zurückhaltend** bejaht, weil die dazu eingesetzten Domainnamen aus Sicht des angesprochenen Verkehrs weniger der Bezeichnung der Website als solcher, sondern der Kennzeichnung der angebotenen Waren oder Dienstleistungen dienen.[2] Keinen Titelschutz begründet die bloße Registrierung von Domainnamen oder die Nutzung von Domainnamen für erst im Aufbau befindliche Websites.[3]

11.211 ⟳ **Praxistipp:** Zur Wahrung der kennzeichenrechtlichen Priorität genügt die bloße Registrierung eines Domainnamens demnach nicht. Wenn nicht ohnehin bereits Unternehmenskennzeichenschutz nach § 5 Abs. 2 MarkenG besteht, empfiehlt es sich daher, im Zusammenhang mit der Domainreservierung stets auch eine Marke anzumelden oder, wenn Werktitelschutz etwa für eine noch freizuschaltende Website in Betracht kommt, eine den Titelschutz vorverlagernde Titelschutzanzeige[4] zu erwägen, wofür die bloße Angabe auf der eigenen Internetseite allerdings nicht genügt.[5]

11.211a Zu Recht hat die Rechtsprechung entsprechend der schon lange anerkannten Schutzfähigkeit von Softwarebezeichnungen[6] auch **Apps** als titelschutzfähige Werke angesehen und daher deren Bezeichnungen grundsätzlich nach § 5 Abs. 3 MarkenG für schutzfähig gehalten.[7] Für die Bejahung des Schutzes sollen allerdings die für Zeitungs- und Zeitschriftentitel anerkannten besonders niedrigen Anforderungen an die Unterscheidungskraft nicht gelten.[8]

5. Ähnlichkeitsrecherche vor Anmeldung und Benutzung eines Zeichens

11.212 Die Benutzung eines Zeichens kann bereits existierende ältere Rechte verletzen (vgl. im Einzelnen Rz. 11.215 ff.). Schon die Anmeldung einer Marke und die Registrierung einer Domain können unter dem Gesichtspunkt der Erstbegehungsgefahr kennzeichenrechtliche Unterlassungsansprüche begründen.[9] Da weder das DPMA (vgl. bereits Rz. 11.182) noch die Domain-Registrierungsstellen[10] eine mögliche Verletzung älterer Zeichen prüfen, ist es jeweils Sache des Anmelders bzw. Nutzers von Zeichen, sich vor Anmeldung bzw. Benutzungsaufnahme Gewissheit darüber zu verschaffen, dass das Zeichen keine älteren Rechte verletzt. Die Rechtsprechung stellt insoweit im Rahmen des Verschuldens

---

1 Vgl. dazu BGH v. 18.6.2009 – I ZR 47/07 – Rz. 20 – EIFEL-ZEITUNG; GRUR 2010, 156 (157) = MDR 2010, 398 = CR 2010, 112; OLG München v. 11.1.2001 – 6 U 5719/99 – Kuechenonline, GRUR 2001, 522 (524) = CR 2001, 406; offengelassen noch in BGH v. 14.5.2009 – I ZR 131/06 – Rz. 41 – airdsl, GRUR 2009, 1055 (1058); vgl. dazu auch *Ingerl/Rohnke*, Nach § 15 MarkenG Rz. 51 ff.
2 *Ingerl/Rohnke*, Nach § 15 MarkenG Rz. 54.
3 Vgl. *Ingerl/Rohnke*, Nach § 15 MarkenG Rz. 53 mwN.
4 Vgl. dazu *Ingerl/Rohnke*, § 5 MarkenG Rz. 88.
5 BGH v. 14.5.2009 – I ZR 131/06 – Rz. 45 – airdsl, GRUR 2009, 1055 (1058) mwN.
6 BGH v. 24.4.1997 – I ZR 44/95 – PowerPoint, GRUR 1998, 155 ff. = CR 1998, 5 = MDR 1998, 57; BGH v. 27.4.2006 – I ZR 109/03 – Rz. 16 – SmartKey, GRUR 2006, 594 = CR 2006, 512 = MDR 2006, 1301.
7 OLG Köln v. 5.9.2014 – 6 U 205/13 – Wetter-App, GRUR 2014, 1111 f. = CR 2014, 824 = MDR 2014, 1283; LG Hamburg v. 8.10.2013 – 327 O 104/13 – wetter DE, CR 2014, 271 ff. = GRURPrax 2013, 540 m. Anm. *Löffler*; vgl auch *Zöllner/Lehmann*, GRUR 2014, 431 (434 ff.); *Ellerbrock*, IPRB 2014, 257 ff.
8 OLG Köln v. 5.9.2014 – 6 U 205/13 – Wetter-App, GRUR 2014, 1111 (1112) = CR 2014, 824 = MDR 2014, 1283; zustimmend *Zöllner/Lehmann*, GRUR 2014, 431 (436).
9 Vgl. *Ingerl/Rohnke*, Vor §§ 14–19d MarkenG Rz. 103 ff. mwN (für die Anmeldung einer Marke) und Rz. 120 sowie Nach § 15 MarkenG Rz. 115 (für die Registrierung einer Domain).
10 Vgl. § 2 Abs. 2 der DENIC-Domainbedingungen.

sehr **strenge Sorgfaltsanforderungen**.[1] Es ist deshalb eine **Recherche** nach älteren Kennzeichenrechten geboten, mit denen das angemeldete bzw. künftig benutzte Zeichen möglicherweise kollidieren könnte. Eine solche Recherche darf sich nicht auf **identische** Zeichen beschränken, sondern muss auch **ähnliche**, potentiell verwechselbare Zeichen umfassen. Ebenso darf die Recherche nicht auf die Prüfung **registerrechtlich nachgewiesener** Rechte beschränkt werden, sondern muss auch die in der jeweiligen Branche verfügbaren Möglichkeiten der Recherche nach **nicht eingetragenen** Rechten nutzen.[2] Da der Versandhandel in der Regel grenzüberschreitend erfolgt und meist jedenfalls potentielle Kunden im deutschsprachigen Ausland angesprochen werden, empfiehlt es sich, auch nach **im Ausland** bestehenden Rechten zu recherchieren.

Falls der Anbieter die Anmeldung einer Marke für Einzelhandelsdienstleistungen beabsichtigt (was grundsätzlich ratsam ist, vgl. Rz. 11.190 ff.), sollte bei der Recherche nach möglicherweise kollidierenden Rechten der **weite Schutzbereich** ggf. bereits existierender **Einzelhandelsdienstleistungsmarken** berücksichtigt werden. Diese genießen Schutz nicht nur gegenüber Waren, die den Waren ähneln, auf die sich die von der älteren Marke erfasste Einzelhandelsdienstleistung bezieht (also zB Ähnlichkeit zwischen „Einzelhandelsdienstleistung im Bereich Kopfbedeckung" und der Ware „Kopfbedeckung").[3] Vielmehr besteht nach der Rechtsprechung des BGH auch Ähnlichkeit mit **Einzelhandelsdienstleistungen**, die sich auf **nicht substituierbare, also unähnliche Waren** beziehen (im Streitfall Einzelhandelsdienstleistungen bezogen auf Lebensmittel einerseits und Drogerieartikel sowie Haushaltswaren andererseits). Für die Ähnlichkeit einander gegenüberstehender Dienstleistungen genügt es vielmehr, wenn der Verkehr wegen Gemeinsamkeiten im **Vertriebsweg** annimmt, dass die auf unterschiedliche Waren bezogenen Einzelhandelsdienstleistungen unter gleicher unternehmerischer Verantwortung erbracht werden, was der BGH im Streitfall bejaht hat.[4] Dabei hat der BGH die Feststellung der Vorinstanz rechtlich gebilligt, dass insoweit die **durch den stationären Handel geprägte Verkehrserwartung auch für den Bereich des Onlinehandels maßgebend** ist.[5] Dies erfordert bei der gebotenen Recherche für Neuanmeldungen eine sorgfältige Analyse der Vertriebswege der einander gegenüberstehenden (unähnlichen) Waren.[6]

Der Anmelder bzw. Nutzer des Zeichens bleibt auch dann verantwortlich, wenn er die Gestaltung des Zeichens einer **Werbeagentur** überlässt. Davon zu unterscheiden ist die Frage, ob die Agentur ein rechtsmängelfreies Zeichen und damit auch die Durchführung und Auswertung der dazu erforderlichen Recherchen schuldet. Dies ist nach den Umständen des Einzelfalls im Wege der Auslegung des Auftrags zu bewerten.[7]

➲ **Praxistipp:** Vor Anmeldung einer Marke, Registrierung einer Domain und Aufnahme der Benutzung einer Unternehmens-, Produkt- oder App-Bezeichnung ist in jedem Fall eine gründliche **Ähnlichkeitsrecherche** nach möglicherweise kollidierenden älteren Zeichen ratsam. Onlinerecherchen in den jeweiligen Markenregistern können erste Anhaltspunkte liefern, sind jedoch nicht ausreichend, weil sie keine verlässliche Grundlage für die nötige Recherche nach auch ähnlichen Zeichen bieten. Es empfiehlt sich, einen **spezialisierten Recherchedienstleister** zu beauftragen und das Ergebnis **anwaltlich auswerten** zu lassen.

11.212a

11.213

11.214

---

1 Vgl. *Ingerl/Rohnke*, Vor §§ 14–19d MarkenG Rz. 19 f. mwN; vgl. auch BGH v. 31.7.2008 – I ZR 171/05 – Rz. 35 – Haus & Grund II, GRUR 2008, 1104 (1107).
2 *Ingerl/Rohnke*, Vor §§ 14–19d MarkenG Rz. 220 mwN.
3 BGH v. 31.10.2013 – I ZR 49/12 – Rz. 39 – OTTO CAP, GRUR 2014, 378 (381) = MDR 2014, 484.
4 BGH v. 14.1.2016 – I ZB 56/14 – Rz. 22 ff. – BioGourmet, GRUR 2016, 382 (384 f.) = MDR 2016, 474.
5 BGH v. 14.1.2016 – I ZB 56/14 – Rz. 28. – BioGourmet, GRUR 2016, 382 (385) = MDR 2016, 474.
6 Darauf weist zu Recht hin *Grabrucker*, Anm. zu BGH v. 14.1.2016 – I ZB 56/14 – BioGourmet, jurisPR-WettbR 3/2016, Anm. 2.
7 KG v. 4.2.2011 – 19 U 1090/10 – Werbelogo, GRUR-RR 2012, 39 f.

III. Verletzung von Kennzeichen Dritter

1. Überblick

11.215 Beim Betrieb eines Online-Shops bzw. eines Versandhandelsunternehmens und dem Angebot eigener und fremder Waren können Kennzeichenrechte Dritter verletzt werden. Im Folgenden werden die wesentlichen Voraussetzungen einer solchen Verletzung (Rz. 11.216 ff.) und die Schranken kennzeichenrechtlicher Beanstandungen nach § 23 MarkenG (Rz. 11.229 ff.) und § 24 Marken (Rz. 11.232 ff.) aufgezeigt sowie einige praktisch relevante Fallgestaltungen beleuchtet (Rz. 11.240 ff.).

2. Voraussetzungen

a) Geschäftlicher Verkehr

11.216 Kennzeichenrechtliche Ansprüche bestehen nur gegenüber Handlungen, die im „geschäftlichen Verkehr" vorgenommen werden (§§ 14 Abs. 2, 15 Abs. 2 und 3 MarkenG). Angebote im klassischen **Online- und Versandhandel** erfüllen diese Voraussetzungen regelmäßig.

11.217 Abgrenzungsbedarf kann sich allerdings bei **Angeboten über Internet-Plattformen** wie etwa eBay oder Amazon-Marketplace ergeben, die auch Angeboten von Privatpersonen offenstehen. Nach der Rechtsprechung wird ein Zeichen im geschäftlichen Verkehr genutzt, wenn die Verwendung nicht im privaten Bereich erfolgt, sondern im Zusammenhang mit einer auf einen wirtschaftlichen Erfolg gerichteten kommerziellen Tätigkeit steht.[1] Der BGH stellt an das Merkmal ausdrücklich keine hohen Anforderungen und hält ein Handeln im geschäftlichen Verkehr zB bei Verkaufsangeboten auf Internet-Plattformen für naheliegend, wenn ein Anbieter wiederholt mit gleichartigen (insbesondere neuen) Gegenständen handelt, wenn er die zum Kauf angebotenen Produkte erst kurz zuvor selbst erworben hat, wenn er ansonsten gewerblich tätig ist und wenn eine Vielzahl von „Feedbacks" auf frühere Angebote erhalten hat.[2]

11.218 Das Erfordernis einer Handlung „im geschäftlichen Verkehr" kann auch in Fällen der **Registrierung und Nutzung** von **Domains** problematisch sein (s. dazu näher Rz. 11.248).

b) Verletzung einer Marke (§ 14 MarkenG)

aa) Rechtsverletzende Benutzung

11.219 Weitere Voraussetzung einer Markenverletzung ist, dass der Verletzer die ältere Marke des Dritten in rechtlich relevanter Weise benutzt. Seit der „L'Oréal"-Rechtsprechung des EuGH ist dies in Fällen der **Verwechslungsgefahr** (§ 14 Abs. 2 Nr. 2 MarkenG; vgl. dazu näher Rz. 11.223 f.), also wenn sich lediglich ähnliche Zeichen bzw. Waren und Dienstleistungen gegenüber stehen, der Fall, wenn die Benutzung die **Herkunftsfunktion der Marke** als deren Hauptfunktion beeinträchtigt oder beinträchtigen kann.[3] In Fällen der **Doppelidentität**, also einander gegenüberstehenden identischen Zeichen und Waren bzw. Dienstleistungen (§ 14 Abs. 2 Nr. 1 MarkenG; vgl. dazu näher Rz. 11.222), liegt eine mar-

---

1 BGH v. 30.4.2008 – I ZR 73/05 – Rz. 43 – Internet-Versteigerung III, GRUR 2008, 702 (705) mwN.

2 BGH v. 30.4.2008 – I ZR 73/05 – Rz. 43 und 45 – Internet-Versteigerung III, GRUR 2008, 702 (705) mwN; BGH v. 4.12.2008 – I ZR 3/06 – Rz. 24 f. – Ohrclips, WRP 2009, 967 (969) = CR 2009, 753 = MDR 2009, 993; s. ferner *Ingerl/Rohnke*, § 14 MarkenG Rz. 72 ff. mwN; vgl. zur „geschäftlichen Handlung" iSv. § 2 Abs. 1 UWG Rz. 7 ff.

3 EuGH v. 18.6.2009 – Rs. C-487/07 – Rz. 59 – L'Oréal/Bellure, GRUR 2009, 756 (761), s. dazu auch Büscher/Dittmer/Schiwy/*Büscher*, § 14 MarkenG Rz. 129.

kenrechtlich relevante Nutzung dagegen nicht nur in der Beeinträchtigung der Herkunftsfunktion, sondern auch in der (möglichen) Beeinträchtigung einer oder mehrerer anderer Markenfunktionen, wie etwa der **Kommunikations-, Investitions- oder Werbefunktion**.[1] Die dogmatische Neuausrichtung seit dem „L'Oréal"-Urteil des EuGH hatte bislang keine allzu großen praktischen Auswirkungen.[2]

Für den Handel ist bedeutsam, dass nach neuerer EuGH-Rechtsprechung – anders als nach der früheren Rechtsprechung des BGH – die **Nutzung** eines Zeichens **ausschließlich als Unternehmenskennzeichen** keine rechtsverletzende Benutzung einer älteren Marke darstellt.[3] Damit wird das markenrechtliche Risiko von Händlern, die nur ihre Firma führen, unter einer damit identischen Domain im Internet auftreten und mit der Unternehmensbezeichnung nur pauschal ihr gesamtes Warenangebot bewerben, deutlich minimiert. Wird die Geschäftsbezeichnung dagegen auf einer Ware angebracht oder sonst in einer Weise benutzt, dass eine konkrete Verbindung zwischen dem Zeichen und den vom Dritten vertriebenen Waren hergestellt wird, kann auch die Nutzung einer Unternehmensbezeichnung eine Markenverletzung darstellen.[4] Wenn also zB ein Versandhandelsunternehmen seine Unternehmensbezeichnung in einem Katalog oder im Rahmen seines Internetauftritts aus Sicht des angesprochenen Verkehrs (auch) auf bestimmte im Katalog oder auf der Website angebotene Produkte bezieht – etwa in Abgrenzung zu anderen, mit Drittmarken versehenen Produkten –, so liegt ein (auch) markenmäßiger Gebrauch der Firmenbezeichnung vor mit der Folge, dass damit auch ältere Marken verletzt werden können.[5] **11.220**

➲ **Praxistipp:** Werden aus einer älteren Marke Rechte gegen eine sowohl firmenmäßige als auch markenmäßige Nutzung geltend gemacht, so ist, da die rein firmenmäßige Nutzung nach neuerer Rechtsprechung keine Markenverletzung darstellt, der Klageantrag nur auf Benutzungen zu beziehen, die für bestimmte, näher zu bezeichnende Waren oder Dienstleistungen erfolgen.[6] **11.221**

bb) Doppelidentität

Liegt eine markenrechtlich relevante Handlung vor (vgl. Rz. 11.219 ff.), so ist eine Markenverletzung nach § 14 Abs. 2 Nr. 1 MarkenG gegeben, wenn der Verletzer **11.222**

– ein mit der Marke identisches Zeichen

– für **Waren oder Dienstleistungen** benutzt, die mit den von der verletzten Marke beanspruchten Waren oder Dienstleistungen **identisch** sind

(sog. **Doppelidentität**). Die für die Doppelidentität erforderliche Zeichenidentität ist nach der Rechtsprechung des EuGH gegeben, wenn der Verletzer alle Elemente der verletzten Marke ohne Änderung oder Hinzufügung nutzt oder wenn bestehende Unterschiede im Vergleich zur verletzten Marke so geringfügig sind, dass sie einem Durchschnittsverbraucher entgehen können.[7] Zeichenidentität ist deshalb zB auch zu bejahen, wenn sich die

---

1 EuGH v. 18.6.2009 – Rs. C-487/07 – Rz. 63 – L'Oréal/Bellure, GRUR 2009, 756 (761); s. auch Büscher/Dittmer/Schiwy/*Büscher*, § 14 MarkenG Rz. 129.

2 Ströbele/Hacker/*Hacker*, § 14 MarkenG Rz. 104 mwN.

3 EuGH v. 11.9.2007 – Rs. C-17/06 – Rz. 21 – Céline, GRUR 2007, 971 (972); BGH v. 5.3.2015 – I ZR 161/13 – Rz. 53 – IPS/ISP, GRUR 2015, 1004 = MDR 2015, 1318.

4 EuGH v. 11.9.2007 – Rs. C-17/06 – Rz. 22 f. – Céline, GRUR 2007, 971 (972).

5 BGH v. 13.9.2007 – I ZR 33/05 – Rz. 29 – THE HOME STORE, GRUR 2008, 254 (256) = MDR 2008, 460.

6 BGH v. 13.9.2007 – I ZR 33/05 – Rz. 20 ff. – THE HOME STORE, GRUR 2008, 254 (256) = MDR 2008, 460; BGH v. 5.3.2015 – I ZR 161/13 – Rz. 54 ff. – IPS/ISP, GRUR 2015, 1004 = MDR 2015, 1318.

7 EuGH v. 25.3.2010 – Rs. C-278/08 – Rz. 25 – BergSpechte, GRUR 2010, 451 (452) = CR 2010, 325.

Zeichen in der Groß- bzw. Kleinschreibung voneinander unterscheiden[1] oder wenn eine Marke identisch als Second-Level-Domain unter Hinzufügung einer erkennbar generischen Top-Level-Domain genutzt wird.[2]

cc) Verwechslungsgefahr

11.223 Fehlt es an der Doppelidentität, so liegt gleichwohl eine Markenrechtsverletzung vor, wenn **Verwechslungsgefahr** besteht und die angegriffene Handlung die Herkunftsfunktion der Marke beeinträchtigt (§ 14 Abs. 2 Nr. 2 MarkenG). Erforderlich ist dazu jedenfalls die

- Nutzung eines mit der Marke **ähnlichen Zeichens**

- für **Waren oder Dienstleistungen**, die den von der verletzten Marke beanspruchten Ware oder Dienstleistungen **ähneln**.

11.224 Die Verwechslungsgefahr bemisst sich nach dem **Gesamteindruck** der einander gegenüberstehenden Zeichen, wobei zwischen dem Grad der Zeichenähnlichkeit und der Waren- bzw. Dienstleistungsähnlichkeit (vgl. zur markenrechtlichen Ähnlichkeit einander gegenüberstehender Einzelhandelsdienstleistungen Rz. 11.212a) sowie der Kennzeichnungskraft der einander gegenüberstehenden Zeichen eine **Wechselwirkung** besteht. Geringe Überschneidungen der Waren oder Dienstleistungen können also durch große Zeichenähnlichkeit oder eine besondere Kennzeichnungskraft der Zeichen ausgeglichen werden, ebenso wie umgekehrt bei bestehender Waren- oder Dienstleistungsidentität eine Verletzung trotz größerer Abweichungen der einander gegenüberstehenden Zeichen bejaht werden kann.[3] Nach der Rechtsprechung ist bei der Verwechslungsprüfung auf einen **undeutlichen Erinnerungseindruck** abzustellen und mehr auf die Übereinstimmungen als auf die Unterschiede der Zeichen zu achten, weil der angesprochene Verkehr die einander gegenüberstehenden Zeichen meist nicht gleichzeitig vor sich hat.[4] Bei mehrgliedrigen Zeichen sind der Verwechslungsprüfung die das Gesamtzeichen **prägenden** Zeichenelemente[5] oder die Zeichenbestandteile zugrunde zu legen, denen – selbst wenn sie das Gesamtzeichen nicht prägen – eine **selbständige kennzeichnende Stellung** zukommt.[6]

dd) Schutz bekannter Marken

11.225 Bekannte Marken, also Marken, die einem bedeutenden Teil des von den erfassten Waren und Dienstleistungen betroffenen Publikums bekannt sind,[7] genießen unter bestimmten Voraussetzungen Schutz auch **außerhalb des Waren- bzw. Dienstleistungsähnlichkeitsbereichs**. Inhaber bekannter Marken können also grundsätzlich auch gegen die Benutzung identischer oder ähnlicher Zeichen vorgehen, die für Waren oder Dienstleistungen verwendet werden, die den von der bekannten Marke erfassten Waren oder Dienstleistungen nicht ähneln. Der besondere Schutz besteht gemäß § 14 Abs. 2 Nr. 3 MarkenG jedoch nur, wenn in unlauterer Weise die Wertschätzung oder die besondere Unterscheidungskraft der Marke beeinträchtigt oder ausgenutzt wird.[8]

---

1 *Ingerl/Rohnke*, § 14 MarkenG Rz. 283.
2 *Ingerl/Rohnke*, § 14 MarkenG Rz. 286 mwN.
3 St. Rspr., s. etwa BGH v. 1.6.2011 – I ZB 52/09 – Rz. 9 – Maalox/Melox-GRY, GRUR 2012, 64.
4 BGH v. 30.10.2003 – I ZR 236/97 – Davidoff II, GRUR 2004, 235 (237) = MDR 2004, 642.
5 Vgl. mwN *Ingerl/Rohnke*, § 14 MarkenG Rz. 1015 ff.
6 Vgl. mwN *Ingerl/Rohnke*, § 14 MarkenG Rz. 1127 ff.
7 EuGH v. 6.10.2009 – Rs. C-301/07 Rz. 24 – PAGO/Tirolmilch, GRUR 2009, 1158 (1159).
8 Vgl. zu diesen Unlauterkeitstatbeständen näher *Ingerl/Rohnke*, § 14 MarkenG Rz. 1353 ff. und Ströbele/Hacker/*Hacker*, § 14 MarkenG Rz. 328 ff.

c) Verletzung eines Unternehmenskennzeichens

In ähnlicher Weise sind Unternehmenskennzeichen iSv. §§ 5 Abs. 2, 15 Abs. 2 MarkenG geschützt: **11.226**

Auch die Verletzung eines Unternehmenskennzeichens setzt eine **kennzeichenrechtlich relevante Benutzungshandlung** voraus. Erforderlich ist, dass der Verkehr in der Benutzung des angegriffenen Zeichens einen Hinweis **auf das Unternehmen** oder auf die betriebliche Herkunft von Waren oder Dienstleistungen aus einem bestimmten Unternehmen sieht.[1] Demnach kann auch die **Verwendung eines Zeichens als Marke** ein älteres Unternehmenskennzeichenrecht verletzen (anders als im umgekehrten Fall, wo die Verletzung einer Marke durch rein firmenmäßigen Gebrauch nach neuerer Rechtsprechung ausscheidet, s. Rz. 11.220).[2] **11.227**

Eine Verletzung liegt vor, wenn zwischen dem angegriffenen Zeichen und dem älteren Unternehmenskennzeichen Verwechslungsgefahr besteht (§ 15 Abs. 2 MarkenG). Dies ist bei **identischen oder jedenfalls ähnlichen Zeichen und Branchen** der Fall, wobei zur Bejahung der Verwechslungsgefahr sowohl die Zeichenähnlichkeit als auch die Branchennähe gegeben sein müssen.[3] Auch für Unternehmenskennzeichen sieht das Gesetz in § 15 Abs. 3 MarkenG einen besonderen **Bekanntheitsschutz** vor. Danach kann unter den dort geregelten Voraussetzungen aufgrund bekannter Unternehmenskennzeichen gegen die Nutzung identischer oder ähnlicher Zeichen auch außerhalb des Bereichs der Verwechslungsgefahr vorgegangen werden (vgl. zu der Parallelvorschrift für Marken Rz. 11.225).[4] **11.228**

3. Privilegierung nach § 23 MarkenG

Nach § 23 MarkenG sind unter bestimmten Voraussetzungen an sich kennzeichenrechtsverletzende Handlungen zulässig. Die Vorschrift soll einen angemessenen Ausgleich zwischen den Interessen von Kennzeichenrechtsinhabern einerseits und dem freien Warenverkehr und der Dienstleistungsfreiheit andererseits gewährleisten und gestattet deshalb in gewissem Umfang an sich rechtsverletzende Kennzeichennutzungen. **11.229**

Gemäß § 23 Nr. 1 MarkenG kann der Inhaber eines Kennzeichenrechts einem Dritten nicht untersagen, dessen Namen zu benutzen. Diese Bestimmung rechtfertigt nicht nur die Nutzung des mit einem älteren Kennzeichenrecht kollidierenden bürgerlichen **Namens**, sondern nach der Rechtsprechung des EuGH[5] auch die Nutzung von **Handelsnamen**. Die Privilegierung gemäß § 23 Nr. 1 MarkenG kann also grundsätzlich auch greifen, wenn ein Unternehmen eine Unternehmensbezeichnung nutzt, die mit einem prioritätsälteren Unternehmenskennzeichen nach § 5 MarkenG kollidiert.[6] Dagegen gilt die Privilegierung nicht im Fall der Nutzung fremder Kennzeichen als **Domainnamen**.[7] **11.230**

Von größerer praktischer Bedeutung für den Handel sind die Schutzschranken in § 23 Nr. 2 und Nr. 3 MarkenG: Danach kann eine fremde Marke als **Angabe über Merkmale oder Eigenschaften** von Waren oder Dienstleistungen benutzt werden, zB ihre Art, Be- **11.231**

---

1 BGH v. 19.2.2009 – I ZR 135/06 – Rz. 20 – ahd.de, GRUR 2009, 685 (687) (bejahend für die Benutzung des Domainnamens „ahd.de").
2 BGH v. 14.4.2011 – I ZR 41/08 – Rz. 44 – Peek & Cloppenburg II, GRUR 2011, 623 = MDR 2011, 804; *Ingerl/Rohnke*, § 15 MarkenG Rz. 31 f.
3 *Ingerl/Rohnke*, § 15 MarkenG Rz. 70 f. mwN.
4 Zu den Einzelheiten s. zB *Ingerl/Rohnke*, § 15 MarkenG Rz. 117 ff. mwN.
5 EuGH v. 16.11.2004 – Rs. C-245/02 – Rz. 77 ff. – Anheuser-Busch, GRUR 2005, 153 (156); EuGH v. 11.9.2007 – Rs. C-17/06 – Rz. 31 – Céline, GRUR 2007, 971 (973).
6 Kritisch dazu *Ingerl/Rohnke*, § 23 MarkenG Rz. 18.
7 *Jacobs*, GRUR 2011, 1069 (1070).

schaffenheit oder ihren Wert (§ 23 Nr. 2 MarkenG), oder als Hinweis auf die **Bestimmung einer Ware**, insbesondere als Zubehör oder Ersatzteil (§ 23 Nr. 3 MarkenG). Danach ist es zB gestattet, Marken mit beschreibendem Gehalt in ihrer beschreibenden Funktion zu nutzen,[1] die Eignung angebotener Zubehör- oder Ersatzteile für Produkte der Marke xyz bewerben oder darauf hinweisen, dass Dienstleistungen bezogen auf Produkte der Marke xyz angeboten werden. Nach § 23 Nr. 3 MarkenG kann auch die Nutzung einer **Wort-/Bildmarke** gerechtfertigt sein; allerdings kann die Nutzung eines werbewirksamen Bildzeichens statt des Wortbestandteils uU den Vorwurf der Sittenwidrigkeit begründen.[2] Die Nutzung fremder Marken als **Domainname** ist nicht gemäß § 23 Nr. 3 MarkenG privilegiert, weil eine solche Benutzung jedenfalls nicht notwendig ist.[3]

4. Erschöpfung

11.232 Von besonderer praktischer Bedeutung für Produkthändler ist außerdem der in § 24 MarkenG geregelte Grundsatz der Erschöpfung.

a) Allgemeines

11.233 Grundsätzlich liegt im Angebot einer mit einer Marke versehenen Originalware, die der Markeninhaber oder mit seiner Zustimmung ein Dritter in den Verkehr gebracht hat, tatbestandlich eine Kennzeichenrechtsverletzung. Denn der Händler nutzt mit dem Angebot der Ware im Webshop oder Katalog das geschützte Zeichen für ein mit dem erfassten Warenverzeichnis identisches Produkt (Fall der Doppelidentität gemäß § 14 Abs. 2 Nr. 1 MarkenG, vgl. Rz. 11.222). An sich könnte daher der Markenrechtsinhaber unter Hinweis auf sein Kennzeichenrecht den weiteren Vertrieb von ihm selbst in den Verkehr gebrachter Waren untersagen.

11.234 Dies soll ihm jedoch aus Gründen der **Warenverkehrsfreiheit** nicht möglich sein. Nach § 24 Abs. 1 MarkenG kann deshalb der Inhaber einer Marke oder geschäftlichen Bezeichnung einem Dritten nicht verbieten, die geschützte Bezeichnung zur Kennzeichnung solcher Waren zu benutzen, die unter dieser Marke oder geschäftlichen Bezeichnung von ihm, dem Kennzeicheninhaber, oder mit seiner Zustimmung im Inland oder in einem EU- oder EWR-Staat in Verkehr gebracht worden sind. In einem solchen Fall unterliegt also der **Weitervertrieb** der Ware durch Händler **nicht mehr der Kontrolle des Markenrechtsinhabers**; seine kennzeichenrechtlichen Ausschlussrechte sind „erschöpft". Der Händler darf die Marke also auch ohne gesonderte Gestattung etwa in einem Händlerbzw. Vertriebsvertrag nutzen. Die markenrechtliche Erschöpfung bezieht sich allerdings ausschließlich auf diejenigen **konkreten Waren**, die von dem Markenrechtsinhaber oder mit seiner Zustimmung in den Verkehr gebracht wurden. Ein Händler kann sich also nicht auf Erschöpfung berufen, wenn er Originalprodukte des Markeninhabers anbietet, die erstmals außerhalb der EU oder des EWR in Verkehr gebracht wurden.

b) Reichweite des Werbe- und Ankündigungsrechts

11.235 Aus dem Erschöpfungsgrundsatz folgt, dass der Händler die Marken der von ihm vertriebenen Produkte, soweit diese von dem Markenrechtsinhaber oder mit dessen Zustimmung in den Verkehr gebracht wurden, beim Warenabsatz benutzen darf. Dazu gehört nicht nur das Recht, die mit den Produktnamen versehenen Produkte **anzubieten**, son-

---

1 Vgl. Ströbele/Hacker/*Hacker*, § 23 MarkenG Rz. 62.
2 BGH v. 14.4.2011 – I ZR 33/10 – Rz. 21 ff. – GROSSE INSPEKTION FÜR ALLE, GRUR 2001, 1135 (1137) = MDR 2011, 1436; Ströbele/Hacker/*Hacker*, § 23 MarkenG Rz. 102 mwN.
3 *Jacobs*, GRUR 2011, 1069 (1071) mwN zur Rechtsprechung.

dern auch das Recht, diese zu bewerben (sog. **Werbe- und Ankündigungsrecht**). Dies umfasst zB auch die Nutzung des Zeichens zur Bewerbung der angebotenen Originalprodukte in **Katalogen** oder auf **Websites**, wobei der Händler nicht auf bestimmte **Werbeformen** beschränkt ist, sondern zB das Zeichen auch als **MetaTag**[1] oder im Rahmen des **Keyword-Advertising** nutzen darf (vgl. dazu Rz. 11.254 ff.).[2] Der Händler darf die Marke der von ihm vertriebenen Originalprodukte nicht nur in ihren Wortbestandteilen einsetzen, sondern auch die auf den Waren angebrachten **Bildsymbole** werblich nutzen.[3] Problematisch ist dagegen die Nutzung einer fremden Marke als **Domainname**, weil eine solche Nutzung überwiegend jedenfalls auch firmenmäßig verstanden wird, so dass der Erschöpfungsgrundsatz insoweit keine Rechtfertigung liefert.[4]

Die Nutzung der Kennzeichen darf nicht in der Weise erfolgen, dass der angesprochene Verkehr darin einen Hinweis auf ein tatsächlich nicht bestehendes **(Vertrags-)Händlerverhältnis** zum Hersteller sehen kann.[5] Außerdem ist es nicht statthaft, mit den Marken der vertriebenen Originalware allgemein das eigene **Unternehmen** zu bewerben[6] oder flankierende eigene **Dienstleistungen** (zB einen Reparaturservice) zu bewerben.[7]   **11.236**

Stets muss ein **Bezug zu erschöpften Originalwaren** bestehen. Allerdings ist nicht zwingend erforderlich, dass der Händler die betroffenen Originalwaren bereits **vorrätig** hat; es genügt, wenn er sie zum bestimmungsgemäßen Zeitpunkt des Verkaufs beziehen kann.[8]   **11.237**

c) Beweislast

Grundsätzlich muss derjenige, der sich auf dem Erschöpfungsgrundsatz beruft, also der (potentielle) **Verletzer**, die tatsächlichen Voraussetzungen der Erschöpfung nachweisen.[9] Der in Anspruch genommene Verletzer trägt deshalb auch die Beweislast dafür, dass es sich bei dem von ihm angebotenen Produkten um Originalmarkenwaren und nicht um Produktfälschungen handelt.[10] Allerdings muss der Markeninhaber, der eine Produktfälschung behauptet, im Wege der sekundären Darlegungslast vortragen, aufgrund welcher Anhaltspunkte oder Umstände von einer Fälschung auszugehen ist.[11]   **11.238**

In bestimmten Konstellationen ist die genannte Beweislastregel nach der Rechtsprechung des BGH zu **modifizieren**. Diese Modifikation ist geboten, wenn die Anwendung der Beweislastregel es einem Markeninhaber ermöglichen würde, nationale Märkte abzuschotten.[12] Dies kann etwa bei **ausschließlichen oder selektiven Vertriebssystemen** der Fall sein.[13] Wäre in solchen Fällen der potentielle Verletzer im Rahmen der Beweisführung zur Offenlegung seiner Vorlieferanten gezwungen, so könnte der Markeninhaber   **11.239**

---

1 *Jacobs*, GRUR 2011, 1069 (1072).
2 EuGH v. 8.7.2010 – Rs. C-558/08 Rz. 78 – Portakabin/Primakabin, GRUR 2010, 841 (846) = CR 2010, 827.
3 BGH v. 7.11.2002 – I ZR 202/00 – Mitsubishi, GRUR 2003, 340 (341) = MDR 2003, 642; BGH v. 17.7.2003 – I ZR 256/00 – Vier Ringe über Audi, GRUR 2003, 878 (879) = MDR 2003, 1430.
4 *Jacobs*, GRUR 2011, 1069 (1072).
5 OLG Karlsruhe v. 7.2.2002 – 6 U 47/01 – Ferrari-Emblem, GRUR-RR 2002, 221 (222).
6 BGH v. 8.2.2007 – I ZR 77/04 – Rz. 21 – AIDOL, GRUR 2007, 784 (786) = MDR 2007, 1273 = CR 2007, 589.
7 EuGH v. 23.2.1999 – Rs. C-63/97 – Rz. 56 f. – BMW, GRUR Int. 1999, 438 (442).
8 BGH v. 8.2.2007 – I ZR 77/04 – Rz. 21 – AIDOL, GRUR 2007, 784 (786) = MDR 2007, 1273 = CR 2007, 589.
9 *Ingerl/Rohnke*, § 24 MarkenG Rz. 88; Ströbele/Hacker/*Hacker*, § 24 MarkenG Rz. 42.
10 BGH v. 15.3.2012 – I ZR 52/10 – Rz. 26 – CONVERSE I, GRUR 2012, 626 (628) = MDR 2012, 790.
11 BGH v. 15.3.2012 – I ZR 52/10 – Rz. 27 – CONVERSE I, GRUR 2012, 626 (628 f.) = MDR 2012, 790.
12 BGH v. 15.3.2012 – I ZR 52/10 – Rz. 30 – CONVERSE I, GRUR 2012, 626 (629) = MDR 2012, 790.
13 BGH v. 15.3.2012 – I ZR 52/10 – Rz. 30 f. – CONVERSE I, GRUR 2012, 626 (629) = MDR 2012, 790.

in die Lage versetzt werden, aufgrund bestehender Vertragsbindungen diese Lieferanten als Bezugsquelle auszuschalten.[1] Dem soll dadurch vorgebeugt werden, dass dann der klagende Markenrechtsinhaber im Streitfall die Voraussetzungen der fehlenden Erschöpfung beweisen muss.

5. Praktisch relevante Fallgestaltungen

a) Verletzung fremder Kennzeichen durch eigene Zeichen des Anbieters

11.240   In der Nutzung eigener Zeichen des Händlers, die mit älteren, kennzeichenrechtlich geschützten Zeichen identisch oder verwechselbar sind, liegt regelmäßig eine Kennzeichenrechtsverletzung. So kann zB die Nutzung eigener **Unternehmenskennzeichen** fremde ältere Unternehmenskennzeichen verletzen (§ 15 Abs. 2 MarkenG; vgl. Rz. 11.226 ff.). Soweit das Unternehmenskennzeichen auch für von der älteren Marke erfasste Waren oder Dienstleistungen genutzt wird, kann die Nutzung eines eigenen Unternehmenskennzeichens auch eine Markenrechtsverletzung (§ 14 Abs. 2 MarkenG) begründen (vgl. näher Rz. 11.220). Die Nutzung eigener **Produktbezeichnungen** kann fremde identische oder verwechselbare Marken (§ 14 Abs. 2 MarkenG; vgl. Rz. 11.219 ff.), daneben auch fremde Unternehmenskennzeichenrechte verletzen (§ 15 Abs. 2 MarkenG; vgl. Rz. 11.227).

11.241   Bereits die **Anmeldung** eines Produktnamens, der mit einem älteren Kennzeichen identisch oder verwechselbar ist, als **Marke** kann wegen Erstbegehungsgefahr kennzeichenrechtliche Unterlassungsansprüche begründen (Rz. 11.212). Es ist deshalb ratsam, vor Anmeldung von Marken und vor Aufnahme der Benutzung von Produkt- und/oder Unternehmensbezeichnung eine **Ähnlichkeitsrecherche** durchzuführen (vgl. Rz. 11.212 ff.).

b) Kennzeichenrechtsverletzungen beim Warenabsatz

11.242   Auch beim Absatz von Waren durch (Online-)Versandhändler, die typischerweise bereits durch Dritte – meist den Hersteller – mit Produktnamen versehen sind, besteht das Risiko der Verletzung älterer Rechte (vgl. zur Passivlegitimation und zum Verschulden des Händlers in solchen Fällen Rz. 11.264 und Rz. 11.272).

aa) Vertrieb nicht erschöpfter Originalware

11.243   Eine Markenrechtsverletzung kann sogar gegeben sein, wenn der Händler **Originalprodukte mit den Marken des Originalherstellers** vertreibt. Denn grundsätzlich benutzt auch ein Händler, der Originalmarkenerzeugnisse des Markeninhabers anbietet, die Marke für Waren und handelt markenrechtswidrig, wenn dies ohne Zustimmung des Markeninhabers erfolgt[2] bzw. die Voraussetzungen der Erschöpfung nach § 24 Abs. 1 MarkenG nicht vorliegen. In einer solchen Konstellation ist tatbestandlich ein Fall der **Doppelidentität** iSv. § 14 Abs. 2 Nr. 1 MarkenG gegeben (vgl. Rz. 11.233). Zulässig ist der Vertrieb also nur unter der Voraussetzung der Erschöpfung oder bei Vorliegen einer Zustimmung des Markenrechtsinhabers. Der Vertrieb „nicht erschöpfter" Originalware ist dagegen markenrechtswidrig.

bb) Produktfälschungen

11.244   Klassischer Fall einer Markenrechtsverletzung ist der Vertrieb von Produktfälschungen, also von **nachgeahmten Produkten**, auf denen geschützte Marken des Herstellers der Ori-

---

1 Vgl. dazu näher *Ingerl/Rohnke*, § 24 MarkenG Rz. 88 und Ströbele/Hacker/*Hacker*, § 24 MarkenG Rz. 43 ff.
2 BGH v. 15.3.2012 – I ZR 52/10 – Rz. 22 – CONVERSE I, GRUR 2012, 626 (628) = MDR 2012, 790.

ginalprodukte angebracht wurden.[1] Auch dies ist ein Fall der Doppelidentität nach § 14 Abs. 2 Nr. 1 MarkenG. Das Anbringen der Marke des Originalprodukts auf einer Produktfälschung stellt auch dann eine die Herkunftsfunktion der Marke berührende Verletzungshandlung iSv. § 14 Abs. 2 Nr. 1 MarkenG dar, wenn die Produktfälschung **offen ausgewiesen** ist.[2] Auch die Bezeichnung als „Nachbildung" oÄ schließt daher in solchen Fällen eine Kennzeichenrechtsverletzung nicht aus.[3]

cc) Sonstige kennzeichenrechtswidrig gekennzeichnete Ware

Außer in den Fällen der – offenen oder verschleierten – Produktfälschung liegt eine Markenverletzung vor, wenn Produkte angeboten werden, die, ohne existierende Originalprodukte nachzuahmen, lediglich den von der Marke erfassten Waren ähnlich oder mit diesen identisch sind und die unter einem Produktnamen vertrieben werden, der mit der Marke eines Dritten identisch ist oder ihr ähnelt. Dazu zählen zB Fälle, in denen der Produkthersteller und Markenrechtsinhaber bei der Kennzeichnung der Originalware mangels durchgeführter Ähnlichkeitsrecherche kollidierende ältere Zeichen übersehen oder deren Schutzumfang falsch eingeschätzt hat. Auch in solchen Fällen liegt im Angebot durch den Händler eine Verletzung dieser Kennzeichen. **11.245**

c) Internetspezifische Benutzungshandlungen

Von praktischer Bedeutung va. für Webshops sind daneben bestimmte internetspezifische Nutzungen fremder Marken, die ebenfalls markenrechtlich kritisch sein können: **11.246**

aa) Domains

Ob die **Registrierung und Nutzung eines Zeichens als Domain** Kennzeichenrechte Dritter verletzt, richtet sich grundsätzlich nach den allgemeinen Regeln.[4] **11.247**

Voraussetzung ist eine Nutzung **im geschäftlichen Verkehr**. An einer solchen Nutzung fehlt es in der Regel bei der **bloßen Domainregistrierung**.[5] Bei Nutzung der Domain für eine **aktive Website** ist der Inhalt der Website für die Abgrenzung zwischen geschäftlicher und sonstiger Nutzung maßgebend.[6] Bei Unternehmensauftritten – also auch bei Webshops – liegt unproblematisch Handeln im geschäftlichen Verkehr vor, anders bei rein privaten Websites oder bei Websites mit politischem oder rein wissenschaftlichem Inhalt oder behördlichen Internetauftritten.[7] Gegen Domainnutzungen außerhalb des geschäftlichen Verkehrs können **namensrechtliche Ansprüche** nach § 12 BGB und ggf. deliktsrechtliche Ansprüche bestehen.[8] **11.248**

---

1 Vgl. zur Definition nachgeahmter Produkte auch Art. 2 Abs. 1 Buchst. a Ziffer i der Verordnung (EG) Nr. 1383/2003 des Rates v. 22.7.2003 (Grenzbeschlagnahmeverordnung) und BGH v. 15.3.2012 – I ZR 52/10 – Rz. 21 f. – CONVERSE I, GRUR 2012, 626 (628) = MDR 2012, 790.

2 BGH v. 30.4.2008 – I ZR 73/05 – Rz. 60 – Internet-Versteigerung III, GRUR 2008, 702 (707) = CR 2008, 579 = MDR 2008, 1228.

3 *Ingerl/Rohnke*, § 14 MarkenG Rz. 350 mwN.

4 Vgl. dazu ausführlich *Ingerl/Rohnke*, Nach § 15 MarkenG Rz. 106 ff.; vgl. dazu auch *Demuth*, WRP 2011, 1381 ff.

5 BGH v. 28.4.2016 – I ZR 82/14 – Rz. 24 – profitbricks.es, GRUR 2016, 810; vgl. Ferner *Ingerl/Rohnke*, Nach § 15 MarkenG Rz. 112 ff., dort auch zu Ausnahmefällen.

6 BGH v. 24.4.2008 – I ZR 159/05 – Rz. 12 f. – afilias.de, GRUR 2008, 1099 (1100) = MDR 2009, 98.

7 *Ingerl/Rohnke*, Nach § 15 MarkenG Rz. 125 f.

8 BGH v. 22.11.2001 – I ZR 138/99, GRUR 2002, 622 (624) – „shell.de"; s. auch *Ingerl/Rohnke*, Nach § 15 MarkenG Rz. 62 und 124 mwN; vgl. zu namensrechtlichen Ansprüchen gegen die Domainregistrierung und -nutzung und das Verhältnis namensrechtlicher Ansprüche zu kennzeichenrechtlichen Ansprüchen BGH v. 9.11.2011 – I ZR 150/09 – Rz. 29 ff. – Basler Haar-Kosmetik, GRUR 2012, 304 (305 f.) = CR 2012, 179 = MDR 2012, 296; BGH v. 6.11.2013 – I ZR 153/12 – Rz. 9 ff. – sr.de, GRUR 2014, 506; BGH v. 28.4.2016 – I ZR 82/14 – Rz. 38 – profitbricks.es, GRUR 2016, 810.

11.249 Wird eine Domain im geschäftlichen Verkehr genutzt, so liegt eine Markenverletzung vor, wenn die Domain **mit** einer älteren **Marke identisch oder ähnlich** ist und sich das unter der Domain beworbenen **Angebot auf identische oder ähnliche Waren oder Dienstleistungen** bezieht.[1] Ähnliche Grundsätze gelten für die Verletzung von Unternehmenskennzeichen[2] und von Titelschutzrechten[3] durch Domains.

11.250 Kennzeichenrechtliche Ansprüche gegen die Nutzung von Domains richten sich damit in aller Regel lediglich gegen die Nutzung für bestimmte, von der verletzten Marke erfasste Waren oder Dienstleistungen, so dass auf der Grundlage kennzeichenrechtlicher Ansprüche meist **kein Verzicht** auf eine Domain beansprucht werden kann.[4] Verzichtsansprüche bestehen dagegen nach § 12 BGB, ferner ausnahmsweise auf kennzeichenrechtlicher Grundlage bei überragend bekannten Marken, wenn jede denkbare Form der Nutzung der Domain markenverletzend wäre und deshalb ein „Schlechthin"-Verbot gerechtfertigt ist.[5] Dies kann misslich sein, wenn der Anwendungsbereich des Markengesetztes, etwa im Fall einer ein Unternehmenskennzeichenrecht verletzenden Domainnutzung im geschäftlichen Verkehr, grundsätzlich eröffnet ist und deshalb namensrechtliche Ansprüche an sich nicht in Betracht kommen. Nach Ansicht des BGH ist jedoch § 12 BGB auch anwendbar – mit der Folge eines Verzichtsanspruchs –, wenn mit der Löschung des Domainnamens eine Rechtsfolge begehrt wird, die aus kennzeichenrechtlichen Bestimmungen grundsätzlich nicht hergeleitet werden kann.[6]

11.251 ➲ **Praxistipp:** Im Fall der Geltendmachung eines Verzichtsanspruchs empfiehlt es sich, soweit eine „.de"-Domain betroffen ist, bei der DENIC eG einen sog. **Dispute-Eintrag** zu beantragen, der den automatischen Übergang der Domain auf den Anspruchssteller bewirkt und eine Zwischenverfügung über die Domain hindert.[7] Dies ist deshalb von Vorteil, weil es anerkanntermaßen keinen Übertragungsanspruch gibt.[8]

bb) Links

11.252 Auch das **Setzen von Links** kann Kennzeichenrechte verletzen. Nach Auffassung des BGH genügt es im Fall der Nutzung eines Domainnamens für die Bejahung einer Markenverletzung, wenn das Produktangebot erst nach einer automatischen Weiterleitung auf eine andere Website erscheint.[9] Nichts anderes kann deshalb gelten, wenn durch einen **Link, der mit einer Marke identisch oder verwechslungsfähig gekennzeichnet** ist, auf eine Website verwiesen wird, auf der identische oder ähnliche Waren angeboten werden.[10] Eine Haftung des Linksetzers für **Kennzeichenrechtsverletzungen auf der Webseite, auf die verlinkt wird**, ist dagegen nur in Ausnahmefällen bei Vorliegen einer Verletzung von Prüfpflichten in Bezug auf den verwiesenen Seiteninhalt zu bejahen.[11] Ob eine solche Prüfungspflicht besteht, richtet sich allgemeinen Grundsätzen entsprechend nach den Umständen des Einzelfalls und ist bei einer Verlinkung, mit der der Linksetzer sich

---

1 Vgl. dazu mit zahlreichen Nachweisen zur Rechtsprechung *Ingerl/Rohnke*, Nach § 15 MarkenG Rz. 127 ff.
2 *Ingerl/Rohnke*, Nach § 15 MarkenG Rz. 145 ff.
3 *Ingerl/Rohnke*, Nach § 15 MarkenG Rz. 152 ff.
4 *Ingerl/Rohnke*, Nach § 15 MarkenG Rz. 60.
5 *Ingerl/Rohnke*, Nach § 15 MarkenG Rz. 209; vgl. zu den Voraussetzungen eines kennzeichenrechtlichen Verzichtsanspruchs auch BGH v. 9.11.2011 – I ZR 150/09 – Rz. 26 – „Basler Haar-Kosmetik", GRUR 2012, 304 (305) = CR 2012, 179 = MDR 2012, 296.
6 BGH v. 9.11.2011 – I ZR 150/09 – Rz. 32 – Basler Haar-Kosmetik, GRUR 2011, 304 (305 f.) = CR 2012, 179 = MDR 2012, 296.
7 Vgl. § 2 Abs. 3 der DENIC-Domainbedingungen.
8 Vgl. *Ingerl/Rohnke*, Nach § 15 MarkenG Rz. 208.
9 BGH v. 18.11.2010 – I ZR 155/09 – Rz. 19 – Sedo, GRUR 2011, 617 (618).
10 *Ingerl/Rohnke*, Nach § 15 MarkenG Rz. 189.
11 *Ingerl/Rohnke*, Nach § 15 MarkenG Rz. 232.

den verlinkten Inhalt erkennbar zu eigen macht, eher zu bejahen als bei Verlinkungen, die lediglich den Zugang zu allgemein zugänglichen Quellen unterstützen sollen.[1] Zulässig ist die **bloße Nennung** einer Marke in einem Link, mit dem auf fremde Originalprodukte verwiesen wird.[2] Unbedenklich ist ferner die Bewerbung angebotener **erschöpfter Originalwaren** durch Verlinkung im Rahmen des Ankündigungsrechts (vgl. dazu Rz. 11.235).

cc) MetaTags

Die – mittlerweile praktisch weniger relevante – Verwendung fremder Zeichen als **Meta-Tags** (vgl. zur Funktionsweise von MetaTags und zur wettbewerbsrechtlichen Beurteilung bereits Rz. 11.66 f.) war längere Zeit heftig umstritten. Zwischenzeitlich hat der BGH entschieden, dass die Nutzung eines fremden Unternehmenskennzeichens[3] oder einer fremden Marke[4] als MetaTag eine **kennzeichenmäßige Benutzung** darstellt und kennzeichenrechtsverletzend ist, wenn die Verwendung dazu führt, dass bei Eingabe des als MetaTag benutzten Zeichens in eine Suchmaschine die mit dem MetaTag versehene Website anzeigt wird und dort ein branchenähnliches Unternehmen bzw. von der Marke erfasste identische oder ähnliche Waren oder Dienstleistungen beworben werden. Dem steht nach Auffassung des BGH nicht entgegen, dass das als MetaTag eingesetzte Zeichen für den Nutzer nicht sichtbar ist.[5]

11.253

dd) Keyword-Werbung

Weitgehend geklärt ist inzwischen auch die Frage, unter welchen Voraussetzungen die Nutzung fremder geschützter Zeichen im Rahmen des sog. **Keyword-Advertising** kennzeichenrechtlich zu beanstanden ist.

11.254

Keyword-Advertising ist eine besondere, von Suchmaschinen-Betreibern angebotene Werbeform. Bekanntestes Beispiel ist das Angebot „AdWords" von Google. Werbenden Unternehmen wird dabei die Möglichkeit geboten, mit einer bezahlten Anzeige auf der Startseite der Suchmaschine zu erscheinen, sobald der Nutzer der Suchmaschine bestimmte, vom werbenden Unternehmen gewählte Suchwörter (Keywords) eingibt (vgl. zur Funktionsweise und wettbewerbsrechtlichen Beurteilung bereits Rz. 11.68 f.). Wenn das Unternehmen dabei ein mit einer fremden Marke eines in der Regel konkurrierenden Unternehmens identisches oder verwechselungsfähiges Keyword wählt, stellt sich die Frage, ob darin eine Markenverletzung, insbesondere eine kennzeichenrechtlich relevante Benutzungshandlung liegt.[6]

11.255

Nach der Rechtsprechung des **EuGH**[7] ist in Fällen der **Doppelidentität**, also bei Benutzung eines mit der Marke identischen Zeichens als Suchwort für die Bewerbung iden-

11.256

---

1 *Ingerl/Rohnke*, Nach § 15 MarkenG Rz. 232 mwN.
2 *Ingerl/Rohnke*, Nach § 15 MarkenG Rz. 189 mwN.
3 BGH v. 18.5.2006 – I ZR 183/03 – Rz. 16 f. – Impulse, GRUR 2007, 65 (66 f.) = CR 2007, 103 = MDR 2007, 418.
4 BGH v. 8.2.2007 – I ZR 77/04 – Rz. 18 – AIDOL, GRUR 2007, 784 (785) = MDR 2007, 1273 = CR 2007, 589.
5 Vgl. zum Ganzen näher *Ingerl/Rohnke*, Nach § 15 MarkenG Rz. 190 ff.; Ströbele/Hacker/*Hacker*, § 14 MarkenG Rz. 222 ff.
6 Vgl. zum Problemkreis ausführlich mwN Büscher/Dittmer/Schiwy/*Büscher*, § 14 MarkenG Rz. 151 ff.; *Ingerl/Rohnke*, Nach § 15 MarkenG Rz. 194 ff.; Ströbele/Hacker/*Hacker*, § 14 MarkenG Rz. 226 ff.; *Ohly*, GRUR 2010, 776 ff.
7 EuGH v. 23.3.2010 – Rs. C-236/08 bis C-238/08 – Rz. 75 ff. – Google France und Google, GRUR 2010, 445 (448 ff.); EuGH v. 25.3.2010 – Rs. C-278/08, – Rz. 29 ff. – BergSpechte/trekking.at Reisen, GRUR 2010, 451 (453) = CR 2010, 325; EuGH v. 26.3.2010 – Rs. C-91/09 – Rz. 21 ff. – Ice.de/BBY Vertriebsgesellschaft (Bananabay), GRUR 2010, 641 (642) = CR 2010, 457; EuGH v. 22.9.2011 – Rs. C-323/09 – Rz. 30 ff. – Interflora/M&S, GRUR 2011, 1124 (1126 ff.) = CR 2011, 745.

tischer Waren oder Dienstleistungen, die **Herkunftsfunktion der Marke beeinträchtigt**, wenn aus der nach Eingabe des Suchworts angezeigten Werbung für einen Durchschnittsinternetnutzer nicht oder nur schwer zu erkennen ist, ob die in der Anzeige beworbenen Waren oder Dienstleistungen von dem Inhaber der Marke oder einem mit ihm wirtschaftlich verbundenen Unternehmen oder vielmehr von einem Dritten stammen. Ob dies im konkreten Fall gegeben ist, müsse das nationale Gericht beurteilen. Die **Werbefunktion** der Marke soll dagegen durch ein solches Verhalten **nicht betroffen** sein, da bei Eingabe des Suchbegriffs unter den normalen Suchergebnissen in aller Regel auch ein Link auf die Seite des Markeninhabers erscheine. Diese Grundsätze sind nach Meinung des EuGH nicht auf den Identitätsschutz beschränkt, sondern gelten auch für den **Verwechslungsschutz**. In Anwendung dieser Grundsätze hat der **BGH** die Benutzung eines Zeichens als Keyword „wie eine Marke" mangels Beeinträchtigung der Herkunftsfunktion der betroffenen Marke in einem Fall verneint, in dem die Anzeige in einem von der Trefferliste eindeutig getrennten und entsprechend gekennzeichnete Werbeblock erscheint und selbst weder das Zeichen noch sonst einen Hinweis auf den Markeninhaber oder auf die von diesem angebotenen Produkte enthält.[1] Falls es für den angesprochenen Verkehr aufgrund eines ihm bekannten Vertriebssystems des Markeninhabers (wie zB beim Blumenversand „FLEUROP") nahe liegt, dass es sich bei dem werbenden Unternehmen um ein Partnerunternehmen des Markeninhabers handelt, ist die Herkunftsfunktion der Marke beeinträchtigt, wenn in der Werbeanzeige nicht auf das Fehlen einer wirtschaftlichen Verbindung hingewiesen wird.[2]

11.257 ➥ **Praxistipp:** Zur Minimierung kennzeichenrechtlicher Risiken sollte in der über die Eingabe des Suchworts erscheinenden Anzeige jeder Hinweis auf die fremde Marke vermieden werden. Stattdessen sollten die davon abweichenden eigenen Kennzeichen des Werbenden herausgestellt sein oder durch Angabe eines abweichenden Domainnamens auf eine andere betriebliche Herkunft hingewiesen werden. Bei Waren, die über ein bekanntes Vertriebssystem angeboten werden, sollte in einem Disclaimer auf die fehlende Verbindung zum Markeninhaber hingewiesen werden.

11.258 Die Benutzung fremder Marken als Keyword bei der Schaltung von Suchmaschinenanzeigen kann nach allgemeinen Regeln durch **§ 23 MarkenG** oder, wenn die Voraussetzungen der Erschöpfung vorliegen, nach **§ 24 Abs. 1 MarkenG** gerechtfertigt sein.[3]

d) Sonstiges

aa) Vergleichende Werbung

11.259 Auch in der Nutzung eines fremden Zeichens im Rahmen vergleichender Werbung kann eine Kennzeichenrechtsverletzung liegen. Da allerdings die Nutzung fremder Zeichen im Rahmen auch erlaubter vergleichender Werbung kaum vermeidbar ist, kann eine solche Markennutzung **kennzeichenrechtlich** jedenfalls dann **nicht unterbunden** werden, wenn der Werbevergleich **wettbewerbsrechtlich** gemäß § 6 Abs. 2 UWG **zulässig** ist.[4]

---

1 BGH v. 13.1.2011 – I ZR 125/07 – Rz. 21 ff. – Bananabay II, GRUR 2011, 828 (830 f.) = CR 2011, 664 = MDR 2011, 998; BGH v. 13.12.2012 – I ZR 217/10 – Rz. 26 ff. – MOST-Pralinen, GRUR 2013, 290 (293) = CR 2013, 181 = MDR 2013, 360.
2 BGH v. 27.6.2013 – I ZR 53/12 – Rz. 23 – Fleurop, GRUR 2014, 182 (184) = MDR 2014, 418 = MDR 2014, 123; vgl. zu weiteren Fallkonstellationen und Differenzierungen Büscher/Dittmer/Schiwy/*Büscher*, § 14 MarkenG Rz. 151 ff.
3 Ströbele/Hacker/*Hacker*, § 14 MarkenG Rz. 213.
4 Vgl. etwa BGH v. 2.4.2015 – I ZR 167/13 – Rz. 16 – Staubsaugerbeutel im Internet, GRUR 2015, 1136 (1137) mwN = MDR 2015, 1316.

bb) Referenzkundenwerbung

Schließlich muss das Risiko einer Markenrechtsverletzung auch bei der Nennung von Kunden, Lieferanten oder Partnern bzw. deren Produkte oder Dienstleistungen als Referenz im Blick behalten werden. Zwar ist die bloße **Nennung von Namen** oder Unternehmensbezeichnungen in aller Regel unkritisch.[1] Dagegen kann die **Benutzung fremder, markenrechtlich geschützter Produktnamen** im Rahmen der Referenzwerbung problematisch sein, wenn nach der konkreten Gestaltung nicht sicher ausgeschlossen werden kann, dass der Verkehr daraus auf eine wirtschaftliche Verbindung mit dem Markeninhaber schließt.[2]

11.260

IV. Rechtsverfolgung

1. Aktivlegitimation

Anspruchsberechtigt ist der jeweilige **Inhaber des verletzten Kennzeichenrechts**, bei einer Marke also der materiell berechtigte Inhaber der Marke[3] und bei Unternehmenskennzeichenrechten das mit dem Unternehmenskennzeichen bezeichnete Unternehmen.[4] Nach der Rechtsprechung des BGH sind **Lizenznehmer** auch im Fall einer ausschließlichen Lizenz nicht selbst zur Geltendmachung eigener Rechte aktivlegitimiert, sondern nur berechtigt, im Wege der (gesetzlichen) Prozessstandschaft Rechte des Kennzeichenrechtsinhabers mit dessen Zustimmung (§ 30 Abs. 3 MarkenG) im eigenen Namen zu verfolgen.[5] Außerdem können grundsätzlich beliebige Dritte kennzeichenrechtliche Ansprüche nach allgemeinen Regeln im Wege der **gewillkürten Prozessstandschaft** geltend machen.[6]

11.261

2. Passivlegitimation, insbesondere Störerhaftung

Für die Passivlegitimation, dh. die Frage, welche juristische oder natürliche Person wegen einer begangenen Kennzeichenrechtsverletzung in Anspruch genommen werden kann, gelten ähnliche Grundsätze wie im Wettbewerbsrecht (vgl. Rz. 11.139 ff.), wobei allerdings im Kennzeichenrecht auch weiterhin die Störerhaftung Anwendung findet (vgl. zur Aufgabe der Störerhaftung im Lauterkeitsrecht Rz. 11.140).[7]

11.262

a) Täter und Teilnehmer

Als **Täter** haftet derjenige, der den kennzeichenrechtlichen Tatbestand in eigener Person adäquat kausal verwirklicht. In Betracht kommt auch die Haftung als **mittelbarer Täter**, also die Verwirklichung des Tatbestandes durch einen anderen, oder als **Mittäter**, was eine gemeinschaftliche Begehung, also ein bewusstes und gewolltes Zusammenwirken, voraussetzt.[8] Schließlich kommt eine Haftung als **Teilnehmer**, also als Gehilfe oder Anstif-

11.263

---

1 Vgl. *Grützmacher*, ITRB 2010, 232 unter Hinweis auf LG Bonn v. 30.5.2007 – 1 O 194/07, juris (Verneinung namensrechtlicher Ansprüche mangels Identitäts- oder Zuordnungsverwirrung).
2 *Grützmacher*, ITRB 2010, 232 (233 f.).
3 Die Eintragung im Markenregister begründet lediglich eine – widerlegliche – Vermutung hierfür, § 28 Abs. 1 MarkenG; *Ingerl/Rohnke*, Vor §§ 14–19d MarkenG Rz. 10.
4 Vgl. zur Inhaberschaft von Titelschutzrechten *Ingerl/Rohnke*, § 5 MarkenG Rz. 102.
5 Vgl. für den Schadensersatzanspruch BGH v. 18.10.2007 – I ZR 24/05 – Rz. 14 – ACERBON, GRUR 2008, 614 (615) = MDR 2008, 757; *Ingerl/Rohnke*, Vor §§ 14–19d MarkenG Rz. 14 und § 30 MarkenG Rz. 92 ff. mwN und mit kritischer Stellungnahme, s. dort auch zu den Folgen für die richtige Antragstellung im Prozess.
6 *Ingerl/Rohnke*, Vor §§ 14–19d MarkenG Rz. 19 ff. mwN.
7 Vgl. zum Ganzen *Ingerl/Rohnke*, Vor §§ 14–19d MarkenG Rz. 25 ff.
8 BGH v. 11.3.2009 – I ZR 114/06 – Rz. 14 – Halzband, GRUR 2009, 597 = CR 2009, 450 = MDR 2009, 879.

ter, in Bezug auf einen Kennzeichenrechtsverstoß eines anderen in Betracht. Dazu muss die Kennzeichenrechtsverletzung zumindest mit bedingtem Vorsatz gefördert oder dazu angestiftet worden sein, wobei zum Teilnehmervorsatz sowohl die Kenntnis der objektiven Tatumstände als auch das Bewusstsein der Rechtswidrigkeit der Haupttat gehören.[1] Allerdings bejaht die Rechtsprechung den (bedingten) Teilnehmervorsatz bereits, wenn der Handelnde den lediglich für möglich gehaltenen Verstoß billigend in Kauf genommen hat oder er sich bewusst einer Kenntnisnahme von der Unlauterkeit des Verhaltens des Täters verschließt.[2]

11.264 Da gemäß § 14 Abs. 3 Nr. 2 MarkenG bei Vorliegen der Verletzungsvoraussetzungen ausdrücklich ua. untersagt ist, „unter dem Zeichen Waren anzubieten", **handelt ein (Online-)Versandhändler,** der im Webshop oder Katalog kennzeichenrechtsverletzende Ware zum Kauf anbietet (auch wenn dies wie regelmäßig nur eine invitatio ad offerendum darstellt, vgl. hierzu ausführlich Rz. 2.240[3]), **stets als Täter.** Ob er irgendwelche **Prüfpflichten** verletzt hat, ist hierfür grundsätzlich irrelevant (anders im Fall der Störerhaftung, s. dazu Rz. 11.265), spielt aber für die Frage des **Verschuldens** und damit für die Haftung auf Schadensersatz eine Rolle (vgl. Rz. 11.272).

b) Störer

11.265 Nach der im Immaterialgüterrecht und damit auch dem Kennzeichenrecht weiterhin zugrunde gelegten **Störerhaftung** kann wegen Kennzeichenrechtsverletzung auf Unterlassung in Anspruch genommen werden, wer – ohne Täter oder Teilnehmer zu sein – in irgendeiner Weise willentlich und adäquat kausal zur Verletzung des Kennzeichenrechts beiträgt, wobei auch die Unterstützung oder das Ausnutzen der Verletzungshandlung eines eigenverantwortlich handelnden Dritten genügt, soweit der in Anspruch Genommene diese Handlung hätte rechtlich verhindern können. Voraussetzung ist außerdem stets, dass der als Störer in Anspruch Genommene zumutbare Verhaltenspflichten, insbesondere **Prüfpflichten,** verletzt hat.[4]

11.266 In Anwendung dieser Grundsätze hat der BGH entschieden, dass es dem Betreiber einer **Internethandelsplattform** – im Streitfall eBay – grundsätzlich nicht zuzumuten ist, vor Veröffentlichung jedes Angebot auf eine etwaige Rechtsverletzung hin zu überprüfen. Nach Meinung des BGH muss der Betreiber jedoch, wenn er auf eine klare Rechtsverletzung hingewiesen wird, zum einen das konkrete Angebot unverzüglich sperren, zum anderen darüber hinaus Vorsorge treffen, dass es möglichst nicht zu weiteren derartigen Kennzeichenrechtsverletzungen kommt.[5] Diese Rechtsprechung steht nach Meinung des BGH in Einklang mit den jüngst durch den EuGH im Fall „L'Oréal/eBay"[6] aufgestellten Grundsätzen.[7] Der Hinweis auf die Rechtsverletzung muss so konkret gefasst sein, dass der Plattformbetreiber den Rechtsverstoß ohne eingehende rechtliche oder tatsächliche Prüfung feststellen kann.[8] Belege müssen dem Hinweisschreiben nur beigefügt werden,

---

1 BGH v. 11.3.2009 – I ZR 114/06 – Rz. 14 – Halzband, GRUR 2009, 597 = CR 2009, 450 = MDR 2009, 879.

2 BGH v. 3.7.2008 – I ZR 145/05 – Rz. 45 – Kommunalversicherer, GRUR 2008, 810 (814) = MDR 2008, 1289 (für einen Wettbewerbsrechtsverstoß).

3 *Ingerl/Rohnke,* § 14 MarkenG Rz. 225.

4 BGH v. 30.7.2015 – I ZR 104/14 – Rz. 46 – Posterlounge, GRUR 2015, 1223 (1226) mwN = CR 2016, 116 = MDR 2016, 170; BGH v. 17.8.2011 – I ZR 57/09 – Rz. 20 – Stiftparfüm, GRUR 2011, 1038 (1039).

5 BGH v. 17.8.2011 – I ZR 57/09 – Rz. 21 mwN – Stiftparfüm, GRUR 2011, 1038 (1039).

6 EuGH v. 12.7.2011 – Rs. C-324/09 – L'Oréal/eBay, GRUR 2011, 1025 ff.; vgl. *dazu Brömmekamp,* WRP 2011, 306 ff.; s. dazu ferner *Roth,* WRP 2011, 1258 ff.

7 BGH v. 17.8.2011 – I ZR 57/09 – Rz. 22 f. – Stiftparfüm, GRUR 2011, 1038 (1039).

8 BGH v. 17.8.2011 – I ZR 57/09 – Rz. 28 – Stiftparfüm, GRUR 2011, 1038 (1039).

wenn zB nach den Umständen berechtigte Zweifel am Bestehen eines Schutzrechts, an der Befugnis zur Geltendmachung des Schutzrechts oder am Wahrheitsgehalt der mitgeteilten Umstände bestehen und der Betreiber ohne Belege aufwendige eigene Recherchen anstellen müsste.[1] Zu beachten ist, dass der Plattformbetreiber als Störer erst ab Zugang eines Hinweises auf die Rechtsverletzung auf Unterlassung haftet. Bis zu diesem Zeitpunkt erfolgte Rechtsverletzungen begründen mangels Verletzung keine Wiederholungsgefahr, meist nicht einmal Erstbegehungsgefahr.[2]

⮕ **Praxistipp:** Der Rechteinhaber sollte im Fall einer Markenverletzung anlässlich des Angebots kennzeichenrechtsverletzender Waren auf einer Handelsplattform den Händler abmahnen und daneben den Plattformbetreiber auf die Rechtsverletzung hinweisen und dabei alle für die Beurteilung erforderlichen Einzelumstände schildern und – auch wenn dies rechtlich nicht erforderlich ist – möglichst durch Belege untermauern. Im Anschluss sollte die Befolgung des Hinweises überwacht werden und, wenn erneut entsprechende Angebote aufgenommen werden, wegen der dann bestehenden Wiederholungsgefahr abgemahnt werden.   **11.267**

Unter bestimmten Voraussetzungen kann in Domainstreitfällen der sog. administrative Ansprechpartner (**Admin-C**) für Kennzeichenrechtsverletzungen durch Nutzung der Domain als Störer haften.[3]   **11.268**

c) Selbständiger Zurechnungsgrund (BGH „Halzband")

Neben der Störerhaftung kommt nach der Rechtsprechung des BGH[4] in bestimmten Konstellationen ein **selbständiger Zurechnungsgrund** in Betracht (vgl. dazu bereits zum Wettbewerbsrecht Rz. 11.141).   **11.269**

d) Sonstiges

Im Übrigen gelten ähnliche Grundsätze wie im Wettbewerbsrecht (vgl. dazu Rz. 11.139 ff.). Auch bei Kennzeichenrechtsverstößen haften also juristische Personen, Personenhandelsgesellschaften sowie die Partnerschaftsgesellschaft und die BGB-Gesellschaft für Kennzeichenrechtsverletzungen ihrer Organe und Repräsentanten (**§§ 31, 39 BGB**). In Betracht kommt daneben die Haftung der jeweils handelnden **Organe**, soweit diese den Verstoß selbst begangen oder veranlasst oder ihn gekannt und ihn pflichtwidrig nicht verhindert haben. Entsprechend der wettbewerbsrechtlichen Parallelnorm § 8 Abs. 2 UWG besteht bei Kennzeichenrechtsverletzungen eine Haftung als **Betriebsinhaber** nach §§ 14 Abs. 7, 15 Abs. 6 MarkenG (s. zum Wettbewerbsrecht Rz. 11.142).[5]   **11.270**

3. Ansprüche

Wie im Wettbewerbsrecht bestehen auch bei Kennzeichenrechtsverstößen verschuldensunabhängige **Unterlassungsansprüche** (§ 14 Abs. 5, 15 Abs. 4 MarkenG) sowie bei Verschulden **Schadenersatzansprüche** (§§ 14 Abs. 6, 15 Abs. 5 MarkenG). Der Schaden kann – in der Praxis schwierig und deshalb selten – konkret berechnet werden. Stattdessen   **11.271**

---

1 BGH v. 17.8.2011 – I ZR 57/09 – Rz. 31 – Stiftparfüm, GRUR 2011, 1038 (1039).
2 BGH v. 17.8.2011 – I ZR 57/09 – Rz. 39 ff. – Stiftparfüm, GRUR 2011, 1038 (1039).
3 BGH v. 9.11.2011 – I ZR 150/09 – Rz. 50 ff. – Basler Haar-Kosmetik, GRUR 2011, 304 (307 ff.) = CR 2012, 179 = MDR 2012, 296; vgl. zur Haftung des Admin-C auch *Kunczik*, ITRB 2010, 63 ff.
4 BGH v. 11.3.2009 – I ZR 114/06 – Rz. 16 – Halzband, GRUR 2009, 597 (598) = CR 2009, 450 = MDR 2009, 879.
5 Vgl. dazu näher *Ingerl/Rohnke*, Vor §§ 14–19d MarkenG Rz. 43 ff.; vgl. zur Haftung des „Merchants" im Rahmen des Affiliate-Marketings, *Auer-Reinsdorff*, ITRB 2009, 277 (278).

kann Herausgabe des erzielten Gewinns verlangt (vgl. § 14 Abs. 6 Satz 2 MarkenG) oder nach der Methode der Lizenzanalogie der Betrag geltend gemacht werden, den der Verletzer im Fall einer Lizenzerteilung als angemessene Vergütung hätte entrichten müssen (vgl. §§ 14 Abs. 6 Satz 3 MarkenG).

11.272 Beim **Verschulden** gelten im Kennzeichenrecht strenge Maßstäbe. Allerdings bestehen **bei einem Händler weniger strenge Pflichten**, nach entgegenstehenden Rechten Dritter zu recherchieren, als für einen Produkthersteller, der die Ware kennzeichnet.[1] Nach der Rechtsprechung des BGH sind gewerbliche Händler allerdings beim Einkauf insbesondere von Waren mit bekannten Marken gehalten, besonders aufmerksam zu prüfen, ob die Ware vom Markeninhaber stammt, und bei ernsthaften Zweifeln Nachforschungen anzustellen.[2] Gewerbliche Einkäufer müssen außerdem, wenn sie vertriebsgebundene Ware außerhalb des organisierten Vertriebswegs beziehen, prüfen, ob die ihnen angebotenen Waren bereits mit Zustimmung des Markeninhabers in der EU bzw. dem EWR in den Verkehr gebracht worden sind, ob also die Voraussetzungen der Erschöpfung vorliegen.[3]

11.273 Fehlt es am Verschulden, kommen Zahlungsansprüche noch nach den Grundsätzen der **ungerechtfertigten Bereicherung** in Betracht, so dass es für die Frage geltend gemachter Zahlungsansprüche letztlich auf das Verschulden häufig nicht ankommt.[4] Händlern, die bei entsprechend breitem Warensortiment erheblichen kennzeichenrechtlichen Risiken ausgesetzt sind, drohen also selbst dann empfindliche finanzielle Sanktionen, wenn ihnen keinerlei Verschuldensvorwurf gemacht werden kann.

4. Verfahren

11.274 Die außergerichtliche Verfolgung kennzeichenrechtlicher Ansprüche durch **Abmahnung** und die gerichtliche Geltendmachung im **einstweiligen Verfügungsverfahren** und im ordentlichen **Hauptsacheverfahren** ähnelt weitgehend den bereits im Wettbewerbskapitel geschilderten Grundsätzen, so dass hierauf verwiesen werden kann (vgl. Rz. 11.148 ff.).

11.275 Besonderheiten gelten im **Domainrecht**. Auf die Möglichkeit, bei Ansprüchen gegen „.de"-Domains bei der Registrierungsstelle DENIC eG die Verfügung eines **Dispute-Eintrags** zu verlangen, wurde bereits hingewiesen (Rz. 11.251). Der Dispute-Eintrag ist kein Mittel zur Streitbeilegung, sondern hilft lediglich, im Falle einer freiwillig oder gerichtlich verfügten Freigabe der Domain deren Übergang auf den Anspruchsteller zu sichern und verhindert so eine Reservierung durch Dritte. Für generische Domains und bestimmte länderspezifische Domains gibt es dagegen als Alternative zum Verfahren vor den staatlichen Gerichten ein echtes Streitschlichtungsverfahren gemäß den Bestimmungen der **Uniform Domain Name Dispute Resolution Policy (UDRP)**.[5] Jeder Inhaber einer Domain, für die dieses Verfahren gilt, hat sich mit der Domainregistrierung den Schlichtungsbedingungen unterworfen. Die Bedingungen halten eigene materielle Maßstäbe für die Beurteilung von Missbrauchsfällen bereit, die sich mit dem kennzeichenrechtlichen Grundsätzen nicht ohne weiteres decken. Attraktiv ist das Verfahren va., weil es zum einen bei Vorliegen der materiellen Voraussetzungen – anders als nach deutschem Kennzeichenrecht – auch einen Anspruch auf Übertragung der Domain auf den Antragsteller vor-

---

1 *Ingerl/Rohnke*, Vor §§ 14–19d MarkenG Rz. 222; Ströbele/Hacker/*Hacker*, § 14 MarkenG Rz. 501.
2 BGH v. 18.12.1986 – I ZR 111/84 – Chanel No. 5 I, GRUR 1987, 520 (522) = MDR 1987, 817.
3 BGH v. 23.2.2006 – I ZR 272/02 – Rz. 46 – Markenparfümverkäufe, GRUR 2006, 421 (424) = MDR 2006, 1005.
4 *Ingerl/Rohnke*, Vor §§ 14–19d Rz. 220 und 288.
5 http://www.icann.org/en/help/dndr/udrp/policy; vgl. dazu *Ingerl/Rohnke*, Nach § 15 MarkenG Rz. 238 ff.

sieht und weil es keines Vollstreckungsverfahrens bedarf, sondern die Übertragung durch die zuständige Stelle im Rahmen des Schlichtungsverfahrens verfügt wird. Ein ähnliches Verfahren sieht die **Verordnung (EG) Nr. 733/2002** des Europäischen Parlaments und des Rats v. 22.4.2002 zur Einführung der Domäne oberster Stufe „**.eu**" vor.[1]

C. Urheberrecht

Literatur: *Apel*, Keine Anwendung der „UsedSoft"-Rechtsprechung des EuGH jenseits von Computer-programmen – Eine Bestandsaufnahme zur Erschöpfung bei „gebrauchten" digitalen Gütern, ZUM 2015, 640 ff.; *Berberich*, Der Content „gehört" nicht Facebook!, MMR 2010, 736 ff.; *Bullinger/Czychowski*, Digitale Inhalte: Werk und/oder Software?, GRUR 2011, 19 ff.; *Dreier/Schulze*, UrhG, 5. Aufl. 2015; *Cichon*, Weitergabe digital vertriebener Werkexemplare wie E-Books im Spannungsfeld zwischen Urheber-

---

1 Abl. L113 v. 30.4.2002, S. 1 ff.; s. auch dazu *Ingerl/Rohnke*, Nach § 15 MarkenG Rz. 246 ff.

und Vertragsrecht, GRURPrax 2010, 381 ff.; *Eichmann/von Falckenstein/Kühne*, Designgesetz, 5. Aufl. 2015; *Erdmann*, Schutz von Werbeslogans, GRUR 1996, 550 ff.; *Ganzhorn*, Ist ein E-Book ein Buch? Das Verhältnis von Büchern und E-Books unter besonderer Berücksichtigung der UsedSoft-Rechtsprechung, CR 2014, 492 ff.; *Gräbig*, Abdingbarkeit urheberrechtlicher Schranken, GRUR 2012, 331 ff.; *Hertin*, Zur Urheberrechtlichen Schutzfähigkeit von Werbeleistungen unter besonderer Berücksichtigung von Werbekonzeptionen und Werbeideen, GRUR 1997, 799 ff.; *Hoeren/Försterling*, Onlinevertrieb „gebrauchter Software", MMR 2012, 642 ff.; *Kitz*, Anwendbarkeit urheberrechtlicher Schranken auf das eBook, MMR 2001, 727 ff.; *Knopp*, Fanfiction – nutzergenerierte Inhalte und das Urheberrecht, GRUR 2010, 28 ff.; *Koch*, Client-Access License – Abschied von der Softwarelizenz?, ITRB, 2011, 42 ff.; *Kubach*, Musik aus zweiter Hand – ein neuer digitaler Trödelmarkt? CR 2013, 279 ff.; *Kuß*, Gutenberg 2.0 – der Rechtsrahmen für E-Books in Deutschland, K&R 2012, 76 ff.; *Mantz*, Die Risikoverteilung bei urheberrechtlichen Abmahnungen – Neue Wege mit § 97a UrhG? CR 2014, 189 ff.; *Mestmäcker/Schulze*, UrhG, Loseblattsammlung, Stand 55/2012; *Möhring/Nicolini*, UrhG, 3. Aufl. 2014; *Neuber*, Online-Erschöpfung doch nur für Software? WRP 2014, 1274 ff.; *Rauer/Ettig*, Urheberrechtsschutz für Werke angewandter Kunst – BGH gibt ständige Rechtsprechung auf – Zugleich eine Anmerkung zu BGH, Urteil vom 13.11.2013 – I ZR 143/12 – Geburtstagszug, WRP 2014, 135 ff.; *Rauer/Ettig*, Verkehrsfähigkeit von eBooks und anderen digitalen Werken, GRURPRax 2015, 202 ff.; *Redeker*, Das Konzept der digitalen Erschöpfung – Urheberrecht für die digitale Welt, CR 2014, 73 ff.; *Schilling*, Haftung für geschäftsschädigende Äußerungen Dritter: Abgrenzung zwischen Meinungsforen und kombinierten Buchungs- und Bewertungsportalen, GRURPrax 2012, 105 ff.; *Schneider/Spindler*, Der Kampf um die gebrauchte Software – Revolution im Urheberrecht, CR 2012, 489 ff.; *Scholz*, Zum Fortbestand abgeleiteter Nutzungsrechte nach Wegfall der Hauptlizenz – zugleich Anmerkung zu BGH „Reifen Progressiv", GRUR 2009, 1107 ff.; *Scholz*, Anmerkung zu BGH, Beschl. v. 3.2.2011 – I ZR 129/08 – „UsedSoft", GRUR 2011, 421 ff.; *Scholz*, Nutzung und Weitergabe digitaler Werke nach der UsedSoft-Entscheidung des EuGH, ITRB 2013, 17 ff.; *Scholz*, Mögliche Vertragliche Gestaltungen zur Weitergabe von Software nach „UsedSoft II", GRUR 2015, 142 ff.; *Schricker*, Der Urheberrechtsschutz von Werbeschöpfungen, Werbeideen, Werbekonzeptionen und Werbekampagnen, GRUR 1996, 815 ff.; *Schricker/Loewenheim*, UrhG, 4. Aufl. 2010; *Stieper*, Anmerkung zu einer Entscheidung des EuGH, Urt. v. 3.7.2012 (C-128/11), ZUM 2012, 668; *Schwenke*, Nutzungsbedingungen sozialer Netzwerke und Onlineplattformen – Wirksamkeit der Rechteeinräumung an Nutzerdaten und nutzergenerierten Inhalten, WRP 2013, 37 ff.; *Wandtke/Bullinger*, UrhG, 4. Aufl. 2014.

I. Überblick

11.276 Nach § 2 UrhG sind bestimmte persönliche geistige Schöpfungen urheberrechtlich geschützt. Urheber geschützter Werke können nach dem Urheberrechtsgesetz vielfältige Ausschlussrechte geltend machen, insbesondere zB verlangen, dass Dritte die Werke nicht ungenehmigt vervielfältigen, verbreiten oder öffentlich zugänglich machen (vgl. zu den Schutzvoraussetzungen näher Rz. 11.279 ff., zu den urheberrechtlichen Ausschlussbefugnissen Rz. 11.338 f.).

11.277 Für Versandhändler, Betreiber von Webshops und App-Anbieter ist das Urheberrecht in mehrfacher Hinsicht von **praktischer Bedeutung**. Zum einen genießt der **Werbeauftritt** der Anbieter häufig zumindest in einzelnen Elementen (zB Texten, Graphiken, Fotos etc.) Urheberrechtsschutz (s. Rz. 11.291 ff.). Dies ermöglicht ihnen, gegen Nachahmer vorzugehen, begründet jedoch auch das Risiko, durch den eigenen Auftritt gegen bestehende Urheberrechte Dritter zu verstoßen, etwa weil fremde Gestaltungen unbeabsichtigt oder beabsichtigt übernommen wurden oder bei von Dritten bezogenen Gestaltungen nicht die erforderlichen Nutzungsrechte eingeholt wurden. Zum anderen besteht auch an den **angebotenen Waren oder Leistungen** häufig Urheberrechtsschutz, etwa beim Angebot von Büchern, Musik, Filmen, Software oder anderen urheberrechtsschutzfähigen Produkten wie zB bestimmten Möbeln oder Haushaltsgeräten mit anspruchsvollem Design. Dies führt zu der Frage, ob und ggf. unter welchen Voraussetzungen solche Produkte im Internet oder in Katalogen zulässigerweise beworben und präsentiert werden dürfen (vgl. Rz. 11.338 ff.) und ob und ggf. mit welchem Inhalt Endkunden an solchen urheberrechtsschutzfähigen Werken Nutzungsrechte („Lizenzen") eingeräumt werden müssen (vgl. Rz. 11.348 ff.).

II. Urheberrechtsschutz von Webshops und Katalogen

Häufig sind einzelne Elemente des Werbeauftritts von Online- oder Versandhändlern ur- **11.278**
heberrechtlich geschützt (Rz. 11.291 ff.). Unter bestimmten Voraussetzungen kommt
auch der Schutz ganzer Websites in Betracht (Rz. 11.310 ff.).

1. Allgemeines

a) Schutzvoraussetzungen

Nach § 1 UrhG genießen die Urheber von Werken der Literatur, Wissenschaft und Kunst **11.279**
unter bestimmten Voraussetzungen Urheberrechtsschutz. § 2 Abs. 1 UrhG enthält einen –
nicht abschließenden – Katalog potentiell **schutzfähiger Werke**. Dazu zählen etwa Sprachwerke, Computerprogramme, Musikwerke, Werke der angewandten Kunst, Lichtbildwerke und Darstellungen wissenschaftlicher und technischer Art. Nicht jedes dieser Werke ist
allerdings ohne weiteres geschützt. Der Schutz besteht nach § 2 Abs. 2 UrhG nur, wenn es
sich dabei um „**persönliche geistige Schöpfungen**" handelt. Die Rechtsprechung verlangt
dazu insbesondere, dass das betreffende Werk eine gewisse **Individualität** und **Schöpfungs-
bzw. Gestaltungshöhe** aufweist.[1] Dieses Erfordernis soll gewährleisten, dass nur Werke
mit individuellen Zügen geschützt werden, die alltägliche, routine- und handwerksmäßige
Leistungen auf dem betreffenden Gebiet übersteigen.[2] Eine persönliche geistige Schöpfung
setzt deshalb regelmäßig einen gewissen – durch den Urheber ausgenutzten – **Gestaltungsspielraum** voraus, wobei Urheberrechtsschutz bei großem Gestaltungsspielraum eher zu
bejahen ist als in Fällen, in denen die Gestaltung im Wesentlichen durch einen vorgegebenen Zweck bestimmt wird.[3]

Die Gerichte legen dabei für verschiedene Werkarten unterschiedlich strenge Maßstäbe **11.280**
an.[4] Grundsätzlich sind als sog. **kleine Münze** auch künstlerisch weniger anspruchsvolle
Gestaltungen geschützt.[5] Besonderheiten gelten dagegen zB für **Gebrauchstexte**, die in
der Regel nur geschützt sind, wenn sie in Individualität und Gestaltungshöhe alltägliche
Schriftstücke vergleichbarer Art deutlich überragen.[6]

Der BGH hat im Fall Geburtstagszug[7] entschieden, dass auch für **Werke der angewandten** **11.281**
Kunst, also für „Gebrauchskunst", die allgemeinen Grundsätze zur Schutzfähigkeit gelten, und seine frühere Rechtsprechung aufgegeben, wonach Urheberrechtsschutz für solche Werke nur in Betracht kam, wenn sie bekannte Durchschnittsgestaltungen deutlich
überragten.[8] Unabhängig von der erforderlichen Schutzhöhe können nur solche Merkmale als Werk angewandter Kunst Urheberrechtsschutz genießen, die auch künstlerisch gestaltet und nicht lediglich technisch bedingt und dem Gebrauchszweck geschuldet sind.[9]

---

1 Vgl. *Schricker/Loewenheim*, § 2 UrhG Rz. 23 ff. mwN zur Rechtsprechung.
2 S. etwa BGH v. 4.10.1990 – I ZR 139/89 – Betriebssystem, GRUR 1991, 449 (442) = CR 1991, 150 =
  MDR 1991, 503 = CR 1991, 80; BGH v. 10.10.1991 – I ZR 147/89 – Bedienungsanweisung, GRUR
  1993, 34 (36) = MDR 1992, 658 = CR 1992, 162; *Schricker/Loewenheim*, § 2 UrhG Rz. 26.
3 Vgl. etwa Dreier/Schulze/*Schulze*, § 2 UrhG Rz. 33.
4 Vgl. dazu etwa Dreier/Schulze/*Schulze*, § 2 UrhG Rz. 24 ff.
5 Vgl. etwa Dreier/Schulze/*Schulze*, § 2 UrhG Rz. 4.
6 Dreier/Schulze/*Schulze*, § 2 UrhG Rz. 97 mwN; vgl. dazu ferner Rz. 11.292.
7 BGH v. 13.11.2013 – I ZR 143/12 – Rz. 26 ff. – Geburtstagszug, GRUR 2014, 175 (177 ff.) = MDR 2014,
  172 = CR 2014, 161; zustimmend *Rauer/Ettig*, WRP 2014, 135 (138 ff.).
8 Vgl. BGH v. 22.6.1995 – I ZR 119/89 – Silberdistel, GRUR 1995, 581 (582); OLG Köln v. 22.6.2011 –
  6 U 46/11, GRUR-RR 2012, 215 (218).
9 BGH v. 12.5.2011 – I ZR 53/10 – Rz. 19 ff. – Seilzirkus, GRUR 2012, 58 (60) = MDR 2012, 112; BGH
  v. 13.11.2013 – I ZR 143/12 – Rz. 41 – Geburtstagszug, GRUR 2014, 175 (179) = MDR 2014, 172 =
  CR 2014, 161.

11.282 Nach § 69a Abs. 3 UrhG sind auch **Computerprogramme** urheberrechtlich geschützt, wenn sie das Ergebnis einer eigenen geistigen Schöpfung ihres Urhebers sind. Allerdings stellt § 69a Abs. 3 Satz 2 UrhG klar, dass zur Bestimmung ihrer Schutzfähigkeit keine anderen Kriterien heranzuziehen sind, insbesondere nicht qualitative oder ästhetische. Damit hat der Gesetzgeber als Reaktion auf die bis dahin restriktive Rechtsprechung[1] bewusst die Schutzanforderungen abgesenkt und auch die „kleine Münze" der Softwareprogrammierung unter Urheberrechtsschutz gestellt.[2] Software ist folglich in der Praxis durchgängig urheberrechtlich geschützt, es sei denn, es handelt sich um einfache Trivialprogramme.[3]

11.283 Liegen die gesetzlichen Schutzvoraussetzungen vor, so entsteht der Schutz **kraft Gesetzes mit Erstellung des Werks**.[4] Urheberrechtsschutz setzt also nicht die Einhaltung irgendwelcher Formalia oder Eintragungen in Registern voraus (vgl. zur Bedeutung von Copyright-Vermerken uÄ Rz. 11.320 ff.). Dies begünstigt einerseits den Urheber, weil er – anders als etwa im Fall des Geschmacksmuster- oder Markenschutzes – für die Entstehung keinen Antrag stellen und kein behördliches Verfahren durchlaufen muss. Andererseits lässt sich zB durch einen Webshopbetreiber, der eine aufwendige Webseitengestaltung von einer Agentur erwirbt, kaum verlässlich recherchieren, ob die lizenzierte Gestaltung mit bereits vorhandenen urheberrechtlich geschützten Gestaltungen kollidiert und deshalb das Risiko einer Urheberrechtsverletzung besteht (vgl. dazu näher Rz. 11.318).

11.284 Urheberrechtlichen Schutz genießt grundsätzlich nur die **konkrete Form** des jeweiligen Werks, nicht die zugrunde liegende **Idee**. Im Bereich der Werbung kann also zB die konkrete Ausgestaltung eines Werbetextes oder einer Anzeige geschützt sein, während die Übernahme der zugrunde liegende Werbeidee jedenfalls urheberrechtlich nicht untersagt werden kann.[5]

b) Schutz außerhalb des UrhG

11.285 Schöpferische Leistungen können nicht nur nach dem Urheberrechtsgesetz, sondern auch nach anderen Vorschriften geschützt sein.

aa) Design und Geschmacksmuster

11.286 In Betracht kommt insbesondere das Design- und Geschmacksmusterrecht. Nicht selten sind potentiell urheberrechtsschutzfähige Gestaltungen **zugleich geschmacksmusterfähig**. Auch im vorliegenden Zusammenhang bedeutsame Werbe- und Webseitengestaltungen können grundsätzlich Gegenstand von Designs und Geschmacksmustern sein (vgl. näher Rz. 11.315).

11.287 Solche Gestaltungen können nach § 11 DesignG beim Deutschen Patent- und Markenamt (DPMA) zur Registrierung in das Designregister angemeldet werden. Das Amt prüft lediglich einige formale Voraussetzungen, nicht jedoch die materielle Schutzfähigkeit; es handelt sich daher um ein sog. **ungeprüftes Recht**. Designs können folglich leicht, schnell und ohne nennenswerten finanziellen Aufwand eingetragen werden. Zwar kann sich dann, da die materiellen Schutzvoraussetzungen nicht geprüft sind, im Verletzungsprozess gegen ei-

---

1 BGH v. 9.5.1985 – I ZR 52/83 – Inkasso-Programm, GRUR 1985, 1041 ff. = MDR 1986, 121 = CR 1985, 22.
2 Vgl. zur Entwicklung Wandtke/Bullinger/*Grützmacher*, Vor §§ 69a ff. UrhG Rz. 3 ff.
3 BGH v. 3.3.2005 – I ZR 111/02 – Fash 2000, GRUR 2005, 860 (861) = CR 2005, 854 = MDR 2006, 166; BGH v. 20.9.2012 – I ZR 90/09 – Rz. 24 – UniBasic-IDOS, GRUR 2013, 509 (510) = MDR 2013, 667 = CR 2013, 284; Wandtke/Bullinger/*Grützmacher*, § 69a UrhG, Rz. 34.
4 Dreier/Schulze/*Schulze*, § 2 UrhG Rz. 245.
5 Schricker/Loewenheim/*Loewenheim*, § 2 UrhG Rz. 51.

nen Nachahmer herausstellen, dass das hinterlegte Design aus Sicht des Gerichts tatsächlich nicht geschützt ist. Der wesentliche, in der Praxis nicht zu unterschätzende Vorteil ist aber, dass die Eintragung gemäß § 39 DesignG eine **Vermutung der Schutzfähigkeit** begründet. Der angegriffene Verletzer muss deshalb nachweisen, dass das Design nicht schutzfähig ist.[1] Dies kann mit erheblichen Schwierigkeiten und Kosten verbunden sein, weil ein solcher Nachweis nur durch Vorlage älterer Gestaltungen geführt werden kann, aus denen sich ergibt, dass das Muster, auf das die Ansprüche gestützt werden, nicht neu ist oder im Vergleich zu einem älteren Muster keine Eigenart aufweist (§ 2 Abs. 2 und 3 DesignG).

Zu beachten ist, dass Design- bzw. Geschmacksmusterschutz gem. Art. 11 GGV auch ohne Registrierung durch bloße Benutzung als **nicht eingetragenes Gemeinschaftsgeschmacksmuster** bestehen kann, allerdings begrenzt auf drei Jahre ab Benutzungsaufnahme.[2]   **11.288**

bb) Wettbewerbsrechtlicher ergänzender Leistungsschutz

Daneben kann die Übernahme bestimmter Gestaltungen unter dem Gesichtspunkt des ergänzenden wettbewerbsrechtlichen Leistungsschutzes nach **§ 4 Nr. 3 UWG** unlauter sein.[3] Ergänzender Leistungsschutz kommt etwa auch für **Werbeslogans**[4] in Betracht. Vgl. zum ergänzenden Leistungsschutz für **Websites** Rz. 11.314.   **11.289**

cc) Markenrecht

Schöpferische Leistungen können ferner **markenrechtlich** geschützt werden, etwa Fantasieworte oder Slogans als Wort-, graphische Gestaltungen als Bild- und dreidimensionale Gestaltungen als Formmarke. Falls also die Urheberrechtsschutzfähigkeit etwa eines Werbeslogans zweifelhaft ist, kann sich die zusätzliche Absicherung durch eine Marke empfehlen. Voraussetzung ist allerdings eine hinreichende kennzeichenrechtliche **Unterscheidungskraft** der Wortfolge (s. Rz. 11.185) und – nach Ablauf der 5-jährigen Benutzungsschonfrist – die **rechtserhaltende Benutzung** als Marke (vgl. dazu näher Rz. 11.195).   **11.290**

2. Werbetexte, Werbeslogans, Produktbeschreibungen

Nahezu jede Website und jeder Katalog enthält Texte, in denen der Anbieter sein Unternehmen und seine Produkte und Leistungen bewirbt. Die Palette reicht von knappen Produkt- bzw. Leistungsbeschreibungen über mehr oder weniger fantasievolle und einprägsame Werbeslogans bis hin zu komplexen, fein untergliederten und anspruchsvoll gestalteten Webseiten- oder Katalogtexten mit „eigener Handschrift" des jeweiligen Unternehmens. Dementsprechend ist auch bei der Frage des **urheberrechtlichen Schutzes** solcher Texte zu **differenzieren.** Auch für Werbetexte gilt, dass sich der Urheberrechtsschutz auf **die konkrete Formulierung** bezieht, während die zugrunde liegende **Werbeidee** urheberrechtlich frei ist (vgl. bereits Rz. 11.284).[5]   **11.291**

Werbetexte können als Sprachwerk iSv. § 2 Abs. 1 Nr. 1 UrhG urheberrechtlich geschützt sein.[6] Da auch im Bereich der Sprachwerke die „kleine Münze", also auch weniger an-   **11.292**

---

1 Eichmann/von Falckenstein/Kühne/*Eichmann*, § 39 DesignG Rz. 2 ff.
2 Vgl. dazu näher Eichmann/von Falckenstein/Kühne/*Eichmann*, DesignG, S. 73 ff.
3 Vgl. zu den Anforderungen im Einzelnen Köhler/Bornkamm/*Köhler*, § 4 UWG Rz. 3.21 ff.
4 Vgl. dazu etwa *Erdmann*, GRUR 1996, 550 (555 ff.).
5 Vgl. etwa OLG Hamm v. 21.11.1991 – 4 U 128/91, OLGR Hamm 1992, 149 f.: Als bloße gestalterische Idee ist ein zerknülltes und wieder glatt gestrichenes Blatt Papier als Hintergrund für einen Werbetext nicht urheberrechtlich geschützt.
6 Vgl. dazu Dreier/Schulze/*Schulze*, § 2 UrhG Rz. 106 ff.; Schricker/Loewenheim/*Loewenheim*, § 2 UrhG Rz. 115; Wandtke/Bullinger/*Bullinger*, § 2 UrhG Rz. 53.

spruchsvolle Gestaltungen, Urheberrechtsschutz genießen,[1] sind dabei an sich keine strengen Maßstäbe anzulegen.[2] Dennoch ist die Rechtsprechung bei der Zuerkennung von Urheberrechtsschutz für Gebrauchstexte wie zB Werbetexte in der Tendenz restriktiv und verlangt ein deutliches Überragen gegenüber Durchschnittsgestaltungen vergleichbarer Art.[3] Bejaht wurde der Schutz zB für eine umfangreichere, in einem das Zielpublikum ansprechenden Stil gehaltene werbliche Produktbeschreibung mit einheitlichem Aufbau,[4] ferner für einen speziell für Suchmaschinen optimierten Webseitentext mit „teils pfiffiger Prägung".[5] Für **Werbeprospekte** bietet sich schon wegen des in der Regel größeren Umfangs meist ein hinreichender Spielraum für schutzfähige individuelle Textgestaltungen.[6]

11.293 Auch **Werbeslogans** sind grundsätzlich als Sprachwerke dem Urheberrechtsschutz zugänglich.[7] Da solche Slogans naturgemäß meist sehr kurz sind und sich häufig in der werblichen Anpreisung erschöpfen und dabei nicht selten auch einen deutlich produkt- bzw. leistungsbeschreibenden Kern aufweisen, wird Urheberrechtsschutz jedoch eher die Ausnahme bleiben. Die Rechtsprechung hat den urheberrechtlichen Schutz etwa **verneint** für die Slogans

- „Das aufregendste Ereignis des Jahres"[8]

- „Wir fahr'n, fahr'n, fahr'n auf der Autobahn"[9]

- „Find your own arena"[10]

- „Hier ist DEA – hier tanken Sie auf"[11]

- „Zur Sache: Altpapier"[12]

- „Thalia verführt zum Lesen"[13]

dagegen **bejaht** für

- „Ein Himmelbett als Handgepäck" als Werbung für Schlafsäcke.[14]

11.294 Etwas großzügiger scheint die Rechtsprechung die Übernahme von Slogans auf wettbewerbsrechtlicher Grundlage (§ 4 Nr. 3 UWG) zu unterbinden, etwa im Fall der Slogans

- „Wärme fürs Leben"[15] und

- „Schönheit von innen".[16]

11.295 Auch bei der Übernahme fremder **Produktbeschreibungen** ist grundsätzlich Vorsicht geboten, denn auch diese können je nach konkreter Ausgestaltung urheberrechtlich geschützt

---

1 Vgl. etwa Dreier/Schulze/*Schulze*, § 2 UrhG Rz. 85.
2 *Schricker*, GRUR 1996, 815 (817).
3 Dreier/Schulze/*Schulze*, UrhG, § 2 UrhG Rz. 27.
4 OLG Köln v. 20.9.2011 – I-6 U 82/11, ZUM-RD 2012, 35.
5 LG Köln v. 12.8.2009 – 28 O 396/09, GRUR-RR 2009, 420; so auch für die textliche Darstellung eines Dienstleistungsangebots über die Gestaltung von Websites nach Aufbau, Untergliederung und sprachlichem Ausdruck LG Berlin v. 26.1.2006 – 16 O 543/05, ZUM-RD 2006, 573 ff.
6 Bejaht zB von LG Berlin v. 18.2.1974 – 16 S 3/73, GRUR 1974, 412 f. (vierseitiger Prospekt eines Reinigungsunternehmens) und von LG München I v. 13.7.1984 – 21 S 20913/83, GRUR 1984, 737 (mehrseitiger Prospekt für Bauherrenmodell).
7 *Erdmann*, GRUR 1996, 550 ff.
8 OLG Frankfurt/M. v. 4.8.1986 – 6 W 184/86 – WM-Slogan, GRUR 1987, 44 f.
9 OLG Düsseldorf v. 1.12.1977 – 20 U 46/77, GRUR 1978, 640 (641).
10 LG München I v. 23.5.2001 – 21 O 10034/00, ZUM 2001, 722 (724).
11 OLG Hamburg v. 9.11.2000 – 3 U 79/99, ZUM 2000, 240.
12 Vgl. etwa OLG Hamm v. 21.11.1991 – 4 U 128/91, OLGR Hamm 1992, 149 f.
13 LG Mannheim v. 11.12.2009 – 7 O 343/08, GRUR-RR, 2010, 462.
14 OLG Düsseldorf v. 28.2.1964 – 2 U 76/63, DB 1964, 617.
15 BGH v. 17.10.1996 – I ZR 153/94 – Wärme fürs Leben, GRUR 1997, 308 (309 f.).
16 OLG Frankfurt/M. v. 3.8.2011 – 6 W 54/11, GRUR-RR 2012, 75 f.

sein. Allerdings dürfte die erforderliche Gestaltungshöhe hierfür mangels ausreichenden Gestaltungsspielraums häufig fehlen,[1] ebenso wie zB für Bedienungsanweisungen.[2]

3. Werbegrafiken

Als **Werke der angewandten Kunst** iSv. § 2 Abs. 1 Nr. 4 UrhG können bei entsprechender Schöpfungshöhe auch **für Werbezwecke eingesetzte Grafiken** geschützt sein.[3] Die Gerichte stellten in ständiger Rechtsprechung für solche Werke der angewandten Kunst erhöhte Anforderungen an die Schutzfähigkeit. Der BGH hat diese Rechtsprechung in der Geburtstagszug-Entscheidung[4] aufgegeben (s. Rz. 11.281). Es ist zu erwarten, dass demnach auch die Schutzvoraussetzungen für Werbegrafiken künftig großzügiger gehandhabt werden. **11.296**

4. Fotos und Videos

Praktisch jede Website und jeder Katalog enthält Fotos, auf Websites finden sich zunehmend auch Videosequenzen. Die Praxis zeigt, dass gerade der Umgang mit Fotos erhebliche Risiken birgt, weil die Nutzung der Fotos häufig nicht von einer (nachweisbaren) Zustimmung des Fotografen gedeckt ist. Auch werden die Rechte der ggf. abgebildeten Personen mitunter übergangen. **11.297**

a) Urheber- und Leistungsschutz

Fotos können als **Lichtbildwerke** iSv. § 2 Abs. 1 Nr. 5 UrhG bei entsprechender Schöpfungshöhe urheberrechtlich geschützt sein. In aller Regel kann die Frage des Urheberrechtsschutzes von Fotos aber dahinstehen, weil Fotos unabhängig von ihrer Schöpfungshöhe – also auch im Fall einfachster Schnappschüsse ohne schöpferischen Gehalt[5] – gemäß § 72 Abs. 1 UrhG als **Lichtbilder leistungsschutzrechtlichen Schutz** genießen, der dem Urheberrechtsschutz in den praxisrelevanten Punkten vergleichbar ist. Damit ist jede ungenehmigte Übernahme eines nicht selbst angefertigten Fotos tatbestandlich eine Verletzung jedenfalls der Leistungsschutzrechte des Fotografen.[6] **11.298**

Filmwerke iSv. § 2 Abs. 1 Nr. 6 UrhG sind nur urheberrechtlich geschützt, wenn sie die erforderliche Schöpfungshöhe aufweisen. Erreicht eine Bildfolge das dazu nötige Maß an schöpferischer Individualität nicht, so kann sie gleichwohl als **Laufbild** gemäß § 95 UrhG **Leistungsschutz** genießen. Dieser Schutz steht allerdings nicht dem Urheber, sondern dem Filmhersteller zu. Dieser kann sich mit den nach § 94 UrhG vorgesehenen Ausschlussrechten gegen eine unmittelbare Übernahme von urheberrechtlich nicht geschützten Bildfolgen wenden, also zB gegen die ungenehmigte Nutzung einer einfachen Videosequenz in der Website eines Onlineshop-Betreibers. **11.299**

Anbieter müssen also sorgfältig darauf achten, dass für jedes auf ihrer Website oder in ihrem Katalog genutzte Foto und für jede Bildfolge die Zustimmung des Fotografen bzw. **11.300**

---

1 Vgl. zB LG Stuttgart v. 4.11.2010 – 17 O 525/10, ZUM-RD 2011, 649 ff. (kein Urheberrechtsschutz einer Werbung für Anwaltsroben mit Produktbeschreibungen etc.).
2 Vgl. dazu BGH v. 10.10.1991 – I ZR 147/89 – Bedienungsanweisung, GRUR 1993, 34 (36) = MDR 1992, 658 = CR 1992, 162.
3 Vgl. dazu Dreier/Schulze/*Schulze*, § 2 UrhG Rz. 164 ff.; Schricker/Loewenheim/*Loewenheim*, § 2 UrhG Rz. 176; Wandtke/Bullinger/*Bullinger*, § 2 UrhG Rz. 102 – jeweils mit zahlr. Nachweisen aus der Rechtsprechung mit Beispielen für bejahten und verneinten Schutz.
4 BGH v. 13.11.2013 – I ZR 143/12 – Rz. 26 ff. – Geburtstagszug, GRUR 2014, 175 (177 ff.) = MDR 2014, 172 = CR 2014, 161.
5 Dreier/Schulze/*Schulze*, § 72 UrhG Rz. 9.
6 Vgl. zB LG Düsseldorf v. 1.4.2009 – 12 O 277/08, MMR 2009, 652 (ungenehmigte Nutzung eines Fotos durch Online-Shop-Betreiber zur Präsentation von Produkten; Anwendung der Tarifgebühren nach den MFM-Honoraren zur Berechnung der Lizenzanalogie).

des Filmurhebers oder -herstellers vorliegt. Nicht zulässig ist es insbesondere, Fotos, die der Originalhersteller eines zulässigerweise durch den Händler vertriebenen Produkts in der Herstellerwebsite ins Netz gestellt hat, ungenehmigt zu kopieren und in die eigene Seite zu übernehmen. Denn eine dem Produkthersteller erteilte Gestattung des Fotografen umfasst in der Regel nicht auch die Nutzung des Fotos auch durch Händler.

11.301 ➲ **Praxistipp:** Bei der Übernahme von Fotos und Filmen muss stets sichergestellt werden, dass eine auf den Rechteinhaber (Fotografen bzw. Filmurheber und -hersteller) zurückreichende, im Streitfall nachweisbare Rechtekette vorliegt. Die Gestattung muss den Einsatz in der konkreten Form (also zB die Nutzung für Werbezwecke auf einer Website und/oder im Katalog) umfassen.

b) Recht der Abgebildeten am eigenen Bild

11.302 Sind auf einem Foto **Personen** abgebildet oder zeigt ein Film Personen, so ist regelmäßig neben der Gestattung des Fotografen bzw. Filmurhebers oder -herstellers auch deren Zustimmung zur Verbreitung erforderlich (§ 22 KUG). Entbehrlich ist dies ua., wenn die Personen nur als „Beiwerk" iSv. § 23 Abs. 1 Nr. 2 KUG anzusehen sind, das Foto oder der Film also durch die abgebildete Umwelt geprägt wird und die Person ohne Änderung des Gesamteindrucks auch hätte weggelassen werden können.[1]

11.303 Liegt eine Einwilligung der abgebildeten Person vor, so ist deren Reichweite durch Auslegung zu ermitteln. Dabei wird im Zweifel nur die Verwendung gedeckt sein, die sich noch im Rahmen des mit der Einwilligung verfolgten Zwecks hält.[2] So kann etwa die Einwilligung zur Nutzung entgeltlicher Model-Fotos für Werbezwecke so auszulegen sein, dass diese lediglich die Veröffentlichung im Rahmen einer Verkaufsaktion oder in einem Katalog, nicht jedoch eine weitergehende Nutzung in anderen Werbeprojekten, etwa Folgekatalogen, deckt.[3]

11.304 ➲ **Praxistipp:** Soll ein Foto für Werbezwecke auf einer Website oder einem Katalog eingesetzt werden, auf dem eine Person abgebildet ist, so ist grundsätzlich deren vorherige Einwilligung einzuholen. Bei der Formulierung der Einwilligung sollte die Reichweite und der beabsichtigte Zweck möglichst genau beschrieben werden. Liegt bereits eine Einwilligung vor, so ist für jede künftige Nutzung sorgfältig zu prüfen, ob die gegebene Einwilligung tatsächlich auch die weitere Nutzung deckt. In Zweifelsfällen sollte eine erneute Einwilligung eingeholt werden.

5. Musik

11.305 Zunehmend versuchen Anbieter, ihre Online-Angebote durch Einsatz von **Werbejingles** attraktiver zu gestalten. Auch dies ist nur in den Grenzen des Urheberrechtsgesetzes zulässig. Dabei ist zu beachten, dass nach der Rechtsprechung auch im Bereich der Musikwerke iSv. § 2 Abs. 1 Nr. 2 UrhG die sog. „kleine Münze" geschützt ist, also keine strengen Anforderungen an die **Gestaltungshöhe** bestehen.[4] Kurze Tonfolgen, die sich nicht von allgemein geläufigen kompositorischen Mitteln und Grundsätzen abheben, genießen

---

1 Vgl. dazu näher Schricker/Loewenheim/*Götting*, § 23 KUG/§ 60 Rz. 80.
2 Ähnlich der im Urheberrecht gemäß § 31 Abs. 5 UrhG geltenden Zweckübertragungslehre, deren analoge Anwendung etwa von Schricker/Loewenheim/*Götting*, § 22 KUG/§ 60 Rz. 44 befürwortet wird.
3 So OLG München v. 4.5.2006 – 29 U 3499/05, ZUM 2006, 936 f.
4 Vgl. etwa BGH v. 3.2.1988 – I ZR 143/86 – Fantasy, GRUR 1988, 810 (811) = MDR 1988, 838; *Schricker/Loewenheim*, § 2 UrhG Rz. 124. Urheberrechtsschutz eines Werbejingles daher bejaht von LG Köln v. 14.7.2010 – 28 O 128/08, ZUM-RD 2010, 698 ff.; bejahend für die Erkennungsmelodie der ZDF-Nachrichtensendung „Heute" OLG München v. 7.8.2014 – 6 U 2165/13, GRUR-RR 2016, 62 Rz. 88 ff.

dagegen als **musikalische Allerweltsfloskeln** keinen Schutz.[1] Wenn sich – wie häufig – die Urheberrechtsschutzfähigkeit nicht verlässlich ausschließen lässt, sollten auch einfache Tonfolgen nicht ungenehmigt eingesetzt werden.

6. Stadtplanausschnitte

Besonders kritisch ist die Übernahme von Auszügen aus Stadtplänen zB im Rahmen von **Anfahrtsskizzen**, die auf Websites häufig unter dem Button „So finden Sie uns" oÄ abrufbar sind. Obwohl Stadtpläne naturgemäß zum Ziel haben, vorhandene Straßenführungen, Gebäude etc. lediglich in übersichtlicher Form abzubilden und deshalb der Gestaltungsspielraum beschränkt ist, ist seit langem anerkannt, dass solche Pläne und Landkarten grundsätzlich Urheberrechtsschutz genießen können.[2] Zwar wird auch insoweit eine gewisse Schöpfungshöhe und damit ein Gestaltungsspielraum vorausgesetzt, doch stellt die Rechtsprechung hieran im Bereich von Karten und Stadtplänen keine allzu strengen Anforderungen. Dementsprechend war die Übernahme insbesondere von Stadtplanausschnitten auf Websites bereits Gegenstand zahlreicher Gerichtsentscheidungen, in denen überwiegend eine Urheberrechtsverletzung bejaht wurde.[3]

11.306

Dabei liegt eine Verletzungshandlung in Form der öffentlichen Zugänglichmachung iSv. § 19a UrhG nicht nur vor, wenn der Stadtplanausschnitt auf der **eigenen Website eingestellt** wird, sondern auch wenn unter Umgehung technischer Schutzmaßnahmen auf eine Website des Stadtplananbieters im Wege eines sog. **Deep-Links** (also unter Umgehung der Startseite des Anbieters) verlinkt wird[4] oder wenn dem Website-Nutzer ein Terminkalender bereitgestellt wird, von dem auf ein Einladungsschreiben zu einer Veranstaltung mit eingebundenem Kartenausschnitt verlinkt wird.[5] Eine Verletzung ist auch gegeben, wenn der betroffene Kartenausschnitt nach Kenntniserlangung des Verstoßes nicht von allen Servern, Verzeichnissen und aus allen Speichern, in denen er enthalten sein könnte, **dauerhaft entfernt** wird.[6]

11.307

➲ **Praxistipp:** Stadtplan- bzw. Kartenausschnitte sollten entweder selbst gefertigt oder in Auftrag gegeben oder von darauf spezialisierten Anbietern lizensiert werden. Teilweise gibt es kostenlose Angebote, etwa die Einbindung von „Google-Maps" über die „Google-Maps API" auch für gewerbliche Zwecke.

11.308

---

1 Vgl. etwa OLG München v. 18.8.2011 – 6 U 4362/10, ZUM 2011, 928 f.: Ablehnung von Urheberrechtsschutz für vier Töne umfassende Werbemelodie.
2 BGH v. 28.5.1998 – I ZR 81/96 – Stadtplanwerk, GRUR 1998, 916 ff.; BGH v. 23.6.2005 – I ZR 227/02 – Karten-Grundsubstanz, GRUR 2005 854 (856) = CR 2005, 852 = MDR 2006, 104; vorausgesetzt auch in BGH v. 29.4.2010 – I ZR 39/08 – Session ID, GRUR 2011, 56 (58 f.) = MDR 2011, 378 = CR 2011, 41; vgl. aus der neueren Instanzrechtsprechung auch LG München I, v. 4.6.2014 – 21 S 25169/11, ZUM-RD 2014, 665 ff. (Anwendung Lizenzanalogie), ferner AG Oldenburg v. 17.4.2015 – 8 C 8028/15, MMR 2015, 541 ff. (Hinweispflicht eines Webdesigners auf mögliche Urheberrechtsverletzungen in einem ihm vom Auftraggeber überlassenen Kartenausschnitt).
3 Vgl. zB AG München v. 31.3.2010 – 161 C 15642/09, ZUM-RD 2011, 374 f. (Schadensersatz im Wege der Lizenzanalogie 820,00 Euro, Abmahnkostenerstattung 555,60 Euro); LG München v. 4.12.2008 – 7 O 330/08, ZUM-RD 2009, 220 ff.; LG München I v. 19.6.2008 – 7 O 14276/07, GRUR-RR 2009, 332 (Schadensersatz im Wege der Lizenzanalogie 820,00 Euro; Abmahnkostenerstattung 555,60 Euro); OLG Hamburg v. 9.4.2008 – 5 U 151/07, ZUM-RD 2008, 772 ff.
4 BGH v. 29.4.2010 – I ZR 39/08 – Session ID – Rz. 27 ff., GRUR 2011, 56 (58 f.) = MDR 2011, 378 = CR 2011, 41.
5 BGH v. 4.7.2013 – I ZR 39/12 – Rz. 13 – Terminhinweis mit Kartenausschnitt, GRUR 2014, 180 = MDR 2014, 174.
6 OLG Hamburg v. 9.4.2008 – 5 U 124/07, GRUR-RR 2008, 383 (384); LG Berlin v. 30.3.2010 – 15 O 341/09, ZUM 2010, 609 ff.

7. Allgemeine Geschäftsbedingungen, Datenschutzerklärungen uÄ

11.309 Vorsicht ist ferner geboten bei der immer wieder praktizierten Übernahme fremder **AGB-Texte**, die (vermeintlich) für das eigene Geschäftsmodell passen. Abgesehen davon, dass fremde AGB schon wegen der vielfältigen AGB-rechtlichen Unwirksamkeitsrisiken bei der Klauselgestaltung nicht ungeprüft übernommen werden und zudem stets auf die eigenen typischen Geschäftsvorfälle zugeschnitten sein sollten, kann in der Nutzung fremder Klauselwerke auch eine Urheberrechtsverletzung liegen.[1] Nichts anderes gilt für ähnlich anspruchsvolle Texte wie zB manche **Datenschutzerklärungen.**

8. Websites

11.310 Werden nicht lediglich einzelne Elemente des Internetauftritts eines Onlinehändlers, also zB Texte, Graphiken, Fotos, Videos etc., sondern nahezu die komplette Website übernommen, fragt sich, ob auch dagegen urheberrechtlich vorgegangen werden kann. Grundsätzlich können auch **Websites als solche** urheberrechtlich geschützt sein, sofern die erforderliche Schöpfungshöhe erreicht ist.[2]

11.311 Die **optische Gestaltung** von Websites und die Anordnung und Ausgestaltung der für die Benutzung bereitgestellten Buttons, Icons, Links, Eingabemasken etc. („Webdesign") wird man als angewandte Kunst iSv. § 2 Abs. 2 Nr. 4 UrhG einstufen müssen.[3] Die vor der Geburtstagszug-Entscheidung des BGH[4] ergangene Rechtsprechung ging insoweit noch von erhöhten Anforderungen an die Schutzhöhe aus (s. Rz. 11.281 und Rz. 11.296) und verlangte, dass das Webdesign die Aufmachung einer durchschnittlichen Website deutlich überragt.[5] Diese erhöhten Anforderungen hat der BGH in der genannten Entscheidung inzwischen aufgegeben, so dass nun der Urheberrechtsschutz von Webdesign eher als bisher zu bejahen sein wird. Die optische Webseitengestaltung (vgl. jedoch zur zugrundeliegenden Programmierung Rz. 11.313) ist nicht (zugleich) als Ausdrucksform eines Computerprogramms gemäß § 69a UrhG geschützt,[6] ebenso wenig wie die Benutzeroberfläche einer Software.[7] Jedenfalls für die optische Gestaltung kann sich der Webdesigner also nicht auf die geringen Schutzanforderungen für Software nach § 69a Abs. 3 UrhG berufen.

---

1 Bejahend etwa OLG Köln v. 27.2.2009 – 6 U 193/08, K&R 2009, 488 f. = CR 2009, 568 und LG München I v. 10.11.1989 – 21 O 6222/89, GRUR 1991, 50 (51); vgl. zur Darlegungslast eines Anwalts, der Urheberrechte an von ihm verfassten AGB behauptet, AG Kassel v. 5.2.2015 – 410 C 5684/13, juris.

2 Wandtke/Bullinger/*Bullinger*, § 2 UrhG Rz. 157; Schricker/Loewenheim/*Loewenheim*, § 2 UrhG Rz. 114; Schulze/Dreier/*Schulze*, § 2 UrhG Rz. 101, jeweils mwN; OLG Rostock v. 27.6.2007 – 2 W 12/07, GRUR-RR 2008, 1 f. = CR 2007, 739; OLG Frankfurt/M. v. 22.3.2005 – 11 U 64/04, GRUR-RR 2005, 299 (300) = CR 2006, 198; OLG Düsseldorf v. 29.6.1999 – 20 U 85/98, MMR 1999, 729 (730); LG München I v. 11.11.2004 – 7 O 1888/04, MMR 2005, 267 (268) = CR 2005, 187; OLG Hamburg v. 29.2.2012 – 5 U 10/10 – Typo 3, MMR 2012, 832 ff.

3 Wandtke/Bullinger/*Bullinger*, § 2 UrhG Rz. 157, der aber auch Einordnung als „Multimediawerk" für möglich hält; Schricker/Loewenheim/*Loewenheim*, § 2 UrhG Rz. 175.

4 BGH v. 13.11.2013 – I ZR 143/12 – Rz. 26 ff. – Geburtstagszug, GRUR 2014, 175 (177 ff.) = MDR 2014, 172 = CR 2014, 161.

5 LG München I v. 11.11.2004 – 7 O 1888/04, MMR 2005, 267 (268) = CR 2005, 187: „besticht ... durch die optisch sehr ansprechende Menüführung und insbesondere durch die nach Aufrufen eines Menüpunkts in Form eines Kurzfilms ablaufenden Effekte"; vgl. auch – im Streitfall verneinend – OLG Rostock v. 27.6.2007 – 2 W 12/07, GRUR-RR 2008, 1 (2); OLG Hamburg v. 29.2.2012 – 5 U 10/10 – Typo 3, MMR 2012, 832 ff.

6 Wandtke/Bullinger/*Grützmacher*, § 69a UrhG Rz. 18 mwN; Dreier/Schulze/*Dreier*, § 69a UrhG Rz. 12 mwN.

7 EuGH v. 22.12.2010 – Rs. C-393/09 – BSA/Kulturministerium, GRUR 2011, 220 (222) = CR 2011, 221; Wandtke/Bullinger/*Grützmacher*, § 69a UrhG Rz. 14 mwN – aA noch OLG Karlsruhe v. 13.6.1994 – 6 U 52/94, CR 1994, 607 (610), das seine Rechtsprechung jedoch zwischenzeitlich korrigiert hat in OLG Karlsruhe v. 4.4.2010 – 6 U 46/09, GRUR-RR 2010, 234 (236).

Die Übernahme von **Inhalten** einer Website erschöpft sich meist in der Kopie mehr oder weniger umfangreicher **Webseitentexte**. Für diese Sprachwerke (§ 2 Abs. 2 Nr. 1 UrhG)[1] gelten die allgemeinen Regeln (vgl. zum Schutz von Werbetexten, Slogans und Produktbeschreibungen Rz. 11.291 ff.). Webseitenspezifische Besonderheit ist, dass eine für Suchmaschinen optimierte Textgestaltung für den Urheberschutz des Webseitentextes sprechen kann.[2] Die Übernahme von Inhalten einer Website kann auch dadurch erfolgen, dass umfangreiche **Datenbestände** kopiert werden, die über eine Website zugänglich sind. Solche Datensammlungen können nach § 4 Abs. 2 UrhG als Datenbankwerk urheberrechtlich geschützt sein. Daneben kann für Datensammlungen ein Leistungsschutzrecht des Datenbankherstellers nach § 87a ff. UrhG bestehen. Die Rechtsprechung hat Datenbankschutz zB für in einer **Automobil-Online-Börse vorgehaltene Fahrzeugdaten**[3] sowie komplexe **Linksammlungen** auf einer Website[4] bejaht.   11.312

Hinsichtlich der einer Website zugrunde liegenden technischen **Programmierung** wird man danach unterscheiden müssen, ob diese sich – wie im Fall von **HTML-, XHTML-, XML- oder WML-Codes** – darin erschöpft, Texte und Grafiken zu formatieren und sichtbar zu machen, oder ob sie Steuerbefehle für die Datenverarbeitung enthält.[5] Im erstgenannten Fall scheidet ein Urheberrechtsschutz aus,[6] während ansonsten ein Schutz nach § 69a UrhG bestehen kann.[7]   11.313

Neben dem urheberrechtlichen Schutz kommt für eine Website auch der **ergänzende wettbewerbsrechtliche Leistungsschutz** nach § 4 Nr. 3 UWG in Betracht. So hat beispielsweise das LG Köln[8] entschieden, dass eine Website eine gegen Nachahmung geschützte wettbewerbliche Eigenart aufweisen kann.[9] Zu beachten ist aber, dass ergänzender wettbewerbsrechtlicher Leistungsschutz für schon nach dem Urheberrecht geschützte Gestaltungen nur in Betracht kommt, wenn außerhalb des Sonderschutztatbestands liegende besondere Begleitumstände vorliegen.[10]   11.314

Schließlich sind die auf einer Website sichtbaren grafischen Gestaltungen wie zB Icons und Benutzermenüs wie auch uU das Webdesign insgesamt grundsätzlich als **Design** eintragungsfähig.[11]   11.315

---

1 Schricker/Loewenheim/*Loewenheim*, § 2 UrhG Rz. 114.
2 OLG Rostock v. 27.6.2007 – 2 W 12/07, GRUR-RR 2008, 1 (2) = CR 2007, 739; im Anschluss daran auch LG Köln v. 6.4.20011 – 28 O 900/10, ZUM-RD 2012, 45 ff.
3 BGH v. 22.6.2011 – I ZR 159/10 – Automobil-Onlinebörse – Rz. 27 ff., GRUR 2011, 1018 (1020) = CR 2011, 757 = MDR 2011, 1369; vgl. auch – im Streitfall jeweils verneinend – OLG Düsseldorf v. 29.6.1999 – 20 U 85/98, MMR 1999, 729 (730 ff.) = CR 2000, 184 und OLG Frankfurt/M. v. 22.3.2005 – 11 U 64/04, GRUR-RR 2005, 299 (300 f.) = CR 2006, 198.
4 LG Köln v. 25.8.1999 – 28 O 527/98, CR 2000, 400 f.
5 Wandtke/Bullinger/*Grützmacher*, § 69a UrhG Rz. 18 mwN.
6 OLG Düsseldorf v. 29.6.1999 – 20 U 85/98, MMR 1999, 729 (730) = CR 2000, 184; OLG Rostock v. 27.6.2007 – 2 W 12/07, GRUR-RR 2008, 1 = CR 2007, 739; OLG Frankfurt/M. v. 22.3.2005 – 11 U 64/04, GRUR-RR 2005, 299 (300); LG Frankfurt/M. v. 8.11.2012 – 2-3 O 269/12, CR 2013, 286 (287); Wandtke/Bullinger/*Grützmacher*, § 69a UrhG Rz. 18 mwN.
7 Wandtke/Bullinger/*Grützmacher*, § 69a UrhG Rz. 18 mwN.
8 LG Köln v. 20.6.2007 – 287 O 798/04, MMR 2008, 64 (65 f.).
9 Vgl. auch – im konkreten Fall jedoch jeweils ablehnend – OLG Frankfurt/M. v. 22.3.2005 – 11 U 64/04, GRUR-RR 2005, 299 (301 f.) = CR 2006, 198 und OLG Düsseldorf v. 29.6.1999 – 20 U 85/98, MMR 1999, 729 (732 ff.) = CR 2000, 184; s. zum ergänzenden Leistungsschutz und zur Frage eines Bestandsschutzes nach einem Webseiten-Relaunch *Bleichner*, ITRB 2010, 215 ff.
10 BGH v. 1.12.2010 – I ZR 12/08 – Rz. 65 – Perlentaucher, GRUR 2011, 134 (140) = MDR 2011, 177 = CR 2011, 182.
11 Eichmann/von Falckenstein/Kühne/*Eichmann*, § 1 DesignG Rz. 26; LG Düsseldorf v. 26.6.2013 – 12 O 381/10, juris-Rz. 27 ff. (Webdesign als nicht eingetragenes Gemeinschaftsgeschmacksmuster geschützt).

9. Praxishinweise

a) Recherche nach kollidierenden Rechten Dritter

11.316 Grundsätzlich empfiehlt es sich vor Aufnahme potenziell schutzfähiger Gestaltungen in den eigenen Webshop oder Katalog, nach möglicherweise existierenden Rechten Dritter zu recherchieren, welche durch die Nutzung der betreffenden Gestaltung verletzt werden könnten.

11.317 Bei Wortfolgen oder Gestaltungen, für die grundsätzlich **Markenschutz** in Betracht kommt, bietet sich eine Ähnlichkeitsrecherche nach vorhandenen Kennzeichenrechten an (vgl. dazu bereits Rz. 11.212). In ähnlicher Weise lässt sich nach bereits existierenden potenziell design- oder geschmacksmusterfähigen Gestaltungen im Designregister des DPMA bzw. dem **Gemeinschaftsgeschmacksmusterregister** recherchieren.

11.318 Für **nicht registrierte Rechte**, also insbesondere das Urheberrecht, aber auch nicht eingetragene Gemeinschaftsgeschmacksmuster oder nach den Grundsätzen des ergänzenden wettbewerbsrechtlichen Leistungsschutzes geschützte Leistungen, bestehen dagegen keine ähnlich verlässlichen Recherchemöglichkeiten. Im Fall des Urheberrechtsschutzes ist das Risiko der Verletzung bestehender Rechte jedoch insofern von vornherein begrenzt, weil der (allerdings seltene) Fall einer **Doppelschöpfung**, also einer urheberrechtlich geschützten Gestaltung, die einem bereits vorhandenen Werk entspricht, ohne dass dieses (beabsichtigt oder unbeabsichtigt) als Vorlage gedient hätte, **keine Urheberrechtsverletzung** darstellt.[1] Die bloße Existenz älterer (nahezu) identischer geschützter Werke führt also nicht per se zu einer Urheberrechtsverletzung.

11.319 ➲ **Praxistipp:** Im Fall des Erwerbs von Nutzungsrechten an Werken, die möglicherweise in nicht registrierte Rechte Dritter eingreifen, sollte durch Befragung des Lizenzgebers und des Werkschöpfers recherchiert werden, ob und ggf. in welcher Weise der Schöpfer sich bei der Schaffung der Werke an existierenden Gestaltungen orientiert hat. Wenn dies nicht der Fall ist, sollte der Anbieter sich dies vertraglich zusichern lassen.

b) Urheber- und „Copyright"-Vermerke; Namensnennungsrecht

11.320 Der Urheberrechtsschutz entsteht, wie erwähnt, kraft Gesetzes mit Schöpfung des Werks. Der Schutz setzt nicht voraus, dass Eintragungen, Verlautbarungen oder sonstige Rechtshandlungen des Urhebers oder des Rechtsinhabers vorliegen. Dennoch ist es üblich und unter bestimmten Voraussetzungen sinnvoll, Angaben zum Urheber bzw. zum Nutzungsrechtsinhaber zu machen. Solche Angaben sind zwar für die Begründung des Urheberrechtsschutzes ohne Bedeutung. Sie können jedoch gemäß § 10 UrhG die **Vermutung der Urheber- bzw. Rechtsinhaberschaft** begründen und damit den Nachweis der Aktivlegitimation (vgl. dazu näher Rz. 11.362) erleichtern.

11.321 Nach § 10 Abs. 1 UrhG gilt als **Urheber**, also Schöpfer eines urheberrechtlich geschützten Werks (§ 7 UrhG), wer auf Vervielfältigungsstücken eines erschienen Werks oder auf dem Original eines Werks der bildenden Künste in der üblichen Weise als Urheber bezeichnet ist. Nach der Rechtsprechung des BGH liegt ein Vervielfältigungsstück in diesem Sinne auch vor, wenn ein Werk in das Internet eingestellt wurde, weil dies mit einer Vervielfältigung einher gehe.[2]. Allerdings wird der Händler und Anbieter des Webshops nur in sel-

---

1 Schricker/Loewenheim/*Loewenheim*, § 2 UrhG Rz. 43 und § 23 UrhG Rz. 33 ff.
2 BGH v. 18.9.2014 – I ZR 76/13 – Rz. 33 f. – CT-Paradies, GRUR 2015, 258 (260) mwN = MDR 2015, 291 = CR 2015, 257; OLG Köln v. 28.3.2014 – 6 U 140/13 – Rz. 17 – Photovoltaik-Datenbanken, WRP 2014, 977 (979) – aA wohl Dreier/Schulze/*Schulze*, § 10 UrhG Rz. 6a aE; LG München I v. 14.1.2009 – 21 S 4032/08, MMR 2009, 274.

tenen Fällen zugleich Urheber der bereitgestellten Inhalte sein, so dass die Urhebervermutung für ihn jedenfalls für die eigene Rechtsverfolgung kaum von Nutzen ist.

Praktisch bedeutsamer ist deshalb die Regelung in § 10 Abs. 3 UrhG, wonach zu Gunsten der **Inhaber ausschließlicher Nutzungsrechte** für den einstweiligen Rechtsschutz und die Geltendmachung von Unterlassungsansprüchen deren Rechtsinhaberschaft vermutet wird, wenn sie als solche in üblicher Weise genannt sind. Aufgrund dieser Bestimmung könnte zB ein Versandhändler für in seinem Katalog abgebildete Texte und Fotos die Vermutung der Rechtsinhaberschaft für sich in Anspruch nehmen. Er muss allerdings Inhaber ausschließlicher Rechte sein und auch als solcher in üblicher Weise im Katalog oder in der sonstigen Werbepublikation bezeichnet sein. Die Vermutung greift auch, wenn die Benennung auf einem ins Internet gestellten Werk erfolgt.[1] **11.322**

Von den Angaben iSv. § 10 UrhG zu unterscheiden ist der sog. „**Copyright-Vermerk**" gemäß Art. III des Welturheberrechtsabkommens (WUA), bestehend aus dem Copyright-Symbol „©" iVm. dem Namen des Urheberrechtsinhabers und der Jahreszahl der Veröffentlichung des Werks. Nachdem zahlreiche Staaten, insbesondere auch die USA, zwischenzeitlich der Revidierten Berner Übereinkunft (RBÜ) beigetreten sind, hat der Copyright-Vermerk für die grenzüberschreitende Anerkennung des Urheberrechtsschutzes seine praktische Bedeutung weitgehend verloren. Dies bedeutet allerdings nicht, dass der nach wie vor übliche Vermerk keine Rechtswirkungen entfaltet. Wird dort der Name des Urhebers angegeben, so kann dies zugleich eine übliche Urhebernennung iSv. § 10 Abs. 1 UrhG sein. Wird die Unternehmensbezeichnung des Rechteinhabers angegeben, so kann dies die Vermutungswirkung nach § 10 Abs. 3 UrhG begründen, soweit das angegebene Unternehmen ausschließliche Nutzungsrechte hält und dies in dem Vermerk angegeben ist. **11.323**

➲ **Praxistipp:** Anbieter sollten stets auf die ihnen zustehenden Nutzungsrechte an den im Katalog, in der Website oder in sonstigen Werbeunterlagen veröffentlichten urheberrechtsschutzfähigen Werken hinweisen. Da die Vermutung der Rechtsinhaberschaft nach § 10 Abs. 3 UrhG nur bei bestehenden exklusiven (ausschließlichen) Nutzungsrechten und einem entsprechenden Hinweis darauf greift, sollte auch dies angegeben werden, etwa durch den Hinweis „© ABC GmbH, Inhaber ausschließlicher Rechte".[2] Diese Angabe ist allerdings nur zulässig, wenn tatsächlich ausschließliche Rechte bestehen. **11.324**

Die Angabe des Urhebers, also des persönlichen Schöpfers des Werks, kann außerdem nach § 13 Satz 2 UrhG rechtlich geboten sein. Nach diesem urheberpersönlichkeitsrechtlichen sog. **Namensnennungsrecht** kann der Urheber bestimmen, ob das Werk mit einer Urheberbezeichnung zu versehen und welche Bezeichnung zu verwenden ist. Allerdings kann von diesem grundsätzlich bestehenden Erfordernis durch vertragliche Vereinbarung abgewichen werden. Außerdem können in gewissen Umfang Branchenübungen dazu berechtigen, auf eine Urheberbenennung zu verzichten.[3] **11.325**

c) Flankierende Anmeldung als Design und/oder Marke

Wie erwähnt, entsteht der Urheberrechtsschutz bei Vorliegen der gesetzlichen Voraussetzungen mit Schaffung des Werks kraft Gesetzes. Der Urheber und Werknutzer haben folglich keinerlei Einfluss auf die Entstehung des Schutzes. Soweit für das betroffene Werk – et- **11.326**

---

1 Vgl. für § 10 Abs. 1 UrhG BGH v. 18.9.2014 – I ZR 76/13 – Rz. 33 f. – CT-Paradies, GRUR 2015, 258 (260) = MDR 2015, 291 = CR 2015, 257 – aA wohl Dreier/Schulze/*Schulze*, § 10 UrhG Rz. 60.
2 Vgl. ähnlich Wandtke/Bullinger/*Thum*, § 10 UrhG Rz. 51.
3 Vgl. zu den dabei geltenden strengen Anforderungen mwN Dreier/Schulze/*Schulze*, § 13 UrhG Rz. 24 ff.

wa eine Wortfolge oder eine graphische Gestaltung – ein Schutz auch nach anderen Bestimmungen, etwa nach dem Geschmacksmuster- oder dem Markengesetz, in Betracht kommt, lohnt es sich, diese Möglichkeit durch flankierende Anmeldung von Geschmacksmustern und/oder Marken auszuschöpfen. Gerade wenn – wie häufig – der Urheberrechtsschutz zweifelhaft ist, kann so gewährleistet werden, dass der Anbieter jedenfalls auf geschmacksmusterrechtlicher und/oder markenrechtlicher Grundlage gegen Nachahmer vorgehen kann.

d) Erwerb umfassender Nutzungsrechte an fremden geschützten Inhalten

11.327 Werden im Rahmen des Werbeauftritts des Händlers – wie meistens – von Dritten geschaffene urheberrechtlich geschützte Werke eingesetzt (also zB eine von einem Webdesigner erstellte Website mit Fotos, Texten und sonstigem, ebenfalls von Dritten erstelltem „Content"), so sollte der Anbieter daran möglichst umfassende Rechte erwerben. Dabei ist insbesondere Folgendes zu beachten:

aa) Urhebervertragsrechtliche Vorgaben

11.328 Das Urheberrecht ist zwar grundsätzlich nicht übertragbar (§ 29 UrhG), jedoch kann der Urheber Dritten gemäß §§ 31 ff. UrhG **Nutzungsrechte einräumen**. Die Nutzungsrechte können zeitlich, räumlich sowie sachlich auf bestimmte Nutzungsarten **beschränkt** sein. Darüber hinaus kann der Urheber **ausschließliche** („exklusive") oder nur **einfache** Rechte einräumen. Im Fall ausschließlicher Rechte ist nur der Lizenznehmer (unter Ausschluss sogar des Urhebers selbst) nutzungsberechtigt; werden nur einfache Rechte eingeräumt, so ist der Lizenznehmer neben dem weiterhin nutzungsberechtigten Urheber sowie möglicherweise anderen existierenden Lizenznehmern zur Nutzung berechtigt.[1]

11.329 Ergibt sich aus einer getroffenen Vereinbarung nicht eindeutig, in welcher Weise der Nutzungsberechtigte das Werk nutzen darf, so ist der Umfang der Nutzungsbefugnis gemäß § 31 Abs. 5 UrhG nach dem Vertragszweck zu ermitteln. Nach dieser sog. **Übertragungszwecklehre** räumt der Urheber dem Nutzungsberechtigten Rechte im Zweifel nur in dem Umfang ein, den der Zweck der getroffenen Regelung unbedingt erfordert. Im Zweifel bleiben die urheberrechtlichen Befugnisse soweit wie möglich beim Urheber.[2]

11.330 ➲ **Praxistipp:** Onlineshop-Betreiber und Versandhändler sollten, bevor sie von Dritten erstellte urheberrechtlich geschützte Werke für eigene Werbezwecke nutzen, stets schriftliche Verträge abschließen und darin einen möglichst detaillierten Rechtekatalog aufnehmen, der ihnen in räumlicher, zeitlicher und sachlicher Hinsicht möglichst umfassende Rechte gibt.

11.331 Urheberrechtliche Lizenzen begründen nicht nur eine schuldrechtliche Berechtigung, sondern sind **„dinglicher" Natur**.[3] Dies sollte in der Nutzungsrechtsklausel sinnvollerweise klargestellt werden.

---

1 Vgl. zu den Möglichkeiten der Ausgestaltung und Beschränkung der Einräumung urheberrechtlicher Nutzungsrechte näher Dreier/Schulze/*Schulze*, § 31 UrhG Rz. 25 ff.; *Schricker/Loewenheim*, § 31 UrhG Rz. 10 ff.; Wandtke/Bullinger/*Wandtke/Grunert*, § 31 UrhG Rz. 4 ff.; Mestmäcker/Schulze/*Scholz*, § 31 UrhG Rz. 66 ff.

2 BGH v. 31.5.2012 – I ZR 73/10 – Rz. 15 – Honorarbedingungen Freie Journalisten, WRP 2012, 1107 (1111) = MDR 2012, 983; BGH v. 22.4.2004 – I ZR 174/01 – Comic-Übersetzungen III, GRUR 2004, 938 f.; vgl. dazu ferner Dreier/Schulze/*Schulze*, § 31 UrhG Rz. 110; *Schricker/Loewenheim*, § 31 UrhG Rz. 64 ff.; Wandtke/Bullinger/*Wandtke/Grunert*, § 31 UrhG Rz. 39 ff.; Mestmäcker/Schulze/*Scholz*, § 31 UrhG Rz. 102 ff.

3 BGH v. 26.3.2009 – I ZR 153/06 – Rz. 20 – Reifen Progressiv, GRUR 2009, 946 (948) = MDR 2009, 1291 = CR 2009, 767; vgl. dazu mwN auch *Scholz*, GRUR 2009, 1107 (1109).

Formularmäßige Nutzungsrechtsklauseln unterliegen den **AGB-rechtlichen Anforderungen**; sie dürfen deshalb nicht intransparent sein und den Vertragspartner unangemessen beeinträchtigen. Allerdings hat die **Übertragungszwecklehre keinen Leitbildcharakter** im Rahmen der AGB-Kontrolle.[1] Von Lizenznehmern formularmäßig erstellte umfassende Rechtekataloge sind deshalb auch in AGB in aller Regel wirksam.

11.332

bb) Formulierungsbeispiele

(1) Erstellung von Werbematerialien/Website durch Agentur

Hauptfall des Rechteerwerbs ist die Erstellung von Werbeunterlagen bzw. einer Website durch eine hierauf spezialisierte Werbe- bzw. Webdesignagentur im Auftrag des Anbieters. Um dem Anbieter einen möglichst weiten Spielraum bei der künftigen Nutzung der erworbenen Werke zu gewährleisten, sollte die Klausel in zeitlicher, räumlicher und sachlicher Hinsicht umfassende Rechte vorsehen. Da in der Regel Interesse an einem unverwechselbaren und individuellen Auftritt besteht, sollten jedenfalls für die wesentlichen Gestaltungen (Corporate Identity, Webdesign, Logos etc.) exklusive Rechte erworben werden. So lässt sich verhindern, dass die Agentur später (nahezu identische) Gestaltungen an andere, womöglich konkurrierende Anbieter lizenziert. Um die Unabhängigkeit des Auftraggebers von der Agentur zu gewährleisten, sollte außerdem ein weitreichendes Bearbeitungsrecht eingeräumt werden, das es dem Auftraggeber – oder einem von ihm beauftragten Dritten – gestattet, den Auftritt auf der Grundlage der vorhandenen Gestaltung zu überarbeiten und neuen Erfordernissen anzupassen.

11.333

Im Vertrag zwischen Agentur und Anbieter könnte zu den Nutzungsrechten zB Folgendes geregelt werden:[2]

11.334

M 28 § XY Nutzungsrechte

11.334a

(1) Die Agentur räumt dem Auftraggeber hiermit mit dinglicher Wirkung unwiderruflich sämtliche zeitlich, räumlich und sachlich unbeschränkten Rechte an sämtlichen im Rahmen des Auftrags erstellten urheberrechtlich oder sonst geschützten Leistungsergebnissen einschließlich des Quellcodes von Programmierungen und der Entwicklerdokumentation (im Folgenden „Leistungen") ein und überträgt ihm sämtliche hieran bestehenden übertragbaren Rechte. Die Rechtseinräumung bzw. -übertragung erfolgt zum Zeitpunkt der Entstehung des jeweiligen Rechts.

(2) Der Auftraggeber ist insbesondere berechtigt, die Leistungen auf sämtliche bekannte und unbekannte Nutzungsarten, insbesondere in Printform (zB in Katalogen, Werbeflyern, Anzeigen, Geschäftskorrespondenz etc.) sowie digital und insbesondere im Internet (zB auf Websites, in Bannerwerbung, Newslettern oder Präsentationen, durch Übermittlung und Verbreitung von Datenträgern etc.) zu nutzen. Die Nutzung ist nicht auf bestimmte Projekte beschränkt, sondern kann zeitlich unbeschränkt in jedweder Form auch wiederholt erfolgen. Das Nutzungsrecht umfasst insbesondere jedwede Vervielfältigung, Verbreitung, öffentliche Zugänglichmachung und Sendung.

(3) Der Auftraggeber ist ferner berechtigt, die Leistungen selbst oder durch Einschaltung Dritter zu bearbeiten, umzugestalten und Texte nach eigener Wahl in andere Sprachen zu übersetzen und/oder übersetzen zu lassen sowie in umgestalteter, bearbeiteter oder übersetzter Form zu

---

1 BGH v. 31.5.2012 – I ZR 73/10 – Rz. 15 ff. – Honorarbedingungen Freie Journalisten, WRP 2012, 1107 (1111 f.) = MDR 2012, 983; Mestmäcker/Schulze/*Scholz*, § 31 UrhG Rz. 107 – aA Dreier/Schulze/ *Schulze*, § 31 UrhG Rz. 116 ff.; *Schricker/Loewenheim*, Vor § 28 UrhG Rz. 40 f.; Wandtke/Bullinger/ *Wandtke/Grunert*, Vor §§ 31 ff. UrhG Rz. 109.

2 Vgl. auch die Vertragsmuster und Lizenzklauselvorschläge von *Götte* in Wurm/Wagner/Zartmann, Das Rechtsformularbuch, M 40.5 („Entwicklung einer Werbelinie"); *Rettmann/Dietrich*, in Münchener Vertragshandbuch, Band 3, Wirtschaftsrecht II, 7. Aufl., Ziffer V 7 („Webdesign-Vertrag") und *Schulte-Beckhausen* in Münchener Vertragshandbuch, Band 3, Wirtschaftsrecht II, 7. Aufl., Ziffer X 1 („Werbeagenturvertrag").

nutzen. Der Auftraggeber darf die Leistungen (zB Texte) insbesondere auch auszugsweise und verkürzt nutzen. Unzulässig sind lediglich entstellende oder auf sonstige Weise berechtigte geistige oder persönliche Interessen der Schöpfer gefährdende Änderungen.

(4) Sämtliche Rechte nach diesem § XY werden dem Auftraggeber ausschließlich (exklusiv) eingeräumt. Die Agentur verpflichtet sich, Leistungen einschließlich jeglicher Vorarbeiten wie Entwürfe, Konzepte und dergleichen nicht in identischer oder ähnlicher Form selbst für eigene Zwecke zu nutzen oder Dritten zu überlassen oder zu lizenzieren.

(5) Der Auftraggeber kann die Nutzungsrechte ohne vorherige Zustimmung der Agentur übertragen oder Dritten Unterlizenzen einräumen. Unterlizenzen bleiben nach etwaigem Wegfall der Hauptlizenz bestehen.

(6) Der Auftraggeber ist berechtigt, an sämtlichen Leistungen in eigenem Namen Schutzrechte anzumelden, insbesondere Design- und Geschmacksmusterschutz und Markenschutz. Die Agentur wird sämtliche dazu erforderlichen Informationen schriftlich übermitteln und ggf. erforderliche Erklärungen beibringen.

(7) Die Agentur wird mit den an den Leistungen beteiligten Urhebern nach Möglichkeit vereinbaren, dass diese auf die Geltendmachung urheberpersönlichkeitsrechtlicher Namensnennungsrechte verzichten. Sollte dies aus rechtlich zwingenden Gründen nicht möglich sein, wird die Agentur den Auftraggeber hierüber unverzüglich, spätestens mit Leistungserbringung schriftlich unterrichten.

(8) Die Vertragspartner sind sich darin einig, dass die Einräumung bzw. Übertragung der Rechte gemäß diesem Vertrag mit dem vereinbarten Honorar abgegolten ist.

(2) „Nutzergenerierte" Inhalte

11.335 Im Rahmen zunehmend interaktiv ausgerichteter Werbestrategien nutzen Anbieter auch von Kunden gestaltete Inhalte für werbliche Zwecke (sog. „nutzergenerierte" Inhalte). Dies kann ua. Fragen der wettbewerbsrechtlichen Verantwortlichkeit des Anbieters zB für von Kunden abgegebene Produkt- oder Leistungsbewertungen aufwerfen.[1] Soweit die von Nutzern beigesteuerten Inhalte urheberrechtlich geschützt sind, müssen auch **urheberrechtliche Auswirkungen** bedacht werden.[2] Die Frage konzentriert sich aus Sicht des Onlineshop-Betreibers darauf, unter welchen Voraussetzungen und in welchem Umfang er von Kunden überlassene geschützte Inhalte nutzen darf. Da die bloße Überlassung jedenfalls keine verlässliche Rechtseinräumung mit klar konturiertem Inhalt ist, empfiehlt es sich, nutzergenerierte Inhalte nur auf der Grundlage einbezogener Nutzungsbedingungen zu verwerten, in denen die **Nutzungsrechte des Anbieters** an solchen Inhalten geregelt sind. Die Bandbreite denkbarer urheberrechtsschutzfähiger Beiträge von Nutzern bzw. Kunden ist groß und reicht von Kundenbewertungen und -empfehlungen über von Kunden eingesandte Fotos bis hin zu Ideenwettbewerben, die in Produktentwicklungen des Anbieters münden können. Für die Klauselgestaltung empfiehlt sich daher eine differenzierte, an dem jeweiligen Zweck orientierte Formulierung. Zwar lässt sich aus der Übertragungszweckregel kein Verbot formularmäßiger umfangreicher Rechtekataloge herleiten, s. oben Rz. 11.332).[3] Allerdings sind über den erwartbaren Nutzungszweck deutlich hinausgehende Rechteklauseln AGB-rechtlich bedenklich, weil sie als überraschend iSv. § 305c Abs. 1 BGB eingestuft werden könnten.

---

1 Vgl. dazu etwa für nutzergenerierte Hotelbewertungen auf einem Hotelbuchungsportal LG Hamburg v. 1.9.2011 – 327 O 607/10, WRP 2012, 94 ff. und *Schilling*, GRURPrax 2012, 105 ff.; vgl. dazu auch BGH v. 25.10.2011 – VI ZR 93/10, GRUR 2012, 312 ff. = CR 2012, 103 = MDR 2012, 92, und BGH v. 19.3.2015 – I ZR 94/13 – Hotelbewertungsportal, GRUR 2015, 1129 ff. = MDR 2015, 1253.

2 Vgl. *Berberich*, MMR 2010, 736 ff.; *Knopp*, GRUR 2010, 28 ff.; *Reinemann/Remmerz*, ZUM 2012, 216 ff.; *Schwenke*, WRP 2013, 37 ff.

3 AA am Beispiel von Nutzungsrechtseinräumungen an nutzergenerierten Inhalten *Berberich*, MMR 2010, 736 (737 ff.).

Vor diesem Hintergrund könnte eine Klausel in Nutzungsbedingungen zwischen Anbieter und Kunden, die zB Inhalte in ein vom Anbieter betriebenes Bewertungsportal einstellen, wie folgt lauten: **11.336**

M 29 § XY Rechte an nutzergenerierten Inhalten **11.336a**

(1) Soweit Sie uns im Rahmen der Nutzung unserer Dienste (zB unseres Portals für Kundenbewertungen und -empfehlungen) urheberrechtlich oder sonst geschützte Inhalte zur Verfügung stellen (zB geschützte Texte, Fotos, Videosequenzen, Tonfolgen oÄ), räumen Sie uns daran das einfache (nicht-ausschließliche), räumlich und zeitlich nicht beschränkte Recht ein, diese zur Veröffentlichung im Bewertungsportal unserer Website zu nutzen.

(2) Das Nutzungsrecht beschränkt sich sachlich auf eine Nutzung im Zusammenhang mit der bewerteten Lieferung oder Leistung. Es besteht jedoch auch fort, falls wir die bewertete Lieferung oder Leistung nicht mehr anbieten sollten.

(3) Wir sind zu angemessenen Kürzungen und zur Wiedergabe von Ausschnitten berechtigt, soweit der Sinn dadurch nicht entstellt wird.

III. Urheberrecht und Produktangebot

Urheberrechtliche Fragen stellen sich nicht nur im Zusammenhang mit dem Schutz von Websites, Katalogen und sonstigen Werbeunterlagen des Anbieters, sondern auch bei dem Angebot urheberrechtlich geschützter Produkte. **11.337**

1. Angebot und Bewerbung geschützter Produkte

a) Urheberrechtlich relevante Handlung

Das Angebot urheberrechtlich geschützter Produkte in Online-Shops oder im klassischen Katalogversandhandel und die Veräußerung solcher Produkte an Kunden sind dem Urheber gemäß § 17 Abs. 1 UrhG vorbehaltene **Verbreitungshandlungen** und damit urheberrechtlich relevant. Bereits die bloße Werbung für den Kauf des geschützten Werks stellt urheberrechtlich eine Verbreitung dar, unabhängig davon, ob es tatsächlich zu einem Erwerb gekommen ist.[1] Für **körperliche Gegenstände** (zB Bücher, CDs, DVDs, Kunstgegenstände) ist dies allgemeine Ansicht.[2] Für **Software** ist inzwischen nach der Rechtsprechung des EuGH[3] und des BGH[4] davon auszugehen, dass auch die **Übermittlung in digitaler Form**, zB durch Bereitstellung zum Download, urheberrechtlich eine Verbreitung darstellt und sich das Verbreitungsrecht mit erstmaligem Inverkehrbringen mit Zustimmung des Urheberrechtsberechtigten unter bestimmten Voraussetzungen erschöpft. Für **sonstige digitale Werke**, zB Musik- oder Filmdateien, eBooks oder Hörbücher, ist die Frage höchstrichter- **11.338**

---

1 BGH v. 5.11.2015 – I ZR 76/11 – Rz. 28 ff. – Wagenfeld-Leuchte II, GRUR 2016, 487 = MDR 2016, 785; BGH v. 5.11.2015 – I ZR 91/11 – Rz. 30 ff. – Marcel-Breuer-Möbel II, GRUR 2016, 490; BGH v. 5.11.2015 – I ZR 88/13 – Rz. 9 ff. – Al Di Meola, GRUR 2016, 493 = MDR 2016, 782.

2 Vgl. die in der vorstehenden Fußnote zitierten BGH-Urteile für urheberrechtlich geschützte Leuchten und Möbel sowie eine DVD; s. ferner Dreier/Schulze/*Schulze*, § 17 UrhG Rz. 11; OLG Frankfurt/M. v. 22.3.2005 – 11 U 49/03, GRUR-RR 2006, 43 (45); LG Hamburg v. 23.5.2011 – 310 O 142/11, ZUM-RD 2011, 700 f. (Angebot einer DVD mit erkennbar nicht lizenzierter Konzertaufnahme durch einen Händler).

3 EuGH v. 3.7.2012 – Rs. C-128/11 – UsedSoft/Oracle, GRUR 2012, 904 (905 ff.) = CR 2012, 498 auf Vorlage des BGH durch Beschl. v. 3.2.2011 – I ZR 129/08 – UsedSoft, GRUR 2011, 418 ff. = CR 2011, 223.

4 BGH v. 17.7.2013 – I ZR 129/08 – UsedSoft II, GRUR 2014, 264 ff. m. Anm. *Stieper* = CR 2011, 223; BGH v. 11.12.2014 – I ZR 8/13 – UsedSoft III, GRUR 2015, 772 ff. m. Anm. *Sattler* = MDR 2015, 847 = CR 2015, 429; BGH v. 19.3.2015 – I ZR 4/14 – Green-IT, GRUR 2015, 1108 ff.

lich noch ungeklärt und umstritten,[1] richtigerweise aber ebenfalls zu bejahen. Die Bereitstellung digitaler Werke zum Download in einem Online-Shop für Kunden, die das digitale Produkt dort gekauft haben, ist lediglich eine andere Art der technischen Übermittlung, die – wie die Übergabe einer Kopie – als Verbreitung („Übertragung eins-zu-eins"), nicht als öffentliche Zugänglichmachung („Übertragung eins-zu-viele") einzustufen ist.[2] Werden digitale Werke dagegen nicht nur den jeweiligen Kunden nach Abschluss des Vertrags digital, zB per Download, übermittelt, sondern – etwa zum Probelesen oder -hören – auf der Website bereitgestellt, so werden sie gemäß § 19a UrhG **öffentlich zugänglich gemacht**.[3] Der Urheberrechtsinhaber kann also das Angebot körperlicher oder digitaler Werke durch Händler und deren Bereitstellung auf einer Website grundsätzlich untersagen, es sei denn, das betroffene Verbreitungsrecht ist hinsichtlich der angebotenen Werkexemplare bzw. der nach Download erstellten Kopie erschöpft (s. unten Rz. 11.341 ff.) oder es liegt eine Gestattung des Rechteinhabers etwa in Form einer Vertriebslizenz (Rz. 11.345 ff.) vor.

11.339 Werden urheberrechtlich geschützte Produkte im Rahmen der Bewerbung auch abgebildet, so liegt darin zugleich eine grundsätzlich ebenfalls dem Urheber vorbehaltene **Vervielfältigung** der geschützten Produkte iSv. § 16 UrhG.[4] Wird etwa ein Buchdeckel oder ein Zeitschriftendeckblatt mit Fotos oder sonstigen urheberrechtlich geschützten Gestaltungen auf der Website des Anbieters eingestellt oder in einem Katalog abgebildet, so werden die abgebildeten Werke dabei vervielfältigt. Dies gilt auch für Abbildungen geschützter dreidimensionaler Gegenstände (zB geschützter Möbelstücke oder Haushaltsgeräte), die Abbildung von Kunstwerken oder die – ggf. auch nur auszugsweise – Bereitstellung von Text- oder Hörproben.[5] Auch solche Abbildungen kann der Inhaber der Rechte an dem Produkt also untersagen, soweit sie nicht im Rahmen der Bewerbung zulässigerweise vertriebener Produkte nach dem Erschöpfungsgrundsatz gerechtfertigt (Rz. 11.342) oder vertraglich gestattet sind (Rz. 11.345 f.).

11.340 Eine Urheberrechtsverletzung setzt – anders als zB die Verletzung von Markenrechten oder anderen gewerblichen Schutzrechten (vgl. zum Markenrecht Rz. 11.216 ff.) – **kein Handeln im geschäftlichen Verkehr** voraus. Auch private Anbieter zB auf eBay begehen deshalb eine Urheberrechtsverletzung, wenn sie ungenehmigt fremde urheberrechtlich geschützte Inhalte auf ihrer Website bereitstellen oder urheberrechtlich geschützte Ware anbieten, deren Vertrieb nicht durch den Erschöpfungsgrundsatz gerechtfertigt oder durch eine Einwilligung gedeckt ist.

---

1 Für Annahme einer Verbreitung, die der Erschöpfung unterliegen kann zB *Hoeren/Försterling*, MMR 2012, 642 (647); *Kubach*, CR 2013, 279 (281 ff.); *Schneider/Spindler*, CR 2012, 489 (497); Redeker, CR 2014, 73 (77); *Ganzhorn*, CR 2014, 492 (497); *Scholz*, ITRB 2013, 17 (20); wohl auch *Neuber*, WRP 2014, 1274 ff. – aA etwa *Stieper*, ZUM 2012, 668 (670); *Apel*, ZUM 2015, 640 ff.; *Rauer/Ettig*, GRURPRax 2015, 202 ff.; OLG Stuttgart v. 3.11.2011 – 2 U 49/11, CR 2012, 299 ff.; OLG Hamm v. 15.5.2014 – 22 U 60/13, GRUR 2014, 853 (855 ff.) mwN = CR 2014, 498; OLG Hamburg v. 4.12.2014 – 10 U 5/11, CR 2015, 534 ff.
2 Vgl. näher *Scholz*, ITRB 2013, 17 (20) mwN: ferner Wandtke/Bullinger/*Grützmacher*, § 69c UrhG Rz. 31, vorl. Abs. mwN.
3 Dreier/Schulze/*Dreier*, § 19a UrhG Rz. 6 f.; Wandtke/Bullinger/*Bullinger*, § 19a UrhG Rz. 22 ff.
4 BGH v. 4.5.2000 – I ZR 256/97 – Parfumflakon, GRUR 2001, 51 (52) = MDR 2001, 284 (Abbildung einer urheberrechtlich geschützten Flasche eines Parfüms in einem Prospekt); OLG Düsseldorf v. 15.4.2008 – 20 U 143/07, GRUR 2009, 45 (46) (Bewerbung eines Buches durch Vervielfältigung einzelner Seiten); LG München I v. 6.5.2009 – 21 O 5302/09 – Rz. 76 ff., ZUM 2009, 681 ff. (Abbildung eines CD-Covers mit geschütztem Foto im Internet).
5 Vgl. für die Abbildung dreidimensionaler Werke zB BGH v. 5.6.2003 – I ZR 192/00 – Hundertwasser-Haus, GRUR 2003, 1035 (1036) = MDR 2004, 404.

b) Erschöpfung; Vervielfältigung im Rahmen der Werbung?

Nach § 17 Abs. 2 UrhG ist die **Weiterverbreitung** von Originalen oder Vervielfältigungsstücken eines urheberrechtlich geschützten Werks **zulässig**, wenn das Original oder Vervielfältigungsstück mit Zustimmung des Urheberrechtsinhabers im Gebiet der Europäischen Union oder des EWR im Wege der Veräußerung in Verkehr gebracht worden ist. Der Rechtsinhaber kann in diesem Fall die weitere Verbreitung also nicht mehr aufgrund seines urheberrechtlichen Verbreitungsrechts nach § 17 Abs. 1 UrhG kontrollieren; das **Verbreitungsrecht** ist nach § 17 Abs. 2 UrhG „**erschöpft**". Händler können demzufolge urheberrechtlich geschützte körperliche Werke, die bereits mit Zustimmung des Rechtsinhabers in den Handel gelangt sind, ohne gesonderte Zustimmung des Rechtsinhabers anbieten. Die mit dem Anbieten solcher Gegenstände tatbestandlich verwirklichte Verbreitungshandlung iSv. § 17 Abs. 1 UrhG ist aufgrund des Erschöpfungsgrundsatzes gerechtfertigt, ohne dass es hierzu einer Einwilligung in Form einer Vertriebslizenz oÄ bedarf.   **11.341**

Gegenstand der Erschöpfung ist nur das **Verbreitungsrecht**. Andere dem Urheber vorbehaltene Nutzungen, insbesondere die Vervielfältigung und die öffentliche Zugänglichmachung des Werks, unterliegen dagegen grundsätzlich nicht der Erschöpfung.[1] Allerdings sind **Vervielfältigungen** zulässig, soweit diese im Rahmen der **Werbung** für ein zulässigerweise verbreitetes Produkt erfolgen.[2] **Zulässig** ist es deshalb zB, eine urheberrechtlich geschützte Parfumflasche für die Bewerbung des zulässigerweise angebotenen Parfums abzubilden und damit zu vervielfältigen.[3] Demnach darf zB auch ein Buch, das aufgrund des Erschöpfungsgrundsatzes ohne Zustimmung des Rechteinhabers verbreitet werden darf, zu Werbezwecken abgebildet werden, auch wenn dabei urheberrechtlich geschützte Gestaltungen wie zB Fotos oder Texte vervielfältigt werden. Zulässig ist es auch, eine im Internet angebotene CD mit der urheberrechtlich geschützten Abbildung des CD-Covers zu bewerben.[4] Dagegen hat die Rechtsprechung eine Vervielfältigung für **unzulässig** gehalten, wenn die Vervielfältigung über werbeübliche Handlungen im Zusammenhang mit dem beworbenen Produkt hinausgeht, wie etwa im Fall der isolierten Nutzung von Fotografien aus einem angebotenen Buch auch zu allgemeinen Werbezwecken, insbesondere zur Schaufensterdekoration[5] oder im Fall der Bewerbung einer für den Absatz eines Buchs durchgeführten Lesung mit einem geschützten Portraitfoto des Buchautors.[6]   **11.342**

Der Erschöpfungsgrundsatz gilt für **körperliche Werke**, also etwa ein Buch oder Ton- bzw. Datenträger mit darauf gespeicherten geschützten Werken. Außerdem unterliegt das Verbreitungsrecht auch an **digital übermittelten** Werken der Erschöpfung; für **Software** ist dies inzwischen höchstrichterlich anerkannt, bei online übermittelten **sonstigen digitalen Werken** ist die Erschöpfungswirkung noch umstritten, richtigerweise aber ebenfalls zu bejahen (vgl. dazu bereits Rz. 11.338).   **11.343**

Nach Eintritt der Erschöpfung kann der Urheberberechtigte die Weitergabe von Vervielfältigungsstücken urheberrechtlich nicht mehr unterbinden oder kontrollieren.[7] Daher sind auch Vertragsregelungen zwischen Lieferanten und Versandhändlern sowie zwischen diesen und ihren Endkunden problematisch, wenn darin die Weitergabe beschränkt oder gar ausgeschlossen wird (vgl. dazu näher unten bei Rz. 11.358).   **11.344**

---

1 BGH v. 4.5.2000 – I ZR 256/97 – Parfumflakon, GRUR 2001, 51 (53) = MDR 2001, 284.
2 BGH v. 4.5.2000 – I ZR 256/97 – Parfumflakon, GRUR 2001, 51 (53) = MDR 2001, 284.
3 BGH v. 4.5.2000 – I ZR 256/97 – Parfumflakon, GRUR 2001, 51 (53) = MDR 2001, 284.
4 LG München I v. 6.5.2009 – 21 O 5302/09, ZUM 2009, 681 ff.
5 OLG Düsseldorf v. 15.4.2008 – 20 U 143/07, GRUR-RR 2009, 45 (47).
6 Thüringer OLG v. 10.2.2010 – 2 U 778/09, GRUR-RR 2011, 7.
7 Vgl. zu verbleibenden Gestaltungsmöglichkeiten insbesondere beim Softwarevertrieb *Scholz*, GRUR 2015, 142 (145 ff.).

c) Vertriebslizenz; Formulierungsbeispiel

11.345 Der Vertrieb urheberrechtlich geschützter Werke, die mit Zustimmung des Rechteinhabers in den Verkehr gebracht worden sind und die der Erschöpfung nach § 17 Abs. 2 UrhG unterliegen, ist auch ohne vorherige Zustimmung des Rechteinhabers zulässig (vgl. zur Erschöpfung Rz. 11.341). Ein Händler benötigt also für das Angebot solcher Produkte an sich **keine Vertriebslizenz**. Häufig wird gleichwohl in Händlerverträgen **klarstellend** das Recht zum Vertrieb solcher Produkte für die Dauer der Handelsbeziehung eingeräumt. Solche an sich überflüssigen Klauseln sind aus Sicht des Händlers grundsätzlich unbedenklich und in Fällen, in denen die Erschöpfungswirkung unsicher ist (wie zB bei online übermittelten digitalen Werken, s. Rz. 11.338 und Rz. 11.343), ratsam.

11.346 ➡ **Praxistipp:** Obwohl der Vertrieb von bereits mit Zustimmung des Rechteinhabers in den Verkehr gebrachten Originalen oder Vervielfältigungsstücken auch ohne Vertriebslizenz zulässig ist, kann es sinnvoll sein, im Händlervertrag klarstellend (zB auch für die Fälle digitaler Übermittlung) das **Recht zur Weitergabe** sowie ggf. bestimmte **Werbemodalitäten** zu regeln. Dies gilt insbesondere, wenn unsicher ist, ob bestimmte geplante Werbemaßnahmen durch den Erschöpfungsgrundsatz noch gedeckt sind. So sollte sich der Händler bei Bedarf zB das Recht einräumen lassen, die beworbene Ware abzubilden, bei Texten Lese- und bei Musik Hörproben einzustellen und diese damit iSv. § 19a UrhG öffentlich zugänglich zu machen. Dabei kann es aus Sicht des Händlers auch sinnvoll sein, sich das Recht zur Nutzung vom Lieferanten gefertigter Fotografien zur Bewerbung der Produkte einräumen zu lassen (s. zu Letzterem Rz. 11.300).

11.347 Eine solche Klausel zur Einräumung einer **Vertriebslizenz** im Vertrag zwischen Rechteinhaber (zB Verlag) und Händler könnte wie folgt formuliert werden:

11.347a **M 30 § XY Vertriebslizenz**

(1) Der Lizenzgeber räumt dem Händler hiermit das einfache (nicht-ausschließliche) Recht ein, für die Dauer des Händlervertrags räumlich unbeschränkt über seinen Online-Shop die in **Anlage XY** genannten körperlichen und digitalen Werke (Bücher, eBooks, Musikwerke, Filme etc., im Folgenden zusammen: „Werke") an seine Kunden zu verkaufen. Digitale Werke darf er online, zB im Wege der Bereitstellung zum Download, übermitteln. Er ist berechtigt, kurze Ausschnitte der Werke als Hör- bzw. Leseprobe bereitzustellen und zu diesem Zweck auf seinem Online-Shop öffentlich zugänglich zu machen, und die Werke für die Zwecke ihres Vertriebs in dem Online-Shop abzubilden.

(2) Der Händler ist berechtigt, seinen Kunden an den Werken Rechte in folgendem Umfang einzuräumen: ...[1]

(3) Der Händler darf die Werke nicht bearbeiten, umgestalten oder sonst ändern.

(4) Das Vertriebsrecht ist nicht übertragbar und nicht unterlizenzierbar. [**Alternativ:** Der Händler kann weiteren Händlern Vertriebsrechte an den Werken in dem vorstehend geregelten Umfang einräumen; solche abgeleiteten Vertriebsrechte enden [nicht] mit Wegfall der Hauptlizenz.]

---

1 S. zu den Nutzungsrechten, die der Händler sinnvollerweise seinen Kunden einräumt, Rz. 11.356 ff. Um zu gewährleisten, dass der Händler seinen Kunden nicht weiterreichende Rechte verspricht, als er von seinem Lizenzgeber selbst erworben hat, sollte bereits in der Vertriebslizenzklausel der dem Endkunden einräumbare Rechtsumfang geregelt werden.

2. Nutzungsrechtseinräumung durch den Händler an Kunden

a) Praktische Relevanz

Beim Vertrieb urheberrechtlich geschützter Produkte fragt sich auch im Verhältnis des Händlers zu den Endkunden, ob und ggf. in welchem Umfang er den Endkunden urheberrechtliche Nutzungsrechte einräumen muss. Dabei ist danach zu differenzieren, ob nach Art des Werks bzw. der Bereitstellung der Werke die zu erwartende bestimmungsgemäße Nutzung durch den Endkunden mit urheberrechtlich relevanten Handlungen einhergeht oder nicht.

11.348

aa) Körperliche Werke

Bietet der Händler einen urheberrechtlich geschützten körperlichen Gegenstand an, so erwirbt der Kunde daran gemäß §§ 929 ff. BGB **Eigentum**, jedoch in aller Regel **keine urheberrechtlichen Nutzungsbefugnisse**. § 44 Abs. 1 UrhG enthält eine Auslegungsregel, wonach im Fall der Veräußerung des Werkoriginals durch den Urheber der Erwerber im Zweifel kein Nutzungsrecht eingeräumt bekommt. Dem liegt die Erwägung zugrunde, dass in aller Regel der bloße **Werkgenuss**, also die typische Nutzung eines urheberrechtlich geschützten körperlichen Werks, nicht mit urheberrechtlich relevanten Handlungen iSd. §§ 15 ff. UrhG verbunden ist. So sind das Betrachten eines Fotos, eines Films, eines Gemäldes oder einer Skulptur und die Benutzung eines urheberrechtlich geschützten Gebrauchsgegenstands ebenso wenig urheberrechtlich relevant wie das Lesen eines Buchs oder das Hören einer CD.[1] Dementsprechend ist in solchen Fällen die Einräumung eines Nutzungsrechts nicht erforderlich und in der Praxis unüblich.

11.349

bb) Software

Dagegen ist die Benutzung eines Computerprogramms aus technischen Gründen regelmäßig mit urheberrechtlich relevanten **Vervielfältigungshandlungen** verbunden.[2] Damit ist grundsätzlich die Programmnutzung zugleich urheberrechtlich relevant und bedarf der Gestattung. Dies gilt unabhängig davon, ob das Programm als Kopie auf einem körperlichen Datenträger oder unkörperlich per Download erworben wird. Da das Vervielfältigungsrecht nicht der Erschöpfung unterliegt, also nicht automatisch aus der zulässigen Verbreitung der Programmkopie die Einräumung bestimmter Vervielfältigungsrechte gefolgert werden kann, ist die vertragliche **Einräumung von Nutzungsrechten** beim Softwarevertrieb in der Praxis die Regel. Fehlt sie, ist der Softwareerwerber jedoch nicht rechtlos gestellt; in diesem Fall greift **§ 69d UrhG**, eine Sondervorschrift für Computerprogramme, wonach die bestimmungsgemäße Nutzung der Software auch ohne gesonderte Zustimmung des Rechteinhabers zulässig ist. Meist werden bei der Softwareüberlassung jedoch Lizenzbedingungen vereinbart, die die gestattete Nutzung im Einzelnen regeln. Ob und ggf. in welchem Umfang auch bei der Softwarenutzung im Wege des **Application Service Providing („ASP")**, als **Cloud Service** oder beim Modell **Software as a Service („SaaS")** Vervielfältigungshandlungen stattfinden und/oder die Software öffentlich zugänglich gemacht wird und daher entsprechende Nutzungsrechtseinräumungen erforderlich sind, ist im Einzelnen umstritten.[3]

11.350

---

1 Vgl. BGH v. 4.10.1990 – I ZR 139/89 – Betriebssystem, GRUR 1991, 449 (453) = CR 1991, 150 = MDR 1991, 503 = CR 1991, 80; BGH v. 20.1.1994 – I ZR 267/91 – Holzhandelsprogramm, GRUR 1994, 363 (364 f.) = MDR 1994, 462 = CR 1994, 275.

2 BGH v. 3.2.2011 – I ZR 129/08 – Rz. 13 – UsedSoft, GRUR 2011, 418 = CR 2011, 223; Dreier/Schulze/ *Dreier*, § 69c UrhG Rz. 8; Schricker/Loewenheim/*Loewenheim*, § 69c UrhG Rz. 7 f.; Wandtke/Bullinger/*Grützmacher*, § 69c UrhG Rz. 5 f.; Möhring/Nicolini/*Kaboth*, § 69c UrhG Rz. 6.

3 Vgl. dazu mwN Wandtke/Bullinger/*Grützmacher*, § 69c UrhG Rz. 66; ferner *Koch*, ITRB 2011, 42 ff.

cc) Digitale Inhalte (zB Musik, Filme, eBooks)

11.351 Ähnlich wie bei der Softwarenutzung liegen die Dinge bei anderen digitalen Inhalten, etwa Musik, Fotos, Filmen, eBooks oder auch Computerspielen, die per Download als Datei von einer Online-Verkaufsplattform gegen Entgelt heruntergeladen werden.[1] Zwar gilt auch insoweit der Grundsatz, dass der bloße Werkgenuss als solcher, also zB das Lesen eines eBooks oder das Betrachten digital heruntergeladener Fotos, nicht urheberrechtlich relevant ist. Allerdings setzt die Nutzung digitaler Inhalte häufig voraus, dass die Werke zunächst in urheberrechtlich relevanter Weise iSv. § 16 UrhG **vervielfältigt** werden, etwa durch Speichern auf einem Lesegerät oder auf einem sonstigen Datenträger.[2] Außerdem eröffnet die Bereitstellung in digitaler Form grundsätzlich technisch weitere urheberrechtlich relevante Nutzungsmöglichkeiten, die über den bloßen Werkgenuss hinausgehen, wie etwa die unbeschränkte Vervielfältigung ohne jeden Qualitätsverlust oder die öffentliche Zugänglichmachung durch Einstellen in eine Website uÄ. Vor diesem Hintergrund ist es aus Sicht der Rechteinhaber und Händler ratsam und üblich, ähnlich wie im Fall der Softwareüberlassung den Umfang der gestatteten Nutzung digitaler Inhalte in **Nutzungsbedingungen** zu regeln und – soweit AGB-rechtlich zulässig und ohne Verletzung ggf. nicht disponibler urheberrechtlicher Schrankenbestimmungen möglich – bestimmte technisch mögliche Nutzungen auszuschließen. Auch ohne Nutzungsrechtseinräumung ist eine urheberrechtlich relevante Nutzung digitaler Inhalte im Rahmen der urheberrechtlichen **Schrankenbestimmungen**, insbesondere § 53 UrhG, zulässig.[3]

11.352 Zulässig ist es auch, neben rechtlichen Beschränkungen **technische Schutzvorkehrungen** zu implementieren, die im Sinne eines **Digital Rights Managements („DRM")** die Einhaltung bestimmter vertraglicher Nutzungsbeschränkungen auch technisch absichern.[4] Unter den in **§ 95a UrhG** geregelten Voraussetzungen genießen solche technischen Schutzmaßnahmen ihrerseits Schutz nach dem Urheberrechtsgesetz.

b) Nutzungsrechtseinräumung durch Händler oder durch Hersteller („EULA")?

11.353 Die Nutzungsrechtseinräumung an Endkunden kann entweder durch den Händler oder unmittelbar durch den Urheber bzw. den Rechteinhaber erfolgen.

11.354 Im erstgenannten Fall muss die Nutzungsrechtsklausel in den zwischen dem Händler und dem Kunden zu schließenden **Vertrag über den Erwerb des betroffenen Werks**, meist ein Kaufvertrag, aufgenommen werden. Dies erfolgt in der Regel durch Einbeziehung von Allgemeinen Verkaufsbedingungen des Händlers, die eine Nutzungsrechtsklausel für den Fall des entgeltlichen Downloads digitaler Inhalte vorsehen. Der Nachteil dieser Gestaltung ist, dass Nutzungsrechtsklauseln in den allgemeinen Verkaufsbedingungen des Händlers nicht nach unterschiedlichen Werken und/oder unterschiedlichen Herstellern differenzieren können. Außerdem bietet diese Gestaltung das Risiko, dass die Nutzungsrechtsklausel des Händlers nicht genau die Rechte abbildet, die der Hersteller bzw. Rechteinhaber seinerseits einräumen möchte und die ggf. in Vertriebslizenzklauseln des Händlervertrags vorgesehen sind.

---

1 Vgl. zur Frage, inwieweit solche digitalen Inhalte (auch) den Bestimmungen über Software unterliegen, am Beispiel von Computerspielen *Bullinger/Czychowski*, GRUR 2011, 19 ff.

2 Vgl. für eBooks *Kitz*, MMR 2001, 727 (728).

3 Vgl. dazu *Ohly*, JZ 2013, 42 (44); *Redeker*, CR 2014, 73 (77); *Scholz*, ITRB 2013, 17 (18 f.) – aA unter Hinweis darauf, dass § 53 Abs. 4 Buchstabe b) UrhG auch für eBooks gelte und daher die Kopie eines ganzen eBook unzulässig sei, *Ganzhorn*, CR 2014, 492 (495).

4 Vgl. dazu Wandtke/Bullinger/*Wandtke/Ohst*, § 95a UrhG Rz. 3; Dreier/Schulze/*Dreier/Specht*, § 95a UrhG Rz. 2; s. ferner *Kuß*, K&R 2012, 76 (80 f.).

Diese Schwierigkeiten versucht das Modell der unmittelbaren Einräumung von Nutzungsrechten durch den jeweiligen Rechteinhaber bzw. Hersteller des jeweiligen Inhalts an den Endkunden zu vermeiden. Diese direkte Lizenzierung, häufig auch **End User License Agreement („EULA")** genannt, erlaubt werkbezogene Differenzierungen. Probleme kann dagegen die **Einbeziehung** von EULAs in die auch in diesem Fall zwischen Händler und Endkunde bestehende Vertragsbeziehung aufwerfen. Allerdings lässt sich die Einbeziehung in Onlineplattformen durch Anzeigen des entsprechenden EULAs und Einholung der Zustimmung des Kunden im Zuge des Bestellprozesses leichter bewerkstelligen als im stationären Handel, wo der Kunde das EULA meist erst nach Abschluss des Kaufvertrags und Öffnen zB der CD-Packung erstmals zu Gesicht bekommt und deshalb eine wirksame Einbeziehung kaum überzeugend begründbar ist.[1] Auch die **AGB-konforme Ausgestaltung** von EULAs ist nicht immer gewährleistet, weil diese häufig nach ausländischen Rechtsordnungen gestaltet sind, jedoch nach Art. 6 Abs. 1 Buchstabe b) Rom I-Verordnung gegenüber Verbrauchern mit gewöhnlichem Aufenthaltsort in Deutschland deutsches Recht anwendbar ist.

11.355

c) Umfang der Nutzungsrechtseinräumung; Formulierungsbeispiel

Endnutzern werden üblicherweise **einfache (nicht-ausschließliche)** Rechte eingeräumt, die in der Regel **zeitlich und räumlich unbeschränkt** sind. In sachlicher Hinsicht finden sich häufig Beschränkungen im Hinblick auf die Nutzung **im privaten Bereich** sowie Regelungen darüber, auf **wie vielen Endgeräten bzw. Datenträgern** der Nutzer den digitalen Inhalt gleichzeitig speichern und nutzen darf. Schließlich wird das Nutzungsrecht häufig als **nicht übertragbares** und **nicht unterlizenzierbares** Recht ausgestaltet, nicht selten verbunden mit einem Verbot oder jedenfalls Beschränkungen der **Weitergabe** hergestellter Kopien.

11.356

Die rechtliche Wirksamkeit dieser typischen Klauselinhalte ist **noch nicht abschließend geklärt.** Die Problematik liegt zum einen darin, bei der Gestaltung vertraglicher Beschränkungen den gesetzlichen **Schrankenbestimmungen** in §§ 44b ff. UrhG Rechnung zu tragen. Ob diese Schrankenbestimmungen disponibel sind, ist umstritten.[2] Zumindest können vertragliche Verbote, die nach Schrankenbestimmungen zulässiges Verhalten betreffen, AGB-rechtswidrig sein.[3] Deshalb sind zB Beschränkungen der Nutzung auf den privaten Gebrauch bedenklich, weil § 53 Abs. 2 UrhG auch andere Fälle des Eigengebrauchs, etwa den wissenschaftlichen Gebrauch, privilegiert. Die Beschränkung der Zahl von Endgeräten bzw. Datenträgern, auf denen das digitale Werk gleichzeitig gespeichert werden kann, kann mit dem Recht, „einzelne Vervielfältigungen" zum privaten Gebrauch herzustellen (§ 53 Abs. 1 Satz 1 UrhG), in Konflikt geraten.[4] Die Schrankenbestimmungen in § 53 UrhG dürften auch zugunsten der Nutzer von **eBooks** gelten, weil die Gegenausnahme in § 53 Abs. 4 Buchstabe b) UrhG, wonach die Vervielfältigung eines Buches grundsätzlich nur mit Einwilligung des Urheberrechtsberechtigten zulässig ist, auf ein Buch in digitaler Form wohl nicht anwendbar sein dürfte.[5]

11.357

---

1 *Schneider*, Handbuch des EDV-Rechts, 4. Aufl. Kap. J Rz. 101 f.
2 Vgl. dazu – auch im Hinblick auf Nutzungsbeschränkungen hinsichtlich online vertriebener digitaler Inhalte – *Gräbig*, GRUR 2012, 331 ff.
3 *Gräbig*, GRUR 2012, 331 (334 ff.).
4 Vgl. dazu und zur Streitfrage, wie viele Vervielfältigungsstücke angefertigt werden dürfen, näher mwN Dreier/*Schulze/Dreier*, § 53 UrhG Rz. 9; s. ferner *Kuß*, K&R 2012, 76 (80); s. auch den Klauselvorschlag Rz. 11.359.
5 So auch *Kitz*, MMR 2001, 727 (729 f.); *Kuß*, K&R 2012, 76 (80); *Scholz*, ITRB 2013, 17 (18 f.) – aA *Ganzhorn*, CR 2014, 492 (495).

11.358 Problematisch ist zum anderen, ob und ggf. unter welchen Voraussetzungen dem Endkunden in Nutzungsbedingungen untersagt werden kann, von ihm selbst hergestellte Kopien online erworbener Software oder sonstiger digitaler Inhalte **weiterzugeben**. Im Bereich der Softwarelizenzierung ist im Zusammenhang mit dem kontrovers diskutierten Vertrieb „gebrauchter" Software inzwischen in der UsedSoft-Rechtsprechung höchstrichterlich anerkannt, dass **auch an online per Download vertriebenen Softwareprogrammen** unter bestimmten Voraussetzungen **Erschöpfung** des Verbreitungsrechts eintritt (vgl. dazu mwN bereits Rz. 11.338 und Rz. 11.343). Folglich lässt sich die Weitergabe per Download erworbener Software urheberrechtlich nicht unterbinden und in der Regel auch schuldrechtlich zumindest in AGB nicht untersagen.[1] Ob diese Entscheidung auf **andere digitale Werke** übertragbar ist, ist umstritten, jedoch richtigerweise zu bejahen (vgl. auch dazu bereits Rz. 11.338 und Rz. 11.343 mwN). Nach **bisheriger Instanzrechtsprechung** sind Weitergabeverbote hinsichtlich herunter geladener sonstiger digitaler Inhalte **zulässig**.[2] Es bleibt jedoch abzuwarten, ob diese Sicht vor dem Hintergrund des erwähnten UsedSoft-Rechtsprechung Bestand haben wird.

11.359 In Anwendung dieser Grundsätze könnte eine Klausel über dem Endkunden zustehende Nutzungsrechte an einem digitalen Inhalt (zB eBook) wie folgt gefasst werden:

11.359a **M 31 § XY Nutzungsrecht des Endkunden**

(1) Der Anbieter räumt dem Endkunden hiermit aufschiebend bedingt durch Zahlung der Vergütung das einfache (nicht-ausschließliche), nicht übertragbare und nicht unterlizenzierbare, zeitlich und räumlich unbeschränkte Recht ein, das erworbene eBook von der Download-Plattform des Anbieters herunterzuladen, es auf bis zu sieben beliebigen Empfangsgeräten oder sonstigen Datenträgern[3] zu speichern und es dort anzuzeigen und im Rahmen der bereitgestellten Funktionalitäten zu nutzen.

(2) Jegliche Bearbeitung oder Veränderung sowie die Entfernung von Urheberrechtsvermerken ist unzulässig.

(3) Der Endkunde darf das eBook nicht öffentlich zugänglich machen. Die Weitergabe ihm überlassener und von ihm hergestellter Kopien ist nur zulässig, wenn er sämtliche bei ihm vorhandene Kopien und Ausdrucke unbrauchbar gemacht hat.[4]

3. Angebot urheberrechtsverletzender Produkte

11.360 Das Angebot urheberrechtsverletzender Produkte durch einen Händler stellt in jedem Fall eine Urheberrechtsverletzung dar. Denn darin liegt eine Verbreitung iSv. § 17 Abs. 1 UrhG, die nicht durch den Erschöpfungsgrundsatz gemäß § 17 Abs. 2 UrhG gedeckt ist, weil die urheberrechtswidrig hergestellten Nachahmungen keine mit Zustimmung des Urheberrechtsinhabers in den Verkehr gebrachte Originale oder Vervielfältigungsstücke sind. Vertreibt also zB ein Händler eine unberechtigt hergestellte Kopie eines geschützten

---

1 *Scholz*, GRUR 2015, 142 (145 ff.).
2 LG Berlin v. 14.7.2009 – 16 O 67/08, GRUR-RR 2009, 329 (330) (für Musikdownload-Portal) und OLG Stuttgart v. 3.11.2011 – 2 U 49/11, GRUR-RR 2012, 243 (244 ff.) = CR 2012, 299 (für die Verwertung heruntergeladener Hörbücher); OLG Hamm v. 15.5.2014 – 22 U 60/13, GRUR 2014, 853 (855 ff.) mwN = CR 2014, 498; OLG Hamburg v. 4.12.2014 – 10 U 5/11, CR 2015, 534 ff.; vgl. zum Problemkreis auch *Cichon*, GRURPrax 2010, 381 ff. und *Kuß*, K&R 2012, 76 (79 f.): jeweils zumindest schuldrechtliche Weitergabeverbote zulässig.
3 Die Anzahl sieben geht zurück auf eine ältere Rechtsprechung des BGH v. 14.4.1978 – I ZR 111/76 – Wolfsblut, GRUR 1978, 474 (476), von der allerdings umstritten ist, ob sie noch einschlägig ist, s. dazu mwN Dreier/Schulze/*Dreier*, § 53 UrhG Rz. 9; vgl. auch Rz. 11.357.
4 Vgl. zur Problematik der Weitergabeverbote mwN zur Rechtsprechung Rz. 11.358. Der Klauselvorschlag orientiert sich an den Weitergabevoraussetzungen, die die UsedSoft-Rechtsprechung entwickelt hat; s. dazu näher Rz. 11.338.

Werks, so begeht auch der Händler damit eine Urheberrechtsverletzung. Da er den Tatbestand des Verbreitens selbst täterschaftlich verwirklicht, kommt es auf die Frage, ob er dabei Prüfpflichten verletzt hat, grundsätzlich nicht an (vgl. aber Rz. 11.361). Die Verletzung von Prüfpflichten spielt allenfalls im Zusammenhang mit der Störerhaftung eine Rolle (vgl. dazu Rz. 11.363 und zur davon zu trennenden Frage des Verschuldens beim Vertrieb urheberrechtsverletzender Produkte durch einen Händler Rz. 11.365).

Die Rechtsprechung hat allerdings im Fall eines **Online-Buchhändlers**, der ein Buch mit urheberrechtswidrig dort abgebildeten Fotografien angeboten hat, unter verfassungsrechtlichen Gesichtspunkten die grundsätzlich gegebene Verbreiterhaftung eingeschränkt und angenommen, dass im Schutzbereich der Medienfreiheit **technische Verbreiter** als Täter nur haften, wenn sie von der konkreten Verletzung Kenntnis haben oder sich das Vorliegen einer Verletzung aufgrund konkreter Umstände aufdrängt.[1] Fehlt es daran, so haftet der Buchhändler nach dieser Rechtsprechung erst ab Kenntniserlangung zB durch eine Abmahnung, so dass er bis dahin für die Kosten dieser Abmahnung nicht einzustehen hat.[2]   **11.361**

IV. Rechtsverfolgung

1. Aktivlegitimation

Anspruchsberechtigt für die Geltendmachung von Ansprüchen wegen Verletzung urheberrechtlicher Nutzungs- und Verwertungsrechte ist zunächst der **Urheber**, also der Schöpfer des Werks iSv. § 7 UrhG. Haben – wie häufig – mehrere Personen schöpferische Beiträge geleistet, so kann jeder Miturheber Ansprüche wegen Urheberrechtsverletzung geltend machen, jedoch Leistung gemäß § 8 Abs. 2 Satz 3 UrhG nur an alle Miturheber verlangen.[3] Aktivlegitimiert ist außerdem der **Inhaber ausschließlicher Nutzungsrechte** an dem Werk.[4] Der Urheber bleibt neben dem ausschließlich Nutzungsberechtigten zur Geltendmachung von Ansprüchen wegen Verletzung von Rechten, auf die sich das ausschließliche Nutzungsrecht bezieht, nur berechtigt, wenn er ein eigenes schutzwürdiges Interesse an der Geltendmachung hat oder der ausschließlich Nutzungsberechtigte die Verletzungsansprüche nicht geltend macht.[5] Nach den gleichen Grundsätzen ist auch ein Inhaber ausschließlicher Nutzungsrechte weiterhin klagebefugt, der seine Nutzungsrechte einem Dritten gegen Zahlung einer Umsatzlizenz weitergegeben hat.[6] Dagegen ist der Inhaber eines lediglich **einfachen Nutzungsrechts** nicht anspruchsberechtigt.[7] Einfach Nutzungsberechtigte können jedoch – wie sonstige Personen – unter den Voraussetzungen der **gewillkürten Prozessstandschaft** Rechte geltend machen.[8]   **11.362**

---

1 LG Hamburg v. 11.3.2011 – 308 O 16/11, GRUR-RR 2011, 249 f. = CR 2011, 544; vgl. ähnlich auch OLG Frankfurt v. 30.10.2007 – 11 U 9/07, ZUM-RD 2008, 128 ff., wonach ein Pressegroßhändler nicht für die Verbreitung einer Zeitschrift mit einem ehrverletzenden Artikel auf Unterlassung haftet, weil mangels einer Prüfungspflicht keine Störerhaftung bestehe; auch nach LG Berlin v. 14.11.2008 – 15 O 120/08, NJW 2009, 787 (789) kann ein Buchhändler mangels „Tatherrschaft" nicht auf Unterlassung der Verbreitung eines Buchs mit urheberrechtswidrigem Inhalt in Anspruch genommen werden – anders OLG München v. 15.12.2000 – 21 U 4720/00, ZUM-RD 2001, 161 ff., wonach der Vertreiber einer Zeitschrift mit persönlichkeitsrechtsverletzendem Inhalt als Täter oder Störer unabhängig von Prüfpflichten und Verschulden auf Unterlassung in Anspruch genommen werden kann.
2 LG Hamburg v. 11.3.2011 – 308 O 16/11, GRUR-RR 2011, 249 (250) = CR 2011, 544.
3 Vgl. Dreier/Schulze/*Dreier/Specht*, § 97 UrhG Rz. 18.
4 Dreier/Schulze/*Dreier/Specht*, § 97 UrhG Rz. 19.
5 Dreier/Schulze/*Dreier/Specht*, § 97 UrhG Rz. 19; BGH v. 17.6.1992 – I ZR 182/90 – ALF, GRUR 1992, 697 (698 f.) = MDR 1992, 1043 = CR 1993, 141.
6 Dreier/Schulze/*Dreier/Specht*, § 97 UrhG Rz. 19, BGH v. 17.6.1992 – I ZR 182/90 – ALF, GRUR 1992, 697 (699) = MDR 1992, 1043 = CR 1993, 141.
7 Dreier/Schulze/*Dreier/Specht*, § 97 UrhG Rz. 20.
8 Dreier/Schulze/*Dreier/Specht*, § 97 UrhG Rz. 21.

2. Passivlegitimation, insbesondere Störerhaftung

11.363 Für die Passivlegitimation gelten die zum Markenrecht genannten Grundsätze entsprechend. Auch im Urheberrecht wendet die Rechtsprechung weiterhin die Grundsätze der **Störerhaftung** an, wonach – neben der Haftung als Täter oder Teilnehmer – nur in Anspruch genommen werden kann, wer zumutbare **Prüfpflichten** verletzt.[1] Es kann daher auf die Ausführungen zur Passivlegitimation im Markenrecht verwiesen werden (Rz. 11.262 ff.).

3. Ansprüche

11.364 In der Praxis stehen die Ansprüche auf **Unterlassung** (§ 97 Abs. 1 UrhG) und – bei Verschulden – **Schadenersatz** (§ 97 Abs. 2 UrhG) im Vordergrund. Der Schadenersatzanspruch kann – im Einzelfall schwierig – konkret oder unter Berücksichtigung des durch den Verletzer erzielten Gewinns berechnet werden (§ 97 Abs. 2 Satz 2 UrhG). Der Schadenersatzanspruch kann nach den Grundsätzen der Lizenzanalogie gemäß § 97 Abs. 2 Satz 3 UrhG auch auf der Grundlage des Betrags berechnet werden, den der Verletzer als angemessene Vergütung im Fall einer Lizenzierung hätte bezahlen müssen. Daneben kommt gemäß § 97 Abs. 2 Satz 4 UrhG auch eine der Billigkeit entsprechende Geldentschädigung für Schäden in Betracht, die keine Vermögensschäden darstellen.[2]

11.365 Auch im Urheberrecht gelten hinsichtlich des **Verschuldens** strenge Maßstäbe,[3] wobei an Händler jedoch weniger strenge Anforderungen gestellt werden.[4] Jedoch können Zahlungsansprüche wegen Urheberrechtsverletzung auch verschuldensunabhängig unter dem Gesichtspunkt der **ungerechtfertigten Bereicherung** bestehen.[5]

4. Verfahren

11.366 Für die außergerichtliche Verfolgung urheberrechtlicher Ansprüche sieht § 97a UrhG vor, dass der Verletzte den Verletzer **abmahnen** und ihm Gelegenheit geben soll, den Streit durch Abgabe einer strafbewehrten Unterlassungserklärung beizulegen. Nach der am 9.10.2013 in Kraft getretene Neufassung der Norm[6] sind Abmahnungen nur wirksam, wenn sie die in Abs. 2 genannten Anforderungen enthalten, im Wesentlichen also den Namen oder die Firma des Verletzten angeben, die Rechtsverletzung genau bezeichnen, geltend gemachte Zahlungsansprüche als Schadenersatz- und Aufwendungsersatz aufschlüsseln und bei vorgeschlagener Unterlassungserklärung angeben, inwieweit diese über die Rechtsverletzung hinausgeht. Nur dann besteht auch ein Anspruch auf Erstattung von Rechtsverfolgungskosten. Solche Ansprüche sind gemäß § 97a Abs. 3 Satz 2 UrhG grund-

---

1 Vgl. BGH v. 26.11.2015 – I ZR 174/14 – Rz. 21 ff. – Störerhaftung des Access-Providers, GRUR 2016, 268 (270 f.); BGH v. 8.1.2014 – I ZR 169/12 – Rz. 22 – BearShare, GRUR 2014, 657 (659) = CR 2014, 472 = MDR 2014, 849; BGH v. 22.6.2011 – I ZR 159/10 – Rz. 25 – Automobil-Onlinebörse, GRUR 2011, 1018 (1020) = CR 2011, 757 = MDR 2011, 1369; BGH v. 12.5.2010 – I ZR 121/08 – Rz. 18 f. – Sommer unseres Lebens, GRUR 2010, 633 (634 f.) = MDR 2010, 882 = CR 2010, 458 – kritisch im Hinblick auf die Anwendung auf WLAN-Anschlussinhaber allerdings Schlussanträge des Generalanwalts *Szpunar* v. 16.3.2016 in der Rechtssache C-484/14 McFadden gegen Sony Music Entertainment Germany GmbH.
2 Vgl. zu den Einzelheiten der Schadensberechnung die Kommentierungen etwa in Dreier/Schulze/*Dreier/Specht*, § 97 UrhG Rz. 54 ff.; Schricker/Loewenheim/*Wild*, § 97 UrhG Rz. 144 ff.; Wandtke/Bullinger/*v. Wolff*, § 97 UrhG Rz. 58 ff.
3 Vgl. mwN Dreier/Schulze/*Dreier/Specht*, § 97 UrhG Rz. 57.
4 Dreier/Schulze/*Dreier*, § 97 UrhG Rz. 57 aE; Schricker/Loewenheim/*Wild*, § 97 UrhG Rz. 141; so auch OLG München v. 30.3.2006 – 29 U 4454/05, InstGE 6, 284 ff. (keine Pflicht eines Internet-Versandhändlers zur Erkundung über Rechte an Tonträger-Coverfotos).
5 Vgl. dazu Schricker/Loewenheim/*Wild*, § 102a UrhG Rz. 2 f.
6 Vgl. dazu *Mantz*, CR 2014, 189 ff.

sätzlich auf Gebühren aus einem Gegenstandswert von 1000 Euro beschränkt, wenn sich die Abmahnung gegen eine natürliche Personen richtet, die das betroffene Werk nicht gewerblich oder im Rahmen ihrer selbständigen beruflichen Tätigkeit verwendet und die sich dem Abmahnenden gegenüber nicht bereits wegen des abgemahnten oder eines anderen Urheberrechtsverstoßes unterworfen hat oder gerichtlich zur Unterlassung verpflichtet ist.[1] Die in § 97a Abs. 2 UrhG aF vorgesehene Begrenzung der erstattungsfähigen Rechtsverfolgungskosten auf 100 Euro ist weggefallen. Im Übrigen kann für die vorgerichtliche Abmahnung und die gerichtliche Geltendmachung im **einstweiligen Verfügungsverfahren**[2] und im ordentlichen **Hauptsacheverfahren** auf die Ausführungen zum Wettbewerbsrecht (Rz. 11.148 ff.) verwiesen werden.

---

1 Vgl. zu Einzelheiten und zur Auslegung der teilweise unklaren und nicht widerspruchsfreien Gesetzesformulierung Wandtke/Bullinger/*Kefferpütz*, § 97a UrhG Rz. 54 f.; Dreier/Schulze/*Dreier/Specht*, § 97a UrhG Rz. 17 f.; *Fromm/Nordemann/Jan Bernd Nordemann*, § 97a UrhG Rz. 47.
2 Vgl. zur umstrittenen Frage, ob die Eilbedürftigkeit analog § 12 Abs. 2 UWG im Urheberrecht vermutet wird, ausführlich mwN Wandtke/Bullinger/*Kefferpütz*, Vor §§ 97 ff. UrhG Rz. 78 ff.

Stichwortverzeichnis

Erstellt von RAin Petra-Andrea Block-Funken.

Die fetten Zahlen verweisen auf die Kapitel, die mageren Zahlen auf die Randziffern. Zahlen mit dem Zusatz „M" beziehen sich auf die Muster und geben die Nummer des Musters an.